国家社科基金重点项目（15AZS006）

明代社会变迁时期生活质量研究

下册

陈宝良 著

人民出版社

第六章　民生家计

所谓民生家计，可以简称为“生计”，所指为一个家庭的生活水平。若是细化之，则包括家庭生活的主要来源与家庭生活的主要开支，以及由此收支状况而后呈现出来的家庭生活面貌。民生家计是生活质量物化水平的主体构成，最大程度地反映了生活质量的整体水平。

一、士大夫阶层家计

明代士大夫的构成，包括以下两部分：一是士大夫的上层，主要是现任或退职的官员；二是士大夫的下层，即已经获得生员以上科名且并无出仕的士人，或者是普通的知识人。在上层与下层之间，生计自有差别。

按照惯常的理解，既然是一个掌握权势且有身份特权的官员，那么其生活水平必然处于普通百姓之上。就其大概而论，这一点毋庸置疑。若是细究之，身为官员，也并非尽如市井之人的理解，以为“做官必裕”，其实，正如李廷机所云，官员也分两种：一种是“裕官”，另一种是“贫官”。[①] 可见，官员生计，亦有裕、贫之别。

毫无疑问，官员是一个特权阶层，除了朝廷给予的薪俸之外，他们可以享有官方提供的一切特权，诸如赋税、徭役的优免，朝廷提供的官廨，甚至不时可以得到朝廷的赐食。如在洪武年间，明太祖就认为“大官人须居大房子”，下令为南京刑部、都察院、大理寺三法司官员盖造房舍，名为“样房”，极其宏壮，且拟按此样式，替京城各衙门官员建造官廨。[②] 此外，当京城官员朝见奏事完毕之后，明

① 李廷机著，于英丽点校：《李文节集》卷12《报陈惟任表弟》，上册，商务印书馆2019年版，第314页。

② 朱国祯撰，王根林校点：《涌幢小品》卷4《衙宇房屋》，上海古籍出版社2012年版，第73页。

太祖通常下令光禄寺准备膳食，“赐百官食”。① 所惜者，提供官廨或赐食这套优待制度，一则并未遍行于中央与地方衙门，二则其后并未连续实施。其结果，则导致后来的南京其他中央衙门，如吏部、户部、礼部、兵部、刑部、工部与国子监等，只好凭借自己衙门的财力置备“官房”，甚至一些朝京的官员，也只能“僦居私寓”。② 至于官员所得赐食，一则因为“元功宿将”几乎不存，二则因为所费不赀，于是至洪武二十八年(1395)，因为礼部上疏声称“职事众多，供亿为难，请罢”，而不复举行。③

即使如此，正如李廷机所言，只要是官员，家庭的基本生计自然不成问题，此即所谓的“治人者食于人”，亦即官员具有不同于庶民的一种特权。换言之，官员在邸舍之中，自然可以获得“酒米之需”。官员生计与道德操守之间，往往存在着一个两难的窘境：一则作为官员，自然可以“食于人”，生计不会成为难题，亦即“古今无饥饿底圣贤，无饥饿底循吏，如斗室盘餐，但仕路稍纾，亦足自给”。这就是说，作为一个官员，不必过于矫情于自己的清操，或者说借此扬名，身处官员之位，仍然不在衙门饮食，而是回到自己家中饮食。二则身为官员，最容易“以官自润”，即凭借自己的官位而谋取额外的好处，尤其是那些身处“脂膏”的衙门或地方的官员，更是“易于自润”。再加之在生活观念上，抱持“必大厦连陌，多藏而后快意”的信念，自然会贪多贪得，甚至以贪黩为得计。可见，做一个真正的廉吏，也是并不容易。④ 进而言之，身为一个官员，即使是最为低级的官员，只要自己放弃清操自廉之节，同样可以获取诸多的额外好处，甚至发财富家。如福建福清人郧尚达，有一位族人，曾任河源县典史，一任下来，竟然“积金钱巨万”。⑤ 这就是典型的例子。

（一）士大夫上层生计

明代官员的日常花费及开支到底需要多少钱？这显然是一个颇为值得思考的问题。明人李乐的记载，为我们提供了一个得以具体剖析的例子。他在任福建按察司佥事并出巡地方之时，一个月内，衙内诸如鱼、肉、蔬菜的开支，共计银

---

① 朱国祯撰，王根林校点：《涌幢小品》卷1《视朝赐食》，第4页。

② 朱国祯撰，王根林校点：《涌幢小品》卷4《衙宇房屋》，第73页。

③ 朱国祯撰，王根林校点：《涌幢小品》卷1《视朝赐食》，第4页。

④ 相关的讨论，可参见李廷机著，于英丽点校：《李文节集》卷13《报尤南华》《报黄别驾》《报卢慈源》，下册，第342—344页。

⑤ 朱国祯撰，王根林校点：《涌幢小品》卷11《天下第一》，第207页。

子2两余。[①] 这或许不包括家眷的生活开支在内。可见,一个官员维持基本的生活开支是每月2两余银子,一年大概需要24余两银子。

当然,这仅仅是就其大概而言。若是细加分析,明代官员士大夫的生活,其实也分为奢侈与俭朴两类,最终导致各自的消费支出水平有所差异。当然,士大夫不管如何俭朴,其生活质量还是远远超过一般的平民百姓。士大夫中的奢侈一类,即使有官俸,有很多的田产收入,但还是过着一种借债的日子;而其俭朴者,即使田产不多,在日常支出之外,尚有一些赢余。前一类可举下面两人为例:如沈懋学,甚至借债多达2000—3000两银子,至死也不知是否偿还清楚;又如姚体信,家中有田2000—3000亩,但还是口食不给,不时向富家翁称贷。后一类可举李乐为例,他家中仅有田产100亩,除了应付全家的岁食之外,每年还可以剩下30—40石粮食,用来买蔬菜之用。[②]

正如前述,官员生计,有"裕官""贫官"之别。所谓"裕官",并非来自高官厚禄,而是一则因为家计素封,二则因为进入仕途之后,借助于官位而觅取更多的额外好处,甚至不惜贪黩。所谓"贫官",也并非仅因位低禄薄,而是一则因为原本家计贫穷,二则因为进入仕途之后,并未借助于官位而"自润"。由此而来者,则是士大夫上层生计的两分:一是家计富厚,二是家计清贫。

1. 家计富厚

说及明代士大夫的生计,有一个现象颇为值得关注,即正德前后,是明代士大夫生计的分水岭。换言之,在正德以前,士大夫"尚未积聚",家计算不得富厚;正德以后,士大夫开始"营产谋利",家计日渐富厚。何良俊以松江府士大夫为例,对此有所揭示。据他所载,在成化、弘治两朝,如周佩,官至郎中,他的父亲任翰林院编修,称得上是两世通显,但就他家的家境来看,"到底只如寒士",显然并不富有;曹时中,官至按察司副使,哥哥曹时和中过进士,弟弟曹时信也在京城为官,应该算是门阀甚高,但他家的产业不过"中人十家之产"。换言之,他家的产业不过是中等人家家产的10倍。此外,给事中蒋性中、按察司副使夏寅、按察司佥事许璘,致仕家居之后,"犹不异秀才时",即家产如同秀才时一样。自正德以后,在松江府士大夫群体中,"言利"之风大盛,进而讲究"积聚"资产。如布

---

① 李乐:《见闻杂记》卷3,上海古籍出版社1986年版,第245页。

② 李乐:《续见闻杂记》卷10,上海古籍出版社1986年版,第798—799页。

政司参政宋恺、御史苏恩、主事蒋凯、员外郎陶骥、主事吴哲，都是“积至十余万”。[①] 家资高达10余万两银子，显然已是相当富厚。

士大夫积聚之风，并非仅仅限于松江府一隅，而是成为一种通例。随之而来者，则是“官贾”的大量涌现。所谓官贾，即一些官员或令亲串经商，或令子弟殖产，借此增加自己的家产。据明末清初人屈大均的推测，在广东的商人群体中，民贾仅占十分之三，而官贾则占十分之七。这些官贾或是坐商，或是行商，近的仅达广东十府，远的竟达东西二洋。他们“本多而废居易，以其奇策，绝流而渔”，所以常常能获取“数倍”之利，其结果则是“官之贾者日富”。[②] 官员赵寿祖与其父赵贤，就是两个不同的士大夫典范。河南汝阳人赵贤，官至吏部尚书，有“清操”之声，可见并不营求家产；而其子赵寿祖则不然，官至布政使，却是“颇营产业”，在其父的眼中，犹如不良之瓜，“在城则占人屋，在野则占人地”。[③] 由此可见，赵寿祖的产业自然相当富厚。在此风气下，即使是举人，也效仿“垄断之徒”，“执筹数缗，孳孳惟货贿是急”，借此增殖家赀。如苏州洞庭山有一举人，在屡试不第之后，就开始经商，通过“居积取赢，算入骨髓”，不到数年时间，“称高赀矣”。[④] “高赀”虽是模糊的说法，但至少说明这位举人的家资，已经进入富人行列。

明代官员家计富厚者，实则不乏其人。以他们的住宅为例，明代不少内阁大学士在京的住宅颇为奢华。如大学士李时在京城的新居，王廷相有诗形容道：“去天尺咫三台府，退食时常望紫微。楼馆辉辉承日月，池台冉冉映云霏。卫公醉卧平泉石，裴相春闲绿野扉。何似瀛西老仙客，延贤开阁尽朱衣？”[⑤]可见，李时新居，除去基本的居住生活功能之外，尚有楼馆、池台、泉石之类的园林景色。又大学士夏言在京城的新居，王廷相也有诗描摹道：“相公新第连云构，拟绝长安万井尘。窅洞幽轩迷白日，飞楼层阁贮青春。仙籞西阆来王母，佳气东华近紫宸。燕寝攸宁台候健，熊罴应入梦中真。”[⑥]从“新第连云”“窅洞幽轩”“飞楼层阁贮”来看，其宅第不止是奢华而已，几可与“仙籞西阆”相比拟。

---

① 何良俊：《四友斋丛说》卷34《正俗》1，中华书局1983年版，第312页。

② 屈大均：《广东新语》卷9《贪吏》，上册，中华书局1985年版，第304—305页。

③ 姚旅：《露书》卷12《谐篇》，福建人民出版社2008年版，第294页。

④ 韩霖：《铎书·各安生理》，载氏著，孙尚扬、肖清和等校注：《铎书校注》，华夏出版社2008年版，第136页。

⑤ 王廷相：《内台集》卷2《奉贺序庵阁老新居》，载氏著，王孝鱼点校：《王廷相集》，第3册，中华书局2009年版，第928页。

⑥ 王廷相：《内台集》卷2《奉贺桂洲阁老新居》，《王廷相集》，第3册，第928页。

内阁大学士生计富厚如此，即使新中的进士，或因家本素封，或因迎合官场趋奢之风，纷纷过起了奢华的生活。有史料记载揭示，隆庆五年（1571）、万历二年（1574）两科的新中进士，大多雇用两个皂隶，"带马跟随"，而且身边的家人众多。有一位新进士，更是喜欢制作衣服，单是制作衣服的花费，就达300—400两银子，生活一如贵介公子。[①] 另有一位进士，登第之后，生活就开始变得奢侈起来，甚至贷款200两银子，"娶妾二人"。[②] 诸如此类的事例，倒不能完全证实他们生计已经颇裕，但至少可以证明，他们已经相信，这些奢华的生活可以通过日后的官场生涯得以维系。换言之，官员的身份可以换取富厚的生计。

进士或官员如此，即使是举人，同样可以凭借自己的身份，厚殖赀产。万历三十三年（1605）七月，李廷机在上疏中，引用台臣孔贞一之言，对举人群体的不良之举，有颇为详尽的揭露。[③] 细绎这则史料，大致可以看出以下两点：一是举人生活趋于豪奢，"非绮纨不衣，非舆马不出"；二是举人利用各种特权，谋取自己的一己私利，甚至厚殖家产。至于举人厚殖家产的手段，则不外乎以下数种：一是武断乡曲，借此谋取好处；二是嘱托行私，借此谋求额外利益；三是违法取利、包揽钱粮；四是把持官府，侵害小民；五是在春闱途中，凭借自己的关系"打抽丰"。

事实确是如此。明代的举人完全可以凭借自己的身份而获取诸多好处，进而厚殖家产。第一，举人可以通过"投献"而扩大自己的家产。如在河南汝宁府光山县，有人一中举人，就有"奴仆十百辈"，他们都"带田产而来"，而且"止听差遣，不费衣食"。[④] 第二，举人可以通过干请获利。如万历四十年（1612）秋，吴甡中举人之后，即将往京城参加来年的春闱。当地的陈姓知县就派一个胥吏前来，"以数十金为公车费"。[⑤] 地方知县送给新科举人数十两银子作为会试的路费盘缠，其目的无非是通过新科举人的关系，去朝内"干请"，以期自己的仕途一帆风顺。此事虽被吴甡以有污"名节"为由而拒收，但至少说明举人可以借助自己的身份而获利。第三，嘱托公事，获取好处。如嘉靖初年，在安徽休宁县，举人张旭、俞廉曾屡次向知县李昇嘱托公事，为李昇所拒，"颇有后言"。[⑥] 其后，李昇在

---

① 李乐：《见闻杂记》卷3第229页。

② 李乐：《见闻杂记》卷3第226页。

③ 李廷机著，于英丽点校：《李文节集》卷3《覆孔御史正士习疏》，上册，第68页。

④ 王士性：《广志绎》卷3《江北四省》，中华书局1981年版，第42页。

⑤ 吴甡：《忆记》卷1，浙江古籍出版社1989年版，第388页。

⑥ 叶权：《贤博编》，中华书局1997年版，第27页。

任时，为仆人阿马所杀。至于阿马是否属举人张旭、俞廉唆使，史料没有明言，但至少说明，举人可以通过嘱托公事而获取好处。

在明代，举人群体的家计相对富厚。大概从正德以后，“举人无不乘轿者矣”。[①] 举人不仅乘轿，而且轿边的随从超过20余人，全是穿着新的青布衣，“甚是赫奕”。[②] 更有甚者，士子一登乡荐，即使家中的仆人，到了城里，也开始摆谱，“满面便帖了举人样子”，不再有一丝的“朴实”。[③] 无论乘轿，还是随从家人众多，甚或手下家人讲究体面，除了基于举人身份荣耀之外，尚需要举人厚重的经济实力得以支撑。

2. 家计清贫

在明代的史料记载中，有一个现象颇为值得关注。当士人获得科名并进入仕途后，若是其生活不事铺张奢靡，甚至家无多少余财，必称之为保持“秀才本色”。可见，秀才是清贫的典范。在明代的官员群体中，确乎有不少人的生计，仍然处于一种清贫的状态。当然，无论是官员清贫，还是秀才本色，他们的家计仅可称之为“清贫”，而与普通民众之“贫困”存在着不小的差异。换言之，士大夫的清贫，是一种相对的贫困化，有时甚至是文人士大夫喜欢“哭穷”的习惯所致。唐顺之以自己为例，对这种习惯有直言不讳的揭示。如唐顺之在家中仅有100亩之田时，口中并不常常“言贫”。等到家中田产积累到1000亩时，这是田舍翁一生追求的理想田产数字，却反而常常说贫，甚至赋之于诗，声称“薄田可饱敢称贫”。[④]

明代官员家计清贫，其根源在于俸禄的低薄。不仅官俸低薄，甚至还本色、折色兼支，因为折支的原因，使得官员实际到手的俸禄数字更为减少。尤其值得注意的是，官员稍有差错，就会面临罚俸的处罚。《大明律》内有一款规定，凡是官员在祭祀和谒见园陵，或者在朝会时，行礼差错或失仪，就会面临罚俸钱半月的处罚。当然，在官员罚俸的处理上，明初所定法律，尚有“情法两尽”之处。如《大明令》内有一款规定，凡是文官月俸，通常是钱、米相兼，当文官面临罚俸时，所罚者仅仅是俸钱，而并未罚及俸米。这一补充规定，目的在于使官员在面临罚

① 何良俊：《四友斋丛说》卷35《正俗》2，第320页。

② 何良俊：《四友斋丛说》卷35《正俗》2，第321页。

③ 李乐：《见闻杂记》卷3，第236页。

④ 唐顺之著，常州市唐荆川研究会编：《唐荆川诗文集》卷8《答金前淙郡守》2，凤凰出版社2012年版，第213—214页。

俸时，仍能“养其妻子，不至失所”。自明代中期以后，官员罚俸之制稍有变化，直接影响到官员家庭的生计。明代官员罚俸之月，有多有少。少则1—2个月，多则4—5个月。当新的户部行令下发之后，官员罚俸不再仅限于俸钱，而是不分俸钱、俸米，“尽行住支”。再加之各个官员的月俸，实则只支本色米三分，支取折色钱、钞七分，假如不分俸钱、俸米，“全不关支”，势必使受到罚俸处分的官员，“妻子无所养赡，未免啼饥”。面临这种困境，大官犹可，小官显然很难度日。①

在明代官员群体中，其中家计清贫者，当数清官最具代表性。为示说明，不妨择其典范，举四个例子如下。

（1）于谦

于谦，官至兵部尚书。其人廉清方正，一钱不私，除了正常的俸禄之外，一无所受，过着布衣蔬食的生活，清苦之状，甚至“有儒生所不能受者”。明景帝曾赐给于谦宅第，他力逊不受，只是宿于朝房，即使在家乡，也仅有“乡庐数椽，仅蔽风雨”。至于田产，也并不很多，只有“薄田数亩，才供饘粥”。于谦平时与夫人董氏住在一处，共甘淡泊，且“旁无姬妾，食不重味，衣不重裘”。如此清苦，甚至被明景帝所派太监叹为“于先生穷得怕人”。英宗复辟之后，“籍于谦之家”，“却毫无长物”。②

（2）吴廷举

吴廷举，官至南京工部尚书。他居住的房舍，极其“湫隘”，甚至“门巷不容鸡飞”。至于田产，史载“无郭外田”，仅有“丘墓之寄十余亩”。令人惊奇的是，吴廷举死后，甚至“无衣以敛，无棺以殡”，最后由都御史姚镆出资代为营办。③

（3）王绍徽

王绍徽，曾任吏部尚书，史称其人“性亦清执，不问生产”，以致“田宅如诸生时，无寸进”。④ 田产、房舍，一如“诸生”时，可见田产不多，房舍不华。

（4）童轩

童轩，以太常寺卿致仕。童轩平日生活，“公服之外，别无亵服”，甚至靠卖

① 马文升：《为申明旧章以正罚俸事疏》，载陈子龙等编：《明经世文编》卷64，第1册，中华书局1997年版，第547—548页。

② 张怡：《玉光剑气集》卷2《臣谟》，中华书局2006年版，第57—58页；张瀚：《松窗梦语》卷7《忠廉纪》，中华书局1985年版，第129—130页。

③ 崔铣著，周国瑞选编：《崔铣洹词选·吴尚书传》，中州古籍出版社1993年版，第99页。

④ 谈迁：《北游录》，《纪闻》上《王绍徽》，中华书局1997年版，第324页。

自己家的庄田，才能维持衣食供给。庄田卖尽之后，只好“以卖药为生”。[①]

既然已被列入清官廉吏之列，生计清贫自然在意料之中。至于其他士大夫上层的生计，也并非一概是“朱门酒肉臭”的景象。如崇祯朝的内阁大学士薛国观，称得上是位至人臣之极，但他被抄家时，所抄没之财，不过“六百金”，亦即区区600两银子。此外，薛国观居住的房舍，客厅只有三间，居室也不过四进而已，而且均是“世产”，[②]即祖上传下来的房产。此外，如沈凤峰，号称家贫，家中仅有“瘠田数百亩”。[③] 瘠田数百亩，明显属于中产以下。尤其是东林党人魏大中，在江南官户普遍接受富户诡寄的风气下，他却从不接受他人投献、诡寄，自登科乃至掌垣，家中仅有田25亩。[④]

毫无疑问，在明代士大夫上层中，确乎不乏生计清贫之人。至于他们的生计实况究竟如何，显然有待于借助诸多个案加以具体剖析。为示说明，不妨详列六个个案如下。

（1）崔升、崔铣父子

崔铣家庭生计，在他所作《显妣淑人李氏述》一文中，有详细的记载。这一记载，从他的父亲、母亲开始。据记载可知，天顺八年（1464），崔铣的母亲户部侍郎李和的长女嫁给崔铣的父亲崔升。李氏嫁到崔家后，先是“取嫁来衣更之，以奉姑蔡恭人”，而后“弗继则浣补以进”，甚至把自己的簪珥变卖，每日“市甘脆以养舅姑”。可见，崔家的生计并不富裕。到了第二年，亦即成化元年（1465），崔铣的父亲崔升中了举人，成化五年又中进士，得授主事一职。成化十六年，崔升丁内艰回到老家。这一年，正值岁凶，李氏甚至“自食糠粃”，以节省下来的粮食供给自己的丈夫。正是在这一时候，崔铣的“长弟”去做“大商”，而且“积累千金”；崔铣的“季妹”嫁给驸马之兄为妻。即使如此，因为崔铣的父亲一则性格方直，大多拂逆上官之意，以致中进士长达17年才升官；二则因为不苟取，所以家计还是“素贫”。如崔升做京官20年，一直“赁屋以居”。更为甚者，崔铣的母亲李氏“令僮日拾马桶，自夹薪以爨”，身上所穿之衣，也是“太半缀补”。崔升初入仕途时，家里只有一个仆人，李氏还要亲自“剉刍饲马”。崔铣5岁时，母亲李氏归宁，看到表兄弟均“衣彩褐”，就向自己的母亲索要好衣。回到家后，李氏拿出

---

① 冯从吾：《冯少墟集》，《续编》1《关中四先生要语》卷2《溪田马先生》，《冯从吾集》，第594页。

② 谈迁：《北游录》，《纪闻》上《薛国观》，第325页。

③ 李绍文：《云间杂识》卷2，民国二十四年上海瑞华印务局据上海黄氏家藏旧本印行。

④ 张履祥：《杨园先生全集》卷32《言行见闻录二》，中册，中华书局2002年版，第904页。

二个"敝笥示之","亡可制者"。等到崔升居闲30年,仅有"南冈瘠田",家中"食指三十",但李氏生活颇为节约,未尝"兼味而食、完布帛而私"。李氏一生勤苦,性攻女红,喜欢自己制衣,只要不生大病,"刀尺不离手"。在李氏的操持下,崔家生计尚能"得裕",那些家中有田千亩之人,"反来贷粟"。①

从崔铣的另一则记载可知,自崔铣的祖父以来,一直到崔铣,三代做官。他家原本是山东人,后来落籍于相州,长达70余年。先人留下来的住宅并不奢华,仅"可以容膝";先人留下来的田地并不富饶,仅"可以糊口"。到了崔铣,尽管自己出仕做官,因为早失妻子,仅有一个使婢,供给洒扫。至于崔铣自己的生活,也不过"一饭一蔬、一褐一葛"而已。②

(2)林希元

林希元家中生计清贫,可以从他所撰诗歌中得以考知。林希元有两首诗,记录了自己无钱建造祠堂,只好告贷他人,但又无可称贷的窘况。诗云:"确守官箴也分然,独怜无计庇吾先。百年香火颓垣下,转使人将不孝传。"又云:"泗水当年一判官,饥民十万倚全安。如今坐困寒斋下,欲借钩金也自难。"③此外,林氏又有两诗,同样反映了家计凋零的实况。诗云:"年年买谷度余生,虚忝乡邦薄宦名。要做人间好男子,宁辞家计晚凋零。"又云:"谷价日高文日低,迩来家事转参差。莫言天道长如此,斗米三钱也有时。"④由此两诗可知,林希元因为身负"薄宦",且要做一个"人间好男子",只能"年年买谷度余生",甚至晚年家计"凋零"。尤其是到了灾荒之年,谷价日高,文价日低,"家事"更是转为"参差",生活并不好过。

(3)李廷机

在明代的官员士大夫中,很多出身"单族寒门",即"缙绅由白屋起家,十常八九"。⑤ 同是官员士大夫,出身世家大族与出身单族寒门,他们的生计明显有别:对于那些出身世家大族的官员来说,他们"累累眷属",决不会"旅食他方";⑥而那些出身单族寒门的官员,则生计或许多会面临困窘,甚至陷于"多不

---

① 崔铣著,周国瑞选编:《崔铣洹词选·显妣淑人李氏述》,第207—209页。

② 崔铣著,周国瑞选编:《崔铣洹词选·复河南宪司书》,第178页。

③ 林希元撰,何丙仲校注:《林次崖先生文集》卷18《新作祠堂商工揆日称贷无获无何中止因赋纪恨(二首)》,下册,厦门大学出版社2015年版,第702页。

④ 林希元撰,何丙仲校注:《林次崖先生文集》卷18《感事(二首)》,下册,第703页。

⑤ 李廷机著,于英丽点校:《李文节集》卷12《报陈惟任表弟》,上册,第314页。

⑥ 李廷机著,于英丽点校:《李文节集》卷12《报董汝登》,上册,第313页。

能举火徂岁"的难堪窘境。①

李廷机就是出身单族寒门官员的典型。他"起家本贫",即使后来入仕为官,仍然不离"贫"一字,除了俸薪之外,再无其他收入来源,导致他的生计"吃著外无余"。② 李廷机从恩贡起家,最后登第,中间三次得到官方给予的牌坊银两,但均因家境清贫,不得不将牌坊银充作糊口之资。③ 据李廷机自述,他自进入官场之后,家中成员,只有"一老荆妇,一七岁小儿,一弟小帽,一侄布衣",外加"仆两而痴",确乎称得上是"族单而陋"。至于家中产业生计,则"产极寡",且"不商不贷"。④ 当他官至内阁大学士,还是靠"质公屋"维持生计,以致告休不得离京之时,只好"移居真武庙"。⑤ 即使如此,李廷机仍能做到"以贫骄人",尽管并不富裕,但也"不称贫",甚至放言自己若能多得"城南负郭田数亩",就能做到"缓步阔视,昂昂不为辕下驹"。⑥

(4)**朱国祯**

朱国祯出生于嘉靖三十七年(1558)正月初一日寅时,他的旧宅在南浔董宅之东。当他4岁之时,失去旧宅,移居到东栅马家港。至万历十七年(1589),朱国祯中进士,"得馆选",成为了"翰林先生"。当时误传朱国祯已是"高房大厦已遍浔中",内阁大学士王锡爵也信以为真。当王氏亲至南浔,一见朱国祯新建"澹竹山房",如此"狭甚""卑甚",不免叹道:"室止是耶?卑甚,恐非翰林先生所可居。"尽管如此,朱国祯仍以为"贫儒得此已为厚幸"。⑦

故乡屋宇简陋,仅仅是朱国祯家计清贫的一个侧面反映。至于朱氏家计的实况,他在给人的书信中,已经详尽道出。据此可知,朱国祯"起家寒士",进入仕途40余载,仅有7年得到实俸,再加之自甘冷署,不善持筹,其结果则是"筑舍甚痺,仅余祖产"。出任内阁大学士一年,"有半匆匆守分"。天启五年(1625)回到家乡之后,曾经得到"俸赐书帕"银3000两。这是一笔不小的财产,但朱国祯将这笔钱分为三股加以分配,其中一股给妻子,二股给两个儿子,自己则如同"出家一般","囊不留寸镪,田不存半亩",所过的仍是"练衣布褥,瓦盏椰瓢"这

① 李廷机著,于英丽点校:《李文节集》卷12《报王麟泉》,上册,第312页。

② 李廷机著,于英丽点校:《李文节集》卷13《报何师尹》,下册,第354页。

③ 李廷机著,于英丽点校:《李文节集》卷12《与沈玄初》,上册,第321页。

④ 李廷机著,于英丽点校:《李文节集》卷14《与李葵孺》,下册,第394页。

⑤ 李廷机著,于英丽点校:《李文节集》卷21《明故御马监太监仰山贾公墓志铭》,下册,第526页。

⑥ 李廷机著,于英丽点校:《李文节集》卷12《报董振峰》,上册,第320页。

⑦ 朱国祯著,何立民点校:《朱国祯诗文集》,《自述行略》,第469—470页。

样的日子。至于3000两银子的下落,显然并未增值。如妻子所得1000两银子之后,还是“声声苦贫,时来激聒可厌”;两个儿子所得的2000两银子,其中一个儿子,“造几间房子,又家中崩分离析,弄得精光”,另一个儿子则有“六男六女,口食支吾,婚嫁渐逼”。朱国祯自己每年可以掌控的收入来源,主要是从内阁大学士一职致仕后来自朝廷赐给的月米与人夫这两项。以月米为例,朝廷每月给米5石,每石折银0.8两,若是不计闰月,则一年可得银48两;以人夫为例,每年可得人夫8名,每名折银7.2两,则一年可得银57.4两。两项相加,共计一年得银105.4两。这些月米、人夫银两,来自“圣恩”,通常不至于“落空”,对于朱国祯的家计“借以少助万一”。①

由上可知,身为内阁大学士的朱国祯,自致仕之后,一下得了“俸赐书帕”3000两,显然不能称之为清贫,但因治生乏术,兼之各种家累,朱国祯的生计仍然显得捉襟见肘,只好凭致仕后来自“圣恩”的月米、人夫银,即每年105.4两银子维持日常的生计。

(5)金堡

从金堡的自述可知,无论是中举之后,还是中进士而后进入仕途之后,他一直过着借债生活的日子。金堡娶方氏为妻,方氏的外母出自虞氏,虞氏之兄虞立蒸,与金堡相厚,并与金堡结成儿女亲家。

金堡出身寒士。崇祯九年(1636),金堡中举人,“即丐公车之资于立蒸”,即公车之费借自虞立蒸;崇祯十三年,金堡中进士,“京邸百费,复取给焉”,即还是从虞立蒸那儿借钱;出仕做官以后,因为“不能脂膏自润,居乡亦不问家人产”,所以还是靠借债生活。前后相加,“所贷积千余金”,②即所借债高达1000余两银子。

(6)王徵

从王徵的自述可知,自做秀才开始,一直到入仕为官,王徵的家计堪称清贫,不仅平日的生活被家人诮为“俭啬”,甚至被讥为“老败子”。王徵坦言直承,自己做秀才之时,“正经学业懒务,家人生理不问,即日用等秤银色莫辨也”,可见心思不在自己家产的生殖上,而是“专一好作古今所不经见奇巧之器具”。中了秀才之后,却又“困踬公车三十年,穷约自守,绝不一字入公门”,家庭生计并未

---

① 朱国祯著,何立民点校:《朱国祯诗文集》,《书·答宪副午台大兄》,第345页。

② 澹归著,段晓华点校:《徧行堂续集》卷1《文部·负心说赠虞绍远》,第4册,广东旅游出版社2008年版,第10页。

因此有所改善。入仕做了推官以后,还是“一切官套、时尚、世法都不复谙,止凭自家痴肠,老实做去”。可见,并未因此赚取额外好处而发家致富。更有甚者,王徵家计并不富裕,却热衷于地方事务,为了营建景天阁,不仅“或请助于公祖父母,或请助于戚友朋亲,一似募缘抄化子之所为”,而且“家事一毫不理,而心心念念,时时刻刻,只向此事着力”,甚至将“妻女之簪珥,囊箧之余物,交际之馈遗”,一一捐献出来,作为营建之资。家境并不富有,不善治生,却又热衷于公共事务,其最后的结果则是“宦囊已空,门面如故”,甚至酬酢往来、婚嫁烦费,虽然东挪西凑,还是未免露肘捉襟。幸亏“内助克贤”,还能勉强左支右吾。

那么,王徵的家计究竟如何?这从王徵亲自所书的分家书中可以得以考知。王氏是一个大家族,从王徵祖父到父、叔,以及王徵昆弟与子侄辈,已经四世同居,一家之中,“食指且盈五百”。王徵的父亲是王应选。王徵兄弟三人,除王徵外,还有王徽与王彻。王徵与王徽同母所生,而王彻则出自继母张氏。① 又王徵原配尚氏,侧室申氏。有子二人,长子王永春,县学生员,娶太学生张绳祖之女,继娶杨雍之女;次子王永顺,娶处士马之骐之女。女儿二人,均为原配尚氏所出。一嫁太学生孙灿之子孙正宗,府学廪生;一嫁指挥使张凤翃之子张德龄,太学生。②

就总体家计境况来说,王徵家族共有田园水旱土地,为 250 余亩。这一田产,维持一家“终岁糊口之需”,尚苦不给,再加上遭遇患难,别无生财的活计,向各个亲友所借之债,共计有 1000 余两银子尚未偿还。鉴于“众心或难合一,众口必至难调”,王徵不得不有“析箸之举”。至于另爨分析之法,则是将田土、房屋、欠债,亦即将所有家产,“不论祖贻浮置”,分作“三份均分”。王徵为长房,仲弟、三弟分别为二房、三房。

田土的分析较为简单,就是将总共 250 余亩的土地,各照段落畛亩,以“长中,二左,三右”为例,分种承粮为业。在分家书的后面,详细开列地亩册簿。

房屋的分析相对复杂一些。分析结果如下:一是乡居祖庄一所的分析。其基三大间,通前通后,原来位于中间,由长房王徵居住。西宅一所,有大庭五间,并有左右厢房,但无后房、门房,且视东院少觉窄短,就以东楼及东空园补足。东院一所,基可八间有余,虽有一座小楼,而大庭、门房均还未建,视西院则颇宽长,

① 张炳璿:《王徵墓志铭》,载王徵著,林乐昌编校:《王徵集》附录 2,西北大学出版社 2015 年版,第 370 页。

② 张炳璿:《王徵墓志铭》,《王徵集》附录 2,第 373 页。

就以西巷所买的庄房一所，有前楼、厢房、大庭，作为贴补，似亦相当。东、西两院，若拘左右论，则自应左院（东院）归二房王徽，右院（西院）归三房王彻。出于公平起见，就临时拈阄，听天自定。二是南园的分析。将南园分为三园，照例"三分分之"，即长房、二房、三房各得一园。三是北巷浮置空庄的分析。将房子分为三份，由三房拈阄而分。四是街北北院的分析。这所北院，在最初置业之时，王徵就打算用作祠堂，所以由长房王徵"独分为业"，这显然是为了保存"宗子之微意"，亦即长房作为宗子所得的权利。五是河东鲁东桥新筑城内西街住房一所的分析。这所住房通前通后，北则东侧短院一所，南则对门小院一所。根据左右、南北的不同，将其分为二份，由二房、三房"拈阄分之"。六是桥南渠西铺子两间的分析，由二房、三房各分一间。七是东街住房一所的分析，由长房独得。八是王徵新建的家神堂，虽为大家公共祈福之所，而王徵打算"焚修昭事，终老其中"，则由长房专管。九是三原北城浮置的住宅，本来应该三房均分，但考虑到长房王徵夫妇"后来终事必然费多，一时无凑，转贻过继者以苦难"，就独归长房，作为长房夫妇"后事之需"。

所欠债务与其他店房的分析，王徵前面已经列出了1000余两银子的债务，但在分家书中，显无明显的债务分担的细款，仅仅列出了一项债务，即"孙家姐姐，我尚负欠他家百五十金，容我陆续补还，固不能他有所遗，彼亦无庸我遗者为"。所云"孙家姐姐"，据史料稍加推测，或许是指王徵女婿孙正宗之母，与王徵为儿女亲家。而所欠债务150两银子，则由作为长房的王徵独立承担。至于其他两处店房的分析，王徵作如下处理：一处店房在县城，由王徵的儿女亲家"张家姐姐"抵押而得。张家原本属于"巨万金之家"，因为遭遇到"流寇焚劫"，以致"狼狈之甚"，只好将县城中的店房抵押给亲家王徵。这处店房的处理结果，是暂时归长房王徵所有，以店房的收入"补张亲家之债"。假若张家不纳，则归王徵长子王永春。另一处店房在云阳城内，其处理结果为"仍还之张二哥为业，亦以见我两人爱婿之微意可也"。据文意推测，这个"张二哥"，为王徵女儿的公公指挥使张凤翊，也与王徵为儿女亲家。①

这是王徵为分家书《析箸文簿》所作之序，由王徵亲笔书于崇祯十二年（1639）二月十一日。其中文簿共计三份，王徵三兄弟各收执一份。此外，又书写"嗣书"二份，交给王徵的两个儿子"珍藏"，即王徵所分家产，将来由两个儿子继承。从这份《析箸文簿》可知，王徵所得分析之后的家产，包括下面数项：一是

① 王徵著，林乐昌编校：《王徵集》卷16《析箸文簿自叙琐言》，第324—326页。

田产，所得为总数 250 余亩的三分之一，约 83 亩；二是房产，所得为祖基三大间，南园中的三分之一，北巷浮置空庄的三分之一，街北的北院，东街住房一所，家神堂，三原北城浮置的住宅；三是店房，主要是县中的一处店房，实则已经归于作为长房王徵长子王永春的名下。从分析家产结果看，王徵作为长房，兼具宗子之职，显然在房产的分析上稍微占优，但事实上也承担了更多的职责，譬如债务的独立偿还，以及承担起作为宗子的祭祀职责。即使如此，王徵一家的家庭财产，也并不丰厚。

抛开清官廉吏清贫生活的典范意义不论，在明代的官员群体中，确实有相当一部分人的生活并不富裕。这无疑也是一个客观的事实。为了避免官员在初入仕途之时，随即陷入生活困顿的窘境，并由此导致官员贪求剥民，早在洪武年间，明太祖就给赴任官员额外之赐予道里费。诸如此类的规定，无非是出于“爱民之仁，先于恤吏”的考虑，亦即通过“恤吏”之举，而达到“爱民”的目的。① 自弘治以后，朝廷出于“体悉寒畯”的考虑，对新中进士采取一种“曲为变通”的制度，即放回依亲。如弘治六年(1493)经户部官员题疏，吏部核准，凡是新中进士，若是甲第在前，可以“量留衙门办事取选”，其他的进士则“放回依亲”。这一体制，在正德、嘉靖两朝仍然得以实施。②

明代的制度规定固然有体恤初任官员的考虑，但一则因为在初任官员中不乏出身贫寒之士，二则因为制度规定并未得到始终贯彻如一地执行，很多初任官员无不陷于困顿的窘境，甚至导致“京债”的盛行。以观政进士为例，据万历三十二年(1604)李廷机的上疏可知，他们在观政候选之时，生计已是相当的“空乏”，甚至不得不向他人“称贷”。按照明代的制度规定，新中进士大多需要拨付各个衙门观政，三个月之后才可以取选做官。那些没有选上的进士，只能一面候选，一面观政。通常说来，很多新中进士，需要观政三年，然后才能选中得官。至于三甲末后数名的进士，更是只能在观政之后，拨付吏部，充当“守部”之人。至于这些观政进士的日常生活，因为风气由俭趋奢，再加之京城物价高昂，导致生活出现一些困难。如在明初之时，观政进士外出，大多是徒步而行，可以省却一些交通费用。到了后来，则开始骑驴而出，先是二三人共用一头驴，换着出行，后则变为一人一驴。再往后，则变为骑马而出，甚至“有交床，有扇”。至于观政进

---

① 顾炎武著，黄汝成集释：《日知录集释》卷 28《京债》，中州古籍出版社 1990 年版，第 668—669 页。

② 李廷机著，于英丽点校：《李文节集》卷 1《议观政进士疏》，上册，第 24—25 页。

士的寓居，在明初之时，多为数人“同寓”，所付出的赁居之费不过几分银子而已，其他礼仪上的使费，也是“一一简省”。因为如此，再加之明初进士能够做到恬静勤苦，才能“旷日持久而人安之”。一至晚明，北京房屋“物价之贵”，已经数倍于往昔；礼仪使费之繁，也是数倍于往时。这无疑使观政进士的生活开支日渐增多，生活陷入窘境。①

观政进士的生计困难已是如此，至于那些在京城候选末职的官员，更是穷困潦倒，很多甚至依靠裁缝度日。当得选为官，戴上纱帽拜客，有人就戏赠以诗，云：“风吹展翅乌纱断，分明一对剪刀圈。”②这无疑是那些在京城候选末职官员的生计实录。就此而论，顾炎武才有“赴铨守候，京债之累，于今为甚”之叹。换言之，明代的职官到任，必须“先办京债”。为了偿还这笔债务，官员上任之后，除了“剥下”之外，只能“借库银以偿之”。③ 明代官员贪贿索赂，甚至盘剥百姓，盖有其因。

在士大夫上层中，若是仅有举人的科名，虽有出仕资格而尚无出仕为官，那么他们的日常生计，所见者也多为贫窘之状。如生员得中举人之后，一旦至北京参加会试，显然需要解决科举的旅费问题。关于举人群体的科举旅费问题，有一点必须事先指出，即在部分举人中，常常会以“资斧难处”作为借口，以致“迟迟其行”。在这一借口之下，并非真是家计困穷，而是过分讲究排场所致，如出行需要坐轿子，甚至坐肩舆，而且所带辎重、仆僮甚多。当然，也有家计确实困穷的。如李廷机就自述中举之后，从福建前往北京参加会试，其中所带科举旅费仅有 30 两银子，尽管自己体弱，但在旅途中，不坐船，仅是“乘驴”，大抵可以维持一路的盘缠所需。④ 作为一个举人，从福建前往北京，在长达数个月的时间里，所带仅有 30 两银子的盘费，可见家计并不宽裕。至于有些举人，更是需要贷款筹措自己的科举旅费。如滑州人俞绘，中举之后，前往北京参加会试。当路过沛县时，沛县知县正好是他的同乡，俞绘就向他贷款 10 两银子，作为自己的会试旅费。⑤

明代举人生计之贫，史料多有揭示。如张士隆，曾中弘治八年（1495）乡试举人。当弘治十一年时，因为丧父的原因，“贳屋贷粟以生”。这种贫窘之状，只

---

① 李廷机著，于英丽点校：《李文节集》卷 1《议观政进士疏》，上册，第 24—25 页。
② 姚旅：《露书》卷 12《谐篇》，第 293—294 页。
③ 顾炎武著，黄汝成集释：《日知录集释》卷 28《京债》，第 668—669 页。
④ 李廷机著，于英丽点校：《李文节集》卷 28《杂著》（二）《勖会试门生书》，下册，第 645 页。
⑤ 朱国祯撰，王根林校点：《涌幢小品》卷 11《不负心》，第 198—199 页。

有亲厚者才得以知晓。[①] 更有甚者,有一位举人,甚至卖女为生。对此,陈确有诗揭示道:"举人卖女三百金,蓬头跣足推出门,夫家女家俱不惭,其位在中以贵行。"[②]其生活之困顿,更是不言而喻。

明代举人群体生计之贫,可以李流芳、沈德符两人为例加以进一步说明。李流芳曾有一诗,道出了他的家庭出身及其生存窘境。从他父亲辈起,其父的从兄与从弟,也曾经入籍登朝为官,但显然并未发达。至李流芳这一辈,他的伯兄因为"性寡营",最终导致"生理日萧条";他的两位弟弟,也都"食贫",只好"汲汲度昏朝"。生活一旦困窘,只好求助于李流芳,希望得一些"余润",但李流芳自己也是"自顾无脂膏"。[③] 至于李流芳自己的家庭生计,可用债多加以概括。他在诗中,有"人言债多能不愁,我今真作隔夜忧"之句,说明债多已经整日令他忧愁。在他一家之中,有老母,有弱子,"嗷嗷三十口",生计很难得以维系。年至40岁,尚且整日为生计发愁。无奈之下,只好卖掉家中100亩田产,暂且作为以后三年的生计之用。如此尚且不够生活所需,更是摒弃一切爱好,将其卖。[④] 李流芳还有一首除夕诗,诗中"家无终岁计"一句,[⑤]已经道尽家计之贫。

沈德符之家计清贫,也是如此。沈德符至晚年才得以中举人。他有《说贫六首》诗,其中多为描摹自己的贫窘生活。如诗句有云:"晏岁悭生计,摊书晤古人。无诗堪乞食,与语暂留贫。"又云:"陶瓶时见粟,范釜又生尘。"又云:"一暖无逾褐,孤行岂羡车。对花姑设茗,悭肉且羹蔬。"[⑥]在《吾生》一诗中,沈德符对自己一生的生活有所总结,大抵亦不脱"贫窘"二字。[⑦] 田产之少,住宅之隘,以及日食之俭,足见生活相当清贫。沈氏有《贫居二首》诗,对自己居住、饮食生活之清贫有更为深入的描摹。诸如:"贫居少人工,满宅生蒿蓬";"灌木荒余宅,枯条盈北园"。这是说自己因贫而缺少人工服务,导致住宅荒废。"岂期过满腹,采莒足朝飧"一句,这是说自己饮食生活之清苦。[⑧]

---

① 崔铣著,周国瑞选编:《崔铣洹词选·亡友张仲修墓志铭》,第263页。

② 陈确:《陈确集》,《诗集》卷4《七言古诗·偶笑》,下册,中华书局1979年版,第700页。

③ 李流芳:《檀园集》卷1《南归诗》,载氏著,陶继明、王光前校注:《嘉定李流芳全集》,上海古籍出版社2013年版,第45页。

④ 李流芳:《檀园集》卷2《南归戏为长句自解》,《嘉定李流芳全集》,第61页。

⑤ 李流芳:《檀园集》卷3《除夕》,《嘉定李流芳全集》第85页。

⑥ 沈德符:《清权堂集》卷7《说贫六首》,载氏著,李祥耀点校:《沈德符集》,浙江古籍出版社2018年版,第119页。

⑦ 沈德符:《清权堂集》卷7《吾生》,《沈德符集》,第89—90页。

⑧ 沈德符:《清权堂集》卷5《贫居二首》,《沈德符集》,第59页。

（二）士大夫下层生计

在明代，士大夫上层的生计有富有贫，清贫并非其常态。至于以生员、童生或布衣文人为主体的士大夫下层，清贫似已成为一种常态。“贫士”“穷秀才”是明代各色文献中最为常见的称谓。在生计贫窘之极的状态下，有些下层士人不惜偶然做出行骗之事。布衣诗人郑虚舟就是典型一例。郑虚舟是苏州人，家计贫困。史载他因贫无资用，就典来一艘官舫，并借来一个妓女，一同来到江上。他自己身着麻衣，见人就说：“父卒于官，妾幼嫁之。”一位徽州商人听罢，就花费200两银子，到了傍晚前来迎娶。郑虚舟暗中用木偶人置于轿中，交付徽州商人，自己则与妓女“驾小舟逸矣”。①

在明代的士大夫群体中，尽管不少人后来中进士做官，甚至位极人臣，但若追究他们起家时的生存状态，显然亦大多度过一段清苦的生活。杨士奇回忆自己在少年之时，因贫而缺钱买书。如在十四五岁时，因为家中贫穷，不得已只好出去做村落的童子师，以维系家庭的日常生计。在当时的市场上，《史略释文》与《十书直音》这两本书，通常的售价仅为铜钱100文，但杨士奇因为家穷而难以获得。为了让杨士奇得到这两本书，他的母亲不得已将家中养了数年的老母鸡卖掉，以钱易书。② 又如后来中了状元的林大钦，是广东潮州府海阳县人。年少时嗜学，但“家贫无书”。在他13岁时，曾随父到潮州府城，路过书肆，看到眉山苏氏《嘉祐集》，“心好之，伫玩移日，不能去，顷之成诵”。可见，还是无钱购买，只好在书肆中成诵。等到“失怙”之后，林大钦更是“家益贫”，只好“佣书自给”。③ 刘宗周在中了秀才之后，生活仍是相当困穷。刘宗周是在万历二十五年（1597）二月，由会稽县生员补为绍兴府学生员，因为家贫无法凑齐贽仪见府学中的学官，以致屡次被学官刁难，“勒作课”。刘宗周每次从乡下进城赴试，大多“终日不食”，看门之人“怜而窃饷之”。④

在明代，下层士人生计之困穷，似已成为一种颇为普遍的现象。如龚廷祥，字伯兴，号佩潜，无锡人，中崇祯十二年（1639）举人，崇祯十六年进士。龚廷祥

① 姚旅：《露书》卷11《人篇》下，第275页。

② 杨士奇：《跋史略释文》，载黄宗羲编：《明文海》卷211，中华书局1987年版，第2112页。

③ 《郡志儒林传》，载冯奉初辑，吴二持点校：《潮州耆旧集》卷7《林殿撰东莆集（一）》，暨南大学出版社2016年版，第76页。

④ 姚名达：《刘宗周年谱》卷中，万历二十五年丁酉条，载《刘宗周全集》补遗4，第6册，第225页。

早年家贫，在他参加童子试时，有两件事足见家庭生计之困顿，的确合乎“饥寒交迫”：一是饥。如一天，他应童子试失利，与杭济之一同去常州。早晨时在市上饮白酒，随即大吐，所吐尽是粉团。这是因为他因贫不能举火，只好在市场上买粉团吃，乃至“饥劳作呕”。二是寒。龚廷祥在严寒之季与诸生相会。晚上下榻，因冬衣无绵，睡觉时“颇觉背冷”，只好将衣服胯下一层“折背上束之”，借此防止背冷。[①] 生计之贫，不言而喻。贫士“冬月无絮”，在明代并不乏见，有时家中穷苦之状，甚至“有十百倍于无絮者”，只是他们口中不肯言说而已。[②]

有些生员一旦弃巾成为布衣，生计之穷，更是成为一种常态。如南京人王可立，人称“丹丘先生”，属于官宦子弟。他“为诸生谢去，翛然尘外”之后，就居住在下街口的一处小园中，生计贫窭。他的同母兄弟官至知府，且家计富厚，但他一无干求，“布衣蒲屦，快然自足”。[③] 崔子忠，为秀才时“甚贫”。数次不中之后，就“慨然弃去”。弃巾成为布衣后，更是“荜门土壁”，“冬一褐，夏一葛，妻疏裳布衣，黾勉操作”，有时甚至“无终日之计”。[④]

下层士人，以教书维持家庭生计居多。即使如此，生计困穷，也时有所见。如太仓州沙头市有一位教书的学究先生，家庭生计“仅足衣食”。后因与贵游公子交游，需要盛设筵宴款待，“所费浸多，渐不能给，至典卖衣物以继之”。[⑤] 娄坚之父娄望洋，少业科举，过了壮年尚“不售”，只好“聚徒授经”，过的不过是“食贫”的日子，家中仅“有田一廛，有宅一区”。[⑥] 明末清初学者张履祥也是塾师家计困穷的典型个案。张履祥自己回忆道：“不佞自己亥以前，农桑所入，佐以馆谷，差足终岁支吾，然已不免债负。年来多故，贫困已甚。”[⑦]此书信作于康熙十三年（1674），己亥指顺治十六年（1659）。张履祥早年曾中生员，后主要以处馆为生。可见，从张履祥自己的记载可知，他的家庭收入来源有二：一是“农桑所入”，即家中田产收入；二是“馆谷”，即教书的收入。两项收入相加，仅供一年的支出，甚至还“不免债负”。后来因为“多故”，更使家中陷入“贫困已甚”的窘

① 计六奇：《明季南略》卷4《龚廷祥小传》附记，中华书局1984年版，第229—230页。

② 钟惺著，李先耕、崔重庆标校：《隐秀轩集》卷28《与徐惟德宪长》，上海古籍出版社2017年版，第536页。

③ 顾起元：《客座赘语》卷7《丹丘隐德》，第222页。

④ 周亮工著，张朝富点校：《因树屋书影》第5卷，凤凰出版社2018年版，第142页。

⑤ 陆粲：《庚巳编》卷6《张道士》，中华书局1997年版，第65页。

⑥ 程嘉燧：《松圆偈庵集》卷上《娄翁望洋先生寿序》，载氏著，沈习康点校：《程嘉燧全集》，上册，上海古籍出版社2015年版，第262页。

⑦ 张履祥：《杨园先生全集》卷13《与姚大也》，上册，中华书局2002年版，第386页。

境。所言虽已是清初之事，但大抵可以作为明末塾师家庭生计的佐证。当然，士人出任塾师，其馆金尽管高低不一，家计清贫自是他们的常态。即使如此，这种贫困化也不过是一种相对的贫困化而已。明代内阁大学士李廷机的回忆，足以证明如下两个事实：一是即使士人教书的馆金收入，每年只有银6—7两，只要勤俭持家，尚可维持一家生计；二是馆金收入每年可以达到10两银子，则在福建永春当地，更是相当于100亩田的收入，再加上馆金收入“不输官”即不用交税，教书期间“不家食”即东家负责饮食，显然更是超过100亩田的收入。① 李廷机的记载，无疑是一条相当重要的史料，至少让后来的研究者对明代塾师的生活水平有一个更为接近事实的蠡测。

为了对明代下层士大夫的生计做更为深入的剖析，下面不妨详细列举一些个案。

（1）邱云

邱云，字季心，是张履祥的好友，也是一位贫士。根据张履祥的称述，邱云家中共有6口人，因为家贫，每年之食，采用一种“不计口而计食”。这显然是一种量入为出的节俭生活之法。譬如一年有10石粟的收入，就将10石粟分为12份，即每月8斗5升；在此基础上，又分为30份，即每天2升8合。

邱云是一位乡塾师。他不能耕，其子也不能耕，6口之家的生计来源只有“塾馆之谷”。有一年，某塾的东家因为受到讼事的牵连，不能再聘邱云为师。当时家中只有粟6石，于是采用上面之法，每日食粥二餐，每餐粟1升7合。半年之后，重新得馆，才恢复“家人之食”。即使如此，也不过是维系一种“仅能不死”的生活水平。②

（2）曾异撰

曾异撰留下了诸多文字，真实地记录了他家庭生活之窘困。

首先，曾异撰有一则整体记载家庭生计的文字，从中可知如下事实：最初之时，曾异撰的母亲为了抚养孤儿，只好依靠曾异撰的叔叔生活，辛勤纺织10余年，才积攒下了数两银子。等到曾异撰十四五岁时，开始学习文章之事，加之有了交游宾朋之费与笔楮之需，以致将其母亲所积攒的钱财尽数用去，只好回归晋江，家计更加贫困。曾异撰的家中，仅有先人遗留下来的薄田4—5亩，他只好将其中一半田地卖掉，借此维持日常生活。在这段艰难的日子里，泉州连年歉收，

---

① 李廷机著，于英丽点校：《李文节集》卷12《与林迪采妹夫》，上册，第333页。

② 陈确：《陈确集·别集》卷3《素行》，第438—439页。

曾异撰在科举的道路上并不顺畅，只好去做童蒙师，“时时袖升米归养”，但仍然难以让自己的母亲饱腹，以致其母有时只好采薯叶，“合糠覈食之”。再加上滨海之地薪贵，家中“不给炊”，他的母亲时时携带一个孙女，“负畚往园中，锄干草以爨”。每当稻麦成熟，他的母亲常常带着儿媳与诸妯娌“击秸，受其稿为薪也”。

在曾异撰27岁这一年，终于成为县学的生员，家庭生计稍有改善，可以凭借“为诸生执经”，“稍能自食”。但是他的父亲有兄弟7人，留下的祖居狭隘。自从曾异撰娶妻之后，大多在外“佣经”，其母就与儿媳“共床而卧”。天启三年(1623)，曾异撰将家搬到三山，“借从兄一椽，仍居斗室”，甚至湫隘比原先的祖居更甚。直到崇祯四年(1631)，搬家8年之久，甚至不能替自己的母亲“具一床帐”。其后，徙宅之后，才得以“买一床，制一帷卧”，但自己的母亲还是“借居于友氏也”。①

另外一则记载，可以与上面的记载互观，作为一种印证。万历四十四年(1616)，曾异撰26岁时，在故里之沙塘“授小徒”。每当薄暮，教书完毕，“时时袖升米归养”。当时正值荒年，因为门下弟子“逋佣钱”，有时“袖米或不继”，他的母亲、妻子只好“采薯叶和糠覈食之”。至天启三年(1623)，曾异撰挈家移居三山。过了三年，他又得了肺病。又过五年，至崇祯二年(1629)，妻子施氏夭殁，他的老母“携一孙女，负一孙，上井灶”。而他自己则继续教书，“粗给食，无以聘”。又过三年，靠老师赵景毅的周济才再娶继室。这一年，“读书海上，授经叔理诸子侄”。其后，他的肺病加剧，就不能“佣经受米”。在这二三年之间，全靠苏州申青门、湖州潘昭度二人的周济，才得以维系生计。②

其次，在曾异撰的家庭生计中，因为家贫而不时向他人告贷。据他自述，自从秋闱摈落以后，以前借居友人的住处，就不得不重新搬迁。为了谋得一处新的住处，只好向一些“友生”借贷，甚至于唇焦舌腐。在告贷的过程中，即使是那些知己之交游，或者得意之门士，所能借到的银子也不过2两以上而已。其间有一二人欣然而应，但也有一些人，“呼之而不应，应之而与庾与釜”。即使“嗟来者无几”，他也不得不“忍隐而贷”。从秋天开始告贷，直至岁暮，所借得的银子不过20两而已。有了这20两银子，他才“扶携老母，苟且移居，择其陋巷而价廉

① 曾异撰：《纺授堂文集》卷3《家母节孝行略》，载氏著，何立民点校：《纺授堂诗文集》，商务印书馆2017年版，第334—335页。

② 曾异撰：《纺授堂二集》卷5，载《纺授堂诗文集》，第192页。

者”,但所居正好在“沮洳之中”,“雨水时至,则井灶泛然,与污池沛泽无异”。曾异撰竭蹶假贷,通过各位门士、知友合力谋居,所得租住的房子尚是如此简陋。

崇祯二年(1629),曾异撰丧妻,一儿一女,全凭老母手抚口哺,家既无供爨之婢,女儿也未长成,已经60岁的老母,“躬井臼之劳者三年于兹”,势必需要再娶一位贫女,替自己赡养老母,但因为缺少聘资,一直无法再娶。无奈之下,他只好向老师赵景毅告贷。在得到赵景毅的周济之后,曾异撰才得以聘一贫女,“为老母代薪水之劳”。再往后,才凑齐“娶妻之费”。按照福建的习俗,除非是贫家之女,否则不肯为人继室。至于那位成为曾异撰继室的女子,则更是“贫之极者”,即使像一帚一箕、一针一栉,也需要“尽出夫家”。曾异撰从天启三年(1623)自晋江移家流寓之后,在将近10年的时间里,诸凡日用坐卧之需,一无所有。新妇入室之后,凡是一切床褥、几席、井臼之资,也一一办于临时。家既逼仄,室无兼房,再加上所居泛滥沮洳,很难立刻搬迁,只能“稍廓旁舍”,作为“内人寝处之地”。所有这些,均需要花费数十两银子。于是,在向老师申青门告贷的书信中,曾异撰直言,只要那些知己的“名公大人”,能够资助他“买田数十亩”,他就可以“谢佣经负米之累,一意养病读书”。当然,他深知“当今之公正清慎,素不苟与而与之可受者,莫如吾师”,所以他只是寄希望于老师申青门。① 曾异撰向人告贷之事,同样见诸他给老师何半莪的书信中,其中将自己的告贷生涯和盘托出:“某少服母教,二十年来亦颇愿学洁身修行之事,但去岁以三年丧偶,老母躬操井臼,不能娶妻为养,因有谒于赵景毅师,以资六礼。已又以无屋可居,兼之连年病肺,不堪佣经负米,不敢自陈于宗师之前,上书求申青门,师转为某地。”②

再次,曾异撰生计之穷,尚体现在以下两个方面:一是无钱买书,尤其是善本大书。他曾自述,所买之书,多为“非多值”之书,至于善本大书,更是因贫而不能致。所以,他每次路过书肆,就“喟然叹息,自伤以贫”。二是无钱买药治病。自天启五年(1625)得肺气之病后,医者嘱咐需要多服参、蓍,但当时的人参价格已“贵于金”,所以曾异撰即使“裁缩薪米之资,扶续性命”,但还是“药功终不可继”。可见,因贫已经影响了他肺病的治疗。③

(3)陈确及其家庭

陈确曾撰有一篇关于自己父亲的传记,真实地记录了作为一个教书先生家

---

① 曾异撰:《纺授堂文集》卷5《上申青门书》,《纺授堂诗文集》,第342—344页。

② 曾异撰:《纺授堂文集》卷5《上何半莪师书》,《纺授堂诗文集》,第352页。

③ 曾异撰:《纺授堂文集》卷5《上申青门书》,《纺授堂诗文集》,第342—344页。

庭的实际生存状态。传记的内容主要来自陈确母亲的回忆,并从中可以看出妇女在家庭中所扮演的重要角色。从陈确母亲的回忆中可以知道以下事实:

自陈确的曾祖父以来,陈家已经家道衰落。到了陈确父亲时,更是贫困益甚。陈确父亲在24岁时,才开始到外面处馆,每年仅得脩金4两银子。就在那一年的夏天,陈家绝粮。陈确父亲接受父命,让童仆效能到馆舍,预先支取两个季度的脩金2两。陈确的伯父亦命童仆进能拿来1.8两银子,一同到市场买米。陈确的祖父担心两位童仆年幼,会被人所骗,于是就派一“黠者”带着他们前去。当时陈家举家皇皇,正等着买米回来举火,而“黠者竟诱逃二童而攫其金”。过了数日,获悉二童逃匿之处,重新花钱将二位童仆买回,但“黠者”终究不知逃往何处,银米俱化为乌有。

无奈,陈确的母亲只好拿自己头上的簪子典银,去买种谷及农具,耕种屋西4亩田,主要靠最初收的仆人沈三夫妻耕种。这一年正好闹饥荒,种子相当昂贵。簪子典得银子2两,籴4亩田所用种子,花去银子0.8两,又买水车1口,用去银子1.2两,典金须臾花尽。没有多久,刚播下种子,沈三得疫病而死,陈确的母亲也病得很厉害。陈确的外祖父可怜自己女儿受苦,就指派一些仆人代为耕种。当时正好是大旱,灌溉困难。代耕者也有罢耕之意,陈确父亲只好支取下半年的脩金,作为他们的工钱。但还是杯水车薪,家中已经力竭,只得听其自然。等到了处暑,田中需要灌水,陈确的外祖父又派仆婢8人“裹糇来”,车水竟日,水仅仅满了一只田角。到冬天,只收得田角谷3石,以其中的2.5石“纳之柜”,再以0.5石“悬于梁”,作为明年的种子。当时正好替陈确的三叔举办婚礼,想借陈确伯母的房子,但没有答应。等到陈确的母亲回来,才将自己的房子让出来,作为他们的婚房。刚满月,陈确的叔母就归宁,房中虚无一人,四壁本来就不完整,小偷将柜中之谷、梁上之谷及二个空釜全数偷去,一年的生活来源就此断绝。

陈确的父亲初时只知读书,对家里的事一概不管。曾经想养一头猪,猪还未买来,先典掉陈确母亲的5丈白绢,买了一些饼麦之类的东西放在家里。后来又不想养猪了,于是饼麦尽为亲邻借散,绢最终也放弃赎回,弃置典当行中。

自从陈确的母亲嫁到陈家,刚刚三个月,就自己分灶而食,所依靠的只有“指授田”1.7亩。至于釜、灶全是陈确母亲自作,又经常被陈确的祖父所打破。陈确的母亲只好昼夜辛勤纺织,用来补贴家用。不够时,只能典当衣服、首饰。陈确的外祖父虽中了举人,但并没有出去做官,外祖母早已去世。后母对陈确的母亲并不仁义,不肯给一点周恤。而陈确母亲的性格又不喜欢求人,也不将自己的困境告诉陈确的外祖父。陈确的父亲在外处馆，前后总共不过四五年，后来不再出去教书。虽然有时也勉强出去，但还是辞多就寡。等到40岁左右，衣食粗给，家境刚有好转，儿女之事又纷至沓来。陈确家原本家徒四壁，陈确的父亲“先拮据营内川二进，又并得三四房破屋四间”，作为陈确兄弟的结婚用房。到陈确父亲49岁时，才自己出海买木材，建造中厅、前厅及墙门侧屋共20间，费银200余两。又以剩下的银子置办瘠田100多亩，分别授予陈确兄弟。田产虽然凉薄，但全都是陈确父母辛苦力作所致，没有丝毫旁人之力。

陈确的母亲姊弟九人，又是老大，最先结婚。她的弟妹结婚都在陈确外祖父中了举人之后，所以都选择一些极势厚之家。每次陈确的母亲回娘家，“群娣姒皆华侈相先”，惟有陈确的母亲“以萧然缊敝厕其间，亦不以为愧也”。群娣姒时相聚笑乐，而陈确的母亲则默然手纫自若。她们并不知道内情，就说：“陈姑性不语笑者也。”其中一位沈姨尤其富厚，每次从娘家回来，到家还有1里多地，就能听到榜声，于是数十个使婢就出去迎接，希望能得到一些好处。陈确的母亲习以为常，所以也不觉得世态炎凉。①

这是一个下层士人家庭的生活实录，也是一个劳动妇女辛勤劳作的一生。自从嫁给丈夫之后，尽管自己没有亲自下田干活，但一生都在为家计操劳。丈夫是一个只知读书，却不知“治生”之人，所以家里的生产，都需要自己亲自安排；因为家境穷困，不但自己需要昼夜纺织，以补贴家用，有时更需要将自己的衣服、首饰典当，使家中暂时度过困境。回到自己的娘家，又需要看娣姒的白眼。

（4）吕留良、黄二晦、黄复仲、朱声始、高旦中

吕留良作有一篇《卖艺文》，以自嘲的口吻，写出了明末清初五位下层知识人的贫窘境遇。这五位下层知识人，分别为吕留良自己，外加黄二晦、黄复仲、朱声始、高旦中四人，他们甚至只能通过卖艺维持生计。

吕留良称自己之贫，有时甚至达到“不举晨爨”的地步。吕留良有四位“贫友”，生计之穷，或与吕氏相似，或超过吕氏。高旦中之贫，与吕氏“差与埒”。高氏家中人口，包括一位母亲、四个兄弟、一个朋友、六个儿子与一位小妾。高氏“以生产枝梧其家”，此外凭借行医资助朋友黄二晦。黄二晦之贫，超过吕留良10倍。黄氏家中人口，包括一位母亲、五个儿子、二位新妇、一个小妾。他居住在剡中化安山，仅有屋3间，深1丈，阔才20多步，家中有床、灶、书籍，“家人屯伏其中”，甚至“烈日霜雪，风雨流水，绕攻其外”。居住条件之差，不言而喻。更

① 陈确：《陈确集·别集》卷11《先世遗事纪略·父觉庵公》，第530—533页。

有甚者,黄氏之家,“绝火动及旬日,室中至不能啼号”。家中断粮多至“旬日”,足见有“少食”之忧。尽管高旦中凭借医术资助黄二晦,但黄氏仍然“不给”,亦即难以维持生计。黄二晦“有金石玩好之性,喜凿印章”,私摹赵松雪朱文笔法,高雅可爱;又善画,画得李思训、赵伯驹二家之法。为此,吕留良与高旦中替二晦私谋生计出路,认为可以借助于摹刻印章与绘画两种技能“得钱”,维持日常生活。此外,黄二晦自认还可以“卖文与诗”维持生活。黄复仲也擅长绘画,画风兼南北宗,尤妙董、巨神理,下笔秀润生动,“直坐元四家于庑下”。但黄复仲的生计,也是“年来困益甚”。他家中有子女10余人,外加儿子之妾4人。黄复仲正值少壮,平日生活贪图豪奢,以致“旦夕遂至不堪”,甚至“责逋者环坐户外”。无奈之下,复仲只好“恸哭欲自引经”,“责逋者多惊散去”。吕留良认为,黄复仲可以凭借卖画而维持生计。朱声始是吕留良的姊丈,家有二个幼子、一个弱女,生计贫窘,有时甚至“行且饥欲死”。朱氏唯一所长,即在善于作文,“渊源程朱,所作文不减欧九;为杂著小品,奇诡要袅渟蓄,出入蒙庄、史迁、昌黎间”,可以卖文为生。

吕留良《卖艺文》一文,固然不乏游戏的成分,但至少已经道出了明末清初下层知识人的生计困境。为了摆脱生活的困窘,他们最后只好凭借自己的一技之长,卖艺为生,亦即在共同“卖文与诗”的同时,黄复仲、黄二晦一起卖画,黄二晦、吕留良一起卖篆刻,高旦中、吕留良一起卖字,“既以自食,且以食友”。[①] 显然,下层知识人在谋生出路上渐趋一致,即卖艺为生,且在卖艺的过程中,结成一个以友情为纽带的生计互助团体。

二、庶民阶层家计

在探讨明代庶民阶层生计之时,有以下两点显然需要加以格外关注:其一,当国富民安之时,庶民较易谋生,即使不能过于富裕,但至少可以过一种无忧无愁的生活。其二,当社会动荡与面临灾荒之时,自然民生凋敝,百姓穷困,甚至以人相食。尤堪注意者,在有些时期,社会动乱与灾荒并存,在此境遇下,庶民生计则更为不堪。如以广东吴川县为例,在崇祯六年(1633),先是三月有刘香老的

① 吕留良:《吕晚村先生文集》卷8《卖艺文》,载氏撰,徐正点校:《吕留良诗文集》,上册,浙江古籍出版社2011年版,第184—186页。

侵犯,“掳沿江男女,或赎或杀或带去”;其后,灾害频至,如三江佛塔堤崩,北三都一带田禾淹没,再加之蝗灾盛行,导致收成仅存三分之一。其结果,则是“民苦甚,以瓜菜救命”。①

（一）农家生计

农家生计,有苦有乐。当国家安宁、轻徭薄赋之时,乡村田家自然可以过着一种快乐的生活。沈德符诗云:“作劳岁岁临菑畬,夫畊妇馌度年华。饭安粗粝庐安蜗,伉俪相保乐莫加。”②诗中所云,是一对农家夫妇的日常生活,通过夫妇的岁岁“作劳”,仍然可以维持一种“饭安粗粝庐安蜗”的知足生活,甚至不乏“伉俪相保乐莫加”的快乐心理状态。

李开先有一首歌咏田舍翁生活的诗,详细描摹了田舍翁王士登的日常生活。③ 从诗中可知,王氏身处有“上乡”之称的村落,又兼“打斗无吏傲羲皇”的时代,所以尽可过一种“眼前乐事如君足”的生活。这显然基于家有田产、奴仆的富足之上,一旦“官租家务俱能办”,而后方可“大碓舂来粟米细,小刀剪得野蔬香”。李开先又有一首《杪秋村田乐》诗,可以作为上面农家生活的补充。④细绎诗旨,这位身处“山田茅舍野人家”的农夫,却有着“世敦俭让不矜夸”的好门风。当然,一则因为家有男仆、女婢,甚至“仓余谷麦鸡豚茂”,二则因为“门少催科情兴嘉”,赋薄徭轻,所以即使过的“半壁古砖为伏枕,一壶豆液当清茶”,或则“渴饮流霞,饭饱胡麻”的生活,也是“身心无系累”,怡然自得。

毫无疑问,前引两诗,堪称明代北方农村富家翁生活及其观念的真实写照。此外,李开先另有一首《富村翁》诗,足以成为上引两诗的佐证。⑤ 由此可见,富村翁的生活,一则由于有了“田畴”这样的经济基础;二则由于并无徭役之烦,可以做到“经年一到县,半生不到州”;三则出于知足的心态,可以做到“多收十斛麦,心轻万户侯”,甚至“黍谷归仓廪,高声便唱筹”。有此三者,即使不曾识字,看不懂历书,只能按照节气生活,但还是能过着一种“胸中无别虑,身外复何求”

① 陈舜系:《乱离见闻录》卷上,载《明清广东稀见笔记七种》,第7页。

② 沈德符:《清权堂集》卷7《桔槔行》,载氏著,李祥耀点校:《沈德符集》,浙江古籍出版社2018年版,第112页。

③ 李开先:《闲居集》卷1《田舍翁歌赠云峰王士登》,载氏著:《李开先全集》,上册,文化艺术出版社2004年版,第72—73页。

④ 李开先:《闲居集》卷1,载《李开先全集》,上册,第60—61页。

⑤ 李开先:《闲居集》卷1,载《李开先全集》,上册,第43—44页。

的知足之乐生活。

当然，揆诸明代社会的实际状况，在明代众多的社会阶层中，当数农民最为辛劳，其生活也最困苦。这一点显然毋庸置疑。换言之，明代农夫的基本生存状态，一如王德完的揭示："夫农夫作苦，无间丰凶。岁凶苦谷贵，无钱可买。至丰年，始得石粟，则公私督责，交迫一时，又苦谷贱，所售无几，终岁勤动，转眼罄空。迨至凶饥，依然饿莩。"①这就是说，无论是丰年，还是凶年，农夫终年所过，不过是捉襟见肘甚至"饿莩"的困苦生活。

农夫"最劳"，农夫"辛苦"，或者说农夫"忧劳"，显然是明代有识的帝王与士大夫的共同认知。正是因为有了如此清醒的意识，才导致他们具有"悯农""恤农"的思想。

明太祖朱元璋出身下层，对农民之辛劳及其生活之苦况最为洞悉。就农民之辛劳而言，朱元璋认为，他们"当春之时，鸡鸣而起，驱牛秉耒而耕，及苗既种，又须耘耨，炎天赤日，形体憔悴"，确乎是"终岁勤动，不得休息"。就农民生活之苦而言，朱元璋认为，他们住的不过是"茅茨草榻"，穿的不过是"练裳布衣"，吃的不过是"菜羹粝饭"。进而言之，等到秋成，所获除了"输官"之外，剩下的并无多少，若是遇到水旱虫蝗，更是"举家皇皇无所望矣"。② 明宣宗号称是一位仁孝的皇帝，他在一些诗歌中表达了对农民穷苦生活的怜悯。诗中有句云："农者国所重，八政之本源。幸苦事耕作，忧劳亘晨昏。丰年仅能给，歉岁安可论？既无糠覈肥，安得缯絮温？恭维祖宗法，周悉今具存。遐迩同一视，覆育如乾坤。尝闻古循吏，卓有父母恩。惟当慎所择，庶用安黎元。"③宣德五年(1430)二月，明宣宗至昌平谒陵，回来路过昌平东郊，见农夫在田劳作，召而问之，知人事之艰难，将其著成篇章，赐给蹇义等人。从所引宣宗之诗，再结合此文，大抵可知明代农民生活及其生存状态：就农民辛劳来说，确乎称得上是"幸苦事耕作，忧劳亘晨昏"。进而言之，农民一年四季均处于辛劳的状态，而无逸时。如"春则耕，夏则耘，秋而熟则获"，到了冬季，又要"执力役于县官"。就农民的生存状态来说，确如宣宗诗中所云："丰年仅能给，歉岁安可论？既无糠覈肥，安得缯絮温？"④

---

① 王德完：《救荒无奇及时讲求以延民命疏》，《明经世文编》卷444，第6册，第4874页。

② 刘宗周：《中兴金鉴录》1《祖鉴篇》，《刘宗周全集》补遗2，第5册，第124页；余继登撰，顾思点校：《典故纪闻》卷1、5，第16、87页。

③ 明宣宗：《悯农诗示吏部尚书郭琏》，载钱谦益：《列朝诗集》乾集上《宣宗章皇帝》，清顺治九年刻本；余继登撰，顾思点校：《典故纪闻》卷10，第175页。

④ 余继登撰，顾思点校：《典故纪闻》卷10，第172—173页。

揆诸明代的士大夫阶层,或自己原本出身农家,或基于一种"悯农"的意识,在他们的笔下,农家生计大多也呈现出一种辛劳或辛苦之状。明代农民的家庭生计困苦,可以从明人郑晓的记载中有一感性的认识。郑晓曾往来村落之间,看到"乡人作业甚苦"。国家的田赋,则已是"岁征其十二",农民还来不及涤场,就日夜想着"给公输"。只有交了田赋,才能用剩下的粮食作为父兄子弟一岁的衣食或吉凶百费。如果不够,就必须"转贷佣保",即借高利贷或给人佣工。可见,其基本的生活状况就是"勤勤终其身,不餍糟糠,不敢缺公输"。① 尤其是清初有"关中三李"之称的李柏,撰有一首《阅耕者》诗。② 从诗中可知,农民辛勤劳作,却是"无谷""无服""恶木";反观那些"不农"之人,却能享受食肉、服縠,甚至"渠渠夏屋"的生活。通过这些文人士大夫的诗歌或其他文字记录,大致可以描摹出明代农家的基本生存状态。

其一,农无逸时,终年劳作。有一种普遍的认知,认为农人的生活状态为"三时之劳,一时之逸"。这就是所谓的春耕、夏耘、秋获、冬藏,亦即冬季是农人享受安逸生活的季节。揆诸明代农民生活的实况,正如李诩所言,已是"欲求顷刻之逸,不可得矣"。换言之,一旦秋天收敛完毕,随之而来者,则是"官逋私负,纷纷集扰",农民不得不"仰事俯育,恻恻关心"。身处冬季,若是"不遑暇食",还可以"左支右吾";若是稍有懈怠,那么饥寒立至。唐人聂夷中"二月卖新丝,五月粜新谷"之句,过去的学者认为已经曲尽田家情状,揆诸明代田家生活之苦,实则过之。五月收获蚕丝,九月收获谷粟,这是一种"常候"。预先取给于二三个月之前,还算得上是"稍能过活之家";至于那些"百孔千疮"的家庭,全是"递年隔岁,咄咄藉是",更非"二月之卖五月之粜"所能形容。③

其二,农家生活之苦,见诸很多明代诗歌的记录。从朱有燉《咏田家》诗歌可知,即使是收成好的年份,因为"粮达脚钱重,丁多身役繁"之故,农家夫妇不得不携带稚子,"时复理南园"。在赋税、徭役双重压迫之下,再加上物价上涨,农民生活确实相当困苦。④ 刘基有一首《题富好礼所畜村乐图》诗,所咏虽是一种"村乐"之景,却亦不免将农民生活的困苦如实加以反映。其中有云:"天下农夫总供给,陇亩不得安锄耰。市中食物贵百倍,一家之价过于牛。鱼盐菜果悉卖

① 郑晓:《端简郑公文集》卷4《送夏侯月川先生述职序》,明万历二十八年郑心材刻本。

② 钮琇:《觚賸》卷6《秦觚·槲叶集》,上海古籍出版社1986年版,第110页。

③ 李诩:《戒庵老人漫笔》卷7《农无逸时》,中华书局1982年版,第276页。

④ 朱有燉:《诚斋录》卷1《咏田家》,载氏著,赵晓红整理:《朱有燉集》,齐鲁书社2014年版,第603页。

米，宫币束阁若赘瘤。朝餐仅了愁夕膳，谁复有酒浇其喉！”①又张四维有《悯农诗》，细绎诗旨，农家在春、夏、秋三季辛勤劳作。秋获之后，因为有“私逋”与“公租”需要偿还与缴纳，最后还是过着一种“日暮空柴庐，无能饱糠粃”的生活。②还有吴应箕《耕田苦》一诗，对苏州农民的农耕生活之苦，更是描摹殆尽。③ 诗中所咏，是苏州农民遇到干旱之时的车水灌溉的辛苦场面。一部水车，需要人力5—6人，一天才能灌田2—3亩。“勠力安知昼迁夜，赤体相对子与父”，或“下湿上炎背欲裂”，在炎热的日照之下，车水之农的苦状，更是令人心酸。江南农家耕田之苦，确乎难以比数。即使如此，因为江南重赋的原因，再加之“下邑催征犹如虎”，农家生计更是陷入了困境。

正如明人周忱所云，在士、农、工、商四民之中，尤以农民最苦。天下农民固然辛劳，但相较之下，苏州、松江二府的农民，他们的辛劳更是“有加倍焉”；天下农民固然贫困，但相较之下，苏州、松江二府的农民，他们的贫困则“又加甚焉”。④ 究其原因，还是因为江南重赋所致。明代有谣谚云：“官粮办，便无饭。”⑤此谚足证江南赋税之重。

其三，农家生活之苦，不仅见于平常之日，若是遇到水、旱、蝗等灾害，则其苦更甚。江盈科有一首《田家即事》诗，基本反映了苏州一带农家的生活。诗云：“在在农家苦，山山杜宇啼。须黄麦穗老，嘴白谷牙齐。柘尽蚕牧茧，林香麝过脐。吴田每愁水，相劝补残堤。”⑥这当然是平常日子的农家生活，在江盈科看来，还是“在在农家苦”。到了大旱之年，农民的生活就更为艰难。江盈科有两首反映大旱之年农家生活的诗，一首是《荆襄悯旱》，其中有云：“雨阳期太舛，襄郢岁频虚。地柝龟文老，池枯鹭影疏。汲深泉当醴，籴贵米成珠。时事堪双泪，谁题郑侠书？”诗歌反映了大旱之年湖广荆襄地区农家生活之艰辛。另一首是《河南苦旱》，其中有云：“赤日火轮似，长天大冶同。驿亭愁上马，郡县困迎龙。米贵欺流殍，田焦泣老农。弘羊烹未得，无机答玄重。”⑦“米贵欺流殍，田焦泣老

---

① 刘基：《刘基集》卷21，浙江古籍出版社1999年版，第414页。

② 张四维：《条麓堂集》卷1《悯农诗》，载氏著，张志江点校：《张四维集》，上册，上海古籍出版社2018年版，第30页。

③ 吴应箕：《楼山堂集》卷23《耕田苦》，载氏撰，章建文点校：《吴应箕文集》，黄山书社2017年版，第413页。

④ 周忱：《与行在户部诸公书》，《明经世文编》卷22，第1册，第174页。

⑤ 杜文澜辑：《古谣谚》卷83《吴谚二则》，中华书局1984年版，第913页。

⑥ 江盈科：《雪涛阁集》卷1，载氏著：《江盈科集》，上册，岳麓书社1997年版，第47页。

⑦ 江盈科：《雪涛阁集》卷1，载氏著：《江盈科集》，上册，第62、63页。

农”,已经道出了明代农家遇到大旱之年时生活的无奈。

灾荒之年农民生活水准的下降,同样见诸李开先与吕坤的诗歌中。李开先有一首《悯农诗》。[①] 从诗意可知,一旦因“亢阳”而遭受旱灾,秋收无望,再加之“逋负不能偿”,其结果必然是“贫者卖儿女,富者卖马牛”,甚至逃亡与为盗。万历十六年(1588)春,在经历了两年的旱灾之后,山东大饥,草根树皮,剥掘殆尽,只好吃野草,甚至有人因误食“芫花鬼臼”这种毒草而身亡。吕坤当时任山东布政司右参政,专门撰写了《毒草歌》以哀饥民。吕坤又有《靳庄行》长歌,似亦作于此年。细绎诗意,灾年之时,农民只能以土和糠与榆皮末为食,勉强苟活,甚至产生“死者常乐生者饥”的念头。[②] 明末人吴应箕有一首《大旱歌》。此诗反映的是崇祯九年(1636)江南所遇的旱灾。因为三月不雨,导致“原田尽毁裂”,甚至影响到东南赋税岁额的输纳。旱灾的结果,一方面是使“民穷”,“饥者食无麸”,甚至“十家农夫九家哭”;另一方面,则使官赋无从输纳,以致“长官坐叹空踌躇”。[③] 吴应箕还有一首《丹阳道》诗,对遭受蝗灾之下的农民生活多有描摹。[④] 从诗中不难发现,在蝗灾之下,丹阳、句容一带,已是米价腾涌,甚至高达“斗米钱半千”;重灾之余,“富家无租要纳粮,贫者勤耕不得食”,最后导致南都近畿六个州县,尽皆陷入“萧条”。明末人陈确有《荒年诗》一首,充分揭示了灾荒之年田主、自耕农、佃农所遭遇的生活困境。[⑤] 从诗中及其原注可知,当灾荒之年,田主的收成大为减少,甚至只有原先的三分之一私租收入;自耕农典尽衣资,卖尽田地;至于佃户,更是有“倍出之苦”。谚云:“荒年不怕怕来年。”又云:“不怕荒年怕熟年。”诸如此类的谚语,均属刺骨之语,基本反映了灾荒之后的第二年,农民的生计会更加困难。

其四,同是农民,尤以耕种官田农民生活最为困苦。耕种官田农民生活之苦,明宣宗已经深有体会。他在一首诗歌中,说到官田租赋之重。诗云:“官租颇繁重,在昔盖有因。而此服田者,本皆贫下民。耕作既劳勤,输纳亦苦辛。遂令衣食微,曷以赡其身?”[⑥]可见,耕种官田的农民,均属“贫下民”。在重赋之

① 李开先:《闲居集》卷1,载《李开先全集》,上册,第43页。

② 郑涵编:《吕坤年谱》,中州古籍出版社1985年版,第40页。

③ 吴应箕:《楼山堂集》卷23《大旱歌》,《吴应箕文集》,第413—414页。

④ 吴应箕:《楼山堂集》卷23《丹阳道》,《吴应箕文集》,第416页。

⑤ 陈确:《陈确集》,《诗集》卷9《荒年诗》,第795页。

⑥ 明宣宗:《减租诗》,《列朝诗集》乾集上《宣宗章皇帝》;余继登撰,顾思点校:《典故纪闻》卷10,第175页。

下,他们只能过一种“衣食微”甚至难以“赡其身”的生活。

成化年间,南直隶溧水知县王弼作有一首《永丰谣》,对耕种官田农民生活之苦,其描摹更为细微。① 此诗所具信息甚多,主要有:一是溧水县的官田之赋,高达每亩收取8斗;二是当遇到水灾之时,官府不仅没有蠲免官赋,甚至“追租如追魂”;三是其中一些奸人,将官田当作民田出卖,出卖之后,官租仍由贫穷的农民承担;四是在年复一年的旧租、新债等沉重负担的逼迫下,耕种官田的农民只好将家中的黄牛犊卖掉,所得的时价仅有铜钱1000文,用来偿还债家之息。更有甚者,有人在卖牛犊之余,甚至还“卖儿”还债。

其五,明代农民之苦,主要有以下三个原因:一是朝廷赋税的加派。尤其是到了明末,因为朝廷赋税的不时加派,再加之地方官员的催科,农民生活就更苦了。江盈科《乡信》一诗,真实地记录了他自己家乡湖广农民的生活。诗云:“楚地原垸埆,秋粮苦积逋。馈糇供战士,加税到农夫。官府鞭箠急,闾阎骨髓枯。谁人启边衅?流祸几时苏?”又说:“到处闻催饷,沿江哭夺船。滩高虞石磕,水急苦绳牵。寡妇日投卯,丁男春误田。何须困兵革?已是骨头穿。”②此即农民遭受“加税”后生活困苦的实录。二是徭役之繁。据《天下郡国利病书》的记载,在山东曹县,原额均徭银均设官吏坐理,治法甚善。行之既久,寖失初意。每一役出,就派人下乡“索括金钱”,称为“攒回流”,小民不胜其扰,故当时有“家有二顷田,头枕衙门眠”之谣。③ 三是官员贪暴,导致农民生活更为困苦。李开先《农歌》诗中有句云:“近多贪暴为民牧,里老下乡众遭毒。征徭偏是及穷独,光明不照逃亡屋。民火动摇元命促,安得缓征薄敛,免使闾里向隅哭!”④

明代农民生活,有苦有乐,当然仅是就其大概而论。若是对农家生计加以细化,则无疑需要有更多的史料加以印证。换言之,业农之人,就其生活水平而言,有富有贫;就其土地占有及业态而言,则有地主、自耕农、佃农之别。

以地主而论,自然可以过着一种富裕而悠闲的生活,并不需要为生计发愁。河南开封府杞县人杨文秀的家庭生计就是典型一例。从史料记载可知,杨文秀年长之后,就开始“学小贾”;到了中年,即成为“大贾”。此后,弃贾务农,在沙河之阳买田,到了晚年,土地累积至数千亩,家业“遂称饶益”。有了这样的经济基

① 顾炎武著,黄汝成集释:《日知录集释》卷10《苏松二府田府之重》,中州古籍出版社1990年版,第241页。

② 江盈科:《雪涛阁集》卷1,载《江盈科集》,上册,第73—74页。

③ 杜文澜辑:《古谣谚》卷27《曹县赋役谣》,第419页。

④ 李开先:《闲居集》卷1,载《李开先全集》,上册,第79页。

础,杨氏自然可以过一种悠闲的田野生活。因为常年居于沙河边上,他自称“河曲老人”。每年进城不到一二次,平日里的生活,就是“时时从田父省稼穑,班荆道旧为乐”。他性不喜饮酒,乡邻中有人请客,不论贫富疏戚,他就前往尽欢,“熙熙由由”,一如“羲农以上人”。① 明人何良俊根据自己的亲身经历,记载了当时江南松江府内“上农”生活之优裕,亦即“家富人足,日勤农作,至夜帖帖而卧”。这里所谓的上农,当然是指充当粮长的地主,他们甚至可以在家里演戏剧,并聘请乐工 2 人,在家中教童子习戏。②

以自耕农而论,宣德五年(1430)二月,明宣宗在谒陵路过昌平之时,曾与一位农夫有过一段对话。从农夫的回答中,大致可以证实如下一个事实:当明初之时,一个自耕农家庭,若是收成好,一年的收获基本可以提供两年的温饱;若是收成薄,一年的收获则只能提供一年的温饱。③ 换言之,在社会安宁、赋役负担基本稳定的状态下,年成好时,自耕农家庭的收入在负担一家生计之外,尚有一半的积余;年成差时,则家庭收入尽可负担一家的生计。

在浙江海宁县,因为得天独厚的地理优势,使得自耕农的生计相对优裕。根据陈确的记载,若是单纯的种植粮食,中等之田每亩可以年产米、麦、豆 3 石以上,上等的腴田,亩产量更是高达 4—5 石。换言之,1 亩田的收成基本可以维系一人一年的口粮。若是种植经济作物,诸如桑、麻、瓜、果,那么 1 亩之田,每年可以获得 10—20 两银子的收入。换言之,1 亩田的收成可以维系数口人一年的口粮。④ 以此高产或高收成作为保障,若无天灾人祸,江南自耕农的家庭生计显然颇为优裕。

以佃农而论,他们的家庭生计显然取决于主人的善恶。若是地主好善,佃户生计则易改善。如陆树声居乡好善,至老不衰。他对待佃户“尤加厚”,如佃户纳租时,“勿用大斛,勿苛察米色”,又“遇水旱给以米不责,其凡偿冬间免荒米务从厚”。由此之故,陆家的佃户生计,均能“家给人足”。⑤

若是地主刻薄,私租太重,自然增加了佃户的经济压力,进而造成他们生计

① 王廷相:《内台集》卷 6《明故封奉政大夫刑部郎中杨公墓志铭》,《王廷相集》,第 3 册,第 1002 页。

② 何良俊:《四友斋丛说》卷 13《史》9,第 110 页。

③ 余继登撰,顾思点校:《典故纪闻》卷 10,第 172—173 页。

④ 陈确:《陈确集》,《文集》卷 15《投当事揭》,第 366 页。

⑤ 章鸣鹤著,范棫士校:《谷水旧闻》,载上海市松江区博物馆、华东师范大学古籍研究所编:《明清松江稀见文献丛刊》,第 1 辑,上海古籍出版社 2015 年版,第 9 页。

的困难。根据顾炎武《日知录》的记载，苏州之民，有田的地主仅占十分之一；而无田替人佃种土地的佃户，则占十分之九。更为甚者，苏州一带地主在核算土地面积时，实际所谓的“亩”，通常甚窄，甚至将沟渠、道路也计算在土地面积中。据顾炎武的记载，苏州佃户租种地主土地，一年的收成，在扣除地主的地租之后，往往所剩无几，有时甚至生计陷入困顿。顾氏有如下一种核算：苏州之田，每年仅有“秋禾一熟”，一亩的收成，多的不到3石，少的不过1石多。而地主收取的私租，则相当之重，多的高达1.2—1.3石，少的也达0.8—0.9石。佃户辛苦劳作一年，再加上“粪壅工作”，1亩的投入成本也多达“一缗”。等到收成之日，在扣除私租之后，每亩的收入不过数斗而已，有些佃户甚至“今日完租而明日乞贷”。[①] 相同的佃户生计，同样见诸浙江海盐县。据钱薇自述，他家所拥有的土地，在海盐城北，地处海壖，每年的地租，一般为每亩收秋豆4斗、春麦5斗。两者相加，所收的实物地租每亩也高达9斗。此外，在海盐城南，钱薇家并无土地，他从他人闻之，当地“以钱为租”，即采用一种货币地租之法。在通常情况下，贫瘠之田，每亩收取钱800文；肥沃之田，则每亩收取钱1000文。[②] 无论是实物地租，还是货币地租，海盐县佃户所交的私租，显然过于沉重，这在一定程度上影响到佃户的生计。

自耕农的负担主要来自“官赋”，而佃农的负担则来自“私赋”，亦即私租。在传统中国的农业社会中，有一个现象值得引起注意：若是“官赋十二”，亦即农业税的税率为20%，自耕农就会感到负担很重，甚至“民怨其暴”；若是“私赋十五”，亦即私租的税率为50%，佃农反而不觉负担沉重，亦即“民乐其宽”，甚至昼夜力作，“以得完田主之租为快者，比屋然也”。明代的私租税率为50%，这显然是一个较为通行的惯例。如明末清初人张履祥有言：“今士庶之家，以田佃人，岁入其半。”[③]这就是一个例证。又如南京一带的寄庄户，将田1亩出租给佃户，并为佃户提供牛与车等生产工具，甚至还提供房子给佃户居住。在当地，一岁所入，收成中上的田地，1亩可收谷2石，以其中一半输给田主作为田租，而佃户可得一半。[④]

当然，揆诸明代租佃经济的事实，所谓的“私赋十五”，仅是就其大概而言，实则私租的收取，情况颇为复杂，且体现为以下两种情形：一是私租税率远远高

① 钱思元撰，朱琴点校：《吴门补乘》卷1《田赋补》，上海古籍出版社2015年版，第70页。

② 钱薇：《均赋书与郡伯》，《明经世文编》卷214，第3册，第2240页。

③ 张履祥：《杨园先生全集》卷32《言行见闻录二》，中册，第918页。

④ 顾起元：《客座赘语》卷5《三宜恤》，第162—163页。

于50%。以浙江海宁为例,中等之田,即使遇到极丰之年,每亩的收获一般不超过2石。所谓的“私赋十五”,就是田主收租1石。其实不然,田主收取的租税会远高于每亩1石。若是加上斛头脚米、斛手米之类,那么私租已达“十六”,即60%;再加上“屋基场圃之亏赔,船夫仆役之蚕食”,那么私租的更是高达“十七八”,即70%—80%。这仅仅是中等之田以及丰年时的佃农生计状况。若是瘠田,且又遇到收成不好的“俭年”,每亩的收成不到数斗,田主仍然收取每亩1石的私租,那么更是“五而赋十也”,即达到200%的私租税率。其结果,佃农只好鬻妻卖子。正是基于如此的比较,陈确才发出明代佃农“劳苦十倍于古”的感叹。① 张履祥也记载,田主并不满足于50%的税率,往往通过脚米、斛面之类,“多其名色,以求取盈”,亦即收取超过50%的私租。② 二是私租低于50%的税率。如松江府所属华亭县、青浦县、娄县,农民所需交纳的田租,“亩收三、四钟者,皆石外起租,甚至一石五、六斗者比比”。③ 以1钟合6斛4斗,且1斛合5斗计算,那么,每亩的收成为10.2—13.6石,亦即平均11.9石。其中收取的私租分别为1.5—1.6石,亦即平均1.55石。以此折算,其私租的税率为13%。这个私租的税率显然过低。究其原因,还是因为计量单位“钟”制的不确定性所致。换言之,史料所谓的“亩收三、四钟”,将其折合成亩产量10.2—13.6石,显然远远高出明代江南的土地亩产量。较为适中的江南土地亩产量,大致可引苏州府常熟县为例。根据史料记载,明代江南单季水稻的亩产量,分为上、中、下三等,分别2石、1石余、1石。④ 换言之,按照双季稻计算,则分别为4石、2石余、2石。毫无疑问,“亩收三、四钟”者,理应是上等的收成。若是以上等的亩产量4石计算,那么,其私租的税率约为38.7%。此外,松江府所属上海县,上等田收取的私租为1.1—1.2石,平均1.15石;中等田收取的私租为0.8—0.9石,平均0.85石;下等田收取的私租为0.6石。⑤ 若是以常熟县的亩产量作为参考标准,那么上海县私租的税率,分别为28.7%、42.5%、30%,显然均低于50%。

在论及明代佃户生计之时,有两个现象值得引起关注,且对进一步理性分析佃户生计的实况大有裨益。其中之一,就是“寄庄户”(亦即地主)与佃户之间的关系,并非寄庄户一概有“兼并”之弊,而是从某种程度上说,寄庄户是“无田者

① 陈确:《陈确集》,《文集》卷11《古农说》,第269页。

② 张履祥:《杨园先生全集》卷32《言行见闻录二》,中册,第918页。

③ 叶梦珠:《阅世编》卷1《田产》1,上海古籍出版社1981年版,第22页。

④ 嘉靖《常熟县志》卷4《食货志》,明嘉靖十八年刻本。

⑤ 叶梦珠:《阅世编》卷1《田产》1,第22页。

之父母”。对此,知府姚叙卿有具体的统计分析数据加以印证。据姚氏所言,寄庄户在将田地租给佃户耕种之时,必须给佃户提供牛、车一类的耕作工具,且提供房屋给佃户居住。以1亩之田的收成来说,中、上等之田,可以收谷2石,佃户将一半收成交给寄庄户,自己可得1石之谷。鉴于此,姚氏认为,寄庄户不但“无害于民”,而是“有利于民”。即使他们“田连阡陌”,因为“仰给者不啻众也”,所以不可简单地责备寄庄户的“兼并”。[①] 其中之二,就是善待佃户之论的勃盛。林希元就是持这种看法的典型。作为地主的林希元,他在家训中告诫自己的子弟:“佃户为我耕田,倚命于我,我亦倚命于彼,待之宜有恩。”换言之,地主与佃户之间是一种互相“倚命”的关系。正是因为此,所以对待佃户,不能“过于刻薄”,应该“有恩”。凡是遇到荒年,租税“要从宽减”,或者免除租税,或者从缓收取租税。若是佃户没有大的过失,“不得辄起田召佃”。[②] 地主必须善待佃户之论的兴盛,固然是地主出于自己的私利考虑,但在一定程度上使佃户的生计得以保障与改善。

在明代的农民阶层中,除了自耕农、佃农之外,还有诸多佣工,如“长工”“忙工”“伴工”之类,至于其间的区别,正如史载所云:“农无田者,为人佣耕,曰长工。农月暂佣者,曰忙工。田多人少,倩人助,已而还之,曰伴工。”[③]明代江南的田主,很多已经知道下面的道理,即“善使长年恶使牛”,“当得穷,六月里骂长工”,所以,较为善待长工。很多以前流传下来的佣工旧规,无不以善待长工为准则。透过这些旧规,大抵可以发现明代长工的实际生存状态。如长工每天的饭食,以吃饱为准,且有点心。按照旧规,夏、秋两季,每个长工早上吃粥2合,昼吃饭7合,点心饭2.5合,加粥2合,夜吃粥2.5合。春、冬两季,每个长工早上吃粥2合,昼吃饭7合,点心粥3合,夜吃粥2.5合。照此一年平均计算,每个长工每天可吃米1.5升,长工家中妇女减半,另外长工家中所养猪犬,也可以加料。至于副食,按照旧规,在夏、秋两季,长工所吃,为一日荤、两日素。后有所改变,变更为若是干“重难”之活,就连日吃荤。在春、冬两季,旧规为一日荤、三日素,后改为隔两日,即一日荤,两日素,若干“重难”之活,则“多加荤”。长工所食之荤,若是鲞与肉,每斤由8人分食;若是猪肠,每斤由5人分食;若是鱼,亦每斤由5人分食。长工所食之素,按照旧规,原本使用豆腐之类,尚需付钱,后改为不再

① 顾起元:《客座赘语》卷5《三宜恤》,第162—163页。

② 林希元撰,何丙仲校注:《林次崖先生文集》卷12《家训》,下册,第475页。

③ 顾炎武著,谭其骧、王文楚、朱惠荣等点校:《肇域志》,《南直隶·松江府》,第1册,上海古籍出版社2004年版,第310页。

付钱，而且多给油水，还让长工自己勤种瓜菜，以补食素之不足。此外，按照旧规，不论农忙还是农闲，长工还可以有酒喝，一杓酒，供三人饮用。后有所改变，变成由干活的轻重，决定长工饮酒的多少，即干“重难”之活，每个长工得以饮酒一杓；中等之活，每人饮酒半杓；若是轻省之活，或者阴雨天留在家里不干活，则无酒可饮。①

从明代江南经营性地主善待长工的诸多举措，大抵可以看出明代长工的生活并非水深火热，而是可以得到基本的温饱，有肉吃，甚至还有酒喝。作为农民底层的长工尚且如此，那么普通的自耕农更是可想而知。

揆诸明代的农家生计，其间颇为复杂。有的山中贫民，尽管因为“耕无田”“贾无赀”，不得已只好“入山拾薪，趋市鬻之”，借此换钱维持生计。即使如此，且家中“上有老母，下有妻子”，但同样“得钱易米归而炊食，奉母及妻子以为常”。② 这是普通山民的日常生计，显然也可以拾柴而卖而维系家庭生计。若是将视野转向农家，那么他们的实际生存状态，无疑各显面貌，或发家致富，或生计困顿。下面依次加以举例剖析。

其一，有些农家生计，通过积累而致富。在农家致富中，很多凭借力耕致富。如苏州府吴江县的农家，很多就采用兴修水利，亦即利用堤、埂、塍之法，“力耕以致富厚”。朱国祯就曾亲眼所见，在自己所居 20 里内，有两家凭借力耕，“起白手致万金”。③ 苏州府嘉定县的刘椿家，更是江南农民力田起家的典范。据载，刘椿，字尚龄，世居练川里，“家世力田，攻治生”。从他祖先开始，就“以己赀振于乡”，但只是“自乐而不愿仕”。到了刘椿这一代，更是“克树立家，聚指不啻千数”。每天刘椿鸡鸣而起，“援事程功，率有恒式，用是业日益盈”。④ 与江南农家以力农致富不同，在北方的燕、周、齐、晋之郊，尤其是西北的关中，很多农家以畜牧发家。众所周知，西北之利，以绒褐毡裘为主。如关中有一张姓人家，世代以畜牧为业，号称家中有“万羊”，“其畜牧为西北饶，富甲于秦”。⑤

其二，有些地方的农家，因为地处敝邑，维持生计相当艰辛。如福建晋江县，

① 张履祥：《杨园先生全集》卷 49《补农书》上《运田地法》，下册，第 1401—1402 页

② 孟化鲤：《孟云浦先生集》卷 4《鬻薪者传》，载邹建锋、李旭等编校：《北方王门集》，上册，上海古籍出版社 2017 年版，第 462 页。

③ 朱国祯撰，王根林校点：《涌幢小品》卷 6《堤利》，第 115 页。

④ 杨循吉：《松筹堂集》卷 8《明故承事郎直斋刘君墓表》，载氏著，蔡彬点校：《杨循吉集》，上海古籍出版社 2013 年版，第 572 页。

⑤ 张瀚：《松窗梦语》卷 4《商贾纪》，第 85 页。

土宇之隘,生齿之繁,竭土之毛,不足以供给当地的百姓,所以当地百姓无不“饔飧取给四方”。各地农家生计,大多通过男耕女织得以维系,而福建晋江县的农家,则是“男耕而女亦耕,女织而男亦织”。他们终岁勤动,力耕于田,甚至“夫妇耦力”,才得以“足衣食”。总体而言,一县之中,“享安乐无几”,而“困惫转徙,仰给于奔走,糊口于东西,常十室而九也”。①

其三,在江南,一些农家生计大多依赖耕织维系,且存在着诸多不确定性。一方面,织妇的收入可以贴补家庭生计,有些甚至占到家庭收入的一半。但平心而论,正如明宣宗《织妇词》所云,织妇需要采桑、育蚕、缫丝、制帛诸多工序,而后织成丝匹,确实“亦甚劳苦”。她们“斯螽动股织未停,鸡声三号先夙兴。机梭轧轧不暂息,辛劳累日帛始成”。其结果,则是“上供公府次豪家”,自己却“冬寒无挟纩”。② 另一方面,江南农家养蚕,固然可以借此发家,但一旦失计,同样可以由此衰败,使家庭生计陷入困境。朱国祯的记载,大抵可以反映湖州养蚕人家,其家庭生计确实存在着一些风险。明代湖州的养蚕人家,大多自己种植桑树,以供养蚕所需的桑叶。若是自己不栽桑树,则预先租他人所栽桑叶,俗称“秒叶”。凡是养蚕 1 斤,一般需用桑叶 160 斤。所谓“秒叶”,即先期支付银 4 钱,等到收桑叶时,再支付叶银 5 钱,外加杂费银 5 分,总计支出为银 9. 5 钱。若是好的蚕,花费 20 日辛苦,所收丝出售可得银 1 两余。换言之,养 1 斤蚕,即可赚取银约 1 分。此外,剩余者还可以制成绵与线,蚕粪可以肥田。所有这切,均可“资民家切用”。养蚕在湖州相当普遍,尤以德清县为多。当养蚕之季,本地桑叶不足,就从桐乡、苏州洞庭贩叶而至。其中桑叶的价格,“随时高下,倏忽县绝”,所以有“仙人难断叶价”的谚语。可见,自己栽桑或“秒叶”最为稳当。假若不自己栽桑或“秒叶”,通常成为“看空头蚕”,一些投机的养蚕农家,“往往趣之”。这种养蚕之法,既有获得厚利的可能,但同时存在着不小的风险。朱国祯的邻家章姓养蚕,就是一个典型的个案。据朱国祯记载,章姓之人,最能“豫占桑价”,一旦预先估计桑叶颇贱,就养 100 余斤蚕。在前后 20 年的时间里,“白手厚获,生计遂饶”。但是,秒叶之举,颇为考验养蚕人对桑叶价格走向的判断力,本来风险极大。所以,后来章姓之人“卜吉而畜”,实际的价格往往与预估的价格“每每相左”。最初还是“得失半”,后来则是“失者居多”,最后更是“价腾

① 傅夏器著,阎海文点校:《傅锦泉先生文集》卷 1《赠钱复轩令晋江序》,商务印书馆 2019 年版,第 17—18 页。

② 余继登撰,顾思点校:《典故纪闻》卷 10,第 181 页。

十倍"。无奈之下,只好"弃其蚕于水,家亦随耗矣"。①

即使如此,在明代的农家经济中,家庭副业显然已经成为收入的一个重要来源。在这些家庭副业中,主要包括以下三类。

一是纺织。在明代的江南,家庭妇女主要从事纺织。如嘉定县,史称"妇女勤纺织,早作夜休,一月常得四十五日焉"。② 明人徐献忠记载松江府习俗,"松人中户以下,日织一小布以供食,虽大家不自亲,而督率女伴,未尝不勤"。③ 可见,不论是有身份的"大家",还是中等收入的"中户",甚至包括普通的农家,家庭妇女大多从事纺织活动。妇女纺织同样存在于北方地区。如万历二十二年(1594),河南大荒,钟化民奉命赈灾,曾经对农妇纺织之事做过以下的测算。根据钟化民的测算,假如一个妇女每日纺棉织布,2—3 个月可以织布 2 匹。换言之,借助于家庭妇女数月的纺织,即可"供数口之用"。至于剩余布匹,则可以"或换钱易粟,或纳税完官"。④ 这是希望将江南家庭经济中占据一席之地的织妇,引入到北方农村的家庭生产中。这种做法在寿阳也得到了推广。如蓝尚质于万历十九年(1591)出任寿阳知县时,下令制作纺织器械,专门雇佣"织妇","分四乡教之"。⑤

二是刺绣。除了靠纺织收入贴补家里生计之外,江南妇女还从事刺绣,借此补贴家用。如苏州城市中的妇女,大多"习刺绣"。⑥ 明代松江露香园顾氏所出绣品,号称"顾绣",在明末清初已是海内驰名,陈继儒称之为"精洁在密香冰翼之上"。据《程墨仙纪事》记载,顾绣这种绣品,"自顾伯露母夫人始"。顾绣不仅所绣翎毛花卉巧若天成,而且山水人物,也无不逼肖活现。正因为所绣均为精品,所以在当时的价格相当昂贵,尺幅之素精者,值银几两,至于全幅高大的绣品,价格更是高达数十两银子。⑦

三是其他副业。松江府城西郊开了百余家暑袜店,专门生产用尤墩布制作的单暑袜,极其轻美,吸引了很多远方客商前来购买。这些袜店的产品来源,则

---

① 朱国祯撰,王根林校点:《涌幢小品》卷 2《蚕报》,第 39 页。

② 万历《嘉定县志》卷 2《疆域考》下《风俗》,《中国史学丛书》,台北学生书局 1987 年版。

③ 徐献忠:《吴兴掌故集》卷 12《风土类》,明嘉靖三十九年刊本。

④ 钟化民撰:《赈豫纪略 · 救荒图说》,载李文海、夏民方主编:《中国荒政全书》,第 1 辑,北京古籍出版社 2003 年版,第 282 页。

⑤ 祁寯藻:《马首农言 · 织事》,《续修四库全书》,上海古籍出版社 2002 年版。

⑥ 顾炎武:《天下郡国利病书 · 江南八》,引王鏊《震泽编》,《四库全书存目丛书》。

⑦ 叶梦珠:《阅世编》卷 7《食货》6,第 163 页;杨复吉:《梦阑琐笔 · 识物》,《昭代丛书》,清道光间吴江沈氏世楷堂刻本。

是附近的"男妇"所织。他们都是以制作袜子为生,从"店中给筹取值"。[①] 在松江府嘉定县,当地的闺中女子,"间剪纸作灯,人物如画,细见毫发,疑出鬼工",只是不到市场上出售。[②]

其四,在明代农家生计中,种茶的茶农明显优于种田的农民。以陕西汉中府为例,其属下西乡、石泉、汉阴三县,有很多茶园,并向朝廷缴纳茶课。这些地方的茶农,既有当地的"老户",但更多的是来自延安、庆阳、西安等府的逃民,自招抚之后,安居于此。他们在汉中当地开垦土地,栽种茶园,尤其是汉江沿江一带,茶园"多不起课"。如汉中府所属西乡、石泉、汉阴三县,当地所产茶叶,甚至"不假种植,随田而出,荒山茂林,耕治燔灼之余,茶从而萌蘖焉"。有时一家的茶园,"有三五日程历不遍者",可见茶园占地之广,茶农多"获其利"。即使是佃种他人茶园,100 余户佃种茶园,只需要帮一户交纳茶课,所以即使那些很少茶园的茶农,"亦多赢余"。相较于种田农夫"终岁勤动而恐不赡,又称贷以输官者",汉中府茶农的生计相对较为宽裕。有一个数据,足以证明汉中府茶农获利之易。如汉中府茶农每年交纳的税收不到 3 万两银子,但事实上商贩私自贩卖的茶叶额,每年的交易额则高达银 100 余万两。[③] 茶课的脱漏,显然是茶农更易赚钱的原因之一。

(二) 工匠生计

明代的工匠分为两类:一类是在官的工匠,在明初时以工役抵罪,编成班次,服役于朝廷与官府,且名隶匠籍。此类在官工匠的生活,靠的仅仅是微薄的廪饩,"皆因其多寡大小而等差之"。自明代中期以后,由于工少人多,朝廷渐加疏放,下令让在官工匠自由工作,即使如此,仍然隶于匠籍。另一类则是自由的工匠,亦即所谓的"百工奔走衣食者"。此类工匠,其生活也如史料所言,"所入仅足以偿其劳,不能得余资以享其逸",[④]不过是维持基本的生计而已。由此可见,明代工匠生计,实则趋于两分的现象:一方面,很多工匠、艺人只能依靠自己的技艺,维系基本的生存;另一方面,其中的部分人,则凭借机遇或权势而由此发家。

在明代的北京,通常将雇工人称为"年作"。到了每年的十月初一日,北京

---

① 范濂:《云间据目钞》卷 2《记风俗》,清光绪四年上海申报馆仿聚珍本。

② 万历《嘉定县志》卷 6《物产》,《中国史学丛书》,台北学生书局 1987 年版。

③ 杨一清:《为修复茶马旧制第二疏》,《明经世文编》卷 115,第 2 册,第 1076—1077 页。

④ 张瀚:《松窗梦语》卷 4《百工纪》,第 76—77 页。

各家通常会辞去年作,故北京谚云:“十月一,家家去了年作的,关了门儿自家吃。”①在受雇期间,这些雇工人依靠主家生活,其生计大致与佃户相等。等到十月初一被主家辞去,开始歇假,显然生计会显然困顿。至于那些在四川替皇家采木的木工,其生计则更为悲惨。他们在伐木之时,需要“作悬木吊崖”,可见从事的是相当危险的工作。即使如此,他们的生活待遇,却只是“人日食一升”。因为木场在深山老林之中,每天的饮食之米,需要木工自己负载。一人负载米5斗进山,往返需要时间7日,除去自给之外,仅仅可以供给2人之用。这些伐木工人的生计,一如史料揭示:“宿负未偿,新逋是急;称贷不足,继以田宅;田宅不敷,继以子女;子女不给,随以妻妾。”②这是相当悲惨的境遇。尤其是服务于官府的工匠,他们的生活更是相当艰辛。为了糊口,他们晨出暮归。而他们的收入,正如史料所揭示:“兴工之初,工食未领,先称贷以自给,工完支粮,计其出息,十已损二矣!而府吏胥徒,蚕食于公门者,又方聚喙而睁目焉,故匠工之所得者,仅十之六七耳。”③这就是说,即使是已经颇为微薄的工食银,官匠真正到手的也只有十分之六七。

当然,就工匠艺人而言,他们的生计不过是维持日常的饮食而已,很多家境甚是贫困。朱有燉所作杂剧《新编搊搜判官乔断鬼》中,有一个裱背匠封聚,家中有老母、妻儿,共计4口人,“学得表背书画手艺,当着匠人名色,每日做此营生,家中也颇颇地不少饭吃”。④ 所谓“家中也颇颇地不少饭吃”,其实不过是维系家庭的基本生计而已,并未由此发家致富。至于那些替人刻印的印章艺人,有些甚至是名家,也大多生活在贫窘之中。明末清初人周亮工所著《印人传》中,不乏生计贫穷的刻印艺人。如郑基相,所刻图章,深得何震之传,隐居于南京秦淮,“贫且老”。因为他不喜凭借刻印技艺奔走于显贵之门,导致“贫益甚”。除此之外,郑氏时常喜欢玩弄一些小古玩,有时用这些小古玩“易之人以自给”,然终究“无济于贫”。⑤ 薛居瑄,其先为福建晋江人,后占籍侯官。薛氏工于刻印技艺“垂四十年”,但还是“家贫无从得食”,仅仅依靠刻印技艺“饱妻孥”而已。他

① 沈榜:《宛署杂记》卷17《民风》1,北京古籍出版社1982年版,第192页。

② 吕光洵:《采运图说》,《明经世文编》卷211,第3册,第2210页。

③ 李昭祥:《龙江船厂志》卷6《孚革志·律己之弊有五》,江苏古籍出版社1999年版,第126页。

④ 朱有燉:《诚斋杂剧》28《新编搊搜判官乔断鬼》,《朱有燉集》,第433页。

⑤ 周亮工:《印人传》卷2《书郑弘祐图章前》,载于良子点校:《印人传合集》,上册,浙江人民美术出版社2014年版,第56页。

每天坐在开元寺的肆中，替人刻印，“率计字以偿”。所刻之印获得的报酬，多的一字收钱10余文，少的不过一字3文或数文。① 顾听，苏州人。他生性好洁，室中器具，均有别致。尽管如此，因为“家贫”，只好“赖治印生活”。②

在明代的工匠艺人中，部分借助于精湛的技艺以及机遇而致富。如“车头”洪仁，原本不过是一个“推挽长夫”，亦即车夫而已，但在不到10年的时间里，就开始发家。他在北京城外置有一处别业花园，“壮丽敞豁，侔于勋戚”，管园的仆人及负责洒扫之人，多达数十人。洪仁的长子，入赀称为国子监监生，因为拜司工内珰为父，更是外出时坐四人围轿，前驱仆人“呵叱甚厉”，甚至头戴忠靖冠，身披斗牛衣，一副勋贵戚臣的妆饰。③ 福建莆田人曾鲸，是一位画家，下笔稍不俗，尤工于写真，无不酷肖。他凭借写真之技，“以游四方，累致千金云”。④ 在万历初年，有两位擅长弈棋的艺人，也凭借自己的技艺而致富。如方振，“以弈冠海内，因而致富”，最后入赀成为国子监监生，出任广东按察司幕官；林符卿，以少年继方振而起，弈棋之名与方振并驰，“诸贵人礼为上客，家亦起矣”。⑤ 在晚明时期，出现了很多技艺名闻遐迩的工匠艺人，凭借各自精湛的技艺，使其作品售价较高，可以享受超越普通工匠的生活质量。然在这些著名工匠艺人中，有一些人并不轻易替人制作器物，不为势所劫、利所啖，所以仍然保持着较为清贫的生活。如南京的濮仲谦，以雕刻竹器著名。他的技艺之精，已经可以称得上巧夺天工。他所制作的竹器，一件就价格高达1两银子。在南京的三山街，专门靠出售他的竹器的商家有数十人，但仲谦还是赤贫自如。⑥

在苏州、杭州，一些工匠人家，多以纺织起家。据张瀚所载，东南地区之利，以罗绮绢纻为大。三吴一带，“以机杼致富者尤众”。⑦ 如苏州长洲县人郑灏，其家雇佣了“织帛工”与“挽丝佣”各数十人。家中所用银杯，重达数两。⑧ 杭州张瀚家的先世，“亦以机杼起”。⑨ 据张瀚自己记载，他的祖先有一位“毅庵祖”，已经“家道中微”，“以酤酒为业”。到了成化末年，因为遭遇水灾，“水滲入室，所酿

① 周亮工：《印人传》卷3《书薛弘璧印章前》，《印人传合集》，上册，第70—71页。
② 周亮工：《印人传》卷3《书顾元方印章前》，《印人传合集》，上册，第76页。
③ 沈德符：《万历野获编》卷19《工部·京师营造》，中册，第487页。
④ 谢肇淛：《五杂组》卷7《人部》3，上海书店出版社2001年版，第139页。
⑤ 沈德符：《万历野获编》卷24《技艺·宋时诨语》，中册，第626页。
⑥ 张岱：《陶庵梦忆》卷1、2《濮仲谦》《砂罐锡注》，第9、17页。
⑦ 张瀚：《松窗梦语》卷4《商贾纪》，第85页。
⑧ 陆粲：《庚巳编》卷4《郑灏》，中华书局1997年版，第43页。
⑨ 张瀚：《松窗梦语》卷4《商贾纪》，第85页。

酒尽败”。后来因为偶然的机遇,得到了白金一锭,因此罢去“酤酒业”,转而购得织机一张,“织诸色纻币,备极精工”。每次所织各色纻币,一下机,“人争鬻之,计获利当五之一”。仅仅过了两旬,就又增添一张织机,后来增至20余张织机。自此以后,“家业大饶”。到了张瀚的四世祖,已经“富至数万金”。①

明代矿主、矿徒的生计,迥然有别。矿徒承受繁重的工作,只能获取每日的工费。如在银砂冶炼成银的过程中,销银匠所得即为工费银,通常为每工折合银子5分。② 至于那些私采的矿主,则可获取丰厚的利润,生计极其富裕。如嘉靖初年,顺天府昌平州怀柔县民胡臻等,家道殷实,专门出钱供给矿徒,在蓟州迤西连接平谷之地,有一处名为瀑水的地方,“偷矿为生”。嘉靖二年(1523),事情暴露之后,胡臻等人被巡抚提获,各罚银1000余两,“以赎其罪”。③ 私采矿主一次被罚银子1000余两,足证矿主不仅仅是“家道殷实”而已,而是从私采中可以获取丰厚的回报。

至于矿主私采银砂的利润,实则可以工部官方的成本与收入核算加以印证。在明代,银子的冶炼工序,通常为每矿砂100斤,必须用上蜜陀僧150斤,碾为细末,入火锻炼,熔化为汁,然后煎销,最后冶炼成银。现有一份保留下来的银子冶炼记录,大致可以考知银子在冶炼过程中,其中的成本支出及其收益。按照官方记录,明代矿砂分为上等、中等、三等,且各自出银数有所差异:上等矿砂20斤,可以煎足色银9.81两,折合每斤煎出银0.4905两;中等矿砂10斤,可以煎足色银1.813两,折合每斤煎出银0.1813两;三等矿砂30斤,可以煎足色银3.62两,折合每斤煎出银0.1026666两。在以上三等矿砂中,共计煎出足色银15.243两。其中付出的成本,分为两项:一是煎银所需的物料,计有蜜陀僧100斤,用银3.5两;白炭31包,用银2.48两;顶罐2个,用银0.07两。二是银匠工食银,费时4日,用工21工,共计工食银1.05两。两项合计,共计支付银7.1两。④ 若是扣除投入的成本,若是煎足色银15.243两,最终可以获取利润8.143两。

在明代,工部所属官矿有一个基本的收入分配比例。若以十分为率,其中三分“纳于官课”,即以利润的3/10作为官方的税收所得;其中五分“给办器具、蜜陀僧、白炭、料物、饮食之类”,即以利润的5/10作为投入的成本;其余二分“以

① 张瀚:《松窗梦语》卷6《异闻纪》,第119页。
② 梁材:《驳议差官采矿疏》,《明经世文编》卷103,第2册,第929页。
③ 梁材:《驳议差官采矿疏》,《明经世文编》卷103,第2册,第928页。
④ 梁材:《驳议差官采矿疏》,《明经世文编》卷103,第2册,第928—929页。

偿矿甲人等”,即以利润的2/10作为“偿矿甲人等”的报酬。① 这就是说,作为官矿的矿主,大概可以得到20%的利润。那么,如果是私采的矿主,少了30%的税收,则可实得50%的利润。这无疑是相当丰厚的回报,说明矿主的生计相当丰裕。

(三) 商人生计

宣德五年(1430)二月,明宣宗在谒陵路过昌平之时,曾与一位农夫有过一段对话。这位农夫对邻里“业贾者”颇有了解。从农夫的叙述中可知,这些昌平当地的商贾,“莫或不勤,率常走负贩,不出二三百里,远或一月,近十日而返,其获利厚者十二三,薄者十一,亦有尽丧其利者,则阖室失意,戚戚而忧,计其终岁家居之日,十不一二焉”。② 这位农夫对商贾的观察,基本可以说明以下四个问题:一是商贾“莫或不勤”,实则相当辛劳。二是一般的商贾大多为“负贩”之徒。他们经商的旅途不超过200—300里,远的1月返回,近的10日返回。三是商贾经商获取的利润率。获利丰厚者“十二三”,亦即20%—30%;获利薄者“十一”,亦即10%;更有“尽丧其利者”,即无利可获。四是商贾的生活质量。即使能够获利,也是“计其终岁家居之日,十不一二焉”,即难以享受天伦之乐;若是无法获利,则更是“阖室失意,戚戚而忧”。即使如此,明代自中期以后,还是形成了一股弃农从商或弃儒就贾之风。究其原因,一则因为“土陋而民伙,田不能以丁授”,只好“取给于商”。山西蒲州即属此类情况。统计蒲州的“坊郭之民”,“分土而耕菑者,百室不能一焉;其挟轻赀,牵车牛走四方者,则十室而九”。二则因为商业的利润明显高于农业,亦即所谓“商之利倍农”。正因为此,虽然蒲州地狭而民稠,最后因为人多经商之故,富裕程度反而超过山西其他各府。③

明代商人生活,有的辛苦,有的快乐。以前者而论,如张瀚就称商人,“穷日夜之力,以逐锱铢之利,而遂忘日夜之疲瘁也”。④ 商人辛劳,这无疑是共性,但对于那些获利不丰的商人来说,他们的辛劳尤甚。以后者而论,商人一旦经商成功,他们的子弟,无不享受快乐的生活,亦即张瀚所言的“甘其食,美其服,饰骑连辔,织陆鳞川,飞尘降天,赭汗如雨。儇巧捷给之夫,借资托力,以献谀而效奔

① 梁材:《驳议差官采矿疏》,《明经世文编》卷103,第2册,第928页。

② 余继登撰,顾思点校:《典故纪闻》卷10,第172—173页。

③ 张四维:《条麓堂集》卷21《海峰王公七十荣归序》,载氏著,张志江点校:《张四维集》,中册,上海古籍出版社2018年版,第558页。

④ 张瀚:《松窗梦语》卷4《商贾纪》,第80页。

走。燕姬赵女品丝竹，揳筝琴，长袂利屣，争妍取容”。①

明代商人家计，有的家赀普通，仅能维系家庭生活而已；有的发家致富，可以过着穷奢极欲的生活，甚至借此捐赀入仕。

以前者而论，明代普通商人的家计，并非如想象中的那么富有，而是仅能维系生计而已。如会稽人章渐，就是因为“穷约”才废弃儒术，转而经商。他家“故贫”，通过“贷赀”，即借贷资本，然后“观货邓林之材，走闽、歙、三衢间”。即使“终不徙业以老”，但也没有发家，不过“仅给饔飧而已”。② 有些商人，在经商的过程中，并不一帆风顺，甚至一度经商失败，可见商人生计时刻面临着诸多的风险。如徽州歙县商人方文箴，刚成婚之后，就承母亲之命，外出“商游”，往来贩易于嘉兴、湖州之间。在10余年的经商时间里，“贾辄不利，赀亡耗过半，君时称贷，以给供养”。③ 即使商人经商成功，他们的地位也极其不稳定，有时因为一场讼事而破家。徽州溪南吴兆藩的姻亲就是典型一例。从史料记载可知，在嘉靖、隆庆年间，徽州溪南吴氏，号称“富甲天下”，而吴兆藩就是凭“盐策起家”，亦即是一个大盐商。吴兆藩之女，字淑姝，嫁给程祺为妻。吴淑姝的公公也是一位大盐商，“尝主淮西盐策，号商纲于庐江数州”，但后因居家期间得罪了一位势豪，“系于郡理”，即被关押在府狱中。当时势豪重贿地方有司，而淑姝的公公又性不能屈，加上诸子在外，“无可为讼理者”。无奈之下，吴淑姝只好破财救其公公，将“珠玉重宝”悉数贱售，又卖“媵婢数辈”，以所卖之钱“输之官”，而后“脱舅身于缧绁之中”。④

以后者而论，在明代商人群体中，经商成功并借此致富者不乏其例。如前述的徽州歙县商人方文箴，尽管最初一度经商失败，但到了晚年，“贾于常熟，卒用以饶”。常熟为苏州的大县，方文箴在常熟“占市籍”，督责诸子，“岁转闽粤之货，以与时逐，业骎骎起”。在不到三年的时间里，“凡致千余金”。⑤ 一年能赚取300余两银子，也算得上是经商成功。有些商人，因此而致“中赀”，即跻身中等资产的家庭。如张姓原本是福建晋江县的望族，后来移居于潞河经商。凭借潞河“南轴轳之所辏集，北京师之所转输”这一独特的地理位置，张姓商人往往

---

① 张瀚：《松窗梦语》卷4《商贾纪》，第80页。

② 刘宗周：《文编》7《墓志铭·北渠章公暨配顾安人合葬墓志铭》，《刘宗周全集》，第4册，第165页。

③ 程嘉燧：《松圆偈庵集》卷下《明处士方君墓志铭》，《程嘉燧全集》，上册，第327页。

④ 程嘉燧：《耦耕堂集文》卷下《程孝妇吴媛传》，《程嘉燧全集》，下册，第529—530页。

⑤ 程嘉燧：《松圆偈庵集》卷下《明处士方君墓志铭》，《程嘉燧全集》，上册，第327页。

受四方之宾之托,代他们“操而息之”。这些四方之宾,有的是“计偕”之人,有的“贸迁”之人,有的则是晋江的同乡。张姓商人凭借代他人经营,慢慢“用饶”,最后“稍稍称中赀矣”。①

明代商人的发家致富,途径不一:或以贩盐发家。张瀚有言:“吾浙富厚者多以盐起家。”②此即为证。譬如有一位陕西籍的贾姓盐商,在杭州开盐店,“家于杭州,积赀四十万,侍妾数人,有妻与子居关中,岁通信耗以为常”。③“积赀四十万”,家产能达40万两银子,盐商的富厚由此可证。在明代,盐商与其他商人有所不同,他们外出经营,一次就可“携数万之资”。④或以贩茶致富。如杭州商人贾氏,“用鬻茶成富,至累世不乏”。⑤明代山西蒲州商人,大多“占鹾”为业,亦即以业盐致富,甚至“一业不变而世守之”。在明代,盐运司有六个,蒲州盐商“占贾者淮、扬为众”,其后又将贩盐的场所扩大至“青、沧之盐”。尤其是展氏家族商人,更是以在青、沧业盐为主。⑥蒲州商人展玉泉,从他父亲开始,“以居沧鹾为业”,而玉泉“方髫龀岁”,就追随父亲经商,尤其是“占沧盐”牟利。盐商展玉泉的经营之道,有两大特点:一是身居市廛,但并不“切切刀锥”,导致他“不获厚殖其产”;二是捐赀入仕,前后上纳银数百两,得授归德府商丘驿丞。⑦或以贩海致富。泉州商人李寓西即为典型一例。据载,泉州安平人大多行贾,周流四方。李寓西年仅12岁时,就随人至广东经商,“纤赢薄贷,用是致赀”,成为一个“下贾”;随后,徙居南澳,“与夷人市”,加上能说“夷言”,赚取的利润倍于其他商人,为此更加富饶,成为一个“中贾”;最后,亲身至海外,到吕宋澳经商,成为一个“上贾”。有意思的是,作为一个经商海外的大商人,李寓西因为“岳岳不肯人下,身侈于用度”,一旦赚取“万余金”,就用于奢靡消费,再加上不喜“封殖”,最终导致“其家赀至今不甚起”。⑧福建商人通常将从海外所得翠翡、玉石、珠玑

---

① 庄履丰著,陈建中、陈秋红点校:《庄梅谷先生文集》卷7《寿张处士六十序》,商务印书馆2018年版,第107页。

② 张瀚:《松窗梦语》卷4《商贾纪》,第85页。

③ 钱希言:《狯园》第7《小韩负心报》,文物出版社2017年版,第230页。

④ 张慎言撰,李蹊点校:《泊水斋文钞》卷1《本末兼治仰赞国计疏(第三疏)》,上海古籍出版社2016年版,第315页。

⑤ 张瀚:《松窗梦语》卷4《商贾纪》,第85页。

⑥ 张四维:《条麓堂集》卷23《送展玉泉序》,《张四维集》,中册,第635页。

⑦ 张四维:《条麓堂集》卷23《送展玉泉序》,《张四维集》,中册,第635—636页。

⑧ 李光缙撰,曾祥波点校:《景璧集》卷3《寓西兄伯寿叙》,上册,福建人民出版社2012年版,第121—122页。

等宝物，运至京城出售，尤其是“内输之宫中”，其结果“至空左藏之金与之市，大司农厌苦矣”。[①] 显然，从事的是一种与内宫交易的买卖。与福建泉州商人前往南洋吕宋等地经商不同，浙江宁波的富商凭借“濒海之薮”，通常是至日本，“勾引贸易，连际乎日国”，从事一些走私贸易，以致“富商巨室，权侔于大吏”。[②] 或以贩卖沙板而致富。如万历四十一年（1613），苏州阊门有一位宋姓商人，“以市川贵秘器为业”。所谓“川贵秘器”，即俗称的“沙板”。这一宋姓商人，其家“累世积镪素封”。[③] 或以经营各色之货而发家。苏州洞庭东山翁、许、席三姓商人，即是如此。如翁笾，字文夫，号少山。年少时“挟赀渡江逾淮”，客居于清源。在清源之时，他通过“治邸，四出临九逵，招徕四方贾人”，而“业蒸蒸起”。可见，是一种栈商。其后，他命“有心计强干”的子弟、僮仆，指授方略，“以布缕、青靛、棉花货赂，往来荆楚、建业、闽粤间，甚至辽左、江北闻其名”。结果名声大起，当时有“非翁少山布勿衣、勿被”之说，甚至“南北转毂无算”，海内有“翁百万”的称号。在洞庭东山，与翁笾同时代的还有一位许志问，字冲宇。此人“善治产，积居与时逐，家累巨万，即所居创大第”，以致人们一说“富者”，必称“翁许”。[④] 可见，其富与翁笾齐名。此外，洞庭东山席氏家族，亦曾出现过两位著名的商人。一位是席端樊，号左源，另一位是席端攀，号右源，两人“亦以行贾起家，富埒翁氏”。两人是兄弟，均从松江学习经商，善于“治生”。在他们父亲去世后，兄弟俩协力运筹，派遣宾客子弟，“北走齐燕，南走闽广”，不到 20 年时间，赀产就累积“巨万”。他们所贩卖的产品，有“吴会之梭布，荆襄之土靛”，等等。洞庭东山自翁、许“赀雄”之后，席氏“继兴”，且子弟多“去文学而趋利”。[⑤]

除此之外，明代尚有诸多商人，凭借自己的经营之术而发家致富。如宜兴吴翁，“自少工治产”，其经营商业之术，无非是“能取人所弃，与人所取，能知予之为取，能择人而任时”。经过数十年的积累，最后“以赀雄邑中”。[⑥] 泉州儒林里人黄霞山，原先业儒时，家庭贫困。后来在妻子张孺人的内助下，“弃卷行货，贾

---

① 李光缙撰，曾祥波点校：《景壁集》卷 3《寓西兄伯寿叙》，上册，第 122 页。

② 傅夏器著，阎海文点校：《傅锦泉先生文集》卷 1《赠昌凤冈宁波府节推序》，商务印书馆 2019 年版，第 3 页。

③ 沈德符：《万历野获编》卷 18《刑部·冤亲》，中册，第 479 页。

④ 王维德撰，侯鹏点校：《林屋民风》卷 9《人物·货殖》，上海古籍出版社 2018 年版，第 192—193 页。

⑤ 王维德撰，侯鹏点校：《林屋民风》卷 9《人物·货殖》，第 193 页。

⑥ 唐顺之著，常州市唐荆川研究会编：《唐荆川诗文集》卷 12《吴氏墓记》，第 351 页。

东粤间”，才得以“起赀”，乃至“用赀闻”。① 徽州歙县商人吴双松，“家故以财为闾右族”。吴双松尤其工于心计，曾“挟轻赀，走燕冀，占盐策，时废居，为国家实塞下粟而牟其羡”，最后“殖产甚丰”。② 山西蒲坂人王三钦的伯兄，善于经商，凭借500两银子为资本，“积著大起，盈巨万”。③

明代很多商人，生意做得很大，资本积累极快。以山东临清布行等10余行的商人经营额为例，山东税监马堂从商人的身上，每年可以征收巨额的商税。从总体上说，马堂应该上缴朝廷的商税共计78000两，而马堂实际征收的商税，则“三倍于此”。这可以从万历三十三年（1605）黄克缵具体列举的数字中得到印证。以布行言之，商人张祈裕等在临清发卖的布匹，每年多达687000筒。按照钞关则例，每筒纳银2分，每年征收商税银13700余两。山西、直隶从临清买布前往当地发卖，每年共计480000余筒，照例每筒纳银2分，每年征收商税银9600余两。买往辽东发卖的布匹，每年共计200000筒，每筒不依则例征银，加至7分，每年征收商税银14000两。此外，店户曹理、吴可等人，他们的布匹经过临清，前往河西务，每年有207300余筒。按照钞关则例，平湖布每筒税银3厘1毫，马堂征税4分8厘。上海布照例税银5厘，马堂则税银7分6厘多。每年所得税银，又有12800余两。以缎行言之，商人汪近亭等40余家店铺，每年征收的税银达20000两，约为每家征收税银500两。以广货行言之，左少泉等30余家店铺，每年征收的税银达5000两，约为每家征收税银167两。以面曲行言之，王玉桐等30余家店铺，每年征收的税银达10000两，约为每家征收税银333两。以杂货行言之，汪士山等40余家店铺，每年征收的税银20000余两，外加银300两，合计20300余两，约为每家征收税银508两。以黄、湖二丝行言之，杨海泉等70余家店铺，每年征收税银10000余两，外加银200两，合计10200余两，约为每家征收税银146两。以夏货行言之，王建邦等50余家店铺，每年征收税银10000余两，外加银200两，合计10200两，约为每家征收税银204两。以瓷器行言之，畅次楼等20余家店铺，每年征收税银5000余两，外加银300两，合计5300两，约为每家征收税银265两。以靛行言之，陈少梅等20余家店铺，每年征收税银4000两，外加银200两，合计4200两，约为每家征收税银210两。以纸行言之，黄奉周等30家店铺，每年征收税银5000余两，外加银200两，合计5200两，约

① 李光缙撰，曾祥波点校：《景璧集》卷4《寿黄母张孺人七十六序》，上册，第161页。

② 张四维：《条麓堂集》卷21《寿双松吴翁七十序》，《张四维集》，中册，第557—558页。

③ 张道濬：《雪广笔役》卷3《孝廉王公传》，载氏著，田同旭等点校：《张司隶初集》8编，上海古籍出版社2018年版，第342页。

为每家征收税银 173 两。以杂粮行言之,毛如权等 30 家店铺,每年征收税银 20000 余两,约为每家征收税银 667 两。单就上面 10 余个大行而论,一年征收的商税就高达 162600 多。此外,临清还有毡货、首帕及其他琐屑的小行,每年的征税额也不下 30000—40000 两。[①] 无论是临清布行每年布匹的发售量,还是缎行等各大行每家店铺每年交纳的商税额,无不证明晚明时期的各大行商人,他们的家计极其丰厚。

在一个赋税、徭役不重的时代,自耕农基本可以维持比较富裕的生活,而且可以旦暮不失父母妻子的团聚,所以很少有人去逐末经商。原因很简单,外出经商,且不说失去天伦之乐,即使一般的小商小贩,其获利也是甚微。商贾逐末,不占垢亩,可以终身无役;而商人开设的典质,也是“役之无由”。[②] 当然,商人也要承担商税的交纳,尤其是城市中的铺户,更是常常遭受当行之苦,诸如科举与王妃大礼所需物料,光禄寺的供办,国子监的祭祀,户部的草料,全都需要由铺行供应承担。南京官员日常所需货物,原先是让家人到街上和买,但后来却改为出票令皂隶买物,所付仅为市价的一半。如 1 把扇子,值银 2 钱,却只付银 1 钱。最为突出的例子,如一位御史买橙丁 1 斤,其价格如果从市场上和买只需 5—6 钱银子,但皂隶却向铺户索取了银子 5—6 两;有一位上司买果馅数斤,各铺家被皂隶骗银 12 两,还无法交差;有一位上官向铺户索取松江大绫数十匹,每匹只给银 1.2 两。[③] 这显然给市场上的铺户增加了沉重的负担。即使如此,从总体上说,商人得以逃脱明代相当沉重的杂役负担,生活质量相对比农民显得悠闲、富足。

商人承担之税,在明代也有一个前后变化过程,而从其总体趋势来看,却是税收由轻变重。这一变化过程,并非国家商税的加重,而是因管理制度的变化而导致管理人员私自抽税的加剧。如明代在一些客商船只辐辏之处,设有钞关,收受商税。钞关原本是由地方上各府通判等官兼管。由于通判等官,职卑责重,上面又受到巡抚、巡按、分巡道、分守道等官的节制,所以不敢在钞关上随意生事,留难客商。但后来改为由户部委派官员出理课钞,这些人往往“以增课为能事,以严刻为风力,筹算至骨,不遗锱铢。常法之外,又行巧立名色,肆意诛求,率皆借名入己,无可查盘”。其结果则造成客商惧怕征求,多至卖船弃业。又明代在

① 黄克缵著,李梦生点校:《数马集》卷 3《参临清税监欺隐税银疏》,商务印书馆 2019 年版,第 80—81 页。

② 徐师曾:《均役论》,《明文海》卷 95,第 1 册,第 937—938 页。

③ 何良俊:《四友斋丛说》卷 12《史》8,第 98—99 页;顾起元:《客座赘语》卷 2《铺行》,第 66—67 页。

天下通商辏集之处,各设税课司衙门,专门负责对商人的抽税。但后来在有些地方,也改由户部派官抽税,甚至有些地方改由宦官兼管。这些新的管理者一上任,就只知增课,甚至像器皿货物原本不该抽分之物,也一概任意劝借留难,所得财物,侵渔入己,其结果也是导致"客商阻绝"。①

(四) 医生生计

在论及医生这一职业之前,有必要将行医与卖药做一区分。关于行医与卖药,明朝人吕坤已有以下明确区分:"掌印官不时令乡约举报,里老访察,但有不识字义,不明药性,轻用劫药,妄自下针者,即时重责,逐出本境。伤人者,尽法重究,枷号游迎。其卖膏药、生药、咀片而不行医者不禁。"②这是明代地方大吏对有司官下达的禁令。细绎其义,所谓行医之人,必须识字义、明药性,可以治病救人之人。反之,若是"不识字义,不明药性,轻用劫药,妄自下针者",即无医术而冒充行医,则会遭致"即时重责,逐出本境"的处分。若是因误医而伤人,则地方官处以"尽法重究,枷号游迎"。所谓卖药之人,即并不行医,只是卖一些膏药、生药、咀片,从中获利。若以明代开封为例,行医与卖药确乎迥然有别:行医者,开设"医馆",诸如接骨李家、医兽、眼科、张云黄痘诊科、外科陈野庵、名医罗家、老鸹宅方脉、接骨庞家之类即是;卖药者,开设药铺,诸如药材等铺、生熟药铺、西药材店、膏药、眼药艾家、张宏济药室、艾文所药局之类即是。③

明代行医之人,其来源大抵分为以下五种:一是地方医学出身的医学生,以及中央太医院的医生,他们属于官方性质的医生。一旦退职,即可在社会上从事行医这一职业。二是职业医生,有些甚至出身世医家庭。三是来自失职之士,即读书仕进不成之人,只好凭借行医维持生计,且有"儒医"的名号。四是僧道行医,这是僧务杂术或道务杂术的典型症候。如有一僧人,曾传下一个治疗妇女难产的方子,而且"试之有验";④又吉道人,曾替织造鲁太监治"病胸结实"之病。⑤五是女医师婆。她们医术并不高明,甚至"收生不知节法,痘症只是针挑,误生害命",但是民间妇女、小儿各种病症,均请这些女医师婆,采用"前掐后捏、乱灸

① 倪岳:《会议灾异陈言事》,载黄训辑:《皇明名臣经济录》卷4,明嘉靖刻本。

② 吕坤:《实政录》卷2《民务·振举医学》,载氏著,王国轩等整理:《吕坤全集》,中册,中华书局2008年版,第978页。

③ 佚名著,孔宪易校注:《如梦录》第6《街市纪》,中州古籍出版社1984年版,第28—70页。

④ 姚旅:《露书》卷12《技篇》,第301页。

⑤ 姚旅:《露书》卷12《技篇》,第296页。

胡针、下过药、拔火罐、打青筋、送鬼祟”诸法，借此医病。①

细究明代医生群体，显然趋于两分的现象：一类是普通的医生，有些甚至是庸医。明代虽在地方府、州、县设立了医学，但已然名存实亡，导致“官不能为民设医”。以“疡医”为例，在明代更是号称“贱业”，“大半以市人杂之”。他们并不通晓“致病之原与所以养病之法”，仅仅“守故方以求一验”，导致庸医辈出。②此类医生，显然仅凭医术糊口而已。另一类是世代行医的世医，其中的一些名医，则可以凭借医术高超的名望，进而发家致富。如杭州陈氏，就是世医人家，“以木扇为号，沿自故宋”。入明以后，成为专科的“妇人医”。其中有一位陈荩斋，更是精于脉理，杭州人“归之如司命”。南京杨氏也号称名医，其中有一人，善于切脉，“家居旦暮踵门求药者常满户外”。③ 明代文人唐顺之有赠杨医士一诗，其中云：“东亭先生富道术，隐居城郭似江湖。随身长挟双白鹿，入市只悬一玉壶。社中渐觉推前辈，门外从教满病夫。予亦文园高卧客，年来肺气为君苏。”④病人盈门，不止是说明医术高明，且可借此发家。

毫无疑问，医生若能治人有效，自然就会名利两全。尤其是那些名医，更是“公侯敬重，家累万金”。⑤ 这显然可以从诸多史实中得到印证。如嘉兴有一位谈时雍，号继岩，世代为婴儿医，且“神术冠一时”。每天“晨兴约一时许”，远近人家怀抱婴儿前来看病者，“不下四三十人”。看病完毕，他“无不与药，辞金，大约十受二三”。这是取诊金有道。有位徽州商人，在嘉兴开典当行，长子“中痘”，原本“无恙”，但所请诸位医生“故言不佳”，借此索要“厚谢”。最后请来谈时雍诊治，一视之下，就直言告知徽商：“令郎痘好，不药无碍。”得愈之后，徽商设席感谢，且“酬以百十金”，但谈时雍“笑而不纳”⑥这一故事的本意，无非是为了说明真正的良医，所凭的并非仅仅医术小道，而他们的行为更可“警贪风世矣”，但从一次出诊即可得酬金“百十金”，足证名医家计极其丰厚。又如薛楚玉，原本不过是想“以医自晦”，结果则是三尺童子，也听闻薛先生的大名，反而“以医显矣”；原本不过是“以药囊代笔舌”，是一种“士不得志于时之常”，结果

① 吕坤：《实政录》卷2《民务·振举医学》，《吕坤全集》，中册，第978页。

② 汪琬：《钝翁前后稿》卷24《文稿》12《序》2《赠郁医序》，载氏著，李圣华笺校：《汪琬全集笺校》，第2册，人民文学出版社2010年版，第550页。

③ 张瀚：《松窗梦语》卷6《方术纪》，第108—109页。

④ 唐顺之著，常州市唐荆川研究会编：《唐荆川诗文集》卷3《杨医士寿诗》，自注，第83—84页。

⑤ 吕坤：《实政录》卷2《民务·振举医学》，《吕坤全集》，中册，第975页。

⑥ 李乐：《续见闻杂记》卷10，第823—824页。

则“以多金推羡矣”;原本不过是“以生生之计托业于斯,免八口饥寒而已”,结果“乃至于庖积粱肉矣”。[①] 杭州名医沈太洽也是一个相同的例。他的祖上“梦仙翁”,以医起家,“并享素封”。至沈太洽,从原本业儒转而改为业医,不久,“术大售,户外屦满,脂车而迎者无虚日”。[②]

医生一旦成名,即可获得丰厚的报酬,家计由此大发。其中的一部分名医,甚至开始享受家有花园的生活。如苏州府长洲县医师朱玑,就曾“作池岛,买石西山”。[③] 杭州名医沈太洽,成名之后,即在西湖边上有三处别业,分别为:位于湖曲的别业,称为“蔬斋”;位于法华山中的别业,称为“万竹庐”;位于清平之麓的别业,称为“梅花屋”。不仅如此,沈太洽得钱之后,转而“买古书画、尊彝、奇玩”,过上了一种颇为雅致的生活。[④]

更为甚者,名医成名发家之后,其社会地位开始逐渐上升,进而与士大夫甚至官员相交。如薛楚玉,开始只是与缙绅相交,后来“渐通于郡邑之长官”。[⑤] 杭州名医沈太洽,不仅“四方贤豪之至者无不与交”,而且还与一些“贵游”相交,如在杭州的布政司、知府一类的官员,纷纷设馆聘请沈太洽,甚至万历年间的浙江巡抚甘仕价,以及大学士沈一贯也前来征聘。[⑥] 至于苏州名医沈以潜,在依靠医术发家之后,至其孙子辈,不仅“富甲其里”,甚至相继取科第,“门户赫奕”。[⑦]

(五) 灶户生计

在明代的户籍制度中,以军、民、匠、灶四籍为大宗。以灶籍为例,若是细分之,又可析为总催头目、灶丁、卤丁三种名色。所谓总催头目,大致一年一换。在这些总催头目中,大多以“贫难刻薄者”居多,很少有“富实良善者”。按照松江府灶籍的惯例,灶丁与卤丁之别,主要以煎盐之地的远近而定,近者名为卤丁,远者名为灶丁。这两种人虽均负责煎盐之事,但只有卤丁才“谙练煎盐”。[⑧]

---

① 张履祥:《杨园先生全集》卷9《与薛楚玉》,上册,第268页。

② 李流芳:《檀园集》卷9《明高士沈愚公墓志铭》,载氏著,陶继明、王光前校注:《嘉定李流芳全集》,上海古籍出版社2013年版,第237页。

③ 陆粲:《庚巳编》卷3《侍女峰》,中华书局1997年版,第34页。

④ 李流芳:《檀园集》卷9《明高士沈愚公墓志铭》,《嘉定李流芳全集》,第237—239页。

⑤ 张履祥:《杨园先生全集》卷9《与薛楚玉》,上册,第268页。

⑥ 李流芳:《檀园集》卷9《明高士沈愚公墓志铭》,《嘉定李流芳全集》,第237—239页。

⑦ 陆粲:《庚巳编》卷7《僧时蔚》,第78—79页。

⑧ 周忱:《盐课事疏》,《明经世文编》卷22,第1册,第172页。

在明代灶户中,“贫灶”占据大多数。换言之,庶民之中,“灶户尤苦”。关于此,早在弘治二年(1489),刑部侍郎彭韶在奉敕清理盐法之后,条上《盐场图诗》,将两浙盐场的景物事情,略分为八节,合绘为图,并各述以诗,借此描摹“贫灶”苦况。他在上疏中,也有详细的揭示。从中可知灶户生计,“艰苦难以言尽”。就其总体生计艰苦而言,一如彭韶所言:“虽有分业涂场,然粮食不充,安息无所,未免预借他人,税余悉还债主。”分而言之,则有以下诸种苦况:一是“居食之苦”。灶户之居,“小屋数椽,不蔽风雨”;灶户之食,“粗粟粝饭,不能饱餐”。二是“蓄薪之苦”。如“山荡渺漫,人偷物贱,欲守无人,不守无薪”。三是“淋卤之苦”。如“晒淋之时,举家登场,刮泥吸海,下汗如雨;隆冬砭骨,亦必为之”。四是“煎办之苦”。如“煎煮之时,烧灼薰蒸,蓬头垢面,不似人形,酷暑如汤,亦不敢离”。五是“征盐之苦”。如“寒暑阴晴,日有课程,前者未足,后者又来”。六是“赔盐之苦”。如“客商到场,无盐抵价者,百般逼辱,举家忧惶”。上面六种苦状,既有生活之苦,又有劳作之苦,更有来自课程一类的负担之重。若是遇到病疾死丧,灶户生计,“尤不能堪”,“逃亡则身口飘零,复业则家计荡尽,去住两难,安生无计”。①

事实确乎如此。灶户生计之苦,一则来自盐课之重压,灶户不堪重负,只好逃窜他乡。如周忱在清理盐课时,单是松江一府所属各盐场,盐课逋负就多达536920引。其中华亭、上海两县的灶丁,共计逋负632000余引。② 这是相当大的逋负,若是将数年积累下来的逋负盐课,“责其一日偿之”,灶户更是不堪承受。二则来自总催头目的盘剥,他们在催纳之际,“巧生事端,百计朘削”,导致灶丁不能安业,流移转徙。③

在明代的灶户中,同样出现了贫富分化的现象:一方面,灶户中那些“丁力众多,家道殷富”之人,充任总催大户,他们“煎盐既多,私卖尤广”,再加之可以“买脱”,日渐致富。另一方面,灶户中那些“穷户”,他们以煎盐为业,采办薪刍,朝夕烹炼,不胜劳苦;若是单丁老弱、家计贫难之人,更因“煎办不前,课入不敷”,而屡遭鞭挞之苦;盐上纳官府之后,假如被雨水销溶,更有“追赔之患”;再加之“有司概以徭役苦之”,盐课之外尚有额外的徭役负担,致使贫难灶户生计

---

① 黄光昇:《昭代典则》卷22,第614页。

② 周忱:《盐课事疏》《松江盐课疏》,《明经世文编》卷22,第1册,第172—173页。

③ 周忱:《盐课事疏》,《明经世文编》卷22,第1册,第172页。

日苦,甚至流亡他乡。[①] 如雍泰巡盐南淮时,看见灶丁"贫而鳏者几二千人"。[②] 可见,灶丁趋于贫困化已成一种趋势。

三、武官军兵家计

在明代,军人群体包括武官与军兵两类。官与军,生计各有差别。明代中期以后,武官权力虽日趋弱化,甚至出现了"债帅"一类的称谓,但相较于军兵的日趋贫困化而言,明代武官群体的家庭生计仍属较为优裕。

进而言之,所谓的"债帅",仅仅是武官为了获取职位而一时负债,随着实缺的获得,此类债务显然可以通过盘剥军兵慢慢偿清,亦即武官将为获取官位的负债转嫁给军兵,甚至借此发家致富。按照一般的说法,"债帅"一称,出现于正德年间。当时权倖用事,执政大臣阴拱听命,凡是推举京营、边镇所有大小将官,"无不资贿以成",随之而来者,则是"四方金帛,填委京师,权臣之门,交手为市",甚至"钱神横流于禁闼,债帅接迹于边庭"。[③] 至嘉靖年间,债帅遍布南北,尤以九边为甚。嘉靖四十五年(1566),礼科给事中周世远在上疏中,就有"南北将士习成债帅"之说,他们"巧肆钱神,打点承委人员,钻刺推升美缺"。[④] 胡宗宪在上疏中,也直称"今之边将,半是债帅"。[⑤] 换言之,所谓的债帅,即京营、边镇大小将官,他们官职的铨补,完全依靠借债通关节而得。这些债帅,一旦获得实缺,就会"剋军以自肥,剥下以奉上",[⑥]令军士"困苦不得聊生";或侵盗钱粮,令钱粮虚耗;甚至"无功冒赏,有罪逋诛,蔑弃宪章,污滥名器"。[⑦] 通过诸多不法之举,武官群体得以过上明显优于军士的生活。

---

① 章懋:《议处盐法事宜奏状》,《明经世文编》卷95,第1册,第835页;许讃:《覆盐去事宜疏》,《明经世文编》卷137,第2册,第1362页。

② 张怡:《玉光剑气集》卷7《吏治》,中华书局2006年版,第332页。

③ 夏言:《请复旧规令兵部季报方面武臣揭帖进呈疏》,《明经世文编》卷202,第3册,第2111页。

④ 杨博:《杨襄毅公本兵疏议》卷18《覆给事中周世远条陈禁剥削弭乱源二事疏》,载氏撰,张志江点校:《杨博奏疏集》,下册,上海古籍出版社2018年版,第1065页。

⑤ 胡宗宪:《题为陈愚见以裨边务事疏》,《明经世文编》卷265,第4册,第2796页。

⑥ 胡宗宪:《题为陈愚见以裨边务事疏》,《明经世文编》卷265,第4册,第2796页。

⑦ 夏言:《请复旧规令兵部季报方面武臣揭帖进呈疏》,《明经世文编》卷202,第3册,第2111页。

至于明代的军兵生计，则呈现出一种前后变化之势：在明代初年，明太祖平定天下之初，法古为治，实行两大政策：一是“首定民田”，“验亩起科，以备军国之用”；二是“次定屯田，上纳子粒，以给军士之食”。在军屯制度得以保障的前提下，明初各卫“仓廪充实，红腐相因”，至于军士的日常生计，亦无“乏粮之虞”。① 自明代中期以后，屯田政废，册籍无存，上下因循，无官查考。其结果，则导致军士生计出现了两分的现象：一是卫所中的“官旗势豪军民”，或“势官豪军”，他们侵占盗卖屯地，甚至“久享厚利”，导致屯地“十去其五六，屯田有名无实”，由此致富发家。二是众多的卫所军士，他们仅凭月粮维持家庭生计，但应得月粮往往“累岁不得关支”，致使家计陷入困顿。② 至弘治年间，江南卫所“困于运粮”，如运粮有脚价、还债之费；江北卫所“困于京操”，如京操有做工、部料之费，最终导致卫所军士，已经“与民一般穷”。③

（一）武官家计

在论及武官家计之前，不妨先举一个舍余的例子，借此以观明代武官家计之富。嘉靖三十七年(1558)，大同右卫被围甚久，军士缺少月粮。为此，有一位舍余“捐万金代发”。④ 仅仅是一个舍余，尚未承袭世职，即可一次性拿出 10000 两银子替官方代发月粮，足见世袭武官家计富裕。

其实，若是仅仅依靠俸给，武官并不能发家致富，有时甚至生活会陷入窘迫，尤以边地军官为甚。自明代中期以后，卫所制度渐趋败坏，明代军制开始从军卫向流官转变。这些属于流官且生活在边地的武将，若是单靠俸禄，显然会陷于窘迫。崇祯八年(1635)三月，杨嗣昌在总督宣府、大同、山西任上，曾经上过一个奏疏，透过这个奏疏，大抵可以对生活在宣府、大同、山西等边镇武将的生存状态有一个基本的估计。譬如一个武将，其家口有 10 余人，全凭月廪生活，而其月廪仅有 2—3 两银子。至于其开支，则包括买米面蔬菜、租赁房舍、制作弓箭鞍马等项，无疑会入不敷出。无奈之下，这些武将除了“虚伍冒饷”“科钱剥军”之外，更无别法维持正常的生计。⑤

① 马文升：《清屯田以复旧制疏》，《明经世文编》卷 63，第 1 册，第 519—520 页。

② 马文升：《清屯田以复旧制疏》，《明经世文编》卷 63，第 1 册，第 519—520 页；杨博：《杨襄毅公本兵疏议》卷 13《覆蓟镇督抚官刘焘等条议抚恤军情事宜疏》，《杨博奏疏集》，下册，第 872 页。

③ 陈洪谟：《治世余闻》上篇卷 2，中华书局 1985 年版，第 20 页。

④ 朱国祯撰，王根林校点：《涌幢小品》卷 30《抵捐金》，第 592 页。

⑤ 杨嗣昌著，梁颂成辑校：《杨嗣昌集》卷 8《西阅大同情形第八事疏》，第 175 页。

众多的史料记载显示,明代武官富裕家产的来源,主要还是依靠"罔利营私"而得。至于武官"罔利营私"之法,则可以嘉靖元年(1522)西北将官为例加以说明,亦即"军储半入其家"。具体如下:一是报纳粮草之时,则"占窝转卖而令贫卒包赔";二是开支帑藏之时,则"任意侵渔而以空文出纳";三是召商中盐之时,则"通剋免而斗库官攒得以上下其手";四是逃卒之口粮,死马之草料,他们也"寄名见在之籍而乾没入己"。①

揆诸明代的史料揭示,武官确乎通过各种非法的手段增加自己的收入,进而厚殖家产。择其最为主要的殖产方式,大致有下面三种:一是冒充军功,从中获利。从正德年间开始,各处镇守武官大多冒滥军功。诸如"奏带之数"趋多。按照惯例,镇守官例该奏带5名,但往往多至300—400名。这些奏带人役,其实人在北京安居,却"寄名边方",甚至"有一人而数处奏带,一时而数次获功"。② 镇守武官增加奏带人役,且替这些人役冒滥军功,其目的一则为了增加私役人员,借此减少自己的开支;二则借助于各色冒滥军功觅取好处。二是通过勾军而增加额外收入。范济在军伍的时间长达40余年,深知明代勾军之弊。据他所言,但凡卫所勾军,通常会差遣6—7名官员,至于百户所差的军旗,也有2—3名。这些具体负责勾军事务的军旗,大多是一些有力少壮,及平日结交官长,畏避征差之徒,他们通过重贿贪饕官吏,获得勾军的差事。到了州县,这些军旗就"专以威势虐害里甲,既丰其馈馔,又需其财物,以合取之人,及有丁者释之,乃诈为死亡无丁可取,是以宿留不回,有违限二年三年者,有在彼典顾妇女成家者"。等到回还,这些军旗就将所得的财物,"贿其枉法官吏","原奉勘合,朦胧呈缴"。③ 可见,勾军武官借助勾军而获得诸多好处。三是占据屯田,"收利肥己"。如在京的功臣等家武官,将口外附近各城堡的膏腴田地,"占作庄田";至于那些空闲田地,也被那些镇守总兵、参将、都指挥等官,"占为己业",且每年"使军夫耕种,收利肥己"。④

（二）军兵家计

说到明代军兵家庭生计,有一个现象最为值得关注,即自明代中期以后,军兵日趋贫困化。至于军兵贫困化的生存状态及其原因,不妨先引用明孝宗与兵

---

① 邓士龙辑,许大龄、王天有主点校:《国朝典故》卷35,引《世宗实录》1,中册,第611页。

② 黄光昇:《昭代典则》卷24,第711页。

③ 范济:《诣阙上书》,《明经世文编》卷29,第1册,第210—211页。

④ 商辂:《边务疏》,《明经世文编》卷38,第1册,第288—289页。

部尚书刘大夏的一段对话加以说明：

> 先是，上召兵部尚书刘大夏，问："天下卫所军士何如？"对曰："贫与民同，安能养其锐气？"上曰："诸军居有月粮，出有行饷，何以故贫？"对曰："江南困于粮运，江北困于京操。此外浪费，犹有不能尽言者。"①

细绎这段史料，不难发现以下两大事实：一则卫所军士的生计，已是"贫与民同"；二则卫所军士贫困化的原因，在于"江南困于粮运，江北困于京操"，外加诸多的浪费。

明代军兵种类甚多，有客兵、班军、营兵、边兵、运军之分，且生存状态虽略有不同，然整体则呈现出生活质量日趋下降之势。

1. 军兵贫困化的原因

照理说来，明代军兵，原本有月粮，有行粮，朝廷所给廪给不可谓不厚。其后，又有诸多新增的"年例"，且兵部也能做到及时给发。至于月粮、行粮所行本色、折色，地方督抚均凭册报，多能给足。即使如此，明代军兵还是"颠连憔悴"，甚至"胥至困毙者"。究其原因，隆庆年间御史刘翾将其概括为六种弊端所致：一是"遏于仓攒之常例"，导致支放军士月粮、行粮"愆期"；二是"渔于将领之使用"，甚至"扣剋无度"；三是"蚀于家丁之抑勒"，武官"额外取赢"；四是"害于主兵之好逸"，让轮班客兵"分摆于极冲无暇之地"；五是"迫于修边之太急"，甚至"督责以紧关难竣之工"；六是"苦于撤放之太迟"，甚至"跋履于暑雨怨咨之日"。有此六弊，最终导致军兵"枵腹以称戈，裂指以荷锸"，生计转而困踣。②

这尽管仅就延绥一镇军兵生计而言，其实推之其他边镇，莫不皆然。下面顺着刘翾之说，将明代军兵贫困化的原因加以详细探析。

（1）月粮、行粮不能按时关支

月粮、行粮是军兵家庭生计的主要来源，一旦不能按时关支，势必使军兵生计陷入困顿。

诸多史料已经证实，从弘治以后，边镇储饷缺乏，亦即所谓的"各边粮草不足"，甚至所入之数不及所出之数，几已成为一种常态。以延绥、宁夏、榆林三镇为例，王廷相具体调查的结果显示，在仓的粮饷储备，多者"可够主兵四五个月支用"，少者"止够主兵一个月支用"。如榆林一镇，"三月可尽"；宁夏一镇，"一

---

① 黄光昇：《昭代典则》卷23，第661页。

② 余继登撰，顾思点校：《典故纪闻》卷18，第334页。

月不足”。如此大镇,边饷积储已然如此狼狈,若是其他普通城堡,储饷不足更是可想而知。此外,边镇储饷供应主兵已经如此匮乏,若是加上客兵,无疑更是捉襟见肘。①

边镇储饷的不足,多因地方有司钱粮供应拖欠所致。如陕西、延绥、宁夏、甘肃四镇所需钱粮,按照制度规定,均由陕西西安等八府与各卫所军屯粮草供给。至嘉靖初年,因为灾荒、土地抛荒等原因,再加上转输征调,差役浩繁,人户逃移数多,陕西一省拖欠四镇的边粮、草束,共计夏秋粮 1496434 石,马草 1958888 束。其中拖欠最为严重的州、县,如澄城一县,拖欠夏秋粮 49300 石,马草 53224 束;邠州一州,拖欠夏秋粮 46000 石,马草 71000 束;宁州一州,拖欠夏秋粮 94129 石,马草 118650 束;宝鸡一县,拖欠夏秋粮 73920 石,马草 23078 束。(参见附表 37)

地方拖欠应交钱粮、草束,自然导致边储缺乏,使得军兵无法及时关支月粮、行粮。如辽东一镇所需官军俸钞、布花,一概由山东布政司与河南各卫提供,其中山东、河南所属 11 卫,从山海关陆路运至,河南所属 14 卫,从登州海船运至。随后,因为地方拖欠钱粮,导致辽东一镇军兵缺饷相当严重。如至成化十二年(1476)前,共拖欠官军俸赏钞 6113170 锭,布 772600 余匹,绵花 282100 余斤,致使军士“冻馁流离”。② 一旦官储缺饷严重,自然影响到军兵月粮的支取。以陕西所属各卫所为例,西安左卫等官军,自正德八年(1513)起,至嘉靖四年(1525)止,共拖欠本色月粮 424080 石,折色月粮 316690. 3 石;平凉卫官军,共拖欠节年本色月粮 67814. 4 石,折色月粮 63519. 3 石;固原、靖虏、甘州、兰州等卫所,累年拖欠官军月粮 289999. 25 石。③ 以山西潞州等卫为例,拖欠军兵月粮,少的 6—7 月,多的已达 10 个月,致使“父母妻子,无所仰赖”。④ 以蓟州镇为例,军士也是长达 3—4 个月“不得支粮”。⑤

军兵一旦不能及时关领月粮、行粮,势必使他们的家庭生计陷入困顿。如崇祯四年(1631),蓟镇中协巡抚标下的镇筸营兵,因该得月饷被拖欠 4 个月之久,导致他们“衣物典尽,借贷无门”,甚至“饥寒迫身”。⑥ 崇祯年间,据顺天巡抚杨

---

① 王廷相:《浚川奏议集》卷 4《阅视陕西延宁边防题本》,《王廷相集》,第 4 册,第 1257 页。

② 王崇之:《辽阳时政疏》,《明经世文编》卷 49,第 1 册,第 381—382 页。

③ 杨一清:《关中奏议全集》卷 12《为急缺管粮方面官员事》,《杨一清集》,上册,第 464 页。

④ 唐龙:《言备边患事》,《明经世文编》卷 190,第 3 册,第 1963—1954 页。

⑤ 魏焕:《蓟州经略》,《明经世文编》卷 248,第 3 册,第 2606 页。

⑥ 毕自严:《度支奏议》,《新饷司》卷 28《题覆分发过楚饷数目疏》,第 4 册,第 244 页。

绳武疏言，兵士因为“久缺月饷”，导致“自食其子，甚且自啖其股”。[①] 无奈之下，兵士只好走上讨粮、索饷之路。如崇祯二年，三屯左营的勇壮，因为“八月无粮”，就有了“赴蓟索讨之意”；[②]又各兵“自白羊谷起，勾引沿边军兵，西行至滦阳札营”，声称要索取“积欠半年钱粮”。[③]

不仅限于拖欠月粮、行粮，有些边地军士，在关支军粮的过程中，通常也会因为往返道途遥远，导致艰辛万状。如蓟镇军士应得军粮，通常需要到100—200里外关支，致使士卒“甚以为苦”。军士数口之家，均仰给于月粮，但往往因为支放不时，斗斛不足，甚至到数百里之外候支，显然增加了军士往返道路的支出。譬如名义上支取月粮1石，若是扣除路途消耗，实则所得不过8—9斗而已，军士及其家庭很难得以“饱食”。[④] 军士领取月粮之苦，可以辽东一镇为例加以说明。据汪道昆的记载，辽东一镇所辖之地，广达2000余里。广宁处于河西之中，管粮郎中就部署在广宁。广宁距离宁前500里，距离开原更是达到“千里之遥”。各营卫的军士，前往广宁领取军粮，“近者或三宿至，远者率旬日至”。若是突然遇到“虏骑”，则路途所需时间更长。到了广宁，各自拿着兵备道的印信公文，先赴巡抚衙门挂号，“又越信宿”。等到投文户部管粮郎中告领，通常又会因为户部所运粮食未到，而空手遣归。这就是说，有时领取军粮的军士，“未获一箪之储，而旬月之聚粮尽矣”。这些被派前往广宁领取军粮之人，大多是“军中豪猾，力能顺指诸军”。一旦他们空手而归，就宣称自己往返浃旬，费用已尽，只好“贷母钱得归耳”，甚至声称“某氏收责，必倍于子钱，若等他日领折粮，我当扣若干，以偿赍用”。随之而来者，军士“未获一箪之储”，应得月粮已经“什去其一”。若是“再至不得”，或者“三至不得”，扣除其中的费用，真正到军兵手上的月粮，甚至“不得什五”。[⑤]

（2）各级武官克扣军兵月粮、行粮

明代军兵的家庭生计，主要依靠月粮、行粮收入。一方面，月粮、行粮难以得到按时关支；另一方面，月粮、行粮又会遭到各级武官的克扣。随之而来者，更使

---

① 蒋德璟著，粘良图点校：《悫书》卷2《中极殿再召对言勘陵减兵事恭记》，商务印书馆2018年版，第4页。

② 毕自严：《度支奏议》，《堂稿》卷4《臣部措饷甚艰蓟镇兵骄可骇疏》，第1册，第143页。

③ 毕自严：《度支奏议》，《堂稿》卷4《蓟门月饷旋发兵哗警报踵至疏》，第1册，第147—148页。

④ 张居正：《与蓟辽督抚》，《明经世文编》卷326，第4册，第3483页。

⑤ 汪道昆：《辽东善后事宜疏》，《明经世文编》卷337，第5册，第3615—3616页。

军兵生计陷入困境。

早在弘治年间，杨一清在上疏中，就将边镇军士困苦的原因之一归于将官的“侵剋”，认为“军则或粮或草，任其侵剋”。① 譬如军士，每月照例需要向将官交纳“桩朋钱”与“灰价钱”，这两项应纳费用已占到军士应得月米的一半。至于军士之马，或“一年全不支草”，或“料止支半年折价”。② 万历三十七年（1609）二月，山东巡按御史熊廷弼在上疏中，对辽东将官剥削军士军饷一事，也有颇为详细的揭露。据他所言，辽东的将官为了得到镇臣、抚臣的重用，不得不靠“行贿”一法，“厚贿重赂时常供奉”，甚至不得不“倾篋揭债以从之”。一官到手，这些将官只好“剥军扣饷以偿之”，导致朘剋成风，贪残载道。其结果则是“军士无食，饥困流散”。③

武官克扣军士月粮，在当时几已成风。如京操班军，就曾遭到将领的“剋减之害”，他们应得的月粮，尽遭将领克扣。④ 嘉靖四十五年（1566），一位百户所犯的“侵剋”月粮银案，就是典型的例证。据载，彭城卫后所百户焦纯是本所该季的放粮委官。后所官军计有 560 名，应支月粮每石折银 5 钱，照数应该关支银 280 两。焦纯在支取一所的月粮银之后，侵剋银 15 两，其中送给指挥李敏 3 两，户部书办汪奎 0. 5 两，皂隶潘钦等 1 两，剩下的 10. 5 两则收入自己囊中。然后，将剩下的月粮银 265 两，“凿分包封，每分每包各扣三四分不等”，按此发放给军士。⑤ 即使是各卫的工所，尤其是大石窝、琉璃厂，其中管工把总等官，也对“贫军”不加存恤，“克剥多方，凌虐万状”，名义上号称“程工董惰”，实则“速贿济贪”。⑥

至于军士所遭武官克扣的月粮数字，可以边军为例加以说明。如边军月粮 1 石，按照制度规定，曾经定为折价银 1. 2 两支给，但在收受之际，折价银只有 0. 8 两，剩下的 0. 4 两则已被“官吏渔猎之矣”。即使是这 0. 8 两的折价银，在折

---

① 杨一清：《关中奏议全集》卷 5《为易置主将以保固地方事》，《杨一清集》，上册，第 144 页。

② 杨博：《杨襄毅公经略疏稿》卷 1《兵备凋残不堪战守乞敕边臣加意整饬疏》，《杨博奏疏集》，上册，第 71 页。

③ 熊廷弼撰，李红权点校：《熊廷弼集》卷 1《巡按奏疏》第 1《纠劾将领疏》，上册，湖北人民出版社 2019 年版，第 25 页。

④ 庄履丰著，陈建中、陈秋红点校：《庄梅谷先生文集》卷 1《议处京操班军》，商务印书馆 2018 年版，第 19—20 页。

⑤ 杨博：《杨襄毅公本兵疏议》卷 18《会议京营科道等官参彭城卫军士放粮殴官疏》，《杨博奏疏集》，下册，第 1069—1070 页。

⑥ 萧端蒙：《陈末议以裨军政六事疏》，《潮州耆旧集》卷 14《萧御史同野集（一）》，第 192 页。

给边军之时,通常也是每粮 1 石,只给 0.4 两。于是,在号称“撙节”的幌子下,军士原本应得每月 1 石的本色月粮,在折价过程中,最后到手的仅有 0.33 石而已,遭受克扣的比例,高达 77%。①

(3)军兵科差繁重

所谓科差,实则包括科与差两项。明代军兵所遭科差,既有官差,又有私役,且极其繁重,导致军兵生存状态更加困苦。

就官方科差而言,无疑已经成为导致军士生活困苦的主要原因。大同镇的屯军就是典型的例子。据载,大同镇与宣府镇邻近,但军士生活之苦则尤甚。究其原因,主要还是源于科差繁重。具体来说,有以下三种:一是“兑屯”,即耕种军屯的屯军,不愿上缴屯粮,而是以自己应得的月粮抵补。这看似一种省便之法,可以“官免催科之劳,而军省加耗之费也”,但在实际的实施过程中,已是弊端丛生。按实际情况来说,领屯的军士并不很多,而且屯丁“逃故者日多”,这些逃亡、身故屯丁留下来的逋赋,本来与其他屯军并不相干,而管粮郎中为了足额上缴屯粮,凡是每月军士应得的军粮,就“概从半给”,且不论有屯无屯,一律以此法行之。这无疑是“削军士衣食而偿屯丁之流亡”之举。二是沿边屯田额粮负担日趋加重。大同镇所属屯田,有内郡与沿边之别。内郡屯田因为荒芜,往往受到“蠲租赋”的优待,但沿边土林、云川、威远、平虏各镇屯田之处,因为“比岁苦虏”,“或变为卤碱,或没为沙碛,或荡为沟壑”,至于应交额粮,却并未得到减少。三是大同镇所属原额屯田,抛荒既多,官军扣补,力已不胜,但屯田御史,又额外新增本色粮 6700 多石,折色粮 1400 多石,草 48000 多束,此外还有牛具之银。其结果则导致“边民闻之,往往弃产亡去”。于是,新开的屯地,再次成为“污莱”,而新增的屯粮,反而成为“常课”。②

宁夏镇的军兵,同样遭受科差繁重之害。军兵纳草,就是例证。按照惯例,宁夏唐、汉二坝为军民衣食之源。早年巡抚衙门照田派草,春季送坝,“以供挑浚修筑之用”。其后,因为添设年例的草束数增多,且各衙门“占有滩场湖道数多”,草束的上纳,一则让各堡屯种军余运送抵数,二则让备御军士并四卫有力之家照追脚价。如军草 1 分,追缴银 8 钱;余丁草 1 分,追缴银 6 钱。至于上纳的草束,每束不过“四五斤或七八斤”,完全“不敷应用”。到了春季,“每田派水草一束”,又不允许军余自备上纳,而是“定名派于各衙门项下,照数逼追草价,

① 霍韬:《第三札》,《明经世文编》卷 185,第 3 册,第 1890 页。

② 王之诰:《优恤大同军士疏》,《明经世文编》卷 287,第 4 册,第 3031 页。

过于追征屯粮”。至于附近城堡的滩地，多被势要之家“报中过草”，往往“动拨军余之采打，又派拨车脚运送边堡上纳，坐得草价官银”。其结果，则是“利归权门，害及贫军”。①

就武官私役军士而言，按照明代的禁例，严禁武官私役军士。然在实际军兵生涯中，武官公然“役占军士于私家者”，显已成为一种惯例。至于私役之状，“有役之日办柴草供私家者矣，有折纳柴草、逼出银钱因致之死者矣，有军初补伍不多得银钱不与收粮者矣”。在武官私役军兵之风下，“穷苦万状，惟军士为甚”。② 根据弘治年间杨一清阅视军马时所发现的问题，当时的领军官员，已是“以操练为故事，以科敛为得策”。武官科敛之弊，有以下三种：一是“卸甲”，即“河开将放，每军敛银一二钱”；二是“打乾”，即“驿站所过，草料不支本色”；三是“孝顺”，即“头目虚张声势，打点过送”。一旦军兵承应不及，武官随时对军兵箠楚相加。③

在繁重的官、私科差压迫下，军兵的生存状态，甚至还不如地方衙门的民壮、捕快、门子、皂隶。地方衙门的民壮、捕快、门子、皂隶，他们所得的工食银，最薄的每日为银2分，厚的每日为银3—4分。不仅如此，这些地方衙门的服役人员，内无杂派的负担，外有需索之利，故可以过一种“忧患不关于心，偷安常便于体”的生活。反观军兵则不然。以太原营的军兵为例，每军所得的月粮为8斗，每斗折银5分，计一日所得之银，才1分3厘，还不够壮士一餐之费。自款贡以后，又在6个月内，每月扣银5分，共计扣银3钱，计算下来，每军每日所得，不到1分2厘。如此微薄的收入，除了自己的日常所需之外，还需负担赡养父母妻子与日用人事、器械衣装之费。除此之外，太原营的军兵，尚需承受以下诸多科派之费：一是分领夷马时，需承担“摊赔之费”；二是关领月粮时，需承担“造册之费”；三是掌印、本管、指挥、千百户、千把总等官员，需承担“科派之费”；四是有马的军兵，虽可关领草料，但又要承担“朋银之费”；五是守备等营的军兵，需承担“杂拨滥差之费”“长差、帮贴之费”“送迎奔走之费”。④ 可见，军兵与地方衙门服役人员相较，一方面，军兵月粮收入少于地方衙门服役人员的工食银；另一方面，军兵的征战，又苦于地方衙门服役人员的差役。

---

① 杨一清：《吏部献纳稿·为边务事》，《杨一清集》，下册，第747—748页。

② 霍韬：《天戒疏》，《明经世文编》卷186，第3册，第1916页。

③ 杨一清：《关中奏议全集》卷5《为易置主将以保固地方事》，《杨一清集》，上册，第144页。

④ 吕坤：《摘陈边计民艰疏》，《明经世文编》卷416，第5册，第4514—4515页。

2. 各色军兵生计之穷

明代军兵家庭生计之穷，明人林希元有如下揭示："一军数口而仰斗食之粮，出廪亏减，十去二三，他无营运，俯仰何资，是曰贫困之患。"①可见，明代军兵生计，已呈"贫困之患"的态势。若是具体分析，军兵数口之家，全家的生计主要依靠"仰斗食之粮"，并无其他"营运"收入，再加之支取廪粮时十分之二三的亏减，自然处于一种入不敷出的生存状态。如以崇祯年间各省援兵为例，他们实则只能维持基本生存而已。据当时户部尚书毕自严的记载，各省前往增援京畿的援兵，在途中行粮、月粮兼支，大概每日可以支取银子 5—6 分。到了京城，按照旧例，通常支取行粮、盐菜银不过 3 分，外加食米 1 升 5 合而已。所得的银、米，虽足"供一日之用"，但也很难"纵口腹之欲"，或"饫餍酒肉饼饵等项"。②

（1）京师在卫官军之苦状

按照刘大夏的揭示，明代京师在卫官军之苦，在于"出钱"。③ 所谓"出钱"，就是需要承担诸多的额外负担，如"包办秋青草价，给典勇士养马，比较逃亡军匠，责令包工雇役，或帮贴锦衣卫夷人马匹，或加贴司苑局种菜军人，内外官员造坟"，均需要在卫官军出"夫价"。此外，接应公差车辆，所需"租钱"，也需要在卫所官军帮办。④

（2）京师在营官军之苦状

据刘大夏的揭示，明代京师在营官军之苦，在于"私役"。⑤ 所谓"私役"，就是在营武官私自役使属下官军，如一些管营内外官员，"率于军伴额数之外，摘拨在营操军役使。上下相袭，视为当然"。⑥ 南京龙虎左豹、韬右二卫调到的军士，因为军士随营人口渐趋众多的原因，导致军士每月收取的月粮"不足养赡"，甚至"逃匿者多"。无奈之下，官方只能下令襄城伯李隆重新加以审勘，假若这些军士果真不能赡养家庭，那么除了保留正军的当房家口仍然留营，并留一丁"协助生理"之外，其他随营人口"愿还原籍者听"。⑦ 显然，这是通过减少军士

① 林希元：《应诏陈言兵政疏》，《明经世文编》卷 163，第 2 册，第 1644 页。
② 毕自严：《度支奏议》，《新饷司》卷 8《覆科臣王猷恤畿民优将士疏》，第 2 册，第 594 页。
③ 刘大夏：《乞休疏》，《明经世文编》卷 79，第 1 册，第 703 页。
④ 刘大夏：《条列军务利弊疏》，《明经世文编》卷 79，第 1 册，第 703 页。
⑤ 刘大夏：《乞休疏》，《明经世文编》卷 79，第 1 册，第 703 页。
⑥ 刘大夏：《条列军务利弊疏》，《明经世文编》卷 79，第 1 册，第 703—704 页。
⑦ 王骥：《计处军士疏》，《明经世文编》卷 28，第 1 册，第 203—204 页。

随营人口负担而改善军士家庭生计。

(3)江南军士之苦状

据刘大夏的揭示,江南军士之苦,"多因漕运破家"。[①] 所谓"因漕运破家",就是漕军面临着诸多的"掊克",如"漕运有修船盘剥之费,有监收斛面之加",其结果则是"富者日贫,而贫者终至于绝"。[②]

明代运军分海运旗军与漕运旗军两类。以海运旗军为例,运军的收入明显呈下降之势。如按照洪武十六年(1383)所定的事例,海运军士从每年三月十五日起,至九月十五日止,每位运军可以支取行粮3.6石,折算下来为每日支取2升行粮。自明代中期以后,海运运军行粮已经减少不少。如从正月起,至十一月底,运军服役的时间开始增多,但仍然只能支取3石的行粮,折算下来为每日支取9合余行粮,比明初所定事例行粮数减少了1.1升,亦即减少约55%。随之而来者,则是这些海运旗军生活质量的下降。这主要体现在以下两个方面:一是运军行粮减少之后,仅凭这每日9合的行粮,需要承担"浆洗衣服、薪盐、医药、岁时醵饮"之类的日常支出,显然捉襟见肘;二是一旦成为运军,就不再有剩余时间从事其他"生业",借此贴补家用,妻子、儿子无不"仰给于月粮",至于运军应得的月粮,有的"拖欠不时给",有的"扣带随船以防折陷补数"。[③] 两者相合,既使依靠行粮生活的出行运军生活困难,又使在家依靠月粮生活的妻子、儿子的生活陷入困顿。

漕运旗军的生计同样面临困窘之态。众所周知,漕运旗军的主要收入来源有以下三项,即月粮、行粮与羡余银两。就月粮而言,旗军一家老小"借此为生"。在月粮的支取上,旗军显然面临两大难题:一是月粮的拖欠,少则拖欠8—9个月,多则拖欠20—30个月,甚至有的拖欠50—60个月。二是月粮遭到克扣。如据湖广襄阳卫申称,此卫所属调守漕运的旗军,每月该得的6斗月粮,旗军妻小老幼在赴仓支取月粮时,通常只给5斗,剩下的1斗,往往被放粮的"识字人"等,"延捱掯留,剋落入己"。就行粮而言,旗军在外,例有行粮。从水次直至京城,根据往还路程,近的费时5—6个月,远的费时8—9个月,至于所支取的行粮米麦,多的不过3石,少的仅有2石。这些不多的行粮,单是供应旗军自己的"食用",已经"不得数"。此外,10人负责的一艘运船中,一旦有人逃亡,还需要

---

① 刘大夏:《乞休疏》,《明经世文编》卷79,第1册,第703页。

② 刘大夏:《条列军务利弊疏》,《明经世文编》卷79,第1册,第703—704页。

③ 王宗沐:《乞优恤运士以实漕政疏》,《明经世文编》卷343,第5册,第3676页。

靠此行粮,雇人牵挽运船。就羡余银两而言,按照明代的漕运惯例,旗军运粮交纳完毕之后,其中的羡余银两,通常会散发给旗军,以示朝廷优恤运军的厚恩。漕运旗军,春去冬归,冲风冒雨,劳苦万状,加之行粮不足,食费不足,无不盼望能够得到羡余银两,“以济回途之用”。但后来因为河道变迁,运粮多有漂失,于是官方下令将这些羡余银两截留,“通融完补”。可见,或因月粮遭到拖欠甚至克扣,或因行粮不足,或因羡余银两遭到截留不发,其结果则使漕运旗军及其家小生计陷入困境,或“忍饥轮力”,或“空船缺食,无力牵挽”,或“旗军之家,亏缺食用”。①

(4)江北军士之苦状

据刘大夏的揭示,江北军士之苦,“多以京操失业”。② 所谓“以京操失业”,就是这些江北军士一旦遇到京操,虽然可以得到行粮,但往返之费,则需要自己“营办”。到了京城之后,就被拨付做工,甚至“雇车运料,而杂拔纳办”。③

事实确乎如此。因为遭遇荒歉、朝廷撙节边储的原因,那些操备官军所支行粮,往往本色兼支,其中月支本色米 5 斗,且所支多系“青科粮粗”,即青稞一类的粗粮,其余的均折成布匹支取,在“米贵布贱”的情况下,通常这些折色布匹“不偿所直”。其结果,则导致操备官军“养赡不给”,甚至他们的衣服、鞋子,日久损敝之后,因为家中贫乏,也无力换成新的。④ 至于京操军士,“多拨做工”,人数常常多达“一二万”。他们负担的工程,少则一年,多则二三年。无奈之下,这些京操军士单是需要支付雇工等项的银子,每月就要付出 1.2 两,只得将行粮粜卖,负担雇工之费。随之而来者,则是自己“不得食用,负累疲弊,率多逃亡”。⑤

军士操备并非限于京操。即使像陕西一些腹里卫所的军士,也均在三边“操备”。有的一年一次回卫休息,有的 18 个月回卫休息,甚至有一家正军、余丁 2—3 名在边操备。至于在卫的余丁,又要种纳屯粮子粒、守城等项差使。以在边操备的军士言之,军士所需骑操马匹,当然有官方提供,但赴边之日,军士所需脚力,则必须自备马 1 匹或骡 1 头。这些军士既无营生,又无产业,只靠月粮

① 分见丛兰:《论漕运积债之害》,《明经世文编》卷 108,第 2 册,第 981 页;杨璿:《题为议事事》,《明经世文编》卷 92,第 1 册,第 818 页;方廉:《会议漕政疏》,《明经世文编》卷 284,第 4 册,第 3003 页。

② 刘大夏:《乞休疏》,《明经世文编》卷 79,第 1 册,第 703 页。

③ 刘大夏:《条列军务利弊疏》,《明经世文编》卷 79,第 1 册,第 703—704 页。

④ 王骥:《边务五事疏》,《明经世文编》卷 28,第 1 册,第 205 页。

⑤ 马文升:《为修饬武备以防不虞事疏》,《明经世文编》卷 63,第 1 册,第 529 页。

6斗维持生计,甚至置备军装、整理盘缠一类的费用,也需要从月粮中开支。因为害怕到了边地之后遭到总兵、副将、参将等武官的责打,只得将原籍户下的“津贴财物,置买前去”。到了边地之后,边方该管的官旗,“或指以置买旗号、缨头为名,或假以修理城垣、门楼为由,节次科敛”,逼迫无奈,操备军士只得又将原来置下的脚力如马、骡变卖。不到一年,就使用尽绝。一旦遇到官马倒死,又必须“买赔”。在武官逼迫紧急的情况下,只得向本管指挥、千百户或副将、参将借债,用来买马赔偿。如买马1匹,到期需要偿还银200—300两;借银1两,加上利息需要偿还3—4两。这些军士操备结束,回到自己的卫所,债主各官的家人,随即前来索取。在卫官员惧怕他们的权势,只得替他们追债。军士在万般无奈之下,有的典卖妻子,有的揭借月粮,以便归还原先的借债。通常赔偿1匹马,即已导致军士“破家荡产”。就其总体生存状况而言,这些在边操备的军士,正如史料所揭示,大多“衣不遮体,食不充口,瘦损尪羸,形容枯槁”。①

(5)边地军士之苦状

早在弘治年间,刘大夏已有“边军最苦”之说。② 魏时亮也认为,明代各边军士,“穷苦难言”。至于其中的原因,一则因为边地军士大多“疲于工役”,甚至月粮、行粮尽被武官“扣留”;二则因为边地的裨将小官,俸廪菲薄,再加之“俸竭于抚夷,廪输于供上”,为此不得不“剥军”。有此二因,导致边地军士“不足以存活”。③

至于这些边塞军士的生活窘境,一如李廷机从长老中所闻知:一方面,他们需要“戍守斥候,日夜望烽燧,闻犬吠之骇,摄弓荷戈,登障拒塞,决命而当虏”;另一方面,他们的收入仅仅是“以斗粮易其死”,有时甚至“给予或不时,而龠合不实沾”。无奈之下,只好“以糠核充虚圜”,甚至“妻孥而泣”,有“死馁”之忧。④为示明晰,不妨详举例子,对边塞军士的苦况勾稽如下:

以大同边镇军士言之,军士辛苦万状,只能依靠月粮度日,别无生理,况且父母、妻子之所依赖,衣服日用之所需要,全依靠这份月粮。一旦月粮折色支给,仅仅给银7—8钱,在米价腾涌的趋势下,所得折色月粮银只能籴米4—5斗,导致

① 马文升:《抚军士以蓄锐气疏》,《明经世文编》卷62,第1册,第509—510页。

② 刘大夏:《乞休疏》,《明经世文编》卷79,第1册,第703页。

③ 魏时亮:《题为圣明加意虏防恭陈大计一十八议疏》,《明经世文编》卷371,第5册,第4007页。

④ 李廷机著,于英丽点校:《李文节集》卷15《计部屏山王大夫还朝序》,下册,第409页。

"自给不暇",甚至"腹常不饱",更遑论赡养父母、妻子了。[①] 以宣府边镇军士言之,按照明代边军每年月饷的支取惯例,一般为 6 个月支取本色,6 个月支取折色。在折色月饷中,在边的边军月饷折银 7 钱,在内的边军月饷折银 6 钱。这通常被称为"本折兼支"。每当春夏之月,禾稼未登,粟价腾涌,边臣苦于蓄积未多,就给边军折色银;当秋冬之月,粟价稍平,仓廪稍积,才给边军本色谷粟。当边地谷粟价格高涨之时,银 1 钱,仅能"易粟六七升",那么边军一月所得的折银,事实上"不及半月之粟"。[②] 换言之,在青黄不接、谷粟价格高涨之时,边军所得折色银仅有 6 钱 5 分,若是去市场上购买粮食,仅能买得 5 斗,"委于养赡有所不足"。[③] 以榆林边镇军士言之,他们已是贫困至极,甚至"衣无完褐,室无完堵"。他们每日只能食粥"三四碗","若得一饭以宿饱者,则矜以为难"。[④]

(6)屯军、军余之苦状

已有的诸多史料足以证实,负责屯种的军士、军余,因为纳粮负担开始增重,甚至"苦于赔补",最后不得不"相继逃亡,抛下田亩荒芜"。明代军屯田地收取子粒的则例分为三类:第一类是"比较之田",一般每亩纳粮 1 斗 2 升;第二类是"改科之田",一般每亩纳粮 5 升 3 合 5 勺;第三类是"新增之田",一般每亩纳银 1 分 6 厘。三者相较,比较之田纳粮最重,改科之田次之,新增之田最轻。譬如屯种比较之田的屯军,一人佃种 50 亩,每年纳粮 18 石,其中 12 石准作自己的月粮,实际只是上纳 6 石,应该说纳粮负担并非很重。

即使如此,屯军、军余的生活仍然不时陷入困顿。究其原因,有以下两个:一是苦于赔补。如正德末年,频岁凶歉;嘉靖三年(1524),又是时疫流行,人死过半,导致屯田无人耕种。南京、镇南等卫坐落于江浦的各个屯地,"行数十里,俱是旷地,蔹莽极目,不胜凄凉"。屯地荒芜,但屯地所需交纳的粮税,"所司因循不与区豁,逐年俱系众户赔补",其结果则是"赔补愈重,逃亡愈多,逃亡赔补,反复相因,势不能已"。[⑤] 二是困于扣除抵充。各卫所管屯的官员,只以屯粮额征为急,一旦遇到凶荒之年,屯粮无以收取,就将屯军应得的月粮,"通行扣除抵充"。此外,尚有"马价之扣,开垦之扣,采办之扣,朋合之扣"。一个屯军,一年

① 李承勋:《防御大同事宜疏》,《明经世文编》卷 101,第 2 册,第 902 页。

② 魏焕:《宣府镇》,《明经世文编》卷 8,第 3 册,第 2604 页。

③ 韩邦奇:《议处年久浥烂预备仓粮以济时艰事》,《明经世文编》卷 160,第 2 册,第 1613 页。

④ 唐龙:《大虏住套乞请处补正数粮草以济紧急支用疏》,《明经世文编》卷 189,第 3 册,第 1949 页。

⑤ 方日乾:《抚恤屯田官军疏》,《明经世文编》卷 210,第 3 册,第 2202 页。

之中,共计有五种"扣累"。于是,所能关支的月粮,已经所剩无几,再加上官胥朘剥之害,最终导致屯军、军余"室家饥寒之迫,愁叹忧苦,不能自存"。[①] 以南京各卫军士为例,举凡操备、驾船、运粮各项军役,固然均属"贫苦",但以屯军贫苦为最甚。操备、驾船、运粮之类的军人,他们尚有"月粮可资",但屯军必须自食其力,甚至向公家交纳子粒,一旦牛具、种子准备不及时,导致收成减少,所收仅堪"纳粮赡家之用"。若是遇到荒歉之年,就只好流移他乡。[②]

(7)**地方铺司兵之苦状**

明代各地设有铺司兵,专门负责"急递公移"。按照惯例,官方设有铺舍,以供铺司兵居住,实则不然。以宛平县为例,如施仁、义井、卢沟三个铺司,虽有屋数楹,但"实极敝,不可以居";彰义、高店、石碑、胡渠等铺司,更是"败垣荒草,仅存遗址"。至于宛平县前的铺司,也是没有铺舍。无奈之下,铺司兵只好"僦居旁舍"。明代的铺司兵每年领取的工食银有限,一般为每名每年可得工食银 7.2 两。邻近铺司地方,"赁居踊贵",这些铺司兵只好"星寄僻巷"。不仅如此,每遇闰月,宛平县的铺司兵则无工食银。此外,每年各个衙门春秋上陵,"铺司兵每行供夫六名,约往返费且数金",这一额外负担,同样需要铺司兵从微薄的工食银中支出。[③] 铺司兵生活之苦,由此不难想见。

综上所述,无论是江南的运军,还是江北的京操之军,生计无不陷入困境。对于江南漕运运军来说,其最大的生存压力来自"积债"。大量的"积债",导致运粮旗军的月粮、行粮,尚不够"分偿债主"。为了躲避债主的逼讨,这些运粮的旗军,同样出现了两分的现象:胆小的旗军,不敢赴京交粮,只好抛弃船只逃回;胆大的旗军,就"盗卖正粮,偿还债主"。[④] 以湖广都司所属武昌等 11 个卫为例,所属运军不但"穷年劳苦",而且该得的月粮,还被扣作造船的"军料"。这显然是"并其食而夺之","无怪乎逃亡相继也"。[⑤] 对于江北的京操班军来说,其苦更是多端:有"工役之苦",名义上是营卒,实际上"与田亩市井之夫等";有"替役之难"之苦,甚至"少而入籍,老而出籍";有"刓减之害",应得月粮被武官无端克扣。一方面,京操的班军,"一岁无息肩之期也",极其辛劳;另一方面,京操的班

---

① 方逢时:《审时宜酌群议陈要实疏》,《明经世文编》卷 321,第 4 册,第 3421—3422 页。

② 方日乾:《兴利救弊以裨屯政疏》,《明经世文编》卷 210,第 3 册,第 2204 页。

③ 沈榜:《宛署杂记》卷 5《铺舍》,北京古籍出版社 1982 年版,第 33—34 页。

④ 丛兰:《论漕运积债之害》,《明经世文编》卷 108,第 2 册,第 980 页。

⑤ 唐龙:《攒造粮储疏》,《明经世文编》卷 189,第 3 册,第 1953 页。

军,又是"枵腹之人",所得收入难以维持基本的温饱。[①] 军兵境遇如此之惨,甚至成为"饥军",一旦"凶年相继,月饷不敷",这些饥军就纷纷与盗贼为伍。[②]

四、社会流动与贫富分化

明代中期以后,随着社会流动的加剧,贫富分化日趋明显。这一社会阶层两极分化的趋势,主要体现在以下两个方面。

一是因"贫富不均"而导致贫富两极分化。以松江府上海县为例,陈子龙就直言有"役烦而贫富不均"之弊。差役上的贫富不均,再加之"俗汰而好竞,赋重而地利不修",其结果则导致贫富两极分化:"巧者田连阡陌,而享封君之奉;拙者日夜力作,而兼践更自劳。"[③]

明代有一谚语,云:"富人家谷,贫者官粟"。细绎谚语的意思,无非是说在明代赋税、徭役方面,存在着一种贫富不均的现象,此即"仕者优力役,贫者代输租"。至于"田之不均"的原因,则显然源于"二豪",即豪臣与豪富。换言之,财富日渐集中于"贵宦"与"富室"之中,前者因为"多赂"而富,后者因为"多财"而富。尽管致富的原因有别,但无不"颛肥饶之区,擅山泽之利"。其结果则是导致贫富两极分化:"富则曳丝席绮,侈以相竞;贫者衣食,下同犬彘牛马。"[④]尤其是自嘉靖以来,因为当政者的种种失策,或"政以贿成,吏朘民膏,以媚权门",或"务一切姑息之政,为逋负渊薮,以成兼并之私",最终导致"私家日富,公室日贫"。[⑤] 所谓的"私家日富",所指即财富集中于部分人的手中。万历四十年(1612),张铨在上疏中,就直言指出,导致"海内空虚"的主要原因,就是因为天下之财,"一归内帑,一归中涓,一归贪吏"。[⑥]

二是因为政策失当,再加之各色额外负担的增加,导致各社会阶层呈现出一

---

① 庄履丰著,陈建中、陈秋红点校:《庄梅谷先生文集》卷1《议处京操班军》,第19—20页。

② 吴甡著,秦晖点校:《柴庵疏集》卷7《微臣星驰入关疏》,第130页。

③ 陈子龙:《安雅堂稿》卷6《赠上海令王侯政绩序》,载氏著,王英志辑校:《陈子龙全集》,中册,人民文学出版社2011年版,第1131—1132页。

④ 崔铣著,周国瑞选编:《崔铣洹词选·政议十篇(选其三)·均田》,中州古籍出版社1993年版,第128页;崔铣:《政议十篇》,《明经世文编》卷153,第2册,第1527页。

⑤ 张居正:《答应天巡抚宋阳山论均粮足民》,《明经世文编》卷327,第4册,第3497页。

⑥ 张铨撰,田同旭等点校:《张忠烈公存集》卷9《直陈救时要务疏》,上海古籍出版社2018年版,第42页。

种趋于贫困化的趋势。在隆庆年间,就曾因盐政政策的变化而导致山西一些富家渐趋破产。据史料所载,鉴于“池盐不生”的原因,巡盐御史上奏,称“帑藏空竭而边供甚棘”,为此户部制定“预责商办,待池盐盛生补给”的政策。这一政策失当,直接导致“环中条数百里间”的富家,“无故破产者十室九矣”。①

至于“民之穷困”的原因,崇祯八年(1635)二月,杨嗣昌在上疏中,直称有五大原因:“一穷于加派,再穷于搜括,三穷于捐助,四穷于贪夫(吏)之椎剥,五穷于豪右之并吞。”②杨嗣昌所谓贪夫之椎剥,实际上就是“有司之侵渔”。杨嗣昌所谓豪右之吞并,实际上就是“势豪之横暴”。这些豪右、势豪,显然成为贫富分化的主导力量。官豪势要通过以下三种不法途径积聚财富:一是“多夺民之居以为居也”,使自己“起堂宇连云,楼阁冲霄”;二是“多夺民之田以为田”,使自己“田连阡陌,地尽膏腴”;三是“夺民利”,官豪势要之家的子弟,恃气陵人,接受奸人的投献,专擅山林、湖泊之利。其结果,则导致天下财货,“皆聚于势豪之家”,而庶民百姓则日趋贫困化。③

(一)军民生计趋于贫困化的原因

国家财赋匮乏,军民生计困穷,这无疑是国运衰败的典型征候。那么,明代国运转衰究竟始于何时?这显然值得加以深入探讨。若是用一种模糊的说法,即可将其定为明代中期以后。尽管在弘治十八年(1505)三月,户部主事李梦阳在应诏上书中,已有“敛重而民贫”,以及“贪墨在位,恩不下流”之说,④说明在弘治年间同样存在着“民贫”之势,但假若更加明晰或细化一点,则可定为正德年间。换言之,正德前后,明代的国运呈现出一种前后有别的景象:正德以前,明代国运从恢复期转而进入到弘治年间的繁盛期,“家余藏,帑余积,山林川泽余利也,边卒嬉,武吏不宿逋”,国富民强;正德以后,国运转衰,“上下伷伷然称匮乏,诛赋日繁,力役弗已”,显然已有“陆而鱼”的危险。⑤ 嘉靖年间,张治曾就当时的“公私之积”加以讨论,认为嘉靖年间,“公私之积,嗷嗷然不逮正德间,无论弘治也,而旱蝗横敛,日相寻不止”。他将其中的原因归结为“三病”,亦即“民力竭则病赋,漕法废则病食,盐政弊则病利”。其结果,则是“农终岁耕而不能以糠

① 张四维:《条麓堂集》卷18《复邢知吾》,《张四维集》,中册,第488页。

② 杨嗣昌著,梁颂成辑校:《杨嗣昌集》卷7《贼患甚深再剖愚忠疏》,上册,第156页。

③ 王邦直:《陈愚衷以恤民穷以隆圣治事》,《明经世文编》卷251,第4册,第2636页。

④ 黄光昇:《昭代典则》卷23,第671—672页。

⑤ 张治:《涿州北河胡良渡舟记》,《明经世文编》卷242,第3册,第2528页。

粃自饱,妇终岁织而不能缯絮自蔽”。[①] 可见,军民生计呈现出一种日趋贫困化的现象。

军民生计的日趋贫困化,显然是社会阶层渐趋分化的典型征候。这一现象已经遍及大江南北的全国各地。对此,明人彭时在上疏中有深刻的揭示。[②] 彭时所论军民贫困化的区域,大致限于北方地区的山西、河南、陕西与京畿八府。至于其贫困化的情状,或为“军民穷困”,或为“地小而衣食窘”,或为“人民缺食”,或为“鬻卖子女,流离道路者,在在有之”。换言之,“民愈苦”或“民愈困”几已成为一种趋势。若论其中的原因,彭时所言较为简单,仅仅将其归结为官员因公科敛、差役繁重、水旱相仍三项。

其实,军民生计的贫困化,并非限于北方及京畿地区,而是已经遍及全国各地,甚至江南财赋之地。嘉靖年间,陆树声通过自己的亲自观察与耳闻,认为当时的时势已是“民穷财尽”。如他在赴召时道途所经,自江淮而北,历经齐鲁、畿辅咽喉之地,所见则是“驿传冲疲,夫役烦苦,民多流徙,不胜困穷”。至于他所耳闻者,如吴越、闽广、川蜀、山陕诸处,“或敝于征徭,或困于兵赋,民穷财尽,所在皆然”。[③] 事实确乎如此。以两淮为例,在两淮之间,凤阳算得上是根本重地,但已是“民贫尤甚”;淮安一带,因为黄河、淮河二水下流,十岁九淹,再加上旱灾、蝗灾相继20余年,“民之流徙,十居七八,州县几不支矣”。以江南为例,浙江、苏州、常州等处,田虽膏腴,但税粮素重。尤其是那些由富民充任的粮长,更是“疲敝已甚”,不得已只好“数家朋当一名”。再加之“连岁全征”,则更是“疲敝亦又甚矣”。[④]

一至明朝末年,更是呈现出一种“上下交弊”的困境。就“上”的层面而言,是“下之所以寄命者”。一方面,“上之经制,失议论烦”;另一方面,“竭泽而渔之,冠虎而牧之,广为阱而罔之,多起工而罢之”,甚则“课言日高,商工日下,近计有余,远计不足”。其结果,则造成“痛苦太息之士,愈多于朝;而疾首无告之民,日增于野”。就“下”的层面而言,是“上之所以托国者”。一方面,“下多憔悴之民,又苦无赖”;另一方面,“杼柚甚空,泽骨甚积,操行甚恶,而萑苻甚聚”。其结果,则造成十分之民,“穷民得其八”,或十分之民,“弊民得其八”。若以普通百姓的生计为例,一年力耕的收入,除了供养八口之家的日常生活与社交往来

① 张治:《赠王克斋北上序》,《明经世文编》卷242,第3册,第2525页。

② 彭时:《灾异陈言疏》《民情马政疏》,《明经世文编》卷48,第1册,第374页。

③ 陆树声:《敬献愚忠以备采择疏》,《明经世文编》卷291,第4册,第3069页。

④ 马卿:《攒运粮储疏》,《明经世文编》卷170,第2册,第1741—1742页。

之需外，尚需负担国家的税赋、污吏的余润，以及水旱灾害之变与“赴征缮一旦之急”。在额外负担日渐增加的明朝末年，民生家计必然呈现出“富者必贫，贫者必窜”的景象。①

至于其中的原因，明代官员与学者均有所讨论，所涉不一，但也存在着一些共同性。下面顺着他们的讨论，再辅之以其他诸多史料，对明代军民生计日趋贫困化的原因加以详细的论析。

1. 官吏剥削

究明代军民生计日趋贫困化的原因，首先在于官吏的剥削。照理说来，国家设官的目的，是官员在接受了国君的爵位之后，替国君治理邦国之民，进而“以理天工”。换言之，设官的目的主要在于牧民甚或抚民，而不是朘削百姓的膏血。

明初立国，法古建官，因时损益，凡是在外官司，如府、州、县衙门，均根据地方广狭、政务繁简，命官分治，各有定额。基于大乱之后及土广民稀的特点，官方不惜采取以府为州，以州为县之法。如洪武七年（1374），鉴于“粮不及俸”的原因，曾一度“减并小县”。换言之，明初地方官员的设置，主要根据税粮、民数而定。以县为例，民数多者，设知县、县丞、主簿；民数少者，则只设知县、典史。究其目的，在于通过减政的方式，避免官僚机构的臃肿之病，进而达臻与民休养生息之效。从其效果来看，明初设官，确乎一度达到了“政教敷行，民安事辑”的效果，或者说“当时政无不举，令无不行，事妥民安，未尝失误”。

自明代中期以后，新增衙门，添设官员，纷纷而起，随之出现了冗官现象。以布政司、按察司与州、县、官为例，相较于原先的额数，已是“倍而又增”，有时甚至在短短的半年时间内，铸造、添设衙门印信、关防、铜牌，已达80余个。明代中期以后，地方上添设的抚民、督粮、兵备、水利、理刑、提学、管屯、管矿、管河、劝农、捕盗等官，“比旧加倍”。添设官员一多，势必导致职掌重叠，甚至机构架屋叠床。举例言之，河南原先在布政司衙门下设置参政一职，专门用来抚民，其后又在按察司衙门下添设管屯佥事，兼管抚民；河南原先在布政司衙门下设有参议一职，后来改为参政，专门负责河道的管理，其后又在祥符县等7个县，添设主簿一职，“皆以修治沁河、接济徐、吕二洪为职”。此外，如布政司专门职掌钱粮，催督钱粮的职责，自然由布政司属下分守官承担，但随后又添设督粮官员；按察司

① 徐允禄：《思勉斋集》卷3《吏治》。

专门职掌刑名，问刑的职责自然由按察司属下的分巡官负责，但随后又添设理刑官员。

添设衙门一多，自然会导致冗官滥吏现象的出现，进而危及民生。究其弊端，主要有以下两个：一则增设衙门，百费纷起，势必加重百姓负担。添设一官，他们的俸粮、廨宇，一分一毫，都是取之于民。此外，在额设马夫、皂隶之外，又有听用的门子等，如一个参政，“皂隶十名，每名必得三四十丁，马夫十户，每户必得三丁”。所有这些马夫、皂隶、门子等项差役，无不从“殷实得过之家佥充”，至于一应科差，更是“累及贫难下户出办”。二则官多必然扰民，甚至“奸弊日生，欺诈日有”。有些不能听断、不谙文移的官吏，必然会容留“缮写”之人，替自己服务。这些人到了衙门之后，既影射差徭，又拨置事务，其结果则导致词讼繁多，民受其害，贿赂公行，刑狱淹滞。换言之，冗官滥吏现象的出现，其危害不仅限于“政愈不治”，更会导致“民愈不宁”，甚至出现“闾阎小民，贫者愈贫，而富者亦至于贫”的结果。①

明太祖朱元璋起自民间，深知官吏贪赂之弊，立国之初，痛惩贪赂官吏，甚者即行诛杀，以快小民之心。故明初官吏畏法，小民得安。时日一久，一些不才官吏，渐启贪赂之习。到了正德年间，官吏贪赂，其弊更甚，官以赂升，罪以赂免。其结果，则造成“辇毂之下，贿赂公行；郡县之间，诛求无忌”。② 明代官吏剥削小民之弊，不可胜数。以粮长、解户向宫廷输纳白粮、物料为例，无不受到内臣、军校的侵与盘剥，多方刁措，百计需求。如原本只是输纳白粮 1 石，最后加至 2—3 石，才能上纳；各项物料，解户必须“倍出三四百两”，“始得批回”。其结果，则导致解粮之人，“费逾常数，不得不称贷赔纳，轻则荡产，重则丧身”。③ 内臣出镇地方，成为镇守太监，也大多鱼肉百姓。从史料记载可知，内臣为了求得出镇一方，必须重赂朝廷的权幸。贿赂之金，动辄“以万计”。至于具体的数字，则根据所得之地的丰约以为多寡。譬如镇守广东，必须纳贿银 15 万两；镇守浙江，必须纳贿银 10 万两；镇守福建，必须纳贿银 8—9 万两。这些太监就镇一方之后，“金币宝玩之类，随地产以供岁例者，复无纪极，至所以自饱其溪壑者，又不知凡几”。

① 相关的揭示，可分见范济：《诣阙上书》，《明经世文编》卷 29，第 1 册，第 212 页；徐恪：《修政弭灾疏》，《明经世文编》卷 81，第 1 册，第 715 页；刘大夏：《弭灾革弊疏》，《明经世文编》卷 79，第 1 册，第 703 页。

② 何瑭：《民财空虚之弊议》，《明经世文编》卷 144，第 2 册，第 1437—1440 页。

③ 王得春：《抒明诏罄愚衷疏》，《明经世文编》卷 367，第 5 册，第 3971 页。

所有这些,均依靠“刻剥诸民”而得。①

官吏一旦剥削、残虐小民成风,势必导致民生日趋困窘。在明代的官场,流行一句传言,即“皇上只要人干事,不怪人要钱”。诸如此类的传言风行官场之后,贪夫从而和之,导致内外诸司官员公然“剥虐百姓,不复耻畏”。其结果,则导致一种两分的结果:一方面,官员“其官日升,其家日富”;另一方面,“民财则日穷,民心则日怨”,②或“民财日空,民生日困”。③

2. 差科繁重

按照传统的观念,国家以民为本,百姓的足与不足,关乎一朝的盛衰。照理说来,自明代中期以后,在地方州县,田亩日益开辟,生齿日益繁伙,较之明初,已大有不同。但事实则是,“储蓄恒少,用度恒苦于不足”。至于其中的原因,还是因为国家所收的税粮、草束“岁额有常”,但“国用无经,冗食太众”,以致“差役重叠,科派频繁,百凡木植、颜料等物,在在增加,加以连年转输边饷,民力疲竭,无有宁止”,故一旦遇到荒歉,百姓“非流徙四方,则填塞沟壑”。④

明代百姓繁重的差科负担,主要有税课、徭役两类。在税课中,又分额征、杂派物料;在徭役中,又分常役、杂派夫役。就税课而言,亦即所谓的“取民之法”,除了田土税粮之外,如盐课、茶课、金银课、铁课、鱼课、税商船钞、户口食盐、皮角、翎毛、油漆、竹木之类,无所不取。这些均属于额征,不可谓不重。明代中期以后,在原先的额征之外,其他杂派物料,已是纷纷而出。如供用库物料、甲丁库颜料、光禄寺厨料、太常寺牲口,南京则又有供用器皿、物料、战巡船只、物料,内府各衙门应用物料,随时坐派,“盖日有不可胜数者矣”。就徭役而言,亦即所谓的“使民之法”,除了里甲正办之外,如粮长、解户、马头、船头、馆夫、水夫、马夫、祗候、弓兵、皂隶、门禁、厨斗之类,无所不役。这些均属于常役,不可谓不多。明代中期以后,在原先的常役之外,其他杂派夫役,纷纷而出。如斫柴夫、抬柴夫、修河夫、修仓夫、运料夫、接递夫、站夫、铺夫、闸夫、浅夫之类,因事编佥,“盖有不可胜数者矣”。除了上面的“夫役物料”之外,其他的夫役物料,也照例“皆取办于民”,即由百姓负担。面对如此沉重的赋役负担,上司官员只求“事行”,根本无暇考虑“民力之堪与不堪,民财之敷与不敷”。至于具体执行的地方官员,

① 林希元:《罢内臣镇守以厚邦本疏》,《明经世文编》卷162,第2册,第1626页。

② 徐阶:《答尽去剥虐谕》,《明经世文编》卷244,第3册,第2550页。

③ 何瑭:《民财空虚之弊议》,《明经世文编》卷144,第2册,第1437—1440页。

④ 乔宇:《陈愚见以广圣聪疏》,《明经世文编》卷98,第1册,第862页。

其中的贤能守令，纵然有爱民之心，但因迫于上令，也不能自行其志；至于那些不才官员，更是“因以为利”，再加上吏典、里胥“卖放多科”，其结果则造成“小民受害，所不忍言”，亦即导致“民财之耗，民生之困”。①

事实确乎如此。繁重的差科，已经给民生造成极大的危害。如南京督理织造，一旦“开局置机”，就“劳民动众”，举凡“拘役之艰难，供亿之骚扰”，月益月增，致使“民不堪命”。② 银鱼作为一种上供的贡品，同样给江南当地百姓带来很大的危害，甚至中人之家，一当“鱼户”之差，时间一久，即致破产。正如沈德符在诗中所云：“貂珰开禁厂，翼虎恣磨牙。鱼户追豪右，中人久破家。”③至于内府钦差内官，一至地方，更是危害无穷。如内府针工、巾帽二局，每年奏差4名内臣前往南京，“取用麂皮等项物料，经年动岁，方才回京”。每一位钦差内官，需要提供“六百料马船”2只，站船、座船8只。其中每一只船，索取贴帮银5两，一年共需银480两。等到起程之后，每一只船又索取贴帮银5两。那些承担贴帮银的“夫甲”，因为家中贫难，办纳不前，就会遭致“百般辱打，随船什物，因而强搬”，乃至“怨嗟之声，闻者不忍”。④

在徭役普遍趋于繁重的大势下，江北、江南百姓，均受其害。江北淮扬一带的百姓，受累于“中贵人之贡献”。这些“中贵人”每次往京城运送贡品之时，需要挽舟之夫数百人，甚至索要折价，“大邑输百，小邑稍减，大州逾焉”。在这些额外负担的重压下，百姓“小卖鸡豚，大鬻妻子，啼号于道，彷徨取给”。更有甚者，“月过贡献者数矣，岁为常”，日削月朘，无所底极。江南一带的百姓，则受累于“徭役山荡以奉战士”。其结果，则导致“战士流冗而得高赀，农民力耕而不得饱暖”，甚或“吏民两困”。这无疑是“割肉而啖虎”之举，最后必然“虎肥而民死矣”。⑤

3. 庄田科扰

照理说来，王者是“四海为富，普天皆土”，不必另设庄田，自取其利，甚至与民争利。明代皇庄的出现，显然足以证明，“以万乘之尊，下与匹夫分田”，或“以

---

① 何瑭：《民财空虚之弊议》，《明经世文编》卷144，第2册，第1437—1440页。

② 倪岳：《会议》，《明经世文编》卷78，第1册，第682页。

③ 沈德符：《清权堂集》卷20《银鱼曲十首》，《沈德符集》，第315页。

④ 倪岳：《会议》，《明经世文编》卷78，第1册，第687页。

⑤ 侯一麟撰，蔡克骄点校：《龙门集》卷8《崇俭论》，上海社会科学院出版社2006年版，第145页。

宫壶之贵，下与小民争利"，虽非"盛世之事"，却在明代已经成为一种常态。①此外，勋戚有券，内官有供，宗藩有禄，同样不必别设庄场牟利。明代勋戚庄田、内官庄子、宗藩寄庄的出现，"或夺民开垦已成之业，或侵民成熟已种之租，或致令徭役重并，粮草赔纳，或希图冒免粮差"，其中所造成的危害，并非仅仅限于官府，甚至"害及良善"。②

宫壶自设庄田取利，亦即所谓的"宫闱庄田"或"宫庄"，其起始有以下两种说法：一种说法认为，始于明仁宗洪熙年间。如洪熙年间，设有仁寿宫庄，其后又设清宁、未央宫庄。③ 另一种说法认为，始于天顺八年（1464）。如在此年，明英宗下令将顺义县安乐里板桥村太监吉祥抄没地一处，拨为宫中庄田，共计75 顷。④

当时仅有"宫庄"之名，尚无"皇庄"一称。至于皇庄一名的具体出现时间，则又有以下两种说法：一种说法认为，始于景泰年间。如彭时有言："皇庄之名，自古无有。景泰存藩邸之旧，皇上因东宫之余，庄名曰皇。"⑤另一种说法认为，始于成化年间。明宪宗即位以后，将没入太监曹吉祥的田地作为宫中庄田，且"皇庄"之名由此始。⑥ 又有记载云："成化以来，始有皇庄之名，不过数处而已。"⑦

尽管有关宫庄、皇庄的起始时间，说者不一，但基本可以认定，至正德年间，宫庄、皇庄的设置最多。在成化年间，仅增宝坻县王浦营庄田一处，原系会州卫的草场。在弘治年间，也只增丰润、新城、雄县庄田三处。至弘治十八年（1505）十月，明孝宗死后，明武宗即位之初，在一月之内，共建皇庄 7 处。这 7 处皇庄之名，有两种说法，庄名稍异：一种说法认为，这 7 处皇庄均设于大兴县，分别为十里铺皇庄、大王庄皇庄、深沟儿皇庄、高密店皇庄、石婆营皇庄、六里屯皇庄、土城皇庄；⑧另一种说法认为，这 7 处设于大兴县的皇庄，分别为十里铺皇庄、大王庄皇庄、深固地皇庄、高密店皇庄、石婆营皇庄、六里中皇庄、新城庄皇庄。⑨ 自此

① 秦金：《论皇庄疏》，《明经世文编》卷 174，第 2 册，第 1775 页。

② 赵贞吉：《三几九弊三势疏》，《明经世文编》卷 254，第 4 册，第 2682 页。

③ 龙文彬：《明会要》卷 53《食货》1《庄田》，下册，第 1000 页。

④ 林俊：《传奉敕谕查勘畿内田地疏》，《明经世文编》卷 88，第 1 册，第 792 页。

⑤ 彭时：《民情马政疏》，《明经世文编》卷 48，第 1 册，第 375 页。

⑥ 龙文彬：《明会要》卷 53《食货》1《庄田》，下册，第 1000 页。

⑦ 黄光昇：《昭代典则》卷 23，第 679 页。

⑧ 林俊：《传奉敕谕查勘畿内田地疏》，《明经世文编》卷 88，第 1 册，第 792 页。

⑨ 黄光昇：《昭代典则》卷 23，第 679 页。

以后,设立渐多,皇庄之名始著。正德元年(1506),明武宗陆续新设许多皇庄。在昌平州,有苏家口皇庄;在三河县,有白塔皇庄;在真定府宁晋县,有铺头村皇庄、大刘村皇庄;在平隆县,有大灰窑皇庄;在新河县,有仙汪庄皇庄;在南宫县,有南庄存皇庄。正德二年,陆续添设皇庄。东安县,有南葛里皇庄;宝坻县,有李子法皇庄;通州,有神树皇庄;武清县,有灰蜗口皇庄、王清陀皇庄;静海县,有四当口皇庄。正德四年,设大兴县三里河皇庄 2 处。正德五年,设六里屯皇庄 1 处。正德七年,设武清县尹儿湾大直沽皇庄 2 处。正德八年,设昌平州楼子村皇庄,静海县卫河两岸皇庄,青县孙儿庄皇庄,保定府安州骟马庙皇庄,清苑县阎庄社皇庄。正德九年,又设安肃县龙化社皇庄。① 至正德十一年前,共计设有皇庄 380 余处,②占地 37595.46 顷。③

除了皇庄之外,朝廷还设置皇店,借此与民争利。如宝源、吉庆二店,在弘治以前,该纳的课程,由顺天府批验茶引所官攒取受,按季解部进入内府。其后,太监于经上奏,将此二店改为皇店,“科取扰害,人皆怨咨”。④

皇亲、勋戚、公侯、中官等势要,同样置有各色庄田,不但与民争利,甚至随意侵占民田。弘治初年,据户部尚书李敏的上奏可知,当时的勋戚、中官设立的庄田,已达 332 处,占地共计 33100 余顷。明武宗即位以后,诸王、外戚更是“求请夺民田者无算”。⑤ 换言之,诸王、外戚、势家奏请田地,动辄多达“数百顷”。⑥ 这些势要在奏讨田地的过程中,往往借此额外侵占官民田地,或奏讨 50 顷,而实际则侵占 100 顷;或奏讨 100 顷,而实际则侵占 200 顷。如武清侯石亨,已有俸禄“千钟”,尚假称“喂马艰难”,奏讨“田地开种草料,及跟随指挥人等,求地盖房”;都督同知王竑,刚刚升任此职,“禄非不厚”,却声称“日食不敷”,也奏讨“田地二处”;百户唐兴,奏讨的田地不下 200—300 顷。⑦ 此外,如正德二年(1507)十月,明武宗赐给皇亲沈溥、吴让静海县的庄田,共计 3500 余顷,成为他

① 林俊:《传奉敕谕查勘畿内田地疏》,《明经世文编》卷 88,第 1 册,第 792 页。按,正德八年(1513),明武宗所设 5 处皇庄,见于另一则记载者,其名稍异,分别为:一在昌平州楼子村,一在静海县卫河两岸,一在清县孙儿庄,一在安州骟马庙,一在清苑县阎锡庄社。参见黄光昇:《昭代典则》卷 24,第 713 页。

② 林俊:《查处皇庄田土疏》,《明经世文编》卷 87,第 1 册,第 785 页。

③ 林俊:《传奉敕谕查勘畿内田地疏》,《明经世文编》卷 88,第 1 册,第 792 页。

④ 秦金:《论皇庄疏》,《明经世文编》卷 174,第 2 册,第 1775 页。

⑤ 龙文彬:《明会要》卷 53《食货》1《庄田》,下册,第 1000—1003 页。

⑥ 李东阳:《应诏陈言疏》,《明经世文编》卷 54,第 1 册,第 431 页。

⑦ 林聪:《修德弭灾二十事疏》,《明经世文编》卷 45,第 1 册,第 345—346 页。

们的“永业”。[①] 又据嘉靖初年林俊的上疏，庆阳伯接受奸民李政等人的投献，奏讨庆都、清苑、清河三县田地，共计5400余顷；长宁伯接受奸民魏忠等人的投献，奏讨景州、东光等县田地，共计1900余顷；指挥佥事沈溥、吴让接受奸民冯仲名等人的投献，奏讨沧州、静海县田地，共计6500余顷。[②] 这则记载足以证明，正德二年皇亲沈溥、吴让奏讨的田地，并非仅限于静海县的3500余顷，而是包括沧州、静海两县，共计6500余顷。

按照明代的制度规定，诡寄、投献均属禁止之例。然自明代中期以后，宗室接受投献已是相当普遍。如在正德朝，诸王“求请夺民田者无算”。[③] 如荆州、襄阳、南阳三府，均系分藩之地，一些奸猾棍民，“或因争竞不明，或以粮差负累”，往往将户下的田地，投献给各个郡王、将军的名下，“希求厚值，倚借声威，苟图一人目前之利”。而那些宗室在得田到手之后，“但知收租，不肯纳粮”，导致“里递只得赔赈，实贻通县无穷之害”。[④] 宗室除了接受投献之外，尚有来自朝廷赉予的田地。尤其是到了万历朝，此类赉予已有趋于“过侈”的倾向。如福王在分封就藩时，曾搜括河南、山东、湖广三省之田40000顷，作为福王的“王庄”。后虽经群臣力争，削减一半，但福王的王庄田地，也多达20000顷。天启年间，桂王、惠王、瑞王三王及遂平、宁国两位公主的庄田，也是“动以万计”。[⑤]

从皇庄到各色势要权贵的庄田，各色庄田的设立，其危害相当明显，尤其危及到民生。细加归纳，大致有以下两大弊端：一是与朝廷、国家争夺田土与编户齐民，进而影响到“国计”，亦即国家层面的财政收入。如静海县原来编设的里甲计有19里，编户2300户，后因田土尽为皇亲势家所夺，百姓“无复余地可耕种也”，导致“逃移绝减，已过其半”，最后缩减为8里，人户只剩900户而已。[⑥] 二是危及民生，导致百姓生活质量的下降。一旦田土被皇亲侯伯所侵占，甚至奸民纷纷将百姓土地投献给皇亲侯伯，势必导致被害之民，“搆讼经年，流离失所，甚伤国体，大失群心”。[⑦] 另一则记载也证明，在畿甸等处，当那些“奸民恶党”将民间百姓田土任意投献给皇亲侯伯，或者这些皇亲侯伯陈乞田土获准之后，就会

---

① 黄光昇：《昭代典则》卷24，第692页。
② 林俊：《传奉敕谕查勘畿内田地疏》，《明经世文编》卷88，第1册，第794页。
③ 龙文彬：《明会要》卷53《食货》1《庄田》，下册，第1000—1003页。
④ 吴桂芳：《条陈民瘼疏》，《明经世文编》卷342，第5册，第3663页。
⑤ 龙文彬：《明会要》卷53《食货》1《庄田》，下册，第1000—1003页。
⑥ 黄光昇：《昭代典则》卷24，第692页。
⑦ 夏言：《查勘功臣田土疏》，《明经世文编》卷202，第3册，第2109—2110页。

"标立界至,包罗村落,发掘坟墓",其结果则"诉讼之牒,缠绵岁年,冤号之声,震动远迩"。[①] 正德年间,在畿内设立皇庄300余处之后,直接导致"畿内之民,于是愈困矣"。[②]

由此可见,各色庄田的设立,其中的科扰显然给百姓生活带来极大的危害。庄田的设立,并非仅仅限于对土地的侵夺,更在于各色庄田管理者的骚扰。如皇庄设立之后,管理皇庄的人员,分别有"管理之太监""奏带之旗校""跟随之名下",其人数每处动至30—40人。这些人在路过州县时,"有廪饩之供,有车辆之取,有夫马之索",甚至"分外生事,巧取财物";到了所辖庄田场所之后,又"擅作威福,肆行武断"。更为甚者,"则起盖房屋,则驾搭桥梁,则擅立关隘,则出给票帖,则私刻关防,凡民间撑驾舟车,放牧牛马,采捕鱼虾、螺蚌、莞蒲之利,靡不括取"。至于那些与庄田相邻的土地,同样"展转移筑封堆,包打界至,见亩征银"。此外,当地的一些"豪猾之民",纷纷投充为庄头,"拨置生事,帮助为虐,多方括剋,获利不赀"。其结果,则导致"小民脂膏,吮削无余",甚至"辇毂之下,生理寡遂;闾阎之间,贫苦刻骨。道路嗟怨,邑里萧条"。[③]

4. 风俗奢靡

风俗奢靡之风,实则牵涉到以下两个层面,且需要加以理性分析。一方面,从消费经济的视角来看,风俗奢靡之下的过度性消费,甚至那些面子消费,并非一如传统士人所言,是一种"伤财""害民"之举,其实同样可以起到带动生产的功效。另一方面,社会上一旦形成崇尚奢靡之风,甚至为了追逐面子而过度消费,就不止是浪费人力、物力而已,确乎会导致"耗民之财",甚至导致富者趋贫、贫者陷入困顿之境。

若是就"耗民之财"而论,那么明末清初学者陈龙正将过度的奢靡消费视为天下的一种"穷根",亦即百姓趋于贫困化的根源,也可以说不无道理。按照陈龙正的观念,所谓的"穷根",主要是指"无秋毫之用"的物与人:一类是"耗物生"之物,诸如骨董玩器、雕镂纂组、白土、楮钱。所谓"白土",俗称"光粉",以余杭所产最多。其用途有二:一是市井作伪之用,即将其置于米中,使米增白;二是作为女性的化妆用品,是美容的必需品。另一类是"费人力"之人,诸如优倡、清

① 李东阳:《应诏陈言疏》,《明经世文编》卷54,第1册,第431页。

② 黄光昇:《昭代典则》卷23,第679页。

③ 林俊:《传奉敕谕查勘畿内田地疏》,《明经世文编》卷88,第1册,第792页。

客、僧尼、衙役帮身、不耕不战之游民冗兵。除此之外，有人又将贪官、傲弁、劣师、庸医添入其列，认为这些人不仅无用，而且有害。①

按照传统的观念，假若用度过分奢侈，不仅会伤及民财，而且会乱民之志。究其原因，官吏俸禄之所入，小民农商之所获，其实并不很多，一旦形成以奢僭相夸的风气，那么就会造成入不敷出，其结果则使官吏“务为贪饕”，小民“务为欺夺”。自明代中期以后，因为承平既久的原因，显然已经形成以“奢侈相尚”的习俗。这一风俗起自贵近之臣，延及富豪之民。举例言之，如：“一宫室台阁之费，至用银数百两；一衣服燕享之费，至用银数十两；车马器用，务极华靡。”家中财产有余者，以奢侈相夸；家中财产不足者，亦竞相仿效。更为甚者，一些闾巷贫民，受到奢靡之风的熏染，在婚姻、丧葬之仪，或宴会赙赠之礼方面，因为畏惧亲友讥笑，也是竭力营办，甚至“称贷为之”。②

5. 生齿蕃多

所谓“生齿蕃多”，其实就是人口激增所带来的困境。人口的增加，显然具有利弊两端：就利的面相而言，无疑可以增加劳动人口，为社会创造更多的财富；就弊的面相而言，则会造成人地之间的矛盾，甚至游惰日众。

将“生齿蕃多”视为导致百姓生活贫困化的因素之一，这显然是就其弊端而论。无限的人口增长，与有限的耕地数之间，两者之间的矛盾势必造成百姓生计的困窘。如明人王廷相云：“今之民，生齿繁矣，财货微矣，田有限而日用广矣。”③清人郑之乔的观察同样可以作为一种佐证。他敏锐地觉察到了这样一种景象，即使“昔日之百姓富，今日之百姓贫”。至于其中的原因，他也加以推究，并将其归结为“天下生齿日繁”。为此，郑之乔做了如下一种推算：一方面，人口增加之势。如以一个家庭计之，10 年可以增加“数十丁”；以一个家族计之，100 年可以增加“数千人”。另一方面，人口增多，需要消耗的物产自然增广，需要有更多的土地提供所需的物产，但各处的田土，仍然“如一”，并未得以增辟。这就形成一种人口与土地之间的矛盾。换言之，在土地并未增辟的状态下，凭借固定化的“田亩一定之物”，“取以供千百倍无穷之用”，即用来供养日益增多的人口，这必然导致百姓生计的不足。换言之，过去是“以一人专之”；一旦人口增加，则

① 阮葵生撰，李保民校点：《茶余客话》卷 3《穷根》，上册，上海古籍出版社 2012 年版，第 67 页。

② 何瑭：《民财空虚之弊议》，《明经世文编》卷 144，第 2 册，第 1437—1440 页。

③ 王廷相：《王氏家藏集》卷 22《送少司徒黄公提督太仓序》，《王廷相集》，第 2 册，第 422 页。

是“数十人分之”。市场供给品的不足，势必导致物价的上涨，亦即“价不得不高，物不得不昂”，结果则是“人安得不穷”，[①]即日趋贫困化。

人口增加，土地不足，人地之间的矛盾同样可以造成游惰日众，进而影响民生家计，甚至百姓日趋贫困化。在明代诸多学者中，无不将游惰日众视为民生日困的因素之一。如黄凤翔就曾发现这样一种逻辑关系：“夫民之所以日困者，食之不足也。食之所以不足者，游惰之日众也。”为了供养这些“无用之辈”，田野小民只得“终岁勤勤”，甚至“上困征输之繁，下乏俯仰之供”，令人可悯。[②] 游惰日众，不仅牵累田野小民，而且影响到游惰者的生计。所谓的游惰者，其实就是不得不从土地中分化出来的庶众。他们的生活并非尽是“优游泮涣，幸为快心”，而是另有一种生计不足的困顿之状，亦即“生理萧条，家道日蹙，釜甑埋尘，瓶罍悬罄，父母冻饿，兄弟离散，妻垢其面，子衅其形”。[③] 张五典认为，唯有老幼残疾之人，才需要“待人而生”，亦即有待于他人的供养。至于那些少壮之人，无论是“为士为农”，还是“为工为商”，甚至成为“掾胥医卜，渔樵仆隶之辈”，只要能做到“勤其筋力，运其智能”，其中的“高者”，就能“致富贵”，即使是“下者”，也可以做到“足衣食”。唯有那些游惰之徒，他们“不事生产，日夕浪费”，以致“家业飘零，饥寒迫身”。无奈之下，只好“请谒干求，借贷诓骗”，进而遭致亲戚闾里的厌弃。其结果则使游惰之徒发生如下分化：其中的“弱者”，只好沦为乞丐；其中的“强者”，则成为“盗贼”；其中的“黠者”，则“托缁羽以募化，朝夕乞哀，曾不得一饱”。若是遇到灾荒之年，这些游惰者更是不免“填沟壑耳”。[④] 至于张履祥，更是认为“四海之穷”的根本原因，则在于“游民之众”。在张履祥看来，即使是像生员、军伍、吏胥这三种人，虽属不可缺少，但其中“无用冗食”之人，也占到“十而八九矣”。[⑤]

（二）贫富两极分化

按照传统的观念，国家安抚百姓之道，在于“均其赋役”；而均赋役之道的关

① 郑之乔：《农桑易知录》卷3《农桑善后事宜》，《明清广东稀见笔记七种》，第128—129页。

② 黄凤翔：《殿试策·策问》，载氏著，林中和点校：《田亭草》卷首，商务印书馆2018年版，第11页。

③ 王畿著，阎海文点校：《梼全集》卷8《十戒药石·游惰九》，商务印书馆2019年版，第292页。

④ 张五典撰，田同旭等点校：《大司马张海虹先生文集》卷11《谕民八款》，上海古籍出版社2018年版，第116页。

⑤ 阮葵生撰，李保民校点：《茶余客话》卷3《四海之穷》，上册，第67页。

键,则在于核实户口。自明代中期以后,贫富两极分化日趋严重。进而言之,诸多社会的下层,逐渐陷入贫困化的生活境地。以最为常见的佣工为例,在正常情况下,辛勤劳作一日,即使仅仅得到钱 30 文左右的收入,同样得以过着一种"饱其妻子"的日子,亦即维持基本的温饱。但一旦物价上涨 1 倍,每日 30 文左右的收入,就很难"求一日之饱",甚至陷入饥饿的生存状态。①

考究明代贫富分化的原因,尽管是各种因素所致,但最为主要的原因,还是因为赋税、徭役的不均。在赋役不均的大势下,贫富分化几已成为一种常态。一方面,财富日渐集中于"豪富巨家"或"乡绅富豪",凡是通都大邑之地,疆理、阡陌、山泽、市廛等,均归于这些豪富之家,甚至过着竞相奢侈的生活,"美宫室为土木蠹,兼珍馔为饮食蠹,殚华丽为衣服蠹,极声色为耳目蠹,嫁娶逾度,蓄役群小,丧葬过礼,信惑葬师"。另一方面,小民百姓渐趋贫困,家无一亩之宫,"有无居者矣,有不能娶妇者矣,有不能葬火其亲者矣"。即使年成丰收,也总是"肚饥眼饱";一至荒年,更是"雪上加霜"。②

若是细加考察,贫富分化大抵反映在以下两个方面。

其一,商贾日富,农民日贫。正如嘉靖年间林希元所言:一方面,商贾的家资,多者"巨万",少者亦有"千百",甚至可以"不少输官,坐享轻肥";另一方面,农民终岁勤劳,却是"藜藿不充而困于赋役"。这就导致农民日益趋末,不再务农。据林希元的估计,从事于商贾、技艺、游手游食之人,已经占比"十而五六"。反观仍然务农者,其中土地也是多集中于富人之室,"富者田连阡陌",他们占据的土地甚至高达"十而五六"。农民若是拥有自己的土地,向国家交纳的租税,仅仅是"二十而税一";若是佃种富室的土地,则需交纳收成的一半。其结果,则是"天下之民益趋于末,而农民益困"。③

山西阳城县的例子足以说明以下事实,即经商可以致富,若是不经商,则会陷入贫困。根据张慎言的记载,阳城县地处"险巇磊磈之中",一县之内,甚至"无数百亩之田平若案者"。无奈之下,当地人只好"安土重迁",甚至以经商维持生计。由此而来者,则是生计贫富的分化。以张慎言所据虎谷为例,居民不到 100 余家,"强半携中人之产,走数千里外,求子钱供朝夕焉",甚至由此发家;至

① 张慎言撰,李蹊点校:《泊水斋文钞》卷 1《本末兼治仰赞国计疏》,上海古籍出版社 2016 年版,第 312 页。

② 侯一麟撰,蔡克骄点校:《龙门集》卷 8《崇俭论》,第 145—146 页;罗明祖:《罗纹山先生全集》卷 1《七章疏》,江苏广陵古籍刻印社,1997 年版,第 113—114 页。

③ 林希元撰,何丙仲校注:《林次崖先生文集》卷 2《王政附言疏》,上册,第 56 页。

于那些守在家中种田的人，只能"胼胝力溪嵎间砂碛之田"，过一种"仅足举火"的日子。①

其二，从房产、土地交易的频繁，也足证贫富分化日趋加剧。若以京城为例，北京城市居民通常没有其他恒产，"止以居房为业"。一旦家中衣食不足，就立刻变卖房产，以维持生计。从万历年间的情况来看，北京城市居民变卖房产极其频繁，有的"数年而一更"，有的"一年而再更"，有的甚至"不能一月居者"。② 尤堪注意者，万历十一年（1583）四月，经顺天府尹张国彦上疏，再由户部复议，制定了都城内外居民买卖田宅、出典田宅时收取契税的标准。其中规定：买卖田地、房产，若是价格在银 20 两以上，则按照旧例，每银 1 两，仍然收取契税银 3 分；若是价格不到 20 两，则免除契税。出典田地、房产，若是出典价格在银 40 两以上，收取的契税为买价的一半，即每银 1 两，收取契税 1 分 5 厘；若是出典价格不到 40 两，则免除契税。户部的这一建议，到了明神宗那里，并未得到完全批复，其批复的意见，显然更着重于减免契税。其中规定：若是买卖田地、房产，若是价格在银 40 两以上的，均减半收取契税；若是出典房产，不分价格，一概免除契税。③ 这一田地、房产买卖、出典契税优惠制度，名义上是"念都城小民累苦"，但实则更为有利于富人。正如当时的宛平知县沈榜所言，宛平县上报到衙门的房舍交易统计数字已经证明，超过一半的房舍交易，大多属于"贵有力者之家"，此外则属"富商大贾寄寓转售"，而且他们的房屋出典价格，一纸契约的典价甚至高达 6000—7000 两银子。至于真正的土著小民，"曾不得置足百一"。④ 可见，所谓的买价"半税"与典税"全免"，实则与土著小民无干，反而更为有利于富人。这无疑加剧了京城居民的贫富分化。

若以河南为例，当地普遍存在的田土买卖，以及由此而来的"产去税存"现象的存在，无疑也加剧了贫富两极分化。按照明代的法律规定，典卖田土，必须过割税粮，且"随即推收"；若是不过割税粮，那么田土即被没入官府。河南虽称平原沃野，但也有不少冈阜沙瘠之地，不适合耕种，导致"民多告瘁，业无常主"，亦即田土交易相当频繁。再加上其他诸多原因，或因水旱饥荒，以及粮差繁并，或因被势要侵夺，以及钱债驱迫，很多人不得已将已经征缴税粮的"腴田"，减价出典或卖给王府人员与当地一些"有力之家"。在典卖田土的过程中，王府人员

① 张慎言撰，李蹊点校：《泊水斋文钞》卷 2《同阁记》，第 352 页。

② 沈榜：《宛署杂记》卷 12《契税》，第 97 页。

③ 沈榜：《宛署杂记》卷 12《契税》，第 100 页。

④ 沈榜：《宛署杂记》卷 12《契税》，第 102 页。

与有力之家,通常又会机心巧计,“捎立契书”。换言之,在立典卖契约文书时,在上面标明是“退滩闲地”或“水坡荒地”,否则就不肯承买。即使偶有过割税粮,也并非依数推收,遗下的税粮,“仍存本户”。这些因无奈而典卖田土的小民,虽能苟且目前一时之安,实则贻子孙无穷之害。由此而来者,则是贫富的两极分化:一方面,富者是“田连阡陌,坐享兼并之利,无公家丝粒之需”;另一方面,贫者“虽无立锥之地,而税额如故,未免缧绁追并之苦”。贫者“尽力计穷,迨无所聊”,就只好“挈家逃避”,而遗留下来的税粮,更是“负累里中,年年包赔”。①

其三,流寓日富,土著日贫。这无疑是社会流动加剧导致贫富分化的最好佐证。明末清初人朱鸿瞻堪称是目光敏锐的观察者,他以北京为例,显然已经发现了流寓日富、土著日贫的现象。在他所著《都中见》诗32首中,其中一首云:“鱼盐饶利出天津,粟泛东南处处新。地产千般花果盛,如何土著半嗟贫!”②朱鸿瞻的说法,可以从明代人文地理学家王士性的记载中得到具体的印证。据王士性的观察,北京作为都城,生活在这一城市中的“众庶家”,无不处于一种“易兴易败”的状态。这主要体现在以下两个方面:一是致富方法的不同。外省的富室,大多“起于四民自食其力”,亦即凭借自己的辛勤力作起家。即使是江南有着“百十万金之产”的富室,也并非骤然致富,很多依靠的还是“祖宗世业”,亦即几代人的财富积累。而北京的富室则不然。他们的致富,一则通过投机取巧,或“冒内府钱粮”,或“领珠宝价值”;二则借助于意外之财,诸如在买卖太监、公侯宅第之时,意外掘得“地藏窖金”,甚至“数十万顷刻而成”。二是消费方式的不同。与外省富室消费较为俭朴不同,北京的富者,大多“不能居积”,或“不善居室”,很多富者只是“一岁止计一岁之用”,甚至恣意浪费,诸如“鲜衣怒马,甲第琼筵”,再加之性喜结交缙绅,“不惔津送”,一旦触犯法律,就会一败涂地,无以自存。随之而来者,则是流寓日富,土著日贫。外省流寓北京的客民,大多从事工商、胥吏一类的“肥润职业”,日渐致富;而北京的土著之人,只是从事车夫、驴卒、煤户、班头的职业,渐趋贫困。③

① 徐恪:《修政弭灾疏》,《明经世文编》卷81,第1册,第716页。

② 朱鸿瞻:《竹园类辑》卷10《诗类》,载陈光熙编:《明清之际温州史料集》,上海社会科学院出版社2005年版,第488页。

③ 王士性:《广志绎》卷2《两都》,中华书局1981年版,第18页。

1. 社会流动与贫富分化

自明代中期以后，社会流动加剧，随之导致贫富分化更为明显。或因科举发家，或因流移致富，这是由贫至富；或因富贵骄纵，或因子弟豪奢，或因负担加重，富贵、中产之家，日趋衰败，这是从富到贫。

在明代这样的科举社会中，唯有"世宦"之家，方能做到不坠家声，甚至"常为巨室于国中"。换言之，科举世宦以及由此而来的诸多权力，是保持长久富有的前提条件。至于那些"廛亩百姓"，则无不"一世之间，十年烟火，贫富异状"，亦即贫富在倏忽之间。这可以傅夏器对浙江嘉兴的观察作为佐证。位于江南的嘉兴府，既是繁庶富侈之地，很多家庭依靠科举而地位上升。据傅夏器的观察，嘉兴府的富室，从 100 年以来的"十室无一"，到 50 年以来的"十室无三四"，而后再到 20 年来的"十室无五六"，其数字趋于日渐增多之势。① 反之，若是无科举仕宦权力的保障，即使富如商人，随着负担的加重，很快就会陷入困顿之境。这可以福建安溪奉口税关为例加以说明。奉口原本并无税关，自万历东征后，才增设税关。增设之后，一年所收的关税银，多则不过 500—600 两，少则更是仅有 200—300 两。奉口税关的增设，显然增加了商人的负担。其中额外的负担，主要来自重叠诛求：一是吏书、巡拦之辈，"滥托狐媚，僭假虎威，十日一轮，磨牙张喙，如鹚捕鱼，如鸢搏鼠，更番上下，不尽不休"。二是"十三总甲"，"踞关横噬"。尤其是高嵩父子，就是十三总甲之一。他们盘剥商人，一如抢劫之匪。如"贩船到岸，先谒见高老爹，投以贽礼，而后议料，盈缩轻重，任意增减"；如"报数既定，给以照票，或五六分，或七八分，又随其所贩脂货，恣行抽取"；如"贩瓶罐者抽瓶罐，贩炭薪者抽炭薪，甚且夺抢衣帽，搜索银钱"。在 10 日一轮的吏书、巡拦与十二总甲的盘剥之下，"商人痛楚，靡所控愬"，逐渐贫困化。反之，作为十二总甲之一的高嵩父子，则"广置田宅，几比素封"，其他的总甲、吏书、巡拦，也是"无不履丝曳缟，餍肥饫甘"，开始走上了发家致富之路。②

（1）从贫到富：发家之路

以从贫到富的发家之路观之，明代出现了不少新发之家。有些新发之家的家庭资产，更是跻身于巨富的行列。如苏州富民潘用时，资产高达"十万"，号称

① 傅夏器著，阎海文点校：《傅锦泉先生文集》卷 1《赠王新泉令秀水序》，商务印书馆 2019 年版，第 8 页。

② 王畿著，阎海文点校：《樗全集》卷 1《罢奉口关议》，商务印书馆 2019 年版，第 11—12 页。

“新发潘家”。①

尤其是在苏州、松江二府,因其“轻其乡而乐于转徙”的风习,而不再“怀土而重迁”,在流移他乡的过程中而得以致富。普通的苏州、松江农民,为了躲避粮差,成为“船居浮荡者”。他们往来于南北二京、湖广、河南、淮安等处停泊,尽管已经“不识乡里”,算不上致富发家,但仍然可以过着“暖衣饱食,陶然无忧”的生活。至于流移他乡的“豪匠”或“军囚”,更是不乏因此而发家之人。如苏州、松江二府的工匠,大多丛聚于南京与北京。乡里中的一些人,为了逃避粮差,往往携带家眷,“相依同往”,冒充工匠家的义男、女婿,代工匠“领牌上工”。他们有的“创造房居”,有的“开张铺店”。无论是在南京,还是在北京,应天府、顺天府的户口册籍中均无登记。这些豪匠,通常是一户当匠,而“冒合数户者有之”;或者一人上工,而“隐蔽数人者有之”。在对外营业之时,豪匠会在粉壁、木牌上打出“监局”或“高手之作”的名号,借此招揽生意。时日一久,豪匠“生计日盛”,甚至因此发家致富。又如在外卫所充军的军囚,也时常通过“牵引”之法,而发家致富。据史料记载,苏州、松江二府之人,大多“奇技工巧”,所到之处,均能借助于“屠沽贩卖”而生活。尤其是那些军囚,通常会引诱乡里的贫民,成为他们的“余丁”,替自己“摆站于各处河岸”;或招诱乡里的小户,替自己“使唤”。举例来说,在北京充当“富户”的苏州、松江二府之人,常常“有一家数处之开张”;在河间等府为民种田的苏州、松江二府农民,也是“一人有数丁之子侄”。即使是在淮安二卫充军的苏州人,原先不过数名而已。到了后来,则已是“填街塞巷,开铺买卖,皆军人之家属矣”。在仪真驿摆站的苏州人,原先不过数家而已。到了后来,也是“连栟接栋,造楼居住者,皆囚人之户丁矣”。可见,军囚通过招引乡里之人的方法,使自己“生计日盛”,甚至不乏因此而发家致富。②

在明代江南,农民发家致富最为典型的个案,当数苏州府常熟县人谭晓。相关的记载,既载于李诩《戒庵老人漫笔》中所收邵圭洁撰《谈参传》,又见于王叔杲所撰的《常熟谭晓祠议》。据两则史料记载可知,谭晓因排行老三,故有些记载又讹为谈参,其中所谓的“参”,即为“三”的意思。

谭晓“家故起农”,原本是一个普通的农民,但与兄谭照一起,利用自己的“心算”与“心计”,亦即机巧,再加之勤俭,最后得以致富,“赀日益,窖而藏者数万计”,甚至“以赀雄邑中”。家产增殖至数万两银子,应该称得上是巨富了。当

① 钱希言:《狯园》第7《新发潘家交报》,文物出版社2017年版,第241页。

② 周忱:《与行在户部诸公书》,《明经世文编》卷22,第1册,第174—175页。

然,史料所谓的“数万”,仅仅是一个约数,总体是在 10 万两以下。至于家产具体是多少,从其妻钱氏在谭晓死后捐出银 5 万两(一说 2 万两),作为常熟县修建城池之费,即可断其家产在 2—10 万两之间。那么,谭晓致富的诀窍何在?从史料记载来看,谭晓致富之路,堪称“穷天极地而尽人”,但主要有以下三条致富之路。

一是力农起家。谭晓最初发家,靠的就是力农。谭晓居住在“湖乡”,附近的田地大多低洼荒芜,乡民“逃农而渔”,即不再从事农业,而是从事渔业,导致“田之弃弗辟者以万计”。谭晓就用低价购买这些低洼之田,再雇佣“饥者”耕种这些田地。为了使低洼之田获得高产,谭晓显然对田地加以改良,如在最为低洼的地方凿为池塘,四周建为高塍,既有利于灌溉,又可免于水淹,使之成为良田,甚至收成比普通的田地增加 3 倍。

二是多种经营。谭晓的致富,并不仅仅限于力农,而是多种经营,甚至引入了生态养殖的方法,进而拓宽致富的门路。如凿了“以百计”的池塘,原本是为改良低洼之田而设,但谭晓又在池塘中养鱼;池塘之上,“为梁为舍”,在舍中养猪,又“鱼食豕下”,使鱼更易增肥。此外,他还在“塍之平阜”处种植果树,在“汙泽”处种植“菰属”,在平地处种植蔬菜,甚至种植数量颇大。这无疑是土地集约化经营的一种方式。更为甚者,在乡间颇为常见的昆虫纺织娘,又称“络纬”,在民间甚至不值一文,但也已成为他赚钱的一种门路。他让佃户每户交纳纺织娘几枚,用小麦秸秆织成笼子,里面装上纺织娘,携至苏州城中,每一笼可以卖 100—200 文钱。

三是纤啬惮费。谭晓致富之路,不但通过广开源头,而且深晓节流。他平生所穿,并无纨绮;无大故,绝不“宰割”,亦即宰杀鸡鸭之类。这显然是出于“惮费”。更为甚者,他的日常生活几乎到了“纤啬”的地步。如每次吃饭,他的菜就是一枚蛋,将蛋敲开一窍,可以伸下筷子,“籍而啖之”。一顿饭完,再将窍封上,一枚蛋可以吃三顿饭。①

(2)从富到贫:衰败之路

以从富到贫的衰败之路观之,明代不仅存在着诸多仕宦家族因为子弟豪奢而趋于衰败,而且尚有不少中产之家趋于贫困化的例子。

仕宦家族的衰落固然是社会流动频繁所致,但确实也与子弟的贤否相关。

---

① 李诩:《戒庵老人漫笔》卷 4《谈参传》,第 152—154 页;王叔杲撰,张宪文校注:《王叔杲集》卷 17《常熟谭晓祠议》,上海古籍出版社 2005 年版,第 364—366 页。

正如明人侯一麟所言，很多仕宦家族，在父兄起家之时，尚能保持“鹑衣觳食之风”。一到他们的子弟，则自襁褓之时，就已目睹贵富，长大以后，则无不“驯至乎豪奢”，甚至“袭纨绮，以第宅供帐相高下”，①父兄的素朴之风荡然无存。可见，从贵富到衰落，关键还是在于子弟的骄纵。明人王畿云：“贵而骄，则朝为赵孟，暮为匹夫。富而骄，则金玉满堂，莫之能守。”②这显然已经道破了富贵人家趋于衰败的枢机。当然，这些富贵、崇膴人家，尽管门户已经寖衰，权势亦已谢去，但他们的子弟仍然可以凭借父兄的遗庇，甚至借助于自己的门阀而自矜。但即使如此，原本的“风云叱咤”，早已成为了“疮痏”，很难再有呼风唤雨之效。张瀚根据自己的观察，就发现家乡杭州的很多巨室，多有渐趋衰败之势。如先达高风之人，有沈省斋、钱江楼，都是身殁未久，“故庐已属他姓”。其后，有“一二巨姓”，尽管“位臻崇秩”，但因后人“踵事奢华，增构室宇园亭，穷极壮丽”，以致他们的第宅，陆续都更换了“新主”。③

至于中等人家，或因灾荒，或因赋役负担加重，时有趋于破产之忧。嘉靖三十年(1551)十月，户科都给事中何云雁在上奏中，就曾论及畿辅根本之地，一则频遭饥馑，二则遭受“虏患”，三则“苦于刍粮之召买、车辆之挽输”，再加之地方知府、知县，“卖富役贫，取一赔十”，进而导致“中人之产”，有“意外不测之虞”。④ 所谓的“意外不测之虞”，其实就是那些“中人之产”家庭，因为破产而沦为穷困之民，甚至不惜起而反叛。张慎言的观察记录也说明，因为“万货皆贵”的原因，导致明代八口之家的中等人家，生活日趋穷困化。在过去，即使是穷乡下邑之民，只要家有“中人之产，余夫之田”，就可以通过“经营节缩”，进而保障生活上“饱暖而有余”；而到了晚明时期，“中人之产，八口之家”，却已“竭蹶而不足”，甚至“散而之四方，为沟中之瘠者，不知凡几”。⑤ 这是中产阶层趋于贫困的典型证据。

前述苏州府常熟县谭晓家致富之后随之衰败的事例，同样具有典型性的意义。谭晓死后，家产尽数没官。究其原因，一如史料所云，主要还是“其得祸也，杀身亡家而灭族”。那么，一个力农致富的家族，究竟是如何衰落的？主要还是因为家中缺少继嗣之人，进而因为财产继承权而导致诉讼所致。谭晓只生有一

---

① 侯一麟撰，赵克骄点校：《龙门集》卷19《稼隐凌处士传》，第308页。

② 王畿著，阎海文点校：《樗全集》卷8《十戒药石·骄纵八》，第292页。

③ 张瀚：《松窗梦语》卷7《风俗纪》，第140页。

④ 邓士龙辑，许大龄、王天有主点校：《国朝典故》卷37，引《世宗实录》3，中册，第777页。

⑤ 张慎言撰，李蹊点校：《泊水斋文钞》卷1《本末兼治仰赞国计疏》，第312页。

女,并无儿子,所以立嗣成为一个相当重要的问题。在立嗣的过程中,女婿徐氏与嗣子谭培显然产生了不可调和的矛盾。一方面,谭晓虽属意于自己兄长之子谭培,但谭培并非发扬光大家族之人,甚至为人奢傲,喜欢外交浪费,最后不为谭晓、谭照所喜;另一方面,谭晓的妻子钱氏则溺爱女婿生员徐自成,但又无承重之责。在如此尴尬的境遇下,女婿徐自成为了谋取谭家的家产,与钱氏相谋,准备另立谭氏家族内的"幼少者"为嗣子,但又惧谭培不容,于是就设计谋杀了谭培。自此以后,谭氏家族走向衰落。钱氏为了使女婿徐自成脱罪,先是花去贿金5000两,后又捐出银50000两(一说20000两),虽一时得以免罪,但徐自成最后还是被抵罪而"棰杀之"。嗣子死,女婿亡,谭晓家族最后趋于衰败。①

2. 社会各阶层内部的贫富分化

若是细加考察,明代的贫富分化现象,存在于各个社会阶层内部。上至宫廷内部、宗室成员,下及军兵、工匠、灶户,甚至包括乞丐一类的贱民。

(1)宦官之贫富分化

宦官是一种通称,其实包括有权势、地位的太监,与普通的内使两类。

以权势太监为例,他们大多凭借自己的权势积聚财富。明人黄克缵云:"大都今世钱财,半费之边,半入之中官。搜求愈广,而匮乏愈甚。"②这段话虽从国家财政而言,但至少可以证明财富向宦官集中的倾向。

正德朝的刘瑾、天启朝的魏忠贤,他们之富,几可敌国。这姑且不论。即使是万历年间外派至各地的税监,他们所积聚的财富,也是极其惊人。如山东税监陈增,"赃私之多","至一二百万",亦即其家庭财富达白银100—200万两。据李麒开报的数字,陈增家产的部分细目有:一是在徐州有大小两座库房,共藏有银10余万两;玉带10余条,每条玉带的价格,大致在白银1200—1300两之间,折算成银子,大概价银约12000—13000两;猫睛宝石、大珠绦环等物1箱,均由陈四经管。二是在保定府新安县,有大宅第一所,收贮白银30余万两,且"金宝无数"。三是在北京,有大宅一所,收贮白银30余万两,玉带10余条,各色金银器皿,不计其数。③ 至于在山东临清负责抽税7年之久的税监马堂,其积聚的财富也与陈增不相上下。据史料记载,马堂通过隐匿税银之法积聚财富,高达白银

① 李诩:《戒庵老人漫笔》卷4《谈参传》,第152—154页;王叔杲撰,张宪文校注:《王叔杲集》卷17《常熟谭晓祠议》,第364—366页。

② 黄克缵著,李梦生点校:《数马集》卷38《柬李光宇盐院》,下册,第484页。

③ 黄克缵著,李梦生点校:《数马集》卷1《乞籍没税监停免采榷疏》,第66页。

130万两。有了如此富厚的财产，马堂进而过上了“锦衣玉食，僭拟王侯”的生活。诸如：在服饰上，“一裘之费，至割千狐，一帐之饰，至用千貂”；在出行上，有“楼船五座，丹漆辉煌，饰以银顶，实以宝玩，虽尚方甲帐不侈于此矣”；在居住上，“高建楼阁”，单是在红庙所建的一所宅第，就花费了30000两银子。简言之，就是过着一种穷奢极欲的生活，甚至“歌童孌竖，妖态妍饰，蟒衣玉带，娱侍左右”。①

更为甚者，服务于权势税监门下的各色服役人员，同样可以借助于权监的势力而骤富。如临清税监马堂之下，有一“使令之人”胡子奇，原本不过是一位舍余，“骤尔起家万金，父子侍妾，名倡十余”，甚至将龙袍局据为自己的住处；刘虎，原本是一位伴当，在数年之间，也“起家万金”，甚至“指挥之房，买之以居，舍人之妹，娶以为妾”；王东山等人，原本是极其低贱的皂隶，最后也“立起千金之产”。②

反观宫内下层宦官，如内官长随、内使小火者、净军等，则只能依靠微薄的“月食米”生活。根据嘉靖八年(1529)六月司礼监的揭帖，这些下层宦官，共计有12639名，每名月食米4斗，折合一年的收入仅为4.8石。这样的生活境遇，几乎等同于浣衣局犯妇。据史料记载，浣衣局犯妇每口月支粳米1斗5升、粟米1斗5升，粳米、粟米相加，月支米3斗，折合一年的收入为3.4石。③

(2)宗室之贫富分化

嘉靖四十一年(1562)十月，御史林润在上疏中，已就宗室的贫富分化加以揭示：一方面，自郡王而上，“犹得厚享”；另一方面，自将军而下，则“不能自存，饥寒困苦，号呼道路”。④

至于各个王府所属，也是贫富不均。大致说来，在明代各个王府中，以蜀王府最富。史载成都的蜀王府，“其富厚甲于诸王，以一省税银皆供蜀府，不输天储也”。⑤ 一省的税银全都供给蜀王府，可见其富“不输天储”。楚王府、秦王府之富次之。楚昭王是明太祖的爱子，“田最多，故富”。⑥ 封在陕西西安的秦王府，王府大门的匾额上称“天下第一藩封”，足见其富。根据张瀚的记载，在秦王

① 黄克缵著，李梦生点校：《数马集》卷3《参临清税监欺隐税银疏》，第81页。

② 黄克缵著，李梦生点校：《数马集》卷3《参临清税监欺隐税银疏》，第81页。

③ 梁材：《复议节财用疏》，《明经世文编》卷102，第2册，第915、917页。

④ 邓士龙辑，许大龄、王天有主点校：《国朝典故》卷37，引《世宗实录》3，中册，第823页。

⑤ 张瀚：《松窗梦语》卷2《西游纪》，第40页。

⑥ 邓士龙辑，许大龄、王天有主点校：《国朝典故》卷67，引陆釴：《病逸漫记》，下册，第1501页。

府第中，有公殿，专门举行招待的公宴；有书堂，专门举行招待的私宴。书堂之后，则为园林，有假山，有园池，有亭台。在园池中，不但亭台中“设几席，陈图史及珍奇玩好，烂然夺目”，而且“石砌遍插奇花异木”，后园种植数亩牡丹，甚至还在园中畜养数十只孔雀。① 至于其他各个王府，如韩府、褒城、范德诸府，最为贫穷，甚至“有丧不能举，衣食不能充者”。② 如封于陕西平凉的韩王府，“宗室之多，甲于诸藩，而藩司禄粮，往往不给”。③

自明代中期以后，有一个现象值得关注，即在明代的宗室成员中，享受“多禄”的毕竟属于郡王以上的少数宗室成员，其他将军、中尉以下的宗室成员，因为宗室人数的膨胀，最终导致“奏告不得禄粮者屡至矣”。至于这些宗室成员的生活苦况，一如史料所云：在饮食上，有的宗室成员早晨进食，仅仅依靠一个面饼充食，甚至“腹不充饥”；在居住上，有的宗室成员只能“假息蓬窝”，甚至“无室屋以栖者矣”；在丧葬上，有的宗室成员不幸物故之后，更是“无棺敛者矣”；在婚姻上，有的宗室女子，年龄已达 40 岁，还“不得适人者矣”。④ 据张瀚的估计，这些身处贫乏的宗室成员，“十居五六”，亦即占整个宗室成员数的 50%—60%。他们的生存境遇，基本处于一种“室如悬罄，突无烟而衣露胫”的状态。⑤

下层宗室成员的贫困化，一则源于人数的膨胀，朝廷财政难以维系供应，即宗室成员很难按例获取规定的禄粮。二则源于宗室成员在请名、请封的过程中，程序烦琐，使得很多宗室成员难以获得正当的宗室身份，进而获取禄粮。如按照明代宗藩条例，宗室成员请名、请封、请婚，均需要上奏朝廷，而后获得批准。有些“贫宗庶孽”，因为不能按时陈乞，一不合乎条例，就终身“不得名且封”。⑥ 缺少了名封，自然难以获取禄粮。据统计，万历年间，单是分封在河南一省的宗室成员，没有获取禄粮的人数就多达 1800 余人。⑦

（3）官员之贫富分化

相较于普通庶民百姓而言，官员群体中的贫困化现象，不过是一种相对的贫困而已。即使如此，有一个误会性的偏见必须得到澄清，即一入仕途，即可致富

---

① 张瀚：《松窗梦语》卷 2《西游纪》，第 42 页。

② 邓士龙辑，许大龄、王天有主点校：《国朝典故》卷 67，引陆釴：《病逸漫记》，下册，第 1501 页。

③ 张瀚：《松窗梦语》卷 2《西游纪》，第 43 页。

④ 霍韬：《天戒疏》，《明经世文编》卷 186，第 3 册，第 1914—1915 页。

⑤ 张瀚：《松窗梦语》卷 8《宗藩纪》，第 155 页。

⑥ 徐学谟：《题酌议宗藩事宜疏》，《明经世文编》卷 341，第 5 册，第 3659 页。

⑦ 徐学谟：《题酌议宗藩事宜疏》，《明经世文编》卷 341，第 5 册，第 3657 页。

发家。其实并未尽然。在明代的官员群体中,同样开始出现了贫富分化的现象。

明代官员的贫富分化,显然取决于官品的崇卑,亦即在大官与小官之间,生活境遇迥然有别:大官秩崇,而且禄厚,除了应得的月俸之外,尚有其他额外的柴薪银、养廉银收入,自然可以过一种颇为优裕的生活;至于那些小官,位卑而禄薄,除了微薄的月俸之外,并无柴薪、养廉这些额外的收入。所以,小官一旦出任边方远处之职,大多因为“远途重费”,导致旅费很难筹措。夏良胜曾亲眼见到一些小官的生活惨状。如有的小官,因为“有数丧并举”,导致“无计还乡”;有的“一家对泣”,甚至“忍饥异境”。①

(4)**军兵之贫富分化**

无论是京城团营军兵,还是漕运卫所旗军、余丁,无不处于一种贫富分化的状态。

以京城团营军兵为例,一方面,其中的富者,畏惧营操出征之苦,就“买求该管人员”,用财物打点吏胥,把自己列入“不堪之数”,不需要担负营操出征之苦;至于养马之役,“家道过得”的富家,为了躲避养马的差累,就“贿赂人情,百方买脱”,即使被差拨养马,也能“务取轻闲”。另一方面,其中的贫者,度日尚艰,不能向该管人员打点,只能“常川操练”;至于养马之役,也大多由贫者领养,其结果则是这些贫军,“赁房而居,待粮而食”。② 杨东明关于京营军士替补的记载,可以作为上面的补充。按照明代的制度规定,京营军士替补的程序,大致为“初告于营,营行卫,卫行所,有结而后许验”。在此过程中,军士已经遭受诸多的需索,诸如“营中总识有需索,卫所官胥有常例”。换言之,军士为了进入京营,所花之费已经不赀。一旦入选京营,又“迁延于验军司,迟留于下粮厅”。只要京营一日不收,就会耽误一月的月粮,以致有些军士应役已经超过岁时,但月粮“不沾升斗”。③

在运粮旗军与余丁之间,因为收入的差异,同样存在着贫富分化的现象。如南京所属各卫所运粮的旗军,除了正军之外,尚有余丁。当时因为缺少运粮的正军,朝廷曾重新制订政策,从殷实的余丁中选拔一些人,充当运粮的旗军。至于这些余丁的待遇,则按照正军事例,免除一丁的差使,且帮贴月支米 1 石,作为他们赡养家口之资。除此之外,行粮、赏赐,也一体关给。相较于南京各卫充当别

---

① 夏良胜:《议覆远方选法状草》,《明经世文编》卷 154,第 2 册,第 1545 页。

② 王廷相:《浚川奏议集》卷 9《修举团营事宜疏》,《王廷相集》,第 4 册,第 1342、1344 页。

③ 杨东明:《青琐荩言》卷下《条陈营务疏》,载邹建锋、李旭等编校:《北方王门集》,下册,上海古籍出版社 2017 年版,第 1143 页。

差的旗军与在外卫所旗军而言,这些运粮的余丁,待遇明显趋于优厚。若与南京各卫别差的旗军相比,这些运粮的余丁,除了正常的收入如月支米1石外,尚有行粮、赏赐,而充当别差的旗军,则只有月粮1石,别无行粮、赏赐;若与在外卫所旗军相比,这些运粮的余丁所支月粮1石,明显高过运粮的正军月支本色8斗或6斗。更为甚者,在明代中期卫所武官"日贫"的大势下,一些稍微富有的武官,开始"营脱运差",将运粮的差事委托于贫穷的武官;至于那些贫穷的武官,也在点军之时,将那些"稍有生业"的运军卖脱,借此"自润"。随之而来者,真正承担运粮之职的旗军,不过是一些"赤贫"之人。①

(5)工匠之贫富分化

在明代工匠群体中,尤其是在"作头"与普通"轮班匠"之间,也开始出现了贫富分化的现象。

作头扮演着各色轮班匠管理者的角色,具有一定的管理职权。只要轮班匠给的好处多,他们或"卖放",或"代为应答",或"私下占役",②可以从各色轮班匠那里获取诸多的好处。随之而来者,一些工匠开始走上了致富之路。推挽长夫洪仁就是典型个案。他仅仅依靠不到10年的工夫,就在北京城外拥有了自己的花园,甚至管园的苍头与负责洒扫的仆人,多达数十人。至于他的儿子,更是入赀成为国子监的监生,而且外出之时,乘坐四人围轿。③

至于普通的轮班匠,大多为灾伤之民。在这一群体中,富足者"百无一二",而艰难者则"丁常八九"。每当轮到自己当班之时,不得不典卖家中的田地、子女,或揭借银两、绢布,到了北京,买嘱作头等,通过办纳月钱之法,希望免除自己的当班之苦。即使免除了当班之苦,因为过多的前期支出,导致自己"无钱使用",结果有的只能替人佣工获取衣食,有的甚至走上了"乞食"之路。④

在明代京城服役的官匠中,所服之役极其繁重,通常匠籍一户需要出工匠2—3名,多的甚至出3—4名。到了京城之后,既要当"常工人民匠",又要当"该季班匠",以致"重役靠损",最后只好"经年逃去,不来上工"。⑤ 更有甚者,在工部当役的工匠,在饩廪支取上,时常会遭遇各种刁难。其结果,必然出现以下两种情形:一是自己亲自当役,但所获饩廪,已是"饔飧之不支";二是雇请人当役,

---

① 王恕:《处置运粮余丁月粮奏状》,《明经世文编》卷39,第1册,第308—309页。

② 林聪:《修德弭灾二十事疏》,《明经世文编》卷45,第1册,第349页。

③ 沈德符:《万历野获编》卷19《工部·京师营造》,中册,第487页。

④ 林聪:《修德弭灾二十事疏》,《明经世文编》卷45,第1册,第349页。

⑤ 林聪:《修德弭灾二十事疏》,《明经世文编》卷45,第1册,第351页。

则更是“益苦雇值之无措”。再加上官不给银，只好借贷过日，但日后所领的官银，根本不足以偿还“宿逋”。①

(6)**灶户之贫富分化**

明代的史料显示，在一些盐场中，已经出现了以下两种贫富分化的现象：

一是民穷灶富。以南直隶淮安府所属海州、赣榆、安东、盐城四个州、县为例，已经呈现出一种“民穷灶富”的趋势，进而导致“弃民投灶者甚多”。就民户言之，一则“耕斥卤之田，而迭遭菑害，未免离散于四方”；二则差役负担沉重，一个“下下一丁”，就要负担“马价、红船、均徭、里甲、马草、农桑、食盐、起运、税粮、解户、长夫、协济等差”，甚至“三倍于灶”。就灶户言之，一则“专煮海之利，积余私盐，可以委输于四境”；二则灶户中的“上丁”，一年所出不过盐 10 引，尽管折价名义上高达 2.4 两，其实不过数钱而已。②

二是灶户中“贫民”与“富室”的分化。从灶丁的生计变迁来看，确乎有日趋贫困化的倾向。当明初之时，确立军、民、匠、灶四籍之后，灶丁的生计大致还算能维持温饱的状态。按照盐法制度规定，灶丁向国家交纳盐，通常每引盐 400 斤，可以获取工本钞 2 贯 500 文。在洪武年间，纸钞相当值钱，钞 1 贯可以值钱 1000 文，为此灶丁可以得到一些“实利”。正统二年(1437)，鉴于灶丁生计日贫，放宽对余盐的控制，当时规定，贫难的灶丁除了照旧交纳正额盐之外，其余之盐可以收贮本场，每盐 200 斤，官给米、麦 2 斗。至正统十三年，更是加以优待，灶丁所拥有的余盐，每盐 200 斤，官给米 1 石。朝廷之令固然是对贫难灶丁加以优恤，但在实际执行过程中，具体的管理官员仅仅借此向灶丁征取余盐，并非未真正执行此令，付给灶丁米、麦。不仅如此，在正额盐工本钞的支付上，钞开始大幅度贬值。至嘉靖年间，钞 1 贯仅易米 2 升而已。为此，那些贫弱的灶丁，“朝有余盐，夕望米麦”，不得已先从富室那里借贷米、麦，然后以余盐偿还。至于富室，则可从中获取高额的利息。由此可见，国家禁止私盐愈严，反而导致“贫灶愈多”。③ 在诸多盐场中，贫民与富室之间的分化日趋明显：一方面，贫民一旦卖私盐，就会被捕获。无奈之下，贫灶所拥有的余盐，“必藉富室，乃得私卖”，从中会遭受诸多的盘剥。另一方面，富室卖私盐，官府就会从中容隐。随之而来者，则是一些富室豪民，“挟海负险，多招贫民，广占卤地，煎盐私卖”，财富渐渐积

---

① 何士晋撰，江牧校注：《工部厂库须知》卷 11《器皿厂》，人民出版社 2013 年版，第 351 页。

② 马卿：《地方疏》，《明经世文编》卷 169，第 2 册，第 1728 页。

③ 霍韬：《盐政疏》，《明经世文编》卷 187，第 3 册，第 1922—1923 页。

聚,甚至“富敌王侯”。①

(7)**商人之贫富分化**

在明代的商人群体中,同样存在着贫富分化的现象。其中有些商人,依靠皇亲致富。如正德年间,商人谭景清等,“附托皇亲,奏讨残盐,而乃曲为庇护”,②随后走上了发达之路。有些商人则因为遭受他人之骗,而导致生计萧然。如崇祯五年(1632)正月,孙奎等50余人,均系明智场卖草的商人。经纪张魁、库秤鲁善,串通积蠹朱书办,合伙骗取孙奎等人“揭债买草上纳”,总共花去草价钱700余吊。其后,张魁、鲁善、朱书办领出官银截留,“径自烹吞,分文不给”,③导致孙奎等亏损严重。据工部《器皿厂条议》可知,北京的很多铺商,名义上是商人,实则不过“窭人、白棍耳”,有些甚至将官府买办的预支之银,视为自己的“下咽之物”。④ 铺商之穷,由此不难想见。

就铺商而论,无论是北京铺商,还是南京铺商,贫富分化极其明显。以北京铺商为例,光禄寺所属的各种铺商,已是苦乐不均:上纳牲口、油面、杂粮等项的铺商,均系逐月估计,领银多者达3000—4000两,少者也不下“百十数两”,尽管是按月轮行,但“折搭皮钞,不过十数分中之一耳”,所以“其利厚,其欲遂矣”。换言之,可以从上纳中获取丰厚的利润。反观那些上纳乳饼、麻绳、菜果、粗磁等项的铺商,均系小行商人。他们承担上纳之役后,通常需要“称贷完官”,或“顾工领钱”,显然最为“苦楚”。这些小行铺商,面临着以下两大困苦:一是未能及时领取上纳之物的价钱。按照制度规定,铺商上纳物料,通常可以按季领取价钱,但实则往往遭到官府的拖欠。如嘉靖十七年(1538)冬季上纳之料,直到嘉靖十八年冬天,才得以领取价钱,整整被拖欠了一年。从史料记载可知,自嘉靖十五年秋季开始,一直到嘉靖十九年春季,总共拖欠铺商的价钱计15个季度,共计钱6750万文,钞1500万贯,致使妳子等行户,“该给价钱,委的经行欠下,无从支给”。二是所领之钱,多“杂以新糙低钱”,致使妳子等行的铺户,每当遇到领钱之时,“辄随涕泣”。其结果,则使有些铺商,“旧债未尝,而新债又继也”。⑤以南京铺商人为例,据万历年间南京铺行商人方汝立的上奏,同样出现了“利者偏利,害者偏害”的两分现象。所谓“利者偏利”,就是上纳丝绵、红花、生漆、棕、

① 霍韬:《盐政疏》,《明经世文编》卷187,第3册,第1923页。

② 刘健:《再具自劾疏》,《明经世文编》卷53,第1册,第413页。

③ 毕自严:《度支奏议》,《堂稿》卷19《题参明智草场郭昭封疏》,第2册,第200—201页。

④ 何士晋撰,江牧校注:《工部厂库须知》卷11《器皿厂》,第350页。

⑤ 梁材:《议勘光禄寺钱粮疏》,《明经世文编》卷102,第2册,第911—912页。

铜等铺行，大多为“豪富所专”，而且“颇称有利”。所谓“害者偏害”，就是其他铺商，在办纳各项物料之时，需要受到各种盘剥，如内府有“纲司门筹各项之费”，各衙门有“吏书等役需索之费”。经过多道盘剥，所得价银往往不敷所买之物，导致有“赔偿之苦”。即使在领取价银的过程中，也多有“守候之苦”。①

在铺行商人承担召买的各项钱粮中，从中开始产生贫富分化：一方面，奸商日渐致富。据吏科等衙门给事中郑秉厚等上疏，内府供应及六部各衙门年例杂费，乃至乡、会科场等所用之物，至为浩繁，其间有些不必“赔补”且有利可赚者，则被奸商“包买包纳”。嘉靖四十二年(1563)三月，工部尚书雷礼也认为，各监、局所派铺商上纳的钱粮，其间稍有“赢裕”，则常常被“奸商营占”。另一方面，一些普通的铺商，则日渐贫困。如内府供应及六部各衙门年例杂费，乃至乡、会科场等所用之物，其间需要赔补数倍或“害在者”，通常“拘铺户领价，责之买纳销批”。此外，工部所需例派铺商上纳的各项钱粮，往往“放富役贫”，由那些普通的铺商承担。②

除此之外，在办纳柴炭的商人中，也是苦乐不均，并由此贫富分化。其中隶属于工部的那些柴炭商人，“人心乐从，一呼而集”，自然是有利可赚；至于隶属于后军都督府的柴炭商人，则“人皆畏避，百计求免”，甚至一旦被编派为后府办纳柴炭，“立致破家”。③

商人的贫富分化，起源于大部分商人负担的日趋加重，及其随之而来的贫困化。自明代中期以后，无论是城市的铺行行户，还是其他承担朝廷召买之职的官商，无不由铺行行户与民间富商承担。这就是所谓的“当行”，亦即“按籍给值役使，而互易之”。承担召买之职的铺行，则称为“行户”。明代城市铺行服役，由一个从亲自服役到征银的变化过程。所谓亲自服役，就是“当行”，即“一排之中，一行之物，总以一人答应，岁终践更”；所谓征银，就是根据行户的“生理丰约”，征银在官，遇到有事，官府“召商径自买办”。城市铺行行户，不但在当行时“赔贱不赀”，即使是召商买办，行户一样会“群然告匮”。④ 隆庆四年(1570)四月，高拱在上疏中，就直言召商买办是导致北京铺行商户贫困化的主要原因。朝

---

① 李廷机著，于英丽点校：《李文节集》卷27《杂著》(一)《议处铺行疏》，下册，第619页。

② 沈榜：《宛署杂记》卷13《铺行》，第104页；邓士龙辑，许大龄、王天有主点校：《国朝典故》卷37，引《世宗实录》3，中册，第825页。

③ 杨博：《杨襄毅公本兵奏疏》卷23《覆给事中宗弘暹请命本部管理柴炭银两疏》，《杨博奏疏集》，下册，第1239页。

④ 沈榜：《宛署杂记》卷13《铺行》，第103页。

廷召商买办,商人领银代纳,势必导致诸多的亏欠。譬如上纳钱粮,原本价银100两,但商人为了领取价银,必须打点经管衙门一应胥役人等,此类打点费用,多则有60—70两,少亦有40—50两。由此导致商人为了上纳钱粮,必须向势豪之家借贷,甚至付出高额的利息。随之而来者,则是召买派及一家,“即倾一家”,甚至北京的里巷小民,也十分凋敝。正如高拱所言:“有素称数万之家,而至于卖子女者;有房屋盈街,拆毁一空者;有潜身于此,旋复逃躲于彼者;有散之四方,转徙沟壑者;有丧家无归,号哭于道者;有剃发为僧者;有计无所出,自缢投井而死者。而富室不复有矣。”①

明代官方铸钱所需铜铅,通常是由商人领价购买铜铅,而后输纳官府。在此过程中,出现了“奸商积欠铜铅”或“猾商侵骗”的现象。商人服务于官府,原本不过是为牟利而已,最终导致积欠(参见附表38),或者被官府视为“奸商”与“猾商”,甚至身陷囹圄,或者家属接受追比领价,显然有不得已之处。这一现象的出现,大抵可以证明,时至明代末年,官商同样陷入了家庭财政危机。②

就盐商而论,同样存在着贫富分化的现象。以两淮盐运司为例,一方面,边商、内商的盐利日渐受阻;另一方面,盐利却被当地的囤户商人所把持,进而暴富。据袁世振的揭示,贩卖盐引的囤户,大多属于“顽民”“奸民”,而普通的边商、内商,则多为“良商”。囤户赚取盐利的方法,大致有二:一是把持国课盐引。如囤户每年从两淮盐运司所得的正引之盐,共计90万引,每年赚取国课银86.4万两。其中淮南所得正引盐68万引,以每引价银0.85两出售;淮北所得正引盐22万引,以每引价银1.3两出售。二是垄断边商、内商的余盐之利。两淮盐运司所属的盐商,在“套搭预征,刑拷无措”的情形下,不得不将“余盐小票”卖给囤户,每1000两只卖100—200两,任由囤户行盐贩卖。在这项垄断余盐之利中,囤户每年赚取国课银数十万两。虽然尚无完整的确切数字,但囤户至少每年在两淮盐运司中可以赚取国课银“一百数十万”。当然,囤户靠盐利致富的根本原因,在于他们与朝内官员的勾结,通常会从利润中拿出“数十万金”,借此“安排布置”,或有人“为之操纵”,或有人“为之掩饰”,或有人“为之关说”,进而左右国家的盐政政策,致使“部法不行”,亦即国家关于盐政改革措施难以得到

---

① 高拱:《纶扉稿》卷1《议处商人钱法以苏京邑民困疏》,载氏著,岳金西、岳天雷编校:《高拱全集》,上册,中州古籍出版社2006年版,第158页。

② 毕自严:《度支奏议》,《新饷司》卷14《摘催过限前后欠铜事件疏》,第3册,第179—181页。

实施。①

一旦盐利被那些富商囤户所把持,再加之盐课负担的日益加重,势必导致普通盐商日趋贫困化。对于普通盐商来说,负担日趋加重显已成为一种趋势,诸如"既取之以余盐,又取之以预借,又抽之以夹带,又加增常价,留难掣放",势必导致盐商"其苦尤甚"。② 以两浙盐商为例,不同于两淮、长芦、河东等处的盐商,原本就是"巨室大家",甚至家有"千百万"之蓄,而是大多为普通的盐商,"所挟者锱铢,所竞者刀锥",以致"为力甚劳,为利甚鲜"。至万历年间,一方面,两浙盐商所承担的岁课14万两,尚需要"或取给于三年后之余盐预行搜括,或挪借于五年前之库价,明与赊欠,东支西吾,卯额寅解",才得以完成;另一方面,朝廷又在岁课之上增加了"新税",共计26000两,这无疑是"征而又征",负担更加加重。随之而来者,则是"民有丧赀者,有徙业者,有鼠窜者",甚至"商籍寥落,灶籍亦然"。③

(8)贱流之贫富分化

在明代,乞丐名落贱籍,理应属于生计贫困化的群体。但值得注意的是,在乞丐群体中,也开始产生分化,从中涌现出一些"富丐",甚至货殖致富。这样的例子在明代并不乏见。如在浙西地区,乞丐成群,往往通过从事一些非法的勾当,从中获利。他们最为常见的非法之举,就是成群结队,偷偷将人家的幼女抱去,挖去其眼,"令行乞于市,日责钱若干"。时日一久,丐头就"积财甚富"。④ 南京有一位"王叫化",原本是养济院所设"饭堂"收养的"乞汉"。正是这位王叫化,通过"广捏鬼名,侵支官食"的方法,慢慢积累财富,到了"家有百金"之后,"开张房铺",开始从事买卖。⑤

上面所谓的"开张房铺",主要是指冬日供乞丐避寒的"火房"。明代北京的很多乞丐,不是死于饥饿,就是死于寒冷。每当冬季,在京城的街头,经常可以见到因饥寒而死的乞丐,这在北京被称为"倒卧"。于是,有人就专门设置火房。整日在街头行乞的乞丐,每日乞得数文钱,就可以进入火房,避免倒卧。当然,所谓的火房,仅有房子,并无取暖的设备。所以到了晚上,还是可以听到这些乞丐"号寒之声,惨不忍闻"。

---

① 袁世振:《奸囤擅利权揭》,《明经世文编》卷476,第6册,第5244—5245页。

② 许讃:《陈言六事疏》,《明经世文编》卷137,第2册,第1361页。

③ 方大镇:《宁澹居奏议·请蠲两浙商灶课税疏》,《桐城方氏七代遗书》,第148—149页。

④ 朱国祯撰,王根林校点:《涌幢小品》卷32《丐贩》,第646—647页。

⑤ 林希元撰,何丙仲校注:《林次崖先生文集》卷2《王政附言疏》,上册,第63页。

普通的乞丐生活如此之惨，但其中的“乞丐之长”，亦即所谓的丐头，大多属于“大猾”，甚至家中积累“千金”之产，妻妾饮食一类的生活，几乎与素封之家相同。在平日里，丐头控制着很多乞丐，甚至“计口收其所乞之钱”，群丐听其指使，无敢违忤。到了冬季，丐头就开设火房，在每座城门设立一二处火房，“遇大风雪则以处群丐，计口日给薄粥二盂”。更有甚者，有些丐头，在京城扮演着“察子”的角色，即成为朝廷察事衙门的耳目。①

在明代，尽管青楼娱乐业是一种贱业，从事这一职业之人，被称为“乐户”，名落贱籍。但值得注意的是，在这一社会阶层中，显然也存在着贫富分化现象。在万历年间，在北京开设妓院的“水户”，动辄可以拿出不少银子，购买京城的房产。如宛平县人邵盘，专门结交四处走空的光棍，赚钱致富。他曾买来娼妇数十名，开设妓院。为此，他在万历十七年（1589）十月，花费价银 770 两，买到位于大时雍坊的一所房子；万历十八年五月，又花费价银 653 两，买到大时雍坊的一所房子。仅这两处房子，就值价银 1423 两。还有一位水户徐相，与邵盘相熟。万历十五年二月，花费价银 155 两，买到大时雍坊的一所房子；万历十七年十一月，花费价银 510 两，买到大时雍坊的一所房子。这两处房子的价银，共计 665 两。② 能拿出如此之多的银子购买房产，足见水户之家相当富有。

（三）贫富关系

贫富日趋分化，固然是社会流动加剧的必然结果，但贫富之间的差距渐趋扩大，一则影响社会的稳定，二则从根本上讲，贫富两极分化，缺少中间的富民层，确实并非具有高质量生活的理想社会。

这无疑是从小农社会向商品社会过渡时期必然出现的一种困境。进而言之，这又关乎如何看待贫富关系的问题，亦即如何解决贫富之间的激烈冲突。面对这一困境，从朝廷到地方官，从士大夫到普通的民众，无不有出于自己利益的看法。就朝廷的利益角度来说，是想通过重视农桑一系列政策的实施，解决农民的贫困问题，进而维系整体社会的稳定。就地方官的利益角度来说，是想通过劝课农桑的方法，将朝廷的政策付诸实践，以期一方社会的稳定。就士大夫的利益角度来说，他们的看法显然出现了两分的现象：一则出于传统的思维方式，锄强扶弱，锄富扶贫，借此维系地方社会的稳定，进而达臻均贫富的境界；一则出于理

① 周亮工著，张朝富点校：《因树屋书影》第 2 卷，凤凰出版社 2018 年版，第 66—67 页。

② 沈榜：《宛署杂记》卷 12《契税》，第 98—99 页。

性的认知，肯定富民层在维系地方社会稳定方面的正面价值。就农民的利益角度来说，他们的看法同样出现了两分的现象：一则出于知足的生活观念，安于温饱的生活现状，别无非分之想；一则出于不安的心态，或不满于从朝廷到地方的超经济压迫，通过暴力这种形式以达到“均贫富”。

1. 重农桑：朝廷解决贫困农民之策

民以食为天，无农不稳，这无疑是传统农业社会统治者的共同看法。这一看法的提出，显然基于以下两个事实：一是农业赋税是朝廷财政的主要收入来源，农民身役是朝廷建设的主要劳动力量；二是通过重视农桑之策，进而解决农民的贫困问题，这无疑有助于乡里社会的稳定。

洪武五年(1372)十二月，明太祖朱元璋敕谕中书省，下令地方官员的考课，必须以“农桑学校之绩”作为重要依据。洪武八年八月，敕谕李善长等，要求他们“劝督农事”。洪武二十九年五月，专门赐给湖广各府“桑种”。永乐元年(1403)，明成祖下令，让宝源局铸造农器，颁给山东各遭受兵灾之处，另外从朝鲜征收耕牛，分给辽东各个军屯。宣德二年(1427)四月，朝廷在江南专门设置劝农官，如在浙江杭州、嘉兴二府所属之县，添设劝农主簿一职。宣德五年四月，明宣宗命侍郎成均专门督理江南农务。宣德十年十一月下令，要求都指挥使司、布政司二司“严督所司种桑枣”。景泰二年(1451)二月，景泰帝下诏，要求畿内及山东的巡抚官，推举廉能官员，“专司劝农”。此外，授给农民荒田，并贷给牛只、种子。成化元年(1465)，朝廷在山东、河南等各布政司添设劝农参政，又在山东、河南所属各府，添设同知、通判、县丞各1员。成化十年五月，增设顺天、永平府所属州、县的“劝农官”。同年十月，增设山东劝农参政1员。嘉靖六年(1527)，明世宗下谕，要求各巡抚所属带农田衔的官员，不许“营别差务，督令举职，循行劝课”。至于未设劝农官员之处，则委派佐贰官主持劝农事务，“岁严课其殿最”。万历十年(1582)四月，明神宗下谕给礼部，要求“民及时农桑，勿事游惰”。①

由此可见，明代的历代皇帝，在制定各项治理政策之时，无不将重视农桑置于首要的地位，或将农桑之绩作为考核地方官员的主要业绩指标，或派遣人才前往地方，督责或指导农民耕种，或专设劝农之官，以期起到劝督农事之效。

---

① 相关的记载，可分见龙文彬：《明会要》卷53《食货》1《劝农桑》，下册，第1003—1007页；沈德符：《万历野获编》卷12《户部·劝农》，上册，第318页。

2. 劝课农桑:地方官的富民实践

在重视农桑立国之策的指导下,明代的地方官大多通过劝课农桑之法,以期起到富民之效。

至于明代地方官富民实践的具体措施,则各有侧重,但无不以劝课农桑为根本宗旨。如张需任霸州知州时,见到州中百姓“游食者众”,就每里置簿,上列男女大小口数,“计其耕桑树畜,为设方略”。每当公务之暇,张需就亲自巡视,分别劝惩。在张需的倡导之下,霸州之民,“皆勤力,州以饶富”。成化年间,姜洪出任卢氏知县,也曾“单骑劝农桑”。正德年间,泰和知县陆震,曾“亲行乡落,劝课农桑”。泗州知州汪应轸,鉴于当地“土瘠民贫,不知农桑”,他就“劝之耕,买桑植之”。此外,他又从江南募集女工,教当地民众“缫蚕织作”。经过一番努力,最终使当地“民足衣食”。嘉靖年间,台州知府罗侨也“岁时循行阡陌,课农桑”。万历年间,陈幼学任确山知县,开垦“莱田八百余顷,给贫民牛五百余头”。当地妇女“不能纺者”,他就授给她们纺车 800 余辆,并栽种桑、榆等树 3800 余株。其后,陈幼学调任中牟县,也是“给贫民牛种、贫妇纺具”,甚至“倍于确山”。① 诸如此类的地方官的行政实践,足以说明这些地方官借助于劝农桑的措施,确乎起到了富民之效。

3. 富民论:士大夫贫富关系认识的两分

揆诸明代士大夫的贫富关系论,实则趋于两分之势:

一些士大夫基于小农经济模式之上的传统观念,心中存有一种根深蒂固的偏激想法,认为富人是“聚众有而后富”,即将众人的财富归为己有,是“众之怨”,不可能成为穷人的依靠。由此观念立论,他们认为只有富人才会买田,也只有贫困不振之人才会卖田,那么,夺富而益贫,并未不可。为此,他们主张抑豪强,防止他们的兼并,禁止开设典当质铺者的罔利行为,甚至搜取非法富户的财富。

明代的廉吏、循吏群体显然就是锄强扶弱的践行者。他们在地方治理中,每当遇到地方贫富之间的诉讼案件,尤其是关于田土之争的诉讼案件,通常会偏向于贫者。海瑞就是替贫者说话的代表性官员。海瑞巡抚应天时,出于贫者书写状纸的困难,他首开“口告”之例,接受民间的词讼。这无疑得罪了当地有财、有

---

① 龙文彬:《明会要》卷 53《食货》1《劝农桑》,下册,第 1006—1008 页。

田富者的利益。因为利益受到了侵害，他们就在事实之外添油加醋，甚至造出了“种肥田不如告瘦状”之谣。海瑞为了替自己辩护，就此进行反驳。据海瑞自己的陈述，每当他放告之日，状纸可以多达3000—4000张，但他所接受的案子仅二十分之一，而且还被限制在每月的初二、十六这两天放告，而不是每天都可以接受上告。尽管像人命、强盗、贪官这样的案子，可以不必拘日上告，但也不过三、五日才只批准一二件上告。最让人惊奇的是，“种肥田不如告瘦状”之谣，本来就不是海瑞巡抚应天时才出现的民谣，而是在苏州、松江、常州、镇江久已存在之谣。①

与廉吏、循吏的行政实践正好相反，另外一些士大夫则对锄强扶弱持一种并不赞同的态度。徐阶、冯从吾堪称其例。徐阶对海瑞一类地方官员的锄强扶弱之举不无担忧。在徐阶看来，地方官员理当“端己裕民”，而不应该引诱百姓“嚣讼”，甚至教导百姓“争夺”。一旦百姓起了争夺之心，沉溺于诉讼事务，自然就会丧失廉耻之心，毁弃忠厚之俗，进而“攫攘微利，骨肉相仇”，其结果则是“旧族故家，所在破败”，彻底损害富人的利益。按照海瑞一类官员的想法，认为只要将富者之财，散给贫民，那么必然会使“贫者均当富矣”。但在徐阶看来，事实并非如此。百姓一旦觉得得财容易，那么就会轻易花费，加上奸恶之徒的竞相诱引，必然会“淫奢饮博，视如泥沙，讼墨未干，空之如故”。随之而来的弊端则相当明显，即富者日趋衰落，且不可再次振兴，甚至“闾巷之间，无富民者数年矣”。② 在晚明时期，地方官中出现了一些“好奇之士”，即在审理诉讼案件时，偏向于贫者、弱者，亦即“百姓与诸生讼，不论是非而非诸生；诸生与士夫讼，不论曲直而曲士夫”。这种做法，明显出于锄强扶弱的目的，而不论是非曲折。对此，冯从吾不以为然。他的理由在于，如何定义百姓的身份。在冯从吾看来，所谓的百姓，理应包括诸生、士夫。假若地方官员薄待士夫、诸生，又怎能厚待小民？冯从吾认为，作为一个像知县那样的地方官员，只要做到“洁己奉公，节用爱人”即可。换言之，即“审编毋多更张，民自称便；收纳不加火耗，民自感德；听讼毋多缠扰，民自不冤”。至于在处理地方各个社会阶层的利益关系时，不妨采取一种折中之法，亦即“毋援上，又毋傲上，毋陵下，又毋狥下”。细言之，士大夫居间说事，虽则不可轻听，但对待士大夫的礼遇，则不可不隆重；诸生犯法，虽则

① 海瑞：《海瑞集》上编《被论自陈不职疏》，上册，中华书局1981年版，第237页。

② 徐阶：《上太岳少师乞救荒》，《明经世文编》卷245，第3册，第2574页。

不可轻纵，但还是需要厚待这些学校诸生。①

这就牵涉到贫富之间关系的认知问题。自明代中期以后，在士大夫群体中，开始出现了替富人说话的舆论倾向。这不能一概简单地将其视为出于自身阶级利益的话语，而是从小农经济向商业经济转化过程中，适应时代需求的理性认知。这显然是一种“通变”之论。

即以借贷为例，贫者碰到衣食有缺，或缺钱上纳赋税，或人情往来缺钱，甚至有了一时之急，在通常的情况下，就只好向富室“取借”，日后再从容偿还，“甚为活便”。在这种贫富相依的借贷关系中，一些地方官员出于锄强扶弱的考虑，出台一项偏于贫者的措施，即“不追私债”。这项措施的出台，受损的不仅是“富者”，而对于贫者而言，虽获一时免去债务之利，但从长远来看，就会难以再从富室那里借到钱款以渡过难关。道理很简单，富者一旦利益受损，就会“人咸闭户，不复以帐目交易矣”，最终还是会影响到贫者的生计。② 李开先的这番论说，无疑已经道出了贫者与富者之间的关系，并非仅仅限于富者对贫者的盘剥，而是一种基于各自所需之上的利益交换，进而达臻贫富相依的和谐关系。

与李开先相较，王廷相的看法显然在理论上更为深入一层。他认为，在对待贫富关系上，不能只看到贫与富之间的对立，出于自己的“私意”而有所爱憎，甚至舍弃法律而对贫富加以“予夺”。作为一个“明王”，在治理天下时，必须首先抱持一种“均万民”的心态。这里所谓的“均”，在王廷相看来，并非“均贫富”，而是一种“至公无私”的态度。换言之，即让百姓“各得其分愿”，而不是“夺彼以益此”，亦即夺取富者的财富以增益贫者的财富。③ 毫无疑问，这无疑是替富人说话之论，不惜替富人辩解，甚至要求减轻富民的负担。这些看法，无不是深思远虑，与传统的浮见迥异。

还是以质铺为例，传统的士大夫看到的只是质铺的高利盘剥，但尚书方采山则看到了质库能够解决小民燃眉窘迫的好处，甚至认定质铺是“穷民之筦库也”。他的理由同样质朴而符合实情，即当小民遇到旦夕缓急之时，“上既不能赉之”，而邻里乡党又不能“助一臂力”，那么小民在窘迫之中，“随其家之所有，抱而趣质焉”，可以无求于人，而暂时度过家庭生计的危机。

以摧剥富民为例，传统的士大夫如海瑞之流，但凡遇到贫民告富家，就严法

① 冯从吾：《冯少墟续集》卷2《答令问》，《冯从吾集》，第508页。

② 李开先：《闲居集》卷9《听选官高君墓表》，《李开先全集》，中册，第696—697页。

③ 王廷相：《王氏家藏集》卷29《于开封赵二守书》，《王廷相集》，第2册，第524页。

处置富家,最终导致“一时刁讦四起,富户之破亡者甚众”。但知府王元简的看法则不同。他认为,一县之中的“富民”,实际上已经成为很多“小户”衣食依靠的来源。尤其是遇到水旱灾害之时,诸如劝借赈贷之类的举措,无不需要依靠富民,才能济一时的缓急。尽管一村出现一个“富者”,近村的田地、房舍不免多为富者所有,但富者获取田地、房舍的途径,并非如“豪恶”那样,尽是通过不法举措,“谋占而计取之”,而是通过合法的买卖途径获取。对于贫者而言,将田地、房舍卖与他人,与卖给富家,所获之利是相同的。基于上述理由,王元简认为,若是过分“摧剥富民”,势必导致“富者必贫,阖百千万室而皆赤贫”,进而影响地方社会的稳定。①

左光斗在论及贫富关系时,也并非限于两者之间的对立冲突,而是反对“动抑豪强,防其兼并”。在他看来,富者“乐耕”,广泛占有土地,而后将土地转贷给贫者,其积极的效果,则是“地无旷土,土无遗税”,对于增加国家税收与维系贫者生计,均有好处。一旦兼并土地有此功效,“何妨勋戚贵近大贾富商骈集而来”。② 崇祯九年(1636)四月,当武生李琎上疏,请求“搜括巨室助饷”,大学时钱士升则完全持一种反对的态度,认为这是一种“衰世乱政”。他的理由很简单,人们憎恶富者的原因,大多因为富者“兼并小民”。但从客观的实际来看,“郡邑之有富家,亦贫民衣食之源也”。③ 换言之,富家是贫民的衣食之源。明末清初学者魏禧在论及贫富关系时,认为“天下细民之穷非大患也,富民穷而天下乃真穷”。换言之,即“贫民贫,国非真贫;富民贫,国乃真贫,国真贫,则事不可为矣”。魏禧说这番话的理由有二:一是富民使穷民“有所赖藉以全其生”,即“一家之富,役者百千人,养者亦百千人”,亦即富民是“穷民之命,国家之府也”。二是贫民粗悍,“身家轻而犯法易”,甚至更容易作乱;而富民则“自保不暇,又力脆弱”,不堪作乱。④ 正是出于对富民的重新认知,许讃才替那些出任粮长之职的富民说话,认为富民不愿意出任粮长的原因,主要在于“以粮额多而转运包赔之为累也”。他进而认为,只要真正做到“豪猾不得以苟免,权势不得以脱漏”,

---

① 顾起元:《客座赘语》卷5《三宜恤》,第162—163页。

② 左光斗撰,黄成蔚、张梦新点校:《左光斗集》卷2《足饷无过屯田疏》,黄山书社2018年版,第52页。

③ 计六奇:《明季北略》卷12《钱士升论李琎搜括之议》,中华书局1984年版,第195—196页。

④ 魏禧:《魏叔子文集外篇》卷11《程翁七十寿叙》,中华书局2003年版,第594—595页;魏禧:《魏叔子日录》卷3《史论》,《魏叔子文集》,第1164页。

方可使普通的富民粮长“不至于久累矣”。[①]

广泛地引用诸家讨论贫富关系的论说,目的在于说明贫富之间并非仅存尖锐的矛盾冲突,而是可以和谐地依附在一起。对于富者而论,只要富而好行其德,不仅无损于贫者,而且有益于贫者,甚至可以成为贫者的衣食“父母”;只要富而好行其德,不仅无损于国家,而且有利于增加国家税收,进而维系社会的稳定。事实确乎如此。在福建邵武府,一方面,闾巷贫民,确实多为一些富家所“驱役吞并”;另一方面,每当遇到饥荒之年,“贫者视富家出粟为当然,富人亦往往应之不拒”,即富者可以帮助贫者度过荒年之岁。[②] 这一记载足以证明,富者确非全是“凌贫”,而是可以和谐相处,共同维系地方社会的稳定。

五、生活水平分层蠡测

毫无疑问,明人生活水平存在着等级层次的差异。这种等级差异,显然是由他们的家庭财产乃至收入所决定。如何确定明代生活水平分层?最为有效的方法,则是回到历史的现场,亦即从明朝人的生活实况出发,而后加以较为合理的区分。

（一）从官方户等、税收标准看生活水平的分层

毫无疑问,家庭财产状况是衡量生活水平分层的基本标准。至于家庭财产的构成,在明代大致可以析为以下三部分:一是“橐”,即家庭拥有的流通现金;二是“房”,即家庭拥有的房产及其价值;三是“田”,即家庭拥有的田产及其价值。[③]

以此为考察的起点,那么明代官方的税收征收标准,显然可以作为衡量生活水平分层的基本参考依据。细加概括,大致有以下三种衡量标准。

一是黄册攒造时的户等衡量标准。就广大的明代农村而言,赋税征收与徭役摊派是明朝廷的主要财政来源。至于赋税征收与徭役摊派的依据,则显然建

① 胡世宁:《陈言六事疏》,《明经世文编》卷137,第2册,第1361页。

② 黄仲昭纂:《八闽通志》卷3《地理·风俗(岁时附)》,上册,福建人民出版社2017年版,第65页。

③ 朱国祯著,何立民点校:《朱国祯诗文集》,《救荒略·荒政或问》附《市户议》,浙江古籍出版社2016年版,第464页。

立在攒造黄册时对户等的确定。这一户等确立原则无疑可以作为明代生活水平分层的基本依据。按照明初所定攒造黄册的准则，大致为每隔10年，重新造册一次。明代黄册的攒造，除了在册籍中登记军、民、灶、匠等户籍名色，以及排年里甲依次充当之外，其中大小杂泛差役的摊派，显然由户等所定。至于具体户等的划分，则依次分为上、中、下三个户等。① 在这三个户等之外，即属于“贫难户”。贫难户的衡量标准，由正统五年(1440)正式确立。在所有人户中，只要符合以下两条标准，即可定为“贫难户”，且在徭役的负担上得到优待，即“止听轻役”。至于具体的两条衡量标准，一条是“有粮而产去”，即家中已无田产，但仍然负担朝廷赋税的家庭；另一条是“有丁而家贫”，即家中虽有人丁，但家计确实贫困。② 若以明代户等制度为基本的衡量标准，那么，明代的社会分层大抵可以区分四个等次，即上等户、中等户、下等户、贫难户。

在明代赋役征派上，时常出现“均田”一词，其义并非平均主义式的均分其田，而是意在均平赋役。那么，如何均平赋役？追溯其根本宗旨，还是先要确立户等。至于户等的确立，朱国祯曾以湖州府为例，从橐、房、田三个综合资产的指标出发，借此确立城镇人户(亦即所谓的“市户”)的分层。朱国祯云：

> 市户之搜，其议已久。但据耳目所及，未见有橐、有房而无田者。其有橐而田、房俱无者，一填里便当飙去，反累亲邻。且如徽商之典铺、饼店，亦可填里否？惟于土著细查，间有一二，征银贴役为妙。③

这段文字的宗旨，目的在于追求城镇人户徭役征派上的均平性。其中的征派指标，就是依据现金资产、房产与田产三项。尤其是像徽商在城镇上开设的店铺、饼店一类，确乎只有现金资产，而无房产、田产，则应该采取“征银贴役”之法。

正是按照这三项综合的资产标准，朱国祯将湖州一府城镇所属“市户”，分为大户、宦户、富人、贫儒、破落户五个等次。所谓大户，其人员构成，主要包括大家势族、城市中的机户、衙门人等；其资产构成，主要是“铺面齐整”，且拥有其他房产，甚至每年的房租收入在银20两以上；其分布地域，通常在城市的核心地段，村镇绝少，即使有部分大户身处村镇，但也多居于镇内“不过一箭”的热闹区域。所谓宦户，在明代又称“官户”，是指在任或致仕官员之加，通常均是“有田有房”。以南浔镇为例，就包括朱、华、陆三姓家族，尤其是董氏家族，更属“旧

① 赵官等编纂，吴福林点校：《后湖志》卷4《事例》1《诸司职掌》，第53页；申时行等修：《明会典》卷20《户部》7《户口》2《赋役》，第133页。

② 申时行等修：《明会典》卷20《户部》7《户口》2《赋役》，第133页。

③ 朱国祯著，何立民点校：《朱国祯诗文集》，《救荒略·荒政或问》附《市户议》，第464页。

宦”。所谓富人，主要是指“经纪起家者”。这些富人一旦发家，必定先买田，而后买房。若是田地膏腴，收成颇丰，而后整饬“其居”，即修缮并新建居住房舍。所谓贫儒，朱国祯举纪、张二姓为例，证明这些人虽有士人的身份，但就家庭财产状况而言，实则已经“田十去其七”，故只能归于“贫儒”。所谓破落户，原本属于大户、宦户或富人，但随后因各种原因而导致衰败，只好卖田地、房产度日。在通常情况下，是先卖“上田”，次卖“瘠田”，最后卖房产。等到将要卖房产之时，就已沦为“破落户”。①

二是城市铺行征税与输银的户等衡量标准。就城市而言，铺行征银之法的确立，同样是朝廷财政的主要来源。至于征银的具体依据，显然也是根据家庭资产的多寡而定。以都城北京为例，铺行征银主要基于户等而定，不同的户等征收多少不一的税银。其中征银的户等，大抵区分为以下九等：上上则，征银 0.9 两；上中则，征银 0.8 两；上下则，征银 0.7 两；中上则，征银 0.6 两；中中则，征银 0.5 两；中下则，征银 0.4 两；下上则，征银 0.3 两；下中则，征银 0.2 两；下下则，征银 0.1 两。② 这显然是将三等户则加以细化，即在上、中、下三种户等的基础上，每一户等中又细化为三等，转而形成九等的户则。

铺行九则户等的确立，同样基于铺行商人拥有的资产之上。从万历年间宛平县知县沈榜的实际调查记录中不难发现，上三则亦即上上、上中、上下三等铺行人户，大多属于富商，通常拥有数千两银子的资本；中三则亦即中上、中中、中下三等铺行人户，拥有的资本一般不低于 300—500 两银子；唯有下三则亦即下上、下中、下下三等铺行人户，“委系资本不一”，尽管资本多少不一，但显然低于 300 两银子。③

除了以九等户则征银之外，万历十年（1582），朝廷曾经定下商人编成铺行并由此征银的资产标准。其中规定，凡是典当、布行、杂粮等项的铺行，资产在 300—1000 两之间的，“方许编行”，亦即承当国家的当行之职。其他资产低于 300 两的铺行，则“不许骚扰”，亦即不再承担国家的当行之职。④ 这一规定的出台，显然已将城市铺行商人划分为以下两类：一类是资产在 300—1000 两之间，相对说来属于上、中二等的商人；另一类则是资产低于 300 两的铺行，则属于下等的商人。当然，在实际的编行过程中，确实出现了贫富编派不均的现象。正如

① 朱国祯著，何立民点校：《朱国祯诗文集》，《救荒略・荒政或问》附《市户议》，第 464 页。
② 沈榜：《宛署杂记》卷 13《铺行》，第 103 页。
③ 沈榜：《宛署杂记》卷 13《铺行》，第 109 页。
④ 沈榜：《宛署杂记》卷 13《铺行》，第 106 页。

户部尚书张学彦在上疏中所言，北京的铺户大多属于“四方辏集之人”，有的资产达到1000两，甚至达到10000两，却能“以嘱托得免”；有的尽管属于“贫丁小户”，甚至资产只有数两银子，或1—2两银子，却“概编当行”。① 这当然属于城市铺行徭役摊派的不公现象，并不影响到城市铺行户等的划分。

崇祯年间，为了便于让城市商人输助军饷，根据户部上疏题准会议条例，将各省及南北直隶的典铺，根据拥有资金的多少分为五等，并依次确定各等典铺每年所需输助军饷之数。具体的五等之数为：第一等，资本在10000两银子以上，每年输银50两；第二等，资本在7000—8000两，每年输银40两；第三等，资本在5000—6000两，每年输银30两；第四等，资本在4000两，每年输银20两；第五等，资本在1000—2000两，每年输银10两。② 根据这条史料记载，再结合上面的史料，足以印证以下两个事实：一是证明典当商人所拥有的资产，远超诸如布行、杂粮等铺行的商人资产；二是资本在1000两以上的典当富商中，尚可根据资本拥有的多少，区分出五个等次。

三是田宅交易契税的衡量标准。万历十一年（1583）四月，经顺天府尹张国彦题疏，又将户部复议，分别制定出北京城内外居民买卖田宅或典卖田宅的契税征收标准。以田宅买卖为例，其中买卖价银在20两以上，则按照原先惯例，每价银1两，仍然征收契税银0.03两；买卖价银在20两以下的，则免收契税。以典卖田宅为例，其中典卖价银在40两以上，则收取的契税银，则为价银1两，征收契税银0.015两；典卖价银在40两以下的，则免收契税。③ 由此可见，田宅买卖价银20两，属于一条很重要的区划线：高于20两银子的田宅，相较而言，属于较为富有的田宅，需要征收契税；若低于20两银子，则免税。田宅典卖价银40两，同样属于一条很重要的去划线：高于40两银子的田宅，需要征收契税；若低于40两银子，则免收契税。

（二）生活水平分层衡量标准的细化

崇祯三年（1630），户部尚书毕自严曾就加派赋税而将户等加以区别。他根据的主要是家庭占有的田亩数：一是“乡绅”，“田跨州邑”，则“加派愈伙”；二是“富民”，“田连阡陌”，则“加派渐多”；三是“中人之家”，有100亩的田产，以每

① 沈榜：《宛署杂记》卷13《铺行》，第107页。

② 毕自严：《度支奏议》，《新饷司》卷8《覆议典铺输助军屯加派疏》，第2册，第596页。

③ 沈榜：《宛署杂记》卷12《契税》，第100页。

亩加派3厘计算,该加派银3钱;四是"次贫之民",田产不及100亩,则"所派益少";五是"至贫之民",家中无田,则"无可派矣"。[①] 这是以田产为标准,将人户分为五个等级层次。

官方的户等与征税标准,固然可以作为明代生活水平分层的基本依据,但相对而言,显得较为笼统,并不能真实地反映明朝人生活水平的分层。若是将生活水平分层加以细化,则大致可以分为富贵奢华、富裕小康、温饱、贫困这四种生活水平分层,且有各自的衡量标准。

1. 富贵奢华生活及其衡量标准

从明代中期以后,由于生产力的发展,财富积累的增加,明朝人开始了从简朴生活向奢华生活的转变。为了适应这种对更高物质生活的追求,当时的市场上随之涌现出许多专卖高档奢侈品的店铺。

那么,如何衡量富贵奢华生活？这当然需要从当时人们的购买力乃至消费水平入手加以解读。按照明代的普遍惯例,只要是富贵人家,产下子女,必然会"备乳保之员"[②],即雇用乳母、保姆。这就是说,在乳母或保姆方面是否有消费支出,是判定是否合乎富贵奢华生活的一个标准。至于其他各类消费,富贵奢华的生活水平也是非同一般。以居住生活为例,张昇有一首《刺豪家》诗,对豪家的生活作了讽刺。诗云:"甲第渠渠东复东,画堂高出彩云中。青楼寒浸三更月,翠竹凉生六月风。云母屏开金错落,吓须帘动玉玲珑。候人不敢高声语,公子华胥梦未终。"[③]其中"甲第渠渠东复东,画堂高出彩云中"一句,基本可以证明,只有住上宽大的甲第、画堂,方称得上是一种富贵奢华的生活。又如开封城内的卢家,绰号"雷公",其家"宅舍宽大,内有大菜园,一切菜蔬俱全。祥符百姓殷实,数第一家。"[④]以服饰为例,一些仕宦家的内人,她们所戴的珠冠,制作费用达银400余两,有的甚至高达1000两银子。[⑤] 享受如此奢侈品者,必然过的是一种富贵奢华的生活。以饮食为例,在晚明的嘉兴、湖州一带,办一桌宴席,若是

① 毕自严:《度支奏议》,《新饷司》卷14《再覆加派事宜疏》,第3册,第195页。

② 钟惺著,李先耕、崔重庆标校:《隐秀轩集》卷33《李母曾孺人墓志铭》,上海古籍出版社2017年版,第627页。

③ 张怡:《玉光剑气集》卷23《诗话》,第819页。

④ 佚名撰,孔宪易校注:《如梦录》,《街市纪》第6,第31页。

⑤ 李乐:《续见闻杂记》卷10,第849页。

有菜肴 100 盘的大席,需花费银子 1 两。[①] 可见,一席花去银子 1 两,也算得上是奢华的生活。当然,在饮食消费上,这仅仅算是奢华生活的最低标准。其中等的奢华饮食消费,可以广州为例加以说明,即每天设席宴客,可以花费 20—30 两银子。[②] 又如一位监司官设宴,仅仅主客三席,就用去鹅 18 只、鸡 72 只、猪肉 150 斤。[③] 最为高端的饮食奢华消费,当数正德年间的一个特例。当时有一位大臣设宴招待钱宁,一席之费,多达 1000 两银子。[④] 除此之外,有些消费行为,显然也当归属于奢华生活之列,如在广州,有的荡子,一次花费 1000 两银子买一个顽童;每当新年,家家所必备的“火爆”,也就是炮仗,大的有合抱之粗,4—5 尺长,每一个价格高达 1 两银子之外。[⑤]

奢侈生活的维持,需要有一定的经济基础支撑。即以穿着为例,富豪之家穿着花缎,再在上面加上锦绣,似乎是一件相当平常的事。而对于家里仅有中人之产的人来说,为了营求一件饰品,就会心生力有不足之感。若是凭全年的收入,去制作一件豪华的衣裳,也就所剩无几了。而对于一般的小民而言,更是只能望洋兴叹了。

那么,在明代,究竟需要有多少家产,方可过上一种奢侈的生活?这显然可以从以下三条标准加以衡量:一是在江南,如果想享受一种雇画船、歌童演戏或者出入声闻的侈靡生活,其家庭财产最少必须有 2000—3000 两银子。[⑥] 可见,在江南,唯有家庭财产达到 2000—3000 两银子以上,才能过上富贵奢华的生活。这当然是就江南而言,若是在北方的河南,那么标准显然可以稍有降低。崇祯十四年(1641)三月,为了守护开封城,当时的祥符县知县王燮创立社兵,按照家庭资产“酌量出兵有差”。其中定下了出社兵的一条资产标准,就是家庭财产在 1000 两银子以上,或者是“巨商”。[⑦] 巨商仅仅是一种泛称,究竟拥有多少资产,很难加以论定,但家庭财产在 1000 两银子以上,显然在开封属于相当富有的人家。二是以松江府上海县为例,当地的“缙绅富室”,其土地的占有量,最多不过

---

① 李乐:《续见闻杂记》卷 10,第 829 页。

② 王临亨:《粤剑编》卷 2《志土风》,中华书局 1997 年版,第 78 页。

③ 谢肇淛:《五杂组》卷 11《物部》3,第 218 页。

④ 《明武宗实录》卷 29,正德十年闰四月癸未条,“中央”研究院历史语言研究所 1966 年校印本。

⑤ 王临亨:《粤剑编》卷 2《志土风》,第 78 页。

⑥ 李乐:《续见闻杂记》卷 8,第 687—688 页。

⑦ 郑廉:《豫变纪略》卷 4,浙江古籍出版社 1984 年版,第 78 页。

“数千亩”。[①] 可见，在松江府上海县，家中的田产达到数千亩，也可以作为衡量是否属于富贵奢华生活的一种标准。在安徽徽州一带，多为山乡少田，家中有田产达到1000亩的，已经是“可一二数”。[②] 那么，豪奢生活的田产标准显然又低于江南的松江府。三是以明初苏州府为例，每年向国家交纳税粮100—3800石，即可归入“富民”之列。当然，在这些富民中，同样可以分出不同的富裕等次：第一个富民等次是纳税粮100—400石，第二个富民等次是纳税粮500—1000石，第三个富民等次是纳税粮1000—2000石，第四个富民等次是纳税粮2000—3800石。[③] 四是在河南，那么乡宦占有的土地则更多。崇祯十二年，河南巡按御史高名衡上疏，参劾河南乡宦曹某、褚太初、苗思顺、范良彦等居乡为恶，就言及河南的缙绅之家，“率以田庐仆从相雄长”。至于乡宦占有的土地，多的达1000余顷，即高达10万余亩；少的也不下500—700顷，即5—7万亩。[④]

在明代，富民是一个相对模糊的等级层次概念。若是细分之，又可分出三等。林希元在任泗州知州时，为了在荒年时赈济的需要，曾将富民分出极富、次富、稍富三等，这是在“劝分”之中暗寓审户之法。[⑤] 隆庆二年（1568），蒲州知府在修缮城墙时，为了劝富民捐助银两，就根据产、力、赋三项标准，曾将93名富民分为三等，其中第一等的富民仅13人，约占所有富民的13.9%。[⑥] 又明末人冯从吾在论及江南解头的选任时，认为应该以佥充上等富户为主，次富为贴户，不及下富。换言之，亦即分为上富、次富、下富。[⑦] 据徐献忠的记载，松江府为了防倭，在摊派守城之丁时，曾将城市居民分为四等：上户，包括士大夫或富民，“自二丁以上，随力出夫”；中户，家中有丁，“出一丁，皆自食”；下户，稍有衣食，家中有二三丁，“取其一丁，官给食”；下下户，家中只有单丁夫妇，且仅租赁房屋1间居住生活，则不出丁役。[⑧] 其实，只有上户才可以归于富民之列。由此可见，明代所谓的三个等级的富民，只有极富、上富等第一等的富民，方符合富贵奢华生

---

① 叶梦珠：《阅世编》卷1《田产》1，上海古籍出版社1981年版，第23页。

② 朱升：《朱枫林集》卷3《跋静山遏籴歌》，黄山书社1992年版，第47页。

③ 邓士龙辑，许大龄、王天有主点校：《国朝典故》卷31，引祝允明《野记》1，上册，第517页；钱思元撰，朱琴点校：《吴门补乘》卷1《户口补》，上海古籍出版社2015年版，第67—68页。

④ 郑廉：《豫变纪略》卷3，第61页。

⑤ 林希元：《荒政丛言疏》，《明经世文编》卷162，第2册，第1629页。按，林希元此疏，亦可参见林希元撰，何丙仲校注：《林次崖先生文集》卷1《荒政丛言疏》，上册，第31页。

⑥ 张四维：《条麓堂集》卷23《赠乾峰宋使君缮郡城底绩序》，《张四维集》，中册，第621页。

⑦ 冯从吾：《解头问》，《明经世文编》卷494，第6册，第5475页。

⑧ 徐献忠：《复太守方双江》，《明经世文编》卷268，第4册，第2833页。

活的标准。至于像次富、稍富等第二、第三等的富民,则仅符合富裕小康生活的标准。

2. 富裕小康生活及其衡量标准

什么样的生活称得上是富裕小康?明末清初人陈确的诗为后来的研究者提供了解读的基本资料。陈确有诗云:"日烧一担柴,青钱足五百;日啖一觔肉,青钱三百廿。兼置鱼虾类,千钱过一日。(原注:酒饭米不在此数)富翁尚不支,贫儿何计策?"[①]可见,每日花费1000钱,酒、米钱尚不包括在内,可以算作富裕小康生活的标准。当然,细绎陈确诗歌之意,这种高价的消费仅仅发生在物价高涨之时,若是物价平稳的时候,其消费水平理应有所降低。

富裕小康生活的维持,同样决定于家庭财富的多少。在明代,富裕小康家庭相当于"中户"。若按明代民间的惯例,通常将家中拥有房产20间作为"中户"的一个资产标准。[②] 在明代,乡村中存在着一种"殷实人户",按照户等的划分,一般包括上上、上中、上下、中上、中下五等人户。如解纳钱粮之职,通常会由这些殷实户收解。当然,在这些殷实户中,又可分为上下两等:上等的殷实人户,大抵属于上上、上中二则之户,甚至可以跻身于富贵奢华的生活层次,他们在领解钱粮时,每名可以领解银200两;下等的殷实人户,则属于上下、中上、中下三则之户,属于真正的富裕小康家庭,在领解钱粮时,每名只能领解银100两。[③]

在明代,家庭财产的大宗当属土地的占有,而富裕小康人家的土地占有量恰恰又呈现出南北的不同。

在北方,有以下三个数据可以作为衡定是否属于富裕小康生活的标准。第一个数据是明初所定的"税户人材"或"富户"标准。从洪武三十年(1397)所定的富民标准来看,大体上是指土地占有达到或超过8顷之民。[④] 换言之,即土地达到或超过800亩,即可归入"富民"。第二个数据是顺天府宛平县"中人之产"的土地占有量。明人沈榜在论及宛平县云:"据籍,各里中地之极多者惟永安五图,然不过一百五十余顷,曾不足当中人十家之产。"[⑤]可见,就土地占有量而言,宛平县中人之产的土地占有量,例应在每家15顷之上,亦即每家1500亩以上。

---

① 陈确:《陈确集》,《诗集》卷2《五言古诗》1《日烧一担柴》,下册,第634页。

② 何良俊:《与王槐野先生书》,《明经世文编》卷204,第3册,第2149页。

③ 王廷相:《浚川公移集》卷2《议处殷实收解钱粮》,《王廷相集》,第4册,第1159页。

④ 陈懋仁:《泉南杂志》卷上,载《宝颜堂秘笈》汇集,民国十一年上海文明书局石印本。

⑤ 沈榜:《宛署杂记》卷6《地亩》,第46页。

另外一个数据，则是山东东昌府临清州的例子。史称在当地，若是“千亩之家”，且“千树梨枣，牛数具，骡马百蹄，园畦蔬果称是”，①显然可以过相当殷实的生活。综合这两个数据，在明代的北方地区，占有土地1000—1500亩，方能达到富裕小康的生活标准。

在南方，尤其是江南，富裕小康人家的土地占有量要远远低于北方。这主要取决于江南亩产量的提高以及家庭副业的发达。根据已有的研究成果，明代江南田土肥沃，而又人多地狭，地不足于耕。所以，江南农民的耕地面积，一般不过5亩乃至10亩，而每1亩地大约可以养活2口人。② 明代史料的诸多记载，同样可以证明上述说法不误。在明代的江南地区，富裕小康人家的土地占有量，大抵有最低、中等、最高三个标准。如在江南松江府上海县，有田3—5亩者，虽属“小户”，但也算得上是“中人之产”。③ 可见，家有5亩田地，应该说是江南富裕小康人家的最低标准。在苏州一带，“四十亩之家，百人而不得一也”。在这40亩田产中，大多来自祖传，通过自己发家并亲自置买田产之人，更是“千人而不得一也”。可见，家中有40亩田产的人家，仅仅占所有户数的1%。当然，家有40亩田地，应该算是江南富裕小康人家的中等标准，田主随即可以雇佣佃户耕种，自己过一种“优游栋宇，起居日适”的生活。④ 又据史料记载，松江府上海县盛家桥人顾鸣玉，“有腴田三百亩，自种百亩。家畜一牛，向不触人”。⑤ 可见，家有腴田300亩，理应算得上是江南富裕小康人家的最高标准。即使如此，这些江南富裕小康人家，还要自己亲自耕作。耕作之余，再将余地出租给佃户，而后自己过上一种优游栋宇、起居日适的生活。而在明人何良俊的记忆里，可以佥充粮长的“上农”，在正德以前堪称富裕小康人家的典范。这样的粮长人家，其生活较为优裕，可以在家里演剧，甚至可以请上乐工2人，在家中教童子习戏。⑥

当然，土地的占有量并非决定生活水平分层的关键性因素。至少有例子可以证明，即使在江南地区，占有土地400—500亩，若是不善于经营，同样也会陷

① 顾炎武著，谭其骧、王文楚、朱惠荣等点校：《肇域志》，《山东·东昌府·物产》，第2册，第712页。

② ［日］清水泰次：《明代福建的农家经济》，《史学杂志》第63编，第7号。

③ 叶梦珠：《阅世编》卷1《田产》1，第23页。

④ 张履祥：《杨园先生全集》卷8《答徐敬可十》，上册，第227页。

⑤ 曾羽王：《乙酉笔记》，《清代日记汇抄》，上海人民出版社1982年版，第6页。

⑥ 何良俊：《四友斋丛说》卷13《史》9，第110页。

入捉襟见肘的日子。张履祥曾以自己的朋友徐敬可为例,说明善于经营对于提高生活水平的重要性。据张履祥的记载,徐敬可家有田地400—500亩。就徐敬可的家庭经济状况而言,家庭人口“不甚众”,日用不算太奢侈,家中的田产并未荒废,甚至也没有遇到水旱灾害“岁岁相仍”,但还是“衿肘之促竟不能免”,甚至“日膳之米每岁忧其阙乏也”。① 这显然就是不会经营、家庭日常生计缺乏管理所致。

若是在广东,有两则记载可以确定富裕小康生活的土地占有量。一是确定为地主身份的土地占有量。这显然是富裕小康生活的衡量标准。按照屈大均的记载,假如土地占有量达到300—500亩,就属于不再自己耕种的地主,而且这些人家应该每年出谷给家庙,以助族中贫穷之家。② 清代的一则史料也证明,在广东,若是家中有田数百亩,或者有田1000亩,基本就可以过一种富裕小康的生活。有了这样的田产做保障,即使生活节俭一些,同样可以吃肉开荤。譬如有田1000亩,可以“三日一肉,每日一小荤”;有田数百亩,可以“五六日一肉,间日一小荤”。③

3. 温饱生活及其衡量标准

明初宣德年间,明宣宗在谒陵回宫的路上,在昌平曾见到一位农夫,两人有一番谈话。根据这位农夫的自述可知,当时北方的自耕农假如没有水旱之灾,且又能勤于耕作,一年的收成,多者可以供两年的温饱;收成薄时,也可以一岁不虞,也就是维持一年的生计。④

上述是京畿地区自耕农的温饱生活水准,因史料没有明言,尚难以知晓其土地的占有数。就明代的农民而言,能够维持温饱生活的以自耕农居多。若是在南方地区,若想维持温饱生活,其土地占有量大抵可以通过各种史料记载加以考定,且存在着一些区域性的差异。如在安徽徽州府,当地的亩产量很低,维持一个人全年的基本衣食需求,就必须有3亩土地。如果以一家5口计算,维持一家的生活,最少必须占有15亩土地。⑤ 至于江南,家中有“瘠田”10亩,且亲自耕作,方可维持一家之食。若是自己不亲自劳作,而是雇人代耕,则与“石田无

---

① 张履祥:《杨园先生全集》卷8《答徐敬可十》,上册,第227—228页。

② 屈大均:《广东新语》卷2《义田》,中华书局1985年版,第54页。

③ 郑之乔:《农桑易知录》卷3《农桑善后事宜》,《明清广东稀见笔记七种》,第124页。

④ 余继登:《典故纪闻》卷10,第172页。

⑤ 朱升:《朱枫林集》卷3《跋静山遏籴歌》,第47页。

异”。若是将田地出佃于人，那么所得田租，则仅可供赋役而已。[①] 可见，在江南地区，若是只有10亩土地，只能自己耕种，方可维持温饱生活。这显然是江南自耕农的最少占田数。在福建泉州府，即使是“上农”，亦即自耕农中的上层，家中拥有的田地数量也不过20亩而已，若是自耕农中的下层，更是不到10亩。此外，“其不耕而食者半”，即近一半的家庭无田地，只好依靠其他的方式维持生计。[②]

广东的例子同样可以作为另外一种佐证。在广东，自耕农大体可分为上、中、下三等，且田地的占有量各有不同，亦即上等的自耕农占田70亩，中等的自耕农占田50亩，下等的自耕农占田10—20亩。[③] 清代有一则记载，基本可以证明，广东的自耕农即使占田100亩，他们也不过只能维持基本的温饱生活，亦即“不为富，亦不为贫”。清人郑之乔对此有一个基本的收支记录。据记录可知，100亩田的每年收入，大致可以收谷不到200余石。至于支出，分别为：其中50石，作为“种子灰粪”之用；30石，作为修整房屋、祠宇、墓茔之用；20石，作为亲戚往来、宴会庆贺之用；50石，作为“婚姻丧葬之用”；10石，作为“疾病汤药之用”。扣除上面的所有支出160石，只剩下40余石，才可以作为家庭衣食住行一类的日常开支。若是家中“子孙颇多”，难免入不敷出，甚至“束手立毙”。[④] 这是一则相当重要的自耕农家庭收支记录，虽属清代的史料，但基本可以作为明代自耕农温饱生活的一个佐证。

明代户籍登记册亦即户帖，因为有家庭人口与事产两项的登记内容，无疑使研究者得以借此考察明代自耕农家庭的生计状况。下面利用5份明代户帖资料，对明代自耕农家庭的生计状况略作考察。

第一份户帖，收录于天启年间所修的《平湖县志》，是洪武四年（1371）颁发的户帖。户主为孙真一，家住松江府华亭县胥浦乡五保坐字围，属于民户。全家共计4口人，其中包括：男子成丁2口，即户主孙真一，25岁，表弟夏亚哥，33岁；妇女2口，即妻子谢二娘，23岁，属于大口，女奴一人，5岁，属于小口。家中的“事产”亦即家庭财产，包括两项：一是房产，有“草屋一间，一厦”；二是田产，有

① 张履祥：《杨园先生全集》卷50《补农书》下附录《策邬氏生业》，下册，第1427页。

② 傅夏器著，阎海文点校：《傅锦泉先生文集》卷3《郡侯汪云阳荒政歌颂集序》，第88页。

③ 屈大均：《广东新语》卷2《义田》，第54页。

④ 郑之乔：《农桑易知录》卷3《农桑善后事宜》，《明清广东稀见笔记七种》，第125页。

官田 19.82 亩。①

第二份户帖，也收录于天启年间所修的《平湖县志》，是洪武四年(1371)颁发的户帖。户主为赵友一，家住嘉兴府海盐县武原乡十九都东扇新仓，属于民户。全家共计 7 口人，其中包括：男子成丁 2 口，即户主赵友一，61 岁，儿子赵兴一，37 岁，不成丁 3 口；仪孙、妇女，计有 2 口。家中的“事产”，包括三项：一是房产，有“房屋二间，二厦”；二是生产工具，有“牛一绳”，亦即 1 头耕牛；三是田产，有田 17.82 亩。②

第三份户帖，收录于崇祯年间所修的《嘉兴府志》，是洪武四年(1371)颁发的户帖。户主为林荣一，家住嘉兴府嘉兴县零宿乡二十三都宿字圩，属于民户。全家共计 5 口人，其中包括：男子 2 口，成丁 1 口，即户主林荣一，39 岁，不成丁 1 口，即儿子林阿寿，5 岁；妇女 3 口，即妻子一娘，40 岁，女儿阿换，12 岁，次女阿周，8 岁。家中的“事产”，包括两项：一是房产，有房“一间一披”；二是田产，拥有自己的民地，计 6.305 亩。③

第四份户帖，原收录于《密县志》，转见于谈迁《枣林杂俎》。户主为傅本，原系包信县人，洪武三年(1370)，入籍密县，成为开封府钧州密县民户。全家共计 7 口人，其中包括：男子 3 口，成丁 2 口，即户主傅本，62 岁，儿子丑儿，20 岁，外加不成丁 1 口，即次子小棒槌，1 岁；妇女 4 口，其中大口 2 口，即妻子，42 岁，儿媳 23 岁，小口 2 口，即女儿荆奴，13 岁，次女昭德，9 岁。家中的“事产”，包括两项：一是房产，有“瓦屋三间”；二是田产，有南北山地 200 亩。④

第五份户帖，既收录于《湘潭高塘李氏族谱》，清同治四年(1865)刻本，又收录于《湘潭高塘李氏九修家谱》，民国十八年(1929)刻本。这是洪武五年(1372)颁发的户帖。户主为李祥，系潭州府湘潭县上光泽乡的民户。全家共计 5 口人，其中包括：男子 2 口，成丁 1 口，即户主李祥，50 岁，不成丁 1 口，即儿子甘保，11 岁；妇女 3 口，大口 1 口，即妻子阿萧，44 岁，小口 2 口，即女儿秀婢，14 岁，女儿

---

① 天启《平湖县志》卷 10《风俗》之 4《氏族》，《天一阁藏明代方志选刊续编》，上海书店 1990 年版。按，明初大规模检括海内图帐，始于洪武三年(1370)。此年冬天，太祖下谕李善长。至洪武四年正月，才颁发海内。户帖帖尾有六押，分别是户部尚书邓德及侍郎程进，稍下者是试侍郎、署侍郎，又其下则是三个郎官，其姓不可考。这方面的记载，可参见郑晓《端简郑公文集》卷 7《书赵渐斋户帖卷后》，明万历二十八年郑心材刻本。

② 天启《平湖县志》卷 10《风俗》之四《氏族》。

③ 崇祯《嘉兴县志》卷 9《食货志 · 户口》，《日本藏中国罕见地方志丛刊》，书目文献出版社 1992 年版。

④ 谈迁：《枣林杂俎》智集《逸典 · 户帖式》，中华书局 2006 年版，第 4—5 页。

辰婢,1 岁。家中的“事产”,包括两项:一是房产,有“瓦屋三间”;二是田产,有田 30. 15929 亩,有地 1. 73389 亩。①

上面所引五份户帖,均属于民户,显然可以作为剖析明初自耕农家庭生计状况的主要依据。其中一份为南直隶松江府民户,两份为浙江嘉兴府民户,一份为河南开封府民户,一份为湖广潭州府民户,应该说很有地域的典型性。细绎这五份户帖,大致可以解读出以下四个事实:一是家庭人口数,尽管有的是两代,有的是三代,有的包括附籍的亲戚人口,有的包括女奴人口,但无不属于小农的小家庭形态,亦即每家的平均人口为 5. 6 口,符合五口之家的小农家庭固定范式。二是家庭的房产,抛去披厦不论,其中的正房,间数有多有少,少者只有 1 间房屋,多者则有 3 间房屋,其平均房屋间数为 2 间。至于住房质量,其间的差别更为明显一些,最差的只有 1 间草屋,最好的则有 3 间瓦屋。三是家庭的田产,其中最少的,只有 6. 305 亩,最多的则有 200 亩,家庭平均田地占有数约为 55. 167 亩。这个平均土地占有数显然并不确切,因为加上北方河南开封府傅本家庭的例子,他家虽然占有的土地高达 200 亩,但均属低产的山地。若是不计此例,以另外四个家庭为统计依据,那么这四个家庭的平均田地占有数约为 18. 959 亩。这基本符合南方自耕农家庭所拥有土地数量的实情。四是在这些小农家庭中,生活水平显然也存在着一些差异。最差的当属松江府华亭县的孙真一家庭,不但住房只有 1 间草屋,而且耕种的是官田,而不是私田,所需交纳的税赋负担会更高。最好的家庭虽不可遽加推定,但家庭房产、田地较多,或有的家庭自己拥有耕牛,显然生活水平相对会高一些。以此作为判断的依据,河南开封府密县的傅本家庭,尽管拥有的田地数最多,但显然并非生活水平最高的家庭,反而嘉兴府海盐县的赵友一家庭,以及潭州府湘潭县的李祥家庭,或许生活水平更高一些。

4. 贫困生活及贫困线之确定

所谓贫困生活,在明代主要是指贫民。林希元在任泗州知州时,为了在荒年时便于赈济,曾将贫民分为三等,即极贫、次贫、稍贫。除了稍贫这一等级之外,极贫、次贫均属于赈济的对象。此外,那些流移之民,尽管健弱不一,但均已“生计穷尽,不得已弃乡土而仰食于外”,显然已与“鳏寡孤独穷乏”等不能自存之人

① 《湘潭高塘李氏族谱》卷末《杂篇存要》,第 1a—2a 页,清同治四年刻本;李大纶等修:《湘潭高塘李氏九修家谱》卷 23《遗文》,第 1b—3a 页,民国十八年刻本。

无异,同样可以归于极贫之列。①

按照正常的生活需求,每人每年究竟需要食用多少米?明代的史料记载大抵已经有明确的说明。根据记载,明代一个僧人或道士,一年大概需要食用米6石。② 当然,这一食米数应该属于一种基本饱食的生活状态,而不是半饥半饱的贫困生活状态。换言之,贫困生活状态的食米数应该更少。

那么,如何确定明代的贫困线?这显然可以凭借以下两则史料加以测算:一是朝廷救济流民的数字。如成化年间,朝廷为了救济流移到京城的流民,让他们不受饥饿,其中救济的标准为“大口每日米三斗,小口一斗五升”。③ 这一史料显然有抄讹之处,即所谓的“每日”,当是“每月”之误。若是以每月为计算标准,那么大口则为日食米1升,小口日食米0.5升。其中所谓的大口,指的是成丁;小口,则指未成丁的儿童。二是明人唐顺之云:“平岁人食米一升,凶岁则减之。”④ 这段史料颇为重要,基本提供了明朝人维持基本生存所需要的每日食米数。换言之,在“平岁”之时,每日食米1升,每月食米3斗,每年食米3.6石,属于维系生存的基本需求。若是遇到凶岁荒年,则食米数还要减少。以此食米数作为统计的标准,再以一家五口即两个大口、三个小口计算,那么,每家每年的食米数应为12.6石。进而言之,若是家庭年收入低于12.6石,以平价银计算,亦即家庭年收入低于银6.3两,则已经属于朝廷必须救济的对象。

当然,明人生活贫困线的标准,尚可以从高低两个层面加以厘定:

就高者而言,每人每天仅能食用1升米,应该算得上是贫困的标准。这显然是维持基本生存的最高标准。根据明末清初澹归和尚(金堡)的说法,佛教僧人若想维持基本的生存,必须每天“人食一升”,⑤外加每人食盐5钱、每年食盐约12斤。⑥ 根据徐光启的推测,为了维系基本的生存,每一丁口每年大体需要食盐15斤。⑦ 据此两则记载,那么可知每人每年必须消费食盐12—15斤,方可维持

---

① 林希元:《荒政丛言疏》,《明经世文编》卷162,第2册,第1629页。按,林希元此疏,亦可参见林希元撰,何丙仲校注:《林次崖先生文集》卷1《荒政丛言疏》,上册,第31页。

② 倪岳:《青溪漫稿》卷13《止给度一》,上海古籍出版社1991年版,第149页。

③ 《明宪宗实录》卷266,成化二十一年五月丙子条,“中央”研究院历史语言研究所1966年校印本。

④ 唐顺之著,常州市唐荆川研究会编:《唐荆川诗文集》卷9《与吕沃洲巡按》,第248页。

⑤ 澹归著,段晓华点校:《徧行堂集》卷9《文部·募谷疏》,第1册,广东旅游出版社2008年版,第236页。

⑥ 澹归著,段晓华点校:《徧行堂集》卷9《文部·乞盐疏》,第1册,第238页。

⑦ 徐光启:《徐光启集》卷5《钦奉明旨条画屯田疏》,第253页。

基本的生存需要。朝廷的赈济标准,同样成为明代家族义田的恤贫准则。如在福建晋江县,李廷机在家族中设立义田之后,其所设义田恤贫的准则,即为“人日食一升”。[①] 此外,屈大均在论及广东百姓人家的贫困生活时,也将“人日计米一升”定为基本的标准。[②] 当然,每人每天食用1升米,应该是基本的温饱状态。若是想吃得更饱一些,应该是每人每天食用1.5升米。正如明人王宗沐所言:“夫一日三餐,一升五合而饱,人之情也。”[③]

值得指出的是,假如家庭每日的收入仅有米1升,显然很难维系一个家庭的日常开支。为示说明,不妨详细引述一个明末仆人的家庭生计作为例证。按照陈确的记载,在明代末年,一个富家的仆人每日得米1升,算是比较优厚的待遇,但若是与家庭每日开支相结合看,即使是维系最为普通的日常开支,这1升米的收入同样会显得入不敷出。按照陈确的核算,当时1升米仅可买柴8斤,油1两,买豆腐1斤,买淡酒1升。一个富人家的仆人,每天消费柴8斤、油1两、豆腐1斤、淡酒1升,应该算是最为普通的消费支出。若想维系这样的日常消费水平,就需要花去一个仆人4天的收入。换言之,1升米的收入,大抵只能维系1个人一天的温饱,并不能保证一家人的温饱。若是加上每日的柴、油、豆腐、淡酒的消费,那么就会有四分之三的亏空。不止如此,这每日1升米的收入还需面临以下两种情形:一是就家庭日常开支而言,不可能仅仅限于饮食一项,最起码还得包括“寒夏衣履之费”;二是收入的不确定性,即遇到因事外出,或者因为疾病而不能供役,均不能支取1升米。[④]

就低者而言,明代军伍中的旗军,在明代已经算得上是贫困生活的典型例子,他们每月的月粮,只有6斗,[⑤]折成每天2升,若是带有家小,以五口之家计算,折合每天不到半升。另外,官府救济乞丐的生活标准,同样可以视为贫困线的最低标准。据史料记载,明代北京收留乞丐的火房,当大雪天时,每天提供给乞丐的饮食为薄粥二盂。[⑥] 至崇祯末年,徽州府因为遭遇灾荒,导致米价腾涌,即使是富室,每人每天也只能食米0.3升,甚至“婢女俱流外”。[⑦] 这几乎低于官

---

① 李廷机著,于英丽点校:《李文节集》卷26《浮桥李氏义田记》,下册,第599页。

② 屈大均:《广东新语》卷14《食语·舟楫为食》,下册,第395页。

③ 王宗沐:《乞优恤运士以实漕政疏》,《明经世文编》卷343,第5册,第3676页。

④ 陈确:《陈确集》,《文集》卷1《寄祝二陶兄弟书》,第67页。

⑤ 杨嗣昌著,梁颂成辑校:《杨嗣昌集》卷8《西阅大同情形第七疏》,第171页。

⑥ 周亮工著,张朝富点校:《因树屋书影》卷2,凤凰出版社2018年版,第67页。

⑦ 计六奇:《明季北略》卷17《志异》,上册,第306页。

方灾年赈济贫困人口的标准,即每人每天食米 1 升,显然已在基本生存线以下。这当然是灾荒之年的特例,不可作为依据。

由上所述可知,确定明代贫困线的高标准有二:一是每人每天食米 1 升,亦即每年食米 3.6 石;二是每人每天食米 1.5 升,亦即每年食米 5.4 石。换言之,若是每人每年食米在 3.6—5.4 石以下者,则属贫困人口。进而言之,若是以一家 5 口为基本的家庭计量单位,凡是家庭年收入低于 18—27 石者,则属贫困家庭。这是普通的贫困线。确定明代贫困线的低标准,则为每人每天食米 0.4 升,亦即每年食米 1.44 石。换言之,若是每人每年食米在 1.44 石以下者,则属于极贫人口。进而言之,凡是家庭年收入低于 7.2 石者,则是极贫家庭。

当然,这是从收入确定贫困线。若是以家庭资产来说,贫困家庭的确定也有两项可供参考的标准:一是家庭住宅状况。明代的史料记载,有"贫家,数楹屋耳"之说。① 可见,若是家中只有"数楹屋",可以称得上是贫困家庭。二是田地的占有数字。据明人刘斌所言,凡是"田多者不过十余亩,少者或六七亩,或二三亩,或无田而佣佃于人",均可以归入"困穷之民"。换言之,若是田地占有数少则 2—3 亩,多则 10 余亩,或者无田只能做佣工或佃户之家,都可以算作贫困家庭。这样的家庭,即使没有水旱灾害,他们的田地收入也不能"充数月之食";一旦遇到水旱灾害,即会陷入饥寒。②

(三) 贫富比例:生活水平分层的分布状况

大到一国,小到一县,各个生活群体,有富有贫,贫富不一。以徽州府歙县为例,正如明人汪道昆《太函集》中《邑大夫李君侯上计序》一文所言,有"巨室"与"细民"之分。巨室即所谓的"大家",他们是"庶民之纲纪",主要分布在"闾右",但"邑不多有",可见人数并不很多;至于细民,亦即所谓的"庶民",主要分布在"闾左",人数众多。③ 若是根据黄册细加分析,根据生活水平的高低,一县之人基本可以分为以下三类之人:第一类是"有田产而富实者",所占人数不多。第二类是可以"自给"之人,没有田产,但多从事商贾、工匠、僧道、医卜诸技艺之业。第三类是贫穷人口,又可区分两种:一种是"真贫",他们既没有田产,又没有职业,甚至有些是老幼残废,需要得到朝廷的赈济;另一种是"贫民",有的户

---

① 陆粲:《庚巳编》卷 10《上梁日时》,第 116 页。

② 刘斌:《复仇疏》,《明经世文编》卷 23,第 1 册,第 181 页。

③ 许承尧撰,李明回、彭超等校点:《歙事闲谭》卷 5《明季县中政俗》,上册,黄山书社 2014 年版,第 168 页。

下有钱粮,但多为他人所诡寄,有的同户各房有田粮,但本身没有田粮,且又没有技艺可以营生。①

明代的贫富比例,很多史料的记载大多过于笼统,无法加以计量分析。如前引苏州府的例子,家中有 40 亩田产的人家,是“百人而不得一也”。② 这就是一个笼统的说法。前引徽州府的例子,家中有田产达到1000 亩的,已经是“可一二数”。③ 这个记载,相较于苏州府精确一些,亦即整个徽州府,家中田产达到1000 亩的,仅有 1—2 家,但也并不完全可信。此外,如福建晋江县,傅夏器有如下记载:“盖一邑之中,享安乐无几,其困惫转徙,仰给于奔走,糊口于东西,常十室而九也。”④富者“无几”,需要奔走糊口于四方者,则“常十室而九也”。这一记载,显然也不能遽定为富者占人口的 10%,而其他普通生计人口占 90%。朱国祯认为,“一县极富极多田之家不过数人”。⑤ 尽管这一记载已经确定一县之中,极富且占据很多田地之人不过数人,但也难以测算出极富之人在一县中的比例。另有两则记载,倒是将比例说得较为清楚。一则是关于苏州府的记载,有“有田者什一,为人佃种者十九”之说。⑥ 换言之,有田之人,占 10%;无田的佃户,则占 90%。另一则是关于关中地区的记载,有言:“量其富厚,什居其二。闾阎贫窭,甚于他省。”⑦细绎其意,是说“富厚”之家,占 20%。

尽管上面的这些记载相对模糊,但至少可以说明,从明代各个社会阶层的生活水平来看,基本呈现出一种金字塔的形状,即富人最少,中人之产次之,最多的则是穷人。洪武三十年(1397),当时户部上了一册“富民籍”,包括浙江等九个布政司和直隶所属的应天府,共计 14341 户。⑧ 这个富民人户数字,虽说并非当时全国的数字,但大致已经接近。明初洪武年间,全国的在册的人户有两个数字,一个是总计 10652789 户,⑨另一个是洪武二十六年造册的人户数,总计

---

① 章懋:《与许知县》,《明经世文编》卷 95,第 1 册,第 838 页。

② 张履祥:《杨园先生全集》卷 8《答徐敬可十》,上册,第 227 页。

③ 朱升:《朱枫林集》卷 3《跋静山遏籴歌》,第 47 页。

④ 傅夏器著,阎海文点校:《傅锦泉先生文集》卷 1《赠钱复轩令晋江序》,第 17—18 页。

⑤ 朱国祯撰,王根林校点:《涌幢小品》卷 14《绪帖》,第 269 页。

⑥ 钱思元撰,朱琴点校:《吴门补乘》卷 1《田赋补》,上海古籍出版社 2015 年版,第 70 页。

⑦ 张瀚:《松窗梦语》卷 4《商贾纪》,第 82 页。

⑧ 《明太祖实录》卷 251,洪武三十年夏四月癸巳条,“中央”研究院历史语言研究所 1966 年校印本。

⑨ 赵官等编纂,吴福林点校:《后湖志》卷 2《事迹》2《黄册户口》,第 11—12 页。

10652870户。[①] 这两个在册人户数,虽有一定的数字差异,但基本相差无几。若是以此两个数字为统计的基准,那么,明初全国的富民数,仅约占在册人户数的0.135%,亦即千户在册人户中,只有1户多富民。

进而言之,社会各阶层趋于贫困化的现象极其严重。以绍兴府山阴县水澄刘氏家族为例,在"不下数千丁"的宗族人口中,"其贫不能自给衣食者过半",[②] 亦即贫穷人口超过50%以上;以福建晋江县的李氏家族为例,从始祖到李廷机这一代,居住在晋江县浮桥已经是11代了,但"一姓胜冠不能十人",亦即发家者不到10人,其他均为"无担石之储,往往仰哺而食",亦即"率窭贫不能朝夕食"。[③]

栾成显在《明代黄册研究》一书中,其中第五章《万历九年清丈归户亲供册》、第六章《万历二十七都五图黄册底籍》、第七章《万历至天启休宁汪氏实征册》、第八章《清初二十七都五图三甲编审册》等等,都是从一图(里)所属各户人口与赀产状况入手进行具体细微的分析,从中探讨明代农村的经济结构。如作者通过《万历九年清丈二十七都五图归户亲供册》的缜密分析,探索明代徽州地区的农村阶级构成。万历九年该图实有143户,其中33户为无产户,占总户数约33%;有产业户共110户,占总户数的77%。全图拥有土地总额3195.8686亩,户均22.3487亩。作者对110户业户作了细致分类,从户均占地不到5亩,到占地100亩以上,共分七类。而后指出,占地不满10亩的共55户,占全图总户数38%,多为自耕农兼佃农或佃农;占地10—20亩的共18户,占总户数的13%,按当时一个农夫土地耕作量和农业生产率计算,可断定他们属于自耕农;占地50—100亩的共5户,占总数4%,是地主或富农;占地100亩以上的有7户,占总户数5%,却拥有全图土地50%,属于以地租为生的地主阶级。[④]

从已有的资料来看,有以下三个城市与地区的生活水平分层比例可以作一些计量分析,分别是北京顺天府所辖宛平、大兴二县铺行户的财产等级的比例,苏州府所辖富民户数及其所占比例,以及苏州府嘉定县各个生活水平层次的分布状况。

万历十一年(1583),吏科等衙门给事中陈烨等人曾题疏,对大兴、宛平两县的商业铺面情况作了简单的比较:大兴县,市廛稠密;宛平县,铺面稀少。两县每

① 申时行等修:《明会典》卷19《户部》6《户口》1《户口总数》,第123页。

② 刘宗周:《水澄刘氏家谱》6《典礼志·本宗义典》,《刘宗周全集》补遗四,第5册,第511页。

③ 李廷机著,于英丽点校:《李文节集》卷26《浮桥李氏义田记》,下册,第599页。

④ 栾成显:《明代黄册研究(增订本)》,中国社会科学出版社2007年版,第157—171页。

年征收的行银明显多寡不一,但一应差役摊派,无不均当。这就直接导致了在差役的摊派上,使宛平县有“偏累之苦”。① 为了解决差役摊派的偏累,地方官对两县所辖铺行户进行了调查。在调查中,根据铺行户财产的多少,分为九个等级,分别为上上、上中、上下、中上、中中、中下、下上、下中、下下。调查的结果显示,宛平、大兴两县上六则(上上、上中、上下、中上、中中、中下)的铺行户户数为5425户,下三则(下上、下中、下下)的铺行户户数为34377户。② 在总计39802户的铺行户中,相对富裕的铺行户(上六则),约占总的铺行户数的13.6%;资产较低的铺行户(下三则),约占总的铺行户数86.4%。(参见附表39、40)

综观上引宛平、大兴两县铺行的统计数字,大抵可以作以下进一步的分析:一是通观整个北京城所辖的铺行,在万历十六年(1588),资产在中等以上亦即上六则的铺户,共计有10113户。这个统计数字,无疑与前引的5425户大有歧异。照理说来,表中所列的分项统计记载,相对应该更为精确一些,理应以此统计数字为准。这显然是一个颇为膨大的数字,亦即整个北京城,主要以宛平、大兴两县所辖为主,中等资产以上的铺行户数已经高达10113户。二是根据统计数字可知,宛平县所辖中等资产以上的铺户,共计有3787户,约占总数的37.5%;大兴县所辖中等资产以上的铺户,共计有6326户,约占总数的62.5%。相较而言,大兴县所辖中等以上的铺户,比宛平县多出2539户,亦即将近多出1倍。这正好印证了前面的说法,即:大兴县,市廛稠密;宛平县,铺面稀少。三是在宛平、大兴二县所辖的中、东、西、南、北五城中,其中中城上六则的铺行户数为2362户,东城上六则的铺行户数为1840户,西城上六则的铺行户数为1499户,南城上六则的铺行户数为1839户,北城上六则的铺行户数为1771户。由此可见,在五城中,上六则铺行户数最多的是中城,为2362户,最少的是西城,为1499户。若以上三则铺行户数作为统计的标准,那么五城上三则的铺行户数为2168户,其中中城上三则的铺行户数为525户,西城上三则的铺行户数为231户,南城上三则的铺行户数为842户,北城上三则的铺行户数为270户,东城上三则的铺行户数为330户。可见,在五城中,其中资产最多的上三则铺行户数,以南城最多,为842户,中城次之,为525户,西城最少,为231户。

至于苏州府的富民总数,占整个户口数的比例,有一则洪武三年(1370)的统计资料可以作为依据。此年二月,明太祖朱元璋在向户部询问天下之民,当属

① 沈榜:《宛署杂记》卷13《铺行》,第109页。

② 沈榜:《宛署杂记》卷13《铺行》,第118页。

哪里最富的时候，户部官员依据富民所交田粮的多少，得出了浙江、苏州“多富民”的结论。其中苏州一府的富民，根据所纳田粮的多少，富民户数依次为：输粮100—400石的富民，共计490户；输粮500—1000石的富民，共计56户；输粮1000—2000石的富民，共计6户；输粮2000—3800石的富民，共计2户。所有富民数相加，合计为554户。①

这一统计数字，至少可以说明以下两个问题：一是所交税粮的多少，基本可以说明土地占有量的多少，而土地又是家庭财富的主要构成要素。那么，即使是在苏州的富民层中，据所交税粮的多少，其富民数事实上呈现出一种金字塔的形状，亦即最富者属于塔尖，户数最少，仅有2户；中间层的富民，多于身处塔尖的富民，有62户；而最低等的富民，则为塔基，户数最多，多达490户。换言之，最富的富民，约占富民总数的0.36%；中间层的富民，约占富民总数的11.2%；最低等的富民，约占富民总数的88.4%。二是富民户数占苏州一府所有户数的比例问题。根据洪武二十六年(1393)官方统计在册户口数，当时苏州一府的在册人户，共计535409户。② 以此在籍户数为基准，那么苏州府的所有富民户数，约占整个苏州府在籍户数的0.103%，亦即大约每1000户中仅有1户属于富民。即使苏州一府号称多富民，其富民户数同样占比很少。若是再细加统计分析，苏州府最富的富民数，仅约占在籍户数的0.000374%，亦即每100万户中仅有3.74户；苏州府中间层的富民，仅约占在籍户数的0.01158%，亦即每1万户中仅有1.158户；苏州府最低等的富民数，仅约占在籍户数的0.091519%，亦即每1万户中仅有9.1519户。

徐允禄以苏州府嘉定县为例，对明末一个大县的庶民生活做了基本推测。从他的记载中，不难发现以下三个问题：一是一个大县的户数、丁数。据他的推测，一个大县的户数，“不过十万余户”，亦即不超过10余万户。至于其中的成丁男子，则“不翅百万余人”，亦即超过100余万人。在这100余万的成丁中，“其他邑流亡寄寓者略半之”，即有一半来自他乡的流亡、寄寓之人，亦即流动人口。二是县中人户的构成，可分为“成户”与“不成户”两类。所谓成户，主要是指有田的人户，大概占一县人户的10%。在这些有田的“成户”中，也存在着诸多的差异，诸如所拥有的田数，有多寡之不同；所拥有的田地，有肥瘠之各异；家

① 邓士龙辑，许大龄、王天有主点校：《国朝典故》卷31，引祝允明《野记》1，上册，第517页；钱思元撰，朱琴点校：《吴门补乘》卷1《户口补》，第67—68页。

② 申时行等修：《明会典》卷19《户部》6《户口》1《户口总数》，第123—125页。

庭的势力,有强弱之不等。尤其是在有田的人户中,“贫不能自存者”亦即贫困人口,则约占30%。所谓不成户,主要是指无田的人户,大概占一县人户的90%。在这些不成户中,则又分为两类人户:一类是“能治其生者居其本”,亦即有职业之人,包括商人、医生、工匠等;另一类则是无职业的游民,包括乞丐、奴仆、无赖恶少年等。三是生活水平不同等次的分布及其比例。按照徐允禄的估算,一县之中,按照生活水平的高低,大致可以分为四类人:第一类是富贵奢华之人,他们可以过着“美衣食、蓄姬妾、雕彩宫室、随从僮仆、顾影而自妍”的生活,大概占100余万人中的10%—20%。第二类是“温饱自足”之人,他们的生活,基本可以做到“夫妻处室,温饱自足,丰年足赡,凶年足免,宴会往来,不至垂橐”,大概占100余万人中的20%—30%。第三类是“饥饱常半”之人,他们“执伎事人,饥饱常半,稻粮藜藿,口无常奉,礼绝于交游,而怨满于妻子”,大概占100余万人中的40%—50%。第四类是贫困人口,他们“饥寒切体,极身无二,生死无依,随缘度日”,大约有40—50余万人,占比约在40%—50%之间。① 徐允禄的估算不过是模糊的数字而已,并不完全精确,但基本可以看出明末嘉定县的人户,按照生活水平而论,确乎呈一种金字塔形,亦即豪富之人极少,温饱自足之人也并不很多,最多的还是半饥半饱与忍饥挨饿的穷困之人。

六、小结

从当时人们的购买力乃至消费水平入手,明朝人生活水平大致可以厘定为四个等级层次:一是富贵奢华生活。在此需要回答如下问题:在明代,究竟需要多少家产,方可过上一种奢侈的生活?这就需要确立一个加以衡定的标准。二是富裕小康生活。当然,所谓的富裕小康生活,其衡定标准同样存在着区域差异性。三是温饱生活。明代一个五口之家,维持一家温饱生活所需的土地占有数乃至家庭财产数,这也是需要加以考察的关键所在。四是贫困生活及其贫困线之确定。这显然可以从高低两个层面重新厘定明朝人生活的贫困线标准。

尽管大致可以将明朝人生活质量的等级层次暂分为富贵奢华生活、富裕小康生活、温饱生活、贫困生活四个层次,但如何确定各等级层次的衡量标准,鉴于

① 徐允禄:《思勉斋集》卷5《限田议》,清顺治刻本。

时代变迁与区域差异两大特性,无疑会显得较为复杂。

进而言之,一旦将视角切入到社会群体或社会阶层的具体生活水平上,其间的复杂性则更为明显。如明代官员的日常生计,亦即他们生计是否富厚,也决不能被他们的外在表象所迷惑。这可从以下三点观之:一是一些官员,生活看似俭朴,甚至不惜“以恶菲自处”,实则家世富厚。如曾任南京工部尚书的丁宾,居处卑陋,居室中只有一张柳木椅,挂一个粗布幮,数十年不换,而且还几榻尘秽,衫履鹑结,活脱一个“苦头陀”生活形象,其实“家世富厚”。工部尚书刘东星,官品甚高,每遇冬月,就身穿纱袍,到了夏月,则又披纻袍,声称“力不办时服也”,即家中无力置办应季之服。太仆寺卿冯渠,身上所服束带,“缺其二三胯”,甚至为同年官员所讥笑。如此俭朴生活,显然并非家中生计匮乏所致,或因生性喜俭,或则有意为之。二是一些官员,家计并不富裕,不惜借债过一种奢华的生活。如知府金汝嘉,“家无儋石,貌亦甚寝”,但每次路过,十步之外,就已香气袭人,且“冰纨雾縠,穷极奢华”。更有甚者,他还以中金制作薰笼与溺器,因此“负乡人债数千不能偿”。又有一位沈思孝,有“清白之操”,可见家中也并不富有。不过,沈氏的日常生活,最喜欢打扮,“整鬓修容,老而弥甚,虬须铁面澡豆,不离左右,盥手日数十次不倦”。如此爱洁行为,甚至胜过“烟粉辈”。还有一位许宏纲,同样居官“以廉著闻”,但性喜华楚,生活相当讲究,“朱紫什袭,芳馥遥闻”。即使到了知天命之年,还是“顾盼周旋,犹能照应数人”。三是家中富有,生活追求高品质。如万历初年,在内阁首辅张居正的带动下,朝臣“多以侈饰相尚”。如当时的工部郎中徐泰时,“家故素封”。每次客人到访,他一定让人先观察来客的穿戴,然后披衣出迎,“两人宛然合璧,无少参错”。①

在庶民生计中,商人生活之乐,正好与农民生活之苦,形成了鲜明的对比,这也体现出同一社会阶层内生活质量的差异性。如明人张文昌作有一首《贾客乐》诗,云:“年年逐利西复东,姓名不在县籍中。农夫税多常辛苦,弃业长为贩宝翁。”张藉有一首《野老歌》,云:“岁暮犁锄倚空室,呼儿登山收橡实。西江贾客珠百斛,船中养犬长食肉。”张碧有一首《农夫诗》,云:“运锄耕劚侵晨起,陇畔丰盈满家喜。到头禾黍属他人,不知何处抛妻子。”②这三首诗,可谓写尽商之乐、农之苦。

① 沈德符:《万历野获编》卷12《吏部·士大夫癖性》,上册,第315—316页。

② 陈益祥:《陈履吉采芝堂文集》卷13《木铎》,《四库全书存目丛书》影印明万历四十一年刻本。

当然，其中有一点显然可以得到肯定，即自明代中期以后，在农业社会向商业社会演进的过程中，贫富分化日趋严重。贫富两极分化的结果，则是造成贫富之间的矛盾，进而形成阶级间的明显冲突。当国家权力无法缓和贫富之间的对立，并一味加重基层普通民众的赋役负担时，势必导致城乡民众揭竿而起，士变、兵变、民变、奴变、佃变接踵而至，其结果则是国家社会控制力的分崩离析。

第七章　福利保障

养老、医疗、救济、抚恤等福利保障，关乎生活质量尤其是生命质量。在传统中国社会，设官的本义，并非仅仅限于“治民”，亦即维系社会的安定，更在于“亲民”与“养民”，亦即保障百姓生活的安宁。早在宋代，程颢任县令时，就曾手书“视民如伤”四字，作为自己的座右铭，几已成为后世地方官的典范。所谓“视民如伤”，即在面对百姓困苦之时，慈良恻怛爱民之心，完全出于至诚，甚至不能自已。换言之，地方官理应亲察民情，能以父母爱子之心爱护百姓，见到百姓的饥寒疾苦，多加轸恤。[①] 由此可见，诸如府、州、县之类的地方官，最为重要的职责就是“字民”。这个“字”，即“养”的意思。至于养民之意，按照明代大儒薛瑄的诠释，就是以古人之心为心，使百姓各得其所。[②] 进而言之，若是地方官得人，能尽“字民”之职，自然百政备举，治下百姓生活“熙然以宁”；反之，若是地方官不得其人，专以“治民”为务，势必庶事隳弛，导致百姓“不得其所”。[③]

社会保障事实上牵涉到国家财富与收入的再分配问题。通观明代国家财富与收入的再分配体系，显然已经陷入一种结构性的缺陷。换言之，以税赋为主要收入来源的国家财富，更多地用于皇宫的奢靡性消费、军费的维持、官员俸禄的支出以及宗禄的消糜。尤其是明代中期以后，军费、宗禄两项支出，已经成为消耗国家财富的两大无底洞，导致国家财政消耗殆尽，甚至捉襟见肘、寅吃卯粮。除此之外，国家财富投入到社会保障以及有益于改善民生的公共消费品方面，却是杯水车薪，并未能承担起整套社会保障体系的财力支持，其结果则是使社会保障体系流于一种形同虚设的尴尬境地。

相较之下，民间财富与收入的再分配，则相对进入了一种较为良性循环的状态。明代的社会固然是贫富分化日益加剧，财富开始集中于一部分特权阶层手

① 薛瑄：《文清公薛先生文集》卷15《送鄞县张大尹序》，载氏著，孙玄常、李元庆等点校：《薛瑄全集》，第2册，三晋出版社2015年版，第482—483页。

② 薛瑄：《文清公薛先生文集》卷15《送建昌尹陈继贤序》，《薛瑄全集》，第1册，第481页。

③ 薛瑄：《文清公薛先生文集》卷16《送朱知府赴任序》，《薛瑄全集》，第2册，第503页。

中。但业已获得财富的这些社会阶层，在保证自己舒适生活的同时，通过博施济众这种慈善性的行为，开始将集聚的财富重新分配于社会的贫困底层大众。这就是说，在儒、佛、道三家善意识的熏染下，民间慈善事业开始蓬勃兴盛。在明代民间，通过个体的慈善之举，或借助于群体性的民间慈善组织，慢慢建立起以民间财富为支撑力量的社会保障体系。进而言之，在建构明代社会保障体系的过程中，确实存在着一种"国退民进"的态势，国家性力量在逐渐萎缩，而民间性力量则蓬勃壮大。这种社会保障体制的结构性偏差，其实已经在某种程度上制约了明朝人生活质量的进一步提升。

一、社会救助

所谓社会救助，若用明代官方的话语来说，可以被称为"恤民弭灾"。至于具体采用的方法，则集中体现于蠲免、赈济两项措施上。[①] 就蠲免与赈济而言，显然蠲免更多地有益于土地占有者，而赈济则更多地有利于少地或无地的自耕农与佃农。其中的道理，早在宣德十年(1435)，刑科给事中年富就已一语道出。他以江南为例，认为朝廷下诏蠲免税粮，只是对"富室"有益；对"小民"来说，他们佃种富人之田，每年向田主交纳田租，即使朝廷有蠲免税粮之诏，但依然"输租如故"。[②] 嘉靖九年(1530)正月，河南频年遭受灾害，尤以卫辉等府为甚。河南巡抚、巡按相继奏报，无不以"蠲租为急"。对此，户科给事中蔡经就直言，对于贫难下户来说，因为所拥有的田产不多，该交赋税"无几"，即使实行蠲租，所蠲不过升斗之税而已，人在枵腹垂死之际，仅靠些微的赋税蠲免，显然难以存活。为此，蔡经认为，唯有赈济，方可使这些贫难下户免于流亡。[③] 其实，蔡经尚有一层意思未曾道破，即地方官员喜欢疏请蠲租，事实上也是出于使自己免于征赋考成的一己之私。

明代的社会救助，可析为官方、民间两类。相较而言，官方救助有备荒积谷、报勘灾伤等一套完整的制度保障体系，且投入的资金较大，是社会救助的主要力

---

① 杨一清：《阁谕录》卷3《论查革官员奏对》，载氏撰，唐景绅、谢玉杰点校：《杨一清集》，下册，中华书局2001年版，第878页。

② 余继登撰，顾思点校：《典故纪闻》卷10，中华书局1981年版，第186页。

③ 邓士龙辑，许大龄、王天有主点校：《国朝典故》卷35，引《世宗实录》1，中册，北京大学出版社1993年版，第649页。

量；民间救助通常依靠的是官方的劝赈，以及民间的自动参与，且兼资金有限与区域限制，不过是社会救助的辅助力量。值得指出的是，随着国家财政的日趋困窘，官方救助体系的衰败，难免使官方救助沦为一纸虚文，并未发挥应有的作用。随之而来者，则是民间救助力量的崛起，甚至进而成为社会救助的主要力量。

（一）官方救助

明代的官方救助，主要体现在"荒政"上。一代荒政，无疑是官方"重恤民隐"的集中反映。但其具体的内容构成，则主要有以下两项：一是积谷备荒，这是常年性的制度安排，尤其以丰年积谷为主。二是遇到水、旱、蝗等灾伤之年，则通过"蠲免租税""遣官赈济""委官打捕"等三项措施，实施社会救助。①

1. 积谷备荒

传统中国是一个农业社会，为了应对灾荒，也就有了一套完善的耕食、积蓄制度。按照这套应对体制，大抵是借助于三年的辛勤耕作，必须具备一年余粮的积蓄；进而递增，九年耕作，则有三年余粮的积蓄。换言之，一个国家若无三年的余粮积蓄，则称"不足"；若无二年的余粮积蓄，则称"急"；若无一年的余粮积蓄，则更是可称为"国非其国"。② 由此可见，积谷备荒对于维系小农社会的稳定具有至关重要的意义。

明代积谷备荒之制，自明初以来就有一整套完善的预备仓制度，而后又有常平仓、义仓、社仓之制，作为预备仓的一种补充。

（1）预备仓

所谓的预备仓，其实就是"设仓贮谷，以备饥荒"，显然是官方救助的主要形式。关于此，万历时所纂《明会典》已有详细记载。③ 细绎此段记载，大致可以读出以下两层意思：其一，预备仓仓谷的来源，分别有三：一是义民的捐助纳效；二是地方政府的财政收入，包括官田地租、税契引钱与无碍官银三项，而后籴谷收贮；三是罪犯的纸赎。其二，仓谷积贮的奖励、考成政策。这也包括两项：一是对义民捐助纳效的奖励，既可以赐予他们"义民"的称号，也可以赐给他们"冠带散官"；二是对在任官员积谷的考成，即按照他们所贮仓谷的多少，作为考课的

① 申时行等修：《明会典》卷17《户部》4《灾伤》，中华书局1989年版，第117页。

② 王德完：《救荒无奇及时讲求以延民命疏》，载陈子龙等编：《明经世文编》卷444，第6册，中华书局1997年版，第4874页。

③ 申时行等修：《明会典》卷22《户部》9《仓庾》2《预备仓》，第152页。

依据。

明代预备仓的设立,始于洪武三年(1370)。当时规定,天下所有县份,每县均设立4座预备仓。这4座预备仓,大抵按东、南、西、北四个方向设置,且主要设置于居民丛集之处。设置预备仓之处,并非仅仅限于县份,府、州两级同样设置,有时甚至将预备仓设于村落。至永乐年间,将各府、县设于四乡的预备仓,移至城内。预备仓的积谷,主要来自以下两个途径:一是"和籴"。如明太祖朱元璋曾下谕给户部,要求他们运钞200万贯前往各府、州、县,以此作为籴谷的资金来源。二是"劝分",即向民间富人劝助。自和籴、劝分之法败坏之后,转而改为以赃罚之谷作为仓贮积谷的主要来源。

预备仓的管理体制,大致分为三个层面:一是地方官员掌管仓谷的出纳;二是按察司"宪臣"提督纲领;三是各设大户守视,亦即选择本地年高笃实的民人加以具体管理。预备仓的目的,主要是为了"以备赈济",亦即"若遇凶岁,则开仓赈给,庶几民无饥饿之患"。至于明代官方设立的预备仓,究其性质而言,更有两种说法:一种说法认为,预备仓就是过去常平仓之制;另一种说法认为,预备仓虽非常平仓、义仓的旧制,但"实其遗意",亦即继承常平仓、义仓之制而来。①

明初洪武所设预备仓,究其设立的初意,应该说是"监前代而损益之也",其法甚善。如其积谷的来源,或是官出籴本,或是富民例纳,或是罪人入赎。遇到荒歉之年,或以平价粜谷给贫民,或直接贷谷给贫民,确乎做到了既不敛谷于民,也不取息于民。② 但从史料的具体记载来看,预备仓真正发挥功效的时期,是在初设的洪武时期。其后,则处于一种时兴时衰的状态,其发挥的救荒功能相对有限。如永乐元年(1403)三月,据翰林院编修杨溥的上疏可知,因为地方官员杂务日繁,很难有暇顾及预备仓积谷之类的便民之事。于是,在南方地区,一些府、州、县官方预备仓收贮的谷物,大多十处九空,甚至预备仓也败圮无存。其结果,一遇荒岁,地方官则莫知所措。③ 可见,预备仓制度在永乐年间已有败坏之势。宣德七年(1432)六月,巡按湖广御史朱鉴在上疏中,追忆洪武年间各个府、州、县预备仓所积之谷,多的达100万余石,少的也达4000—5000石。如此完善的

---

① 申时行等修:《明会典》卷22《户部》9《仓庾》2《预备仓》,第152页;龙文彬:《明会要》卷56《食货》4《豫备仓》,下册,中华书局1998年版,第1073页;何乔远编撰:《闽书》卷32《建置志》,第1册,福建人民出版社1995年版,第789页。

② 林希元撰,何丙仲校注:《林次崖先生文集》卷11《论预备仓》,下册,厦门大学出版社2015年版,第430页。

③ 龙文彬:《明会要》卷56《食货》4《豫备仓》,下册,第1073页。

预备仓制度,到了宣德年间,几乎均已"废毁"。[①] 更为甚者,据正统八年(1443)给事中姚夔的上疏,预备仓已经失去了赈济贫民的主要功能。有些地方出于贫民无法偿还粜谷的顾虑,一旦里中出现贫民,不再上报,而是将预备仓的仓谷"转贷富室,倍称还之"。这就完全失去了预备仓积谷备荒的本义,导致贫民一遇凶年,面临饥荒,即使在丰年,也同样遭受饥荒。[②] 鉴此,宣德七年八月,周忱在巡抚南畿时,不得不在苏州重新设立"济农仓",借此作为预备仓败坏之后的一种补救措施。[③]

至正统年间,官方不得不采取诸多措施,以便完善日趋败坏的预备仓制度。具体言之,包括以下三项措施:其一,拓展预备仓积谷的途径,更多地将民人纳谷作为预备仓积谷的主要来源。如正统五年(1440)议准,凡是民人纳谷 1500 石,即可疏请敕谕加以奖励,赐予"义民"的称号,并免除本户内的杂泛差役;凡是民人纳谷 300 石以上,就给以"立石题名",并免除本户内杂泛差役二年。明代的史料足以证实,正统年间的很多预备仓仓谷,很多来自民间的捐纳。如宁夏镇的预备仓建设,始自正统五年十月,至正统六年三月正式竣工。其中所积储谷,共计 66830 余石。积谷的来源有三:一是来自诸卫之士的捐纳;二是来自王府成员的捐纳;三是当地富民茅贵等人的捐纳。[④] 其二,加强预备仓制度的管理,并以积谷数作为地方官考核的主要依据。如正统四年,大学士杨士奇上疏,请求朝廷派遣廉干的京官前往地方,专门督责预备仓的积谷。凡是丰稔的州、县,各出库银平籴谷物,"储以备荒",并具实奏闻,以预备仓的"举废"作为考科殿最的依据。此外,地方上按察司的风宪官也要各自巡检、稽考预备仓,若是地方官在预备仓积谷上欺蔽怠废,则具奏处罚。正统六年,巡抚于谦在上疏中,也疏请州县官在秩满当迁之日,若是辖区内预备仓的积谷有所不足,不准地方官离任。此外,也要求按察司的风宪官,加强对预备仓的稽察。其三,完善预备仓积谷的发放制度。正统六年,巡抚于谦在上疏中,要求在每年的三月,府、州、县官员上报"缺食下户,随分支给"。等到秋成之后,偿还官仓,并免除老疾与贫民不能偿还的仓谷。[⑤]

---

① 龙文彬:《明会要》卷 56《食货》4《豫备仓》,下册,第 1074 页。

② 龙文彬:《明会要》卷 56《食货》4《豫备仓》,下册,第 1074—1075 页。

③ 龙文彬:《明会要》卷 56《食货》4《豫备仓》,下册,第 1074 页。

④ 王直:《宁夏豫备仓储记》,《明经世文编》卷 26,第 197 页。

⑤ 上面所引史料,除了注明出处者外,其余均可参见申时行等修:《明会典》卷 22《户部》9《仓庾》2《预备仓》,第 152—153 页;龙文彬:《明会要》卷 56《食货》4《豫备仓》,下册,第 1074 页。

成化年间，继续采取各项措施，完善预备仓制度。主要通过以下两个途径：一是模仿宋儒社仓之法，通过“取息贷谷”之法，进一步充实预备仓的仓谷。如成化三年(1467)，大学士商辂在上疏中认为，一些地方官出于贫民无力偿还，进而导致负累赔纳的顾虑，在赈济饥民的过程中，通常只是借助于里老将“中等人户”开报，至于像鳏寡孤疾无所依倚的饥民，则一概不报。为此，商辂建议，各处预备仓，在饥民从仓中关过米谷之后，不论丰年或中等收成之年，每年一概收取利息一分。如若系鳏寡废疾，且户内别无人丁，无所依倚之人，则均照数关给，不必追征所粜之谷，只是依所取的利息，抵补这些人所粜的谷数。抵补之后，若尚有余剩，那么作为正数收入预备仓内。① 二是扩大预备仓积谷的途径。成化六年奏准，凡是一应听考的吏典，若是纳米 50 石入仓，即可免除考试，并给与冠带办事；凡是凤阳、淮安、扬州三府的军民舍余人等，若是纳米 200 石入仓，给与正九品散官；若是纳米 250 石入仓，则给与正八品散官；若是纳米 300 石入仓，则给与正七品散官。②

弘治年间，预备仓之制发生了以下三大变化：一是进一步扩大了预备仓积谷的来源。在明初之时，预备仓积谷，仅有支给官钞和籴这一途径。在正统以前，尽管已有将囚犯赎罪之米收入预备仓之制，但基本尚无定数。③ 至弘治十八年(1505)正式议准，在外的布政司、府、州、县在问刑时，凡是赎罪、赃罚等项，可以尽行折纳，而后“买谷上仓，以备赈济”。④ 二是对地方预备仓的积谷之数加以规范，并以此作为考核地方官的依据。成化以后，尽管已经做出了每个里必须积谷 300 石或 500 石的规定，但尚无积谷不及数的考核准则。至弘治年间，开始正式确定地方积谷“不及数罚俸及降用之例”。⑤ 如弘治三年三月规定，州、县若是只有编户 10 里以下，则预备仓必须积谷 15000 石；编户达到 20 里，则预备仓必须积谷 20000 石；若是编户至 800 里以下，则预备仓必须积谷 190000 石。相关的卫所，也有积谷之数的规定，如千户所，则预备仓必须积谷 15000 石；百户所，则预备仓必须积谷 300 石。制度规定，地方官与卫所官员考满之日，稽查其积谷数的多寡，以此作为“殿最”。不及积谷额数 30%，则处以“夺俸”；不及积谷额数

---

① 龙文彬：《明会要》卷 56《食货》4《豫备仓》，下册，第 1075 页；余继登撰，顾思点校：《典故纪闻》卷 14，第 257 页。

② 申时行等修：《明会典》卷 22《户部》9《仓庾》2《预备仓》，第 152—153 页。

③ 余继登撰，顾思点校：《典故纪闻》卷 16，第 289 页。

④ 申时行等修：《明会典》卷 22《户部》9《仓庾》2《预备仓》，第 153 页。

⑤ 余继登撰，顾思点校：《典故纪闻》卷 16，第 289 页。

60%以上，则处以“谪官”。三是改变预备仓的管理制度。至弘治年间，将原先预备仓所设的仓官一律革除，改由州、县官员及管粮仓官专门负责预备仓的管理。①

至嘉靖年间，进一步完善州、县预备仓积谷之法，且对积谷考核官员加以细化。如嘉靖八年（1529）规定，凡是州县编户在10里以下，预备仓必须积谷15000石；编户在20里以下，预备仓必须积谷20000石；编户在30里以下，预备仓必须积谷25000石；编户在50里以下，预备仓必须积谷30000石；编户在100里以下，预备仓必须积谷50000石；编户在200里以下，预备仓必须积谷70000石；编户在300里以下，预备仓必须积谷90000石；编户在400里以下，预备仓必须积谷110000石；编户在500里以下，预备仓必须积谷130000石；编户在600里以下，预备仓必须积谷150000石；编户在700里以下，预备仓必须积谷180000石；编户在800里以下，预备仓必须积谷190000石。其积谷的宗旨，就是保证三年内的积谷之数，务必满足一年赈济所需。以此积谷之数为基准，进而考察州、县官员。假如达到积谷的额数，则为“称职”；假如超过积谷的额数，甚至倍增积谷的额数，则巡抚、巡按奏旌，可以“不次擢用”。至于不及积谷额数，则会遭致处罚。以积谷额数十分为率，假如少了积谷额数的三分，亦即30%，则处以“罚俸半年”；假如少了积谷额数的五分，亦即50%，则处以“罚俸一年”；假如少了积谷额数的六分，亦即60%，则处以“不职，送部降用”。②

明代官方的预备仓制度，在万历年间山东兖州府邹县发挥了很好的效能。这显然得益于地方官的有效实施。当时是许守愚出任邹县知县，他在县境四乡设立官仓，每当遇到耕种时节，就将仓内所积之谷发放给小民。等到收成之后，小民就担赴就便的仓口，将所贷之谷还归官仓，只需补上折耗3升。其积谷之法，多从罚赎而来。有人犯罪，若是律该罚赎，除了开报上司之外，其他均听入粟官仓赎罪。所以，预备仓官廪充溢，百姓无查盘之扰，而坐享借贷之利；富豪大户，也不能乘灾荒之急，而多取小民之息。③

明代的预备仓积谷制度，对于灾荒之年赈济一类的社会救助，显然起到了一定的作用。但这一制度本身的不完备，实施过程中的急功近利，乃至地方官员的借此谋取私利，遂致一代良法，仅为虚文。换言之，这套预备仓积谷的官方救助

① 龙文彬：《明会要》卷56《食货》4《豫备仓》，下册，第1075—1076页。

② 申时行等修：《明会典》卷22《户部》9《仓庾》2《预备仓》，第152—153页。

③ 赵用贤：《议平江南粮役疏》，《明经世文编》卷397，第5册，第4297页。

体系,其实并未真正发挥应有的社会救助效能。究其原因,大致有以下三点。

其一,预备仓积谷日趋减少,甚至成为一纸虚文。明代的史料显已证实,预备仓储积渐趋减少,在晚明已成一种基本的态势。在隆庆年间,即使是"剧郡"亦即大的府,预备仓所积之谷,也并未超过6000石;至于小县,预备仓所积之谷,更是仅有1000石。至万历年间,"上州郡"亦即大的府、州,所积更是仅有3000石,至于小县,更是所积只有100石。以江西为例,所属各县预备仓的积谷,如湖口县不到1000石,彭泽县不到600石,石城县仅有200石有余,泰和县属于大县,也只有8000余石,其他各县预备仓所积之谷,也大多很少。① 原本完善的预备仓积谷制度,地方官仅仅将其视为"具文",以致即使朝廷屡次下诏加以申饬,地方官也不过"率以虚数欺罔而已"。② 积谷的日减,无疑从根本上抑制了预备仓发挥应有的社会救助功能。

其二,州、县等地方官员封利自殖,并不真正"积谷为事"。对此,嘉靖年间林希元直言揭示:"行之既久,或州县之官封利自殖,不以积谷为事;或散给不时,岁久浥烂,仅为糠粃;或散给之际,真伪失实。食者不必饥,饥者不必食,以致一代良法,仅为虚文。"③毕自严在上疏中,也对一些不肖州、县官的行径加以斥责,认为他们在预备仓的积谷上,通常采用三种方法谋取私利:一是常常借助预备仓积谷的名头,"充当私橐",而实际登报积谷之数,却是百无一二;二是"虚声上仓",甚至"封银影射以掩查盘之耳目";三是假托修理,或者借口煮粥赈济,借此作为"冒破之阶梯"。其结果,一旦遇到灾害,实则"仓庾若洗",只好"请蠲请免,大声而疾呼矣"。④

其三,在预备仓积谷的具体制度设计上,一则"限数既多",一则"责效太速",尤其以积谷数作为地方官员的考课依据,过分的急功近利,势必导致地方官在具体操作上存在着诸多难度,难以最大程度上发挥积谷赈济的功能。如一个仅有编户10里的小县,三年之间,不分贫富丰凶,一概要求预备仓积谷15000石。⑤ 对地方官员而言,这无疑是一大难题。官方所定考核地方官的预备舱积谷之数,即使是江南膏腴之地,甚至岁岁丰登,也难以完成额定的积谷额数。若

---

① 林俊:《请复常平疏》,《明经世文编》卷87,第1册,第777页。

② 龙文彬:《明会要》卷56《食货》4《豫备仓》,下册,第1076—1077页。

③ 林希元撰,何丙仲校注:《林次崖先生文集》卷11《论预备仓》,下册,第430页。

④ 毕自严:《度支奏议》,《新饷司》卷15《覆梁大司马条议积谷疏》,第3册,上海古籍出版社2008年版,第227页。

⑤ 龙文彬:《明会要》卷56《食货》4《豫备仓》,下册,第1076页。

是在江北地区,加之地利不同,假如不分等第,一概要求完成积谷之数,势必“恐徒为张急,难收后效”。以江西一省为例,按照编户1里积谷1500石计算,江西所属卫所姑且置而不论,仅以地方之县言之,共计69个县,编户10145里,即使1里积谷1000石,也需要积谷10145000石。但江西一省所属各县实际积谷数,仅仅不到十分之一,大约缺少了9000000石。若以谷5石折合银1两计算,共需银1800000两。而江西一省实际的地方财政,即使是括尽司府库藏,也只有不到100000两银子,足见“籴本羞涩”。[①] 以冀州武邑县为例,根据知县王纪申称,武邑一县,原额编户只有25里,一县的丁口也仅3万余,甚至每年交纳的秋粮原额,也不过2500余石,总计三年所交秋粮额数,为7000余石。即使这7000余石的秋粮数,百姓也是输纳不前,甚至卖产鬻子。按照官方所定的预备仓积谷之数,必须三年积谷30000余石。这对于地方官来说,无疑是一大压力。无奈之下,只好依靠词讼之纸赎填补积谷的欠数。其结果,则是“不恤其贫,而必欲罚赎,以充其数。纵使不恤,至于荡产流移,而复赈之,是科之使贫,而行吾患也”,这就完全失去了积谷赈恤的本意。[②]

(2)常平仓

正如清人郑之乔所言,常平仓之法,官收官粜,其法甚善,惜乎未能遍及于民。[③] 在明代官方仓储积谷之制上,预备仓大抵已经取代了过去的常平仓,但偶尔也行常平仓之制。

最为典型的例子,就是成化年间在南京设立的常平仓。据史料记载,成化初年,南京守备官员鉴于“岁凶民饥,莫能拯救”,于是仿照古代常平之意,上奏将没官的房屋,改为仓廒,名为“常平仓”。常平仓的管理,由专门铨选的官吏,负责出纳之事。每年将苏州、松江等处运到的粮米,免其上仓;或将各卫官军三个月的俸粮临船兑支,节省出加耗、脚价,每年共计有10万余石,运赴常平仓交纳。凡是遇到岁凶米贵,就将常平仓所积之米减价粜卖,银钱收贮官库;当岁丰米贱,则增价籴买粮米,收贮于常平仓。[④] 弘治年间,江西巡抚林俊上疏,请求建常平仓与社仓。[⑤] 可见,在弘治年间,常平仓之制在江西得以推广。

---

① 林俊:《请复常平疏》,《明经世文编》卷87,第1册,第777页。

② 刘麟:《积谷预备仓粮以赈民疏》,《明经世文编》卷143,第2册,第1418—1419页。

③ 郑之乔:《农桑易知录》卷3《农桑善后事宜》,载李龙潜等点校:《明清广东稀见笔记七种》,广东人民出版社2010年版,第134页。

④ 倪岳:《会议》,《明经世文编》卷78,第1册,第680页。

⑤ 龙文彬:《明会要》卷56《食货》4《社仓》,下册,第1077页。

在明初之时,就积谷备荒而言,既有定制,如在每县的四境设立4座预备仓,而后以官钞粜谷储贮其中;又有定规,如在近仓之处,佥点大户看守仓库,以备荒年赈贷,且由地方官员登记储谷之数,以便敛散。① 官方所设或官督民办的各种仓储制度,在社会救助上发挥了应有的作用。明代中期以后,在一些地方,因为地方官员的廉能,再加之管理得当,官府仓储尚可维系社会救助的功能。如史载一杨姓知县出任德化知县后,利用原先"所敛豪侠隐占者之金",再加上"钩金束矢若干",甚至以自己的俸禄若干作为补贴,在城乡四处设立粮仓,且能做到"会计当"与"概量平",使粮仓在救荒中发挥了不小的功能。② 然就其总体而言,明代官方所建用来积谷备荒的仓制,无论是纯官方的预备仓、常平仓,还是官督民办的义仓与社仓,随着时代的变迁,或因制度设计的不合理,或因管理不善,或因官吏的侵欺,大多趋于衰败。关于此,史料有如下揭示:

> 自洪武以后,有司杂务日繁,前项便民之事,率无暇及,该部虽有行移,亦皆视为文具,是以一遇水旱饥荒,民无所赖,官无所措,公私交窘。只如去冬今春,畿内郡县艰难可见,况闻今南方官仓储谷,十处九空,甚者谷既全无,仓亦不存,皆乡之土豪大户,侵盗私用,却妄捏作死绝,及逃亡人户借用,虚立簿籍,欺谩官府。③

由此可见,或因地方官员视仓务为具文,或因乡里土豪大户侵盗官仓,或因逃亡人户借用仓谷,导致官方的积谷备荒几已成为一纸虚文,一遇水旱饥荒,百姓仍然无所依赖。

诸多的史料记载,确乎已经证实预备仓、常平仓、社仓之制,在明代中期以后,几已失去其应有救助功能。以官方所设预备仓为例,其败坏一如史料所云:"长民者懈于其职,监视弗虔,所储蓄者,积而不散,往往干没于豪猾之手,而仓随以坏矣。"④以常平仓为例,成化年间南京所设常平仓,后因南京户部奏请将仓内所积米数作为正数加以支放,导致常平之法废弃,"仓廒虽在,倾圮过半"。⑤以社仓为例,又如隆庆年间山西巡抚都御史靳学颜所言,或因官户要求优免,或

① 杨士奇:《论荒政》,《明经世文编》卷15,第1册,第114页。

② 李日华撰,赵杏根整理:《恬致堂集》卷23《德化县南粮仓记》,中册,上海古籍出版社2012年版,第884页。

③ 杨士奇:《论荒政》,《明经世文编》卷15,第1册,第114页。按,相同的记载亦见于杨溥《预备仓奏》中,且文字全同。参见《明经世文编》卷27,第1册,第199页。

④ 章懋:《兰溪县新迁预备仓记》,《明经世文编》卷95,第1册,第840页。

⑤ 倪岳:《会议》,《明经世文编》卷78,第1册,第680页。

因民户担心役占、科扰，或田多者不愿赈于后，也就不愿向社仓捐谷，诸如此类的原因，致使社仓所积之谷，不过是贫民、小户所出“无几”之数。①

更有甚者，地方官员挪移积谷作为兵饷开支，几已成为一种惯例。以四川为例，在成化以前，官府多有积贮，每年常赋之入，大概有“数千万石”。以 10 年计算，则有 3—4 年的积贮。至于各个州、县的义仓，每年所收的仓谷，多的有数万石，少的也有数千石，即使是最少，也不下数百石。至成化年间，都御史张瓒莅临四川，“造为边衅，勤民于兵”，甚至挪移官仓、义仓之谷，导致“财力俱匮，公私一空矣”。一等旱魃为虐，灾沴荐臻，五谷不登，势必“公私无所仰给，死徙者岁及大半”。② 至明末，地方仓储所积之谷，更是被征收充当兵饷。按照原先的规定，地方预备仓的积谷，在春、夏两季，均折银解部，秋、冬两季，则积谷备赈。显然，地方官仓所积之谷，已有一半充作辽饷。至崇祯二年（1629），经户部会议，且奉旨题定，再将秋、冬两季积谷备赈的粮米数中，挪出十分之三充作边饷，导致官仓所积之谷更趋减少。③

这就导致地方官府积储的有名无实。正如魏时亮的揭示所言，各个府、州、县的积储，率多文具，“在籍者仅属空名，在仓者徒号虚数，上官纵有查盘，有司临期搪塞”。一旦遇到凶荒之年，就“赈给无措，施或议借议籴，万口嗷嗷，勺合无济，惟饥瘠流散以死而已”。④ 换言之，以积谷备荒为宗旨的地方仓储制度，可谓“慕其名而实不副”，不但百姓得不到救助的实惠，反而成为一种“病民”之政。⑤

2. 灾荒救助

重农贵谷，有备无患。但天灾流行，往往出于人力所不及防，意议所不及料，灾害难免不时发生。所以，水旱螽螟，春秋时屡书不绝。为此，除了积谷备荒之外，明代的官方救助，尚包括蠲免折征、赈济抚恤、打捕蝗虫，这几乎已经成为明代“荒政”的主要内容。除此之外，在灾荒期间，官方通常采用以工代赈之法，作

① 余继登撰，顾思点校：《典故纪闻》卷 18，第 336 页。

② 杨廷和：《颂德余音诗序》，《明经世文编》卷 121，第 2 册，第 1167 页。

③ 毕自严：《度支奏议》，《新饷司》卷 18《覆科臣条议屯田寺田官米积谷四款疏》，第 3 册，第 390—391 页。

④ 魏时亮：《题为恳定保民裕国之谟加意运治养德之要疏》，《明经世文编》卷 371，第 5 册，第 4015 页。

⑤ 黄凤翔著，林中和点校：《田亭草》卷 20《救时名实论》，商务印书馆 2018 年版，第 400—401 页。

为荒政的有效补充。

按照明人王廷相的说法，救荒之策分为上、次、下三等：上等的救荒之策，为“农有余积”；次等的救荒之策，则是预备之政，如平粜、常平、义仓、社仓之类；下等的救荒之策，则是移民就食，如煮哺糜粥之类。① 在具体执行中，明代的救荒之政，大抵包括平粜、赈恤、煮粥，以及停免赋税、免除积逋四类。下面依次分述之：

所谓平粜，就是在灾荒之年，以平价之谷，出粜给受灾之民。按照常理，受灾之地通常会出现米价上涨的情况。一些贪利的商贾细民，就会从他处将米谷低贱购入，而后运往荒歉之乡销售。那么，在如何平抑米价，及将平价米谷出粜给灾民的问题上，地方官府与商人、富民在粮价问题上存在着一种博弈关系。有些不良的富民、商人出于追逐最高利润的考虑，通常会借助于“闭籴”的方式进一步抬高粮价，但地方官出于安抚民心、赈济饥民的需要，则会出手干预，以平抑粮价。这种官府强行干预的方法，在一定程度上可以取得效果。有一个典型的例子，足以说明官府干预粮价的效果及其与富民的博弈。如蔡桂以举人的身份出任湖广永州府通判，不久兼任道州知州。当地岁饥，米价每斗上涨至钱140文。一些富民见到米价上涨，就更不愿往外出粜。蔡桂在知道官仓尚有余粟数千石的情况下，就故意隐瞒其数，不让富民知晓。若有饥民前来籴米，就往外出粜，并以市价之半出粜。不过，另有一项限制措施，即饥民前来籴米，每人不得超过1石。至于那些最贫的饥民，则采取贷谷之法。那些富民因不知官方的具体藏谷数，且担心自己的藏粟滞销并腐蠹，就争相卖给贫民，最后“米价骤平”。② 这次荒年期间官府与富民的博弈，自然以官府的强行干预而使米价趋于平稳。毋庸讳言的是，若是地方官府不通市场规律的做法，强行平抑米谷价格，希望借此将高涨的米谷价格降下来，以便出粜灾民。这种做法显然也存在着很大的风险，有时甚至无异于杀鸡取卵。原因很简单，商贾一旦闻知，自然不再将他处米谷运来，米谷不至，价格反而更加上涨，最终受害的还是灾民。随之而来者，则是出现了相对理性的做法。有人认为，若想平粜，必须借助商人贩运粮食而至。王廷相即持这种观点。他建议，对于强行压制米谷价格之举，理应出榜禁谕。对于商贾从远处贩运而至的米谷，宁可允许他们稍有增价，也决不允许强行压价。一旦各

① 王廷相：《王氏家藏集》卷29《答李献忠论救荒事宜书》，载氏著，王孝鱼点校：《王廷相集》，第2册，中华书局2009年版，第526页。

② 钟惺著，李先耕、崔重庆标校：《隐秀轩集》卷33《明奉政大夫户部云南清吏司郎中春宇蔡公墓志铭》，上海古籍出版社2017年版，第607—608页。

处商人远贩而至的米谷辐辏,“价不待减而自平矣”。①

所谓赈恤,就是官方筹集资金,赈济并抚恤受灾的灾民。如在嘉靖三十三年(1554)六月,与万历三十五年(1607)六、七两月,北京曾发生过两次大的水灾。尤其是万历三十五年的这次大水,导致衙门被淹,官民庐舍倾塌,甚至百姓淹溺不可胜计,公私什物,民间田庐,一切流荡。面对如此灾情,朝廷下诏,发银10万两,由五城御史查勘“压伤露处小民”,“酌量赈救”。此外,又按照嘉靖三十三年之例,发太仓米20万石,平粜米谷。②

所谓煮粥,通常是指设立粥厂,向灾民舍粥,以解其饥。如嘉靖初年,南畿民饥,南京兵部侍郎席书提出“作粥”之法,在明代的官方赈济中得到普遍的运用。粥厂施粥,曾有人质疑其不便。究其原因,还是因为仅仅在城中设厂,而并未在城外各县散布粥厂,四方饥民闻风并集,城中粥厂一时难以供给,最终导致灾民相聚而死。鉴此,席书建议,南畿所辖大江南北共计42个州、县,理应大县设立粥厂16所,中县减设三分之一,小县减设十分之五。约定统一的日期,各个州、县所设粥厂同时举行施粥,凡是饥民,不论地域,“均粥给济”。时间从十月十五开始,直至麦熟为止。按照席书的计算,在这个施粥期内,所费米不过16万石,银16万两,即可救济饥民20余万人。最后经户部回复,席书的建议不仅施行于南畿地区,而且在天下灾荒处所“一体施行”。③

所谓停免赋税、免除积逋,主要是指遇到灾荒之年,不仅蠲免赋税,而且免除过去积欠的赋税。每当荒歉之时,百姓乏食,自活不暇。但一些地方官员,在遇到灾荒时,通常不将灾情上报朝廷,并在灾后继续按照原先的额数追征税粮。这无疑是使病羸之人而服劳苦,势必导致流殍载途,闾井萧然。此外,即使在丰收之年,小民尚多逋欠,到了饥馑之年,更是难以偿还积逋。为此,王廷相建议,除了停免赋税之外,尚须免除公私一切逋债,使灾民得以甦困。④

在明代,每当遇到灾荒之时,一旦官方启动救灾,就必须按照一定的程序实施。这就是所谓的“报勘灾伤”。早在洪武时期,报勘灾伤主要包括两项内容:一是地方官对地方灾伤不许隐匿不报。如洪武十八年(1385)下令,凡是发生灾

---

① 王廷相:《王氏家藏集》卷29《答李献忠论救荒事宜书》,《王廷相集》,第2册,第526页。

② 朱国祯撰,王根林校点:《涌幢小品》卷27《都城大水》,上海古籍出版社2012年版,第551页。

③ 余继登撰,顾思点校:《典故纪闻》卷17,第299—300页。

④ 王廷相:《王氏家藏集》卷29《答李献忠论救荒事宜书》,《王廷相集》,第2册,第525—526页。

伤的地方,地方官若是不上奏,允许当地的耆老、名宿联名申诉,并将地方官员处以“极刑”。二是报勘灾伤有一套基本的程序。如洪武二十六年规定,凡是各处田禾遭遇水旱灾伤,所在地方官在踏勘明白之后,必须“具实奏闻”。此外,又要向所在的上司上达申文,再由上司转达户部,立案具奏。随后,委派官员前往受灾地方再次踏勘,若是属实,就将受灾人户姓名、田地顷亩、该征税粮数目造册,缴报到户部立案,开写灾伤的缘由,然后上奏。至永乐二十二年(1424),进一步细化了地方报勘灾伤的程序。当时规定,凡是各处发生灾伤,若是设有按察司的省份,则由按察司委派官员踏勘;若是直隶,则由巡按御史委派官员会同踏勘。至万历九年(1581),报勘灾伤程序更趋详备。当时题准,若是地方上发生重大的灾伤,州、县官员必须亲自勘察灾情明白,而后申呈巡抚、巡按。巡抚在勘报之前,必须速行奏闻;巡按也不必等候户部的回复,就将踏勘明白的受灾“分数”作速具奏,以便覆请赈恤。至于报灾的日期,则分为腹里与沿边。在腹里地方,仍然按照旧例,夏灾限定在五月内上报,秋灾限定在七月内上报;在沿边地方,如延绥、宁夏、甘肃、固原、宣府、大同、山西、蓟州、密云、永定、昌平、辽东等地,夏灾限在七月内,秋灾限在十月内。无论腹地,还是沿边,都必须按照期限从实奏报。假如州县、卫所官员申报灾伤不实,听凭巡抚、巡按参究。如巡抚报勘灾伤超过期限,或者匿灾不报,或者巡按勘灾不实,具奏延迟,并听该科指名参究。此外,若是上报之时有灾,上报之后无灾,或者上报之时灾重,上报之后灾轻,以及上报之时灾轻,上报之后灾重,巡按在奏疏内,均明白从实具奏,不得执泥于巡抚的原疏,导致灾民“不霑实惠”。① 换言之,在地方官员上报灾情的过程中,其中最高层面的地方官员,巡抚在上报之后,巡按仍有复勘上报的职责。两者所具的互相制约关系,目的在于使灾情报勘更符合实情。

(1)蠲免折征

遇到灾伤,官方对百姓应交税粮实行蠲免折征,应该始于洪武元年(1368)。正是在这一年,明太祖朱元璋下令,凡是遭受水灾、旱灾的地方,不论时限,均需要从实踏勘。在经过踏勘之后,若是灾情属实,则蠲免税粮。弘治三年(1490),经过议准,进一步细化了应免税粮的事例。若是遭受全灾,则免税粮十分之七;若是遭受九分之灾,则免税粮十分之六;若遭受八分之灾,则免税粮十分之五;若遭受七分之灾,则免税粮十分之四;若遭受六分之灾,则免税粮十分之三;若遭受五分之灾,则免税粮十分之二;若遭受四分之灾,则免税粮十分之一。所免税粮,

---

① 申时行等修:《明会典》卷17《户部》4《灾伤》,第117页。

只能在存留项内的税粮中除豁,不许将起运的税粮之数一概混免。若是起运的税粮不足,再通融拨补。嘉靖十六年(1537)题准的事例,显然是对弘治事例的细化。按照题准事例规定,凡是地方遭遇夏、秋灾伤,就按照勘灾体例,拟定成灾应该蠲免的分数,先从存留项内的税粮中除豁,而后再从起运的税粮数内蠲免。至于起运钱粮不敷之数,听凭巡抚、巡按将各司、府、州、县官库银两、钱帛等项,通融处补,或者允许折纳轻赍。若是存留项内钱粮有不足之数,允许从宜区处,不许征迫小民,致使小民不得实惠。万历十二年(1584)议准,以后凡是地方上遭受灾伤,巡抚、巡按官必须从实勘奏,不论有田、无田之民,通行议恤。如是有田者,则免其税粮;若是无粮免者,则免其丁口、盐钞。这次蠲免条例的实施,其宗旨的实施,是不分贫富,均可以"一体并蒙蠲恤"。①

在制定了蠲免折征事例之后,明代官方随之将其付诸实施。如洪武六年(1373),饶阳知县郭榎发现县内大饥,百姓甚至吃草实、木皮果腹,于是具奏上闻。明太祖在读了此疏后,再派人咨访晋、冀等州均遭遇饥荒,于是命尚书刘仁等人前往各州、县赈灾,且"蠲其租赋"。洪熙元年(1425)四月,明仁宗在获悉山东、淮、徐百姓乏食,地方官员征收夏税方急,就在西角门召见大学士杨士奇起草诏书,下令蠲免当地一半夏税、秋粮。成化六年(1470),山东、河南两省遭受旱灾,给事中邱宏上疏请求赈灾。在疏中,邱宏直斥在四方告灾之时,户部官员拘泥于成例,必须复勘是实而后再行蠲免,导致上虽蠲租,下却很少得到实惠。为此,他要求从今以后,凡是遇到灾荒,巡抚、巡按官勘实之后,"即与蠲除"。这一请求,得到了明宪宗的允准。弘治三年(1490)二月,因黄河决口之后,河南民困未甦,明孝宗下诏,蠲免河南的秋粮。过了三日,户部再次上疏,因凤阳、淮、扬、郧、襄、南阳各府遭受水灾、旱灾,请求免征刍粮及麦丝之税。这一疏请同样得到明孝宗的允准。弘治六年五月,因为水灾,下令蠲免沈阳各个卫所的屯粮64000余石,顺天府所属州、县夏税15000余石,河间、保定、山西、太原各府与平阳各县夏税,以及河南开封各府一半的夏税与祥符各县的秋粮。正德十三年(1518)正月,给事中邵锡上疏,论及去年顺天、保定、河间、真定、大名等府遭受水灾,请求蠲免税粮、物料,以苏民困。这一疏请得到了明武宗的允准。嘉靖二年(1523)七月,南畿遭受大水,吏部侍郎何孟春上奏恤灾八事,其中之一即要求蠲免次年遭受灾害州、县的税粮。这一疏请,得到了明世宗的允准。同年十一月,因直隶、江北遭受了异常的水灾,大学士杨廷和上疏请求蠲免"一应岁派及额办钱粮",

① 申时行等修:《明会典》卷17《户部》4《灾伤》,第117页。

得到了明世宗的允准。万历八年(1580),因为地方遭受灾伤,湖广巡按御史徐兆魁上疏,请求改折、缓征、蠲免、赈济。后经户部再议,鉴于缓征"徒贻小民他日之累",建议改为"勘被灾轻重,量为蠲振"。明神宗下令,按照户部之议执行,蠲免受灾之地的税粮。崇祯年间,因为四方大旱,缺乏军饷,应天府丞张玮奏请禁止江西、湖广"遏粜",要求应天、常州、镇江、淮安、扬州五府,"折输漕粮银赴彼易米"。此外,让十库所收铜、锡、颜料、皮、布,但凡不是州、县土产之物,一律改征折色。这一奏请,"所司多议行"。①

(2)赈济抚恤

一旦遇到灾伤,官方通常会实行赈济抚恤,且制定了一些事例。如洪武十八年(1385),明太祖下诏给各个地方官,凡是遇到"岁饥",先拨付仓廪赈贷,而后再具奏。洪武二十七年,制定了受灾地方散发粮米的则例,其中规定,大口给予6斗,小口给予3斗,5岁以下则不给。

永乐二年(1404),制定苏州、松江等府遭受水灾地方赈米则例,其中规定:大口,给米1斗;6—14岁,给米6升;5岁以下,则不给。此外,若是每户有大口10口以上者,最多只给1石。假如并未遭受全灾,受灾地区百姓中有缺食之人,那么赈米改为借米,并定下借米则例如下:1口,借米1斗;2—5口,借米2斗;6—7口,借米3斗;9—10口以上,借米4斗。赈米不需要归还,若是借米,则等秋成之后,必须"抵斗还官"。

嘉靖八年(1529)下令,要求巡抚、巡按官晓谕家中有积粮之家,根据其家中所积粮米的多寡,以礼向他们劝借,并定下如下则例:若有人仗义,捐出米20石、银20两,则给予冠带;捐出米30石、银30两,授予正九品散官;捐出米40石、银40两,授予正八品;捐出米50石、银50两,授予正七品。此外,一概免除杂泛差役。若是捐出米500石、银500两,除了给予冠带外,地方官还给他家竖立牌坊,"以彰尚义"。同年,又题准,遭受灾伤地方的军民,若有人能收养小儿,那么每名给米1升;若有人埋葬尸体一具,则给银4分。此外,一旦遭受灾伤,邻近的州、县,"不得闭籴"。②

在明代,各朝赈济抚恤,屡见史载。如洪武三年(1370)正月,西安、凤翔二府遭受饥荒,户部奏请运粟赈济。明太祖下诏,命户部主事李亨"驰驿"前往陕西,赈济受灾饥民,每户给粟1石。洪武二十六年(1393)四月,鉴于岁荒民饥,

① 龙文彬:《明会要》卷54《食货》2《荒政》,下册,第1021、1023、1025—1028、1032页。

② 申时行等修:《明会典》卷17《户部》4《灾伤》,第118页。

地方官员赈济灾民，通常需要奏请，且道途往返，动经数月，延误救灾，于是明太祖下谕给户部，要求从此以后，遇到岁饥，地方官可以“先贷后闻”，即先贷米给灾民，而后奏闻。[①] 永乐元年（1403）十二月，尚书郭资等人上奏，真定府枣强县“民饥”，请求派人核实后赈济。明成祖认为，遣人核实，辗转往复，势必耽误赈济。于是，直接下令户部，要求火速派遣官员前往枣强县，赈济当地受灾饥民。永乐十九年二月，明成祖下谕赈济河南灾荒。此外，再次派遣御史蔡新等人前往河南，检查核实尚未得到赈济的人户，共计 3100 户，一并“补给之”。在这次灾情中，凡是有典卖男女者，则“官为收赎”。[②] 正统四年（1439）六月，北京发生大的水灾，导致京城内外，官员军民的房屋大多坍塌，一些低洼地区尽行淹没，受灾的军民没有存身之地。明英宗下令，让户部委派侍郎吴玺、顺天府委派府尹姜涛，前去慰问遭受水灾百姓，并且“量加赈恤”。此外，又令工部委派侍郎邵旻、都察院委佥都御史曹翼、六科一起推举廉正给事中二员，一同踏勘京城内外高爽之地，以及以前营造的厂房，将其地分给受灾军民居住。若是在官服役的工匠，家中房屋遭受坍塌，免除工匠两月的服役期，并由官府修葺坍塌的房屋。[③] 正统十年七月，山西受灾，饥民多达 20 余万人，均逃往河南求生。为此，巡抚于谦上疏，要求将河南所属怀庆、河南二府现存的 60 余万石仓粮，减价粜给饥民，而后收钞解京。此议被明英宗誉为“名臣救荒良策”，并下谕于谦急速加以实施。[④] 景泰四年（1453）三月，凤阳、淮安、徐州发生水灾，道殣相望。王竑正好巡抚江北，将灾情向上奏报，不等朝廷下旨回复，就开仓赈济灾民。其后，山东、河南的饥民纷至沓来，王竑又尽发徐州广运仓余积之谷赈济饥民。此外，王竑下令，让沿淮河上下的商船，“量大小出米”，所赈灾民达 180 余万人；又劝富民出米 25 万余石，赈给饥民 55.7 万家。景泰五年正月，明景帝下令，命平江侯陈豫、学士江渊抚辑山东、河南的受灾军民。三月，又命学士江渊赈给淮北饥民，王文抚恤南畿灾民。[⑤] 天顺元年（1457），明英宗命侍郎周瑄赈济北畿饥民，佥都御史林聪赈济山东饥民。此外，明英宗担心周瑄、林聪不能遍巡灾区，又派遣侍郎黄仕儁前往赈灾。天顺九年，牟俸巡抚山东，正值岁祲，疏请发济南仓储，“减价以粜”，又请求用临清关的关税买米助赈。次年，山东又遭饥荒，牟俸疏请发仓储“出

---

① 龙文彬：《明会要》卷 54《食货》2《荒政》，下册，第 1021 页。

② 龙文彬：《明会要》卷 54《食货》2《荒政》，下册，第 1021—1023 页。

③ 黄光昇：《昭代典则》卷 15，上海古籍出版社 2008 年版，第 420 页。

④ 龙文彬：《明会要》卷 54《食货》2《荒政》，下册，第 1023—1024 页。

⑤ 龙文彬：《明会要》卷 54《食货》2《荒政》，下册，第 1024 页。

贷”。在巡抚山东的五年时间里,牟俸尽心荒政,“活饥民不可胜数”。[①] 弘治五年(1492),浙江水旱相仍,“民穷且盗”,致仕尚书邹幹上疏,请求“急行蠲恤”。明孝宗命侍郎吴厚巡视浙江,督责地方官员赈济灾民。此外,给事中吴世忠上疏,请求地方官赈济,不必等待勘覆,并条上兴水利、复常平仓之策。明孝宗均下诏举行。[②] 正德十二年(1517),因为雨水过多,导致顺天、保定、河间三府水灾严重,真定、大名等五府受灾稍次。次年正月,给事中邵锡上疏,请求发户部及德州的仓粮,派遣郎中二人,前往受灾地区赈灾。考虑到灾民众多,所发仓粮不足以供给灾民所需,且郎官权轻,难以督率群吏,邵锡建议另外派遣重臣,且增给银谷,蠲免税粮、物料,“以苏民困”。此议得到明武宗的允准。[③] 嘉靖元年(1522)七月,鉴于南畿、浙江、江西、湖广、四川遭受旱灾,明世宗下诏,要求地方巡抚、巡按官员“讲求荒政”。嘉靖三十八年,辽东大饥。巡抚侯汝谅上疏,请求出内帑金钱,“以拯阽危”。为此,明世宗下诏户部,随即发太仓银6万两,差遣御史一员,“亟往召籴,设法转运”。到了年末,再发给牛具银5万两,以备来春布种。[④] 万历八年(1580),户部上疏建议,州、县积谷赈荒,已有定法。至于作为州、县表率的各府,也应当照例存积粮米,“以备赈济”。万历三十二年,因为地方遭受灾伤,湖广巡按条陈四事,分别为改折、缓征、蠲免、赈济。除了缓征之外,其中蠲免、赈济,一概得到允准。[⑤]

(3)打捕蝗虫

每当遇到蝗灾之时,明代官方不仅派遣官员打捕蝗虫,而且制定了打捕蝗虫的具体条例。如永乐元年(1403),明成祖下诏吏部,要求吏部行文给各处地方衙门,在每年的初春差人巡视境内,若遇到蝗虫初生,“设法扑捕,务要尽绝”。若地方官坐视蝗灾,甚至导致蝗灾滋蔓为患,则“罪之”。此外,布政司、按察司官员对下属官员不严督捕蝗,“亦罪之”。

这项打捕蝗虫的政令,显已成为一种定例。通常是在每年的九月,行文到地方衙门,这是由吏部行文;至于卫所,则由兵部行文,大致为十一月行文到卫所。除了制定打捕蝗虫定例之外,朝廷还时常派遣官员,前往地方遭受蝗灾之地捕蝗。如宣德九年(1434),明宣宗曾差遣给事中、御史、锦衣卫官员前往山东、河

---

① 龙文彬:《明会要》卷54《食货》2《荒政》,下册,第1024—1026页。
② 龙文彬:《明会要》卷54《食货》2《荒政》,下册,第1027页。
③ 龙文彬:《明会要》卷54《食货》2《荒政》,下册,第1028页。
④ 龙文彬:《明会要》卷54《食货》2《荒政》,下册,第1028—1031页。
⑤ 龙文彬:《明会要》卷54《食货》2《荒政》,下册,第1031—1032页。

南两省,“打捕蝗虫”。①

(4)**以工代赈**

按照常理来说,正值灾荒之年,财力方诎,凡是百工诸役,自当停止,以歇民力。故《周礼》论及荒政,就有“弛力之令”。当然,荒年停歇的工役,显然是指“宫室台榭”之类不关民生的工程。至于城池、水利一类的工程,或有“御侮”“资农”之效,自然不在停歇之列,甚至此类工程的兴修,反而可以起到辅助赈济的作用。随之而来者,以工代赈也就成为荒政的一种辅助方式。

究其原因,还是因为官方缺乏足够的救济资金所致。一方面,当凶年饥岁之时,百姓缺食;另一方面,应当修缮的城池、水利,在在有之。当单纯依靠赈济并未完全可以解决灾荒之民时,自然有人想到了以工代赈一法。早在宋熙宁七年(1074),河阳遭受灾伤,官方所设常平仓的救济粮米不足,于是朝廷赐予常平仓谷1万石,通过兴修水利,借此赈济饥民。此法在当时被董煟称为“以工役赈济”。在明代,很多地方均采用此法作为赈济灾民的一种辅助方式。如林希元在任泗州知州时,就曾动用里甲银中无碍于赈济的资金,通过兴修城池、水利等工役,以解决赈济灾民时的资金缺口问题。至于以工代赈的性质,正如林希元所云:“凡圮坏之当修,湮塞之当浚者,召民为之,日受其直,则民出力以趋事,而因可以赈饥,官出财以兴事,而因可以赈民。”显然,这是一举两得的措施,在工役之中蕴涵“赈济之助”。②

在明代,以工代赈之法,显然已经成为地方官民在救荒时常用的一种辅助之法。如在溧阳县,一位姓潘的知县就曾采用“筑圩寓赈”的方法救济灾民。从史料记载可知,当时溧阳县有被抛弃的荒田2000—3000顷,这位知县下令,将这些荒田赐给富民史氏,不征收田价,并给帖令史氏自己执业。当然,官方对史氏也额外提出一个要求,即定下时限,令其及时对荒田加以开垦。在地方官与富民的鼓励下,“一时饥民,赴工惟恐后”,很快将荒田整治成膏腴之田,甚至田价上涨到4—5万两银子。在整治荒田的过程中,史氏陆续“输其家之所有”,包括银钱、米布,且计工而酬,饥民“赖以全活者,无虑以千数”。③

这则关于以工代赈的故事,在唐顺之的记载中更为详尽。据唐顺之的记载,此事发生在嘉靖二十四年(1545),所谓的史氏,即富民史恭甫。当时史氏三次

---

① 申时行等修:《明会典》卷17《户部》4《灾伤》,第118页。

② 林希元:《荒政丛言疏》,《明经世文编》卷162,第2册,第1634—1636页。

③ 徐显卿:《与李兵道论救荒书》,《明经世文编》卷396,第5册,第4284页。

捐助谷物,共计 7500 石,以此帮助公家的赈济。即使如此,仍然杯水车薪,难以解决饥民的灾荒。溧阳县大多“湌以汇水”,尤其是县西北 10 余里的沙涨湌,因为“潦溢旱缩,不障不陂”,更是被弃为旷土。可见,潘姓知县赐给史氏的荒田,即为沙涨湌。于是,史氏采取兴役救饥之法,亦即在沙涨湌东南隅的地方筑圩,以期“可潴可防”。在获得官府的同意后,募民兴工,“民携老弱就役者踵至”。其中给赴工饥民的报酬,大抵为一人每天给米 2 升、银 1 分、薪 1 束。在灾荒之年,米价甚贵,饥民就“以半米易粪菽而杂食之”。于是,一人赴役,除了满足自己的温饱之外,还可以解决家中不能赴役的老弱瘠病者二人的温饱。①

尽管明代官方有着一整套的救助制度与设施,但自明代中期以后,这套制度日趋败坏,进而影响官方救助的实际功效。正如王廷相所言,明代已有的救助制度,“行之年久,法弊政偷,有名无实”,导致一旦发生饥荒,其结果还是“小民则嗷嗷待哺,而官司则束手无措;不请发内帑之银,则奏留漕运之米,习以为常,不知远虑”。② 进而言之,明代的荒政存在着诸多流弊。嘉靖八年(1529),杨一清曾对赈济之弊多有揭示。按照杨一清的揭示,荒政的弊端百出,主要在于官吏夤缘为奸。至于其中的弊端,大致有三:一是蠲免税粮的不公平,或“免令既下而复征”,或“征令已出而以例获免”。二是开仓征粮之时,良民即使身受饥寒,罄尽家中所有输纳税粮,最终还是利归胥吏。三是赈济之弊尤多,诸如:“有力者冒名多给,及为贸易之赀;寡弱者枵腹守候,横尸仓廪之下。”③崇祯年间,吴甡对官方赈济中的奸弊作了系统的揭示,并将其概括为四大奸弊:一是“追逼欠粮”。饥民积欠的逋赋,虽屡经皇帝旨意而得以蠲停,但在实际的执行过程中,里长、收头通常还是“借名欠粮,吓要追征”,或者“禀官拘摄,不异逼夺”。至于朝廷下发的赈济款,更只是充实了奸胥的囊橐,灾民得不到分毫的实惠。二是“索取宿债”。每当灾荒之年,穷民盼望能领取赈济款,以便换取升斗之粮糊口,但事实上这些救济款并不能到达穷民手中。一些土豪强梁之辈,为了逼讨私债,往往将救济款“倾囊剥去”,或者勒索一半。三是“衙役扣克”。在官方赈济中,原本并无陋规、常例之说,但一些吏书巧计朦官,或假称造册纸张,或借名兑支工食,或封兑短少,假票冒领。地方官出于私利的考虑,“一受其饵,猫鼠为奸”,最终导

① 唐顺之著,常州市唐荆川研究会编:《唐荆川诗文集》卷 12《救荒湌记》,凤凰出版社 2012 年版,第 345 页。

② 王廷相:《浚川奏议集》卷 3《乞行义仓疏》,《王廷相集》,第 4 册,第 1239 页。

③ 杨一清:《阁谕录》卷 3《论弭灾急务奏对》,载氏撰,唐景绅、谢玉杰点校:《杨一清集》,下册,中华书局 2001 年版,第 873 页。

致有限的救济款项，只供衙役辈吞噬。四是“富民买票”。当受灾之时，有些受灾地区即使并无甚富之家，但一些穷民朝不保夕，一旦赈票到手，就急不可待，势必预先向富民借债，甚至“重利折算”。等到领取赈票，所得不过一半之银，导致赈济有名无实。①

若是按照上面的揭示，再证之其他各种史料记载，从中可知明代的官方救助，其实际效果并不十分理想。这主要体现在以下三个方面。

其一，救荒程序复杂，其间公文往来繁缛，甚至耽误了救荒。就朝廷的层面而言，设立完善的勘灾程序，固然可以避免其中的奸弊，但勘灾程序的过分烦琐，势必直接影响救灾的效果。按照明代的制度规定，一旦遇到灾荒，府、州、县、卫等衙门，必须先向相关的上司衙门汇报，而后由上司衙门将灾情类总奏报。在委派勘灾官员之际，务必要亲自前往受灾地方，从实检踏，不许私自接受财产，听凭嘱咐，甚至“以熟作荒”。踏勘灾情之后，就申文给巡按御史及按察司官员，再由他们从公核实，将灾区该征、该免的田粮分数，定拟明白，造册奏交户部，再行斟酌区处，而后奏请免征税粮。② 在实际执行过程中，勘灾程序往往流于过分烦琐，正如何孟春所言：一旦遇到年岁凶荒，耆老告报到府、州、县衙门。这些府、州、县官员不敢轻信耆老之言，就委官踏勘，踏勘者回报属实，方将灾情申文报于上司“镇巡”等官。镇巡官也不敢轻信下属衙门所报，就委官踏勘，踏勘者回报属实，才向朝廷奏报请命。皇帝赈灾之令一下，户部又查照当行之条，才往下行文，转而下达到府、州、县，根据所受灾伤的分数，而后确定减征或缓征赋税。这一文书往复，所需时间，多则半年，少亦数月。当凶荒之年，百姓枵腹待哺，正如涸泽之鲋，盼望斗升之水于旦夕，如此烦琐的救荒程序，势必使朝廷的赈济失去了时效性。③

自明初以来，各朝皇帝不乏从抚恤百姓的仁心出发，下令地方官员可以先开仓放粮，而后再奏闻朝廷。如洪武二十六年(1393)四月，明太祖专门下敕谕给地方官员，凡是遇到年岁饥荒，可以“先发贷，后奏闻”，并将此定为一代之法。④宣德年间，河南新安遭遇饥荒，县内百姓“艰食”，只得采拾自给。当时的知县陶镕就借取函关驿之粮赈济百姓，并奏请秋成之后还给官府。针对这一擅自借官

① 吴甡著，秦晖点校：《柴庵疏集》卷7《发赈伊始据实奏闻疏》，浙江古籍出版社1989年版，第139—140页。

② 杨一清：《关中奏议全集》卷6《为旱灾事》，《杨一清集》，上册，第191页。

③ 何孟春：《陈万言以俾修省疏》，《明经世文编》卷127，第2册，第1224页。

④ 黄光昇：《昭代典则》卷11，第285页。

粮赈济灾民，明宣宗大加鼓励，认为知县急于救人，先给后闻，属于能臣，进而告诫户部官员不可拘泥于文法，责怪陶镕专擅。① 即使朝廷有此规定，但每当遇到灾荒之时，地方官出于自己仕途的考虑，通常不愿冒擅自开仓放粮的风险。一旦擅自开仓放粮，有时反而会遭致上司官员的责罚。如嘉靖八年(1529)三月，河南连岁旱荒，民多饥死。凡是府、县请求赈济，巡抚潘埙大多驳勘不发。当时的河南知府范鏓不等上报，就开仓赈济饥民，不但没有得到潘埙的荐奖，反而遭致嫌恶。②

其二，出粟赈济，有名无实。这又体现在以下四个方面：一是官方发粟赈济，灾民闻风远道而至，支取赈灾之粮，动辄需要等待一旬，所得升斗之需，反而不偿往还之费。③ 以北京为例，每当遇到灾荒，因为在城内有舍米舍饭、减价卖米之举，致使四处贫民，闻风匍匐而来。到了京城，则大多已经散发完毕，只好空手而归，甚至“颠殒道路”。④ 有些空腹来到京城的灾民，因为不能得到实惠，甚至“冻饿以至于死”，正如史料所言：“是以京师为沟壑，诱外郡之民而填之也。”⑤ 二是受灾期间，饥民众多，而赈济的资金有限，显然也会影响到救助的实际效果。这可以福建泉州府同安县为例加以说明。在嘉靖二十三年至二十四年(1544—1545)之间，林希元曾给泉州知府俞咨伯写过一封书信，信中就详细开列了一县灾民之数，以及所需救灾的款项。按照林希元的统计，同安县共辖50图，整个县大致有饥民16500人。假若按照每个饥民给银1钱计算，共计需要银1650两。而事实上，泉州府拨付给同安县的救灾款项仅有银900两，那么只够救济9000人，剩下的7500名饥民的救灾款项则无从落实。即使在这每人1钱银子的救灾款中，中间还有里长、老人各要抽取1分银子，实则饥民每人只能得到8—9分银子。这8—9分银子，需要维系一家上有父母、下有妻子的生活，显然相当艰难。即使按照一家两人计算，每人只能得到4—4.5分银子。按照当时同安县的粮价，银1钱可以买米1.6斗。其后粮价上涨，银1钱只能买米6升。若是按照2人计算，每人实得的米数只有3升。这3升之米，需要维持一人一月的生活，显然还是难免饿死的窘境。按照官方的赈济标准，极贫之户，近的每人给谷5斗，

① 余继登撰，顾思点校：《典故纪闻》卷9，第150页。

② 邓士龙辑，许大龄、王天有主点校：《国朝典故》卷35，引《世宗实录》1，中册，北京大学出版社1993年版，第647页。

③ 张瀚：《松窗梦语》卷1《宦游纪》，中华书局1985年版，第13页。

④ 徐阶：《答出粟谕》，《明经世文编》卷244，第3册，第2552页。

⑤ 杨继盛：《上徐少湖翁师》，《明经世文编》卷293，第4册，第3093页。

远的给银2钱;次贫之户,近的每人给谷3斗,远的给银1钱。由此可见,每人每月所得的赈济粮3升,远远低于官方明文规定的赈济标准。① 三是官粜之制,公平失衡。以无锡县为例,崇祯十四年(1641),无锡县立春后积阴连雨,导致"二麦损收"。到了秋天,又遭遇旱灾,米价腾贵,贫民不能举火,只好"采槿及草以食"。当时的无锡知县下令实施"官粜",因为拥挤殊甚,实际效果并不理想,甚至失去了公平:"强而近"的饥民,可以"一日两粜以市利";"弱而远"的饥民,则"不能得其一焉"。② 四是官方施粥,看似一种救灾良法,但在实施过程中,反而"杀人极多"。以山西为例,如饥民聚集一处,夜里只能卧于冷地,每日前来粥厂,往往难得一餐;一些负责施粥的老人,为了盗取赈济之米,见到粥已不多,就用"冷水投之",结果导致饥民"食之未有不泻者"。③

(二) 民间救助

饥荒的形成,一则源于天灾,二则因为官方救助体制的不完善。除此之外,尚有以下三点关乎荒政:一是赈贷应行于平日,而并非限于灾荒之年的救急。在平日,百姓因为衣食赀费不足,同样也会导致不能尽力于畎亩,甚至"河渠宣泄之不时,耰锄耒耜之不具,耕耘耨治之不精"。鉴此,徐显卿建议,上至户部官员,下及府、州、县地方官,应该在并非灾荒之年,"取诸帑羡,权其缓急,以施赈贷"。若能如此,则百姓俯仰无虞,口体足赡,可以专力于农事,而后"丰穰可致,赋税可入,府库可充"。若是等到荒年之时,再行救济之政,百姓迫于饥寒,则工力不赡;工力不赡,则耕作失时;耕作失时,则凶荒洊至。当此之时,即使加以赈恤,也难免奸宄盗贼,窃发一时。④ 二是即使是在荒年,救荒之政也存在着诸多的复杂性。以嘉靖年间南畿地区为例,当时旱涝相仍,"民饥殊甚",经过地方官员奏闻,朝廷下令赈恤。但饥民甚多,能够救济灾民的钱谷有限,很难做到救济没有遗漏。这就牵涉到受灾地域与灾民等第的区分,其间颇为复杂。以受灾地域而论,江北的庐州、凤阳、淮安、扬州、滁州、和州各个州、府,遭受的灾荒较广;江南的应天府、太平府、镇江府,受灾次之;徽州府、宁国府、池州府、安庆府、苏州

---

① 林希元撰,何丙仲校注:《林次崖先生文集》卷6《与俞太守请赈书二》,上册,第219—220页。

② 计六奇:《明季北略》卷17《志异》,上册,中华书局1984年版,第306页。

③ 黄克缵著,李梦生点校:《数马集》卷39《札兖西道来宪长》,下册,商务印书馆2019年版,第489页。

④ 徐显卿:《春和赈贷议》,《明经世文编》卷396,第5册,第4281页。

府、常州府又次之。可见，受灾地域分为三等，难以按照相同的标准救灾，必须有所区分。以灾民的人户等第而论，有的“绝爨枵腹，垂命旦夕”；有的“贫难已甚，可营一食”；有的“秋禾全无，尚能举贷”。可见，灾民也可分为三等，不可一概救济，必须加以区别。① 三是地方官在实施救灾之时，通常步履维艰，难以取得真正的救灾实效。以万历三十五年（1607）山东水灾为例，当时山东巡抚黄克缵具疏以闻，要求朝廷发内帑银 10 万两赈济百姓，“疏竟留中”；巡按御史也疏请存留税银一年，作为“赈粥”之资，“亦竟不报”。无奈之下，黄克缵与下属司、道、府官员商议，只好依靠地方财力自救。但在对受灾百姓数字与各府、州、县现存库银加以统计之后，发现地方实行自救同样面临着不小的困难。以灾民数字而论，济南府所属禹城等州、县，上报的极贫饥民数字有 124566 口；兖州府所属金乡等州、县，上报的极贫饥民数字有 134459 口；东昌府所属临清等州、县，上报的极贫饥民数字有 90178 口。以州、县可以动用的仓谷与无碍官银而论，济南府所属，仅有谷 34062 石，米 1035 石，库银 2506 两，外加府仓米 490 石，府库银 12822 两；兖州府所属，仅有仓谷 76262 石，库银 1575 两，外加府库银 2750 两，发司库银 6000 两，粜米银 1425 两；东昌府所属，仅有仓谷 70332 石，库银 31 两，外加府仓谷 1000 石，府库银 12000。地方财政的匮乏，导致地方官在实施救灾时难免会捉襟见肘。为此，在二麦有望、秋成可期的情势下，黄克缵请求动用临清、德州两座官仓米 4 万石，用于赈济山东受灾百姓，结果所得旨意仅仅是“户部知道”，并无下文。②

当然，在中国的民间，士庶通常具有一种自省的意识，即饥民的形成，终究还是因为自己平日不能“勤俭积蓄”所致。他们从自然界的动物中获得不小的启示。如老鼠知晓平日盗取杂粮，积累在洞穴中，等到没时备用；鸟鹊知道平日衔取楝子，藏在树上，等到冬天防饥。由此他们进而反省，认为人若在平日里的生活不知节俭，其见识反而不如鸟鼠。一个普通的农家，只是耕几亩田地，收获几担谷子，若是在平日胡乱使用，不知节俭，那么到了荒年，自然会成为饥民，只能吃树皮草根，甚至饿死。为此，民间多有劝人勤俭之语。如俗语有云：“爷有不如娘有，娘有不如在手。”希望百姓根据自己的贫富等次，在纳粮当差之外，宁可少使俭用，宁可淡饭粗衣，好歹多积累一些救命之谷，多积攒一些救命之钱。换

① 席书：《南畿赈济疏》，《明经世文编》卷 183，第 3 册，第 1869 页。

② 黄克缵著，李梦生点校：《数马集》卷 5《请发临德仓米以继济赈粥费疏》，第 97—98 页。

言之，宁可做一个乐岁时的“忍饥人”，也休做凶年时的“饿死鬼”。[①]

官方救助的不足，导致民间救助力量的异军突起，不仅成为官方救助的一种辅助力量，甚至隐然有成为明代社会救助主要力量之势。揆诸明代的民间救助，大抵有三：一是设立义仓、社仓，积谷备荒；二是设立义田、义庄，救助族众与乡里饥民；三是乡绅、商人、富民积极捐谷赈济灾民，甚至被朝廷旌表为“义民”。

1. 义仓与社仓

所谓义仓，其本意是“出之于民而藏之于社”。就义仓的性质而言，属于民间自助建立的仓储积谷体制，而后达臻备荒的目的。但无论是从起源，乃至在明代的沿革，无不说明义仓内具官、民的两重性。更为确切地说，义仓属于官督民办，亦即出于官、民之间。

义仓起源于隋开皇五年（585）度支尚书孙平奏设。至唐贞观二年（628）及永徽二年（651），继续推行义仓之法。宋神宗熙宁元年（1068），御史钱铠奏乞天下置立义仓。可见，义仓之制，在隋、唐、宋三代均有实施。[②]

在明代民间，同样也有义仓之设。如宣德九年（1434），江西大荒，以吉安府最为严重。在吉安府中，又以庐陵县各乡号称重灾。次年春、夏，百姓乏食，饥殍满野。周仁俊（工部侍郎周忱之子）与其弟周仁迪捐出廪谷 2000 斛，用以赈济灾民，“一时饥者多获其济”。至正统元年（1436），年岁丰登，得到救济的百姓各自偿还所贷之谷。周仁俊兄弟认为，这不过救一时之急而已，如若想行之长久，则莫若仿照朱熹社仓之法。于是，建义仓 10 余间，将乡民偿还之谷共 1000 斛储于仓中，而后选择乡里中“谨厚者”四人，掌管义仓的簿籍，“敛散以时，出纳以公”。在夏天之时，将仓谷发散，每人大抵以 1 石计，各有等次，如“突无炀烟者若干石，疾病者若干石，凶丧疾苦者又若干焉”，轻重高下，各有等差。至赈贷之期，先期在通衢贴出告示，约定某日开仓，使远近百姓“咸知而集，罔或遗缺”。乡民一旦得谷，则将自己的姓名及所贷之谷多寡，记录在簿籍中。等到秋收之后，不用督促，这些贷谷的百姓，就“如数负诣仓，扬去秕细以偿抵”。义仓向乡民贷谷，大致为每 1 斗以 1 分为息，亦即每斗的利息为 1 升，以抵补义仓的损耗。设立义仓数年，乡民多得救济之助。其后，周仁俊又出谷 2000 石，在庐陵设立义

---

① 郑之乔：《农桑易知录》卷 3《农桑善后事宜》，《明清广东稀见笔记七种》，第 134 页。

② 王廷相：《浚川奏议集》卷 3《乞行义仓疏》，载氏著，王孝鱼点校：《王廷相集》，第 4 册，中华书局 2009 年版，第 1239—1240 页。

仓，专门用来赈济百姓；周忱之弟周恂友亦出谷2000石，在吉水县的槎滩设立义仓。①

义仓之法，分头贮谷于各乡，附近的村民，年年借还，不需要远涉道途，更不用守候。至于加一之息，在利息上属于低息贷谷，便于乡民偿还。此外，息又生息，可以增殖仓谷，仍然成为附近村民的救济“公物”。② 设立义仓的宗旨，并非面向“下户”，而是为了解决“中民”之困。对于“下户”而言，他们力食不逮，艰鲜自给，苟支朝夕，显然需要依靠官方的赈济；对于“中民”而言，一方面，他们“窘于升斗”，另一方面，又爱惜脸面，所以在青黄不接之际，一旦“七日不给”，则“辗转已矣”。为此，黄道周对义仓之法加以改良，既参照义仓之制，又行“平粜之实”。换言之，既无“贷粟取息之烦”，又无“劝助施舍之苦”，兼具平粜、赈恤两项功能。此法就是先向士绅劝募资金，以此资金“酌其中价”，购入稻谷，作为“谷母”。等到谷价翔涌、涸鲋群呼之日，再以平价出粜给百姓。所谓平价，就是比市场的高价减少十分之一。这对中人之家与富室是两利之事：对于中人之家来说，可以“取升斗者晨夕之需”；对于富室来说，则可以“操重轻者涣藏之唱”。一等谷价趋于平稳，然后“还母于仓，取羡于子”，既使“富家藏仓于不涸”，又使“贫民解急于须臾”。③

至明代，转行社仓之制。社仓源起于宋代。正如隆庆年间巡抚山西都御史靳学颜所言，社仓其实就是义仓。只是唐代多称义仓，宋代转而改称社仓。两者之间的差异，仅仅在于积谷之法稍有不同：唐代的义仓，自王公以下，每年均有入谷；至宋代社仓，则改为根据百姓正税之数，采取“二十分而取其一”，亦即按所交税赋的5%出谷，交纳社仓。④

在明代，大致有两套仓制：一为官仓，即预备仓，其法为“发官银以籴”；二为社仓，其法为“收民谷以充”。换言之，一为官仓，一为民仓。官仓的功能，是“民有大饥则以振”；民仓的制度，则是“虽官有大役亦不听贷”。⑤ 官仓、民仓自然属于两套制度体系。但从民仓即社仓的具体设置来看，实则属于官督民办，其实

① 黄淮：《敕书阁记》，李祯：《山前义仓记》，均载周忱撰，吴志远注译：《双崖文集辑录与译注》附录，人民出版社2018年版，第371—373页。

② 郑之乔：《农桑易知录》卷3《农桑善后事宜》，《明清广东稀见笔记七种》，第134页。

③ 黄道周撰，翟金凤、郑晨寅、蔡杰整理：《黄道周集》卷21《义仓志序》，第3册，中华书局2017年版，第865—869页。

④ 余继登撰，顾思点校：《典故纪闻》卷18，第336页。

⑤ 龙文彬：《明会要》卷56《食货》4《社仓》，下册，第1078页。

也完全难以脱离官方的监管。

事实确实如此。弘治年间,江西巡抚林俊奏请建立社仓。① 这至少证明,明代社仓制度,在弘治年间即已出现。至嘉靖八年(1529)三月,经兵部侍郎王廷相奏请,一代社仓之法正式确立。根据王廷相的奏请,明代各府均设立社仓。通常是百姓每20或30家组成一社,选择家中殷实且有行义者1人充当“社首”,处事公平者1人充当“社正”,善于书算者1人充当“社副”。每月的朔、望,一社之人会集一处。社中之户,分出上、中、下三等,上等之家出米4斗,中等之家出米2斗,下等之家出米1斗,每斗加耗米5合,由上户主持其事。遇到年饥,上户若家中不足,酌量贷给社仓之谷,等到稔岁时,再交还社仓。中户、下户,则酌量赈给,至时不用还谷社仓。社仓制度建立后,地方官员造册登记,每年送达巡抚、巡按察核。若是社仓积谷空虚,则罚社首出一年之米。② 嘉靖二十年十二月,御史沈越请申饬社仓之法,要求地方官员对社仓之制亟行整理,并将社仓之制纳入地方官员的考成之中,亦即“抚按以此为考成,吏部据此行黜陟”。③ 这一奏请,显然得到了明世宗的允准。嘉靖四十五年,在苏州知府蔡国熙的倡导下,再经巡抚、巡按两院及兵备道的支持,而后户部下文实施,苏州府所属各个州、县,相继建立了社仓。在士民的捐助下,从太仓以下,每个县社仓所积之谷,各自不下数千石。④

万历年间,在山东曹县与河南杞县,曾分别实行过社仓之制,且起到了很好的救助之效。万历十六、十七年间(1588—1589),山东曹县旱魃为虐,生民相食。究其原因,还是因为倡义无人,且储蓄不备。为此,杨东明倡立义举,建立社仓。⑤ 从社仓条约来看,这一社仓有如下特点:一是从便民的角度看,常平仓自然优于社仓,但常平仓因籴粜事繁,需要有心计且肯任事的人负责,方可发挥应有的效果。社仓相对较为简单,且便于久贮。二是社仓不同于常平仓,所积之谷需要报官,容易带来查盘之扰,而社仓只是将谷物贮于私宅,一从所便。社仓贮谷的处所,多为“宅舍有余之家”。三是社仓属于一种义举,其积谷通常慕义捐

---

① 龙文彬:《明会要》卷56《食货》4《社仓》,下册,第1077页。

② 申时行等修:《明会典》卷22《户部》9《仓庾》2《预备仓》,第152页;龙文彬:《明会要》卷56《食货》4《社仓》,下册,第1077页。

③ 龙文彬:《明会要》卷56《食货》4《社仓》,下册,第1077—1078页。

④ 蔡国熙:《苏州府社仓事宜记》,载李根源著,侯鹏点校:《洞庭山金石》卷2,上海古籍出版社2018年版,第435—436页。

⑤ 杨东明:《山居功课》卷1《世务篇·曹县社仓序》,载邹建锋、李旭等编校:《北方王门集》,下册,上海古籍出版社2017年版,第806页。

施,少则1石,多则3—5石。在社仓建立的第一年,以捐施100石为数,次年减为30石。随后即以30石作为定额,每年照此数递减。若遇到荒年,则酌量停捐。在杨东明的倡导下,社仓得谷数达到500余石。社仓设立后,正好遇到山东大饥,即用仓中之谷赈济饥民,每人各为5斗,大约有1000家得到了社仓的救助。① 万历二十四年,杨东明因为建言而遭左迁。在路过河南杞县时,与同年徐仁宇、李见虞相商,在当地设立社仓簿,并立条约。杨东明首捐银数两作为倡导,杞县士人赴义若渴,多者捐谷100石,少亦捐谷数斛。此外,学官捐出学俸相助。尤其是知县,更是捐谷400石。不到一日,就得谷2000石有余,杞县社仓得以建立。②

崇祯十三年(1640),绍兴城内的昌安坊,同样建立了社仓。从刘宗周的记载可知,这一社仓分为"入例"与"出例"。其中的"入例",就是社仓所积之谷的来源,大抵包括以下数项:一是社仓所积之米,来自各户,且已经报官,在核实之后,需要捐米者自书花押。可见,社仓仍然不脱官方的监督管理。二是按当年所定积米之数,作为社仓的仓本。在每年秋成之后,科息三分,一并上仓。假如捐息"不如额",则罚息米十分之一。科息三分,相对于一般通行的科息一分,无疑利息较高。三是坊内各户,消长不一,土著亦不常。若是有人事故,即以本坊内殷实之户顶补。四是本坊内若有好义之人,愿意捐出社仓之米,自5升以上,多寡自愿。若是破格捐出数目较大,就上报官府,予以旌奖。其中的"出例",就是社仓所积之谷的出粜条例,大抵也包括以下数项:一是遇到岁丰,社仓之谷,听凭各户按照时价发粜;遇到岁歉,则以仓谷的十分之九,平价出粜,十分之一则完全"施赈"。二是遇到大歉之年,掌管社仓之人会同坊内长老,事先必须挨查坊内实在的"饥户",分为上、中、下三等。上等的饥户,实行"粥赈法";中、下等的饥户,则实行"平粜法"。遇到小歉之年,则以十分之九的仓谷实行平粜法。三是平粜法的基本规定,就是遇到大歉之年,谷米以低于时价的十分之二出粜;遇到小歉之年,谷米以低于时价的十分之一出粜。其中规定,在季春之时,发粜谷米一半,到季夏之时,再发粜一半。若是丰年,则按时价发粜谷米。四是施粥法的基本规定,即按照坊内户口,酌定在春夏之交,或前或后,以施粥百日为期。在施粥期间,每日每人给米2合。五是平粜之法,每隔五日一次查定户口,每口可以籴米3升。先期分票,或者分发竹签。至平粜之日,执票交银,还票交米。各户

① 杨东明:《山居功课》卷1《世务篇·社仓条约》,《北方王门集》,下册,第806页。
② 杨东明:《山居功课》卷1《世务篇·杞县社仓序》,《北方王门集》,下册,第808页。

轮流,周而复始。六是赈济中的奖罚措施。若是坊内有孝子、悌弟、节妇、贫儒,且有实行可记,那么不论丰歉,每年特别赈济米3斗;若是丧不能举,则赈济米1斗。至于为非赌博等人,即使遇到荒歉之年,也概不赈济。七是社仓的管理。每年推选本坊老成殷实一人掌管社仓,一切出纳,听其主持,且以三年为任期。任期满后,新谷将登仓,于是交代任内的一切疏虞,听凭坊内众人纠察,并随事议罚。凡是罚米,若犯轻典,则罚米1斗以上;若犯重典,则罚米5斗以上,均入仓登记。①

2. 义田与义庄

明代义田、义庄,均源自宋人范仲淹之《义田记》。义田与义庄,名异而实同,均属捐施田产,以此作为赡养或救助贫乏者之资。所不同者,只有赡养或救助对象之别。大致可以分为以下两类。

其一,专门赡养或救助族内之人。明代的民间赈济之举,通常会遵循一种由亲及疏的准则。如顾鼎臣在给儿子的家书中,曾言及自己将所收的租米200担,作为"济人施物之资"。其中捐施的次序,则是"先宗族,次邻里,次坟邻,次不拘远近亲疏"。② 这就决定了明代所设的义田,大多以赡养或救助族众为主。

此类义田,又可分为两种:一是家族内设置的"公田",其功能在于互助负担家族内的赋役。如福建漳州府龙溪县,赋役繁重,导致百姓大多破产、流徙。为此,黄夫卓与族内众人商议,各自捐资若干,购买田产若干,将田产置为"公田",并由公田所出,代为族内人员输纳"逋负"。③ 二是设置义田,赡养或救助家族内的贫困人员。如隆庆五年(1571)春,饶相在自己所有的物业中,拨出田5顷,赡养并救助族内贫穷之人。田分两类,其中三分之二,作为"义田",主要赡养族内"患难贫苦"之人;其中三分之一作为"学田",专门赈济族内"贫而有志向学"之人。④ 万历十四年(1586),李廷机在任翰林三年考满之后,将各种所得共计银300余两,在安溪县设立义田,赡养并救助族内"窭贫不能朝夕食"之人,每天每

---

① 刘宗周:《文编》9《书》9《杂著》1《社仓事宜》,载吴光主编:《刘宗周全集》,第4册,浙江古籍出版社2007年版,第398—400页。

② 顾鼎臣:《顾文康公文草》卷10《附家书(又)》,载氏著,蔡彬点校:《顾鼎臣集》,上海古籍出版社2013年版,第172页。

③ 林希元撰,何丙仲校注:《林次崖先生文集》卷10《黄氏公田记》,下册,第423页。

④ 饶相:《建义田记》,载冯奉初辑,吴二持点校:《潮州耆旧集》卷17《饶副使三溪集》,暨南大学出版社2016年版,第230页。

人提供粟1升。[①] 至万历二十八年，李廷机继续捐施300余两银子，对安溪县的义田稍加拓展。[②] 刘宗周家族内，同样设有义田。义田倡议于天启五年（1625），至崇祯十六年（1643），共计积累银1000余两，置买田产100亩，作为“赡族之赀”。[③]

其二，有些义庄，其赡养对象并非仅仅限于族内，而是兼及“乡党邻里”。如河南虞城县国子监生杨东曙，曾专门选择膏腴之田10顷，立为义庄。田产所入，除了交纳“公家租赋”外，剩下的均“赡乡党邻里之穷乏者”。[④]

至于有些学校内设立的“学田”，虽非完全属于义田，但同样起到了救助学校贫生的功能。如河南登封县的学田，共计127亩，创设于隆庆三年（1569）三月，由登封知县邓南金、县学训导李明通捐俸设置。设置学田的目的，旨在救济学内贫生，使“婚者、丧者、流离废业者，各济其事”。[⑤]

3. 民间赈济

毫无疑问，民间的输谷助荒，显然可以“续官司不及”，亦即起到辅助官方赈济的不足。在民间的各色赈济中，有些来自官方的“劝谕”与“劝赏”，亦即通过冠带、闲官、义民一类的荣誉鼓励民间乡绅、豪族、大家、富民等乐于捐施钱谷。正如明人王廷相云：“荒年不足者，多系贫下之户，豪族大家，必是蓄富，若劝谕之法不行，使官司米斛不多，虽有银钱，无所粜买，亦将无以受实惠矣。故立劝赏约束，如冠带义民之类，令之输谷助荒，以续官司不及。”[⑥]而有些则主要来自民间主动的自省，亦即出于一种积善阴骘的考虑，毅然捐出钱谷，赈济受灾饥民。

朝廷的荣誉与旌表，显然是对民间救助的一大鼓励，导致很多富民投入到捐助活动之中。明英宗自临御之初，就多次下发玺书，将“恤民”视为首务。面对旱涝之无时，饥窘之可悯，英宗下旨，令地方官员多加存问给济，并派遣廷臣前往各地，“修备荒之政”。于是，四方之民，纷纷捐谷给官仓。如江西新淦县界江里

---

① 李廷机著，于英丽点校：《李文节集》卷26《浮桥李氏义田记》，下册，商务印书馆2019年版，第599页。

② 李廷机著，于英丽点校：《李文节集》卷26《李氏义田续记》，下册，第600页。

③ 刘宗周：《文编》6《引·义田引》，《刘宗周全集》，第4册，第102—103页。

④ 杨东明：《山居功课》卷9《义田记》，《北方王门集》，下册，第1060页。

⑤ 尤时熙：《拟学小记》卷5《杂著·登封县创制学田记》，《北方王门集》，上册，第208—209页。

⑥ 王廷相：《王氏家藏集》卷29《答李献忠论救荒事宜书》，《王廷相集》，第2册，第525页。

的李孟都，早在宣德十年（1435），就曾捐出谷500石，知县按照制度规定“建碑表之”，乡人以此为荣。至正统五年（1440），李孟都又捐出谷1500石，明英宗赐予“玺书”，“劳以羊酒”，并被旌表为“义民”。① 正统三年六月十日，明英宗派遣行人司行人卢懋赍送玺书，将江西吉安府泰和县民萧襄旌表为“义民”，旨在表彰他捐出谷物给县仓，以及“预备赈荒”。② 按照制度规定，宣德、正统以后，凡是因输粟而得到朝廷旌表的义民，其捐施的粟米数理应达到1000石。至于这些义民所建之仓，则通常又被称为“义民仓”。③

义民在民间救助中的崛起，显然是一个颇为值得关注的现象。揆诸史料记载，此类义民已是相当普遍。以南直隶溧水县为例，就不乏此类义民的存在。如任义，家住溧水城中。正统年间，岁大饥，任义捐出谷3000石赈济饥民。此举得到了朝廷的褒奖，任义因此被旌表为“义民”，并免除其家的徭役。张整，溧水县孔镇人。正德三年（1508），当地大饥，张整捐出谷1000石赈济里人。地方官将此义举上报朝廷，明武宗下诏，给予张整冠带，并称之为“义宰”。武钟，溧水县山阳乡人。嘉靖二年（1523），当地大旱，武钟捐出谷2000余石，赈济饥民。陈譓，世代居住于溧水县白鹿乡。嘉靖四年、五年间，溧水县大饥，陈譓捐出谷1万余石，赈济饥民。陈文心、龚廷机、杨鉴三人，均为溧水县的义士。万历十六年（1588），溧水县大荒，三人共捐出谷1000石，赈济饥民。事情上报后，也被赐予冠带，并且免除其家的徭役。汤凤冈，溧水县白鹿乡民。万历十六年，溧水县大荒，汤凤冈出粟捐资，赈济饥民，“民赖以生者数千人”。为此，在天启元年、五年（1621、1625），多次被知县张锡命推举为乡饮酒礼的大宾。至崇祯十四年（1641），溧水县大旱，汤凤冈又捐粟赈济饥民。为此，巡按御史迟大成“给扁，以风好义”。王应祯，溧水县思鹤乡人。天启年间，溧水大水，王应祯捐出谷赈济饥民，“全活甚众”。陈应科，为人慷慨好义，孝弟力田，“贫者恤以财，饥给以粟，众咸赖之”。萧济，也是溧水县的义民。当时巡抚拟设立“冬生院”，专门赡养“无告者”，萧济“捐谷百石助之”。此外，“周贫恤孤，莫不遍及”，堪称真正的义士。端彬，也是溧水县的义民。万历三十六年，溧水大水，端彬“倡义赈济”。陈廷瑄，溧水县柘塘义民。家境颇饶，屡次赈济饥民。孙爆，家富好施。万历三十七年，溧水大水，圩民饥困，孙爆“捐资赈之”。马自骧，溧水县义民。当岁饥时，

① 杨士奇：《重荣堂记》，《明经世文编》卷16，第1册，第123页。

② 杨士奇：《旌义堂记》，《明经世文编》卷16，第1册，第122页。

③ 章懋：《兰溪县新迁预备仓记》，《明经世文编》卷95，第1册，第840页。

他“食人以粥，活万众”。①

民间富民的捐助活动，不仅能得到朝廷的玺书与旌表，有时更能得到官衔。如雍丘人张宗秩，“广田多积”，属于乡里的巨室。他先是在荒馑之岁，捐粟1000余石“救贫”，并将家中所积余粟减价出粜，使“赖以活者数千人”；其后，又在荒馑之岁，捐粟1000余石，并再次减价出粜家中余粟，使“赖以活者又数千人”。张宗秩的两次捐粟，已经合计2000余石，最后被朝廷“加以指挥使之衔，宠以三品之服”。②

当然，有些富民的捐粟，并非尽是为了获取朝廷的旌表，或者循例获得散官之赏，而是受到了儒家“为仁”之说的熏染，或受到佛道阴骘观念的激励。如分宁大姓查氏，世代以资产雄踞一县，且世代因为乐于施予而成为“贫人之母”。在查氏家族中，有一位查孟尝，通诗书，并成为县学的生员。在查氏居住的乡里，有很多家庭生活困顿。有一年，当地遇到大荒，查孟尝捐出银“数十镒”，“以佐有司赈贷之费”。尽管查氏因为此举而得到散官之赏，但终究并非其志。③又常州府无锡县人安国，在遇到“岁祲，吴民饥”时，输粟若干石，“为诸大家倡”。④

从史料的记载中不难发现，在隆庆、万历年间，当时赈荒最多者，主要有下面四人：一是溧阳人史际，赈谷多达2万石；二是嘉善人丁宾，赈银多达3万两；三是富平人李少川，赈银多达2万两；四是湖州人茅元仪，赈粟多达2万石。⑤一次捐出如此巨额的银米，足见家中的富裕。其中更为豪爽者，当数茅元仪。万历三十六年(1608)，江南大饥，湖州知府陈筠塘向士大夫劝借。当时茅元仪才14岁，刚刚成为学校生员，就慨然输谷1万石。为了捐出这1万石粟，茅元仪罄尽家中之藏，也未能凑足其数，最后只好“质凑三千以足之”，可见其中的3000石是“质凑”而来。为此，茅氏义侠之名，传播天下。⑥在上述四人中，他们的身份又可分为三类：一是士大夫，如史际、丁宾，就曾为官；二是学校生员，如茅元仪；三是并无科名、功名的布衣，如李少川。

---

① 闵派鲁、林古度纂修，傅章伟、吴大林点校：《(顺治)溧水县志》卷7《义士传》，上海古籍出版社2016年版，第188—192页。

② 王廷相：《王氏家藏集》卷23《赠张宗秩救荒加职序》，《王廷相集》，第2册，第426页。

③ 费宏撰，吴长庚、费正忠校点：《费宏集》卷12《寿查君孟尝六十序》，上海古籍出版社2007年版，第418—419页。

④ 王廷相：《内台集》卷5《明故桂坡安徽君墓碑铭》，《王廷相集》，第3册，第986页。

⑤ 韩霖：《铎书·和睦乡里》，载氏著，孙尚扬、肖清和等校注：《铎书校注》，华夏出版社2008年版，第85页。

⑥ 周亮工著，张朝富点校：《因树屋书影》第2卷，第58页。

在明代,乡绅是地方救助活动中的主导力量。细究明代乡绅的救助活动,大致有以下四项:一是平粜以救灾民。如万历二十九年(1601),河南淫潦为祟,禾稼损伤,闾阎十室九空,再加之大河南迁,灾民流移,络绎就食于虞城县,导致当地谷价顿时腾贵。为此,当地乡绅杨东明约集兄弟及"力优好义者"数人,行平粜之法。当时筹集的资金共计银170余两,买谷300余石。当春残民困之时,将谷平粜给贫民,亦即比市场价格减少一半。为了防止奸伪,每次平粜,只许每人1斗以下,多者不给。① 二是施粥以救灾民。如万历三十年新正,河南大雪,导致生民艰食。尤其是那些流移之民,更是无所依泊,往往僵死于道。当时河南巡抚下令煮粥救济灾民,但是仅及本地灾民,并未施及流徙的灾民。这些流徙的灾民,绝望特甚,嗷嗷莫知死所。虞城县乡绅杨东明与其弟杨东光、杨东曙希望通过自己的施粥,以补官粥的不足。于是,选择隙地建立粥厂,定下日期,招徕流徙灾民,"远近闻风至者遂千数计"。② 三是施谷以救灾民。万历二十六年春天,河南虞城县民告饥。巡抚下令发赈谷1000石救灾。当时前来乞求赈济的饥民多达5000人,地方官担心赈谷数不敷,就削去贫丁一半多,不加施谷。于是,没有得到赈谷的饥民吁天号泣。为此,当地乡绅杨东民括家中所积之谷,除了留足八口之用外,尚余1000石,赈济饥民。这1000石尚为不足,杨东明又令其弟贡生杨东光捐谷400石。杨氏兄弟所捐之谷1400石,加上官谷1000石,合计2400石,若按饥民口数计算,大致每人可以得粟5斗。于是,原先被削去的贫丁,同样可以得到赈谷。其结果,则是"凡向所称吁天号泣者,至此皆欢声载道,而境以内无不举火之家矣"。③ 四是施棉袄以救民。贫人之苦,四时均属可怜,尤以隆冬为甚。每当隆冬盛寒之时,这些贫苦之人,"齿不扣而自鸣,股战栗而靡定,无乃交两手以覆肩,蹲双膝以护腹,孑然一身,靡所措置"。如若不幸,遇到阴惨连日,冰雪载途,更是只能"栖破窑野寺之中,卧冰冷寒霜之地,风急似箭,飞雪满身"。其结果,"当是之时,冰为脏腑,木作肢骸,初犹呻吟,渐吐白沫而大命去矣"。为此,虞城乡绅杨东明倡行向贫人捐施棉袄之举,参与者还包括其弟杨东光。始于万历三十四年,以捐施100件棉袄为限。至次年,则增加到200件棉袄。至万历四十年,更是增至500件棉袄。除了向贫人捐施棉袄之外,杨氏兄弟还向每位贫人提供"肉羹一盂,馒头五枚"。④

① 杨东明:《山居功课》卷1《世务篇·平粜记》,《北方王门集》,下册,第816页。

② 杨东明:《山居功课》卷1《世务篇·施粥记》,《北方王门集》,下册,第817—818页。

③ 杨东明:《山居功课》卷1《世务篇·施谷记》,《北方王门集》,下册,第821页。

④ 杨东明:《山居功课》卷1《世务篇·施棉袄记》,《北方王门集》,下册,第825—826页。

商人也是民间救助活动的重要参与者。如徽州盐商程道赓，万历三十一年（1603）回到徽州，正值当地“大祲”，导致谷价腾贵。为了响应知县“劝粜”，程道赓捐谷1000石出粜，“价为之平”。[①] 松江府上海县人陆铨，依靠“农耕”与“货殖”而“赀甲一邑”。致富以后，他仍是“循谨自饬，乐行义事”。所行义事有三条，其中之一，即为万历三十一年，遇到灾害之年，收成不好，他就“破券蠲除宿逋，出粟活饥民”。[②]

至于其他富民，同样是乡里救助的生力军。如嘉靖二十三年（1544），江南岁歉，米价至“斗米二钱”。松江富民徐寿倡议减价出粜，引来一时富家的效尤。不仅如此，徐寿之子徐方壶还建议自己的父亲，在出粜谷米时增大升、斗的容量，通常在规定的量器内“加五”，这就使贫民在籴米时得到实惠。此外，凡是里中贫民无钱，徐寿就贷给贫民棉花，让他们织布易粟；若是不能织布而有力之人，则让他们舂米；若是老弱不堪任役之人，则直接施赈。在徐寿的救助下，“里中赖以生者，殆不可数”。[③] 嘉靖四十四年，洛阳大灾，枵腹而待赈之人，每天多达“百千人”。富民杨金“归而出其藏谷若干，输之邑用，致之饥民”。次年，再次出米若干，减价出粜给贫民，“邑之人欢然颂之”。更为可贵者，杨金还焚毁贫民向他借取的借券。[④]

二、医疗卫生

病者有医治，有药吃，这虽属基本的医疗保障，却关乎生活质量。换言之，医道关系到“寿民生”，亦即百姓的生命与年寿。

在明代，官方建立了一套基本的医疗保障制度。医疗保障制度的构成，大致体现在以下两个方面：一是医学、医生、医官制度。自明初以来，在州、县设立医学，其中习读医学之人，称为“医生”；医生经过一定的学习时间培训，且经吏部

① 钟惺著，李先耕、崔重庆标校：《隐秀轩集》卷32《程次公行略》，上海古籍出版社2017年版，第599页。

② 李绍翁：《云间人物志》卷3《嘉靖间人物·陆东皋》，《明清上海稀见文献五种》，人民文学出版社2006年版，第165页。

③ 章鸣鹤著，范械士校：《谷水旧闻》，载上海市松江区博物馆、华东师范大学古籍研究所编：《明清松江稀见文献丛刊》，第1辑，上海古籍出版社2015年版，第9页。

④ 尤时熙：《拟学小记》卷5《杂著·崇义表俗序》，《北方王门集》，上册，第214—215页。

铨选,可以称为医官。医官的官印,则由礼部铸给。医生与医官的最高出路,则在于进入朝廷的太医院,成为官衔与职业合一的御医。二是在各府、州、县设立惠民药局,专门施舍贫民一些药物。①

值得关注的是,明代官方的医疗保障制度存在着一种矛盾的尴尬状态。这主要体现在以下两个方面。

其一,无论是医者与医学,无不被提高到至高无上的地位加以认识。在明代,流传着一句谚语,即"不为宰相,则为良医"。这句谚语的意思,就是说在天下所有技艺之士中,"莫善于医"。这由医生的职业特点所决定,亦即刀圭之间,可以生死骨肉。② 将医道比之相业,甚至认为不为贤相则为良医,按照明末清初人徐枋的解释,归根结底还是因为医生的职业,"其利于人者博而济于世者大也"。③ 更为甚者,苏州人周铨将医者上升到"圣人之学"的角度加以认知。换言之,作为"工巧之道"的医学,同样需要以学术的积累为基础,假如医生不通"圣人之学",就不足以成为一个名医。④ 不仅如此,若与宋、元两代相较,明代的医官地位相对较高,有时甚至出现名器太滥的现象。在宋代,医官仅拥有散阶品级,品阶分为14级,最高者为保安大夫,品阶为从六品。至元代,医官有保康、保宜等大夫,品阶虽有所上升,直至从三品,但也不过是品阶官员。到了明代,太医院的院使,尽管只是正五品官员,但已不再是散阶品级官员,而是真正的职官,且所得勋阶与散官,也与其他文臣无异。若是医官"用药奏功",其职官可以递加至尚书、侍郎。至嘉靖朝,许绅更是获得东宫三师这样的荣誉。⑤

其二,明代虽然设有完整的医学、医生、医官、惠民药局制度,但就实际的操作层面而言,地方官员并不关心百姓的身体健康,其结果则导致百姓得了"骨肉急大"的危病,很难找到医学职业出色的医生。明人费宏曾经感叹道:"今通都大邑,精于医者尚难其人,而况于偏州下邑乎?"⑥民间医疗资源的匮乏,不难从中得以体味。即使作为都城的北京,宫廷内府所贮之药相当完备,但也仅仅服务于宫廷之内,而不能"济人于阙门之外"。从明成祖与侍臣的对话中,同样可以

① 吕坤:《实政录》卷2《民务·振举医学》,载氏著,王国轩等整理:《吕坤全集》,中册,中华书局2008年版,第975页。

② 归庄:《归庄集》卷3《赠小儿医王君序》,上海古籍出版社1984年版,第233页。

③ 徐枋:《居易堂集》卷3《与宋生大樵书》,华东师范大学出版社2009年版,第55页。

④ 张怡:《玉光剑气集》卷22《技术》,中华书局2006年版,第774—775页。

⑤ 沈德符:《万历野获编》卷20《京职·钦天太医官》,中册,中华书局2004年版,第523页。

⑥ 费宏撰,吴长庚、费正忠校点:《费宏集》卷9《赠弋阳医学训科黄君廷珍序》,第270页。

发现北京的百姓，即使有了疾病，也是很难得到医药。[①] 这无疑是明代官方医疗保障缺乏的另外一个佐证。医生、医药的匮乏，导致百姓有病之时，只能将健康与生命托付给“一字不通”的庸医。以明人吕坤的话说，每一个县一年中被庸医误杀的人，“不知几多”，甚至病者、病家至死都不知其中的缘故。[②] 按照制度规定，明代州、县所设阴阳学、医学，尽管与儒学并称三学，但因科举铨选均出自儒学的原因，导致阴阳、医学二学的地位随之一落千丈。医生照例应有医学掌印官委任，自有一定的体面，但事实上地方官员并不重视医道，其结果则使一些市民冒充医生的名色，并由他们看守医学的官印。[③] 地方医政一旦废缺，更使地方医学、惠民药局的房屋倒塌之后不加修缮，甚至将房屋基址变价出卖。[④]

在论及明代的医疗保障制度时，有一点必须加以指出，即医家与药铺虽均属医疗服务机构，但两者的职能仍有一定的区别。按照清代的惯例，医师均无自己带药给病人看病之事。换言之，照通行的做法，一般医师只在诊病之后，给病人开列药方，由病人带着药方到药铺，由药铺按方子调制。即使病情如何危急，医师也不会随身带药诊病。当然，如果病人家在乡村，再加之路远，医师也会带药箱前往。这主要还是因为乡村没有药铺，且距离城市又远，所以医师为了方便，才带药箱前去诊病。[⑤] 其实，这也并非仅是清代的通例，早在明代，就已经将“行医”与“卖药”辨析得相当清楚。[⑥]

（一）医疗卫生保障

所谓医疗卫生保障，细分之，则可析为以下两部分：一是医疗保障体系，二是公共卫生状况。两者均关系到皇室成员，以及官民、士庶的健康。

1. 医疗保障体系

通观明代的医疗保障体系，其侧重点是在保障宫内皇室成员的健康，且存在着相当完善的医疗体系；而在地方与民间，医疗保障体系则相对不够完善。

---

① 余继登撰，顾思点校：《典故纪闻》卷7，第121页。

② 吕坤：《实政录》卷2《民务·振举医学》，《吕坤全集》，中册，第975页。

③ 吕坤：《实政录》卷2《民务·振举医学》，《吕坤全集》，中册，第976页。

④ 吕坤：《实政录》卷2《民务·振举医学》，《吕坤全集》，中册，第978页。

⑤ ［日］中川忠英编：《清俗纪闻》卷2《居家·医师》，方克、孙玄龄译，中华书局2007年版，第201—202页。

⑥ 吕坤：《实政录》卷2《民务·振举医学》，《吕坤全集》，中册，第978页。

(1)宫廷医疗保障

明代宫廷之中,有着一整套完善的医疗保障体系,借此保障宫内皇室成员的健康。细加概括,包括以下三套医疗保障体系。

一是太医院。按照明代的制度规定,专门设置太医院这一衙门,并访取天下的名医,集中于太医院,授以御医大官,并提供给这些御医厚禄,以服务于皇室成员。①

二是御药房。在明代内府的严密之地,尚设有御药房,同样选拔上等的医生,每天支取酒饭,专门负责"调理圣躬之用",②亦即负责皇帝的医疗服务。御药房分官员与御医两类。官员多为太监,分别设有提督太监正、副二员,分为两班。至于御医,则分为两类:一类称为"近侍",有二三十员;另一类称为"习医官人",有三十四员,一般为未进宫、未穿红之人。御药房职掌皇帝所用药饵,显然与太医院相表里。凡是选取习医官人进入宫内,必定先拔取年少的三五十人,选拔医生,对他们加以教习,让他们读《药性赋》《医要集览》《素问》《脉诀》一类的医药书籍。③

三是医婆、稳婆一类的女医。这两类女医,主要服务于宫内女性成员。按照制度规定,医婆多从民间精通方脉的民间妇女中选取。一旦朝廷有旨,就由各衙门选取,而后送入司礼监,会同御医加以考选。一旦考中,即称为"待诏",且妇女多以此为荣。根据宛平知县沈榜的记载,他曾考选过一位女子,年仅十五六岁,在考她医业知识时,确乎能做到应对有条不紊,其医学知识甚至不低于"大方脉家"。可见,这些女子,平日里专门学习医学知识,以便能入宫成为医婆。至于稳婆,即民间所谓的收生婆。她们也是预先在官府登记名册,以便等待内廷的召用。选择稳婆与选择医婆有别,医婆主要考其医学知识,而稳婆则主要辨别她们"妍媸可否",亦即长相美丑。④

在明代这样的传统时代,皇帝的身体被称为"圣体"或"圣躬",足见其在普通人眼中的珍贵。为此,在明代,御药房的防范极其严密,凡是闲人,一概不准进

① 马文升:《谨启为追究庸医用药非宜明正其罪事疏》,《明经世文编》卷 62,第 1 册,第 516 页。

② 马文升:《谨启为追究庸医用药非宜明正其罪事疏》,《明经世文编》卷 62,第 1 册,第 516 页。

③ 刘若愚:《酌中志》卷 16《内府衙门职掌》,北京古籍出版社 2001 年版,第 127 页。

④ 蒋一葵:《长安客话》卷 2《皇都杂记 · 三婆》,北京古籍出版社 2001 年版,第 36 页;沈榜:《宛署杂记》卷 10《三婆》,北京古籍出版社 1982 年版,第 83—84 页。

入御药房。按照制度规定,一旦皇帝"圣体"违和,就要传放御医。到了进宫诊病的这一天,御医四人或六人,身穿吉服入宫。不论冬、夏,在殿门之内必须设一盆炭火,盆中焚烧苍术一类的杂香,御医均跨盆而入。诊病过程同样相当谨慎。在向皇帝叩头完毕后,第一个御医膝行向前,跪着诊左手,第二个御医跪着诊右手,而后交换左右手。在诊病完毕后,两位御医各自将皇帝的大致病情上奏,而后至圣济殿,计药开方,再具本上奏。至于皇帝所用之药,御药房必须用金罐煎熬,而后进献,其中的药罐罐口,用"御药"两字加以封缄。① 御药煎熬,同样小心谨慎,通常是将二服药煎为一服。煎好药后,分盛于两个器皿中。其中一个器皿中的药,先由御医尝药,再由太医院院判尝药,最后由内官尝药。尝后无异,才将另一器皿中的药进献给皇帝服用。②

服务于宫内的御医,显然存在着一定的职业风险。若是医术高明,必得皇帝宠幸;反之,若是医术平平,则会遭致诛杀之祸。如戴元礼,号称明朝的"圣医"。即使在明太祖临崩之时,还将其召至榻前,认定他是"仁义人",并对他多加宽慰。建文帝朱允炆即位后,拜戴元礼为太医院院判,辽王专门制作"仁义"两字的大轴,并由肃王、庆王题上赞咏,赐给元礼。至于其他的御医,因为"治疾无状",朱允炆即位之后,多被诛杀。还有一位御医徐枢,服务于洪武、永乐、宣德、景泰诸朝。在洪武二十七年(1394),徐枢作为名医被朝廷征召,并被授予秦王府的医正一职。永乐十二年(1414),又从枣强县丞被召,出任太医院院判。至宣德元年(1426),徐枢因年老要求致仕,明宣宗特命享受"驰驿"的优待。当向明宣宗辞行时,宣宗专门下一诏书,命宫人陈氏偕同两位内侍服侍徐枢,并赐给他还乡诗,诗云:"太医老卿八十余,胸蟠千古岐黄书。须含白雪面红玉,长纡锦鸣璃琚光。光华近侍今三朝,致力保和功业高。五花鸾诰宠先世,南望飞云心空劳。归荣送尔追远情,吴淞江水清泠泠。春风花开景明丽,待尔重来朝阙廷。"至景泰朝,明景帝听说御医徐枢有名,曾向他询问药性的迟速,徐枢答道:"药性犹人性,善者千日而不足,恶者一日而有余。"以药性比人性,此语被人誉为"药谏"。③

(2)地方官、民医疗保障

相较于宫廷的医疗保障体系而言,明代地方上由官方主导的医疗保障体系

① 刘若愚:《酌中志》卷16《内府衙门职掌》,第127页。

② 朱国祯撰,王根林校点:《涌幢小品》卷25《御药医》,第499页。

③ 朱国祯撰,王根林校点:《涌幢小品》卷25《御药医》,第499页;章鸣鹤著,范棫士校:《谷水旧闻》,《明清松江稀见文献丛刊》,第1辑,第6页。

并不完善。即使如此,在明代的地方,仍然存在着一套基本的医疗保障体系。这可以从以下五个方面观之:

一是在地方府、州、县设有惠民药局,向普通百姓提供基本的医疗保障。早在宋代,在地方上就设有"和剂局""惠民药局"一类的医疗机构。如福建安溪县,在宋嘉定三年(1210),就在县中门之内设和剂局,又在大门内设惠民药局。[①]明代在地方上同样设有惠民药局。如在浙江金华府,其中金华县的惠民药局,设立在县南50步的华丰楼上。至洪武七年(1374),在故址上重建,岁久衰败,至万历年间改为县城隍庙。金华兰溪县的惠民药局,则设在县西30步的三皇庙侧。[②] 明代惠民药局的设立,其目的是"救夭折"。可见,在明代,儿童的夭折是一个普遍的问题,设立惠民药局,就可以起到减少儿童夭折的作用。

二是在西北修建边墙时,为民夫提供一定的医疗保障。据杨一清的记载,当时利用茶马项下的官银200两,行令陕西布政司,用这些官银置买药饵,并选取医生,分派到各个委官的处所。遇到有民夫疾病,"即为拨医给药调治"。[③]

三是在军队系统中,设有专门的医生,负责将士的医疗服务。如宣德五年(1430)冬十月,巡视边关监察御史刘敬上疏,称从山海卫境内的黄土岭,一直到蓟州卫迤西猪圈头,共计有官军22营,每营的官军多则700—800人,少亦500—600人。如此众多的官军,遇到疾病,"悉无医药"。为此,他请求每两营设置医生1人,"官给药饵,往来治疗"。此议得到明宣宗的允准。[④]

四是每当遇到灾荒之后的大疫之年,官方同样为受灾之民提供适当的医疗保障服务。如嘉靖二十一年(1542)五月,礼部左侍郎孙承恩上疏,声称近来盛夏炎郁,造成疫疠的流行,都城内外的百姓,相继僵仆。为此,孙承恩请求,下令太医院与顺天府惠民药局,让药房预备药饵,供给疫疠之民,"庶几阽危之人得以有济"。此议得到了明世宗的允准。[⑤] 又嘉靖四十二年夏天,天灾流行,"民多病疫"。明世宗下令,命内使会同太医院官员在北京九门外"施药饵",借此"疗济贫民"。此外,又派遣礼部官员往来巡察,务必使"恩意及下"。为此,明世宗

---

① 何乔远编撰:《闽书》卷33《建置志》,第1册,福建人民出版社1995年版,第835页。

② 王懋德:《金华府志》卷9《惠政》,《中国史学丛书》,台北学生书局1987年版。

③ 杨一清:《关中奏议全集》卷9《为经理要害边防保固疆场事》,载氏撰,唐景绅、谢玉杰点校:《杨一清集》,上册,中华书局2001年版,第331页。

④ 《明宣宗实录》卷71,宣德五年冬十月己巳条,"中央"研究院历史语言研究所1966年校印本。

⑤ 邓士龙辑,许大龄、王天有主点校:《国朝典故》卷36,引《世宗实录》2,中册,第720—721页。

还亲自制作药方，称为“如意饮”，赠药给受灾贫民。每药一剂，用锦囊盛放，里面还有嘉靖钱10文，作为灾民的煎药费用。①

在灾荒、疫病期间，地方同样会给受灾贫民提供一些基本的医疗救助。按照常理言之，时际凶荒，百姓外加遭受疫疠之害，一些极贫之民，求得一食尚且艰难，若想求药问医，更是无从取给。早在宋代，赵抃出任越州知州时，就曾设立“病坊”，用以安排疫疠期间的“病民”，并给以医药救治。这一事例，显然给明代的地方官员以极大的启示。于是，纷纷仿效其法，对受灾得病百姓加以医疗救助。如嘉靖年间，在江北赈济过程中，官府也曾经下发银两买药，用来救济病民。因为敛散无法，督察无方，一些医生在领到银两之后，并不一概用于买药，而是“多造花销”，从中侵吞；一些穷民在得药之后，也并不完全对症。其结果，导致效果并不十分明显。为此，林希元建议，各个府、县博选名医，多领药物，在各乡开设药局，且根据病症裁定医方。府、县衙门印刷花阑小票，发给各个粥厂。此外，官府多下发榜文，播告远近灾民，只要是饥民得病，就允许前往粥厂领票，并赴药局支取药物。② 大灾之后，必有大疫。这在万历年间的江西已经可以得到印证。据邹元标的记载，江西省城南昌，数月之间，死于疫病的人数多达8000余人。即使是在吉水县城，一座城门外，每月外出埋葬的死者即达500人。灾、疫并发，显然需要得到地方官的医疗救助。从邹元标的记载可知，吉安府与吉水县，因为官府竭力布医施药，才得以“稍缓须臾”。为此，邹元标建议，由皇帝敕谕各处巡抚、巡按，每县在岁编赋役银内，编派“济疫银”，每县大致为银300—400两之间，摊派到田赋上，每石不过“毫末”。有了平日这些资金的支持，一等地方疫疠流行，就可以召集医生，至各处施药。此外，朝廷也应访求各处名医，起送赴部听用。至于像便民济疫一类的医书，也需要广泛刊刻，以便传播到民间，便于民间抗疫。③

宋人赵抃所倡设的“病坊”，在明代同样得到了实施。如崇祯年间，陈子龙任绍兴府推官，在大灾之年时，曾在当地开设“病坊”，收治病人。官府代为延请名医，置于病坊中，替受灾百姓治疗“瘥羸”。若是不幸医治无效而死，则官府代为埋葬。据陈子龙的记载，设置病坊及救济弃儿的资金，主要来自官帑与富室的捐助，共凑集米75000石余。前后救活了10余万人。其中用于病坊的药物，计

① 张瀚：《松窗梦语》卷5《灾异纪》，中华书局1985年版，第99页。

② 林希元：《荒政丛言疏》，《明经世文编》卷162，第2册，第1631—1634页。

③ 邹元标：《敷陈吏治民瘼恳乞及时修举疏》，《明经世文编》卷446，第5册，第4907页。

有 1 万余剂,所救活的病人达 1000 人。①

五是在明代的一些城市中,民间提供的医疗服务相对较为完善。以开封城为例,城内开设了诸多药铺、医馆、诊所。其中属于药铺性质的店铺,分别有药铺、生熟药材、生熟药铺、西药材店、药家姓彭、眼药艾家、张宏济药室、艾文锁药局、良医膏药等;属于医馆、诊所性质的店铺,分别有接骨李家、名医罗家、修补门牙、老鸹宅方脉、眼科、张云黄痘疹科、外科陈野庵、接骨庞家。有些医馆、诊所,为了达到宣传的效果,甚至打出了广告语。如接骨庞家,其广告语即为"安牙骨,上胯骨,跌打损伤,药到病除,只此一家"。更有甚者,为了迎合时人的风气,在开封城内还开设了名为"淫店"一类的医疗服务机构,既售卖"广东人事、房中技术",又治疗"棒疮"。②

此外,在明代的部分宗族中,通常也会设立专门的医生,以服务于宗族内成员的医疗救治。方孝孺家族即为典型的例证。据方孝孺记载,方氏家族内"世择子姓一人为医",可见医生由家族内成员充任。宗族医生的设立,旨在"以治举族之疾",亦即医疗服务仅仅限于家族成员之内。至于所需之药物,则"于补助之赢取之",亦即由所设祠祭之田的赢余作为药物费用。③

2. 公共卫生状况

如实而论,明代并未建立起一整套的城乡环境卫生服务体系。相较而言,宫中的环境卫生状况,明显优于各地的城乡;城市的环境卫生状况,又明显优于广泛的乡村。

在明代宫廷中,卫生多由太监衙门负责。如宫中的卫生打扫,通常由惜薪司负责管理。在每月的初四、十四、廿四三天,宫中就打开玄武门,允许民夫、民匠与打扫的净军进入宫内,抬运宫内堆积的粪壤。又在每年春暖之时,打开长庚、苍震等门,由惜薪司太监率领夫役淘浚宫中的沟渠。④

在明宫中,有专门的厕纸,在当时称为"草纸",由宫中太监衙门宝钞司负责监造。宝钞司负责监造的草纸,竖不足 2 尺,阔不足 2 尺,各自用帘制成完整的

---

① 陈子龙:《陈忠裕全集》卷 31《年谱》,崇祯十四年辛巳条,载氏著,王英志辑校:《陈子龙全集》,人民文学出版社 2011 年版,中册,第 950 页。

② 佚名撰,孔宪易校注:《如梦录》,《街市纪》第 6,中州古籍出版社 1984 年版,第 28、30、34、37、38—39、41、42、45、46、52、55 页。

③ 方孝孺著,徐光大校点:《逊志斋集》卷 1《宗仪九首》,宁波出版社 2000 年版,第 41 页。

④ 刘若愚:《酌中志》卷 16《内府衙门职掌》,第 106 页。

一张，而后用独轮小车运赴平地晒干，入库收藏，每年进献宫中，以备宫人使用。至于皇帝所用的草纸，则更为精致，并非出自宝钞司，而是多系内官监所辖纸房制作，淡黄色，绵软细厚，并裁成方 3 寸余，而后进交管净的近侍收掌。从万历到天启年间，像明神宗、明熹宗所用的草纸，通常为从杭州购买的好草纸。①

明代宫中还设有混堂司，职掌宫中的沐浴堂子，主要提供宫内太监的洗浴。按照制度规定，惜薪司每月给混堂司提供柴草，内官监拨付役夫负责其事。其后，宫内沐浴堂子渐趋废弛，宫内太监只好至皇城外的佛寺沐浴。这些佛寺通常也设有堂子，由专人负责，替前来沐浴的太监擦澡，借此讨取赏钱。这些专门负责擦澡的人，通常由没有选中入宫的净身男子充任，俗称“无名白”。②

在明代的城市，大抵还是较为注意环境卫生。如北京城内的沟渠清理，就由专门的机构即工部虞衡司街道厅加以负责。据史料记载，每年的春季，北京五城内开始清理各类沟渠，“以通水道，以清积秽”。其中五城内的官沟，经费来自兵马司的房号银，分别为中城 52 两，东城 12 两，南城 24 两，西城 20 两，北城不支取房号银。五城内的民沟，则由民间百姓自行清理。五城内各衙门的沟渠，由城内总甲负责清理。此外，上林苑、五府等沟渠，则由本衙门自行清理。③

除了每年定期清理城市沟渠一类的下水道之外，明代的城市饮用水水质问题，显然也得到了官方的关注。如地处西北的西安城内，水质均属碱卤水，导致城内百姓不可饮用。至洪武十二年（1379）十二月，经曹国公李文忠上疏，明太祖朱元璋下旨，命西安府募集工役，凿渠甃石，将龙首渠之水引入城中，萦绕民舍，西安城内的居民才得以饮用甘甜的水质。④

当然，明代各地城市的环境卫生状况，也是好坏不一。若对南京、北京、开封三座城市的环境卫生状况加以比较，显然以南京的街道最为“宽洁”，环境卫生状况最好。环境卫生状况最差的当属开封，亦即史料所云的“其最秽者无如汴梁”。譬如每当雨后，开封城则“中皆粪壤，泥溅腰腹”；在久晴之后，开封城则又“风起尘扬，觌面而不识”。至于北京城，虽然不如南京那么大，但比起开封城来，显然环境卫生较好一些。当然，北京城的环境卫生状况同样存在着两大问题：一是在冬季，因为街道凝结成冰，显然给行人带来不便。二是到了春末，因为晴暖埃浮，难免使沟渠中积满了滓垢，需要加以挑浚，但沟渠的挑浚，每年不过是

① 刘若愚：《酌中志》卷 16《内府衙门职掌》，第 109—110 页。

② 刘若愚：《酌中志》卷 16《内府衙门职掌》，第 110 页。

③ 何士晋撰，江牧校注：《工部厂库须知》卷 7《街道厅》，人民出版社 2013 年版，第 211 页。

④ 黄光昇：《昭代典则》卷 8，第 209 页。

“应故事而已”。这就给城市的下水带来诸多的麻烦。①

（二）医者的构成

明人姚旅曾将明代之民分为24种，称“医者”为其中的一种，而这些医者的主要职能则是“钱权子母，药假君臣”。② 明代医者的构成，大致可以分为职业医生与业余行医两类。相较而论，尽管明代的职业医生发挥了应有的医疗保障职能，但业余行医在明代更是蔚然成风。

1. 职业医生

在论及明代的职业医生时，显然需要关注明代户籍制度中的“医户”或“医籍”。明代的户籍制度，大体是以业为籍。除了基本的军、民、匠、灶四籍之外，尚有其他诸多户籍。洪武四年（1371），官方颁发“户由”（又称“户帖”），在军、民、匠、灶四等户色之外，尚有医、儒、僧、尼、道士、商、官、先贤等户籍。医户或医籍的存在，说明医生作为一种职业，自然可以单独立籍。③ 如在福建清流县的户籍中，就专有一种“医户”，④说明医学之家往往也是世袭。

由医户、医籍衍申而来且性质相同者，则另有两种户籍，即“太医院籍”与“御医籍”。如果说医籍仅仅是在当地府、州、县系籍，是一种不同于军、民、匠、灶一类的特色户籍，那么太医院则系籍京城，不再在当地州、县系籍。其子弟也不再在当地参加科举考试，而是参加顺天府的考试。这一规定，至迟在弘治四年（1491）即已出现。这一年朝廷规定，医士“在册食粮执役者，许在京应试”。换言之，明朝廷允许在籍的医士参加顺天府的考试。⑤ 这有许多例子可以证实。如曹应龙的先世是苏州长洲县人，其曾祖父曹纶“以禁方应诏，侍禁中”。其祖父曹鼎为太医院御医，父亲曹逵为太医院吏目。正因为曹家已是三世系籍太医院，所以曹应龙就参加了顺天府的考试，并成为顺天府学生员。⑥ 据清初人查慎

---

① 沈德符：《万历野获编》卷19《工部·两京街道》，中册，第487页。

② 姚旅：《露书》卷9《风篇》中，福建人民出版社2008年版，第202页。

③ 弘治《徽州府志》卷2《户口》，《天一阁藏明代方志选刊》，上海古籍书店1982年版。

④ 嘉靖《清流县志》卷2《户口》，《天一阁藏明代方志选刊续编》，上海书店1990年版。

⑤ 徐学聚：《国朝典汇》卷128《礼部》26《科目》，明天启刻本。

⑥ 汪道昆：《太函集》卷33《明封奉政大夫赠中宪大夫三河曹公暨配封宜人赠恭人黄氏传》，黄山书社2004年版，第712页。

行记载，正德十五年（1520），查氏宗族在苏州常熟的一支，有一位查应兆，就是以御医籍中了进士。①

细究明代的职业医生，当以“世医”为大宗。在中国民间，一直流传着一句俗语，即“医不三世，不服其药”。这句话原本出自《曲礼》，其中所含的意义，则存在着两种不同的诠释：一种是久已存在于民间的俗解，即将“世医”解释为父子相承、三世行医。如明人凌云翰言：“医不三世，不服其药。谓必世于医者，然后用药审、治疾当也。”②又如李开先亦云：“古重世医，不三世者不服其药。草草学于一时，而欲以寄千万人之命，又胡可得哉？”③汪道昆在为徽州歙县吴氏世医作传时，就记载了吴洋、吴桥、吴文仲三代行医之事，并说“三世称良”。④ 二是清人梁章钜的注疏，对此别作一种解释，将所称的“三世”定为三部古代的医书，即《黄帝针经》《神农本草》与《素问脉诀》，认为《素问脉诀》的功能在于“察症”，《神农本草》的功能在于“辨药”，《黄帝针经》的功能在于“去疾”。换言之，假若不通这三部医书，则“不可以言医”。⑤

尽管清人梁章钜之说不无道理，但从明朝人对“世医”这一称谓的理解来看，更多地还是认同于民间的俗解，即三世行医。基于这一理解，那么所谓的世医，主要还是指名落“医户”“医籍”之家。当然，在这些专业的户籍之外，也不乏仅为普通户籍却又三世行医之人。此类世医可以从诸多史料中得到印证。如李日华记载，在他自己的朋友中，有一位令文奚的医生，“家世业医”，在苏州一带颇负盛名，“吴中赖以全活者颇多”。因为医术高明，家中堂匾“种德”二字，甚至由大学士王鏊所题。⑥ 苏州府吴江县平望镇上的潘家，同样堪称世医之家。在潘子和之前，“其先世之传绪也久”，可见其家久已行医。至潘子和，更是“善医”与“精于医”，凭借高超医术，以及对当地百姓的“隐功”，被人比拟为晋朝时的董仙，并替其所居之室挂上“杏林清隐”的匾额。至于其孙潘孟文，也能“世其业”，

---

① 谈迁：《枣林杂俎》智集《逸典·占籍》，中华书局2006年版，第13页；查慎行：《人海记》，《续修四库全书》，上海古籍出版社2002年版。

② 凌云翰：《柘轩集》卷4《赠世医潘懋华序》，清抄本。

③ 李开先：《闲居集》卷5《陆岐泉世儒医赠言录序》，载氏著：《李开先全集》，上册，文化艺术出版社2004年版，第442页。

④ 汪道昆：《太函集》卷31《世医吴洋吴桥传》，黄山书社2004年版，第660—690页。

⑤ 梁章钜：《浪迹丛谈》卷8《三世医》，中华书局1981年版，第141页。

⑥ 李日华著，屠有祥校注：《味水轩日记校注》卷2，万历三十八年九月二十五日条，上海远东出版社2011年版，第144页。

克绍家声，医名愈振。[①] 此外，颇为典型的世医之家，当属陆岐泉之家，据李开先的记载，陆岐泉是浙江海盐县澉浦人，其家早在元代就以“儒医”著名。进入明代以后，有人成为本县的“训科”，有人成为平湖县的“训科”，有人成为太医院的“冠带医士”，整个陆氏家族，以医、儒为业者达四五十人。至陆岐泉，既能“世其官”，又能“世其业”，而且行医的技艺更趋精湛，“所至倾囊济人，人无不倒履迎之者”。更为值得注意的是，陆岐泉的医术得到了宗藩与士大夫的认可，各有赠诗，甚至被称为“能医人所不能医之疾”。[②]

除却世医之外，在明代的史籍记载中，同样有不少“善医”的职业医生，且凭借医术精湛而被人称道。如颍州人张玠，“善医”，曾替徐监司治好了“病块”之疾，又替陆吏目治愈了“心痛”之病；黄昇，京山人，也是一位名医，且“善诊脉”；殳珪，嘉兴人，“善医”；南京有一位姓梁的医生，擅长替人“接析骨”，“以绝技称”，当地人称之为“梁接骨”。[③]

2. 业余行医

正如有的论者所言，到了明清时期，伴随着行医渠道的日趋多元化，为求生计而操持医业者大有人在。无论是科场蹭蹬的士人，还是贩夫走卒之流亚，只要粗通文字、稍识药性，皆有从医的可能。[④] 明代业余行医之人，大致可以从以下几点观之：

其一，“儒”与“医”的互动，甚至出现弃儒就医的现象。据有的学者考证，“儒医”一称起源于西汉临淄人淳于意。[⑤] 汪道昆云：“今之业医者，则吾郡良。吾郡贵医如贵儒，其良者率由儒徙业。”[⑥]可见，儒医在明代更是成为一种常见的现象。这又分为以下两种情形。

一是官员士大夫懂医术，甚至客串行医。在明代，官员士大夫好读方书，且喜与医者交往，慢慢也得到一些医术。吕坤、万寿祺就是典型的例子。据吕坤自述，他曾因母亲生病，自20岁时就开始读医书，一直读了50余年，读过的医书多

---

① 翁广志：《平望志》卷8《艺能》，载吴江市平望镇人民政府、吴江市档案馆编：《平望志（三种）》，广陵书社2011年版，第160页。

② 李开先：《闲居集》卷5《陆岐泉世儒医赠言录序》，《李开先全集》，上册，第442页。

③ 姚旅：《露书》卷12《技篇》，第301页。

④ 马金生：《从〈医界镜〉看明清时期民间的行医活动》，《寻根》2010年第4期，第52页。

⑤ 周广业：《过夏杂录》卷2，载氏著，祝鸿熹、王国珍点校：《周广业笔记四种》，下册，浙江古籍出版社2019年版，第45页。

⑥ 汪道昆：《太函集》卷23《医方考引》，第491页。

达1000余卷,结交的名医也不下"数十百人"。在所交名医中,最为交好且可以一起探讨医术者,则有闵逸之与刘伋两人。① 又如万寿祺,举人出身,自称:"好方药,四方贤士多以禁方来告者,辄书之。朝昏躔度,明历授时以及饮馔服食,针灸导引,皆杂列于内,凡所以养生也。"②虽其目的在于自己的养生,但显已稍通医术。

二是秀才行医,甚至弃儒就医。在明代的民间,盛传这样的谚语:"秀才学医,白菜作齑"。相同的谚语,在明代尚有诸多的说法,诸如汤显祖所作戏曲《牡丹亭》中,有"儒变医,菜变齑"之说。③ 此外,又有"秀才行医,如菜作齑"与"以儒行医,犹以菜作齑"之说。说法虽稍异,其意则同。④

在明代,有一个现象显然值得引起关注,即一些读书无成及做秀才不终者,纷纷改学习医,以此作为安身之地,糊口之资。⑤ 秀才行医,不但角色转换便易简捷,而且可以得到一个"儒医"的名头,更便于抬高自己的身价,从中觅取利益。弃儒学医,或者说秀才行医,在明代不乏其例。如李素居,自幼年起,就一直学举子业,但不遵朱熹之注,因此失意于考官,无奈之下,只好"弃儒学医";⑥周文铨,年少时业儒不成,"弃去学医",且因医术精湛而"名动京国",甚至公卿大夫也常常"折节礼下之";⑦黄廷珍,出身于官员家庭,幼年时曾习学举子业,且即将有成,后因父亲去世、母亲年老,而后抛弃所学,开始留意于"轩岐之术";⑧孙汝登,秀才出身,"善医";⑨沈无咎,秀才出身,也是"兼精医"。⑩ 尤其是明末清初的吕留良,也是秀才出身,因为家人久病,就与一些"医友"盘桓,兼通医方。有时与"亲契"讨论医术时,被人"谬许",甚至声名远播。尽管吕留良一直自称

---

① 吕坤:《去伪斋集》卷3《医官刘诚庵手卷序》,《吕坤全集》,上册,第116页。按,关于明代官员士大夫之医术,可参见陈宝良:《明代秀才的生活世界》,北京师范大学出版社2020年版,第298页。

② 万寿祺:《隰西草堂文集》卷1《隰西禁方自序》,载氏撰,余平、王翼飞点校:《万寿祺集》,浙江人民美术出版社2014年版,第170页。

③ 汤显祖:《牡丹亭》第4齣《腐叹》,载氏著,钱南扬校点:《汤显祖戏曲集》,上册,上海古籍出版社1982年版,第243页。

④ 陈宝良:《明代秀才的生活世界》,第297页,注(2)。

⑤ 陈宝良:《明代秀才的生活世界》,第296—300页。

⑥ 周晖:《金陵琐事》卷3《李素居》,南京出版社2007年版,第119页。

⑦ 周晖:《二续金陵琐事》卷下《欣慕编》,南京出版社2007年版,第339页。

⑧ 费宏著,吴长庚、费正忠点校:《费宏集》卷9《赠弋阳医学训科黄君廷珍序》,上海古籍出版社2007年版,第269页。

⑨ 姚旅:《露书》卷12《技篇》,第302页。

⑩ 姚旅:《露书》卷12《技篇》,第302页。

有“九不能”，其中之一就是“行医”，但事实上在医术上已是颇有见解。①

其二，宗室成员兼通医术。从姚旅的记载可知，明代宗室成员朱郁仪博雅有学，且“兼擅杂技”，尤其专攻医术。这有两个成功的医案可以为证：一个医案是治疗小儿痘症。按照一般的医家所言，小儿染上痘疹，若是腰背作痛，就很难治愈。但朱郁仪认为，小儿痘疹分为三种，分别是“挟外感”“挟内伤”“为时行所染”。若是腰背作痛，则属“外感”之症，理应用“香油、葱汁自胸背以达四肢擦之，而饮以葛根、升麻疏散之剂，汗出痛止，痘即随出矣”。这样的诊治，显然得到了很好的治疗效果。如朱郁仪的第七个儿子朱统钲在得痘疹时，就是腰背作痛，很多医生见了之后，无不面面相觑，不敢下方子，朱郁仪却“以意出前法，治之而佳”。另一个医案是治疗病危之人。按照一般的医家之方，若是病人危笃，再无药物可施之时，就煎熬人参汤，加入童子之便，然后给病人服下。南州孝穆王孙“病剧”之时，医生不敢治疗。朱郁仪就用前面的方子给其服下，连进三服，即“汗止不呕，索粥饮矣”。鉴于病人长斋十五六年，肠胃干枯，朱郁仪又给病人服用人乳，最终病人“累月而平”。②

其三，僧人行医。明代僧人行医，既是僧务杂术的一个佐证，但确乎已经成为一种风气。在明代，僧人行医，情形颇为复杂。有些僧人懂医术，且医术精湛，实则因为在披剃之前就是世医名家。如有一位走空上人，“本名家于世医，有神效”。后来出游，登五台山最高一峰，披剃出家。出家之后，仍然凭借自己的医术，而被僧人称为“大医”。③ 当然，很多僧人还是属业余行医，且有一定的声望。如苏州大云庵的住持僧，就“攻岐黄，就医者舟楫弥洲渚”；④浙江海宁县硖石镇上有一位僧人，号称“外科专家”。⑤

明代僧人行医，高者确如上面所述，具有一定的医学技艺，并有可观的治疗效果。但毋庸置疑的是，僧人行医又存在着以下不足甚至弊端：一是限于医学非其本职，医学知识与经验的匮乏，其中不乏充数的“庸医”。这有一个具体的事例可以证实。如万历三十九年（1611）九月，谢肇淛的“侍儿”忽然“病气逆”，导

① 吕留良：《吕晚村先生文集》卷8《客坐私告》，载氏撰，徐正点校：《吕留良诗文集》，上册，浙江古籍出版社2011年版，第189页。

② 姚旅：《露书》卷12《技篇》，第302页。

③ 朱国祯著，何立民点校：《朱国祯诗文集》，《序·定空上人书事叙》，浙江古籍出版社2016年版，第427页。

④ 徐崧、张大纯纂辑：《百城烟水》卷1《苏州府》，江苏古籍出版社1999年版，第13页。

⑤ 陈确：《陈确集·文集》卷11《不信医说》附《药食鉴》，中华书局1979年版，第266页。

致不能躺下。有一位“善方”的僧人,认为这是一种“气不归元”之症,只要服用六味丸,即可立刻痊愈。吃药很久,仍然不见好转,且病人吐出了所服之药。僧人又认为,这是病人胃里有寒痰,导致不能“受药”,必须服用附子,才能受药。谢肇淛听后,且信且疑。当时福建长乐有一位良医薛子勉,家住芋江,距城20里,考虑到病情危急,于是飞骑请来薛子勉。薛氏诊治之后,笑道:“易与耳。”随之给病人开列苏子、萝卜子、栀子、香附等少许,病人“饮之贴然”。当谢肇淛将僧人拟用附子一事告知薛氏,薛氏大惊道:“凡气逆者,皆火也。附子入口,必死无疑。”僧人听后,也不由愧服。① 二是僧人行医,多为“求利”。如僧人止庵,浙江崇德县人,后居顺庆寺,“不知佛教,饮酒食肉如平人”。据载,此僧在医学技能上颇为专擅,尤长于接骨与治疗创伤,疗效至神,甚至擅名一方。但因为“嗜利”,并不为时人所重。② 三是僧人行医,有时不免堕入骗钱的把戏。史载嘉兴新行镇净相寺的一些“狡僧”,乘民间“多疾”,就诳惑百姓,刮取地泥,杂以各种香药,号称“灵丹”,以此治疗疾病,甚至“赚骗银钱万计”。③

其四,道士行医。在明代,道士也是业余行医的主体,其例俯拾即是。道士替人治病,不用药饵,只用符箓,或者令人调气守神。如道士陈符经从龙虎山学成技艺之后,专门替人设坛驱邪。当疫疠流行之时,他就“书符与之”。④ 又陈舜系三个儿子陈景廉等,均出痘,曾请来道士毛翠华前来诊视。毛氏所用之法,就是“用三十六道符解秽”。⑤ 据张瀚的记载,华山有一位姓李的道士,替人治病,“不施药饵,惟令人调气守神”。⑥ 如此玄而又玄的治病之法,显然为道士借治病而谋取钱财提供了方便。换言之,在道士行医的过程中,确乎出现了一些“道妖”现象。如朱国祯记载,他的同里有一位秀才,母子一起得病,曾邀请来自江西的一位道士诊治。这位道士提出的治疗方案,就是令病者家属“建醮四十九日”。更为甚者,一次诊治之费,竟然索要1000两银子。⑦ 当疫疠之时,民间百姓请道士“建醮”治病,更是已经成为一种惯例。如苏州玄妙观道士郭渊静,原本为宦族之子,出家后,道业颇精。当时饮马桥的居民李旭“遘疫”,就曾延请郭

① 谢肇淛:《五杂组》卷5《人部》1,上海书店出版社2001年版,第104页。
② 张履祥:《杨园先生全集》卷32《言行见闻录》2,中华书局2002年版,第923页。
③ 光绪《嘉兴府志》卷87《丛谈》,《中国地方志集成》,上海书店1993年版。
④ 陈舜系:《乱离见闻录》卷上,载《明清广东稀见笔记七种》,第12页。
⑤ 陈舜系:《乱离见闻录》卷上,载《明清广东稀见笔记七种》,第11页。
⑥ 张瀚:《松窗梦语》卷6《方术纪》,第112页。
⑦ 朱国祯撰,王根林校点:《涌幢小品》卷32《僧道之妖》,第649页。

渊静“建醮”。①

（三）祷神治病及其医疗习俗

在明代，由于官方医疗设施的匮乏，加之民间江湖游医、庸医的盛行，导致民间百姓在得病之后，借助于祷神治疗，或者利用巫医的巫术治病。

在古代中国，存在着一种古老的医疗习俗，这就是所谓的“天灸”，以及由此形成的“天医节”。根据《荆楚岁时记》与《缉柳编》的记载，每年的八月一日，必须用朱墨点小儿的头；或者用碗盛树叶上的露水，研磨辰砂，再用牙筯点身上。诸如此类的做法，其目的在于“压病”，或者使“百病俱消”，并有一种专门的称呼，称为“天灸”。在明代，民间久已不知天医节。② 尽管如此，相关的习俗却犹有遗存。如明代的苏州人依然信奉“斗母”与“天医”，通过祈祷斗母、天医治疗疾病。根据民间的记忆，天医分为13科。至于天医下降之时的形象，则是一个少年，才长2尺许，戴金线冠，身穿古色帔，背负药葫芦。③ 又如在明代的北京，民间存在着一种“走百病”的习俗。每当正月十六的夜里，妇女群游，祈免“灾咎”，即令人持香“辟人”，称为“走百病”。凡是遇到有桥之所，三五人相率走过桥，取“度厄”之意。有人为了使自己终年不得百病，暗中举手去摸城门上的一个门钉，若是摸中，则“以为吉兆”。④

1. 祷神治病

人得病之后，必须延医治疗，这是任何理性之人自然明白的道理。在明代，显然也不乏如此理性之人。如松江府张弼的父亲张村居，居乡治家，卓然不苟，所立家训颇多，其中有云：“疾必延医，勿事祈祷。”⑤然就明代民间的整体观念来看，由于医疗资源的匮乏，祷神治病，显已成为一种普遍的习俗。细分之，明代民间祷神治病，主要有下面数种：

其一，药王信仰。在明代民间，信奉的药王有二：一是将药王视为扁鹊，并在药王庙中，另外供奉庖羲、神农、黄帝。此外，自佛教传入中国以后，药王转而变为菩萨，随之有了药王菩萨、药上菩萨。在北直隶河间府鄚州，就专门设有一座

---

① 陆粲：《庚巳编》卷3《苟毕元帅》，中华书局1997年版，第34页。

② 姚旅：《露书》卷8《风篇》上，第197页。

③ 钱希言：《狯园》第2《天医》，文物出版社2017年版，第54—55页。

④ 沈榜：《宛署杂记》卷17《民风》1，第190页。

⑤ 章鸣鹤著，范棫士校：《谷水旧闻》，《明清松江稀见文献丛刊》，第1辑，第7页。

药王庙,除了供奉药王之外,并将历代“能医者”一并祭祀。万历初年,因明神宗“圣体违和”,慈圣皇太后李氏曾派人“进香祈祷”。其后,又敕谕内官监太监张进与近侍张思等,赍内帑金钱前往鄚州,重新修缮药王庙。① 二是将药王视为宋人张森。如杭州有一座惠应庙,民间俗称“皮场庙”。庙中供奉之神,即为张森。张森是相州汤阴县人,县中原本有皮场镇,专产一种蝎子,“蜇人辄死”。张森当时是皮场镇之吏,一向谨事神农,于是“虔祷杀蝎”,“镇民德之,立祠以祀”。其后,凡是有人得了疮疡疹疾,就去皮场庙祈祷。当时有一位名叫商立的人,携带张森神像,到了杭州的吴山。宋南渡后,在吴山建惠应庙,一直到清代,均将此庙视为药王庙。②

其二,灶神信仰。如明万历时任教谕一职的奚梦芝,当母亲病后,就向灶神祈祷,“愿收瘥遗啬,为母祈福”。其母梦见灶神“针两颐及膝”,而后其病得以痊愈。③

其三,念佛治病。如在北京,民间男子一有疾病,就许愿念佛。从腊月初一起,每天夜里人定时,手执一香,沿街念佛,等香燃尽而归,一直到除夕才罢。④

其四,玄帝信仰。如南京北门桥有一座玄帝庙。庙中有签,民间相传颇为灵验。顾起元有一女,4 岁时偶然得病,顾氏就至玄帝庙祈祷求签。其后,顾氏自己得病,分数次前往玄帝庙祈祷求签。⑤

其五,东岳信仰。如北京朝阳门外东岳庙,庙中有二个神浴盆,可以容纳水数百石。民间百姓相传,人若“病目”,用神浴盆中之水洗之,即可痊愈。⑥

其六,文天祥信仰。古代中国,忠臣通常可以成为神灵。这是忠臣功能的转化与延伸。在明代,福建侯官县的一位农夫,曾在耕地时得到一方文天祥名讳的铁铸印章,后归于一位老儒。此印在当地成为镇魔之物。民间百姓但凡有了疫祟,或者得了疟疾,就持此印“往镇之辄愈”。更为甚者,若是病人之家道途较

---

① 唐文献:《奉敕撰鄚州重修药王庙记》,《明经世文编》卷 455,第 4999 页;朱国祯撰,王根林校点:《涌幢小品》卷 1《药王庙》,第 17 页。

② 季婴:《西湖手镜·吴山叙胜》,载王国平主编:《西湖文献集成》,第 3 册,杭州出版社 2004 年版,第 1030 页;翟灏等辑:《湖山便览》卷 12《吴山路·惠应庙》,上海古籍出版社 1998 年版,第 325 页。

③ 章鸣鹤著,范械士校:《谷水旧闻》,《明清松江稀见文献丛刊》,第 1 辑,第 28 页。

④ 沈榜:《宛署杂记》卷 17《民风》1,第 192 页。

⑤ 顾起元:《客座赘语》卷 7《玄帝灵签》,中华书局 1997 年版,第 232—233 页。

⑥ 蒋一葵:《长安客话》卷 4《郊垌杂记·东岳庙》,北京古籍出版社 2001 年版,第 79 页。

远,老儒不能亲自前往,就用此印章印一纸给病家,“传黏于户或疟者额上亦辄愈”。[①]

其七,疫疠时祈神禳灾。如正德六年(1511)夏,疫疠盛行。苏州葑门琼姬墩西居民顾镇家,一家老幼均染疾,于是“祈于神,誓合家茹素以禳灾”。[②]

其八,儿童出痘时迎神祈祷。根据明人徐允禄的记载,万历二十四年(1596)的春天,无锡县中的小儿,不论男女,均出水痘,且“多恶杀人,存者十不得四”。于是,民间就通过迎神祈祷,以祈儿童健康。其中的习俗,大致如下:“必迎庙神于家而供礼之,洒扫洗涤,燻燎戒客,止断往来惟谨。病者疗,祀神而送之庙,鼓吹旌旗,一如官府之仪。神既归庙,然后其家解严,为酒洽邻,夫妇如初。”此年的儿童痘疹,而后传至太仓、嘉定两县。在夏、秋之间,这两县的儿童,得痘疹而死者不计其数。究民间祈神治痘之俗,关键还是在于医疗资源的匮乏。在民间,一些“俗医”通常借此“得攘臂冒利”。治愈了,则称是“我之功”;没有治愈,导致儿童死亡,则称是“时行然也”。如此境遇,致使民间百姓不得不将希望寄托于神灵。即使如徐允禄,在其儿子果郎 6 岁出痘时,尽管自己刻意延医治疗,但也不得不奉母之命,前往嘉定县自己朔旦所奉香火的城隍庙、武安庙,“卜果儿痘吉,又卜医药诀”。[③]

2. 巫医及其巫术

在古代中国,巫术与医疗一直相伴而生。换言之,以巫师充医,在古代中国是一种极为常见的现象。这既是古老的迷信观念的遗存,又是医疗保障缺失的佐证。以疟疾为例,民间盛传一些巫术性的说法。主要有二:一是将体质与道德、社会阶级概念融入疟疾病因。如民间盛传,疟疾得病的原因在于有一种“疟鬼”。这种疟鬼很小,不能让“巨人”感染得病,所以有“壮士不病疟”的说法。此外,疟鬼又根据道德、社会阶级差异而加以侵袭。如晋朝人曾有“君子不病疟”之说,其意无非是说唯有“小人”才会得疟疾之病。基于此,蜀地之人称“痎疟”为“奴婢疟”,显已赋予疟疾这种自然的病态以社会阶级的成分。[④] 二是将疟疾治疗巫术化。古时所传《岣嵝神书》,即载《治疟咒》云:“我有一枚枣,一心归大

① 周亮工:《印人传》卷 1《书文信国铁印后》,载于良子点校:《印人传合集》,上册,浙江人民美术出版社 2014 年版,第 11 页。

② 陆粲:《庚巳编》卷 3《顾镇》,第 35 页。

③ 徐允禄:《思勉斋集》卷 9《痘记》,清顺治刻本。

④ 朱国祯撰,王根林校点:《涌幢小品》卷 25《奴婢疟》,第 503 页。

道，优辟宜优降辟烧。”至于治疟的过程，则是先将枣置于口前，对着枣念此咒七遍。念毕，向枣吹一口气，给得疟疾之人食之，即可治愈。据明人姚旅的记载，南京有一位“祝仙客”曾得此咒，并称以此咒治疗疟疾，“无不效者”。[①] 仅此一例，足证此类《治疟咒》在明代的民间仍不乏信仰基础。

对巫术的过分信仰，必然导致以巫代医现象的出现。这在明代的民间相当流行。即使是士大夫，也多被巫术所惑，甚至深信不疑。如蔡光楚曾广泛传播这样一种流于巫术的传言，即人若被蝎子所螫，就忍痛用手在地上书写“金木水火土”五字，并顺手将“土”字傍点之土提起，擦在螫处，即可不痛。[②] 此外，如在广西，民间盛行“病祈鬼神”之习。在临桂、灵川、兴安、阳朔一带，大多祭祀一种“令公鬼”，而且各自修建灵庙，“箫鼓牲牢之祭不绝于庭”。[③] 在广西的横州，民间也“专信巫鬼”。其中有一种“鬼童”，成为人与鬼之间的媒介。人一生病，就问鬼童，并向其祈祷。假若病不痊愈，其祈祷更是“至再至三至四至五不已，甚至破家者有之”。[④]

信仰巫鬼，固然是古老的医疗风俗的遗存，但更多的还是民间百姓的无奈之举，以及百姓对医疗技术水平的不信任。这种信仰习俗的极端，势必导致民间百姓得病之后拒绝医治。即使像江南苏州医疗水平相对较高的地区，也受到“巫卜”的蛊惑，更多地信仰“五圣”，人在得病之后，动辄认为是受到了“五圣”的责怪所致，而不再服药。在巫卜的煽动下，民间百姓信以为真，甚至有些“愚者”纷纷“却医待尽”。[⑤] 据明末福建巡按御史张肯堂的记载，福建民间的巫道之术，尤其兴盛。民间百姓在得病之后，“绝药石而勿御，禁医师而不亲”。[⑥] 在广西横州，以巫代医现象则更盛。人在得病之后，只信巫术，不再“更问医药”。即使是在城市中，有10%—20%的人，仍然延请医生治病，但也并非全信医术，甚至在延请医生的同时，兼行巫鬼之术。[⑦]

这无疑存在一种内在的矛盾逻辑。在正统的儒家人士看来，“崇正”就是

---

① 姚旅：《露书》卷12《技篇》，第301页。

② 姚旅：《露书》卷12《技篇》，第300页。

③ 钱希言：《狯园》第12《令公鬼》，第398—399页。

④ 邓士龙辑，许大龄、王天有主点校：《国朝典故》卷87，引王济：《君子堂日询手镜》下，下册，第1824页。

⑤ 陆粲：《庚巳编》卷5《说妖》，第51页。

⑥ 章鸣鹤著，范械士校：《谷水旧闻》，《明清松江稀见文献丛刊》，第1辑，第34页。

⑦ 邓士龙辑，许大龄、王天有主点校：《国朝典故》卷87，引王济：《君子堂日询手镜》下，下册，第1824页。

"保生",诸如巫术一类的举动,更会使病人冥幻恍惚,精神叫嗥,耳目也受到惊扰;但在民间百姓看来,"祛邪"则能"遣病",在医疗资源匮乏与医疗技术有限的情势下,信巫祛病何尝不是一种精神的安慰。

综上所论,不妨对明代的医疗卫生保障做一系统的总结。这可以从以下几个方面加以分析。

其一,医疗资源的匮乏,这在一定程度上影响到明朝人的生活质量。明代官方虽有一套基本的医疗体系,但相对于人口众多的普通百姓而言,无疑已是捉襟见肘。即使是在皇家宫廷,医疗设施极其完善,在面对疾病之时,也并非尽是信医,有时也不免信仰巫术,或用符水治病,或以祷神治病。如弘治年间,太监李广凭借左道而受到宠信,甚至权倾中外。当时宫中正好有一位小公主患痘疮,宫中御医治疗无效。于是,李广就"饮以符水",最终导致小公主夭折。① 又万历年间,永宁宫端嫔周氏生下惠王,也患了痘疹,最后也只好祷神治病。②

在明代的地方,府州县尽管设有医学与医官制度,但事实上并未发挥应有的治病救人功能。究其原因,主要有二:一是医官大多纳银充任。按照常理,医官必须具备丰富的医疗知识,能够观察病症、脉理,辨识药性,"以利一县之疾"。自明代中期以后,很多地方医官大多由纳银充任,借此依靠差遣而获得利益,却与医疗知识的多少以及医疗专业技能的高低并无关系。③ 二是医官、医生被官府差用,导致不能"专务本业"。按照明代的制度,地方上的医生,原本应该守候惠民药局。而其实不然。从明代史料可知,地方上的官方医生,已经被地方官员视为"在官人数,一概差用,不能专务本业",也就成为一种"虚设"。④ 明代的地方官员并不重视医道,时常责令医官"听事直月,保勘狱囚",有时还被上司官员行牌取用,替各个上司官员"背敕印押扛"。其结果,则导致一些"明医"抵死不愿掌管地方医学,只好让市民顶充"医生名色",或者让"老人"假充医生,由他们看守地方医学的官印。⑤

官方医疗资源的匮乏,势必导致以下两个结果:一是"女医师婆"取代在职

① 陈洪谟:《治世余闻》上篇卷2,中华书局1985年版,第16页。

② 谈迁:《北游录》,《纪邮》上,中华书局1997年版,第80页。

③ 海瑞著,陈义锺编校:《海瑞集》上编《兴革条例·吏属》,上册,中华书局1981年版,第52页。

④ 汪天锡辑:《官箴集要》卷上《驭下篇·阴阳医生教读》,《官箴书集成》,第1册,黄山书社1997年版,第277页。

⑤ 吕坤:《实政录》卷2《民务·振举医学》,《吕坤全集》,中册,第976页;海瑞著,陈义锺编校:《海瑞集》上编《兴革条例·吏属》,上册,第52页。

的官方医生，在民间医疗服务中扮演相当重要的角色。从史料记载可知，这些女医师婆，对医术、医方"一毫不明"，通常只是从"庸医"手中购买"残坏丸散"，更不问这些"丸散"能治何种疾病。民间妇女、小儿一旦得病，大多是找这些女医师婆治疗。至于治疗之法，不过是"前掐后捏、乱灸胡针、下过药、拔火罐、打青筋、送鬼祟"而已。此外，她们在接生时"不知节法"，在治疗小儿痘症时只用"针挑"，结果则是"误生害命"。① 二是民间百姓在得病之后拒绝医治。明代民间百姓得病拒绝医治大致可以分为三种情形：第一种情形即如上面所述，是信巫不信医所致。第二种情形则是地方习俗所致。如按照明代关中的习俗，老年人偶然得病，大家就以为是一种"老病"，即使家中有孝子慈孙，也不再替老人延请医生治疗，只是一味地"治后事以待尽"。② 这固然有地方习俗的因素，但细究之，也与医疗技术的相对落后不无关系。第三种情形是家贫无钱治病。如明代有一位姓俞的秀才，家中赤贫，"不能具医药"。无奈之下，只好依靠家中所藏《医便》这册医书，自己开方治病。③

其二，医生职业精神的沦丧，导致"儒医""庸医"的盛行，甚至医生"求利"现象的勃兴。这有以下两个现象颇为值得关注。

一是重儒轻医，导致"儒医"的盛行。在传统中国的观念中，其实并非一概贬低医生及其医术，甚至有"士达则为良相，不达则为良医"之论，将"良相"与"良医"并称，亦即将良医的"调燮之功，济人之效"，与良相等同齐观。不止于此，民间尚有"传世不三，不可以为医也；折臂不九，不可以为医也"之说，并不轻视医生的职业技能。④ 但一至明代，由于科举选拔人才制度的确立，职业医生不再能凭借医术而闻名天下，甚至进入仕途，更多的还是依靠职业技能之外的文学才能。如李士文，苏州府长洲县人。永乐初年，任太医院太医。李士文虽为太医，但尚"能诗，亦善书画"。⑤ 换言之，为了获取士大夫阶层的认同，太医只好加强文学与艺术修养。这就导致医生不务本业，专务旁术，势必限制他们在医学技能上的进一步提升。即使像赵友同这样有名的太医院御医，尽管凭借自己的多

---

① 吕坤：《实政录》卷2《民务·振举医学》，《吕坤全集》，中册，第978页。

② 冯从吾：《冯少墟续集》卷2《正俗俗言》，载氏著，刘学智、孙学功点校整理：《冯从吾集》，西北大学出版社2015年版，第501页。

③ 朱国祯撰，王根林校点：《涌幢小品》卷25《书蝇》，第502页。

④ 费宏著，吴长庚、费正忠点校：《费宏集》卷9《赠弋阳医学训科黄君廷珍序》，第270页。

⑤ 李日华著，屠有祥校注：《味水轩日记校注》卷7，万历四十三年七月二十六日条，上海远东出版社2011年版，第520页。

才多艺，而被人推荐担任《永乐大典》的副总裁，以及《五经大全》《四书大全》《性理大全》诸书的纂修官，甚至因为懂得水利而辅佐户部尚书夏原吉赴江南治水，但终究没有成为文学近臣，在官衔上始终仍是方技杂流，“终老异途”。① 这从另外一个侧面证明，在儒家士大夫看来，不论医生如何加强自己的文学技能，终究还是会遭到士大夫的鄙视。

二是从“良医”向“庸医”的转变，导致“庸医”流行于世。医生作为一种职业技能，最为关键的一点是术业有专攻。司马迁曾说：“人之所病，病疾多；而医之所病，病道少。”其意无非是说，医生的医术，不可以不工。在明代，同样流行一种“医贵乎老”的说法，更是说明医生唯有阅历多，而后才有定见；唯有屡次试验，而后才有定守。② 可见，医生这一职业，需要阅历、经验的积累。此外，从《周礼》可知，上古时期的医生分为“疾医”“疡医”，相当于后世的内科与外科。在周代，疡医同样被归入士人之列，可以岁食其禄，并由医师统制，每年由医师考察其医学技能的得失而加以黜陟。这就使良医的广泛出现有了基本的保障。至明代，在府、县虽仍设立医学，但显已名存实亡，这主要还是因为“官不能为民设医”所致。一旦官不能为民设医，所谓的疡医，甚至包括各类医生，均成为一种“贱业”，来源极其复杂，大半是以“市人”充任，不能通晓病人的致病之源与病人如何养病之法，仅仅“守故方以求一验”。其结果，一则导致拙医日趋增多，二则即使其间偶有一些良医，也均依仗“饰车服、盛徒御”获取声名，一旦看到病人危急，就“邀劫金帛以为利”，甚至“放言高论，恬不知耻”。③ 如此情状，一如明末清初人汪琬所言：“后世不求工于其术，而惟不遇之是患，争名而射利，日益以甚。以是死于医与死于病者，更互有之，而名为良医者，间世而不一觏也。”④

所谓庸医，一如汪琬所言，就是在“方”与“医”之间，只知“方”而不知“意”。换言之，庸医“率皆以有定之方，治无定之病，不问其人之起居食息，与夫时俗之温严燥湿，而概以成格进之”。⑤ 这无疑限制了医术的发挥，甚至难起治疗之效。在明代，诸如此类的庸医甚嚣尘上，甚至成为笑话讽刺的主要对象，亦即所谓世

---

① 沈德符：《万历野获编》卷10《词林·医官再领著作》，上册，第256页。

② 费宏著，吴长庚、费正忠校点：《费宏集》卷11《赠医师夏君孟厚序》，第358—359页。

③ 汪琬：《钝翁前后稿》卷24《文稿》12《序》2《赠郁医序》，载氏著，李圣华笺校：《汪琬全集笺校》，第2册，人民文学出版社2010年版，第550页。

④ 汪琬：《钝翁前后稿》卷24《文稿》12《序》2《赠外弟金兹昭序》，《汪琬全集笺校》，第2册，第551页。

⑤ 汪琬：《钝翁前后类稿》卷25《文稿》13《序》3《伤寒书序》，《汪琬全集笺校》，第2册，第567页。

人“作谑讥庸医”。①

明代的医生,不仅医术庸劣,而且一味求利。明人李开先在《送良医陈月山》诗中,对当时医家的“求利”现象有所揭露。诗云:“近来医道废,不免达人忧。重利惟轻义,大言实寡谋。证难分表里,脉不辨沉浮。故托命无救,非干药不投。人危犹未去,颜厚不知羞。”②这有事实得以印证。据冯梦祯的日记记载,万历三十年(1602)十二月十二,有一位姓马的医生,号称“髯医”,过去经常来往于马府,后因渎职而见逐,将此归咎于另外一位医生戚不磷,所以前来冯梦祯之家诉苦。正说话间,正好戚不磷也到了冯府,“两相忿争,两人俱露真面目”。③这显然是医生为了利益而争吵的典型个案。

其三,士大夫好养生之术。在明代,作为社会上层的士大夫,可以充分享受基于物质基础的快乐生活。在享受物质生活之余,他们进而追求长生之术。

人生于世,寿命的修短,固然可以借助于养生而有所改变,但确实不必过意强求。在长生问题上,明末有两位松江人的一番议论,倒是颇为道出人生的实情。如礼部尚书陆树声,年至九十五六,曾对山人陈继儒说:“天地如逆旅。人生其间,如僦屋而居。期满年至,主人见索,亦须归之。”如此比喻,实则符合人生寿夭的自然规律。陈继儒认同陆氏之说,并补充道:“若僦屋者不得罪主人,谨身洽邻,主人爱之,多住几年亦未可知。”其意说,人欲长寿,尚须不得罪于自然规律,且能做到“谨身洽邻”。这两种看法,在当时被认为“住世长生至言”,亦即对寿命的修短既不刻意求之,又可借助自己的善行而延长寿命。④

当然,如此清醒地认识,仅限于部分士大夫,其中更多的士大夫,还是对长生有一种刻意的追求。其中之法,无非寻找养生之术,甚至服食延年丹一类的药物。但凡长生家,多喜服食药物。当然,所谓的药物,又可分为药与物两类。药虽由物所成,但物决非是药。物由金石、草木滋生而成,而药成之后,金石、草木的滋生随之消去。可见,所谓的药,不可舍弃金石、草木而成。这是作为喜欢长生之术的商孟和最为认同的道理。⑤ 随之而来者,则是士大夫对养生之术及延

① 江盈科:《谐史》,上海古籍出版社2000年版,第245页;赵南星:《笑赞》7《医生》,载周启明校订:《明清笑话四种》,人民文学出版社1983年版,第5—6页。

② 李开先:《闲居集》卷4,载《李开先全集》上册,第316页。

③ 冯梦祯:《快雪堂日记》卷13,壬寅十二月十二条,凤凰出版社2010年版,第189页。

④ 钟惺著,李先耕、崔重庆标校:《隐秀轩集》卷19《陆翁九十序》,上海古籍出版社2017年版,第353页。

⑤ 钟惺著,李先耕、崔重庆标校:《隐秀轩集》卷17《种雪园诗选序》,第311页。

年丹的追求。这有两个例子可以说明。如万历三十八年(1610)闰三月九日,几位追求养生的士大夫,如李日华、项孟璜、岳之律三人,相会于杉青闸,后来的参加者尚有一位号称“善养生”的叶中和。他们聚在一起,讨论并试验养生之术,其中的方法,先是“致汗”,亦即出汗,通过闭息少许,以达到“汗即濡体”。随后,则是“收汗”,通过“叩齿三下,用手推却者三”之法,达到收汗之效。诸如此类的养生之术,被当时的人视为“神仙可立致”。[①] 在追求养生术之余,一些士大夫开始服食延年丹。如聂素园喜食“五季丹”,又称“六始丹”。他甚至相信,在服食了延年丹之后,若是再闭关坐 7 日,则可延年 150 岁;坐 5 日,可延年 120 岁;坐 3 日,可延年 80—90 岁。作为士大夫的姚旅,转而以一个事实证明此丹的长生之效。他记道,曾任彰德知府的林元和服下“五季丹”之后,只闭关坐了 3 日,就起了效果,“骨节皆响,暖气蒸体,林不奈久坐,即出关”。此后,即使是到了冬天,身穿单衣,也“殊不畏冷”。最后,林元和寿至 84 岁。[②]

诸如此类的养生之术与延年丹,显然并无多少道理,但在明代的士大夫群体中,却多信之不疑。随之而来者,则是医生群体在行为上发生诸多的变化,亦即更多地迎合士大夫的养生追求。史称北京的很多医生,其行为发生了两大转向:一则无不“盛仆马,饰舆服,以炫耀耳目”。这是医生群体对生活品质的追求。二则“杂取房中之书,坎离龙虎之说,自诡秘方,以媚权贵人之好”。[③] 这是借助于房中术一类的“秘书”,取悦于权贵,从中觅利,以维系自己高品质的生活。于是,医生群体与士大夫群体形成一种须臾不可离的关系。

其四,若是以区域的视角观之,明代的医疗卫生条件显然存在着一些区域性的差异。相比之下,江南的医疗条件,比西北稍为好些,且多名医。这显然可以从下面的例子中得到证实。如正德元年,杨一清出任陕西、宁夏等地总制,曾自称自己元气素弱,且一直有目疾,即使是在少壮之时,也是目疾均要发作。尤其是步入中年以后,更是血气既衰,渐成昏眊,甚至十步以外,不能辨人。至十一月,因为前往宁夏花马池等处地方阅视边兵,野行草宿,为风沙所伤,回到环县,更是“目疾大作”,甚至“见风日则刺痛如割,阅文字则涕泪交流”。鉴于在陕西边方,多无名医,即使有一二个颇通医业之人,但因为南北风气不同,禀赋各异,再加之治疗失宜,导致无甚疗效。为此,杨一清上疏,要求敕谕该部转行巡抚南

---

① 李日华著,屠有祥校注:《味水轩日记校注》卷 2,万历三十八年闰三月九日条,第 101 页。

② 姚旅:《露书》卷 13《异篇》上,第 315 页。

③ 汪琬:《钝翁前后稿》卷 24《文稿》12《序》2《赠外弟金兹昭序》,《汪琬全集笺校》,第 2 册,第 552 页。

直隶都御史,行令镇江卫,将原先自己常用的医士睦幹"督发前来",在军门效力,替自己治疗眼疾。① 这一记载足以说明,在杨一清的眼中,江南医士的医术水平明显高于西北边地的医士。

其五,随着民间慈善的兴起,民间的医疗服务在一定程度上补充了官方医疗卫生保障的不足。在明代,每当大疫流行之时,民间慈善力量多会捐施医药。如安徽歙县人江若清,牌镇人。万历十六年(1588),因时疫大作,他就捐施医药,"全活甚众"。② 万历十八年,在河南虞城县,更是出现了"广仁会"一类的慈善组织,对民众实施医疗救助服务。根据杨东明的记载,广仁会是一个追随"同善会"的慈善组织,其中的参加者达31人,多为虞城县富而有力之人。此会以"济人利物"为宗旨,但所行以施药为主。如由"颇知医"的山人张常安,掌管会中施药之事,又会中之人范炳"素谙轩岐术",由他负责选择"精方",以便所施之药均能发挥疗效。广仁会的施药之举,显然起到了很好的效果,甚至"求者日数百人,至不能应"。③

三、养老保障

在儒家的理想社会中,"老者安之"无疑是其中的一条重要标准。说到老者安之,归根结底关乎养老保障。细分之,又可分为三个层面。

其一,来自家庭的子女对父母的孝养保障。儒家传统孝道观有一条颇为重要的准则,即倡导"父母在,不远游",以在堂前或床前尽孝无归旨。然或因出于生计的需要,或因为了显亲扬名,客观的现实却是很多人不得不"远游"。即使如此,按儒家孝道观念的要求,远游之人并非尽是不孝之人,只要遵循以下两条准则,同样不失为孝子:一则"游必有方",以免自己父母的担忧;二则人在远方,仍能克尽"养亲"的职责。置于如何尽这种"养亲"的职责,外出远游的儿子,则大多推诿于自己的妻子。

明代远游之人,大抵不脱以下四类:一是读书仕宦的官员,一入宦海,四处漂泊,身不由己;二是经商求利的商贾,身入江湖,四处奔波;三是戍守边关的军人,

① 杨一清:《关中奏议全集》卷9《为乞取医士治疗病疾事》,《杨一清集》,上册,第306页。

② 江登云辑,江绍莲续编,康健校注:《橙阳散志》卷3《人物志》1《义行传》,安徽师范大学出版社2018年版,第69页。

③ 杨东明:《山居功课》卷1《世务篇·广仁会序》,《北方王门集》,下册,第812页。

抛家离舍，征战疆场；四是遁入空门的僧人，或出家入寺，或托钵云游。上述四类远游之人，无不存在着如何孝养父母的问题。而对于远在家乡的父母而言，同样面临如何养老的难题。

中国久已流传一句谚语，即“养儿防老”。这句话在明代还是流行。何谓防老？根据明末清初人陆文衡的解释，最为根本的宗旨就是必须孝养老人。在陆文衡看来，老人可以“倚命”之人，固然在于“子之孝”，即身为儿子者能够尽孝，但更在于“媳之贤”，即身为儿媳者的贤惠。换言之，老人能够快乐地安度晚年，当然必须具备诸如“有田里”“教树畜”之类的物质基础，但假若儿媳不贤，“老者终失养也”，老人终究难以得到安养晚年的家庭保障。①

其二，来自官方的养老政策保障。明代官方显然有着一套基本的养老政策。这主要体现在以下几个方面：一是“尊高年”，对于年老之人，官方不仅赐予米、肉、絮、帛之类的物质优待，而且免除其杂泛徭役，甚至赐予德高望重的老人参与“乡饮酒礼”这种精神性的礼遇。二是制定现任在职官员孝养父母的政策，包括侍养父母、分俸养亲、离职侍养等。三是制定官员致仕制度，及其致仕官员的养老优待保障。

其三，来自社会的互助养老保障。明代官方养老保障政策设计存在着制度性缺失，致使现实中的老人很难得到真正的养老保障，导致民间互助养老团体的崛起。明代民间的互助养老团体有二：一是各种名色的怡老会，旨在使老有所乐；二是各种名色的养老团体，旨在借助互助性的组织，使老人死后得到丧葬的保障。

（一）官方的养老政策

通观明代官方的养老保障政策，大抵可以归为以下三类：一是“尊高年”，即通过各项措施对老人在物质、精神两个层面加以优待；二是在职官员侍养父母的制度保障；三是官员致仕的制度保障。

1. 尊高年以示优待

明代以儒立国，遵循“敬老贵贵”的基本准则。所谓“敬老”，即尊高年以示优待；所谓“贵贵”，即为“尊贤”，并以官员致仕制度的确立加以保障。即使是旨在尊老的乡饮酒礼，也是尚齿与尊贤两者合一。

---

① 陆文衡：《啬庵随笔》卷1，清光绪二十三年刻本。

明代以“尊高年”为宗旨的养老政策，制定并实施于洪武元年(1368)。明初所定养老政策，以普通平民即“编民”为主，兼及致仕官员。以普通编民为例，贫者、富者在养老优待上各有侧重：若是贫者，则只是“给米肉”，亦即物质性的优待；若是富者，则“赐爵”，即给予荣誉性的优待。以官员致仕为例，若是官员在70岁以上致仕，均可以得到“酒肉布帛”，有的甚至可以“进阶”，即在荣誉性勋阶上得以晋升；若是官员中的大臣在80—90岁致仕，除了得以享受其他官员所有待遇之外，皇帝还“特赐存问”，亦即来自皇帝的特别慰问。①

明初洪武年间，官方的尊高年之政得以确立，并在基本政策之外稍有变化。如洪武元年(1368)八月，明太祖朱元璋下诏，凡是70岁以上的庶民，允许家中有1丁侍养，并免除其杂泛差役。当然，所免的差役，仅是“一子复”，亦即免除其一子的杂泛差役。洪武五年五月，明太祖下诏，令“中外学官”实行“养老之政”。这是官方首次规定，养老之政由内外的学官具体负责实施。鉴于学官在明代官场地位有限，这一政策显然已经限制了官方养老政策的有效实施。洪武十九年六月，明太祖下诏，要求地方官员“存问高年”。至于慰问高年的具体措施，则分为以下三项：一是慰问贫民中高年老者，规定年龄在80岁以上的老者，每月给米5斗、肉5斤、酒3斗；年龄在90岁以上的高年老者，除了享受上面这些待遇之外，每年外加帛1匹、絮1斤。二是慰问家有田产的高年老者，除了每年不给米5斗外，其他待遇一概可以享受。三是按不同的地区赐予富民中的高年老者荣誉爵位。其中规定，应天、凤阳二府的富民，若是年龄在80岁以上的高年老者，赐予“社士”的爵位；年龄在90岁以上的高年老者，赐予“乡士”的爵位。至于天下其他各府的富民，若是年龄在80岁以上的高年老者，赐予“里士”的爵位；年龄在90岁以上的高年老者，赐予“社士”的爵位。所有这些得赐荣誉爵位的高年老者，均可以得到朝廷颁发的冠带服色，地方官员必须每年加以慰问，并可以享受与县官“均礼”的政治待遇，甚至“复其家”，即免除其家的徭役。若是追溯其源头，社士、乡士、里士一类的荣誉爵位，相当于汉代的三老、公乘爵，亦即明代的“寿官”。洪武二十年，命礼部申谕有司，实行养老之政。可见，自此以后，地方养老之政的实施，由学官改为地方行政官员负责。这显然使养老政策的实施可以得到更好的保障。洪武二十二年八月，明太祖下诏，要求荐举“高年有德识时务”之人，并“复其家”，即免除全家的差役。在洪武年间，高年的老者亦即所谓“耆民”，在享受物质、荣誉待遇之外，尚在一定程度上享有政治待遇。当

① 龙文彬:《明会要》卷51《民政》2《尊高年》，下册，第956页。

时朝廷规定，凡是年龄在 50 岁以上的耆民，可以至京城朝见皇帝，皇帝通过他们知晓民间百姓的疾苦。假若耆民有才能，可以“拔用之”，即通过选拔而出仕；若是年老不通治道，则“宴赉而遣之”。后因前来京城朝见的耆民日众，至洪武二十六年，明太祖下令取消了这一规定。①

明太祖所定尊高年的政策，显然在随后的各朝得以维系。如建文元年(1399)正月，建文帝下诏，凡是年龄在 80—90 岁之间的军民男妇，赐予米 1 石、肉 10 斤、酒 3 斗；年龄达到 90 岁的老者，在享受上述待遇之外，加赐帛 1 匹、绵 1 斤。相较于洪武十九年的规定，这一规定显然提高了赐给老者的部分待遇，如从赐肉 5 斤，增加到赐肉 10 斤。② 永乐七年(1409)二月，明成祖派遣使者于巡幸所经的各个府县，“存问高年”。当时规定，若是年龄在 80 岁以上的老者，赐予酒、肉；若是年龄超过 90 岁，除了可以得到酒、肉之外，还加赐帛。永乐十九年，明成祖下诏，凡是年龄在 80 岁以上的百姓，地方官员给予绢 2 匹、酒 1 斗、肉 10 斤。永乐二十年，明成祖下诏，凡是年龄在 70 岁以上，以及笃废残疾的老者，免其家中 1 丁的差役，允许其侍养。若是年老不能自存，那么地方官员必须加以“赈给”。③ 可见，在永乐朝，尊高年政策的实施对象，从原先的 80 岁以上，降为 70 岁以上。天顺二年(1458)，明英宗下诏，凡是年龄在 80 岁以上的军民，不分男妇，地方官员给予绢 1 匹、絮 1 斤、米 1 石、肉 1 斤；若是年龄在 90 岁以上，则加倍赐给。又男子年龄在 100 岁以上，则“给与冠带”，亦即享受官员一般的荣誉待遇。相较于洪武初年的养老政策，这次规定提高了 90 岁以上老人的待遇。至天顺八年，明英宗下诏，凡是年龄在 70 岁以上的百姓，免去家中 1 丁的差役，地方官员每年给予酒 10 瓶、肉 10 斤；年龄在 80 岁以上的百姓，在享受上述待遇之外，加赐絮 2 斤、布 2 匹；年龄在 90 岁以上的百姓，除了享受上述所有待遇之外，还“给与冠带”，即享受政治上的荣誉。④

为了表示对老年的优待，明朝廷在制定相关的养老政策时，尚给予老年在徭

---

① 龙文彬：《明会要》卷 51《民政》2《尊高年》，下册，第 956—957 页；龙文彬：《明会要》卷 52《民政》3《优免》，下册，第 978 页；余继登撰，顾思点校：《典故纪闻》卷 4，第 78 页；顾起元：《客座赘语》卷 1《里士乡士》，第 32 页；沈德符：《万历野获编补遗》卷 1《列朝・里士社士》，下册，第 788 页。按，祝允明《野记》所载，与顾起元相同。参见邓士龙辑，许大龄、王天有主点校：《国朝典故》卷 31，引祝允明《野记》1，上册，第 508 页。

② 黄光昇：《昭代典则》卷 12，第 310 页；龙文彬：《明会要》卷 51《民政》2《尊高年》，下册，第 957 页。

③ 龙文彬：《明会要》卷 51《民政》2《尊高年》，下册，第 957 页。

④ 龙文彬：《明会要》卷 51《民政》2《尊高年》，下册，第 937—958 页。

役上的优免。如洪武元年（1368），明太祖下诏，若是年龄在70岁以上的百姓，允许1丁侍养，并免去这1丁的杂泛差役。洪武二年，明太祖下诏，凡是年龄在80岁以上的百姓，家中仅有一子，且家中因有田产需要应当差役，允许其子不必亲自服役，可以"雇人代替出官"；若是家中没有田产需要应当差役，则允许1丁侍养，并免去这1丁的杂泛差役。①

尊高年及其相关的养老待遇政策，显然属于一项并不固定乃至普遍实施的养老政策。它的真正实施，往往需要通过皇帝不停地下诏加以重申。这就在一定程度上制约了这项政策的真正实施效果。自明代中期以后，朝廷关于尊高年的养老政策的重申频率，相对陷于稀疏，有时甚至出现了停歇，导致政策颁布与实施的个案渐趋下降，仅有数个例子而已。如正德六年（1511）五月，明武宗下诏，赐予北京年龄在80岁以上的百姓"粟帛"。② 此外，若是这些年龄达到80岁，且在乡里有"行谊"，还赐予"冠服"，其地位"得视命士"，亦即享受与士大夫一样的礼遇。③ 嘉靖十五年（1536）三月，明世宗因为前往天寿山谒陵，下诏赐予"高年"的老人"粟帛"。④

明代优待老人的精神性礼遇，则以乡饮酒礼最为典型。乡饮酒，既是一种盛礼，又是一种古礼，是礼下于庶人的典型表征。乡饮酒礼的目的有二：一是"养老"，即通过仪式达到养老之实；二是"化民"，即借助于乡饮酒的礼仪而教化百姓，化民为善。

明代恢复并实施了这一古老的礼仪。至于这一礼仪具体实施颁行及其实施的时间，显然在明代存在着三种说法：一是余忾之说，据他所撰《乡饮礼序》，可知实施的时间为洪武十二年（1379）；二是《余干县志》所载之说，据此可知实施的时间为洪武五年或洪武八年；三是顾鼎臣之说，认为实施的时间为洪武十六年。三者所言歧出，一时难以论定。然从诸多史料记载可知，早在明初，即已实施乡饮酒礼。至于将完整的一套乡饮酒礼的图式颁示天下，则有洪武五年与洪武十六年两说。

按照史料记载，乡饮酒礼每年两次举行，一次是在孟春正月，另一次则是在孟冬十月。至于此礼的主要参与者，一说是"即其乡宾礼耆英"，亦即参与的乡

---

① 申时行等修：《明会典》卷20《户部》7《户口》2《赋役》，第134页。

② 龙文彬：《明会要》卷51《民政》2《尊高年》，下册，第958页。

③ 萧与成：《庆柏庵公八十承恩序》，载冯奉初辑，吴二持点校：《潮州耆旧集》卷3《萧太史铁峰集》，暨南大学出版社2016年版，第27页。

④ 龙文彬：《明会要》卷51《民政》2《尊高年》，下册，第958页。

宾仅是在年齿上属于“耆英”,并无具体的身份限制;另一说是“有司官会同儒学官率士大夫之老者行之”,说明倡导者是地方行政官员与学校学官,而参与者则是“士大夫之老者”,说明乡宾具有士大夫的身份。不管两说如何有异,乡饮酒礼基本具有以下四项内容与特点:一是乡饮酒礼的“主席”,通常还是由乡里间诸如粮长、里长一类的准官僚占据,亦即史料所谓的“有粮长者,粮长为主席;无粮长者,里长为主席”。二是此礼座次的排定,显然是尊老尚齿,亦即史料所谓的“如坐,以宾之年最长者居中,众则序齿居左右,主席者居其末”。洪武十二年(1379)昆山县举行乡饮酒礼,参与者最高年达 112 岁。此外,90、80、70 的老者,也是“坐以齿”。这显然提供了此礼尚齿的另外一个佐证。三是行礼期间,必然选定一人“读律”,并申明皇帝的戒谕。四是饮酒致礼。在互相行礼之间,同样遵循一种尚齿的原则:年长一倍的老者,在接受他人的致礼时,可以“坐受”;年长 10 岁的老者,在接受他人的致礼时,则必须“立受”;至于年齿相若,则可以互相抗礼。

从上不难发现,参与乡饮酒礼的老人,无疑享受了一种不同于普通富家翁的荣誉。在明代民间,若是家有“藏镪数百万”,即可称为富家翁,所过的生活,无非是“烹羊羔,举觞浮白,挟吴姬,侍赵女,弹筝搏拊,歌呼呜呜”,以极一时之乐。这显然侧重于物质生活的享受。乡饮酒礼是尊老之举,其目的在于通过乡饮酒这种仪式,以表达一种尊老意识,使参与其中的老者获得一种荣耀感。这无疑是一种精神层面的抚慰。①

乡饮酒礼固然以“敬老”为宗旨,但同样存在着“贵贵”之义。据《明会典》所载,乡饮酒礼的宾介多以致仕的官员出任,甚至不是科贡正途出身的致仕官员不能出任。这无非是为了体现“尊贤”的另外一层含义。至于“贤者”的确定,其最为主要的标准仍然是有无官位甚至官位的高低。此外,乡饮酒礼的诰词有云:“高年有德者居上庠,高年淳笃者次之。”同样是“高年”,“淳笃者”与“有德者”同样存在着等级差异,至于那些不淳、不笃之人,即使是老者,也很难参与乡饮酒礼。可见,乡饮酒礼也并非专尚年齿。②

---

① 叶盛:《水东日记》卷 21《乡饮酒礼》,中华书局 1997 年版,第 208 页;顾鼎臣:《顾文康公三集》卷 2《赠梦樵朱隐君礼燕卷序》,载氏著,蔡彬点校:《顾鼎臣集》,上海古籍出版社 2013 年版,第 373 页。

② 阮葵生撰,李保民校点:《茶余客话》卷 22《敬老贵贵》,下册,上海古籍出版社 2012 年版,第 559 页。

2. 在职官员侍养父母的制度保障

在职官员离职侍养自己的父母，这一制度显然初定于洪武三年（1370）二月。史载明太祖在巡行后苑时，见巢中之鹊辛劳，就感叹人间“母子之恩”。出于以孝治理天下的考虑，进而推测人情莫不爱其亲，本于人情而治理天下，下令群臣若家中有“亲老”的情况，允许“归养”。① 至洪武二十六年，官方正式确立了在职官员离职侍养父母的制度。其中规定，在现任官员中，凡是父母年龄超过70岁以上，允许官员“移亲就禄侍养”。如果父母年老有疾，户内别无其他人丁，也允许官员亲自赴京面奏，“揭籍定夺”。相对于官员而言，吏员侍养父母的规定，则显较为严格。制度规定，吏员父母年老，家中别无人丁，务必要经过本部移文勘察，若是属实，在明白奏准之后，才允许“离役”。无论是官员，还是吏员，若是离职侍养父母，在父母亡故且服满之后，均可以起复，赴吏部听用。②《大明令》也有如下规定：“凡官员，祖父母年及七十，果无以次人丁，自愿离职侍养者，听。”③此条的基本规定与《明会典》所载相同，只是将离职侍养的对象扩大到官员的祖父母。至嘉靖十三年、十五年、十七年（1534、1536、1538），经过奏准，分别对官员离职侍养父母的条例加以细化。细化以后的规定有三：一是在职官员的父母年老之后，虽然官员另有兄弟，但兄弟均出仕在外，导致家中父母无人侍养，那么允许官员“放回籍终养”；二是在职官员的父母年老之后，虽然官员另有兄弟，但兄弟因患有笃疾而不能承担起侍养父母的职责，那么也“准令终养”；三是在任官员的母亲年老之后，虽然官员另有兄弟，但仅是同父异母的兄弟，那么也“准领终养”。④

在职官员离职侍养父母，在明代又称“乞终养”，在通常情况下需要向皇帝上疏，并获得皇帝的最终批准。这可以弘治年间都察院监察御史陈茂烈、万历年间行人司行人刘宗周为例加以说明。

弘治十七年（1504）二月，监察御史陈茂烈，因家中母亲年老，请求离职侍养，获得皇帝的准许。至于陈茂烈要求离职侍养母亲的原因，大致可以从上疏中略知一二：一是陈茂烈父亲陈善祥“不幸早丧”，只剩下母亲张氏，且年龄已是77岁，进入衰迈之年。二是陈茂烈属于独子，家中“别无次丁”，且兼陈茂烈也无男

---

① 黄光昇：《昭代典则》卷6《太祖高皇帝》，第132页。

② 申时行等修：《明会典》卷11《吏部》10《侍养》，第69页。

③《大明令》，载怀效锋点校：《大明律》附录，法律出版社1999年版，第246页。

④ 申时行等修：《明会典》卷11《吏部》10《侍养》，第69页。

嗣，导致"一母一子，各天一涯，千思万思，无时不思，疾病独自呻吟，药饵孰与调节"；三是陈茂烈的家在兴化府，在原先出任吉安府推官时，因为离家并不遥远，母亲虽然年高，"犹能就禄"；其后到了京城，出任监察御史，则"母年愈老，疾病缠绵，不禁跋涉，重违故乡，临别丁宁，言语悲切"。四是明白说出母子之间的思念之情，亦即"臣既思母，则报生之心乱，母复思臣，则保身之心微。臣心可悯，母心尤可虞也"。①

万历三十二年（1604）十一月，初任行人司行人的刘宗周，按照官方所定条例上疏，请求离职侍养自己的祖父。在上疏中，刘宗周道出了请求侍养的原因。从中可知，刘宗周的祖父刘燉在壮年时丧妻陈氏，义不再娶。陈氏育有三子，分别是刘宗周之父，很早去世，留下遗腹子刘宗周；刘宗周的二位叔叔，也相继去世，而且均无后。所以家中所存，只有祖父、母亲、刘宗周三人，形影相吊。当凶岁频仍，家中田庐一概卖去，一年之中，有一半的日子入山，一半寄食于刘宗周的舅舅家。在这样的家庭环境下，刘宗周的母亲亲自纺织，以所得供奉刘宗周的祖父；刘宗周的祖父严厉教导刘宗周。伶仃孤苦，最后使刘宗周得中进士，有所成立。随后，母亲去世，匍匐号归，形影相吊者只剩祖孙二人。家庭生计还是没有改善，一年之中有一半的日子入山，一半寄食于刘宗周的舅舅家。刘宗周中进士，入朝为官，家中只剩下祖父一人，且年龄已达 80 岁，正所谓"身既无依，养且无家，流移衰迈，朝不暮保"。出于"乌哺之思"，刘宗周上疏，请求侍养自己的祖父。②

3. 官员致仕后的制度保障

官员致仕，无疑关乎"全节"与"全晚节"的关系问题。按照明代大儒薛瑄的看法，一方面，做到"全节"，即保全自己的节操，这是"人之所难"。如人一旦出仕为官，秩显于身，名加于时，往往会被外物的纷华所幻惑，最后改变自己的"素志"。另一方面，做到"全晚节"，即保全自己晚年的节操，更是"人之所难"。如有人入仕之后，确乎能卓然不因外物的纷华而改变初心，保全自己的节操。但年已老，往往不能忘情于进退之间，可见保全晚节之难。明代官方确立一代"引年之典"，亦即官员的致仕制度，其目的无非有二：一是"优老养恬"，使官员能安度晚

① 黄光昇：《昭代典则》卷 23，第 663—664 页。

② 刘宗周：《文编》1《奏疏》1《遵例陈情恳赐侍养以全子道疏》，载吴光主编：《刘宗周全集》，第 3 册，浙江古籍出版社 2007 年版，第 1—2 页。

年;二是“厉臣下之节”,即通过制定官员致仕之后的养老保障制度,使官员得以保全晚节。一旦官员有了致仕以后的保障,那么,官员在到了致仕之年,就会欣然“自引而去”。① 这有以下二例为证。据薛瑄所载,一位陈姓的御史,在“官满九稔”之后,即使年龄未到 70 岁,按照一般人的态度,显然希望能够“少缓须臾”,甚至“所得而偿所愿”。但陈御史并非如此,而是毅然自引而去。② 又正统元年(1436)春,行在太仆寺丞马有容,因为年龄将到 70 岁,就“拜疏于朝,乞致政归乡里”。③

明代官员致仕及其年龄规定,虽有较为统一的标准,但其间颇为复杂,大抵可以从以下几个方面加以考察:一是以 70 岁作为致仕的年龄线。如洪武元年(1368)下令,内外大小官员,年龄达到 70 岁,就“听令致仕”。洪武二十六年,进一步规范官员致仕的程序,规定凡是官员年龄已达 70 岁以上,假若果真精神昏倦,允许官员亲自赴京面奏,吏部查照属实,才允许“去官离职”。永乐十九年(1421)下诏,文武官员年龄达到 70 岁以上,已经不能治理政务,允许明白具奏,“放回致仕”。二是以 60 岁作为致仕的年龄线。如洪武十三年下令,文武官员年龄达到 60 岁以上,“皆听致仕”。三是只要具有特殊原因,就不必按照年龄限制,同样可以致仕。如宣德十年(1435)下诏规定,文武官员即使年龄未到 70 岁,但因为“老疾不能任事”,则强行要求“冠带致仕”;弘治四年(1491)奏准,若是官员自愿告退,可以不分年龄,“俱令致仕”;万历十一年(1583)题准,在外官员,中途因为患病,且自愿致仕,允许差人自奏,先行准覆,随后行令巡抚、巡按官查核,核实无误,可以致仕。④

明代致仕官员的养老,虽非完全依靠官方所给的优待礼遇,但至少可以为他们提供部分的养老保障。至于官员致仕以后的待遇,明代史料有如下概括性的记载:

> 国初官员,凡以礼致仕者,与见任同,朝廷待以优礼,又有升秩给俸、赐敕之典。其后大臣致仕,或给驿还乡,或命有司岁给人夫,月给食米有差,其尤宠异者,或赐敕,或加赐百金文绮,或又官其子孙,皆特恩云。⑤

---

① 薛瑄:《文清公薛先生文集》卷 15《送陈御史致仕序》,《薛瑄全集》,第 1 册,第 483 页。
② 薛瑄:《文清公薛先生文集》卷 15《送陈御史致仕序》,《薛瑄全集》,第 1 册,第 483 页。
③ 薛瑄:《文清公薛先生文集》卷 15《送太仆马寺丞致政序》,《薛瑄全集》,第 1 册,第 484 页。
④ 申时行等修:《明会典》卷 13《吏部》12《致仕》,第 81—82 页。
⑤ 申时行等修:《明会典》卷 13《吏部》12《致仕》,第 81 页。

上面所载关于官员致仕后的待遇，已经颇为详尽。若是稍加概括，大致有如下数种待遇。

其一，国家为致仕官员提供“人夫月米”。如永乐十九年(1421)规定，致仕官员假若家中没有子嗣，且孤独不能自存，地方官府每月向致仕官员供给月米2石，直至终身；成化二十二年(1486)规定，假若致仕官员因为廉贫不能自存，且这种晚年窘况“众所共知”，那么地方官府每年向他们供给米4石。①

这显然可以得到史实的印证。按照明代的惯例，大臣致仕之后，由官方提供人夫，亦即史料所谓的“加舆隶”。人夫之数，有的4名，有的5名，多者可达8名。如成化十五年(1479)，太子少保户部尚书杨鼎上疏乞求致仕，得到了明宪宗的特敕允准，并令其享受“给月米二石，岁夫四名”的优待。换言之，致仕以后的杨鼎，可以从地方官府那里每月获取米2石，每年获取人夫4名。尽管如上述所云，在永乐十九年(1421)已有了向致仕官员提供月米的事例，但仅仅限于家中没有子嗣、孤独不能自存的致仕官员，但就总体而言，在成化十五年之前，并无致仕大臣“给米拨夫”之例。大臣致仕，有给米拨夫的优待，显然是从杨鼎开始。② 至成化十五年十二月，礼部尚书邹幹、工部尚书王复致仕，同样按照杨鼎的事例，地方官府向他们提供相同的月米、人夫。③ 为此，明代史料有云：“故事，凡缙绅家居，邮中月致舆饩。”④其中所谓的“邮中”，主要是指各地的驿站；所谓的“舆”，即指抬轿的人夫；所谓的“饩”，即指月米。正德十三年(1518)，南京吏部尚书孙需上疏要求致仕，明武宗下令，地方官府“给廪粟月二石，与隶岁三人”，“以示优礼老臣之意”，⑤亦即提供月米2石、每年提供人夫3名。嘉靖元年(1522)，明世宗下诏，凡是文职官员致仕，且未曾享受恩典之人，地方官府向他们每月提供米2石、每年拨人夫2名。二品以上及年龄达到80岁，则“备采币羊酒问劳”；年龄达到90岁以上，则“具奏，遣使存问”。若是五品以下及年龄达到70岁，“进散官一阶”。若是致仕官员因为廉贫而不能自存，则每年给米4石。⑥

---

① 申时行等修：《明会典》卷13《吏部》12《致仕》，第81—82页；龙文彬：《明会要》卷51《民政》2《尊高年》，下册，第958页。

② 余继登撰，顾思点校：《典故纪闻》卷15，第272页。

③ 黄光昇：《昭代典则》卷20，第559页。

④ 黄凤翔著，林中和点校：《田亭草》卷15《亚中大夫湖广布政司参政警庸林公墓志铭》，商务印书馆2018年版，第288页。

⑤ 费宏撰，吴长庚、费正忠校点：《费宏集》卷16《南京吏部尚书致仕赠太子太保谥清简冰檗孙公传》，第554页。

⑥ 龙文彬：《明会要》卷51《民政》2《尊高年》，下册，第958页。

嘉靖二年四月，明世宗下诏，命地方官府为终养巡抚方良永每月提供米 3 石，“著为令”。所谓终养，是臣子为了遂行孝道之举，亦即侍养父母，显然不同于官员自己的致仕。但随后，明世宗又规定，不论致仕、终养，只要“节行可称”，均“如之”。这就是说，致仕官员同样可以享受月米 3 石的优待。①

当然，也有例外。若是得到皇帝的宠信，官员在致仕之后，可以享受超越规定的月米、人夫待遇。如大学时李春芳在致仕时，不但“降敕奖谕，赐传还里，遣使护之”，而且地方官府还每月给米 6 石、每年给“舆人”（即人夫）8 名。② 与之相反，有些官员致仕之后，并未达到官方规定的“舆隶”之数。如孙需致仕后，仅得到“舆隶”3 名，显然低于官方 4 名的标准。这些服侍于致仕官员的“舆隶”，通常由致仕官员家乡的官府提供。从明末人朱国祯的记载可知，当时在苏州、杭州两地，即使并非大臣致仕，而仅仅是“庶僚”致仕在家，同样可以得到“舆隶”4 名。这些舆隶服侍于致仕官员，如同家仆一样，“暇则守门担柴”。此外，即使不是致仕官员，只是因考察被罢黜闲居官员，有时也可以得到来自朝廷的月米。如弘治年间，按察司副使陈泠庵因考察而被“诬归”。回到苏州后，家贫，只好卖书自给。于是地方官员援引天顺年间的事例，每年提供给他米 5 石。③

其二，致仕官员可以享受“复其家”亦即免除徭役的优待。洪武十二年（1379）八月，明太祖下诏，凡是致仕官员，即“复其家，终身无所与”。所谓“复其家”，就是免除其全家应承担的所有差役。永乐二十二年（1424）十月，户部尚书郭资致仕，明成祖下令“复其家”。洪熙元年（1425），祭酒胡俨“乞休”，明仁宗下令“复其子孙”。这无疑是将徭役优免，从个人的“终身”，扩大到致仕官员的子孙。宣德十年（1435），明宣宗下诏，文武官员年龄未到 70 岁，但因“老疾”不能任事，均允许冠带致仕，且免除杂泛差徭。正统初年，都御史顾佐致仕，明英宗下令户部，“复其家”。弘治十八年（1505）议定，以礼致仕的官员，免除其杂泛差徭。从“复其家”，转而变为仅免“杂泛差徭”，这无疑是致仕官员徭役优免待遇上的部分下降。至嘉靖二十四年（1545），更是议定致仕官员徭役优免的具体细则，规定以礼致仕的官员，可以免除徭役的“十分之七”；若是闲住的官员，则只

① 邓士龙辑，许大龄、王天有主点校：《国朝典故》卷 35，引《世宗实录》1，中册，第 614 页。

② 李廷机著，于英丽点校：《李文节集》卷 19《明故柱国光禄大夫少师兼太子太师吏部尚书中极殿大学士石鹿李公暨配一品夫人徐氏行状》，下册，第 474 页。

③ 朱国祯撰，王根林校点：《涌幢小品》卷 3《优恤》，第 50—51 页。

能免除徭役的“一半”。①

其三，致仕官员可以享受一定的礼制优待。这可以从以下三个方面观之：一是致仕官员与乡党相处，在礼仪上可以享受一定的礼遇。洪武十二年(1379)十月，明太祖制定了致仕官员身处乡党之礼。其中规定：只有身处族内，致仕官员才与家族成员“序尊卑”，一如家人之礼；当然，在与外祖及妻家人交往时，也同样“序尊卑”。假若致仕官员参加筵宴，则必须另设酒席，不可坐于无官者之下。若与异姓致仕官员聚会，在礼仪上“序爵”，即按照官位的高低排定座次；若是官位相等，则“序齿”，即按照年齿的高低排定座次。若是与异姓且又无官位的人相见，致仕官员不须答礼。若是庶民见到致仕官员，必须以官礼谒见，不许凌侮致仕官员，否则“论如律”。② 可见，致仕官员与普通庶民相交，仍然可以享受如同在任时一样的礼仪待遇。二是对致仕官员的诸多礼遇。如弘治十八年(1505)，明孝宗下诏，五品以上文职官员，若是以礼致仕，各自进官阶一级。若是二品以上致仕的大臣，以及年龄已经到达 80 岁，地方官府则“备采币羊酒问劳”；致仕大臣年龄在 90 岁以上，则“具奏，遣使存问”。③ 三是对致仕大臣的格外优待。这在弘治、万历年间，均可以找到例证。如弘治年间，尤其优待致仕的大臣。若是尚书致仕，有兼官者，多加从一品的宫臣；无兼官者，多加从一品的散官。如当时的宫保白昂、徐贵在致仕后，即加太子太傅；尚书徐琼、周经、王轼在致仕后，即加太子太保。这基本沿袭了成化年间商辂致仕之例。④ 万历十六年(1588)，都察院都御史吴时来上疏请求举行旷典，借此优待老臣。为此，张瀚等人均按照明神宗“恩诏”事例，得到了“月米岁夫”的优待。当时得到这一优待的致仕大臣，包括原任南京礼部尚书何维柏、陶承学，南京吏部尚书袁洪愈，南京兵部尚书郭宗皋，南京工部尚书曹亨，户部尚书毕锵，再加上张瀚，合计 7 人。至万历十八年，张瀚年达 80 岁，巡抚、巡按再次上疏，要求“优礼老臣以彰盛典”。明神宗下旨，对张瀚等“照例存问”，且“颁赐优渥”。⑤

基于官员在任期间的财富积累，再加之明代官方相对完善的官员致仕体制，

---

① 龙文彬：《明会要》卷 52《民政》3《优免》，下册，第 976 页；申时行等修：《明会典》卷 13《吏部》12《致仕》，第 81—82 页。

② 余继登撰，顾思点校：《典故纪闻》卷 4，第 60 页；黄光昇：《昭代典则》卷 8，第 209 页；祝允明：《野记》卷 1，载氏著，薛维源点校：《祝允明集》，下册，上海古籍出版社 2016 年版，第 838 页；陈建：《皇明启运录》卷 6，载陈建著，钱茂伟点校：《皇明通纪》，上册，中华书局 2008 年版，第 218 页。

③ 龙文彬：《明会要》卷 51《民政》2《尊高年》，下册，第 958 页。

④ 龙文彬：《明会要》卷 44《职官》16，下册，第 819—821 页。

⑤ 张瀚：《松窗梦语》卷 6《盛遇纪》，第 116 页。

无不使致仕以后的官员可以享受颇为安逸的养老生活。这些致仕的官员,他们观念中理想化的养老生活,固然并非尽是安逸的物质享受,但至少必须达到有闲之后的有趣。杨士奇在年达70岁时,曾作题为《归田趣四时》满江红词4首,从中可知,明代官员致仕后的理想化养老生活,无非就是春牧、夏耘、秋渔、冬樵。细言之,在春日里,身穿布袍,头戴棕帽,任意逍遥在东风里、芳草岸,听牧牛小儿在牛背上的清人书声;在夏日里,畅然幽怀,缓缓步去,至东皋,看农人"耘耨";秋日里,至西江,稳坐在渔艇上,看大儿网鱼,小儿爇香炉、烹茶灶,再听数声长笛白鸥前;冬日里,白首闲居,冬风又冷,坐在暖席上,又有茅柴煨芋栗,老妻稚子,围坐一处,看儿曹辈砍柴而归。①

4. 太监、嫔妃、宫眷的养老保障

在明宫之中,太监、宫女虽能得到一定的养老保障,但晚年生活极其凄凉。

以明宫太监为例,若是老贫无所依靠,通常会被发送到外经厂做看守,"以待毙焉"。这大抵说明即使在明宫之中,同样是太监,晚年生活差异明显:那些司礼监掌印、秉笔、随堂太监,他们在死后,各有牌位,送至外经厂供安;又各有影像,送至西直门外大佛寺供安。这些权势太监死后的牌位、影像,则由看厂监工、守寺僧人供奉"香火不绝"。至于那些没有权势的太监,老来只好到外经厂替权势太监供奉香火。② 此外,在北京城内外的寺庙中,各设有烧香内官10余员;在东、西舍饭寺,也各设有内官数十员。京城内外的寺庙及东、西舍饭寺,显然已成为安顿"年老有病"且无权势太监之处。这些太监一旦退居于此,官方只供给他们柴米、冬衣、靴料,"以终残年"。③

明宫太监养老保障的相对缺失,最终导致一些太监出于养老或死后的考虑,借助于互助的组织,以达臻养老送终的目的。史载一些"富厚"的太监,通常会预先捐资摆酒,建立诸如"老衣会""棺木会""寿地会"一类的组织,"念经殡葬,以为身后眼目之荣"。④

以明代宫眷为例,事实上可以分为两类:一类是有名封的嫔妃、无名的宫眷。她们的养老之处,则在皇城内的哕鸾宫、喈凤宫,且各有"应答、养膳银吃用"。等到她们病终之后,该殿看门官就禀知司礼监监官、典簿,由他们上疏皇帝,而后

① 叶盛:《水东日记》卷22《杨文贞归田趣词》,中华书局1997年版,第222—223页。
② 刘若愚:《酌中志》卷16《内府衙门职掌》,第99页。
③ 刘若愚:《酌中志》卷16《内府衙门职掌》,第124页。
④ 刘若愚:《酌中志》卷16《内府衙门职掌》,第124页。

按照她们各自的封号,按例发送。[①] 另一类是宫人。她们在年老或有罪退废之后,就发送至银作局居住养老。银作局并不在皇城内,而是在德胜门迤西,俗称"浆家房"。这些宫人在银作局居住之后,内官监照例供给她们米、盐,"待其自毙"。[②]

(二)民间养老之举

官方养老体系的不健全,势必导致明朝人的养老主要依靠家庭与社会。就家庭养老而言,在基本的"养儿防老"观念下,事实上同样存在着官、民之别;至于像僧人一类的出家之人,其实也并非完全置自己父母的养老于不顾,而是从佛孝观念的出发,在佛寺中践行侍养父母的孝行。就社会养老而言,则大多通过结成组织、团体的形式,借助于互助的方式,既使老者的生存得以保障,又使老者的晚年生活趋于愉悦。

1. 在职官员养亲

明代在职官员侍养父母的方式,大抵有以下两种:一是分俸养亲,即在职官员拿出自己一部分俸禄,替身在故乡的父母养老;二是迎养,即在职官员将身在故乡的父母迎至在任之所,加以奉养。

就前者而言,在明代的京官群体中颇为盛行。从史料记载可知,明代担任京职的官员,"皆得分其在官之俸于故乡以养亲"。这更有一个事例可以证实。如刘崇善在担任都察院监察御史时,就按照这样的惯例,"分俸于闽之建安,以为二亲之养",亦即拿出自己一部分俸禄,给身在福建建安的父母养老。因俸禄来自朝廷之赐,而刘崇善的父母双亲,借此每月可以得到"官廪",这显然是一种莫大的荣耀,故将其奉养父母双亲所居之堂,命名为"荣养堂"。[③]

就后者而言,则更多地见于地方官群体中,且其例甚多。如薛瑄的父亲,在洪武年间任真定府元氏县儒学教谕时,"迎太父母就养,极恭顺之道"。此文的作者是薛瑄,文中所谓的"太父母",即指薛瑄父亲的父母。在"就养"过程中,薛瑄之父极尽孝道,将俸廪余资,即使仅有"一钱尺帛",也归于自己的父母,自己一无私藏。[④] 陕西咸宁人张廉,永乐年间任陕西蒲州知州。蒲州离咸宁很近,当

---

① 刘若愚:《酌中志》卷17《大内规制纪略》,第152页。

② 刘若愚:《酌中志》卷16《内府衙门职掌》,第110页。

③ 薛瑄:《文清公薛先生文集》卷19《荣养堂记》,《薛瑄全集》,第2册,第559页。

④ 薛瑄:《文清公薛先生文集》卷22《汾阴阡表》,《薛瑄全集》,第2册,第609页。

时张廉的父母身体均“康强”，于是张廉就将父母“迎致就养，极其娱奉”。等到父母双亲先后去世，又能做到“葬祭尽礼”，生养死葬，完全尽了作为人子的孝道。① 又如崔碧，在正统初年任山东按察司佥事，因考虑到自己的祖母已经去世，祖父、父母均年老，身在故乡，不能朝夕相见，愈发忧思不置，就派弟弟崔理“往来迎”。最后，祖父、父亲均没有前来，只有母亲到了崔碧的任所，加以奉养。②

明代在职官员迎养自己的父母，通常采用专辟一堂，作为奉养父母双亲之所。如李昶，山西平阳解州安邑人。在中举人并出任陕西清水县儒学教谕后，就将自己的父母迎至清水就养，并安排自己的兄弟“随侍”。为了奉养自己的父母，李昶在官舍中专辟一堂，取孟子“父母俱存，兄弟无故，一乐也”的宗旨，取名为“一乐堂”，作为奉养双亲之所。③ 又工部都水司主事邓克敬的“养母之堂”，堂名由鲁王亲自题写，取名为“奉萱堂”。④

2. 民间的养儿防老

民间养儿防老之说，显然是古老的“多子多福”观念的遗存。这一观念源出于《庄子·天地篇》中的“华封三祝”之典。所谓的“三祝”，实则祝愿“三多”，亦即祝愿“使圣人寿，使圣人富，使圣人多男子”，其后被民间约定为“多福、多寿、多男子”。⑤ 这一观念，再加之孟子所谓的“不孝有三，无后为大”，显然已经奠定了传统中国伦理观念与经济生活的基调。抛开小农经济生活的层面不论，所谓的“多男子”，应该包括以下两个伦理层面与家庭生活的含义：一是香火的传承与延续。孟子所谓的“无后”，意即民间所说的断子绝孙，香火无法传承与延续，这无疑是最大的不孝。而“多男子”的期盼，显然出于香火延续的宗旨。二是养儿可以防老。所谓的“多男子”，一则将养老之职寄托于儿子的身上，进而将女儿排斥于外；二则多子多福，儿子越多，养老则越有保障。

时至明代，依然留存着这一古老的观念。按照明代的民间习俗，无子之人死

---

① 薛瑄：《文清公薛先生文集》卷22《明故奉直大夫蒲州知州张公墓志铭》，《薛瑄全集》，第2册，第607页。

② 薛瑄：《文清公薛先生文集》卷22《明故奉议大夫山东按察司佥事崔公墓志铭》，《薛瑄全集》，第2册，第598页。

③ 薛瑄：《文清公薛先生文集》卷19《一乐堂记》，《薛瑄全集》，第2册，第570页。

④ 周忱：《双崖文集》卷1《奉萱堂记》，《双崖文集辑录与译注》，第61页。

⑤ 关于华封三祝的考辨，可参见曹学佺：《石仓文稿·寿家舅序》，载氏著：《曹学佺集》，江苏古籍出版社2003年版，第539页；梁章钜：《浪迹续谈》卷8《三多》，中华书局1997年版，第397页。

后，通常会被葬于“绝穴”。无子而有女，则会被葬于“女穴”。这一习俗的流行，显然使那些垂老鳏夫常常“抱身后之虑而腼焉”。最为可怪的是，绝穴之说，不仅仅是限于一种“市井俗见”，甚至那些诗礼之家，也是“相袭不变”。① 由此可见，“多子”之说及其相关的养儿防老观念在明代依然根深蒂固。由此而来者，则显然牵涉到以下三个问题。

其一，是家庭财产分析及其继承权问题。从明代的立法精神观之，显然禁止民间百姓轻易分家。如法律规定：“凡祖父母、父母在者，子孙不许分财异居。其父母许令分析者，听。”②这一法律规定，包括以下两个内容：一是祖父母、父母健在之时，子孙不许分财异居；二是若征得父母同意，可以分家析产。值得注意的是，景泰二年（1451）奏准的黄册攒造事宜，基本可以证明以下事实：自明代中期以后，因为户籍制度的变化，政府显然已经准许分户。当然，分户必须具备以下两个前提：一是保障军户、匠户两种服役人户；二是户内的人丁数必须足够。一旦符合上述两项条件，通常允许“自愿分户”。至于分户的原因及其形式，则多种多样：或因“父母俱亡而兄弟多年各爨”；或因“父母存而兄弟近年各爨”；或“先因子幼而招婿，今子长成而婿归宗另爨”；或因“先无子而乞养异姓子承继，今有亲子而乞养子归宗另爨”。③ 正德六年（1511）二月二十一日，经户部题准，政府进一步申述了允许分户的条例及其相关规定，内容基本与景泰二年相符。④

分户势必牵涉到财产的分析及其继承。明初洪武二年（1369）所定“分户继嗣”条例，实际上已经包括了财产分析与继嗣两部分内容：一是分户时的财产分析。在嫡子、庶子中，若是官员之家的荫袭，必须首先保证嫡长子孙的继承权。至于家财、田产之类的家庭财产分析，则不分是正妻、妾、婢所生之子，均按照子数“均分”；唯有奸生之子，才“依子数量与半分”，即只能得到嫡子、庶子一半的财产。二是继嗣及其财产继承。制度规定，若是家中无子，那么就必须立嗣子，作为家庭财产的继承人。当然，若有奸生之子，那么嗣子与奸生之子均分财产。若无像嗣子一类的应继之人，才允许奸生之子“承绍全分”，亦即继承全部财产。⑤

明代的法律规定，无疑已经证明以下事实：唯有儿子，不论是嫡子、庶子、奸

① 杨东明：《山居功课》卷9《绝穴说》，《北方王门集》，下册，第1066页。

② 申时行等修：《明会典》卷19《户部》6《户口》1《户口总数》，第130页。

③ 赵官等编纂，吴福林点校：《后湖志》卷4《事例》1《诸司职掌》，第56页。

④ 赵官等编纂，吴福林点校：《后湖志》卷8《事例》5，第87页。

⑤ 申时行等修：《明会典》卷19《户部》6《户口》1《户口总数》，第130页。

生子，还是立嗣之后的嗣子，才有继承家庭财产的权利。随之而来者，养老的责任也就落在这些嫡子、庶子、奸生子、嗣子的身上。若是揆诸明代的史实，确实养老的职责是由儿子承担。不妨试举二例加以说明。如国子监生王守正，本是常州诗礼世家。王守正的父亲王谅甫，在永乐初年凭借自己的才能擢任延安府同知，最后卒于官。王谅甫去世后，王守正的母亲仍然康强无恙。于是，王守正与其弟王愸懋就对自己的母亲"奉养笃至，得其欢心"，并且将奉养母亲之堂命名为"怡亲堂"。① 又胡会极，是江西庐陵人，读书尚文，并且以忠厚淳笃之性，被乡里之人推服。胡会极不幸"早失所怙"，亦即父亲早亡。于是，胡会极与其弟胡守极、胡拱极，奉养自己的母亲极其孝顺，"旨甘滫瀡之奉，定省温凊之节，举无违礼"。胡会极死后，最后由胡守极、胡拱极兄弟二人"致其养"。②

至于女儿，一如民间俗语所云，"嫁出去的女儿，泼出去的水"。究其言外之意，女儿一旦出嫁，显然已经割断了与娘家家族的联系。这从明代民间的习惯中可以得到部分的印证。根据史料记载，明代民间女子出嫁之后，当归宁之日，在亲族聚会时，娘家通常将她们安排在"客位"，亦即视之为外来的客人。③ 又据明代惯例，作为出嫁的女儿，一般没有财产的继承权。正如上述，家庭财产的继承权，基本集中于嫡子、庶子、奸生子、嗣子的身上。唯有家中亲生父母无子，再加上同宗无应继之人，那么所生亲女才有权"承分"，④即女儿与女婿才有权分享财产的继承权。但一旦其父若再娶生子，即使是婢生之子，同样可以继承财产，使女儿原本分享财产的一点希望之火熄灭。换言之，一旦家中无子，只有女儿，那么财产就会落入"族人"与女婿之手。但是，若是有了"婢生之子"，财产就会归属婢生之子。⑤

从明代的司法实践来看，女儿在某种特殊情况下，也有部分继承财产的权利，下面的这件诉讼官司即可为例。从司法文书可知，陆嘉行曾娶原振玄之女为妻，振玄无子，死后只遗留下田 5 亩 3 分，而且振玄的弟弟原象秋也"乏嗣无继"。于是，陆嘉行之妻仗着自己是嫡女，就想独占振玄所遗田产。这当然还情

---

① 周忱：《双崖文集》卷 1《怡亲堂记》，《双崖文集辑录与译注》，第 63 页。

② 周忱：《双崖文集》卷 1《资爱堂记》，《双崖文集辑录与译注》，第 52 页。

③ 出嫁女子归宁，座居"客位"，已成明代较为普遍的礼数。当然亦有例外，如江西吉安的罗洪先家族，在接待已经出嫁的女子时，"仍依世次，别设一席"。此例尽管尚将女儿归入"世次"，但从"别设一席"来看，还是将她们视为外人。相关的记载，可参见陈弘谋辑：《训俗遗规》卷 2《王士晋宗规》，《五种遗规》，清道光三十年重刊本。

④ 《大明令·户令》，载怀效锋点校：《大明律》附录，第 242 页。

⑤ 张履祥：《杨园先生全集》卷 38《近鉴》，第 1035 页。

有可原。更有甚者，陆嘉行为了剥夺原象秋的继承权，达到独占田产的目的，就诬告原象秋奸杀了自己的亲姑陆氏。此事经地方官调查后判决，原振玄既无应继之人，而且所遗留下来的田产亦不多，即使全部充为“公祀”，即家族内的共同财产，未为不可。但地方官还是考虑到原振玄的亲生女儿尚在，理应具有部分的继承权。所以，最后判定所遗田产分为两半，一半“入于公祀延祭”，另一半则归其女儿，作为“四时飨父之资”。① 这一则判例足以说明，即使女儿在一定条件下具有部分财产继承权，但也必须基于传承香火的目的之上，亦即所继承的财产用于“飨父之资”。另外尚有一个事例，足证女儿为了独自占有家产，不惜与嗣子相争。这个案例出现在明代礼部尚书沈鲤家中。据史料记载，沈鲤的正妻没有生育，但又生性妒忌，不容沈鲤纳妾，导致断绝“血胤”。沈鲤之女，尤其奇妬，为了“独占家产”，更是“助母为虐”，先是给沈鲤的继子下毒，导致“懵不识人”。即使沈鲤在弥留之际，也不让继子与沈鲤见最后一面。沈鲤之女，必欲其他继子继承家产，但为沈氏宗人不许。不久，继子也夭折，导致沈鲤死后，“灵柩至今在堂，赐域尚虚，烝尝失所”。②

出嫁女儿的财产继承权，事实上就是女婿的财产继承权。换言之，女婿的财产继承权，其实就是女儿财产继承权的延续。从明代的事实来看，并非所有的女婿均会觊觎岳父、岳母的家产，即使身为“爱婿”，得岳父所欢，也是对财产拒之而不纳。这有以下两个事例可证。如陆郊为富人陈氏的爱婿。陈氏得病之后，急忙对陆郊说：“吾以弱子相托，可中分其产，向名外兄弟，如引而内之，吾死瞑目矣。”陈氏的临终嘱托，显然表达了以下两层意思：一是以自己的“弱子”相托；二是将女婿从“名外兄弟”，“引而内之”，亦即转而变为实际上的兄弟，这样女婿可以“中分其产”。陆郊佯装答应。等到陈氏死后，就携带妻室避居村落。即使客人到家，自己不能“具酒食”，也终身“不染指陈氏丝粟”。③ 又如张思敬，素负才名，是许氏的爱婿。许氏家住田村，“以赀豪里中”。临死之时，授予张思敬数百两银子。等到丧事完毕，张思敬对妻子说：“汝父纤啬治生，劳若臣虏，而吾以半子坐享之，恐遭他祸。”临别之时，命妻子将数百两银子“归其兄弟”。④ 上引两个例子足以说明，尽管在法律上没有女婿财产继承权的相关条文，但在民间的

① 颜俊彦著，中国政法大学法律古籍整理研究所整理标点：《盟水斋存牍》一刻《谳略》卷5《争继产陆嘉行》，中国政法大学出版社2002年版，第206页。

② 沈德符：《万历野获编》卷23《妇女 · 妬妇不绝嗣》《妇女 · 沈归德身后》，第596—597页。

③ 李延昰：《南吴旧话录》卷上，上海古籍出版社1985年版，第110页。

④ 李延昰：《南吴旧话录》卷上，第115页。

惯例中，通常将女婿视为“半子”，有时又可从“名外兄弟”转而变成事实上的兄弟，因此而获得部分的财产继承权。

在明代的司法实践中，在某种特殊情况下也支持女婿的财产继承权。如王嗣昌为王敬山的族侄，王敬山无子，只有两个女儿，大女儿嫁给刘心一，小女儿嫁给戴天志。王敬山死后，因亲枝乏人，理应王嗣昌入为继子。但王敬山死后，其中的“棺敛之费”与“哭泣之礼”均由其女儿与女婿承担，而作为嗣子的王嗣昌一概没有承担自己应尽的送葬之职。王敬山死后，留下屋三间。于是王嗣昌出来争继，意欲独得三间屋子。官司打到府里，知府将此案批给经历厅，由经历加以审断。当时经历的判决如下：以德宣街屋一间断给大女婿刘心一，以北隅里屋一间断给王嗣昌，以土地巷屋一间断给小女婿戴天志。因为戴天志的妻子已经死去，于是就将其断给王嗣昌。这一判决遭到了府推官颜俊彦的反驳，将判决稍作改定，认为戴天志尽管其妻已死，但还存有“半子”的身份，理应具有财产继承权。所以，最后改为三间房屋，王嗣昌与刘心一、戴天志各得一间。至于王敬山死后的丧葬之费，则亦由三人均摊。这一判决得到了布政司批文的支持。① 由此可见，财产继承的权利与养老送葬的义务是相伴而生的。作为有“半子”身份的女婿，在尽到“哭泣之礼”及支付“棺敛之费”之后，显然具有与继子相同的财产继承权。

在女婿中，有一种“养老女婿”颇为值得关注。所谓养老女婿，实则是身为女婿且兼具养老之职。在明代的民间，养老女婿别称“赘婿”，又称“养老不归宗女婿”。② 这一称谓包含下面两层意思：一是他必须负责岳父母的养老与送终；二是一旦成为赘婿，必须改姓，而且不能“归宗”。在明代的民间习惯中，招婿入赘，其目的无非是为了解决养老送终问题。如小说《初刻拍案惊奇》就记载了这样一则故事。故事的主人公是一位姓张的富翁，开封人，妻子已死，没有儿子，只有一个女儿，就招了一个入赘的女婿。张富翁已年过70岁，就把家产全部交给女婿，赖其供养，以为终身之计。③ 明代的法律对赘婿及其财产继承权做了如下规定：“凡招婿须凭媒妁，明立婚书，开写养老或出舍年限，止有一子者，不许出赘。如招养老女婿者，仍立同宗应继者一人，承奉祭祀，家产均分。如未立继身

---

① 颜俊彦著，中国政法大学法律古籍整理研究所整理标点：《盟水斋存牍》一刻《谳略》卷5《争继王嗣昌等》，第206页。

② 兰陵笑笑生：《金瓶梅词话》第76回，人民文学出版社2002年版，第1154—1155页。

③ 凌濛初：《初刻拍案惊奇》卷33，岳麓书社2002年版，第316—317页。

死,从族长依例议立。”①法律要求赘婿与家族内的嗣子共同均分财产。其实,在民间的私例中,往往在招了赘婿之后,再在同宗中立嗣,所以家族的财产最后通常是由赘婿一人独得。②

其二,出嫁女儿的归养问题。按照明代的惯例,女子出嫁,在丈夫死后,且因家贫无所依靠,可以“归养于家”,即回到娘家居住,由娘家负责其生活及其养老。③ 这种事例在明代同样可以找到。如松江府人朱良讽的姐姐早年守寡以后,就回到娘家,依靠其弟朱良讽生活。而作为弟弟的朱良讽,确实做到了“衣食之终身”。④

其三,立嗣及其香火延续问题。无后立嗣,既关系到养老问题,又与财产继承密切相关。明代法律对立嗣做了如下规定:“凡无子者,许令同宗昭穆相当之侄承继,先尽同父周亲,次及大功、小功、缌麻。如俱无,方许择立远房及同姓为嗣。若立嗣之后,却生亲子,其家产与原立子均分,并不许乞养异姓为嗣,以乱宗族。立同姓者,亦不得尊卑失序,以乱昭穆。”⑤这一立嗣之文,其实包括下面几项内容:一是嗣子应该从同宗昭穆相当之侄中选取,而且必须本着一种先亲后疏的原则;二是同姓亲族之侄中无人,才可选取远房或同姓为嗣子;三是不许乞养异姓之子为嗣,以乱宗族;四是立同姓为嗣,不得尊卑失序,以乱昭穆;五是立嗣之后,又生下亲子,法律规定了亲子与嗣子在财产继承权方面的关系,即财产由二者“均分”。

至弘治十三年(1500),对这一条例做了进一步的修订。修订的内容大致有以下三项:一是无子立嗣之后,假如继子“不得于所后之亲”,即继子不为父母所喜,允许父母“告官别立”。且法律规定,父母有权选择“贤能”或“所亲爱”之人为嗣子,并不许宗族假借亲疏次序“告争”。二是像义男、女婿若是为“所后之亲喜悦”,也允许父母以义男、女婿“相为依倚”,亦即作为养老的依靠,不许“继子并本生父母用计逼逐”,且按照《大明令》条例,分给义男、女婿财产。三是若家

---

① 《大明令·户令》,载怀效锋点校:《大明律》附录,第241页;申时行等修:《明会典》卷20《户部》7《户口》2《婚姻》,第135页。

② 小说《喻世明言》记鲁公子入赘顾佥事家之后,最后还是“承受了他的家私”,即继承了全部财产。参见冯梦龙:《喻世明言》第2卷,岳麓书社2002年版,第34页。

③ 张履祥:《杨园先生全集》卷48《训子语·伦理》,第1366页。

④ 李绍文:《云间人物志》卷3《嘉靖间人物·朱余山》,《明清上海稀见文献五种》,第168页。

⑤ 《大明令·户令》,载怀效锋点校:《大明律》附录,第241页;申时行等修:《明会典》卷19《户部》6《户口》1《户口总数》,第130页。

中无子贫穷,“听其卖产自赡”,即可以不立嗣子,自己靠卖掉产业养老。①

弘治条例的变化,实则基于明代民间养异姓为继子风气的盛行,且从法律的层面规范了义子、义男之类的养老义务及其相应的财产继承权。在明代,一旦被他人收养为义子,那么必须改姓。譬如曾羽王的外祖父“念默公”(姓曾),因其妻曾氏早亡而无子,于是曾羽王的父亲在6岁时,就被“念默公”“抚为己子”,而且改为曾姓。② 养子改姓之后,是否可以“复姓”,亦即恢复原先的姓氏?从明代的史实中可知,养子可以复姓。如给事中邹杰,祖父姓孙,名福谦,是陕西人,曾在嘉兴为官。元末大乱,全家迁居登州。在航海途中,船为所溺,只有邹杰得以生存。无奈之下,邹杰只好“佣于登人邹义”。当时才14岁,并被邹义“养为子”,且改为邹姓。后邹杰中了进士,且官至给事中。至洪武九年(1376)六月上疏,乞求“复姓孙氏”。这一请求得到了明太祖的允许,但只是要求他“毋忘邹氏”,亦即不要忘记邹氏的养育之恩。③

在明代,义子、义男有时又称“抱养子”,这在当时会遭到社会舆论的歧视,动辄称之为“抱异姓者”。不止于此,在传统的观念中,抱养他人之子,因为会“紊乱宗枝”,又时常被认为是一种“无识见,不谙事理”的举动。④ 于是,在明代的民间,时常存在着这样一种情形,有些世家“多蓄异姓为继子”,但到了最后,又“视如土芥者多”。当然也有例外,即有些义子受到家族内的尊重。如王恕曾经收养一子,取名为王承祚。后来,王恕又亲生五子,其中幼子王承裕得中进士。在《登科录》中,需要书写兄弟排行,王承裕就将王承祚写上,下面注上“义官”二字。这无疑体现了王氏家门的“忠厚之风”。⑤

3. 佛教孝道与僧人赡养父母

按照儒家传统的伦理观念,人一旦出家为僧,显然已经抛弃家庭,不再承担孝养职责,属于无父无母之举。若是细究之,又并非全是如此。佛教内涵一种“佛孝”之旨,佛教僧人时有孝养父母之举。这可以从以下两个层面加以考察。

其一,佛教讲究孝道,佛教僧人同样不忘乡情。这主要体现在以下三个方面。

---

① 申时行等修:《明会典》卷19《户部》6《户口》1《户口总数》,第130页。

② 曾羽王:《乙酉笔记》,《清代日记汇抄》,上海人民出版社1982年版,第7页。

③ 谈迁:《枣林杂俎》圣集《邹杰复姓》,中华书局2006年版,第201页。

④ 李乐:《见闻杂记》卷8,上海古籍出版社1986年版,第714页。

⑤ 陈洪谟:《治世余闻》下篇卷2,中华书局1985年版,第44页。

一是佛教同样倡导孝道,进而形成一种"佛孝"。如晚明的莲池大师袾宏就是"佛孝"观念的倡导者。袾宏的观念来自古佛与佛经,并以此作为立论的依据。如《梵网经》云:戒虽万行,以孝为宗。《观经》亦云:孝养父母,净业正因。无论是古佛,还是僧人,无不有孝养父母之举。以佛为例,释迦牟尼"累劫报亲恩,积因成正觉",确乎称得上是一种"大孝";以佛僧为例,亦时有"作堂奉母""担母乞食"一类的孝养之举,并未因为对父母的恩爱而受到牵累。在世俗之人的眼中,人一旦出家为僧,显然已是辞亲割爱,在孝道上不必对僧人有过多的苛责。但袾宏并不认同,所以当他知道有一位僧人不孝顺父母时,就对其"深加责骂"。① 按照佛教规定,出家比丘不拜父母;按照王法规定,却又有僧道拜父母的律条。在佛法与王法之间,显然存在着一种冲突。针对这一冲突,袾宏对两者加以适当的调和,并断言可以"并行而不悖者也"。他的理由如下:作为比丘,遇到自己的父母,必须要拜,因为在比丘的心中,父母是"吾亲",犹如"佛";作为父母,当接受比丘之拜时,理应引避,或者答礼,因为在父母的心中,比丘已经是佛之弟子,不再是自己的儿子。② 对于"反礼"一说,袾宏专作《正讹集》加以辨正,认为"反"字应作"还"字解,所谓的"反礼",即还礼之义。换言之,在家的父母,不接受已经出家儿子之拜,应该"还其礼",而不是行反拜自己儿子之礼。③ 通过拜礼的厘定,使佛法与王法得以和谐地融合。

二是同样是孝,又可分为"世间之孝"与"出世间之孝"(即佛孝)两个层次。世间之孝有三项内容:第一项内容是"承欢侍彩,而甘旨以养其亲",其宗旨在于"养其亲";第二项内容是"登科入仕,而爵禄以荣其亲",其宗旨在于"荣其亲";第三项内容是"修德励行,而成圣贤以显其亲",其宗旨在于"显其亲"。出世间之孝,则主要体现在已经皈依佛门的儿子,劝其父母"斋戒奉道,一心念佛,求愿往生,永别四业",亦即劝诫自己的父母"念佛法门,俾得生净土"。相较之下,人子对于自己的父母,"服劳奉养以安之",这是一种尽孝;"立身行道以显之",则是一种"大孝";但出世间之孝,则更是"大孝之大孝"。④

三是僧人不忘乡情。按照世俗的常理,即使是居住在相同里巷之人,有时也并不交往。但一旦在他乡相遇,就不啻亲如骨肉。其中的道理很简单,就是所适

① 袾宏:《竹窗三笔·为僧宜孝父母》,台湾印经处 1958 年版,第 170—171 页。

② 袾宏:《竹窗三笔·僧拜父母》,第 144 页。

③ 袾宏:《竹窗随笔·出家父母反拜》,第 8 页。

④ 袾宏:《竹窗二笔·出世间大孝》,《竹窗三笔·出世间大孝》,台湾印经处,1958 年版,第 117、193 页。

愈远,则其情愈亲,这是人心的共同之处。至于出家的僧人,则以离世绝俗、割慈忍爱为高,理应与世俗常人不同,不再与父母兄弟相亲,更何况是乡里之人!但事实并非如此,亦即很多僧人内心仍然具有一种乡情。如元末的别灯和尚,就是典型的例证。别灯是括州人,虽已出家,却"独惓惓于乡人",以敦乡人之谊。① 不忘乡情,其中的一个理由,就是故乡是自己生身血脉之地,是父母生活的地方。可见,僧人不忘乡情,在一定程度上也是僧人恪守世俗孝道的反映。

其二,僧人并非完全离俗绝世,而是同样尽赡养自己父母的孝道。僧人尽孝之举,首先体现在对本寺师傅的孝顺,亦即所谓的"事其师如事父"。如明初名僧玄极,曾任南京灵谷寺住持。在他师傅离世之后,玄极同样守世俗丧礼之制,"服心丧三年"。终其一生,只要一提到自己的师傅,玄极就"泣下泫然"。可见,作为一个方外之人,玄极并未"离伦遗情以为高",而是仍然"笃于伦谊"。② 至于佛教僧人,在佛寺中同样具有一套养老体制,通常就是建养老堂,赡养寺中的老僧。如无锡有一座保安寺,在无锡城之南,四方僧徒路过此寺,可以在寺内稍事休息。据史料记载,寺僧在寺中建有养老堂,"以处其老且病者";③ 又在苏州虎丘寺,万历年间,紫柏大师曾在东冈建造一座空谷楼,"以为其师养老地"。④

当然,僧人赡养自己父母,则以将自己父母迎至寺中奉养居多。此类举动,实可追溯至南朝陈时之报本寺。据天台宗《智者传》所载,智者为华容人,亦即明代的公安县人。其父在陈时封益阳侯,生有二子,智者是仲子。公安县茅穗村的报本寺,就是智者"报母之刹"。⑤ 至明代,僧人在寺庙中建养老堂赡养自己的父母,几已成为一种风气。如成化二十年(1484),左善世璇大章将自己的母亲迎至苏州的保圣教寺,"供养于爱日堂"。⑥ 三和真公,鉴于自己母亲已经年老,

---

① 刘基:《刘基集》卷2《送别灯和尚还乡序》,浙江古籍出版社1999年版,第66页。

② 杨士奇:《东里文集》卷25《圆庵集序》,中华书局1998年版,第367页。

③ 高攀龙:《保安寺建养老堂疏引》,载黄宗羲编:《明文海》卷323,中华书局1987年版,第3332页。

④ 顾苓著,李花蕾点校:《塔影园集》卷3《子振上人五十寿序》,华东师范大学出版社2014年版,第92页。

⑤ 袁中道著,钱南扬点校:《珂雪斋集》卷19《智者缘引》,中册,上海古籍出版社2013年版,第824页。

⑥ 徐崧、张大纯纂辑:《百城烟水》卷1《苏州府》,江苏古籍出版社1999年版,第16页。按,关于璇大章迎养其母之事,归有光有更详细记载,云:"成化二十二年,时国家累世熙洽,京师崇寺宇,僧司八街剃度数万人,醮祠日广。左善世璇大章住持大兴隆寺,方被尊宠。而璇,故里人陈氏子。初为寺比丘,得请,驰驿还省其母,因迎养于寺之爱日堂。"参见归有光著,周本淳校点:《震川先生集》卷15《保圣寺安隐堂记》,上海古籍出版社1981年版,第400页。

就在寺中建“养母堂”，“奉侍之外，朝夕薰以佛法。母以天年吉祥终”。[①] 有一座拙庵，其实就是雪峰和尚“以古佛事亲之庵”。作为一个出家的僧人，雪峰和尚将母亲承养在自家出家的庵中。为了尽事亲的孝道，尽管雪峰和尚自己不饮酒，却在庵中藏有很多名酿。为此，明末清初著名学者傅山有诗赠雪峰和尚道：“出家何必废田庐，无学仍看子史书。”[②]明末清初名僧弘储和尚也是“明发之慕，老而不衰”。他不但替自己的父母立传，而且“香晨灯夕，有怀不忘”。[③] 这是佛、儒在孝道观上趋于合流。不仅如此，弘储在住持苏州灵岩寺期间，还在尧峰建报慈堂，祭祀自己的父亲。[④] 这一风气甚至流传到清初。如德风和尚曾于崇祯元年（1628）在苏州尧峰出家。至清顺治六年（1649），感念生母张氏年老，因自己两位兄长已经去世，于是在苏州桃花坞北买地，“筑庵养母”，庵被苍雪禅师题为“慈氏庵”。后其母亡去，又于康熙元年（1662），将父亲遗榇迁至，与其母一起合葬于慈氏庵北。不仅如此，德风和尚还告诫其弟子，明言自己死后，不必别营塔葬，而是要与父母葬于一处。[⑤] 由此可见，佛教僧人不仅孝养父母，即使是丧葬之仪，也与儒家之礼相合。

4. 士庶之互助养老

在明代民间养老体制中，存在着一种互助养老的团体。仔细分析此类团体，又可分为以下两类：一类是“怡老会”性质的老年团体，旨在通过聚会而怡情，参与者以老年士大夫为主；另一类是互助性质的老年团体，旨在通过团体间的互助，以达到互助养老的目的，参与者以下层民众居多。

在明代，一些耆年硕德的士大夫，一旦闲居里舍，或在政事之暇，互相交游，放纵诗酒之乐，风流雅韵，纷纷结成怡老之会，不仅为一时所歆羡，而且为后世所仿效。故后世的好事者，往往绘画而为图，无不具有景行仰止之意。此类怡老会，名称众多，大致可以概括为以下三类。

一是“九老会”与“怡老会”。追溯怡老会的源头，当然应推唐代白居易设立

---

① 袁中道著，钱伯城点校：《珂雪斋集》卷10《三和上人养母堂诗序》，上册，第490页。

② 傅山：《霜红龛集》卷20《拙庵小记》，山西人民出版社1985年版，第574—575页。

③ 钱谦益：《牧斋有学集》卷42《报孝图序赞》，载氏著，钱仲联标校：《钱牧斋全集》，上海古籍出版社2003年版，第1425页。

④ 全祖望：《鲒埼亭集》卷14《南岳和尚退翁第二碑》，载朱铸禹汇校集注：《全祖望集汇校集注》，上册，上海古籍出版社2000年版，第276页。

⑤ 徐崧、张大纯纂辑：《百城烟水》卷2《吴县》，第106页。

的“九老会”,设于唐会昌五年(845)。自唐代洛中九老会之后,九老会、十老会之称不断。至明代,分别有“九老会”“七老会”“十老会”“八耆会”“老年社”“八老会”“同乐会”等老年怡老团体。

二是“耆英会”与“真率会”。耆英会之名始于宋元丰五年(1082)文彦博所创“洛阳耆英会”,后又改为“真率会”。至明代,有“耆英社”“耆德会”“安耆会”“真率会”等老年怡老团体。

三是“逸老会”与“叙情会”等。明代怡老会一类的团体,其名称五花八门。除上述九老会、真率会、耆英会之外,时常见诸史籍记载的还有“逸老会”“叙情会”“怡情社”“嘉乐会”“颐年会”“初服会”“崇雅会”“冠裳会”“林间社”“击壤会”“耆年会”“鼎社”“寿俊会”“恩荣会”“朋寿会”等。①

探究以士大夫为主体的各类怡老会团体,大致具有以下三种功能:一是“敬老”。敬老是人心的本然之真。人知敬老,而后才能入于孝弟,行而习之,则“各识其本心,而太和在宇内矣”。② 如杨东明在河南虞城县组织的怡老团体,由同善会友捐助会金,参与者80岁以上的14人,90岁以上的2人。会中“尊高年”,其目的还是在于“风卑幼”,进而“明一邑之礼教”,甚至“兴天下之淳风”。③ 二是怡情、娱乐。此类怡老会团体,无非是文人士大夫消闲雅致生活的集中体现。正当生活在升平之世,又值致仕回到桑榆之乡,就不能不去享受老年时期的乡里逸趣。此即所谓的“流光如电,不少待人,故天年之乐,达者尚之”。④ 三是教化乡里乃至天下。士大夫始终是传统教化主义的倡导者,无论是仕宦,还是乡居,他们均把推行儒家伦理教化作为自己的职责,所以即使在这种颐养天年的结社中,仍带有推行儒家礼仪的教化意义。正如杨东明所言,士大夫岁时有会,究其原因,就是为了“敦契谊,崇齿德,畅洇郁,而示乡人以礼也”。⑤ 显然,这类老年结会仍部分带有古代乡饮酒礼的遗意。

假若说盛行于士大夫上层的怡老会组织,其中所包含的养老的功能多以精神层面的怡情为主,那么,在明代民间广泛盛行的互助性的老年社团,则更偏重

① 参见陈宝良:《中国的社与会》(修订本),人民出版社2023年版,第389—392页。

② 王之机:《敬老录后序》,载杨东明:《山居功课》卷1《敬老篇》附,收入《北方王门集》,下册,第833—834页。

③ 杨东明:《山居功课》卷2《敬老篇·敬老录序》,《北方王门集》,下册,第827—828页。

④ 杨东明:《山居功课》卷1《世务篇·同善会序》,《北方王门集》,下册,第809页。

⑤ 王鏊:《震泽先生集》卷16《东丘会老记》,载氏著,吴建华点校:《王鏊集》,上海古籍出版社2013年版,第251页。

物质性的养老互助。

所谓养老保障，实则包括两个层面：一是生养，即老年在世时得到很好的赡养；二是死葬，即老年在去世时能得到及时的安葬。明代广泛流行的互助性团体，很多就是为了解决老去之后的后顾之忧。如明末学者颜茂猷在福建龙溪县设立的“善缘会”，“不分雅俗，各随愿力出资，贮之公柜，赈恤危急、死丧”。① 显然，是借助于互助性团体，以解决老年的死丧问题。即使在市井负贩之人中，也相当流行这种互助的习俗。如孙节等结成“孝和会”，其目的就是为了解决“老亲之后事”这一后顾之忧。此会“惟老亲之后事是忧，相与会钱以待其费。计一岁所积若何，亲先终者，先给，不足，则尽数给，彼此无论也。且一家丧，一会为之缞奔走，当孝子之半”。② 此类互助性的团体，有时并非以“社”或“会”命名，而是称为“约”。如在河北，“每十家出银若干，共计若干，付约长收之，约副司其出入。先将父母衰麻重服及期功缌麻等服一一制备，置之柜，遇约中有丧，抬至其家分散。事毕，乃付约长以俟。他家有丧，其衣衾棺椁孝子自办外，设斋立铭旌一切应酬，俱约中十人代之，孝子但执杖哭泣而已”。③

四、社会优抚

社会优抚，内容广泛。在明代，从上层的勋戚、太监、官员，到普通的民众，诸如鳏寡孤独、乞丐、流民之类，均有一套相对完备的优抚体系。就上层优抚而言，官方则通过恤典加以规范；就下层优抚而言，则通过设置养济院与旛竿、蜡烛二寺，安置鳏寡孤独与乞丐，甚至还对流民、寡妇等制定了一定的优抚措施。

毋庸讳言，一则限于制度性设计的缺陷，二则限于资金的缺乏，三则因为制度实施过程中时常流于形式，导致明代官方的优抚体系很难发挥最大的抚恤功能，其结果则使民间优抚体系异军突起，不但成为官方优抚体系的有效补充，甚至其效能有取而代之之势。

---

① 郑仲夔：《隽区》卷1《品隽》，载中国社会科学院历史研究所明史研究室编：《明史资料丛刊》第3辑，江苏人民出版社1983年版，第205页。

② 吕坤：《去伪斋集》卷3《孝和会约序》，《吕坤全集》，上册，第111页。

③ 徐霈：《四礼议》，载黄宗羲编：《明文海》卷75，第1册，第704页。

（一）官方优抚体制

明代官方的优抚体制，大致可以分为恤典、祭葬、鳏寡孤独的抚恤、流民的抚恤等。

1. 恤典与祭葬

明末清初人李清的记载显示，明代官方有着一整套官员的抚恤制度，亦即所谓的"恤典"与"祭葬"。按照制度规定，一个官员亡故之后，若要得到朝廷给予的恤典，必须先疏请。在得到皇帝允准后，将恤典之疏下发吏部，由吏部文选司核实其"铨除"履历，由吏部考功司核实其一生"功业"，最后由验封司题给"赠荫"，亦即赠号与荫子待遇。至于祭葬，则必须题请于礼部，在请求获得允准后，再将具体的祭葬之事交付工部办理。还有官员的谥号，一般先由翰林院的"词臣"拟好两个谥号，外加"谥议"之文，呈给礼部，礼部又转呈给内阁，内阁具揭上请，最后由皇帝亲自点定，下发给礼部。①

明代官员群体，无论是文官，还是武官，他们能够得到恤典者，无非是两种亡故：一是正常死亡，二是死于战阵。无论是哪一种亡故，均可以得到来自朝廷恤典的抚恤。不妨从以下两个方面观之。

一是文官的恤典。如永乐年间，张天秩随太师英国公张辅征讨交趾，参理军事。后因"行军见劳"，得以升任兵部武库司郎中。正当上任之际，突然病故。明仁宗深加悼惜，下令由其子张文昌充应天府学廪膳生员，另外每月给米 1 石，"以恤其家人"。② 明代文官阵亡，所得恤典更是屡见于史料记载，且不乏其例，如正德年间，枣强县知县段豸与"强贼"刘七等对敌，被贼杀死。明武宗下旨，特赠段豸太仆寺少卿，并"与祭一坛"。此外，仍下令地方官员替段豸立祠，春秋祭祀，荫其子一人为锦衣卫世袭百户。嘉靖三十四年(1555)，常熟县知县王鈇、乡宦参政钱泮死于抗倭。明世宗下旨，王鈇赠予太仆寺少卿，钱泮赠予光禄寺卿，各赐祭一坛，又各荫一子为锦衣卫世袭百户，立祠春秋祭祀。③ 此外，相关的恤典例子尚有不少。如阵亡同知黄钏，赠予布政司右参议，荫一子入监读书；阵亡知县李尧卿，赠予太仆寺寺丞，荫一子入监读书；阵亡主簿毕清、监生谢志望，均

① 李清：《三垣笔记》下《弘光》，中华书局 1982 年版，第 99 页。

② 周忱：《双崖文集》卷 2《赠江西按察使张公考绩序》，《双崖文集辑录与译注》，第 190 页。

③ 杨博：《杨襄毅公本兵疏议》卷 2《议常熟县阵亡知县王鈇等恤典疏》，载氏撰，张志江点校：《杨博奏疏集》，中册，上海古籍出版社 2018 年版，第 498—499 页。

赠予太仆寺寺丞，各荫一子入监读书；阵亡巡检张琏，其子"准给冠带，仍免本身差役"；[①]萧亮，曾以儒学廪生的身份"讨华林有功"，后战死，都御史陈金遣官祭之，又得赐绢2匹、钞600贯，赠予萧亮官，并"廪其子"，亦即荫监读书。[②]诸如此类的事例，足证明代的抚恤恤典，对于所有阵亡的官员均一视同仁。

二是阵亡官兵的恤典。早在洪武七年(1374)，明太祖就制定了军人优恤及其养老之策。政策的内容主要集中于以下几点：一则"寡妻弱子，尤宜优恤"。凡是出征军官，或者镇守边境，若是身死边方，且父母年老、妻寡子幼，由官府"给粮养赡"；待其子稍微长大之后，即令其承袭官职。若无承袭之人，就由相关衙门送至京城，"官为存养"。二则存养其父母。凡是南北征战的军士，一旦殁于边方，所遗父母、妻子，贫穷无所依靠，那么由相关衙门验实，禀送至京城，"官为存养"。假若子虽幼，仍可依靠，或者家有亲属而愿意留在老家，听从其便，仍由官府"给粮养赡"。三则"恤其老"，对待那些曾经追随其南征北战，在战场上受伤，且已"老羸"士卒，"令其修养"，或者老而思慕乡土，就令他们在应天府附近居住，并按照惯例给予"衣粮"。[③]

至永乐年间，追随明成祖征讨的将士，若有阵亡、病死之人，大多得到"录其后"的抚恤。但这些阵亡将士的妻子，往往孤寡不能自陈，再加之管理官员的隐匿不报，导致很多人流离失所，完全失去了朝廷"报功"的本意。为此，明成祖下旨给各个卫所，规定凡是征讨武官阵亡、病死之后，若是其子孙已经年达15岁以上，就送兵部袭职；若是14岁以下，以及家中的寡妇、幼女，则送京城"优养"。至于旗军死亡之后，家中尚有幼男，就"纪录食粮"；应当升官者，就按条例升官；若无子，家中只有寡妇、幼女，也"一体优给"；若是有亲人可以依靠，不愿赴京者，则听从其便，其中的俸粮必须按例给之。[④]

至于阵亡官兵的恤典，则屡见史例。嘉靖三十四年(1555)，宣府中路参将李光启、操守黄添祥、把总王永的、千总尚真战死。明世宗下旨，李光启赠予都督同知，仍荫一子为正千户，世袭；黄添祥等人赠官、加荫并立祠，均按照惯例实施。[⑤]

---

① 杨博：《杨襄毅公本兵疏议》卷10《覆福建巡按御史李邦珍查参兴化府等处失守官员及议阵亡府同知奚世亮等恤典疏》，《杨博奏疏集》，中册，第793页。

② 朱国祯撰，王根林校点：《涌幢小品》卷3《优恤》，第50—51页。

③ 余继登撰，顾思点校：《典故纪闻》卷1，第8页；黄光昇：《昭代典则》卷7《太祖高皇帝》，第182页。

④ 余继登撰，顾思点校：《典故纪闻》卷6，第106页。

⑤ 杨博：《杨襄毅公本兵疏议》卷1《议宣府阵亡参将李光启等恤典疏》，《杨博奏疏集》，中册，第483页。

杨照任辽东总兵时，因与户部郎中何东序、巡抚侯汝谅，先后互相讦奏，调回卫所。其后，还任边镇，“感愤战死”。死后，无子，家中又有“二母”，贫穷不能自给。嘉靖四十二年，经巡抚都御史王之诰上疏朝廷，最后得到抚恤，二母各月给米3石，且终身免除家中3丁的差役，作为她们的“供养之资”。① 万历四十六年（1618）闰四月十二日，曾调取南京水陆官兵坐营都司姚国辅等1865名出关援辽。后在辽东战场上，这些援辽官兵大多阵亡。为此，朝廷均加以优恤，如：坐营都司姚国辅家属，给银20两；把总张应豹等2名家属，各给银4两；哨官吴大宪等7名家属，给银2两；目兵并各官员下家丁、马丁等项人役，共计1365名，各给银2两。至于那些未阵亡且仍在辽东服役的官兵，也多有优恤，如把总哨官张大本等家属，共给银2.6两；目兵280名，每名家属给银0.5两。②

作为抚恤内容之一的祭葬，实则包含祭与葬。这是一种丧葬待遇。所谓祭，是坛祭；所谓葬，是由工部负责造坟安葬。官员死后，得朝廷之祭后，则由工部造坟安葬，显然是死后的荣耀。按照《明会典》的事例，凡是两京三品文官考满之后病故，不分在任、致仕，均“祭一坛，工部造坟安葬”。③

按照明代的制度规定，文臣及其父母、妻子死后，均可以享受一定的抚恤。至于抚恤的具体内容，主要就是丧葬待遇，亦即给予造坟的工价银。显然，享有这些待遇的文臣，仅仅限于两京一、二、三品官员。其中规定：一品官员，给造坟工价银500两，棺木1副，折成银60两，均由本地支取。二品官员，给予造坟工价银400两。在一品官员中，不论已经考满，还是未曾考满，一概全给造坟工价银；在二品官员中，只有已经考满的官员，方全给造坟工价银；若是未曾考满，或者被论劾以后致仕在家，则只给造坟工价银200两。三品官员，给造坟工价银300两。若三品官员未经考满，又被论劾，则只给造坟工价银150两；未经考满，“只祭无奠”，即没有造坟工价银。在一、二、三品官员中，只父母造坟、开圹时，给予工价银，若妻子造坟、开圹，则无工价银。此外，凡是开圹，不分官员品级崇卑，仅仅给予夫匠50名，折合银50两，则由官员籍贯所在省份衙门支给。④

---

① 杨博：《杨襄毅公本兵疏议》卷12《覆巡抚辽东都御史王之诰请给阵亡总兵官杨照遗母养赡疏》，《杨博奏疏集》，中册，第845页；朱国祯撰，王根林校点：《涌幢小品》卷3《优恤》，第50—51页。

② 黄克缵著，李梦生点校：《数马集》卷9《优恤援辽疏》，第146—147页。

③ 高拱：《掌铨题稿》卷31《题侍郎曾钧赠官疏》，载氏著，岳金西、岳天雷编校：《高拱全集》，上册，中州古籍出版社2006年版，第451页。

④ 何士晋撰，江牧校注：《工部厂库须知》卷12《屯田司》，第370页。

在明代，武臣及其父母、妻子死后，同样给予造坟物料。具体规定如下：凡是左、右都督、都督同知、管辖五府事务的都督佥事，以及在外的总兵官，均给予父母、妻子的造坟物料，通常行文原籍衙门支付。所给物料 9 项，共计银 14.862 两；所给夫匠 20 名，折合银 20 两；棺椁 1 副，折合银 60 两。①

勋戚公、侯、伯死后，工部负责其造坟，并有祭奠之银。其中规定，公、侯、伯病故，给予物料银 24.952 两；夫匠 12 名，折合银 18 两；军余 20 名，折合银 20 两。三项相加，共给银 67.952 两。若是仅为开圹，则只给一半，以及给银 33.976 两。此外，公、侯、伯，还另给棺木 1 副，折合银 60 两。② 至于侯、伯的夫人，若是病故造坟，则给予芦席、夫匠银 12 两。③

太监死后，也有关乎抚恤的丧葬礼遇。万历年间规定，太监的祭奠、造坟分为三等：一等，给予物料、夫匠，共折价银 1120 两。二等，给予物料银 761.03 两；夫匠、麻筋等银，56.25 两；军余 20 名，折合银 20 两。三项相加，二等太监工给予银 827.28 两。三等，给予物料银 24.952 两；夫匠 12 名，折合银 18 两；军余 20 名，折合银 20 两。三项相加，三等太监给予银 62.952 两。④

2. 抚恤鳏寡孤独

早在洪武元年（1368）七月，明太祖鉴于中原兵难之后，"老稚之孤贫者，多有失所"，就要求中书省官员遣人加以"赈恤"。这次赈恤的内容，主要包括"恤其老""恤其幼""周穷乏"等，可见，赈济与抚恤合而行之。⑤ 同年八月，明太祖又下诏，对于那些"鳏寡孤独废疾"，尤其需要"存恤之"。洪武五年，明太祖下诏，对于那些"孤寡残疾"之人，均由"官养之"。当时虽有抚恤鳏寡孤独的措施，却尚未建立专门的赡养机构。至洪武五年五月，明太祖下诏，在天下各个府县，设立养济院，专门赡养这些鳏寡孤独之人。⑥ 洪武十九年四月下诏，凡是鳏寡孤独不能自存者，每年给米 6 石。⑦ 建文元年（1399）正月、二月，建文帝连续两次下诏，凡是鳏寡孤独且贫不能自存之人，每年给米 3 石，由亲戚收养。若无亲戚，

---

① 何士晋撰，江牧校注：《工部厂库须知》卷 12《屯田司》，第 370 页。
② 何士晋撰，江牧校注：《工部厂库须知》卷 12《屯田司》，第 369 页。
③ 何士晋撰，江牧校注：《工部厂库须知》卷 3《营缮司》，第 84—85 页。
④ 何士晋撰，江牧校注：《工部厂库须知》卷 3、12《营缮司》《屯田司》，第 84—85、369 页。
⑤ 黄光昇：《昭代典则》卷 5《太祖高皇帝》，第 108 页。
⑥ 龙文彬：《明会要》卷 51《民政》2《风俗》《恤鳏寡孤独》，下册，第 950、959 页。
⑦ 龙文彬：《明会要》卷 51《民政》2《恤鳏寡孤独》，下册，第 959 页。

则由邻里收养，务必不使他们流离失所。至于那些笃废残疾之人，则由养济院收养，“例支衣粮”。[①] 宣德元年(1426)十一月，明宣宗下谕旨给顺天府尹，要求他格外留意于那些“孤穷”之人，将他们全部收入养济院收养。[②] 天顺元年(1457)，鉴于京城贫穷无依之人，大多“行乞于市”，明英宗下令收养贫民，在大兴、宛平二县各设养济院一所，“日给二餐”。其中所需器皿、柴薪、蔬菜之类，均由顺天府所属大兴县、宛平县措办。养济院收养的贫民有病，则“拨医调治”；病故之后，则由官府“给以棺木”。[③] 成化二年(1466)十一月，鉴于北京街市之上，多有“疲癃残疾之人，扶老携幼，呻吟悲号”，于是礼部尚书姚夔上疏，请求明宪宗“以恤民为心”，专门敕谕巡街御史，督责五城兵马司，将道途上的乞丐、残疾之人拘审，若是有家，则督责其亲邻收管；若是无家，则由养济院收养，照例“时给薪米”。至于那些外来的乞丐、残疾之人，也暂时收养于养济院，等到天气和暖，“量与行粮，送还原籍，有司一体存恤”。明宪宗依从姚夔之请，下令不管老幼、男女，或有家、无家及外来者，均由顺天府尹一概收入养济院，“设法养赡，毋令失所”。[④] 成化十六年，户部上疏，认为北京附郭大兴、宛平两县，每年赡养的孤老多达7490人，需要给这些孤老提供的赡粮达26900余石。因为官府疏于稽察，再加之管事之人“日肆侵牟”，致使那些“无告之民”很难得到实惠。为此，要求顺天府尹每月两次巡视。明宪宗允准户部之请，下诏要求地方官员“殚心存恤”，所在巡按御史“廉其怠者，奏闻治罪”。[⑤] 弘治十五年(1502)四月，明孝宗下诏，要求“恤京城贫民”。[⑥] 嘉靖元年(1522)正月，明世宗下诏“收养京城贫民”。[⑦] 嘉靖六年下诏，要求在京城五城地方各设养济院一所，“尽数收养”京城的贫民。又令巡城御史按时巡行各城地方，发现有人在街上“啼号乞匄者”，民籍之人送顺天府养济院收养，军籍之人则送旛竿、蜡烛二寺“给济”。[⑧]

---

① 黄光昇:《昭代典则》卷12,第310页;龙文彬:《明会要》卷51《民政》2《恤鳏寡孤独》,下册,第959页。

② 龙文彬:《明会要》卷51《民政》2《恤鳏寡孤独》,下册,第959页。

③ 余继登撰,顾思点校:《典故纪闻》卷13,第232—233页;龙文彬:《明会要》卷51《民政》2《恤鳏寡孤独》,下册,第960页。

④ 余继登撰,顾思点校:《典故纪闻》卷14,第253页;龙文彬:《明会要》卷51《民政》2《恤鳏寡孤独》,下册,第960页。

⑤ 龙文彬:《明会要》卷51《民政》2《恤鳏寡孤独》,下册,第960页。

⑥ 龙文彬:《明会要》卷51《民政》2《恤鳏寡孤独》,下册,第960页。

⑦ 龙文彬:《明会要》卷51《民政》2《恤鳏寡孤独》,下册,第960页。

⑧ 龙文彬:《明会要》卷51《民政》2《恤鳏寡孤独》,下册,第960—961页。

通观明代抚恤鳏寡孤独及贫民的机构,大致有以下两类。

一是养济院,遍设于京城与地方府、县。以京城为例,如宛平县之养济院设在城内河漕西坊,大兴县之养济院设在府前孤老胡同。养济院设有公府一所,各种房舍“十二连”。按照明代的制度规定,宛平、大兴知县不能擅自收养孤老,唯有在改元或国家有其他大的典礼时,由皇帝下诏,再由部议行县,然后查核都城内外老疾孤贫之人,“籍其年以请,无常期,亦无常数,惟上所命”。至于孤老是男妇,或者是否属于宛平、大兴两县之籍,则不在考虑之列。至于养济院具体收养的人数,则有几个万历年间宛平、大兴两县养济院的数字。如万历元年(1573),宛平县养济院收养萧俊等1080名;万历七年,明神宗大婚礼成之后,又收养刘真等500名;万历十年,因为皇子出生,又收养李聪邓等580名。大兴县养济院收养的人数,大致与宛平县相当。收养于养济院内的孤贫之人,每名每月支给太仓米3斗,每年给予甲字库布1匹。养济院的管理体制,大致是在收养之人中选立“会头”数名,每个会头领管100余人。每月一次在养济院集中,等待县丞查点。若有人亡故,则在籍中除名,必须将养济院内实在的名数开具,上报县中,再由县结报本府,转文给户部,而后行文相关衙门,按照养济院的人数支给米、布之数。[①] 南直隶溧水县的养济院,由永乐年间知县廖以仁所建,原先设在县治东。至成化十九年(1483),知县宁贤改建于大西门内。至嘉靖年间,知县曾震移建于小西门内。养济院内,专门收养“孤老之贫而无告者”,一般额定为86名,“岁给粮银”。与养济院相配套者,则有先斯仓,设于县署正堂之右,嘉靖年间知县王从善建,专门贮备养济院孤老的“月粮”。[②]

二是舍饭寺。养济院源出于唐代的悲田院。这种悲田院,早在唐开元五年(717)宋璟开设之时,即已由僧人掌管,足见与佛教的关系密切。开元二十三年,在各座佛寺分设悲田院。其后,才专门设置使者加以领管。宋代,也有悲田院之设,以收养“乞丐游食”之人。在明代,地方府、县均设有养济院,“以恤茕独”。在南、北两京,又专设舍饭寺,“以济贫饥”。在北京,有两所舍饭寺,西面的一所称为“蜡烛寺”,靠近燕山左卫;东面的一所称为“旛竿寺”,靠近井儿。在旛竿寺伽蓝殿内,专门供奉给孤独长者之像,说明其为乞丐信奉的神灵。明代北京的两所舍饭寺,均由太监“主饔飧之出纳”。[③]

---

① 沈榜:《宛署杂记》卷11《养济院孤老》,第89页。

② 闵派鲁、林古度纂修,傅章伟、吴大林点校:《(顺治)溧水县志》卷3《恤典志》,上海古籍出版社2016年版,第106—107页。

③ 蒋一葵:《长安客话》卷2《皇都杂记·德胜门庵》,第25页。

在明代，京城府、县设有养济院，“以济穷乏”；又设有饭堂亦即舍饭寺，由宦官掌管。从官方的制度设计来看，惠养穷民，不可为“不至”。事实却是，穷民依旧“未得其所”。如嘉靖年间，林希元到了北京，道途所见，尽是“裸体扣胸，扶携辗转，哀苦万状，号泣于市者”。这些人的构成，有的是老而无子，有的是穷而没有家室，有的是因残疾而不能“为生业”。一至冬寒，大多“冻死”。京城号称辇毂之下，穷民尚且如此颠连，天下穷民的惨状，也就不难想见。究其原因，正如林希元所言：“夫何法久人玩，为有司者不体国家子民至意，动以文法牵拘寄耳；里书授柄奸吏，遂使穷民多不得食，食者多非穷民。至有称贷以充吏壑，名幸系籍，利归富家，必待数年而后得食者，此天下之通弊也。”①名为恤穷之政，实则穷民未曾得到实惠。

嘉靖、万历年间桂萼、沈榜的说法，大致可以证实养济院惠养穷民的功效正在日趋消失。其中的原因有二：一是养济院被光棍一类的奸徒所把持。正如桂萼所言，京城、地方的养济院，收养之人多被光棍把持，理应收养者则被这些光棍阻绝，难以进入养济院；养济院内已经死亡之人，则被这些光棍冒名顶支。更有甚者，一些奸徒将养济院内能弹唱、占卜的瞽目妇女把持在手，带着她们出入势家，“投作恩主”。那些权势大臣，则“利其通情纳贿”，地方官府很难禁治。其结果，当应领月米、岁布之时，已经死亡者常不下百数人，但奸徒仍然不除其名，而加以冒领。当官府加以清查时，则势家又“为作张主”，最终导致“惠不均，而收养不遍”。② 二是官府对养济院疏于管理，导致养济院被“会头”把持。正如沈榜所言，岁久法玩，养济院内，大多由会头盘踞其间。对于已经亡故之人，这些会头“十不开一”；对于存身养济院内之人，这些会头又“十不给一”。其结果，利均归于会头，导致这些会头“家饶衣食，富于土民”。若是官府派遣官员对会头“稍绳之法”，他们更是“群然噪呼，引其老而瞽者百十人，秽身结衣，集长安道，候九卿过，则环立而乞怜”。地方官员害怕得罪，对养济院不敢查点。即使有时申请本部严行，该管的官吏为了博取“长厚”的名头，根本不想尽力查点，导致查点成为“楮灾矣”，亦即称为一纸空文。③

3. 抚恤流民

抚恤流民，也是明代抚恤措施之一。流民的产生，大多由于以下两大原因。

---

① 林希元撰，何丙仲校注：《林次崖先生文集》卷2《王政附言疏》，上册，第62—63页。

② 桂萼：《应制条陈十事疏》，《明经世文编》卷179，第3册，第1829—1830页。

③ 沈榜：《宛署杂记》卷11《养济院孤老》，第89页。

一是当地遭遇天灾，只好流移他乡觅食；二是土地兼并日趋严重，失去土地的农民，只好流移他乡，另寻生计。针对这些流民，明朝廷通常采用两种方式：一是招抚流民，使之复业；二是针对流民的生计困境，多方加以抚恤。

明初之时，社会与生产趋于恢复之际，就将抚恤流民作为一大国策，以维系社会的稳定。如洪武初年，韩政移镇河北，曾行招抚流民之举，“复业甚众”。永乐四年（1406）九月，赈恤苏州、松江、常州、杭州、嘉兴、湖州各府的流民，复业的流民多达 12 万户。永乐六年六月，明成祖下诏，凡是流民复业，就免除三年的差役。宣德三年（1428）七月，工部郎中李新从河南回到京城，上疏称山西的饥民流徙南阳各府，不下 10 余万人。地方官府派人“捕逐”，导致“民愈穷困，死亡日多”。于是，明宣宗下诏，派遣官员加以“抚辑”，并发官廪加以赈恤。①

正统以后，流民问题更是成为困扰政府的一大难题。为此，明朝廷采用多项措施，对流民加以抚恤。如正统四年（1439），通过采取以下三项措施，加大对流民的管理与赈恤：一是对流民采取编制户籍的方法，亦即所谓的“编甲互保”，专门由所在的甲长加以管理，并在府、州、县地方政府设立抚民佐贰官，以便对流民加强管理；二是鼓励流民回归本籍，并给以牛种、口粮；三是依从河南、山西巡抚于谦之言，免除复业流民的粮税。正统六年，山东、陕西两省，前往河南“就食”的流民多达 20 余万。巡抚于谦上疏，请求用河南、怀庆二府的“积粟”赈济流民，并下令由布政使抚集流民，“授田给牛耕种”。景泰三年（1452）五月，景泰帝下诏，凡是河南的流民，若是愿意复业，就“计口给食”。景泰六年，马谨巡抚河南，抚恤流民达 31000 户。成化元年（1465），在陕西按察司中添设副使一员，前往汉中府，专门“抚治”流民。当时南阳、荆州、襄阳等地的流民，多达 10 余万人，再加之两京、浙江、河南或遭受水灾，或遭受旱灾，“禾麦绝收”。于是，明宪宗下诏，命王恕与浙江、河南的巡抚、巡按，各自赈恤所属流民。② 成化十七年，添设四川按察司副使一员，专门在重庆、夔州、保宁、顺庆四府，“抚治流民”。弘治二年（1489），四川的流民“逐食四出”。巡抚谢士元下令所属各府、州、县，设置“广室十余区”，“作糜食之”。此外，又下令所在地方官员“给符遣归”，流民路过的府、县，地方官“验而廪之粟”，目的在于让流民渐渐复业。弘治八年，添设河南布政司参政一员，专门在南阳府“抚治流民”。正德十三年（1518）正月，赈恤京师流民，人给米 3 斗。正德十四年五月，明武宗下诏，山东、山西、陕西、河

① 龙文彬：《明会要》卷 51《民政》2《恤流民》，下册，第 961—962 页。

② 龙文彬：《明会要》卷 51《民政》2《恤流民》，下册，第 963 页。

南、湖广各省的流民,若是“归业”,就由官方提供廪食、庐舍、牛种,并免除5年的赋役。①

进入晚明时期,流民问题依然存在,朝廷仍不时加以赈恤。如嘉靖十九年(1540)二月,湖广清军御史姚虞向明世宗呈上《流民图》,请求对承天府工所的流民加以“拯恤”。明世宗下诏,令侍郎顾璘会同巡抚、巡按等官,设法赈恤。嘉靖二十四年二月,明世宗下诏,流民若是复业,就由官方提供牛种;若是开垦闲田,则免除10年的赋役。嘉靖四十年四月,因北京的流民数大增,明世宗下令,发京仓米4000石,内库钱300万,“给贫民归费”。隆庆元年(1567)七月,明穆宗下诏,招抚山东、河南受灾的流民,并免除他们5年的赋役。万历二十七年(1599)十二月,赈恤京师的“就食流民”。万历四十年三月,因饥民流移,均集中于京师,顺天府上疏,请求给米煮粥,加以赈恤。明神宗下诏允准。②

4. 优抚守节寡妇

明代法律对寡妇守节有一套具体的旌表制度,其中规定:“凡民间妇寡,三十以前夫亡守志者,五十以后不改节者,旌表门闾,除免本家差役。”③这条法律规定,其实包含了下面两点:其一,寡妇旌表的条件。其中又包括以下两点:一是寡妇守志的最初年限,也就是必须是30岁以前守寡;二是守寡的年限必须超过20年。只有达到这两个基本条件,才符合旌表。其二,对守节寡妇的优抚。这又包括两个方面:一是旌表门闾,这是精神上的荣誉;二是免除本家的差役,这是物质性的优抚。

为了给这些守节之妇以一定的安慰,明朝廷设立了“节妇月粮”制度,其目的显然是为了“崇风教”。按照明代的制度,凡是获得旌表的节妇,官方给予“坊价”,用来建造贞节牌坊,还每年给予布帛。如果节妇家中孤贫,官府还供给她们月粮。④ 毫无疑问,节妇月粮的设立,无非是为了解决贫寒之家节妇的守节之苦。

---

① 龙文彬:《明会要》卷51《民政》2《恤流民》,下册,第962—964页。

② 龙文彬:《明会要》卷51《民政》2《恤流民》,下册,第964—965页。

③ 《大明令·户令》,载怀效锋点校:《大明律》附录,第242页。按,明末清初归庄也说:“国家之制,民间女子未三十夫亡守节者,年至五十,輶轩之使以闻于朝而旌之。”参见归庄:《归庄集》卷3《陈节妇归孺人五十寿序》,上海古籍出版社1984年版,第259页。

④ 《明神宗实录》卷459,万历三十七年六月癸丑条,“中央”研究院历史语言研究所1966年校印本。

地方官员对节妇的月廪优抚,同样有事例可以证实。如陆釴《病逸漫记》载:"南阳卫,颇多淫风。其林氏女,聘未行而夫卒,乃白其母至夫家,送葬毕,遂行三年之丧,事其舅姑,曰:'舅姑无他男,独妾夫,今已死,吾宁忍去耶?'太守段坚贤之,月廪其家。"①可见,节妇有月廪。有苏州府吴江县平望镇周氏,为吕敦厚妻。嫁后五月,丈夫亡故,周氏年仅 18 岁。因家中贫穷,公婆打算将她改嫁,周氏绝粒求死。不久,回归母亲家,勤于纺绩,拿余资奉养公婆。公婆亡故后,"丧葬成礼"。后父母也相继亡故。其兄之子,因贫穷不能从师求学,周氏"为延师教育",得以成为秀水县学生员。万历十六年(1588),因为周氏守节有操守,每年供给周氏布 4 匹、米 3 石。至万历三十年,知县刘时俊又旌表其门闾。②

(二)民间优抚措施

官方优抚制度的缺失,势必需要民间组织加以补充。细究明代民间的优抚措施,大抵集中于以下三个方面:一是通过乡约这一组织形式而在乡里之间达臻患难相恤;二是通过善会、义冢等形式实行乡里互助;三是在宗族内部,推行一些优抚举措。

1. 乡约及其患难相恤

患难相恤,是传统中国的一种习俗。但从民情风俗的实际状况来看,却又往往被人忽略。一如俗语所云:富贵有远亲,贫贱无近邻。就人情的实际而言,更喜锦上添花,而不知雪中送炭。邻里之间,比户而居,烟火相连,实则很难逃避互助之举,或将邻里视为陌路。相较而言,若是发生"水火盗贼",一闻喊救,自然会随众救护;但若遇到邻里有人疾病死丧,则很少有人施药帮助。若是在热闹场中,助举一二大事,或者邻里有人"屈陷坎内",则代为区处公呈,这也是常见之事;但很少见到有人对邻里"恤孤扶贫"。正如清人郑之乔所言,所谓的患难相恤,虽属切要之事,但若勉强去行,就很难真正收到实效。③

在明代,通常采用乡约这一组织形式,而达到患难相恤之效。明代乡约主要仿照古人"闾师党正"之义,通过"宣化于乡"这一形式,以起到辅佐官府"政刑之不逮"。归根结底,乡约的目的在于"约一乡之人而归于善也"。乡约始于宋人

---

① 邓士龙辑,许大龄、王天有主点校:《国朝典故》卷 67,第 1505 页。

② 翁广志:《平望志》卷 9《列女》,载吴江市平望镇人民政府、吴江市档案馆编:《平望志(三种)》,广陵书社 2011 年版,第 169 页。

③ 郑之乔:《农桑易知录》卷 3《农桑善后事宜》,《明清广东稀见笔记七种》,第 129—130 页。

吕大钧《吕氏乡约》，其内容始于“德业相劝”与“过失相规”，最后归于“礼俗相交”与“患难相恤”。至于患难相恤之意，其中的“患难”，吕大钧《吕氏乡约》将其概括为水火、盗贼、疾病、死丧、孤弱、诬枉、贫乏七类。换言之，凡是同约之人，有人遇到这七类患难，就必须救恤，不得坐视不理。① 从明人湛若水所定《圣训约》可知，明代乡约之制，大抵包括以下两项内容：一是遇到冬日年节，凡是同甲之人，就会互相往来拜贺。二是“恤患难”。同甲之人，义如一家之人，更如一人之身，必须像“子弟相卫”一样，手足相顾。所以同甲之内有人得了疾病，必须互相“问疗”；有人遭遇水火、盗贼之灾，必须互相救援；有人有婚嫁丧葬之事，必须“相吊相助”。②

毋庸讳言，对于实施患难相恤而言，乡约不失为一种很好的民间优抚制度。唯相沿日久，乡约日渐流于形式，进而产生诸多的弊端：“或以衰残老迈，聊备官府查问之数；或以庸碌乡愿辈，夙无懿行可取，仅做和事之老人；又或缵营冒充，借此可以欺凌善弱，武断乡曲。”其结果，则是失去其患难相恤的功能，甚至“匪人以竞进为荣，高士多鄙弃而不屑”，良法美意，澌灭殆尽。③

2. 善会与义冢

在明代，民间婚丧互助是最为常见的优抚形式。这可以“同善会”为例加以说明。如河南虞城县的同善会，由原本怡老的“同乐会”改名而成。此会以15日为期，参与之人各捐分银“二星”，且不得“短少色数”。一旦会金“积有赢余”，就转而用于诸多优抚与慈善之事，诸如修道路、建桥梁、助婚丧乃至周扶贫窭、疾厄。④

在明代民间，通常将抚恤之举置于婚姻之上。因为婚姻论财，导致婚姻之类的消费支出日渐增大。如嫁一女，时常需要支出数百两银子作为奁具之费；娶一妇，也时常需要支出数百两银子作为聘仪之费。再加之媒妁之谢，费亦不赀，结果导致贫家子女，婚媾愆期，怨女旷夫，含郁莫遂。为此，在河南虞城县，杨东明开始尝试一种婚姻抚恤之举。每当遇到过了婚期的男女，就多方设计，加以帮助。诸如：“未合者为作伐，成约者为备具”；“或资金钱，或给麦谷，或理衾裯衣

① 韩霖：《铎书·和睦乡里》，载氏著，孙尚扬、肖清和等校注：《铎书校注》，华夏出版社2008年版，第89页。龙文彬：《明会要》卷51《民政》2《尊高年》，下册，第958页。

② 湛若水：《圣训约讲章》，《明清广东稀见笔记七种》附录《历史文献四种》，第300页。

③ 郑之乔：《农桑易知录》卷3《农桑善后事宜》，《明清广东稀见笔记七种》，第129页。

④ 杨东明：《山居功课》卷1《世务篇·同善会条约》，《北方王门集》，下册，第810—811页。

服,或备簪珥首饰”;“少不足者益其半,全无措者总其成”;“间有故家遗子,主婚乏人,则为具衣冠,诣所亲而成其礼”。在杨东明的帮助下,最终起到了很好的抚恤效果,亦即“亲迎遂而伉俪谐,婚嫁毕而两姓悦”。[①]

在传统中国社会,大多秉持一种入土为安的观念。换言之,能够入土安葬并履行相关的丧葬礼仪,无疑关乎生活质量的高低。作为民间丧葬抚恤的义冢,它的大量出现,显然是基于官方漏泽园功效的沦丧。

漏泽园之制,始于北宋时期,至明代仍为官方所普遍设置。所谓漏泽园,即为官方设置用以掩埋大量无名尸骸的公共坟场。就其大者而言,属于官方所设的慈善机构;就其小者而言,属于官方丧葬抚恤的机构。以北京为例,官方所设漏泽园,即有两处:一处在阜成门外的北岔路,计有葬地 80 亩,东、北至道路,南、西至各家坟地;另一处在西直门外,计有葬地 80 亩,东、南均至各家坟地,西、北均至道路。[②] 时间一久,北京所设漏泽园,已是丘垅累累,无复隙地。旧坟崩塌之后,新坟仍然葬在旧坟之上,以致出现尸骨多有暴露在外的现象。

至隆庆年间,此事传到皇宫之中,导致后妃丧葬慈善活动的兴盛,其结果则进一步加深了佛教对传统中国的丧葬礼俗的影响。这主要体现在以下两个方面:一是就明宫宫女的殡葬制度而言,宫人的丧葬慈善活动,显已受到了佛教的影响。明宫宫女的殡葬之所,分别有静乐堂、安乐堂两处,由宛平县力役中分别佥派 31 名与 29 名“土工”,每名给工食银 1. 2 两,具体负责宫女殡葬之役。名义上称为“土工”,似乎负责宫女的土葬,实则不然。按照明代的制度规定,静乐堂在都城西阜成门外 5 里多,以砖甃二井,“屋以塔”,即火葬塔。这是宫女的火葬之所。安乐堂在北安门外,也有屋数楹。明宫宫女死后,若是没有名称、封号,通常不赐墓,随机抬出紫禁城后顺贞门旁的右门,在“承以敛具”之后,再抬出玄武门,经北上门、北中门,达到安乐堂,交给守候安乐堂的人,召见本堂的土工,将尸体移到北安门外的停尸房,亦即北安门外墙下,用朱棺盛敛,而后送至静乐堂火葬塔井中火化。至嘉靖末年,有一位贵嫔,自己捐资买民地数亩,将其归入静乐堂内。若是宫女火化之后,骨灰不愿葬入塔井,则可将骨灰土葬,坟头也“隆然高起”。即使如此,显然仍受到佛教的“得浅土,可速轮回”之说的影响。[③] 二是就官方漏泽园而言,明宫后妃因为受到佛教的影响,也渐渐参与民间的丧葬慈善

① 杨东明:《山居功课》卷 1《世务篇 · 助婚记》,《北方王门集》,下册,第 822—823 页。

② 沈榜:《宛署杂记》卷 20《书字 · 志遗》6,第 294 页。

③ 沈榜:《宛署杂记》卷 10《居字 · 土工》,第 85 页。

活动。隆庆年间，经后妃的活动，朝廷每年拨付内帑银若干，命佛僧“敛化”漏泽园内暴露在外的尸骨。至万历年间，两宫仁圣皇太后与慈圣皇太后曾下懿旨，对漏泽园的施舍资金更是大有增加。每年的清明日，集中高僧 53 人，取道家五十三参之意，设法场，“诵经焚而瘗之”。①

官方漏泽园制度的败坏，势必导致民间义冢的勃兴。以北京的义冢为例，既有官员所置，也有民间百姓所施，各有多寡不一的葬地。以前者为例，如位于北贤村的义冢，即为万历十三年（1585）西城御史刘霖所置；以后者为例，如位于阜成门外马家庙后的义冢，即为正德年间民人李佐所施。在义冢中，有些设有詹法王古塔，有些则建有地藏庵。（参见附表 41）明代民间所设义冢，有时又称“义阡”，其功能在于“以宅归人而诏远迩”。如设于北京的“香山社义阡”，位于京城西关外 10 里多，计有葬地 4 亩余，由京城人鸿胪寺官员梁材、太医许珊能所置。②

京城之外，明代民间义冢颇多。如福建人黄鸣乔，在南京为官时，一些旅居于南京的福建人，死后的“旅榇”，一向“攒寄一室”，到了春日水涨，往往“漂散”。为此，黄鸣乔捐出俸薪银 100 两，拟设置义冢，收买乡人遗骨。③ 湛若水在南京任参赞时，鉴于当地百姓在父母、兄弟、妻子死后，因为没有葬地，只好采用火化的形式，心中不免戚戚。为此，他上奏朝廷，设立 32 处义阡，使无葬地之人，死后得有葬所。后湛若水回到家乡广东，见到沙贝、白冈、东洲等村的百姓，因为无地可葬，同样流行火化。于是，采取价买土地或捐出自己户内管辖土地的方式，仿照漏泽园之例，设立义阡。先是买山，立为义阡，“使各近乡贫民，有父母兄弟妻子丧，则全棺葬于此山”；后又修建“白冈义阡”，允许贫民“皆葬于此”。每年清明节，由湛若水家具“三牲酒礼”，派遣乡正祭祀“义阡之无主者”。④ 苏州府吴江县平望镇，在大育圩有一处“千人坑”，实则就是义冢，由明末时五渡港沈氏捐设，“以掩埋饿莩”。⑤ 南直隶溧水县所设义冢，共计 3 所：一所在东门外，东至丁贵之山，西至陈谦之地，南至黄泮之地，北至俞铨、姚淮之田；一所在大西门外，东至许泮之田，西至杨郁之山，南至葛相之山，北至许泮之田；一所在南门

① 沈榜：《宛署杂记》卷 20《书字 · 志遗》6，第 294 页。

② 唐伯元著，朱鸿林点校：《醉经楼集》卷 4《义阡记》，中华书局 2016 年版，第 84 页。

③ 姚旅：《露书》卷 13《异篇》上，第 319 页。

④ 湛若水：《圣训约讲章》附录《告乡里立义阡禁焚尸帖子》《告举禁焚尸及令贫民皆葬新置义阡状子》，《明清广东稀见笔记七种》附录《历史文献四种》，第 308—309 页。

⑤ 翁广志：《平望志》卷 3《义冢》，《平望志（三种）》，第 60 页。

外,东至丁完之地,西至施惠之山,南至茆常禄之地,北至毛杰之山。[①] 在明代,有很多人寓居北京,"客而不能归,则不得不鬼于他方"。为此,会稽"义人"白某,谋求于同乡"老而贤者"10 人,拟在北京设立同乡义冢。最后,参与者计有 300 人,共计筹集银 2140 两余,在齐化门外"买地连宇",作为同乡义冢。[②]

3. 宗族内的优恤

在明代的社会基层,通常是由三股基本的力量共同维系着基层社会的运作。仔细分析这三股力量,分别为:一是准官僚体制的乡里制度,在明代演变为里甲制度与里老制度;二是宗族组织,既统辖族内成员,又对维系基层社会起到辅助的作用;三是乡邻互助组织,作为官方基层力量的一种补充。在明代基层社会的优恤中,宗族力量显然很难加以忽视。换言之,在明代的宗族内,同样盛行抚恤之举。

在明代,家族内的抚恤之举颇为常见。如苏州府昆山县顾鼎臣家族,顾鼎臣曾做出如下规定:在家族内,凡是年老、年大之人,或是妇人、残疾、孤苦之人,均由家族提供糙米 1 石;其他妇人,由家族提供糙米 0. 8 石;还有 15 岁以下的男子与女子,不论大小,每人均由家族提供糙米 0. 4 石。[③] 这是家族内抚恤之举的典型个案。此外,有些官员通常借助于在乡里设置义田、义庄的形式抚恤族人。如无锡县人华从龙,晚年才中进士,出仕没有几年,就"请归"故乡。从史料记载可知,华从龙不忘"族人之饱饥",专门捐出自己家近郭之田 1000 亩设立义田,仿照范氏义庄的形式,以抚恤家族的贫穷族人。抚恤之举分为以下两类:一是从 11 世远祖以下的子孙,凡是不能自业者,均提供"口食",另外,族人的"婚娶櫘瘗",也各自按照差等提供抚恤;二是从 12 世远祖往上的"族疏人众",若是因为贫窭不能"就塾"、嫁娶或者"櫘瘗",则"量助之"。[④] 又如弘治年间,大学士徐溥利用自己的"禄赐所入",仿照范仲淹义庄之法,在原籍宜兴县设立义田,用义田的岁收租税,"以助族人婚葬之费"。为了使义田的功能得以延续,徐溥还专门上疏朝廷,请求户部将义田的文册盖上户部官印,发到宜兴县"存照"。等到攒造黄册之年,另外以"徐义庄"之名立户,"造入本里管户内"。这无疑是借助于

① 闵派鲁、林古度纂修,傅章伟、吴大林点校:《(顺治)溧水县志》卷 3《恤典志》,第 107 页。

② 张元忭撰,钱明编校:《张元忭集》卷 7《记 · 义冢记》,上海古籍出版社 2015 年版,第 193—194 页。

③ 顾鼎臣:《顾文康公文草》卷 10《附家书(又)》,《顾鼎臣集》,第 175 页。

④ 唐顺之著,常州市唐荆川研究会编:《唐荆川诗文集》卷 12《华氏义田记》,第 344 页。

"国法"而使"家法"得以永存。①

明代家族内的抚恤之举,以绍兴府山阴县水澄刘氏家族最为典型。这个刘氏家族,即为明末大儒刘宗周的家族。刘氏家族分为三房,一是日涉房,二是素庵房。这两房均为民籍。三是华山房,自华山"府君"占籍贵州之后,其后人"荷戈枕戟以御魍魉者,百世如一日"。可见,此房属军籍。按照原先的祖制,在族内专门设置了"军装田","以供汤沐"。已经占籍贵州的"华山房"军宗,就按时回到原籍,领取军装之费。在遵行200年之后,以族内军装田抚恤军宗之制,"不无稍稍凌夷,迎送之礼日趋于凉,所遗装田亦以典守之不一,遂化而为乌有者过半"。为此,刘宗周重新加以整顿,恢复旧额的军装田,共计18.452亩,每年收取租银13.8两。此外,又新增"伴送田"2.026亩,每年收取租银1.57两。按照惯例,远在贵州的华山房军宗子弟,其中的长官每隔10年回一次原籍,领取军装之费。到了原籍之后,其中的招待、军装之费,均从军装田、伴送田内支出,不用再从各个房支内科派。②

除了优恤军宗之外,山阴水澄刘氏家族,还有详细的周恤族内贫宗的事例。从崇祯十年(1637)族长刘翀宇会同族人共同制定的家族条例可知,刘氏家族人员"不下数千丁",其中"贫不能自给衣食"的家族人口,超过一半。族内仅有"公田"40亩,显然对于周恤族内贫宗是杯水车薪。于是,刘宗周在族内创议"捐助事例",以募集的资金"议施"或"议贷"族内贫宗。其中包括两项内容:

其一,是"义敛通例",亦即族内抚恤钱款的来源。这主要包括以下数项:一是族内人员有人进学成为秀才,上户捐资银1两,中户捐资银0.5两,下户捐资银0.3两;若是族内人员有人成为国子监监生,不论户等,一概捐资银2两。二是族内人员有人从贡生起家,则捐资银3两;若是中举人起家,捐资银10两;若是中进士起家,捐资银20两。三是族内人员出仕杂流、冗员等官,捐俸银2两;出任教官,捐俸银3两;出任州、县佐贰官,捐俸银5两;出任州、县正官,捐俸银10两;出任京职官员,所捐俸银与地方官相同。四是家中"素封"之家,且又"慕义",那么"因事捐赀者听"。五是若族内成员,"有事犯在官,而受枉或无辜受累者",族内的绅士"代白之",那么"量事输金于公",即必须捐助银两给家族。六是凡是族内绝嗣的家产,若有人承继,则将嗣产的十分之一输送家族;若是无人

① 余继登撰,顾思点校:《典故纪闻》卷16,第285页。

② 刘宗周:《水澄刘氏家谱》6《典礼志·军宗恤典》,《刘宗周全集》补遗4,第5册,第508—510页。

承继,则“尽没入公”,即充作族内公产。七是若有族内成员违犯宗约,则“罚锾如例”。这些“罚锾”,同样成为族内公共资金的来源。至于罚锾的多少,则分两种:以杖罪论分三等,其罚锾分别为 1 两、2 两、3 两;以过论亦分三等,其罚锾分别为 0.3 两、0.5 两、0.7 两。若是受罚之后,仍然不遵守宗约,那么罚锾加倍。八是若族内成员有人生了儿子,均需要捐银 0.03—0.1 两,只有捐银之后,才可以将儿子的名字登入宗族册籍内。九是凡族内由新的木主进入祠堂,那么其子孙照例捐资银 0.05 两以上。

其二,是“义施通例”,亦即族内周恤贫宗的惯例。这主要包括下面数项:一是族内成员“贫而有守”,且“日不能举火者”,那么由宗族每年提供米 2 石。若是贫穷的秀才,则外加膏火银 1 两。若是贫宗“有行谊”,则周恤之米“倍之”,亦即每年提供米 4 石。二是族内“贫而以志操闻”的嫠妇,由宗族每年提供米 2 石。若是 50 岁以上且“有子能养”的嫠妇,则每年提供米 1 石,以示旌奖。三是族内成员死后不能盛殓,由宗族提供银 2 两。若是族内成员具有生员身份,且平生没有大过,那么死后由宗族提供盛殓银 3 两。四是族内的生员,贫而不能娶妻,那么遣聘之日,由宗族提供银 3 两。五是在族内开设义学,由宗族每年提供塾师束脩银 8 两。六是若置办家庙祭器,修葺祠堂房屋,或者设置义冢,均由族内公赀支出。

除了上面的义敛、义施条例之外,刘氏宗族条例还专门加上一条,即凡是士绅以下的族内成员,若是在条例之外捐赀达银 10 两以上,则每年供给祭胙肉 1 斤;若能捐赀银达 100 两以上,除供给祭胙肉外,死后还可以配享祖庙,“百世不祧”。①

五、小　结

“福利”(well-being)与生活质量息息相关。换言之,“生活质量”与“福利”有时可以交互使用,甚至有人主张使用“福利”概念取代“生活质量”的说法。这一主张尽管并不被学界完全认同,但至少说明生活质量的高低,在一定程度上是由福利的好坏决定的。进言之,一群个体福利的集合,可以称之为“社会的福

① 刘宗周:《水澄刘氏家谱》6《典礼志 · 本宗义典》,《刘宗周全集》补遗 4,第 5 册,第 510—513 页。

利”。这一“社会福利”的概念,更是可以作为评价社会的各项制度结构的标准。[①] 生活质量是在一定的物质基础上对生活的更高追求,人们只有在物质需求满足的基础上,才能追求更多精神需求;只有在物质满足的基础上,才会转向对生活质量的追求。增进物质福利的根本目的是提高生活质量,提高生活质量的根本途径是增进物质福利,二者相辅相成。[②] 在社会福利保障中,健康保障则尤显重要。健康可能是生活质量特征最基本的组成部分,没有健康其他特征都没有任何价值。健康既影响寿命长短,又影响人们的生活质量。[③] 基于资料缺乏完整性的缘故,从健康保障的视角出发而对明代生活质量尤其是发病率、死亡率进行测度,显然存在着不少的困难,但从前文已经揭示出来的诸多事实中,同样可以对明代的生活质量加以有效的判断。

以福利保障为观测明代生活质量的出发点,不难发现如下事实:明代官方制定了基本的社会福利保障设施,从畿辅直至天下府、州、县,普遍设立了举凡养济院、惠民药局、漏泽园、旛竿寺、蜡烛寺之类的社会保障与救助体制,每年向贫穷人口与受灾人口提供救济及其各项社会保障。尽管限于经费不足的原因,以及制度在实施过程中的诸多弊端,导致官方的社会福利保障措施难以得到真正的落实,但民间慈善、福利组织的勃兴,大抵已经使官方机构福利功能的不足得以完善与补充。

毋庸讳言,随着时间的推移,明代官方社会福利保障措施慢慢开始“湮没”,并未发挥其应尽的社会保障功能。即以养济院为例,尽管在京城五城及其在外府、州、县,均已普遍设立养济院,“收恤孤贫”,但往往因为地方官员“漫不加意”,其结果反而“徒饱贪吏饕民”而已。[④] 又以“蠲灾”亦即灾年蠲租为例,显然也是弊端丛生,因此丧失其应有的救灾功能。细究蠲灾之弊,大致有下面四点:一是户部“主计”者,亦即掌管国家财政收支的官员,与灾区的地方官员,在对待灾民救助的问题上,事实上存在着一种博弈。户部财政官员担心地方官员“缓于其赋而私于其民”,进而影响国家的财政收入,有时甚至怕自己的政绩受到牵累,对于灾区地方官员上报给朝廷的水旱、蝗虫一类的奏疏,“十不一听”,不顾

---

① [美]K. 苏斯耐、G. A. 费舍:《“生活质量”的社会学研究》,《国外社会科学》1987 年第 4 期,唐仲勋、叶南客译,第 58—59 页。

② 王太盈:《人类生活质量指标的构建与意义》,《经济研究导刊》2014 年第 4 期,第 204 页。

③ 李冻菊、温明晟:《生活质量的测度研究》,《经济统计学(季刊)》2017 年第 2 期,第 239 页。

④ 刘宗周:《文编》1《奏疏》2《钦奉明旨推广德意以拯畿辅黎遗疏》,《刘宗周全集》,第 3 册,第 61—62 页。

闾里的疾苦,甚至严行“沮抑推勘”之令,最终导致“蠲租发帑之请十不一得,而督责迫促之纲密”,致使受灾地区的百姓并未得到真正的实惠。二是在蠲免问题上,户部财政官员已经与灾区地方官员达成了一种默契:户部财政官员不信任地方官员上报的蠲免租税之数,必定在上报蠲免数的基础上裁抑十分之三;地方官员事先知道户部财政官员并不相信自己的上报蠲免数字及其所行惯例,所以必定在上报真实数字的基础上增加十分之三,亦即将七分之灾说成是十分之灾。换言之,假若地方官员根据灾情据实上报,必定会“所蠲常不能如其分数也”。在面对“中饥”或“小饥”之时,户部官员与地方官员博弈之后达成的默契,并未真正影响到受灾百姓的蠲免。但一旦遇到“大饥”,本来已经属于“十分”之灾,地方官员很难再在灾情上“益其虚分之三”,而户部官员还是按照惯例加以处置,结果导致遭受“十分”之灾的地区,最后只能得到蠲免十分之七的税赋。三是蠲免税赋之法,通常按照“留者蠲,解者不蠲”这样一种原则执行,即存留地方的钱粮可以蠲免,解送太仓的钱粮不能蠲免。事实却是,解送太仓的钱粮占到全部应纳赋税数的 70%—80%,而存留地方的钱粮,则仅占应纳赋税数的 20%—30%。那么,若只是蠲免存留钱粮的十分之七,其实不过是蠲免了应纳赋税数的10%—20%而已。此即所谓的“十蠲其七”,不过是“十蠲其一二”而已。四是因受到不良官员、胥吏的操弄,更使蠲免钱粮难以发挥应有的效果。蠲灾之诏一下,不良官员、胥吏就“匿而不布野”,通过“鞭笞竞行,程期转迫”,逼迫受灾地区的百姓继续交纳赋税。等到应纳赋税全部完成交纳,才将朝廷下达的蠲灾诏书贴于墙壁。其结果,则是“蠲之公困者虚也,注之私困者实也,有十分只灾而卒至于无一毛之蠲”。①

国家与政府社会福利、保障设计的缺陷,以及保障措施的形同虚设,势必降低明代百姓生活的实际质量,最终导致民间社会救助、福利保障事业的兴盛。在明代民间力量中,尤其值得注意的是商人力量的崛起。他们投身于社会救助、福利保障等各项事业,在一定程度上弥补了官方制度设计的缺陷。如嘉兴人王士达,“以药贾起家”。史载其“好施德行惠”。乡里之人死后无棺,他就“与之棺”;乡里之人“暑无蚊帐,寒无絮衣”,他就施给蚊帐、絮衣;有人向他贷款,因贫不能偿还,他就“焚券”,不再让贷者偿还。② 苏州的洞庭东山,山中的大姓,“类

① 唐顺之著,常州市唐荆川研究会编:《唐荆川诗文集》卷 11《送邑令李龙冈擢户部主事序》《赠竹屿吕通判还郡序》,第 301—302、309 页。

② 张履祥:《杨园先生全集》卷 32《言行见闻录》2,第 919 页。

以商旅纤啬起家,往往拥财自卫,其尤豪者,必华衣服,盛舆从,以相夸炫”。席启图却并非如此,平生生活几与“寒素者相等”,“室无姬媵,箧无玩好”,一心向善“畜德”,将自己的积蓄,均“罄之于施予”。所做有利于乡里救助、福利保障之事,主要有:一是修筑道路。他修筑了洞庭东山自俞家舍抵达薛家桥的道路,“旁规以石,中甃以甓,坚致且袤数里”。二是为当地妇女提供棉花本钱与纺车、织床,并派人募集邻近之府的女工教习当地妇女纺织,使妇女不再“空手坐食”。三是好行其德于乡里,诸如施给宗族、亲故之家米谷,资助婚嫁死丧之家,施给贫苦细民之衣,施给病人之家药物,施给不幸死亡之人棺材,设义冢葬地 30 余亩,将被卖子女赎归其家,收养遗弃于道的婴儿,灾年之时出粟周济受灾之民,多或 1000 余石,少亦不下数百石。① 徽州歙县汪家,一向为淮扬盐商的“祭酒”。尤其是汪一渭,更是积极投身于社会救助与福利保障事业。万历十七年(1589),正值“大祲”之年,道殣相望,汪一渭“遇其骨即瘗之”。邹尔瞻任官南京时,打算建造漏泽园,收埋“无主之骨”,汪一渭捐出数百两银子,成就其事。②

① 汪琬:《钝翁续稿》卷 25《文稿》17《墓志铭》2《席舍人墓志铭》,《汪琬全集笺校》,第 3 册,第 1588—1589 页。

② 钟惺著,李先耕、崔重庆标校:《隐秀轩集》卷 33《秋田汪翁墓志铭》,第 615—616 页。

第八章　公共产品

在传统帝制中国，举凡“土木兴作”一类的大事，均可归于“王政”之内。王政之所在，即以“疆理天下”为主旨。所谓的“王政”，大抵可以析为以下两类：第一类属于“政之所先”，包括城邑、山川、井野、市里等；第二类属于“可以观政”，亦即显示王政之盛衰，包括桥梁、道路。①

以“土木兴作”为外在表现的王政，基本与西方经济学所谓“公共产品”(Pubic good)相近，其最为主要的特点有三：其一，此类产品能为绝大多数人共同消费或享用的产品或服务；其二，此类产品具有非竞争性与排他性的特点，即一部分人对此类产品的消费与利用，并不会影响到其他人对此类产品的消费与利用；其三，此类产品通常由政府与社会团体提供。

若以“公共产品”的概念限定明代的“土木兴作”一类的王政，除去医疗、养老等社会福利已在上章加以阐述之外，基本还应包括下面数项内容：一是城垣边墙，其功能的公共性体现在维系政治秩序与社会局面的稳定，而并非单纯的军事防御；二是公堂公廨，虽属政府办公衙门体制，但同样具有维系地方社会稳定与公平处理百姓争端的公共性；三是学宫，为府、州、县辖区之内的百姓子弟提供公共教育的服务；四是道路，其功能的公共性，既具邮路之信息沟通的功能，又有便于百姓行旅的公共功能；五是桥梁，其公共性的功能并非仅限于方便行旅，而是水利工程的一部分，且属王政之首务；六是水利工程设施，其公共性的功能，既体现在官方消费与利用，借此维系漕运的畅通与国家财政收入的稳定，又体现在民间百姓的消费与利用，借此避免灾害的侵袭。

---

① 林希元撰，何丙仲校注：《林次崖先生文集》卷10《便安桥记》，下册，厦门大学出版社2015年版，第403页。

一、城垣边墙

城垣的公共性功能，自古就存在着两种看法：一种看法认为，城垣的存在符合圣人立言垂训之意，亦即《周易》所谓的“王公设险以守其国”，以及“重门击柝，以待暴客”。换言之，高城深池，以固其封；预备警戒，以防其外患。① 进而言之，所谓的城池，是“朝廷之藩篱”。② 另一种看法认为，圣王治理百姓，其要务在于“为之安养以济其生，为之教化以若其性，为之禁命以防其淫”。若是能做到这些，即使无城郭之防护，同样可以做到“守固”与“祸乱不生”，亦即孟子所谓的“守国之道不在地利，而在人和也”。当然，即使秉持这一观点，他们也同样认为，假如不幸而有意外之患，如寇盗交侵，奸宄并作，那么“城郭又不可后”，“城郭之筑，又不在所后”。③

时至明代，作为“设险守国”“有备无患”的城垣，无疑被官员士大夫视为“经世之要务”与“保邦之远图”，甚至是“不可一日缺焉者也”。④ 换言之，城郭的设置，关系到民社的安危，看似劳在一时，实则功在万世。毋庸讳言的是，作为公共产品的城垣，在明代同样出现了两反的现象：一是官员患有“怠”与“畏”两病，或“不能为”，或“不敢为”，只是因陋就简，任凭城垣倾圮而不加修缮；⑤二是建城或修缮城垣之举，陷入一种两难的境地，原本具有“卫民”功能的城垣，在建设过程中因为“费且劳”，有时反而成为一种“厉民”之举。⑥

（一）官修城垣

明代自建国之初，就陆续修建各地的城垣，尤以南、北两京的城垣最具代表

---

① 韩雍：《聚落新城记》，载陈子龙等编：《明经世文编》卷55，第1册，中华书局1997年版，第434页。

② 黄瑄：《上明罚安边疏》，《明经世文编》卷156，第2册，第1568页。

③ 林希元撰，何丙仲校注：《林次崖先生文集》卷10《安平城记》《南安城记》，下册，第405—407页。

④ 陆粲：《处置边方疏》，《明经世文编》卷289，第4册，第3043页。

⑤ 黄克缵著，李梦生点校：《数马集》卷25《双流县新修砖城记》，上册，商务印书馆2019年版，第334页。

⑥ 王鏊：《震泽先生集》卷17《吴江城记》，载氏著，吴建华点校：《王鏊集》，上海古籍出版社2013年版，第258页。

性，且工程更为浩大。

明初立国，明太祖下令拓建南京城的东北部分，一直到钟山之阳，延亘周围达50余里。洪武四年（1371）十月，继续修建南京城垣。直至洪武六年六月，南京城才正式建成。建成以后的南京城，周围达96里，有城门13座。其后，又建南京城的外郭，亦即“罗城”，周围达180里，有城门16座。永乐十七年（1419）十一月，开始拓建北京的南城。至宣德十年（1435），又修建北京城的内垣。至嘉靖四年（1525）二月，发团营之兵5000人，修建都城。永乐年间所建的北京城，仅仅是内城，并未包括外城。经过100余年的发展，随着北京居住人口的不断增加，北京城外居住的百姓，甚至倍于内城居住的人口。为了使城外的居民免于“北虏”的侵扰，于是在嘉靖三十二年，明世宗下令修建北京的外城，不到一年，大功告成。万历三十三年（1605）正月，重修北京的外城。

洪武四年（1371）八月，明太祖命李文忠筑成都新城。宣德元年（1426）正月，明宣宗下令，修筑广西南丹城。宣德六年，修建宣大镇城。天顺五年（1461）四月，修筑沧州城。成化初年，广东布政使张瑄修筑广州、新会各城，共计达12座。嘉靖七年（1528）三月，添筑宁夏边城。①

在明代地方，尤其是中期以后，由于“北虏”“南倭”的侵扰，建设城垣之举，更是方兴未艾。这一建城运动，大抵具有以下两大特点。

一是地方府、州、县陆续建城。如赵城县的旧治在城西南汾水上，历时既久，城为水所倾圮，渐渐不可居住。至宣德元年（1426），蠡县人赵瓒出任赵城知县，自宣德八年九月开始，徙建赵城县的城垣，并于宣德九年三月完工。新建之后的县城，包括衙门正厅、后堂、仪门、鼓楼、六房、廨宇、库藏、牢狱，共计新建房屋150间。② 冀州隶属于真定府，原先筑土为城。时日一久，城垣被滹沱河、卫河、漳河之水所浸，慢慢倾圮。至成化十九年（1483），知州李德美下令修复并重建冀州城垣。城垣重建之后，“大雨如注，民赖城以益安”。可见，新建城垣兼有防水的功能。③ 苏州府辖下昆山、嘉定、常熟、吴江四县，均无城垣。吴江县原先设有城垣，但因“民不见兵革”，导致城垣“日就圮”。正德年间，吴江知县萧九成拟重新建城。城经始于正德八年二月，至九月完工。所建之城垣，周围5里余，在

---

① 龙文彬：《明会要》卷75《方域》5《城郭》，下册，中华书局1998年版，第1464—1468页；毛伯温：《广时议以防虏患疏》，《明经世文编》卷159，第2册，第1597页。

② 薛瑄：《文清公薛先生文集》卷18《赵城县徙作县治记》，载氏著，孙玄常、李元庆等点校：《薛瑄全集》，第2册，三晋出版社2015年版，第548页。

③ 李东阳：《冀州城重修记》，《明经世文编》卷54，第1册，第423—424页。

四个方向各建城门，门上建有鼓楼，甚至城门傍建有水门，“以通舟楫”。① 嘉靖三十五年(1556)，知县侯氏重建荣河县城，经始于五月，至六月完工。② 处州府所属景宁县，由景泰年间拆分青田县所立。至崇祯十四年(1641)，“闽盗阻山，民用戒严”。为此，知县徐日隆拟筑城。城广1900余丈，高1丈9尺，兼有门与门楼六座，共计费时200日建成。③

嘉靖以后，因为倭患日重，在南方地区的州、县，纷纷建设城垣。从当时的地方官的上疏请求来看，在浙江沿海各县，为了防止“海患”，建设城垣已是刻不容缓。为此，地方官出于战备的需要，建议在宁波府属慈溪、奉化、象山三县，以及台州府属宁海、黄岩、太平三县，建设城垣。④ 如嘉靖年间，苏州、松江、杭州、嘉兴各府，均遭受倭患。鉴于此，湖州府开始建设城垣，经始于嘉靖三十五年(1556)，至嘉靖三十六年八月最终建成。⑤

二是州、县以下的聚落与镇，也纷纷建城。如大同为西北的重镇。在离大同二舍许有一个聚落，“居人丛集，密迩狄境”，但只有驿传而没有城郭，时常遭遇“虏寇”的侵袭，导致“道路梗塞”，甚至“产破而业荒”。至天顺四年(1460)秋天，巡抚右都御史梁宇向朝廷疏请，谋求在此聚落筑城。随后，韩雍出任巡抚，经与镇守太监王春、总兵官杨信等商议，为聚落修筑城垣。此城经始于天顺五年二月二十七日，落成于同年八月十六日。所建之城，周围600丈，高3丈6尺，包括瞭望之楼，以及镇安、怀远两座城门，周围又有“深隍”。城垣建成以后，“道路无梗塞之虞，驿使得寝处之安”。⑥ 至于镇城的修建，可以杨舍、瓜州、张家湾为例。杨舍在江阴县县治之东，东际大海。按照明代的制度规定，杨舍的军事防御体制相当严密，既有从镇江卫选委的千户、百户，在杨舍领兵防御；又有来自常州、镇江兵营的参将，驻扎在杨舍，统领水陆官兵，“往来截杀”。杨舍无城，显已成为一大弊端，导致“盐贩出没风涛之险，兵仗自随，有迫之炎起，而为他盗，村户夜警”。于是，自嘉靖三十七年(1558)开始，在杨舍开始筑城，当年即建成。城周遭达520丈余，高1丈8尺，设有四门。城之内，设有参将府、把总司、巡检司等

① 王鏊：《震泽先生集》卷17《吴江城记》，《王鏊集》，第258页。

② 张四维：《条麓堂集》卷25《荣河尹望海侯君重建邑城碑》，载氏著，张志江点校：《张四维集》，中册，上海古籍出版社2018年版，第664页。

③ 陈子龙：《安雅堂稿》卷7《景宁县建城记》，载氏著，王英志辑校：《陈子龙全集》，中册，人民文学出版社2011年版，第1168—1169页。

④ 王忬：《议建城垣疏》，《明经世文编》卷283，第4册，第2992页。

⑤ 徐献忠：《湖守李公增建郡城碑》，《明经世文编》卷268，第4册，第2840页。

⑥ 韩雍：《聚落新城记》，《明经世文编》卷55，第1册，第434页。

衙门,还有军营、仓库。① 瓜州属扬州府管辖,靠近南京,下接海口,属于漕运运道必经之处,人烟数多,商贾辐辏,显得相当繁华。瓜州原无城郭"以障卫之",一旦倭寇猖獗,"动辄垂涎,以为口实",不惟使"商民被害",而且对漕运的运道也有妨碍。为此,郑晓等人建议,在瓜州镇建立城垣,并得到明世宗的批允。② 张家湾位于北京城东南60里,"凡四方之贡赋,与士大夫之造朝者,舟至于此,则市马僦车,陆行以达都下"。可见,张家湾属于"水陆之会,而百物之所聚也"。尽管张家湾临近通州,居民繁多,商贾凑集,但一直没有城堡,导致"无以保障"。嘉靖四十三年(1564)春,顺天府尹刘畿疏请,经明世宗"报可",开始在张家湾修建城垣。城垣周围906丈余,厚1丈1尺,高2丈1尺,且"内外皆甃以砖",属于一座砖城。东南濒临潞河,"阻水为险";西北"环以濠"。张家湾城有城门4座,各有城楼;又有便门1座,水关3座。此外,专设守备一员,督军兵500名守城。城垣建成后,"湾之人,南北之缙绅,中国四夷朝贡之使,岁漕之将士,下逮商贾贩佣,胥恃以无恐,至于京师,亦隐然有犄角之助矣"。③

明代官修城垣,大多集中于明代初年。自明代中期以后,由于内盗、北虏、南倭问题日趋严重,导致筑城运动的重新兴起。在这一筑城运动中,城垣作为一种为士民提供保护的公共产品,主导筑城主体的虽仍属地方官员,且经费也多由地方财政支持,但至少有以下两点值得引起关注:一是筑城经费除了来自地方财政之外,有一部分则来自地方官所捐的俸金;二是在地方官的倡捐下,地方士民为了筑城而踊跃捐施。以上两点,足证城垣的保障功能明显面向地方的公共利益。

这无疑从许多的筑城事例中得到了印证。如无锡县城的修筑,遵守的是一套"役军不役民"的制度,且所筑城墙3000—4000丈,所需经费"皆取办于甲里者",④即经费由里甲银中所出。汝州在重建砖城的过程中,具体督责、管理的人员,包括州丞郑一谔、州判程嘉烈,此外还有千户孙承勋、汪天保、郝怀恩,百户孙世恩、余受任、梁天成,以及经历宋朝亨。至于修城费用,一则来自"官钱"与"庾粟",并无百姓"勺米半铢之费";二则来自地方官员、乡绅的捐助,如左布政使姚

① 张衮:《杨舍城记》,《明经世文编》卷195,第3册,第2018—2019页;方廉:《议覆沿海城堡存革官军疏》,《明经世文编》卷284,第4册,第2999页。

② 郑晓:《瓜洲筑城疏》《议变塘田凑筑瓜城疏》,《明经世文编》卷217,第3册,第2266—2268页。

③ 徐阶:《张家湾城记》,《明经世文编》卷245,第2575页;王忬:《遵奉明旨计筑湾镇城堡以防虏患疏》,《明经世文编》卷283,第4册,第2988—2989页。

④ 朱国祯撰,王根林校点:《涌幢小品》卷4《府县城池》,上海古籍出版社2012年版,第70页。

氏捐银860两,前河南道参议田氏捐银158两,乡达潼关道张氏捐银100两,煤2万石。[①] 福建南安城的修建,经始于嘉靖三十八年(1559)九月,嘉靖四十年夏完工。督责其事者,有知县、县丞、主簿等地方官员;监工之人,分别有乡官知县黄源、傅阳明、教谕苏民望、黄秀叶,这些"乡官"(即在乡官员)的作用显然不可小视;修城的经费,主要出自"晋、同、惠、永、德、南之提编,与其邑之丁粮",[②]亦即相关邻县的徭役银,以及本县的丁粮。嘉靖四十四年,山西省城城楼及南关敌台的修缮费用,主要来自民间的捐助,上自亲王、郡王、宗室,下至乡宦、举人、监生,均闻风响应,"捐财修筑"。[③] 隆庆二年(1568),襄陵土城改为砖城,所需修城费用8000两银子,一则来自知县及其僚佐的捐助,如知县捐俸禄银100两,僚佐等"出俸有差";二则来自乡宦、士民的"慨然乐输",甚至有人一次捐助银1000两。[④] 四川益州双流县城的修筑,经始于万历二十一年(1593)仲冬,至万历二十二年季春完工。所需修城经费,一则来自知县及其僚佐的捐助,如知县杜方伟捐俸银60两,县学教官文和、李节,主簿王惠,典史许天爵亦有捐助;二则来自地方赋税的加增,如一县的赋税原额为5480石,每石出银4钱作为"砖石之费",亦即加增银2192两。[⑤]

当然,官修城垣作为一项地方公共工程,确实存在着一些弊端,并在一定程度上加重了地方百姓的负担,具体体现在以下两个方面:一是摊派夫役修缮城池,势必加重百姓的负担。如王廷相在任陕西巡按御史之时,上疏请求修缮陕西的城池,以便在地方遇到"盗贼扰乱"时可以得到保障。至于城池的修缮,其具体的执行,则由所属军卫、有司大小衙门的掌印官员,"各将所属军民人等,起派夫役,趁时修筑"。[⑥] 二是城垣修缮即"城工"的经费,或则过于浪费,或则被官员、胥吏人员所贪。以南京城为例,南京工部设有主持城工的官员一人,专门负责内外城垣的修缮,三年一换,每年的修缮经费多则达银14000两,少的也有10000两。按照制度规定,每年的春、秋,南京工部尚书、兵部尚书、内外守备、给

① 李日华撰,赵杏根整理:《恬致堂集》卷23《汝州甃城记》,中册,上海古籍出版社2012年版,第871—873页。

② 林希元撰,何丙仲校注:《林次崖先生文集》卷10《南安城记》,下册,第407—408页。

③ 杨博:《杨襄毅公本兵疏议》卷17《覆巡抚山西侍郎万恭叙修理省城尚义人员疏》,载氏撰,张志江点校:《杨博奏疏集》,下册,上海古籍出版社2018年版,第1038页。

④ 张四维:《平阳府襄陵县新建砖城记记》,《明经世文编》卷373,第5册,第4050页。

⑤ 黄克缵著,李梦生点校:《数马集》卷26《双流县新修砖城记》,上册,商务印书馆2019年版,第333—334页。

⑥ 王廷相:《浚川公移集》卷1《案验录二十九件》,载氏著,王孝鱼点校:《王廷相集》,第4册,中华书局2009年版,第1120—1121页。

事中、御史,均要两次巡阅城工,但在实际的巡视过程中,则“期日分道而行,日中会食,食罢而散”,不过是流于形式的走过场而已。于是,其中的修缮城垣的经费,就被官方作头、胥吏“掩饰乾没,利其工料,以润私家”,结果导致南京的城垣,“岁修岁坏,迄无了期”。① 以地方县城的城工为例,如山西繁峙县的城工,早在崇祯八年(1635)就已经开始修缮,至崇祯九年,还是屡催未完。经吴甡巡视所知,修缮城池的费用,多被委官、工官李茂德等所侵吞,多达银2700余两,至于城垣垛口,则“一味潦草了事”。②

(二) 官修边墙

边墙是明代西北边防的主要防御设施,目的在于防范北方蒙古部落的侵扰。在明初之时,西北的边防设施,相对周密。然日久弊生,不无少弛。如陕西河套,原本属于明朝的“内境”,并非边地。明初,在河套设置东胜卫,专门控扼其地。其后废而不守,导致河套之险,“弃为虏巢”。在每年的秋、冬两季,北方蒙古部落就屯聚于河套地区,成为明朝的一大“边患”。尤其是在宁夏花马池至灵州一带,因为地势平衍,城堡稀疏,更是成为蒙古部落侵扰内地的要道。③ 为此,明代官方将西北边境分为“极边”与“次边”。所谓极边,即“逼临胡虏,险在外者也”。极边起自山西保德州的黄河岸边,逶迤向东,历经偏头关、老营堡、大同之丫角山、东阳河镇口台、宣府之阳河、永宁、四海冶。所谓次边,即“峻山层冈,险在内者也”。次边起自山西老营堡,转南而东,历经宁武、雁门、北楼、平型关、保定、龙泉、倒马关、紫荆关之吴王口、插箭岭、浮图峪、沿河口、顺天、高崖、白洋、居庸关。④

明代西北沿边的边墙,其主要功能在于防御北方蒙古部落的侵扰,这显然是承袭了《周易》中“王公设险,以守其国”的遗意。通常说来,北方蒙古部落侵袭边地,凡是地处迂峻,就易于防御;地处平漫,则难以防御。在迂峻设立边墙,则“易者愈易”;在平漫之地设立边墙,则“难者亦易”。⑤ 边墙的防御功能,不言而喻。在明代的西北边地,不仅仅凭依边墙加以防御,而是另有诸多与边墙配套的防御设施,诸如城堡、堑与窖、墩、台与隧。如宣府、大同、山西三处边墙,已然亘

---

① 李廷机:《城垣主意》,《明经世文编》卷460,第6册,第5047页。

② 吴甡著,秦晖点校:《柴庵疏集》卷14《臣俸固应给由臣罪亦当考核疏》,浙江古籍出版社1989年版,第302—303页。

③ 陆粲:《处置边方疏》,《明经世文编》卷289,第4册,第3043页。

④ 翁万达:《修筑边墙疏》,《明经世文编》卷224,第3册,第2355—2356页。

⑤ 翁万达:《修筑边墙疏》,《明经世文编》卷224,第3册,第2357—2358页。

连一处。城堡,遍布于边墙之内;堑与窖,环布于边墙之外;边墙之上,设置墩;此外,再加上台与隧加以连通。①

明朝廷对北方蒙古部落的防御,存在着一个逐渐向内退缩的过程,亦即从“退而守河”,而后变为“退而守边墙”,由此更加凸显了边墙在西北边防中的地位。至于西北边地的边墙,更是有一个陆续修建、完善的过程。以河套边墙为例,自明初耿炳文守备关中,因为边粮运输艰难,已经弃而不守,导致城堡、兵马、烽堠全无。至成化八年(1472),巡抚都御史余子俊上奏,修建榆林东、中、西三路边墙、崖堑,长达1105里。成化十年,巡抚宁夏都御史徐廷章上奏,请求修筑河东边墙,自黄河嘴起,至花马池止,长达387里。这两次修复的边墙,其实就是早年放弃的河套外边墙。弘治十五年(1502),总制尚书秦纮上奏,修筑固原边墙,自徐斌水起,迤西至靖虏营花儿岔止,长达600余里;迤东至饶阳界止,长达300余里。这两段边墙,为固原以北的边墙。正德元年(1506),总制杨一清修筑徐廷章所筑的外边墙,高厚各2丈,墙上修盖暖铺900间,墙外疏浚旧堑,也深阔各2丈。至此,外边边墙之制大体完备。嘉靖九年(1530),总制王琼修筑秦纮所筑的内边墙,西自靖虏卫花儿岔起,东至饶阳界,开堑、斩崖、筑墙,各因所宜。又自花儿岔起,西至兰州枣儿沟止,开堑34里。又总制刘天和加倍修筑。经这两次修筑,内边边墙之制大体完备。此外,在内外三边之中,清水、兴武、花马、定边各营地方,“套虏”充斥纵横,属于往来必由之路。为此,总制王琼修筑边墙,自黄河东岸横城起,迤东转南抵定边营南山口,开堑一道,长210里,修筑边墙18里。其后,总制唐龙修壕墙40里;总制王接修壕墙134里;总制杨一清修筑边墙40里,止于定边营北。嘉靖十五年,总制刘天和修筑定边营南至山口一带壕墙,长60里;嘉靖十六年,总制刘天和修筑叠堤一道,西自横城,南抵南山口,并壕墙为二道。经过多次修筑,在“套虏”侵入内地的要路上,基本上设置了“重险”,完善了西北的防御体制。②

---

① 翁万达:《进宣大山西外边墙图说》,《明经世文编》卷225,第3册,第2367—2368页。

② 魏焕:《论边墙》,《明经世文编》卷250,第3册,第2629页。按,关于明代边墙的历次修筑,相关的记载,尚可参看翁万达:《修筑边墙疏》,《明经世文编》卷224,第3册,第2354—2355页;胡松:《阳方筑城记》,《明经世文编》卷247,第3册,第2601页;魏焕:《固原保障》,《明经世文编》卷248,第3册,第2620—2621页;刘敏宽、董国光纂修,韩超校注:《(万历)固原州志》上卷《建置志》第2《边隘》,上海古籍出版社2018年版,第105—106页;魏焕:《榆林保障》,《明经世文编》卷250,第3册,第2625页;杨博:《杨襄毅公经略疏稿》卷2《巡边疏》,《杨博奏疏集》,上册,第89—93页;张四维:《条麓堂集》卷24《延绥镇修边记》,《张四维集》,中册,第651—652页;杨博:《杨襄毅公本兵奏疏》卷22《覆陕西总督都御史戴才等议修边政疏》,《杨博奏疏集》,下册,第1197页。

作为一项防御边患的公共产品，边墙修筑的经费主要来自国家财政，且所费极其庞大。按照蓟州镇边墙的修筑惯例，边墙历来是军、民兼筑。一旦使用民夫修筑，就必须付出各种费用。如蓟州镇修筑边墙的民夫，远则征银募集，近则派夫上工。若是派夫上工，每名民夫每月需要支付盘缠银 2 两，100 名民夫则需要盘缠银 200 两。每 100 名民夫每月只能修筑边墙 2 丈，每修筑边墙 2 丈，需要支付盐菜银 10 两。由此可见，若是派夫修筑边墙，每筑墙 2 丈，共计需要付出民夫盘缠、盐菜银 210 两。若是雇募民夫修筑边墙，修筑边墙 1 丈，仅需支付银 15 两，那么 210 两银子可以筑墙 14 丈。可见，相较于派夫而言，雇募民夫修筑边墙，大抵可以减少 6 倍的费用支出，且民夫可以免除“去家之扰”。①

民夫的工价银支出，仅仅是边墙修筑成本之一，若是加上各项原料及其他开支，修筑边墙的费用支出则相当惊人。如为了修筑宣府、大同的边墙，东自阳和开山口，西至山西丫角山，共花费了 24 万两银子。② 在陕西、宁夏河套地区，修筑边墙 300 里，需要花费银子 20 万两。③ 成化二十一年（1485），兵部尚书余子俊仅仅增筑大同、山西、宣府边墙一带的墩台 440 座，就花去粮食 154800 石，外加防护官军马所需料豆 85050 石，银 77400 两，盐 258000 引。④ 正德初年，陕西总制杨一清修缮延绥至宁夏的边墙，长 300 里，仅仅是修缮、加筑、拓宽、加高等，动用的经费银就高达银 10 万两。⑤

边墙修筑、完善需要巨额的财政支出，势必引发一些争议。争议的焦点所在，在于边墙是否真正可以发挥防御边患的功能。陆粲通过广泛征询西北边地百姓的意见，认为边墙有“五利”；⑥另一种意见基于“猾虏溃墙”的事实，则断言“墙不可守”，亦即边墙并未能真正起到防御边患的作用。⑦ 毫无疑问，作为一项防御边患的公共产品，边墙在防御北方蒙古人的侵扰方面发挥了应有的防御功能。正因为有此功能，才使朝廷愿意付出巨额的财政支出，去修筑与完善北方的

① 唐顺之著，常州市唐荆川研究会编：《唐荆川诗文集》卷 19《条陈蓟镇补兵足食事宜》，凤凰出版社 2012 年版，第 515 页。

② 翁万达：《修筑边墙疏》，《明经世文编》卷 224，第 3 册，第 2354—2355 页。

③ 陆粲：《处置边方疏》，《明经世文编》卷 289，第 4 册，第 3044 页。

④ 黄光昇：《昭代典则》卷 21，上海古籍出版社 2008 年版，第 589 页。

⑤ 杨一清：《关中奏议全集》卷 9《为经理要害边防保固疆场事》，载氏撰，唐景绅、谢玉杰点校：《杨一清集》，上册，中华书局 2001 年版，第 325—327 页。

⑥ 陆粲：《处置边方疏》，《明经世文编》卷 289，第 4 册，第 3044 页。

⑦ 杨博：《奉诏条陈边计疏》，《明经世文编》卷 277，第 4 册，第 2939 页。

边墙体系。但正如《易传》所云，“地利不如人和”，“在德不在险”，①过分依赖于边墙，其实也并不能真正起到防御边患的作用。除此之外，在修筑边墙的过程中，军士通常会面临“边墙之工，卒岁不休，转石颠崖，伐树深涧，力办不及，贷钱赔赎”的困境，其结果只好纷纷逃亡。② 这在一定程度上影响到了边地防御的“人和”。

（三）民间筑城

在明代官筑城垣中，通常因为负担过于沉重，导致民间百姓不愿承担筑城任务。如陕西华阴城，原先属于土筑之城。至崇祯年间，乡官王之良拟将土城改建为砖城。无奈，工费浩繁，措办非易。捐助的资金，主要来自部分乡绅，民间百姓大多不愿承担。为此，前任知县崔大任集中众人通议，要求百姓捐款相助，导致“愚民夜噪”。③ 嘉靖年间，平湖县因遭遇倭患，打算筑城防御。为了筑城，胡松当时署平湖县印，利用自己的民望，采用“权奇”之术，才使“民大震，各任版筑，不阅月城成”。④ 可见，平湖县筑城之举的实施，也并非百姓的自觉行为。

在明代中期以后兴起的筑城运动中，很多属于民城、民寨、民堡。这显然是在面临北虏、南倭、内盗的形势下，民间自觉防御的一种体现。如常州城崩塌以后，地方官拟重修加以修复，但因“窘于费”，一时难以完复。为此，常州府无锡县人安国，“首捐私帑，为郡民先”。⑤ 开平一城的修缮，也多得益于官绅、士民的捐助。据载，此城修缮，历经崇祯四、五、六、七数年之久，所费银子多达5260余两。所有这些经费，在当地乡绅赵养蔚首倡捐输之下，官绅、士民纷纷响应，共计捐银2400余两。此外，在农忙之时，赵养蔚还自出工力，甚至自出资金募集流寓民夫“甃补外城地址”。⑥ 除了民城之外，尚有诸多民间之寨。如北方边地的蓟州镇，一些近山人家，“因山为寨”，“据高设险”，大略与城垣的形制相同，但“不甚费工，亦可收效”。⑦

---

① 翁万达：《进宣大山西外边墙图说》，《明经世文编》卷225，第3册，第2368页。

② 唐顺之：《条陈蓟镇补兵足食事宜疏》，《明经世文编》卷259，第4册，第2735—2736页。

③ 孙传庭：《孙传庭疏牍》卷3《题覆华阴议修砖城疏》，浙江人民出版社1983年版，第102页。

④ 朱国祯撰，王根林校点：《涌幢小品》卷4《城门》，上海古籍出版社2012年版，第71页。

⑤ 王廷相：《内台集》卷5《明故桂坡安徽君墓碑铭》，载氏著，王孝鱼点校：《王廷相集》，第3册，中华书局2009年版，第986页。

⑥ 杨嗣昌著，梁颂成辑校：《杨嗣昌集》卷13《复工部查核城工疏》，上册，岳麓书社2005年版，第314页。

⑦ 杨博：《陈时弊度虏情以保万世治安疏》，《明经世文编》卷275，第4册，第2900页。

二、公堂廨舍

所谓公堂廨舍(即衙宇),其实就是官员办公、歇息的场所。将公堂廨舍归入公共产品,其原因有二:一是公堂廨舍的修建与维修费用,均来自国家的财政投入与支出;二是虽然传统时代的官府并非尽是公共服务机构,但就众多地方官员的为政宗旨而言,他们大多将做官为民作为一种理想追求。

地方衙宇虽属"传舍",但一旦地方官员到任,无不需要修缮衙宇,其中维修费用大多编入"正项钱粮",即由国家财政支出,且司道、府县各官均有固定的衙宇维修费用。值得注意的是,自明代中期以后,地方官的衙宇呈现出两分的现象:一方面,地方司道、府县衙宇的维修费用,大多落入这些地方官员的私囊,其实并未用于修理之用,导致地方衙宇日趋败敝;另一方面,像总督、巡抚、巡按御史的衙舍,以及巡抚、巡按御史的公馆,却是"穷工极饰,所费无限",显得过侈观美,甚至靡费财物,无益于实用。① 这一两分现象至少说明以下事实:地方官员置公共服务机构于不顾,而更多地追求个人在任期间的生活品质乃至享受。

(一)衙舍

按照等级之别,明代地方官员的衙舍,可以分为总督衙舍,巡抚衙舍,巡抚、巡按察院与行台,藩司衙舍,府、州、县衙舍,巡检司衙舍,阴阳学与医学衙舍。

1. 总督衙舍

所谓总督衙舍,即地方总督大员办公、歇息的场所。其中最为典型的总督衙舍,有梧州总督衙舍、三边总制衙舍。

梧州总督衙舍设于梧州,正好介于广东、广西之中,且水陆相通,道里适均。从史料记载可知,梧州总督衙舍的修建,经始于成化六年(1470)四月二十六日,落成于成化七年五月十八日。整个总督府,有正堂五楹,堂上题匾为"总制百粤之堂"。在正堂之后,有一亭,名同心亭。总督府的大门三楹,左右厢房各五

① 毕自严:《度支奏议》,《堂稿》卷5《题覆会议边饷议单十二款疏》,第1册,上海古籍出版社2008年版,第217页。

楹。① 张瀚对梧州总督府有更为详尽的记载。据张瀚所载，梧州总督府的前堂高巍，院中大楼，均用香楠、铁力等名贵木材制成，壮丽无比，且院宇亭榭数十座，池塘数亩，“多奇花异木，杂丛林中，莫可辨识，乌雀飞鸣其间，声音聒耳”。②

三边总制衙门设于固原镇，在所有明代的“军门”中，号称“天下第一”。衙门建筑之堂皇，几如“王者”。尤其是在总制衙门的照壁上，画有 1 头麒麟、3 只凤凰、9 只老虎。这些动物画，显然具有特殊的象征意义：1 头麒麟，象征着 1 个总制衙门，驻扎于固原镇；3 只凤凰，象征着 3 个巡抚衙门，即河西巡抚驻扎蓟州，河东巡抚驻扎花马池，陕西巡抚驻扎西安；9 只老虎，象征着 9 个总镇即总兵，分别为甘州、凉州、肃州、西宁、宁夏、延绥、神道岭、兴安、固原。③

2. 巡抚衙舍

所谓巡抚衙舍，即地方巡抚大员办公、歇息的场所。这可以南赣、福建两个巡抚衙舍为例加以说明。

南赣巡抚初设于弘治年间，首任南赣巡抚由广东布政使金泽出任，挂都察院右副都御史衔，兼督闽广、湖湘之地，并割江西之南安、赣州、建昌，福建之汀州，广东之潮州、惠州、南雄，湖广之郴州，归属于南赣巡抚管辖。南赣巡抚设于赣州，初无衙舍。至弘治八年(1495)十月开始修建，至弘治九年闰三月落成。南赣巡抚衙舍，计有前后堂五间；穿堂两廊，大门、仪门、廊庑，各若干间；东左建有寝室，又东建有赏功所。在大门之外，竖立“抚安”“镇静”两座牌坊；屏墙之南，又立三司厅，作为分守道、分巡道、兵备道“会议白事之所”。整个衙舍，穹堂峻宇，高闳崇墉，规制壮丽，“它镇所未有也”。④

福建巡抚始设于嘉靖三十六年(1557)。巡抚衙舍位于福州嵩山之麓。衙舍并未新建，而是由宋代尚书王祖道的故宅改设。洪武初年，一度成为驸马都尉王恭的公署。正统年间，又成为福建镇守太监的衙舍。⑤

3. 巡抚、巡按察院与行台

按照明代的制度规定，巡抚、巡按在地方上属于临时性的官员，并无专门的

---

① 韩雍：《总府开设记》，《明经世文编》卷 55，第 1 册，第 436 页。

② 张瀚：《松窗梦语》卷 2《南游纪》，中华书局 1985 年版，第 27 页。

③ 刘献廷：《广阳杂记》卷 1，中华书局 1957 年版，第 35 页。

④ 何乔新：《新建巡抚院记》，《明经世文编》卷 67，第 1 册，第 573 页。

⑤ 何乔远编撰：《闽书》卷 32《建置志》，第 1 册，福建人民出版社 1995 年版，第 779 页。

驻节之所。当巡抚、巡按巡视所辖府、州、县之地，为了便于他们的办公与宴息，通常会设置察院与行台。

以巡抚察院、行台为例，如苏州府设有三处巡抚行台：一在吴江县旧置学宫之南，其地狭隘。弘治十四年（1501），巡抚都御史彭礼下令，让吴江知县刘泽将巡抚行台移至城门外，占地达 17 亩多。二在昆山县县治之东，弘治十三年知县杨子器所建，弘治十七年知县吴祺重建。三在常熟县县治西北，弘治十二年知县杨子器所建。① 在松江府上海县，也设有巡抚行台。经始于弘治十三年正月，落成于当年六月。行台分为前厅、后寝。前厅上题“正大公平”之匾，后寝上题“敬畏”之匾。后寝之后，又有亭、假山、花竹，左右列置。寝之前，为穿堂二间，“以属于厅”；厅之前，为轩三间，“以临于庭”。庭外甬道往南，为仪门三间。在仪门之内，寝室之前，有左右厢庑 10 余间，大多为胥吏、衙役歇息之所与庖湢之所。仪门之南，为外门，共五间。门的左右，“翼以垣墙”，周围长达 120 余丈。外门之前，又建有“绰楔”，门三间，上面题“都宪行台”。又东西两侧各建有坊门，东称“纲纪”，西称“旬宣”。②

以巡按察院、行台为例，福建巡按御史的察院，位于福州仙塔光泽坊内。此地旧属织染局，成化年间改为市舶府。至嘉靖二十七年（1548），巡按御史陈宗夔自南院徙居此地，成为巡按的察院。万历十四年（1586），御史杨四知“辟门之西路而直之”。万历三十二年，御史方元彦怀疑察院内“有祟”，于是不再驻扎察院，而是移驻于福清，从新改建察院于东偏，旧的察院废止不用。③ 巡按御史也有行台。如弘治十六年（1503），监察御史冯允中巡按苏州、松江、常州、镇江四府。当年七月，巡至昆山县。在入居行台之后，目睹行台“漏状”，召见昆山知县吴祺，下令重建昆山行台。经始于弘治十六年秋天，至弘治十七年春天修成。整个巡按行台，“有厅以莅政，门以启闭，堂寝以燕食，厢庑庖湢”，共计有房 35 楹。④ 宜兴县的察院，创自明初洪武年间，“栋宇简质，罔称严重”。尤其是时日一久，更是“益敝，腐欹缺疏”。弘治十六年，监察御史冯允中巡按至宜兴，对察院加以改建。于是，“尽撤故搆作厅事，增崇之凡四尺，深广加一丈有奇，却其幕

---

① 杨循吉：《苏州府纂修识略》卷 2《政事》下《诸兴作》，载氏著，蔡彬点校：《杨循吉集》，上海古籍出版社 2013 年版，第 650 页。

② 杨守阯：《碧川文选》卷 5《都宪台重建记》，载张寿镛辑：《四明丛书》，第 26 册，广陵书社 2006 年版，第 16413 页。

③ 何乔远编撰：《闽书》卷 32《建置志》，第 1 册，福建人民出版社 1995 年版，第 779—780 页。

④ 杨循吉：《松筹堂集》卷 3《昆山县重修察院记》，《杨循吉集》，第 464—465 页。

又三丈有奇，中堂、燕寝皆次第层列，周垣既筑，重门以峨，廊庑庖湢，莫不咸秩。后为虚轩，用待逸暇。其西室则□吏止焉，其墉阴则池亭设焉”。①

4. 藩司衙舍

所谓藩司衙舍，即布政使办公、歇息的场所。这可以福建、浙江两个藩司衙舍为例加以说明。

福建藩司衙舍设于福州府，正当三山之中，后枕越山，前案方山。藩司大门，上有谯楼，高 98 尺，深 81 尺，广 280 尺，楼上设有钟鼓，“以司漏刻”。大门内，仪门之外，东为清军道、分守武平道两个办公场所；西为督粮道、分守福宁道两个办公场所，另有经历司、照磨所、理问所、架阁库、广积库。藩司大门，正好对着方山，似与“五虎对之”，所以关闭藩司中门，仅从左边旁门出入。② 藩司之内，极其深广，尤多果树，风景宜人。如由门至堂，两墀均种植荔枝，数高二三丈，阴森蔽天。等到荔枝成熟，色泽如脂，与绿叶相辉映，最为艳丽。从甬路上月台，共 24 级，堂有五间，极其高敞。穿堂九间，后堂五间。再往上走五级，则为“后乐亭”。亭后，有一株樟树，围可 10 余丈。③

浙江藩司衙舍，明初构创制规，比其他各个藩司衙舍更为高明伟焕。但时日一久，因布政司官员玩愒惧谤，不加修缮，导致衙舍日就颓坏。至正德元年（1506）八月，左布政使李赞到任不到三月，看到衙舍如此颓坏，就与左参政伍符、右参政杨奇、马辂、右参议尚衡等商议，拟修缮藩司衙舍。修缮始于正德元年八月，至正德二年三月完成。修缮工作分为两部分：一是对藩司内的正堂、西廊、中室、紫微楼，藩司外的重门、榜廊加以翻盖；二是增建，新建客厅之轩、井亭、东廊、左布政使衙宅。此番修缮，所需经费均出自“羡余”，不需地方财政承担。④

5. 府、州、县衙舍

所谓府、州、县衙舍，即各级地方官员处理公务与歇息的场所。

就府一级的衙舍而言，可以浙江温州府、福建漳州府为例加以说明。按照洪武元年（1368）十二月所定的制度，府、州、县衙舍的外墙，一般为高 1 丈 5 尺，均用清灰泥涂抹。若是府一级的衙门规制，则深 75 丈，阔 50 丈。州、县衙舍的大

① 杨循吉：《松筹堂集》卷 3《宜兴县新建察院记》，《杨循吉集》，第 465—466 页。

② 何乔远编撰：《闽书》卷 32《建置志》，第 1 册，第 780 页。

③ 张瀚：《松窗梦语》卷 2《南游纪》，第 28—29 页。

④ 杨循吉：《松筹堂集》卷 3《浙藩重修廨宇记》，《杨循吉集》，第 467 页。

小，逐级减小。由官方统一起盖房宇，提供给知府、知州、知县等正官居住；左右两旁，则为佐贰官、首领官居住的公廨。在公廨之东，另外起盖分司一所，由监察御史、按察司分司官居住。公廨之西，则起盖馆驿一所，为使客居住之所。温州府的公廨，其中正厅三间，耳房各二间，共计七间。① 福建漳州府的衙舍，自明初建立以后，曾由知府潘琳“撤旧为新”。有意思的是，这次衙舍的修缮，经费均出自僧寺，且负责修缮工作的也多为僧人，分别有僧人玉海、月庭、闻极、明极、藏山等。至嘉靖二年(1523)，知府张鹏重新对府衙加以“更新”。这次修缮工作的经费，均出自“游粟”，且“力佣于游民”，当地百姓并无承建负担。②

就州一级的衙舍而言，可以太仓州为例加以说明。太仓州的衙舍，位于城内东北隅，原先属于教场之地，于弘治十年(1497)由知州李端创建。在建设衙舍的过程中，有一事显然值得引起关注。当时知州李端认为州内无山，且东临大海，只有土才可以克水，于是在衙舍后筑土山为三峰，取起高阜作为州衙门之镇，称为“镇洋山”。③ 风水之说引入地方衙舍建设，足证作为公共场域的衙舍，地方官在建设时则更多地为自己的仕路升迁考虑，而并不计较地方百姓的公共性利益。

就县一级的衙舍而言，可以南直隶赣榆县、浙江长兴县、应天府江宁县、福建闽县为例加以说明。赣榆县的衙门在明初建立后，曾一度毁于“流盗”，公堂公廨，靡有孑遗，致使官吏只好“露幕视事”。正德九年(1514)正月，王廷相因罪谪赣榆县县丞，当时知县“以事被逮”，王廷相就署知县事。至正德十年八月，就重建赣榆县的“厅事”，花五旬时间建成。④ 按照明代的衙舍建筑惯例，但凡州、县衙舍，大堂之后均为夹道，夹道之后，才是知州、知县正官与佐贰官的私宅，以示“别为一区”，即办公与燕息有所区分。只有长兴县的衙舍，因为后面迫于城，所以知县的私宅并无周垣门庑，导致知县燕居之堂，与前面办事大堂之檐相接。归有光出任长兴知县后，长兴县的衙舍已是“久废之余”。为此，归有光在上任一年之内，对衙舍重新加以修缮，修缮经阁、鼓楼、左右廊庑；起盖吏舍、仓庾。知县

---

① 邓士龙辑，许大龄、王天有主点校：《国朝典故》卷69，引《蓬轩类记》2，下册，北京大学出版社1993年版，第1541页。

② 何乔远编撰：《闽书》卷37《建置志》，第1册，第914页。

③ 杨循吉：《苏州府纂修识略》卷2《政事》下《诸兴作》，《杨循吉集》，第650页。

④ 王廷相：《王氏家藏集》卷24《赣榆县建厅事记》，《王廷相集》，第2册，第436—437页。

燕居之堂，久已穿漏倾圮，也重新加以"完葺"。① 按照明代的惯例，但凡是官署，门前一定要设屏。唯有应天府江宁县的官署，鉴于风水的原因，并未设屏。当时流传着一种迷信的说法，认为江宁县县署之地属于"牛穴"，官署门前设屏，则会导致知县"病喉"。据说曾经有一位知县，在门前设屏，导致"病喉"，然后才将屏撤去。所以，江宁县县署门前，只是设置了两个圆亭，并称之为"牛角"。② 此外，福建闽县的衙舍位于福州府衙门东南的秀实坊内，属于净业寺的故址。县衙前设有申明亭、旌善亭，均为洪武年间所建。按照申明亭制度的规定，要求每日由一位"老人"坐在亭中，若是有小民犯了小罪，且可以道理加以劝谕，就由老人替这些小民详细解读律令、《大诰》的本意，使他们自己改正。至于旌善亭，则榜书民间的善恶，"以示劝惩"。③

6. 巡检司、阴阳学与医学衙舍

在明代，巡检司、阴阳学与医学，作为最为低级的政府机构，同样设有衙舍。

以巡检司衙舍为例，如昆山县巴城巡检司衙舍，原先设置在县衙西北 10 里的高墟村，濒临巴城湖。至弘治十年(1497)，巡按御史刘丙上疏获准，徙建于和塘镇，距离县城 20 里。④

以阴阳学、医学为例，按照明代的惯例，自洪武以来，虽然设有职官，但一般均无公廨。至弘治十八年(1505)春，嘉定知县高坛开始为阴阳学、医学建立公廨。⑤

（二）公馆

在明代，公馆属于公共性的产品。公馆分为官建、私修两类。官建的公馆，同样分为两类：一类是从驿馆转化而来，以供来往官员的歇息，或称"皇华馆"，或称"会馆"；另一类是提学官员考试学生的馆舍，并提供督学官员歇息，或称"校士馆"，或称"试士馆"，可以简称为"试馆"。

---

① 归有光著，周本淳校点：《震川先生集》卷 17《梦鼎堂记》，上册，上海古籍出版社 2013 年版，第 431 页。

② 姚旅：《露书》卷 7《迹篇》，福建人民出版社 2008 年版，第 175 页。

③ 何乔远编撰：《闽书》卷 32《建置志》，第 1 册，第 800 页。

④ 杨循吉：《苏州府纂修识略》卷 2《政事》下《诸兴作》，《杨循吉集》，第 650 页。

⑤ 杨循吉：《苏州府纂修识略》卷 2《政事》下《诸兴作》，《杨循吉集》，第 651 页。

1. 官建公馆

在官建公馆中，最为常见的是驿馆、驿舍，这在明代通称为“公馆”。如在安徽宁国府，就设有“仰贤公馆”，就是典型的例证。史料记载显示，在宁国府府治南105里，为泾县县治；泾县县治之南140里，则为旌德县治。在泾县、旌德两县之间，有茹麻岭，属于泾县管辖，距离泾县县治60里，距离旌德县县治80里，设有巡检司。泾县之桑坑，旌德县之三溪，原先各自设有巡检司。后桑坑巡检司，迁至考坑，导致“商旅病焉”。为此，地方官建议将桑坑、三溪两个巡检合而为一，并迁至茹麻岭。茹麻岭地当南北要冲，行者至此，“饥欲食，劳欲息”，通常只好“舍于逆旅”。至于达官贵人，也无所歇息，只好居停于巡检司。为此，弘治十二年(1499)夏五月，巡抚南畿都察院左副都御史彭礼巡视至此，“顾眄之间，以为非便”，于是下令宁国知府、泾县知县，撤去巡检司衙署，重新建为“公馆”。公馆包括厅事、左右厢房与门。①

明代公馆称为“皇华馆”，这可以苏州府吴江县平望镇为例加以说明。平望驿位于安德桥南，唐代所建，兼理水站、马站。宋代继承唐代之制。至元代，才将水站、马站分设，水站设于安德桥南，马站设于通安桥西。明洪武元年(1368)，革去马站，仅保留水站，驿丞孟德在原先的基址上重建水驿驿舍。其后，在正统三年(1438)、天顺五年(1461)，驿丞田景义再建，驿丞蓝溶重修。嘉靖三十一年(1552)，吴江县知县钟崇武重修水驿馆舍。嘉靖三十三年，因为遭受倭寇侵扰，平望镇遭受战火，民居一空，驿站馆舍也被焚毁，导致“宾旅之至，如失所归”。至嘉靖四十年，知县李迁梧重建驿站馆舍，经始于五月，至七月最后落成。驿站馆舍前临运河，后枕莺湖之浒，建立一亭。亭之内为正门，正门后为仪门。仪门之内，则为堂，堂匾为“皇华堂”。堂的东西为两庑。馆舍建成之后，“宾以有归”。②

馆舍称为“皇华馆”，同样可以从潞安府中得到印证。潞安府虽称不上是交通的孔道，但来往于潞安的使者，也时有出入。当时接待使者的“宾馆”久废，来往的使客，往往“弛盖偃节，止于逆旅”，亦即只好下榻于商业性经营的旅舍。为此，知府方方石到任之后，在城西选择馆舍基址，命工鸠材，缭以周垣，延袤若干

① 杨守阯：《碧川文选》卷5《宁国府泾县仰贤公馆碑记》，《四明丛书》，第26册，第16414—16415页。

② 翁广志：《平望志》卷2《官舍》，载吴江市平望镇人民政府、吴江市档案馆编：《平望志（三种）》，广陵书社2011年版，第44—45页。

步,建屋若干楹。此外,尚有堂室门庑。馆舍建成之后,命名为“皇华馆”,其中馆舍之堂,则称为“四咨”。皇华馆、四咨堂的命名,包括两层意思:一是为来往的士大夫使客提供歇息之处,亦即让他们“有所休”;二是地方官员从来往的使客中获取“咨度”之益。①

在明代,公馆有时又称“会馆”,这至少可以说明会馆与传统的公馆颇有关系。两者供人歇息的功能相同,只是同称会馆,却有官建、私建之别。宁国府设有“三府会馆”。从其设立的目的来看,显然就是属于公馆。据史料记载,距离太平县治100里之遥,有一个村落,称郭村,其地“带徽蹑池”,成为宁国、徽州、池州三府来往的“襟喉”。每次各道官员到达郭村之后,只能“寄宿民舍”,甚为不便。弘治六年(1493),官方就在郭村修建了一座公馆,称为“三府会馆”,“凡有公务于三郡者,皆得以栖止焉”。②

一般说来,在明代各级考试中,除了中央的会试与各省的乡试有专门的贡院之外,各地提学道举行的童试,通常只是临时搭棚,并无专门的试馆。至明代末年,就陆续出现了试馆。这种试馆,在明代又称“校士馆”,或称“试士馆”,或称“弘文馆”。如浙江温州府,就设有专门的校士馆,即“督学使者所驻以校六庠者也”。③ 尽管这则记载的具体时间不详,但其作者王叔杲中嘉靖四十一年(1562)进士,卒于万历二十八年(1600),可见校士馆的出现,大致是在嘉靖四十一年至万历二十八年之间。又崇祯十五年(1642),在浙江严州府建德县,也建有“试士馆”一所。试士馆外,为头门三间,头门进去,则为仪门三间。仪门内,中间为大堂,包括两庑,各有房舍10楹,“鳞次编号,可容千人座”。其后,则为后堂,属于提学官阅文之所。试士馆之内,还包括内外书役之房与门房。④ 崇祯年间,在浙江嘉兴府设立的“弘文馆”,由知府郑瑄所建,其实也属于督学道校士的试馆。在弘文馆的东厅,建有大堂,东西号房可坐千人。其中仪门、宾馆、东西府县馆、左右鼓亭,完全按照巡道分司的建制建设。堂北有寝室5楹,后面建有亭子,东为书房,西为庖室。⑤ 试馆中所建寝室,史料虽未明言为试子所用,但极有可能

① 程嘉燧:《松圆偈庵集》卷上《新筑皇华馆记(代方方石)》,载氏著,沈习康点校:《程嘉燧全集》,上册,上海古籍出版社2015年版,第317页。

② 邹旸:《三府会馆记》,载万历《宁国府志》卷13,载《稀见中国地方志汇刊》,中国书店1992年版。

③ 王叔杲著,张宪文校注:《王叔杲集》卷9《校士馆记》,上海社会科学院出版社2005年版,第237—238页。

④ 康熙《建德县志》卷2《营建志》,《稀见中国地方志汇刊》。

⑤ 康熙《嘉兴府志》卷5《公署》,《稀见中国地方志汇刊》本。

属于为试子提供歇息的场所。

2. 私建公馆

官建公共服务性公馆的缺失，势必导致民间私建公馆的崛起。明代私建且旨在为行者提供歇脚的公共服务性场所，大致可以分为以下两类：一类是营利性的旅舍、客店，这是一种商业经营行为，尽管也属于公共产品，但并非纯粹的公共服务产品；二是各色私建的公馆，包括文会馆、公寓、讲学会馆、同善会馆，最后汇聚成名闻一时的同乡与工商会馆。

文人相聚，结成文会，"讲磨经史，议论斯文"，这显然是一种传统。文会场所的设置，显然起源于元代。史载湖广岳州府建有一亭，称"文会亭"，就是文人聚会的固定场所。① 当然，从"文会亭"的例子来看，虽已将聚会场所固定化，但依然显得较为简陋，仅是一个亭子而已，并不具有为聚会者提供居住、歇息的完整功能。至明代成化以后，尤其是弘治初年，相对固定的"文会馆"随之出现。如成化年间，苏州府昆山县的一些先辈士大夫致仕之后，与一些在乡里隐居的贤人，结成雅会，称"斯文会"。此会参与者共有 15 人，每月举行一次，人各赋诗，又将参与文会之人绘成一图。文会原本有会所，因比较狭小，不能容身。至弘治初年，昆山知县杨子器撤去一些祠庙，将其改建为文会馆，以便于当地士大夫举行文会。② 又如在淮安府宿迁县，设有文会会馆，称"凌云会馆"，位于新城南门内，由万历五年(1577)知县俞文伟创建。③

在文人结社聚会中，除了各色文会馆之外，明代末年开始出现的"公寓"，则更是值得引起关注。明代的苏州文物极盛，不但多出名贤巨公，而且读书士子的文章气谊，也足以让天下士子奔走其间。换言之，士子若想声闻达于天下，必须前往苏州，与苏州士人交往。据明末复社人士吴应箕的记载，复社安徽籍的士人，大致有二三人常在苏州居住。在虎丘一带，尽管精舍相望，士人一至苏州，可以"卜之而僦馆"，但"税驂之费恒苦不继"，居住费用显然难以承受。为此，安徽籍文社成员，在苏州开始建设"公寓"，为前来苏州的安徽籍文社成员提供居住

① 张文启：《文会亭记》，载嘉靖《湖广图经志》卷 7《岳州府》，《日本藏中国罕见地方志丛刊》，书目文献出版社 1992 年版。

② 黄云：《斯文会诗后序》，载嘉靖《昆山县志》卷 4《第宅》，《天一阁藏明代方志选刊》，上海古籍书店 1982 年版。

③ 万历《宿迁县志》卷 2《建置志 · 学校》，《天一阁藏明代方志选刊续编》，上海书店 1990 年版。

的便利。此类公寓，大致具有以下几个特点：一是公寓仅为同乡之士提供居住的方便，亦即所谓的“江以上之士”“江以上同声之友”，或吴应箕所言的“予乡之士”，亦即安徽籍的同乡士人。这已经足证公寓与同乡会馆具有相同的功能。二是经陈名夏与吴应箕共同商议，这一公寓由僧寮改建而成，其赎屋及葺补之费，共计花费银150两上下，经费出自安徽籍士人的共同出资，亦即“轮数如例”，当然，“力厚者倍，亦听之”。三是公寓一旦设立，即可使安徽籍同社之士在苏州获得“身至如归”的待遇，不但得以免费“居停”，而且得以“寄餐”，甚至“邮筒不致沈绝”，亦即借助于公寓而使同乡、同社士人获得信息相通的渠道。①

诸如此类的文会馆，有时又称“文会堂”，或称“会讲堂”。众所周知，在明代的地方学校中，分别设有明伦堂与东西两侧的“肄业之斋”（即所谓的“精舍”），学校士子有固定的肄业、居住场所。文会堂的出现及其功能，正如周洪谟在《文会堂记》一文中所言，同样起到了精舍一类的作用，使生员“居有定所，即有定业”，以便从中商讨学业。② 可见，此类文会堂、会讲堂，显然与讲学会馆具有一些共通的关系。

追溯讲学会馆的源头，远者为孔子聚徒杏坛，近者则为宋元时期的精舍、书院。就其功能来说，不但有学者在会馆中讲学，而且还为前来听讲的学者提供肄业、居住的方便。这可以“陵阳会馆”与“辅仁会馆”为例加以说明。从焦竑的记载可知，陵阳会馆设于安徽池州府石台县，于万历十七至十八年间（1589—1590），由毕一衡倡建。当时毕一衡倡学石埭，一时从游的学者，“屦满户外”。为了安顿这些参与讲会的“同志”，于是毕一衡捐出自己的“橐装”，再加之友人的“醵金”，修建了陵阳会馆。会馆包括讲堂三楹，明经堂三楹，外有左右两楹厢房。在会馆中，专修堂三楹，祭祀王阳明、王艮、罗汝芳、杨起元“四先生”，毕一衡及同志之贤者“祔于旁”。③ 辅仁会馆设于安徽桐城县枞阳镇。万历末年，童定夫以布衣崛起，在枞阳讲学，四方景附，其弟子就醵金建成辅仁会馆。至天启三年（1623），童心鉴倡率同志，遵守旧规，以每月十三日会于馆所讲学，并重新修葺会馆。④

① 吴应箕：《楼山堂遗文》卷6《虎丘公寓序》，载氏撰，章建文点校：《吴应箕文集》，黄山书社2017年版，第651页。

② 嘉靖《湖广图经志》卷6《荆州府》，《日本藏中国罕见地方志丛刊》。

③ 焦竑：《澹园集》卷4《陵阳会馆记》，中华书局1999年版，第830页。

④ 钱澄之：《田间文集》卷22、29《童翁鄣石墓志铭》《先考敬修先生镜水府君行略》，黄山书社1998年版，第440、549页。

除了文会馆、讲学会馆之外，明代末年还出现了“同善会馆”。同善会是明末兴起的一种慈善组织。崇祯十四年(1641)，陈龙正在嘉兴府嘉善县倡设同善会，并建同善会的公所，以思贤书院的旧址改建。这一同善会的公所，同样称为“会馆”。①

综上所述，以各色官建、私建公馆为先导，随之而来者则是明代同乡会馆、工商会馆的广泛兴起。

（三）仓库

作为地方公共建设工程的仓库，既是朝廷税粮存贮、转运的重地，又为地方的社会救助提供必要的保障。仓库的修建、修缮，其经费的来源，主要来自地方财政的公共投入。下面以无锡县的西仓、吴县的和丰仓为例加以说明。

无锡一县，每年向上交纳的秋粮达 18 万石余，其中的三分之一，作为县一级衙门人员的俸禄，剩下的全部上交太仓。起运的税粮，原本并无仓储。至正统年间，周忱巡抚江南，才建东、西二仓，分列于无锡县衙的东西。至弘治十八年(1505)，开始将东、西两仓并作一仓，鸠材聚工，专门建设西仓。在西仓建设过程中，具体负责工程建设的为义官濮淳，经费来源，则主要来自无锡县所辖 52 个粮长所输之赀。弘治十九年，西仓正式建成，除了仓廒之外，包括大厅、小署、门庑等，“其壮杰为郡之诸邑冠”。②

吴县和丰仓，于正统十四年(1449)由巡抚周忱所建。弘治十五年(1502)，孙伯坚任吴县知县。至弘治十七年二月、三月、五月，和丰仓月字廒、张字廒、视事之厅分别遭受火灾。知县孙伯坚“撤污扶倾，鸠工庀材”，重新修缮仓廒。经始于五月，至十月完工，“二廒重新，堂寝具完，非侈非陋”。③

三、学宫与公共教育

明朝立国，酌古为治，自府、州、县以至坊隅里巷，莫不设有学校。设于府、州、县的，是称为“儒学”的官方学校；设于坊隅、里巷的，是官方的“社学”。不同

① 光绪《嘉兴府志》卷 24《养育》，《中国地方志集成》，上海书店 1993 年版。

② 杨循吉：《松筹堂集》卷 3《无锡县重建西仓记》，《杨循吉集》，第 466 页。

③ 王鏊：《震泽先生集》卷 16《吴县修和丰仓记》，载氏著，吴建华点校：《王鏊集》，上海古籍出版社 2013 年版，第 247 页。

的学校,其教育的功能各异:社学教育的功能,在于“明伦敬身”;儒学教育的功能,在于“明经修行”。地方教育的职掌,除了专职的学校教官之外,通常由府、州、县官员实际负责,又专设提学院道官员加以通盘管理。

细究明代官方的学校教育体制,教育与选官并重。明代中期以后,当“三途并用”转而变为独重科举,且科举必由学校之后,更使学校弃教育的职责于不顾,反而成为科举的附庸。如在社学学习的童子,仅仅限于“记姓名、知文墨”而已,即使是那些社学中的精英,最终也不过是通过考试而进入府、州、县学校,获取生员的身份,而后为以后的仕路进取打下基础,至于“明伦敬身”之意,则已置之不顾。又如在府、州、县学校学习的生员,也是借助于“隐括经言,议拟题意”而迎合考官,最后掇取科第,致使“明经修行”之意丧失殆尽。① 地方官学教育职能的沦丧,必然使教育的职责由书院及以书院为中心的学者讲学会专门承担。当然,独重科举及其因科举成功而可以获取诸多的利益,显然也促使民间庶民子弟更多地将资金投入基础教育之中,随之而来者,则是地方乡学、义学的勃兴。

毫无疑问,明代官学教育的宗旨,是服务于官僚精英的铨选,即使是私学教育,其目的也在于使部分受教育者除了识字之外,更多地将目标投向科举人才的培养。但从经济学的角度来看,教育培养的人才,通常又可被视为一种人力资本,实则关系到劳动力的质量。若以此为视域,那么作为一种公共产品的教育,显然会对国家与家庭产生深远的影响:从国家层面来说,若是国家投入教育的资金越多,人力资本积累的速度越高,那么一个国家的长期经济增速就越快;从家庭层面来说,若是家庭尤其是中低收入家庭投入子女教育的资金越多,那么这个家庭的长期回报率就越高。换言之,从中低收入家庭投资于教育的比例,大抵可以看出一个国家人力资本积累的速度。

（一）官方学宫建设

就明代官方的教育投入与地方学宫建设而言,显然存在着诸多的弊端,且足证在国家财政的支出层面,学校教育的投入远逊于官俸、军费的支出。这可以从以下三个方面得到印证:一是地方学校教育,只是逐末,反而忘记了教育之本。按照明代正统的理念,教育的根本目的在于“振作士气,奖励士行”;反观当时的教育现状,地方官员所谓的“作兴学校”,仅仅限于“报选生员,起盖屋宇”之类而

① 林希元撰,何丙仲校注:《林次崖先生文集》卷10《钦州十八社学记》,下册,第385页。

已。二是即使就地方官员颇为留意的“起盖屋宇”来说，也是弊端百出，多无实效。如为了修建或修缮学宫，上司在预算经费时，动辄多达银几千两，但实际的执行过程中，府、州、县地方官员，则往往听从“夤缘之徒”的嘱托，真正投入学宫建设与修缮的经费无几，更多的是被具体经办人员所侵渔。其结果，则导致虚费财力，学宫屡修屡败。[①] 三是若将学宫与梵宇加以比较，足见无论是官方还是民间，更为重视的是佛教寺院的建设，而对学校学舍建设则显然不够重视。在明代，各地的佛教寺院，大多“极其宏丽”；佛僧一个募疏，即可得到“百千”的施舍。反观各地孔庙，除了曲阜一地之外，其他地方则一概“难言”；至于地方学校中的寒士，即使“日就万言”，也难以得到“斗粟”之施。[②] 事实确实如此。在明代，但凡佛寺建设，官府动辄投入甚巨。如正统十三年(1448)，太监王振兴修大兴隆寺，“日役万人，糜帑数十万，闳丽冠京都”；成化十九年(1483)，明宪宗命襄城侯李瑾督率军士万人，修建大慈恩寺；成化二十年，僧人继晓上疏请求在京城西市修建大永兴寺，不但逼迫数百家居民迁徙，而且靡费国家财政达银数十万两。[③] 至于学校的学舍，因为存在着诸多的弊端，导致屡修屡败，生员不再在学校肄业。其结果则是一入学校，不见其人，学校如“废寺”一般。[④]

即使如此，教育作为一种公共产品，依然得到来自朝廷与地方官员的关注，并有基本的财政投入。这主要体现在以下三个方面：一是地方学宫建设，二是社学设置，三是置买学田。

1. 地方学宫建设

明代的地方学宫建设，大抵可以从府学、州学、县学三个方面加以分析。

以府学学宫建设为例，明代地方官员屡有修缮之举。如临江府学位于府城西南大江之滨，始建于宋景定元年(1260)，重修于元至正五年(1345)。至明宣德初年，学宫则已“栋桡级夷而丹垩漫漶矣”。为此，临江知府朱得时重修学宫，将庙堂门庑、斋厨次舍，均“易其朽腐，植其偃仆”，使学宫焕然一新。至正统年间，朱得时再任临江知府，对孔庙大成殿“撤而新之”。经始于正统八年(1443)三月，至正统九年二月完工。其中修缮经费的来源，大多来自地方官员的俸禄捐

① 邓士龙辑，许大龄、王天有主点校：《国朝典故》卷69，引《蓬轩类记》2，下册，第1535页。

② 薛冈：《天爵堂文集笔余》卷3，载中国社会科学院历史研究所明史研究室编：《明史论丛》第5辑，江苏古籍出版社1991年版，第349页。

③ 龙文彬：《明会要》卷75《方域》5《寺观》，下册，第1463页。

④ 邓士龙辑，许大龄、王天有主点校：《国朝典故》卷69，引《蓬轩类记》2，下册，第1535页。

助，捐助者除了知府朱得时之外，尚有同知苏适、通判邓诚、知事赵淳、照磨王俭。① 绍兴府学的学宫，也是"其来旧矣"，且在明代历朝得以修缮。即使如此，至崇祯年间，也是"颓圮日甚"。崇祯十六年(1643)，绍兴知府于颍对府学学宫重新加以修缮。修缮之处，包括寝殿、稽古阁、明伦堂、敬一亭、斋房，"坠者起之，朽者饬之，污且剥者丹铅刻画之"。经始于崇祯十六年九月，至崇祯十七年二月落成。修缮经费"不赀"，但均出自知府于颍的"俸余"，"不以累公帑"，并未动用地方财政经费。②

以州学学宫建设为例，地方官员也屡有修缮之举。如绛州学宫位于州城的东北。至永乐年间，绛州学宫虽然旧规俱在，但因历载既久，"不能无敝缺不饬之处"。永乐十九年(1421)夏，俞道英任绛州学正，见到学校讲堂"穿漏湫隘不可以居"，于是上请知州尚志，捐出自己的"俸资"，对讲堂、两庑、二门加以修缮，使学宫的庙庑门堂"完旧益新，宏邃伟丽，有加于昔"。其中参与修缮其事者，尚有其他诸多官员。③ 宁州学宫，因营建历年已久，渐渐至于"敝漏"。至天顺年间，知州刘谦对学宫加以修缮，修缮之处，包括大成殿、两庑、大成门、棂星门、神库、神厨、宰牲房、明伦堂后堂、东西斋。经始于天顺元年(1457)三月，至天顺二年四月完工。所需瓦木、丹漆、钱石等原料，以及工匠夫役的工食，均"储积有素，又取之在官，不敛一物于民而妨其业"。④ 可见，经费完全出自地方财政。

以县学学宫建设为例，地方官员同样多有修缮之举。如乾州所属永寿县，其学宫大成殿创自元代。至明初，曾就大成殿及其两庑加以修缮。但历年既久，渐渐至于"敝漏"。至天顺元年(1457)，郭质出任永寿知县，对学宫重加修缮，包括将旧的大成殿三间扩大为七间，两庑各五间扩建为九间，戟门、棂星门、神厨、神库等，也"次第改作之"。此次学宫修缮，其特点是"不劳民力，不出民财"。然永寿县邑民仅千室，力单财寡，地方已有财政显然很难承担庞大的修缮经费。于

---

① 周忱：《双崖文集》卷1《临江府学重建大成殿记》，载氏撰，吴志远注译：《双崖文集辑录与译注》，人民出版社2018年版，第22页。

② 刘宗周：《文编》6《记·重修绍兴府儒学记》，载吴光主编：《刘宗周全集》，第4册，浙江古籍出版社2007年版，第158页。

③ 薛瑄：《文清公薛先生文集》卷18《绛州重修庙学记》，载氏著，孙玄常、李元庆等点校：《薛瑄全集》，第2册，三晋出版社2015年版，第538页。

④ 薛瑄：《文清公薛先生文集》卷19《宁州重修庙学记》，《薛瑄全集》，第2册，第564—565页。

是，知县郭质多方筹集经费，主要凭借县城内外荒隙之地出租的谷麦收入。① 夏县学宫创自宋代，成化十五年（1479），知县杨通曾重加修葺。至隆庆年间，已是“殿庑穿漏，笾豆率略，神用弗栖，靡称明祀”。隆庆五年（1571），陈世宝出任夏县知县，以重建学宫为己任，对学宫重加修缮。修缮之处，包括大成殿、十哲神室、明伦堂；增建之处，包括敬一亭、尊经阁。经始于万历元年（1573）三月，至同年八月竣工。至于经费的来源，则为“纠邑民有行谊者若干人，俾出赀佐经费”，即来自县内义民的捐助。②

作为一项公共产品，地方学宫建设，其经费投入理应出自公共财政。但就实际情况来看，明代地方学宫建设经费的来源，则呈现出一种多样化的景象。细究之，可以分为以下两大类：一是来自地方财政。至于地方财政经费，既有列入正项的“帑金”，如万历年间重修溧水县学宫，经过上报巡抚、巡按、学政，知县董懋忠得以“发帑为助”；③又有地方的各色“赎金”，如万历年间修缮长洲县学学宫，曾使用“赎金”700 余两，④宜兴县学学宫的修缮，也“斥赎金之余凡若干两”。⑤二是来自私人的捐助。至于私人捐助的修缮经费，则又可分为两类：一类是地方官员捐助俸禄，如万历年间溧水县重修学宫，知县董懋忠“大斥俸入，力为修缮”。⑥ 另一类则是地方士民的捐助，如福建永春县学宫尊经阁的兴建，其经费除了知县范时化首创捐金之外，学校生员的父兄也纷纷捐资，甚至远在京城的大学士李廷机，也“自京发书助金”。⑦ 又宁国府泾县学宫的修葺，知府、知县也曾“率其民之好义者使出财鸠工，不足则济以赎金之余”。⑧ 由上不难发现，明代地方学校修缮时公共财政投入相对缺乏，很多需要借助于私人的捐助。

---

① 薛瑄：《文清公薛先生文集》卷 21《永寿县大成庙碑》，《薛瑄全集》，第 2 册，第 589—590 页。

② 张四维：《条麓堂集》卷 24《夏县修建庙学记》，《张四维集》，中册，第 642 页。

③ 顾起元：《重修儒学记》，载闵派鲁、林古度纂修，傅章伟、吴大林点校：《（顺治）溧水县志》卷 10《艺文志》，上海古籍出版社 2016 年版，第 297—299 页。

④ 陶望龄：《歇庵集》卷 6《重修长洲县儒学碑记》，载氏撰，李会富编校：《陶望龄全集》，上册，上海古籍出版社 2019 年版，第 327 页。

⑤ 唐顺之著，常州市唐荆川研究会编：《唐荆川诗文集》卷 12《重修宜兴县学记》，凤凰出版社 2012 年版，第 330 页。

⑥ 顾起元：《重修儒学记》，《（顺治）溧水县志》卷 10《艺文志》，第 297—299 页。

⑦ 颜廷榘著，杨玲点校：《颜桃林文集》卷 3《新作永春县学尊经阁记》，商务印书馆 2018 年版，第 165 页。

⑧ 唐顺之著，常州市唐荆川研究会编：《唐荆川诗文集》卷 12《重修泾县儒学记》，第 331 页。

2. 社学设置

所谓社学,即指一社之学。明代设有一套里甲制度,以110户为一里,在里内设有社祭。所以,凡是设于里中之学,即可称为社学。社学与府、州、县儒学并列,不言而喻。

明初朱元璋立国,教化先行。洪武八年(1375),朝廷正式设立社学之制,"延师儒以教民间子弟"。[①] 当时朱元璋就此下了一道圣旨,鼓励"军民之家子弟入学读书"。[②] 明太祖创设社学,旨在导民为善,教化百姓子弟。然好事多磨,事与愿违。社学非但没有尽到教化乡民的职责,反而成为一些不才地方官员和胥吏害民的"营生"。[③] 为此,朱元璋不得不下令,暂罢社学之设。至洪武十六年,明太祖下诏,恢复社学之设。不过,这次所设社学,"为民间自立",自行"延师儒以教子弟,有司不得干预"。[④] 这是社学由官办转为民办的起始。

官办社学自设立之后,一直存在着诸多的弊端。正如明初人叶伯巨所言:"今之社学,当镇城郭,或但置门牌,远村僻处,则又具其名耳。"[⑤]由此可见,社学的有名无实,自洪武年间已开其端。至宣德年间,社学的败坏已渐趋严重。宣德六年(1431),四川巡按御史王翱上言:"四川诸府县社学久废,民不知教。"[⑥]正统以后,各地社学的衰颓依然故我。即以福建泉州府为例,府城社学并无专设,只不过"扁其额于各丛祠,为延师教子之地"。[⑦] 弘治以后,社学的衰败已是一发不可收拾。尤其到了万历年间,更是习俗遨放,一些作为社学校舍的乡村丛祠,反而被一些豪右大姓所控制,"非行贿不可得也"。[⑧]

若是仔细加以考察,明代中叶以后,社学主要发生以下三个方面的变化。

其一,社学由官办转为民办。早在洪武年间,社学已有从官办趋于民办的倾

---

① 《明太祖实录》卷96,洪武八年春正月丁亥条,"中央"研究院历史语言研究所1966年校印本。

② 嘉靖《东乡县志》卷上《公署》,《天一阁藏明代方志选刊》。

③ 朱元璋:《御制大诰》第40《社学》,载张卤编:《皇明制书》上卷,日本古典研究会,1967年版,第48页。

④ 《明太祖实录》卷157,洪武十六年冬十月癸巳条。

⑤ 叶伯巨:《上万言书》,载孙旬辑:《皇明疏钞》卷1,明万历十二年刻本。

⑥ 《明宣宗实录》卷79,宣德六年五月辛未条,"中央"研究院历史语言研究所1966年校印本。

⑦ 万历《重修泉州府志》卷5《社学》,《中国史学丛书》第3编,台北学生书局1987年版,第389页。

⑧ 万历《重修泉州府志》卷5《社学》,第389页。

向。自明代中期以后，这一趋势不仅成为现实，而且其发展势头有所上升。如福建惠安县的社学，已多由地方人士主持，诸如：南门社学，在坊南门，陈氏、吴氏主之；香山社学，在三十一都张坑，张氏主之；马龙社学，在十七都，胡氏主之；鳌塘社学，在六都前横，黄氏主之；北坝社学，在七都，连氏主之；上杜社学，在二十二都埕边，骆氏主之；苏坑社学，在二十六都，苏氏主之。所谓“主之”者，即“主教读馆馈，以宾礼礼之”，说明这些族姓大户，大多负责礼聘社学的教读以及教读的束脩、馆馈。又据载，“惟此数家，岁择教读，以教族人子弟”。① 所谓的社学，显然已经改由私人主持其事，并专教族人子弟，逐渐与义学、乡学趋于合流。

其二，一些地方官员纷纷提出改革社学的设想，以期使社学更趋完善。如嘉靖初年，桂萼上奏，回顾了为知县时对社学改革的设想，并请求将此方案推广到各地。细玩其旨，仍然是以传统儒家教育的礼、乐、书、算为主，然后再辅之以经书的句读、文义的解析。② 叶春及在惠安县对社学所作的改革，最具代表性。他在毁“淫祠”之后，仍选择可以改设社学的丛祠，重新修葺，共设立了 212 所社学。③

其三，官方的社学体制依然存在，不过此时的社学兴衰取决于地方官的贤否。换言之，地方官贤廉，创设社学就多，并见实效；地方官庸贪，就任由社学衰敝，不加修举。嘉靖元年（1522），魏校提督广东学政，大毁“淫祠”，改置社学，在广东一省共设社学 537 所，④就是最好的例证。又如林希元在任广东廉州府钦州知州时，当地的社学已经“废为荒土”，其中赡养社学生的“市租”，也被前任官员所鬻。为此，林氏在钦州城乡重建社学，在城的社学挂上“中和”之匾，其他乡村社学也均挂有名匾，共计 18 所社学。此外，他又将廉州百姓已经开垦且未纳赋税的田土，一概归为社学所有，每所社学各有田 20 亩，共计 360 亩；赎回官府已经卖出的市肆 17 处，并新建市肆 15 处。上面所有田地的赋税与市肆的商税收入，均作为各个社学的费用。⑤

3. 置买学田

与学宫建设、社学设置相配套的地方教育公共性投入，尚有学田、义田的置

① 嘉靖《惠安县志》卷 9《社学》，《天一阁藏明代方志选刊》。

② 张尔岐：《蒿庵闲话》，第 39a—40a 页，清嘉庆二十二年济南英华斋刻本。

③ 叶春及：《石洞集》卷 7《惠安政书》11《社学》，上海古籍出版社 1993 年版，第 506—512 页。

④ 万历《广东通志》卷 7《社学》，《稀见中国地方志汇刊》，中国书店 1992 年版。

⑤ 林希元撰，何丙仲校注：《林次崖先生文集》卷 10《钦州十八社学记》，下册，第 385—386 页。

买,作为赡养地方生员的经费来源。这主要体现在以下三个方面。

其一,置买学田,既有地方学校的学田,又有书院的学田。以地方学校学田为例,如张禄出任陈留县知县后,就取“公帑赢羡”,置买城南之田 200 亩,岁收其租,作为学校“师徒讲学之费”。其中规定,学校师徒动用学田的学租,仅仅限于以下两项:一是师徒讲业会食,二是学政公用之费。至于像“宾客之宴”与“私漫之会”所需之费,则不能从学田租税中支出。① 在福建福清县,知县徐某与县学学官尹继礼,各自“捐金修废”,创置学田 50 亩,隶属于县学,“以资多士之贫者”,即资助贫穷的学校生员。② 在广西,原先所属府、州、县学校,均设有学田,但“大率多不逾百斛,岁久或旁缘侵没”。杨芳任广西巡抚之后,即与巡按御史钱梦得、前任提学官萧良誉商议,拟增设学田。当时共计出银 3000 余两,购置学田。过了三年,“得田若干亩,田皆沃腴”。鉴于有些州、县并未置有学田,杨芳又与巡按御史佴祺共同督责,务必使各地学校均设有学田。这些学田,一般由每年学校生员中应当选充贡生之人负责管理,且免除学田的杂徭,以学田租税,供应学校生员会课及赈恤贫穷生员之费。③

以书院为例,同样设有学田。如万历二十年(1592),曹于汴出任淮安府推官,不久又摄知府篆,就在府学之东建造一座书院,取名“志道书院”。考虑到书院学生“膏火无资,恐致间辍”,就筹集银 150 余两,购置学田 5000 亩,“召佃取租”,每年可得租金银 140 余两,“给子衿之肄于斯者供会之需”,亦即供给在书院肄业的学校生员会课之用。④

其二,设置义田,同样包括学校、书院的义田。在明代,学校、书院的学田,有时又称“义田”。究其意,无非是说这些学田的购置,大多由地方官员与义民捐施而成。以学校义田为例,如溧水县儒学的义田,置于嘉靖五年(1526)之秋,共计田 108. 2 亩,地 23. 3 亩。儒学义田的置买经费,主要有两个来源:一是官员“计膳夫折银,扣除缺员者之羡余矣,革因袭之私,并积于公”,亦即来自制度规定给地方官的“膳夫折银”;二是义民章滢、刘岠等人,“踊跃响应,输纳有差”,亦

① 王廷相:《王氏家藏集》卷 24《陈留县新置学田记》,《王廷相集》,第 2 册,第 437—438 页。

② 傅夏器著,阎海文点校:《傅锦泉先生文集》卷 4《福清县儒学新创学田记并诗》,商务印书馆 2019 年版,第 99 页。

③ 骆日升著,郑焕章点校:《骆台晋先生文集》卷 3《粤西新置学田碑记》,商务印书馆 2017 年版,第 50 页。

④ 曹于汴撰,李蹊点校:《仰节堂集》卷 4《重修志道书院置田供赡碑记》,上海古籍出版社 2018 年版,第 84—85 页。

即来自义民的捐施。儒学义田每年的租税收入,除了交纳国家的税赋之外,大概有 100 石余,凡是学校“刻意进修、病于薪水之供”的生员,“悉量给以周”。① 以书院义田为例,溧水县新建书院同样设有义田。溧水县原本就设有书院,为嘉靖初年知县王从善所建。至万历年间,知县徐必达鉴于旧的书院废置 26 年,又新建书院。书院置买义田 27 亩,买田之费来自徐必达“薪俸之羡七十余缗”,以学田租税作为“课士墨楮费”。②

其三,设置周士仓。所谓周士仓,其实就是周济学校士子的仓廪。如溧水县就设有周士仓,由溧水知县徐氏所设。从当时的溧水县学教谕许用卿的记载可知,周士仓的贮谷,主要来自知县捐俸置田,即每年可得谷 100 石。仓廪设于学校明伦堂左斋,并“重葺而甃之”。仓廪由学官掌管钥匙,吏书掌管案牍,并设循环二簿上交于府,以备稽查。仓廪之谷,则用来赡养学校“贫不能自给”的士子,且“不时散给”。③

(二) 民间兴学与教育投入

明代地方学宫的建设与修缮,其经费固然多来自地方财政,但鉴于地方财政的匮乏,导致民间乡绅助工修学的盛行。如万历三十四年(1606)夏,河南虞城县“霪雨为祟”,导致县内官舍、民房,倾塌无算,县学文庙自正殿以下,也是荡然无存。为此,虞城知县王嵋峨拟重新修缮学宫。修缮学宫工程分为三部分:第一部分是文庙的正殿,由全县士民与整个学校的生员负责修缮;第二部分是棊门、棂星门及名宦、乡贤两祠,由知县亲自主持修缮;第三部分是两庑共计 14 楹,因为工费浩繁,则由虞城乡绅杨东明与其弟杨东光负责重建。④

这无疑是民间力量介入地方官方学宫建设的典型例证。其实,明代民间兴学及其教育投入,并非仅限于此,尚包括设立书院、义学、乡学等。

1. 书院

在明清两代,天下号称有“三大院”,即书院、禅院、道院。院虽分而为三,而教养之义则一。照理说来,应该学宫、禅院、道院并称,而书院取代学宫,进而与

① 黄志达:《儒学义田记》,《(顺治)溧水县志》卷 9《艺文志》,第 264 页。

② 徐必达:《新建书院记》,《(顺治)溧水县志》卷 9《艺文志》,第 284—285 页。

③ 许用卿:《溧水周士仓记》,《(顺治)溧水县志》卷 10《艺文志》,第 302 页。

④ 杨东明:《山居功课》卷 1《世务篇·助工修学记》,载邹建锋、李旭等编校:《北方王门集》,下册,上海古籍出版社 2017 年版,第 823 页。

禅院、道院并驾齐驱，说明明清两代儒学学宫地位渐趋衰落，民间书院取而代之，反而成为教养儒生的中心。

大体说来，书院是一种高于蒙学程度，不列入国家学制的教育机构。① 究明代书院广泛出现的原因，大抵有三：一是地方学校生员增多，导致学宫不能容纳，再加之学宫败颓、不堪生员肄业，驱使生员纷纷前往书院肄业，以免成为科举的奴隶，进而恢复修己治人之学。二是自明代中期以后，生员游学风气形成，出现了一大批游士，同样为书院的出现提供了社会基础。② 三是讲学风气渐盛行，学者多在书院设坛讲学，以吸引游学的生员。

成化、弘治以前，学术醇而士习正，讲学之风未盛。正德以后，国学之制渐隳，科举之弊益显，士大夫更是大倡讲学之法。当时王阳明倡良知之学，江、浙、两广为之风动；罗洪先、唐顺之继之，东南景附，书院顿盛。正德、嘉靖之际，理学大振，"海内书院以千百计"，其中以浙江的天真书院、安徽泾阳的水西书院最为闻名。这两大书院，均与王阳明、沈御两人的讲学相关。③ 沈德符称正德年间，"书院遍宇内"；④李开先称，"书院盛于嘉靖初年"；⑤明末清初人周亮工亦称，"有明盛时，各省俱有书院"。⑥

从史料记载可知，在弘治年间，即使是号称文风颇盛、教育发达的福建，在当时也仅有书院 18 所。（参见附表 42）至嘉靖年间，即使是僻处关外的辽东、岭南的广东，也是广设书院。根据统计，辽东设有书院 6 所，尚属较少者，而广东虽历经毁书院之举，至万历年间仍然有书院 66 所。⑦ 又据统计，明代广东兴建书院共计 168 所，建于嘉靖年间的是 78 所，建于万历年间的是 43 所，合占 70%以上。可见，嘉靖年间所建书院最多。⑧

书院之设，其本意是为了辅助官办学校，补政府地方教育之不足。书院与学

---

① 章柳泉：《中国书院史话》，教育科学出版社 1981 年版，第 3 页。

② 沈德符：《万历野获编》卷 24《畿辅 · 书院》，中册，第 608 页。

③ 张元忭撰，钱明编校：《张元忭集》卷 9《传 · 沈文池传》，第 244—245 页。

④ 沈德符：《万历野获编》卷 24《畿辅 · 书院》，中册，第 608 页。

⑤ 李开先：《闲居集》卷 12《汶滨书院记》，载氏著，卜键笺校：《李开先全集》，中册，文化艺术出版社 2004 年版，第 840 页。

⑥ 周亮工：《印人传》卷 1《书东林书院印后》，载于良子点校：《印人传合集》，上册，浙江人民美术出版社 2014 年版，第 13—14 页。

⑦ 参见陈宝良：《明代儒学生员与地方社会》，附表 9、10，中国社会科学出版社 2004 年版，第 141—142、512 页。

⑧ 章柳泉：《中国书院史话》，第 33 页.

校之别，其最为明显的一点，即为官学与私学的不同。明代书院的建立，多为地方官员的倡率，且建设书院的资金多来自民间的捐助。如江西南康府庐山五老峰之东旧设白鹿洞书院，在明代屡次修缮。正统元年(1436)，南康府知府翟溥福“复构殿立像”；成化元年(1465)，提学官李龄督学至南康，命知府何濬重修书院，增建两庑、棂星门、贯道桥，经始于成化元年八月，至成化二年二月竣工。至于重修书院的经费，则来自义民广达华等的捐助，为谷500斛。此外，当地百姓闻风慕义，“捐赀财、施砖瓦、助力役者比比”。① 潮州府大埔县湖山书院的建设经费，同样来自黄一渊父兄的捐金，达银500两。②

在明代的书院中，多设有号舍，以供生员肄业。如温州府鹿城县的书院，“添设号房，与诸生肄业”。③ 设有赡田，以供给诸生。如潮州府大埔县的湖山书院，设有赡田100亩，“岁入息所得，毫楮以给之，贫者复衣食之”。④ 在书院中肄业的生员，可以从书院中获取“薪烛银”。⑤

2. 义学与乡学

明代官设社学的形同虚设，势必导致民间义学、乡学的勃兴。换言之，明代基层启蒙教育这一公共产品，主要由民间创办的义学、乡学等提供。

就教育的对象、本质而言，社学与义学、乡学，均应归属启蒙教育，然两者也稍有区别。社学是官学，是明政府最基层的教育组织，它由地方学官提调、考成，并且社学师生会因地方有司或督学官之额外措施而享受免役的特权；而义学、乡学为私学，举凡聘师、招生、经费，均由民间自行管理或解决，一概不与官府相涉。

义学又成义塾、义馆。义学的本意，是指“于教诲之中而助其不及者耳”。⑥ 义学属于私人兴办的“小学”，与属于乡学体系中的“乡塾”“家馆”有相同之处，然亦稍有区别。在乡学中，乡馆属三家村学究设门招徒，作糊口计，尽管学生来

① 李龄：《重修白鹿洞书院记》，载冯奉初辑，吴二持点校：《潮州耆旧集》卷1《李宫詹集》，暨南大学出版社2016年版，第3—4页。

② 黄一渊：《湖山书院记》，《潮州耆旧集》卷37《黄处士遥峰阁集》，第527—528页。

③ 万历《温州府志》卷3《建置志》，《稀见中国地方志汇刊》。

④ 黄一渊：《湖山书院记》，《潮州耆旧集》卷37《黄处士遥峰阁集》，第527—528页。

⑤ 王宗沐：《敬所王先生文集》卷27《作新桂林书院呈》，《四库全书存目丛书》影印明万历元年刘良弼刻本，集部第111册，第588页。

⑥ 刘崧：《槎翁文集》卷6《读书所记》，《四库全书存目丛书》影印明嘉靖元年徐冠刻本，集部第24册，第471页。

自各姓，但均需交纳束脩；家塾多为乡绅或有钱人家所设，聘请塾师，专教本族子弟。而义学则与此稍异，不但专教本族子弟，而且兼及别姓子弟，甚或惠及邻里乡党。义之为名，尤以此为特色。①

在明初，官方社学兴盛，即使穷乡僻壤，也多设有社学，故义学及乡学只是起到拾遗补阙的作用。如福州府长乐县的“阜林乡学”，始建于洪武十二年（1379），由林文镒与其乡族一同创设，建有礼殿、讲堂。又左为列舍，供诸生肄业；右为祠堂，崇祀先贤。② 自明代中期以后，义学、乡学的兴起蔚成风气。细加分析，主要有以下三个方面的原因：一是社学败坏，子弟失教，有必要以义学或乡学及时取而代之；二是地方官与乡绅遵循儒家教化庶民的原则，教化先行，创设义学，以期改变乡村社会的道德面貌；三是科举渐重，科场失意的儒生增多，他们只好处馆度日。

在明代，民间尊师重学风气颇盛，故各地自行延师训蒙之事并不乏见。下面几则记载就是最好的例证。如福建兴化府，地狭人贫，当地人只好以读书为业。“每岁上元后，即筮吉延师，以训子弟”。③ 福建福宁州，也是“每岁上元后即延师以教子弟，至八月终，解馆”。④ 浙江金华府汤溪县，乡里延师之风也很盛。“每岁春，乡有长者，必聚众延师家塾，以训童蒙，迨冬而散。”⑤而在广东惠州府兴宁县，一些义礼之家也多择有德行、文章羡美者为师。其延师习俗如下：“如明年敦请，择于今年八、九、十月具关，亲送其家。至明年春正月，择吉辰，设盛筵，率子弟拜从。”⑥这种延师训蒙风气的影响颇大，故即使社学之制败坏，而在明代的乡村，仍是“虽村居里巷，而弦诵之声不辍”。⑦ 这无疑是义学广泛兴起以后的社会效应。

明代义学、乡学的形式，归结起来，主要有以下三种。

一是地方官出官帑兴办，招收辖治内的贫困童蒙，使其有就学的机会。如嘉定县的“吴淞义塾”，正统四年（1439）由千户庄安奏建。至天顺中，千户张全重

---

① 按，笔者在《明代的义学与乡学》这篇旧作中（刊《史学月刊》1993 年第 3 期，第 44—47 页），未曾将义学与一般意义上的乡学作细微的区别，故在此予以补正。

② 黄仲昭纂：《八闽通志》卷 44《学校》，下册，福建人民出版社 2017 年版，第 6 页。

③ 黄仲昭纂：《八闽通志》卷 3《风尚 · 兴化府》，上册，第 184 页。

④ 黄仲昭纂：《八闽通志》卷 3《风尚 · 兴化府》，上册，第 187 页。

⑤ 王懋德：《金华府志》卷 5《风俗》，台北学生书局 1987 年版，第 329—330 页。

⑥ 崇祯《兴宁县志》卷 1《风俗》，《稀见中国地方志汇刊》，第 44 册，第 407—408 页。

⑦ 莫旦：弘治《吴江志》卷 6《风俗》，《中国史学丛书》，台北学生书局 1987 年版，第 221 页。

修。到嘉靖三十年(1551),巡按御史尚维持又重加修葺。① 在福建浦城县,也遍设义学,其教师由县馆“务保举颇立行止、粗知文义、敦实持重之人”,每所学校挂上“义学”的匾额,“许令通县年十六七义以下子弟赴学”。② 义学经费也由官出,即用官府所收店房税,以供给束脩之资。

二是由乡绅创办,以供本家族内子弟就学,有时也适当招收族外贫困子弟。这种义学或乡学,其聘师礼仪相当隆重,而且有聘书。下引一件聘请家塾师的聘书,以说明之。聘书云:“予家塾师久虚,敬烦足下,敢具币以告。”③如在浙江黄岩,处士张国仁设义学,立义田,专门吸收乡里子弟,力不能就学者,延师教之。如果衣食缺乏,就给以义田所入,使其安心学习。于是,邻近地方的子弟纷至沓来,“户屦恒满”。④ 万历二十四年(1596),河南大饥,闾阎子弟大多弃学。于是,虞城县的乡绅杨东明“辟隙地为塾,延良士为师,群邑子弟教之,甫逾月,而四境云集。比逾年,而邻境响应”。因为人多,义学难以容纳,杨东明两次拓展义学校舍。此外,杨氏还“拮据岁入,供三师之费”,⑤即自己出资供给义学之师的馆谷。在明代,很多家塾也属于乡绅创办的学校。如应天府上元县人李昊,鉴于自己家族成员“弗文”的现状,于是“置塾延师,训式子姓”,且起到了很好的效果,如族内成员李夔成为国子监的监生,“卓有誉望”,其他家族子弟也“彬彬文矣”。⑥ 明末清初人钮琇自述:“余幼从吴南村先生于家塾,受《尚书》《左氏传》及时制义。”⑦

三是由科场失意的儒生创设,他们出榜开馆招生,从中觅取馆谷束脩,以便维持生计。按照常理,村夫子教人子弟,一般为父兄造请而后处馆教学,绝无榜门招人之理。可是在明代,这种乡馆已有商业化的趋势。如在北京,一些学究公开做广告,大书其门曰:“秋爽择日来学。”在明代的小学中,不乏这方面的例子。

---

① 韩浚等修:万历《嘉定县志》卷3《营建》上《小学》,《中国史学丛书》,第3编,台北学生书局1987年版,第219页。

② 张俭:《圭山杂著》卷5《浦城县立义学议》,第9b—10a页,清刻本。

③ 朱察卿:《朱邦宪集》卷5《送韩元和赴塾序》,《四库全书存目丛书》影印明万历六年朱家法刻增修本,集部第145册,第645页。

④ 黄淮:《黄文简公介庵集》卷7《滋德处士张公墓志铭》,《四库全书存目丛书》影印民国二十七年永嘉黄氏排印《敬乡楼丛书》本,集部第27册,第16页。

⑤ 杨东明:《山居功课》卷3《蒙教篇·义学记》,《北方王门集》,下册,第835页。

⑥ 王廷相:《王氏家藏集》卷31《明故例授南京飞熊卫指挥佥事李公墓志铭》,《王廷相集》,第2册,第572页。

⑦ 钮琇:《觚賸》卷1《岁寒集》,上海古籍出版社1986年版,第1页。

如一小说言:当时有一位乡学先生,写了一张红纸,贴于门首道:“某日开学,经、蒙俱授。”①

无论是官方设立的社学,还是民间创设的书院、义学、乡学,无不为民间庶民子弟尤其是贫寒子弟提供了相对公平的教学机会。这可以从以下三个方面加以深化探析。

其一,社学、书院、义学、乡学设置的普遍性。以弘治年间福建省所设社学之数来看,除了福州府、延平府、兴化府、福宁州社学数字失载之外,其中建宁府所辖各县,共设社学 22 所;②泉州府所辖各县,共设社学 37 所;③漳州府所辖各县,共设社学 334 所;④汀州府所辖各县,共设社学 2 所;⑤邵武府所辖各县,共设社学 21 所。⑥ 在已知各府所设社学数中,以漳州府最多,尤其是漳州府所属各县,在城、在乡均已普设有社学。上述弘治年间福建所设社学之数,显然并不完整,但已共设社学 416 所。此外,根据上面的阐述,尚可知道嘉靖年间省、州、县的社学数字,如嘉靖元年(1522),魏校在广东设置的社学,共计 537 所;嘉靖年间,林希元在广西钦州设置的社学,共计 18 所;嘉靖年间,叶春及在福建惠安县设置的社学,共计 212 所。

以这些已知的省、府、州、县社学数为基准,再印之以明代的户口数字,即可大致推算出户口数与社学数之比。统计数字列如下:

以省为例,弘治四年(1491),福建在册的户口统计数字,为 506039 户,2106060 口。⑦ 稍加推算,则可知弘治年间福建社学数与户口数之比约为:每 1216 户拥有 1 所社学,每 5063 口拥有 1 所社学。嘉靖二十一年(1542),广东在册的户口统计数字,为 492962 户,2052343 口。⑧ 稍加推算,则可知嘉靖年间广东社学数与户口数之比约为:每 918 户拥有 1 所社学,每 3822 口拥有所社学。

以府为例,弘治年间泉州府在册的户口统计数字,为 41824 户,180812 口;漳州府在册的户口统计数字,为 49254 户,317650 口;汀州府在册的户口统计数

① 周清原:《西湖二集》第 3 卷,人民文学出版社 1989 年版,第 45 页。

② 黄仲昭纂:《八闽通志》卷 44《学校》,下册,福建人民出版社 2017 年版,第 12—21 页。

③ 黄仲昭纂:《八闽通志》卷 44《学校》,下册,第 21—27 页。

④ 黄仲昭纂:《八闽通志》卷 45《学校》,下册,第 31—36 页。

⑤ 黄仲昭纂:《八闽通志》卷 45《学校》,下册,第 41 页。

⑥ 黄仲昭纂:《八闽通志》卷 45《学校》,下册,第 46—51 页。

⑦ 申时行等修:《明会典》卷 19《户部》6《户口》1《户口总数》,第 125—127 页。

⑧ 赵官等编纂,吴福林点校:《后湖志》卷 2《事迹》2《黄册户口》,第 13—14 页。

字,为 43307 户,252871 口;邵武府在册的户口统计数字,为 39644 户,132282 口。[①] 稍加推算,则可知弘治年间泉州府社学数与户口数之比约为:每 1130 户拥有 1 所社学,每 4881 口拥有 1 所社学;漳州府社学数与户口数之比约为:每 147 户拥有 1 所社学,每 951 口拥有所社学;汀州府社学数与户口数之比约为:每 21654 户拥有 1 所社学,每 126436 口拥有 1 所社学;邵武府社学数与户口数之比约为:每 1888 户拥有 1 所社学,每 6299 口拥有 1 所社学。可见,在福建各府中,平均户口数所拥有的社学数,存在着较大的差异。这一方面是因为经济与文化的不均衡所致,另一方面也与统计数字的不完整有关。

以县为例,在弘治年间,当以漳州府龙溪县所设社学最多,共计有 260 所,[②] 又以汀州府归化县所设社学最少,仅有 2 所。[③] 弘治年间漳州府龙溪县的在册户口数,为 21476 户,127151 口;汀州府归化县的在册户口数,为 5903 户,33917 口。[④] 稍加推算,则可知弘治年间漳州府龙溪县社学数与户口数之比约为:每 83 户拥有 1 所社学,每 489 口拥有 1 所社学;汀州府归化县社学数与户口数之比约为:每 2952 户拥有 1 所社学,每 16959 口拥有 1 所社学。尚有另外一个数字可以作为补充,只是社学数与户口数并非处于同一时间段。以福建泉州府惠安县为例,弘治年间的户口数,为 4506 户,32625 口。[⑤] 以已知的嘉靖年间叶春及在惠安县所设的 212 所社学为计算的基准数字,那么可以推算出泉州府惠安县社学数与户口数之比约为:每 21 户拥有所社学,每 154 口拥有 1 所社学。

至于书院数与户口数之比,同样可以得到部分的推算。以省为例,从上面的阐述可知,弘治年间福建一省所设的书院计有 18 所,广东一省所设的书院计有 168 所。又从上可知,弘治年间福建在册的户口统计数字,为 506039 户,2106060 口。那么,可知弘治年间福建一省书院数与户口数之比约为:每 28113 户拥有 1 所书院,每 117003 口拥有 1 所书院。从已有的记载可知,嘉靖二十二年(1543),广东一省的户口数,为 492962 户,2052343 口。[⑥] 若以此户口数为计算的基准,那么可知广东一省书院数与户口数之比约为:每 2934 户拥有 1 所书院,每 12216 口拥有 1 所书院。

---

① 黄仲昭纂:《八闽通志》卷 20《食货》,上册,第 547、548、550、552 页。
② 黄仲昭纂:《八闽通志》卷 45《学校》,下册,第 31—36 页。
③ 黄仲昭纂:《八闽通志》卷 45《学校》,下册,第 41 页。
④ 黄仲昭纂:《八闽通志》卷 20《食货》,上册,第 548、550 页。
⑤ 黄仲昭纂:《八闽通志》卷 20《食货》,上册,第 548 页。
⑥ 赵官等编纂,吴福林点校:《后湖志》卷 2《事迹》2《黄册户口》,第 13—14 页。

义学、乡学之数，因为属于私人兴办，且兼训蒙一类的小学，已有的统计数字相对并不完备。但就其总的趋势而言，明代中期以后，义学数量猛增。即以嘉定县为例，至万历年间，列入县志并较为有名的义学就有 4 所，其余不著名者当仍复不少。而在浙江温州府平阳县，至弘治年间，其所设著名义学更达 7 所。① 所有这些，无不说明明代中期以后创设义学风气之盛，私办义学已基本取代了官立社学。限于义学、乡学数字的不完整性，目下尚难对其义学、乡学数与户口数之比加以推测。

其二，私办义学、乡学的大量崛起，对于明代庶民享受公平的教育机会，进而改变明代乡村的教育面貌起到了不可估量的作用。它使教育不仅限于富有人家或书香门第的子弟，而贫困寒素人家子弟也同样获得受教育的机会。这就使乡村穷苦人家子弟多了一条在科举上获得出身的道路。在明代，凡是乡里义学或乡学兴盛的地方，其科举必盛。如福建兴化、泉州二府乡里延师兴学的风气极盛，因此当地科甲最多。每次乡试，兴化、泉州“占通省之半”。有明一代凡 91 科，而兴化府共出解元达 30 人，泉州府共出解元 21 人，②两府合计 51 人，占解元总数的 56%。

尤堪注意者，若仔细梳理明代史籍，可以发现这样有趣的现象：在明代的科贡中，乡村中举、出贡者往往多于城市。明人张岱言：“以故通郡而计，抡科第者城市不及乡村；为此画地以观，纡金紫者东南常盛于西北。”③此说基本反映了明代科举地域差异的实况，而其背后所透视出来的，则是教育这一公共产品供给的区域性差异。下以南直隶吴江县、湖广罗田县、福建惠安县为例，对此做出更为详细的说明。

江南南直隶吴江县，从洪武三年（1370）至弘治二年（1489），共中进士 49 人，除去居住地不详外，其中乡都占 36 人，而县市仅有 5 人。乡都约占总数的 73%，而县市只约占 10%。在乡都中，其中市镇为 14 人，仅占整个乡都的 39%。即使是科贡，乡村也多于城市。仍以吴江县为例，从洪武十一年到弘治二年，共计科贡 103 人，除去居住地不详外，其中乡都 54 人，而县市只有 32 人，其中乡都约占总数的 52%，而县市只约占 31%。在乡都中，其中市镇为 15 人，仅占整个乡都的 28%。湖广罗田县，共有进士 4 名，均属乡都。举人 36 名，乡都占 25 名，

① 参见陈宝良：《明代儒学生员与地方社会》，第 162 页。

② 施鸿保：《闽杂记》卷 6《兴泉科甲之盛》，福建人民出版社 1985 年版，第 99—100 页。

③ 张岱：《琅嬛文集》卷 2《龙山文帝祠募疏》，岳麓书社 1985 年版，第 103 页。

约占总数的69%;在城为11名,仅约占总数的31%。岁贡83名,乡都为57名,约占总数的69%;在城为25名,约占总数的31%。福建惠安县,进士12名,其中乡都占10名,约占总数的83%;在城2名,只约占总数的17%。举人56名,除4名不详外,乡都43名,约占总数的77%;在城9名,仅约占总数的16%。岁贡生94名,除6名不详外,其中乡都72名,约占总数的77%;在城16名,约占总数的17%。①

其三,明代民间的识字人口及其识字率问题。从明代教育公共产品供给的发展趋势,尤其是义学、乡学的大量崛起态势来看,明代的识字人口呈现出一种日渐增加的趋势。这一点显然毫无疑义。若欲系统弄清楚明代识字人口的确切数字,显然存在着一定的难度,但识字人口的基本分布,则大抵可以厘定清楚。

有两则记载数字,显然可以证明明代数字人口数之多。一则记载表明,洪武三十年(1397)五月,天下宣讲《大诰》的师生前来朝见,人数共计193400人。②若以明初在册口数60545812为推算的基准,③那么单是一次动员宣讲《大诰》的识字师生,就约占总人口的0.32%。另一则记载说明,即使是官办学校的官生,其实际的数字也远远超出官方规定的定额。以四夷馆译字官生为例,成化初年四夷馆译字官生的定额为154名,事实却是,四夷馆的教师违例私收子弟,单是教师马铭就私收子弟136名。④ 一个教师私收的子弟数字几乎与定额官生相等,可见明代识字人口的增加,途径日趋多样化。

四、修桥铺路

《明经世文编》的编者曾有评语云:"修平道路,以利行旅,亦政之大者。"⑤明人唐顺之亦云:"桥梁者,水利之首务。"又云:"夫桥梁,王政之所有事也。"⑥可见,修桥铺路不仅关乎"行旅"的方便与否,是国政的大事,更是关系到百姓的生活质量。桥梁与道路的唯一区别,就是桥梁在具有交通功能的同时,兼有水利

① 参见陈宝良:《明代儒学生员与地方社会》,第165—166、515页,附表15、16。

② 黄光昇:《昭代典则》卷11,第298页。

③ 赵官等编纂,吴福林点校:《后湖志》卷2《事迹》2《黄册户口》,第11—12页。

④ 余继登撰,顾思点校:《典故纪闻》卷14,第255页。

⑤ 崔铣:《张御史治路记》,《明经世文编》卷153,第2册,第1535页。

⑥ 唐顺之著,常州市唐荆川研究会编:《唐荆川诗文集》卷12《建陈渡桥记》,第343页。

的功能。

明人熊廷弼在论及湖广官道时曾有言:“全楚云关,朝廷皇路,万人由之,万民修之,此贤有司之责,何可废也?”①从中不难发现,明代的官道又称“皇路”,是一种供“万人由之”的公共产品。至于修平官道的职责,不但“万民修之”,亦即所有百姓必须承担的一种职责,但更是“贤有司之责”,亦即地方官府的责任。在明代,道路作为一种公共产品,其供给者显然来自两种力量:一种是官方力量,官方的财政投入及其道路建设,显然是这一公共产品的主要供给者;二是来自民间的力量,出于“善”观念与慈善意识的普及,民间士庶从行善积德的理念出发,开始将资金大量投入道路建设这一公共产品。桥梁建设的主要力量大致与道路建设相同,只是增加了一股佛教寺院僧人的力量。

(一) 桥梁架设

南宋人周必大《邹公桥记》有云:“世之成桥梁者有三:佛者以心,巨室以赀,官府以力。然而力者或失于虐,赀者或失于恪,心者或失于缓。”②细绎这段记载,大致可以释读出以下两层含义:一是桥梁建设,主要来自僧人、巨室、官府这三股力量;二是这三股力量在桥梁建设中,均有自己的不及与所失之处。

明代济渡之具,若是经费不足,则只能采用渡船的方式,尽管省便,但仍有溺水之虞。相较于渡船而言,则桥梁更为安全,且方便士民、商人出行。至于桥梁,显然又可以分为以下三类:一是桥船或浮桥。如浔阳府西郭门外河上,在隆庆、万历年间建有桥船。所谓桥船,即以船若干只,“联以铁縆,藉以重板,随水上下,如履平地”。③ 究其实,所谓的桥船,实则与浮桥相同。所不同者,明代的浮桥分为两种:一种是以筏为架,另一种是以舟为架。④ 两者虽均可称为浮桥,但若细分之,前者为筏桥,后者则为舟桥或桥船。如苏州府的夹浦,正当长洲、吴江两县交界,众流所经,水势迅疾。宣德年间,巡抚侍郎周忱就造船16艘,“锁以铁绳,架为浮桥”。在苏州胥门,弘治十四年(1501),巡抚都御史彭礼也“造船为桥”,建有浮桥。桥船或浮桥,显然是一种不得已而为之的桥梁。换言之,在水

① 熊廷弼撰,李红权点校:《熊廷弼集》卷23《杂文·路引》,下册,湖北人民出版社2019年版,第1034页。

② 周忱:《双崖文集》卷1《重建吟溪桥记》,《双崖文集辑录与译注》,第81—82页。

③ 李日华撰,赵杏根整理:《恬致堂集》卷23《浔阳郡重修龙开河桥船记》,中册,上海古籍出版社2012年版,第885页。

④ 林希元撰,何丙仲校注:《林次崖先生文集》卷10《钦州平安桥记》,下册,第405页。

面上建浮桥，而不建石桥，大多因为江面情况所定。如夹浦水面，阔有 36 丈，深 6—7 丈，又加上水急，很难在水面上“树桩”，就无法建石桥；胥门一带水面，正系运河段，也是“河阔水深”，若造石桥，也不能坚固。毫无疑问，相较于石桥而言，浮桥的坚固性与安全性则显得较差。如夹浦浮桥，一旦遇到大风，就有“缆断船飘，不能支持”之虞，导致浮桥虽经重造，但还是“易敝如故”。更有甚者，有些官夫在晚上行走于浮桥之上，时常发生“足践损缺以溺者”。[①] 二是木桥。如嘉靖年间林希元在出任廉州府钦州知州时，曾在当地建有一座木桥平安桥。此桥“树木为柱，跨木为梁。为桥二十四架，架用柱五，梁八或九”。当然，相较于石桥而言，木桥的坚固性颇有欠缺。所以，一旦江水暴涨，势必导致“啮沙洲，没桥，桥坏”。[②] 三是石桥。如福建惠安县的永济桥，就是一座石桥，“鸠工伐石，程物缮筑”；[③]又绍兴府之渡东桥，也是“跨水数百丈，酾水十有八道，树石为两棹楔，表诸途”，其中为建石桥所费，“市石佣力之赀”，更是花费银 851 两。[④]

在明代，各地重建、新建桥梁甚多。这些桥梁除了官建之外，参与民间修桥活动者，包括义民、义官、里人、乡人、僧人等，甚至还包括妇女。至于民间捐施修桥之举，有些出于属于慈善之举，而有些则仅仅为了替母亲祝寿而修桥。以福建泰宁县为例，据清代所修《泰宁县志》记载，除去修建、修缮时间不详，及清代修建、修缮桥梁之外，始建于明代或在明代得以修缮的桥梁，共计有 28 座；（参见附表 43）南直隶溧水县，始建于明代或在明代得以重建、修葺的桥梁，共计有 10 座。（参见附表 44）

1. 官府以力：官修桥梁

自明初立国始，明代官方一直致力于桥梁的修建。如洪武二年（1369）三月，徐达曾建造咸阳桥。洪武六年五月，造渡淮河的浮桥。洪武二十五年十一月，改建南京大内的金水桥。

永乐以后，官方陆续修筑了诸多的桥梁。如永乐十年（1412）七月，因为卢沟河涨水，导致桥梁、大堤崩坏，明成祖下令工部加以修筑。正统三年（1438）二月，修建兰县的黄河桥，以方便甘肃的粮饷运输；王源任潮州知府时，城东的广济桥，因为岁久圮坏，王源“敛民万金，重筑之”。卢沟桥在北京宛平县西南 30 里，

① 杨循吉：《苏州府纂修识略》卷 2《政事》下《桥梁》，《杨循吉集》，第 651 页。

② 林希元撰，何丙仲校注：《林次崖先生文集》卷 10《钦州平安桥记》，下册，第 404—405 页。

③ 骆日升著，郑焕章点校：《骆台晋先生文集》卷 3《陈侯重修碣石永济桥生祠记》，第 51 页。

④ 陶望龄：《歇庵集》卷 6《新造渡东桥碑记》，《陶望龄全集》，上册，第 331—332 页。

金大定二十九年(1189)始建石桥,明昌三年(1192)命名为广利桥。至正统九年,重修卢沟桥。天顺七年(1463)四月,建宏仁桥。成化十二年(1476)十二月,依从侍郎马文升的请求,建辽东的浮桥。又蓬州知府田铎,在蓬州建大小24座桥梁。弘治三年(1490),重建卢沟桥,又修京城河上之桥。嘉靖元年(1522)四月,重修金水、玉河二桥。嘉靖十五年,明世宗敕建北京西山永济桥。从西山卧龙冈抵义河,相距30余里,沟渠险隘,岩岸倾倒,再加上山泉潴汇,霖潦注溢,到了每年的夏秋,就众水漫流故道。为此,明世宗敕谕工部侍郎甘为霖、锦衣卫指挥陈寅、巡按直隶监察御史姜润身前去治理,并创建石桥。桥分三洞,长10丈,高1丈5尺,阔2丈5尺,桥上建有护栏。万历二年(1574),建涿州胡良河石桥,并修涿州北关外的浮桥。琉璃河在北京东南100余里,属于进京的孔道。时日一久,"桥圮不可行,冠盖行李之往来病之"。万历二十七年,工部都水司主事胡瓒督修琉璃河桥。修桥费用主要来自"大府金钱",前后花费三年时间,才将桥梁建成,并节省费用银70000余两。①

除了上述主要见于官方记录的桥梁修建之外,见于其他私家记载的各地官修桥梁尚有许多。分列如下。

宣德年间,江西吉安知府陈本深等建有吟溪桥。此桥位于庐陵城北20里,始建于元陈仲方,桥上有亭。至明永乐十二年(1414),桥为"巨浸所决,湮灭无遗,行旅深以为患"。吟溪是袁州、临江、吉安三府往来的孔道。自从桥毁之后,当冬寒之季,"病涉者固众,然未足为害";一至春夏,水潦交集,"悍怒冲激,两岸相视者骇胆慄魄不敢涉"。尤其是庐陵县北乡的百姓,为了应付官府的徭役,不得不涉河而过,甚至"裸衣凭梗,乱流而渡,不幸而人马俱溺者岁常有之"。宣德七年(1432),吉安知府陈本深命庐陵知县张叔伦蠲免近桥之户200户的役钱,作为建桥之费,进而引来四方豪杰愿意捐助之人。尤其是当地陈氏子孙陈致广,更是先发廪捐粟2000斛,作为工匠的工食。此桥始建于宣德七年十月,落成于宣德八年二月。桥有三洞,桥上建屋11楹,"密筑深甃,坚致完好,比旧有加"。②

自正统六年(1441),至嘉靖二年(1523),苏州府吴江县平望镇分别建有5座桥梁。如安德桥,又名平望桥,在巡检司衙署前,始建于唐代大历年间。至成化十九年(1483),知县陈尧弼重建。下湖桥,又称下虹桥、蚂蟥桥,在安德桥之

① 龙文彬:《明会要》卷75《方域》5《桥梁》,下册,第1456—1458页;许獬著,陈炜点校:《许钟斗文集》卷1《拟奉敕作新修琉璃河桥碑记》,商务印书馆2018年版,第8页;李时:《敕建永济桥记》,载沈榜:《宛署杂记》卷20《志遗》1,北京古籍出版社1982年版,第240—241页。

② 周忱:《双崖文集》卷1《重建吟溪桥记》,《双崖文集辑录与译注》,第81页。

南。初建时间不详,至宋淳熙十年(1183)重建,更名为百星桥。明正统六年,巡抚周忱重建。长老桥,在北塘,初建时间不详。明成化八年,知县王迪重建。安民桥,横跨后溪。始建于宋庆元三年(1197),宋端平元年(1234)桥毁。元大德十年(1306),范月池重建。明正统六年,巡抚周忱重建,加高桥梁,以便"出运船"。兴隆桥,俗称卖龙桥,在东栅。明嘉靖二年,提督水利郎中林文沛建。①

成化年间,贵州宣慰司安氏父子建有"水西十桥"。水西之河,最大的为陆广河,陆广之西,上流分别有稿池、芭蕉诸河,下流东注,分别有黄沙渡、乌河等河。又数百里,汇于清水江,又向东汇于涪江。这些河流的源头,分别为洛浙、西汉、七百方、滴澄洛四河。每年春夏淫潦,"其势弥大,覆舟溺死者亦间有之",导致"居者怨于室,行者嗟于途,富商大贾,无所为而至,虽有鱼盐之利,山林之材,土人居然视之,卒未之能致也"。在这些河流上,曾经建有桥梁,但大多架木为之,过不了一年即坏,"用力多而获利少,人亦劳止",显然不是长久之计。为此,宣慰司安氏父子,始建 10 座石桥,分别为头铺、得乌、乌西、西溪、虎场、朵泥、蜈蚣、秀水、麦架、查睹。这 10 座石桥,始建于成化五年(1469),至成化二十二年完工,经费均出资宣慰司的"私藏",而"民不与知"。②

嘉靖年间,福建泉州府同安县建有便安桥。同安县负山襟海,上达京城,下通百粤,属于泉州府的巨县,南北要冲的孔道。离沈井 5 里,地名"坝上",在溪上建有桥梁,以渡行人,名为"五马桥"。桥在溪水上流,一遇雨潦,则猛湍冲决击啮,导致桥梁时常损坏。嘉靖十四年(1535),正好桥梁损坏。同安知县叶允昌将桥移建于下流,改为三梁桥,取名"便安桥"。③

万历年间,绍兴府城有莲花桥之重建。绍兴府城之河上,建有莲花桥,但时常圮坏,导致水陆交病。万历三年(1575),知府彭富、府丞王赞、通判伍希德、推官张孙振,协力重修莲花桥,经费取自"赎锾","不费官帑之一钱,不役民间之一卒"。经始于万历三年十月,至万历四年正月完工。④

明代官修桥梁,其经费的来源,大致有以下数种:一是内帑、钦助、梯己。如嘉靖二十年(1541)建造北京附近琉璃河桥,所需经费包括各处的帑银 30 余万两,"钦助"之银 93000 余两;嘉靖三十二年济南府齐河县修建大清桥,其经费也

---

① 翁广志:《平望志》卷 2《桥梁》,《平望志(三种)》,第 37—44 页。

② 杨廷和:《水西新建十桥记》,《明经世文编》卷 121,第 2 册,第 1169—1170 页。

③ 林希元撰,何丙仲校注:《林次崖先生文集》卷 10《便安桥记》,下册,第 403 页。

④ 张元忭撰,钱明编校:《张元忭集》卷 7《记 · 重修莲花桥并甃府衢记》,上海古籍出版社 2015 年版,第 184—185 页。

有来自内帑银14000两;万历二年(1574)在胡良河建桥,慈宁宫发银15000两,"钦发"银50000两。[①] 上述所谓慈宁宫"发银",实则来自后妃的"梯己"钱。如万历元年涿州之北巨马河所建之桥,即为慈圣皇太后李氏"捐赀兴创",万历十五年重修此桥时,经费还是出自慈圣皇太后"宫中供奉金"。[②] 二是来自地方藩王的捐施。如山东兖州府城南的泗水桥,经始于万历三十二年,完工于万历三十七年,其经费则来自鲁王的捐施,亦即史料所谓的"匪王此桥不立"。[③] 三是地方官府的"赎锾"。如福建惠安县的永济桥,知县陈淙"首斥赎锾鬻田,鸠工伐石,程物缮筑"。[④] 四是地方官员倡捐俸禄,民间士庶协力捐施,有时甚至包括道士的募银。如福建南安县建大盈桥,知县甘宫"捐俸首创,鸠材聚徒而砌焉";[⑤]绍兴府之渡东桥,经费主要来自知县的捐俸,以及各项民间捐施,即知县捐月俸银30两,"余出诸施者";[⑥]济南府齐河县修建大清桥,道士张演升曾募银13000两"助工",[⑦]又崇祯十六年(1643)溧水重建惠政桥时,知县邝洪曾命道会徐时周"持簿募资",最终募得修桥资金银500余两。[⑧]

2. 巨室以赀:民修桥梁

明代官修桥梁颇多,但确实存在着以下两大制约因素:一是就中央财政而言,并无投入桥梁建设的固定预算经费,导致桥梁的修建、修缮不能形成制度化;二是就地方财政而言,因为财力有限,并无专项的桥梁修建、修缮经费,导致桥梁的修建、修缮,通常需要利用地方"赎锾",甚至地方官亲自捐出薪俸,这也在一定程度上影响到桥梁的修建与修缮。一旦受到这两大因素的制约,势必导致明代在桥梁建设上的财政投入极少,有时甚至影响到桥梁工程的质量。明人王慎中已经敏锐地察觉到了宋代与明代在桥梁建设上的差异。以福建漳州府的虎渡

---

① 朱国祯撰,王根林校点:《涌幢小品》卷6《桥》,第112—113页。

② 李廷机著,于英丽点校:《李文节集》卷26《修建巨马河桥碑记》,下册,第600页。

③ 黄克缵著,李梦生点校:《数马集》卷25《鲁王新建兖州城南泗水石桥碑铭》,上册,第314页。

④ 骆日升著,郑焕章点校:《骆台晋先生文集》卷3《陈侯重修碣石永济桥生祠记》,商务印书馆1017年版,第51页。

⑤ 傅夏器著,阎海文点校:《傅锦泉先生文集》卷4《重修大盈桥记》,商务印书馆2019年版,第100页。

⑥ 陶望龄:《歇庵集》卷6《新造渡东桥碑记》,《陶望龄全集》,上册,第331—332页。

⑦ 朱国祯撰,王根林校点:《涌幢小品》卷6《桥》,第112—113页。

⑧ 邝洪:《溧水县重建惠政桥记》,《(顺治)溧水县志》卷10《艺文志》,第302—303页。

桥为例，始修于宋绍熙年间，重修于宋嘉熙元年(1237)。在宋代，修建虎渡桥，秉持一种“拙”的原则，即在工程建设上不投机取巧，“能举大役，成巨绩以俟千百年之远”，从而保证了桥梁的质量；而在明代，“以一方全盛之力，修前人之所已成”，虎渡桥还是“屡修屡圮”，在180余年的时间里，竟然修了8次之多，结果还是面临“今日之圮”，需要重新加以修缮。① 明代官方修建桥梁质量之差，由此可见一斑。

不仅限于此。在明代，地方桥梁的修建事务通常归属于“水利”一类职掌，而地方具体掌管水利兴修的官员，则大多属于州、县的佐贰官，缺少专门的官员加以负责管理，而且“其任弗隆”，亦即职衔并未受到重视。官方对桥梁建设管理的缺失，其结果则必然“往往废坠自如，而水旱迭患”。②

官方投入桥梁经费的不足，以及由此而来的桥梁工程质量之差，再加之地方桥梁建设管理的缺失，势必导致明代民修桥梁的勃兴，借此补充官方桥梁修建的不足。至于桥梁修建方面官与民的关系，正如明人杨循吉所言：“夫搆桥以利□，吏职也。然以官为之，则民虽知其利而有不欲为者，诚惮财与力也。夫若是而有好义之士出焉，以济吏之不及。”③细绎其意，无非是说桥梁建设一旦由地方官员负责，必然导致地方百姓不愿参与其间；若是由地方“好义之士”负责桥梁建设，则完全可以“济吏之不及”。

明代民间百姓慕义建桥，其例不胜枚举。松江府华亭县人王毅宇，是一位专门从事教书的经生，见广富林无桥梁，就“倾赀造石梁，家橐不足，募人助之”，桥建成后，取名“景山桥”；④石门县的松老桥，于弘治年间由徐华独立建造，徐氏为此卖田500亩，才得以竣工；⑤赵琪、赵瓒、赵琼、赵瓛兄弟，南直隶溧水县人，先世作善兴家，“赀产丰腆”，赵琪的儿子赵萱还进学成为县学的生员，他们出资将近银3000两，于正德七年(1512)，建成尚义桥与另外一座小河桥；⑥义士卢珪，苏州府长洲县梅里泾人，捐出数百两银子，于弘治二年分别建造了梅里泾桥(里

---

① 王慎中：《漳州府重修虎渡桥记》，《明经世文编》卷264，第4册，第2791页。

② 都穆：《长洲县重建官渎朱泾二桥记》，载钱思元撰，朱琴点校：《吴门补乘》卷3《津梁补》附录，上海古籍出版社2015年版，第119页。

③ 杨循吉：《松筹堂集》卷3《云溪新建石桥记》，《杨循吉集》，第476页。

④ 章鸣鹤著，范械士校：《谷水旧闻》，载上海市松江区博物馆、华东师范大学古籍研究所编：《明清松江稀见文献丛刊》，第1辑，上海古籍出版社2015年版，第10页。

⑤ 澹归著，段晓华点校：《徧行堂续集》卷5《文部·重修松老桥疏》，第4册，广东旅游出版社2008年版，第114页。

⑥ 陈宪：《尚义桥记》，《(顺治)溧水县志》卷9《艺文志》，第260—261页。

人称为“通济桥”)、金泾桥(里人名为“卢家桥”)。①

通观明代民间建桥之举动,参与者众多,大致具有以下四个特点。

其一,民间建桥之举,虽费用并非出自官府,但同样需要得到官府的批复,不得擅自兴举。如溧水县赵琪兄弟在兴建尚义桥时,曾“白于官,请于巡抚魏公、巡按姜公”,在获得地方官员许可的情况下,才“捐所积蓄,购石,募工匠”,动工兴建桥梁;②苏州府城西北虎丘山塘的胜安桥,民间在重建此桥时,也同样“白其事于钦差总督河道水部正郎傅公(按:即傅潮),又请于郡伯曹公(按:即曹凤)”,在获得批允后,才“鸠工聚石”,重修桥梁。③

进而言之,明代民建桥梁,除了独立建桥之外,很多民间桥梁的建设,仍然难以摆脱地方官府的控制,甚至形成以下两种民间建桥方式:一是官督民修。如在苏州虎丘山塘,钦差总督河道工部郎中傅潮曾命粮长江仁、老人朱惠等,修建范店桥。④ 二是官、民合建。如苏州府长洲县冶长泾重建普济石桥时,为弘治七年(1494)居民周方等首倡,“募钱于众,得若干贯”,并将所募之钱贮于官府;三年之后,“请钱于官”,却被官府挪用。等到工部郎中傅潮前来督责三吴水利,得知周方等人修建石桥事情的始末,才将募集之钱补给,又出公帑“若干缗”,方将石桥建成。⑤

其二,明代民间建桥之举,不乏独力承建桥梁的例子,且得益于素封好义之人。如苏州府长洲县梅里泾、金泾两座桥梁的建设,义士卢珪就“不求于闾里,不烦于官府,一旦捐数百金为此义举”。⑥ 即使如此,明代民间建桥更多的还是依靠群体的力量。苏州西北虎丘山塘胜安桥的修建,就是典型的例证。在此桥的修建过程中,分工合作极其明显。如耆民周怿、郭鉴劝,里中义士蒋琼、陆荣,均属于建桥的“首倡”之人;又推举寿圣寺住持僧人圆智、里人陆钊为“劝募”之人;至于修桥出资之人,则为朱继登等人。⑦

其三,在明代民间修桥之举中,商人无疑已经成为一股异军突起的力量。如松江府上海县人陆铨,凭借“农耕”与“货殖”而“赀甲一邑”。致富以后,他仍是“循谨自饬,乐行义事”。上海县永兴、保佑二桥“颓敝”,地方官府打算重修,但

---

① 吴宽:《葑门塘改造二桥记》,《吴门补乘》卷3《津梁补》附录,第115—116页。

② 陈宪:《尚义桥记》,《(顺治)溧水县志》卷9《艺文志》,第260—261页。

③ 夏玑:《重建胜安桥记》,《吴门补乘》卷3《津梁补》附录,第116—117页。

④ 夏玑:《重建胜安桥记》,《吴门补乘》卷3《津梁补》附录,第116—117页。

⑤ 杜启:《冶长泾普济石桥记》,《吴门补乘》卷3《津梁补》附录,第117—118页。

⑥ 吴宽:《葑门塘改造二桥记》,《吴门补乘》卷3《津梁补》附录,第115—116页。

⑦ 夏玑:《重建胜安桥记》,载吴门补乘》卷3《津梁补》附录,第116—117页。

因“重费”而使修桥之举搁浅，最后陆铨“独立成之”。① 徽州商人程希彦、洪良辅侨居福建崇安县，并于万历二十八年(1600)，花费银子1000余两，各自为崇安县建成2座桥梁。程希彦所建，命名为“高程桥”；洪良辅所建，命名为“洪济桥”。② 广东东莞商人袁晃，以茶园发家，并在吴、浙、桂林之间行贾。在当地广济桥的建设中，袁晃就是首倡建桥之人，且所捐建桥资金，占乡人的十分之八。③

其四，在明代民间建桥的举动中，妇女的力量不可忽视，她们有时甚至可以独自建桥。福建泰宁县李乔之妻雷玠独力修建迎恩桥，就是典型的例子。据载，泰宁县的迎恩桥，位于邵武、建宁两府的孔道，“或圮于水，或毁于火”，地方官府屡建屡葺，不胜其烦。万历四年(1576)，雷氏孀居，凭借“织纴余财”，再加上变卖奁饰，独立建成了迎恩桥。所建之桥，旁栏、直道、边埠、中墩，“皆以石以垂久”；在桥右，又建观音堂，附祀孔子堂；在桥西，于观音堂前建憩茇亭。④

3. 佛者以心：僧修桥梁

在明代民建桥梁中，有一个现象颇为值得关注，即僧修桥梁日渐增多。这一事实足以说明，僧人不仅以佛法度人，而且还建桥济人。

明人翁万达有言：“先民有言，近世桥梁功利之大且广者，多为浮屠氏有。盖佛以利物为心，而桥梁居八福田之一，岂真有是耶?”⑤可见，在佛教僧人多以“利物”为心，且在佛教观念中，桥梁属于八种“福田”之一。当然，佛僧建桥资金的来源，多依靠外出化缘，亦即所谓的募化。

从明代史料记载中可知，很多僧人参与到地方慈善事业的募捐活动之中。早在明初，松江府西林禅院僧人淳厚，就积极参与地方慈善事业，“建桥梁，利津设，凿井甃路，及众善缘，苟有益于人者，皆乐为之”。⑥ 僧人原勋，宁德人，俗姓

① 李绍翁：《云间人物志》卷3《嘉靖间人物·陆东皋》，《明清上海稀见文献五种》，人民文学出版社2006年版，第165页。

② 何乔远撰，陈节、张家庄点校：《镜山全集》卷50《崇安县四桥记》，下册，福建人民出版社2015年版，第1317页。

③ 萧与成：《明故恩寿官东溪袁公墓志铭》，《潮州耆旧集》卷3《萧太史铁峰集》，第30—31页。

④ 洪济修，江应昌编：《泰宁县志》卷2《人物志·列女》，厦门大学出版社2007年版，第171页。

⑤ 翁万达：《怀来城通济桥碑》，载黄宗羲编：《明文海》卷70，中华书局1987年版，第638页。

⑥ 释弘道：《西林禅院圆应塔记碑》，载柴志光、潘明权主编：《上海佛教碑刻文献集》，上海古籍出版社2004年版，第105页。

李。早年从凤山僧人清溪,元末住持凤山。洪武初年,原勋“造桥建寺,开渠置田,有功梵刹”。① 福建惠安县的辋川,居住着数百户人家,又属于交通要道,因有一水之隔,只好用舟船摆渡。每当遇到风暴水涨,常常有覆溺之虞。为此,成化十九年(1483),知县张桓有心建造一桥,以方便大众。鉴于修桥经费颇多,需要1000两银子,无奈只好募捐。在这慈善募捐活动中,除了地方上的耆老之外,尚有僧人福旺参与。② 怀来城中,原本有一座通济石桥,永乐年间颓圮。明武宗北巡时,曾命太监花费10000两银子重新修建,但不久又被大水冲坏。嘉靖二十四年(1545),僧人慧灯首倡重建此桥,一则感动太监捐助俸金,二则募集在边的富人出粟为佐,多方募集建桥资金,于嘉靖二十七年将通济桥重新建成。③ 宜兴县陈渡桥,当宜兴、金坛两县的孔道,原先建有石桥,颓圮之后,改为木桥,但还是屡作屡坏。至嘉靖年间,僧人德山慨然以重建石桥为己任,并被乡人推举为募主,主持募集重建石桥的资金。尤其是德山,甚至派遣其徒,“募钱于四方”,最后得以建成此桥。④ 湖广竟陵县的丘家桥,则完全由僧人募捐而成,且重修过程极其复杂。据钟惺记载,天启二年(1622),参与修桥资金募集之事的僧人,分别有复初、恒明。尤其是僧人复初,为了募集修桥资金,不仅让士大夫写了募疏,而且亲自外出募化,“系锒铛数丈于颈,击柝号通衢者三年,颈铁砾街有声,石皆刓,颈创虫出”,甚至“烧其二指”。⑤

明代僧人参与地方建桥活动,显然取得了不俗的成效。即以吴江县平望镇为例,僧人参与修建、重建的桥梁,就有4座,分别为长老桥、安民桥、积善桥、望仙桥。(参见附表45)

(二)道路修筑

明代的道路修筑,大抵分为以下两类:一类是官方的道路修筑,另一类是民间的道路修筑。

1. 官修道路与官道

在明代,官道建设及其维护的目的众多,或为便于官员赴任与朝觐,或为便

① 何乔远编撰:《闽书》卷136《方外志》,第5册,福建人民出版社1995年版,第4100页。

② 蔡清:《虚斋集》卷4《辋川桥记》,上海古籍出版社1991年版,第883页。

③ 翁万达:《怀来城通济桥碑》,《明经世文编》卷225,第3册,第2369页。

④ 唐顺之著,常州市唐荆川研究会编:《唐荆川诗文集》卷12《建陈渡桥记》,第343页。

⑤ 钟惺著,李先耕、崔重庆标校:《隐秀轩集》卷29《募造丘家桥缘起疏》,上海古籍出版社2017年版,第584—586页。

于士子参加乡试、会试等科考，或为便于商人外出经商，或为便于公文的上传下达，或为便于军事行动，或为便于与周边少数民族地区的交往，但从其根本目的而言，显然是为了将朝廷的控制力量辐射到基层与周边少数民族地区。

自明初洪武年间始，直至明朝末年，官方一直投入资金，建设与维修官道。如洪武五年(1372)，鉴于自碉门至长河西口，道路较为险隘，以致行人往来跋涉艰难，甚至导致"市马数少"，明太祖朱元璋下谕给左都督徐增寿，檄地方有司对道路加以开拓，"以便往来"。洪武十五年五月，朱元璋又下谕旨给东川乌撒、乌蒙、芒部各部的部长，要求他们设置邮传，直通云南，并率领当地土著之人，根据疆界的远近，开筑道路，且必须达到阔10丈的标准，60里设置一个驿站。可见，在西南地区也开始建设完整的驿路系统。官道的形成，并非仅仅限于陆路，理应包括水路。明代的驿站设置，本身就包括陆驿与水驿。洪武二十二年，永宁宣慰司上疏，称所辖之地水道有190个滩，其中80个滩因为梗塞，而使水道不便。为此，朱元璋下诏，命曹震前往"疏凿治之"。曹震到了泸州，经巡视之后，发现有一条支河可以通永宁，于是凿石削崖，使河道深度与广度可以通漕运。此外，又开辟道路，建设驿舍邮亭，驾桥立栈。从茂州始，分为两条官道驿路：一条至松潘，另一条至贵州，直达保宁，进而通达陕西。官道开辟之后，"往来便之"。洪武二十五年，朱元璋命普定侯陈桓前往陕西，修建连云栈，直通四川；又命都督王成前往贵州，"平险阻，治沟涧，架桥梁"，以使道路通达无阻。洪武二十九年，朱元璋下令，修建峨眉至越嶲的道路，并在此年得以完工。

永乐以后，官方陆续对各地的道路加以开辟、修建与维护。如永乐七年(1409)，明成祖下令，差遣官员10名，往来巡察从海子桥至西湖一路的水道。宣德三年(1428)十一月，明宣宗下令，修建南海子周垣的桥与道路。宣德七年五月，陕西参政杨善上疏，称陕西西安等府、州，每年需要运输粮饷前往甘州、凉州、山丹、永昌各卫，都必须经过平凉府隆德县六盘山的蝎蜥岭。此地山涧陡绝，人力艰难。而开城县原有的道路，经迭烈孙黄河，平坦径直，可以直抵甘州等卫，并且近了500余里。洪武年间，官方置有渡船，平凉府拨军造船济渡，"人以为便"，但随后废弃。为此，杨善请求"如旧开通，以利民"。明宣宗允准杨善之请，再次开辟平凉府开城县的迭烈孙道路。正统四年(1439)，明英宗下令各地府、州、县提调官，必须时常巡视辖区内的桥梁、道路，"随时修理"。成化初年，明朝廷在河套地区用兵，并派遣户部侍郎陈俊赴河南、山西、陕西筹集军饷。陈俊上疏，称榆林道路颇为险远，导致转输粮饷艰难。于是，请求修建西安、韩城、同官的"径道"，以便于"飞挽"粮饷。可见，这是在正常的官道之外，进而修建方便运输的便道。成化十二年,余子俊出任陕西巡抚之后,开通南山路,直抵汉中,“以便行旅”。成化十五年,经臣下奏定,进一步完善官方的道路管理体制。当时规定,在工部虞衡司添设员外郎一员,专门负责巡视京城的街道、沟渠。嘉靖年间,徐九思出任句容知县。句容县东、西通衢70里,常常“尘土积三尺,雨雪泥没”,行人颇为不便。为此,徐九思节省“公费”,对东、西两条官道加以维修,并“甃以石”。土路变为石路之后,“行旅便之”。①

若是细加勾稽,明代地方官员均有建设地方官道之举,使行旅更为方便。下面依次分述之。

其一,江南的塘路与桥路修建、维修。在江南水乡地区,官道与河道水网颇有关系,由此形成了独特的塘路与桥路。

所谓塘路,既是水利设施方面的塘。塘一旦建成后,上面即可行人,由此形成塘路。就塘路而言,可以苏州府吴江县平望镇的塘路为例加以说明。据史料记载,平望镇一带的塘路,分为西塘、南塘、北塘。西塘,即荻塘,因此塘筑于于頔,故又称頔塘。崇祯八年(1635),巡抚都御史张国维与巡按御史王一鄂下令吴江知县章日炌,在进行综合的勘核之后,修筑内外塘760丈。南塘,即土塘,由唐元和五年(810)苏州刺史王仲舒始筑。至明正统十年(1445),巡抚周忱建议修筑石塘,并将原先的30里土塘,“间亦以石固之”。这次塘路修筑,费用全出于官,只是“日役千夫而已”。成化二年(1466),苏州知府邢宥再次修筑塘路,但用人不当,导致“水道多废,不能如旧日之固矣”。北塘,即官塘,由唐人王仲舒修筑。明万历元年(1573),将平望镇官塘运河挑深8尺。万历三十年,知县刘时俊重新修筑石塘,自秀水县界始,至长洲县界止,塘路共计长达80里(一说83里)。其中10里,均为土塘,因为坚固,而没有修筑石塘;其中9里石塘,因为年久崩坏,只是“量行扶砌”。除了这19里之外,实际修筑的塘路达61里,长12000丈,均用巨石修筑。知县刘时俊修筑的塘路,总共花费银子2700余两,经费来源,多为地方官民的捐助。②

桥路可以溧水县为例。根据记载,早在明初时,因溧水属于畿内之地,所以拆去其城。城墙拆去之后,隍濠(即护城河)却斜梗县学前东南两面。成化四年(1468),县学教谕韩和恢复被民侵占的官地,将其改为道路。路从县学门右向

① 龙文彬:《明会要》卷75《方域》5《道路》,下册,第1454—1456页;黄光昇:《昭代典则》卷11、14,第279、280、409页。

② 翁广志:《平望志》卷2、5《塘路》《祠庙》,《平望志(三种)》,第35—37、89—90页。

南，沿着护城河的南面而行。至成化十四年，府丞白昂又将道路改建，自棂星门左向南，沿着护城河的北面而行。因为工费浩大，两次道路改建，均未将护城河填平。弘治元年（1488），张熊出任溧水知县，才命工“掘隍填濠”，拟开午来河之水“以纳其流”，甚至已经购买居民房屋地基若干亩。工未完成，张熊因丁忧离任。弘治二年，府丞冀绮慨然以此自任，还足百姓房屋地基之价，雇用民夫填平护城河，改作大路，路东西横 50 余步，南北直 200 余步，并买砖、石铺砌中街 60 余丈。弘治四年，曹玉出任溧水知县，见县学前地方一经暴雨连绵，水就弥漫，甚至平田、民居、学舍也常遭浸淹之害；又见县学虽设有泮池，但无石甃的桥梁，且桥梁常遭水冲崩塌，与街路颇不相称，于是募工筑堤，“以遏东流”。此外，“石甃泮池”，周围达 50 余丈，高 1 丈余，中间架设石桥三洞，长 7 丈 4 尺，广 1 丈 6 尺，桥上建有扶栏。泮池的东西角，再架设小石桥各一洞，也设置扶栏。在街路两旁，种植松树、柏树。横跨中街，竖立三座牌坊。所有工程经始于弘治四年之秋，至弘治六年之夏竣工。①

其二，广东、福建的道路建设。以广东为例，万历年间有新开岭路之举。广东海丰县杨桃岭，原先就有道路，可以下达惠州、广州，上至潮州、漳州，是海丰县的一条交通要道。岭路开凿于汉代，在孙吴时期已经堵塞，至晋明帝时重新开通。自六朝至唐、宋，岭路被大盗“据为坚窟”。明景泰年间，运司砌驿路，大蹊亭的基础犹存。蹊与岭相连，但还时“递通递塞”。至正德年间，海丰知县杨继荣，开始“甃杨桃”，即砌杨桃岭的岭路。嘉靖末年，因为“盗起”，岭路再次堵塞，行人只好从间道出行，由新岭、鹿坑、南山，抵观音堂、绝江，等到日暮，“苦亡舟楫”；露宿野次，又“盗遇而收之，如委饥虎”，行旅颇为不便。至

万历年间，因为群盗平定，海丰百姓才再次行走于岭路，但岭南相当艰险，不便行走。万历十年（1582），黄时雨出任惠州知府，“下令除道”，海丰父老以杨桃岭岭路“道梗”之状相告，黄时雨捐出“锾金”，下令重修岭路。其后，陈汝凤出任海丰知县，新开杨桃岭岭路，“批岩突砥，逆折伐石筑土，程日核工，盘纡二十余里，列树置亭，五达六达，比于康庄”。②

福建侯官、福清一路上的官道，亦即改建阳岐江（一作杨崎江）旧路，重新修筑于万历年间。据叶向高的记载可知，福建省城之南，有江达于海，其水自上流四府千余里而来，均汇于此，加上两山束之，故名为峡江。峡江怒涛激浪，急流漩

① 潘野：《重修儒学桥路记》，《（顺治）溧水县志》卷 9《艺文志》，第 257—258 页。

② 郭子章：《海丰县新开杨桃岭路记》，《明经世文编》卷 420，第 6 册，第 4579 页。

涡，其险可与瞿塘峡相比。自峡而上，大概 20 里，是阳岐江，“水势纡缓，一苇可航”。在元代以前，行者均从此渡江，堪称坦途。其后，因为“兵乱蓁芜，间逢虎暴”，行者又改由峡江渡江，路虽稍平，但一旦遇到风波，则行者葬身鱼腹。如隆庆、万历年间乡试，福建很多生儒为了参加考试，溺死之人“以千百计”，以致“行旅病之”，拟仍旧恢复旧路。但因人情因循，惮于改作，最后屡议屡寝。至万历年间，陆梦祖出任福建巡按御史，才重新改建官道，将渡口移至阳岐江。在江南，“剪棘甃石，夷高堙下”，开辟官道 50 余里，建造桥梁 2 座、公馆 2 座、铺舍 6 个、亭子 1 座、“徼庐”10 间，并增设渡船 8 条。修建官道之费，共计银 1700 两余，均取自“没入之赀”，以及巡抚、巡按两台的“赎锾”，做到“官不损帑，民不与闻”。此次改建官道，经始于万历三十九年（1611）季秋，于万历四十年季春竣工。阳岐江官道修建完成后，从道里路程计算，比从峡江走的官道减少了十分之二的里程。从福清县至莆田，或者从泉州、漳州往来于阳岐江，“江行如陆，陆行如市”。此外，陆梦祖通过博访众人，获知若是“取渡萧家道，缘吴山，径达台江”，则尤为径便，只是“惟沙洲稍隔”，则“浮桥滉柱之法可行”，于是重新“除道建馆”，建成了另外一条官道，与阳岐江的官路并存，“以待人之自趋”，亦即两条官道，任由行者自己选择。①

其三，北方的道路建设。这可以河东运司一线道路为例。据史料记载，河东运司之盐行于四方，公私均从中得以获利。河东运司东南 20 里，有地名青石槽，道狭而险，长达 7 里，即使徒步或背负东西行走，也极其艰难。自青石槽之南，前往陕州，中间分别为张店、茅津，计有 60 里路程。在这段路程中，中间有土坡，高 20 丈，沟深 10 丈，两崖对立，中间狭隘。正德八年（1513）秋，一位姓张的御史重新修筑河东运司一线的道路。为此，专门从河津、稷山征发工匠 130 人，从芮城、安邑征发民夫 600 人，凿去石槽，深 1 丈余，阔 2 丈。石槽一旦坦平，行旅之人，无不悦之。不久，又征发平陆民夫 700 余人，整治张店、茅津，“弘隘刊峻”。经一月之后，张店、茅津之路也趋于平坦。道路修筑之后，“佣者杀其直，负者余其力，马行可行，车可并两驰”，显然给行旅带来极大的便利。②

其四，湖广、四川的道路修筑。以湖广江夏的官方驿路为例，早在洪武元年（1368），官方就开始修治汉唐以来的古路，大致是从将台驿始，至旧馆驿止，长

① 叶向高：《阳岐江改复旧路记》，《明经世文编》卷 461，第 6 册，第 5067—5068 页；何乔远编撰：《闽书》卷 3《方域志》，第 1 册，第 74—75 页。

② 崔铣：《张御史治路记》，《明经世文编》卷 153，第 2 册，第 1535 页。

60里。古时留下的驿路,宽2丈2尺,“不与民田相侵”,亦即官方驿路并未影响到附近的民田。只是这条驿路较长,“铺役苦之”,驿递铺役夫的负担颇重。至永乐二年(1404),在驿路往西1里余的地方,又添设铺司孟井铺、杨桥铺两处铺司,盖造官舍,备足器械,储存薪米,以备一时的缓急。每铺添设马5匹,添设役夫2名。铺司由一位总管、小旗负责管理,“司理夫马草料,稽察往来,修治道路,勿敢损伤缺陷”。成化四年(1468),在东湖驿设置驿丞,驿丞管理的驿路名义上是60里,实则超过70里。于是,在驿站之南,又增设“材官”,分理马政,并“接济往来饥渴”。从东湖驿出发的驿路,至泉田铺,为10里;至太平桥,为8里;至凌港,为5里;至板桥,为15里,共计100余里。万历四十年(1612),江夏大水,巡抚徐兆魁将驿路改置于纸坊驿,江夏知县徐日久又对驿路加以平治。在平治驿路过程中,凡是驿路影响到民田,徐日久就捐银1000两,另买土地与民间百姓置换,“民甚便之”。驿路移置之后,比原先的古路缩短了十分之三的里程,不但有利于民间百姓,而且有利于官府,堪称“官民两利”。当时重新定下条例,即对官方的驿路,必须三年加以修整。①

四川的道路建设,可以骆日升出任四川地方官员时为例。天启初年,骆日升任四川按察司副使时,曾致力于四川的官路修筑。他亲自倡率,下令“凿石砌路”,修筑自宜宾至富顺的官路,长达13000余丈,并完成5000余丈。②

毫无疑问,明代的官路修筑是一项系统的工程,其中牵涉到各方利益,随之形成各种博弈。这种利益博弈主要体现在以下三个方面。

一是跨省之间的道路,关乎各省自己的本位利益。以明代进入云南的道路为例,通常有以下三条官道:第一条是北路,分别为自四川的马湖府至云南府属的嵩明州,自四川建昌行都司的会川卫,至云南的武定府;第二条是南路,分别为自广西的田州府至云南的广南府,再由广南府至广西府;第三条是中路,分别为自湖广的常德府入贵州的镇远府,最后到达云南的曲靖府。至万历年间,通行的官道实则只有中路,其中南路、北路,久已成为荆榛,官员与差役不再行走。只因建昌属于云南巡抚管辖,所以尚有一些商人,走从四川建昌行都司的会川卫至于云南的武定府这一条的捷径,但也不过“千百之一耳”。万历三十五年(1607)会试之后,云南举人杨提等人上疏,请求开辟牂牁故道,即由云南省城直抵广西的田州府,由富川进入三江口,便可从长江直抵南京,也可以由陆路直达常德府。

① 熊廷弼撰,李红权点校:《熊廷弼集》卷23《杂文·路引》,下册,第1033—1034页。

② 骆日升著,郑焕章点校:《骆台晋先生文集》卷7《与门生给谏陈通庵书》,第125页。

这条官路的里程，比起走贵州的官路，无疑可以缩短将近3000余里。这一奏疏到了兵部以后，虽然得到兵部的首肯，但还是认为开辟新的官路，事情关乎三省，加上新的官路开辟之后，原先的官路仍然不废，那么每年贵州所需的协济银，云南必然加以推辞。至于裁撤永昌的兵饷，或者斟酌钱粮的加派诸问题，又属边务民情，兵部未敢擅拟。为此，明神宗下旨，要求当地的巡抚、巡按会议定夺，但最终并无实施。后云南土酋阿克称兵占据武定府，甚至焚劫省会，云南大为震动，直至崇祯元年（1628）尚未平定。当时工科给事中王元翰建议，称云南离京城万里之遥，往来仅有贵州这一条官道。云南西部有金沙江，可乘船直达四川的马湖；云南西有前往广西一路，从普安至田州，均不过添设数个驿站，途平水稳，即可以直通南京，又可以道出荆州、襄阳。上述两条官路，均宜加以开辟，以增加进入云南的官路。王元翰也是云南人，但疏上之后，同样被“留中”，甚至“庙堂寝阁”。①

二是地方官路修筑，有时又牵涉到地方士大夫的利益，故不乏找出借口加以阻挠。如前述福建由峡江旧的官路改设于阳岐江，反对者与支持者均找出了各自的理由，并与各自的利益有关。如省城士大夫因为一旦官道改道，就会失去渡船、邸舍之利，所以极力反对；支持官路改道之人，则“以大田驿风水事劫持之”，风水云云，显然也是一个极好的借口。在两者相持不下之时，因福清人叶向高正好任内阁大学士，才使改道一事得以完成。②

三是官道的修筑，势必会侵占民田、民地，这又与士庶的利益相关。像前述江夏知县徐日久那样，以自己的捐金另外购买土地，以与民田、民地置换，这样的做法固然不会侵害百姓利益，并得“民甚便之”之誉，但当修路只是侵占百姓利益之时，势必会引发百姓的抗争。

2. 民修道路

在明代，民间修路属于一种慈善事业。于是，一些慈善组织，就将修桥铺路作为所行善事的内容之一。如河南虞城的“同善会”，由原本怡老的“同乐会”改名而成。此会以每月的十五日作为聚会的日期。在聚会期间，会员每人捐助银2分，作为会金。若是会金有所积余，那么就将积余的会金行慈善之事。这些慈善之事，既包括社会救济，如帮助贫穷之人的婚事、丧事，周济、扶持贫窭、疾厄之

---

① 沈德符：《万历野获编》卷24《外郡・入滇三路》，中册，第617—618页。

② 叶向高：《阳岐江改复旧路记》，《明经世文编》卷461，编者评语，第6册，第5067页。

人;又致力于“一切道路可修,桥梁可补”之事,亦即地方公共产品的供给。①

除了慈善组织承担修路之外,有些个体的乡绅、义民、义士或商人,也将资金积极投入到地方的道路修筑上。以乡绅为例,如汪元功曾修筑黄山的道路。汪氏是万历进士,历官江西粮道,对黄山的道路建设“最有功”。他曾出资修筑黄山的道路 10 余里,包括黄土岭傍、天都右腋、文殊院南麓、二观岭、登天梯与莲花峰路。② 以义民为例,溧水县山阳乡的“丈者”武钟父子,就曾出资修筑天生桥路。据载,溧水县西出郊关数里,有一条胭脂河,河上有桥 2 座,并跨河上,称为“天生桥”。然桥傍之路,相当崎岖,兼之重冈叠阜,高下峻绝,导致“行者病之”。为此,武钟慨然“欲出资平治之,未就而卒”。其子武濬等,成就父亲之志,修筑道路,从关西抵上方寺,计 20 里路程,“率成大道,而行者无复告艰矣”。③ 以义士为例,苏州义士卢珪所筑葑门塘路就是典型的例证。如苏州葑门塘路,长 6—7 里,居民稠密,尤以上塘为甚。塘以土筑,土一旦山崩,再加上雨天,行走更为泥泞,导致“行者不便”。为此,卢珪捐出己资,将土塘路“甃以石”,亦即改为石塘路,且“其费亦不少也”。④ 以商人为例,歙县商人鲍越也曾修筑淮安府新城以北的道路。史载淮安府新城迤北,抵安东,多为黄河、淮河流经之处,每年苦于淹漫。万历九年(1581),鲍越“捐资填路,建亭造桥,树柳穿井”,使“行路之人称便”。府、县官员鉴于他的义行,将他旌表为“义官”。⑤

五、兴修水利

水利与水害,犹如一个钱币的两面。以东南地区吴越为例,既是泽国,又是“天下之肥”。就自然环境而言,三吴、吴越无不与水有关。如浙江一省,其水有海、有江、有湖。江之大者,为浙江;湖之大者,为具区、鉴湖。濒海有六州,濒江有三州,濒湖有二府。海、江、湖三者,“皆能为大利大害者也”。⑥ 由此可见,水

① 杨东明:《山居功课》卷 1《世务篇·同善会条约》,《北方王门集》,下册,第 810—811 页。

② 许承尧撰,李明回、彭超等校点:《歙事闲谭》卷 13《汪苍衡辟黄山路》,上册,黄山书社 2014 年版,第 428 页。

③ 黄志达:《重修天生桥路记》,《(顺治)溧水县志》卷 9《艺文志》,第 263 页。

④ 吴宽:《葑门塘改造二桥记》,《吴门补乘》卷 3《津梁补》附录,第 116 页。

⑤ 曹于汴撰,李蹊点校:《仰节堂集》卷 4《淮北堤工记》,第 71 页。

⑥ 陶望龄:《歇庵集》卷 5《贺霞城吴公荣擢大廉访序》,《陶望龄全集》,上册,第 267 页。

有利有害,实则系乎对水的认知态度及其管理。以三吴为例,若是对太湖之水善加利用,并将其“储而为溉者”,就会造成“肥饶之土”,这是水利;反之,若是法废不讲,对水不善加利用,则会变成水害。①

水利设施,既可以有助于灌溉,又可以防治灾害的发生,甚至还有利于交通运输。它既是一种公共产品,其整治与兴修自然需要国家与地方资金的大量投入。一旦官方水利建设制度趋于败坏,自然会使地方与民间力量,出于地方利益的考虑,将更多的资金投入到水利建设事业之中。

(一)官方水利管理体系

在传统中国的农业社会中,耕稼是衣食之源,民生之所资,但天时则有旱涝,所以不得不有所防备。随之而来者,则是水利设施的兴修,亦即因川泽之势,引水以溉田。

水利设施关乎国计民生,从制度的设计与具体的管理体系来说,明代官方对水利建设相对较为重视。这主要体现在以下三个方面。

其一,从政策的层面要求地方官员重视各种水利设施的兴修与维护。如洪武二十七年(1394),明太祖朱元璋派遣国子监生与“人材”前往各地,监督并管理百姓“修治水利”。这是朝廷特派人员去督责地方水利的兴修。在《诸司职掌》中,有一项专门关于水利兴修的条例,其中规定,凡是各处闸、坝、陂、池,可以引水灌溉田地,且有利于农民的水利设施,地方官员务必要时常“整理疏浚”。若有河水横流泛滥,并损坏房屋、田地、禾稼,也务必要设法“堤防止遏”。这显然是从制度层面,对地方官员兴修、维护水利设施以及防治水灾等职责加以规范。在洪武二十七年八月,朱元璋再次派遣国子监生与“人材”前往各地府、县,“督修水利”。在敕谕中,朱元璋进一步重申地方官员兴修与维护水利设施的职责。其中规定,凡是各地陂、塘、湖、堰,均可以“潴畜以备旱熯、宣泄,以防霖涝者”,地方官都必须“因其地势修治之”。当然,在兴修水利之时,朱元璋又强调地方官不得“妄兴工役”,掊剋百姓。②

在明代的法律条文中,有关于毁坏水利设施的惩治条例,如《问刑条例》就有“故决”或“盗决”河防的律条。但在实际执行过程中,各地的判决显然轻重不

① 杨循吉:《松筹堂集》卷9《吴中水利议》,《杨循吉集》,第586页。

② 霍韬:《禆治疏》,《明经世文编》卷186,第3册,第1901—1902页;黄光昇:《昭代典则》卷11,第287页。

一。如在河南、山东，若是有人“故决”或“盗决”河防，一概“问发充军”；而在南直隶徐州、邳州一带，则“罪止于徒”。至隆庆五年（1571）十月，总理河道官员潘季驯上疏，请求加重“盗决”河防之罪，要求从今以后，徐州、邳州一带，凡是河流所经之处，有人出于贪水利、避水患的目的，“盗决”或“故决”河防，就一概按照河南、山东之例惩处，即问发充军，并将此增入条例中。潘氏此议上后，发廷臣商议，最后刑部尚书刘自强复奏，建议遵从潘氏之议。①

其二，设置具体负责兴修水利的官员。在明代立国之初，曾一度设置都水营田使一职，并由康茂才出任此职，“修筑堤防，专掌水利”，要求在“春作方兴”之时，多为旱涝不时考虑，分巡各个地方，务必“蓄泄得宜”。与此同时，又诏谕各处地方官员，若是百姓有关于水利的条陈，务必替他们陈奏。②

等到制度建立并已经完备，则兴修水利之事一概归于工部管理。至于在地方上，显然建立了一整套的水利管理制度。主要包括以下两项：一是在府、州、县地方衙门，添设通判、判官、主簿，“专理河防”，或者“专任漕事”。此类官员一般称为“闸坝官”，并由中央工部的都水司郎中管辖。③ 如早在永乐元年（1403）四月，因为溧阳、溧水两县地势低洼，屡次遭受水患，当地百姓上疏，请求在广通镇与固城湖口二处修筑闸坝，“设官掌之”。疏上之后，得到朝廷的批允，于是在溧水县广通镇闸坝，专门设置官员一员，负责地方的水利。④ 二是地方官员有巡视辖区内水利设施的职责。如在福建汀州府清流县，按照旧志的记载，每年的农隙之时，必有县官一人，巡行境内“诸陂”，督责“得利之家”修筑“诸陂”，以备旱涝。⑤

其三，在明代历朝，均有兴修水利之举。如洪武四年（1371），修复广西兴安县马援原先所筑灵渠“三十六陡水，可溉田万顷”；洪武二十七年，明太祖下谕工部修治水利设施，并派遣国子监生与“人材”前往各地督修水利，共计“开塘堰四万九百八十七处”。⑥ 永乐元年（1403），明成祖命夏原吉治理苏州、松江、嘉兴的水患，并疏浚了吴淞江的下流；次年正月，夏原吉再次疏浚白茆塘、刘家河、大黄

---

① 黄光昇：《昭代典则》卷28，第876页。

② 龙文彬：《明会要》卷53《食货》1《水利田》，下册，第993—994页。

③ 《漕河图志序》，载黄训：《皇明名臣经济录》卷18，明嘉靖间刻本；李乐：《续见闻杂记》卷11，上海古籍出版社1986年版，第968—969页。

④ 闵派鲁、林古度纂修，傅章伟、吴大林点校：《（顺治）溧水县志》卷1《邑纪》，第23页。

⑤ 黄仲昭纂：《八闽通志》卷23《食货·水利》，上册，第665页。

⑥ 龙文彬：《明会要》卷53《食货》1《水利田》，下册，第993—994页。

浦，以及苏州、松江“农田大利”；永乐九年，浙江丽水县百姓上疏，称县中有通济渠，可以灌溉田2000余顷，因上游百姓“泄水自利”，导致下游流绝，甚至沙壅渠塞，请求修建堤堰，经工部议复，同意百姓的请求。宣德三年（1428），听从归安知县华嵩之言，明宣宗下令，重新修筑泾阳洪渠堰，并命大臣“起军夫协治”；宣德七年，修眉州、新津的通济堰，使堰水出彭山之后，分为16条水渠，可以灌溉田25000余亩。正统四年（1439），鉴于宁夏镇辖下五渠，沙洲七星、汉伯、石灰三渠久已堰塞，听从宁夏巡抚金濂之言，明英宗下令调用民夫40000人加以疏浚，得以灌溉荒芜之田300余顷；正统十四年，疏浚和州姥镇河、张家沟井，并建闸，灌溉降福等70余圩，以及南京各卫的屯田；同年，范衷出任寿昌知县，兴修水渠346条。景泰四年（1453），明景帝听从云南总兵沐璘之言，要求下流“受利之家”，自己建造石闸，“启闭以时”；景泰五年，明景帝下令，疏浚灵宝县黎园庄渠、通鸿泸涧，灌溉田10000顷。天顺二年（1458），明英宗下令，兴修彭县的万工堰，灌溉田1000余顷；天顺五年，明英宗听从佥事李观之言，疏浚泾阳瓠口郑、白二渠；天顺七年，陕西巡抚项忠疏浚郑、白二渠，灌溉泾阳、醴泉、三原、高陵、临潼五县之田70000余顷。成化十二年（1476），巡按御史许进上疏，称河西15卫的水利，“多夺于势豪”，请求设立专门的官员加以管理，明宪宗下诏，令屯田佥事兼管水利；成化二十年，明宪宗下令，修嘉兴等六府的海田堤岸，并特遣在京的堂官前往“督之”；弘治七年（1494）七月，明孝宗命工部左侍郎徐贯经理苏州、湖州两府的水利。嘉靖二十六年（1547），给事中陈斐请求仿照江南的水田法，开江北的沟洫，“以祛水患、益岁收”，明世宗同意其议。嘉靖三十八年，尚书杨博请求开宣府、大同的荒田水利，获得明世宗的同意。此次宣府、大同的水利兴修，成果丰硕。如朔州兵备副使王之诰，开浚完成阳和卫开山渠；怀隆兵备副使郭邦光，开浚完成保安州鸡鸣、孤山、花园三渠，及隆庆州黑山已渠；宣府南路参将王玉，开浚完成洪州第一渠；万全都司开浚完成镇城利民渠。大约每渠可以灌溉田50—60顷，少亦不下30—40顷。万历四年（1576）七月，明神宗派遣御史督修江、浙水利；万历十三年三月，明神宗任命尚宝司少卿徐贞明督治京畿的水田；万历四十七年，御史左光斗出理屯田，请求北方兴修水利，改旱地为水田，明神宗下诏允行，使北方水利大兴，且北人始知“艺稻”。①

---

① 龙文彬：《明会要》卷53《食货》1《水利田》，下册，第993—1000页；杨博：《杨襄毅公宣大奏疏》卷2《开陈经略宣大事宜疏》，载氏撰，张志江点校：《杨博奏疏集》，上册，上海古籍出版社2018年版，第149—150页；袁炜：《敕修芦沟河堤记》，载沈榜：《宛署杂记》卷20《志遗》1，第241页。

（二）官方的水利治理与设施

明代官方的水利治理，主要集中于黄河与运河。至于各地所建水利设施，则有闸、坝、堤、洪、塘等，种类繁多。

1. 黄河治理

通观黄河水势，自发源于星宿海之后，经昆仑山流入积石，而后东下潼关。黄河水流的来源，既高且远；黄河水流的注入，则迅且怒。在流经途中，分别有泾、渭、汾、沁、伊、洛、瀍、涧等西北各山的水流奔凑，更是助成湍悍汹猛之势。自河南孟津而下，地平土疏，河堤易于崩溃。又加之黄河之水一半带有泥沙，"势缓则停，遇坎则滞，停滞则淤，下淤上涌"，一旦"奔溃四出"，势必造成"湮室庐，隳城郭，侵禾稼"，整个中原地区时常遭受黄河的水患。[①]

明代黄河水患，主要体现在以下两个方面：一是沿河流域遭受黄河泛滥之苦。如黄河原本并未流经河南仪封县，弘治初年，黄河改道，才从仪封经过，堤坝坍塌，岁无虚日，甚至"一村一落，百数十顷，尽入河者"。黄河泛滥的结果，更使"旧日大家，今为贫民；旧称多丁，今尽流亡"。为了开挑减水，平白挖毁百姓田地，数目不下数百余顷，百姓不能安居乐业。[②] 二是黄河一旦决口，泛滥之水侵入运河，则导致运道梗阻。如天顺、弘治年间，张秋坝曾决口，朝廷命大臣兴工修筑，竭尽数年之力，花费银子以"巨万"计，才堵塞住决口。正德末年，涡河等河日渐淤浅，黄河水流之势受到阻塞，于是从河南北界，经由山东曹州、濮州地方，奔赴丰县、沛县飞云桥等处，分为三口，流入运河。其结果，则导致"泛滥瀰漫，茫无畔岸，自徐州至于清河，数百余里一望皆水。田地悉在水中，居民依山栖泊，耕种失业，递年粮草无从办纳，民生困苦之状所不忍见"。更为甚者，运河上的南去北来的官民船只，全无牵挽之路。又嘉靖六年(1527)，沛县迤北湮塞达40余里。黄河水势进入运河，随之使运河淤塞，进而导致运道的梗阻。[③]

当然，若是治理得法，同样可以使黄河水患转而变为水利。这显然可以从以下两个方面观之：一是"黄河有资运河"。黄河之水进入运河，并非一概有害无利，在一定程度上便于通漕。在正常情况下，徐、吕二洪，水浅石恶，最为

---

① 马卿：《预处黄河水患疏》，《明经世文编》卷169，第2册，第1730页。

② 王廷相：《王氏家藏集》卷27《与徐都宪朝仪》，《王廷相集》，第2册，第481页。

③ 费宏撰，吴长庚、费正忠校点：《费宏集》卷6《请差官治河疏》，上海古籍出版社2007年版，第202—203页；马卿：《预处黄河水患疏》，《明经世文编》卷169，第2册，第1730页。

险阨；沽头、谢沟等闸，“蓄闲终日，才一启放”，导致南来的漕船起剥守浅，艰涩为甚。渡过淮河向北，常常需要花费一月时间，才能抵达济宁。渡淮而北，率以一月始抵济宁。自从黄河进入运道以后，“流日渐北，舟日渐利”。漕船渡淮之后，若是顺风，只需五六日，即可抵达济宁。① 二是若是在黄河上兴修水利得当，进而恢复黄河古道，即可变水患为水利，甚至更加便于北方地区的农田灌溉。②

为了解决北方水患，进而改善运道，明代各朝屡有大规模治理黄河之举。如洪武八年（1375）正月，黄河在开封溃决，损坏大黄寺堤100余丈。明太祖下诏给河南参政安然，发民夫3万人堵塞决口。永乐八年（1410）八月，黄河在开封决口，损坏城墙200余丈，遭受水患的百姓达14000余户，淹没田7000余顷。明成祖派遣工部侍郎张信前去视察。当时尚书宋礼、侍郎金纯正好开通会通河。明成祖发民丁10万，命兴安伯徐亨、侍郎蒋廷瓒一起治河，并令宋礼负责河工。经治理，自封丘金龙口引入黄河之水，下鱼台塌场，与汶水相会，再由徐、吕二洪南进入淮河。当时会通河已开，使黄河之水与之相合，运道大通，河南水患稍有停息。景泰三年（1452），黄河在少湾决口，前后治理七年之久，均无效果。廷臣共同推举徐有贞，擢任都察院佥都御史，前去治理黄河。徐有贞到达张秋之后，上置水门、开支河、浚运河三策，得到明景帝的批允。于是，徐有贞大集民夫，“治渠建牐，起张秋以接河沁；河流之旁出不顺者，为九堰障之；更筑大堰，楗以水门，阅五百五十日而工成”。所开之渠，名广济渠；所筑之闸，名通源闸。弘治二年（1489）五月，黄河在开封决口。明孝宗命户部尚书白昂前去治理。白昂发民夫25万人，筑阳武长堤，以防张秋之水；引中牟决口河水，出荥泽；又疏浚古汴河、归德津河，使河流入汴河，再由汴河入睢水，由睢水入泗水，由泗水入淮河，最后流入大海。正德八年（1513）六月，因为黄河河道北徙，至沛县飞云桥入漕河，导致南河道的故道淤塞。河水向北趋单、丰之间，河窄水溢，导致黄河在黄陵岗决口，河水进入贾鲁河，泛溢横流，直抵丰县、沛县。御史林茂达疏请疏浚仪封、考城上流，引河南流，以分其势，然后堵塞决口，修筑故堤。明武宗命工部侍郎崔岩前去修理，但“久之无功”，以侍郎李镗代崔岩继续修理。李镗请筑堤以防黄河北徙。嘉靖二十五年（1546）五月，因为黄河南徙，在野鸡冈决口，由涡河经亳州入淮河，影响漕船运输。明世宗命兵部侍郎王以旂督理河道。王以旂建议疏

① 马卿：《预处黄河水患疏》，《明经世文编》卷169，第2册，第1730页。

② 黄光昇：《昭代典则》卷22，第628页。

浚山东各处泉水进入野鸡冈新开的河道，以济徐、吕二洪。又在沛县以南筑长堤，“聚水如闸河制”，以利漕运。次年春天，河道总理郭持平疏请疏浚孙继口与扈三运口，以及李、景、高诸河，使河水向东，由萧、砀入徐州，以济运道。此年秋天，同意王以旂的建议，在孙继口外，别开一渠，泄水以济徐、吕二洪。经过8个多月的时间，最后完工。隆庆三年（1569）七月，黄河在沛县决口，导致漕船不能行进。隆庆四年九月，又在邳州决口，自睢宁白浪浅至宿迁小河口，淤积180里，运道再次受阻。总理河道侍郎翁大立上疏两策：一是乘故道而就新冲，为权宜之策；二为开泇河以避洪水，为经久之策。后因翁大立耽误漕运而遭削籍，任命朱冲出任总理河道。于是，罢开泇河之议不用，专门在徐州、邳州筑长堤，自徐州至宿迁小河口，长达370里，并修缮丰县、沛县的大黄堤，“正河安流，运道乃通”。万历六年（1578）二月，任命潘季驯总理河漕。季驯上《两河经略疏》，主张导黄河之水，以归于大海，以水治水；进而建议缮治堤防，使黄河不再决口，“水由地中，沙随水出”，以此为导河之策。其后，潘季驯又上治理黄河六事。明神宗下诏，一切照潘季驯所议执行。潘季驯四次治理黄河，时间长达20年，又著《河防一览》，多为治理黄河的经验之谈，“法甚详，言甚辨”。万历二十六年，命工部侍郎刘东星总理河漕。刘东星上任之后，遵从潘季驯疏浚元代贾路故道之议，并加以实施，起曲星铺至三仙台，抵小浮桥；又疏浚漕渠，自徐州、邳州至宿迁。花费5个月的时间，才得以竣工。万历二十七年，刘东星又疏浚邵伯、界首二湖。万历二十八年，刘东星开泇河，南通淮海，引漕甚便。①

在明代，黄河的治理，显然是一项复杂的系统工程。说其复杂，主要体现在以下两个方面：一是总体治理原则的古今不同。换言之，明代治理黄河之法，与古不同：“古也专除其害，今也兼资其利；古也急于为民，今也急于为运；古也导之使北，以顺其就下之性，今也导之使南，以避其横冲之虞。”古今事体不同，则具体的治理之法，亦即“施为之缓急向背”，也就有所差异。② 进而言之，古代治理黄河，目的在于去除黄河的灾害，所以一味追求“纵其性而顺下焉”；明代治理黄河，不仅要去除黄河之害，更要“资河之利”，亦即借助于黄河之水，而达到北方灌溉土地与疏通漕运运道。所以，在明代治河过程中，尤其强调修筑河堤。③有此差异，导致明代治河之法，主要采用疏、浚、筑三种方法。所谓疏，即疏通堵

---

① 龙文彬：《明会要》卷76《方域》6《黄河》，下册，第1474—1484页。

② 马卿：《预处黄河水患疏》，《明经世文编》卷169，第2册，第1730页。

③ 万恭：《为阅分紧要堤工亟行修筑以保运道疏》，《明经世文编》卷351，第5册，第3774页。

塞河道；所谓浚，即浚浅以防淤塞；所谓筑，即筑堤以防溃决。①

2. 运河治理

在明代，南北大运河已经成为"运道"，是沟通南北经济的大动脉。尤其是迁都北京之后，运河更是成为"挽江南之粟"，亦即将江南漕粮运至北京的大通道，甚至"上下咸寄命焉"。运输漕粮的漕船完全依赖于运河，一旦运河受损，导致漕粮不能按期运抵北京，势必导致"举国困惫"。② 由此可见，相较于一县一府之灾，运河的安危更是关乎国家的财政经济命脉。

在明代各朝，尤其关注运河的治理。洪武元年（1368），黄河在曹州决口，影响运道。明太祖朱元璋命大将军徐达开塌场口，引黄河之水入泗水，以便恢复运道的通畅，并将曹州州治徙于安陵。洪武九年，朱元璋下令扬州修筑高邮湖、宝应湖的堤坝60余里，借此"捍风涛"。进入永乐以后，明成祖朱棣更是对运道进行了全面的整治，使南北大运道得以畅通。会通河为元代漕运转输的故道，因岸狭沙浅，元末时废弃不用。至洪武年间，因黄河决口，更使会通河淤积不畅。为此，明成祖命工部尚书宋礼与侍郎金纯前往治理。宋礼置闸38座，"以时蓄泄"，至永乐九年（1411），最终将会通河疏浚完毕。永乐十二年，经平江伯陈瑄的疏请，开凿吕梁、百步二洪，设置吕梁石闸；又在淮安建造五座大坝，其中仁、义二坝在东门外东北，礼、智、信三坝在西门外西北，均从城南引湖水抵坝口。五座大坝外面即为淮河，若是遇到清江口淤塞，漕船从仁、义二坝，官、民、商船从礼、智、信三坝进入淮河。原先漕船抵达淮安之后，必须通过陆运抵达清河，劳费甚巨。陈瑄采纳当地故老之言，在淮安城西管家湖开凿渠20里，形成清江浦，引导湖水进入淮安，并设置四座闸以便宣泄，又筑沿湖10里长堤，引导漕船直达于淮河。至永乐十三年，最后完工。此外，陈瑄又修筑沛县刁阳湖、济宁南旺湖的长堤，开凿泰州白塔河，直通大江，修筑高邮湖的湖堤，在堤内开凿长达40里的渠道，还修筑宝应、汜光、白马各湖的湖堤。自此以后，来自江南的漕船就可以直达北通州，海运、陆运从此废弃。弘治以后，时有整治运道之举。如弘治二年（1489），黄河在张秋决口，冲决会通河。明孝宗下令户部侍郎白昂前往治理。白昂建议在黄河所经七县修筑堤岸，"以卫张秋"。鉴于漕船经过高邮甓社湖时

① 马卿：《预处黄河水患疏》，《明经世文编》卷169，第2册，第1731—1732页；朱衡：《治河疏》，《明经世文编》卷297，第4册，第3123页；万恭：《勘报淮河海口疏》，《明经世文编》卷351，第5册，第3778页。

② 崔铣：《治河总考序》，《明经世文编》卷153，第2册，第1538页。

容易沉溺，白昂又疏请在堤东开凿复河40里，用来通行漕船。复河开凿后，明孝宗赐名“康济”。隆庆二年(1568)，因翁大立的疏请，明穆宗下令在回回墓开道，以达鸿沟，以便将谷亭、湖陵之水引入昭阳湖；又疏浚鸿沟废渠，引昭阳湖水，沿渠东出留城。万历十九年(1591)，因潘季驯的疏请，在宿迁以南，“开缕堤放水”。此外，将高家堰的土堤改为石堤，修筑满家闸与西拦河坝，使汶水、泗水尽流入新河，又在李家口设置减水闸，“以泄沛县积水”。天启三年(1623)，在王家集磨儿庄，“湍溜日甚”，因朱国盛的疏请，改浚一河，以便漕运，最后开凿马家洲，并疏浚马颊河口的淤塞，上接泇流，下避刘口之险。此外，疏浚三汊河流13里，开凿滔庄河100余丈，浚深小河20里，开凿王能庄20里，以通骆马湖口；筑塞张家等沟数十道，使东水归于漕河。所开、所浚之河长57里，命名为“通济新河”，至天启五年四月完工。从此以后，运道转从新河，避免了刘口、磨儿庄诸险之患。①

3. 各种水利设施：闸、堤、塘、渠、洪、陂

在明代，官修水利设施，其名众多，分别有闸、堤、塘、渠、洪、陂等。

以官修之闸为例，如绍兴府内的三江闸，分别由汤绍恩、萧良幹两任知府得以完成，“举三邑之水而节宣之，其为利甚大”，使绍兴一府百姓免于水涝。② 常州府武进县的孟渎河闸，由常州知府莫愚与巡抚工部侍郎周忱重新修筑，经始于宣德八年(1433)九月，完工于宣德八年的冬天，“以通东南漕运，及商贩之舟，且溉傍田数千顷”。③ 宁波府慈溪县的茅洲闸，共计五闸，每闸高1丈，阔若干。上面铺设石梁，“以通行旅之往来”；闸下置木板，“以为蓄泄潮水之备，潮来则启板以纳其入，潮退则下板以止其”。闸修成后，“遇亢旱，三时皆得灌溉之利，而无凶荒之虞”。④

以堤为例，如京畿卢沟河之固安堤，由工部侍郎李庸、内官监少监姜山义、太监阮安、工部尚书吴中等修筑，高1丈3尺，阔相同，长165丈，经始于正统元年(1436)冬，完工于正统二年夏。⑤ 岳州府永济堤，由知府李文明修筑，筑土为堤，长4000丈，广2丈，高7—8尺。经始于成化二十年(1484)十月，至成化二十一

① 龙文彬：《明会要》卷76《方域》6《运河》，下册，第1484—1490页。

② 张元忭撰，钱明编校：《张元忭集》卷7《记·重修三江闸记》，第182—183页。

③ 杨荣：《重建孟渎河闸记》，《明经世文编》卷17，第1册，第133—134页。

④ 陈敬宗：《宁波府重建茅洲闸记》，《明经世文编》卷30，第1册，第217页。

⑤ 杨荣：《固安堤记》，《明经世文编》卷17，第1册，第134—135页。

年完工。永济堤建成后，不仅具有水利功能，亦即“障蔽水患，为田壤计”，而且具有道路功能，亦即“架木梁以通车马，建亭立室以为官属迎候之地”。尤其值得注意的是，永济堤修成之后，还具有市场交易的功能，亦即“筑土架屋，市货咸凑，烟火相接，户累数百”。① 徽州府张公堤，由万历年间徽州知府丈涛所建，长数千尺，堤之左右种植杨树数百余株，“间缀桃李”。堤不仅有防范水患的功能，而且成为一处胜景，亦即“有武陵锦官之胜”。②

以塘为例，如太仓州之湖川塘，延袤 97100 余尺，历朝均有修治。至弘治十三年（1500），始由苏州府通判陈暐、太仓州判官黄谱重新加以浚治。浚治之后，“水道流利，二田野辟，舟楫便，租赋复，上下赖焉”。③ 江南海塘众多，在明代屡加修治。如昆山县北的至和塘，弘治十年（1497），苏州府通判陈暐、昆山知县张鼐曾加以浚治；弘治十一年，在常熟县境内，又开七浦、盐铁、马沙等塘；太仓州北数里的湖川塘，于弘治十四年重新加以浚治，共计 8500 丈。④

以渠为例，如福建延平府顺昌县张公渠，由洪武七年（1374）知县张缙开凿，“官民利之”。⑤ 濮州新开河渠，由成化三年（1467）东昌府同知陈侨开浚，长 70 里，两岸筑堤，广 2 丈，高 1 丈，以与运河相通。渠修成后，“水不为患，农业骤兴，获利者数千家”。⑥ 平陆县的兴文渠，由知县魏学徽所开，经始于万历三十二年（1604）七月，计一月时间完工，灌溉田地 300 余亩。⑦

此外，在明代官修水利设施中，尚有洪、陂。如徐州有二洪，一以州名，即徐州洪；一以山名，即吕梁洪。吕梁洪又分为二，上下相距达 5 里，属于黄河的下流，与济水在徐州相会，而后入于淮河。在明代，吕梁洪属于运河的要道。总漕都御史张瓒、平江伯陈锐，曾加以修缮。关于此，史料有如下记载：“辇块石埴壤叠为长堤百六十有五丈，广五尺，而崇不过五尺，水小则迫之归洪，河用不涸，大则纵之使漫流其上，又于堤西筑坝二十余丈，以杀湍悍，而堤得以不啮。又观于东堤丛石间，民困牵挽，足不能良步，乃畚瓦砾，实其洼隙，外以石甃之，为丈四百二十有奇。又东则甃为长衢，为丈七百九十，而梁于衢上者三，以析牵挽之壅而

① 李东阳：《岳州府新筑永济堤记》，《明经世文编》卷 54，第 1 册，第 424—425 页。

② 许承尧撰，李明回、彭超等校点：《歙事闲谭》卷 1《西干名胜》，上册，第 2 页。

③ 祝允明：《祝子集略》卷 22《重浚湖川塘记》，载氏著，薛维源点校：《祝允明集》，上册，上海古籍出版社 2016 年版，第 380—381 页。

④ 杨循吉：《苏州府纂修识略》卷 2《政事》下《水政》，《杨循吉集》，第 648 页。

⑤ 黄仲昭纂：《八闽通志》卷 23《食货 · 水利》，上册，第 667 页。

⑥ 商辂：《濮州新开河渠记》，《明经世文编》卷 38，第 1 册，第 296—297 页。

⑦ 曹于汴撰，李蹊点校：《仰节堂集》卷 4《平陆县创凿兴文渠碑记》，第 73 页。

行者,因以为利。"[①]至于陂,可以福建南安万石陂为例加以说明。此陂由嘉靖四十四年(1565)南安知县甘宫所筑。筑成后,"辘轳成龙,激水上施,亢炎若雨。一望千顷,秀实离离;涣若横云,错若缀珠"。[②]

(三)官方水利建设制度的败坏

出于保证赋税征收或漕粮北运等目的,明代官方在水利建设方面付出了诸多的努力。但揆诸明代水利史的实际,有两个现象无疑值得引起关注:一是很多水利设施,并非明代新建,而是"皆古之旧",亦即因袭已有的水利设施;二是明代因为管理体制及其他固有的痼疾,导致官方水利建设制度日趋败坏。两者相合,足以证明明代官方在水利建设方面的财政投入相对缺乏。

毫无疑问,水利设施对于农田灌溉与保障百姓生命安全均有莫大的意义。水利治,官民均可获益。以宝应县为例,修渠、建闸,官民获益甚多。修渠之后,民田得以灌溉,多达100余万顷;建闸之后,"时其蓄泄、启闭之节",则"漕寡不运之舟"。总而言之,水利设施给官民带来的益处,正如史料所言:"农鲜不沃之利,仓廪无不积之储,商舶靡不通之货",甚或"居者以嬉,行者以游,负者以息,而耕者、蒭者、茭牧者、树艺者以蕃"。反之,一旦水利不治,自然给官民带来诸多的危害。仍以宝应县为例,正德十二年(1517)夏六月,堤被大水冲决,"水来漂汲,溺其人民,荡覆庐舍数十里,坏官民舟亦数百艘"。正德十四年,宝应县再次发水大水,"岁因以不登"。[③] 不仅北方干旱地区需要兴修水利,即使是在江南,因为有高乡与低乡之别,那些低乡地区同样需要水利灌溉设施。明代的农夫早已明白这样一个道理:"种田先做岸,种地先做沟。"换言之,江南高乡地区麦、豆不收的原因,在于没有沟洫一类的水利设施;低乡稻禾不收的原因,也因为无岸之故。进而言之,若是圩岸高固,即使遭遇大涝,也必得小康;若是沟洫深利,即使遭遇大旱,亦未必会"甚歉"。[④]

从西北宁夏的水利设施可知,即使到了明代,宁夏一地,各种水渠,均属"古之旧"。史料记载证实,明代宁夏共有17条水渠,属于从古代流传下来并在明代继续使用,分别为汉延渠、唐来渠、红花渠、铁渠、良田渠、满答剌渠、新渠、五道

① 李东阳:《重修吕梁洪记》,《明经世文编》卷54,第1册,第427页。

② 傅夏器著,阎海文点校:《傅锦泉先生文集》卷4《修南安万石陂水利记》,第105页。

③ 朱应登:《赠郡倅卢君治水成功序》,《明经世文编》卷123,第2册,第1184—1185页。

④ 顾炎武著,谭其骧、王文楚、朱惠荣等点校:《肇域志》,《浙江》,引金藻:《三江水学议》,第4册,上海古籍出版社2004年版,第2041页。

渠、秦家渠、汉伯渠、蜘蛛渠、石空渠、白渠、枣园渠、中渠、羚羊渠、七星渠。(参见附表46)

究明代水利败坏的原因,大抵有二。

其一,官方失于兴修。按照明代的制度规定,地方水利兴修的职能,通常是由府、州、县正官承担。自明代中期以后,尽管添设了专门负责水利一类的官员,但反而使知府、知州、知县一类的正官不再关注地方水利的兴修,其结果则是"官愈多,弊愈甚矣"。① 以江南为例,即使地方上"水路渐湮",地方官员也并不关心,甚至"不以时奏闻"。② 以河南为例,原先的水利设施相对完备,如河南府有伊、洛二渠,彰德府有高平、万金二渠,怀庆府有广济渠、方口堰,许州有枣祇河渠,南阳府有召公等渠,汝宁府有桃坡等堰。但时日一久,"故渠废堰,在在有之",甚至"岁久堙芜,难于疏导"。更为甚者,有些地方官员一有重修水利之愿,却大多被人视为"迂阔"。③ 即使是水利工程有所兴修,也很多流于以下两大弊端:一是官方兴修水利,不过是徒有虚名而已。以浙西的海塘为例,因为委任、督理不得其人的原因,最终导致"随修随坏",木、石等工料费均被官吏侵盗。其结果,必然出现以下情况:"今岁运石,明岁运石,人无休息;今年修理,明年修理,迄无成功。"④二是官方水利工程的兴修,效率极低。如嘉靖年间,丰县、沛县两地的河工,在二年之内,三易大臣,用人计有30余万,用银计有20余万,但最终还是不见成效。"始也讲之不熟而遽行,继也主之不力而中止,一行一止,糜费孔多。"⑤

其二,豪家为了一己之私,占据水利设施,借此开垦田地牟利。在洪武年间,在县下各乡,通常会开浚陂塘,并对濒江、近河损坏的堤岸及时加以修筑,以防备水旱灾害。其后,水利设施逐渐败坏。至于其中的原因,正如杨士奇所言,有人在原开的陂塘养鱼,有人将陂塘堰塞,成为自己的私田,加以耕种。这种通弊,在南方尤甚。其结果则导致水利设施废弛,"且滨江近河,圩填堤岸,岁久坍塌,一遇水涨,淹没田禾。及闸坝蓄泄水利去处,或有损坏,皆为农患"。⑥ 如在四川,因获都江堰灌溉之利,使得沃野数千万顷。但后因豪家"稍规小利",导致"堰流

---

① 霍韬:《禅治疏》,《明经世文编》卷186,第3册,第1901—1902页。

② 吕光洵:《修水利以保财赋重地疏》,《明经世文编》卷211,第3册,第2206页

③ 徐恪:《地方五事疏》,《明经世文编》卷82,第1册,第725页。

④ 屠勋:《为应制陈言疏》,《明经世文编》卷89,第1册,第802页。

⑤ 李承勋:《论时事疏》,《明经世文编》卷101,第2册,第907页。

⑥ 杨士奇:《论荒政》,《明经世文编》卷15,第1册,第114页。

堤防，水失其故道，蜀人始病于旱”。吴中白茆港，属于三吴之水入海之处，“海潮日至，淤为沃壤”。当地之民，占此为田，甚至“庐其上”，即在上面建房，导致“吴中多水患”。① 福建晋江县的烟浦埭，绵亘永靖、和风、永福、永乐、沙塘、聚仁等六里，县中之田的三分之一，均借此埭灌溉。为此，当地之人推举里中年长且家中富有之人管理水利设施，以时疏筑。但时日一久，也慢慢壅塞。更为甚者，一些富人“因而田之”，最终导致“遇旱暵则苗无所仰给”。② 此外，在一些濒江、濒河地方，因为风浪险恶，通常会种植一些护堤的茭白与芦苇，防治堤岸坍塌。其后，豪右假借护堤为名，在一些河港，种植茭芦蒲苇，占为茭荡、莲荡；或勾引商人，在此“堆贮竹木簰筏”；或希图渔利，“张打拦江网簖，停积泥沙，阻坏水利”；或霸占滩涂，“筑成塍围，因而垦为良田”。更有甚者，“将傍田河港，私筑堰坝，阻截行舟”。如此种种，或导致“水道日隘，水势日缓，为下流之害”；或“只知利己之便，致使邻圩之田，蓄泄无所”。③

水利设施不修乃至败坏，势必影响到民生。以江南为例，水利大坏，潴泄之法，皆失其常。自嘉靖十八年（1539），濒遭水患，其后又遭旱灾，致使原本“素称沃壤之田”，转而变为“荒落不治”，耕稼的百姓因此“困饿流离，无以为命”。④ 如苏州一府，原先借助于完备的水利设施，号称“富壤”，后因水利设施失修，已是“今皆荒废，天地芜秽”。⑤

（四）民间水利建设

一旦地方官员在水利兴修上多有失职，势必导致民间兴修水利之风的盛行。换言之，在明代的水利建设上，民间的力量不可小视。

细究明代民间的水利建设，其中有以下三股力量扮演着最为重要的角色。

一是乡绅，他们是地方社会的领导者，并积极投身于地方水利事业的建设。当地方官员失责，在地方水利建设上乏善可陈时，乡绅随之替代地方官员，进而成为地方水利建设的领导者与积极参与者。这显然可以从下面两个例子中得到

① 王鏊：《送刘世熙任四川佥宪序》，《明经世文编》卷120，第2册，第1153—1154页；王鏊：《震泽先生集》卷10《送刘世熙任四川佥宪序》，《王鏊集》，第188页。

② 黄仲昭纂：《八闽通志》卷22《食货·水利》，上册，第644页。

③ 顾炎武著，谭其骧、王文楚、朱惠荣等点校：《肇域志》，《浙江》，引周鸣：《水利奏》，第4册，第2044页。

④ 吕光洵：《修水利以保财赋重地疏》，《明经世文编》卷211，第3册，第2206页。

⑤ 徐献忠：《答袁郡守论水利》，《明经世文编》卷268，第4册，第2836页。

证实。如万历二十七年(1599),唐家口黄河决堤,分流一支南下,水势猖獗。地方官员担心陵寝受到侵害,就下令虞城县管河主簿王氏“督工堵塞”。历经一年多,并无成功,且所费百姓之钱“不赀”。为此,虞城乡绅亲自前往考察水势与堤坝情况,“又索库贮土囊百余,取居民门板百叶,具轻帚五十束,集小艇五十只”,分头堵塞决口的堤坝,经过两日余的努力,最终成功堵住黄河决口。① 万历二十九年,黄河之水泛涨,水势南趋。河南虞城县之北旧有“缕水堤防”。一日,大水警报数至,称韩家后堤即将溃决,正好冲击县衙。虞城百姓人心惶惶,不知所措。正当此时,虞城的地方官员还是“宴然处堂,不虞害之将至也”。当地乡绅杨东明认为,“士君子”身处乡里,不应与“齐民”相等,而应积极投身于防水抗灾。于是聚集自己庄内的佃户,外加范褶、范炳各家,共得夫役300人,各令自带畚、锸,自携干粮,并派遣能干家丁,一同前往,而杨东明更是“躬亲督率之”。至黄河堤坝,奋力堵漏,防治堤决,“外则采柳索绹,卷扫以防冲刷,内则树桩加土,坚筑以防溃裂”。经过五日五夜的防治,最终“堤功有成,害用以息”。当时蒙墙寺大堤溃决,萧家口大堤再次溃决,导致“商丘、永、夏、颖、亳、淮泗弥漫数百里,泛滥横流”。而虞城县身处平原,又是区区弹丸之地,却避免了大堤溃决与洪水泛滥,“民有升斗之获,赖以全活”,显然与地方乡绅杨东明的督率防治不无关系。②

二是商人,他们是地方公益事务与公共产品供给的主要参与者,对地方水利事业的建设贡献颇多。如松江府上海县人陆铨,依靠“农耕”与“货殖”而“赀甲一邑”。致富以后,他仍是“循谨自饬,乐行义事”。其所行义事有三,其中之一就是参与地方水利的建设。当时上海东乡地势颇高,很难蓄水。他就雇募夫役,疏浚若干里,“引潮汐灌田几万顷,人得其利”。③ 又安徽歙县人江远荫,是里村人,为人多善行。明初之时,村中水利一向未曾经营,导致“旱涝多愆”。为此,汪远荫“输资力筹开浚,舍宇田畴,胥受其利”。④ 徽州歙县商人鲍越同样积极投身地方水利建设,其所建“何公堤”就是典型的例子。史载明代出淮安府新城迤北,一直到安东,均属黄河、淮河所经之地,“岁苦淹漫”。万历十九年(1591),河水更是泛滥,道路“日就圮”。鲍越规劝百姓筑堤捍水,且表示愿意捐输米1000斛“以助工”,但一时并无响应之人,事情随之寝阁。从此以后,室庐田园,多沉

① 杨东明:《山居功课》卷1《世务篇·塞决口记》,《北方王门集》,下册,第819—820页。

② 杨东明:《山居功课》卷1《世务篇·筑堤捍水记》,《北方王门集》,下册,第815页。

③ 李绍翁:《云间人物志》卷3《嘉靖间人物·陆东皋》,《明清上海稀见文献五种》,第165页。

④ 江登云辑,江绍莲续编,康健校注:《橙阳散志》卷3《人物志》1《义行传》,安徽师范大学出版社2018年版,第67页。

没于水,导致“众不聊生,贸贸焉思逃徙矣”。为此,鲍越又向山阳知县何际可禀告,重申筑堤之议,得到何际可的批允,并请鲍越帮助筑堤。这条河堤广 2—5 丈,高 0.5—1 丈,长 13700 余丈。其中鲍越单独完成的河堤,长达 250 丈,资助的资金达银 160 余两。经始于万历二十五年(1597)正月,至次年四月竣工,并被民间称为“何公堤”。河堤建成后,“众乃安处其中,所垦田千余顷,二麦大获,称乐土矣”。①

三是僧道,他们秉持行善积德的宗旨,是地方慈善事业的积极参与者,对明代民间水利建设也多有贡献。以僧人为例,如福建漳州府龙溪县赵埭、西埭这两处水利设施,均为洪熙元年(1425)南山僧人无溢修筑。其中赵埭,蓄积大悲岩坑与金龟漈二水,可以灌溉田 4 顷余;西埭,蓄积大悲岩坑水,造斗门,以时蓄泄,可以灌溉田 10 顷余。② 以道士为例,如福建兴化府莆田县下黄华、严埭上下两个斗门,均为正统五年(1440)万寿宫道士陈玉玄、陈瑞云重修。③

当然,在明代民间兴修的水利设施中,有些并非纯粹由民间力量单独建设,而是多采用官督民修之法。如福建福清县的天宝陂,就是在地方官员的督率下,耆民、坝长参与兴修。据史载,福清西南有天宝陂,水自仙游而来,历清源、善福,达新宁、仁寿二里,可以灌溉田数千顷。此陂始建于宋元符年间,由郎简修筑,故又名“元符陂”。自宋以后,此陂屡圮屡筑。至万历十七年(1589),耆民周大勋遵奉福清知县欧阳氏之命,“甃西陈、石圳堤二百余丈,农民赖之”。万历三十年之后,因为遭受淫雨,此陂“复有颓溃”。福清知县王氏经过广泛征询,获知耆民周大勋之子、坝长周文遴,笃诚勤干,习于水利,就下令让他重新修筑此陂。知县捐俸为资,“役者竞劝”,“石以丈计,土以箕计,畚锸之工以日计,悉虔悉力,莫敢窳惰”。其中最为要害之处,如西陈、沟头滨江海埭,尤所加意。经周文遴的督率,水利设施重加修复,“岁不能灾,五洋二十五墩数万人,咸被其泽”。④

作为地方公共产品的水利设施,理应由地方官府负责建设,且建设经费则由国家财政提供。但值得注意的是,因为地方官府对于水利建设不加负责,虚与应付,再加之地方豪强为了获取一己私利,纷纷争夺水利设施,甚至破坏水利设施,导致明代中期以后,地方水利设施呈现出一种日趋败圮的状态。为此,民间兴修水利的力量随之崛起,进而成为明代水利设施建设的重要力量。为了对水利设

① 曹于汴撰,李蹊点校:《仰节堂集》卷 4《淮北堤工记》,第 71 页。
② 黄仲昭纂:《八闽通志》卷 23《食货·水利》,上册,第 659 页。
③ 黄仲昭纂:《八闽通志》卷 24《食货·水利》,上册。
④ 叶向高:《重修天宝陂记》,《明经世文编》卷 461,编者评语,第 6 册,第 5069 页。

施这一地方公共产品加以深化理解，不妨从以下几个方面重新加以诠释。

其一，水利建设有益于国计民生。如在山西沁州，在原先缺少水利灌溉设施之前，不免“亢圻溢襄，田不赖之”。自嘉靖十五年（1536），知州王良辅加强水利建设，一则“道漳泉，自柯山南至张仙祠，沟断之，横木乘沟，空其中引水，又南至于交口”，直接有利于田地的灌溉，即灌溉田4000亩；二则“道甲水，自溪亭东南至石陀，遂凿石渠，至甲里”，其结果是灌溉田3600亩；三则“道清源，至亦山”，其结果是灌田3000亩。水利灌溉设施的改善，不仅有益于“菽谷”一类传统作物的生产，更使北方地区得以种植水稻，亦即史料所谓的“新田皆种秔”，甚至提高了亩产量，即“亩收二钟有奇”。如此种种，最后必然会提高沁州当地百姓的生活水平，即史料所谓的“釜时蔬，畜鱼鸟，白餐清酤，乐岁介胡考之休，凶岁亦获，可引生”。①

就大堤这种常见的水利设施来说，普遍分布于大江南北。如自郧阳而下，直至黄州，多有大堤，目的在于借助大堤这种屏障，以防范汉水的不时泛滥。在北方黄河流域，大堤尤多，其中最为壮丽者当数开封，纡曲坚壮，制度绝佳。在运河流经之处，更是多有大堤，且有长堤、遥堤、缕堤之别。在浙江嘉兴、湖州一带，则有圩，功能大致与堤相同。② 当然，作为水利设施的堤，其功能也并不仅仅限于防范水患，更可利于灌溉。明人朱国祯云：“堤之功，莫利于下乡之田。”其意是说，像堤一类的水利设施，对于地势低洼之处，则更为有益。以浙江湖州府为例，原先湖边多为芦苇之滩，当地农民因势利导，通过水利设施的兴修，诸如“大者堤，小者塘，界以埂，分为塍”，使芦苇之滩转而变为“沃壤”。在北方的磁州，知州刘徵国通过“从泉下筑堤障之，高丈许，堤高泉与俱高”，而后引水而下，最后达到灌溉10里的功效，使磁州变成“沃土”。李有实任汉中知府时，也是“筑堤亘十里，灌田万顷”。③ 此外，在潮州海阳县，在东津重新修筑沙衙堤之后，不但起到了防范水害的功能，如“工竣之日，而水适至，如冈如阜，屹然长虹”；而且便于灌溉，对于提高农业收成多有裨益，即史料所谓的“秋冬二敛，万宝告成。四都之睹，安流而食”。④

所有水利设施的功能，无非有蓄、泄两大功能。若是仔细相较，蓄更益于泄。

① 崔铣：《沁州水田记》，《明经世文编》卷153，第2册，第1537页。

② 朱国祯撰，王根林校点：《涌幢小品》卷6《大堤》，第114页。

③ 朱国祯撰，王根林校点：《涌幢小品》卷6《堤利》，第114—115页。

④ 林熙春：《海阳县重修东津沙衙堤记》，《潮州耆旧集》卷31《林尚书城南书庄集（三）》，第444页。

就泄而论,不过有益于救涝而已,一旦遇到大旱,则难以救旱;而蓄则不同,既可以救旱,又可以不为涝所害。无论是蓄水,还是泄水,其目的无不是为了“旱涝皆有备也”,[①]亦即得水之利,避水之害。揆诸明代水利史的事实,水利设施的功能并非仅仅限于“水利”二字,有些水利设施建成之后,往往成为合水利、道路、市场于一体的综合设施。明代湖广江夏县的路堤、桥堤,就是最好的例证。就道路功能而言,据史料记载,江夏县的张公渡堤,过高岭北,直至长虹桥堤,均属于所谓的“路堤”。在张公渡桥堤修成之前,江夏县的驿路有两条:一条是“径路”,自县治往南,在长虹而南,经50里为纸坊;再过60里,为山陂驿。此路“中多水淀,一年之间半在风涛”。另一条是“大路”,自县治东将台驿,循山而南,经100里,为东湖驿;再过90里,始达山陂驿。尽管这条大路设置了诸多驿递铺舍,但道迂站远,导致“每官使往来,夫马累死、渴死者甚众”。等到张公渡一带桥堤修成后,将原先的驿站改建于纸坊,在中逵设置新的驿馆,并将铺舍迁至堤畔,转而使桥堤成为兼有道路功能的路堤,即史料所谓的“沿途砌石,俱成街衢。树柳植芦,怀风荫日,行者络绎,昼夜不绝”。就市场功能而言,路堤形成之后,一方面,“茶坊、酒肆次第胪列,僧房、客舍远近相望,市子、贩儿争趋,日中薪米百物交铺道左”;另一方面,“又且他乡异县挈子携妻,担负而来,傍堤而处,三五相依,什伯成聚,日增月集,作我附庸”。由此可见,桥堤、路堤一类的水利设施,转而使其功能发生转化,亦即由原先的“一时鱼鳖之区”,转而化为“康衢奥壤之域”。[②]

其二,水利建设的经费来源问题。水利设施建设,尤其是以黄河、运河为代表的河工,通常工程浩大,所需经费甚多,很难由地方力量独立承担,再加之河工是关乎国计民生的大事,导致河工经费的来源,以国家财政拨付为主。

治理黄河工程费用浩繁。万历年间,潘季驯在主持黄河河工治理时,曾对河工所需各项经费进行过预算与决算。其预算甃石堰工程费,共计需银131034两。河工完成后,最后的决算费用,各项工程支出银497275.7179两,支出米126723.562石,按每石原议折银5钱计算,该折银63361.781两。两项相加,共计支出银560637.49179两。[③] 河工决算费用远远超出预算费用,足证河工费用存在着很大的不确定性,且实际建设费用确实颇为浩繁。河工的具体建设费用,

---

① 徐阶:《与抚院论水利》,《明经世文编》卷245,第3册,第2563页。

② 熊廷弼撰,李红权点校:《熊廷弼集》卷23《杂文·邑南桥堤记》,下册,第1036—1037页。

③ 潘季驯:《科道会勘河工疏》,《明经世文编》卷378,第5册,第4107—4112页。

尚有以下两个统计数字可以作为参互比照：一个是开新河时的工程费用，计开新河 140 里，共费银 40 万两，折合每里的工程费用为银 2850 两；另一个是开泇河时的工程费用预算，计开泇河 260 里，共需银 20 万两，折合每里的工程费用为银 760 两。[①] 即使这一预算经费已经远远低于原先开新河的工程费用，但工程费用之巨，显然并非地方乃至民间财力所能承受。

至于一些地方性的水利工程建设，也大多费用不赀。这可以从下面四个事例观之：一是嘉靖初年疏浚常熟白茆港，所付出的工程费用银多达 20 余万两；[②] 二是海瑞巡抚江南时，开浚白茆河，大约长 5007.7 丈，预算的工程费用银即达 41238.4 两；[③]三是海瑞巡抚江南时，开浚上海县所属的吴淞江，大约长 14337.2 丈，预算的工程费用银即达 76202.29 两；[④]四是隆庆二年（1568）至隆庆三年，为了修建常熟县白茆港口的石闸，其工程建设费用银即达 4141 余两。[⑤]

河工费用如此巨大，而官方日常拨付用于水利设施建设与维护的费用则极其有限。以北京的通惠河河道为例，按照工部《条例》所载，工部都水司拨付挑挖新河的河夫银为 2864.5 两，分为两年支用，折合每年的河夫银为 1432.25 两。但从实际的支取情况来看，则每年的费用支取又低于工部条例所定拨付经费，亦即每年只可支取银 1078.2 两。[⑥]

官方水利建设经费的不足，势必会出现以下两大现象。

一是地方官府为了弥补经费的不足，通常会借助于各种渠道筹集水利建设经费，这就使经费来源趋于多样化。如潮州府澄海县蓬州都北有溪，溪北有金砂等村，共计有田园 5000 亩，溪的东西有堤，但因为缺少“矶障”，导致“屡决害稼”。为了修砌东西矶 10 座，除了知县王全吾“捐金倡义”之外，全部修筑费用均由 5000 亩田园摊派，且遵行“贫者免，喜施者听”的原则。[⑦] 嘉靖八年（1529），潮州府海阳县中离溪的重浚，官方所能支出的经费极其有限，仅有赈济龙溪、上莆、南桂银 37 两，以及本县官员所捐俸银 50 两，其他均无公帑可支。于是，所需数百两银子的经费，只好通过“募十方而成普济”，亦即从当地民人与来往于此

① 李三才：《议开泇河疏》，《明经世文编》卷 421，第 6 册，第 4585 页。
② 严讷：《白茅港新建石闸记》，《明经世文编》卷 279，第 4 册，第 2952 页。
③ 海瑞：《开白茆河疏》，《明经世文编》卷 309，第 4 册，第 3260 页。
④ 海瑞：《开吴淞江疏》，《明经世文编》卷 309，第 4 册，第 3259 页。
⑤ 严讷：《白茅港新建石闸记》，《明经世文编》卷 279，第 4 册，第 2952 页。
⑥ 何士晋撰，江牧校注：《工部厂库须知》卷 9《都水司》，第 265 页。
⑦ 王天性：《邑侯王全吾建桥矶碑记》，《潮州耆旧集》卷 16《王别驾半憨集》，第 213 页。

地的商人捐赀中得以筹集。[①] 湖广江夏、嘉鱼、蒲圻、咸宁四县的长堤修筑,共计160里,外加江夏县的江堤、路堤大约100里,以及后石湖各处的桥堤,官方所能提供的经费为银12000余两,显然远远不足。至于不足的经费,则需要地方自己筹集,亦即捐募设措,包括来自官府、盐商、木商的捐施。此外,江夏县修建保安门外的大闸,所需经费预算为银10000余两,也均来自民间自己筹集。[②] 常熟白茆塘疏浚的经费,虽然来自官方,但并非固定的公帑,而是地方政府的多方筹集,包括下面三项:依法追征宗人府禄粮的逋赋,计银340余两;依法追夺当地之民占据水利设施以后的"租匿不入",计银21000余两;江上练兵的羡银,计取银800余两。[③] 除了民间捐施之银外,官员时常通过捐助俸金作为筹集资金的倡率。如河南怀庆府河内县兴修河渠之时,纪姓知县曾捐助俸金银100两,作为河渠建设的费用。此外,又储备赈济之谷400余石,作为兴修河渠夫役的工食。[④]

二是官方拨付经费的匮乏,势必导致河工成为一种大役,进而增加百姓的额外负担。毋庸讳言,在水利建设过程中,"以工代赈"方法的引入,显然可以解决灾荒时期饥民的生存问题。如海瑞巡抚江南时,无论是开浚上海县的吴淞江,还是开浚常熟县的白茆河,均采用以工代赈之法。换言之,"兴工之中,兼行赈济"。正如海瑞自己所言,这一做法"既有利于目前之饥民,河道开通",又能"有望于今秋之成熟",[⑤]显然是一举两便之事。

当然,这仅仅是问题的一面,另外一面则是官方水利建设工程通常又会成为一种大役。在官方水利建设过程中,无论是修筑长堤,还是浚河修闸,无不需要当地征派民夫。此类承担水利建设的民夫,则又可以分为三种,亦即白夫、徭夫与募夫。所谓白夫,大抵属于"州县借派之夫","未行则有帮贴安家之苦,既行则有道路往返之劳,在役则有支给饭食之费"。所谓徭夫,则又可分为两种:一种是正派之夫,照例每日给工食银1分5厘;另一种是均徭编夫,或者是定编铺、浅、闸、溜之夫,必须自备工食,每隔半个月,官方"给之犒赏"。所谓募夫,亦即官方雇募人夫,雇募贫困之民,或每日给银3分,或每工给银4分,"始量力而分

---

① 林熙春:《重浚中离溪募缘叙》,《潮州耆旧集》卷31《林尚书城南书庄集(三)》,第442—443页。

② 熊廷弼撰,李红权点校:《熊廷弼集》卷23《杂文·堤闸引》《杂文·嘉鱼蒲圻咸宁江夏长堤记》,下册,第1034—1036页。

③ 严讷:《浚白茆港记》,《明经世文编》卷279,第4册,第2953页。

④ 张四维:《怀庆府修建河内县河渠记》,《明经世文编》卷373,第5册,第4047页。

⑤ 海瑞:《开白茆河疏》,《明经世文编》卷309,第4册,第3260页。

工,终计工而受直”。[①]

河工派夫,无疑增加了百姓的负担。这又体现在以下三个方面:一则向地方征派民夫,实则增加了百姓的徭役银支出。以河南的黄河治理为例,每年需要征派“河夫”34600 名,征派“堡夫”2372 名,均每夫征银 3 两。[②] 稍加折算,河南一省每年需要交纳的征派民夫银高达 110916 两。二则百姓应募服役之后,名义上有规定的工食银可得,实际上在具体的支取过程中,往往会大打折扣,终日凿土,所得不到 1 分银子。猾胥为奸,往往“藉口津贴,径充私橐”,最终导致“一人应役,则满室惊惶,屡檄催呼,则群情嚣动”,甚至“破家鬻产,不能胜役”。[③] 三则河工一兴,应役的民夫,因为工作条件很差,最终导致民夫大量死亡。以万历年间黄河治理为例,如在开凿王家口时,河南所出民夫多达 30 万人。其中在河工中死亡的人数,有两个记载:一个记载认为,死亡人数过半,即多于 15 万人;另一种记载认为,死亡人数不下 4—5 万人。江北所出的民夫为 1—2 万,死亡的人数也过半,即多达 0. 5—1 万人。山东所出的民夫为 13 万人,死亡人数较少,仅病故 100 人。[④] 可见,从事水利工程建设的民夫,生命权也很难得到保障。

其三,地方官员的贤否,无疑决定了地方水利建设的成败与兴衰。换言之,当地方官员清廉、能干,实心为民办实事,自然地方水利多有兴修,且见实效;反之,若是地方官员贪腐、庸懦,只是为了一己之私,自然地方水利设施任其衰败,即使有所兴修,也并不见到实效。

在明代水利建设史上,存在着不少治水的能臣。如夏原吉,其治水之功,号称明代第一人。史载夏原吉奉命治理苏州、松江两府的水利,“延询父老,昼夜经营,盛暑不张盖”,甚至“扁舟单车,偏(遍)历避僻”。在松江府,他曾疏浚黄浦江,“道洪水归海”;在苏州府,他又疏浚白茆塘、刘家河,使“水患乃息”。在此期间,被夏原吉信任并重用的治水能人,尚有叶宗行、张宾旸,两人均为松江人,向夏原吉建议疏浚范家浜,引黄浦江水入海,“水患果息”。事后,被夏原吉推荐至朝廷任职。叶宗行出任钱塘知县,人称“钱唐一叶清”;张宾旸任户部员外郎,

---

① 万恭:《为阅分紧要堤工亟行修筑以保运道疏》,《明经世文编》卷 351,第 5 册,第 3774 页;马卿:《河道迁改分流随宜防御疏》,《明经世文编》卷 170,第 2 册,第 1739—1740 页。

② 刘天和:《南派夫疏》,《明经世文编》卷 157,第 2 册,第 1581 页。

③ 汪若霖:《河工孔棘邦本可虞亟拯目前用防意外疏》,《明经世文编》卷 469,第 6 册,第 5149—5150 页;黄克缵著,李梦生点校:《数马集》卷 27《古今疏治黄河全书论》,上册,第 336—337 页。

④ 黄克缵著,李梦生点校:《数马集》卷 35《柬赵准台尚宝》,下册,第 439—440 页。

“为权珰所惮,致仕后专以救贫恤孤为事”。①

若是地方官员贤能,即使是在遇到水利之争时,同样可以处理公正,使水利设施发挥其应有的效能。这可以福建兴化府莆田县为例加以说明。在莆田县文赋里西淙瀑布泉之下,原先设有一处陂,称为“宦陂”。陂之下又分为二渠:其中一渠历石门、由坝头以达下皋,另一渠则径趋西埔。年岁一久,陂废之后,导致“下皋田多而得水反少,西埔田少而得水反多”,水利受益不均。成化十九年(1483),按察司副使刘乔巡行至莆田,下令稽核田之顷数,以此确定“水之分数”。然后伐石为陂,再按其所得分数,“以通水道,使各归其渠”。自此以后,水利得以均平,于是将陂更名为“均惠陂”。② 又如长生港,即延寿陂口中之港,莆田县东厢、延兴、延寿、仁德、孝义诸里之田,大多“仰溉于此水”。起初尊贤里的居民认为儿戏陂地势稍高,水难以引入,于是私自在长生港建斗门,将水流堵塞,使之“专注儿戏陂”。成化十二年,东厢耆民方叔进、林良弼、方汝清、郑璧辉、郑永宁等,将此事上报分巡佥事陈轻。陈轻下令指挥佥事丁远前往,对水的分配加以区划。当时规定,按照田地顷亩之数,而后分配水之分数,亦即长生港应得十分之八、九,而儿戏陂应得十分之一、二。在此基础上,进而形成定议,即“复决长生港,而置闸于其陂。每启一昼夜,泄水以溉诸里田,而复闭一昼夜,蓄水注儿戏陂”。此外,又在长生港、儿戏陂两处,各命里中耆老一人,“司其启闭”,再从他里调取与此利益无关者一人“以总督之”。同年,福宁道对此区划与定议加以按验,并在龙陂庙刻石。③ 这两则分水案例,至少可以说明一个事实,贤能官员可以平息地方水利之争,并使水利发挥更好的效能。

当然,明代地方水利治理的事实并非全是如此。首先,从地方官员的设置来看,并不完全合理。在明代地方,虽然督赋、水利官员并设,但更为重视的是督赋官员。这一官员设置架构,显然忽略了一个基本的道理,即“赋出于田,田资于水利”。进而言之,“水利诚修,则田可不芜,而赋可不亏”。可见,这种架构属于本末倒置。于是,一些有识之人认为,应该裁撤督赋之官,专设官员负责水利。④其次,从明代的官场生态来看,很多热心水利建设的地方官员,不但没有得到重用或升迁,有时反而遭到排挤,甚至因此而身亡。黄清就是典型一例。黄清是江西上饶人,起自吏员,因为清勤而积官出任嘉兴府同知,并加四品服俸。后又因

① 章鸣鹤著,范械士校:《谷水旧闻》,《明清松江稀见文献丛刊》,第1辑,第8—9页。

② 黄仲昭纂:《八闽通志》卷24《食货·水利》,上册,第677页。

③ 黄仲昭纂:《八闽通志》卷24《食货·水利》,上册,第678—679页。

④ 严讷:《白茅港新建石闸记》,《明经世文编》卷279,第4册,第2952页。

筑海塘有功,以运同一职治理高邮、宝应的河堤。黄清在筑宝应土、石二堤时,支取的河工银达4万余两,但他“锱铢磨算,上下皆不得欺冒”,导致上司官员与同僚的嫉恨。所以,在万历七年(1579)六月初二日,当黄清向上司请谒时,上司官“令人密促其板坠下”,黄清落水而亡。[①] 再次,一个好的水利规约的制定,若是没有得到很好的执行,时日一久,自然会沦为一纸空文。福建泉州府晋江县的龟湖《塘规》,就是典型一例。从史料记载可知,龟湖位于晋江县,“濒湖仰水之田,度万余亩”。在宋代,蔡襄任泉州知府时,制定了《塘规》,“惟畜泄之节,淤决之禁,胪列科条”。一至明代,《塘规》废弛,“守陂之夫,虽具而官弗予直,故守者常怠而废事”。[②]

其四,在明代水利设施的建设过程中,以下两种现象的存在,显然影响了水利设施发挥应有的效能:一是水利设施建设通常会牵涉到地域或社会阶层的利益,利益之争,导致水利建设举步维艰;二是一些地方富室、豪家,为了一己之私,或干涉水利设施建设,或侵占水利设施,导致水利设施渐趋败坏。

以前者为例,据嘉靖六年(1527)吴仲的上疏可知,通惠河的开浚,一则便于漕粮运输,二则便于商贾舟楫,三则便于宫廷营建大木的运输,可以由通惠河直达大通桥下。即使有诸多便利,但每当开浚通惠河之时,往往“每至垂成,辄复中止”。究其原因,就是一旦通惠河开浚成功,就会影响到以下两种人的利益:一是权势之人通过陆路车辆运输牟利,二是罔利之人通过牙税牟利。为此,他们就会百般阻挠。[③] 又在漕运的运道上,究竟是借道黄河,还是借道泇河,同样存在着利益之争。据万历三十九年(1611)刘士忠的上疏可知,尽管黄河、泇河相提并论,但相比之下,“黄险泇平,黄远泇近,黄迟泇速”,其中的利害,确乎较若素苍。但从当时的舆论风向来看,却是“訾泇而左袒黄”,甚至造为“讹言”,“流于京都,又浸淫于缙绅”。究其原因,刘士忠也是一语道破,并将其归为以下两大利益之争:一是若漕运借道黄河,自直河而上至夏镇,共计360余里,中间经过邳州、徐州、吕梁等处,“轴轳啣尾,旅店连云,货易商贾,在在闹市”。这不但可以让土著之民获利无穷,也可以令在这些地方做官的人,“用物弘而取精多”。一旦漕运借道泇河,势必“背徐、邳而向藤、峄”,进而失去利益,于是“倡为阻挠之说”。二是由夏镇至宿迁,中间有夹沟、彭城、房村、下邳四个驿站供应。若是

① 朱国祯撰,王根林校点:《涌幢小品》卷11《自称名》,第207—208页。

② 王慎中:《龟河水利颂德碑》,《明经世文编》卷264,第4册,第2793—2794页。

③ 吴仲:《重开通惠河疏》,《明经世文编补遗》卷3,第6册,第5557页。

借道洳河，则只剩属于山东的万家庄一个驿站。对于往来经过的缙绅、使客，"差人催夫，往返动经信宿"。一旦给缙绅、使客带来出行不便，势必使他们也会有"纷纷之议"，进而加以阻挠。[①]

以后者为例，如史载甘肃富豪之家，大多通过贿赂总兵、副将、参将等官，"占夺水利，妨民灌溉"。[②] 在福建漳州府龙溪县，设有一处水利设施，即鸿福埭，"潴鸿山之水，溉田十顷有奇"。此埭原先由法济寺僧人掌管，后来则为"豪右所据"。[③] 在潮州府潮阳县，有一处大堤，由万历元年（1573）潮阳知县黄一龙所建，使"斥卤之区，化为腴田者三万余亩"。在大堤以西，还有几条通渠，"流衍各村，居民赖以滋灌溉"。一些富室豪家，"间有欲专其利"，就上报知县黄一龙，要求将通渠壅遏，但没有得到同意。[④] 此事虽未成，但至少可以说明，地方富室豪家为了一己私利而侵占水利设施，显已成为一种较为普遍的风气。

六、小　结

社会发展的最终目的，是改善和提高全体居民的生活质量。人的生存和发展需要及其现实满足程度，是社会发展的基本出发点。有一个观点必须值得引起重视，即在经济、社会、政治等领域，生活质量正日渐成为教育、医疗以及社会服务的衡量尺度与目标。进而言之，公共产品的供给是否充分完备，同样已经成为衡量生活质量的一个尺度。

以公共安全为例，其中的定义就要求公共安全指标考虑到公共性，即对群众生活造成影响，指标反映的是生活中所受安全损害风险的内容。[⑤] 换言之，良好的安全环境不仅可以免除百姓遭受安全风险，甚至是生活质量的一个重要指标。以公共教育为例，人口质量的提高，是人的全面发展的体现，是社会发展所追求的终极目标和最高原则。[⑥] 经济研究中有一项由来已久的传统，即人们的技能

① 刘士忠：《酌议洳黄便宜疏》，载黄克缵著，李梦生点校：《古今疏治黄河全书》，下册，商务印书馆2019年版，第677页。

② 杨鼎：《会议大同等处事宜》，《明经世文编》卷40，第1册，第318页。

③ 黄仲昭纂：《八闽通志》卷23《食货·水利》，上册，第660页。

④ 林大春：《黄公堤遗爱碑》，《潮州耆旧集》卷20《林提学井丹集（一）》，第270—271页。

⑤ 王太盈：《人类生活质量指标的构建与意义》，《经济研究导刊》2014年第4期，第204页。

⑥ 王太盈：《人类生活质量指标的构建与意义》，《经济研究导刊》2014年第4期，第204页。

和才能是经济生产的重要投入。人的技能与才能，主要通过教育和培训投资而得到提升，这就是所谓的人力资本。有关证据证明，接受更长时间教育或获得较高学历的人更有可能获得更多的幸福感，他们会更积极地参与社会活动，享受更好的医疗条件。虽然现有的研究并不总是能够确定教育与生活质量之间是否存在"因果关系"，但是教育"梯度"的存在（即接受较好教育的人更容易过上好的生活）本身就是值得关注的重要发现。① 由此可见，教育在提高生活质量中扮演着十分重要的作用。所谓民生问题实际上就是生活质量问题，而教育是民生之本。

在明代，官方是地方公共工程建设与供给的主要力量，官方从制度层面赋予地方官员提供地方公共产品尤其是农桑与学校的职能。事实却并非如此。随着时间的推移，地方官员并未将公共产品的供给视为首务，而是更多地将精力放在如何应付上司的考核上，以便使自己在日后的仕途中得以顺利晋升。随之而来者，则是民间力量的崛起，且成为地方公共产品供给的主要力量。

在明代，一座城市的兴起，其中很多公共工程的建设，无不借助于官方的力量。以亳州的营建为例，当亳州从县升级为州之后，无疑需要有一番"作新"，亦即重建一座城市所必须的诸多公共工程。据史料记载，在明初，亳州尚是县，且隶属于河南的归德府。洪武六年（1373），亳州县改隶凤阳府之颍州。至弘治十年（1497），亳州才由县升级为州。升级为州之后，知州王沂就"鸠工聚材，以兴坏起废为任"，对城内的诸多公共工程重新加以修筑。细加概括，重建或加以修缮的公共工程有：（1）学宫建设。翻新大成殿，装饰孔子与诸贤像，新建明伦堂，增辟射圃，修缮黉舍。（2）坛庙建设。在城北建凤阳府厉坛，在城西建凤阳府社稷坛，在城南建风、云、雷、雨坛，又新建城隍庙东西二十四司。（3）公馆建设。鉴于分司之馆已不足以为使节提供服务，在分司之东加建总司，在州治之左建府馆。（4）仓库建设。修建预备仓若干座，包括官厅、公廨各一。（5）州治公廨建设。重新改作州治，包括前堂后寝，左库右厅，东西吏舍；又修建二重楼，"重门固鐍，用戒不虞"。整个城市的建设工程，经始于弘治十年冬，迄弘治十四年才最后落成。其中的建设经费，亦即"用人之力，木石瓦甓之费"，甚至达到"百千万"。② 如此大役，非官方集中财力、人力很难完成。

明代的城市街道，官方同样制定了一整套的管理与维护体制。尤其是北京，

---

① 李冻菊、温明晟：《生活质量的测度研究》，《经济统计学（季刊）》2017 年第 2 期，第 241 页。

② 王鏊：《震泽先生集》卷 16《亳州营建记》，《王鏊集》，第 246—247 页。

作为一座都城，其管理体制则更显完善。按照制度规定，北京城的街道主要由工部虞衡司下的街道厅负责管理与维护。其中的职责，亦即所谓的“见行事宜”，主要包括下面数项：(1)每年查理北京城内外街道、桥梁、沟渠、各城河墙、红门、水关及卢沟堤岸等处，如果遇到有坍坏之处，就动支工部都水司的库银加以修理。此外，城外之河若有淤浅，则加以“挑浚”，也动用都水司的库银，或者借取班军加以挑浚。(2)东安、西安、北安门三座粪厂，以及西公生门北一处粪厂，每年春秋二季搬运土渣。(3)凡是皇墙周围红铺，或各门直房、棋盘街、栅栏及九门牌坊，以及各门的圣旨牌，倘若有损坏，就动支工部营缮司的库银加以修理。其中九门的城楼，在每年霜降后，奉札会同内官监加以打扫，若是遇到损坏，由内官监移文工部营缮司，动支库银加以修补。(4)凡是九门角楼所贮军器，例奉堂札，会同兵部司官加以查点，倘若有损坏，就移文给盔甲厂加以修补，动支工部虞衡司的库银。(5)遇到皇帝郊祀、幸学、谒陵，预先填垫道路，动支兵马司的房号银；至于搭盖浮桥及填垫红石口的道路，则动支工部都水司的库银。(6)凡是京城内外居民，若有侵占官街、填塞官沟及擅折官房者，照例可以按法从事，并行兵马司加以查理。①

在边镇，地方公共工程的建设与维护，官方也设置了一整套的制度。以边镇宁夏为例，中、东、西三路，共计设置城堡 81 座，每一座城堡均有旗军守御；设有 364 座墩台，均有旗军瞭望、守备；设有边墙 700 余里，以及沿山隘口 40 处。这些城堡、墩台、边墙、隘口，每年修理二次。此外，设有汉、唐遗留下来的渠坝，共长 800 里，另有支流大小通水的陡口、渠道 695 处，每年必须挑浚一次。②

明代的地方官员也致力于地方公共工程建设，尤其着意于改善城市居民的住房条件。以广西梧州镇城为例，在嘉靖年间，地方官员曾一度实施一项改善民生的政策，即将竹庐统一改为瓦房。从史料记载可知，梧州因为僻处西鄙，并非通都大邑，所以俗尚简朴，并无高堂华屋之观。整个梧州城内，除了官府、学宫之外，大多是竹庐，仅仅是“蔽风雨”而已。每隔一年，因为遇到旱烈，就会遭遇焚烧，“数百家俄顷而尽”。焚烧尽后，当地居民又“结竹环居如故，以为常岁”。尤其是嘉靖四十四年、四十五年(1565—1566)，城外两次大火，受灾颇为严重。为此，经布政使、按察使上书，督抚兵部右侍郎兼都察院右佥都御史吴自湖下令，“皆易竹庐为瓦屋”。其中规定：若是居民力有不足，官府加以资助；若有人倡

① 何士晋撰，江牧校注：《工部厂库须知》卷 7《街道厅》，第 211—212 页。

② 杨一清：《吏部献纳稿·为边务事》，《杨一清集》，下册，第 750—751 页。

义，愿意率先将竹庐改为瓦屋，官府予以表彰；若有人不遵守法令，拒绝将竹庐改为瓦屋，就加以处罚，甚至“籍其地而墟之”。为了使这项城市房屋改造运动得以顺利实施，官方专门拨付数千人至砖窑，下令中军专门监制砖瓦，烧制砖瓦达“数十巨万”，专门供贫民取用。仅仅花费五个月的时间，梧州镇城内外的民居，均从竹庐改为瓦屋。①

明初所定知府、知州、知县等地方官员，在考满入觐时，主要以农桑、学校两项加以考成。究其原因，这两项考成内容直接关乎地方的民生与人口质量，亦即明太祖朱元璋所称的“农桑，衣食之本；学校，风化之原”。② 当然，这并不是说，府、州、县地方官员可以将征赋、期会、狱讼、簿书之类排斥于自己的职掌之外，而是说地方官员不应将户口、钱粮、簿书、狱讼等视为自己职掌内的“急务”。但随后的事实证明，府、州、县等地方官不再以农桑、学校为“急务”，其结果则使这些关乎民生与人口质量之事，慢慢流于形式。以农桑言之，每年春天，州、县官员不过下一文帖，然后里老回一申文而已，州、县等地方官并无亲自下乡加以考核。以学校言之，廪膳生员是国家的储备人才，但实则各处学校师生缺员甚多，即使并未缺员，地方官员也不再对他们加以训导，使之“作其成器”。社学也属于朝廷教民的急务，但实则无论是镇，还是城郭，社学仅仅置一门牌而已。至于僻处的远村，更是“具其名耳”，亦即“徒具文案以备照刷而已”。③

一旦官员将公共建设视为具文，那么势必影响到地方公共产品的供给质量。这可以从下面三个方面观之：一是官方公共建设工程经费的匮乏。按照明代的制度规定，凡是土木兴作一类的公共产品供给，经费通常均由国家财政负担。换言之，即从工部支取建造或修缮经费。但自明代中期以后，因为“边腹多事”的缘故，导致“公私告匮”，工部不再能承担各地庞大的建设经费。④ 建设经费的匮乏，势必影响到终端的公共产品供给。二是官方负责兴修的公共工程，大多质量很差，很难起到实际的功效，甚至是对国家财政的一种浪费。有一种现象值得引起关注，即只要是工程建设，民间自己兴修的质量，通常会高于官方的公共工程质量。如农夫自己修建院墙，“其基厚，其上途，题畚孔良，筑削孔力，虽遭秋霖之潦，无伤毫末”；反观官府修建城墙，“或破百金，不月而摧”。可见，“自为”与“为人”，目的不同，质量自异。以水利工程为例，一些地方官员所求者，只是任

① 林大春：《梧州镇城改造瓦房碑》，《潮州耆旧集》卷20《林提学井丹集（一）》，第272页。

② 黄光昇：《昭代典则》卷8，第190页。

③ 叶伯巨：《万言书》，《明经世文编》卷8，第1册，第56页。

④ 钟惺著，李先耕、崔重庆标校：《隐秀轩集》卷29《募修大报恩寺观音殿疏》，第583页。

内不会溃决而已，导致“迁代之速，不尽其才；官设之分，不专其任；卷扫河堤，姑且苟完；买逸腾价，非利公家”。如此情状，很难保障水利工程的质量。① 三是城市街道的管理与建设，同样遭遇来自各方力量的阻挠。以北京为例，曾有一位工部郎中，专门管理街道厅，毅然任事，专门特疏请旨，下令若有房舍稍有侵占街巷，就悉行拆毁，结果导致“怨声满耳”。以南京为例，有一位负责南京工部的官员，也曾经挂出榜文，下令清理街道，凡是属于开国之后，新建造的大小房屋，均要求拆除，但结果“施行未竟，而以艰谢事矣”，这一清理措施并未得到真正的实施。②

在公共产品供给上，官方力量不能承担主要的供给，势必导致民间力量的崛起。在明代地方公共工程建设中，大多由“赋长”“义官”参与其事，就是典型的例证。如弘治二年(1489)，苏州府长洲县在疏浚水渠时，曾经选取有才的义官37人，专门负责具体疏浚事务；③弘治九年，吴县洞庭东山重建渡水桥，虽属民间自发工程，但其负责人即为“赋长”(即粮长)吴禬，且自己“费金将百挺而不吝”；④弘治十年，无锡县东、西两仓建设中，有52位“赋长”“愿输其赀”。尤其是西仓工程建设，“董役之士为义官濮淳，凡百受度于侯，号称勤谨以作之”。⑤可见，粮仓的修建，一则其经费出自粮长，而其具体负责工程事务者则为义官。溧水县很多桥梁、学宫、城郭的修建，大多是由当地的义民负责完成。如赵琪，弘治年间曾两次修建蒲塘桥，花费数千两银子；武钟，曾修建三清堰、望湖山2座桥梁；陈譓，曾助修学宫、城郭；刘济，独立完成长乐桥的兴建；袁愉，嘉靖三十七年(1558)“捐基造城”；陈灌，嘉靖三十七年溧水县建造石城时，陈灌捐银300两，造西城楼橹；万历十四年(1586)，徽恩阁败圮，陈灌之子陈景福又捐资重新建成；此外，陈灌之孙陈文懋，也同样捐资修建文庙、塔寺。⑥

在桥梁、道路等公共工程建设上，有一个现象颇为值得引人关注，即宋代桥梁、道路建设胜过明代。以福建惠安县为例，桥梁、道路，大多建于宋代，尤以南渡之后居多。但一至明代，即使国家承平日久，民物殷阜，但桥梁、道路反而大多

---

① 崔铣：《治河总考序》，《明经世文编》卷153，第2册，第1538页。

② 沈德符：《万历野获编》卷19《工部·两京街道》，中册，第487—488页。

③ 杨循吉：《松筹堂集》卷3《长洲义官疏渠题名记》，《杨循吉集》，第469页。

④ 杨循吉：《松筹堂集》卷3《重建渡水桥记》，《杨循吉集》，第472页。

⑤ 杨循吉：《松筹堂集》卷3《无锡县重建西仓记》，《杨循吉集》，第466页。

⑥ 闵派鲁、林古度纂修，傅章伟、吴大林点校：《(顺治)溧水县志》卷7《义士传》，第188—192页。

不修，甚至不及南宋。至于其中的原因，明人张岳通过蠡测，将其归为以下两个：一是宋代对海上贸易不加禁止，当地人通过海上贸易的丰厚利润而容易致富，进而将其捐为修建桥梁、道路的资金；二是宋人多崇侈释氏，在钱财上“无所爱惜”，更愿意将家庭财富捐为桥梁、道路之类公共产品的供给。① 这一推测是否符合史实，虽在可以讨论之列，但至少说明一个局部性的现象，即明代民间力量投入地方公共产品供给的资金及其力度，反而弱于宋代。

① 张岳著，林海权、徐启庭点校：《小山类稿》卷19《惠安县志论·桥梁》，福建人民出版社2003年版，第356页。

第九章　幸福感知

幸福感的来源，在于获得感与安全感得到充分的保障。至于获得感，则在于教育、医疗、养老等社会保障，以及其他公共产品的供给。幸福感最为常见的表现形式，则是一种快乐的感受。乐有两个层面：一是身体之乐，归于肉体的快乐；二是内心之乐，属于精神的快乐。对乐的认知，亦即究竟附和身体之乐，还是追求内心之乐，甚或在乐与忧之间保持一种平衡的心态，诸如此类的不同解读，也就构成一种快乐精神。

在中西不同的文化语境中，对幸福这一概念有着不同的认知。在英语中，幸福感的表达有 happiness，well-being，subjectivewell-being，psychological well-being 等。在现代心理学研究中，使用的是合成词 well-being，反映出西方人对人类存在的思考取向，有幸福、健康、福利之意。韦氏英语辞典 1997 年版对 well -being 的解释是：一种良好的或满意的生存条件；一种健康（health）、幸福（happiness）、兴旺（prosper-ity）的状态。新英汉词典释义为健康、幸福、福利。哲学家倾向用 flourishing，well-being 和 eudaimonia 来表示幸福，包含着“lead the good life”的意蕴，幸福就是过美好生活。

中华“福文化”有很长的历史源流，是中华民族文化的重要组成部分。在传统中华文化语境中，所谓“福”，是指福气、福运，而现在的人们对福的理解是“幸福”。“福”是一切美好事物和谐的集合，同时又是一种现实的存在。此外，在传统中国文化中，另有一个“乐”的概念，大抵与现代的幸福含义颇为接近，其内涵很丰富。乐是个体在心理上一种愉悦舒适满足的心理体验，是主体意识（主要是情感意识）自我完成、自我实现中的自我享受而又超越自我的精神境界。①

① 关于传统中国之“乐”的探讨，可参见张晓明：《中西心理学传统中“乐”的比较研究》，《吉林师范大学学报（人文社会科学版）》2009 年第 1 期。关于中西方幸福观念的梳理，则可参见苗元江：《从幸福感到幸福指数——发展中的幸福感研究》，《南京社会科学》2009 年第 11 期，第 103—104 页。

一、"三乐""四喜""五福"

在传统中国的文化语境中，对于幸福、快乐的认知，主要集中于"三乐""四喜""五福"三个概念及其相关的理解。

"三乐"之说，源出于孟子。《孟子·尽心上》有云："君子有三乐，而王天下不与存焉。父母俱存，兄弟无故，一乐也；仰不愧于天，俯不怍于人，二乐也；得天下英才而教育之，三乐也。"孟子所谓的"三乐"，牵涉到家庭伦理、个人心性与育才三个层面，按照明人李贽的说法，这三项均偏于"内圣"，属于"名教中乐事"，故并未囊括偏于"外王"的"王天下"之事。然即使是在"三乐"之中，诸如"父母俱存，兄弟无故"一类的家庭伦理之乐，亦必须建立自己内心的"不愧""不怍"之上。[①] 至明代，吕柟进而提出"五乐"之说：一是"方正自遂，为国作纪"；二是"履经奉典，为国作士"；三是"廉淑别慝，为国作官"；四是"教行政安，为国作民"；五是"垂勋昭亲，为国作风"。[②] 这无疑是在承继孟子"三乐"遗绪之余，增加了新的一些内涵，但宗旨并无多少改变，仍然聚焦于以下两点：一是"为国"而不为己，二是确立政教的典范。

"四喜"之说，源自民间久已流传的《四喜》诗，其中云："久旱逢甘雨，他乡遇故知，洞房花烛夜，金榜题名时。"[③]细加分析，所谓"久旱逢甘雨"，这是农民之喜，所喜者是收成有望，实则关乎个人、家庭的生计甚或生存。可见，农民的幸福感，有偏于物质生活层面的面相。所谓"他乡遇故知"，这是游子之喜，所喜者是人生不再寂寥，实则关乎人际之间的关系及其情感寄托。所谓"洞房花烛夜"，所喜者是男女性情的愉悦，实则关乎香火的传承，甚至家族的兴旺。所谓"金榜第题名时"，这是士子之喜，所喜者是功名有成，实则关乎显亲扬名，乃至孝道的遂现。清人华广生编《白云遗音》中有"四喜"小曲，足证入清以后，"四喜"之

① 李贽：《四书评》之《孟子》卷7，上海人民出版社1975年版，第278页。

② 吕柟：《泾野子内篇》卷1《云槐精舍语》第2，中华书局1992年版，第10页。

③ 《四喜》诗句，明人所引各种版本，最后一句多作"金榜挂名时"。参见沈德符：《万历野获编》卷26《谐谑·四喜诗》，下册，中华书局2004年版，第670页；谈迁：《枣林杂俎》和集《丛赘·排调》，中华书局2006年版，第644页；朱国祯：《涌幢小品》卷22《四喜添字》，上海古籍出版社2012年版，第452页。

说,转而变成“福”“禄”“寿”“喜”。[①] “四喜”说中增加“福”“禄”“寿”三项内容,大抵可以证明幸福感知的内涵已有扩大之势。

这就牵涉到自古以来的“五福”之说。究“五福”之说,无疑有两大来源。

一是“华封三祝”之说。华封事见于《庄子·天地篇》。尧观于华,华封人祝道:“使圣人寿,使圣人富,使圣人多男子。”关于华封三祝,即俗言所谓的“三多”,亦即“多福、多寿、多男子”,历史上的论者也有两种诠释:第一种是正面的诠释。如明人曹学佺的认为,“华封之祝”已经成为后世“善祝者”惯用的祝愿之语。在这“三多”之中,以“多寿”为先。多寿之道,在于“主啬”,而“啬”即为寿的表征,他如“多福”“多男子”无不依附于“多寿”。[②] 第二种诠释则别出机杼,另有一种反向的理解。如清人梁章钜对“三多”之说有所辨析,认为华封人仅有“多男”之说,至于“使圣人寿,使圣人富”,不可遽强合为“多寿”“多福”。为此,梁氏又引孙志祖《读书脞语》的辨析,认为尧又有“多男子则多惧,富则多事,寿则多辱”,就此以证“三多”并非全是“佳语”。[③] 即使如此,正如费孝通所言,“三多”显已成为了“总结了几千年来传统社会美满生活的纲领”。尤其是“多男”这种理想的幸福追求,更是小农经济的产物,其目的在于通过多育多男以增加劳动力,进而增加家庭收入,改善家庭生活。[④]

二是《尚书》“五福”之说。如《尚书·洪范》云:“五福:一曰寿,二曰富,三曰康宁,四曰攸好德,五曰考终命。”“五福”之说,明人多有诠释,但大多集中于寿、考终命与康宁。如李开先云:“富寿康宁而身无愁苦短折,世之人孰不欲之?然富寿康宁者少,而愁苦短折者不可胜计。”至于其中的原因,他将其归结为天、上、己三者。尤其是寿,李开先更是认为只有本天、本上、本己,方可“归于寿”。[⑤] 朱国祯在论及“五福”时,尤其注重“攸好德”,认为人所欠缺的只有“攸好德”。至于“考终命”一福,有人将其等同于“做仙人”。朱国祯却不以为然,认为“考终即是仙”,不必再去求仙。基于此,他认为,老年人只要以“保啬”为主,即使不一

---

① 华广生编:《白云遗音》卷3《福》《禄》《寿》《喜》,《明清民歌时调集》,下册,上海古籍出版社1999年版,第776—777页。

② 曹学佺:《石仓文稿·寿家舅序》,载氏著:《曹学佺集》,江苏古籍出版社2003年版,第539页。

③ 梁章钜:《浪迹续谈》卷8《三多》,中华书局1997年版,第397页。

④ 费孝通:《中国传统伦理观念与人口问题》,《费孝通选集》,天津人民出版社1988年版,第499—500页。

⑤ 李开先:《闲居集》卷6《贺马南冶七十三寿序》,载氏著:《李开先全集》,上册,文化艺术出版社2004年版,第483页。

定富,但“四福”可以稳取。[1] 陈子龙更是认为“五福”一说,并不能概括“人间之乐”。在这五福中,陈子龙最为看重的是“康宁”,认为康宁“所兼者广,所遘者希也”。[2]

二、贫乐与富乐

幸福、快乐固然需要物质作为基本的保障,但一个人是否幸福、快乐,则并非全由物质所决定。换言之,生活水平可以物质财富的多少加以区分,但生活质量则取决于内心是否快乐的幸福感知。

贫与富的差异,显然已经决定了生活水平的不同。以欢度元宵佳节为例,正如明人王稚登《元宵词》所云:“侯家灯火贫家月,一样元宵两样看。”[3]就世俗之情而言,一样的元宵佳节,却是不一样的欢度方式:侯家灯火辉煌,贫家只能望月。

这就牵涉到如何理解财富(或钱财)与幸福、快乐之间的关系。首先,人对生活品质的追求是无止境的。这就引发了一种“不知足”的精神。正如清人沈谨学诗云:“世人空饥寒,所愿止温饱。温饱苟有余,声华复相挠。一反淳朴风,齐心逐机巧。”[4]细绎诗旨,人当贫穷之时,甚至常常“空饥寒”,其最大的愿望无非是“止温饱”,亦即能吃一顿饱饭;但解决了基本的温饱,且家中兼有余财,则又想追求“声华”,亦即追求更为奢华的生活品质。其结果,则人在无止境的追求中,原本淳朴的古风荡然无存,人心更加趋于机巧。其次,贫富、贵贱与生活质量之间,并未呈一种正比的关系:一方面,贫者、富者或贵者、贱者,各有自己的幸福与快乐,人应该抱有一种知足的人生态度。明人曹于汴有诗句云:“家家日月明,处处川原扩”;又云:“多财多享受,少货少计较”。所言即此。贵者生活的荣耀,在于他们的“崇高”;贱者生活的快乐,在于他们的“清闲”。[5] 进而言之,那

---

① 朱国祯撰,王根林校点:《涌幢小品》卷10《己丑馆选》,第188页。

② 陈子龙:《安雅堂稿》卷6《宋成之先生六秩寿序》,载氏著,王英志辑校:《陈子龙全集》,中册,人民文学出版社2011年版,第1151页。

③ 吴从先著,闫荣霞评注:《小窗自纪》第143则,北方联合出版传媒(集团)股份有限公司、万卷出版公司,2015年版,第233页。

④ 沈谨学:《沈四山人诗录》卷4《有感》,载贝青乔著,马卫中、陈国安点校:《贝青乔集》附录,上海古籍出版社2013年版,第451页。

⑤ 曹于汴撰,李蹊点校:《仰节堂集》卷12《世界吟》,上海古籍出版社2018年版,第199页。

些“服衮冕”的富者、贵者，通常会“贱裋褐”，即鄙视身着“裋褐”的贫者、贱者；那些身着“裋褐”的贫者、贱者，也通常将“衮冕者”视为“羁绁”，即人身并无自由。那些享受“大牢”的富者、贵者，通常会鄙薄“藜藿”，即鄙薄只能吃“藜藿”的贫者、贱者；那些只能吃“藜藿”的贫者、贱者，也将享用“大牢”的富者、贵者视为“蠹爽”。可见，在贫者、富者与贵者、贱者之间，尽管“不能相为”，亦即各不相容，但也各有其志，即各有人生快乐的志向与态度。①

在对待贫富、贵贱与生活品质的关系问题上，明代显然出现了两种不同的态度：一种继承并坚守传统儒家的安贫乐道的人生态度，认为“至乐无所取，至乐无可寻”。他们坚信，“吾道自至富，吾道自不贫”，只要秉持“知足”的态度，即可享受快乐的生活。② 另一种是当“钱”（物质层面的“铜臭”）与“文”（精神层面的“人文”）发生尖锐冲突时，则采取一种平和的中庸态度。自鲁褒作《钱神论》一文后，后世文人相关的篇章甚多，无不是为了解决如何看待“钱”的问题。明人黄凤翔作有《钱文论》一篇，自己化名“崇质先生”，借助“转圜子”与“拘方居士”两人关于钱与文关系的争论，借此提出自己的见解。拘方居士坚守传统之说，重视“文”，亦即所谓的“道统”，信奉安贫乐道。转圜子则从“贾竖”的立场立论，一则认为“钱”也是“文”，此即所谓的“钱文”，并非只有“六籍”（即六经）可以称之为“文”，“六籍之文”与“六铢之文”并非“若苍素异色，燕越岐途”；二则认为人的生活，无论是衣裳、饮食、庐室，无不需要钱作为物质基础。从转圜子与拘方居士对待钱的不同态度，足证“斯文”观念在明代产生了很大的转变。黄凤翔在取名上显然暗含一些特殊的含义。所谓“拘方居士”，尽管恪守儒家传统，但在黄凤翔看来，已是过于拘谨、方正，缺少灵活与变通；所谓“转圜子”，尽管超越儒家传统，但在黄凤翔看来，也是过分灵活与变通，甚至有佚出儒家传统藩篱的风险。而黄凤翔自己化名“崇质先生”，意欲在拘方居士与转圜子之间取得一种平衡。像拘方居士之流，虽然称得上是“介然独立”，甚至“宁使文籍满腹，不为囊箧怔营，让侏儒之一饱，目阿堵而若惊”，但不免过于迂腐；像转圜子之流，则又不免流于“驵侩贾竖”。于是，黄凤翔以“崇质”为最高的生活追求：一方面，坚信“以少为贵”的“文”；另一方面，对物质的追求，仅限于“取给而足”，“毋饰栋宇，毋尚纨绮”，身处贫窭不以为忧，身处贵富不以为喜。③

---

① 侯一麟撰，蔡克骄点校：《龙门集》卷 14《言赠徐山人》，上海社会科学院出版社 2006 年版，第 227 页。

② 曹于汴撰，李蹊点校：《仰节堂集》卷 12《感怀六首》其六，第 197 页。

③ 黄凤翔著，林中和点校：《田亭草》卷 20《钱文论》，商务印书馆 2018 年版，第 402—404 页。

（一）贫者之乐

贫者自有快乐。明太祖朱元璋曾颁发过《圣谕六言》，其中有“各安生理”一句。明末人韩霖对此句的解读，既代表了韩霖的“生理”观，也可以作为贫者之乐的重要佐证。按照韩霖的解读，所谓“各安生理”，主要包括以下六层含义：一是“循理得生，不循理不得生”。这就是说，“读书便是士的生理，耕田便是农的生理，造作器用便是工的生理，买卖经营便是商贾的生理”。只要各自“循理”，亦即安于自己的生理，自然“无不得生”。这当然仅仅限于外面的一层，韩霖更是看到了里面的一层含义，即士、农、工、商，无不想“做大官，营大利”。若是不“为善”，专求“肥家润己”“非分营利”“损人利己”，那么一生忙碌，终究会徒劳无功，倏得倏失，甚至弄巧成拙，破败多端。二是敬天爱人之心，是“各安生理”的“第一妙法”。假若存有“敬天爱人之心”，一意为善，势必“吉祥自至”。换言之，人只要任意习士、农、工、商之业，就不用为“养生之资”发愁；反之，若是以非义之财“养生”，就如用毒药“疗饥”，最后势必毙命。三是不信命。按照常人的说法，“万事不由人计较，一生都是命安排”。换言之，“命运好，不求自至；命运不好，枉费心机”。韩霖不以此说为然。他认为，天心至公，赏罚、祸福至当。同样是人，却有富贵、贫贱的差异，其原因还是因为个人行为的善恶所致。四是有德方有福报。换言之，“人有一分德，即有一分福以报之”。进而言之，“不足是好消息，有余是恶消息”，君子应该秉持“持盈守满之道”。五是常存至公无我之心。按照一般的常理，饥寒则思饱暖，饱暖则思富足；得十思百，得百思千想万；即使到了贵极富溢，还是贪求不已。韩霖认为，只有敬天爱人，不以自私自利为事，才是真正的“长久生理”。六是“知足”。换言之，“若要心安，莫妙于知足”。这种生活态度，显然来源于自古以来的民间生活经验，亦即古人所云的“良田万顷，日食三升；大厦千间，夜眠七尺”。知足，即使是贫者，自然快乐。如佣工、乞丐，侥幸得到“十数钱”，就去买肴市酒，欣然大醉，甚至自以为天下之乐，“莫逾于己”；反之，若是不知足，即使是千金之子，还是“苦身仡仡以程锱铢，日夜恒不足”。①

当然，韩霖最终还是将“孔颜之乐”视为“各安生理”的“大榜样”，亦即身处

① 韩霖：《铎书・各安生理》，载氏著，孙尚扬、肖清和等校注：《铎书校注》，华夏出版社 2008 年版，第 123—131 页。

贫约,却又能安贫,心中又有所乐。① 林希元万顷田不如方寸心田的说法,大致可以作为孔颜之乐的注脚。林希元的说法,基于以下的事实:“东家收田盈百室,一遇凶年无担石。西家买田千万亩,子孙覆荡无寸土。”只有方寸心中有了为善之念,才能做到“岁取十千不羡富,多收十斛无足乐”。② 侯一麟的“贫贱之乐”,显然可以加深对贫者之乐的理解。细究侯氏之论,虽以“处约”为宗旨,但大致包含三层意思:一是坚守贫贱之乐。换言之,富贵是荣华,却会成为一种牵累;贫贱是困境,却能成为一种安享。进而言之,若人心中有所得,那么“一室之内,一卷之中,将不胜其乐焉!虽食淡而有余味也,布素而有余郁也”。二是“少私寡欲”之道。侯一麟认为,“有志道德者,必先轻货利;轻货利,必先薄所养;薄所养,则莫切于口体矣。苟能菜茹之甘饴,缊著之安舒,等金玉于尘堁,视轩冕于锱铢,变化同,死生齐,举天下万物而皆不足移矣”。换言之,只有“不爱不求”,才能“廉可立也”;只有“靡取靡争”,才能“群可久也”;只有“知足无欲”,才能“致足乐也”;只有“言公行果”,才能“道可几也”。三是贫贱之乐,这并不仅仅限于“不忮不求”,而是要有一种“让道”,亦即“厚躬恕物之道”。换言之,“君子不可以不谦,谦则虚,虚则受”。③

贫者之乐并不仅仅限于生活观念的追求及其辨析上,更有贫者之乐的实践经验可以得到印证。无论举人,还是生员,甚至是穷儒,均可以找到安贫乐道的例证。

以举人为例,沈德符晚年才中乡试举人,生活境遇一直颇为困顿,却能做到安贫而有乐。沈氏之贫,多见于其诗句。如《慰贫》诗云:“斋柈何羡武昌鱼,安步聊充下泽车。志堕扫来惟一室,隐坚爱处即吾庐。忍饥耻受胡奴米,罢选慵骑漫汉驴。百念不关余习在,晨窗亟了借钞书。”④又《敝庐》诗云:“敝庐何必广,指景限西隅。寝迹衡门下,流观山海图。谈谐无俗调,贫贱有交娱。乐与数晨夕,关河不可逾。”⑤身处贫困境遇,如何医治贫病?沈德符在诗中有所回答:“医贫须俭匪云悭,白板粗完不上关。剪竹充薪松亦恐,得琴为枕石差闲。评茶僧去

① 韩霖:《铎书·各安生理》,《铎书校注》,第132—133页。

② 林希元撰,何丙仲校注:《林次崖先生文集》卷17《一田歌》,下册,厦门大学出版社2015年版,第631页。

③ 侯一麟撰,蔡克骄点校:《龙门集》卷7《贫贱答》,第135—137页。

④ 沈德符:《清权堂集》卷7《慰贫用香山体》,载氏著,李祥耀点校:《沈德符集》,浙江古籍出版社2018年版,第87—88页。

⑤ 沈德符:《清权堂集》卷5《敝庐》,《沈德符集》,第58页。

初缄口,贷酒僮归一破颜。懒读任嘲无可答,腹便便矣耳尤顽。”①细绎诗旨,就是坚守“俭”道,而不是悭吝。有此坚守的信念,而后才能安于贫,甚至以贫为乐。沈氏诗云:“安贫守贱者,此士何独然。浊酒聊自适,弱毫多所宣。户庭无尘杂,晨夕看山川。盥濯息檐下,履运增慨然。”②

以生员为例,徐允禄是生员,屡次乡试不中。如何处贫?徐允禄借助一则寓言,已经给以阐释。寓言记载一位“屡空子”,身处贫困之境,“日食不再,冬衣不袭,有一乏二,备薪阙粒,冠敝屦穿,瓶罄壁立,妻谪儿啼,面菜气邑,邻里不通,交际不及,彷徨周章”。面对如此境遇,屡空子不免感极而泣。这是人穷者之常态,甚至有了“生不如死”之想,“嗟生而乐死”。随后,屡空子经“角里先生”的介绍,前来拜谒徐允禄。徐允禄宽慰屡空子之法,就是让他到“广莫之野,突兀之巅”,大声歌道:“嗟乎,悲哉!季子未富,不礼于妻;季子既富,车裂于齐。文种虽贵,不如范蠡;端木虽富,孰与原思。”真正做到不知“哀乐之故”,不识“贫富之形”。③ 换言之,人一旦不知哀乐、不识贫富,自然可以做到以贫为乐。徐允禄不止如此宽慰他人,自己更是自足生活观念的实践者。这可从他的诗句中得到广泛的印证。如诗云:“忽到于今得快然,日呼酒友夜安眠。谁知但出饥寒外,宰相田夫只一般。”④其意是说,只要免于饥寒,即使是贫者,同样可以享受“快然”的生活。又有诗句云:“但教粗粝时常足,任与时人笑不材”;“老穷自有老安排,亦算生涯亦畅怀”;“于今不乐待何如,缰锁吾生一日除”。⑤ 此外,徐允禄有诗云:“富贵亦何为,人生取适志。勿言上蔡牵,且念居东避。韩信反接时,何如钓水次。更观可笑人,田父室稍遂。手揣十许金,心起百端事。西邻斗粟翁,日高还鼾睡。乃知名利丑,村醪聊可醉。”⑥可见,他所坚守的是“人生取适志”的信念,视名利为丑陋,追求“日高还鼾睡”“村醪聊可醉”的知足之乐。

以穷儒为例,“四贫士”的生活及其精神堪称典型的例证。所谓四贫士,分别为徐铭、林成用、张正立、李志淑,均为温州府永嘉县人。徐铭情致潇洒,林成用志操古质,张正立心事夷易,李志淑端悫,仪态品质不同,但归趣则一,亦即均为贫士,又能守贫而不失节,恬淡自如,怡然自得。一如俗语所云:“楂梨橘柚,

① 沈德符:《清权堂集》卷6《医贫》,《沈德符集》,第81页。
② 沈德符:《清权堂集》卷6《安贫集陶》,《沈德符集》,第73页。
③ 徐允禄:《思勉斋集》卷11《贫病》,清顺治刻本。
④ 徐允禄:《思勉斋集》卷2《偶占》。
⑤ 徐允禄:《思勉斋集》卷2《漫怀四首》。
⑥ 徐允禄:《思勉斋集》卷2《咏怀古诗十二首》。

味殊而美一也。”如林成用“力学授徒，简弃人事”，仅仅依靠处馆维持生计；李志淑虽业儒，但“不售其志”，甚至“贫至于无居”；徐铭“失妇再娶”，虽“颇有赀”，但“一夕窃者胠箧囊而去”；林成用“一失不娶”；张正立“再娶再失”；只有李志淑，与妻子“偕老”。四位贫士，“其单孑也，窭空也，皆不以屑意”。①

（二）富者之乐

家中富有财产，自然是享受生活的物质基础。如河南五龙有一位富翁，名李西牟，居住在卫水边，家有“别业”，岸上有田，河中有船，堪称“富者”。② 在明代，富贵之家，自然可以享受“极乐”的生活，甚至“所好无不聚，志无不乐”。就田产来说，可以“田宅遍国，竟极上腴”；就宫室来说，可以“治宫室高严，杂馆曲榭，骀荡相绎，垩墙丹楹，错以雕珰”。家庭之内，前堂“罗管弦，设绮席，供具举寿，浆酒藿肉”；后房“妖丽，阳文、段干之伦以百数，便嬛绰约，嫵服而御”；甚至多有僮仆，穿着华丽，以供执事。不仅如此，他们“车马都也，走犬良也”，乃至“从游者如市，鹤盖蔽门”。如此富贵极乐的生活，在世俗之人的眼中，自然是“至愉快者也”。③

这无疑是符合明人幸福感的一种实情，但也并非尽然。这可从以下两点观之：一则生活侈汰，并不一定快乐。如西晋时，羊琇生性豪侈，甚至将炭末和成兽形，以此温酒，引来洛下豪贵竞相效仿；石崇生活富豪，以蜡烛充当柴薪。两人生活堪称奢华，但在一些士大夫看来，反而觉得“痴绝”。正如明人吴从先所言，侈汰之举，若是出于无用，不但暴殄天物，而且与“快事”并不相干。④ 二则富人见利真，甚至骛利不惜命，整日营营苟苟，实则未必快乐。明代流传的一则笑话，颇能说明这一问题。如当时南京教坊司子弟优季，慧而滑稽，擅长谑语。他曾说过这样一则笑话：有一位富翁行走于山，被虎所攫，其子操刀逐虎。富翁落于虎口，见到其子，就大叫：“刺则刺，毋刺伤其皮。”既而虎死，富翁得救。其子问及此事，富翁直言：“得虎而售，利存乎皮，皮坏斯减价，汝蔑所获矣。吾为斯惧，而亟汝语也。”⑤人落虎口，面对生死攸关，富翁心中所想，仍是谋取完整虎皮的物质

① 侯一麟撰，蔡克骄点校：《龙门集》卷13《四贫士记》，第204—205页。

② 崔铣著，周国瑞选编：《崔铣洹词选·南陆志》，中州古籍出版社1993年版，第78页。

③ 方以智：《稽古堂文集》卷上《货殖论》，载方昌翰辑，彭君华校点：《桐城方氏七代遗书》，黄山书社2019年版，第502页。

④ 吴从先著，闫荣霞评注：《小窗自纪》第130则，第214页。

⑤ 顾起元：《客座赘语》卷6《谑语》，中华书局1997年版，第196页。

利益。是否幸福或快乐，自然引发一些明朝人的质疑。

三、忧苦与快乐

既然有乐，则必有其忧，两相对应。在话语权由社会精英掌控的时代，按照他们的观念，有道士人之忧，理应是为国为民而忧；至于一般民众之忧，则仅仅是为个人一己之困穷而忧。

正如宋人罗大经所言，作为“君子”的士大夫，显然可以借助于“学道”而获取快乐，亦即通过“打叠”而使“心下快活”。这种快乐，又称“无闷”“不愠”，是最大的快乐。如孔子有曲肱饮水之乐，颜子有陋巷箪瓢之乐，曾点有浴沂咏归之乐，曾参有履穿肘见、歌若金石之乐，周敦颐、程颢有爱莲观草、弄月吟风、傍花随柳之乐。君子快乐的获取，在于将世间一切声色嗜好“洗得净”，将一切荣辱得失“看得破”。当然，君子有乐，自然有忧。或云“君子有终身之忧”，又云“忧以天下”，又云“莫知我忧”，又云“先天下之忧而忧”。诸如此类的话语，无不证明忧、乐二字，并行不悖。相关的观念同样见诸诗人的诗句。如晋人陶渊明之诗，既有采菊东篱、挥杯劝影之乐，又有平陆成江之忧；唐人杜甫之诗，既有步屧春风、泥饮田父之乐，又有眉攒万国之忧；宋人魏了翁之诗，既有“须知陋巷忧中乐”，又有“又识耕莘乐处忧”。由此可见，唯有贤者而后有“真忧”，也唯有贤者而后有“真乐”。乐不以忧而废，忧亦不以乐而忘。①

（一）君子之忧与小人之忧

明代思想家陈白沙显然是一个真诚、直白之人，他自认所怀仅是“在己”之忧。白沙在一首诗中，对“忧”作了更进一步的阐释：“进亦人所忧，退亦人所忧；得亦人所忧，失亦人所忧。所忧非忧道，所忧其可留；所忧非忧贫，所忧其可休。古来向道人，能辨忧所由。去去凌九霄，行行戒深沟。敬此之谓修，怠此之谓流。”②细玩诗意，人各有忧，无论是进退，还是得失，都是人之所忧。但进退、得失之忧，所忧均非是“道”，这与君子“忧道”完全不同。小人所忧，在于忧贫；君

① 罗大经：《鹤林玉露丙编》卷2《忧乐》，《宋元笔记小说大观》，第5册，上海古籍出版社2007年版，第5337—5338页。

② 陈献章：《陈献章集》卷4《赠世卿》，中华书局1987年版，第300页。

子之忧，在于忧道。若是忧贫，一旦富贵，其忧则息；只有君子忧道，则是一种永无休止之忧。但自古以来，也惟有“向道”之人，才能辨别“忧所由”，通过修行以入道，而后解决自己之忧。①

人生在世，因社会环境和个人地位的不同，其所怀之忧确乎各不相同。在士人眼中，为个人的贫窘境遇而忧，这是小人之忧，自然不值一提。② 而最高之忧，则是像孔子那样的圣人之忧，即在于忧“万世”。③ 至于君子所怀之忧，则大体可以分为以下三类：一是身为朝廷命官，希望“以道施诸人”，故所怀者是忧国忧民，这是一种“在人”之忧；二是身处山林，未免于“自治”，虽亦有忧，但这是一种“在己”之忧；三是既有“在己”之忧，亦为他人而忧。④

白沙所怀“在己”之忧，显然与他完全讲究自我的学术宗旨存在着千丝万缕的联系。换言之，正因为其学是自我之学，故其忧不免为“在己”之忧。能够做到“铢视轩冕，尘视金玉”，这当然也算得上获道过程中的必由之路。但人一旦经过“觉”这一阶段，那么，就会感到我是何等之大，而物是何等之渺小，甚至达到“微尘六合，瞬息千古”，早已无生死、无爱恶，这才算得上真正的获道。⑤

那么，作为一个臣子，所抱之忧又是如何呢？对此，明初学者宋濂有比较详细的阐述。从宋濂的阐述中可知，臣子所抱之忧愁，主要来自对自己是否尽臣职的担忧。这种臣职主要包含下面三个方面：一是不可负君主之厚望。在传统中国，从某种意义上说，有时为君尽忠就是为国尽力。二是不可负民，亦即不能辜负了百姓的期望。这是一种做官为民之忧。三是不可有来自后世的议论。从这层意义上说，是为了功垂千秋，或者说流芳百世。正是有了这三种职责，才不免整日担忧，不敢随便而乐。唯有尽了职，亦即所谓的“吾职不愧”，才可以获得一种“心乐”。⑥

---

① 白沙门生湛若水对此诗有下面解释：“言得失进退皆人所忧，然皆为贫而非为道也。忧道者，天理；忧贫者，人欲。不可不审其去取，古来向道之人所以必审辨乎此也。”若水据白沙之论，更将忧分为“忧道”与“忧贫”，忧道是“天理”，忧贫是“人欲”。参见湛若水：《白沙子古诗教解》卷下《赠世卿》其三，载陈献章《陈献章集》附录1，第758页。

② 白沙有诗云：“君子固有忧，不在贫与贱。”此可为证。说具氏著：《陈献章集》卷4《怀古田舍》，第295页。

③ 白沙有诗云：“仲尼忧万世，作经因感麟。”所指即圣人之忧。说具氏著：《陈献章集》卷4《寄贺柯明府》，第308页。

④ 陈献章：《陈献章集》卷3《与林蒙庵》，第241—242页。

⑤ 陈献章：《陈献章集》卷3《与林时矩》，第242—243页。

⑥ 宋濂：《朝京稿》卷2《送李参政之官广西序》，载氏著：《宋濂全集》，浙江古籍出版社1999年版，第1662—1663页。

中国有一句常言，国家大事，应该是肉食者谋之之事。作为一个食君之禄的臣子，自当为君分忧。至于身处草莽的匹夫，在面对世病、世衰之时，则又当如何？正当元末之时，宋濂大有怀才不遇之感，但仍为世道而忧，欲解民于倒悬、于水火。这是一种匹夫之忧。对此，当时有一位号“闾邱生”者，向宋濂提出了自己的质疑，其中有云：

> 予闻之，马之瘠肥，责乎牧圉；民之休戚，系乎庙朝。彼肉食者不知病，夫子以匹夫忧之，无乃有出位之思耶？忧非所当忧，不知；徒忧而不形于事，不仁，尚可谓学先生之道乎？①

宋濂面对这种尖锐的责问，只好蹙然不答。尽管宋濂并没有当着闾邱生作答，但还是对自己的门下弟子说：“我非人则已，苟亦人尔，何可不忧世哉！何可不忧世哉！”②元末之际，战乱四起，群雄并立。宋濂虽身处闲居，却面有“忧色”。他自己坦承不是一个忘世之人，而是为世道忧。他愿意学禹，“天下之溺，犹禹之溺”；也愿意学稷，“天下之饥，犹稷之饥”。所以，他不愿做一个“长往山林而不返”的小丈夫。他甚至慷慨而言：“未有用我者尔，苟用我，我岂不能平治天下乎？”③这不仅说明他并没有忘世，而且自信有出而治世之力。

照理说来，人生在世，所追求的大多是服食之美与居室自华而已。假若这些愿望均不能实现，就常人来说，难免会有戚戚之颜色。那么，君子是否也有“忧”？对于君子之忧，宋濂有进一步的阐述。他认为，君子之忧，并非因为自己的贫贱。若是纠缠于服食、居室，整日闷闷不乐，这在宋濂看来，都是一种小人之忧。而君子之忧有六，其实就是修身、齐家、治国、平天下之责。④

（二）忧与乐的关系

明末清初人思想家唐甄发现了一个较为特殊的现象，即“道心”通常生于“忧患”与“贫厄”，“安乐”与“富豫”则反而会导致“道心亡”。⑤ 自古以来，文人穷愁，显然是一种常态。明末文人叶绍袁在所撰《叶天寥自撰年谱》中，以自己的一生为例，将文人的穷愁做了颇为全面的概述。他认为，人生一世，大抵“安乐之时少，忧患之时多”。不仅忠臣孝子，为国担忧，甚至“剖心泣血”；即使是明

---

① 宋濂：《龙门子凝道记》卷上《采苓符》第1，载《宋濂全集》，第1755页。

② 宋濂：《龙门子凝道记》卷上《采苓符》第1，载《宋濂全集》，第1755页。

③ 宋濂：《龙门子凝道记》卷上《终胥符》第3，载《宋濂全集》，第1761—1762页。

④ 宋濂：《龙门子凝道记》卷下《令狐微》第12，载《宋濂全集》，第1813页。

⑤ 唐甄：《潜书》上篇下《格定》，中华书局1984年版，第56页。

哲保身之辈，他们经历的也并非“平夷境会”。叶绍袁回顾自己的一生，深感“殷忧多故，曾亦屡更”，甚至“黄公酒垆之醉，步兵穷愁之哭”。所有这些，难免还是因为“窭贫”而怨。①

当然，忧愤又可分为两种：上焉者如屈原、贾谊之流，其忧愤来自对国家、民生的关怀，亦即“世愤者所为”，尽管属于奇节之士，却也与儒家所倡导的中庸有别；下焉者则不过是为“徒慕高位而愤”，内心充满着对个人、官位的热衷。明代文人汪道昆在《愤论》一文中，就刻画了这样一位热衷于官位的“某子甲”，因为不满足于自己的现状，整天追求“赫赫”之位，最后“以愤死”。从“某子甲”的官场人生经历中，汪道昆显然是为了说明，“怏怏”之类的忧愤，并不在于官位的得失；相反，“愉快”之类的快乐，也不在于官位的“一蹴而尽九等”。②

这就牵涉到忧与乐、苦与乐的关系问题。这显然可以从下面两个方面加以考察。

其一，忧与乐的关系。众所周知，忧乐关系来源于宋人范仲淹所抱的“先天下之忧而忧，后天下之乐而乐”。据明末清初思想家王夫之的解释，范仲淹忧乐观的精髓，包括以下两大内涵：一是在志向上，以天下为己任，凡是“人之贞邪，法之疏密，穷檐之疾苦，寒士之升沈，风俗之醇薄”，一概放在自己的心上；二是在具体的行为实践上，则是“任之力”，进而导致“忧之亟”，做到“内行修谨，友爱施于宗族，仁厚式于乡间，唯恐有伤于物”。③ 范仲淹的忧乐观，几已成为后世儒家士人的精神样板。

由范仲淹的忧乐观进而言之，忧与乐之间显然存有一种辩证关系。一方面，在忧乐上，个人与天下具有一种相反的关系。这正如明人吕坤所言：“一人忧，则天下乐；一人乐，则天下忧。”④换言之，天下的忧乐应置于个人的忧乐之上。另一方面，“做官”与“忧勤”具有一种互动的关系。换言之，儒家士人所持的信念，并不等同于普通的“众人”。普通人所追求的无非是“快欲适情，身尊家润”，只是以得到富贵为快乐，那么，如此之乐，不过是“乐其所乐”而已。对于儒家士人而言，做官并非是一种享乐，甚至都是“苦事”，做官之人原本就是“苦人”。官职高一级，责任便“大一步，忧勤便增一步”，甚至胼手胝足、劳心焦思，只想“天

① 叶绍袁原编：《午梦堂集》附录1，中华书局1998年版，第821页。

② 汪道昆：《太函集》卷84《愤论》，黄山书社2004年版，第1729—1730页。

③ 王夫之：《宋论》卷4《仁宗》9，中华书局2003年版，第95—96页。

④ 吕坤：《呻吟语》卷5《外篇·治道》，上海古籍出版社2001年版，第277页。

下之安而后乐”。如此之乐,则显然是“乐其所苦”。① 正是在这一点上,王夫之对宋代大臣尚有微词,认为宋代大臣心中,难以脱去“名位”,因此导致小人“蛊之”“玩之”“制之”,以及人主“阳敬礼而阴非薄之”。在王夫之看来,真正的君子,在处理忧乐关系上,理应是“乐则行,方行而忧,忧则违也;忧则违,方违而乐,乐又可行也。内审诸己,而道足以居,才足以胜,然后任之也无所辞。外度诸人,而贤以汇升,奸以夙退,然后受之也无所让”。②

当然,在处理忧与乐的关系上,明代的士大夫官员显然存在着另外一种倾向,即“喜言忧而忌言乐”。这主要体现在以下两个方面:一是“与小民言”,明代的官员往往“悯其穷而恤其困,呜呜然如新出汤火而浣濯之,计不十全不已”。二是“与上大夫言”,又“极言民俗之惫,而吾所以拯之者若此之勤,使闻者恻然称叹”。这种过分言忧的倾向,显然是出于个人的目的,亦即通过日益扩大个人的声誉,而后使自己的官位得以迁擢。至于他们在任期间,当地的“山谷之美,溪壑之胜”,原本可以“一览而乐者”,却是“垂睫不顾,叱驭不人”,甚至声称自己无暇观览欣赏。明代官员的如此行为倾向,在赵釴看来,显然是因为“无爱心”所致。赵釴认为,“乐生乎爱”,一旦有了爱,就会“爱荫者及树,爱屋者及乌”;若是“爱其人民”,自然就会爱当地的“山川土地”。③ 细绎赵釴之意,无非是说,不必只言忧而不言乐。有了爱百姓之心,既能忧百姓之困穷,又可爱山谷、溪壑的美胜。

忧与乐之间的关系,关键在于如何解决心的本体。正如公安派文人袁宗道所言,人人均有“七情”,即使颜子也难以做到“无忧”。但在颜子那里,“忧亦乐也,怒亦乐也,哀亦乐也”。可见,“迷人”与“达者”的区别在于:“迷人结冰成水,即乐成忧;达者了冰是水,即忧成乐。”忧与乐之机,完全系于人意念的“迷悟”之间。④ 就心的本体而言,正如唐甄所言,是“无忧无乐”,“不受物加,不惧外铄。金工冶金,鼓烈火,施椎凿,虽百其器,千其形,而金质不变”。⑤ 但人的本体的恢复,则必须有一个“去乐就忧”的历练过程,“用力既久,渐有得于初,心不于乐见而于忧见”。一旦“忧乐不移其心”,自然就能“无往而不自得”。⑥ 换言

① 吕坤:《呻吟语》卷5《外篇·治道》,第299—300页。

② 王夫之:《宋论》卷3《真宗》5,第63—64页。

③ 赵釴:《偕乐亭记》,载黄宗羲编:《明文海》卷333,中华书局1987年版,第3424—3425页。

④ 袁宗道:《白苏斋类集》卷17《读书类·读〈论语〉》,上海古籍出版社2007年版,第244页。

⑤ 唐甄:《潜书》上篇上《恒说》,第34页。

⑥ 唐甄:《潜书》上篇上《恒说》,第34页。

之,“乐不见君子,处忧乃见君子”。①

其二,苦与乐的关系。元末明初人章溢,将其隐居之室称为“苦斋”,体现了一种以苦为乐的精神。以“膏粱之子”为例,他们所谓的“乐”,无非是过一种穷奢极欲的享受生活,如“燕坐于华堂之上,口不尝荼蓼之味,身不历农亩之劳,寝必重褥,食必珍美,出入必舆隶”。一旦家庭起了变故,“运穷福艾,颠沛生于不测”,则“醉醇饫肥之肠,不可以实疏粝;籍柔覆温之躯,不可以御蓬藋”,昔日之乐,转而变为今日之苦。可见,这是“知乐之为乐,而不知苦之为乐”;或者说“知乐其乐,而不知苦生于乐”。在章溢看来,乐与苦,是一种“相为倚伏”的关系,相去并不甚远。所以,他抱持如下的观念:“彼之苦,吾之乐;而彼之乐,吾之苦也。”②公安派文人袁宏道的苦乐观,大致也持相同之见,只是其中羼杂了佛教轮回的因子。袁宏道的苦乐关系论,显然包含以下两大内涵:一是视“官病相随”为“消息理”,并视“苦乐相生”是“轮回趣”。细言之,即“有官之乐,即有官之苦;有病之苦,即有病之乐。以官得病,此官苦也;以病得归,此病乐也”。进而言之,若“以为乐而甘之,则乐亦苦矣;以为苦而逃之,则苦亦乐矣”。二是主张“观苦于乐先”与“耽乐于苦中”。袁宏道认为,只有“观苦于乐先”,才能做到“不为福始”;只有“耽乐于苦中”,才能做到“行乎患难”。③

(三)忧乐观的转向

揆诸明代士大夫的忧乐观,显然出现了以下三大转向。

一是从先忧后乐到先乐后忧的转变。照理说来,人人都想追求富贵,这也是人之常情,无可厚非。但儒家知识分子作为社会的精英,他们本来所信奉的是“先忧后乐”的行为准则,但自明代隆庆、万历以后,读书应举的士人,竟然不知做官为何本领。他们的一切愿望,已不再是“先忧后乐”,而是“先乐后忧”。对于这些读书人的心态转变,宋应星已经一语道出:“第以位跻槐棘,阶荣祖父,荫及子孙,身后祀名宦、入乡贤,墓志文章夸扬于后世。”④

---

① 唐甄:《潜书》上篇上《恒说》,第35页。

② 刘基:《刘基集》卷3《苦斋记》,浙江古籍出版社1999年版,第126页;又载黄宗羲编:《明文海》卷327,第3369—3370页。

③ 袁宏道著,钱伯城笺校:《袁宏道集笺校》卷6《锦帆集》之4《尺牍·王孟夙》,上册,上海古籍出版社2008年版,第294页。

④ 宋应星:《野议·进身议》,载氏著:《宋应星佚著四种》,上海人民出版社1976年版,第7页。

二是对君子“忧道不忧贫”的重新诠释。按照传统儒家士人精英的观念，君子理应秉持一种“忧道不忧贫”的人生理念，应该做到安贫乐道。换言之，“治生”二字不必“胶扰心胸”。这一理念同样为明末清初士人张履祥所坚守，但张氏的理念有一点更为值得关注，即他在恪守儒家人生观的同时，对“忧道不忧贫”做了理性的诠释，亦即断言治生“本分内事”，不可不尽。①

三是佛教理念开始向忧乐观渗透。在苦乐观上，公安派的袁宏道显然已经受到了佛教的影响。他认为，世上之人，人人皆居于“苦境”，因为“境”的“年变而月不同”，最终导致“苦亦因之”。举例来说，“作官则有官之苦，作神仙则有神仙之苦，作佛则有佛之苦，作乐则有乐之苦，作达则有达之苦”。换言之，世上并无“彻底甜者”。在袁宏道看来，唯有“孔方兄”（物质层面上的钱财）大抵与乐与甜相近。让袁宏道感到疑惑的是，“孔方兄”偏偏喜欢与“劳薪”亦即勤苦的劳作为侣，一旦享受“自逸”之乐，就会远离而去。② 可见，以钱财为基础的物质之乐，与精神层面的潇逸之乐，实则存在着一定的矛盾冲突。这就使袁宏道视人生为一种苦境。

汪道昆在其所著《慧月天人品》中，曾借大士之口，对苦乐观做了重新的诠释。在汪道昆看来，乐的最高境界理应是“诸天乐”，亦即“苦无所苦，乐无所乐”的“天真”。至于佛教所谓的“苦乐无常”，并未得苦乐的真义。一旦脱离了“天真”，那么，即使是超乎众生的“天人”，也是“一苦”，众生反而倒是“一乐”。③ 这无疑是在引入佛教之义的过程中而对佛教苦乐观的一种超越。

有一种较为常见的现象，令晚明佛学大师祩宏颇为关注，即乐与忧的不确定性，使各个社会阶层“忧其所不足”。可见，现实境遇与精神层面的“不足”，势必引发忧乐的不确定性。如贫者以“无财”为忧，羡慕富人之乐，反而不知富人有富人之忧；贱者以“无官”为忧，羡慕贵人之乐，反而不知贵人有贵人之忧；群臣百姓羡慕“王天下者”之乐，反而不知王天下者有王天下之忧，他们也羡慕群臣百姓之乐。鉴此，祩宏对忧乐观重加论定：一则唯有智人，才能做到“两无忧乐”，且不停留于“无忧乐”；二则不能牵缠于忧乐，而是应该“大彻大悟”，唯有大

① 张履祥：《杨园先生全集》卷40《备忘二》，中华书局2002年版，第1117页。

② 袁宏道著，钱伯城笺校：《袁宏道集笺校》卷5《锦帆集》之3《尺牍·王以明》，上册，第240页。

③ 周晖：《续金陵琐事》卷下《慧月天人品》，南京出版社2007年版，第236页。

彻大悟,才能达到身心"自由"的境界。[1]

由此可见,无论是儒家士人袁宏道、汪道昆,还是佛教僧人袾宏,他们的忧乐观均受到佛教的影响,却又在一定程度上超越了佛教。

四、士大夫的幸福感

士大夫是儒家道德精神的坚守者。就他们的生活观念而论,显然具有以下两大特点:一是在衣食上并不追求过分的奢华与享受,更多的是将毕生的追求放在求道上。一方面,他们承认衣食是"养生之具",不可或缺。享受足够的衣食,这是出于"天理之公"。另一方面,他们又认为,在衣食上只需要饱暖即可,不必追求华丽之衣、口腹之欲。在衣食上过分华侈,必会堕入"人欲之私"。[2] 二是在志节上要能守住"固穷",甚至在生活实践上保持"苦节"。自古以来,即有如下的说法:"咬得菜根,定百事可作。"又云:"须是硬脊梁,于事始有担荷。"其意是说,士大夫生平要以"固穷"为第一义。在明代南京的士大夫中,如副使顾璟、副使李重、御史邵清,无不是固穷、苦节的实践者,他们"趣操严冷,生事萧条,处人之所不堪,而皎然自好"。[3]

就幸福、快乐感而言,明代士大夫更是"孔颜之乐"的坚守者与实践者。究"孔颜之乐"的出典有二:一是孔子之乐,即"饭疏食,饮水,曲肱而枕之,乐亦在其中矣。不义而富且贵,于我如浮云"。二是颜回之乐,"一箪食,一瓢饮,在陋巷,人不堪其忧,回也不改其乐"。简言之,即是安贫乐道。

(一)孔颜之乐在明代的传承与诠释

所谓的"孔颜之乐",依旧是明儒论学的重要话题。他们通过对"孔颜之乐"的诠释,以确立快乐精神命脉的内在传承。

明代士人在诠释"孔颜之乐"的过程中,传承了儒家"安贫乐道"的精神脉络。号称明初文臣之首的宋濂,在他所著自传《白牛生传》中,宣称自己仰慕"孔

---

① 袾宏:《竹窗随笔·忧乐》,载氏著,张景冈点校:《莲池大师全集》,华夏出版社2011年版,下册,第105页。

② 薛瑄:《读书录》卷4,载薛瑄著,孙玄常、李元庆等点校:《薛瑄全集》,第2册,三晋出版社2015年版,第771—772页。

③ 顾起元:《客座赘语》卷9《苦节》,中华书局1997年版,第286—287页。

颜之乐”，“言及之，手足舞蹈不已”。从宋濂的诠释中不难发现，所谓的孔颜之乐，是一种“内乐”，亦即内心充满道德之乐，而并不以外在的贫贱或富贵为意。到此境地，无论得失，不分贫富、贵贱，无不“内足乐也”。①

宋濂将孔颜之乐释读为一种“内乐”，无疑得到了方学渐的应和。方学渐将孔颜之乐做了如下两个层面的解读：一是“孔颜与吾人同欲”，孔颜之乐与众人之乐并无不同，亦即“吾人之乐不异孔颜”。不过，“吾人之乐”因为被私欲桎梏，“役役烦恼场中，所以不乐”，假如能“破除私欲，全其天而得其性”，那么吾人之乐即孔颜之乐。二是将孔颜之乐释为“反而求吾心之乐”，亦即“自适其天性而已”。这无疑也是一种内心之乐，且基于以下两个认知：一为“人心即天理也，顺理则乐，逆理则否”；一为“三纲五常即是天性”，天全性得，即能快乐，甚至“不觉心志旷而神之怡”。②

杨士奇对孔颜之乐的诠释，显然与宋濂一脉相承。细究其意，所谓的“乐”，有两个层面：一是孔子之饭疏饮水，颜子之箪瓢陋巷，其中之乐，实则在于“天理具于吾心”之乐。一旦奉天理而行，就能仰不愧、俯不怍，甚至“泰然将无往不乐矣”。至于富贵贫贱，不过外在之物，并不能令人心动。可见，乐在于己，而其根本则在于“无违于天”。二是杨士奇认为，人们的平常行为，大多易于富贵，而难于贫贱，那么，处贫而尚能乐，其志向就决非苟然。在杨士奇看来，所谓的“乐乎贫”，决不是“恃贫以乐”，而是“乐而忘其贫”。③

儒学大家吕柟在解读颜子之乐时，大抵也是顺着程颐的说法，将颜子之乐视为一种“内乐”。细绎吕柟之意，颜子之乐应有如下两层含义：一则并非以“箪瓢”为乐，亦即并不以贫为乐。若是颜子以“箪瓢”奉亲，“亲或不悦”，颜子也难以为乐。二则颜子之乐，同样不是“有道可乐”，亦即所谓的“乐道”，而是自有一种“手舞足蹈之乐”。颜子之乐，自然基于心胸宏大、洒落之上，见大心泰，世之富贵、贫贱、利害、殀寿，很难“足以动其中”，亦即内心自有其乐。④ 至于寻乐之功，吕柟认为，“只是自各人己私牵处解脱了便是”，⑤亦即解除外在的私欲牵缠，恢复内心之乐。

① 宋濂：《潜溪前集》卷 7《白牛生传》，《宋濂全集》，第 81 页。

② 方学渐：《东游记》卷 3《又会言》，载方昌翰辑，彭君华校点：《桐城方氏七代遗书》，黄山书社 2019 年版，第 114—115 页。

③ 杨士奇：《东里文集》卷 5《贫乐诗序》，中华书局 1998 年版，第 64 页。

④ 吕柟：《泾野子内篇》卷 10《鹫峰东所语》第 15，第 91 页。

⑤ 吕柟：《泾野子内篇》卷 15《鹫峰东所语》第 20，第 149 页。

（二）孔颜之乐在明代的转向

恪守孔颜之乐者，自然能做到安贫乐道，甚至以贫为乐。如王琦，字文琎，浙江杭州府仁和县人。以乡贡试礼部副榜，授汝州学正，官至陕西按察司佥事，提督学校。据史料记载，王琦为人清介自持，在官门不私谒，平生不治生产，居贫晏如。这在时人眼中自然是一种"自苦"之举，但王琦自己看来，只要做到"无所愧于心"，即使"饥且寒"，也是"无所不乐"。①

真正秉持"孔颜之乐"的信念，做一个以贫为乐的实践者，其实并不容易。王承熣的故事即为典型一例。王承熣，字尚甫，又字尚夫，为公安派文人袁中道之表兄，家甚贫。据袁中道的记载，一日，王承熣酒后对自己的兄长王以明说："人言弟贫，不知我之襟怀，富翁某甲子以千金见鬻不与也。"以明笑而识之。过了一年多，承熣生活困顿窘极，谋于以明道："衣衫俱已典尽，更无一物可典当，奈何？"以明曰："弟有一物，减价鬻之，亦大可治生，何为自窘？"承熣遍觅家中所有不得，苦求以明告知。以明道："即弟向日不鬻与富翁之襟怀也。"闻者听后大笑。② 这则笑谈大抵证明，贫与乐之间，并非具有一种天然的联系。当士人真正面对物质性的困窘之境时，平日一直坚守的所谓"贫士襟怀"，必然会遭受来自世俗社会的巨大冲决。进而言之，孔子有言：贫而无怨。以贫为乐的实践者固不乏人，但更多的还是在安贫乐道的过程中，难免产生一些怨气。李仲明的故事同样是贫士有怨的一个典型事例。歙县人李仲明当病革之时，自草《贫士传》，嘱咐自己的儿子春逢道："我死，为我大署其碣曰：贫士李仲明之墓。死不憾矣。"正如钱谦益所言，临终前有此一举，足证仲明因贫而怨气不消，其目的还是在于"志怨"。③

上述两个典型个案已经证明，贫与乐之间的关系并非牢不可破，往往会受到残酷现实的冲决，进而导致孔颜之乐发生重大的历史转向。揆诸明代的事实，这种历史性的转向大致体现在以下三个方面。

其一，从"无逸之乐"转向"逸乐"。细究孔颜之乐的内蕴，所谓的内心之乐，并非天然的自得之乐，而是必须借助于战兢、戒慎、恐惧之类实践性的修行工夫。正如明儒胡居仁所言，学者动辄便要"寻滋味寻快活"，这是"未学行先学走"，其

---

① 陆容：《菽园杂记》卷 12，中华书局 1997 年版，第 154 页。

② 袁中道：《珂雪斋近集》卷 3《书王尚甫事》，上海书店 1982 年版，第 117—118 页。

③ 钱谦益：《初学集》卷 66《李德远墓表》，《钱牧斋全集》，上海古籍出版社 2003 年版，第 1542—1543 页。

流弊则是"猖狂颠倒"。按照儒家的固有观念,必须先去穷理力行,一旦见理明,力行熟,则"自有滋味,自能快活"。孔子教人"博文",就是"寻滋味处";教人"约礼",就是"入快活处"。[①] 换言之,所谓的孔颜之乐,理应是一种"无逸之乐"。袁中道也说:"乐者,心之体也。惕者,乐之卫也。"[②]这种"乐"与"惕"的合一之论,说明明人在追求快乐之时,同样清醒地保持一种常惕、战兢的工夫。

就儒家的内在精神来说,显然更多地体现为一种"无逸"之乐,而这种无逸,则主要表现在儒家学说在立志上所倡导的"健"与"勤"。关于此,明人杨士奇有下面的阐述:"学非勤无以致夫道,治非勤无以底厥功,故自古大臣君子于爱君也,必进《无逸》之说,于事君也,必躬非懈之行,而孔子于学者之问政,亦有无倦之教也。"[③]可见,无论是"健""勤",还是"无逸",其本在于一个"诚"字。与此同时,无论是治学,还是事君,无不需要健、勤,并从中获取快乐。当然,这仅仅是出仕时的一种精神状态。若是士人尚不为君主所用,那么他们尽可以游离于儒家学说之外,享受一种"放逸"之乐。正如杨士奇所言,在读书讨论之余,恣其意之所适,遨游于自然的山水风光之间,抒发自己胸臆之浩然。这是一种摆脱了功名与官场俗务的放逸之乐,完全是自己内心的一种自得体验,至于富贵、贫贱、忧患之类,无以累乎其心。这可以一位别号"无逸子"的人为例加以说明。这位无逸子姓凌,名潭。其家世守一勤,至无逸子,其勤益甚。所谓"无逸",就是指勤,不但是勤业,而且还勤学。究其"无逸"之勤的原因,显是为了最终求得"长逸"。[④]

"逸乐会""闲适会"一类社团的出现,显然足以证明,孔颜之乐已经从原本的"无逸之乐"转而变为"闲逸之乐"。明人高濂是追求闲逸之乐的典型。在他所著《遵生八笺》中,已将闲逸之乐和盘托出,这就是享受"四时幽赏"的一种闲逸生活。[⑤] 所谓的"幽赏",是一种"真赏""真味",有别于大众化的欣赏习惯和审美心理。第一,它有别于市门的"俗艳""俗肠",有时不过是一种"村家闲逸之想"。[⑥] 第二,所谓的幽赏,是一种个人心灵深处的体验,探求其中的"幽趣"。[⑦]

---

① 张怡:《玉光剑气集》卷13《理学》,中华书局2006年版,第513页。

② 袁中道:《珂雪斋近集》卷3《心律》,第16页。

③ 杨士奇:《东里文集》卷1《勤务堂记》,第5页。

④ 丘濬:《重编琼台稿》卷20《无逸子传》,上海古籍出版社1991年版,第411页。

⑤ 高濂:《遵生八笺·四时调摄笺·春时幽赏十三条》,巴蜀书社1988年版,第121—125、171—176、208—214、243—248页。

⑥ 高濂:《遵生八笺》,《四时调摄笺·春时幽赏十三条》,第122页。

⑦ 高濂:《遵生八笺》,《四时调摄笺·春时幽赏十三条》,第124页。

第三,所谓的幽赏,是一种"空",是在一切无有的境界中寻求解脱。高濂曾在西湖边上身处山阁之中,观山雨欲来之时的景象,静静体味,甚至到了"忘机"之境。①

传统儒家士大夫的完美人格,照理应该是出则树勋业、播声实于当世,而一旦归于林泉,则应该有高人逸士志节风流之可表。事实上,明代很多士大夫归休林下,或者那些没有出仕的老人,大多不过匆匆竟日、扰扰卒岁而已,很少有人能获取一种"逸乐"。正是鉴于这样的原因,诸如"逸乐会""闲适会"的出现,就显得格外引人注目。逸乐会一类士人社团的出现,其理论的基础在于孟子之说,即在"独乐乐"与"人乐乐",及"少乐乐"与"众乐乐"之间,选择一种"人乐乐"与"众乐乐"。换言之,儒家既倡导一种快乐文化,同时这种快乐并非是个人的自私之乐,而是群体之乐。福建泉州逸乐会始建于弘治四年(1491)四月,在会者共达 17 人,多为一些致仕的官员。此会标识"逸乐"二字,其关键就是"以逸而乐",其实就是仿效九老、耆英诸会的遗意却又不尽相同,更体现了一种逸乐精神。② 至于"闲适会"的出现,其中所取"萧闲散适之义",以及对"随时适兴"的追求,③说明明代士人崇尚"逸乐"之趣几已蔚为大潮。

其二,从"以贫为乐"转向"以富为乐"。按照传统儒家学者的看法,塞门不仕,左对孺人,右顾稚子,应该说已经是一种天下之至乐,根本用不着再怨天尤人。但其实并不尽然。面对商业化的浪潮,在晚明显然兴起了一股"不知足"的精神。对此,谢肇淛揭示道:"如不知足,则卿相不已,必思帝王;帝王不已,必思神仙;神仙不已,必思玉皇大帝。而元会运世,百六阳九之期,于心尚以为未足也。"④这种"不知足"精神的极致,导致明末人公然对贪念有所肯定。明末著名文人叶绍袁曾经记下了他岳父沈琉告诫他的一番训语,其中有云:"古人行己清浊之间,此言非也。清不可以兼浊,浊不可以兼清,贪廉界限,直自审才术何如耳。自审才足以贪,不妨于取。既取矣,琐琐屑屑,畏首畏尾,徒污名耳;不取则已,取则万计,归而选声而听,列鼎而食,亦是大丈夫豪举之事。如才不足以贪也,即刘宠之一大钱,亦不可取,宁使妻子啼饥号寒,掉头不顾,坚守苦节耳。"⑤

① 高濂:《遵生八笺》,《四时调摄笺·夏时幽赏十二条》,第 175—176 页。

② 蔡清:《虚斋集》卷 4《逸乐会记》,上海古籍出版社 1991 年版,第 879—880 页。

③ 严果:《天隐子遗稿》卷 10《闲适会录》,《四库全书存目丛书》,集部第 141 册,台南庄严文化事业有限公司 1997 年版,第 145 页。

④ 谢肇淛:《寄郑孟麟》,载周亮工辑:《尺牍新钞》卷 1,岳麓书社 1986 年版,第 20 页。

⑤ 叶绍袁:《叶天寥自撰年谱》,载叶绍袁原编:《午梦堂集》附录 1,第 832 页。

这固然是明末人的一种怪论，但这种怪论的出现，显已证明快乐并非只是与贫穷为伴，贪财而得同样可以获取足够的快乐。

随之而来者，则是明人开始对快乐与贫富之间的关系加以重新审视。在儒家快乐精神中，存在着以贫为乐与富而好礼两种，均归于入道一路。如颜回，身处陋巷之中，一箪食，一瓢饮，不改其乐。这是一种精神境界，为孔子所称道。与此同时，子贡求财于齐鲁之间，孔子亦说："未若贫而乐，富而好礼也。"言外之意，孔子尽管肯定子贡富而好礼，但还是断言不如颜回。到了明代，这两者之间的关系显然出现了一些变化。如焦竑对子贡其人，就有了下面的一番新议论："然子贡结驷连骑，卒成夫子之名，亦何必褐衣蓬户，乃为愉快乎哉？"①显然，对"富而好礼"有了更多的肯定与称道。换言之，只要"富而好礼"，富同样可以达臻愉快的境界。

其三，"及时行乐"观念盛行于世。毫无疑问，从明朝人的"行乐"观来看，显然受到了来自通俗佛教的影响，尤其是来源于人们对生死无常的清醒理解。从根本上来说，这种行乐观源自对财产以及贫富的基本看法。现实社会的贫富不均，必然导致不同社会阶层的人们对此有所思考，并想出应对之法。思考的结果，显然是消极的，这就是无论是富贵之人，还是贫贱之人，在面对死亡之时则是公平的，进而导致及时行乐观念的流行。这种观念不但存在于上层的士大夫社会中，而且在民间百姓中也广泛盛行。

在明代的小说乃至歌曲中，我们可以大量看到这种及时行乐乃至讽刺悭吝人的作品。袁宗道对他家乡几位以俭啬起家之人就持一种讽刺的态度，认为"极可笑"。② 一旦打通钱财这一关，必然导致明人以旷达的心胸忘却世间的烦扰与苦恼。这明显带有一种游戏人生的意味。如袁宗道有诗云："人生朝露复何疑，君归行乐正及时。醉月醉花从所好，听丝听肉讵言疲。自歌自吟还自寿，身前之名身后酒。才绝画绝智亦绝，君家名士谁堪偶。江南乐事难具陈，管领金谷须高人。"③细绎诗旨，基本反映了晚明士大夫及时行乐的观念。基于这种及时行乐的观念，袁宗道对那些过着奢华生活的人无不抱着一种敬仰的态度。这种奢华的生活事实上已经结合了素雅与豪奢。就住宅而言，既可以是竹篱茅舍，又可以是第宅园池，花竹幽深，甚至榱题轩楹，皆以髹漆，间以雕彩；就奉养而言，

① 焦竑：《澹园集》卷28《鸿胪寺序班高君子晦墓志铭》，中华书局1999年版，第414页。

② 袁宗道：《白苏斋类集》卷20《杂说类·俭约》，第294页。

③ 袁宗道：《白苏斋类集》卷1《古诗类·顾仲方画山水歌》，第4页。

必是自待甚厚，后房声色侈丽，每当开宴之时，或是妓女，或是家姬，随从侍酒，无不容色纤丽。① 焦竑在面对“穷人之乐”与“即己之乐”的选择时，虽不否定“忧天下”，以及由此而来的“穷人之乐”，或“与人乐乐”“与众乐乐”，但细玩其言，还是以“即己之乐”为得。② 至袁宏道“五快活”说法一出，更是将“真乐”置于物质欲望与精神消费之上，甚至不乏“目极世间之色，耳极世间之声，身极世间之鲜，口极世间之谭”。尤其值得注意的是，当在享受了物质与精神欲望之后，即使到了家资田地荡尽，然后“一身狼狈，朝不谋夕，托钵歌妓之院，分餐孤老之盘，往来乡亲，恬不知耻”，同样也被袁宏道视为一种“快活”。③ 明代及时行乐的观念，至袁宏道的“五快活”，显已达到了极致。

五、庶民的幸福感

除却士这一社会阶层之外，明代其他农、工、商等社会下层的庶民，如渔夫、樵夫、农民、牧民、织工，尽管生活并不富裕，但也各有各的快活。

以农、牧民为例，明初人朱有燉在乐府小令中已经对他们的快活分别做了描摹。如农民之快活，小令云：“纳了官粮少差科，其实的快活快活，雨顺风调好田禾。布被弯跧卧，土坑团圞坐，谁似我。”至于牧民之快活，小令云：“牛背斜阳短笛歌，其实的快活快活，北陇驱犊下南坡。枕着蓑衣卧，靠着垂杨坐，谁似我。”④ 在乐府中，朱有燉对农家生活的快活作了进一步的申述。概括言之，即为：日出而作理家缘，日入而息安枕眠，凿井而饮甘美泉，耕田而食禾黍鲜。若是延长时日，将视角拓展到一年四季，农民的“快活年”也是相当简单：在春日的“大年”，家家庆会华筵，夫妻、父子团圆，烧香答谢神天；在夏月，蚕忙麦黄，家家摘茧扬汤，是有穿有吃的时光，烧香答谢穹苍；在秋月，禾黍在场，家家纳了官粮，收成已罢安康，烧香祝寿君王；在冬月，民闲笑忻，家家腊酒开樽，北村赛罢南村，烧香答

① 袁宗道：《白苏斋类集》卷21《杂说类·杂说》，第296—297页。

② 焦竑：《澹园集》卷15《五云山十景诗序》，第157页。

③ 袁宏道著，钱伯城笺校：《袁宏道集笺校》卷5《锦帆集》之3《尺牍·龚惟长先生》，上册，第205—206页。

④ 朱有燉：《诚斋乐府》1《小令·题渔樵耕牧图乐府四篇（有序）》，载氏著，赵晓红整理：《朱有燉集》，齐鲁书社2014年版，第502页。

谢天神。①

农民、牧民生活幸福感的获取,实则颇为简单,很容易满足。即使生活清苦,或"布被弯跧卧,土坑团圞坐",或"枕着蓑衣卧,靠着垂杨坐",但只要"雨顺风调",有了好的收成,在纳了官粮之后,差役并不繁重,在农民的心目中,就是一种"快活"。朱有燉所撰杂剧中,曾借助农民之口,对"村田乐"一类的农民幸福感做了进一步的补充说明。稍加概括,农民幸福感的获取,大致有以下标准或内容:一是简单素朴的生活水平标准,如"荆钗布袄,野蔌山肴",当然前提是必须得到"温饱"。二是负担较轻,即"薄赋轻徭"。三是有较为完善的社会保障,即有"恤孤念老"的保障配套措施。四是官员"清廉有道",甚至与百姓"水米无交"。五是没有自然灾害,亦即"雨顺风调"。六是生活逍遥,诸如每天"打麦场中乔戏耍,葫芦棚底醉酕醄";闲日迎神赛会,名为悦神,实则娱人,先在牛王庙里"扮耍罢",又去马头神前"祷祝",祈盼"蚕桑满箔,禾黍盈仓";闲来时,去"沤麻坑"摸一会"瘦泥鳅";渴来时,去"树头"摘几个"生酸枣"。②

杨守陈撰有一篇《农乐记》,记录下了浙江嘉兴府一位农民的快乐生活。不止如此,这位农民甚至自号"农乐"。这位农民的快乐生活及其幸福感的获取,主要基于以下几点:一是生活的时代,正值"治平之时"。二是家有基本的田产,其收成足以供家庭的生活,即"家有田一成,足以供伏腊,具膳粥"。三是以基本田产作为保障,而后得以"业之而乐焉"。至于具体的劳作并由此收获的快乐,这位农民自己已经完全道出:当春天,"春田水绿,良苗新栽,落红泛其中,白鹭时下",见此情景,油然"甚乐";当二麦成熟,"薰风鼓之,若翠涛苍波,浩渺无际,恍然在蓬壶临碧海也",见此情景,甚是快乐;当秋雨晴,"穋将登,而穜方茂,黄委绿铺,烂若云锦",见此情景,更是"乐甚"。四是按时间、节气而有序地生活与劳作。以每日的作息为例,则是"寅而兴,午而馌,晡而方息";以四季的劳作为例,则是"蕃秔秫菽麦瓜蔬之种,时而播之,勤而灌,粪耘耨,以敛之时"。五是快乐生活的场景,这位农民已经一语道出,即"春酝初香,堂有宾醉,秋赋先足,门无吏喧,出与樵牧胥怡,入与妻孥偕愉,吾焉往而不乐!稻花麦英,吾兰麝也。蚓唱牛鸣,吾咸韶也。菘葵笋蕨,吾八珍九鼎也"。这是在交纳国课之后的悠闲生活。六是生活简素,但乐在其中,甚至认为超越了富贵人家的快乐。如这位农民自言:"驷马高盖,孰与牛背之坦如;穹台广厦,孰与桑荫之廓如。"就农民生活的

① 朱有燉:《诚斋杂剧》25《新编河嵩神灵芝庆寿》,《朱有燉集》,第380—381页。

② 朱有燉:《诚斋杂剧》4《新编神后山秋狝得驺虞》,《朱有燉集》,第60页。

快乐而言，正如杨守陈的评论所言，确实必须基于以下两大前提：一是以社会安定为保障，“非治世，则不能以有乐农”；二是基于自足的精神，亦即农民必须“安其业”，且“无慕乎外”，对外在的物质没有更多的羡慕。①

正是基于上述两点，农民方易获得幸福感，并随之成为士大夫仕途遇到挫折后的最后归宿，甚至由衷感叹“只是为农好”。如王弘撰有《只是为农好》诗，认定农民可以做到“收成乐岁时”。据王氏诗歌所云，农家生活之乐，在于以下三点：一是“焚鱼供酒醉，扫云出门迟”，这是说生活之悠闲；二是“稚子煨炉火，山妻摘鬓丝”，这是说家庭之乐；三是“况兼官税足，心事老天知”，这是说收成后，赋薄徭轻。② 陈确的《农夫乐》诗，可以作为王弘撰诗的补充。按照陈确的描摹，农民的快乐来自以下三个方面：一是年成丰收，“麦满场，豆满场，丝满箱，新打菜油香”；二是粮价的低廉，或“市米如糠”，或“石米惟消蚕一筐”；三是“官私无扰真乐康”，“田主替我完官粮”。③

当然，尽管农民幸福感具有整体的一致性，但同样会因为家庭生计的差异而有所不同。对于普通的农家而言，他们的生活相对简朴一些。这正如钱穆所论：“五口之家，百亩之田，上承祖父，下传子孙，安其居，乐其业，安其土，乐其俗，自给自足，无忧无愁。人各自尊，而相亲相合，即勤劳，即欢乐，人生本身即是一乐，更无在人生中需另求快乐一想法。”④这显然是一种基于普遍生存状态意义上的知足之乐。而对于那些“富村翁”来说，生活的内容会无疑更显丰富，生活水平也随之提高。正如明人李开先在《富村翁》诗中所云：“家世本山丘，事业惟田畴。经年一到县，半生不到州。赴斋乘牝马，宰社椎肥牛。熯干一雨足，谈笑复歌讴。多收十斛麦，心轻万户侯。黍谷归仓廪，高声便唱筹。历书不会看，何以辨春秋？花开是春种，花落是秋收。晦前月如盘，朔后月如钩。胸中无别虑，身外复何求？”⑤可见，富村翁的生活虽然还是以知足为前提，但相较于小农而言，他们在物质生活层面则显得更为优裕。换言之，同样是幸福与快乐，却依然存在着家庭生计的差异。

---

① 杨守陈：《杨文懿全集》卷9《农乐记》，载张寿镛辑：《四明丛书》，第26册，广陵书社2006年版，第16105—16106页。

② 王弘撰：《北行日札·只是为农好》，载氏著，孙学功点校整理：《王弘撰集》，下册，西北大学出版社2015年版，第1024—1025页。

③ 陈确：《陈确集》，《诗集》卷4《七言古诗·农夫乐》，下册，中华书局1979年版，第696页。

④ 钱穆：《略论中国音乐》，载氏著：《现代中国学术论衡》，生活·读书·新知三联书店2001年版，第286页。

⑤ 李开先：《闲居集》卷1，载《李开先全集》上册，第43—44页。

若与商人相较，农民幸福感的获取，完全基于自足的精神，而不是生活水平的显著提升。明人张文昌作有一首《贾客乐》诗，云："年年逐利西复东，姓名不在县籍中。农夫税多常辛苦，弃业长为贩宝翁。"张藉有一首《野老歌》，云："岁暮犁锄倚空室，呼儿登山收橡实。西江贾客珠百斛，船中养犬长食肉。"张碧有一首《农夫诗》，云："运锄耕劚侵晨起，陇畔丰盈满家喜。到头禾黍属他人，不知何处抛妻子。"[①]这三首诗，可谓写尽商之乐、农之苦。

事实确乎如此。一旦弃农就贾，商人就得以"姓名不在县籍中"，免除诸多烦苛的农业赋税与徭役，通过逐利而获取"珠百斛"的财富，进而享受"船中养犬长食肉"的富裕生活。以徽州商人为例，即使是"纤啬之夫"，也可以做到"挟一缗而起巨万"，随之发家致富。一旦致富之后，徽州的大商人，尤其是那些盐商，就可以享受豪奢的生活之乐："入则击钟，出则连骑，暇则召客高会，侍越女，拥吴姬，四坐尽欢，夜以继日，世所谓芬华盛丽，非不足也。"当然，商人起家不易，"易衣而出，数米而炊，无遗算矣"，显得颇为俭啬。一旦经商成功，到了他们的子弟辈，就不知创业、稼穑之艰难，无不"斗鸡走狗，五雉六枭，捐佩外家，拥脂中冓"。如此的生活，"乐则乐矣，忧亦随之"。[②] 换言之，商人在享受豪奢的世俗之乐之后，难免也有家族趋于衰败的忧患。

从徐一夔《织工对》一文可知，织工快乐、幸福感的获取，主要得益于心乐甚至贫乐。这是基于内心自我满足之后的一种幸福感。换言之，织工之乐，在于从劳动获取快感。毋庸讳言，明代织工的劳作生活极其艰辛。他们替机主织布，每日劳作至夜里的二鼓；工作的环境不善，甚至"老屋将压"；工作的强度很大，使他们整日疲惫不堪，甚至"苍然无神色"。即使如此，织工还是能在工作中寻求快乐，"一唱众和，其声欢然"。至于其中的原因，织工已经一语道破，即"此在人心，心苟无贪，虽贫乐也；苟贪，虽日进千金，只戚戚尔"。换言之，尽管织工的劳作极其辛苦，但每日可以从机主那儿获取"二百缗"的工钱，并以此赡养父母、妻子；尽管织工"食无甘美"，但也可以凭借工钱而过着一种"不甚饥寒"的日子。再加上自己所织之布极其精致，并且"为时所尚"，这既保证了他们能及时获取家庭生活的资源，又从自己创造的劳动产品中获取一定的荣誉感。正是因为织工"无他思"，即没有更多的物欲追求，又将每日的辛苦劳作视为日常生活的常

① 陈益祥：《陈履吉采芝堂文集》卷13《木铎》，《四库全书存目丛书》影印明万历四十一年刻本。

② 汪道昆：《太函集》卷2、18《汪长君论最序》《蒲江黄公七十序》，黄山书社2004年版，第49、381页。

态,没有怨言,所以才能“发乎情者而成声,同然而一音,不自知其为劳也”。①

至于渔夫、樵夫生活之快活,朱有燉在乐府小令中多有描摹。其中说渔夫道:“小小船儿棹沧波,其实的快活快活,打得鱼来笑呵呵。醉了和衣卧,醒后推蓬坐,谁似我。”说樵夫道:“挑月穿云入烟萝,其实的快活快活,山径归来唱樵歌。困拂苍苔卧,闲对清泉坐,谁似我。”②可见,渔夫、樵夫的快活,并非富裕的生活,而是基于自足精神之上的自由与悠闲。

六、小　结

有一种观点首先需要加以辨析。这种观点认为,幸福感是社会进化史的产物。在社会进化的不同阶段中,甚至可以用三个主题词加以概括,即农业化的主题词是“温饱”,工业化的主题词是“富强”,而信息化时代的主题词是“幸福”。③当然,将幸福仅仅视为信息化时代的产物,这一观点并非完全符合历史的实际。毫无疑问,对幸福生活之向往和追求,可以说是不同时代、不同经济和文化背景下人们的共同欲求。从这一意义上说,幸福似乎可以成为一种普遍主义的价值理想。至于其中的差别,不过限于人们对幸福的理解,会伴随着时代变迁与文化价值的转移而不断发生变化。④ 进而言之,不同的时代,有着不同的幸福观,并且会影响其获得幸福的方式。就此而论,明朝人自然有明朝人的幸福观,它既不同于宋朝人,同样也与清朝人相异。

就明朝人的幸福、快乐而言,显然存在着社会阶层性差异。天地间万物皆有快乐,如鸢乐于天,鱼乐于渊,草木乐于春候,虫乐于秋。人也如此,各个社会阶层均有自己基于本业之上的幸福与快乐,如“农乐于野,工乐于肆,商贾乐于市,仕者乐于朝”。⑤ 这无疑是指各社会阶层从劳作中获取的幸福感,亦即劳作时一种幸福的心理状态,并未深入到具体的生活方式层面。相较而言,袁宏道对各色

---

① 徐一夔:《始丰稿》卷1《杂述・织工对》,载谢国桢选编、牛建强等校勘:《明代社会经济史料选编》,下册,福建人民出版社2004年版,第121页。

② 朱有燉:《诚斋乐府》1《小令・题渔樵耕牧图乐府四篇(有序)》,《朱有燉集》,第502页。

③ 苗元江:《从幸福感到幸福指数——发展中的幸福感研究》,《南京社会科学》2009年第11期,第108页。

④ 王露璐:《幸福是什么——从亚里士多德与密尔的幸福观谈起》,《光明日报(理论版)》2007年11月13日。

⑤ 罗伦:《一峰文集》卷6《乐静堂记》,上海古籍出版社1991年版,第711页。

人之快乐境界的讨论，显然已经涉及到幸福、快乐是借助于何种生活方式才得以获取。袁宏道认为，“画船箫鼓，歌童舞女”，此为“豪客”之乐；“奇花异草，危石孤岑”，此为“幽人”之乐；“酒坛诗社，朱门紫陌，振衣莫厘之峰，濯足虎丘之石”，此为“游客”之乐。①

明代的士大夫掌握着整个社会的话语权，包括对幸福生活感知的话语表达。士大夫之乐，显然并非苟且而获。当百姓流离失所，失于安宁，或所处并非其地，或所交并非其人，大多很难得到快乐。唯有当国家强盛，四方无事，“圣明”在上，朝政清明，百官尽职，民生得遂，士大夫在“暮劬于职务”之余，得以“适意于旷闲萧散之滨，以坐玩夫时物之发育可乐”，而后再将快乐的心境用诗歌的形式表现出来，这在杨士奇的心目中，算得上是“乐之至也”。② 梁潜也有与杨士奇相同的感受，即士大夫在朝同样可以获取快乐。当然，这种快乐并非完全借助于“嘉时胜集、樽酌淋漓”这样一种生活方式，而后得以“乐其乐”，而是“四方无事，朝廷清明”的大环境下，士大夫得以在朝尽职、交游、讲学，即“交游盛而志气同，进无讳忌之嫌，退有讲学之益”。这种盛朝时士大夫的内心快乐，显然需要通过“咏歌”而得以“畅其志气，发其欢欣”。③

袁宏道所谓的“幽人”之乐，在某种程度上与山林之乐相近。至于山林之乐的生活样式乃至内心感受，明代有一位乐静处士已经做了如下的描摹：“无车马之喧，无圭衮之华，无楼台之壮，无声色之娱，无刀锯之辱，无奔走伺候之劳，渔樵与侣，麋鹿与群，花径小车，孤舟水清，风时至，明月自来，境无往不静，心无往不乐。”④虽然山林生活样式的表达方式各有不同，但至少有以下两点则归于一致：一是“境无往不静”，即从静谧的外在环境中洗涤内心的骚动，进而超越市廛喧嚣；二是“心无往不乐”，即借助于山林幽境而获取内心的快乐感。

当然，山林之乐，无论是外在的生活样式，还是内在的心性所骛，也是各有不同。麻城人毛凤崖即使是身处山林，“婆娑丘壑”之时，还是“恒以礼义灌溉此心，以廉耻润色此身，以勤俭训子孙”，且以此作为获取快乐的途径。⑤ 这是身处

① 袁宏道著，钱伯城笺校：《袁宏道集笺校》卷5《锦帆集》之3《尺牍 · 兰泽、云泽兄》，上册，第211页。

② 杨士奇：《东郭草亭宴集诗序》，《明文海》卷258，第2704—2705页。

③ 梁潜：《中秋宴集诗序》，《明文海》卷257，第2692页。

④ 罗伦：《一峰文集》卷6《乐静堂记》，第711页。

⑤ 敖英：《东谷赘言》卷下，载《豫章丛书》，子部第2册，江西教育出版社2002年版，第155页。

山林、心系朝廷的典型例证，且同样构成山林之乐的别样方式。照理说来，士大夫身处山林，理应享受一种“放逸”之乐。但是，即使是“放逸”之乐，明代士大夫所追求的也并非“世俗之乐”，而是一种“离俗之乐”。这就是说，诸如高台广厦，嘉木森布，葩花之烂然，香气之芬馥，管弦歌舞，日相聚而欢宴淋漓，这多为豪奢者所尚，属于世俗所趋之乐。这是一种“尚物”之乐，然往往朝荣而夕悴，不能持久。但士大夫凭借的是自己潇洒离俗之资，襟抱清旷，超然如出人境而立于埃氛之表。尽管有时他们也不免尚物，但他们所尚之物，正如明人杨士奇所言，不在耳目之娱，意趣之适，而在于自己的德性。①

幸福、快乐感固然是一种心理的愉悦感觉，但幸福、快乐感的获取，必须借助于外在的物质形式。这就是袁宏道所谓的“人情必有所寄，然后能乐”。至于所寄之物，则各有不同：或以“弈”为寄，或以“色”为寄，或以“技”为寄，或以“文”为寄。自古以来的达人、高人之所以在快乐的心境上高人一层，主要还是因为他们“情有所寄，不肯浮泛虚度光景”。反之，若是情无寄托之人，即使终日忙碌，还是会如有所失，无事而扰。如此之人，即使面对美景，也是不生快乐；若是面对铁床、铜柱、刀山、剑树，更是心生惶恐。简言之，人若情无所寄，就会生活在一座“活地狱”中。② 所寄之物，形式各异，却均属物欲层面的东西。如袁宏道所谓的以“色”为寄，到了明末人宋懋澄那里，即已流变为一种美人之乐。宋懋澄坦率承认，自己尽管已经可以做到“万事了不动心”，但“惟见美人不能无叹”。③

究明代士大夫幸福、快乐的理想生活世界，实则可以从以下两大样板中得以反映：一是仁厚之里，是幸福、快乐的生活环境；二是太古之民，是生活简朴、心性自适的快乐之人。

仁厚里位于江西吉安府吉水县西北同水乡，旧名“皈宗”，是明代名臣周忱的家乡。周忱休致回到家乡后，因为家乡免于“浇薄之俗”，成就“仁厚之风”，才将其更名为“仁厚里”。至于仁厚之风，则主要体现在以下三个方面：一是伦理有序，如“为父必率义以齐其家，为母必躬慈以训其子，兄友乎弟，弟恭乎兄，子必孝于亲，孙必服乎祖，夫妇有别而男女无渎，尊卑有序而交友克信”；二是社会安宁，如“为学必务乎诗书，治生必勤于农圃，贫穷患难有相恤之恩，婚姻死丧有相周之义，众不暴于寡，富不吞乎贫，盗贼以息，争讼不兴”；三是生活幸福，如

① 杨士奇：《东里文集》卷1《翠筠楼记》，第7页。

② 袁宏道著，钱伯城笺校：《袁宏道集笺校》卷5《锦帆集》之3《尺牍·李子髯》，上册，第241页。

③ 宋懋澄：《与顾八》又，载《尺牍新钞》卷2，第63页。

“赋役无逋负之愆，岁时有往还之乐，室家有胥庆而和气雍容”。[1] 仁厚里无疑是士大夫理想生活的样板，而“仁厚”之风则成为幸福、快乐生活的人文环境支撑。

太古之民的例子，见于关西汉阴县的子午谷。其中两位老叟，均为“山中学究”，即生活在山中的教书先生。他们在山中，“策杖行歌，意似逍遥”，过着一种“自适”的生活。生活的自适，主要体现在以下两个方面：一是不闻世事，如同闲云野鹤，即“力田收谷，可供饘粥，酿秫为酒，可留亲友，临野水，看闲云，世事百不闻”；二是不与官府相交，即“浚池养鱼，灌园艺蔬，教子读书，不识催租吏，不见县大夫”。如此的山中生活，被明人敖英视为“真太古之民”。[2] 可见，“太古之民”同样是士大夫理想生活的样板，而简朴、真率的“太古”之风，则成为幸福、快乐生活的另外一种理想表达。

仁厚里、太古之民两种生活样板的重塑，足以证明明代士大夫在面对商业化、城市化浪潮时，将人们“不知足”的生活追求转而退回到“知足”的生活境遇，而后将幸福生活建立在古老的秩序传统之上。由此而来者，则是“贵不如贱，富不如贫”之论甚嚣尘上。这种说法的立论基础还是建立在“知足”之上。如贵者贪荣竞进，不知退止；富人钻核持筹，营利不休，汶汶碌碌，无所比数。富贵如此，但因识趣凡陋，轻自贬抑，为了求得更富更贵，不惜奴颜婢膝，耻辱不顾。卑鄙至此，门第家风，一扫而尽。若是如此，倒不如身守贫贱，尽管只是“茅屋一区，竹床一筐”，借助于“点瑟方希，昭琴亦鼓”，其间反而“有曲可舞可歌”。[3] “贵不如贱，富不如贫”一说的流行，与其说是“孔颜之乐”的重新回归，倒不如说士大夫在快乐生活追求上的无奈退缩。

---

① 周忱：《双崖文集》卷1《仁厚里记》，载氏撰，吴志远注译：《双崖文集辑录与译注》，人民出版社2018年版，第65页。

② 敖英：《东谷赘言》卷下，载《豫章丛书》，子部第2册，第155页。

③ 王畿著，阎海文点校：《樗全集》卷8《十戒药石·卑鄙十》，商务印书馆2019年版，第293页。

余　　论

从各个层面系统梳理、剖析明代生活质量之后，理应在此基础上加以总结性的探究。这种总结性的探究，显然基于以下两个座标：一是纵向的座标，从时代变迁的视角考察明代生活质量的递嬗；二是横向的座标，从地域、社会、阶层的视角考察明代生活质量的内在差异性。

就纵向的座标而言，明代的生活质量无疑随着时代的变迁而递嬗，并由此呈现出阶段性的差异。就横向的座标而言，无论是南方与北方，还是腹里与边地，或者城市与乡村，甚至在同一区域之内，明代生活质量呈现出区域性的差异。除此之外，明代生活质量尚存在着二元的结构差异性。这种生活质量的二元结构，不仅反映在治世与乱世、丰年与荒年的差异性上，同样体现在社会阶层方面贵贱、贫富之间的区别上。

一、时代变迁与生活质量递嬗

生活质量随时代变迁而递嬗。就一个朝代而言，尽管有着整体性的生活质量面貌呈现，但实则并非一成不变，而是因时代变迁而呈现出不同的生活质量样貌。明代时代变迁与生活质量递嬗之间的关系，主要体现在以下两个方面：一是社会流动导致生活质量的不确定性；二是生活质量的动态变迁，即明代生活质量呈现出阶段性的特征。

（一）社会流动导致生活质量的不确定性

揆诸明代的城乡社会，社会流动无时无处不在，且因社会流动而导致生活质量的不确定性。顾起元关于明代南京的一则记载，大抵反映了社会流动性与百姓生活之间的关系。[①] 细绎这段史料内涵之义,除了说明南京人的民风有浮惰、奢靡两个面相之外,尚包括以下两点:一是外地人不断进入南京城,且垄断了典当、绸缎、盐店等铺面。这是一种横向的社会流动,却引发了贫富的更替。二是城市居民贫富之间的上下流动。外来人逐渐把持民利,而南京本地的土著因为浮惰、奢靡,慢慢沦为贫民。城市如此,乡村亦不例外。谚语所云"千年田,八百主",基本说明农村频繁的土地买卖行为,其背后的真谛则是"细民兴替不时",[②]亦即社会阶层的上下流动。城乡社会流动的广泛存在,尽管不免在一定程度上加剧了贫富分化,但至少说明明代社会充满着"活力",且不时冲决着社会阶层的"固化"。

1. 平稳的社会流动与生活质量变化

相较于"民变"一类的剧烈的暴力革命,及其由此而来的朝代更替,平稳的社会流动更是明代社会流动的一种常态。平稳的社会流动包括由上往下与由下往上两个流动态势,并由此导致社会阶层的跃升及其下降,进而影响到生活质量的升降。

明代实行的科举取士,由此形成一个独特的"科举社会"。科举社会的最大特点,就是社会流动的频繁,用明朝人的话语概括,即当时的社会是一个"善变"的社会。这种科举社会的频繁流动,明朝人江盈科已经给以总结成一条变化规律。其向上的流动规律为:贫穷之家→温饱之家→文墨之家→簪缨之家→富贵之家;其向下的流动规律为:富贵之家→歌舞之家→鬻贷之家→贫穷之家。[③] 可见,在明代科举社会的大背景下,一个人或一个家族社会地位上升的要诀在于勤俭,然后读书仕进;而其社会地位的下降,则在于骄奢淫逸,浪费不赀。

(1)由下往上的流动与生活质量的上升

社会流动的动因,既可以通过自己的辛勤劳动而致富,而后改变社会地位,提升生活质量,但更多的则是通过科举而使自己从平民阶层跻身于特权性的士大夫阶层。

无锡华氏家族的崛起,就是最好的一个例证。华氏是南齐孝子华宝的后裔。至南宋时,自开封回到老家无锡。其后,"迁于隆亭,衍于堠阳,望于鹅湖,而今

---

① 顾起元:《客座赘语》卷2《民利》,中华书局1997年版,第67页。

② 杜文澜辑:《古谣谚》卷27《田土谚》,中华书局1984年版,第418页。

③ 江盈科:《雪涛小说·善变》,上海古籍出版社2000年版,第34—35页。

益振于途林”。途林华氏的勃兴,不得不提及华庄。华庄,字守庄,父华宗昽,母邹氏,是五兄弟中最小的一个。因为华庄由朱氏庶出,所以自幼不敢“与诸兄齿”,于是别居途林,“屋庐弊陋,田园毁顿,于鹅湖诸宗不敢望焉”。但华庄凭借“力田勤家”的劳作,再加之“节缩衣食”的俭约,最终发家致富,“家以日饶”。发家成为地主之后,华庄又以宽厚对待佃农。若是佃农因为困难,不能及时缴租,他就让他们缓交;有时遇到水旱灾害,他就将佃农之租尽行蠲免。为此,赢得佃农的感恩,纷纷按时交租。发家之后,华庄又命儿子华昶追随名师学习,且通过自己的力学,最后高中进士,选入翰林,任职户科给事中。不久,华庄及其妻子杨氏,凭子而贵,得到朝廷的封诰。①

顾鼎臣、陆起龙两人,也是依靠科举而提升家族社会地位的成功典范。顾鼎臣,苏州府昆山县人,是他父亲晚年婢女所出的“孽子”,不被父母礼遇。再加之生活贫苦,只好在古寺中读书。一有闲暇,则与一群无赖小儿,盗取邻家的狗烹食。有时柴薪不够,就劈寺中木偶、罗汉“供爨”。如此行为,尽管受到邻人的讥诮,但顾鼎臣仍然我行我素。陆起龙,苏州府太仓州人,年少时“攻苦僧舍”,也“偷狗作馔”,甚至“辍伽蓝代爨”。他曾有诗句云:“夜半拳羹犹未熟,伽蓝再取一尊来。”②顾、陆两人,年少时的生活困境相同,所负才名、性格俊爽也相同,尽管后来的仕途稍有差异,顾氏入阁,陆氏仅为小僚,但两人均通过科举而跻身于缙绅阶层,成为社会流动的成功典范。

在明代的社会流动中,固然可以凭借力农与勤俭致富,而后使自己的社会地位上升,但假若没有科举的成功,以及随后的科名、官爵地位,很难维持永久富贵。明初有一个贫家致富,而后衰败的例子,就是最好的证据。史载苏州一户贫穷人家,后来生计日裕,“不数载,藏镪百万”;不久,撤去原先的住房,重新修建豪宅。时日未久,仍然“贫落如故”。史料的记录者,借助于刘基之言,仅将此家发家的原因归于修建房屋上梁时所择时辰之吉,并将衰败的原因归于“更置此屋,旺气一去”。③ 这无疑是一种迷信的话语,实际上发家与衰败的原因,显然较此复杂许多。但有一点必须承认,在明代社会中,贫民致富成为富民之后,必须依靠科第成功,方可维持家族长盛不衰。如明人王士性就认为,嘉兴之俗与苏州相近,湖州之俗与松江相近。尤其是湖州,在浙江号称最富,富民甚多。但嘉兴、

① 王鏊:《震泽先生集》卷26《华封君墓表》,载氏著,吴建华点校:《王鏊集》,上海古籍出版社2013年版,第369—370页。

② 沈德符:《万历野获编》卷8《内阁·顾文康陆少白》,上册,中华书局2004年版,第225页。

③ 陆粲:《庚巳编》卷10《上梁日时》,中华书局1997年版,第116页。

湖州二府的缙绅之家，“非奕叶科第，富贵难于长守”。[①] 科名及其由此而来的功名官爵，成为了长守富贵的力量保证。

（2）由上往下的流动与生活质量的下降

明代社会由上往下的社会流动，固然源起于家族内过分的炫耀性消费，但权力、官位的不稳定性，显然也是其中的原因之一。有时一旦权力、官位失势，甚至遭受“籍没”家产的惨状，家族顿时陷入困顿，生活质量骤然下降。

因为炫耀性消费而导致荡产衰败的例子，在明代不胜枚举。兹举一例为证。如有一位陈姓之人，家住苏州府常熟县涂松。陈家颇为富饶，但因夸奢而无节制，最后导致家族衰败。其骄奢淫逸的奢靡生活，从下面三个例子中足可窥见一二：一是陈家每次设宴聚会，所备的肴馔，如鸡、鹅之类，在每一人前，必须“具备头尾”，亦即整只的鸡鹅；二是陈氏有一次曾舟泊苏州城市的沙盆潭，买蟹做蟹汤，因为蟹小，不堪做汤，“尽弃之水”，扔掉不用；三是陈氏狎昵一妓，替她制作金银首饰，被妓女嘲笑吝啬，一气之下就将金银首饰全都投入水中，重新打制。如此骄奢生活，时日一久，就导致积岁欠负朝廷税赋，再加之沉重的官府物料价格，在地方官的追征下，随之“荡产”。无奈之下，只得“僦屋以居，妻辟纑自给”。邻居中的一位老人，可怜他的劳苦，“持白酒一壶、豆腐一盂馈之，一嚼而病泄累月”。[②]

由于明代政治制度结构的先天局限性，明代的大臣、权臣、大珰的政治权力地位，通常操持在君主手上。得宠，自然飞黄腾达，家族由此发达；一旦失宠，不止失去了权势，甚至还会遭到“籍没”这样的没顶之灾，家族由此衰败。自嘉靖至万历年间，这种“籍没”的惨剧不断上演。士大夫为子孙计，黩货无厌；大珰用事，他们的贪墨更是十倍于缙绅。所以大珰籍没之事，也并非罕见。大臣遭受籍没者，有严嵩、张居正；大珰遭受籍没者，有冯保、张诚。一旦遭受籍没，其家族衰败的惨象，令人可哀：嘉靖时籍没严嵩家时，受到牵连的有义子赵文华。当时赵文华已死，他的儿子系于狱中 20 余年，还是“追不满数”，又累及其女婿屠叔方，当时还是举人，“赔至三万金”。万历年间籍没张居正家时，张居正的长子张敬修，时任礼部郎中，“不胜拷掠，自经死”；至于家中妇女，从赵太夫人而下，“始出宅门时，监搜者，至揣及亵衣脐腹以下”；更有甚者，家中的婴稚，“皆扃钥之，悉

① 王士性：《广志绎》卷 4《江南诸省》，中华书局 1981 年版，第 70 页。

② 邓士龙辑，许大龄、王天有主点校：《国朝典故》卷 70，引《蓬轩类记》3，下册，北京大学出版社 1993 年版，第 1551—1552 页。

见啖于饥犬”。[①]

从文学意象来看，宫殿、苑囿、宅第、园林的兴衰，既是国力兴衰的象征，也是家族兴衰的表征。换言之，宅第、园林背后主人的变换，事实上就是一种财富的流动性。明人唐伯元对此有清醒的认识，他在构筑好醉经楼之后，即有诗云：“小楼新构筑，明岁属谁家？”[②]又在咏李家园林之诗云：“春林翠欲流，繁芳发罗绮。前日是张家，今朝又姓李。”[③]楼阁、园林，在张家、李家之间频繁易手，说明科举社会流动性渐趋频繁。官员一旦失势，或者家族财富衰败，其直接的外在表现，就是宅第的任凭荒废。唐伯元咏林副使宅第诗云：“林公旧地馆，桥畔草萋萋。百年歌舞地，闲在夕阳下。”[④]从“百年歌舞地”，而后沦为“桥畔草萋萋”，甚或从张家易手为李家，实则完成了社会流动的一个轮回。

明代北京东城大街石大人胡同，有一处宅第，是严嵩的旧第，曾三次遭到“籍没”。按照传统的风水理念，几已成为一处不祥之宅。此处宅第，地处阛阓热闹之处，最初的主人是石亨，即为明英宗时忠国公石亨的赐第。石亨败后，无人敢居。后被咸宁侯仇鸾所得。仇鸾在嘉靖年间的权势，完全不下于石亨，但身后被正法枭斩，家产籍没，惨祸更甚于石亨。至万历年间，又成为宁远伯李成梁的赐第，成梁罢镇还京，居于此第。成梁父子六人，均为大帅，且都官至一品，贵盛震于天下。李成梁老病死于牖下，长子李如松战殁，如松胄子李世忠理应继承爵位，但因顽嚣无赖，导致赀产荡尽。最后，只剩下宅第的正寝，尚停有李成梁的灵柩，甚至已过10年也并未下葬，其他房屋，均租给他人，“屠沽嚣杂”。[⑤] 宅第主人的数次更替，其实并非如形家所言，是因为宅第之凶所致，而是正常的社会流动的结果。

2. 剧烈的社会流动与生活质量变化

剧烈的社会流动，大多通过暴力而得以实现。在暴力的肆虐之下，甚至通过暴力而达到改朝换代，必然导致权力结构的更替。在权力更替之际，旧的权贵势力遭到打击而渐趋衰败，新的权贵势力因功而得以晋升，社会流动由此完成。建

---

① 沈德符：《万历野获编》卷8《内阁·宰相黩货》《内阁·权臣籍没怪事》《内阁·籍没古玩》《内阁·籍没二相之害》，上册，第210—213页。

② 唐伯元著，朱鸿林点校：《醉经楼集》卷1《醉经楼四首》，中华书局2016年版，第1页。

③ 唐伯元著，朱鸿林点校：《醉经楼集》卷1《李家园》，第3页。

④ 唐伯元著，朱鸿林点校：《醉经楼集》卷1《林副使旧宅》，第3页。

⑤ 沈德符：《万历野获编》卷20《历法·改居第吉凶》，中册，第530页。

文、永乐之际的靖难之役，崇祯年间大规模的“寇乱”，以及明清之际的两朝鼎革，显然是剧烈的社会流动的典型范例。

（1）**靖难之役与家族生活质量之升降**

自燕王朱棣打出“奉天靖难”的旗号，历时数载，最终完成政权的更替。自此以后，靖难功臣得以封赏，地位上升，家族生活质量随之提高；建文旧臣大多被诛戮，甚至牵连整个家族或株连九族，地位下降，家族生活质量随之下降。

洪武三十五年（建文四年，1402）九月初四日，朱棣下谕，封赏“奉天征讨官员”，生者封爵食禄，死者追封食禄，子孙世袭。封爵有公、侯、伯，食禄从2500石至900石不等。至于荣耀的头衔与称谓，则有“奉天靖难推诚宣力武臣”“奉天翊运推诚宣力武臣”“奉天翊卫宣力武臣”“奉天辅运推诚宣力武臣”“奉天翊运守正文臣”“奉天翊运宣力武臣”，以及“荣禄大夫”“光禄大夫”“右柱国”“柱国”等。[①] 恩赐荣耀，震动一时，新的权贵阶层随之崛起。

反观建文朝的逊国旧臣，正犯均受显戮，甚至遭受“族诛”，家属初发教坊司、锦衣卫、浣衣局并习匠及功臣家为奴。[②] 明成祖即位以后，曾召见建文朝旧臣，陈迪、黄子澄、齐泰、郭任、方孝孺、练子宁、戴德彝、韩永等，均因不服而“皆被族诛”。[③] 自此以后，建文朝旧臣家族，随之一蹶不振。

（2）**崇祯朝的寇乱对社会统治阶层的冲击**

明末，“寇乱”四起，天灾疫疠不断，不仅对吏承、举贡、乡绅、宗室这些享有赋役优免特权的统治阶层造成冲击，更是加深了普通民众的负担。至崇祯年间，由于财政陷入巨大的危机，转而导致军饷缺乏，迫使朝廷不得不征收优免银。随之而来者，不仅是撤销了特权阶层的优免权，而且优免银的征收，更是超过了原先的额数。以湖广襄阳县为例，自崇祯七年（1634），“流寇”入境以后，有乡绅、吏承殒于锋镝，或没于疫疠者，甚至因为贫穷而将土地售于他人，或者“燕去堂存，华屋荒坵”。[④]

崇祯十七年（1644）三月十九日，李自成率军进入北京，引发剧烈的社会动

---

① 邓士龙辑，许大龄、王天有主点校：《国朝典故》卷41，引宋端仪：《立斋闲录》3，中册，第985—988页。

② 邓士龙辑，许大龄、王天有主点校：《国朝典故》卷41，引宋端仪：《立斋闲录》3，中册，第974页。

③ 邓士龙辑，许大龄、王天有主点校：《国朝典故》卷40，引宋端仪：《立斋闲录》2，中册，第947页。

④ 罗明祖：《罗纹山先生全集》卷15《襄邑实录·请减优免详文》，江苏广陵古籍刻印社，1997年版，第1100—1104页。

荡与社会流动，随之导致生活质量的变迁。一方面，参与“民变”且短暂获得政权者，社会地位上升，且通过各种手段积累了财富；另一方面，明朝的官员、富户乃至普通民众，则受到了杀戮、追赃、奸淫之苦，生活陷入困顿。

李自成进京时，曾公开声称“开门者不杀”，目的是得到京城市民的支持与拥护。如大将刘宗敏传谕京城百姓道：“吾来安你百姓，毋得惊惶。你们须用黄纸写‘顺民’二字，粘于额上，兵贴门首，即不杀。”于是，百姓各执香跪迎，门首粘写“顺民”两字，又书“永昌元年，顺天皇帝万岁”。①

事实并非尽然。覆巢之下，难有完卵。当兵燹动荡之际，所谓的大军过后、秋毫无犯，不是出于宣传的需要，就是后来记录者的粉饰之语。李自成大军进入京城后，通过杀戮、追赃助饷等手段，打击旧朝的官宦阶层，且因奸淫等行为而使影响波及普通的民众。

史载李自成的大军初入京城，不甚杀戮，但数日之后，则开始大肆杀戮。如三月二十四日，将勋卫武职官500余员，绑至平则门斩首。即使是那些降而受官的旧朝官员，也被锁取拷打，其目的在于获取“官民藏蓄”。尤其是当打出“追赃助饷”的名头之后，受害者则不仅限于旧朝官员，甚至包括京城的富商居民。此事主要由刘宗敏负责，其办法就是对旧朝勋戚、官员通过夹棍拷打的方法，让他们招认赃银。所定赃银数额，内阁为10万两，部院京堂、锦衣卫指挥使7万两，吏部郎中多则5万两，少则3万两，翰林1万两，其他部曹以“千计”，勋戚没有定数。大抵百官家资万金者，则追赃二三万。若是银数稍不满额，就“再行严比，夹打炮烙，备极惨毒，不死不休”。此外，又锁拿京城富商居民，极刑追逼，导致“死者千余人”。

李自成初入京城时，也曾下令禁止杀戮，云：“如有淫掠民间者，立行凌迟！”民间百姓误信此令，于是安心开张店市铺，“嘻嘻自若”。自追赃助饷令一出，“商人钱货为之一空”，于是满城百姓，“家家倾竭”。如徽州人汪箕，居住在京城，家赀数十万，最后被追赃10万，人也受刑而死。李自成部将，又不受纪律约束，初入百姓人家，借口说“借锅爨”，不久又说“借床眠”，到最后则说“借妻女姊妹作伴”。至于奸淫妇女，则从最初的祸及“挐娼妓小唱”，而后及于良家妇女与子弟，导致妇女因淫污而死者，“井洿梁屋皆满”。②

---

① 计六奇：《明季北略》卷20、23《李自成入北京内城》《刘宗敏传谕》，下册，中华书局1984年版，第456、871页。

② 计六奇：《明季北略》卷20《廿五日癸丑拷夹百官》《奸淫》，下册，第477—480页。

3. 职业流动与生活质量升降

明初立国，实施重农的国策，士、农、工、商的“四民”社会随之确立。与此相应者，则是士大夫群体中存在着一种根深蒂固的观念：一方面，认为治民之道，在于“禁惰游以一其志，劝耕稼以敦其业”。若能禁止游惰，那么就会“土著固，而避劳就逸者无所容”；若能劝人耕稼，那么就会“农业崇，而弃本逐末者不得纵”。唯有如此，方可“赋役可均而国用可足”。假如不劝耕稼，任人游惰，则会导致“户口耗儿赋役不可得而均，地利削而国用不可得而给”。① 可见，就是要建立一个小农社会。在这一小农社会里，农为本，商为末。另一方面，虽说士、农、工、商有一个先后排列的顺序，但也不得不承认，这四者均为正当的职业。如薛瑄认为，“士农工商之业，为之必有实效”。② 刘宗周认为，士、农、工、商四民之业，均不会“废学”，“即道即艺”。换言之，每一种职业中都可以求得至道。但就职业而言，四民“大小则有判”，只有士才堪称“四民之首”。③

明代中期以后，有一个现象颇为值得重视，这就是职业流动及其由此引发的职业分化。在小农社会中，“男耕女织”既是维系家庭生计的常态，又是士、农、工、商“四民”社会的基础，然现实社会则是赋役日重，作为维系小农社会的主要劳动力的农民，并不能通过耕织生涯而保持衣食自足甚至发家致富，反而倒是工、商更能发家致富，提升生活质量。由此则引发了职业分化。若将视野转向苏州当地百姓的生计，且以利润与辛劳程度作为从事生计的评判标准，无疑已经出现了一种与传统社会大为不同职业分化倾向：从事农业经营，仅有一倍的利润，且最为辛劳，而从事这一职业的仅仅是一些“愚懦之民”；从事百工匠作，则有二倍的利润，但也较为辛劳，从事这一职业的是“雕巧之民”；从事商业经营，则有三倍的利润，且相对轻松，从事这一职业的是“心计之民”；若是在商业经营中，专门从事贩盐，则有五倍的利润，且根本无甚辛劳，从事这一职业的是“豪猾之民”。④ 工、商二业的异军突起，大抵已经说明以农业为主的小农社会的根基已

---

① 周忱：《双崖文集》卷3《与行在户部诸公书》，载氏撰，吴志远注译：《双崖文集辑录与译注》，人民出版社2018年版，第202页。

② 薛瑄：《读书续录》卷5，载薛瑄著，孙玄常、李元庆等点校：《薛瑄全集》，第3册，三晋出版社2015年版，第982页。

③ 刘宗周：《论语学案》3《子路第十三》，载吴光主编：《刘宗周全集》，第1册，浙江古籍出版社2007年版，第446页。

④ 顾炎武著，黄珅等点校：《天下郡国利病书》，《苏州备录》上《常熟县·郊聚》，第1册，上海古籍出版社2012年版，第468页。

经发生根本性的动摇。

对于身入匠籍的工匠而言,这种职业的流动,显然得益于班匠银的出现及其由此而来的工匠身份的部分自由。于是,在南、北两京,出现了“豪匠冒合”的现象,不仅苏州、松江两府的工匠丛聚南、北两京,而且在一户工匠名色之下,隐蔽了不少“乡里之逃避粮差”之人,甚至包括他们的家眷,并且发家致富。① 此外,陕西西安府华州之柳子镇,有“千家铁匠”,因为不堪官府的科派及其私需,纷纷“逃去三边买卖,遗女子以支门户”。② 工匠群体中的职业分化及其流动,无疑对于改善这一群体的生活质量,带来了至为深远的影响。

尤堪注意者,则是四民之首的士阶层的内部分化。细言之,这种分化体现在以下三个方面。

其一,士人“失职”及其新的职业动向。早在宋玉的《九辨》中,即已有“寒士失职而志不平”之慨,其意是在感叹春秋、战国游士风颓,世事不古。③ 明末清初大儒顾炎武,认为三代之时,“民之秀者,乃收之乡序,升之司徒”,方可称为“士”,可见士为“有职之人”;春秋以后,士乃“群萃而州处”,导致“游士日多”。④ 其意是说士必须“有职”,方能“有事”;一旦“失职”,就会成为“游士”。清代学者章学诚在顾炎武之说的基础上,进而认为,那些“无职”之人,如果失去了上升的机遇,就会成为与农、工、商一样的“无秩之人”。⑤ 至于这些“失职”之士的社会流动,正如明人王士性所云:“近日采隽之士,不羁笼于学校,则高者每逃于山人。而其不肖者无所肆其欲逞之心,往往为放僻邪侈。如东南民变,而丁仕卿即以塾师为之首,可镜已。”⑥至于“失职”之士成为山人,在晚明相当普遍。⑦ 如常熟人陈霁峰,为博士弟子员,曾在上海韩氏、杜氏诸家处馆。后归常熟,“谢去诸

① 周忱:《与行在户部诸公书》,载陈子龙等编:《明经世文编》卷22,第1册,中华书局1997年版,第174页。

② 顾炎武著,谭其骧、王文楚、朱惠荣等点校:《肇域志》,《陕西·西安府·华州》,第3册,上海古籍出版社2004年版,第1349页。

③ 转见章学诚:《乙卯札记》,中华书局2006年版,第186页。

④ 顾炎武著,黄汝成集释:《日知录集释》卷7《士何事》,中州古籍出版社1990年版,第168页。

⑤ 章学诚:《乙卯札记》,第185—186页。

⑥ 王士性:《掖垣稿》卷上《题为敷陈天下大计乞赐圣明采择以定国是以光盛治疏》,《王士性地理书三种》,上海古籍出版社1993年版,第426—427页。

⑦ 参见陈宝良:《明代儒学生员与地方社会》,中国社会科学出版社2005年版,第351—357页。

生业，称山人”。[①] 其中最著名者，当数陈继儒、王穉登。陈继儒自弃巾以后，初时的生活是“退而躬耕菽水，结茅小昆山之阳。修竹白云，焚香宴坐，豁如也”。[②] 假若如此终其一身，陈继儒绝不会成为山人的楷模，至多是默默无闻的清修之士。事实上，陈氏也曾周游天下，以山人自居，而且到处打秋风。[③] 王穉登，字百谷。弱冠补弟子员，后入太学，未几就京闱，以父讣不终试。“于是归，始弃博士家言，一意千秋业矣”。[④] 所谓的“千秋业”，即指做山人。

其二，因“弃儒就贾”或“弃贾就儒”现象的出现，最终导致“士商相混”或“士商互动”现象的出现。弃儒就贾或者士、商相混，无疑是明代社会史与思想史真实的“一面相”，在这社会现象的背后，则是代表了士商互动及其儒学的新转向。[⑤] 在明代，尽管商而儒、儒而商，出商入儒或出儒入商，不乏其例，[⑥]但商人的理想目标仍是中科举而后出仕。然明代科举仕途日窄，促使一些生员在仕进无门的窘况下，又不得不选择经商而维持生计。如濮阳人刘滋，少为庠生。后因家贫，不得已只好卖掉仅有的不足 20 亩田，“逐十一之利，十余年至数万金”。[⑦] 金楼，字龙翔，海阳五城里人。幼治经生业，沉浮庠序 16 年。后诣学使，谢去衣巾，“走扬州，寘一廛于瓜渚”。[⑧] 诸如此类，均可说明弃儒就贾是明代士人的社会职业流动的新动向。

其三，士人治生之计，呈现出多样化的倾向。在传统中国，读圣贤书的读书

---

① 陈所蕴：《竹素堂稿》卷 1《雩峰陈先生七十寿序》，《四库全书存目丛书》影印明万历刻本，集部第 172 册，台南庄严文化事业有限公司 1997 年版，第 8 页。

② 邹漪：《启祯野乘》，转引自陈国栋：《哭庙与焚儒服——明末清初生员层的社会性动作》，《新史学》1992 年第 3 卷 1 期，第 73 页。

③ 按，张岱曾以“眉公跨鹿，钱塘县里打秋风”一联形容陈继儒。陈氏的山人生活，于此可见一斑。说具张岱：《琅嬛文集》卷 5《自为墓志铭》，岳麓书社 1985 年版，第 201 页。

④ 谢肇淛：《小草斋文集》卷 11《王百谷传》，《四库全书存目丛书》影印明天启刻本，集部第 176 册，第 76 页。

⑤ 相关研究与考察，可参见余英时：《士商互动与儒学转向：明清社会史与思想史之一面相》，载郝延平、魏秀梅主编：《近世中国之传统与蜕变：刘广京院士七十五岁祝寿论文集》，第 1—52 页，台北“中央”研究院近代史研究所 1998 年版；而对明代士商互动关系的具体考察，则又可参见余英时：《中国近世宗教伦理与商人精神》，台北联经出版事业公司，1987 年版，第 104—160 页。

⑥ 譬如，朱节，休宁屯溪人。父以盐策客武林。朱节年十四，补郡诸生。后因父死，遂谢学官，“去而事盐策”。但他在行商之后，仍与士大夫交接，“诸士大夫毕至”。此即其例。说见汪道昆：《太函集》卷 28《朱介夫传》，第 1 册，黄山书社 2004 年版，第 612 页。

⑦ 谢肇淛：《小草斋文集》卷 11《刘滋传》，集部第 176 册，第 69—70 页。

⑧ 程可中：《程仲权先生集》卷 3《金山人传》，《四库全书存目丛书》影印明程胤万、程胤兆刻本，集部第 191 册，第 94—95 页。

人多鄙视体力劳动，信奉的是“安贫乐道”的主张，并以自己作为一介“寒儒”或“贫儒”而自豪。但正如明人所言，圣贤说这样的话，毕竟自己的地位也还挨得过日子，所以可以安得贫、乐得道。但对那些连一亩之宫、环堵之室，或者说负郭之田也没有的穷书生来说，最重要的还是“学必先于治生”。① 显见，在仕进无门的窘况下，士人为了维持生计，必须与社会接触，凭借种种手段，谋取钱财，无论这种手段是合法、合乎社会道德的，抑或非法、为社会公德所不齿的。

就明代士人的社会职业流动而言，尽管也有替人考试、做抢手者，②然终究不是一种经常性的职业。相对说来，除去上面已经论及的经商、弃巾成为山人之外，另有下面几种可以视为士人比较常见的社会职业流动方式：训蒙处馆，养家糊口；入幕，成为幕宾；儒而医，成为职业医士；包揽词讼，成为讼师。③ 据邹学彦的说法，士人在“帖括不售，农贾不验，无所糊口”，且又“不能课声诗、作绘事”的境遇下，“托于印章以为业者十而九”。④ 周亮工也认为，因为取士之额日隘，士人上升没有阶梯，于是“不得不去而工艺”，最终导致“工书画、图章、词赋者日益众”。⑤ 可见，在士人的职业流动中，其托艺以自见者亦复不少，尤其以刻印章为业者居多。

随着职业流动与职业分化的深入，由此带来了两大结果：一是从“四民异业”转而变为“四民相混”。尤其是士与农、商“相混”。这种现象尤以徽州最为常见。一方面，徽州的士大夫之家，“皆以畜贾游于四方”，“天下都会所在，连屋列肆，乘坚策肥，被衣縠，拥赵女，鸣琴跕屣，多新安之人也”，这就是所谓的“士而商”；另一方面，徽州的商人又喜欢与士大夫交往，这就是所谓的“商而士”。⑥ 二是从“男耕女织”向“男盗女淫”的转变。明人田汝蘅不无感慨地叹说，因为“业耕”“业职”者不免饥寒，导致耕者“毁其锄犁”，织者“毁其机杼”。其结果，

---

① 西周生：《醒世姻缘传》第 33 回，上海古籍出版社 1985 年版，第 478 页。

② 如明人梁士济《直陈科场弊习疏》云：“臣乡远在天末，淳朴未离，乃以邻近闽省，学术不端之辈，纷纷来游，不屑生儒渐为濡染，始而替人代考，渐而诱之怀挟，遂诈冒粤籍，半入黉宫。”可见，福建生员入粤替人代考，已成一时风气。康熙《南海县志》卷 15，载中国科学院图书馆选编：《稀见中国地方志汇刊》，第 45 册，中国书店 1992 年版，第 698—699 页。

③ 相关的阐述，参见陈宝良：《明代儒学生员与地方社会》，第 296—357 页。

④ 周亮工：《印人传》卷 1《书金一甫印谱前》，载于良子点校：《印人传合集》，上册，浙江人民美术出版社 2014 年版，第 21—22 页。

⑤ 周亮工：《印人传》卷 2《书程与绳印章前》，《印人传合集》，上册，第 49 页。

⑥ 归有光著，周本淳校点：《震川先生集》卷 13《白庵程翁八十寿序》，上册，上海古籍出版社 2013 年版，第 319 页。

则是"诲其子以盗","诲其女以淫"。[①] 这则不无夸大的记载,实为明代以耕织为主要生产模式的小农社会陷入困境的实录。

(二) 明代生活质量的动态变迁

明代生活质量的动态变迁,无疑与世道、人心、风俗变化有关,但并非完全同步合辙。就世道而言,每一个朝代,大抵都会循着这样的步骤演进:先是创业垂统,而后持盈守成,而后革故鼎新,最后衰极败亡。

若是就整个明代史作为长时段观察的基点,那么,正德年间堪称一个分水岭。在正德以前,则属创业垂统、持盈守成的时期。若再加细分,洪武开国以后的40余年,是创业垂统的时期;自永乐以后,下迄正德,共计8朝124年,则是持盈守成时期。[②]

将洪武一朝视为创业垂统,则毫无疑问。那么,朱棣靖难之后所建立的永乐一朝,究竟可视为持盈守成,还是另外一种创业垂统,显然值得进一步加以辨析。清代小说《儒林外史》的作者吴敬梓无疑对明代历史及其典章制度颇为熟谙,他在小说中,借助一个乡下替人看坟的老人邹吉甫之口,感叹世道的变化。邹氏老人将"洪武爷"与"永乐爷"作了比较,并从酒之由醇厚变为淡薄,转而印证"人情薄了"。老人听自己父亲的回忆,而后加以感叹,这是明清时期风俗记忆的惯用伎俩,是否与事实相符,可以置而不论。但值得引起重视的是,这位邹吉甫老人说出了另外的一番话语,且对明成祖朱棣不无贬斥之意:"本朝的天下要同孔夫子的周朝一样好的,就为出了个永乐爷就弄坏了。"作为一个乡下老实人,本来也无这种见识,他的这种说法,主要听闻于镇上盐店的一位名叫杨执中的管事先生。[③] 可见,对朱棣治下的永乐一朝持贬低的看法,主要还是知识人的看法。

有明一代,是否正如小说所言,全让"永乐爷弄坏了"?这就牵涉到对明成祖朱棣及其永乐一朝的评判问题。朱棣打出"奉天靖难"的旗号,取朱允炆而代之,是一种保持朱家王朝血脉的基础上的别开统绪。朱棣有乃父之风,既有对洪武朝的制度继承,这是持盈守成的一面相;又不乏别开生面,这是创业垂统的另一面相。永乐一朝,在国力上达到了极盛。明末清初人张岱将南京大报恩寺琉璃塔视为"中国之大古董,永乐之大窑器",并进而断言,"非成祖开国之精神,开

① 田艺蘅:《留青日札》卷7《玉笑零音》,上海古籍出版社1985年版,第263页。

② 陈建:《皇明通纪序》,载氏著,钱茂伟点校:《皇明通纪》前,上册,中华书局2008年版,第1—2页。

③ 吴敬梓:《儒林外史》第9回,人民文学出版社1981年版,第94—96页。

国之物力，开国之功令，其胆智才略足以吞吐此塔者，不能成焉”。[①] 可见，从另外一个角度视之，并非如小说所言，明朝全让“永乐爷弄坏了”，永乐一朝仍然可以视为创业垂统。但明成祖终究难免好大喜功，他自己率领大军亲征蒙古残余势力，遣郑和下西洋，建南京大报恩寺塔，建太和山上真武金殿，诸如此类的举动，无不是消耗着国库财力。再加之对建文朝旧臣的血腥镇压，难免在知识人心目中留下不佳的印象。若就整体而言，朱棣永乐一朝，堪称另外一种创业垂统。真正的持盈守成，则当数洪熙、宣德两个时期，而后才有“仁宣之治”，以及随后的成化、弘治两朝。

由永乐一朝的评判，显然又衍生出另外一个话题，即“创业”与“承平”气象之别。像明太祖朱元璋、明成祖朱棣这样的创业之君，当他们身处海内瞩目倾听之时，在法律、规条的制定与实施上，自然是雷厉风行，而后才能做到令行如流，民应如响。当承平之时，作为持盈守成的君子，一切行令，讲究的是长厚，不为激切，甚至法度疏阔。承平日久，人心散而不收，惰而不振，顽而不爽。更为甚者，则是诏令废格，政事颓靡。物垢则浣，甚则改为；室倾则支，甚则改作。明世宗从藩邸入承大统，一如明成祖借靖难而登大宝，是一种别开统绪，于是就有了议大礼，制定事例、新例；张居正在万历幼冲之年，综核名实，整顿纪纲。诸如此类的举动，无不革故鼎新，中兴如同创业。这就是正德以后的革故鼎新时期。万历初年，经张居正改革，九服晏如，民生乐业，确乎可以称为“清和世界”。然居正一死，明神宗大兴土木，厚敛百姓，使得“太平之风”，转而变为“憔悴之象”，[②]明朝慢慢走向衰亡。

在这世道演进的过程中，既有“盛世”，又有“衰世”。就风俗、道德的层面而言，盛世与衰世的道德、风俗，都是“尚同”，但在这“尚同”的大势之下，正如明人吕坤所言，两者却又大有区别：盛世所尚，是同心合德；衰世所尚，是同流合污。盛世是“道德一，风俗同”；衰世则是“逐波随风，共撼中流之砥柱；一颓百靡，谁容尽醉之醒人”，甚至不乏“败常乱俗”与“邪说破道”。[③]

若以盛世与衰世为切入点，且以风俗、道德的变迁历程为例，综合明朝人自己的观察，那么明代的时代变迁，大抵析为以下三种说法。

一是两段论，将明朝分为前后两段，借此以观世变。至于其中分段时间的节

---

① 张岱：《陶庵梦忆》卷1《报恩塔》，上海古籍出版社1982年版，第1页。

② 谢正蒙：《蠲税释逮疏》，载冯奉初辑，吴二持点校：《潮州耆旧集》卷32《谢御史文集》，暨南大学出版社2016年版，第463页。

③ 吕坤：《呻吟语》卷1《谈道》，上海古籍出版社2001年版，第63页。

点，各家说法则稍有不同。如明末清初学者张履祥，以正德为明朝世变的分水岭，将明代的道德、风俗分为前后两段：弘治、正德以前，“行有枝叶”；嘉靖、隆庆以后，则“言有枝叶”。[①] 其意是说，弘治、正德以前，人的行为虽各有不同，但言论趋一；嘉靖、隆庆以后，则不仅行为各有不同，甚至言论也人人各异。唐顺之以常州府宜兴县为例，借此说明嘉靖前后当地风俗由俭趋奢的变化：嘉靖以前，“其俗俭陋而木憨，畏吏而简讼”；嘉靖以后，敦庞之风渐渐泯灭，机利之习稍为兴盛，庶民百姓“巧于捭阖”，豪家富人“竞为浮侈，与吴会争胜”，甚至山谷之氓“或与长吏相诉讼”。[②] 李光缙以福建永春县为例，以嘉靖年间为时间界限，将其风俗区隔为前后两段：嘉靖以前，是如此一番景象：“风俗朴野，民饶于居积，田多土著，自非下户亦有数亩之田可耕。人但知畜佃作为业，非有仰给机利之事，岁丰则野栖亩被，家给人足，凶岁亦可免冻馁之患，境内晏然，称为善邑。”嘉靖以后，则是另外一番景象：“挽近以来，习尚奢侈，富室子弟效游闲公子之华，往往倾赀鬻田。山林田土之利，半入荐绅豪贵有矣。主家悍仆，增夺无已，农人称贷以偿，债贾又从唆之，田中甫空，而瓶已悬罄也。矧水旱频仍，居民嗷嗷待哺。”[③]明末清初大儒顾炎武也持两段论，所不同者，他将明代风俗的变化的时间节点定在万历年间。他认为，万历以前，“法令繁而辅之以教化”，所以世治尚可称为“小康”；万历以后，“法令存而教化亡”，随之导致“机变日增，而材能日减”。[④]

二是三段论，将明朝分为三个阶段。明人张四维就持这种观点。他从“治功”的差别入手，将明朝分为三个阶段：从明初开国，一直到天顺年间，这一阶段总体可以定为“草昧初定”时期，其治理之法则是“务在生息，抚育惠和”；至成化、弘治之际，治功则达到极盛，所谓“三光大明，万物咸若，猗与盛矣”；嘉靖以后，则为“多事”之秋，一如张四维所云：“迩岁北虏陆梁，边邑震动，而草奸水孽往往窃发，加以天灾荐臻，民用失业，视昔盖多事矣。”[⑤]

三是四段论，以四季变化为喻，将明朝分为四个阶段：从明初立国，到弘治年

---

① 张履祥：《杨园先生全集》卷 40《备忘二》，下册，中华书局 2002 年版，第 1093 页。

② 唐顺之著，常州市唐荆川研究会编：《唐荆川诗文集》卷 11《赠宜兴尹林君序》，凤凰出版社 2012 年版，第 304 页。

③ 李光缙撰，曾祥波点校：《景璧集》卷 8《邑尉王实斋君弭盗安民碑》，上册，福建人民出版社 2012 年版，第 347 页。

④ 顾炎武著，黄汝成集释：《日知录集释》卷 9《人材》，第 202 页。

⑤ 张四维：《条麓堂集》卷 22《送杜培亭宰华亭序》，载氏著，张志江点校：《张四维集》，中册，上海古籍出版社 2018 年版，第 600 页。

间达到"綦隆"。这是第一阶段,相当于冬至以后、春分以前之时。在这一阶段内,家给人足,不仅"居则有室,佃则有田,薪则有山,艺则有圃",而且"催科不扰,盗贼不生,婚媾依时,闾阎安堵",甚至还"妇人纺绩,男子桑蓬,臧获服劳,比邻敦睦"。若是加以比喻,既可与汉代的文景、唐代的贞观、宋代的太平相比拟,又可与三代之治相比隆。正德末、嘉靖初,这是第二阶段,相当于春分以后、夏至以前之时。在这一阶段内,风俗已是"稍异",不仅"出贾既多,土田不重,操资交捷,起落不常",而且"能者方成,拙者乃毁,东家已富,西家自贫",甚至还"高下失均,锱铢共竞,互相凌夺,各自张皇"。随之而来者,则是"诈伪萌矣,讦争起矣,芬华染矣,靡汰臻矣"。嘉靖末、隆庆年间,这是第三阶段,相当于夏至以后、秋分以前之时。在这一阶段内,风俗已是"尤异",不仅"末富居多,本富尽少,富者愈富,贫者愈贫",而且"起者独雄,落者辟易,资爰有属,产自无恒",甚至还"贸易纷纭,诛求刻核,奸豪变乱,巨猾侵牟"。随之而来者,则是"诈伪有鬼蜮矣,讦争有戈矛矣,芬华有波流矣,靡汰有丘壑矣"。自隆庆以后,直到万历年间,这是第四个阶段,相当于秋分以后、冬至以前之时。在这一阶段内,风俗更是"迥异",不仅"富者百人而一,贫者十人而九","贫者既不能敌富,少者反可以制多",而且"金令司天,钱神卓地,贪婪罔极,骨肉相残",甚至"受享于身,不堪暴殄,因人作报,靡有落毛"。随之而来者,则是"鬼蜮则匿影矣,戈矛则连兵矣,波流则襄陵矣,丘壑则陆海矣"。①

论及明代生活质量的动态变化,不能不关注富人这一社会阶层的变迁。明人蒋一葵根据自己的观察,发现了一个北京富人阶层的演变规律,且为当时的人所普遍认同,这就是:弘治时,世臣富;正德时,内竖富;嘉靖时,商人富;隆庆时,侠客富。一至万历以后,京城则已无富人。② 毫无疑问,富人阶层的内在演变理路,则可以从另外一个侧面印证明代生活质量的动态变迁。

其一,弘治年间,世臣富。所谓世臣,特指可以世代承袭之臣,尤指有公、侯、伯爵位之臣,此外尚包括世袭武臣,但并不包括因科举而仕进的文臣。世臣最富的原因,在于因功勋而得以封爵,且可以世袭,并由此而享受相当优渥的禄粮。更有甚者,有些世臣通过奏讨田地或凭借特权而隐匿税粮或纳税人户,借此积累财富。

---

① 顾炎武撰,黄珅等校点:《天下郡国利病书》,《凤宁徽备录·歙志·风土论》,第2册,上海古籍出版社2012年版,第1025—1026页。

② 蒋一葵:《长安客话》卷4《郊垧杂记·甕山》,北京古籍出版社2001年版,第73页。

其二，正德年间，内竖富。所谓内竖，指的是内官，亦即宦官。明初限制宦官权力，悬牌禁止宦官干预朝政。然自永乐以后，宠用宦官之例陆续出现，至王振擅权，一度达到顶峰。至成化朝，又有汪直掌管西厂，权倾一时。随权力而来者，则是宦官财富的积聚。

明代中期以后，权势显赫的宦官大多积累很多的财富，各朝均是如此，尤以正德一朝为甚。如弘治十一年(1498)冬十月，太监李广因有罪处死。在搜查李广的外宅时，曾搜出一帙纳赂的簿籍。簿中所载，有诸如“某送黄米几百石，某送白米几千石”的记载，通计数百万石。[①] 其中所谓的“黄米”“白米”，其实就是黄金与白金。可见，宦官通过纳贿而积累巨大的财富，已成明中期以后的通病。如明人沈德符直言，万历年间，“大珰用事者，其贪墨或十倍于缙绅”。[②] 又如天启年间，太监捐助大工或捐助辽饷，所捐银子，动辄高达 1 万两，[③]足见太监家中之富。

正德年间，太监搜括民财，蔚然成风，且无所不用其极。尤其是权监刘瑾，更是假借“富国”之名，巧取横敛，动辄找文臣的“公错诖误”，借此罚取米粟，从最初的 100—200 百石，渐渐增加到 1500 石，导致文臣“坐此破家者甚众”。[④] 正德三年(1508)，各地地方官赴京朝觐。刘瑾借此机会向朝觐的地方官勒索钱财，每一个布政司，必须“送银二万两，方放回”。这些勒索到的钱财，随即被刘瑾等分用。[⑤] 至于刘瑾所积累的财富，不妨参看下面一张抄没的家产单子：“金二十四万锭又五万七千八百两，元宝百万锭，银八百万(按：据前文意，疑缺一“锭”字)又一百五十八万三千三千六百两，宝石二斗，金钟二千，金钩三千，玉带四千一百六十束，狮蛮带二束，金银汤盍五百，蟒衣四百七袭，牙牌二匮，穿宫牌五百，金牌三，衮袍四，八爪金龙盔甲三千(按：《国榷》作三十)，玉琴一，玉宝印一颗。[⑥] 抛去其他财宝的价值不计，单就刘瑾家中的黄金、白银的数量言之，黄金总数多达 12057800 两，白银总数多达 259583600 两。如此巨额的财富，大抵印证了正德年间“内竖富”的说法。

---

① 黄光昇：《昭代典则》卷 23，上海古籍出版社 2008 年版，第 644 页。

② 沈德符：《万历野获编》卷 8《内阁·宰相黩货》，上册，第 210 页。

③ 刘若愚：《酌中志》卷 22《见闻琐事杂记》，北京古籍出版社 2001 年版，第 192 页。

④ 陈洪谟：《继世纪闻》卷 2，中华书局 1985 年版，第 83—84 页。

⑤ 陈洪谟：《继世纪闻》卷 2，第 80 页。

⑥ 陈洪谟：《继世纪闻》卷 3，第 91 页；王鏊：《震泽长语》卷下《杂论》，载氏著，吴建华点校：《王鏊集》，上海古籍出版社 2013 年版，第 593 页。

其三，嘉靖年间，商人富。这就牵涉到商人崛起且跻身富人阶层的时间问题。这可以徽州商人崛起为例加以说明。近人汪德渊是徽州歙县大里人，据他所著《今事庐笔乘》所载，早在宋代淳熙年间，歙县还是“山限壤隔，民不染他习，勤于山伐，能寒暑，恶衣食”。至正德末、嘉靖初，则风气稍异，“出贾既多，土田不重”。针对这一说法，今人许承尧有不同的见解。他根据自己家族的家谱有“正统时已出居庸关运茶行贾”的记载，断言歙县商人出贾风习，由来已久，而正德末、嘉靖初之说，不过是“举其概略”而言。①

即使如此，商人崛起且跻身富人阶层之列，应该说还是在正德末、嘉靖初以后，尤其是嘉靖、隆庆以后，淮海以南，最有财富的家族，以商人而论，则为山西高氏、宋氏、韩氏，歙县吴氏、汪氏；以田产而论，则为三吴徐氏、杨氏、董氏。就财富占有者的身份而论，商人经商与士大夫经营土地之间，则迭为消长。如万历年间，“师征关酋”，歙县人吴养春上疏，愿输饷银 30 万两，家中吴时俸、吴养京、吴养都、吴继志、吴养春、吴希元 6 人均被赐为中书舍人。② 一出手，即捐输 30 万两银子，足见徽州商人之富。嘉靖、隆庆、万历时期，徽州商人崛起之后，导致当地物力极盛。以徽州歙县溪南为例，汪道昆曾撰有《水嬉记》一篇，描摹歙县深秋山水极其工丽，且可反映当时的游况。张灯宴饮，尤其是“水嬉”，楼船之中，有歌舞，有箫鼓，可行厨。这次盛游的主人，是溪南人吴虎臣及其侄子吴仲实。由此水嬉一事，当时徽州歙县物力之盛，富室之侈，可以想见。③

其四，隆庆年间，侠客富。嘉靖、隆庆年间，崛起一批侠客，或称“游侠”，或称“驵侠”，游走于边地与京城，甚至参与内阁首辅复出如此重大的政治事务。在这些侠客中，尤以吕光、邵芳最为闻名。吕光，又名吕需，别号水山，浙江崇德人。年少时因杀人而亡命河套，因此备知阨塞险要。他先是干谒曾铣、夏言，请求恢复河套；晚年又游于徐阶门下，成为幕客。在徐阶与高拱之争中，凭借自己的机智，替徐阶化解危机。后吕光游走京城，“以赀得官”。④ 邵芳，号樗朽，南直隶丹阳人。隆庆三年（1569），徐阶、高拱俱告家居。当时废弃的各位官员，为了能被重新启用，就醵集数万两银子，与邵芳商量，让其找到一个“主者”。邵芳先

---

① 许承尧撰，李明回、彭超等校点：《歙事闲谭》卷 1《歙人出贾时间》，上册，黄山书社 2014 年版，第 14 页。

② 许承尧撰，李明回、彭超等校点：《歙事闲谭》卷 4《吴士奇征信录中之货殖传》，上册，第 109 页。

③ 许承尧撰，李明回、彭超等校点：《歙事闲谭》卷 4《溪南水嬉》，上册，第 163—164 页。

④ 沈德符：《万历野获编》卷 8《内阁 · 吕光》，上册，第 215—216 页。

以策干求徐阶，不为所用。后前往新郑谒见高拱，被高拱引为上宾，“称同志”。于是，邵芳用所聚银子，干求太监陈洪，谋求高拱复出为相，而陈洪也采用邵芳的计谋，代掌司礼监的大印。① 这些侠客在参与政治的过程中，借此致富，使自己跻身富人之列。

从富民阶层之转移乃至变迁，大抵可以窥见明代生活质量的内在演变，然就其总体趋势而言，随着社会流动的加剧，流寓富且土著贫应该说是一个大的变迁方向，②而后才有“商贾富”“游侠富”，乃至工匠发家致富例子的不断涌现。当然，若以明代为例，其生活质量的变迁历程大致可以分为三个阶段：一是从洪武立国到天顺年间（1368—1464），通过休养生息的调整，国力正处于上升阶段，人们的生活质量从战乱中得以逐渐恢复及提高；二是从成化、弘治到万历初年（1465—1581），经过明代初期近百年的恢复，国力大增，财富积累，百姓生活质量达臻顶峰；三是从万历初年直至明亡（1582—1644），战乱纷起，天灾不断，百姓负担随之加重，生活质量骤然下降。

明代历史的分期与生活质量之间的关系，既有合辙的趋同性，也有脱轨的趋异性。两者之间的关系，复杂而多样化。若是将历史分期代之以时代变迁，那么，生活质量的变化显然与时代变迁具有一种趋同性。

1. 生活质量的恢复及提高期：从洪武立国到天顺年间（1368—1464）

从洪武立国，直至天顺年间，各朝皇帝所制定并执行的官方政策，无不在于通过休养生息，而后逐渐恢复并稳定百姓的生计，进而使百姓生活质量有所提升。举例来说，如颁布重农之训，崇尚节俭，以此作为裕财之本；薄敛税赋，以此作为足食之原；禁止游惰，以保证足够的劳动力；节省力役，不夺百姓的农时工夫；正定田土经界，使百姓田土不为外戚所占；平均田里，以免豪户的侵夺；贵重五谷，贱视金玉，专务农桑，多种桑树。诸如此类的措施，无非是为了“宣其德意，作其农功，劝相有方，贪暴不作”。③ 细言之，可从以下几个方面观之。

其一，教导子孙，了解农民的勤苦，以此确立农桑为立国之本。如明太祖教

① 沈德符：《万历野获编》卷8《内阁·邵芳》，上册，第218页。

② 晚明南京秦淮河河房之变迁，正可替“流寓盛”“土著贫”下一注脚。据吴应箕记载：“南京河房佳丽者有三变，二十年前皆本京富贵家所有，四方人士置者十之一耳；十年以来为本京有者，十无二三；数年以来，非任子税差官所买，十无一二而已。”参见氏著：《留都见闻录》下卷《河房》，南京出版社2009年版，第27页。

③ 屠勋：《厘正祀典疏》，《明经世文编》，第1册，第804页。

谕太子,令太子遍历农家,仔细观察农家的居处、服食、器用,以使太子深知农民勤苦之劳。洪武末年,命秀才追随春坊官分班入直,至御前陈说民间利害、田里稼穑等事。明成祖教谕皇太孙,深得太祖心法。永乐七年(1409),明成祖驾幸北京,作为皇太孙的明宣宗随行。道路所经,明成祖就让宣宗亲至农家,遍览农具及其衣服,且"谕以农民勤苦之事"。① 如此的教育方法,使得重农、节俭、轻徭、薄赋诸项措施,得以在明初至中期得到有效的贯彻与实施。

其二,重视农桑,以农桑立国。洪武十八年(1385)二月,明太祖朱元璋在下达给户部的谕旨中,就直称"农桑衣食之本",希望通过重视农桑政策的实施,使"野无不耕之民,室无不蚕之女,水旱无虞,饥寒不至"。为此,他严令户部申明天下,要求"庶民各守其业,不许游食,庶民之间,不许衣锦绣"。② 这一政策,在其后的历朝中得到很好的继承。如宣德初年,浙江杭州、嘉兴二府属县,添设劝农主簿。成化元年(1465),在山东、河南等各布政司,添设劝农参政,并添设府同知、通判、县丞各一员。这些添设的官员,其专门的职掌就是劝农、治农,不再参与其他地方事务。③

其三,禁止百姓游惰。重农与禁止游食相辅相成。禁止游惰,实则就是将农民束缚在土地上,安心于勤作,进而成为朝廷合格的纳税人。这一政策的触角甚至及于佛寺的整顿。有鉴于佛寺通常会成为隐匿囚徒、逋卒的场所,明初官方通过由僧录司造《周知文册》之法,加强对游方行脚僧人的控制。④ 毫无疑问,这一政策在明初地方上得到了很好的贯彻与实施。如河南荥泽知县张本,到任之后,"驱游惰悉归之南亩"。在河南有一种习俗,但凡男女盲人,大多"弹琵琶,道鄙俚,歌扬载道",借此维持生计。鉴于这种弹唱形式,会导致"男女聚听,通宵不止,礼度悉愆,耕织或废",张本就"立皆禁绝,瞽者皆去,境内风俗顿变"。⑤

其四,实行减免赋税等休养生息之策,以遂百姓生理。早在吴元年(1367)六月,为了进一步让百姓得以休养生息,朱元璋下令,免除徐州、宿州、濠州、泗

① 邓士龙辑,许大龄、王天有主点校:《国朝典故》卷41,引宋端仪:《立斋闲录》3,中册,第1001页。

② 黄光昇:《昭代典则》卷9,上海古籍出版社2008年版,第243—244页。

③ 沈德符:《万历野获编》卷12《户部·劝农》,上册,第318页。

④ 余继登撰,顾思点校:《典故纪闻》卷5,中华书局1981年版,第88页。

⑤ 薛瑄:《文清公薛先生文集》卷22《荥泽令张宗原墓志铭》,《薛瑄全集》,第2册,第599—600页。

州、襄阳、安陆等府税粮徭役三年。① 洪武元年(1368)正月,随着国势已定,天下次第太平,在“生息之道”上,朱元璋曾征询刘基的意见。刘基认为,“生息之道,在于宽仁”。针对“宽仁”之说,朱元璋的看法显然又比刘基思考更为周全。他认为,生息之道的根本,是在讲究宽仁之外,再给百姓实惠。换言之,宽仁必须建立在阜民之财、息民之力之上。阜民之财,在于节用;息民之力,在于省役。在此之上,通过“明教化”以使百姓“知礼义”,“禁贪暴”以使百姓“遂其生”。② 这一与民休养生息之策,一直成为明朝的“大经大法”,且为后来的继承者所遵奉。正是在这一点上,明成祖朱棣自承身处“守成之日”,理当让百姓“安养生息”,不应“严法为治”,对百姓有所伤害。③

经过上述四个方面的努力,明初百姓生活水平得以从战乱中恢复,且逐步得到提高。休养生息的最大功效,就在于使百姓安于南亩生活。福建长乐人郑琳,读书耕耨,执勤耒耜,而不求闻达,自号“耽犁生”。针对郑琳的个人生活经历,练子宁在《耽犁赋》中,也不得不坦然承认,因为洪武建国,摆脱了元末的战乱,才为郑琳之耽犁及躬耕南亩生活提供了便利条件。元末之战乱与洪武之太平,形成了两个鲜明对照的世相:当元末之时,苍生纷籍,转徙沟壑未已;洪武立国,偃武修文,生致太平,出斯民于涂炭,化愁怨为欢声。随之而来者,则是“四海之内,无一夫之不获,皆女织纴而男农耕”。④

如何看待洪武一朝百姓的生活质量?这需要从明太祖朱元璋与左春坊左赞善刘三吾的对话中加以进一步的分析。洪武十八年(1385)二月,朱元璋曾问近侍之臣:“今天下百姓安否?”刘三吾回答:“陛下威德,四方无虞,盗贼屏息,岁比丰登,民皆安乐”。三吾的回答虽属实情,但不无夸饰颂谀。听闻此言,朱元璋不无自知之明,道:“天下人民之众,岂能保其皆安。朕为天下主,心常在民,惟恐其失所,每加询问,未尝一日忘之。”⑤心常在民,唯恐百姓流离失所,就能恩德及民,起到“化愁怨为欢乐”的功效。

在洪武三十三年(建文二年,1400)前后,常见于史籍记载的太平景象出现了,这就是“道不拾遗”。史载建文四年之中,正值“太祖朝纪法”之后,朝廷奉行一种“惇大”的政策,治化之效,被夸为“等于三代”。史称建文朝:“一时士大夫

① 黄光昇:《昭代典则》卷4《太祖高皇帝》,第78页。

② 黄光昇:《昭代典则》卷5《太祖高皇帝》,第96页。

③ 余继登撰,顾思点校:《典故纪闻》卷6,第105页。

④ 叶盛:《水东日记》卷14《耽犁手卷》,中华书局1997年版,第143—145页。

⑤ 黄光昇:《昭代典则》卷9,第243页。

崇尚礼义,百姓乐利而重犯法,家给人足,外户不阖,有得遗钞于地,置屋檐而去者。"①

在这一时间段内,其间因明成祖的好大喜功而使国库、民力稍有受损。至正统初年,明英宗因幼冲而深居大内,不议朝政,太监王振肆志擅权,"胡寇"乘机,最终导致土木之变,从国力以至民生,均出现了短暂的危机。② 但因洪熙、宣德两朝继续维系休养生息的国策,既使朝廷"国用有余""财利无制",又使"官民相安",民生得遂,所以天下号称"太平"。③ 正如正德朝时顾鼎臣所言,明代自朱元璋开国以后,创制立法,田有定额,赋有常经,催办、征收、兑运、存留、赈济等事,一概载于令甲。上足国用,下固邦本,至为精密。直至成化、弘治以前,百官承式,兆民乐业,"治安"长达140余年。④

综上所述,明初的生活质量显然受到社会性质的制约。明初的社会具有以下三大特征,且在一定程度上制约着人们的生活质量:一是"四民"社会的确立。在这一职业等级社会里,士农工商,各专其业,职业分工明确,诸如:农民尽力于畎亩,士人笃于仁义,商贾专门用来沟通四方物品的有无,工匠专力于技艺。这种"四民"等级社会,归根结底是以小农经济为基础。二是追求一种节俭型消费的社会。借助于"四民"等级以维系社会安定,而后通过崇尚节俭,禁止奢靡,借此足国裕民。这种节俭型消费的社会,看似有着宏大的目标,譬如要达臻"人安物阜""致治雍熙",实则就生活质量而言,仅仅是维系人们的基本生存需求而已。三是社会控制严厉,人们生活缺少自由度。明初立国以后,一方面,通过礼制的确立,规范人们的服食、房舍等级,严禁百姓僭越礼制;另一方面,则借助于法律的禁令,进一步制约百姓生活的自由。明初朱元璋令户部颁发的榜谕,医生、卜筮一类的人员,只能居住在原籍,不得远游外乡,甚至出入作息,也必须告知乡邻。假若有人远游他乡,甚至藏匿他境,成为失去国家控制的游民,则会被处以"迁之远方"的惩罚。⑤

---

① 顾起元:《客座赘语》卷1《革除》,中华书局1997年版,第29页;祝允明:《野记》卷2,载氏著,薛维源点校:《祝允明集》,下册,上海古籍出版社2016年版,第847页。按,相同的记载,亦见邓士龙辑,许大龄、王天有主点校:《国朝典故》卷32,引祝允明《野记》2,上册,第522页。

② 邓士龙辑,许大龄、王天有主点校:《国朝典故》卷48,引李贤《天顺日录》,中册,第1145页。

③ 邓士龙辑,许大龄、王天有主点校:《国朝典故》卷53,引尹直《謇斋琐缀录》1《翰林故事》,中册,第1256页。

④ 顾鼎臣:《顾文康公文草》卷1《陈愚划积弊以裨新政疏》,载氏著,蔡彬点校:《顾鼎臣集》,上海古籍出版社2013年版,第41页。

⑤ 余继登撰,顾思点校:《典故纪闻》卷4,第74页。

从洪武年到永乐年间颁发的一系列榜文来看，国家的控制力量十分强大，令人们失去了诸多的生活自由，既有流动的自由，又有穿衣戴帽的自由，甚至还有唱戏之类娱乐的自由。洪武二十二年(1389)三月二十五日的榜文规定，南京城中只要有军官、军人学唱，就会被割了舌头；有人学下棋、打双陆，就会被断手；有人学蹴鞠，就会被卸脚；有人学作买卖，就会被发配到边卫充军。洪武二十六年八月，要求礼部颁发榜文以晓谕天下，军民、商贾、技艺，官下家人、火者，均不许穿靴子，违者处以极刑，借此维护唯有官员方可穿靴子的特权，强调服饰生活上的官民之别。永乐九年(1411)七月初一日，经刑科署都给事中曹润等上奏，明成祖下令颁发榜文，规定百姓倡优装扮杂剧，所演内容，除了“神仙道扮，义夫节妇，孝子顺孙，劝人为善，及欢乐太平”不加禁止外，但凡有“亵渎帝王圣贤之词曲、驾头、杂剧”，一律在榜文下达5日之内，“都要干净将赴官烧毁了，敢有收藏的，全家杀了”。①

人身自由度是判定生活质量高低的重要标准之一。这种自由，既包括不为户籍所束缚的自由迁徙及其选择生活居住地的自由，又包括在衣食住行及其娱乐等方面自主选择生活方式的自由。无论是“四民”职业等级社会的确立，还是对节俭型消费社会的追求，甚至加强社会控制诸多措施的实施，无不证明这一时期生活质量的最大特点，仅仅是建立在农桑社会基础上的低层次的生活维系。进而言之，生活观念上“劳作”居首，以生产带动经济发展，通过辛勤劳作而维系小农社会的基本生活，而后积累财富，而不是将生活视为一种建立各自财富之上的“享受”，消费型社会尚未得以确立。

2. 生活质量的顶峰期：从成化、弘治到万历初年(1465—1581)

从成化、弘治到万历初年，是明代生活质量达到顶峰的时期。就这一时段而言，先有成化、弘治的盛世，后有隆庆封贡之议及张居正改革之后的短暂安宁与繁荣，中间亦有正德、嘉靖两朝内忧外患所致的社会动荡，以及给百姓生活带来的负面性影响。

明代整体性的生活质量，无疑以江南生活作为风向标；而就江南生活而言，则尤以苏州为风向标。究其原因，还是因为苏州在明代久已引领时尚潮流，且“苏样”“苏意”已经成为明朝人生活的样板。早在宣宗、英宗两朝，得益于周忱

① 顾起元：《客座赘语》卷10《国初榜文》，第346—348页。

的抚治,江南已是年谷屡登,不睹兵革,甚至“家有囷积,里有灌输,公庾有红腐”。① 成化以后,苏州的繁华更是达到极盛。明人王锜对苏州的繁华有详尽的描摹。从王锜的记载不难发现,自成化以后,苏州再度繁华,且达到极盛。这种繁盛,不仅体现在城市街道的繁华景象上,而且体现在光彩耀目的游冶生活上,更体现在“人性益巧而物产益多”,乃至“人材辈出,尤为冠绝”上。至于这种繁盛景象的重现,说是“气运使然”,当然是带有玄学色彩的话头,并不令人信服,但将其视为明代历朝“休养生息之恩”,显然符合事实。② 反观温州百姓的生活,同样可以证明至弘治年间,“方内承平,禁网疏阔,人多温厚,称易治”,甚至达到了“财殷物阜”的境地。③

在后世士大夫心目中,成化、弘治时代无疑是一个盛世,甚至可以比拟三代。他们通常借助于长老的回忆,对成化、弘治的盛世景象歆羡、赞叹甚至留恋不已。明人张瀚从大学士李东阳与刘健互以地讳的相谑中,断言成化一朝的政治氛围是“太平和德”,而后才有士大夫的“儒雅风流”。④ 至于明孝宗,当其降生之时,士大夫借助于天降祯祥的兆头,诸如“黄河清一月”,以及“甘露降于郊坛松柏”等等,借此证明明孝宗是“太平天子”,是“天意”所在。⑤ 再加之右文尚儒,彬彬兴治,使整个弘治时代,“君臣恭和,海内熙洽,四夷即序,兆亩允殖”,真正称得上是“太平有象,千载一时矣”。⑥ 这就是说,在后世士大夫的心目中,明代的国家治理,通过长时期的休养生息,至弘治一朝,已经达臻“极盛”。在弘治时期,不但“众正有弹冠之庆”,而且“士君子方乐于仕进,以行其志”。⑦

成化、弘治时期的盛世生活景象,不妨借助于长老的回忆,加以重新描摹。归有光通过年少时得自长老的听闻,将成化、弘治年间视为“天下太平”,甚至可

---

① 申时行:《赠抚台周公》,《明经世文编》卷381,第5册,第4129页。

② 王锜:《寓圃杂记》卷5《吴中近年之盛》,中华书局1997年版,第42页。

③ 侯一麟撰,蔡克骄点校:《龙门集》卷9《郡风俗志》,上海社会科学院出版社2006年版,第156—157页。

④ 张瀚记道:“宪庙时,大学士李东阳楚人,与洛阳刘学士健同朝。一日候驾丹陛下,日初出,刘顾李曰:‘晓日初薰学士头。’李应声曰:‘秋风正贯先生耳。’楚俗多干鱼,洛阳有盗驴之谚,彼此盖恶相嘲,而拈对整捷。二公诚儒雅风流,乃当时太平和德,亦可想而可见也。”此即其例。参见张瀚:《松窗梦语》卷6《盛遇纪》,中华书局1985年版,第114页。

⑤ 陈洪谟:《治世余闻》上篇卷1,中华书局1985年版,第1页。

⑥ 王廷相:《王氏家藏集》卷23《李空同集序》,载氏著,王孝鱼点校:《王廷相集》,第2册,中华书局2009年版,第423页。

⑦ 林希元撰,何丙仲校注:《林次崖先生文集》卷7《〈王一朧先生文集〉序》,上册,厦门大学出版社2015年版,第266页。

以“比隆于成、康、文、景之世者”。这种盛世景象,体现在以下两个方面:一是禁网疏阔,“吏治烝烝不格奸”;二是士大夫弃官家居之后,以诗书、文艺为乐,过着一种高致风流的生活。①

盛世之中,显然已经埋下了一些隐忧。弘治时期虽号称治世,在刘大夏的眼里,却已是“民穷财尽”。究其原因,正如刘大夏所言:“近年征敛,恐不止于常制。姑以臣巡抚地方言之,如广西取铎木,广东取香料,费用钱粮,动以万计。”②一至正德年间,社会开始出现动荡,百姓生活质量有所下降。这主要体现在以下四个方面:一是皇家设立皇庄、皇店,开始与百姓争利,进而影响到民生。二是权阉刘瑾的危害,诸如查盘粮草时的勒索,导致“商贾困敝”;③对朝觐官员勒索银两,导致官员借债,而后官员通过“括取民财”,偿还债务,最后还是影响到地方百姓的生计。④ 三是百姓的赋役负担日益加重。至正德间,法制大坏,府、州、县的总书、书手,通同贪污;官吏上下之间,关节相通,造作奸弊,无所不至。官员的贪暴诛求,再加之豪强兼并,最终导致“民农流亡,抛弃田土”。⑤ 尤其是催收税粮的粮长,更是负担不堪其重,“州县一年之间,辄破中人百家之产”。⑥ 四是社会日趋动荡。正德五年(1510),因为刘瑾日益专恣骄横,导致霸州人刘六、刘七、齐彦名等“因是鼓众为乱”;⑦又陕西、宁夏指挥何锦,千户周昂、丁广等谋反作乱,以诛杀刘瑾为名,杀死巡抚都御史安惟学、镇守太监赵弼、总兵姜汉等,谋立安化王寘𬯀为主。⑧ 其最大的动乱,就是宁王朱宸濠在江西的叛乱。诸如此类的原因,导致整个正德一朝,“权奸用事,冗滥靡费,蠹耗无余。天下之财,尽归权室,公私赤立,国非其国”。⑨ 公私“赤立”中的“私”,其实就是百姓生活质量的下降。

嘉靖年间,内忧外患频作,百姓生活再度下降。北边蒙古势力不时破边墙而入,甚至导致“庚戌之变”。东南沿海,时遭倭寇骚扰。尤其是自嘉靖三十一年

---

① 归有光著,周本淳校点:《震川先生集》卷10《送许子云之任分宜序》,上册,第236页;归有光著,周本淳校点:《震川先生集》卷32《郑君汉卿寿藏铭》,下册,第529页。

② 陈洪谟:《治世余闻》上篇卷2,第18页。

③ 黄光昇:《昭代典则》卷24,第692页。

④ 黄光昇:《昭代典则》卷24,第692页。

⑤ 顾鼎臣:《顾文康公文草》卷1《陈愚划积弊以裨新政疏》,《顾鼎臣集》,第41—42页。

⑥ 顾鼎臣:《顾文康公文草》卷1《陈愚划积弊以裨新政疏》,《顾鼎臣集》,第44页。

⑦ 陈洪谟:《继世纪闻》卷3,第87—88页。

⑧ 陈洪谟:《继世纪闻》卷3,第88页。

⑨ 黄光昇:《昭代典则》卷26,第759页。

(1552)以来,倭寇蹂躏浙江、南直隶、山东,以至福建、广东,波及沿海万里,甚至直入腹里淮、扬、徽、太、杭、嘉、金、衢之间,窥伺南京,“裂国家幅员之半而焚掠之,所在为墟,于是用兵以百万计,费金钱不计其数,杀人如麻,弃财若泥”,正可谓“宇宙以来所无之变矣”。[①] 与此同时,社会治安日趋恶化。以南京为例,在正德以前,闾里间的窃盗案件颇少,至于强盗案更是很少出现。一至嘉靖末年,城内已是盗贼益肆,剽劫纵横,甚至有些现任官员也遭受其害。[②]

内忧外患给民生带来了极大的危害。以浙江温州府为例,在弘治、正德之际,号称“治郡”,“恬熙承平,民不知兵”;到了嘉靖之末,则“岛夷内讧,骤薄城下,相顾无兵,内地被其蹂躏”。[③] 以福建泉州府为例,连遭倭寇荼毒,“长驱肆卤,前若无人,所至残破,连岁不解”。[④] 在兵燹之余,泉州一府,已是“生齿未繁,文物未炽”。[⑤] 随社会动乱而来者,则是东南地区百姓负担的加重,财富慢慢集中于权臣,生活质量随之下降。明代财赋,依赖于东南苏州、松江、常州、嘉兴、湖州五府,其中财帛之供,力役之供,所需以办,经费占总数的十之五六。自内忧外患出现之后,“江淮、吴越之间,萧然特甚”。[⑥]

若是将考察的视野集聚到南京的脚夫,那么从嘉靖初年到嘉靖中期以后,生活质量的下降已是相当明显。在嘉靖初年,在南京城内的市口或十字路口,脚夫常常数十群聚,穿戴整齐,“阔边深网,青布衫裤,青布长手巾,鞔鞋”,人也都很肥壮。人家有大事,譬如行礼娶亲,这些被雇的脚夫,穿的是青布褶子,人也都有行止。至嘉靖中期以后,即使是在极其繁富的市口,所能见到的脚夫,也不过三五个黧瘦之人,“衣衫蓝缕,无旧时景象”。[⑦] 究其原因,还是在于财富集中于权臣之手。如嘉靖初年,籍没权臣朱宁的货财,除去金银珠宝、古董之外,金子多达105000两,银子4980000两。[⑧] 在权臣搜括之余,官家府库渐趋空虚,百姓脂膏

---

① 沈一贯:《论倭贡市不可许疏》,《明经世文编》卷435,第6册,第4759页。

② 顾起元:《客座赘语》卷2《巡逻》,第49页。

③ 李光缙撰,曾祥波点校:《景璧集》卷5《温州府志序(代)》,上册,福建人民出版社2012年版,第226页。

④ 庄履丰著,陈建中、陈秋红点校:《庄梅谷先生文集》卷5《送郡伯邹公擢副闽宪视海道序》,商务印书馆2018年版,第52页。

⑤ 李光缙撰,曾祥波点校:《景璧集》卷1《贺宪大夫王公进参闽藩叙》,上册,第15—16页。

⑥ 傅夏器著,阎海文点校:《傅锦泉先生文集》卷1《赠钱鹤州令江阴序》,商务印书馆2019年版,第8页。

⑦ 顾起元:《客座赘语》卷5《建业风俗记》,第170页。

⑧ 王鏊:《震泽长语》卷下《杂论》,《王鏊集》,第593—594页。

日渐枯竭。

正德、嘉靖年间,在经历了短暂的民生下降之后,至隆庆、万历初年,民生随之得以恢复,生活质量又达到了一个新的高峰。在这一时期,社会恬熙,赋役负担日渐减轻,百姓生活安宁。这主要得益于高拱主持的隆庆封贡款虏,以及张居正在万历初年所实施的一系列改革。

封贡款虏,固然会导致边兵"渐顿而为弱"的恶果,①且在一定程度上加重了国家的财政负担,导致国家财政入不敷出。② 但就其大势而言,封贡之后,边地兵革不兴,百姓免受锋镝之苦长达 40 年,显然对于边地百姓的安养生息意义重大。在东南沿海的福建泉州,在嘉靖年间的兵燹之后,在经历了隆庆一朝的休养生息之后,至万历初年,堪称已是"恬熙已久,污莱尽辟"。其结果则是"文事兴而武备弛":"道路诗书,阛阓子史;负耒之家,转习觚翰;纨绔之胄,亦芗簪缨。"③

高拱的功绩在于做成封贡一事,给西北边地带来安宁。而张居正的功业,则在于从"实心"任事出发,就朝政、赋役诸方面加以全面的革新。尽管居正的行事因为过于操切而遭人质疑,但至少有以下两点得到时人及其后来之人的肯定:一是为国为民、勇于任事的精神。如茅元仪对张居正的评价很高,认为张居正其人,应在"伊尹之下,霍光之上"。④ 二是张居正在位 10 年之间,因改革而使"海内乂安",甚至被誉为"比隆成、昭"。这一功业已被谢肇淛所承认。⑤ 张元忭也认为张居正"十年翊赞之劳",不容泯灭。尤其是筹边一事,更使"十余年西北晏然"。⑥ 正是基于这些事实,蔡瞻岷将张居正的地位上升到与明太祖朱元璋相提并论,说出这样一番令人耳目一新的话语:"明只一帝,太祖高皇帝是也。明只

---

① 许獬著,陈炜点校:《许锺斗文集》卷 1《贺整饬永平兵备山东右布政顾君课最荣封序》,商务印书馆 2018 年版,第 1 页。

② 如隆庆年间,除了漕运漕粮之外,岁输太仓之银,仅有两项:一是户部掌管之经费,岁入 116 万余两银子;二是来自各转运司余盐课银 103 万余两。两项相加,总数将近 220 万两银子。但每年需要支出的银子,也包括以下两项:一是九边主、客兵饷银,每年为 236 万余两;二是内府供应、官员俸给,以及京卫兵马之布花刍菽,每年为 135 万余两。两项相加,共计 371 万余两。可见,每年国家财政的缺口达 150 余万两银子。参见张四维:《条麓堂集》卷 15《隆庆丁卯顺天乡试二问》,《张四维集》,上册,第 393 页。

③ 李光缙撰,曾祥波点校:《景壁集》卷 1《贺宪大夫王公进参闽藩叙》,上册,第 15—16 页。

④ 杜濬:《与茅止生》,载周亮工辑:《尺牍新钞》卷 2,岳麓书社 1986 年版,第 70—71 页。

⑤ 谢肇淛:《五杂组》卷 15《事部》3,上海书店出版社 2001 年版,第 300 页。

⑥ 张元忭撰,钱明编校:《张元忭集》卷 5《书·答邹南皋》,上海古籍出版社 2015 年版,第 134 页。

一相,张居正是也。”[①]

综上所述,明代中期的生活质量显然得益于社会控制的松懈。从成化、弘治以后,直至万历初年,明代的生活质量逐渐达到顶峰。这主要体现在以下三个方面。

其一,“四民”社会渐趋解体,职业流动更为频繁。自明代中期以后,社会的变化已经不允许四民各安其业,四民皆专其业。朝廷赋役的加重,农村土地兼并的加剧,首先导致了传统社会统治基础的分崩离析,失去土地或者已经无法在农村安身立命的农民,不得不到城市寻找新的安身立命之处。于是,社会力量发生了新的变化,传统的四民之说已经无法规范社会大发展下社会各阶层力量的新变化。正是在这种前提下,明人姚旅提出了“二十四民”之说。所谓的二十四民,就是在士、农、工、商、兵、僧之外,新添“十八民”,分别为道士、医者、卜者、星命、相面、相地、弈师、驵侩、驾长、舁夫、篦头、修脚、修养、倡家、小唱、优人、杂剧、响马贼。这新增的十八民,全是“不稼不穑之民”。[②] 从“四民”到“二十四民”的转变,显然在某种程度上反映了明代职业分化的大势。在这种职业分化日细的转变过程中,最为值得关注的又有两大现象:一是职业互动,由“弃儒就贾”“弃贾就儒”的职业流动态势,而后汇聚成“士商互动”的大潮流;二是“不务本业”,而后形成业余精神的勃盛。

其二,社会控制日渐松懈,“游民”与“末作之民”大增。随着社会经济的逐渐恢复,社会流动日趋频繁,游民层的数量势必大增。《明实录》有一段记载,如实反映了以下两大倾向:一则法玩俗偷,民间已经养成一种闲逸的生活态度。随之而来者,则是“游惰之民,半于郡邑”。二则末作之民,极为繁伙。诸如:“磨金利玉,多于耒耜之夫;藻绩涂饰,多于负贩之役;绣文紃彩,多于机织之妇女。”[③] 需要引起注意的是,所谓“游惰之民”的增加,一方面,需要“法玩”为前提,唯有传统的法禁形同虚设,尤其是“王刚解纽”的时代,才使得人们有了自由流动的空间;另一方面,也说明了只有经济的发展,国家财力的增长,才足以养活这些所谓的“游惰之民”。追求“闲逸”的生活,也不仅仅是反映了当时的“俗偷”,即一般所谓的风俗浇漓,或者说仅仅是士大夫阶层的专利,而是民间大众共同的生活追求。为了满足人们闲逸的生活,耒耜之夫、机织之妇的辛勤劳作无疑是前提,

---

① 刘献廷:《广阳杂记》卷1,中华书局1957年版,第21页。

② 姚旅:《露书》卷9《风篇》中,福建人民出版社2008年版,第202—203页。

③ 《明神宗实录》卷4,隆庆六年八月癸酉条,“中央”研究院历史语言研究所1966年校印本。

但生活的多样性确实也离不开那些从事磨金利玉、藻绩涂饰、绣文紃彩之人的工作。

其三,消费型社会的形成。明代中期以后,消费型社会的形成,显然建立在为满足各色消费而勤力生产之上。这种生产包括两个层面:一是满足基本生活需求的生产,诸如耒耜之夫、机织之妇的辛勤劳作。这也是小农社会的基本生产与生活结构。在满足基本生活需求之后,剩余的粮食与纺织品就会进入到市场,既满足市场需求,又为生产者换取货币,以提升自己的生活质量。二是追求时尚、奢靡生活需求的生产,诸如磨金利玉、藻绩涂饰、绣文紃彩之人的工作。在生产与物质积累更趋丰厚的基础上,再借助于完整的国内与海外市场网络,消费型社会随之形成。

明代中期以后的消费型社会,具有以下两大特点:一是礼法等级制度的荡然无存,人们的生活及其消费,不再受限于礼教等级的制约,更多的是基于自己的财力基础。随之而来者,正如史料所言:"近来婚丧、宴饮、服舍、器用,僭拟违礼,法制罔遵,上下无辨。"①二是从节俭转向奢靡,导致奢靡之风盛行一时。明代中期以后,风俗靡靡,几已成为一种普遍现象。以南北两京为例,凡是遇到婚丧一类的大事,"必极美观"。尤其是那些豪富之家,"往往竞为奢侈,服饰器用,僭逾礼制,浮靡浪费,罔有纪极"。② 这种过度追求消费的现象,固然基于"家给以人足"甚或"物大以丰"之上,但有一点则是共同性的消费追求,即"文采转盛"。换言之,所有的消费,不止为了满足个人的物质追求,更是为了"竞夸诩",即是一种炫耀性消费。以温州为例,这种炫耀性消费体现在生活的各个层面:房屋居住,往往"治屋过制,多亭榭花石之观";器物、服饰,"事事丽巧";宴会,"余粱肉,饶金银杯器";岁时节日,通宵演戏,"鼓乐达旦";男子、妇人的修饰、穿着,也是一概奢靡,"男子洁饰多容,妇人锦绣,错镂金玉,一珠至数十金";嫁娶之时,"缇纬装奁,塞道不绝"。为了满足这种炫耀性消费,有时甚至超越家庭的财力,原本不过是"中人之产",其消费行为却给人一种"俨然巨赀"的错觉。③

3. 生活质量的下降期:从万历初年直至明亡(1582—1644)

从某种程度上说,百姓生活质量与国运互为转圜。当万历初年之时,辅臣张

① 《明神宗实录》卷51,万历四年六月辛卯条。

② 屠勋:《为应制陈言疏》,《明经世文编》,第1册,第801—802页。

③ 侯一麟撰,蔡克骄点校:《龙门集》卷9《郡风俗志》,上海社会科学院出版社2006年版,第157页。

居正当政,以国法制约天下官民,朝令夕行。居正尤其留心边事,最初与高拱合策,抚绥俺答,宣府、大同以西号称“宁土”;继而重用戚继光、谭伦于蓟镇,用大帅李成梁于辽东,使得九边“宴如”。居正死后,随后的辅政大臣,有鉴于居正骄悍而得祸,大多为了避怨而很少实心任事。居正一番操切过后,朝政慢慢变为宽大,人皆乐之。所以万历中期的大势,仍然堪称府库充实,赋敛不苛,士大夫也多以气节相矜。

朝局的变化,应当起于万历末年。自郑贵妃宠盛以后,明神宗渐渐倦勤,御朝日希,边防吏治,一概置之不理。等到“国本”论一起,而朋党以分,朝堂形同水火。其结果,则是导致朝局大变:一是贿赂日张,风俗大坏;二是辽东兵难一起,将骜兵骄,无可支吾;三是赋加民贫,“流寇”乘之,土崩瓦解。由此可见,祸发于天启、崇祯两朝,实则源起于万历末年。①

明代国势,至万历初年,又进入一个短暂的“全盛”时期。但全盛之下,不免多有隐忧,当时从上到下,从内到外,坐享太平,甚至习成一种侈靡阘茸之风。到了万历末年,已是不免多事,衰乱由此而作。至崇祯朝,一如张履祥所言,更是“痈疽既溃,大命随之也”。② 万历末年以后,直至明亡,生活质量一直趋于直线下降之势。究其原因,主要有以下三点。

其一,朝廷与百姓争利。万历年间,福王在京城崇文门开设官店,要求独自将各项客商的杂货揽入官店发卖,不许附近私家开设店铺停歇发卖。这种官店对市场的垄断,明显影响了商民的生计。其中的危害,赵世卿将其条列为 10 条,其中下面四条,对商民的影响最深:一是所设官店有 200 余间,为了垄断生意,官店需要征用诸如拦截、征收、稽巡、盘验之人,人数多达“千百其人”。这些服务于官店的人员,凭借官店而过着“鲜衣美食、良田广宅”的生活,势必会侵害商人的利益,导致商人“倾赀竭髓”。二是将所有客商的杂货,一概揽入官店停歇发卖,势必导致货物的壅滞,难以出售。再加上官店服务人员的挟权横索,商人只好忍痛减价出售。三是京城商民,别无耕凿之利,只好凭借置店聚商糊口。官店一旦垄断杂货停歇发卖,不许私店擅行停货,自然导致京城商民束手无策,生计坐困。四是商人负贩出行的目的,无非是为了追求利润。一旦利被官店独占,商人得不偿失,自然就会裹足不前,最终导致京城市场趋于萧条。③

---

① 计六奇:《明季北略》卷 24《国运盛衰》,下册,中华书局 1984 年版,第 686—687 页。

② 张履祥:《杨园先生全集》卷 27《愿学记》2,中册,第 741 页。

③ 赵世卿:《三争店税疏》,《明经世文编》卷 411,第 5 册,第 4465 页。

官店对商业的骚扰，仅仅限于京畿地区，而一旦矿监税使四出，则其危害已是波及全国。揆诸史实，矿监税使对天下的骚扰，确乎已经影响到了各地的民生。如山西全省商税，一年的收税定额为45200两银子。经宦官煽动之后，又在石岭关收税，所收者不过是小麦、烧酒、羊毛、茄、蒜等物，最后导致“咽喉阻塞，米盐不通，行旅萧疏，闾阎待毙”。① 税使四出征敛，对原先正常的钞关商业同样带来不利的影响，导致商人“畏缩不来”。如在河西务关，原先有布店160余家，后止存30余家。在临清关，原先有伙商38人，后止存2人；缎店，原先有32家，后关闭21家，止存11家；布店，原先有73家，后关闭45家，止存28家；杂货点，原先有65家，后关闭41家，止存24家。至于辽东的布商，更是“绝无一至矣”。在淮安关，南河一带“剥来货物，多为仪真、徐州税监差人挟捉，各商畏缩不来矣”。② 又如江西湖口为江西的咽喉，上通荆蜀，下接三吴，为“商舶之所往来，百货之聚集”。在未抽税之前，“贾客如云，帆樯衔尾；有无交通，物无踊贵”。等到设厂收税，则“商旅裹足，民日困弊”。③

万历年间矿监税使四出，事实上牵涉到以下两个问题。

一是作为一个富有四海的帝王，究竟应该“导利布之天下”，还是“专利聚之上”？按照儒家学者的传统观点，凡是圣帝明王，自然应该“导利布之天下”，而不是“专利聚之上”。若是一味“专利”，敛取天下之财，将财富聚于大内，供自己独自享用，其结果则是藏之未久，散之最速，财富未必能永久占有，祸害反而先至，一时聚敛所积的财富，“仅足为敌国大盗之资耳”。由此可见，国家之利，宗社灵长，并非在于府库充盈，而是在于边鄙不耸。反之，若是四处搜金括利，骚动封疆，祸延宗社，即使积金如山，聚货如林，一旦民心离散，变起不测，有粟且不得食，即使财富也无法保有。④ 明神宗并没有领会儒家传统观念的精髓，而是一味“专利”，与民争利，最后导致城市“民变”四起，进而动摇统治基础。

二是矿监税使的商税征收，是否仅仅是“取于商”，而不取于民？万历年间，为了迎合明神宗个人的好利之趣，那些言利之臣坚持认为征收商税，仅仅“取于商，不取于民”。事实并非如此。矿监税使四出，受害者不仅限于商人，而且波及普通民众，尤其是那些富人。矿监一出，开采不止，处处包矿，都是“苍黎之骨

① 赵世卿：《止山西关税疏》，《明经世文编》卷411，第5册，第4464页。

② 赵世卿：《关税亏减疏》，《明经世文编》卷411，第5册，第4458页。

③ 张铨撰，田同旭等点校：《张忠烈公存集》卷10《请罢湖税疏》，上海古籍出版社2018年版，第65页。

④ 李植：《请罢辽左开采疏》，《明经世文编》卷425，第6册，第4641页。

髓”;税使一出,征榷不止,商无余资,处处包税,都是“菜佣之资本”。[①] 换言之,在兵戈扰攘之地,颠沛流离之秋,土著者已不安其家,商人岂能轻入其地?从商人那里征税不足,则不得不取盈于民。[②] 其结果,则是“贫富交困”:贫者家无宿储,只凭每日的营运过日子,一旦攘夺他们的数钱之利,实则扼其一日之喉。富民更被倾害,“诬以漏报国税,诬以盗卖矿砂,诬以私贩官盐,诬以偷藏禁木”;需求不遂,立见倾家。[③]

平心而论,矿监税使四出,对于明朝廷而言,是一桩并不合算的买卖。在这桩交易过程中,朝廷得利不多,反而招致怨声载道;最为得利者,是矿监税使及其依附于他们的无籍之徒。这就是所谓的“利归于群小,怨归于朝廷”,或者说“利归众手,而怨归朝廷”。[④] 其中受害最大者,则是普通的商民。概括言之,万历朝矿监税使四出,对百姓生计的影响至为深远。最为简单的道理,就是对商人的过分征敛,进而使商人、商业与社会生活陷入一种恶性循环:商贾受害,导致商贾裹足不前;商贾裹足不前,导致财货不流;财货不流,导致物价沸腾;物价沸腾,导致百姓生活困敝。

其二,赋税加派不断。时至万历末年,当时天下的时势,正如左光斗所言,已是“宗社危在剥肤”。他说这番话的理由,基于以下两大事实:一则“辽危”,辽东一危,则天下危;二则神宗“不御朝”,不御朝,则天下危。进而言之,万历末年的国势,恰如“天宝、靖康之祸已在眼前”。[⑤] 如此的国势,自然导致民生更为困窘。至于民生困窘的表现及其原因,冯琦将其概括为下面四点:一是赋税增加,导致殷实户的骤减,亦即赋税之额,“十增其四”,天下殷实之户,却是“十减其五”;二是战乱四起,“东征西讨,萧然苦兵”;三是矿监税使四出,百姓遭受之苦,更甚于兵祸;四是水旱蝗灾频繁发生,导致百姓流离载道,进而“畿辅近地,伙盗公行”。[⑥]

---

① 朱赓:《请停矿税疏》,《明经世文编》卷436,第6册,第4771—4772页。

② 李化龙:《请罢开矿疏》,《明经世文编》卷423,第6册,第4604页。

③ 冯琦:《为灾异叠见时事可虞恳乞圣明谨天戒悯人穷以保万世治安疏》,《明经世文编》卷440,第6册,第4814页。

④ 冯琦:《为灾异叠见时事可虞恳乞圣明谨天戒悯人穷以保万世治安疏》,《明经世文编》卷440,第6册,第4814页;朱赓:《请停矿税疏》,《明经世文编》卷436,第6册,第4771—4772页。

⑤ 左光斗撰,黄成蔚、张梦新点校:《左光斗集》卷1《宗社危在剥肤疏》,黄山书社2018年版,第1—2页。

⑥ 冯琦:《为灾异叠见时事可虞恳乞圣明谨天戒悯人穷以保万世治安疏》,《明经世文编》卷440,第6册,第4814页。

在这四点之中，赋税加派，则是导致民困的主要原因。自辽东事起之后，朝廷加派赋税不断，辽饷、练饷、剿饷相继而起。因朝鲜之役的波及，山东一省摊派所增的饷银高达40—50万两银子，山东的民生也因此“坐困”。① 如在崇祯年间，经杨嗣昌建议，先加剿饷银300万两，再加练饷银730余万两，若与过去已经加派的赋税合在一起计算，每年共加派饷银2300万两。② 即使如此，朝议还是认为国计不足，要求暂时借用民间房租一年，导致京城怨声沸腾，甚至直称“崇祯”为“重征”。③ 赋税加派，显然加重了百姓的负担。于是，“边事起则派辽饷；及内郡流寇起，则又派练饷。卒之岁歉民穷，敲扑徒烦，而只以充贪吏之橐。饷不时给，师不宿饱，脱巾之呼，即为揭竿之藉矣”。④

在赋税不堪重负之下，百姓生活质量直线下降，市面一片萧条，甚至动乱四起。即使是名义上还是号称“治平无事”，实则已是“枵虚而不充”。⑤ 国家财政陷入危机，民生更加困窘。以北京为例，作为百万生灵所聚的京师，原先居民富实，商贾辐辏，但因为“消乏于派买，攘夺于催征，行旅艰难，水陆断绝”，以致百物涌贵，市井萧条。⑥ 泰昌元年（1620）八月二十三日，杨嗣昌在奏疏中，已经将从淮北到苏州、松江的情形暴露无已：在淮北，百姓已将草根、树皮食尽，甚至数家村舍、阖门妇子，仅靠“斗箕菱秆”活命。渡江以后，进入长江以南，因为荒歉所致，灶户抢食稻，饥民抢漕粮，所在纷纭。进入江南，情况仍未改观，赤地千里，百姓汹汹嗷嗷。一入镇江，斗米百钱；渐至苏州、松江，斗米增至百三四十钱。商船纷纷不到关，米肆几于罢市，小民垂橐偶语，思图一逞为快。总体而言，江南已是“顾瞻闾左，民穷财尽”，百姓已有“自己作贼”之势。⑦ 杨嗣昌说“百姓自己作贼”，10余年后，不幸而中。

江南三吴各府，号称财富甲于天下。然自万历末年加派之议一起，从荐绅到富商巨室，再到庶民百姓，生活同样陷入困境。在馈饷日增，额外榷商、征敛日繁，以及水旱疾疫相踵为灾的情势下，闾阎阡陌之间，“不苦兵，则苦岁；不忧征

① 黄克缵著，李梦生点校：《数马集》卷1《议汰老弱酌兵数裁冗员以省繁费疏》，第62页。

② 计六奇：《明季北略》卷15《杨嗣昌代熊文灿》，上册，第270页。

③ 李清：《三垣笔记》上《崇祯》，中华书局1982年版，第3页。

④ 郑廉：《豫变纪略》卷2，浙江古籍出版社1984年版，第26—27页。

⑤ 何乔远撰，陈节、张家庄点校：《镜山全集》卷44《送张晋江入觐序》，中册，福建人民出版社2015年版，第1184页。

⑥ 冯琦：《为灾异旱异常备陈民间疾苦恳乞圣明亟图拯救以收人心以答天戒疏》，《明经世文编》卷440，第6册，第4818页。

⑦ 计六奇：《明季北略》卷1《杨嗣昌奏岁饥》，上册，第23页。

敛，则忧盗贼”。[①] 琐尾流离之状，呻吟愁叹之声，到处可见可闻。尤其是在重赋、加派的压迫下，万历末年江南百姓生活质量一直处于下降之中。其中的景象，或如赵用贤所言，“乃自顷岁以来，逋赋日积，而小民之嗷嗷者，十室九空，转死于沟壑者相望”；[②]或如姚希孟所言，“财赋根本之地，驯至十室九空”，三吴在“货物充牣，景色繁丽”的表象之下，实则已是“名不贫而实贫，形不病而神病”。[③]

其三，天灾频仍。祸不单行，万历末年以后的明代，各种自然天灾频繁发生。如天启七年（1627）七月二十三等日，浙江杭州、嘉兴、湖州、宁波、绍兴、台州、严州七府，“龙门海啸，风雨飑至，波浪翻空，飘瓦飞砖，拔木掩栋，势若千军之沓至，声如万鼓之齐鸣，火光烛天，凡七昼夜”。据父老所言，这是200余年来从未见过的巨大自然灾害。沿海受灾的居民，多达10余万人，“或一族三百余口襁褓不留，或一村数百余家烟火俱绝”。[④] 崇祯四年（1631），据巡抚、巡按御史题称，河南卫辉府所属的汲县、新乡、获嘉、淇县、胙城，汝宁府所属的上蔡、西平、息县，南阳府所属的上蔡、西平、息县，以及开封府所属的延津，共计11个州县，均是“土瘠民贫，灾疲素著”。[⑤]

在频繁天灾之下，有的背井离乡，行乞求生；有的抢夺大户之米，苟延残喘；更有甚者，则子食父、母食女，出现了“民相食”的惨象。如崇祯十三年（1640），山东等省连年旱荒，流民均“就食南都”。当时一个书铺的廊下，有一对夫妇，男的是秀才，女的出身于山东巨族，也相携行乞，来到南京。[⑥] 在灾荒频仍之下，即使富庶如江南的无锡，百姓也“无生人之乐”。如崇祯十三年，比年旱歉，谷贵人饥。此年六月终，由于米价1石高达1两7钱，大户又不粜米，导致无锡城中百姓抢米，而后延及各乡俱抢。六月十七日下午，饥民烧毁马世奇家的房屋，“乱拳殴碎头面，血污满体”，乡绅之体，从此大失。七月十五日，苏州关上有一位施姓的富户，因为不粜官米，百姓各执器械，斩门而入，杀死50余人，其家立尽。[⑦] 至于灾疫之下，死人更是平常之事。如崇祯十五年夏秋之交，疫疠大作，“万民

① 申时行：《赠抚台周公》，《明经世文编》卷381，第5册，第4129页。

② 赵用贤：《议平江南粮役疏》，《明经世文编》卷397，第5册，第4297页。

③ 姚希孟：《代当事条奏地方利弊》，《明经世文编》卷501，第6册，第5522页。

④ 计六奇：《明季北略》卷4《浙江水灾》，上册，第97页。

⑤ 毕自严：《度支奏议》，《新饷司》卷19《覆河南抚按请蠲冲疲州县新派三厘疏》，第3册，上海古籍出版社2008年版，第463页。

⑥ 计六奇：《明季北略》卷16《山东丐妇》，上册，第287页。

⑦ 计六奇：《明季北略》卷16《岁饥》，上册，第285—286页。

凋瘵，兼之凶荒相继，殡殓为艰，枯骸暴露，几遍郊野”。当时米价1石高达3两银子，百姓大饥。饥荒之下，有的母亲不忍看自己3岁儿子挨饿，就将儿子投入河中；有的穷人因为腹内空虚，走在路上就倾仆而死；甚至一个织机坊内，一晚就饿死织户17人。① 饥荒之下最不令人目睹的惨象，就是“民相食”。如崇祯七年三月，山西、陕西大饥，“民相食”；四月，山西永宁州有一位苏倚哥，杀死自己的父母，“炙而食之”。②

明朝覆亡，祸虽起于万历，但至天启年间，情势又是一变。朝局中太监魏忠贤擅权，门户、党争不断姑且置而不论，单就形势及百姓生活而言，已是灾荒频仍，百姓生活陷入困顿不堪。天启元年（1621），江日彩在上疏中，就陕西、山西两省形势，有颇为详尽的揭示。从中可知，陕西、陕西两省，已是“处处灾荒，无可转贷之粮；家家空储，日有相对之泣”。受到灾荒、赋税双重压迫的百姓，深感“上不我恤”，乱是死，不乱也是死，就三五成群，为盗倡乱。③ 天启二年，吴甡在上疏中云：“今天下外困于夷，内困于盗，成土崩瓦解之势；而既忧无兵，复忧无饷，有捉襟露肘之形。”④其中最为可忧者，还是民心的向背。毫无疑问，由于水旱之灾频仍未已，诛求之令四出不休，势必使百姓生活质量直线下降：“离人父子，鬻人田宅，以供国课，国课未完，而已作无家之别。易子而食，析骨而炊，以给俯仰，俯仰莫措，而尽为沟中之瘠。”显然，朝廷已经失去了民心，而一旦失去了民心，势必又会“人变为妖，民驱为盗”，引起民众的反叛。战乱之下，终无噍类。⑤ 这应该说是明末百姓生存状态的实录。

在国势一发不可收拾，且百姓生活质量直线下降的大趋势下，生活的实际相对具有复杂性。即使是在这种大势之下，随着崇祯帝的继位，政治形势一度有所改观，百姓生活显然也得到短暂的安宁。以河南为例，正如明末清初人郑廉在回忆中所云，“崇祯改元，豫之承平日久，闾里宁谧，无鸡鸣犬吠之警，而宋岁大稔，亩数钟，输银三分”。⑥ 不过，这种短暂的宁静生活，很快就被战乱四起所打破。物极则变，气盛而衰，自古已然，何况在时处熹宗七年统治之后。朝

① 计六奇：《明季北略》卷18《志异》，上册，第337页。

② 计六奇：《明季北略》卷10《志异》，上册，第163—164页。

③ 江日彩：《为三省免加派疏》，载洪济修、江应昌编：《泰宁县志》卷9《艺文志》，厦门大学出版社2007年版，第185—186页。

④ 吴甡著，秦晖点校：《柴庵疏集》卷1《御患莫如修备弭盗莫如安民疏》，浙江古籍出版社1989年版，第28页。

⑤ 吴甡著，秦晖点校：《柴庵疏集》卷1《灾异叠见乞图修省之实疏》，第40页。

⑥ 郑廉：《豫变纪略·自序二》，第7页。

廷之上，朋党相角，如汉、唐之故事，君子争于朝，小人争于野，尤而效之，天下随之大乱。①

通观崇祯一朝17年，百姓生活质量显已降入了谷底。一方面，内忧外患，战乱四起，“淮豫有流寇，莱岛有叛民，昌蓟诸镇寇，虏骑不时突入”；②另一方面，灾荒四起，如崇祯元年，陕西全省荒旱，“室若罄悬，野无青草，边方斗米贵至四钱，军民交困嚣然”。③尽管朝廷不时发帑金赈济各地贫民，但地方官员仍然“骫法侵蠹如故”，④朝廷救济不是形同虚设，就是杯水车薪。生活在崇祯一朝的百姓，他们的生活境遇，一如刘宗周所揭示：“一死于寇，再死于兵，三死于岁，四死于贪官污吏，五复死于廷遣之督促。”⑤民生之苦，已是不言而喻。

如若综合各家记载，乃至一些诗歌的描摹，足证崇祯一朝的黎民百姓，确乎过的是一种“苦中苦”的生活。换言之，在兵赋杂沓、荒寇交至的情势下，自然就会民不聊生。

用“国穷民困”一词，概括崇祯一朝的国家财政与民生状况，大致符合历史的真实。早在崇祯元年（1628）六月，毕自严在上疏中，就有云：“兵氛未靖于东西，民力已穷于输挽。欲蠲征而九边之呼庚足虑，欲措饷而百姓之剜肉堪嗟。”⑥至崇祯三年，更是“正供不足，取之加派；加派不足，取之捐助，又取之优免、工食等项”。其结果，则导致“海内之物力已罄，民间之膏血已穷”。⑦崇祯四年，毕自严在上疏中，不得不感叹，由于供亿日繁、搜括无穷，“寓内之民，力已云竭矣”。当时的国家财政与民生困境，是“肉虽剜矣，终难补疮；瓶之罄矣，唯罍是耻”。为了维持统治机器的正常运转，无奈只好向百姓继续诛求，最终导致百姓“迫于追呼”，不得不“卖儿鬻女”。⑧

总体而言，崇祯一朝，属于兵民皆苦的生活状态，“兵日苦乏饷，民日苦增

① 郑廉：《豫变纪略·自序二》，第7—8页。

② 罗明祖：《罗纹山先生全集》卷16《寓楚杂著·天未厌乱》，江苏广陵古籍刻印社1997年版，第1184页。

③ 计六奇：《明季北略》卷5《南居益请发军饷》，上册，第104页。

④ 计六奇：《明季北略》卷16《赈民》，上册，第273页。

⑤ 刘宗周：《文编》1《奏疏》4《圣德已开治象皇衷尤切时艰敢抒恭慰之忱少效涓埃之献疏》，载吴光主编：《刘宗周全集》，第3册，浙江古籍出版社2007年版，第170页。

⑥ 毕自严：《度支奏议》，《堂稿》卷1《初辞起官户部疏》，第1册，第10页。

⑦ 毕自严：《度支奏议》，《新饷司》卷14《覆吴台臣条陈兵饷疏》，第3册，第183页。

⑧ 毕自严：《度支奏议》，《堂稿》卷17《恒旸示儆恳恩谴斥以回天心疏》，第2册，第103—104页。

科，交困久矣，年复一年”。[①] 在灾荒与“流寇”之间，存在着一种“荒盗相仍”的关系，即两者之间互为因果。[②] 在荒盗互为转圜之下，一则导致“民生日困，盗贼日多”；[③]二则导致战乱四起，“被兵之处，锋镝仳离，而过兵之乡，蹂躏喙突”。[④] 在战乱之后，百姓遭受屠戮，其颠沛流离的生活，更是惨不忍言。崇祯二年（1629）十一月五日，李自成义军进逼蓟州，张道濬从老家山西沁水县窦庄紧急赶回北京。下面是他在路上亲自所见的各种百姓生活惨状：十一日，至栾城，“有逃兵二百余骑，劫掠而西”；十三日，至新乐，“见逃窜男妇扶老携幼，充塞道路”；十五日，自庆都冒雪至保定，则“通无一人北上者”；十六日，至定兴城，“内外士民已空”；十七日，至涿州，“沿途村堡空无居人，关厢室庐，几于尽毁”；十二月初一日，过卢沟桥等处，“尸骸遍路，惨不可言”。[⑤]

崇祯十五年（1642），刘宗周凭借自己的观察，将当时江南、江北等地民生状况作了如实的记录。从刘宗周的记录不难发现，当时无论是江北，还是江南，无不民生凋敝，可谓“民穷至今日甚矣”。刘宗周是五月初旬离开浙江绍兴，前往北京。当春天之时，江南号称乐土，但在村落中就已经出现了“杀其子以食”的惨象。五月的江南，理应是插种之时，但因为阴雨连绵，继以霪潦，致使“新苗淹死，复行布种，尽多抛荒，米价骤踊，相传人多枕藉死者”。行至江北，更是水灾相仍，淮、扬之间，“二麦尚多被野浥烂，则插种已后时矣”。行至北直隶河间府所属地方，“独苦无雨，秋收告歉，仅支眼下”。[⑥] 吴应箕作于崇祯十四年的《有客》诗，足以证明刘宗周所言不虚，即使是在江南，百姓生活也是日趋艰窘，诸如：“米石近十千，积钱只叶薄；民已罄产资，官不信剂约。”“蝗旱继疾疫，积尸委沟壑。卖女惧不售，剖儿忍置镬。”[⑦]

---

① 毕自严：《度支奏议》，《新饷司》卷19《题山西保德等十七州县免新派一年疏》，第3册，第474页。

② 毕自严：《度支奏议》，《新饷司》卷22《覆秦省议留新饷疏》，第3册，第623页；吴甡著，秦晖点校：《柴庵疏集》卷8《直陈久旱情状自劾不职疏》，第156页；吴甡著，秦晖点校：《柴庵疏集》卷9《荒盗频仍赈赍有限疏》，第188页。

③ 蒋德璟：《悫书》卷4《中极殿召对枚卜诸臣》，商务印书馆2018年版，第35页。

④ 毕自严：《度支奏议》，《新饷司》卷32《覆东抚条议宽恤缓征疏》，第4册，第444页。

⑤ 张道濬：《奏草焚余·备陈途中见闻疏》，载氏著，田同旭等点校：《张司隶初集》4编，上海古籍出版社2018年版，第231页。

⑥ 刘宗周：《文编》1《奏疏》4《微臣草莽有怀敢因咨诹所及入告圣明疏》，《刘宗周全集》，第3册，第181—182页。

⑦ 吴应箕：《楼山堂集》卷22《有客》，载氏撰，章建文点校：《吴应箕文集》，黄山书社2017年版，第402页。

诗词、歌谣作为一种文学作品,对现实生活的描摹有时更显形象。崇祯年间,兵赋杂沓,荒寇交至,民不聊生,在诗词、歌谣中均有直接的反映。

以诗词为例,吴应箕《皇华来》一诗,借助一个京城“贵客”南行,证明在崇祯年间,只要一出京城的大明门,就会“人命即蜉蚁”。一路南行,所见尽是“所在尽萑苻,盗贼弥千里”。即使贵为“相君”,也必须纳赀“千金”,方可前行。在兵饥疾疫之下,山东的民生更是惨不忍言:“山左数十州,一期已罢市。菜色满四郊,相率沟中委。剥胔与僇生,残忍甘父子。历邑鲜人烟,县宰但步履。乘传驿无夫,买殰得滓喜。”除此之外,秦、蜀久已破残,襄、雒刚刚陷毁。杀运未息,战争方始,性命都难以苟全,“膴仕”又有何用?[①] 方以智的词同样是崇祯年间百姓生活的实录。他有《田稼荒》一词,显然是悲于时事,其中有云:“田稼荒,农夫亡,老幼走者死道傍。走入他乡亦饿死,朝廷加派犹未止。壮者昼伏夜行归,归看鸡犬人家非,贼去尚余一茅屋,官军又来烧不足。”[②]在荒歉、加派、贼害、兵祸的多重压迫下,百姓生活的惨状已令方以智不胜感怆,所记可谓百姓悲惨生活的真实记录。崇祯年间的生活,在曾异撰的诗歌中也有真实的反映。曾异撰有诗句云:“谷贱农偏饿,布余女倍寒。追呼官纵急,犹胜寇摧残。”[③]细绎诗意,可见即使是在“谷贱”“布余”的丰年,在官吏“追呼”赋税之下,百姓仍不免过着忍饥挨饿、衣不蔽体的生活。当然,相比之下,“寇贼”的摧残,其危害比官员的追征更大。若是到了荒年,如在山东邹县、滕县,则更是“树亦无皮半,民犹菜色频”。[④]

以歌谣为例,计六奇《明季北略》收有一首李岩所作《劝赈歌》,创作时间为崇祯八年(1635)七月初四日,所记为蝗旱灾害下的百姓苦难生活,而其目的则在于劝勉大家赈济贫民。李岩其人是否子虚乌有,在明史学界存在着争议。即使明末李自成义军中并无李岩其人,这首《劝赈歌》是无名氏作品,但同样是真实存在的,其歌谣中所记更可印证崇祯年间百姓生活之艰辛。歌中有云:“年来蝗旱苦频仍,嚼啮禾苗岁不登。米价升腾增数倍,黎民处处不聊生。草根木叶权充腹,儿女呱呱相向哭。釜甑尘飞爨绝烟,数日难求一餐粥。官府征粮纵虎差,豪家索偿汝狼豺。可怜残喘存呼吸,魂魄先归泉壤埋。骷髅遍地积如山,业重难

---

① 吴应箕:《楼山堂集》卷22《皇华来》,《吴应箕文集》,第402—403页。

② 计六奇:《明季北略》卷19《袁州兵荒》,下册,第394页。

③ 曾异撰:《纺授堂二集》卷4《砼庵(有序)》,《纺授堂诗文集》,第187页。

④ 曾异撰:《纺授堂二集》卷4《邹滕道中》,《纺授堂诗文集》,第185—186页。

过饥饿关。"[①]在蝗旱频仍之下,民不聊生之苦状,已是跃然之上,读罢不免令人数行泪下。

综上所述,自万历中期以后,直至明朝覆亡,生活质量趋于直线下降之势。这主要体现在下面四个方面。

其一,万历中期以后,时势由盛转衰,民间财力虚羸。这又可以从下面三个方面观之:一是自万历四十七年(1619)之后,北京的房屋出租业趋于萧条。这显然是朝局变化所致。自神宗不亲朝政,对官员奏疏动辄留中之后,官员纷纷上疏解职而去,导致内阁通常只存1人,九卿堂上大僚只有5人,台省只存11人。北京的民房租赁业,主要是靠大量的京城官员的存在得以维系。一旦五方之人,纷纷解去,其结果必然导致"通衢曲巷,比屋皆帖空房,赁住纸签不可计数,而车马行人为之稀"。[②] 二是南京教坊青楼趋于衰败,足以成为民间财力虚羸的一个验证。在万历十年(1582)以前,南京教坊司,南院有10余家,西院有3—4家,倚门待客。教坊青楼,"房屋盛丽,连街接弄,几无隙地;长桥烟水,清泚湾环,碧杨红药,参差映带",堪称歌舞胜处。至万历二十年之后,"南、西二院,遂鞠为茂草,旧院房屋,半行拆毁";"歌楼舞馆,化为废井荒地"。[③] 三是南京城外的上新河由盛转衰。南京城外,上新河、龙江关两处,商帆贾舶所鳞辏,尤其是上新河,更是号称"繁衍"。然自万历中期以后,因为"税重"之故,商客"止于鸠兹",致使上新河趋于"彫攰","人有不聊生者"。上新河原先因为"人家产女,旧多美丽"的缘故,使士大夫、士人纷纷前往上新河娶妾,但万历中期以后,此风亦开始"寥寥"。[④]

其二,负担轻重与民间物力盈虚,并非完全成一种正比例的关系。换言之,赋役负担减轻之后,若是一味地沉溺于奢靡的消费,民间物力反而会日益彫瘵。留都南京就是最好的一个例证。据顾起元的观察,在嘉靖、隆庆年间,南京民间百姓因为受到各种苦役的重累,导致破家倾产之人,不可胜纪。即使如此,在闾里之间,尚多殷实之户。自从诸如一条鞭法徭役变革之法普遍实施之后,民间的苦役重累,一扫而空,其结果则是民间物力,反而日益彫瘵,民生更不"自聊"。究其原因,顾起元概括为以下两个:一是在苦役重累之时,民间百姓因为畏祸,衣

① 计六奇:《明季北略》卷23《李岩作劝赈歌》,下册,第652页。

② 薛冈:《天爵堂文集笔余》卷2,《明史研究论丛》,第5辑,江苏古籍出版社1991年版,第345页。

③ 顾起元:《客座赘语》卷7《女肆》,第232页。

④ 顾起元:《客座赘语》卷1《市井》,第23页。

饰、房屋、婚嫁、宴会等等,务从俭约,唯恐一旦暴露自己生活富裕,就会招致“扳累”。等到赋役负担减轻,在生活观念上不再俭朴,而是服舍违式,婚宴无节,即使是“白屋之家”的庶民百姓,也是侈僭无忌,于是用度日益华靡,物力日益耗蠹。二是在嘉靖、隆庆年间,民间百姓尚多营殖之计,如每年赴京贩酒米、贩纱缎、贩杂货之人,必得厚息而归。这种生产经营上的成功,无疑为华靡的生活提供了无尽的资金保障。而在万历中期以后,经商不再赢利,而是多有亏损。①

这无疑需要对生产与消费之间的关系,尤其是对消费经济的定位,有一个重新的反思与认识。毫无疑问,奢靡的生活消费,建立在普遍性的生产与商业贸易之上,是以丰裕的国家物力与民间财力为保障。唯有如此,生产、经营与消费方可进入一种良性的循环,奢靡消费甚至会带动生产、经营的持续发展。当弘治、万历之初,消费经济的确立,即是以物力与财力的长期积累作为保障。万历中期以后,当国家物力、民间财力日益消耗之际,生产、经营受阻之际,过分的奢靡消费,只会导致物力与财力的日益耗蠹。

其三,自万历中期以后,民日贫,却更加趋利,甚至春节也难得休息。这可以福建延平府为例加以说明。据万历二十一年(1593)修纂的《延平府志》记载,当万历中期以前,延平当地在春节时,通常在初一日互相贺年;一直到初三日,“市不列肆”,称为“节假”。至正月初五,才出外“各执所事”,称为“开假”。自万历中期以后,转而变为“民贫趋利”,即使是正月初一,也“坐肆如常”。这种风俗不止在延平府存在,在福建各府也大多如此。② 这显然是世运始末、人民多寡、赋产饶乏的一种表征,然透过这种表征,则可以看出自万历中期以后,生活质量开始趋于下降。

其四,“民不聊生”一语,是传统史籍描摹民生之苦达到极端的一种惯用套语。若将此语形容万历中期以后,尤其是崇祯年间的民生实况,显然最为贴切。各类史籍的记录,足以证明确乎如此。泰昌元年(1620),在江南,即使并无赤地之灾、稽天之浸,也是米价高涨,米肆几乎罢市,几乎形成百姓的抢米风潮。③ 进入崇祯之后,已是“东苦虏,中原、楚、蜀苦群盗,齐、鲁、吴、浙苦饥”,④整个天下

① 顾起元:《客座赘语》卷7《俗侈》,第231—232页。

② 何乔远编撰:《闽书》卷38《风俗志》,第1册,福建人民出版社1995年版,第948页。

③ 杨嗣昌著,梁颂成辑校:《杨嗣昌集》卷2《南直催饷疏》,上册,岳麓书社2005年版,第31页。

④ 曾异撰:《纺授堂文集》卷1《为三司公贺闽督抚都御史萧公报政序(代)》,《纺授堂诗文集》,第289页。

的时势，陷入一片饥荒大乱之中。崇祯十四年(1641)，山东“寇盗充斥”，徐州、德州，数千里白骨纵横，再加上荒旱大饥，“父子相食，人烟断绝”。[①] 最具典型的例子发生在崇祯十四年的河朔一带，在频年灾荒之后，即使是富室旧家，也是尽成饿莩。村落丘墟，人烟断绝，即使是“强贼”，也再无“打粮”之处，甚至出现了“贼且食贼”的特殊现象。[②]

尤堪注意者，这一套语至明末而有所变化，使之更为具象化：一是改用“全无乐生之气”加以描摹，其原因则在于加派辽饷，导致“转相拖累，转相逃亡”，再加之饥馑，“富者皆贫，贫者皆贼”；[③]二是改用“丧其乐生之心”加以描摹，其原因在于荒旱而导致“室若磬悬”，甚至“军民交困”。[④] 无“乐生之心”，无“乐生之气”，说白了是对现实生活丧失信心，进而产生“生不如死”之感。

二、生活质量的二元结构

就明朝人的生活质量而言，存在着以下两大特点：一是生活质量的波动性。这种波动性，主要体现在承平时期与战乱、灾荒之年，百姓的生活质量迥然有异。二是生活质量的差异性。这种差异性不但体现为社会阶层的差异性，而且体现为南方与北方的区域差异性，甚至城乡生活质量日渐凸显出二元的结构。

（一）承平灾荒：生活质量之波动性

盛世与衰世气象，各有不同。即使同是宦官擅权，将成化与天启两朝加以比较，同样可以发现其间的差异。早在成化年间，太监汪直擅权，即使如此，当时在太监中尚有怀恩之流，身居明宪宗的左右，所以，宫中方有阿丑一类的优伶，敢于通过戏曲而对宪宗有所“谲谏”。可见，成化一朝，仍不失盛世气象的遗韵。到了天启年间，则朝局大不相同。当时太监魏忠贤专权。自天启六年(1626)之后，宫中搬演傀儡戏，有一位钟鼓司佥书王朝进，绰号“王瘸子”，抹脸诙谐，在明熹宗面前插科打诨，粉饰太平，公然称赞惜薪司“怎样轸恤商人”，内府库“怎样米积天堆”，东厂“怎样厘奸剔弊”，宝和店“怎样裕国通商”，直称“内修朝政，外

① 彭孙贻：《流寇志》卷5，浙江人民出版社1983年版，第75—76页。

② 郑廉：《豫变纪略》卷4，第81页。

③ 吴甡著，秦晖点校：《柴庵疏集》卷7《微臣星驰入关疏》，第130页。

④ 计六奇：《明季北略》卷5《南居益请发军饷》，上册，第104页。

镇边疆”。此外,则又称“好个魏公公”,或夸“好个魏太监”。每当演戏至此,魏忠贤居之不疑,自以为美,而明熹宗也是龙颜大悦。至于像王体乾这样的大珰,更是软熟巧媚,不敢多加谏正。[①] 这就是衰世气象。

一个时代人们生活质量的高低,则又取决于社会治乱的更替。由于传统社会的固有特点,物价的波动,通常又与天灾人祸紧密相关。换言之,社会安宁,四海升平,物价下行,百姓生活质量得以提高,幸福指数随之上升;反之,社会动乱,天灾人祸不断,物价飞涨,百姓生活质量自然就会下降,幸福指数随之低落。

清人钱泳有“承平是福”这样一种观点。他认为,清初社会动荡,各种政治势力割据,互相杀伐,虽说是“劫数”,但其中“玉石俱焚,正复不少”。一旦清朝定鼎,“大难悉平”,百姓得以安居乐业。[②] 这一观点对于考察明代生活质量的变化不无启发意义。

一朝一代,有盛世,必有衰世;有治世,必有乱世。盛世必是治世,衰世未必就是乱世,但乱世之象,显已萌生。正如明末清初学者张履祥所言,当盛世之时,“人心多厚,愈厚则愈盛”;到了衰世,则“人心多薄,愈薄则愈衰”。若以一家而论,通常是祖宗创业之时,“必是长厚”;到了子孙一代,渐渐变薄,随之“家业亦渐替矣”。一家如此,天下亦然。[③] 无论盛世、治世,还是衰世、乱世,无不需要明白一个直白的道理,即前车已覆,后车当鉴。换言之,治世的出现,“不治于治之日,而必有所由治乱之生也”;乱世的到来,“不乱于乱之日,而必有所由乱”。[④]

治世、乱世与政治气候、自然天象互为转圜,且在一定程度上决定了民生的苦乐。按照传统的观念,当政治清明之时,天降祥瑞,民生安乐,自然属于治世;当政治昏暗之时,天降灾异,民生憔悴,自然属于乱世。万历年间,李廷机与张五典均就灾祥、天变与民生苦乐之间的关系做了颇为详尽的探讨,其旨在于说明政治清明对于百姓安居乐业的重要性。李廷机在给明神宗的上疏中直言:“天之灾祥,每视民之苦乐,民乐则祥集,民苦则灾生。”[⑤]张五典在上疏中,再次论证了天变与民生苦乐之间的关系:“民生安,则天意悦;天意悦,则休徵应,而灾变消。”晚明的事实却是,自矿监税使四出以来,已经导致“生民涂炭,海内穷蹙”。

---

① 刘若愚:《酌中志》卷16《内府衙门职掌》,第108—109页。

② 钱泳:《履园丛话》1《旧闻·有福》,中华书局1997年版,第1页。

③ 张履祥:《杨园先生全集》卷27《愿学记二》,中册,第745页。

④ 彭希周:《吉康治乱记》,载李龙潜等点校:《明清广东稀见笔记七种》,广东人民出版社2010年版,第81页。

⑤ 李廷机著,于英丽点校:《李文节集》卷4《雨雹陈言疏》,上册,第102页。

尽管臣子要求停免矿监税使的奏疏不断，百姓日望一日，但明神宗还是“视小民之疾苦若不闻”。[①] 而其极端性的后果，则孑遗穷黎在不堪重困的境遇下，更会铤而走险，揭竿而起。

进而言之，承平、安定时期的生活质量，必然要高于战乱或天灾不断的时期。判断一个时代人们的生活质量，理应注意到天灾人祸时期人们生活的悲惨境遇，但更应看到一种时代的进步，以及由此而来的人们生活质量的提升。我们固然要理智地剖析传统史料中所谓的“太平盛世”时期人们的生活，但也无须为了证明农民暴动的必然性与合理性，而过分夸大原本确实存在的阶级“对立”与“冲突”。尤其值得注意的是，荒歉之岁人们吃“木皮”或“草根”的生活终究不是一种生活的“常态”，[②]而仅仅是特殊时期的一种“变态”。

1. 承平时期生活质量之稳定性

承平之时，即为治世。何谓治世？明人林熙春有如下解释：“夫春风和煦，方称泰和；朝野熙明，方称至治。”[③]可见，所谓治世，其中的表征就是“朝野熙明”，亦即政治清明之世。在一般情况下，“治世”又与“太平”相合，称为“太平治世”。何谓太平？明成祖朱棣对此有自己的一番解读。史载明成祖在闲暇时曾问侍臣：“今外间军民安否？”侍臣回答：“陛下施仁政，军民皆安，正太平之时。”明成祖说：“太平岂易言？必雨旸时若，年谷丰登，兵革不兴，军民安乐，朝无奸邪，然后可以为太平无事。”[④]细绎明成祖之意，真正的太平盛世，理应达到四条标准：一是“雨旸时若，年谷丰登”，即无自然灾害的丰年；二是“兵革不兴”，世无战乱；三是“军民安乐”，能够安居乐业；四是“朝无奸邪”，即政治清明。

至于太平治世，戏曲作品中多有一些程式化的描摹。透过这些程式化且略带理想化的描摹，同样可以为解读太平治世提供更多的依据。永乐六年(1408)，朱有燉所作杂剧，对“太平治世”做了如下描述：“时和岁稔太平年，德化仁风遍八埏。仰祝皇图千万岁，祯祥感应降从天。”又云：“洪恩覃海宇，藩国保

---

① 张五典撰，田同旭等点校：《大司马张海虹先生文集》卷1《又天变公疏》，上海古籍出版社2018年版，第10页。

② 明代民间百姓在荒歉之年的生活，春夏之时是吃“木萌草叶”，聊足充饥。而到了三冬春首，最为穷苦，所恃就只有木皮、草根了。参见徐光启著、石声汉校注：《农政全书校注》卷25《树艺》，上海古籍出版社1979年版，第632页。

③ 林熙春：《元旦风霾摘陈时政疏》，《潮州耆旧集》卷29《林尚书城南书庄集(一)》，第413页。

④ 余继登撰，顾思点校：《典故纪闻》卷6，第107页。

安宁。万民皆乐业，五谷尽丰登。”如此盛世，必会天降祯祥，甚至会出现“驺虞”这样的仁兽，这是“太平之上瑞，家国兆隆兴”。① 朱有燉戏剧化的描述，正好与明成祖对“太平”的定义若合符节。

太平景象必有一些表征，有时更须加以妆点。就太平景象的表征而言，洪武二十七年(1394)八月，明太祖命工部在南京江东各门之外新建酒楼，就是最好的例证。先建10座酒楼，有鹤鸣、醉仙、讴歌、鼓腹、来宾、重译等名，后又增建5座酒楼，共计15座酒楼，接待四方宾旅。至于建造的目的，显然是为了以此显示海内太平，并“与民偕乐”之意。② 明宫之中，通常还会借助元宵节的鳌山灯会与傀儡戏，以妆点太平景象。③

当盛世、治世之时，生活质量稳定，天下军民自然可以享受太平年间的“快活”。宣德七年(1432)，朱有燉在所作杂剧中，借助小儿所唱市歌，点出了太平年时的“快活”：“快活来，太平年。五谷熟，庆丰年。一斗米，直三钱。有饭吃，有衣穿。东街里，谎少年。娶了个，美婵娟。男孝顺，女贞贤。”④可见，太平年即丰年，物价低贱，百姓安乐。上面所云的“一斗米，直三钱”，“三钱”应为三文。在朱有燉另一齣剧中，有“海宇内人民和顺，贺丰年斗米三文”之语；⑤又另剧中，亦形容盛世为“一斗米三个钱”。⑥ 由此可证。“斗米三文钱”固然是戏曲作品的理想化物价，且不乏夸大其词，但物件低廉理应是承平之世的一大表征。这同样为当时的史料记载所证实。如陈舜系以家乡广东吴川为例，说明万历末年是一个“时丁升平，四方乐利”的时代，百姓无不安居乐业。广东吴川属于鱼米之乡，当时物价极其便宜，如1斗米不到钱20文；1斤鱼，值钱1至2文；槟榔10颗，值钱2文；蒌10束，值钱1文；肉1斤、鸭1只，值钱6至7文；1斗盐，值钱3文。确乎可称“百般平易”。在如此平易的物价下，即使是一般的城市平民，亦得以“幸托安生”。至于乡村农民，因为“差徭省，赋役轻”，石米仅岁输千钱，再加之每年两熟，正可谓“耕者鼓腹”。在如此的承平时代，士人好词章，工贾九流，亦无不“熙熙自适”，称之为“何乐如之”，并不为过。⑦

---

① 朱有燉：《诚斋杂剧》4《新编神后山秋狝得驺虞》，《朱有燉集》，第59页。

② 黄光昇：《昭代典则》卷11，第287页。

③ 刘若愚：《酌中志》卷16《内府衙门职掌》，第108页。

④ 朱有燉：《诚斋杂剧》13《新编瑶池会八仙庆寿》，《朱有燉集》，第216页。

⑤ 朱有燉：《诚斋杂剧》17《新编福禄寿仙官庆寿》，《朱有燉集》，第282页。

⑥ 朱有燉：《诚斋杂剧》25《新编河嵩神灵芝庆寿》，《朱有燉集》，第386页。

⑦ 陈舜系：《乱离见闻录》卷上，载中国社会科学院历史研究所明史室编：《明史资料丛刊》第3辑，江苏人民出版社1983年版，第232页。

弘治年间，堪称明代的盛世。当此之时，一方面，因为朝政宽大，士大夫游宴成风，席间有"子弟歌唱"，一些不知检点的士大夫，甚至还"私以比顽童为乐"，享受娈童之好；①另一方面，百姓富实，生活稳定。以苏州府昆山县之十一、十二、十三3个保为例，地处高乡，相对于低乡而言，原本生活较为拮据，但一至弘治末年，也同样"号称殷富"。②

在承平时期，乡村农民固然不乏辛劳，然毕竟农功有时，多则半年而已，谚所云"农夫半年闲"之说，③大抵道出了承平时期农民生活的安逸情状。至于士大夫，在承平时期更是生活相当风流。如黄宗羲以他的家乡浙江余姚为例，证明在正德、嘉靖年间，士大夫致仕回归乡里之后，日常的生活除了诗歌唱和，"戏排旧韵，别创新词"之外，就是"当花对酒，登山临水，无日无之"。④ 风雅生活，于此不难想见。

2. 战乱、灾荒时期生活质量之波动性

明季著名山人陈继儒曾经说："天地间杀人最多者，有三事，曰：死于刑，死于兵，死于岁。"为此，他就搜集自古以来"为吏不酷者，为将不残者，救荒不倦者"的史实，将其合为一书，称为《种德集》。⑤ 究其目的，无非是借助因果、阴骘之说，鼓励现世的人们"种德"，以便给百姓提供一种安宁、祥和、富裕的生活。当然，陈氏之论，显然已经揭示出以下事实，即除了遭受刑法而处死的人之外，兵灾、灾荒导致人员的死亡最多。由此足以证明，战乱与灾荒直接影响到人们的年寿，亦即导致生命质量的下降。

形成战乱、灾荒的原因多种多样，但朝政昏暗又与战乱、灾荒桴鼓相应。换言之，朝政昏暗即使不是形成战乱、灾荒的主要原因，但至少对战乱、灾荒起到了推波助澜的作用，进而影响到百姓的生活质量。

(1)乱世生活质量之下降

民间俗谚有云：宁做太平犬，不做乱世人。一遇战乱，百姓生活质量下降，则显是时势使然。嘉靖年间，南倭北虏，战乱不断，即使是在京城，百姓仍然难以吃

---

① 陈洪谟：《治世余闻》下篇卷3，第53页。

② 归有光：《论三区赋役水利书》，《明经世文编》卷294，第4册，第3103页。

③ 张履祥：《杨园先生全集》卷50《补农书》下《总论》，下册，第1427页。

④ 黄宗羲：《南雷诗文集》，《传状类·黄醒泉府君传》，载氏著：《黄宗羲全集》，第10册，浙江古籍出版社2005年版，第578页。

⑤ 张怡：《玉光剑气集》卷7《吏治》，中华书局2006年版，第349页。

饱穿暖,甚至冻饿而死。对此,杨爵的奏疏有如下揭示:"臣近巡视南城,两月中冻饿死者八十人。此一南城一郭耳,共计五城,未知有几,目所不及见,而在于千里之远者,又未知其有几。"①

就城市居民来说,一旦战乱降临,普通民众当然无法生存,即使是富家巨室,也同样难以支撑。如崇祯十五年(1642),开封城被围三月,城中粮竭,米、麦1升,价格骤然升至50两银子。如此高昂的粮价,即使富贵之家,也不再大手大脚,买粮时亦仅"买粟一升",掺杂"草根糠皮而食"。那些守城之兵,更因挨饿而"不能操戈"。②

乱世对生活最为直接的影响,就是物价的腾涌,甚至波及边地的军士。万历末年,辽东边军的生活苦状,就是最好的例证。泰昌元年(1620),辽东经略熊廷弼在上疏中云:"臣惟边军苦,而辽军更苦。"他以辽东乱世物价为例,加以证实。如饭1碗,卖钱9文;葱1斤,卖钱10文;肉1斤,卖银6分。总体来说,一切衣食用度,价格比平时上涨了10倍。不止如此,在辽东,因为银、钱比价问题,更是导致军兵月饷实际购买力的下降。如军兵1钱银子,与辽东人换钱,只能换54文;等到军兵拿银换来的钱前去市场买物,1钱银子的东西,却要收60文钱。换言之,辽东军兵1两银子在当地的购买力,尚不及内地2钱银子的购买力。③ 至于援辽之军兵,虽然月饷颇高,但生活同样艰苦。如援辽的军兵,月饷为银子1两5钱,每日计得银5分,这无疑已是颇为优厚。但在辽东,民粮踊贵异常:蓟米1斗,值银2钱2分;粟米、黄豆1斗,值银2钱5分;稻米1斗,值银7钱;青草碗口大1束,值银直1分,每五六十束不得马一饱,且无处买草。熊廷弼曾亲见两个军人到饭店买饭,一人说"我钱少买蓟饭吃",一人说"我买面吃"。最后,买蓟饭的军兵,花去银子5分;买面的军兵,花去银子1钱2分。即使如此,尚未吃饱,只好"相与咨嗟而去"。④ 这就是说,援辽军兵每日所得饷银5分,只够买一顿蓟饭吃;若是吃面,更是一顿要花去将近三天的饷银。战乱时期,辽东军兵光景之苦,由此可见一斑。

南倭、北虏、内盗、兵祸,是导致乱世的主要原因,且对明代百姓生活质量影

① 杨爵:《慰人心以隆治道疏》,《明经世文编》卷231,第3册,第2428页。

② 张怡:《玉光剑气集》卷30《杂记》,第1071页。

③ 熊廷弼撰,李红权点校:《熊廷弼集》卷9《前经略奏疏》第3《官军劳苦乞恩慰劳疏》,中册,第392—393页。

④ 熊廷弼撰,李红权点校:《熊廷弼集》卷10《前经略奏疏》第4《钦赏犒军户部抵饷疏》,中册,第438页。

响最大。下面不妨顺着这一思路加以一一剖析。

倭寇之乱，对于东南地区百姓生活的骚扰，正如史料所言："骚动南服，即如浙江、南直隶等处，城郭半为丘墟，田亩多成草莱。"①倭寇所至之处，占据城池，劫夺库藏，燔烧官府，确乎"荼毒生灵"。② 对此，归有光有如下揭示："倭贼犯境，百姓被杀者几千人，流离远徙，所至村落，为之一空。"③倭寇侵扰的地方，南自闽、浙，北至山东登州、莱州。尤其是江南苏州、松江、杭州、嘉兴、湖州等府，田赋甲于天下；江北扬州、通州、泰州等处，盐课甲于天下。经过倭寇的劫掠焚烧之后，"农人释耒，盐丁罢灶，阻误漕运，亏损钱粮"。此外，"人民荼毒，闾井萧条"，即使生养休息，"不十余年，未得复旧"。④ 在福建泉州府同安县，当嘉靖三十七、三十八年，受到两次倭寇的骚扰，"焚城外居民数千家，官府、传舍悉为灰烬"。⑤有些右姓大族，因为倭乱而走向衰败。如福建永春县四、五都锦斗乡的林氏家族，经过承平日久，家族崛起，号称"殷阜"。嘉靖四十、四十一年间，因为倭乱，林氏家族成员大多逃入城中，再加之地方官员的"要索"，最终导致家族衰落。⑥

自古以来，中原王朝一直面临着来自北方少数民族的侵扰。明代北方的边患，先有蒙古的瓦剌、俺答部落，后有后金，时常突破边墙，深入内地，抢掠百姓。正统十四年(1449)土木之变后，北方蒙古势力屡屡犯边，一如史料所言，"抢杀我人民，杀戮我官军"。如正德十年(1515)八月，"达贼"通过西路，大举侵入平凉府城外，在北山一带驻营，日间四散抢掠，夜则蚁聚巢穴。所到之处，"杀虏人畜，不计其数，暴尸原野，甚为惨毒。"⑦正德十一年，"达贼"又抢至居庸关北口而止。嘉靖六年(1527)正月，又复南侵，杀死明朝官军600名。⑧ 崇祯年间，满洲兵大举侵入京畿，蹂躏内地。⑨

---

① 杨博：《杨襄毅公本兵疏议》卷1《会议征倭赏格疏》，载氏撰，张志江点校：《杨博奏疏集》，中册，上海古籍出版社2018年版，第478页。

② 李承勋：《勘处倭寇事情以伸国威疏》，《明经世文编》卷101，第2册，第903—904页。

③ 归有光：《备倭事宜》，《明经世文编》卷295，第4册，第3110页。

④ 郑晓：《重大倭寇乞处钱粮疏》，《明经世文编》卷217，第3册，第2260页。

⑤ 林希元撰，何丙仲校注：《林次崖先生文集》卷10《邑侯瓶台谭公保障记》，下册，第410页。

⑥ 李廷机著，于英丽点校：《李文节集》卷21《隐君石泉林公洎配潘氏墓志铭》，下册，第508—509页。

⑦ 王琼撰，张志江点校：《晋溪本兵敷奏》卷4《陕西延宁类》上《为达贼大举侵寇腹里杀虏人畜残害地方事》，上海古籍出版社2018年版，第132页。

⑧ 李承勋：《防御大同事宜疏》，《明经世文编》卷101，第2册，第901页。

⑨ 毕自严：《度支奏议》，《新饷司》卷8《覆科臣王猷恤畿民优将士疏》，第2册，第594页。

北方的边患，对沿边与京畿地区的百姓生活带来极大的危害。在“虏骑”的践踏之下，满目疮痍，百姓颠沛流离。如陕西地方，“被虏杀掠，老幼流离，哭声四彻，暴骨郊原，疮痍可悯”；[①]在宣府，“被虏杀掠惨酷，十室九空，至凡锅釜等类，尽行碎毁”；[②]大同右卫之内，锋镝之下，“粟米竭矣，牲畜尽矣，房屋毁矣，饿殍者众矣，老幼饥饿而不能兴者，不知其几矣”，农夫成为锋镝之下的冤魂，苦楚之状，难以言悉；[③]崇祯年间，满洲铁骑进入京畿地区，所到之处，“杀掠几尽，死亡伤心，流离满目”，风鹤惊魂之后，正可谓“仳离者无室家之欢，掳掠者有坟墓之悲”。[④]

相较于南倭北虏之患的“有形”，内地盗贼之患，则更显“无形”。内地之患，有“妖民”，有“盗贼”。有时妖言盛行，根盘枝蔓；有时邂逅相亲，一呼响应；有时则攘臂喋血，遂起逆谋。[⑤] 明代中期以后，内盗频发。正德年间，各地盗贼窃发。如山东、河南，直隶真定、保定、凤阳、徐州等处地方，“各有盗贼窃发，少则百十余人，多则千人以上。劫掠村市，杀害人民，烧毁房屋，奸污妇女，吏民震恐，行旅阻塞”。山东乐安、高密、蒲台等县以及滨州等州，“居民尽行走避，城郭为之一空”。即使是京畿地方，“亦复不时窃掠，乡村镇市，处处有贼”。[⑥] 正德五年(1510)，刘六、刘七、齐彦名相继而起，会合杨虎，“横行齐鲁、赵魏、徐沛间，所至张其旗盖，鸣金鼓，屠城破邑，发庾溃狱，杀戮燔烧，奸淫惨毒，僵尸被野，千里萧然”。[⑦] 内地盗乱如此，西南少数民族地区的土司一旦作乱，势必造成当地百姓生活不得安宁。嘉靖初年，广西田州土司岑猛父子作乱，当时朝廷凑集两省的财力，动用三省直兵，最终导致在长达两年的时间里，“民男不得耕，女不得织，数千里内骚然涂炭者”。兵连祸结，征发益多，财馈益殚，民困益深，“无罪之民，死者十已六七”。[⑧] 万历年间，播州土司杨应龙煽乱，流毒三省。其结果，则造成“男停其耜，女空其柚，驿递萧条，道路丘墟，小寇窃发，饿莩盈野”。[⑨] 至于天启末年至崇祯年间，起自西北的李自成、张献忠，更是导致连年战乱，其结果则使

---

① 唐龙：《言备边患事》，《明经世文编》卷190，第3册，第1965页。

② 唐龙：《陈言边患疏》，《明经世文编》卷190，第3册，第1972页。

③ 郑晓：《会议大同巡按尚约题兵饷疏》，《明经世文编》卷217，第3册，第2269页。

④ 毕自严：《度支奏议》，《新饷司》卷8《覆科臣王猷恤畿民优将士疏》，第2册，第594页。

⑤ 章焕：《经略中原疏》，《明经世文编》卷272，第4册，第2869—2870页。

⑥ 杨一清：《吏部献纳稿・为陈言处置地方紧急贼情事》，《杨一清集》，下册，第731页。

⑦ 王鏊：《江淮平乱碑》，《明经世文编》卷120，第2册，第1155页。

⑧ 王守仁：《赴任谢恩遂臣肤见疏》，《明经世文编》卷131，第2册，第1275页。

⑨ 郭子章：《播平善后事宜疏》，《明经世文编》卷419，第6册，第4553页。

“天下之户口杀伤过半,生齿凋耗过半”。①

无论是中原地区的内盗,还是西南边地的土司之乱,对百姓生活造成的负面影响,则毋庸置疑。以山西为例,寇乱时期的百姓生活,一如西安府推官史可法所言,“诸贼践毁秋禾,焚掠村落,惨不堪言”,“数十年物阜民安之象,竟成天荒地老之悲”;②又如张慎言诗中所云,“秋郊闻鬼哭,帝听不能卑;悲风千里号,骸骨相撑持”。③ 如四川经张献忠屠戮之后,原本“五谷六畜金银铜铁丝麻竹木盐绵药物之利”,“佛宫道院之壮丽,人材品物之骈阗”,也是“扫土尽矣”。④

至于内盗导致百姓困穷的原因及其危害,崇祯八年(1635)二月,杨嗣昌在上疏中,已将其概括为“五穷”,亦即“一穷于系子女,再穷于烧房屋,三穷于绝农种,四穷于官兵之尾追而割级,五穷于地邻之拾遗而献功”。⑤ 下面顺着杨嗣昌之说,再与其他史料相印证,将内盗之害定为以下三大害。

一是抢掠财物。明代内盗维持日常生计最常用的伎俩,就是“挞粮”,或称“打粮”。所谓打粮,就是“纵其党众,剽掠四乡,谓之打粮”。⑥ 打粮不过是一个冠冕堂皇的说法,其实就是抢掠财物。这种抢掠行为,多见诸史料的揭示,举凡“俘虏子女”“驱夺畜牧”;“劫财掠畜,庐舍成墟,鸡犬一空”;“抢夺骡马,收卷资财”。⑦

二是焚烧房屋。盗贼所至,焚烧房屋,随处可见,史料多有揭示,诸如“所过放火杀人”,“鸡犬一空”;“放火杀人”,“燎爨几于断绝,井里为之一空”。⑧

三是屠戮百姓。盗贼所至之处,屠戮百姓,史籍记载亦不绝如缕,举凡“攻下乡聚,屠戮老少”,致使“白骨满山”;崇祯三年(1630),王嘉胤侵扰山西,“所过皆残”,山西沁水县的坪上村,杀戮“尤惨”;崇祯八年正月,张献忠攻打舒城,

---

① 谢元汴:《王业不堪再失中兴不越十事疏》,《潮州耆旧集》卷36《谢给谏霜崖集》,第514页。

② 吴甡著,秦晖点校:《柴庵疏集》卷9《西安北界被贼残伤急行赈济疏》,第178页。

③ 张慎言撰,李蹊点校:《泊水斋诗钞》卷5《寇至》,上海古籍出版社2016年版,第486页。

④ 费密:《荒书》,浙江人民出版社1983年版,第145—146页。

⑤ 杨嗣昌著,梁颂成辑校:《杨嗣昌集》卷7《贼患甚深再剖愚忠疏》,上册,第156页。

⑥ 吴甡著,秦晖点校:《柴庵疏集》卷8《查明流寇旋抚旋叛情形疏》,第167页;吴甡著,秦晖点校:《柴庵疏集》卷9《绥清降丁复叛疏》,第190—191页;吴甡著,秦晖点校:《忆记》卷1,第396页。

⑦ 叶春及:《去盗贼》,《明经世文编》卷366,第5册,第3957页;计六奇:《明季北略》卷5《南居益请发军饷》,上册,第104页;吴世济:《太和县御寇始末》卷上《申请蠲免》,浙江古籍出版社1983年版,第10页。

⑧ 吴世济:《太和县御寇始末》卷上《申请蠲免》,第10页。

“因掠霍山、合肥县裸妇人数千，詈于城下，少愧沮则磔之”；张献忠攻陷和州后，“杀人十之有九，闾里凋芜，有不忍言者”；“流寇”蹂躏南省，如颍州、凤阳、巢县、舒城、庐江、无为州、和州等处，“所至破灭，屠戮人民不可胜计”。①

盗贼之乱，甚至影响到正常的驿路与商路，物流不通，进而导致百姓生活下降。崇祯十二年（1639）八月，从杨嗣昌的上疏中可知，自从凤县遭到“流寇焚掠”之后，致使连云栈从褒城至益门镇 800 里的驿路，多年不通，官府的公差投递公文，必须从洋县捷山黑水峪赴投，“攀崖附葛，每尝伤人误事”；阳平关在汉中西南，通四川水路，属于商贾往来的咽喉，自被“流寇焚掠”之后，民无孑遗；白水江在汉中西北，为通秦、徽的要路，茶商发运，舍此更无别途，自贼盗兴起之后，“茶商时被劫掠”。②

明代民间流传着这样一则谣谚，即“贼如梳，军如篦，土兵如鬄”。这首民谚出自《明史·洪钟传》，其背后的史实则是正德四年（1509）总制军务洪钟征讨保宁“贼寇”蓝廷瑞、鄢本恕之事。③ 细绎这一民谣之义，无非是说兵之害远胜贼之害：贼过如梳，漏过的头发尚多；军过如篦，虽密过梳，犹有遗漏之发；至于土兵一过，则如薙发，寸发未存。与此相似的民谚，尚有“土贼犹可，土兵杀我”。民谚出自《明史·陈金传》，其背后的史实则是正德六年，陈金总制军务，征讨江西盗贼时，统率的土兵，贪残嗜杀，剽掠超过贼盗，甚至有巨族一家数百口，遭土兵杀害。④ 崇祯八年（1635）给事中常白裕在上疏中，论及贺人龙等所率军兵“各处淫掠”时，也有“贼梳而军栉”之说。⑤ 这也有事实可以作为佐证。如崇祯年间，“流贼”进入河南之后，“焚杀无噍类，火光照数十里，昏夜如白昼，朝聚落而夕邱墟”，但官军“随其后，淫掠亦与流贼等”。⑥

事实确乎如此。当寇乱之时，百姓不仅要应对盗贼的掳掠，更要防范捕役、官军、土兵的暴掠。

---

① 叶春及：《去盗贼》，《明经世文编》卷 366，第 5 册，第 3957 页；张道濬：《兵燹琐纪》，《张司隶初集》十一编，第 383 页；计六奇：《明季北略》卷 11《章可试守舒城》，上册，第 181 页；计六奇：《明季北略》卷 11《黎弘业和州自缢》，上册，第 184 页；计六奇：《明季北略》卷 11《李维樾守江浦》，上册，第 185—186 页。

② 杨嗣昌著，梁颂成辑校：《杨嗣昌集》卷 34《遵旨查明据实具奏疏》，下册，第 848—849 页。

③ 杜文澜辑：《古谣谚》卷 14《川东人为流贼官军谣》，中华书局 1984 年版，第 257—268 页。

④ 杜文澜辑：《古谣谚》卷 14《江西民为土贼土兵谣》，第 268 页。

⑤ 计六奇：《明季北略》卷 11《贼陷凤阳》，上册，第 175 页；彭孙贻：《流寇志》卷 2，第 31 页。

⑥ 郑廉：《豫变纪略》卷 2，第 31 页。

先来看捕盗者之扰害。明代在地方设立民壮、捕快一类的职役，再加之联属保甲，其目的在于安辑地方。但所谓的捕盗者，不但没有尽到职责，有时反而危害百姓。对此，史料多有揭示，诸如：捕盗者乘机生奸，“深察旁逮，平日无赖子弟，为之爪牙羽翼，家历户至，杀人牛马，取人货财，盗未及除，而良者蒙祸”；民壮、捕快，惟利是图，“指攀无辜，搜抢财产，肆行无忌矣”；甚至“或为人诬告人命，或为人诬攀为盗，明知其冤，乃加严刑逼取财物方免，以致卖人妻孥，破人庄产而不顾，其视强盗以兵刃劫人而取财者，实异事而同情也”；万历末年，嘉善县的民兵，同样“杀人于途，劫人于市，淫人于室”。①

其次，看军兵之害。失去军纪约束且日渐无赖化的军兵，必然导致名为“御寇”，最后“反以为寇”，②对民间百姓生活所造成的危害，决不小于盗贼，正所谓“民之苦兵，甚于苦贼”。③ 明代军兵之害，史籍多有揭示。诸如：早在永乐年间，听调前往北京的官军，就已经沿途骚扰百姓，“强市货物，横夺资财，道路苦之，所领头目亦不禁戢”；嘉靖二十九年(1550)八月，仇鸾统率大同的军兵入援，素无纪律，“往往诈称辽阳军，入民间卤掠”，“民间苦之殆甚于虏也”；泰昌元年(1620)，辽东经略熊廷弼更是直言，辽东兵无纪律，甚至“夺民间粮窖”；崇祯十三年(1640)，黄梅贡士吴卿在上言中，也说“今兵不杀贼，反以仇民，穷乡男妇，匿林逃难，割首献功，以愚主将”。④

更有甚者，官兵名义上是剿寇，实无真心杀贼，最后只好与贼“打活仗”或“打和仗”，甚至杀良冒功。崇祯年间，陕西的盗贼，大多出自边兵，原本互相都是识面的亲邻。所以，每当“秦寇”与“秦师”相遇，在接战前，通常在矢石间会一起说话，并对官军说：“和仗乎？真仗乎？”官军畏贼，且不乐战，就漫应之说：“和

---

① 何景明：《与藩司》，《明经世文编》卷139，第2册，第1383页；王廷相：《上巡抚陈公治盗议》，《明经世文编》卷149，第2册，第1491页；桂萼：《请修复旧制以足国安民疏》，《明经世文编》卷180，第3册，第1842页；左光斗撰，黄成蔚、张梦新点校：《左光斗集》卷1《外寇未除内患将作疏》，黄山书社2018年版，第9—10页。

② 杨博：《杨襄毅公本兵疏议》卷12《覆顺天巡按御史董尧封条陈蓟镇边务疏》，《杨博奏疏集》，中册，第865页。

③ 罗明祖：《罗纹山先生全集》卷16《寓楚杂著·为今之计》，第1205—1206页。

④ 余继登撰，顾思点校：《典故纪闻》卷8，第138页；邓士龙辑，许大龄、王天有主点校：《国朝典故》卷37，引《世宗实录》3，中册，第768页；熊廷弼撰，李红权点校：《熊廷弼集》卷8《前经略奏疏》第2《钱粮缺乏至极疏》，上册，第368页；计六奇：《明季北略》卷16《吴卿论兵弊》，上册，第281页；方孔炤：《刍荛小言》，载方昌翰辑，彭君华校点：《桐城方氏七代遗书》，黄山书社2019年版，第408页。

仗。”所谓和仗,就是盗贼遗弃所掠牛驴及老幼病残胁从之人,任凭“官兵俘杀报功”。[①] 军兵一旦失去纪律的约束,就不止是骚扰百姓而已,甚至敢于劫掠官银。崇祯二年(1629),总兵侯世禄率领夷汉官兵进入通州之后,就“横行抢掠,地方人民惊惶”。此外,当时领饷官林文科押送饷银 13799 两,在通州地方被劫掠。据车户李芝芳供称,就是侯世禄属下夷丁所为。[②]

再来看援助的客兵之害。相较于主兵之害,明代从各地调取的客兵,其骚扰地方百姓则更甚。宗臣有一篇《二曾夜谈记》,对嘉靖倭乱时期客兵之为害闾阎,有如下揭示:“尝闻客兵之祸,甚于盗寇。何者?寇之害犹有方也,客兵者,无不及之矣。寇之至也,人犹得持梃逐之。客兵者杀人,而人不敢怒而诉也。即有诉者,反益之祸矣。”[③]堪称当时的实录。万历二十年(1592),朝鲜发生倭警。当时召募浙江义乌兵数千人,屯聚于南京龙江关,以备倭寇骚扰。这些义乌兵,“群聚剽市人之物,或公然为劫盗,奸乱无所不至”。[④] 万历四十七年(1619),杨嗣昌在上疏中直言,召募的兵丁就道之后,所过之处,民间害怕他们抢掠,只好“罢肆闭门”。这些募兵无法从市场上买来物品,就只好抢掠。“一处兵来如是,别处又然;今日兵过如是,明日又然。”[⑤]崇祯三年(1630),陕西勤王之兵路过河南时,也是骚扰闾里,“横肆异常”,既已得到廪给予饭食,还向民间百姓索取酒肉。稍不如意,则“露刃相向,持鞭乱挥”,可谓“朝廷未收分毫之用,而地方先被无穷之扰”。[⑥] 又据崇祯年间襄阳知县罗明祖的揭示,前来援助的客兵,往往“强占人家,拆人门屋”,骡马让地方百姓喂养,“队不成队,伍不成伍”。[⑦]

综上可见,在经受了南倭、北虏、内盗、兵祸之后,确乎可用“民不聊生”一语加以概括,且是乱世百姓生活质量下降的真实反映。战乱用兵,消耗甚大,最终会加重百姓的负担。以明末征讨辽东为例,据熊廷弼的估算,明末用兵辽东,共计用兵 18 万,马 9 万匹。单此两项,军费开支已经相当之大,计有:饷银 324 万两,军人食粮 108 万石,马匹所需料豆 97.2 万石,马草 2160 万束,每束草计 15

---

① 吴甡著,秦晖点校:《忆记》卷 2,第 400 页;彭孙贻:《流寇志》卷 3,1983 年版,第 22 页。

② 毕自严:《度支奏议》,《新饷司》卷 13《题请注销天津劫饷前件疏》,第 3 册,第 133—134 页。

③ 宗臣:《二曾夜谈记》,《明经世文编》卷 330,第 5 册,第 3535—3536 页。

④ 顾起元:《客座赘语》卷 1《浙兵》,第 27 页。

⑤ 杨嗣昌著,梁颂成辑校:《杨嗣昌集》卷 1《陈言兵饷疏》,上册,第 10 页。

⑥ 吴甡著,秦晖点校:《柴庵疏集》卷 6《两河空匮已极疏》,第 108 页。

⑦ 罗明祖:《罗纹山先生全集》卷 16《寓楚杂著·谷城事略》,第 1185—1186 页。

斤。[①] 明末辽东用兵以来，其中的危害，一如魏大中所言，“民间之髓血，内帑之金钱，文武将吏、士女军民之肝脑，祖宗之金瓯，敲剥涂膏，伤残缺陷，无不疾首痛心者”。[②] 崇祯五年(1632)十月，宁锦巡抚方一藻也直言，辽东自兵乱以后，“居民十室九空，其仅存者非锋镝之余，即转徙无告，颠连穷苦之状，真有触目堪悲者”。[③] 大兵之后，必有大荒；大荒之后，必有大疫。辽东长期用兵，一旦兵祸、大荒、大疫三者相合，其结果必是“赤地千里，刍粟一空，人马倒卧，道路枕藉”。[④] 战乱、动荡时期的百姓生活，已是可想而知。

(2)荒年生活质量之下降

晚明时期的地方官员吕坤，是一位最为关注民生疾苦的实政思想者，透过他的笔墨，晚明荒年时百姓生活之惨象，已是跃然纸上。下面根据他的记载，对明代荒年时的百姓生活描摹如下：万历九年、十年间(1581—1582)，因为连年天旱，百姓生活的光景，说来令人流泪。如死人太多，在平凉、固原城外，挖掘万人大坑三五十处，处处都填满了死人的尸体。有一位富家女子，父母都饿死了，于是头插草标，上街自卖，却被一个外来的男子调戏一言，深感羞惭，就一头撞死。有一位大家的少妇，见自己丈夫饥饿将死，就把浑身衣服卖尽，只留下遮身的小衣，又将头发剪了，沿街叫卖，却全无人买。其夫饿死之后，官府差人拉到万人坑中掩埋。这位少妇叫唤一声，随即投入坑里。当时正值六月，满坑臭烂，韩王念她节义，给她一套妆花纱衣，想要救她出来。不料少妇说：“我夫身已饿死，我何忍在世间吃饱饭?”昼夜哭泣，三日而死。逃荒之人，多达几万人，一半是不惯辛苦的妇女，加上儿女连累，困饿无力，就宿在一个庙里，在将儿女哄睡之后，到了五更田，偷偷撇下儿女离去。儿女醒后，赶着啼哭，就将儿女用带子捆在树上，或者将儿女用毒药毒死，恸哭流泪。这并非做母亲的狠心，其实也是被逼无奈。又有一位男子，将自己的妻子卖了，仅得钱100文。当离别时，夫妻回头相看，恸哭难分，最后一起投在河中淹死。万历十四年，邯郸路上有一妇人，带三个小儿女，路上拖累，举步维艰，她的丈夫劝妻子舍弃孩儿，妇人恸哭不忍。其夫赌气先行离去，走了数十里，又心上不忍，回来一看，这妇人与三个孩儿全吊死在树上。其夫恸哭几声，也自己上吊而死。又有一位男子，带着眼瞎的老母与妻子，抱着一

① 熊廷弼：《敬陈战守大略疏》，《明经世文编》卷480，第6册，第5282页。

② 魏大中：《合词恭恳圣断立诛辽左失事诸臣以自为社稷计疏》，《明经世文编》卷497，第6册，第5501页。

③ 毕自严：《度支奏议》，《新饷司》卷34《覆关外鬮五年屯租疏》，第4册，第583页。

④ 左光斗：《题为急救辽东饿寒事疏》，《明经世文编》卷495，第6册，第5477页。

个10多个月的孩儿同行。老母饥饿不堪，这男子就先到前村乞食供母。他的妻子口中吃着沙土，仰卧而死。老母叫呼不应，摸着儿媳，知道已经死了，也就吊死在道旁。这男子回来，见他母亲吊死，又见那孩儿奄奄一息，还斜靠着死的娘身上吃奶，也就撞头身死。西安府城外有一个大村，有千余户人家居住，一时都要逃走。知府见状，慌忙亲自前来劝留，说道："我就放赈济。"百姓满街跪下，诉说道："多费爷爷好心，念我饥寒。就是每家与了三二斗谷子，能吃几口，怎么捱到熟头？趁我走的动时，还挣扎到那丰收时节，且救性命。"大家叩头，哭声动天。那知府听了，也心酸恸哭，只好任由他们逃荒。这些人走到北直隶、河南，却处处都是饥荒，那些大家少妇怎能受得了这样饥饿奔走，都穿着纱缎衣服死在路上。当此之时，慈母顾不得娇儿，孝子救不得亲父，眼睁睁看着饿死在沟中路上。狗吃狼飧，没人收尸。朝廷曾派遣官员，拿着四五十万银子前去赈济，但一个人分得一钱半钱，怎么救得了一家之饥？官府也开仓散发谷子，但一个人分得一斗半斗，又怎能吃得几日饱饭？①

所谓灾荒，即因受到灾害而形成的饥荒。至于灾害，既有水、旱、蝗、疫、地震之类的自然灾害，又有火灾一类的人祸。不论何种灾害，给百姓带来的生活困境则是相同的。

以水灾为例，洪水泛滥，不但漂没百姓庐舍，百姓溺死，而且淹没田土，使庄稼颗粒无收。如成化十九年(1483)五月，福建建宁府西南雁塘等六里，山水泛滥，洪峰高达3丈余，山崩地裂，漂没百姓庐舍130家，损坏桥梁13座，淹没田土38余顷，溺死的人多达40人。② 嘉靖年间，淮安、扬州、庐州、凤阳四府及滁州、徐州、和州等州，因为数十日内淫雨连绵，河流泛涨。自扬州北至沙河，数千里之地，无处非水，茫如湖海。沿河居民，悉皆淹没，"房屋椽柱，漂流满河，丁壮攀附树木，偶全性命，老弱者奔走不及，大半溺死"。③ 万历三十七年(1609)五月，福建建宁府，雨下如注，连下三昼夜，洪水骤涨，船可以从城垛上驶入。洪水所至，城楼崩塌，漂流通都桥及城内外民居，"溺死男妇无算"。自威武门至通仙门，城墙俱崩坏，万安州演武场一带地方淹没殆尽，两县治、东西察院、各馆署、衙门，均

① 吕坤：《实政录》卷2《民务・积仓贮谷》附《救命会劝语》，《吕坤全集》，中册，中华书局2008年版，第954—955页。

② 何乔远编撰：《闽书》卷148《祥异志》，第5册，福建人民出版社1995年版，第4397页。

③ 费宏：《两淮水灾乞赈济疏》，《明经世文编》卷97，第1册，第856页。按，费宏此疏，又可参见费宏撰，吴长庚、费正忠校点：《费宏集》卷6《两淮水灾乞赈济疏》，第198页。

浸泡水中而圮。① 崇祯四年(1631)八九月间,河南遭受水灾。当时霪雨一连下了三十昼夜,正当雨急之时,黄河泛滥,溢出堤坝,将黄河南岸的阳武、原武、封丘、延津、荥泽五县,汇为海国,百姓扶老携幼,哭声振地,“奔高阜不得,则趋城市,趋城市不得,则攀数杪,而又雨如注,风如箭,巨浪滔天,饥寒之极,巢栖不稳,载胥而溺,漂没死者不可胜纪”。② 崇祯四年六月,水涨堤坏,新河决口,苏家嘴决口,建义口又决口,盐城、兴化、宝应、高邮,无处不受水害。水灾之下,受害的百姓,正如吴甡所揭示:“老弱者转沟壑,少壮者散四方,生者既不得有其身家,至百丘墓,为冯夷所啮,土去棺浮,漂流无算。各盐场草田淹没,樵苏无路,小民析骨而爨,死者亦不有其朽骨。平日膏腴知天,水深数丈,牛畜舟船,俱遭覆溺,农者不得执耒耜而耕于野。”③

以旱灾为例,因为水利设施的缺乏,旱灾的危害性以北方为大。如黄河一直成为中州的水患之源,但其中又有灌溉之利,只是被人弃之不顾。所以明代有谚语云:“北人水旱,听命于天。”④细绎其意,就是说北方因为缺乏完善的水利设施,遇到水旱灾害,只好听命于天。至于旱灾所导致的民不聊生景象,则普遍见于北方的乡里。如万历年间,因为长期不雨,“三辅嗷嗷,民不聊生”。受灾百姓,先是食草茅,草茅吃尽,只好剥树皮而食,甚至“道殣相望,村突无烟”。据巡抚汪应蛟的疏揭,整个三辅地区,因旱灾而需要赈济的人多达 18 万人。更为可怕的是,在夏麦已经绝收的困境下,秋天的庄稼尚未播种,最后导致“旧谷渐没,新谷无收”,⑤甚至影响到第二年的生计。在旱灾之下,即使是官员士大夫家庭,也不免显得生计窘迫。张慎言有诗云:“家口烦朝夕,参差半井田。一年常苦旱,三党不微沾。僮仆指累百,牛羊角未千。眼看场圃毕,仓廪竟萧然。”⑥这无疑是一个官员士大夫家庭在遭遇旱灾时的生活实录。官员士大夫如此,至于普通百姓家庭,在遭遇旱灾之时,其生活的惨状则更甚。嘉靖二十三年至二十九年(1544—1550),闽南连年旱灾,以二十五年、二十六年尤为严重。对此,闽南泉

① 何乔远编撰:《闽书》卷 148《祥异志》,第 5 册,第 4398 页。

② 毕自严:《度支奏议》,《新饷司》卷 25《覆河南阳武等五县水灾暂免三厘一年疏》,第 4 册,第 77 页。

③ 吴甡著,秦晖点校:《柴庵疏集》卷 4《河决一日不塞灾邑残废可悯疏》,第 80—81 页。

④ 杜文澜辑:《古谣谚》卷 27《北人水旱谚》,第 420 页。

⑤ 冯琦:《为灾异旱异常备陈民间疾苦恳乞圣明亟图拯救以收人心以答天戒疏》,《明经世文编》卷 440,第 6 册,第 4817—4818 页。

⑥ 张慎言撰,李蹊点校:《泊水斋诗钞》卷 1《苦荒》,第 433 页。

州人林希元有诗揭示加以揭示。① 从诗中可知，在旱灾之下，谷价日涨，贫民无钱买谷充饥，只好吃草实木皮。再加之官司财竭，无力赈济，贫民只得饿死，成为乌、鸢口中之食。尤为可惊的是，号称“学究”的读书人家，一家六口因旱灾而饿死。

以蝗灾为例，蝗虫所到之处，食尽禾苗，甚至导致颗粒无收，给百姓生计带来很大的困难。如万历三十四年(1606)六月，据济南府属济阳、德平等县申文，城北尚家河、索家庙等处，发生蝗灾。蝗虫“形如蚊蝇，聚如星密，将种出蕊禾等苗尽被食毁”。又据武定州及利津、海丰、平原、乐陵、历城、阳信、新城、长山、金乡、恩县、寿光、高密、潍县等县申文，当蝗灾最为严重之时，有时一县捕获超过1000石蝗虫，“尚未尽绝者”。② 蝗灾虽以北方居多，但有时也在江南发生。如天启四年至七年(1624—1627)，在这四年之间，无锡二年大水，一年赤旱，又一年蝗灾。从天启七年八月初旬始，一直到中秋以后，突然从田间丛生一种异虫，“非爪非牙，潜钻潜啮，从禾根禾节以入禾心，触之必毙，由一方一境以遍一邑，靡有孑留”。庄稼绝收，自然给农民生活带来困难：“或夫妇临田大哭，携手溺河；或哭罢归，闭门自缢；或闻邻家自尽，相与效尤。至于今，或机妇僨布易米，放梭身陨；或父子磨薪作饼，食噎而亡；或啖树皮、吞石粉，枕藉以死。”③痛心惨目之状，难以描摹。

以疫灾为例，其最大的危害，则在于死亡率上升，导致劳动人口的减少。如正德二年(1507)八月后，福建宁德县发生大疫，死亡达1000余人。④ 嘉靖四十一年(1562)，福建泉州府城发生了大的瘟疫，死亡率高达70%—80%，导致“市肆寺观尸相枕藉，有阖户无一存者”，甚至“市门俱闭，至无敢出”。⑤

以火灾为例，绝大多数属于人为不小心所致，其危害却不低于自然灾害，往往造成人员死亡，房屋焚毁。如隆庆二年(1568)正月，杭州钱塘县湖市新马头，官船突然起火，大火沿烧民居2000余家，焚毁官民船舫300—400只，死亡40余人；⑥万历二十七年(1599)十二月三十日夜里，在浙江嘉兴秀水县，冯梦祯家的北边邻居盐桥一带发生火灾。当夜刮西北风，火势甚盛，俄而开始蔓延，一直延

---

① 林希元撰，何丙仲校注：《林次崖先生文集》卷17《忧旱》，下册，第630页。

② 黄克缵著，李梦生点校：《数马集》卷4《蝗蝻生发乞赐赈恤疏》，第88页。

③ 计六奇：《明季北略》卷5《无锡灾荒疏略》，上册，第105页。

④ 何乔远编撰：《闽书》卷148《祥异志》，第5册，第4417页。

⑤ 何乔远编撰：《闽书》卷148《祥异志》，第5册，第4393页。

⑥ 田艺蘅：《留青日札》卷9《风变》，上海古籍出版社1985年版，第342页。

烧到皮市才止。① 又如在福建福州府，成化十三年（1477），大火焚毁还珠门及民房数百家；弘治七年（1494）正月，还珠门发生火灾，延烧居民200余家；正德三年（1508），又是还珠门发生火灾，延烧民居100余家。②

到了明代末年，尤其是从天启至崇祯年间，各种自然灾害出现了三大倾向。

一是灾害日趋频繁。以河南为例，从天启末年一直到崇祯末年，水、旱、蝗、雪、冰雹、地震等各色灾害，几乎每年都有发生。如天启七年（1627）三月，商水县下冰雹；夏天，又发生旱灾、蝗灾，内乡县霪雨不断，损害麦禾；冬天，突下大雪，导致很多人冻死。崇祯元年（1628）夏，发生雹灾，损害庄稼。崇祯二年春，郑州大雪，厚达五尺。崇祯三年六月，杞县大水；又下大雨、冰雹，伤及禾稼。崇祯五年夏五月，霪雨不断，一直下到八月；六月，杞县大水，黄河决堤；秋天，孟县发生雨雹之灾，害及禾稼。崇祯六年，郑州大水。崇祯七年夏五月，发生旱灾、蝗灾。崇祯八年夏，发生旱灾、蝗灾，郑州大旱，一直到崇祯十三年。崇祯九年夏，发生旱灾、蝗灾；怀庆有雨雹之灾，伤及禾稼；秋七月，开封、归德又发大水。崇祯十年夏，发生大蝗灾。崇祯十一年，大旱、蝗灾；夏四月，柘城发生火灾；秋九月，洛阳发生地震。崇祯十二年夏，大旱、蝗灾。崇祯十三年闰正月，发生大饥荒，甚至出现“人相食”的惨象；三月，洛阳地震，原武县“雨沙终日”；夏，大旱、蝗灾；秋八月，发生霜灾，损及禾稼。崇祯十四年二月，发生大的饥荒，随之又有疫灾，灾情一直延续到六月；三月，卫辉发生大的蝗灾；夏，原武县麦熟之时，飞蝗“食之如割”。崇祯十五年朔，怀庆发生地震；秋七月，黄河决堤，开封府陷入水中。③ 以南直隶的太和县为例，崇祯年间也是“饥馑洊臻，灾沴叠见”，兵、荒、灾一时俱集。从崇祯八年太和县三十五里老灾民周应科、宋复表的联名上表，以及太和知县吴世济的踏勘及其申文中，大致可知从崇祯五年、六年一直到崇祯八年，太和县各种灾害不断。如崇祯五、六两年，主要是大水为灾；崇祯六年冬、七年春，有一种从山海飞来的鸟，“罄啄麦根矣”；崇祯七年三月，发生蝗灾，五月又发生蝗灾，冬天又发生旱灾。从灾情上报的角度来说，太和县三年的受灾状况，决非是九分的灾情，甚至达到二十分的灾情；就受灾之众来说，“民之流且殍者，真不翅十家而五六也”。经受了如此频繁的自然灾害之后，到了崇祯八年的正月十五，“流寇”突破颍州，到达太和县，“布满四野，焚杀劫掳，惨伤殊甚。桑麻之地，悉

① 冯梦祯：《快雪堂日记》卷11，己亥十二月三十日条，凤凰出版社2010年版，第148页。

② 何乔远编撰：《闽书》卷148《祥异志》，第5册，福建人民出版社1995年版，第4388页。

③ 郑廉：《豫变纪略》卷1，第1—13页。

为战场，老弱殒命，少壮离散”。兵灾之后，不料又是天不惠和，方春亢阳，百日不雨，狂风日吼，导致二麦枯死。到了五月望旬，才开始下点小雨，播种下地。在秫、豆等禾苗正生长之际，又遭遇蝗虫漫天飞来，密集田间，越打越发，数日之间，遍地诸苗，一概被毁。蝗虫吃剩的根楂，百姓盼着能再生长出来，但到了六月初六日，忽然雷电交作，大雨时行，昼夜如注，旬日不息，平地积水，一望江湖，庐舍飘没，民无栖止。此时已值立秋，再次播种已无希望，其结果则是“十室九空，户户绝烟”。尤其是太和县的南照集，道处南北之冲，再三遭受寇患，其萧条之象，更是一望使人心痗。①

二是各色自然灾害相继而生。如苏州、松江二府，为国家财赋所出之地。据徐阶的记载，也是各种灾害并至。先是遭受蝗虫之灾，“田只半收，尽其所入，供输常赋”。到了第二年的春天，希望靠麦、豆成熟接济饥荒，但三月以后，“淫雨不止，沟浍尽溢，江湖亦盈，十里平畴，顿成巨浸”。百姓连忙补插秧苗，不料“西水不消，海潮增涨，田高而岸固者，竭力车戽，仅救百分之二三，其否者人力莫惜，惟相与哭视沉沦而已”。② 号称财赋之区的苏州、松江，百姓连遭灾害之后，自然生计无措，难以谋生。在常州府，嘉靖年间，也是“闾阎积连岁之饥，则一岁艰于一岁矣”，甚至一年之中，“并受三年之饥”。③ 在连岁凶饥之后，百姓生计困难无比，道路死亡比比皆是，“沟中之瘠在在有之，每一行，露骴满目，为之不能下食”。④ 据河南怀庆府河内县知县王汉的记载，崇祯十一年（1638）闰十一月不雨，水灾、旱灾、蝗灾，一年三次灾害。至崇祯十二年六月初六日，王汉从高平县调任河内县，到任未数日，就“水夺民稼”；又数日，“蝗夺民稼”。可见，崇祯十一年无秋收，崇祯十二年又无春麦之收，其结果则是“穷民食树皮尽，至食草根，甚至父子夫妻相食，皆黄腮肿颊，眼如猪胆，饿尸累累”。⑤

三是天灾与人祸洊臻。如万历十三年（1585），绍兴府遭受了飓风之灾。对于这次飓风灾害对百姓生活的影响，陶望龄在诗中，有详细的揭示。据诗可知，在万历十三年，灾害遍及南北，北人苦旱，南人苦雨。至于绍兴府，飓风所至，则

---

① 吴世济：《太和县御寇始末》卷上《申报灾伤》《颍上灾伤看语》，浙江人民出版社 1983 年版，第 48—50 页。

② 徐阶：《上太岳少师乞救荒》，《明经世文编》卷 245，第 3 册，第 2574 页。

③ 唐顺之著，常州市唐荆川研究会编：《唐荆川诗文集》卷 9《与吕沃洲巡按》，凤凰出版社 2012 年版，第 257 页。

④ 唐顺之著，常州市唐荆川研究会编：《唐荆川诗文集》卷 9《与徐养斋》，第 261 页。

⑤ 郑廉：《豫变纪略》卷 3，第 60 页。

“已拔我木，已发我屋”。当时正值庄稼成熟，所以陶望龄在诗中只得祈祷“无害我稼”。其原因在于，“去年百钱米一斛”，荒年的物价已是高涨不已，若是今年再无收成，则更是“食无粥”了。尤为可叹的是，在遭受连年天灾之后，人祸仍是不断，“长吏”不体恤灾民之情，仍然扣门要求灾民输纳赋税。官人“猛如虎”，健卒“面目狰”，“皇天降灾虐吏助”，天灾与人祸合在一起，四方百姓，再无聊生之日。①

早在元末，袁介作有《检田吏》一诗，基本反映了元末松江府华亭县灾年农民之生活，即租种官田30亩的农民，在连续遇到旱涝两灾之后，因为交还不起“私债”与“官租”，只得将儿子与女儿卖掉以赔官粮。即使如此，所过的仍然是“饥无口食寒无衣”，乃至“东求西乞度残喘”的生活。② 荒年自然导致百姓流离，逃徙他乡求食。如万历三十七年（1609），四川在大荒之后，“小民流散，村落半为丘墟”。百姓逃亡的结果，则是“每县荒粮多至五六百石，贻累里甲代赔，人尽告病”，③进一步加重在乡百姓的赋役负担。明人陆云龙所著小说《魏忠贤小说斥奸书》，记载万历十五、十六年（1587—1588），江南、江北水旱频仍，河间府一带包括山东都夏麦无收，秋成绝望。小说这样描写荒年灾民的生活：“麦畦龟裂，野径尘生，白茫茫打头一望，何处见绿草青芜？静悄悄侧耳一听，那里有鸡鸣犬吠？携锄荷铲的，一个个愁眉束手，有地难耕。求雨的，望云的，一家扼腕抚心，叫天不应。村村绝火，似断寒食之烟，树树无皮，止剩槎桠之干。鸠为形，鹄为面，饿的七分似鬼，三分似人。留者死，逃者生，弄的十家门空，九家户绝。卖儿鬻女，得人收去重生；杀子烹妻，若咽糟糠犹上品。”④

无论是承平之年，还是公私匮乏之时，灾荒导致百姓生活质量的下降则是毫无疑问的。其间的差别，只是承平之年，朝廷与地方尚有积余，在救灾应对上相对裕如一些，而一等公私匮乏，则朝廷与地方官对受灾民众就会变得束手无策。这可以成化、弘治年间陕西遭受的灾荒为例，做进一步的阐述。成化十九、二十年间（1483—1484），陕西发生旱荒。当时正值承平之余，仓库有积，又无边患。

---

① 陶望龄：《歇庵集》卷1《悲哉行为丁亥秋七月大风作》，载氏撰，李会富编校：《陶望龄全集》，上册，上海古籍出版社2019年版，第7页。

② 何良俊：《四友斋丛说》卷25《诗》2，中华书局1983年版，第231—232页。

③ 骆日升著，郑焕章点校：《骆台晋先生文集》卷7《与门生给谏陈逋庵书》，商务印书馆2017年版，第125页。

④ 陆云龙：《魏忠贤小说斥奸书》第1回，载《中国古代珍稀本小说》（五），春风文艺出版社1995年版，第705页。

在如此时代,尚且“赈贷不敷,饿莩填渠,人至相食”。后明宪宗同意开救荒事例,借此筹集很多银子与粮食,又将江南漕运粮米数 10 万石,派遣官员由汉江及河南地方二路转运到陕西,以此救济灾民,“移民就食,赖以全活”。即使如此,“死徙之民,已不可救”,而户口的耗彫,一直到弘治年间也没有恢复。可见,承平之余的荒年,百姓仍然难过。这显然由陕西特殊的地理位置所决定。陕西关山环峙,舟楫不通,为了供给三边,当地百姓赋役繁重,所以一年的收成,仅足以供应一年之用,再加之频年兵荒,疮痍未复。一旦遇到久旱,就不免形成“大饥”的局面。至弘治年间,陕西的区域环境已与成化年间大为不同:一则公私匮乏,二则边患趋于频繁。当此之时,一旦发生旱灾,自然就会“闾里萧条,逃亡接踵,盗贼间起,剽掠潜行,困敝艰难,莫可名状”。①

荒年最为直接的反映,就是因粮食歉收而导致的粮价飞涨。如嘉靖二十四年(1545),天下十荒九八,浙江也是百物腾涌,米 1 石值银 1.5 两。② 嘉靖年间,东南诸郡大灾,“斗米百钱而羡”。③ 崇祯十三年(1640),1 斗米更是高达 3 钱银子。④ 崇祯十四、十五年间,白米 1 石,价格高达 5 两银子。⑤ 物价飞涨的结果,除了普通百姓难以果腹之外,即使是士大夫阶层,到了除夕之夜,喝酒、吃鹅几成一种奢望。金珊就专门作了下面两首转语诗,加以如实记录。第一首云:“年去年来来去忙,不饮千觞饮百觞。今年若还要酒吃,除却酒边西字旁。”第二首云:“年去年来来去忙,不杀鹅时也杀羊。今年若还要吃鹅,除却鹅边鸟字旁。”⑥前一首的最后一句“除却酒边西字旁”,意思是说酒是喝不上了,只能喝水。第二首的最后一句“除却鹅边鸟字旁”,意思是说鹅是吃不上了,只能“杀我”。这两首诗,虽近于戏语,却是道出了当时的事实,不仅可以反映荒年时的惨象,而且足以发人一笑。

事实确乎如此。一旦遇到灾异之年,即使在官的士大夫,同样面临着生活的窘迫。即以顾鼎臣为例,他在给儿子的家书中,显然已经证明了以下事实,在“人多米少”、薪水拖欠的情势下,在任官员的日子也是难以“过遣”。⑦ 至于普

① 杨一清:《关中奏议全集》卷 5《为急处救荒事》,《杨一清集》,上册,第 167—168 页。

② 郎瑛:《七修类稿》卷 50《奇谑类 · 荒年转语》,上海书店出版社 2001 年版,第 532 页。

③ 唐顺之著,常州市唐荆川研究会编:《唐荆川诗文集》卷 11《赠竹屿吕通判还郡序》,第 302 页。

④ 谈迁:《枣林杂俎》智集《逸典 · 荒惨》,中华书局 2006 年版,第 64 页。

⑤ 叶梦珠:《阅世编》卷 1《灾祥》,上海古籍出版社 1981 年版,第 14 页。

⑥ 郎瑛:《七修类稿》卷 50《奇谑类 · 荒年转语》,第 532 页。

⑦ 顾鼎臣:《顾文康公文草》卷 10《附家书(又)》,《顾鼎臣集》,第 174 页。

通百姓的灾后境况，则正如何景明所云："今郊廛乡鄙之民，捐室庐，去田亩，诀兄弟，叛父母而出者，闻皆卖其妻子，身为奴婢，甚者弃尸道路，百不存一；其未徙者，又皆覆釜阖室，坐以待毙，有快于速死，自经于树枝者，夫死者不收，而生者未哺。"①

尽管荒年时期的士大夫，生活水平大为下降，毕竟还可以出银粜米，甚至通过自我调笑加以排遣。至于普通民众，为了填饱肚子，只能吃豆渣、酒糟、木皮、草根度日，甚至出现"人相食"与"易子而食"的惨况。这方面的记载，在史料中俯拾即是，不妨引用下面这些例子作为佐证。如史载荒年粮价大涨之时，一些贫穷的乡村农民，只能买豆渣、酒糟，"杂以草根度命"；②万历十六年（1588）春天，山东因二年大旱而引发饥荒，百姓将"草根树皮，剥掘殆尽，又食及野草"，甚至有人因误食一种名为"芫花鬼臼"的毒草而丧命；③崇祯十三年（1640）秋天，山东、河南、山西、畿南之人，纷纷食用"木皮"；④草根、榆皮食尽，就只好吃观音土，将土与榆皮末和成糜，"暂于肠胃勉撑持"。⑤ 明人诗中所云"荇粉磨成连浊土，榆皮剥尽到深根"，⑥所言即此。⑦ 更有甚者，万历二十二年，河南大饥，百姓"皆食雁粪"。⑧ 崇祯二年，马懋才在上疏中，说到陕西延安府百姓在灾荒之年，先是采山中蓬草而食，草粒与糠皮相合，味苦而涩；蓬草食尽之后，则剥树皮而食，最好的树皮为榆树皮；树皮食尽以后，则只好挖掘山中的白石块儿食，石块性冷而味腥，少食则饱，吃不了数日则腹胀下坠而死。⑨ 更有甚者，则是"人相食"与"易子而食"。万历四十五、四十六年（1617—1618）间，山东洊饥，"人相食"，莱州"市人肉，惨不忍述"；⑩史载崇祯十三年冬天，在山东、河南、山西、畿南，也出

---

① 何景明：《与藩司》，《明经世文编》卷139，第2册，第1382页。

② 陈龙正：《政书·乡筹》3《庚午急救春荒事宜》，收入《几亭全书》，《四库禁毁书丛刊》本。

③ 吕坤：《去伪斋集》卷10《毒草歌（有序）》，《吕坤全集》，上册，第556—557页。

④ 谈迁：《枣林杂俎》智集《逸典·荒惨》，第64页。

⑤ 吕坤：《去伪斋集》卷10《蕲庄行》，《吕坤全集》，上册，第557页。

⑥ 叶盛：《水东日记》卷32《龚钝庵民风诗》，中华书局1997年版，第317—319页。

⑦ 明人谢肇淛记载："燕、齐之民，每至饥荒，木实树皮无不啖者，其有草根为葅则为厚味矣。其平时如柳芽、榆荚、野蒿、马齿苋之类皆充口实。园有余地，不能种蔬，竟拔草根腌藏以为寒月之用。"参见氏著：《五杂组》卷11《物部》3，第223页。

⑧ 周亮工著，张朝富点校：《因树屋书影》第5卷，凤凰出版社2018年版，第121页。

⑨ 计六奇：《明季北略》卷5《马懋才备陈大饥》，上册，第106页。

⑩ 谈迁：《枣林杂俎》智集《逸典·荒惨》，第64页。

现了“人相食”的现象;①崇祯十五年,山东、河南一带,更是“易子而食,析骸而炊”。②

灾荒之年,死人甚多。诗人笔下所云,如“疫疠饥荒相继作,乡民千万死无辜。浮尸暴骨处处有,束薪斗粟家家无”之类,③显然道出了灾荒之年死人之实状。如嘉靖二年(1523),南京因为旱疫,“死亡相枕藉”。至万历十六年(1588)夏,南京再次发生荒疫,“死者亡算”。南京南门的看门人,为了统计死亡数字,用豆子记录棺材,每天所积的豆子,“以升记”,④足见死亡人数之众。又如崇祯二年(1629),马懋才在上疏中,就说陕西延安府在灾荒之后,“死者枕藉,臭气熏天”。因饥荒而死者无处埋葬,就挖坑填埋,每坑可容数百人,一县多达三坑有余,而尚未掩埋者,“又不知其几许矣”。⑤ 崇祯年间,榆林一地,因灾荒而死的人数,则多达6000余人。⑥

究死人的原因,大抵有二:一则由于饥饿而死。如万历九、十年间(1581—1582),连年天旱,平凉、固原饿死人无数,城外共挖掘万人大坑30—50处,“处处都满”。⑦ 二则因不堪饥饿而自杀。崇祯四年(1631),苏北兴化遭受水灾,新上任的县学教官王明佐,因为士民困穷,再无俸禄可支,想回到家乡又无计可施,在忍受了一旬的挨饿之后,最后在衙舍自缢身亡。⑧ 又崇祯十三年秋天,杭州一位生员家三四口人,饥饿难忍,就“质米肉杂以砒霜,啖吃俱死”。⑨

明代的民间谚语有云:“荒年不怕怕来年”。这一谚语的意思是说,若是平日有所积累,大荒之年,尚可勉强度日,所怕者是来年的生计着落。究其原因,明末清初人陈确的《荒年诗》已经作了详细的解读:大荒之年,典尽衣资,卖尽田产,尚须借债。到了第二年,荒年借下的债,正值还债之期。因田产已经卖尽,到了新冬,租课无收,只得沦为佃户。成为佃户之后,需要向田主提前支取口粮,到

① 谈迁:《枣林杂俎》智集《逸典·荒惨》,第64页。

② 叶梦珠:《阅世编》卷1《灾祥》,第14页。

③ 叶盛:《水东日记》卷32《龚钝庵民风诗》,第317—319页。

④ 顾起元:《客座赘语》卷1《米价》,第25页。

⑤ 计六奇:《明季北略》卷5《马懋才备陈大饥》,上册,第106页。

⑥ 吴甡著,秦晖点校:《柴庵疏集》卷9《荒盗频仍赈赉有限疏》,第189页。

⑦ 吕坤:《实政录》卷2《民务·积仓贮谷》附《救命会劝语》,《吕坤全集》,中册,第954—955页。

⑧ 吴甡著,秦晖点校:《柴庵疏集》卷4《水患日深生计日蹙民逃盗起两邑将废疏(代兴盐两县灾民)》,第85页。

⑨ 谈迁:《枣林杂俎》智集《逸典·荒惨》,第64页。

期之后必须加倍偿还，以致佃户有“倍出之苦”，最终还是“家家砻米仍无米”。鉴于此，民间百姓才有“翻道荒年容易过，荒年已过更堪怜”之感。[①] 至于民谚所云“不怕荒年怕熟年”之说，不过是民间百姓生活经验的总结，亦即在大熟之年，必须刻意俭朴，家中有所蓄藏，而后才能“不怕荒年”。

（二）生活质量的区域性差异

生活质量区域性差异的存在，归根结底是由生活质量的空间维度所决定的。这就是说，生活质量本身具有空间维度，并与某一个地区的自然、社会属性紧密相关，若是脱离了空间维度，生活质量本身就是空中楼阁。[②] 正如傅衣凌所说：“由于自然环境的差异和生态平衡的改变、历史上开发时间的先后、人口的流动和增减，以及经济重心的转移等等因素的影响，各个地区的生产技术水平、生产方式、社会控制方式和思想文化千差万别，而且还随着历史的发展而出现周期性和不规则的变化。”[③]

进而言之，生活质量受制于经济区域。经济区域是一个内在联系紧密的社会经济综合体。这是指在自然生态环境、经济环境、人文环境以及政治环境等方面一致或相近的地理空间内，人们从事社会经济活动所逐渐形成的特定区域。[④] 可见，研究明代生活质量，若是不考虑社会经济发展变迁空间结构的不平衡性，极易产生以偏概全甚或徒发空论的偏颇。

在明代的官场，一度流行“命运低，得三西”这样一则谚语。透过这则谚语，至少可以读出下面一层意思：由于自然环境的优劣之异，再加之经济发展水平的参差不一，必然导致仕宦之地的苦乐不均。谚语所谓的“三西”，即山西、江西与广西，或因处于边地，或因经济落后，或因民风刁讼，为官甚难，且无多少油水，百官视为仕路畏途，避之犹恐不及。

除了“三西”之外，四川亦是明代官员规避出任之处。史载张悦任吏部侍郎时，有一位四川监司官前来请教为官之道。张悦直接告知云：“川行甚险，州县

---

① 陈确：《陈确集》，《诗集》卷9《荒年诗》，第795页。

② 陆军、刘海文：《生活质量研究回顾与展望——基于城市经济学的视角》，《江苏社会科学》2018年第2期，第89—90页。

③ 傅衣凌：《中国传统社会：多元的结构》，《中国社会经济史研究》1988年第3期，第4页。

④ 参见贾风和等：《区域经济理论与模型》，南开大学出版社1989年；叶显恩主编：《清代社会经济区域研究》，上册，中华书局1992年；李金铮：《关于区域社会经济史研究的几个基本问题》，《河北学刊》1986年第6期，第75页。

卑官,携妻孥往者,实以躯命博升斗禄,脱不测,举家葬鱼腹矣。幸毋以微罪斥去之。"[①]此外,鉴于"地方苦寒"的原因,明代官员极力规避任职边地,一旦得知自己升补为边地司道官员,就回原籍拖延,不肯速速赴任。[②] 于是,诸如蓟州、辽东、山西、陕西等沿边有司,"乃官其地者,非杂流,则迁谪;非迁谪,则多才力不堪之人,谓以劣处之也"[③]。

就其总体而言,明朝人生活质量的区域差异性相当明显。在这些区域差异性中,从大的区域来看,有南北之别;从小的区域来看,即使同属一个区域,其间生活质量亦同样呈现出部分的差异性。

1. 赋役负担的区域性差异

赋役负担的轻重,是决定百姓生活质量的关键性因素。就明代的赋役负担而言,由于最初制度设计时出于特殊的原因,或在设计上失于周全的考虑,致使赋役负担呈现出一种区域性差异的态势,进而影响到各区域间的生活质量。

(1)赋税之不均

明代著名人文地理学家王士性的观察,往往能洞彻问题的底蕴。就明代赋税的区域不均衡性而言,王士性就早已发现了这一问题,即在明代,往往土地饶瘠相差不远,但赋税的征派差殊甚大。以江南、江北不同区域而论,江北的真定府下辖 5 州 27 县,江南的苏州府下辖 1 州 7 县,真定府所辖之地几乎多于苏州府 5 倍,但苏州府所纳税粮高达 2038000 石,真定府所纳税粮则仅仅 117000 石。以同处江北区域而论,河间府相当繁富,共辖 2 州 16 县,登州府极其贫惫,仅辖 1 州 7 县,所辖之地相去星渊,但河间府仅纳税粮 65000 石,登州府所纳税粮则高达 236000 石。以同一省内的府一级区域而论,汉中府与临洮府同属陕西布政司,汉中府下辖 2 州 14 县,极其殷庶,而临洮府仅辖 2 州 3 县,相当冲疲,但汉中府仅纳税粮 3 万石,临洮府上纳的税粮则高达 48 万石。以同省、同道内的府一级区域而论,顺庆府大于保宁府,同辖 2 州 8 县,顺庆府所纳税粮为 72000 石,而保宁府仅纳税粮 20000 石。以同一府属区域内的各县而言,南充府下辖之地,田地的丈量则各有差异:"负郭十里,田以步计,赋以田起;二十里外,则田以絙量,不步矣;五十里外,田以约计,不絙矣。"其结果则造成官赋无定数,私价亦无定

① 张怡:《玉光剑气集》卷 15《德量》,第 600 页。

② 高拱:《掌铨题稿》卷 17《覆总督王之诰条陈疏》,《高拱全集》,上册,第 297 页。

③ 高拱:《边略》卷 1《议处边方有司以固疆圉疏》,《高拱全集》,上册,第 559 页。

期，赋税相差甚是悬殊。[①]

其他官员的记载，足证王士性的观察不虚。如崇祯五年（1632），吴甡在上疏中就直言扬州府所辖各县，同样存在着钱粮不均的问题，尤以兴化县输纳的钱粮最重。照例说来，兴化县仅为扬州府下的弹丸小邑，僻处海滨，地势洼下，四面受水，素称釜底，且土瘠民穷，地理环境差于其他各县。扬州府下辖3州7县，每年上纳的税粮共计206000石，但兴化一县所派纳的税粮则高达55000余石，约占整府所纳税粮26.6%。又扬州一府共有田250020余顷，而兴化一县仅有田24000余顷，可见兴化县以不足整府十分之一的田地，交纳将近三分之一的税粮。[②] 苏州赋税沉重，但所属各县所承担的赋税负担，同样存在着不均的现象，甚至昆山、常熟二县，还要替长洲、吴县负担部分加派的耗米，多达75000余石。[③]

税粮不均同样存在于河南怀庆府属下的各县，尤以怀庆府属下河内县为重。崇祯十二年（1639），河内知县王汉曾上《灾伤图》，在为此图所写的序中，王汉明确指出，怀庆府共有田地42800余顷，所纳的税粮则高达330600余石，显然是"地窄而赋重"。在怀庆府下辖6县中，河内县有田地11300余顷，而纳粮99000余石。可见，河内一县，其田地仅占怀庆府6个县的26.4%，而所纳的税粮则占怀庆府6个县的29.9%。这仅仅是河内县的正粮，后来又增加了诸如"辽饷""均输""练饷"等加派，共增银24200余两。河内一县，赋税如此偏重，其结果则使"终岁亡有父母妻子之乐，而无日不办公税"。[④]

明末出现的赋税加派，同样存在着区域性的轻重不均现象。如河南一省，号称中州，地土瘠薄，又加之黄河冲决不常，所辖之地，并不大于南直隶、浙江，而加派辽饷数，几乎与南直隶、浙江相等。鉴于地土瘠薄的原因，河南原派的正粮，均为3小亩，折算1大亩。当加派税粮推行之时，各县均按照征粮3小亩折算1大亩折派，唯有永城县，不及折算，以1亩加派3亩之饷。此外，南阳府所属之唐县、裕州、内乡，汝宁府所属之息县，均属盐碱地土，不堪树艺，但加派税粮时，也一概视同肥饶之地。综上可见，河南一省，税粮征派存在着两大不均现象：一是不分土地的瘠薄、肥饶，一概加派，导致一些瘠薄的县分负担偏重；二是永城县的

---

① 王士性：《广志绎》卷1《方舆崖略》，中华书局1981年版，第3页。

② 吴甡著，秦晖点校：《柴庵疏集》卷17《疲邑连年大浸孑遗残命难存灾患异常情势迫切谨匍匐吁天急祈蠲赈以解万姓倒悬疏（代兴化灾民）》，第341页。

③ 顾鼎臣：《顾文康公文草》卷10《与王太守肃庵》，《顾鼎臣集》，第166页。

④ 郑廉：《豫变纪略》卷3，第59—60页。

加派数，并未按正粮3小亩折算1大亩计算，导致“正粮既少”，“加派反多”，或“加派之数，反多于起运京边之额”。① 据崇祯八年（1635）太和县知县吴世济的记载，凤阳府属各县赋税加派不均现象同样存在，太和县甚至还替灵璧县代纳加派，主要是代纳地亩辽饷银，前后共计银子1343两余。②

正如王士性所言，明初所定赋税征派的区域、贫富、轻重不等，百姓自少壮直至老死，甚至子孙易代，耳目相安，以为固然，并不自觉。③ 究其原因，一方面还是因为“太平之时”所致，另一方面则与百姓生计的多样化有关。苏州、松江两府的赋税之重，远超同属江南区域的嘉兴、湖州、常州、镇江。苏州一府，税粮高达2264000石；松江一府，税粮高达950090石。而嘉兴一府，仅纳税粮618000石；湖州一府，仅纳税粮470000石。至于常州、镇江两府，虽比嘉兴、湖州多交税粮十分十三，但比苏州、松江尚少十分之六。苏州、松江两府岁粮如此之重，但百姓生活质量尚可，其中的原因还是在于生计趋于多样化，可以借此弥补税负太重的负面影响，亦即王士性所谓的“吴中百货所聚，其工商贾人之利又居农之什七，故虽赋重不见民贫”。④ 换言之，工商业利益的获取，及其在家庭收入中比例的增大，已经成为苏州、松江两府百姓保持生活质量的主要因素。即使如此，苏州、松江两府，“粮役之累”，尤其是佥解粮头，往往也会导致富室破家。所以，自明代中期以后，苏、松重赋以及赋税负担的区域失衡问题，逐渐成为地方官员与乡绅关注的重要问题。

（2）徭役之不均

明初在制定徭役征派政策时，首先确立了一些可以优免税粮徭役的特殊地区。这些有着特殊待遇地区的存在，无疑导致了徭役的区域不均衡性。这种优免税粮徭役的特殊地区，主要包括两类：一是帝乡，这是明代的龙脉兴起之地。如洪武十六年（1383）三月，明太祖朱元璋下谕户部曰：“凤阳朕故乡，皇陵在焉。昔汉高帝生于丰，起于沛。丰、沛之民，终汉世受惠。朕今永免凤阳、临淮二县税粮徭役。其榜谕之。”⑤这是免除凤阳、临淮二县的税粮徭役。二是京民，亦即南京百姓。洪武五年三月，应天府上言：“运输官物，悉役京民。”明太祖朱元璋云：

---

① 毕自严：《度支奏议》，《新饷司》卷9《题覆河南永城等州县量减辽饷疏》，第2册，第620页；吴甡著，秦晖点校：《柴庵疏集》卷6《偏派积累恳恩酌减疏》，第111—112页。

② 吴世济：《太和县御寇始末》卷上《代灵璧加添申》，第41—42页。

③ 王士性：《广志绎》卷1《方舆崖略》，第3页。

④ 王士性：《广志绎》卷2《两都》，第31页。

⑤ 龙文彬：《明会要》卷52《民政》3《优免》，下册，第973页。

“京民自开国以来，劳费倍于外郡。今兵革渐息，正当休养。”为此，下谕免京民的徭役。①

若以县级区域为视域，那么首县的徭役负担，显然重于普通的县分。如江夏县设在省城武昌，属于首县，百务交集，尤其存在着铺陈夫役之苦。据江夏县的里长王潮等联名呈称，在江夏县编设的63个里中，以在城的20个里，最为“差繁累乏”。这主要体现在几个方面：一是按照先年的惯例，但凡布、按二司并府、县新官到任，及春秋二祭宿坛，所用的上等铺陈、帐幔这些物品，俱系将台、夏口、金口、东湖、山陂5个驿站常川出办；递送犯人，例该递运所夏口驿应付。这是定规。但后来的驿所官吏、牌子，生奸夤缘，变乱成法，一概让江夏县的里甲出办铺陈，将收来的用于置办铺陈的钱，交给驿递领去。二是按照先年的旧规，凡是需要使用的铺陈，三日之前就“出票入递，打去各驿取用”，俱系现物，各驿站如期将铺陈送来，让官员使用。后来更改成法，让里甲雇觅铺陈，导致里甲受累，“困苦不甘”。三是按照惯例，按一年的轮番均徭通算，除去编定各衙门不动的皂隶之外，尚有听差皂隶60名，专门应答待客。但事实并非如此。一等有官员到省，住歇一月、半月以上，每日需要1名皂隶跟随，又让里甲出备工食银3分，原设听差皂隶，反被占用。此外，有过往使客路过江夏县，需要排夫抬送卷船等，临时又让里甲出钱雇请长夫。② 此外，江夏县每年坐派里甲的公用银两，超过1000余两，均属民脂民膏，但因茫无定规，由县衙一例供应，上下之际，难以查考，最终导致里老得以“缘之为奸”。③

作为首县的涿州良乡县，其徭役重于他县，也大致如此。良乡县疆域甚狭，起科地不满3000顷，人丁600丁，号称一县，其实不及大县的1里。但良乡县当天下朝贡首冲，“差使浩繁，供亿甚伙”，以致“民不堪命”。知县滇南人樊巍作《良乡行》一首，对良乡县徭役之烦，有所揭露。其中所云“选官切莫选良乡”，当然是樊巍身为知县时的切身之言。④ 究其原因，还是因为徭役偏于繁重，不仅百姓生活不得安宁，即使当官者也是迎送劳苦，最后落得个频繁揭借“官钱私债”，仕宦生涯如此“凄凉”。

区域间的徭役负担不均如此，即使在同一区域内，在徭役负担上，军与民、土

① 龙文彬：《明会要》卷52《民政》3《优免》，下册，第975页。

② 王廷相：《浚川公移集》卷2《公移·议处江夏县铺陈夫役》，《王廷相集》，第4册，第1141页。

③ 王廷相：《浚川公移集》卷2《公移·稽考各衙门公用》，《王廷相集》，第4册，第1149页。

④ 蒋一葵：《长安客话》卷5《畿辅杂记·良乡行》，北京古籍出版社2001年版，第99页。

著与流寓、势豪与贫民，或者各种均徭名色的征取上，同样存在着不均之弊。

第一，在南京力役的征派上，军家与民家、民家中有田者与无田者、土著与流寓，其间负担大为不均。如军家自营操、屯操外，举凡粮船、马船、驾运、编丁、修仓、巡逻，无人不承担徭役，并非仅仅以田地课税而已；而民家则只是那些有田地之人，才计粮编丁，若是无田，即使家有巨万之资，也无一丁之役。南京城内的坊厢之役，仅仅是那些身在版籍之人，才充承应当；若是流寓之人，如前来南京开典当者，因不在版籍之内，则不用承担差役。①

第二，辽东的徭役征派，也是贫富不均。各卫官及势豪人家，即使田连阡陌，户口众盛，而“出认差银，反不如一单丁独口者”；那些有势力之人，通常是“买田不买粮”，差事还是留给贫者承担，使贫者终身乃至子孙尚难以除豁差役。至于审编徭役官员的徇情受贿，卖富差贫，或者卫官报贫包富，隐下殷实人丁，更是弊端百出，徭役不公。其结果，则是“纳差人民只有此数，不在富则在贫，富者既要脱漏，自不得不重科贫民；贫民既认重差，自不得不逃窜他处”。②

第三，以广东潮州府潮阳县为例，其中均徭银的编派，各种名色往往“不得其平”。譬如潮阳县最重的均徭银名色，莫若广盈库的库子，永丰、预备三仓的斗级次之，禁子、耳房、库子以及京解户又次之，而弓兵、渡夫之类最轻。这是各种均徭银名色轻重不一的大致情况。至于同一种均徭银名色的征派上，通常还会“轻重错揉”，如“府库子分季则轻，全役则重；县库子分季则重，全役则轻”。③

2. 南方与北方生活质量之差异

论及南北方生活质量之差异，不妨先引用一则清人的记载，借此说明从生活习性来说，南北家庭妇女也有勤惰之别。如江南的苏州、松江两府，民间妇女均勤于纺织，一个妇女每天可以织布 1 匹。这 1 匹布可以卖银 1.5—1.6 钱。每匹布，需要用去棉花 2 斤半，计其成本大约为银 8—9 分。稍加计算，除去成本，每匹布可赚银 6—7 分。可见，适合于家庭妇女的纺织，其利甚溥。所以，江南民间妇女，人人习作纺织。反观北方的河南、山东，家庭妇女中也有织布之人，但所织大多粗恶不堪。有些妇女，更是终身不事纺织，一遇旗亭庙会、宴饮烧香，则成群

---

① 顾起元：《客座赘语》卷 2《力征》，第 57—58 页。

② 熊廷弼撰，李红权点校：《熊廷弼集》卷 16《巡按书牍》第 2《答戴通判》又，中册，第 728 页。

③ 萧端蒙：《条陈远方民瘼六事疏》，《潮州耆旧集》卷 15《萧御史同野集(二)》，第 197 页。

结队,借此嬉游,将有用的工夫,消磨于无用的冶游。① 妇女之勤惰,无疑决定了家庭生计的贫富。

这种南方人与北方人之间的习性差异,并非清代的特殊之情,其实在明代已经存在。早在明初洪武年间,生性懒惰显已成为北方农民生活陷入困穷的原因之一。如明太祖朱元璋有鉴于山东、河南的农民"多惰于农事,以致衣食不给",于是派遣专门的人才分诣各县,"督其耕种"。② 目的就在于通过督责的办法,改变北方农民懒惰的习性,进而提高他们的家庭生活水平。

(1)南北方生活质量之总体比较

毫无疑问,在历史时期,北方、南方的生活水平与生活质量一直存在着差异。在魏晋南北朝时期,尽管南方尤其是江南的经济有所发展,但就其整体而言,仍然呈现出一种"南贫北富"的态势。那么,如何以经济重心的南移为考察背景,进而厘定清楚从"南贫北富"向"南富北贫"的演进历程?这显然是一个渐进的过程。早期的论者认为,真正发生质变的时间,应该是在唐代中后期。③ 但随后的研究成果显示,这种区域性生活水平的逆转,应该早在南朝宋、齐之间即已发生。换言之,可以将齐永明六年(488)的和市作为全国经济重心南移的标志,亦即这次大规模的和市,为全国经济重心南移时间的确定提供了至关重要的数据。④

一至明代,南富北贫的整体趋势则更为明显。由于地域的不同,土地的丰腴与瘠薄的差异,导致即使是同一社会阶层的人们,他们的生活质量也存在着明显的差异。若以江南与淮北为考察的视域,南方与北方之间,无论是耕作方式,还是衣食住行的生活方式,甚至生活习俗,均存在着很大的差异性。这从某种程度上决定了生活质量的差异。就耕作方式而言,江南是"水耕火耨,种宜桑稻";而淮、徐以北,"民弗佃作而树于枣栗矣"。就衣食住行的生活方式而言,江南是"其居重甍,其食蔬果鱼肉,被服文绣";而淮、徐以北,则"茅椽菽食"。就生活习俗而言,江南是"家诗户诵,巧货奇伎,斗进夺目";而淮、徐以北,则"蹴鞠秋千,骑射游戏,则俗更而朴"。⑤

---

① 郑之乔:《农桑易知录》卷3《农桑善后事宜》,载李龙潜等点校:《明清广东稀见笔记七种》,广东人民出版社2010年版,第122—123页。

② 余继登撰,顾思点校:《典故纪闻》卷5,第99页。

③ 王仲荦:《魏晋南北朝史》,上册,上海人民出版社1979年版,第3页。

④ 蒋福亚:《魏晋南北朝社会经济史》,天津古籍出版社2004年版,第109页。

⑤ 李光缙撰,曾祥波点校:《景璧集》卷7《北征编序》,上册,第333页。

若将视角再转向人口与土地的比例，那么南方之繁盛，以及北方之萧疏，也是对比显然。换言之，南方多为人稠地窄的狭乡，而北方多为人少地宽的宽乡。明代人文地理学家王士性的眼光极其独到，他已经敏锐地观察到了南方与北方之间的这种人地差异，并将其置诸长时段的历史变迁之下加以考察，认为这是“天运地脉旋转有时、盛衰不能相一”。根据王士性的观察，杭州城北的湖州市，以及城南的浙江驿，一个是市镇之市，一个是驿站所在地，不过是最小的地理单位，却均已“延袤十里，井屋鳞次，烟火数十万家”；反观黄河以北的府、县，往往一行数十里，见不到一个聚落，即使是一个县的人口，尚不及杭州城南北市、驿的一半。① 南方生齿繁多，由此可见一斑。此外，王士性也已经注意到了浙江宁波、绍兴两府之人“什七在外”的现象。据明末绍兴人祁彪佳的记载，绍兴府地窄民稠。为此，绍兴不但粮食需要依靠外地的贩运，而且为了谋生，不惜游寓他乡。② 明人于慎行对京城的居住人口比例有一个初步的估计，即整个北京城中，本地人“十得一二”，营卫之兵“十得四五”，来自四方的游寓之民则“十得六七”。而在京城来自四方的游寓之民中，绍兴一府之民又“十得四五”。③ 可见，明代绍兴籍的移民，占据京城外来移民的十之四五。在明代，越人游食三辅蔚然成风，甚至有人挟策籍在北京中举，并由此引发一些诉讼官司。王士性曾说绍兴、金华二府，“人多壮游在外”。如绍兴府属下的山阴、会稽、余姚三县，因为生齿繁多，本地的室庐田土，“半不足供”，所以只好游寓他乡，寻觅生计。正如陶望龄所载，“今京师侨寄浮食多越人，走毂下诸郡邑，率遍渔阳”。④ 至于绍兴人外出侨寄浮食，在京城所从事的职业，包括商贾、工伎、佣书、赁作等项，导致北京西南一隅，山阴、会稽、余姚三县之人，“栉而比矣”。⑤

这种人烟盛衰，若是将考察的范围缩小到镇一级，其间的南北差别也是相当明显。这一点已经被当时的朝鲜人崔溥所关注。当他沿着大运河，从浙江前往北京，经过沿途的仔细观察，最终发现镇一级的南北人烟盛衰迥然有别：在长江以南，如府、县、卫一级的城市，其繁华壮丽，自不待言。即使像镇、巡检司、千户所、寨、驿、铺、里、坝等所在的附近地方，所辖范围大小不一，或三四里，或七八

① 王士性：《广志绎》卷4《江南诸省》，第69—70页。

② 祁彪佳：《祁彪佳集》卷6《节食议》，中华书局1960年版，第116页。

③ 于慎行：《谷山笔麈》卷12《形势》，中华书局1984年版，第129—130页。

④ 陶望龄：《陶文简公集》卷4《檀令王公擢地官序》，《四库禁毁书丛刊》影印明天启七年陶履中刻本，集部第9册，第286页。

⑤ 王士性：《广志绎》卷4《江南诸省》，第70—71页。

里,或 10 余里,或至 20 余里,无不是“闾阎扑地,市肆夹路,楼台相望,舳舻接缆”;到了长江以北,则具别样一番景象,若镇、寨、驿、铺、里、集、嘴、厂、湾、坞、坝、闸、迁之类的聚落,已是“人烟不甚繁盛,里闬萧条”。①

若是将南北比较的观察更加细化,进而深入到耕作模式与生活习俗,其间的差异也是相当明显。明代北方,以旱地居多,而南方平原地区,则以水田居多。究其原因,除了自然地理环境的差异之外,其实更与水利设施的兴废有关。北方所种,以麦、麻、荞麦为主。其耕作模式,通常是在正月、二月,借助于“冬雪厚,湿透而锄之”,开始种麦;八月再种麦,称为“冬麦”。二季麦子收割后,再种荞麦。② 北方不是没有水田种植水稻,譬如畿内就有水田,所产稻米甚多;昌平居庸关外的保安、隆庆、阳和,也同样种植水稻,而且价格相对便宜;还有密县超化寺前的一片田地,大概有 200 亩,同样种植水稻。但就总体而言,北方多为“坟土”,更适合种植黍、稷、麦、粟;即使是滨水之处,通常也是只有直渠,缺少支流,不能随时灌溉,所以水稻的种植相对较少。③ 可见,北方并非没有土地可耕,而是因缺少完善的水利设施而导致土地大片荒芜,如畿南、山东、两河南北,往往是“荒原一望率数十里,高者为茂草,洼者为沮洳”。至于土地不垦、任其荒芜的原因,一则苦旱,二则苦涝,不讲水利兴修,只好听命于天。反观南方,只要是百亩之家,一般均会挖掘 5 亩大的水塘。其结果,则造成南北生活习俗及其质量的差异:北方人每天所吃,多是将麦、稷、荞、菽磨成粉,而后制作馎饦,或者直接吃粟饭,只有客人到来,才吃大米,且仅买 1 斗或 1 升,价格甚昂。以北方边镇大同为例,大米价格更是高得惊人,1 石大米竟然高达银子 2 两。所以,当地百姓终年难得品尝大米滋味。有一个史例颇能说明问题。史载当时大同边镇的一位老兵,偶然得到一碗米饭的赏赐,这位老兵慌忙将米饭藏之怀中。旁人惊奇,问其原因,这位老兵泣道:“家有母,年七十余,而未尝大米,请以遗之。”④由于缺少水利,北方大片土地在第一年任其荒芜,到了第二年,百姓开始逃徙,到了第三年,则“地与民尽矣”,生活水平相对低下。至于南方人,吃的是大米,且因注重水利兴修,“不胜用,利亦如其亩之所入”,水利显然带了极大的利益,进而提升了南

① [朝鲜]崔溥著,葛振家点注:《漂海录》卷 3,社会科学文献出版社 1992 年版,第 193 页。
② 谈迁:《北游录》,《纪闻》上《种麦》,中华书局 1997 年版,第 314 页。
③ 谈迁:《北游录》,《纪闻》上《水稻》,第 314 页。
④ 冯梦祯:《快雪堂漫录 · 大米饭》,收入《说郛续》第 14,清顺治三年刻本。

方百姓的生活水平。①

当然，由于水利工程设施的增加乃至农业生产技术的改良，导致北方土地的亩产量有所提升，甚至原先的荒滩之地，也逐渐变成了良田。如山东东昌府濮州，自黄河改道南徙之后，“沈斥之区，化为膏陆，树艺丰膴，岁收亩七八斛”。②即使如此，由于区域的差异，明代北方的粮食亩产量仍然远低于南方。这有现存的统计数字可供说明。如成化二年（1466），宣府官田4000多顷，所收粗细粮相加总共只有74000多石，计算下来每亩仅有0.185石，也即每亩1斗8升5合。③反观南方，其田地的单位面积产量远远高出北方。以江南苏州府的昆山县为例，其中旱麦、水稻两季种植的田土，每亩所收米、麦合计4石以上。④ 两者一比较，宣府的亩产量，仅是昆山的4.6%。福建田土一年两次收获，“北人诧以为异”。到了岭南，更是可以一年三收，“斗米十余钱，鱼虾盈市，随意取给，不甚论值。单夹之衣，可过隆冬。道无乞人，户不夜闭”，甚至被人视为“极乐世界”。⑤ 又如广东廉州府钦州，得益于自然地理条件，其中的水田，即使“不粪不耘”，1亩水田，每年也能收获3—4石。⑥

生活质量的南北差异，同样存在于军兵生活之中。明人沈周作有一诗，专记北方边军的生活之苦，以及江南行伍人的生活之乐。明代北方各边军士从征之时，必须身荷锁甲、战裙、遮臂等具，重达45斤，外加铁盔、脑盖重7斤，顿项、护心、护胁重5斤，弓撒、箭袋重10斤，腰刀3.5斤，蒺藜骨朵重3斤，箭筒1斤，战勾连绵衣上下共8斤，通计达88.5斤。军士征战，负重如此，而且还需上马。尤其是他们的从征生活，一如沈周诗中所云：“银包酒袋烟烘面，得饮马溲喉且沃。将军令严随鼓进，誓与羯胡争一镞。此时顾功不顾身，刀痕箭瘢无好肉。归来性命万死余，便使封侯未堪赎。”反观江南军士生活，则明显优游许多，正如诗中所云：“江南一体行伍人，美食好衣何苦辛。将钱买月事游荡，有眼不曾经战尘。”⑦

经济水平的高低，显然在一定程度上导致教育、文化水平的高低；而教育、

① 左光斗撰，黄成蔚、张梦新点校：《左光斗集》卷2《足饷无过屯田疏》，黄山书社2018年版，第49、51页；谈迁：《北游录》，《纪闻》上《水稻》，第314页。

② 顾炎武著，谭其骧、王文楚、朱惠荣等点校：《肇域志》，《山东·东昌府·物产》，第2册，第712页。

③ 叶盛：《水东日记》卷31《土薄岁入少》，第313页。

④ 叶盛：《水东日记》卷31《土薄岁入少》，第313页。

⑤ 谢肇淛：《五杂组》卷4《地部》2，第79页。

⑥ 林希元撰，何丙仲校注：《林次崖先生文集》卷3《钦州复屯田疏》，上册，第117—118页。

⑦ 陈全之：《蓬窗日录》卷8《诗谈》2，上海书店出版社2009年版，第410页。

文化水平，反过来又会影响生活质量。明初立国，明太祖朱元璋已经敏锐地察觉到了南北方教育水平的差异，希望通过一系列的举措，以缩小南北方教育之间的差距。其中所采取的措施，主要有下面两项：一是派遣国子生分教北方。洪武八年(1375)三月，明太祖鉴于北方在丧乱之余，“人鲜知学”，命御史台选用年长学优的国子生，共计林伯云等 366 人，且赐给廪食、衣服，分教北方各个府、县。① 二是颁发书籍尤其是《五经》《四书》于北方学校。洪武十四年三月，明太祖朱元璋考虑到北方丧乱以后，经籍残缺，就专门颁发《五经》《四书》给北方的学校。洪武二十四年五月，明太祖鉴于北方学校缺少书籍，专门下令礼部，通过国子监刊印与前往福建购买两种方式，赐给北方学校子部、史部两类书籍。②

随着这些措施的落实，以及北方大批府、州、县学校的恢复与新建，无疑从整体上提高了北方的文化教育水平。即使如此，明代南北方的教育、文化水平仍有不小的差距。即以淮北与江西做一比较，其教育水平明显存在着不小的差距：在淮北，“其地大地朴鄙，自府、州、县学外，家塾党序出于民间者，缺然无闻”；而在江西，“则郡多秀民，邑井里巷，弦诵相闻”。③ 至明末，一位名叫崔溥的朝鲜使臣，将其亲眼所见的南北文化差异记录了下来，引述如下：“且江南人以读书为业，虽里闬童稚及津夫皆识文字。臣至其地，写以问之，则凡山川古迹、土地沿革，皆晓解详告之。江北则不学者多，故臣欲问之，曰：“我不识字。”就是无识人也。”④这是当时的实录。由于江南兴学之风颇盛，再加之出于商业目的而印制的大量的日用类书，使教育更趋通俗化，无疑也有助于一般庶民文化知识水平的提高。这当然也可以解释明代科举南北地域差异的成因。

事实确是如此。在南方，尤其是江浙与苏州，教育、文物、文学之盛，确乎达到了令人称奇的地步。即使是乡村的小夫，在平日的语言应对中，也“全不务实”，而是受到文人文雅习气的浸染。譬如苏州的乡村农民，有人问他们的里居，他们的回答常常喜欢用里居的别名，如称“安亭”为“安溪”，“茜泾”为“茜

---

① 陈建：《皇明启运录》卷 6，载《皇明通纪》，上册，第 202 页。

② 陈建：《皇明启运录》卷 7，载《皇明通纪》，上册，第 226 页；黄光昇：《昭代典则》卷 11，第 277 页。

③ 彭教：《东泷遗稿》卷 1《送邓司训序》，《四库全书存目丛书》影印钞本，集部第 38 册，第 16—17 页。

④ ［朝鲜］崔溥著，葛振家点注：《漂海录》卷 3，社会科学文献出版社 1992 年版，第 194 页。

溪”,“石浦”为“石川”,“芝塘”为“芝川”,“瞜塘”为“瞜溪”,“塗松”为“松溪”。[①] 如此的称谓,显然是为了取新美之意,说明苏州的乡村农民,也开始模仿士大夫的生活,尽量使自己的言语避免俚俗。明代绍兴人的识字率颇高。史载绍兴人好学成风,“下至蓬户,耻不以《诗》《书》训其子;自商贾,鲜不通章句;舆隶亦多识字。”[②]明末清初人张岱,更是说绍兴府余姚县的风俗,“后生小子无不读书”。即使读书不成,而后“习为手艺”,去做“百工贱业”,对于《性理大全》《通鉴纲目》一类的书,也是“全部烂熟”,与那些目不识丁者迥然有异。[③] 对此,叶盛更是做了很好的总结。根据他的记载可知以下两点:一是从洪武年间开始一直到明代中期,无论是文章经术,还是词翰笔墨,“文物之盛”,以及“江浙之秀”,令人瞩目;[④]二是从明初洪武以来,苏州“斯文盛举,未尝乏人”,或与修《元史》,或参与《永乐大典》的修纂,且至中期而达到极盛。[⑤]

教育、文化的南北差异,最终导致即使如像青楼这种冶游文化,也是南北有别,南方青楼文化的雅致,甚至成为嘲弄北地青楼文化鄙陋的文化资本。明代南京人陈铎,曾有一首民歌,专门嘲笑北地巷曲中人。两相比较,一个坐的是骡车,尘土灰扬;一个则是“蹋花归去马蹄香”。一个是身穿绵袄、绵裙、绵裤子,显得“膀胀”;一个则是佳人身穿“薄罗裳”。一个喜吃生葱、生蒜、生韭菜,满嘴的“腌脏”;一个则是“夜深私语口脂香”。一个开口便唱“冤家的”,全是“歪腔”;一个则是“春风一曲杜韦娘”。一个是开筵时空喝烧刀子,令人难当;一个则是喝“兰陵美酒”,香若郁金。一个是头上有尺二高的鬏髻,形如蛮娘;一个则高髻云鬟,一派宫样之妆。一个是在土坑上,行云行雨;一个则是夜宿销金帐中,戏弄鸳鸯。

---

① 陆容:《菽园杂记》卷3,中华书局1997年版,第28页。

② 萧良幹等修,张元忭等纂:万历《绍兴府志》卷12《风俗志》,《中国方志丛书》,台北成文出版社1983年版。

③ 张岱著,云告点校:《琅嬛文集》卷1《夜航船序》,岳麓书社,岳麓书社1985年版,第49页。

④ 如叶盛云:“国朝七十年来,文物之盛,江浙之秀,如王景影学士、张宗海修撰之文章经术,沈民则兄弟、程南云之以词翰笔墨遭际荣遇。医而能诗如刘原博,方外如刘渊然者,而皆出于南云,士大夫多夸异之。”参见叶盛:《水东日记》卷26《江浙文物之盛》,第259—260页。

⑤ 如叶盛云:“苏州自国初洪武中来,凡斯文盛举,未尝乏人。吾所知如洪武壬子简会试士,十八人授编修等职,人文华堂,命宋学士等为之师,俾肄业。劝惩宠锡,略似后来曾棨等,则有王琏汝器,修《元史》则高启,谢徽亦有传著,不知即潞州知府否。永乐中纂修《大典》,有王汝嘉、赵友同,《大典》尤多其人。洪熙初,弘文馆中则汝嘉与陈继嗣初。正统中提调学校,则佥事张某。景泰中修史,其自外赴召者,有节之、钦谟,而天顺再举提学之选,节之、钦谟又当其首选也。”参见叶盛:《水东日记》卷10《苏人文选之选》,第106页。

一个是讲钱,只要银子五钱、一两,等头昂点,便忘记了情感;一个则是惜才,"嫁得刘郎胜阮郎"。① 其中不无夸大甚至诬蔑之词,但南北青楼文化的雅俗之辨,确乎一目了然。

（2）**南方生活水平之相对富裕**

相较于北方而言,明代南方的生活水平就显得较为富裕。尤其是以苏州、松江为代表的江南地区,号称"赋甲区中,用奉国租",虽有沉重的赋税负担,但其富裕程度仍然明显高过北方地区,致使时人将江南人的生活比喻为赛似神仙。明代江南才子唐寅有《姑苏杂咏》四首,其三云:"江南人尽似神仙,四季看花过一年;赶早市都清早起,游山船直到山边;贫逢节令皆沽酒,富买时鲜不论钱。吏部门前石碑上,苏州两字指摩穿。"②明末人陈子龙也感叹,吴地真称得上是"上帝之外府,神州之怪渊"。他能得出这样的结论,其依据还是基于吴地经济的繁荣,百姓生活的富庶,亦即"民用阛衍,充肆溢廛。富民有封君之奉,大贾操侯王之权"。③

苏州人赛似神仙的生活,实则得益于家庭副业的发达,亦即"蚕之厚利"。每年四月,苏州百姓人家,部分男女老少,尽力务蚕。相较于农业,养蚕这一副业,既"无税",又"无荒",仅仅辛勤"三旬",并无农业"四时之久"。即使如此,其获利却达一年之半。苏州一府所获蚕丝之利,"岁有百十万之益"。所以,即使苏州"赋重困穷",但百姓"未至于空虚,室庐舟楫之繁庶胜于他所"。④ 所以,史称三吴之地,"其民利鱼稻之饶,极人工之巧,服饰器具,足以炫人心目,而志于富侈者争趋效之"。⑤ 如松江府乃至上海县,虽然赋税很重,但仍然"重以土产之饶,海错之异,木绵文绫,衣被天下,可谓富矣"。⑥ 又如苏州府昆山县南的"尚书浦",原名"千墩",在淀山湖边,因永乐年间夏原吉奉命疏浚此浦,于是改名为"尚书浦"。一个小小的村落,却是"多富民,间有显者"。⑦ 如此富庶的生活,导

① 蒋一葵:《长安客话》卷2《皇都杂记·嘲北地巷曲中》,北京古籍出版社2001年版,第34页。

② 唐寅著,应守岩点校:《六如居士集》卷2《姑苏杂咏四首》,西泠印社出版社2012年版,第73—74页。

③ 陈子龙:《陈忠裕公全集》卷28《吴问》,《陈子龙全集》,中册,第856页。

④ 唐甄:《潜书》下篇下《教蚕》,第157—158页。

⑤ 张瀚:《松窗梦语》卷4《商贾纪》,中华书局1985年版,第83页。

⑥ 王鏊:《震泽先生集》卷12《上海志序》,《王鏊集》,第211页。

⑦ 顾鼎臣:《顾文康公文草》卷7《明故朴庵陶君墓志铭》,《顾鼎臣集》,第127—128页。

致苏州人一日并非三餐,而是充分享受一日五餐的生活。①

自宋以后,就有"上说天堂,下说苏杭"的谚语。杭州百姓生活之富庶,堪与苏州并称。明人唐寅又有一首《寄郭云帆》诗,其中云:"我住苏州君住杭,苏杭自古号天堂。东西只隔路三百,日夜那知醉几场。保叔塔将湖影浸,馆娃宫把麝脐香。只消两地堪行乐,若到他乡没主张。"②此诗说明,苏州、杭州自古已号称"天堂"。另外,唯有苏州、杭州,才堪称"行乐"之地,其他城市即使有繁华的商业,却无法与苏州、杭州比肩。

(3)北方生活水平之相对贫困

一过长江,百姓生活就显得相对贫困。宿迁、庐州等地,百姓生活明显已经不如江南人的安逸。如宿迁是濒河之县,每当淮河泛滥,"桑麻之地,环堵之室,冯夷荡而据之"。衙门中的官吏,知县晨夕坐在堂皇的县堂上,"冲泥濡鞁而理簿书";堂下奔走供役的胥吏、衙役,则更是"徒跣没趾"。衙门官吏的生活已是如此惨状,普通庶民则更甚。在经历了水灾之后的宿迁百姓,为了免于漂泊,只得相率向高埠"露栖"。稍有闲暇,则"编茅自覆",暂时住在茅草屋中,或者"掇其残颓栋,缚为筏以济往来"。③ 明代江北,如淮安、凤阳等地,"一望皆红蓼白茅,大抵多不耕之地。间有耕者,又苦天泽不时,非旱即涝。盖雨多则横涝瀰漫,无处归束;无雨则任其焦萎,救济无资。饥馑频仍,窘迫流徙,地广人稀,坐此故也"。④ 庐州地本膏腴,但农民懒惰,不肯尽力。年丰之时,"斗米不及三分,人多浪费,家无储蓄";一旦水旱之灾,则"担负子女,就食他方"。⑤ 崇祯四年(1631)八月,据凤阳巡抚李待问的题疏,淮安、扬州两府下辖的州、县,百姓生活的"疲敝",已是海内"人人所知,人人所言"。由于地处东南汙下,为海潮门户,年年遭受水灾,"于是有无田可耕之患,于是有有田不可耕之患,于是又有无民之患",最终影响到当地百姓的正常生活,不再"顾田庐、恋室家",⑥常年过着逃徙、流离

---

① 如史载:康熙二十八年(1689)三月十八日,康熙帝南巡,驻跸苏州织造衙门。在上谕中云:"吴人每日五餐,得毋以口腹废事乎?"臣等对曰:"此习俗使然。"上笑云:"此事恐尔等亦未能劝化也。"按,所记虽是清初之事,但也大抵反映了明代的实际情况。参见钱思元撰,朱琴点校:《吴门补乘》卷首《圣祖皇帝六度南巡》,上海古籍出版社 2015 年版,第 17 页。

② 唐寅著,许旭尧选注:《唐伯虎三种》,浙江古籍出版社 1987 年版,第 40 页。

③ 黄凤翔著,林中和点校:《田亭草》卷 2《送同年宋鉴侯之任宿迁序》,商务印书馆 2018 年版,第 40 页。

④ 张瀚:《松窗梦语》卷 4《三农纪》,第 72 页。

⑤ 张瀚:《松窗梦语》卷 1《宦游纪》,第 9 页。

⑥ 毕自严:《度支奏议》,《新饷司》卷 28《议覆宽恤淮属疏》,第 4 册,第 225 页。

的生活。

江北乃至淮北之穷,同样可以从唐顺之、曹于汴、张元忭诸人的记载中得到进一步的印证。唐顺之直言江北之穷,说当地风俗,"素无宿储,一荒便饿,一饿便盗,至有一县之仓无五升之米者"。[①] 从曹于汴的记载可知,江北最容易遭受水灾。一遇水灾,就"田沉于水,一望成巨汇,其一二高原之乡,亦遂鞠为茂草"。所以,江北的普通百姓,只好"委身为驵侩,日求米升许以糊口"。即使是中人之产,也是家无"五日之粟"。再加上"河工之迭兴,大木之鳞集,班军漕卒之奔命,榷使盐珰之驿骚",[②]百姓生活更是困顿不堪。张元忭有一首《卖儿谣》,是在淮阳道中有感而作,诗云:"晨起欲炊瓶无粟,卖儿易米供晨粥。粥熟呼儿不见儿,吞声忍食孩儿肉。"[③]此诗堪称江北甚至淮北生活的实录。

清顺治十年(1653),史家谈迁曾沿着运河从故乡前往北京,并将过了长江以后所见的百姓生活做了如实的记录,大抵可以反映明末清初江北百姓生活的实况。如谈迁记载,在此年的七月,过长江,一路从江都行来,所见"民多苫舍,田多污莱,鱼虾颇贵,岸苗欲枯"。[④] 淮人俭约,实则源于淮人贫困,所以"滨河多苫舍"。[⑤] 宿迁在淮北号称沃土,但物价甚高,1 只鸡值银 3 分。至于宿迁的董家湾,"居民数十家,并茇舍或露宿,土人方卷扫井护堤,甚苦之"。[⑥] 谈迁有《淮人垣壁多苇萧朴洁可爱》诗,其中所赋"四壁多苫土,饥寒易切身","十室虚称邑,三河枉自豪","土灶炊藜藿,柴门应橐饘"诸句,[⑦]终究有别于江南生活之富庶。

江北如此,到了山东,经济衰落对百姓生活的影响,也不时见诸史籍的记载。早在永乐年间,明仁宗尚为太子时,因赴召从南京前往北京,路过山东邹县,看见百姓"男女持筐盈路拾草实",因岁荒"以为食"。下马到民舍一看,更是"民男女皆衣百结不掩体,灶釜倾仆不治"。[⑧] 山东为古时齐鲁之地,春秋时独称富强。

---

① 唐顺之著,常州市唐荆川研究会编:《唐荆川诗文集》卷 8《与胡梅林总督》13,第 229 页。

② 曹于汴撰,李蹊点校:《仰节堂集》卷 2《送修吾李先生巡抚江北序》,上海古籍出版社 2018 年版,第 42 页。

③ 张元忭撰,钱明编校:《张元忭集》卷 16《诗 · 卖儿谣》,上海古籍出版社 2015 年版,第 444 页。

④ 谈迁:《北游录》,《纪程 · 癸巳》,第 15 页。

⑤ 谈迁:《北游录》,《纪程 · 癸巳》,第 17 页。

⑥ 谈迁:《北游录》,《纪程 · 癸巳》,第 24 页。

⑦ 谈迁:《北游录》,《纪咏》下,第 213—214 页。

⑧ 余继登撰,顾思点校:《典故纪闻》卷 8,第 138—139 页。

即使到了汉代，尚称"饷馈关中，冠带天下"。到了明代，山东一省，仅仅达到"自给"而已，国家的财赋主要仰仗于江南。山东一有防海之役，就"告不足，求盈于内帑，借资于两浙"。究其原因，据当时人的分析，还是因为山东人"习为惰农"，甘愿抛弃沃饶之土，坐视匮乏。所以山东一省六府，"大抵地广民稀，而迤东海上，尤多抛荒"。[①] 不仅地方财政匮乏，而且民生艰窘。

河南，古称豫州，又称中州之地。就地理环境来说，半属平原，半属岗碛。在平原地区，土地平衍，宜于种植桑、麻、五谷，但无舟楫往来可通商贾，所以当地百姓也只是"终岁力田，不事经营生活"。加之河南的百姓不喜"蓄聚"，士大夫又多以衣服、饮食、宫室、舆马相尚，其俗骄侈，遇到丰年，尚可以自食其力；一遇旱潦不时，桑田成海，就会"束手无策，惟枵腹以待毙已耳"。[②] 河南黄河沿岸的百姓生活，更是困苦不堪。从鸡冈至归德州，不是被黄河的河水所淹没，就是干旱无水，"十室九饥，人皆菜色"；睢州、归德，号称名郡，地宜麦，又河舟通南货，但也是"村屯寥落，或数十里皆荒坡"；善道一地，"民多栖草舍，巷陌萧索"。[③]

即使是京畿之地，百姓生活同样困窘不堪。如漷县，在运河之滨，"地半沙碱，收获极薄"。间有一些膏沃之地，多系皇亲驸马的庄田。至正德间，这些膏腴之地，又多被权贵侵占，导致普通百姓，因为地窄差烦，"逃窜流亡，不复归业"。而那些百姓中的"狡猾者"，通过投补力士、将军、旗校、军匠，不但"自避差役"，而且"赡免户丁"。于是，民日益贫，差日益重。嘉靖初年，长垣人胡锭撰写的《漷县减差碑》，里面录有一首前人咏漷县的诗，云："孤城斗大古荒台，墙堞齐腰土雾埋。全里地无方寸业，一人身占两三差。幽坟已草名留籍，照户添丁妇未胎。游釜困鳞终作腐，此情谁肯达金阶？"[④]从诗中不难看出，漷县百姓之疲惫，已非朝夕之故。

3. 腹里与边地生活质量之差异

究腹里与边地生活质量的差异，足证山川形胜、地理环境与百姓生活质量之间，有时并非呈现一种正比的关系。这就是说，有时百姓的勤惰、劳逸之分，会决定一时生活质量的高低。为示说明，不妨先将秦地与吴地稍作比较。秦地与吴

---

① 沈一贯：《垦田东省疏》，《明经世文编》卷435，第6册，第4762—4763页。

② 毕自严：《度支奏议》，《新饷司》卷36《覆河南蠲缓叶县修武二县钱粮疏》，第4册，第686页；郑廉：《豫变纪略·自序二》，第7页。

③ 崔铣著，周国瑞选编：《崔铣洹词选·南陆志》，中州古籍出版社1993年版，第79页。

④ 蒋一葵：《长安客话》卷6《畿辅杂记·古漷县》，第135页。

地东西相望。在明代,秦地称得上是极天下之雄杰,故说到形胜,必称秦地;吴地称得上是极天下之繁华,故说到物产,必称吴地。可见,对于游观之士来说,至秦地,可以知"山川之隆固";至吴地,方可知"财赋之充丰"。[①] 有形胜之美的秦地,身处边地,不过徒具观美而已,百姓并不富裕;唯有吴地,既地处繁华,且又财赋充丰,百姓富庶。

若是再将视野转向吴地、浙江与广西横州的比较上,则显得更有意思。王济,浙江湖州人,曾任广西横州判官,对两地的自然环境与民风、民俗多有了解。他曾有下面一段比较文字,足以说明问题。从中可知,处于腹里的吴、浙两地,地狭人稠,且因农家十分勤劳,方使生活富庶。至于处于边地的广西横州,土广人希,尽管有膏腴之地,又兼水利的便捷,但因百姓逸惰,或者不知种麦之法,导致亩产量并不很高,甚至土地"一望芜莽"[②],最终影响到百姓生活质量的进一步提升。

(1)腹里之富庶

相较于边地而言,腹里得益于良好的自然环境,再加之安宁的氛围,自然在生活上显得较为优渥。

"天下之民孰富"? 这是明初朱元璋询问户部官员的话。按照户部官员的答复,若是以田赋作为富裕程度的标准,当以浙西、苏州最多富民。可见,明代腹里之富庶,尤以浙西、苏州为典型。单以苏州一府为例,若以输纳税粮为标准,那么每年输纳税粮 100 石的富户,共计 490 户;输纳税粮 500—1000 石的富户,共计 56 户;输纳税粮 1000—2000 石的富户,计有 6 户;输纳税粮 2000—3800 石的富户,计有 2 户。这 554 户富户,每年输纳的税粮就已经高达 50 余万石。当然,按照朱元璋的理解,"富民多豪强",容易导致"民受其害"。所以,洪武三年(1370),朱元璋专门将浙西、苏州的富民召至京城,一再勉谕他们"毋凌弱,毋贪利,毋虐小,毋欺老,孝敬父母,和睦亲族,周恤贫乏"。[③] 其实,朱元璋的认识固然有合理之处,但事实上富民并非均是豪强,其中不乏诸多力农、勤俭致富者,此类富民尤以江南居多。

腹里百姓生活之富庶,除却苏州、浙西之外,尚见诸其他腹里之地。如浙江

---

① 杨循吉:《松筹堂集》卷 4《送仪宾刘君还秦中序》,载氏著,蔡彬点校:《杨循吉集》,上海古籍出版社 2013 年版,第 515 页。

② 邓士龙辑,许大龄、王天有主点校:《国朝典故》卷 87,引王济:《君子堂日询手镜》下,下册,第 1827 页。

③ 钱思元撰,朱琴点校:《吴门补乘》卷 1《户口补》,第 67—68 页。

兰溪县,史称“城郭修整,人民富庶”。[①] 在福建,建阳“地产砂饴、茶、油暨竹简、楮册。商旅云集,所期物在焉耳”;建宁“城郭完固,人物丰盛,四门皆深湟长桥,桥上遍屋宇,齐民列肆而市,贸易其中,肩摩毂击,接踵继至,暮始罢去”。[②] 其中的富庶繁华,不言而喻。

就整体来说,山西一省属于边地;然就山西一省来说,其下辖的府、州、县同样也有边地、腹里之分。大同属于山西的边地,而蒲州、平阳则属腹里,故地处腹里的蒲州、平阳,相较于大同而言,就更显富庶繁华。如山西蒲州,“州城甚整,民居极稠,富庶有礼,西北所绝无仅有者”;山西平阳,“富庶甲于秦晋,以秦晋财货多出于途”。[③]

(2)边地之贫瘠

明代的边地,大抵可以分为西北边地与西南边地,且多属汉族与少数民族聚居地区。或因环境的恶劣,或因战乱的频仍,导致遍地百姓生活大多贫瘠。如成化二十二年(1486),王恕在奏疏中说,陕西、山西等地,“小民贫难多,殷实少”。[④] 王鏊在奏疏中也说沿边之民,“终年守障,辛苦万状”。尤其是沿边的军士,因为军官的百方诛求,导致“虽有屯田,而子粒不得入其口;虽有月粮,而升斗不得入其家;上虽有赏赐,而或不得给;战虽有首级,而不得为己功”。军兵如此,沿边百姓亦同。一旦所居城市、村落遭受“虏寇残破”,其结局就更为悲惨:“父不得保其子,夫不得保其妻,兄不得保其弟,肝脑涂于郊原,哭声遍于城市。”[⑤]

明代边方官员不得其人,更是导致边地百姓生活的下降,甚至陷入恶性循环的窘境。边方之地,多属艰苦之地,甲榜进士出身的人,不愿就任边方之地;一旦边方官员不得其人,更是阻碍了当地经济的发展,并影响到百姓生活。对此,一些官员士大夫均有揭示。如涂宗濬就说,因为边方苦寒,很多人不愿就任边方官员,一遇缺出,多方规避。其结果,边方官员的出身,既无甲榜进士,也无乙榜举人,最多的不是年老的岁贡生,就是升任的教官。这些官员已是日暮途穷,再无上进之志,加上民贫地瘠,多怀觖望之心,所以振作无能,吏治日废。其结果,则

① 张瀚:《松窗梦语》卷2《南游纪》,第25页。

② 张瀚:《松窗梦语》卷2《南游纪》,第28页。

③ 张瀚:《松窗梦语》卷2《西游纪》,第44—45页。

④ 龙文彬:《明会要》卷54《食货》2《荒政》,下册,第1026页。

⑤ 王鏊:《震泽先生集》卷19《上边议八事》,《王鏊集》,第278—279页。

是"取办军需，百求耳百不应；咨诹民瘼，十问耳十不知"。[①] 高拱的上疏揭示，蓟州、辽东、山西、陕西沿边地方官员，其出任者多为杂流、迁谪一类才力不堪之人，以致善政无闻，"虏骑蹂践，既难支持；百姓凋残，又难绥抚"。[②]

诸多史料记载显示，山西一地，"山险地瘠，差繁赋重，民不聊生"。[③] 就山西的自然地理条件来说，"田之饶者什三，确者什七"，所以百姓即使纤啬勤苦，尚"不餍藜藿之腹"。有些瘠薄的土地，甚至一年的收成，"尚不足偿耕耨之费"。[④] 尤其是大同，作为边镇之地，自然环境极差。附近山南一带，土地稍为肥沃，可以种植五谷；近北边鄙，沙碛砚薄，只能种植豆、麦。每年三月下种，八月收成。若是遇到春旱，没有雨雪，那么到了三月，尚不能下种。如果秋天早降严霜，则八月已无可收。从九月至次年二月，天荒地老，整整半年时间，"更无纤毫利赖"。整个大同边镇地区，"荒塞萧条，衣食艰贵"。[⑤] 大同府所属应州、山阴、马邑等州、县，全是漫散平地，距离边墙不远，百姓依村堡住居，并无园林桑枣之利，虽有田亩可以耕种，但所获不多，再加之"连年黠虏深入，侵扰禾稼，抢掠人畜"，最终导致民不聊生。尽管朝廷不时下发停征拖欠的粮草，但有司不能奉行，督催之吏，以整理粮储为名，急如星火，连并上纳，导致闾阎愁怨之声不断。古人所谓的"黄纸放，白纸催"，在大同边镇屡见不鲜。[⑥]

从地理环境来看，陕西"多层峦复嶂，广谷大川，非有原隰、沃衍之饶也"。再加上僻处一隅，舟楫不通，并无富商大贾往来其间。延、庆、平、临、巩五府，"俱属冲边，并称瘠地"，时常受到"狡虏""诸番""海虏"的侵扰，烽火羽书，迄无宁岁。内地仅有西安、凤翔、汉中三府，外加兴安一州，但也是"土地狭，军民稠，民屯所输，不敷享士"，百姓疲惫不堪。其中西安一府，稍称繁庶。但度陇而西，"原野萧条，烟村寥落，居多板屋、陶穴，食多木食、草根，衣多凋裘、结毳"，[⑦]陕西边地百姓生活之苦，可想而知。土地贫瘠，无田可耕，一旦饥荒，"斗米千钱"，导致民不聊生，甚至草根树皮，也剥削殆尽。[⑧]

---

① 涂宗濬:《及时议修内政治实政事疏》,《明经世文编》卷447,第6册,第4913页。

② 高拱:《议处边方有司以固疆圉疏》,《明经世文编》卷301,第4册,第3174页。

③ 毕自严:《度支奏议》,《新饷司》卷10《覆山西催饷练少卿事竣举劾疏》,第2册,第682页。

④ 张铨撰,田同旭等点校:《张忠烈公存集》卷25《与闵曾泉方伯》,第313页。

⑤ 杨嗣昌著,梁颂成辑校:《杨嗣昌集》卷8《西阅大同情形第七事疏》,上册,第171—172页。

⑥ 乔宇:《陈愚见以广圣聪疏》,《明经世文编》卷98,第1册,第861页。

⑦ 张铨撰,田同旭等点校:《张忠烈公存集》卷9《请再释贤令罢秦税疏》,第49页;余懋衡:《恶珰荼毒乞正国法疏》,《明经世文编》卷471,第6册,第5170页。

⑧ 计六奇:《明季北略》卷5《刘懋请裁驿递》,上册,第99页。

陕西边地百姓之穷,见诸不少史料记载。如陕西白水,“城中人民仅百余,而城外倚山为居者反多数倍”;又同州,“城郭虽整,民不满千,其中半虚无人”。① 关中之地,“量其富厚,什居其二。闾阎贫窭,甚于他省”。② 陕西平凉府所属三州七县,“地薄粮多,民少差多。田无丰厚之获,岁多霜雹之灾”。再加之宗室繁衍,百姓需要负担“祭葬圹价”,以及“胡虏”深入,抢掠头畜,“地方彫敝,生民困苦,未有甚于此也”。③ 至于陕西苑马寺所辖地方,更是“天气高寒,地土硗燥,生理素少,又鲜有居室,多在崖窑堡洞住坐”。④

西南四川、贵州边地百姓的生活,事实上也并不乐观。四川在明代有“敝国”之号。万山重隔,三面滨夷,“田多杂石而利微”;半为山箐,半为土司,“其称沃野可耕者,仅于千里止耳”。所以,四川一地,“饶裕之家甚鲜”。⑤ 在明代,贵州号称“宇内第一贫瘠之域”。贵州均为高山峻岭,并无多少军民,甚至军民数不及他省一个大府。再兼多苗多贼之区,官无积贮,民鲜盖藏,甚至官军的俸粮,也要仰给于四川、湖广。⑥ 如四川乌撒、镇雄、东川、乌蒙等四府,每年协济贵州本色粮 14324 石,折色粮银 3100 两;播州协济贵州粮银,每年为 3164 两余;酉阳协济贵州粮银,每年为 700 两;湖广长沙、衡阳二府的州、县,每年协济贵州粮银 30720 两;驿传协济银,云南每年协济贵州 1500 两,若时遇到入觐之年,再加 1000 两。⑦

4. 同一区域内生活质量的差异性

明代的生活质量存在着区域差异性,这一点毋庸置疑。究其原因,还是因为四方形势,高下肥瘠,如同天渊。进而言之,不特东南与西北不同,即以一府而言,所属各县的里甲有多寡,延袤有广狭,土宜有厚薄,其间的生活质量,很难

---

① 张瀚:《松窗梦语》卷 1《宦游纪》,第 13—14 页。

② 张瀚:《松窗梦语》卷 4《商贾纪》,第 82 页。

③ 杨一清:《关中奏议全集》卷 11《为擢用繁难府分正官以从民便事》,《杨一清集》,上册,第 434 页。

④ 杨一清:《关中奏议全集》卷 1《为修举马政事》,《杨一清集》,上册,第 12 页。

⑤ 徐元太:《请蠲疲民粮赋疏》,《明经世文编》卷 390,第 5 册,第 4216 页;李化龙:《请罢开矿疏》,《明经世文编》卷 423,第 6 册,第 4603 页。

⑥ 郭子章:《题买楚蜀盐鱼以饷新兵疏》,《明经世文编》卷 419,第 6 册,第 4556—4557 页;李化龙:《请罢开矿疏》,《明经世文编》卷 423,第 6 册,第 4604 页。

⑦ 郭子章:《播平善后事宜疏》,《明经世文编》卷 419,第 6 册,第 4551—4552 页。

"以此而律彼矣"。①

明人生活质量的区域差异,其间尚存在着诸多的复杂性。所谓的南方、腹里富庶,北方、边地贫瘠,仅仅是就其大概而言,不可一概而论。换言之,在南方、腹里富庶的基本判断下,事实上存在着南方、腹里仍有贫瘠之地的例子;与此相同,在北方、边地贫瘠的基本判断下,同样也不乏北方、边地富庶的例子。

以南方、腹里为例,江西、福建仍不乏贫瘠之处。一般说来,据永乐年间侍读胡广的说法,江西农家,只要勤俭,大致可以做到自给自足。② 事实上,江西一向号称"地瘠民穷",与沃饶之地形成鲜明的对比。③ 至于其中的原因,一方面是因为"地方硗瘠,民无盖藏";另一方面,则因为地狭民稠,又无富商大贾,百姓仅仅依靠力田治生。当丰年之时,所获尚不足以供应本地之用,粮食需要仰给于湖广,若是粮食不得及时贩入,就会"米价日腾"。若是叠罹水旱,遇到灾伤之年,百姓更是束手无策,甚至"井里凋瘵"。④ 福建一省,属于"山海之郡"。其中山区之府,"不患人满";沿海诸府,则"食地浅,人溢于土"。所以,即使是大穰之年,福建的粮食供给仅仅相当于其他省份的"下岁"。如此的地理环境,导致福建的大户人家,也无"兼岁之储"。一旦米粟价格稍为腾踊,则"待哺者嗷嗷"。⑤

若以苏州乃至整个江南为新的视角,那么传统史料所称的"吴俗奢靡"一说,固然道出了江南生活之繁庶,却对外似繁华、中实凋敝的隐忧有所忽略。苏州、松江两府的重赋问题,其缘由固然复杂,但确实已经严重影响了两府百姓生活质量的改善。尽管凭借百货所聚乃至"工商贾人之利又居农之什七"的区域优势,重赋问题并未直接导致"民贫",然粮役之重,则显已造成"富室破家,贵介为役",最终导致民力大为下降。⑥ 换言之,尽管江南各府、县号称"土田肥美,多粳稻,有江海陂湖之饶"。然在"征赋烦重"大势之下,再加之"俗好媮靡,美衣鲜食,嫁娶葬埋,时节馈遗,饮酒燕会,竭力以饰观美。富家豪民,兼百室之产,役财骄溢;妇女、玉帛、甲第、田园、音乐,拟于王侯",其结果则是在世人普遍认定"江

① 张栋:《因事陈言疏》,《明经世文编》卷438,第6册,第4791页。

② 余继登撰,顾思点校:《典故纪闻》卷6,第119页。

③ 毕自严:《度支奏议》,《新饷司》卷9《题覆江西被灾州县辽粮增价疏》,第2册,第611页。

④ 王畿著,阎海文点校:《樗全集》卷1《上总漕禀揭》,商务印书馆2019年,第6页;张铨撰,田同旭等点校:《张忠烈公存集》卷10《请罢湖税疏》,第65页。

⑤ 曾异撰:《纺授堂文集》卷1《为三司公贺闽督抚都御史萧公报政序(代)》,《纺授堂诗文集》,第289页。

⑥ 王士性:《广志绎》卷2《两都》,第32页。

南为富”的外衣之下，其实存在着“其民甚贫”的另外一层事实。①

以北方、边地为例，若是细加探究，陕西、山西与山东、河南，其生活质量则又有所不同。正如史料所言：“秦晋之民，家多盖藏；山东、河南，皆无岁计。”②即使是陕西一省，在边地百姓生活普遍贫困化的大势下，汉中府下辖的金州、西乡、石泉的茶农，相比之下就稍显富裕。上述三处州、县，因为出产茶叶，使得“民获其利”。在这些茶农者，有些家中所拥有的茶园，规模极其庞大，“有三五日程历不遍者，有百余户佃种不周者”。汉中一府每年国家收取的茶课，“不及三万”，而交给商贩私鬻的茶叶，则每年多达百余万，则就使茶园的拥有者能够有足够的余茶获取利润。即使是佃种茶园的农户，通常也是以数十户甚至百余户，“帮一户茶课”，相较于农夫终岁勤劳犹恐不赡，又“称贷以输官”，显然缴纳茶课的压力相对较少。③

进而言之，明朝人生活质量的区域差异，不仅存在于较大范围的南北之别，而且生活在同一区域内的百姓，其生活质量亦稍有差别。按照区域大小的不同，这种同一区域内生活质量的差异性，可以从大、中、小三类区域入手，加以剖析。

其一，大的区域范围内生活质量的差异性。如同属南方的江南，与江右、荆楚，在生活质量上就有所差别。根据明人谢肇淛的记载，在江南，由于利薄而赋役重的缘故，大贾多半“无田”，但富商大贾不断涌现；反观江右、荆楚之间，米贱田多，无人可耕，人们亦不以田为贵，其结果则是“人虽无甚贫，亦无甚富”，甚至“化居转徙”他处。④

其二，中的区域范围内生活质量的差异性。如同属南直隶，苏州、松江与常州、镇江，因为地利不同，其生活质量也稍有不同。苏州、松江与常州、镇江相邻，但“地利之高下、水势之浅深迥然不同”。如以运河之水加以观测，常州之水只有尺许的时候，苏州、松江就已达丈余了。地利、水势的不同，导致苏州、松江与常州、镇江在遇到水旱灾害时，所遭受的影响各有不同。譬如，遇到水荒时，苏州、松江显得颇为严重，而常州、镇江则“尚可”；遇到旱荒时，常州、镇江就显得颇为严重，而苏州、松江反而得利。⑤ 浙江一省，号称富庶，但相比之下，所属 11

① 归有光著，周本淳校点：《震川先生集》卷 11《送昆山县令朱侯序》，上册，第 254 页。

② 吕坤：《答毕东郊按台》，《明经世文编》卷 416，第 5 册，第 4518 页。

③ 杨一清：《关中奏议全集》卷 3《为修复茶马旧制以抚驭番夷安靖地方事》，《杨一清集》，上册，第 85 页。

④ 谢肇淛：《五杂组》卷 4《地部》2，第 79 页。

⑤ 唐顺之著，常州市唐荆川研究会编：《唐荆川诗文集》卷 9《与人论旱荒》，第 262 页。

个府中，当数嘉兴、湖州为富，尤其以湖州为最富。究其原因，湖州不仅凭借“商贾舟航”而与各省沟通，更是因为养蚕，使得湖州人一年有两次秋收。于是，普通的湖州百姓，日子尚且“得过”，还算富裕；若是其中的势家大族，靠着“武断奇赢，收子母息”，更是大为发家，“大者产百万，次者半之，亦埒封君”。①

其三，小的区域范围内生活质量的差异性。这又可分为两种情形。

一是同一府内各个州、县生活质量存在着差异。以山东东昌府为例，聊城、茌平，“多泻卤，百姓煮盐糊口，有司厉禁，不得出境，故其直贱售而民贫”。而高唐、夏津、恩县、范县，“宜木绵，江、淮贾客，列肆赍收，居人以此致富”。② 以苏州府为例，在生活习俗大体趋同的大势下，同样存在着个别县份的特殊性。按照通常的说法，苏州习尚颇为奢靡。正如李日华云：“吴俗多营多竞，一切不难就华。”③但同属于苏州府辖治的昆山县，其士民风气却有所不同：“士民视他处为朴，不希荣进、事纷华，当而弗力，尼而知却，且所享有节，不甚纵侈，以故人多老寿。”④以福州府为例，古田县“地瘠”，田地一年一次收成，难以养活众多的人口，所以“壮者往往佣四方，鄙朴而勤力”，生活质量相对较差；而福清县，因为有“海舶之利”，且行贾于四方，则“财饶他邑”，显得颇为富裕。⑤

二是生活在一县之内的百姓，其生活质量同样不乏差异性。在江南苏州、松江二府，因为高乡、低乡的存在，导致两者之间生活质量有所差别。在地势低下的低乡，凭借完善的水利设施，湖田堪称沃壤，得利甚至超过仅是旱地的高乡数倍。⑥ 以苏州府昆山县为例，如二保、三保、七保、八保，属于低洼之乡，多膏腴之田，每年的收成颇丰。即使遇到大水，“有鱼鳖菱芡之利，长流采捕，可以度日”。等到大水退去，次年低乡“以膏沃倍收”。而十一、十二、十三三保，“号为冈身，田土高仰，物产瘠薄，不宜五谷，多种木棉，土人专事纺绩”，属于高乡。高阜之地，收成远不如低乡。一遇亢旱，“弥望黄茅白苇而已”。⑦ 以苏州府常熟县为例，同样是荒田，也是高低悬绝：“有高乡板荒，有低乡板荒。”高乡中有一等最为

① 王士性：《广志绎》卷4《江南诸省》，第70页。

② 顾炎武著，谭其骧、王文楚、朱惠荣等点校：《肇域志》，《山东·东昌府·物产》，第2册，第712页。

③ 李日华撰，赵杏根整理：《恬致堂集》卷14《钟羽修寄云堂诗稿序》，中册，上海古籍出版社2012年版，第635页。

④ 顾鼎臣：《顾文康公三集》卷2《寿娇亭方公七十序》，《顾鼎臣集》，第371页。

⑤ 何乔远编撰：《闽书》卷38《风俗志》，第1册，福建人民出版社1995年版，第941—942页。

⑥ 周忱：《双崖文集》卷3《上少保杨先生书》，《双崖文集辑录与译注》，第211页。

⑦ 归有光：《论三区赋役水利书》，《明经世文编》卷294，第4册，第3103—3104页。

贫瘠的田，即使布种，也很难生长，只好成为“弃地”，但这不过是“百中之一”。其他高乡的荒田，很多还是因为人少而抛荒，每亩仍然可以得草束钱少许。低乡中如第五、第六段一类的田土，最为卑滻积水，“岁不能熟”，但其他低乡的荒田，仍然有“茭草鱼虾可采，利略与高乡相等”。[①] 可见，同样是荒田，高乡、低乡的情形也颇为复杂。以松江府所属华亭县为例，一县之中，就因地理环境的差异而分为上、中、下三乡，各乡因田税与土地肥瘠的不相对应，从而造成不公平，并引起当地农民生活的差异。华亭县西靠近湖泖地方，属于上乡，土地极其膏腴，每亩每年可收米 3 石之外，而田主收租每亩也可得 1.5—1.6 石。又此地便于灌溉，一个农夫一年可种田 25 亩。按照这种耕种数及其收成，即使每亩出税数斗，算是重额，也不会感到负担沉重。县之附郭及在黄浦一带，属于中乡，田与税正好比较均平。而东乡则滨临海塘，属于下乡，地势都是高冈，而土脉亦较瘠卤，农民都在田内凿沟灌溉，竭一夫之力，所种不过 5 亩，收米通常不到 1 石，或棉花 40—50 斤，或黄豆几斗而已。虽然取租较轻，仅为上乡之半，但与他们的收成相比，反而感到负担过重。[②] 一样是农民，一样是种田，由于自然条件的不同，造成了他们生活质量的很大差异。西乡农民是吃鱼干、白米饭种田，而东乡农民终岁勤劳，还租以后，还不够二三个月饭米，主要靠来年的麦熟来应付青黄不接，甚至到夏至时，只能吃粗麦粥。[③] 正因为东乡、西乡地理环境的差异，所以当赋税加耗之时，其各自的态度亦不同：“东乡粮轻而收利薄，此愿粮上加耗者也。西乡粮重而收利厚，此愿田上加耗者也。”[④]又如浙江桐乡县，“况田极熟，米每亩三石、春花一石有半，然间有之，大约三石为常耳”。与此相近的“下路湖田”，则有“亩收四、五石者”。[⑤] 土地单位面积产量的差异，同样可以决定生活质量的差别。

5. 透过区域性民俗看生活质量的差异

从区域性的角度来看，明代的民间生活习俗，有勤、惰与奢、俭之别。民俗的不同，有时确实关乎百姓穷富的差别。

第一，百姓之勤惰，决定其生活质量，以及他们抵御自然灾害的能力。明人

---

① 赵用贤：《复王道尊》，《明经世文编》卷 397，第 5 册，第 4299 页。

② 何良傅：《与郡守刘沂东》，《明文海》卷 206，第 2 册，第 2058—2059 页。

③ 何良俊：《四友斋丛说》卷 14《史》10，第 115 页。

④ 徐献忠：《复刘沂东加耗书》，《明经世文编》卷 268，第 4 册，第 2831—2832 页。

⑤ 张履祥：《杨园先生全集》卷 50《补农书》下，下册，第 1411 页。

吕坤有一句决定农家生活质量的名言:“粪多力勤,八口饶养。”①可谓一语道破。相比之下,南方百姓比北方百姓更为勤奋,因而生活质量相对显得优裕。如地处江南的浙江湖州府,其俗专务本业,诸利俱集。春时家家看蚕,一月之劳,即可获得“厚利”。其他诸如菜麦、麻苎、木绵、菱藕、萝蘼、姜芋,亦“各随土宜,以济缺乏”。此外,山中出产的竹木、茶笋,亦相当丰饶。所以,即使遇到荒歉之年,湖州人不过生活质量有所降低而已,“不至大困”。② 在浙江所属 11 个府中,号称湖州百姓最富。究其原因,除了地处嘉、湖泽国,“商贾舟航,易通各省”如此优越的自然环境之外,更是因为湖州之民,并非仅仅“农为岁计”,而是多了一个“蚕月”。换言之,湖州百姓的收获为“每年两有秋也”。当然,湖州百姓的劳作极其辛苦,每当蚕月之时,“夫妇不共榻,贫富彻夜搬箔摊桑”。③ 在浙江桐乡,民间勤俭持家有“三早”之说,即所谓的“起身早,煮饭早,洗脚早”,通过“三早”以出其力,借此“作家”甚至“发家”。④ 反观北方,百姓所占土地虽多,生活却甚贫穷。根据史料记载,明代北方人不喜治第,而多喜置田产,然土地硗确寡入,亩产量不及江南的十分之一。譬如山东濒海之地,一望卤泻,不可耕种,徒存田地之名而已。即使贫皂村氓之家,问起他家有多少田产,动辄说“有地十余顷”,其实“计其所入,尚不足以完官租”。⑤ 北方土地硗确寡入,尚在其次,关键在于北方惰农之风甚盛,进而直接影响到北方人的生活质量。如明人张瀚言江北地广人稀,“农业惰而收成薄。一遇水旱,易于流徙”。又说安徽庐阳,土地本来算得上是“膏腴”,但“农惰不尽力耳”,再加之丰年之时,“粒米狼戾,斗米不及三分,人多浪费,家无储畜”。一旦遇到旱年,就只好“担负子女,就食他方,为缓急无所资也”。⑥

这是就不同区域内的风俗差异而言。其实,即使同一区域之内,百姓赖以生存的自然地理条件相同,因为百姓习俗的勤惰不同,同样会导致生活质量有所差异。以松江府华亭县为例,大抵东乡之民勤而耐劳,西乡之民习于骄惰。东乡若是遇到旱灾,女人就会日夜纺织,男子更是“采梠而食”,“犹可度命”。而西乡之人,一遇大水,只能束手待毙。究其原因,正如明人何良俊所言:“此则骄惰害

① 吕坤:《实政录》卷 2《小民生计》,《吕坤全集》,中册,第 944 页。

② 徐献忠:《吴兴掌故集》卷 13《物产类·蔬菜》,明嘉靖三十九年刻本。

③ 王士性:《广志绎》卷 4《江南诸省》,第 70 页。

④ 张履祥:《杨园先生全集》卷 50《补农书》下《总论》,下册,第 1427 页

⑤ 谢肇淛:《五杂组》卷 4《地部》2,第 79—80 页。

⑥ 张瀚:《松窗梦语》卷 1《宦游纪》,第 9 页。

之，实自取也。”①

第二，民间风俗有奢、俭之别，这种风俗的差异，有时也会决定百姓贫富的不同。就江南各府民俗的奢俭而论，尽管苏州、杭州并称，但相比之下，杭州民风远比苏州民风俭朴。如苏州城中及所属各县富家，多有亭馆花木之胜，但杭州城中并无这些。又苏州民间隙地，多种榆、柳、槐、樗、谷等木，只是求其美观，并无经济价值。反观浙江各府，民间在隙地中却多种有关生计之物。譬如湖州人家，绝不种牡丹。这是因为当牡丹花开之时，正好是蚕桑之季，亲朋不相往来，无暇顾及于此。严州府与于潜等县，民间隙地多种桐、漆、桑、桕、麻、苎。绍兴民间隙地，多种桑、茶、苎。台州一地，则多种桑、桕。上述各府之勤俭，又远胜于杭州。② 尤其是在江南普遍崇尚华侈的风气之下，湖州犹自号称“朴厚”，不追求文采。而“勤俭”二字，更是成为湖州人立家的规矩，除了务本力穑、终年无复闲暇之外，湖州人尚且衣服食饮，率多野朴。即以茶饮一事为例，湖州人与松江人就迥然有别。茶本来是湖州的土产，但湖州人在饮茶习俗上，相当俭朴，湖州上户之家在饮茶上的消费，比起松江的中户人家来尚显菲薄。湖州人家中，随时将蔬菜、厨料备足。在湖州乡下，尽管野老仅仅偶尔有食肉的机会，但平常日子蔬菜并不缺乏。反观松江人，却时时缺乏蔬菜。此外，在湖州百姓中，田地与桑蚕的收入，各占全年收入之半，所以即使遇到荒年，尚可凭借蚕熟加以救恤。反观松江人，只要禾稻一有不熟，只好束手待毙。此外，松江人虽也有纺织之助，但因为平日的用度并不节约，所以遇到荒年，反而不能救恤。③

第三，是否善于经营也可决定家庭生活质量的差异。在晚明时期，随着江南经营性地主的崛起，善于经营家庭经济，已成一时之风。若是不善经营，难免会使生活陷入困穷。这可以明末张履祥的朋友徐敬可为例加以详细剖析。徐敬可家中有田地 400—500 亩，就土地占有量来说，应该说是颇为殷实的富户了，然还是“日膳之米每岁忧其阙乏也”。照理说来，徐敬可之家，“口亦不甚众，日用复不至于奢，其产亦不多所荒废，水旱亦不岁岁相仍”，那么，“何以衿肘之促竟不能免乎”？据张履祥的推测，还是因为不会经营、缺乏家庭管理所致，诸如“得已不已之端”，有几项未曾堵塞，出纳之政，未有整顿之类。④

若是以地域为视野，相比之下，明代的北方人因为不善经营，不免陷入贫窘；

① 何良俊：《四友斋丛说》卷 14《史》10，第 120 页。

② 陆容：《菽园杂记》卷 13，第 156 页。

③ 徐献忠：《吴兴掌故集》卷 12《风土类 · 风土》。

④ 张履祥：《杨园先生全集》卷 8《答徐敬可十》，上册，第 227—228 页。

反观江南百姓，因为善于精打细算，终年颇为富裕。根据明人丘濬的说法，淮北、山东之民，最无远虑。一有收获，就视米谷如粪土，将谷变卖成钱，又用这些钱作为服食日用之需。过不了多久，就将钱罄尽。不幸遇到荒年，则只好伐桑枣、卖子女，流离失所，甚至吃草芽、木皮。① 而江南的苏州之民，则一直以精打细算著称。如苏州百姓人家，通常会将一年全家所食用的米，在冬天的时候，就舂白储藏，称为"冬舂米"。一般认为，苏州百姓为何如此，可能是因为开春务农将兴，再无闲暇舂米，所以提前在冬天舂好。其实，根据苏州老农所言，冬舂米的出现，并非仅仅由于上述原因，而是到了春天，春气一动，就会米芽浮起，米粒不坚，导致春天舂米多碎而为粞，折耗颇多。而在冬月之时，米粒坚固，舂米时就会折耗少，所以才有冬天舂米储藏之习。② 单是舂米储藏一项，苏州百姓都如此精打细算，苏州百姓在明代之富，盖有其因。

（三）生活质量的城乡差异性

先引一则清代的笑谈，以示城乡之间的差异。笑谈的故事情节如下：一位城里人，宴请来自乡下的亲家翁，并请了戏班子演出《琵琶记》。戏演了10余龣，乡下的亲家翁怪戏文的场景过于寂寞，全无杀阵之声，不免有点怒形于色。城里的主人见及此，就嘱咐戏班换了场景，故意加上杀伐之声。乡下的亲家翁大喜，回头对主人道："这才是，我若不说，便笑我不在行。"③这则笑谈的用意，自然在于讥讽乡下人不懂戏却假充在行，实则背后反映了城里人与乡下人在审美趣味的差异：城里人或许更多地倾向于看文戏，偏于雅的审美面相；而向下人则喜欢看热闹的武戏，偏于俗的审美面相。

有一则谚语云："上等之家，州城县廓；下等之人，山崖海角。"④细绎其意，无非说是上等人住在城里，而下等人则住在乡下。究其原因，还是因为乡村更容易遭受动乱，不如城市的安宁。

这就需要对明代的城乡社会加以一定的界说。在明代，城市指的是一种混合了政治功能与市场功能的集聚中心，且具有吸纳四周乡村农民甚至来自全国各地流动人口的社会功能，是一种县城以上，包括州城、府城、会城以及南北两京

① 丘濬：《大学衍义补》卷25《制国用·市籴之令》，明万历间刻本。

② 陆容：《菽园杂记》卷2，第19页。

③ 陈皋谟：《〈笑倒〉选》44《看戏》，载周启明校订：《明清笑话四种》，人民文学出版社1983年版，第99页。

④ 彭希周：《吉康治乱记》，《明清广东稀见笔记七种》，第81页。

的行政单位与自然单位。所谓的行政单位，主要是指城市的坊、厢制。以南京城为例，都城之内称为“坊”，附城郭之外者称为“厢”。[①] 而乡村指的是明代行政体制中县城以下的行政单位与自然单位。所谓的行政单位，即里甲制度；而自然单位，即指自然的人口所形成的居住单位，包括市镇、集市和村庄。

1. 城乡差别

城乡社会迥然有异，造就了“城里人”与“乡巴佬”在人格上的不同。大体说来，明代的城市既是政治或军事中心，也是以市场为主体的经济中心。城市社会包含了诸多商业社会的特性，诸如：人口众多而且集中，士农工商集聚，社会纷繁复杂，自然习俗多样。商业化的激烈竞争，通常容易冲决单一的传统规范，进而形成多样化的行为标准；城市商业社会是动态变迁的，更容易引发社会阶层的分化，人们成功与否，并不单纯靠天吃饭与自身的勤奋，而是更多地依赖于个人的智慧。换言之，城里人有自身特有的城市心理。城里人思维是因果论的，理性方式的。城里人所做出的一切行为，都有一个明确的目标，并要达到一定的目的，概括起来无非就是一个“利”字。无论是富商大贾追逐高额利润，抑或走街串巷的小商小贩为了蝇头小利，他们整日忙忙碌碌，使城市显得熙熙攘攘，一片繁忙景象。当然城里人也有闲人，诸如帮闲清客、闲子、闲汉之类，但他们之“闲”，只是相对于劳动与职业而言，就其行为来说，为了生计，这些所谓的城市闲人，也是整天奔波，无论是采取捧粗腿呵卵脬或诈骗的手段。[②]

至于乡村的乡下人，则完全生活在小农社会中。这种小农社会，有的学者将其概括下面两个特点：首先，在人口不多的小农社会，习俗通常是单一的，除了公认的一套规范之外，再没有其他的行为标准。人生下来，就只能接触到一种生活成法。经年累月，习焉不察，觉得它是唯一的，无可异议的，照着去做就正确，否则就离经叛道了。其次，小农社会是静止的、稳定的。在那里，生活的变化主要来自两个方面：一是四季转换，二是生命周期。不管是哪种变化，前人的经验，都

① 顾起元：《客座赘语》卷2《坊厢乡》，第58页。

② 明代城市闲人之忙碌，可以“保儿”“架儿”这两种人为例。有歌曲说“保儿”道：“自从那早间，打勤劳到晚，多半是精细汉。在家生怕受饥寒，脚下无根襻。买卖无心，当差不惯，一桩儿不躲懒。小大姐硬扳，老虔婆白侃，他手里求衣饭。”又有歌曲说“架儿”道：“这家里打阁，那家里撮合，本分少虚大，一些不巧又腾那，绕院里都踅过。席面帮馋，牙儿闲嗑，攘一回才散火，俁钱又不多，歪厮缠怎么？常则是干唊唾。”可见，即使城市里游手好闲之人，也是从早忙到晚。参见陈铎：《坐隐先生滑稽余韵》，载路工编：《明代歌曲选》，上海古典文学出版社1956年版，第10页。

是解决生活问题的主要凭藉。[①] 概括言之，在小农社会里，一方面由于习俗的单一而使人觉得它具有不可争议的正确性，另一方面由于传统的灵验而使人产生敬畏感，结果都会令人对社会存在的那套规范主动服膺。这就造就了乡下人保守的性格，一切都是顺其自然。农民的劳动，完全不必以日计算，他们只需照日历中的四时节气行事，过着播种、耕耘、收获、贮藏、庆典这种自然而又井然有序的生活。他们靠天吃饭。当岁腊庆典之时，既庆丰年有成，又祈祷上苍保佑来年五谷丰登，对上天、未来充满着幻想。

在明代，地有城市、乡村之异，人有市民、乡民之别。在官方的制度与政策设计中，显然已经考虑到了市民与乡民之间的区别。以明代的食盐支取为例，市民与乡民之间就存在着明显的差异性。明初所定食盐支取制度，大抵由各县差人前往盐运司领取余盐，回到县里再分给小民，"计口食盐，而纳钞以偿盐价"。可见，在明初食盐的支取上，基本采取统一的政策，尚未有市民与乡民之别。然自盐运司再无余盐关给之后，制度随之发生了变化，原本"纳钞以偿盐价"的"盐钞"，转而变为纳粮以偿盐价的"盐粮"。在这一转变过程中，唯有"市民"仍然可以享受原先纳钞的优待，而乡民则一概缴纳盐粮，且乡民纳粮支取食盐，还需要将粮食远输外府。这就导致在支取食盐上，乡民远较市民为难：一则米价远较钞价为贵，二则远输粮食"劳费"，运输费用支出太多。两者相合，乡民纳粮支盐的支出费用，较之市民纳钞支盐的费用几乎多出十倍。[②]

在明代的城乡之间，生活质量差别明显。下面以松江府上海县、金华府兰溪县、福建建阳县为例，借此以观生活风俗上的城乡差异：在上海县，城郭之民，"上下相耀，争为侈靡"，而乡鄙之人，则又"不胜其鲁"；[③]在兰溪县，"居市井者多夸诈，处田里者或粗鄙"；[④]在建阳县，"市井者尚侈好浮，在田里者勤身乐业"[⑤]由此可见，城乡生活风俗的差异不言而喻：城市生活侈靡，城市市民夸诈、好浮；乡下生活勤身乐业，乡下人显得粗鄙、椎鲁。若是将视角转向城市与乡村的房舍居住，两者之间同样差别明显：城市坊市居民，他们所住的房屋，均是"比

---

① 张德胜：《儒家伦理与秩序情结》，台湾巨流图书公司 1989 年版，第 56—57 页。

② 章懋：《议处盐法事宜奏状》，《明经世文编》卷 95，第 1 册，第 835 页。

③ 陈子龙：《安雅堂稿》卷 6《赠上海令王侯政绩序》，辽宁教育出版社 2003 年版，第 93 页。

④ 王懋德：《金华府志》卷 5《风俗》，《中国史学丛书》，台北学生书局 1987 年版。

⑤ 万历《建阳县志》卷 1《舆地志 · 风俗》，《日本藏中国罕见地方志丛刊》，书目文献出版社 1992 年版。

屋而瓦”,多为瓦房;而在乡村,“野多茅庐”,亦即草房。① 可见,城乡差别渗透于明代社会生活的各个层面。

在明代,无论是生活习俗,还是生活质量,均呈现出城乡二元的差异性。都城生活堪称明代生活的样板。在号称“辇毂之下”的京城,民物繁众,其风俗多以奢侈、好面子为尚,显得相当浇薄。以明代北京为例,史称北京人的生活:“大都薄骨肉而重交游,厌老成而尚轻锐,以晏游为佳,致以饮博为本业。家无担石,而饮食服御拟于巨室;囊若垂磬,而典妻鬻子以佞佛进香。甚则遗骸未收,即树旛叠鼓,崇朝云集。”②至于那些省会城市,亦即明朝人通常所说的“会城”,大体上也与京城相同。如在杭州,也是奢靡成风。不要说那些富豪贵介,无不“纨绮相望”;即使是那些贫乏之人,同样也是“强饰华丽,扬扬矜诩,为富贵容”。③ 正因为此,传统的士大夫很多主张力田务本,人只有身处山林之间,才可以“养心畜德”。他们的子孙,也就自然会有一种“朴野之风”。至于治学,生活在乡村之人可以做到“深潜缜密”,与那些寻常市井之人迥然不同。一旦出去做官,必多“风节清介之士”。④

明代城市居民的生活质量主要体现出以下两大特点:一是因城市日趋繁华而形成的奢靡之风,导致城市居民无不追求一种游逸生活。这是对生活享乐的积极追求。以杭州为例,作为旅游胜景的西湖,其繁盛早在唐代就已经发端。至南宋建都,更是游人仕女、画舫笙歌,日费万金,堪称极盛,被当时人目为“销金锅”。“销金锅”之说,出自元代上饶人熊进德的一首竹枝词,诗云:“销金锅边玛瑙坡,争似侬家春最多。蝴蝶满园飞不去,好花红到剪春罗。”⑤其意是说杭州的繁庶,“日用千猪万米,丈二研棰”,而西湖之歌舞消费,更是“日销千金”。⑥ 城市居民追求及时行乐的消费生活,于此可见一斑。换言之,杭州城市生活风俗之“儇巧繁华”,自然导致城市居民“恶拘检而乐旷游”。⑦ 明代都城北京人亦“好游”,尤以妇女为甚。如每年正月初一,开始拜节;正月十六,“过桥走百病,灯光彻夜”;正月十五元宵节,“高楼珠翠,辇击肩摩”;清明踏青,高梁桥“盘盒一望如

① 嘉靖《六合县志》卷2《风俗》,《天一阁藏明代方志选刊续编》,上海书店1990年版。

② 万历《顺天府志》卷1《地理志·风俗》,明万历二十一年刻本。

③ 张瀚:《松窗梦语》卷7《风俗纪》,第139页。

④ 戴冠:《濯缨亭笔记》卷5,明嘉靖华氏刊本。

⑤ 郎瑛:《七修类稿》卷23《辩证类·销金锅》,第244—245页。

⑥ 李日华撰,薛维源点校:《紫桃轩杂缀》卷4,凤凰出版社2010年版,第317页。

⑦ 王士性:《广志绎》卷4《江南诸省》,第69页。

画图”;三月东岳诞辰,则“要松林”。直至中秋节后,游踪方息。① 二是尽管城市尽显繁华,然城市居民因受及时行乐观念的影响,家中普遍缺乏积蓄。以杭州为例,城市平民勤劬自食,男女自 5 岁以上,均有活计。即使如此,杭州城中居民,家中却无“担石之储”,更是“不以储蓄为意”,只是将一天所赚之钱,“以乐残日”。如舆夫、仆隶,奔劳终日,到了夜里就“归市肴酒,夫妇团醉而后已”。至第二天,再去另寻生计,以度一日。所以,城市居民“一日不可有病,不可有饥,不可有兵”。一旦遇到生病、饥荒或者兵乱,就无“自存之策”。② 北京的城市居民亦如此。即使富人之家,亦是“一岁止计一岁之用,恣浪费”。③

反观乡村居民尤其是农民生活,则与城市居民形成鲜明的对比。一方面,乡村农民终年辛劳,无一日之息;另一方面,乡村农民尽管有储蓄之风,然种田生计,确乎薄如“蝉翼”,除了来自贪官的横征暴敛之外,还要受到高利贷的盘剥,甚至还有来自四隅盗贼的威胁。田家苦楚,正可谓“妻孥命贱等黄土,薪米价高无白金”。等到水旱之灾降临,乡村农民更是流离失所,过着一种“露栖同鸟雀,草食似牛羊”,甚至“到处即居处,异乡非故乡”的颠沛生活。④ 即使像南京城的附郭县上元、江宁两县,所辖郊外在乡之地,除了江宁乡间因“地多膏腴”而不乏殷实之家,上元县的乡间,则是“硗瘠居其半,其民俗多苦瘁”。⑤ 即使如此,乡里农民,无不以勤劳为本分。史载嘉定县的农民,力于稼穑,不习商贾之事。这些农民以“租税先入官”的“良民”为追崇的榜样,贱视“六博饮酒”的游手好闲者。即使是家庭妇女,也是勤于纺织,“早作夜休,一月常得四十五日焉”。⑥

明代的城市生活,繁华、便捷,且更容易维持生计。以明代开封城为例,市场繁荣,店铺林立,有饭店、酒馆、旅店,有杂货铺、药材铺、打金店、当店、皮金铺等;有“淫店”,专卖广东人事、房中技术;有柴市,卖薪柴杂木等物;有些柴市,做的是逐户生意;有大米行,所有郑州、辉县、光州、固始等处贩来的各色大米,俱归入行内;有鹁鸽市,卖鹅、鸭、鸡、猫;关厢大梁门外西关,有菜园,相当于蔬菜批发市场,“五更时鲜菜成堆,拥挤不动,俱有贩者来买,灯下交易。城门开时,塞门而

① 王士性:《广志绎》卷 2《两都》,第 18 页。

② 王士性:《广志绎》卷 4《江南诸省》,第 69 页。

③ 王士性:《广志绎》卷 2《两都》,第 18 页。

④ 明代农民生活实况,事载龚钝庵所作《民风》诗,参见张怡:《玉光剑气集》卷 23《诗话》,第 803 页。

⑤ 顾起元:《客座赘语》卷 1《风俗》,第 26—27 页。

⑥ 万历《嘉定县志》卷 2《疆域考》下《风俗》,《中国史学丛书》。

进，分街货卖。”有马市，早晨牛、驴上市，午间骡、马上市；有过客买卖骡马大店，在大店里可以雇用脚力。生活在开封城里的人，生活便捷，得以享受来自各地的产品：有南酒、南果，海菜店，贩卖各色海菜；有各样南北鲜果干菜；有京、杭、青、扬等处运来的粗细暑扇、僧帽、头篦、葛巾、白蜡等货；刷牙筤子、舌掋、眉掠，灌香精雅，均是京城、临清、南京、泰安、济宁、兖州各处客商运来，贩卖不断。城市的剩余劳动力，很容易从劳动力市场中找到自己的工作，以维持日常的生计。如开封城内有“短工市”，城市剩余人口可以获得短暂的工作；有“厨役市”，民间凡是办酒席，就从厨役市雇佣厨师。即使是老妇人与普通家庭妇女，或者是小生意人，都可以轻易寻觅到适合自己的活计，诸如三官庙左近一带人家，都是“做布袜、纺线、结壳儿、捏狄髻”；城里四处，有人从事“卖布估衣”一类的小生意；老妇人可以通过替人缝补衣裳，与人洗浆衣服或缝缝补绽，普通的家庭妇女通过锁云头或者做各样名鞋，借此补贴家庭生计。①

每当饥荒来临，城里人相较于乡下人，更容易度过灾荒之年。嘉靖年间人林希元，以自己家乡福建泉州府同安县为例，借此说明城里人开张店铺、经纪买卖之人，居十之七八，日常的利润足以维持灾荒来临时的生计，以避免成为饥民。而乡村则不同，自然的天灾造成庄稼减产甚至绝产，显然更容易沦为饥民。所以，林希元所说的“饥民皆在乡村”，②从某种程度上说，符合明代的实际。

明代有一首《烧香娘娘》歌，其中开口就说：“乡下人一味老实，城里人十分介轻狂。”此歌记载了住在苏州城里的妇女，为了去穹窿山烧香还愿，尽管“屋里精无一榻”，确实已是穷的叮当响，却还是硬充面子，东家借首饰，西家借衣裳，把自己打扮得风风光光，其目的就是为了博得乡下人的称赞，以满足自己的虚荣心。③ 城里的市民，为人无不显得狡猾。市场上交易之时，一些刁猾之人多用“赝银”，甚至不乏“搀铜、吊铁、罐铅”，专门将这些赝银混杂使用，以欺骗乡村来的“愚讷”之人。尤其是城市中的无赖，更是“率尚赌博，夜聚晓散，在在成伙，酿成奸盗”。④

① 佚名撰，孔宪易校注：《如梦录》，《街市纪》第6，《关厢纪》第7，中州古籍出版社1984年版，第28—57、73—77页。

② 林希元撰，何丙仲校注：《林次崖先生文集》卷6《请姜伯溪方伯查赈饥时弊书》，上册，第230页。

③ 冯梦龙编：《山歌》卷9《杂咏长歌》，《明清民歌时调集》上册，上海古籍出版社1999年版，第418—424页。

④ 万历《嘉定县志》卷2《疆域考》下《风俗》，《中国史学丛书》。

反观乡野之民，确乎“一味老实”，却很是单纯朴实。这有一个典型的例子可以为证。如苏州府昆山县，地处经济发达的江南，但在乡下七保的乡村农民，依然保持着淳朴的特性。有一位李魁，生于正德年间，至万历四十二年(1614)，已是102岁的高龄。此人以务农为生，每年只是因为交租才一至田主之家，生平不识“县前何状”，即从未到过县城。就在他102岁时，这位乡下老农被知县延聘为乡饮酒礼的大宾。行礼期间，士大夫馈赠他一些“履袜”，都是他生平所“未有者”。有人好事，问这位乡下老翁“欲事何如”？他竟惊讶地反问：“何谓欲事？”当有人告诉他，“欲事”就是男女交合之事。老翁听罢，就掉头道：“此事自六十以后不复有矣。”①行事、言语之间，乡下人的“朴而寡知”，已是跃然纸上。

城市与乡村之间，因为风俗存在着差异，于是也就造成了各自的不理解，甚至互相讥讽。以海南为例，城市中的居民鄙薄乡下人，称他们为“蛮子”，但乡下人也看不起城里人，称他们为“赤父”。② 在一般人们的认识中，乡下人多为没有见过世面之人，通常被视为朴野，甚至有些愚昧，这就是史籍记载中所谓的“乡愚”。明代有一首题为《乡下人》的山歌，即说乡下人之愚，其中道：“乡下人弗识枷里人，忽然看见只捉舌头伸。咦弗知头硬连钻穿子个板，咦弗知板里天生个样人。”乡下人不喜欢打官司，也很少进城。偶然一次进城，看到一个戴枷的犯人，难免会挢舌不语。但并不能因此而说乡下人就一定愚昧，其实，在乡下人中还是有“极聪明处”，有时不乏小农式的狡猾。冯梦龙曾记载了下面一件事，基本可以说明乡下人并不愚昧。故事记道：一位乡下人驾驶着小船，放歌而回。因为是暮夜行舟，不料误撞了一位府推官的座船。推官道：“汝能即事作歌，当释汝。”乡下人放声歌曰：“天昏日落黑湫湫，小船头砰子大船头。小人是乡下麦嘴弗知世事了撞子个样无头祸，求个青天爷爷千万没落子我个头。”推官听后大喜，反而“以壶酒劳而遣之”。③

在城乡生活质量之间，并非一味是城市高于乡村，或者说城市一直占据领先地位。在明代的城乡之间，其差别有时反而是一种乡村优于城市的倒置关系。这主要体现在以下三个方面：一是在风俗差别上，福建漳州府的城市与乡村，其

① 许元溥：《吴乘窃笔·百岁外人》，载王稼句点校、编纂：《苏州文献丛钞初编》上册，古吴轩出版社2005年版，第243页。

② 正德《琼台志》卷7《风俗》，《天一阁藏明代方志选刊》，上海古籍书店1982年版。

③ 上面所引《乡下人》之歌，及后面一则记载，均见冯梦龙编：《山歌》卷5《杂歌四句》，《明清民歌时调集》上册，第342—343页。

"嚣靡"与"质朴"正好呈现出一种倒置关系。自常情观之,理应是乡里质朴,城市嚣靡。但在福建漳州府,因为朝贡贸易与海上走私贸易的存在,导致了地处乡下的"海乡"的出现,进而造成海乡与城市呈现出一种不同于传统的关系:海乡居外,"其心亦务外,而多逐末";城市进内,"其心存于内,而多务本"。① 这种城乡关系的颠倒,是一个值得引起关注的新动向。二是在科举中举总人数上,乡村反而高于城市。如以苏州府吴江县为例,从洪武十一年(1378)至弘治三年(1490),一县所中进士,除了居住地不详者外,其中乡都共有36人中了进士,而县市仅有5人中了进士。而在乡都中,其中市镇之人占14人。此外,在此期间科贡之人共计有103人,除去居住地不详者外,其中县市人为32人,乡都之人为54人。在乡都中,其中市镇有15人。② 湖广归州的情形亦大体相同。以乡试所中举人为例,湖广归州州属,从洪武八年(1375)至成化元年(1465),共中举人12人,其中城市中人为4人,出于乡村者3人,出于长宁所5人。归州所属巴东县,自洪武三十五年(建文四年,1402)至弘治十四年(1501),共中举人8人,除了一人不详之外,其中城市占3人,乡都占4人。③ 当然,录取总人数,并不代表录取率。从史料记载来看,至弘治年间,吴江县编户共有550里,其中附郭仅为10里。④ 那么,从若以人户计,乡村中举率仍是低于城市。三是城乡老人的身体健康状况,乡下老人明显优于城市老人。就此现象,明代著名文人李开先的观察显然颇为细微。他自称生性好游。游屐所及,每遇荒村僻落,牧地桑丘,常常见到老叟"挥锄持鞭,提筐负载,行坐殊觉轻健"。一到城市,即使仅仅五六十岁的人,已然"庞眉皓首,颓然翁矣";偶而见到七八十岁的老者,更是"体木眼花,与世绝不相涉"。⑤

2. 城乡关系

城里人与乡下人之别,并不能证明城市与乡村是两个完全隔绝的区域环境。恰恰相反,农村和城市互为背景:我创造你,你创造我;我统治你,你统治我;我剥削你,你剥削我。以此类推,彼此都服从于共处的永久规则。正如法国历史学家

---

① 邵经邦:《弘艺录》卷23《贺张觉吾茂材荣膺例贡序》,清康熙刻本。

② 弘治《吴江志》卷8《科第》,《中国史学丛书》。

③ 嘉靖《归州志》卷4《科第》,《天一阁藏明代方志选刊续编》。

④ 弘治《吴江志》卷2《疆域》。

⑤ 李开先:《闲居集》卷8《端岩王君合葬墓志铭》,载氏著:《李开先全集》,上册,文化艺术出版社2004年版,第628页。

布罗代尔所说:“沙漏可以翻个儿:城市使乡村城市化,乡村也使城市乡村化。”①城市和乡村从来不会像水和油一样截然分开,同时兼有分离与靠拢、分割和集合的相互依存的关系。就生活层面而言,明代的城乡差别相当明显,但在城乡之间,也并非仅有差别,而是尚存在着一种互相依存甚至互动的关系。

就城乡依附关系而论,明人陈龙正在说及救荒之政时言:“赈城市,遗乡村,岂非身在城市,据所见,恩所不见耶?然穷民惟乡村最多,纠集为盗,亦大抵乡民也。乡村乱,城市岂得独安?”②此虽就赈济而论,但已足见乡村之治乱影响到城市的治乱,两者之间有一种依附关系。尤其是城市的粮食、柴薪等物资的供应,无不依赖于乡村。如北京城军民人口众多,其中的柴薪供应,不得不取于数百里外的山乡。③ 以明末辽东的辽阳城为例,因为城市居民并无“隔宿之储”,所以辽阳城中的米粮、柴草,全凭村屯之民,车运入城,“逐日买用”。其结果则是,村屯运输进城的米粮、柴草,直接影响到城市居民生活的质量:若是每日城门多进几辆运粮的“屯车”,辽阳城中市场上的粮食价格,就会每斗跌落几分;少进几辆“屯车”,市场粮食价格就每斗高涨几分。若是一日无车进城,即使“斗米斗钱,亦无觅处”。偶尔“屯车”到城者,若是被“饥军”抢买而去,那么居民“有终朝悬釜不得一粒者”。④

毫无疑问,城市生活的繁华及其丰富多彩,对生活在乡村的人们具有巨大的吸引力。随之而来者,则是城乡之间的互动。明代中期以后,城市吸纳的农村人口,大致有两种:一是大量“城居地主”的出现,固然有出于避乱的考虑,但一些乡村的土地占有者在积累了一定的财富之后,同样开始憧憬并享受城市生活。如明代承平岁久之后,赋繁役重,苏州一带的农户,大多因为家有田业,而“累足屏息”,于是有人就从昆山徙居苏州城内,“颇以畜贾致富”。⑤ 又如在明季相当有名的郑鄤,“弱冠乡荐”,亦即中了举人之后,就侨居于城,除了一些往来定省之外,一般以生活在城市居多。⑥ 二是从农村分化出来的失地人口,也逐渐流入

---

① [法]布罗代尔:《15至18世纪的物质文明、经济和资本主义》,第1卷,顾良、施康强译,生活·读书·新知三联书店1992年版,第577页。

② 陈龙正:《救荒策会》卷1《高宗诏拯济必及乡村》,载李文海、夏明方主编:《中国荒政全书》,第1辑,北京古籍出版社2003年版,第668页。

③ 余继登撰,顾思点校:《典故纪闻》卷8,第139—140页。

④ 熊廷弼撰,李红权点校:《熊廷弼集》卷18《前经略书牍》第2《与李桂亭大司农》,下册,第798页。

⑤ 归有光著,周本淳校点:《震川先生集》卷13《孙君六十寿序》,上册,第328页。

⑥ 郑鄤:《峚阳草堂文集》卷11《与里族书稿》,民国二十一年重刊本。

城市,融入成为城市并进而成为城市的劳动人口。即使是普通的乡农,对来自城市的"俏娘"也不时产生羡慕之情。明代有一首题为《乡下夫妻》的民歌,歌曲内容已明白地透露了下面这样一种信息:一对本来甚是和谐恩爱的夫妻,当在一个清明节时,乡农见到从城里前来上坟的城市"俏娘"之后,开始变得魂不守舍,对家中"黄又黄,黑又黑"的"夜叉婆"生了嫌弃之心,"爱杀"那"娇滴滴的美"的城市的"俏娘儿"。① 与此同时,乡村对城市也具有一定的吸引力。据有的学者研究,明代江南园林出现过两个高潮,一个是成化、弘治、正德年间,另一个是嘉靖、万历年间,而后一个时期较诸前者,声势更为浩大。明代中期以后,江南出现的城市乡居化,更加速了园林的发展。所谓乡居化,应该包括两方面的含义:一是达官贵人、富商大贾,腰缠万贯,追求高消费乃至高品质的享乐生活,由城居地主向乡居地主移动,到乡间的山涯水曲,修建别墅、园林,远离城市的喧嚣,追求一种"雪满山中高士卧,月明林下美人来"的精神境界,及四时均有天然景色尽收眼底的赏心乐事。二是在城内寻求乡村的野趣,财力雄厚之人就在城里建造园林美景,财力一般之人也罗致奇花异木或者怪石,植修竹数竿,以求足不出户,也能赏悦村景,饱览田园风光与大自然的野趣,以享受"城市山林"。② 进而言之,在城乡互动的过程中,一些农村习俗慢慢传入城市,成为城市生活的一部分。如南京城中的"打春"习俗,相传就由乡村传入,号称"村田乐"。③

(四) 生活质量之社会阶层性差异

明代的河南号称"中州"。每年的秋天,来自各府、州、县的生员,汇聚到开封,参加三年一次的乡试。考试期间,参加乡试的科举生员,以及维持乡试秩序的老军,均能得到来自官府提供的饭食招待。不过,饭食的待遇各有不同:生员的招待餐为大米饭、细粉汤,而老军所吃,则仅仅是小米饭、冬瓜汤。④ 由此可见,社会等级的差异,已经决定了作为"士"阶层的生员,在生活待遇上明显高于老军。

按照明代的传统社会分层,大体可以分为"四民",即士、农、工、商。就生活

---

① 冯梦龙编:《挂枝儿》卷10《杂部》,《明清民歌时调集》上册,第241—242页。

② 参见王春瑜:《论明代江南园林》,《中国史研究》1987年第3期。

③ 史载:"金陵春前一日,沿街鸣锣,跳唱乞米,名打春。相传太祖见田野中有此,命翰林撰词,使城中亦为之。至今及其时,江宁、上元两县给批,举行不废,谓之村田乐,然所唱非旧词也。"参见李诩:《戒庵老人漫笔》卷1《南都打春》,中华书局1982年版,第22页。

④ 佚名撰,孔宪易校注:《如梦录》,《试院纪》第9,第84页。

质量而言,士明显优于农、工、商。冯柯已敏锐地观察到了这一生活差异:就农、工、商而言,他们"日夕仂勚,无顷刻暇逸"。即使是在严暑之日,他们也是"或曝背而耘,汗滴下土;或操斤执锯,挥汗成雨;或肩输担负,汗流浃背"。每日如此的辛劳生活,假若能得到一个"蔽芾之阴",就"咸聚休思",甚至认为是一种"至乐"。反观士阶层,号称"儒生"。既无农、工、商三民之苦,又可以"居大厦,衣轻葛,摇凉扇,坐诵书史,时或焚香一炷,啜茶一瓯,以清心腹"。由此可见,士人的清闲生活,是农、工、商三民"日望而不可几者"。①

就生活质量而言,其间存在着社会阶层性差异,这一点毋庸置疑。诗圣杜甫有诗句云:"朱门酒肉臭,路有冻死骨。"自古以来的传统史籍,一旦言及贫富差距时,举凡"田连阡陌""贫无立锥"的话语,同样充斥着无数的官方与私家记载。诸如此类的说法,固然不免流于程式化的套语,但至少说明贫富差距一直是传统中国社会的痼疾。

明朝也不例外。在各个社会阶层之间,生活质量存在着明显的差别。洪武年间,临海人太学生赵某,曾替一位太监题《蚕妇图》诗。从诗句中不难发现,当宫中后妃"罗绮轻于布"之时,而蚕妇则是"蚕未成时叶已无,髩云撩乱粉痕枯"。② 单就衣着而论,宫中后妃的生活质量,就明显优于民间蚕妇。朱有燉有一首《蚕妇行》,可以作为蚕妇生活的补充。从中可知,蚕妇岁岁忙碌,饱受辛苦,所过的却是"蚕粪先熟不得尝,绮罗织就不得将"这样一种日子,甚至"发无膏泽面无粉,衣裳破坏裙幅短"。③ 在明代皇帝中,崇祯帝显已号称"俭约",但每天御膳所费,却高达银300两。④ 可见一天御膳的消费数字,已经抵得上普通人家数年之粮。

皇宫奢华自不待言。即使是王府中的生活,正如其享用者朱有燉的自白,已是豪奢至极。朱有燉所作乐府套数《刮地风》,可谓是他自己在冬日大雪天生活的实录。⑤ 貂裘、美酒、珍馐、美人、仙乐,即使窗外大雪纷飞,朱门之内仍然是赛如神仙般的日子。反观那些终日勤劳的农民,确乎是"为农的最辛苦","人生可怜惟农务"。当旱灾之时,"黍和粟种不出","忧愁杀村叟农夫";当水灾之时,

---

① 冯柯:《回澜正谕 · 正襟谕》,收入氏著:《贞白五书》,载张寿镛辑:《四明丛书》,第22册,广陵书社2006年版,第13269—13270页。

② 刘若愚:《酌中志》卷22《见闻琐事杂记》,第189页。

③ 朱有燉:《诚斋录》卷1《蚕妇行》,《朱有燉集》,第598页。

④ 谈迁:《枣林杂俎》智集《逸典 · 御膳》,第76页。

⑤ 朱有燉:《诚斋乐府》2《套数 · 席上喜雪偶成》,《朱有燉集》,第537页。

“湿烂的麦种无”，几乎颗粒无收，那些“老庄家”个个“精着个头颅”，深感“枉费功夫”。即使是无灾之年，农民的日子仍然最苦：“养得蚕成箱内虚，种得粮多仓里无。冬暖儿号衣不敷，岁稔妻啼食不足。”①

若是将士大夫与农民的生活加以比较，不难看出其中的巨大差别。万历三十九年（1611），高节就明确指出贫富分化日趋加剧，富者与贫者生活质量差距明显。富者广占田地，甚至“割膏腴为游观，坟墓居家，拟于王者，不耕之地倍于耘耔”；反观贫者，一旦土地被富者占有，且需要承担沉重的赋役负担，就难免“不聊生，易于为非”。② 事实确实如此。作为富者的士大夫，即使是在饮酒上，也与普通民众大为不同。以南京一地为例，士大夫可以饮用从外地传入的名酒，诸如金华酒、苏州之三白酒；甚至甚至只饮自酿的佳酿，分别有“徐启东之凤泉，乌龙潭朱氏之荷花，王藩幕澄宇之露华酒，施太学凤鸣之靠壁清，皆名佳酿”。至于普通民众，则只能从市场上购买本地产的普通酒品，如“老坛酒”“黄酒”之类。③ 进而言之，当农民过着“冬暖儿号衣不敷，岁稔妻啼食不足”这般日子之时，而那些“游食清闲”的“懒大夫”，则得以享用不劳而获的生活：“粉面妖娆泼妓徒，岂识人生衣食劬。深巷重门乐有余，一任天时旱涝除。不理生涯无定居，博戏夸豪较胜输，弦管争妍日以娱。坐食农夫米麦蔔，坐衣农夫绢布服。”④

即使同是女性，名落贱籍的青楼女子，她们的生活有时却优于民间的蚕妇。蚕妇终日辛劳养蚕，织好了罗绮，却难得一着其身，穿的仍然是“衣裳破坏裙幅短”。至于那些平康巷陌中的“美人”，凭借自己的美色以及“能箜篌”的长技，获得无数来自富贵公子的缠头，即使“从来不识蚕与织”，却能“红绫绿绮如山丘”，甚至脚上穿着珠履。酒打湿了春衫，遭了油污、汗渍，或者式样不如意了，就捐弃如同粪土。⑤

进而言之，明朝人生活质量的贫富差距，不但存在于不同的社会阶层，即使同一社会阶层之内，因为各种具体的原因，其生活质量亦不可一概而论。

1. 勋戚官员与庶民百姓之别

从某种程度上说，身份特权是保证特权阶层享受荣华富贵生活的基本保证。

---

① 朱有燉：《诚斋乐府》2《套数·苦雨有感悯农制正宫一曲（有引）》，《朱有燉集》，第 544 页。

② 高节：《明远堂记》，载赵官等编纂，吴福林点校：《后湖志》前，南京出版社 2011 年版，第 9—10 页。

③ 顾起元：《客座赘语》卷 9《酒》，第 303—304 页。

④ 朱有燉：《诚斋乐府》2《套数·苦雨有感悯农制正宫一曲（有引）》，《朱有燉集》，第 544 页。

⑤ 朱有燉：《诚斋录》卷 1《蚕妇行》，《朱有燉集》，第 598 页。

在明代,勋戚、官员,乃至举人、监生、生员,从身份上说均属特权阶层。

所谓勋戚,即通常所说的皇亲国戚,同时还包括因功勋而得以封爵者。在明代,勋戚可以得到来自朝廷的特权,除了享受制度规定的爵禄之外,还可以得到来自朝廷的赐予。如各王府均有来自皇帝所赐的庄田,在京的王府可以得赐养赡地或香火地,公主、郡主与夫人也有赐地,公、侯、伯赐有护坟地。① 至于王亲,同样可以享受杂役优免的特权。弘治元年(1488)奏准:亲王王亲,免杂役二丁;郡王王亲,免杂役一丁;镇国等将军及夫人的亲父,免杂役一丁。② 嘉靖初年,明世宗下诏给都察院,要求申明累朝禁例,其中有云:"凡都城内外诈冒皇亲太监名目,拦截桥道,私开店舍,指称内府包揽钱粮者,令巡城御史及厂卫缉捕究治,枷号发遣。"③利用皇亲、太监的名目,仗势即可欺人与发财,那么皇亲、太监作为一个特权阶层,显然可以轻易觅取钱财,这样的举动甚至数不胜数。

按照制度规定,明代的各级官员可以享受不同等次的赋役优免特权。这一措施的实施,旨在表明,作为"食禄之家"的官员,与普通"庶民"之间,应该"贵贱有等"。诸如"趋事执役以奉上",只需让庶民承担,而官员作为"贤人君子",不但应该"贵其身",而且还应"免其徭役"。④ 从洪武十三年(1380)始,历经正统七年(1442)、弘治十八年(1505),朝廷不时颁发免除官员、举监、生员赋役的政令。至嘉靖二十四年(1545),正式确立官员、举监、生员的优免则例。⑤ 有些官员致仕之后,因朝廷的特许,仍然可以享受免除徭役的特权。早在洪武十二年(1379)八月,明太祖朱元璋下诏,凡致仕官员,"复其家,终身无所与"。不过至迟从永乐年间开始,并非所有致仕官员均可享受免除徭役的特权,而是必须得到朝廷的特许,方可享受这一特权。如永乐二十二年(1424)十月,户部尚书郭资致仕,"命复其家";洪熙元年(1425),祭酒胡俨乞休,"复其子孙";正统初年,都御史顾佐致仕,命户部"复其家";弘治十八年(1505),朝廷专门出台政令,凡是以礼致仕的官员,"免杂泛差徭";嘉靖二十四年(1545),又重新议定规则,凡是以礼致仕的官员,免除杂泛差徭的十分之七,闲住者仅免一年。⑥ 官员赋役优免尤其是徭役优免,在具体的实施过程中,尽管存在着执行力较差的问题,甚至在

① 申时行等修:《明会典》卷17《户部》4《给赐》,第115—116页。
② 龙文彬:《明会要》卷52《民政》3《优免》,下册,第976页。
③ 余继登撰,顾思点校:《典故纪闻》卷17,第298页。
④ 黄光昇:《昭代典则》卷8,第200页。
⑤ 申时行等修:《明会典》卷20《户部》7《户口》2《赋役》,第134—135页。
⑥ 龙文彬:《明会要》卷52《民政》3《优免》,下册,第973页。

某些特定的时期，即使是京官之家，也并未尽数免除杂泛差役，甚至被“编作水马驿站等役”，[①]但就整体而言，明代的各级官员因为制度规定而得以享受赋役优免，则显然毋庸置疑。

除此之外，官员尚可享受给假的特权，这显然是普通庶民所无法比拟的。按照明初的制度规定，内外官员省亲、祭祖、迁葬，均享有给假的特权，除去路上所需日期外，可以享受一个月的假期。其后，扩大了官员给假的范围，凡是治理本生父母的丧事，送归年老的父母双亲，官员妻故、送幼子还乡，或者回家完毕婚姻等，均给予特许的假期。[②]

勋戚、官员之类的社会阶层，一旦享受赐予、优免、给假之类的特权之后，至少在以下两个方面，引发了特权阶层与庶民百姓之间生活质量的分化。

其一，勋戚、官员借助免役的特权，借此兼并土地，谋取额外的经济利益，进而导致庶民负担的加重。

先来看勋戚、势豪。自明代中期以后，勋戚、势豪奏讨田地，已是蔚然成风。如武清侯石亨，享受爵禄千钟，尚称“喂马艰难”，上疏奏讨田地，“开种草料”，甚至下面的跟随指挥人等，也纷纷“求地盖房”；都督同知王竑，所享俸禄不可谓不厚，但还是疏称“日食不敷”，上疏奏讨“田地二处”；甚至百户唐兴，也奏讨田地“不下二三百顷”。其结果，则是“怨则归于朝廷，利则归于奸诈”。[③] 至于京城角头等处，其中停积客货的客店、塌房，更是被贵近勋戚、权豪势要所占有。所得之利，以一年计之，“何止巨万”。不仅如此，勋戚、权豪势要还容留无籍之徒，让他们充当“管店”“小脚”一类的名色。这些无籍之徒，更是“倚恃权豪，虚张声势，于京城内外远近去处，邀截货物，不容客便，甚至欺诈银两，打死人命，靡所不为”，[④]显然已经影响到了客商正常的经商环境以及百姓的日常生活。

再来看官员。官员的赋役优免，直接导致赋役负担的不均，导致庶民负担的加重。以江南的苏州、松江二府为例，从永乐一直到宣德年间，拖欠钱粮已成惯例。单是苏州一府，宣德元年（1426），拖欠的秋粮就达 1655142 石；从宣德元年至宣德七年，共计拖欠税粮米、麦 7936990 石。在这些拖欠的税粮中，多数是因为官员大户或生员不肯纳粮所致。而在白粮缴纳中，大户更是不肯出加耗。其结果，则是造成“良善小民被其驱迫，连年征扰而粮终不完”，亦即将税粮负担转

① 余继登撰，顾思点校：《典故纪闻》卷 12，第 217 页。

② 申时行等修：《明会典》卷 5《吏部》4《给假》，第 29 页。

③ 林聪：《修德弭灾二十事疏》，《明经世文编》卷 45，第 1 册，第 345—346 页。

④ 叶盛：《资给军储疏》，《明经世文编》卷 59，第 1 册，第 464—465 页。

嫁到没有特权的庶民百姓身上。[1] 一至明末，钱粮拖欠之弊，主要集中于乡绅、青衿、奸民三类人。正如史料所揭示："盖民间膏腴，强半入豪右之家，而有司催征，率无奈南阳之问，侵假而影射以开投献之门，侵假而包揽以滋飞诡之计，弊端百出，正项愈亏。"[2]可见，这三类人借助影射、包揽，以达到投献、飞诡的目的。赋税如此，徭役也是相同。由于官员得以享受徭役优免的特权，于是后来的一些官员，"受人诡田"，导致"齐民率多重役"，[3]"小民委不堪累"。即以城市的房号、火夫，闾阎的保甲、乡夫编派为例，宗室、士夫之家，"闲房虽数十处，开店招商；院子虽数百家，僦居佃地"，夜巡、书役、救护、巡缉之类的差役，官府、地方都不敢编派一人。其结果，则导致普通庶民徭役负担的加重，亦即"其疾首蹙额而从役者，费无势力小户，则卖酒饭贫民，甚者寡妇佣人，亦当火夫"。[4] 按照明代的法律规定，享受赋役优免的官员之家，亦即所谓的"官户"，只要父母尚在，兄弟均不许分家。但一旦昆弟借助家族中的仕宦力量的庇护，不断拓殖田产，甚至多达千亩、万亩的时候，照例就不得不分户应当徭役。但事实并非如此。明代的科第之家，昆弟"受荫逃役"，显然已经成为一种惯例，甚至积累田产以千万计，亦可以逃免差役，最后"独累小户当差"。[5]

随之而来者，则是官员、豪右对土地的兼并，使土地更多地集中于勋戚、官员乃至豪右之家。正如顾炎武所云，明季的士大夫，大抵已经分为两类：一类是"求田问舍"，另一类则是"学仙学佛"。两者行事虽殊，但"孳孳为利"之心则是相同的。[6] 譬如杭州钱塘江的沙地，按照原先的制度规定，沙地东属于仁和盐场，对江属于西兴盐场，原本均是灶户所有的草荡，其后陆续被省城的"乡宦生员有力者"所霸，"请佃占作己业"。[7] 大江以北，古刹较少，但江、浙、闽、广处处有之。其中寺院所属的寺田，"或为豪强所霸占，或为小民所影射"，[8]寺田逐渐被势豪所占有。又如福建漳州府，由于缙绅日盛，最终导致田价的上涨，田价的

---

① 周忱：《双崖文集》卷3《求全得毁书》，《双崖文集辑录与译注》，第215页。

② 毕自严：《度支奏议》，《堂稿》卷12《覆张通政输将军饷疏》，第1册，第512—513页。

③ 黄光昇：《昭代典则》卷8，第200页。

④ 吕坤：《摘陈边计民艰疏》，《明经世文编》卷416，第5册，第4504—4505页。

⑤ 管志道：《从先维俗议》卷5《仕者勿庇族以厉民》，《太昆先哲遗书》本，太仓俞氏世德堂1931年铅印景印本。

⑥ 顾炎武著，黄汝成集释：《日知录集释》卷13《士大夫晚年之学》，第328页。

⑦ 叶权：《贤博编》，中华书局1997年版，第19页。

⑧ 毕自严：《度支奏议》，《新饷司》卷18《覆科臣条议屯田寺田官米积谷四款疏》，第3册，第390页。

上涨,进而又使趋利者日众。其最终的结果则是“官民日益多事”。所谓的“多事”,可以漳州府南靖县为例,就是很多田地已被豪右视为“利薮”,其中就不免产生缙绅、豪右的“欺隐”之弊,亦即逃避赋税徭役。①

其二,官员求利意识日增,通过特权把持地方上的各种经济利益,与民争利,随之发家致富,进而导致地方庶民日益贫困化。

正如林希元所云:“世末道降,士鲜尚行,一登科第,即谋肥家。有居官未几时而家已巨富者,有不取财于官,家居而致巨富者。在官则取财于民,家居则取财于乡。”②可见,士大夫凭借官员、乡宦的身份,或取财于官,或取财于乡,而后成为巨富。根据何良俊的观察,在成化、弘治两朝以前,士大夫“尚未积聚”,很多士大夫家庭,虽然门阀甚高,但家业不过“中人十家之产”,有的“不异秀才时”,有的甚至家如“寒士”。至正德年间,士大夫纷纷“营产谋利”。以松江府士大夫为例,一中进士,整日奔走于门下者,全是言利之徒,使得很多士大夫家庭很快发家,家赀甚至“积至十余万”。③

至于士大夫求利的方式,则形式多样:一是势豪利用自己的特权把持地方上的经济利益。如杭州西湖的菱芡之利,大多把持在“有势力者”的手中。④ 二是把持地方市场。万历以后,很多地方上的水利碾硙,场渡市集,无不被豪绅所把持,且相沿以为常事。⑤ 三是占据盐利。诸多史料记载显示,妨碍官方盐政、国课者,主要有私贩与私埠、私牙两种。在这两类人中,私贩犹恐官法惩治,只有私埠、私牙,因为很多背后都有士大夫力量的支持,“而亡赖棍徒望风奔附,公然悍纲,而有司莫敢谁何,坐令官引之盐屈于私贩”。⑥ 可见,士大夫是私贩的幕后黑手。不仅如此,福建福州府的缙绅,很多“以盐策起家”,即使致仕家居,但还是“亲估客之事”,即继续从事贩盐的商业活动。⑦ 四是官员及其家属从事商业买卖活动。早在洪武年间,朝廷就已下令,官员之家,不许在官员自己的辖治区内做买卖。其后,这一禁令慢慢趋于废弛。都司、巡按、布政司、按察司、卫所、府州

① 顾炎武著,黄珅等点校:《天下郡国利病书》,《福建备录·南靖县志》,第5册,第3120—3121页。

② 林希元撰,何丙仲校注:《林次崖先生文集》卷8《赠万二尹擢宁海州序》,上册,第295页。

③ 何良俊:《四友斋丛说》卷34《正俗》1,第312页。

④ 叶盛:《水东日记》卷14《西湖俗谣》,第147页。

⑤ 顾炎武著,黄汝成集释:《日知录集释》卷13《贵廉》,第322页。

⑥ 顾炎武著,黄珅等点校:《天下郡国利病书》,《福建备录·漳州府志·盐法考》,第5册,第3087页。

⑦ 谢肇淛:《五杂组》卷15《事部》3,第320页。

县等官员，大都让自己的弟侄子婿，在自己辖治区内，"倚官挟势，买卖借贷"，以便赚取"十倍于民"的高额利润。① 尤其是苏州的士大夫，求利意识最为浓厚，大多开铺买卖，获取利润。苏州的缙绅士夫，在京城官店、六郭，"开行债典、兴贩盐酤，其术倍刻于齐民"。而在苏州本地，自刘氏、王氏两个士大夫家族首开利端，开设鼓铸、囤房与典当铺之后，但凡大村、名镇，均有缙绅士夫开设的百货店肆，"以榷管其利"，积累财富，甚至"累金百万"。随之而来者，则是"村镇之负担者俱困"，②缙绅士夫在垄断市场之利后，必然导致普通小商小贩的生计陷入困境。

勋戚、缙绅、士夫，利用自己的特权谋取暴利，其结果则导致贫富生活的两极分化。崇祯十二年(1639)，时任襄阳知县的罗明祖，就直言揭示：享受特权的富贵之家，只知珠玉金翠，至于"米柴"二字，在富贵之家的眼中，不过是"日用粗物"而已。反观庶民百姓，却只能过一种"易子而食，析骸而爨"的生活。③ 贫富生活，井然有别。官员生活，奢靡无度。如淮抚李三才，更是"用财如流水"，一次宴会，"盛陈百味"。④ 与官员生活奢靡无度形成鲜明对照的，则是普通庶民的不堪生活。譬如宝坻县的芦台，因靠近海口，可以"煎沙成盐"，但对于当地普通民众而言，正如诗句所云："十年预借偿逋负，尺地堪耕属势家。安得调羹知此味，免教流殍到天涯。"⑤可见，普通民众有时甚至不知盐的滋味。至于役夫生活的窘境，一如唐伯元诗句所云："前岁树皮尽，去岁草根绝。依旧春来满地青，荆杞蓬蒿不堪咽。须臾性命倚吴商，妻儿典与一身孑，千愁结。迎送官人何足怜，县庭催租日流血。"⑥吃的是树皮、草根，典妻卖儿，孑然一身，即使如此，还是无法交纳税粮。

2. 同一社会阶层之生活差异

不同的社会阶层之间，其生活质量自然悬殊不一。进而言之，即使是身处同一社会阶层，或者生活在同一个空间之内，明朝人的生活质量亦大不一样。

---

① 戈谦：《恤民疏》，《明经世文编》卷58，第1册，第455—456页。

② 钱思元撰，朱琴点校：《吴门补乘》卷1《风俗补》，第40页。

③ 罗明祖：《罗纹山先生全集》卷15《襄邑实录·出示谕民武备》，第1109—1110页。

④ 张怡：《玉光剑气集》卷31《惩诫》，第1108页。

⑤ 蒋一葵：《长安客话》卷6《畿辅杂记·芦台》，第137页。

⑥ 唐伯元著，朱鸿林点校：《醉经楼集》卷1《官人行黄梅道中为役夫述》，中华书局2016年版，第8页。

就同一社会阶层而言，如生员、举人、进士同属绅士阶层，然其生活质量同样差异甚大：若是仅有生员科名，其生活有时不免“朝不谋夕”；一旦中了举人，就再无“穷举人”之说，生活顿时改观；等到中了进士，更是可以享受“钟鸣鼎食，肥马轻裘”的生活，家产即使不能达到数百万，亦有数十万。[①] 又如同是医生，成名的医生与尚未成名的医生，他们的生活质量亦迥然有别。如昆山医人沈引仁，最初行医之时，因尚未知名，家中“甚贫窭”，需要妻子的纺织贴补，才得以养活寡母。到了后来，引仁“医大行”，逐渐知名，才“家稍裕矣”。[②] 还有同是军兵，其间的生活质量也有不小的差异。如河南、山东、江北地方，班军有更番之苦，运军有飞挽之劳；而闽粤、江浙一带的军兵，耕种的屯田，俱系水田，“所获不赀”，则生活相对安逸。又如边塞的边军与两京卫所军兵，若与腹里卫所的军兵相比，其中的劳逸安危，相差何啻百倍。边塞、两京卫所军兵的屯地，通常是“祖军自种者犹多”；而腹里卫所军兵的屯地，则“强半民佃军屯”，“价轻而息倍，坐拥厚利”。[③] 即使是边塞军兵与两京卫所军兵之间，两者之间的劳逸安危，也是截然相异：戍边之卒，烽火斥堠，终岁不休，锋镝死亡，朝夕不保；而京辅之军，则久屯京师，出入禁地，既有子女玉帛之供，又无饥寒危迫之患。[④]

就同一生活空间内的人而言，如同处皇宫内院的皇帝与宫女，他们的生活质量更是相差悬殊。如明末崇祯皇帝，号称生活“俭约”，但还是“御膳日费三百金”。[⑤] 至于明宫中的普通宫女生活，明人韩邦靖有一首《长安宫女行》，为研究者提供了很好的宫女生活的资料。诗中有句云：“日给行粮米半升，大官空有珍羞馔。”[⑥]在一般人的眼中，只要生活在皇宫内院，即使是一般的宫女，似乎也能吃到珍馐美味。其实不然。诗中已明确指出，一般的宫女，每天所能得到的行粮仅仅只有米半升。这应该已经到了低端的贫困线了。

为了便于进一步详细分析，下面以官员这一群体为例，对他们的生活质量差异性加以考察。

官员群体之间，存在着颇为明显的贫富差别，诸如：贪官富，廉吏贫；大官富，

---

① 计六奇：《明季北略》卷12《陈启新疏三大病根》，上册，第194页。

② 归有光著，周本淳校点：《震川先生集》卷31《沈引仁妻周氏墓志铭》，下册，第516—517页。

③ 毕自严：《度支奏议》，《新饷司》卷18《覆科臣条议屯田寺田官米积谷四款疏》，第3册，第398—399页。

④ 李承勋：《条陈弊政疏》，《明经世文编》卷100，第2册，第891页。

⑤ 谈迁：《枣林杂俎》智集《逸典·御膳》，第76页。

⑥ 张怡：《玉光剑气集》卷23《诗话》，第811页。

卑官贫;热官富,冷官贫;腹地、中原之官富,边地之官贫。尽管官员有贫富之别,但官员之贫,属于一种相对的清贫,并非绝对的清贫。何谓真正的"清贫"?明人朱国祯有如下阐释:"人必一钱不入方是清,立锥无所方是贫。"若是以此作为评判的标准,那么明代的官员通常还是"有屋、有田",有时候还会接受人的"书帕"之礼,岂可"言清""言贫"?还是朱国祯说了大实话,官员群体中的清贫,"只是不饶裕,不龌龊而已"。①

其一,贪官与廉吏之间,存在着生活质量差异。毫无疑问,面皮的厚薄实则决定了官员行为的贪廉,更是导致官员生活差异的决定性因素。关于此,林希元有《面皮薄歌》加以揭示。据此可知,若是官员面皮如笋壳,甚至有"几尺厚",做一些"为牛为马"的事,也在所不惜,那么富贵荣华,立等可致:"归来金银满箱箧,腴田美宅任意置。凶年土荒田宅贱,此时仍获万倍利。"反之,若是面皮太薄,不会做无廉耻之事,那么难免陷入生活困顿的尴尬境地:"官中不曾持一文,归来称贷无所获。常时或可强支持,凶年无钱那得谷。宗姻知我别称贷,为我所累多怨讟。"②官员的面皮厚薄,显然决定着他们生活的苦乐。

明代科举选官制度趋于成熟,导致士风干禄日盛,甚至有人把出仕做官看作一场类如买卖的市场经济行为。明代的苏州士人,"莫不以入仕为贾";读书人求学考生员,甚至不惜捐百两银子成为学校的生员,都是考虑到做官有"大利在后"。为此,苏州士大夫最喜"游托权要起家"。永乐年间,陈湖陆氏、张氏,依附权臣纪纲;正德年间,汤氏依附阉人刘瑾。通过游托权要,只要做官二三年,即可成为巨富。如吏部尚书陆完,"赀货万计";宝庆府知府陆俸,营造的新宅,甲于吴中。在贪风甚炽的熏染下,保持廉洁而不营殖产业的官员,则被视为痴人。③

有一个典型的事例,已将贪官心态和盘托出。居官而黜,有如为妇而出,黜官一如出妇。若是官员在为官期间,善于殖货,那么即使罢官,同样可以享受富贵生活。如有一位湖广籍的知县,因为贪墨而被罢官。回到故乡之后,仍然"美衣媮食,歌童舞姬,受享拟王者。"一次宴席喝醉,醉中说出一番心里话:"我若无主意,听孔夫子说话,今且无饭吃,安得有此?"④

既然把出仕视为一桩买卖,那么借债做官之后,自然需要从做官的过程中赚取钱财,一则还债,二则获取利润。明代的很多官员,出自穷书生,无论是参加乡

① 朱国祯:《涌幢小品》卷10《己丑馆选》,第185页。
② 何乔远编撰:《闽书》卷152《蓄德志》,第5册,第4501页。
③ 钱思元撰,朱琴点校:《吴门补乘》卷1《风俗补》,第40页。
④ 江盈科:《雪涛小说·甘利》,上海古籍出版社2000年版,第12—13页。

试、会试,还是去京城谒选,通常会因为缺乏路费而向人称贷借债。从史料记载可知,当时京师的借贷,亦即所谓的“京债”,利息甚高,达到“利半其本”。① 可见,借债做官,若是保持廉洁,除了还清债务,则已无多少赚头。如张三崖在谒选时,向人称贷路费,不由感叹道:“样样借人的,如贫汉种田,工本都出富翁,比及秋成,还却工本,只落得掀盘帚。我们借债做官,他日还了债,只落得一副纱帽角带。”②这是把做官借债视为贫汉种田,若是清廉,最后只能落得一副纱帽角带而已。但如果在任期间贪墨,则生活大相径庭。如明代的地方督抚,贪赃之途甚多,“或以兵饷,或以加派,或以劝借,或以酷刑,或以访拿,或以纸赎;或公行取讨,或虚价勒买,或因事受财,或侵盗库藏”;贪赃之数很大,动辄多达数十万两银子。③

明代的官场如同一个大的买卖场,有卖官的,有买官的,甚至很多官员通过借贷买官,商人资本也开始进入官场运作。如成化年间,仓大使李添瑀,任职到期后考察不称职,就借贷1000两银子,贿赂内官郭聪,最后得到湖广倚北湖河泊所一职。④ 风气之下,爵禄成为买卖之具,甚至被私人把持。这一现象,尤以嘉靖年间严嵩擅权时为甚。一官开选,各有标价;一官出缺升迁,也各有标价。标价一出,相互竞价,使价格陡增。如吏部稽勋司主事一职,尤为炙手可热,凡是资格相应之人,都想谋取此职,如同群儿争啖一饼。当时礼部祠祭司员外郎项治元,出身富家,最后出价高达13000两银子,贿赂严嵩之子严世蕃,升任吏部稽勋司主事一职。因为所贿银子数字,与过去的富民沈万三相符,故被人称为“沈官儿”。又如举人潘鸿业,为了获得山东临清州知州一职,最后用2200两银子行贿严世蕃,才获得此官。⑤ 嘉靖四十年(1561),御史张九功在上疏中直称,当时若是行取科道官,必须花银500两、800两,多者达1000两。至于吏部主事,则更高达10000两银子。⑥ 官以行贿买得,卖官者自然获利无穷;买官者得官之后,除去还清借贷买官之钱,必然还要获取利润。可见,官场之吏,只要贪墨,没有不以此致富的。

---

① 邹应龙:《贪横荫臣欺君蠹国疏》,《明经世文编》卷329,第5册,第3523页。

② 江盈科:《谐史》,上海古籍出版社2000年版,第246页。

③ 徐陟:《奏为恳乞天恩酌时事备法纪以善臣民以赞圣治疏》,《明经世文编》卷356,第5册,第3828页。

④ 余继登撰,顾思点校:《典故纪闻》卷14,第250页。

⑤ 邹应龙:《贪横荫臣欺君蠹国疏》,《明经世文编》卷329,第5册,第3523—3524页。

⑥ 邓士龙辑,许大龄、王天有主点校:《国朝典故》卷37,引《世宗实录》3,中册,第815页。

至于清官廉吏,因为他们为官清正,一钱不取,不但上任时反而受穷,甚至致仕后也是家计窘困。如礼部尚书孙慎行,持行清峻,在招待前来拜见且官至巡抚的门生时,菜仅"五簋",甚至还有豆腐,并将豆腐视之为"寒窗故人",依旧保持书生本色。① 仙居人王存忠,历官御史、知府,甚至无钱买靴。② 生活清苦,可想而知。永嘉人阮以礼,由永乐十年(1412)进士擢任广东监察御史,后又任四川按察司副使。据他的家乡耆老所言,阮以礼在没有做官时,还是"赀业甚富";出任之后,因为"不敢以货利渎",保持清正的节操,反而"田土大半易钱以供官费,妻孥不免于饥寒,所居之室不蔽风雨"。③ 宁波人余君房、徐见吾,做官很久,但还是"无负郭之田,遂使子侄忧饥"。④ 陈束,曾任河南提学副使,历官十四五年,未尝置有"百金之产"。死于任上之后,"棺槥浮寄客土十余年而不能葬",留下40余岁的病妻与十六七岁的弱子,"两口一家,僮仆无倚,伶仃牢落,行道所悲"。⑤ 据吴甡自述,他前后七年分别出任福建邵武县知县、晋江县知县、山东潍县知县,"薪蔬水米外,不取民间一物"。他的妻子王氏,也是甘心淡泊,事奉吴甡20年,"不增置一衣一珥"。⑥ 谢崑,福建泉州府同安县人,历任溧阳知县、南京户部主事,官至兵部职方司员外郎。杭州北新关钞关是一个肥缺,堪称"利薮"。谢崑监督此关时,则"锱铢弗染",归乡时只有"图籍数肩",清操闻于两浙,被缙绅推重。死之日,囊中并无长物,"棺衾莫举",甚至靠他人的捐俸、贶遗,才得以"盖棺"。⑦ 黄巩,曾任德安府推官,官至南京大理寺丞。"居官清白,始终一节。筮仕二十年,田不能满十亩,归家不免匮乏。"⑧知县罗明祖,为了重建自己的家族祠堂,共花费了数百两银子,其结果却"家业病矣",⑨可见也是清官。

其二,大官与小官之间,存在着生活质量差异。明人夏良胜曾就大官与小官的境遇加以比较,有云:"臣惟官有崇卑,地有远近。秩崇则禄厚,虽远不劳;位

① 谈迁:《枣林杂俎》智集《孙尚书寒窗故人》,第67页。

② 谈迁:《枣林杂俎》圣集《王存忠》,第205页。

③ 姜准:《岐海琐谈》卷2,上海社会科学院出版社2002年版,第25—26页。

④ 薛冈:《天爵堂文集笔余》卷1,《明史研究论丛》第5辑,江苏古籍出版社1991年版,第332—333页。

⑤ 唐顺之著,常州市唐荆川研究会编:《唐荆川诗文集》卷8《与雷古和提学》,第198页。

⑥ 吴甡著,秦晖点校:《忆记》卷1,浙江古籍出版社1989年版,第390页。

⑦ 林希元撰,何丙仲校注:《林次崖先生文集》卷13《职方司员外郎次峰谢先生墓志铭》,下册,第486页。

⑧ 林希元撰,何丙仲校注:《林次崖先生文集》卷14《南京大理寺丞后峰黄先生行状》,下册,第545页。

⑨ 罗明祖:《罗纹山先生全集》卷12《井福录·地理微绪》,第1036—1037页。

卑则禄薄,虽近有艰。臣常亲见小官有数丧并举、无计还乡者,有一家对泣、忍饥异乡境者。臣窃悲之。夫小官止有月俸,既无柴薪、养廉,又有远途重费,实难处。"①可见,相对而言,官大则俸禄厚,权力大,获取额外收入的途径多;官小则俸禄薄,权力小,获取额外收入的途径少。

在明代,内阁大学士堪称位极人臣,自然容易积累家赀。如天启年间内阁大学士冯铨,性爱古玩,但自己的学识目力不逮,只好委托心腹长班刘四(号次庵)代为聚敛,"凡京城世家有名物堪赏者,必百计取之"。冯铨每次出了内阁,回到寓所,就"古董玩好、奇书珍玉罗列满前"。冯铨将所积累的赀财,陆续通过入京买米的车运回家乡涿州,而其母亲回乡时随带的"箱杠",其中也有不少钱财。冯铨在家乡所置的田园,尽是膏腴,而花木之奇,远逾禁内。其家之富,号称"畿甸第一家"。②

至于卑官,如簿尉、教官、仓官、驿递官、闸坝官之类,因为官卑位小,其家庭境遇相对困苦。隆庆五年(1571)七月,高拱在上疏中亦言及卑官之穷,认为诸如学官、仓官、驿递官、闸坝官之类,因为没有"民社之寄",且官又卑下,家又多贫,"一除远地,遂有弃官而不复之任者,有去任而不得归家者,其情亦良苦矣"。③ 按照明代制度规定,主簿、典史一类卑官,凡是才品拙劣者,照例升为王府官员。这一规定,最初不过是一时权宜疏通之术,随后循为故事。至万历三十八年(1610),另创一法,凡是州、县卑官,若是考语并非上等,或考语上等且历任稍久者,可以升任外卫候缺经历,称为"半王官"。但时日一久,仕途壅滞,一如王官无异,很多州佐、县佐亦即驿丞、仓巡之属,为了避免做王府官,在京城等待经历出缺,其方法无所不用其极,最后反而成全了吏部胥吏的好买卖。④ 至于这些在京城候选的卑官末职,很多是靠裁缝度日,其生活境况实在令人唏嘘。等到选定一官,再戴上纱帽拜客。为此,有人戏作诗赠之,云:"风吹展翅乌纱断,分明一对剪刀圈。"⑤说的就是这些卑官末职平日所从事的裁缝之业。

其三,热官与冷官之间,存在着生活质量的差异。在明代,列官有等级,并非仅仅是指官衔之大小、差别,有时又指衙门之冷热。热衙与冷曹,气象不同,任职期间的官员生活亦有所差异。

---

① 夏良胜:《议覆远方选法疏》,《明经世文编》卷154,第2册,第1545页。

② 刘若愚:《酌中志》卷24《黑头爰立纪略(附)》,第219—220页。

③ 高拱:《掌铨题稿》卷5《议处卑官地方以顺人情疏》,《高拱全集》,上册,第217—218页。

④ 沈德符:《万历野获编》卷11《吏部·添注卫经历》,上册,第295—296页。

⑤ 姚旅:《露书》卷12《谐篇》,第293—294页。

所谓热官，通常是指为大多数官员所羡慕之官，或是权力炙手可热，忙碌而有油水；或是清贵、清华，无簿书之扰，相对清闲。按照明代的官场惯例，但凡任职于翰林院、吏部、六科、都察院衙门的官员，均可归属于热官。当然，其间的说法，各有不同：或曰“三衙门”，即吏部司属与六科、十三道官员，朝廷“所贵重”，而且“擢之最优”；①或曰“四衙门”，在吏部、六科、十三道之外，再加上翰林院，号称“极清华之选”。② 这四个衙门的官员，为何被官场人士所歆羡，其实也是有原因的。以翰林院官员为例，在明代“素称清贵”，且无簿书之扰。明代官场有俗语云：“一生事业惟公会，半世功名在早朝。”③所说就是翰林院官员的清闲。明代的进士一入史馆，就可以与六卿抗礼。状元、榜眼、探花一类的鼎甲不必多言，即使进士入了庶常馆成为庶吉士，只需要20年时间，即可跻身于卿相清华之选，其他百官望尘莫及。尤其是明代中期以后，非翰林出身不入阁惯例的形成，更使翰林院官在清闲之外，具有贵重之象。④ 以吏部官员为例，明代几乎形成一种惯例，吏部官员“不改别曹”，升任京堂之官，则“必由吏部”。究其原因，还是因为吏部掌管“铨衡之任”，其权力之重，非其他衙门可以比拟。⑤ 以台省官员为例，在明代，若是都察院、六科官员转任京堂，往往“叹为王府官”，其意是说，从此失去气焰。⑥

当然，在都察院、六科、翰林三个热衙门中，至少在那些供役于衙门的皂隶心目中，又有冷热之分。在这三个衙门中，都察院、六科“雄杰”，“夐出词林上”。可见，都察院、六科又热于翰林院，以致皂隶唯恐自己主人抡选为翰林官员。所以，这些皂隶在赛愿时，所用的牺牲品各有不同：若是主人官拜御史，则用羊与豕；若是主人官拜六科，则用鸡与鹅；若是主人仍留在翰林院担任编修、检讨，则仅仅用浊酒、豆腐而已。⑦

所谓冷官，通常是指既无权力，又无油水可捞的清水衙门官员。以京官为例，若内阁中书、行人司行人之类，即属冷官；以外吏为例，各地方学校的教官，也可归于冷官之列。至于南京在明代属于留都，相较于北都衙门，留都衙门也属冷

① 陈以勤：《披衷献议少裨圣政疏》，《明经世文编》卷310，第4册，第3277页。
② 沈德符：《万历野获编》卷10《词林·遍历四衙门》，上册，第252页。
③ 陈洪谟：《治世余闻下篇》卷3，第55—56页。
④ 谢肇淛：《五杂组》卷15《事部》3，第316页。
⑤ 朱国祯：《涌幢小品》卷8《选法》，第140页。
⑥ 姚旅：《露书》卷8《风篇》上，第192页。
⑦ 沈德符：《万历野获编》卷10《词林·吉士散馆》，上册，第269页。

曹。但此冷曹非彼冷曹。明代的留都衙门官员,虽在权力与利益上稍逊色于北都官员,但因时日清闲而被视为“仙吏”。如留都都察院、刑部、大理寺、六科等衙门,在太平门外,左边是钟山,右边是玄武湖。出门,就见太平堤,逶迤二里许,春花、夏鸟、秋月、冬雪,四时景光,皆足娱人,故有“仙吏”之称。在留都各个衙门中,刑部官员,更是有“神仙”之号。①

明人左光斗有《长安口号》诗8首,反映了他任内阁两殿中书时的薄宦生活。其中有云:“亦自称中翰,何曾博大官。汗能淤马臂,饱不足猪肝。衣破还须典,冠陈且耐残。休猜作两殿,不是这般寒。”又云:“薄宦凶年并,长贫百口兼。虚传高位俸,不善小臣廉。过雨煤钱长,将炎水价添。可怜官样子,博得自家嫌。”②可见,内阁两殿中书官,实属“薄宦”,只能过一种清贫的生活。日常性事务繁忙而累人,却又食不果腹;穿的是破衣,有时还要典质于当铺,戴的冠旧了,也无钱置买新冠;下雨天,煤钱涨价,炎热天,水价涨了,煤钱、水价都难以应付。如此可怜的“官样子”,确乎都令自己讨嫌。至于行人司行人,更是“秩卑禄薄”。凡是出任此官之人,日常的俸禄或许仅供维系一家的生计,若是有了征逐宴会一类的官场宴会,就只好称贷过日子,“多者千金,少亦不下三五百金”。③

明末清初徽州歙县人黄琯有《禽言》5首,记京城官场时事。原注云“为京官作”,虽寓诙谐,亦堪称当时的实录。其一云:“泥滑滑,我欲举步,前颠后蹶,宦途次此日泥没胫,草鞋索断足无袜。泥滑滑,前路漫漫何时达。”其二云:“提壶卢,客来置酒问中厨,槽坊昨日索酒债,童仆空手难为沽。提壶卢,主人无钱空嗟吁。”其三云:“不如归去,渊明有辞,平子有赋。月俸但够充马料,京城冷官实难措。不如归去,三平二满随分度。”其四云:“姑姑姑,中夜太息妇语夫:良人为官妾不乐,面无粉黛衣无襦。姑姑姑,不如商妇多金珠。”其五云:“得过且过,外官原是京官作。州府司道缺如林,宦囊有日裒然大。得过且过,尔我耐心守穷饿。”④无正经的靴子可穿,穿的是草鞋,还足上无袜;无钱沽酒,时常还欠槽坊的酒债;月俸太少,所得仅够买马料;妻子不乐,面无粉黛衣无襦,甚至不如商人妇的满身金珠。所咏虽是清初京城冷官窘况,大致亦可以反映明末官场实情。即使如此,还得耐心守着穷饿,盼望有朝一日,能够出任地方州府司道官员,使自己

---

① 谢肇淛:《五杂组》卷3《地部》1,第48页。

② 左光斗撰,黄成蔚、张梦新点校:《左光斗集》卷3《长安口号》,第112页。

③ 张五典撰,田同旭等点校:《大司马张海虹先生文集》卷16《年谱》,第142页。

④ 许承尧撰,李明回、彭超等校点:《歙事闲谭》卷2《黄白山一木堂诗》,上册,黄山书社2014年版,第60页。

的宦囊一朝增大。

在明代，地方学校的教官，更是堪称冷官的典范。明代学校教官，多由贡生出身者选任。当他们在京城候选教官一职时，生活的窘迫之状，一如顾鼎臣的记载："有疾病不能给医药而死者，有冻饿不能谋衣食而死者，有饘粥缺乏卖其亲子者，有靴袜穿破堕其足指者。"①顾鼎臣另有《纪事》诗1首，对一位在京城候选教官的困窘生活，作了详尽的描摹。从中可知，一位济南府的贡生，因贫而出仕，充贡前来京城，候选教官。一路行来，携带糟糠妻子，二个小儿。路途之中，妻子亡故，大儿子奔归里中。其后，囊中之金又被盗窃，行李萧条。到了京城，独与小儿子相处，每日缺煤少米，冻饥之余，再加得病。所幸得到他人馈赠的数两银子，再得以糊口与蔽体。② 这就是候选冷官在京城的苦况。

候选之时，已是如此。即使等到教官一职到手，其任职时的生活境遇，仍无多少改善。教官生活的清贫，在明代有目共睹，却多被笑话所嘲弄。一则笑话记道：有一位学校教官，宰杀鸡1只，加上萝卜，做成一道菜，邀请20位秀才一同享用。鸡死，魂赴冥司上告："杀鸡供客，此是常事，但不合一鸡供二十余客。"冥司道："恐无此理。"鸡道："萝卜作证。"等到拘押萝卜审问，不料萝卜答道："鸡你欺心，那日供客，只见我，何曾见你？"③虽是笑话，但明代教官清贫家风，大多类此。

教官生活的清苦，同样见诸散曲的描摹。山东诸城人丁耀亢曾任容城县学教谕，作有《青毡乐》《青毡笑》二齣散曲，对地方学校教官的清苦生活，加以深层次的描摹与诠释。从散曲中不难发现，因为功名困顿，一旦把"儒冠"戴上头，真如入了苦海。何以言此？这是因为，教官虽说是官，但是高名不列于《缙绅便览》，单入《儒林便览》。衙门冷清，"空堂四壁红尘远，镇日把重门掩"。三间官署，门窗还是坏的，屋上瓦漏，只好用泥糊盖；东西两斋，屋塌墙歪。衙门中倒是有个官儿在，但又"少米又无柴"，活脱孔仲尼独自游陈蔡。衙门中无使唤的皂快，只有几个冷秀才打躬下拜，有几个老门斗少袜无鞋。学校衙门如一座破庙，学校教官像一个野寺头陀。教官清贫，因无权而没有"暮夜黄金"，难讨"犯法青钱"，所以官箴对他们而言，无从讲起。教官除却瘠薄的薪俸之外，平日的好处，就是节令时门生拜谒的"青钱"，但只配买下烧刀子，再配上黄齑菜，买好的豆腐，仅仅用青盐块拌着吃。如此清贫的生活，只会惹得师娘生气见怪，原本以为

① 顾鼎臣：《顾文康公文草》卷2《祈天鉴以暴愚衷疏》，《顾鼎臣集》，第68页。

② 顾鼎臣：《顾文康公诗草》卷1《纪事》，《顾鼎臣集》，第200页。

③ 江盈科：《谐史》，第253页。

夫贵妻荣，却全不见紫袍金带。好不容易盼到春秋二祭与乡饮酒礼，可以开斋，但正好遇到水涝荒灾，满心欢喜一场空。至于教官形象，一如散曲所云："穿一件旧乌青破绢衫，吃几口淡黄齑闲茶饭。白胡须扮出个西皓贤，黑皮靴活像个钟馗判。"①

其四，中原、腹里之官与边省官员，存在着生活质量的差异。中原、腹里之地，地理环境优越，为官者易于致富；边省之地，地土瘠薄，为官者生活艰苦。

崇祯年间，吴甡在上疏中，已经将中原、腹里官员生活与边省官员生活做了很好的对比：中原是腹心之地，江浙是靡丽之区，闽粤是僻僻腴之乡。若在这些地方为官，则"衣冠甚都，驺从如云，其俸薪之入，公费应酬之需，无不取之裕如。讼牒科罚，征求羡耗，岁入不赀，民亦不称厉焉"。至于那些边省的官员，如陕西延安府、庆阳府，为官者的生活大为不同："大荒四年，群盗如毛，四野焚毁，一望萧条，止数孤城壁立。而城以内，多者千家，少者数百家，田地荒芜不治，课税既停，缗算复绝，官无俸钱，役无工食。"如此的官宦生涯，确乎不但没有"居官之荣"，甚至还少了"生人之乐"。②

3. 贫富之间的生活差距

社会等级制度的存在，已经先天决定了各个社会阶层之间的生活差距。传统的士、农、工、商四民之间，就其劳作而言，确实辛劳不一，进而导致生活质量的差异。明代不同社会阶层生活质量的差距，大抵可以通过富豪之家与贫穷农家的生活对比加以体现。以富豪之家的生活为例，明人屠隆有《吴歌八首》，其中一首就明确道出了两者的明显差别，即"富家一夕宴，贫家千日粮"。③ 张昇也有一首《刺豪家》诗，对豪家的生活加以讽刺。诗云："甲第渠渠东复东，画堂高出彩云中。青楼寒浸三更月，翠竹凉生六月风。云母屏开金错落，吓须帘动玉玲珑。候人不敢高声语，公子华胥梦未终。"④以贫穷农家的生活为例，农家生活之艰辛，屠隆《吴歌八首》亦明白道出。其中一首云："下田春水深，高田春草绿。何故把长锄？无钱买黄犊。"又一首云："两男易斗粟，犹胜委长渠。厨中无夜饭，门外催官租。"还有一首有云："终朝出耕田，薄暮归织布。"⑤明末复社领袖

---

① 谈迁：《北游录》，《纪闻》下《丁耀亢》，第 381—383 页。

② 吴甡著，秦晖点校：《柴庵疏集》卷 10《边地有司减俸行取疏》，第 215—216 页。

③ 徐崧、张大纯纂辑：《百城烟水》卷 1《苏州府》，江苏古籍出版社 1999 年版，第 4 页。

④ 张怡：《玉光剑气集》卷 23《诗话》，第 819 页。

⑤ 徐崧、张大纯纂辑：《百城烟水》卷 1《苏州府》，第 4 页。

张溥,亦敏锐地察觉到了这种贫富分化现象:细民吃不饱糠秕,而富贵之家则用糠秕来养鹅鹜;士人吃不饱稻粮,而富贵之家则用稻粮"以瘗土坎";"击钟而食"的富贵之家,一器之玩,足以穷天下之观,而贫者不能有"苇席之蔽";"重屋而处"的富贵之家,"刻镂之地,足以备窈窱之居",而贫弱之家则不能有"妻子之聚"。①

在这种贫富分化的过程中,有一些现象与社会变迁相关,值得引起格外重视。细言之,有下面四点。

其一,士之贫与商之富。在传统的四民社会中,士阶层占据四民之首,自然生活优于农、工、商。然自明代中期以后,"士人不饱稻粮",似已成为一种常态,士人趋于贫困化,而商人则日趋富庶。这可以明末北京城内著名的店铺商人为例加以印证。如当时京城最为闻名的市肆,主要有勾栏胡同何关门家卖的布匹,前门桥陈内官家卖的首饰,双塔寺李家卖的冠帽,东江米巷党家卖的鞋子,大栅栏宋家卖的靴子,双塔寺赵家卖的薏苡酒,顺承门大街刘家卖的冷淘面,本司院刘崔家卖的各色香,帝王庙前刁家卖的药丸。此外,董其昌曾经书写过一块"刘必通硬尖水笔"的匾额,足见刘必通家卖的水笔颇为著名。还有抄手胡同的华家,虽然店铺处于柴门小巷,但凭着自家秘制的猪头肉,同样可以做到"日鬻千金",内而宫禁,外而勋戚,从王公贵族到倡优隶人,"白昼彻夜,购买不息",甚至"晋豫东藩,宣蓟镇帅,走马传致,日以为常"。② 太史公司马迁在《货殖列传》中,就称那些商人所卖的货物至为纤啬,但往往可以鼎食击钟,富比王侯。这一幕景象在明代得以再现,且因时代的变迁,相较于汉代为更甚。

其二,农人之贫与商人之富,最终导致"逐末者多"这一现象的出现。处士高巍在论及时事时,曾就农民与商人生活做了如下比较:务农之家,"地有租,丁有役,三时力农,一时输纳,终岁忧勤,举家劳苦,或遇薄敛之岁,俯仰有不足者矣"。经商之家,则"坐列街市,日登垅断,窥时去取,贱买贵卖,获十分之利,纳分毫之税";且又"乘坚策肥,冬温夏凊,妻孥无劳身之苦,饮食有兼羞之膳,四时有适体之服,终岁优游而无粮草督责之患"。其结果,则造成"务本者少,逐末者多"。③ 这无疑是明代社会从农桑社会向商业社会转向的例证,且在深层次的社会变化下导致农商生活质量的差异。

---

① 张溥撰,曾肖点校:《七录斋合集》卷29《正风俗议》,齐鲁书社2015年版,第524页。

② 阮葵生撰,周保民校点:《茶余客话》卷18《著名市肆》,下册,上海古籍出版社2012年版,第436页。

③ 邓士龙辑,许大龄、王天有主点校:《国朝典故》卷39,引《立斋闲录》1,中册,第927页。

其三,农民群体中“奸民”与“良民”的分化。四民等级社会的结构基础是小农社会,且以小农承担的赋役以维系社会基础的稳定。但在明代的小农社会中,逐渐产生了奸民与良民的分化。奸民通过“上耗国储,下蚀良民”之法,而得以“肥其身”。换言之,奸民通过逃避赋役的方法,而后将赋役负担转嫁到良民的身上,甚至逼迫良民代为偿还,名为“变产”,实则“逼而夺之”。其结果,则导致良民遍尝“椎肤剥髓,鬻妻卖子”之苦,而“奸民重得志而良民重受困”。①

其四,传统等级制度之解体,导致各色社会阶层与群体超越自己的礼教等级,转而追求适应自己经济能力而生活。诸如:南亩之民,佩戴“王者之饰”;庶人之妾,身着“帝后之服”;歌娼舞女,“拟佩狄于夫人”;黄冠缁流,“杂仪颂于博带”。②

---

① 唐顺之著,常州市唐荆川研究会编:《唐荆川诗文集》卷9《与郑户部》《与王北厓郡守》,第264页。

② 张溥撰,曾肖点校:《七录斋合集》卷29《正风俗议》,第524页。

附　　表

表1　洪武年间黄册登记户口数

行政区	户数(户)	口数(口)
直隶	1912833	10755938
浙江布政司	2138223	10487560
四川布政司	215719	1466778
广西布政司	211263	1482672
江西布政司	1553923	8982481
湖广布政司	775851	4702660
山东布政司	753894	5255876
陕西布政司	294526	2316569
山西布政司	595444	4072127
福建布政司	815527	3916806
广东布政司	675599	3007932
河南布政司	15617	1912□42
北平布政司	334792	1926395
云南布政司	59576	259270
合计	10652789	60545812

资料来源:赵官等编纂,吴福林点校:《后湖志》卷2《事迹》2《黄册户口》,第11—12页。

说明:表中所载河南布政司的口数1912□42,史料有缺字。据《明会典》,应为1912542口。若是据《后湖志》的实际数字推算,则为1912748口,比《会典》所载多出206口。

表2　弘治十五年黄册登记户口数

行政区	户数(户)	口数(口)
南直隶	1909227	10179252
北直隶	427144	4205347

续表

行政区	户数(户)	口数(口)
浙江布政司	1501304	5277862
四川布政司	257357	2668791
广西布政司	182422	1005042
江西布政司	1385130	6895293
湖广布政司	517674	4173285
山东布政司	858557	7621210
陕西布政司	362051	3934176
山西布政司	588962	4870965
福建布政司	508649	2062683
广东布政司	471862	1858257
河南布政司	550973	4989320
云南布政司	126874	1410094
贵州布政司	43354	264798
合计	9691548	61416375

资料来源:赵官等编纂,吴福林点校:《后湖志》卷2《事迹》2《黄册户口》,第12—13页。

表3　嘉靖二十一年黄册登记户口数

行政区	户数(户)	口数(口)
南直隶	445646	10402198
北直隶	448061	4568259
浙江布政司	1528157	5108855
江西布政司	1357048	6098931
湖广布政司	542915	4436255
山东布政司	837345	7718202
山西布政司	592890	5069515
河南布政司	603871	5278275
福建布政司	519878	2111027
四川布政司	260885	2809170

续表

行政区	户数(户)	口数(口)
陕西布政司	395607	4086558
广东布政司	492962	2052343
广西布政司	209164	1093770
云南布政司	123537	1431017
贵州布政司	44257	266920
合计	9972202	62530195

资料来源:赵官等编纂,吴福林点校:《后湖志》卷2《事迹》2《黄册户口》,第13—14页。

表4 万历六年黄册登记户口数

行政区	户数(户)	口数(口)
南直隶	2169067	10501651
北直隶	425463	4264898
浙江布政司	1542408	5153005
江西布政司	1341005	5859026
湖广布政司	541310	4398785
福建布政司	515307	1738793
山东布政司	1372206	5664099
山西布政司	596097	5319359
河南布政司	633067	5193602
陕西布政司	394423	4502067
四川布政司	262694	3102073
广东布政司	530712	2040655
广西布政司	218712	1186179
云南布政司	135560	1476692
贵州布政司	43405户	290972
合计	10621436	60692856

资料来源:申时行等修:《明会典》卷19《户部》6《户口》1《户口总数》,中华书局1989年版,第127—129页。

表 5　明代福建福州府户口变迁

年代	户数(户)	口数(口)
洪武年间	94514	285265
正德七年	99140	189646
万历六年	98984	256529

资料来源:万历《福州府志》卷 7《食货》。

表 6　洪武二十六年田土数

行政区	田土数(顷)
南直隶	1248245. 15
浙江布政司	517051. 51
江西布政司	431186. 01
北平布政司	582499. 51
湖广布政司	2202175. 75
福建布政司	146259. 69
山东布政司	724035. 62
山西布政司	418642. 48
河南布政司	1449469. 82
陕西布政司	315251. 75
四川布政司	112032. 56
广东布政司	237340. 56
广西布政司	102403. 9
合计	8507623. 68

资料来源:申时行等修:《明会典》卷 17《户部》4《田土》,第 110 页。

表 7　弘治十五年田土数

行政区	田土数(顷)
北直隶	268713. 919
南直隶	783181. 04726
浙江布政司	472342. 7177
江西布政司	402352. 4667

续表

行政区	田土数(顷)
湖广布政司	2236128. 4662
福建布政司	135166. 17638
山东布政司	542929. 37638
山西布政司	390809. 3393
河南布政司	416099. 6847
陕西布政司	260662. 818
四川布政司	107869. 6265
广东布政司	72324. 4616
广西布政司	107848. 017
云南布政司	3631. 35
合计	6228058. 81

资料来源:申时行等修:《明会典》卷 17《户部》4《田土》,第 110—111 页。

表 8　万历六年田土数

行政区	田土数(顷)
北直隶	492568. 085
南直隶	773946. 7035
浙江布政司	466969. 8248
江西布政司	401151. 2711
湖广布政司	2216199. 401
福建布政司	134225. 0067
山东布政司	617498. 99682
山西布政司	368039. 2721
河南布政司	741579. 5199
陕西布政司	292923. 851
四川布政司	134827. 6723
广东布政司	256865. 1366
广西布政司	94020. 748
云南布政司	17993. 588

续表

行政区	田土数(顷)
贵州布政司	5166.863
合计	7013976.2

资料来源:申时行等修:《明会典》卷17《户部》4《田土》,第111—112页。

表9　都司、卫所军屯田土数及其变化

都司、卫所	洪武年间屯田原额数(顷)	万历年间屯田额数(顷)
北京锦衣等54卫并后军都督府	6338.5182	5052.85743
北直隶各卫所	10064.258	43678.4617
南京锦衣等42卫	9368.7937	22695.6635
南直隶各卫所	27041.048	48818.36165
浙江都司	2274.196	2390.6096
江西都司	5623.4125	5471.3843
湖广都司并留守司、行都司	11315.25	50749.72612
福建都司并行都司	5381.37	8693.2231
山东都司	2060	18487.4922
河南都司	36390.1732	55598.2348
广东都司	72.3376	6338.7988
广西都司	513.4	4610.346
四川都司并行都司	659545.2673	48804.1035
山西都司	12963.0855	33714.887
山西行都司	10118.205	28590.3445
万全都司	19065.726	47892.47
陕西都司并行都司	42456.7235	168404.041
云南都司	10877.433	11171.540018
贵州都司	9338.293	3921.1161

续表

都司、卫所	洪武年间屯田原额数（顷）	万历年间屯田额数（顷）
辽东都司	12386	29158.661
合计	893193.4905	644242.321

资料来源：申时行等修：《明会典》卷18《户部》5《屯田》，第119—120页。

表10　明代湖广慈利县民田数

年代	民田数（顷）
洪武二十五年（1392）	1240.04304
永乐十年（1412）	1470.20926
正统七年（1442）	1489.98555
正德七年（1512）	1520.29332
嘉靖元年（1522）	1523.13301
隆庆六年（1572）	1523.13301

资料来源：万历《慈利县志》卷5《田土》。

表11　应天府上元县户口数变化

时间	户数（户）	口数（口）
洪武初	38900	253200
正德八年	29160	135800
万历二十年	不详	27717

资料来源：顾起元：《客座赘语》卷2《户口》，中华书局1997年版，第59—60页。

表12　应天府江宁县户口数变化

时间	户数（户）	口数（口）
洪武二十四年	27000	220000
成化、弘治以后	5112	11200
正德十年	5112	11212
万历二十年	17590	23684

资料来源：顾起元：《客座赘语》卷2《户口》，第59—60页。

表 13　洪武七年官营冶铁所及其年铁产量

冶铁所	年铁产量(单位:万斤)
江西南昌府进贤冶铁所	163
临江府新喻冶铁所	81.5
袁州府分宜冶铁所	81.5
湖广兴国冶铁所	114.8785
蕲州府黄梅冶铁所	128.3992
山东济南府莱芜冶铁所	72
广东广州府阳山冶铁所	70
陕西巩昌冶铁所	17.821
山西平阳府富国冶铁所	22.1
平阳府丰国冶铁所	22.1
太原府大通冶铁所	12
潞州润国冶铁所	10
泽州益国冶铁所	10

资料来源:黄光昇:《昭代典则》卷7《太祖高皇帝》,上海古籍出版社2008年版,第178页。

表 14　官营遵化铁厂人员设置

人员设置	原额(名)	见在(名)
民夫	1365	683(正统三年)
军人	927	465(正统三年)
民匠	220(正统三年)	192
轮班人匠	630(正统、景泰后)	552
军匠	84(正统三年)	67
管理人员(书办、库秤等)	35(在本厂军民匠内摘充)	不详
囚犯	不详	不详

资料来源:韩大章:《遵化厂夫料奏》,载陈子龙等编:《明经世文编补遗》卷2,第6册,中华书局1997年版,第5552—5555页。

表 15　明代公侯伯驸马岁支及本折禄米数

公侯伯驸马	岁支禄米数(石)	本色禄米数(石)	折色禄米数(石)
魏国公	5000	2000	3000
黔国公	3000	1500	1500
成国公	4200	1400	2800
英国公	3200	1500	1700
定国公	2500	1500	1000
武定侯	1000	500	500
镇远侯	1000	500	500
武安侯	1000	700	300
泰宁侯	1000	500	500
永康侯	1000	500	500
隆平侯	1000	700	200
宁阳侯	1000	500	500
丰城侯	500	200	500
西宁侯	1100	不详	不详
安远侯	1000	500	500
阳武侯	800	400	400
恭顺侯	1500	700	800
保定侯	800	400	400
定西侯	1500	750	750
抚宁侯	1200	840	360
怀宁侯	1000	500	500
临淮侯	1000	500	500
怀远侯	1000	500	500
定远侯	1000	500	500
灵璧侯	1000	500	500
成安伯	1000	400	600
兴安伯	1000	300	700
襄城伯	1000	500	500

续表

公侯伯驸马	岁支禄米数(石)	本色禄米数(石)	折色禄米数(石)
新宁伯	1000	700	300
应城伯	1000	500	500
平江伯	1000	500	500
成山伯	1000	400	600
安乡伯	1000	500	600
遂安伯	1000	500	500
忻城伯	1000	500	500
武进伯	800	400	400
广宁伯	700	350	350
清平伯	800	400	400
崇信伯	1000	400	600
彭城伯	1000	400	600
惠安伯	1100	550	550
靖远伯	1000	500	500
南宁伯	1000	500	500
南和伯	800	400	400
宣城伯	1000	500	500
彰武伯	1000	500	500
武平伯	1000	400	600
丰润伯	1000	500	500
怀柔伯	1000	400	600
东宁伯	800	350	450
宁晋伯	800	400	400
伏羌伯	1000	400	400
武靖伯	1000	500	500
诚意伯	700	300	400
新建伯	1000	600	400
宁远伯	800	500	300

续表

公侯伯驸马	岁支禄米数(石)	本色禄米数(石)	折色禄米数(石)
驸马都尉	1000	700	300

资料来源：申时行等修：《明会典》卷38《户部》25《廪禄》1《公侯驸马伯禄米》，第274—275页。

说明：1.隆平侯禄米，原文作1000石，其中本色700石，折色200石。据文意，折色200石，应为折色300石。2.丰城侯禄米，原文作500石，其中本色200石，折色500石。据文意，折色500石，应为折色300石。3.安乡伯禄米，原文作1000石，其中本色500石，折色600石。据文意，折色600石，应为折色500石。4.惠安伯禄米，嘉靖元年(1522)时增加本色30石。5.伏羌伯禄米，原文作1000石，其中本色400石，折色400石。据文意，折色400石，应为折色600石。6.驸马都尉禄米，其中折色300石，应为小麦，且每石折银4钱。

表16　明代各品级官员岁俸数

官品	岁俸米(石)	月俸米(石)	本色俸米(石)	折色俸米(石)
正一品	1044	87	331. 2	712. 8
从一品	888	74	284. 4	385. 2
正二品	732	61	237. 6	494. 4
从二品	576	48	190. 8	385. 2
正三品	420	35	144	276
从三品	312	26	111. 6	200. 4
正四品	288	24	104. 4	183. 6
从四品	252	21	93. 6	158. 4
正五品	192	16	75. 6	116. 4
从五品	168	14	68. 4	99. 6
正六品	120	12	66	54
从六品	96	8	56. 4	39. 6
正七品	90	7. 5	54	36
从七品	84	7	51. 6	32. 4
正八品	78	6. 5	49. 2	28. 8
从八品	72	6	46. 8	25. 2
正九品	66	5. 5	44. 4	21. 6
从九品	60	5	42	18

资料来源：申时行等修：《明会典》卷39《户部》26《廪禄》2《俸给》，第276—277页。

表 17　官银 1 两各仓上纳米豆数

仓　分	上纳米豆数（石）
独石广积仓	1
马营广盈仓	1.5
云州堡仓	1.1
赤城广备仓	1.15
龙门广盈仓	1.15
龙门仓	1.15
雕鹗堡仓	1.25
长安岭仓	1.35

资料来源：叶盛：《紧要边储疏》，载陈子龙等编：《明经世文编》卷 59，第 1 册，第 471 页。

表 18　浙江遂安县学田租率

学田名	学田数（亩）	租谷（石）	亩租率（石/亩）
庄前田	1.99	2.5	1.256
莲塘下田	3.3	7.2	2.181
石龙塘下田	1.6	3	1.875
山底塘下田	0.9	1.8	2
夫山下田	3	6	2
姜坑坂和尚坵田	2.34	3	1.282
坂心田	1	2	2
水碓坵田	1.5	3	2
下班门前田	1.7	3	1.764
群田坂田	1.2	2.4	2
玉坂田	1	2	2
玉坂田	0.75	1.5	2
玉坂田	0.8	1.6	2
新堨田	2.7	5	1.851
酒坊后田	2.5	0.5	0.2
新堨田	4	7.7	1.925
翁家门前田	1.2	2.64	2.2

续表

学田名	学田数(亩)	租谷(石)	亩租率(石/亩)
童家坂田	0.8	1.6	2
大塘下田	0.9	1.8	2
犁牛墅平坂坵田	4.873	10	2.052
牛栏垅田	1.39	2.8	2.014
牛栏垅田	1.306	3	2.297
新田坂田	1.3	2	1.538
叶家坞田	1	2.5	2.5
芮坂徐家后门田	0.93	2.5	2.688
二都栗塘下田	0.5	1	2
合计及平均亩租率	44.479	82.04	1.844

资料来源:万历《遂安县志》卷1《营建志·学校》。

表19　浙江遂安县书院守院僧地租率

书院僧地所在地	僧地数(亩)	租豆(石)	亩租率(石/亩)
二都下一图王公塘边地	3.45	0.66	0.191
王公塘边地	3.1	0.6	0.193
七都五图余婆山地	0.65	0.18	0.275
九都三图下方坂地	4.272	2.135	0.499
杨坞地	2.12	1.6	0.754
余均塘地	2.012	1.05	0.521
杨州地	1	0.5	0.5
十八都上一图麻车基地	1.8	0.9	0.5
四隅一图预备仓后地	0.2	0.2	1
巴墅溪边地	0.78	0.25	0.32
社稷坛地	0.7	0.2	0.285
合计及平均亩租率	18.072	8.275	0.457

资料来源:万历《遂安县志》卷1《营建志·书院》。

表 20　明代苏州府长洲县抄没官田起科则例

抄没官田	一则	二则	三则	四则	五则	六则	平均税赋(石/亩)
起科(石)	0.73	0.63	0.56	0.53	0.43	0.4	0.546

资料来源:隆庆《长洲县志》卷 2《田地》。

表 21　明代浙江嘉兴县吴元年所定功臣还官田起科则例

功臣还官田	起科(石/亩)
一则	0.435
二则	0.4
三则	0.36
四则	0.35
五则	0.33
六则	0.32
七则	0.3
八则	0.29
九则	0.28
十则	0.25
十一则	0.23
十二则	0.22
十三则	0.21
十四则	0.2
平均税赋	0.298

资料来源:崇祯《嘉兴县志》卷 9《食货志 · 土田》。

表 22　浙江嘉兴县吴元年所定官田起科则例

官田	起科(石/亩)
一则	0.73
二则	0.63
三则	0.53
四则	0.43
五则	0.33

续表

官田	起科(石/亩)
六则	0.23
七则	0.2
八则	0.13
九则	0.05
十则	0.03
十一则	0.01
平均税赋	0.3

资料来源:崇祯《嘉兴县志》卷9《食货志·土田》。

表23　明代苏州府长洲县官田起科则例

官田	起科(石/亩)
一则	0.73
二则	0.63
三则	0.53
四则	0.43
五则	0.33
六则	0.23
七则	0.13
八则	0.1
九则	0.05
十则	0.03
十一则	0.01
平均税赋	0.29

资料来源:隆庆《长洲县志》卷2《田地》。

表24　正德年间松江府官田起科科则及田地、税粮数

科则	田地亩数(亩)	税粮数(石)
1升起科	4724.89	50.5739
2升起科	330.999	7.0834

续表

科则	田地亩数(亩)	税粮数(石)
3 升以上起科	9592. 768	3108. 0276
4 升以上起科	217. 344	94. 6777
5 升以上起科	348585. 206	18393. 4277
6 升以上起科	1704. 011	112. 3586
7 升以上起科	1083. 882	82. 016
8 升以上起科	2597. 289	227. 0438
9 升以上起科	910. 913	87. 632
1 斗以上起科	771000. 652	97717. 9369
2 斗以上起科	996202. 814	239716. 836
3 斗以上起科	744943. 303	250221. 3481
4 斗以上起科	142674. 778	62019. 9195 62019
5 斗以上起科	104867. 09	52726. 5463
6 斗以上起科	13068. 221	8311. 3595
7 斗以上起科	19634. 316	15525. 4484
8 斗以上起科	261. 269	219. 6611
9 斗以上起科	50. 454	50. 142
1 石以上起科	52. 08	69. 4454
2 石以上起科	1. 68	4. 6197
3 石以上起科	1. 1	4. 1675
4 石以上起科	2. 02	1. 06

资料来源:正德《松江府志》卷 7《田赋中》。

表 25　明代福建建阳县官田科则

科则	科米(石/亩)	派银(两/亩)
上则	0. 33	0. 32
下则	0. 27	0. 35

资料来源:万历《建阳县志》卷 3《籍产志・赋役》。

表 26　明末九边屯地、屯军、籽粒原额数

边镇	屯军、舍人（名）	屯地数（亩）	各色籽粒数（石）	籽粒数（石/亩）
宣府	8607	430350	254344. 31	0. 591
大同	16700	1583000	513904. 55	0. 324
山西	9490	611210	257746. 55	0. 421
辽东	45405	2537828	716170	0. 282
固原、延绥	26738	2611821	365140. 546	0. 139
宁夏	11001	552792. 5	322722. 2794	0. 583
甘肃	23083	1169150	603188. 425	0. 515
蓟州	5875	282851	68567. 59	0. 242
合计及每亩平均征赋数	146899	9779002. 5	3102384. 2504	0. 387

资料来源：茅元仪《掌记》卷 3。

表 27　明代福建清流县民田科则

田地名色	科米/亩	加耗米/亩	科钞/亩
田	5 升	3 合 5 勺	4 文
地	3 升 4 合 3 勺 7 杪	无	80 文
塘	3 升 4 合 3 勺 7 杪	无	80 文
苎麻地	5 升	3 合 5 勺	4 文
绵花地	5 升	3 合 5 勺	4 文
蓝靛地	5 升	3 合 5 勺	4 文

资料来源：嘉靖《清流县志》卷 2《贡赋》。

表 28　明代苏州府长洲县民田起科则例

民田	一则	二则	三则	四则	五则	六则	七则	八则	九则	十则
起科	5 斗 3 升	4 斗 3 升	3 斗 3 升	2 斗 6 升	2 斗 3 升	1 斗 6 升	1 斗 3 升	5 升	3 升	1 升

资料来源：隆庆《长洲县志》卷 2《田地》。

表 29 明代松江府民田征税科则

科则	民田数(亩)	征粮数(石)
6合3勺起科	0.83	0.0028
1升起科	20.498	0.2193
2升起科	6862.958	146.8671
3升以上起科	63725.387	2065.3429
4升以上起科	5500.232	236.393
5升以上起科	540920.749	28918.2662
6升以上起科	63.56	4.4047
7升以上起科	38.093	2.986
8升以上起科	768.455	62.504
9升以上起科	25.1	2.4075
1斗以上起科	99481.495	11303.2796
2斗以上起科	17842.325	3613.9084
3斗以上起科	439.97	136.381
4斗以上起科	2	0.9903

资料来源:正德《松江府志》卷7《田赋中》。

表 30 明代浙江平湖县民田科则

田地名色	科米/亩	折色银/亩
田	1斗4升5合4勺	9分
地(分东区、西区)	7升5合、1斗	4分4厘、5分7厘
山荡	3升	1分5厘

资料来源:天启《平湖县志》卷8《食货》之2《田赋》。

表 31 明代吴元年所定浙江嘉兴县民田起科则例

民田	一则	二则	三则	四则	五则	六则	七则	八则	九则	十则	十一则
起科	7斗2升	6斗3升	5斗3升	4斗3升	4斗	3斗3升	2斗5升	2斗3升	1斗3升	5升	3升

资料来源:崇祯《嘉兴县志》卷9《食货志·土田》。

表32　浙江象山县民田民地科则

所在乡	田地名色	科米麦数/每亩	科钞数/每亩
归仁乡	一等田	米3升6合4勺	4文7厘
同上	二等田	米2升9合2勺	3文7厘
同上	三等田	米2升1合8勺	2文4厘8毫
同上	四等田	米1升4合5勺	1文6分3厘2毫
同上	五等田	米3合3勺	8分1厘6毫
同上	平原地	麦2升1合8勺	无
同上	斜峻地	麦1升4合5勺	无
政实乡	一等田	米4升2合3勺	4文7分4厘
同上	二等田	米3升3合9勺	3文7分9厘3毫
同上	三等田	米2升5合4勺	2文8分4厘4毫
同上	四等田	米1升6合9勺	1文8分9厘6毫
同上	五等田	米8合5勺	9分4厘8毫
同上	平原地	麦2升5合4勺	无
同上	斜峻地	麦1升6合9勺	无
游仙乡	一等田	米4升1合3勺	4文6分2厘
同上	二等田	米3升6合9勺	3文6分9厘
同上	三等田	米2升4合7勺	2文7分7厘2毫
同上	四等田	米1升6合5勺	1文8分4厘8毫
同上	五等田	米8合2勺	9分4厘4毫
同上	平原地	麦2升4合	无
同上	斜峻地	麦1升6合5勺	无

资料来源:嘉靖《象山县志》卷5《科则》。

表33　明代湖广慈利县民田统计数字

年　代	民田数(顷)
洪武二十五年(1392)	1240.04304
永乐十年(1412)	1470.20926
正统七年(1442)	1489.98555
正德七年(1512)	1520.29332

续表

年　代	民田数(顷)
嘉靖元年(1522)	1523. 13301
隆庆六年(1572)	1523. 13301

资料来源:万历《慈利县志》卷5《田土》。

表34　万历四十八年辽饷加派细目

省　直	加派数(两)
浙江	420272. 8
江西	361036
湖广	742476
福建	120802
河南	667421
山东	555751
山西	318589
陕西	263631
广东	231178
广西	60917
四川	121344
云南	16194
南直	676928
北直	466371
合计	5022910. 8

资料来源:毕自严:《度支奏议》,《新饷司》卷5《题覆加派数目疏》,第2册,上海古籍出版社2008年版,第484页。

表35　崇祯三年辽饷加派原额与新增加派数

省直	辽饷加派原额(两)	新增加派数(两)	合计(两)
浙江	420272. 84	140090. 94743	560363. 787
江西	361036. 14299	120345. 38128	481381. 52427
福建	120802. 506	40267. 50216	161070. 008

续表

省直	辽饷加派原额(两)	新增加派数(两)	合计(两)
河南	667421. 568	222473. 856	889895. 424
山东	555751. 973241	185250. 6577	741002. 630941
山西	318589. 61453	106196. 5381762	424786. 152706
陕西	263631. 465	87877. 155	351508. 62
广东	231178. 623	77059. 541	308238. 163
广西	60917. 35	20305. 783333	81223. 133333
湖广	516074. 963	172024. 962	688099. 925
四川	121338. 905	40446. 301666	161785. 206666
应天抚属	381835. 309864	127278. 43662133	509113. 746485
凤阳抚属	276886. 22931	92295. 40977	369181. 63908
北直延庆、保安二州	1227. 7359	409. 2453	1636. 9812
合计(两)	4296965. 22583	1432321. 71742	5729286. 94325

资料来源:毕自严:《度支奏议》,《新饷司》卷13《初覆加派事宜疏》,第3册,第120—121页。

表36 崇祯四年各省直所派助辽军饷、公费银

省直	原派额数(两)	崇祯四年议定额数(两)
浙江	51000	18000
江西	11334	6000
福建	37000	23000
湖广	18600	8600
河南	4000	4000
山东	24000	24000
山西	4000	4000
陕西	6000	6000
广东	44000	22000
广西	1000	1000
北直隶	10000	10000
南直隶	35000	25000
合计(两)	245934	151600

资料来源:毕自严:《度支奏议》,《新饷司》卷25《题请酌减抚按助饷原额疏》,第4册,第69—74页。

表 37　正德十六年至嘉靖三年陕西布政司所属各府拖欠边储粮草数

府分	拖欠夏秋粮（石）	拖欠马草（束）
西安	376031	718466
延安	325859	133962
平凉	167317	300880
庆阳	203951	283346
临洮	26142	35616
巩昌	196853	252879
凤翔	196106	200464
汉中	4175	33275
总计	1496434	1958888

资料来源：杨一清：《关中奏议全集》卷 11《为处置拖欠边储事》，载氏撰，唐景绅、谢玉杰点校：《杨一清集》，上册，中华书局 2001 年版，第 419—420 页。

表 38　天启以来商人领价买铜及积欠之数

商人所属	商人名	所领银数（两）	积欠情况与银数（两）
浙江	王烈光等	11880	全未完
浙江	曹策、金廷、吴国贤	28069.35	12058.925
湖广	聂义	未详	2710.11
宝泉局	汪有成	未详	2605.0423
南京	何天仪	未详	610.091
南京	康太运	未详	905.06
南京	章元德	未详	1463.41
南京	金守宪	未详	1220.05
应天府	石畸、高绍隆	未详	2618.33
应天府	谢承恩	6000	2821.34
宝泉局	陈谦、金启、杨顺修	22000	5288.6
宝泉局	陈明道、刘宁之	20000	3905.9871
南京工部	常楫、王秀	12550	9450

资料来源：毕自严：《度支奏议》，《新饷司》卷 14《摘催过限前后欠铜事件疏》，第 3 册，第 179—181 页。

表 39 万历十六年北京宛平县所辖铺户上、中六则户数 （单位:户）

坊厢	上上则	上中则	上下则	中上则	中中则	中下则
大时雍坊(中城)	99	33	29	49	107	417
小时雍坊(中城)	1	3	4	15	21	83
安富坊(中城)	14	10	21	27	56	160
积庆坊(中城)	2	4	3	9	14	85
河漕西坊(西城)	16	16	13	19	32	85
阜财坊(西城)	12	16	5	21	27	130
金城坊(西城)	17	22	15	35	56	278
朝天日中坊(西城)	7	6	6	15	46	128
鸣玉坊(西城)	20	24	19	36	54	198
阜成关(西城)	2	8	7	38	18	52
宣南坊(南城)	7	5	5	11	17	41
宣北坊(南城)	20	25	32	29	32	80
发祥坊(北城)	8	1	4	8	11	39
日中坊(北城)	29	21	16	38	57	229
关外坊(北城)	5	21	3	20	23	185
总计	259	215	182	370	571	2190

资料来源:沈榜:《宛署杂记》卷 13《铺行》,北京古籍出版社 1982 年版,第 113—114 页。

表 40 万历十六年北京大兴县所辖铺户上、中六则户数 （单位:户）

坊厢	上上则	上中则	上下则	中上则	中中则	中下则
南薰坊(中城)	87	53	14	28	61	222
澄清坊(中城)	34	32	15	24	33	146
仁寿坊(中城)	15	12	5	10	32	93
明照坊(中城)	17	5	2	12	16	56
保代坊(中城)	4	4	3	2	25	34
明时坊(东城)	50	39	20	31	84	289
黄华坊(东城)	43	24	10	17	52	183
北居贤坊(东城)	22	28	8	22	54	166
南居贤坊(东城)	9	8	13	27	71	196
思城坊(东城)	16	11	13	14	42	164

续表

坊厢	上上则	上中则	上下则	中上则	中中则	中下则
朝阳关(东城)	5	5	6	14	19	65
正东坊(南城)	73	34	59	115	120	267
正南坊(南城)	12	16	19	32	33	79
正西坊(南城)	39	46	70	61	55	139
宣北坊(南城)	29	32	88	29	53	117
崇南坊(南城)	11	30	34	37	34	77
崇北坊(南城)	38	41	39	72	46	186
宣南坊(南城)	8	6	24	26	21	47
崇教坊(北城)	12	10	6	30	26	95
昭回坊(北城)	15	3	3	8	22	105
靖恭坊(北城)	7	7	13	17	42	189
灵春坊(北城)	6	7	7	7	25	63
金台坊(北城)	6	3	3	10	16	95
教忠坊(北城)	8	27	18	21	38	67
安定关(北城)	无	无	1	1	2	12
总计	566	453	493	667	1022	3125

资料来源:沈榜:《宛署杂记》卷13《铺行》,第114—115页。

表41 明代北京宛平县辖区内所设义冢

义冢所在地	葬地	设置时间	创设者
七贤村	80亩	万历十三年	西城御史刘霖
阜成门外北岔路	15亩	万历二十一年	西城御史刘洪科
阜成门外马家庙后	50亩	正德年间、万历七年	民人李佐、西城御史涂杰
阜成门外北岔路	1400畦	不详	包都司
阜成门外南岔路	1200畦	万历十九年	太监张□
广宁门外百家凹道北	17亩	不详	张千户
广宁门外道南	17亩	万历二十年	南城御史徐□
彰义门外	43亩	万历二十一年	宛平知县沈榜

资料来源:沈榜:《宛署杂记》卷20《志遗》5,第286页。

说明:阜成门外马家庙后所设1所义冢,在总计50亩的葬地中,其中20亩由正德年间民人李佐所施;其中30亩由万历七年(1579)西城御史涂杰所置。

表 42　弘治年间福建所属各县所设书院

县份	书院	地址	明代初建、重建时间	初建、重建者
福州府侯官县	拙斋书院	府治西南三山驿前	成化间	林培
福州府侯官县	古灵书院	府城西南六十里古灵溪之滨	成化元年	林宪
福州府福清县	龙江书院	县东方明里海口	洪武二十五年	张敬
建宁府建安县	屏山书院	府城南	天顺八年	刘钺、胡缉
建宁府建安县	建安书院	府治之北	洪武十九年	余子恭
建宁府浦城县	西山精舍	县东隅	洪武元年	朱德昌
建宁府建阳县	考亭书院	县治西三桂里南	宣德七年、天顺六年	何景春、胡缉
建宁府建阳县	云谷书院	县西崇泰里庐峰山之颠	成化十七年	谈俊、朱格
建宁府建阳县	鹰山书院	县西四禾平里	洪武二十四年	游勉道
建宁府建阳县	云庄书院	县西崇泰里马铺太平山麓	成化十五年	海澄
建宁府建阳县	庐峰书院	县西崇泰里北峰下	天顺七年、成化十三年、十七年	郑祐、游明、尹仁、徐镛、谈俊
建宁府建阳县	鳌峰书院	县西崇泰里熊坉	成化六年、十五年	李明、海澄
建宁府建阳县	瑞樟书院	县西永忠里麻沙	成化十八年	任彦常
建宁府松滋县	湛卢书院	县治西南仅百步	洪武初、景泰元年	张谏、张绅
建宁府崇安县	武夷书院	五曲大隐屏之下	正统十三年	朱洵、朱澍
建宁府崇安县	屏山书院	县东五夫里屏山之麓	洪武二年	刘子长
建宁府崇安县	少微书院	县南丰阳里黄土坂街左畔	成化十七年	江琪
建宁府政和县	星溪书院	县治星溪之南正拜山之下	成化十四年	吴宪、沈伦

资料来源：黄仲昭纂：《八闽通志》卷 44《学校》，下册，福建人民出版社 2017 年版，第 4、7、12—13、14 页。

表 43 明代福建泰宁县始建、重建桥梁

桥名	地点	始建时间	重修时间	建造者及其身份
利涉桥	县治之南	万历间	崇祯间	知县滕公、知县袁公、义士江洪、贡生江桂馨
迎恩桥	跨黄溪入大溪	弘治间	万历间	义官江元庆、李乔妻雷氏、知县吴公
杉津桥	在下水南	万历二十六年	万历二十七年	知县滕公
瀛洲桥	福山保	宣德间	成化二年	里人游孟和、杨秉忠
朝天桥	跨朱口大溪	明初	弘治十七年	知县瞿鹏
迎爵桥	跨大溪	宋淳祐间	景泰间	乡人萧诚甫
黄公桥	跨梅林溪口	洪武二十七年		乡人郑均禄
安济桥	跨交溪口		洪武三十五年、弘治十年	知县龚才善、主簿梁佐
锦桥	跨龙湖东溪	正统四年		邵武卫指挥胡兴
升平桥	游源	永乐十九年	嘉靖十四年	里人黄源令、黄荣
均福桥	水南	洪武初	弘治十六年	道士吴益祖、知县梁德宏
水夹湾桥	梅口	成化二十一年		知府刘元
隆兴桥	永兴下保	元代	成化五年	知县徐琛
下衢桥		元延祐间	洪武间	乡人江大老、邑人徐月江
仁寿桥	仁寿保	元至正间	成化九年、弘治十六年	乡人廖均保，乡人吴志祥等、廖胜等
开善桥	大阜	洪武九年		乡人江马三
神光桥			弘治十四年	乡人江长清、义官江元庆
朝京桥	县治之北		正德十四年、嘉靖四十年、万历三年、万历四十六年	邑人、御史叶茂志，本邑教谕余智，邑士江志仁等，邑人江元祐、李简，县学生员江谟等，知县滕养志
寿星桥	上地	正德间		陈绍祖、陈美奇
香水桥	上地	嘉靖间		陈美甫
上高桥	上新	元至正七年	正统二年、成化十七年	乡人曹益甫、僧惠坚、僧普禅
长兴桥	石辋口	洪武十七年		里人萧马等
白鹤桥	下新	元至正间	正统六年	里人冯千里，里人冯伯亨、冯伯善

续表

桥名	地点	始建时间	重修时间	建造者及其身份
永昌桥	石辋	元至正间	永乐十年	里人萧继宁
瑞溪桥		元至正十二年	永乐七年	乡人杨胜甫、李月堂
神仙桥		景泰二年		里人李景颜
乘驷桥		弘治十二年		义民施祖应等
乌鹊桥	北斗坊	弘治元年		乡人廖鼐

资料来源：洪济修、江应昌编：《泰宁县志》卷2《建置志·津梁》，厦门大学出版社2007年版，第52—54页。

表44　明代南直隶溧水县始建、重建桥梁

桥名	地点	始建时间	重修时间	建造者及其身份
惠政桥	东门外		嘉靖间、崇祯十六年	知县曾震、邑民马继桂
通济桥	北门外		嘉靖十七年、崇祯十六年	知县陈光、邑人
倪村桥	县东南二十五里		嘉靖间	邑人汤永亨
贩车桥	县东北三里		万历间	邑民姚守元
陈沛桥	寻仙门外二里		正德间	邑民朱用文
天生桥	县西一十里	洪武二十五年	嘉靖间	崇山侯李新、义民武濬兄弟
永昌桥	永寿寺侧	万历间		邑民萧济
沙河桥	县西七里	万历间		邑民萧济等
洪济桥	洪蓝埠	崇祯三年		埠民
齐家桥	县东二里齐司马庄	万历四十一年		邑民王涵、王懋梧

资料来源：闵派鲁、林古度纂修，傅章伟、吴大林点校：《(顺治)溧水县志》卷3《建置志·桥渡》，上海古籍出版社2016年版，第98—101页。

表45　明代吴江县平望镇僧人修建、重建桥梁

桥名	地址	初建时间	重建时间	建造者及其身份
长老桥	北塘	不详	成化八年、隆庆四年、万历四十六年	知县王迪、僧德慧、里人孟霖、僧无隐

续表

桥名	地址	初建时间	重建时间	建造者及其身份
安民桥	跨塘河	嘉靖三十四年		僧圆真
积善桥	殊胜寺前	宋淳熙十年	正统年间	僧清修
望仙桥	殊胜寺前	不详	正统十三年	僧昙芳

资料来源：翁广志：《平望志》卷2《桥梁》，载吴江市平望镇人民政府、吴江市档案馆编：《平望志（三种）》，广陵书社2011年版，第37—44页。

表46　明代西北沿用古旧之渠

水渠	位置	归属地	长度（里）	灌田（顷）
汉延渠	黄河西	宁夏	250	4876
唐来渠	黄河西	宁夏	400	4718.73
红花渠	城外	灵州		
铁渠		灵州		
良田渠		灵州		
满答剌渠		灵州		
新渠		灵州		
五道渠		灵州		
秦家渠	黄河东	灵州	75	892.35
汉伯渠	黄河东	灵州	95	729.43
蜘蛛渠	黄河西	应理州	50	184.3
石空渠	黄河西	应理州	34	60.8
白渠	黄河西	应理州	30	91.6
枣园渠	黄河西	应理州	35	90.6
中渠	黄河西	应理州	36	126.6
羚羊渠	黄河东	鸣沙州	44	385
七星渠	黄河东	鸣沙州	22	126.6

资料来源：胡玉冰、孙瑜校注：《（正统）宁夏志》卷上《河渠》，中国社会科学出版社2015年版，第25—26页。

参考文献

一、原始资料

1. 正史、官书及私家记载

《明实录》,“中央”研究院历史语言研究所 1966 年校印本。

《嘉靖事例》,明钞本。

《大明令》,收入怀效锋点校《大明律》附录,法律出版社 1999 年版。

《古今图书集成》,清光绪十年上海图书集成铅版印书局铅印本。

《国老谈苑》,中华书局 2012 年版。

《湘潭高塘李氏族谱》,清同治四年刻本。

[朝鲜]崔溥著,葛振家点注:《漂海录》,社会科学文献出版社 1992 年版。

[日]中川忠英编著,方克、孙玄龄译:《清俗纪闻》,中华书局 2007 年版。

敖英:《东谷赘言》,收入陶福履、胡思敬原编《豫章丛书》,江西教育出版社 2002 年版。

蔡皇勷:《华衮手记》,收入李龙潜等点校《明清广东稀见笔记七种》,广东人民出版社 2010 年版。

曹昭:《新增格古要论》,明万历间刻本。

柴志光、潘明权主编:《上海佛教碑刻文献集》,上海古籍出版社 2004 年版。

陈洪谟:《治世余闻》,中华书局 1985 年版。

陈洪谟:《继世纪闻》,中华书局 1985 年版。

陈弘谋辑:《训俗遗规》,收入《五种遗规》,清道光三十年重刊本。

陈弘绪:《寒夜录》,收入《豫章丛书》。

陈建著,钱茂伟点校:《皇明通纪》,中华书局 2008 年版。

陈良谟:《见闻纪训》,清初钞本。

陈龙正:《救荒策会》,收入李文海、夏明方主编《中国荒政全书》,第 1 辑,北京古籍出版社 2003 年版。

陈龙正:《政书》,载《几亭全书》,收入《四库禁毁书丛刊》,北京出版社 1997 年版。

陈懋仁:《泉南杂志》,收入《宝颜堂秘笈》,民国十一年上海文明书局石印本。

陈全之:《蓬窗日录》,上海书店出版社 2009 年版。

陈舜系:《乱离见闻录》,收入《明清广东稀见笔记七种》。

程春宇:《士商类要》,收入杨正泰《明代驿站考》附录,上海古籍出版社 1994 年版。

褚人穫:《坚瓠六集》,收入《笔记小说大观》,江苏广陵古籍刻印社 1983 年版。

崔嘉祥:《鸣吾杂著》,收入《盐邑志林》,影印明刻本。

戴冠:《濯缨亭笔记》,明嘉靖华氏刊本。

戴金编次:《皇明条法事类纂》,东京古典研究会 1966 年版。

邓士龙辑,许大龄、王天有主点校:《国朝典故》,北京大学出版社 1993 年版。

邓之诚:《骨董琐记》,北京出版社 1999 年版。

丁国钧:《荷香馆琐言》,收入《丙子丛编》,民国二十五年铅印本。

杜文澜辑:《古谣谚》,中华书局 1984 年版。

范濂:《云间据目钞》,清光绪四年上海申报馆仿聚珍本。

范寅著,侯友兰点注:《越谚点注》,人民出版社 2006 年版。

方以智:《膝寓信笔》,收入方昌翰辑,彭君华校点《桐城方氏七代遗书》,黄山书社 2019 年版。

方孔炤:《刍荛小言》,收入《桐城方氏七代遗书》。

方学渐:《东游记》,收入《桐城方氏七代遗书》。

冯柯:《回澜正谕》,载《贞白五书》,收入张寿镛辑《四明丛书》,广陵书社 2006 年版。

冯梦祯:《快雪堂日记》,凤凰出版社 2010 年版。

冯梦祯:《快雪堂漫录》,收入《说郛续》,清顺治三年刻本。

费密:《荒书》,浙江人民出版社 1983 年版。

福申:《俚俗集》,书目文献出版社 1993 年版。

福善记录,福征述疏:《憨山老人年谱自叙实录》,民国元年《嘉兴谭氏遗书》本。

高濂:《遵生八笺》,巴蜀书社 1988 年版。

葛寅亮撰,何孝荣点校:《金陵梵刹志》,天津人民出版社 2007 年版。

葛寅亮撰,何孝荣点校:《金陵玄观志》,南京出版社 2011 年版。

顾公燮:《丹午笔记》,江苏古籍出版社 1985 年版。

顾起元:《客座赘语》,中华书局 1997 年版。

顾清:《傍秋亭杂记》,收入《涵芬楼秘笈》,商务印书馆民国间影印本。

顾炎武著,黄汝成集释:《日知录集释》,中州古籍出版社 1990 年版。

怀效锋点校:《大明律》,法律出版社 1999 年版。

管志道:《从先维俗议》,收入《太昆先哲遗书》,太仓俞氏世德堂 1931 年铅印景印本。

韩霖著,孙尚扬、肖清和等校注:《铎书校注》,华夏出版社 2008 年版。

何良俊:《四友斋丛说》,中华书局 1983 年版。

何乔远编撰:《闽书》,福建人民出版社 1995 年版。

何士晋撰,江牧校注:《工部厂库须知》,人民出版社 2013 年版。

黄汴:《一统路程图记》,收入杨正泰《明代驿站考》附录。

黄光昇:《昭代典则》,上海古籍出版社 2008 年版。

黄景昉:《国史唯疑》,清徐氏烟屿楼钞本。

黄克缵著,李梦生点校:《古今疏治黄河全书》,商务印书馆 2019 年版。

黄润玉:《海涵万象录》,收入《四明丛书》。

黄省曾:《吴风录》,收入《说郛续》。

黄暐:《蓬轩吴记》,收入王稼句点校、编纂《苏州文献丛钞初编》,古吴轩出版社 2005 年版。

黄训:《皇明名臣经济录》,明嘉靖间刻本。

黄印:《锡金识小录》,清光绪二十二年王念祖活字本。

黄瑜:《双槐岁钞》,中华书局 1999 年版。

计六奇:《明季北略》,中华书局 1984 年版。

计六奇:《明季南略》,中华书局 1984 年版。

季婴:《西湖手镜》,收入王国平主编《西湖文献集成》,杭州出版社 2004 年版。

金埴:《不下带编》,中华书局 1997 年版。

姜准:《岐海琐谈》,上海社会科学院出版社 2002 年版。

蒋一葵:《长安客话》,北京古籍出版社 2001 年版。

蒋一葵:《尧山堂外纪》,明万历刻本。

江盈科:《闻纪》,上海古籍出版社 2000 年版。

江盈科:《谐史》,上海古籍出版社 2000 年版。

金鳌:《金陵待征录》,南京出版社 2009 年版。

郎瑛:《七修类稿》,上海书店出版社 2001 年版。

李大纶等修:《湘潭高塘李氏九修家谱》,民国十八年刻本。

李乐:《见闻杂记》《续见闻杂记》,上海古籍出版社 1986 年版。

李根源著,侯鹏点校:《洞庭山金石》,上海古籍出版社 2018 年版。

李清:《三垣笔记》,中华书局 1982 年版。

李日华著,屠有祥校注:《味水轩日记校注》,上海远东出版社 2011 年版。

李日华:《六研斋随笔》《六研斋二笔》,凤凰出版社 2010 年版。

李日华:《紫桃轩杂缀》,凤凰出版社 2010 年版。

李绍文:《云间杂识》,民国二十四年上海瑞华印务局据上海黄氏家藏旧本印行。

李绍文:《云间人物志》,收入《明清上海稀见文献五种》,人民文学出版社 2006 年版。

李诩:《戒庵老人漫笔》,中华书局 1982 年版。

李延昰:《南吴旧话录》,上海古籍出版社 1985 年版。
李昭祥:《龙江船厂志》,江苏古籍出版社 1999 年版。
李贽:《四书评》,上海人民出版社 1975 年版。
李中馥:《原李耳载》,中华书局 1997 年版。
梁维枢:《玉剑尊闻》,上海古籍出版社 1986 年版。
梁章钜:《浪迹丛谈》《浪迹续谈》,中华书局 1981 年版。
林希元撰,俞森辑:《荒政丛言》,收入《中国荒政全书》第 1 辑。
刘若愚:《酌中志》,北京古籍出版社 2001 年版。
刘时俊:《居官水镜》,收入《官箴书集成》,黄山书社 1997 年版。
刘廷玑:《在园杂志》,中华书局 2005 年版。
刘献廷撰,汪北平、夏志和标点:《广阳杂记》,中华书局 1957 年版。
龙文彬:《明会要》,中华书局 1998 年版。
陆衡:《啬庵随笔》,清光绪二十三年刻本。
陆容:《菽园杂记》,中华书局 1997 年版。
陆粲:《庚巳编》,中华书局 1997 年版。
罗大经:《鹤林玉露丙编》,收入《宋元笔记小说大观》,上海古籍出版社 2007 年版。
吕坤:《呻吟语》,上海古籍出版社 2001 年版。
吕柟:《泾野子内篇》,中华书局 1992 年版。
毛元淳:《寻乐编》,收入《四库全书存目丛书》,台南庄严文化事业有限公司 1997 年版。
茅元仪:《掌记》,明崇祯刻本。
钮琇:《觚賸》,上海古籍出版社 1986 年版。
彭孙贻:《流寇志》,浙江人民出版社 1983 年版。
祁寯藻:《马首农言》,收入《续修四库全书》,上海古籍出版社 2002 年版。
钱思元撰,朱琴点校:《吴门补乘》,上海古籍出版社 2015 年版。
钱希言:《狯园》,文物出版社 2017 年版。
钱泳:《履园丛话》,中华书局 1997 年版。
丘濬:《大学衍义补》,明万历间刻本。
屈大均:《广东新语》,中华书局 1985 年版。
阮葵生撰,李保民校点:《茶余客话》,上海古籍出版社 2012 年版。
邵经邦:《弘艺录》,清康熙刻本。
申时行等修:《明会典》,中华书局 1989 年版。
沈榜:《宛署杂记》,北京古籍出版社 1982 年版。
沈德符:《万历野获编》,中华书局 2004 年版。
施鸿保:《闽杂记》,福建人民出版社 1985 年版。

宋濂:《李疑传》,收入盛柏树泉选注《古代文言短篇小说选注》2 集,上海古籍出版社 1984 年版。

孙珮撰,宋琴点校:《苏州织造局志》,上海古籍出版社 2015 年版。

谈迁:《国榷》,中华书局 1988 年版。

谈迁:《北游录》,中华书局 1997 年版。

谈迁:《枣林杂俎》,中华书局 2006 年版。

陶宗仪:《南村辍耕录》,中华书局 1997 年版。

田汝成:《西湖游览志余》,上海古籍出版社 1998 年版。

田艺蘅:《留青日札》,上海古籍出版社 1985 年版。

王夫之:《宋论》,中华书局 2003 年版。

王临亨:《粤剑编》,中华书局 1997 年版。

王世懋:《闽部疏》,收入《宝颜堂秘笈》。

王世贞:《凤洲杂编》,《纪录汇编》本,收入《丛书集成初编》,商务印书馆 1937 年版。

王世贞:《觚不觚录》,收入《丛书集成初编》。

王士禛:《皇华纪闻》,清咸丰元年刻本。

王士性:《广志绎》,中华书局 1981 年版。

王士性:《五岳游草》,收入《王士性地理书三种》,上海古籍出版社 1993 年版。

王维德撰,侯鹏点校:《林屋民风》,上海古籍出版社 2018 年版。

王应奎:《柳南随笔》《柳南续笔》,中华书局 1983 年版。

汪天锡辑:《官箴集要》,收入《官箴书集成》。

伍袁萃:《林居漫录畸集》,收入《四库全书存目丛书》。

吴从先:《小窗自纪》,收入诸伟奇、敖堃主编《清言小品菁华》,海天出版社 2013 年版。

吴甡:《忆记》,浙江古籍出版社 1989 年版。

吴世济:《太和县御寇始末》,浙江人民出版社 1983 年版。

吴应箕:《留都见闻录》,南京出版社 2009 年版。

席启图辑:《畜德录》,上海扫叶山房石印本。

项映微著,范笑我点校:《古禾杂识》,文物出版社 2017 年版。

谢肇淛:《五杂组》,上海书店出版社 2001 年版。

徐昌治:《圣朝破邪集》,明崇祯十二年刻本。

徐光启著,石声汉校注:《农政全书校注》,上海古籍出版社 1979 年版。

徐崧、张大纯纂辑:《百城烟水》,江苏古籍出版社 1999 年版。

徐献忠:《吴兴掌故集》,明嘉靖三十九年刊本。

徐学聚:《国朝典汇》,明天启刻本。

许承尧撰,李明回、彭超等校点:《歙事闲谭》,黄山书社 2014 年版。

许元溥:《吴乘窃笔》,收入《苏州文献丛钞初编》。

薛冈:《天爵堂文集笔余》,《明史研究论丛》,第5辑,江苏古籍出版社1991年版。

薛瑄:《薛文清公从政录》,收入《官箴书集成》。

颜俊彦著,中国政法大学法律古籍整理研究所整理标点:《盟水斋存牍》,中国政法大学出版社2002年版。

杨东明:《青琐荩言》,收入邹建锋、李旭等编校《北方王门集》,上海古籍出版社2017年版。

杨东明:《山居功课》,收入《北方王门集》。

杨复吉:《梦阑琐笔》,收入《昭代丛书》,清道光间吴江沈氏世楷堂刻本。

杨循吉:《苏谈》,收入《苏州文献丛钞初编》。

姚旅:《露书》,福建人民出版社2008年版。

姚舜牧:《药言》,收入徐梓编注《家训——父祖的叮咛》,中央民族大学出版社1996年版。

姚廷遴:《记事拾遗》,收入《清代日记汇抄》,上海人民出版社1982年版。

叶梦珠:《阅世编》,上海古籍出版社1981年版。

叶权:《贤博编》,中华书局1997年版。

叶绍袁:《启祯记闻录》,收入《痛史》,上海商务印书馆民国十六年铅印本。

叶盛:《水东日记》,中华书局1997年版。

佚名著,孔宪易校注:《如梦录》,中州古籍出版社1984年版。

尤时熙:《拟学小记》《拟学小记续录》,收入《北方王门集》。

俞弁:《山樵暇语》,收入《涵芬楼秘笈》。

俞樾:《茶香室续钞》,中华书局1995年版。

余继登撰,顾思点校:《典故纪闻》,中华书局1981年版。

于慎行:《谷山笔麈》,中华书局1984年版。

袁枚:《随园随笔》,清嘉庆九年刻本。

查继佐:《罪惟录》,收入《四部丛刊三编》,商务印书馆民国二十四年影印本。

查慎行:《人海记》,收入《续修四库全书》。

翟灏等辑:《湖山便览》,上海古籍出版社1998年版。

章鸣鹤著,范棫士校:《谷水旧闻》,收入上海市松江区博物馆、华东师范大学古籍研究所编《明清松江稀见文献丛刊》第1辑,上海古籍出版社2015年版。

章学诚:《乙卯札记》,中华书局2006年版。

张潮:《幽梦影》,收入《清言小品菁华》。

张岱:《陶庵梦忆》,上海古籍出版社1982年版。

张岱:《西湖梦寻》,上海古籍出版社1982年版。

张尔岐:《蒿庵闲话》,收入《笔记小说大观》,江苏广陵古籍刻印社1983年版。

张瀚:《松窗梦语》,中华书局 1985 年版。

张俭:《圭山杂著》,清刻本。

张卤编:《皇明制书》,日本古典研究会 1967 年版。

张学颜等撰:《万历会计录》,书目文献出版社 1998 年版。

张怡:《玉光剑气集》,中华书局 2006 年版。

赵官等编纂,吴福林点校:《后湖志》,南京出版社 2011 年版。

赵吉士辑撰,周晓光、刘道胜点校:《寄园寄所寄》,黄山书社 2008 年版。

赵士桢撰,赵克骄点校:《神器谱》,上海社会科学院出版社 2006 年版。

赵翼著,王树民校证:《廿二史札记校证》,中华书局 2001 年版。

曾羽王:《乙酉笔记》,收入《清代日记汇抄》。

郑廉:《豫变纪略》,浙江古籍出版社 1984 年版。

郑之乔:《农桑易知录》,收入《明清广东稀见笔记七种》。

郑仲夔:《隽区》,收入中国社会科学院历史研究所明史研究室编《明史资料丛刊》第 3 辑,江苏人民出版社 1983 年版。

钟化民撰:《赈豫纪略》,收入《中国荒政全书》第 1 辑。

钟始声:《辟邪集》,明崇祯十六年刻本。

周广业著,祝鸿熹、王国珍点校:《周广业笔记四种》,浙江古籍出版社 2019 年版。

周晖:《金陵琐事》《二续金陵琐事》,南京出版社 2007 年版。

周亮工著,张朝富点校:《因树屋书影》,凤凰出版社 2018 年版。

周亮工:《印人传》,收入于良子点校《印人传合集》,浙江人民美术出版社 2014 年版。

朱谏:《雁山志》,明嘉靖刻本。

朱国祯撰,王根林校点:《涌幢小品》,上海古籍出版社 2012 年版。

朱元璋:《御制大诰》,收入《皇明制书》。

袾宏:《竹窗随笔》《竹窗二笔》《竹窗三笔》,台湾印经处 1958 年版。

2. 文集及文学作品

蔡清:《虚斋集》,上海古籍出版社 1991 年版。

曹学佺:《曹学佺集》,江苏古籍出版社 2003 年版。

曹于汴撰,李蹊点校:《仰节堂集》,上海古籍出版社 2018 年版。

陈第著,郭庭平点校:《一斋诗文集》,福建教育出版社 2012 年版。

陈确:《陈确集》,中华书局 1979 年版。

陈所蕴:《竹素堂稿》,收入《四库全书存目丛书》。

陈献章:《陈献章集》,中华书局 1987 年版。

陈益祥:《陈履吉采芝堂文集》,收入《四库全书存目丛书》。

陈子龙著,王英志辑校:《陈子龙全集》,人民文学出版社 2011 年版。

陈子龙等编:《明经世文编》,中华书局 1997 年版。

程可中:《程仲权先生集》,收入《四库全书存目丛书》。

程嘉燧著,沈习康点校:《程嘉燧全集》,上海古籍出版社 2015 年版。

澹归著,段晓华点校:《徧行堂续集》,广东旅游出版社 2008 年版。

崔铣著,周国瑞选编:《崔铣洹词选》,中州古籍出版社 1993 年版。

毕自严:《度支奏议》,上海古籍出版社 2008 年版。

方大镇:《宁澹居集》,收入《桐城方氏七代遗书》。

方大镇:《宁澹居奏议》,收入《桐城方氏七代遗书》。

方以智:《稽古堂文集》,收入《桐城方氏七代遗书》。

费宏撰,吴长庚、费正忠校点:《费宏集》,上海古籍出版社 2007 年版。

冯从吾著,刘学智、孙学功点校整理:《冯从吾集》,西北大学出版社 2015 年版。

冯奉初辑,吴二持点校:《潮州耆旧集》,暨南大学出版社 2016 年版。

冯惟敏著,谢伯阳编纂:《冯惟敏集》,齐鲁书社 2007 年版。

傅山:《霜红龛集》,山西人民出版社 1985 年版。

傅夏器著,阎海文点校:《傅锦泉先生文集》,商务印书馆 2019 年版。

高拱著,岳金西、岳天雷编校:《高拱全集》,中州古籍出版社 2006 年版。

龚鼎孳著,孙克强、裴喆编辑校点:《龚鼎孳全集》,人民文学出版社 2014 年版。

顾鼎臣著,蔡彬点校:《顾鼎臣集》,上海古籍出版社 2013 年版。

顾苓著,李花蕾点校:《塔影园集》,华东师范大学出版社 2014 年版。

顾炎武:《顾亭林诗文集》,中华书局 1983 年版。

归有光著,周本淳校点:《震川先生别集》,上海古籍出版社 1981 年版。

归庄:《归庄集》,上海古籍出版社 1984 年版。

海瑞著,陈义锺编校:《海瑞集》,中华书局 1981 年版。

何乔远撰,陈节、张家庄点校:《镜山全集》,福建人民出版社 2015 年版。

黄道周撰,翟金凤、郑晨寅、蔡杰整理:《黄道周集》,中华书局 2017 年版。

黄凤翔著,林中和点校:《田亭草》,商务印书馆 2018 年版。

黄淮:《黄文简公介庵集》,收入《四库全书存目丛书》。

黄克缵著,李梦生点校:《数马集》,商务印书馆 2019 年版。

黄省曾:《五岳山人集》,收入《四库全书存目丛书》。

黄宗羲编:《明文海》,中华书局 1987 年版。

黄宗羲:《黄宗羲全集》,浙江古籍出版社 2005 年版。

侯一麟撰,赵克骄点校:《龙门集》,上海社会科学院出版社 2006 年版。

蒋德璟著,粘良图点校:《悫书》,商务印书馆 2018 年版。

江盈科:《江盈科集》,岳麓书社 1997 年版。

焦竑:《澹园集》,中华书局 1999 年版。

李鼎:《李长卿集》,收入谢国桢选编,牛建强等校勘《明代社会经济史料选编》,福建人民出版社 2004 年版。

李东阳:《怀麓堂集》,清嘉庆八年茶陵李氏刻本。

李开先:《李开先全集》,文化艺术出版社 2004 年版。

李光缙撰,曾祥波点校:《景璧集》,福建人民出版社 2012 年版。

李流芳著,陶继明、王光前校注:《嘉定李流芳全集》,上海古籍出版社 2013 年版。

李日华撰,赵杏根整理:《恬致堂集》,上海古籍出版社 2012 年版。

李廷机著,于英丽点校:《李文节集》,商务印书馆 2019 年版。

李贽:《焚书》,中华书局 1975 年版。

李之藻撰,郑诚辑校:《李之藻集》,中华书局 2018 年版。

厉鹗著,陈九思标校:《樊榭山房集》,上海古籍出版社 2012 年版。

林希元撰,何丙仲校注:《林次崖先生文集》,厦门大学出版社 2015 年版。

凌云翰:《柘轩集》,清抄本。

刘基:《刘基集》,浙江古籍出版社 1999 年版。

刘崧:《槎翁文集》,收入《四库全书存目丛书》。

刘宗周撰,吴光主编:《刘宗周全集》,浙江古籍出版社 2007 年版。

罗伦:《一峰文集》,上海古籍出版社 1991 年版。

罗明祖:《罗纹山先生全集》,江苏广陵古籍刻印社 1997 年版。

骆日升著,郑焕章点校:《骆台晋先生文集》,商务印书馆 2017 年版。

吕留良撰,徐正点校:《吕留良诗文集》,浙江古籍出版社 2011 年版。

孟化鲤:《孟云浦先生集》,收入邹建锋、李旭等编校《北方王门集》,上海古籍出版社 2017 年版。

倪岳:《青溪漫稿》,上海古籍出版社 1991 年版。

彭教:《东泷遗稿》,收入《四库全书存目丛书》。

祁彪佳:《祁彪佳集》,中华书局 1960 年版。

钱澄之:《田间文集》,黄山书社 1998 年版。

钱谦益著,钱仲联标校:《钱牧斋全集》,上海古籍出版社 2003 年版。

钱谦益:《列朝诗集》,清顺治九年刻本。

丘濬:《重编琼台稿》,上海古籍出版社 1991 年版。

瞿式耜:《瞿式耜集》,上海古籍出版社 1981 年版。

全祖望著,朱铸禹汇校集注:《全祖望集汇校集注》,上海古籍出版社 2000 年版。

商辂:《商文毅公集》,明万历三十一年刻本。

沈德符著，李祥耀点校：《沈德符集》，浙江古籍出版社 2018 年版。

沈谨学：《沈四山人诗录》，收入贝青乔著，马卫中、陈国安点校《贝青乔集》附录，上海古籍出版社 2013 年版。

宋濂：《宋濂全集》，浙江古籍出版社 1999 年版。

宋应星：《宋应星佚著四种》，上海人民出版社 1976 年版。

孙传庭：《孙传庭疏牍》，浙江人民出版社 1983 年版。

孙旬辑：《皇明疏钞》，明万历十二年刻本。

汤显祖著，钱南扬校点：《汤显祖戏曲集》，上海古籍出版社 1982 年版。

唐伯元著，朱鸿林点校：《醉经楼集》，中华书局 2016 年版。

唐顺之著，常州市唐荆川研究会编：《唐荆川诗文集》，凤凰出版社 2012 年版。

唐寅著，应守岩点校：《六如居士集》，西泠印社出版社 2012 年版。

唐寅著，许旭尧选注：《唐伯虎三种》，浙江古籍出版社 1987 年版。

唐甄：《潜书》，中华书局 1984 年版。

陶望龄撰，李会富编校：《陶望龄全集》，上海古籍出版社 2019 年版。

万表：《玩鹿亭稿》，收入《四明丛书》。

万寿祺撰，余平、王翼飞点校：《万寿祺集》，浙江人民美术出版社 2014 年版。

万廷言著，张昭炜点校：《万廷言集》，中华书局 2015 年版。

王鏊著，吴建华点校：《王鏊集》，上海古籍出版社 2013 年版。

王衡：《缑山先生集》，明万历刻本。

王弘撰著，孙学功点校整理：《王弘撰集》，西北大学出版社 2015 年版。

王畿著，阎锡海文点校：《樗全集》，商务印书馆 2019 年版。

王琼撰，张志江点校：《晋溪本兵敷奏》，上海古籍出版社 2018 年版。

王士性：《掖垣稿》，收入《王士性地理书三种》。

王叔杲撰，张宪文校注：《王叔杲集》，上海古籍出版社 2005 年版。

王廷相著，王孝鱼点校：《王廷相集》，中华书局 2009 年版。

王徵著，林乐昌编校：《王徵集》，西北大学出版社 2015 年版。

王宗沐：《敬所王先生文集》，收入《四库全书存目丛书》。

汪道昆：《太函集》，黄山书社 2004 年版。

汪琬著，李圣华笺校：《汪琬全集笺校》，人民文学出版社 2010 年版。

魏禧：《魏叔子文集外篇》，中华书局 2003 年版。

吴甡著，秦晖点校：《柴庵疏集》，浙江古籍出版社 1989 年版。

吴应箕撰，章建文点校：《吴应箕文集》，黄山书社 2017 年版。

谢肇淛：《小草斋文集》，收入《四库全书存目丛书》。

熊廷弼撰，李红权点校：《熊廷弼集》，湖北人民出版社 2019 年版。

许獬著,陈炜点校:《许锺斗文集》,商务印书馆 2018 年版。
徐枋:《居易堂集》,华东师范大学出版社 2009 年版。
徐光启:《徐光启集》,上海古籍出版社 1984 年版。
徐允禄:《思勉斋集》,清顺治刻本。
颜廷榘著,杨玲点校:《颜桃林文集》,商务印书馆 2018 年版。
严果:《天隐子遗稿》,收入《四库全书存目丛书》。
杨博撰,张志江点校:《杨博奏疏集》,上海古籍出版社 2018 年版。
杨继盛:《杨忠愍集》,上海古籍出版社 1993 年版。
杨文聪:《洵美堂诗集》,民国二十五年重刊本。
杨守陈:《杨文懿全集》,收入《四明丛书》。
杨守阯:《碧川文选》,收入《四明丛书》。
杨士奇:《东里文集》,中华书局 1998 年版。
杨嗣昌著,梁颂成辑校:《杨嗣昌集》,岳麓书社 2005 年版。
杨循吉著,蔡彬点校:《杨循吉集》,上海古籍出版社 2013 年版。
杨一清撰,唐景绅、谢玉杰点校:《杨一清集》,中华书局 2001 年版。
叶春及:《石洞集》,上海古籍出版社 1993 年版。
叶绍袁原编:《午梦堂集》,中华书局 1998 年版。
袁宏道著,钱伯城笺校:《袁宏道集笺校》,上海古籍出版社 2008 年版。
袁中道:《珂雪斋近集》,上海书店 1982 年版。
袁中道著,钱伯城点校:《珂雪斋集》,上海古籍出版社 2019 年版。
袁宗道:《白苏斋类集》,上海古籍出版社 2007 年版。
曾异撰著,何立民点校:《纺授堂诗文集》,商务印书馆 2017 年版。
张璁撰,张宪文校注:《张璁集》,上海社会科学院出版社 2003 年版。
张岱著,云告点校:《琅嬛文集》,岳麓书社 1985 年版。
张道濬著,田同旭等点校:《张司隶初集》,上海古籍出版社 2018 年版。
张履祥:《杨园先生全集》,中华书局 2002 年版。
张溥撰,曾肖点校:《七录斋合集》,齐鲁书社 2015 年版。
张铨撰,田同旭等点校:《张忠烈公存集》,上海古籍出版社 2018 年版。
张慎言撰,李蹊点校:《泊水斋文钞》,上海古籍出版社 2016 年版。
张四维著,张志江点校:《张四维集》,上海古籍出版社 2018 年版。
张五典撰,田同旭等点校:《大司马张海虹先生文集》,上海古籍出版社 2018 年版。
张元忭撰,钱明编校:《张元忭集》,上海古籍出版社 2015 年版。
张岳著,林海权、徐启庭点校:《小山类稿》,福建人民出版社 2003 年版。
郑鄤:《峚阳草堂文集》,民国二十一年重刊本。

郑晓:《端简郑公文集》,明万历二十八年郑心材刻本。

钟惺著,李先耕、崔重庆标校:《隐秀轩集》,上海古籍出版社 2017 年版。

周忱撰,吴志远注译:《双崖文集辑录与译注》,人民出版社 2018 年版。

朱察卿:《朱邦宪集》,收入《四库全书存目丛书》。

周亮工:《尺牍新钞》,岳麓书社 1986 年版。

朱国祯著,何立民点校:《朱国祯诗文集》,浙江古籍出版社 2016 年版。

朱鸿瞻:《竹园类辑》,载陈光熙编《明清之际温州史料集》,上海社会科学院出版社 2005 年版。

朱升:《朱枫林集》,黄山书社 1992 年版。

朱元璋撰,张德信、毛佩琦主编:《洪武御制全书》,黄山书社 1995 年版。

朱有燉著,赵晓红整理:《朱有燉集》,齐鲁书社 2014 年版。

祝允明著,薛维源点校:《祝允明集》,上海古籍出版社 2016 年版。

袾宏著,张景冈点校:《莲池大师全集》,华夏出版社 2011 年版。

庄履丰著,陈建中、陈秋红点校:《庄梅谷先生文集》,商务印书馆 2018 年版。

庄元臣:《曼衍斋文集》,全国图书馆文献缩微复制中心 2003 年版。

左光斗撰,黄成蔚、张梦新点校:《左光斗集》,黄山书社 2018 年版。

艾衲居士编:《豆棚闲话》,上海古籍出版社 1985 年版。

陈皋谟:《〈笑倒〉选》,收入周启明校订《明清笑话四种》,人民文学出版社 1983 年版。

冯梦龙:《山歌》,收入《明清民歌时调集》,上海古籍出版社 1999 年版。

冯梦龙:《喻世明言》,岳麓书社 2002 年版。

兰陵笑笑生:《金瓶梅词话》,人民文学出版社 2002 年版。

凌濛初:《初刻拍案惊奇》,岳麓书社 2002 年版。

路工编:《明代歌曲选》,上海古典文学出版社 1956 年版。

陆人龙:《型世言》,中华书局 1993 年版。

陆云龙:《魏忠贤小说斥奸书》,收入《中国古代珍稀本小说》(五),春风文艺出版社 1995 年版。

吴敬梓:《儒林外史》,人民文学出版社 1981 年版。

西周生:《醒世姻缘传》,上海古籍出版社 1985 年版。

赵南星:《笑赞》,收入《明清笑话四种》。

周清原:《西湖二集》,人民文学出版社 1989 年版。

3. 地方志

成化《重修毗陵志》,收入《中国方志丛书》,台北成文出版社 1983 年版。

弘治《徽州府志》,收入《天一阁藏明代方志选刊》,上海古籍书店 1982 年版。

弘治《吴江志》,收入《中国史学丛书》,台北学生书局 1987 年版。
正德《金山卫志》,上海传真社 1932 年版。
正德《琼台志》,收入《天一阁藏明代方志选刊》。
嘉靖《云阳县志》,收入《天一阁藏明代方志选刊》。
嘉靖《钦州志》,收入《天一阁藏明代方志选刊》。
嘉靖《洪雅县志》,收入《天一阁藏明代方志选刊》。
嘉靖《商城县志》收入《天一阁藏明代方志选刊续编》,上海书店 1990 年版。
嘉靖《常熟县志》,明嘉靖十八年刻本。
嘉靖《普安州志》,收入《天一阁藏明代方志选刊》。
嘉靖《增城县志》,收入《天一阁藏明代方志选刊续编》。
嘉靖《汉阳府志》,收入《天一阁藏明代方志选刊》。
嘉靖《清流县志》,收入《天一阁藏明代方志选刊续编》。
嘉靖《颍州志》,收入《天一阁藏明代方志选刊续编》。
嘉靖《长泰县志》,收入《天一阁藏明代方志选刊续编》。
嘉靖《马湖府志》,收入《天一阁藏明代方志选刊》。
嘉靖《象山县志》,收入《天一阁藏明代方志选刊续编》。
嘉靖《六合县志》,收入《天一阁藏明代方志选刊续编》。
嘉靖《建宁县志》,收入《天一阁藏明代方志选刊续编》。
嘉靖《归州志》,收入《天一阁藏明代方志选刊续编》。
嘉靖《惠安县志》,收入《天一阁藏明代方志选刊》。
嘉靖《东乡县志》,收入《天一阁藏明代方志选刊》。
嘉靖《湖广图经志》,收入《日本藏中国罕见地方志丛刊》,书目文献出版社 1992 年版。
嘉靖《昆山县志》,收入《天一阁藏明代方志选刊》。
嘉靖《获鹿县志》,收入《天一阁藏明代方志选刊续编》。
嘉靖《通许县志》,收入《天一阁藏明代方志选刊续编》。
嘉靖《永城县志》,收入《天一阁藏明代方志丛刊续编》。
嘉靖《蠡县志》,收入《天一阁藏明代方志丛刊续编》。
隆庆《赵州志》,收入《天一阁藏明代方志选刊》。
万历《广东通志》,收入《稀见中国地方志汇刊》,中国书店 1992 年版。
万历《温州府志》,收入《稀见中国地方志汇刊》。
万历《顺天府志》,明万历二十一年刻本。
万历《慈利县志》,收入《天一阁藏明代方志选刊》。
万历《交河县志》,明万历刻本。
万历《宿迁县志》,收入《天一阁藏明代方志丛刊续编》。

万历《盐城县志》,明万历刻本。
万历重修《泉州府志》,收入《中国史学丛书》。
万历《长洲县志》,收入《天一阁藏明代方志丛刊续编》。
万历《遂安县志》,收入《中国史学丛书》。
万历《郧阳府志》,收入《中国史学丛书》。
万历《郧台志》,收入《中国史学丛书》。
万历《嘉定县志》,收入《中国史学丛书》。
万历《秀水县志》,收入《中国地方志集成》,上海书店 1993 年版。
万历《福州府志》,收入《日本藏中国罕见地方志丛刊》。
万历《雷州府志》,收入《日本藏中国罕见地方志丛刊》。
万历《吉安府志》,收入《日本藏中国罕见地方志丛刊》本。
万历《新修南昌府志》,收入《日本藏中国罕见地方志丛刊》。
万历《建阳县志》,收入《日本藏中国罕见地方志丛刊》。
万历《宁国府志》,收入《稀见中国地方志汇刊》。
天启《平湖县志》,收入《天一阁藏明代方志丛刊续编》。
崇祯《汀州府志》,明崇祯十年刻本。
崇祯《兴宁县志》,收入《稀见中国地方志汇刊》。
崇祯《嘉兴县志》,收入《日本藏中国罕见地方志丛刊》。
顺治《固始县志》,收入《日本藏中国罕见地方志丛刊》。
康熙《永州府志》,收入《日本藏中国罕见地方志丛刊》。
康熙《南海县志》,收入《稀见中国地方志汇刊》。
康熙《建德县志》,收入《稀见中国地方志汇刊》。
康熙《嘉兴府志》,收入《稀见中国地方志汇刊》本。
光绪《震泽县志》,收入《中国方志丛书》,台北成文出版社 1970 年版。
光绪《嘉兴府志》,收入《中国地方志集成》,上海书店 1993 年版。
光绪《桐乡县志》,收入《中国地方志集成》。
嘉庆《武冈州志》,收入《稀见中国地方志汇刊》。
民国《长安县志》,民国二十五年铅印本。
民国《宝应县志》,收入《中国方志丛书》。
毕懋第等修:《威海卫志》,威海九华小学重印本。
顾炎武著,谭其骧、王文楚、朱惠荣等点校:《肇域志》,上海古籍出版社 2004 年版。
顾炎武著,黄珅等点校:《天下郡国利病书》,上海古籍出版社 2012 年版。
洪济修,江应昌编:《泰宁县志》,厦门大学出版社 2007 年版。
黄兆柽:《平望续志》,收入吴江市平望镇人民政府、吴江市档案馆编《平望志(三种)》,广陵书社2011年版。

黄仲昭纂:《八闽通志》,福建人民出版社2017年版。

江登云辑,江绍莲续编,康健校注,《橙阳散志》,安徽师范大学出版社2018年版。

刘敏宽、董国光纂修,韩超校注,《(万历)固原州志》,上海古籍出版社2018年版。

闵派鲁、林古度纂修,傅章伟、吴大林点校:《(顺治)溧水县志》,上海古籍出版社2016年版。

王懋德:《金华府志》,收入《中国史学丛书》。

翁广志:《平望志》,收入《平望志(三种)》。

萧良幹等修,张元忭等纂:万历《绍兴府志》,收入《中国方志丛书》。

二、近人论著

1. 专著

陈宝良:《明代社会生活史》,中国社会科学出版社2004年版。

陈宝良:《飘摇的传统——明代城市生活长卷》,湖南出版社1994年版。

陈宝良:《中国的社与会》,台北南天书局1998年版。

陈宝良:《明代儒学生员与地方社会》,中国社会科学出版社2005年版。

陈宝良:《明代社会转型与文化变迁》,重庆大学出版社2014年版。

陈宝良:《明代士大夫的精神世界》,北京师范大学出版社2017年版。

陈宝良:《明代秀才的生活世界》,北京师范大学出版社2020年版。

陈宝良:《狂欢时代:生活在明朝》,人民出版社2020年版。

陈江:《明中后期的江南社会与社会生活》,上海社科院出版社2006年版。

陈玉女:《明代的佛教与社会》,北京大学出版社2011年版。

程文标:《新传媒与近代史学的转型——以二十世纪二三十年代史学期刊为例》,南开大学出版社2015年版。

冯立天主编:《中国人口生活质量研究》,北京经济学院出版社1995年版。

冯贤亮:《明清江南地区的环境变动与社会控制》,上海人民出版社2002年版。

傅衣凌:《明清社会变迁论》,人民出版社1989年版。

傅衣凌:《明清社会经济史论文集》,人民出版社1982年版。

傅筑夫:《中国经济史论丛》,生活·读书·新知三联书店1980年版。

高寿仙:《明代北京社会经济史研究》,人民出版社2015年版。

何炳棣:《明初以降人口及其相关问题(1368—1953)》,中华书局2017年版。

胡如雷:《中国封建社会形态研究》,生活·读书·新知三联书店1979年版。

侯外庐:《中国封建社会史论》,人民出版社1979年版。

冀朝鼎著,岳玉庆译:《中国历史上的基本经济区》,浙江人民出版社2016年版。

贾风和等:《区域经济理论与模型》,南开大学出版社 1989 年版。

蒋福亚:《魏晋南北朝社会经济史》,天津古籍出版社 2004 年版。

李伯重:《多视角看江南经济史(1250—1850)》,生活·读书·新知三联书店 2003 年版。

李龙潜:《李龙潜文集》,齐鲁书社 2019 年版。

李园:《明代内库与财政体制变迁研究》,社会科学文献出版社 2019 年版。

梁方仲:《中国历代户口、田地、田赋统计》,上海人民出版社 1980 年版。

梁方仲:《明代赋役制度》,中华书局 2008 年版。

刘水云:《明清家乐研究》,上海古籍出版社 2005 年版。

刘天振:《明清江南城市商业出版与文化传播》,中国社会科学出版社 2011 年版。

刘召明:《晚明苏州剧坛研究》,齐鲁书社 2007 年版。

栾成显:《明代黄册研究》,中国社会科学出版社 1998 年版。

马克思:《1844 年经济学哲学手稿》,人民出版社 1985 年版。

彭信威:《中国货币史》,东方出版中心 2020 年版。

钱杭、承载:《十七世纪江南社会生活》,浙江人民出版社 1996 年版。

全汉昇:《中国近代经济史论丛》,中华书局 2011 年版。

沙莲香:《社会心理学》,中国人民大学出版社 1987 年版。

宋立中:《闲雅与浮华:明清江南日常生活与消费文化》,中国社会科学出版社 2010 年版。

孙云龙:《"生活"的发现与历史唯物主义的形成——〈德意志意识形态〉研究》,复旦大学出版社 2011 年版。

孙中山:《孙中山选集》,人民出版社 1981 年版。

万木春:《味水轩里的闲居者:万历末年嘉兴的书画世界》,中国美术学院出版社 2008 年。

王春瑜:《说酒与明朝社会》,台北东大图书公司 1990 年版。

王尔敏:《明清时代庶民文化生活》,"中央"研究院近代史研究所 1996 年版。

王雪萍:《16—18 世纪婢女生存状态研究》,黑龙江大学出版社 2008 年版。

王振忠:《明清以来徽州村落社会史研究——以新发现的民间珍稀文献为中心》,上海人民出版社 2011 年版。

王仲荦:《魏晋南北朝史》,上海人民出版社 1979 年版。

唐文基:《明代赋役制度史》,中国社会科学出版社 1991 年版。

韦庆远:《明代黄册制度》,中华书局 1961 年版。

巫仁恕:《品味奢华:晚明的消费社会与士大夫》,中华书局 2008 年版。

巫仁恕:《优游坊厢:明清江南城市的休闲消费与空间变迁》,"中央"研究院近代史研究所 2011 年版。

巫仁恕:《奢侈的女人:明清时期江南妇女的消费文化》,台北三民书局 2005 年版。

巫仁恕、狄雅斯:《游道——明清旅游文化》,台北三民书局 2010 年版。

肖丰:《器型、纹饰与晚明社会生活》,华中师大出版社 2010 年版。

谢国桢:《明末清初的学风》,中华书局 1982 年版。

徐愫:《生活质量论》,南京大学出版社 1995 年版。

许涤新、吴承明主编:《中国资本主义发展史》,人民出版社 1985 年版。

杨楹、张禹东主编:《生活哲学——探索中的马克思主义哲学》,社会科学文献出版社 2004 年版。

姚鹏主编,杨适等译:《人性的高责与卑劣——休谟散文集》,上海三联书店 1988 年版。

余英时:《中国近世宗教伦理与商人精神》,台北联经出版事业公司 1987 年版。

叶显恩主编:《清代社会经济区域研究》,中华书局 1992 年版。

尤陈俊:《法律知识的文字传播——明清日用类书与社会日常生活》,上海人民出版社 2013 年版。

张德胜:《儒家伦理与秩序情结》,台北巨流图书公司 1989 年版。

张玉法:《历史学的新领域》,台北联经出版事业公司 1994 年版。

章柳泉:《中国书院史话》,教育科学出版社 1981 年版。

赵文林、谢淑君:《中国人口史》,人民出版社 1988 年版。

赵园:《明清之际士大夫研究》,北京大学出版社 1999 年版。

赵毅、刘晓东:《晚明基层士人社会生活谫论》,吉林人民出版社 2006 年版。

周长城等:《生活质量的指标建构及其现状评价》,经济科学出版社 2009 年版。

周銮书主编:《千古一村:流坑历史文化的考察》,江西人民出版社 1997 年版。

周榆华:《晚明文人以文治生研究》,广东高等教育出版社 2011 年版。

朱力:《中国明代住宅室内设计思想研究》,中国建筑工业出版社 2008 年版。

[法]布罗代尔著:《15 至 18 世纪的物质文明、经济和资本主义》,顾良、施康强译,生活·读书·新知三联书店 1992 年版。

[荷]皮尔·弗里斯:《国家、经济与大分流:17 世纪 80 年代至 19 世纪 50 年代的英国与中国》,郭金兴译,中信出版集团股份有限公司 2018 年版。

[加]卜正明:《维梅尔的帽子:从一幅画看全球化贸易的兴起》,刘彬译,文汇出版社 2008 年版。

[加]卜正民:《为权力祈祷:佛教与晚明中国士绅社会的形成》,张华译,江苏人民出版社 2005 年版。

[美]安德烈·贡德·弗兰克:《白银资本:重视经济全球化中的东方》,刘北成译,中央编译出版社 2008 年版。

[美]D. 盖尔·约翰逊:《经济发展中的农业、农村、农民问题》,林毅夫、赵耀辉编译,商务印书馆 2017 年版。

[美]费侠莉:《繁盛之阴:中国医学史中的性》,甄橙主译,江苏人民出版社 2006 年版。

[美]高居翰:《画家生涯:传统中国画家的生活与工作》,杨贤宗等译,生活·读书·新知三联书店2012年版。

[美]韩书瑞:《北京寺庙与城市生活》,朱修春译,台北稻乡出版社2014年版。

[美]黄宗智:《华北小农经济与社会变迁》,中华书局1986年版。

[美]黄宗智:《长江三角洲小农家庭与乡村发展》,中华书局1992年版。

[美]史景迁著:《前朝梦忆——张岱的浮华与苍凉》,温洽溢译,广西师范大学出版社2010年版。

[美]约翰·肯尼思·加尔布雷思:《富裕社会》,赵勇等译,江苏人民出版社2009年版。

[美]易劳逸:《家族、土地与祖先:近世中国四百年社会经济的常与变》,苑杰译,重庆出版社2019年版。

[日]滨岛敦俊:《明清江南农村社会与民间信仰》,朱海滨译,厦门大学出版社2008年版。

[日]川胜守:《明清江南市镇社会史研究》,汲古书院1999年版。

[日]大木康:《明末江南的出版文化》,周保雄译,上海古籍出版社2020年版。

[日]沟口雄三:《中国的思想》,赵士大林译,中国社会科学出版社1995年版。

[日]沟口雄三:《做为"方法"的中国》,林右崇译,台北编译馆1999年版。

[匈牙利]阿格妮斯·赫勒:《日常生活》,衣俊卿译,黑龙江大学出版社2010年版。

[印度]阿比吉特·班纳吉、[法]埃斯特·迪弗洛:《贫穷的本质(修订本)》,景芳译,2018年版。

[英]邓钢:《中国传统经济:结构均衡和资本主义停滞》,茹玉骢、徐雪英译,浙江大学出版社2020年版。

[英]柯律格:《明代的图像与视觉性》,黄晓娟译,北京大学出版社2011年版。

[英]柯律格:《雅债:文徵明的社交性艺术》,刘宇珍、邱士华等译,生活·读书·新知三联书店2012年版。

[英]理查德·H. 托尼:《中国的土地和劳动》,安佳译,商务印书馆2017年版。

2. 论文

曹兰:《明代开封消费市场初探》,《河南纺织高等专科学校学报》2007年第3期。

常建华:《明代日常生活史研究的回顾与展望》,《史学集刊》2014年第3期。

常建华:《论明代社会生活性消费风俗的变迁》,《南开学报》1994年第4期。

常建华:《中国社会生活史上生活的意义》,《历史教学》2012年第2期。

常建华:《日常生活与社会文化史——"新文化史"观照下的中国社会文化史研究》,《史学理论研究》2012年第1期。

曹院生:《明代书籍插图艺术的生产与消费状况分析》,《江西社会科学》2010年第2期。

陈宝良:《明代社会变迁时期生活质量蠡测——基于一种综合的考察》,《中国社会史评论》2016 年第 17 卷下卷。

陈宝良:《明朝人的生活质量及其相关问题探析》,《福建论坛》2016 年第 5 期。

陈宝良:《明代社会各阶层的收入及其构成——兼论明代人的生活质量》,《西南大学学报(社会科学版)》2016 年第 3 期。

陈宝良:《明代的物价波动与消费支出——兼及明朝人的生活质量》,《浙江学刊》2016 年第 2 期。

陈宝良:《明代地方官面对国计民生的矛盾心态及其施政实践》,《安徽史学》2017 年第 2 期。

陈宝良:《明代民间舆论探析》,《江汉论坛》1992 年第 2 期。

陈峰:《唯物史观的中国社会经济史研究之建立——以马乘风〈中国经济史〉为中心的探讨》,《山东大学学报(哲学社会科学版)》2015 年第 4 期。

陈昆、杨小玲:《论明代白银货币化的社会影响》,《社会科学家》2012 年第 9 期。

陈建勤:《明清时期的旅游消费及其支出——以长江三角洲地区为例》,《消费经济》2000 年第 4 期。

陈平原:《文人的生计与幽韵——陈继儒的为人与为文》,《文史知识》2002 年第 1 期、第 2 期。

陈剩勇:《明代浙江:乡村社会、农家生活和社会教化》,《浙江社会科学》2000 年第 2 期。

陈学文:《明代杭州的夜市》,《浙江学刊》2007 年第 2 期。

陈学文:《一部全方位多角度研究社会经济史的专注——评介川胜守〈明清江南市镇社会史研究〉》,《中国社会经济史研究》2000 年第 2 期。

陈义平:《关于生活质量评估的再思考》,《社会科学研究》1999 年第 1 期。

陈友力:《论明洪武时期的优抚政策》,《许昌学院学报》2006 年第 6 期。

程潮、张金兰:《先秦民生概念与民生思想初探》,《现代哲学》2011 年第 6 期。

戴博荣:《明代的田赋制度与垦荒政策》,《现代史学》1935 年第 2 卷第 3 期。

戴卫东:《略论明代社会保障政策实施中的弊端》,《安徽师范大学学报(人文社会科学版)》2004 年第 1 期。

董雁:《晚明文人园林观演剧活动及其戏曲史意义》,《西北大学学报》2010 年第 3 期。

段自成:《明中后期社仓探析》,《中国史研究》1998 年第 2 期。

费孝通:《中国传统伦理观念与人口问题》,《费孝通选集》,天津人民出版社 1988 年版。

冯季昌、华林甫:《江南社会经济史研究的新收获——评冯贤亮著〈明清江南地区的环境变动与社会控制〉》,《中国经济史研究》2002 年第 1 期。

冯贤亮:《明清江南乡村民众的生活与地区差异》,《中国历史地理论丛》2003 年第 4 期。

冯贤亮:《城市重建及其防护体系的构成——16 世纪倭乱在江南的影响》,《中国历史地理论丛》2002 年第 1 期。

冯玉荣:《上医医国:一位晚明医家日常生活中的医疗与政治》,《华中师范大学学报(人文社会科学版)》2018 年第 3 期。

风笑天、易松国:《城市居民家庭生活质量:指标及其结构》,《社会学研究》2000 年第 2 期。

风笑天:《生活质量研究:近三十年回顾及相关问题探讨》,《社会科学研究》2007 年第 6 期。

傅红春:《财富的市场价格与幸福效用——生活质量的判定标准》,《山东社会科学》2015 年第 6 期。

傅衣凌:《中国传统社会:多元的结构》,《中国社会经济史研究》1988 年第 3 期。

高寿仙:《明代时估制度初探——以朝廷的物料买办为中心》,《北京联合大学学报(人文社会科学版)》2008 年第 4 期。

高寿仙:《明万历年间北京的物价和工资》,《清华大学学报(哲学社会科学版)》2008 年第 3 期。

高寿仙:《明代北京街道沟渠的管理》,《北京社会科学》2004 年第 2 期。

葛剑雄:《明初全国户口总数并非"丁"数——与王其榘先生商榷》,《中国历史地理论丛》1990 年第 4 期。

顾诚:《明前期耕地数新探》,《中国社会科学》1986 年第 4 期。

管汉晖、李稻葵:《明代 GDP 及结构试探》,《经济学(季刊)》2010 年第 3 期。

郭红、王文慧:《明代贵州卫学与地域文化》,《贵州文史丛刊》2016 年第 4 期。

郭培贵:《明代科举的坚实基础——官学教育的发展特点及其经验教训》,《中国文化研究》2009 年第 2 期。

郭艳茹:《交易费用、权力控制与明代管制型制度体系的演变》,《南开经济研究》2008 年第 2 期。

何朝晖:《明代县衙规制与日常政务处理程序初探》,《安徽大学学报》2005 年第 6 期。

何传启、刘雷:《生活质量现代化:世界历史经验及其中国启示》,《理论与现代化》2020 年第 6 期。

贺春临、周长城:《福利概念与生活质量指标——欧洲生活质量指标体系的概念框架和结构研究》,《国外社会科学》2002 年第 1 期。

洪焕椿:《明代治理苏松农田水利的基本经验》,《中国农史》1987 年第 4 期。

户晓辉:《实践民俗学的日常生活研究理念》,《民间文化论坛》2019 年第 6 期。

胡成:《"资本主义萌芽"与本土化研究的思考》,《史学理论研究》1999 年第 2 期。

胡端:《试论明清以来江南内河水运中的船夫生计》,《史林》2010 年第 4 期。

胡铁球:《明代官俸构成变动与均徭法的启动》,《史学月刊》2012 年第 11 期。

胡铁球:《明代九边十三镇的月粮折价与粮价关系考释》,《史学月刊》2017 年第 12 期。

胡铁球:《明代“重役”体制的形成——以白粮解运为例》,《社会科学》2012 年第 6 期。

胡英泽:《晋藩与晋水:明代山西宗藩与地方水利》,《中国历史地理论丛》2014 年第 2 期。

胡悦晗、谢永栋:《中国日常生活史研究述评》,《史林》2010 年第 5 期。

黄阿明:《明代赋税征银中的负面问题》,《史林》2007 年第 6 期。

黄冕堂:《中国历代粮食价格问题通考》,《文史哲》2002 年第 2 期。

黄一斓:《异彩纷呈的明晚期民间日常生活——基于同期小说材料的考察》,浙江大学 2007 年博士学位论文。

侯官响:《明代万历时期苏州府的赋税结构》,《地方财政研究》2017 年第 1 期。

季士家:《明都南京城垣略论》,《故宫博物院院刊》1984 年第 2 期。

姜建国:《明代云南驿道交通的变迁及其原因》,《烟台大学学报(哲学社会科学版)》2016 年第 6 期。

蒋竹山:《晚明江南祁彪佳家族的日常生活史——以医病关系为例的讨论》,载孙逊、杨剑龙主编《都市、帝国与先知》,上海三联出版社 2006 年版。

鞠明库:《明代勘灾制度述论》,《中国社会经济史研究》2014 年第 1 期。

鞠明库、刘蓉:《试论明代养蜂业的发展》,《农业考古》2016 年第 1 期。

李长莉:《社会文化史:历史研究的新角度》,载赵清主编《社会问题的历史考察》,成都出版社 1992 年版。

李长莉:《社会文化史的兴起》,《天津师范大学学报》2003 年第 4 期。

李伯重:《什么是“中国”?——经济史中的“微观”研究》,《清史研究》2020 年第 6 期。

李伯重:《回顾与展望:中国社会经济史学百年沧桑》,《文史哲》2008 年第 1 期。

李成燕:《明代北直隶的水利营田》,《文化学刊》2009 年第 3 期。

李冻菊、温明晟:《生活质量的测度研究》,《经济统计学(季刊)》2017 年第 2 期。

李贵成:《休闲:理解生活质量的一个重要视角》,《河南社会科学》2014 年第 6 期。

李建武:《明代前期“九边”医疗状况初探》,《中华医史杂志》2014 年第 1 期。

李金铮:《关于区域社会经济史研究的几个基本问题》,《河北学刊》1986 年第 6 期。

李俊领:《日常生活:社会史研究的对象、视角与跨学科对话》,《徐州工程学院学报(社会科学版)》2017 年第 5 期。

李晴:《明代北京外城建设》,《北京档案》2010 年第 9 期。

李业杰:《关于民生概念内涵和外延的确认》,《山东科技大学学报(社会科学版)》2008 年第 2 期。

李义琼:《明嘉靖间上供物料折银与工部白银财政的建立》,《厦门大学学报(哲学社会科学版)》2019 年第 2 期。

李义琼:《折上折:明代隆万间的赋役折银与中央财政再分配》,《清华大学学报(哲学社会科学版)》2017 年第 3 期。

李义琼:《白银财政分配视角下的晚明浙淮盐法变迁》,《中山大学学报(社会科学版)》2019年第4期。

李义琼、张妍妍:《周忱改革、"京库"与中央财政再分配》,《社会科学》2016年第7期。

李莹:《天津市青年主观生活质量的调查分析》,《青年研究》2003年第3期。

李源涛:《20世纪30年代的食货派中国社会经济史研究》,《河北学刊》2001年第5期。

李焯然、陈宝良等:《传统的开展与再生——沟口雄三的中国近代社会观评析》,载赵令扬编辑《明清时集刊》2004年第7卷。

李镇:《社会经济史与湖南的区域研究——以明清时期洞庭湖区的宗族与垸田为例》,《湖南大学学报(社会科学版)》2012年第4期。

梁方仲:《明代黄册考》,《岭南学报》1950年第2期。

梁方仲:《明代户口田地及田赋统计》,《中国近代经济史研究集刊》1935年第3卷第1期。

梁方仲:《明代"两税"税目》,《中国近代经济史研究集刊》1935年第3卷第1期。

梁方仲:《一条鞭法》,《中国近代经济史研究集刊》1936年第4卷第1期。

梁景和:《生活质量:社会文化史研究的新维度》,《近代史研究》2014年第4期。

梁景和:《社会生活:社会文化史研究中的一个重要概念》,《河北学刊》2009年第3期。

梁景和:《生活方式:历史研究的深处》,《通化师范学院学报》2010年第9期。

梁景和:《关于社会文化史的几个问题》,载李长莉、左玉河主编《近代中国社会与民间文化》,社会科学文献出版社2007年版。

梁景和:《关于社会文化史的几对概念》,《晋阳学刊》2012年第3期。

梁景和、杜峰:《生活质量:社会文化史研究的新领域》,《史学理论研究》2016年第2期。

林枫:《重振经济史研究与中国传统经济社会若干问题——"中国社会经济的阶段变化"研讨会综述》,《中国社会经济史研究》2004年第4期。

林卡:《生活质量与社会质量:一项有关理论和方法论的比较研究》,《江苏行政学院学报》2015年第2期。

林金树:《明代嘉、隆、万时期农村的贫富两极分化》,《江海学刊》2005年第6期。

林金树:《明代中后期农村的贫富两极分化》,《河南师范大学学报(哲学社会科学版)》2005年第6期。

林金树:《明朝老年人政策述论》,《中国史研究》1998年第2期。

林南等:《生活质量的结构与指标》,《社会学研究》1987年第6期。

林祖华:《论民生的内涵和特点》,《理论与改革》2012年第3期。

林祖华:《民生概念辨析》,《经济研究导刊》2009年第22期。

刘佳:《"伤哉贫也"——读〈晚明文人以文治生研究〉》,载常建华主编《中国社会历史评论》第14卷,天津古籍出版社2013年版。

刘凤云:《明清时期地方官衙浅论——兼论城市空间文化》,《故宫博物院院刊》2002 年第1 期。

刘利平:《赋役折银与明代中后期太仆寺的财政收入》,《故宫博物院院刊》2010 年第3 期。

刘利平:《明万历初粤、淮盐业利润率及盐利分配比较研究》,《盐业史研究》2016 年第4 期。

刘淼:《明代开中商人的食盐价格确定》,《盐业史研究》2004 年第 3 期。

刘秋根、刘春悦:《明代高利贷者的社会构成》,《河北大学学报(哲学社会科学版)》2001年第 1 期。

刘秋根、王中良:《明代民间商业信用——兼及消费信用》,《河北大学学报(哲学社会科学版)》2006 年第 1 期。

刘松、楼嘉军:《休闲生活方式:国外研究述评与启示》,《宁夏社会科学》2017 年第 3 期。

刘卫武、刘亮:《明代坊间印书成本考》,《图书馆杂志》2011 年第 3 期。

刘希洋:《明代士人家庭女性的医疗活动探论》,《山西师大学报(社会科学版)》2016 年第6 期。

刘晓东:《明代塾师"生计"刍议》,《中国社会经济史研究》2008 年第 2 期。

刘晓东:《晚明士人的生计与士风》,《东北师大学报(哲学社会科学版)》2001 年第 2 期。

刘晓东:《论明代士人的"异业治生"》,《史学月刊》2007 年第 8 期。

刘晓东:《"弃儒从商"与"以文营商"——晚明士人生计模式的转换及其评析》,《社会科学辑刊》2011 年第 3 期。

刘晓艺:《明代奢侈性食品消费的阶层下移趋向——兼考〈醒世姻缘传〉中罕异方物名吃》,《明清小说研究》2019 年第 2 期。

刘新成:《日常生活史:一个新的研究领域》,《光明日报》2006 年 2 月 14 日。

刘志伟:《地域空间中的国家秩序——珠江三角"沙田—民田"格局的形成》,《清史研究》1999 年第 2 期。

刘志伟、陈春声:《梁方仲先生的中国社会经济史研究》,《中山大学学报(社会科学版)》2008 年第 6 期。

刘志琴:《晚明城市风尚初探》,《中国文化研究集刊》第 1 辑,复旦大学出版社 1984 年版。

刘志琴:《青史有待垦天荒》,《近代中国社会文化变迁录》第 1 卷,浙江人民出版社 1998年版。

刘志琴:《复兴社会史三议》(署名史薇),《天津社会科学》1988 年第 1 期。

刘志琴:《社会史的复兴与史学变革——兼论社会史和文化史的共生共荣》,《史学理论》1988 年第 3 期。

陆汉文:《生活质量研究的两种取向》,《西北人口》2008 年第 5 期。

陆军、刘海文:《生活质量研究回顾与展望——基于城市经济学的视角》,《江苏社会科学》2018 年第 2 期。

陆韧、夏自金:《交通安全与边疆稳定:明代乌撒道的特殊作用与交通管控模式探析》,《中国边疆史地研究》2019 年第 4 期。

卢敏:《明代福建官吏修建桥梁纪略》,《海峡科学》2013 年第 5 期。

卢伟:《过犹不及:对明代税负水平的辩证思考》,《经济资料译丛》2020 年第 2 期。

卢淑华等:《生活质量主客观指标作用机制研究》,《中国社会科学》1992 年第 1 期。

卢淑华:《中国城市婚姻与家庭生活质量分析》,《社会学研究》1992 年第 4 期。

栾凡:《明代辽东的米价、军粮与时局》,《东北史地》2010 年第 3 期。

罗朝蓉、赵玉田:《灾民生计与政治博弈——明代灾民形象检视》,《贵州社会科学》2016 年第 8 期。

罗建文:《发展价值论的理论论析》,《湖南科技大学学报(社会科学版)》2009 年第 4 期。

罗丽馨:《明代灾荒时期之民生——以长江中下游为中心》,《史学集刊》2000 年第 1 期。

罗萍、殷燕敏等:《国内生活质量指标体系研究现状评析》,《武汉大学学报(人文社会科学版)》2000 年第 5 期。

罗晓翔:《明代南京官房考》,《南京大学学报(哲学 · 人文科学 · 社会科学)》2014 年第 6 期。

马金生:《从〈医界镜〉看明清时期民间的行医活动》,《寻根》2010 年第 4 期。

马顺平:《界在羌番、回虏之间:明代甘肃镇边墙修建考》,《社会科学辑刊》2011 年第 4 期。

苗元江:《从幸福感到幸福指数———发展中的幸福感研究》,《南京社会科学》2009 年第 11 期。

苗元江、朱晓红等:《从理论到测量——幸福感心理结构研究发展》,《徐州师范大学学报(哲学社会科学版)》2009 年第 2 期。

苗元江、余嘉元:《幸福感:生活质量研究的新视角》,《新视野》2003 年第 4 期。

倪根金:《明代广东社仓、义仓考》,《广东史志》2002 年第 2 期。

牛健强:《明代北方水利滞后与官员试图改观现实的努力》,《史学月刊》2015 年第 3 期。

潘祖光:《“生活质量”研究的进展与趋势》,《浙江社会科学》1994 年第 6 期。

彭寿清、李良品:《论明代土司地区的儒学教育》,《西南民族大学学报(人文社会科学版)》2015 年第 3 期。

齐英艳:《生活水平到生活质量的历史演进》,《中共山西省委党校学报》,2014 年第 1 期。

钱穆:《略论中国音乐》,载氏著《现代中国学术论衡》,生活 · 读书 · 新知三联书店 2001 年版。

千里:《“过密型增长”理论——江南社会经济史研究的一把钥匙》,《中国经济史研究》

1993 年第 1 期。

千里:《周锡瑞谈美国关于中国近代社会经济史研究的新动向》,《中国经济史研究》1995 年第 3 期。

秦博:《明代白粮的加耗与改折》,《中国经济史研究》2015 年第 4 期。

邱云飞:《明代瘟疫灾害史论》,《医学与哲学(人文社会医学版)》2011 年第 1 期。

邱仲麟:《边缘的底层:明代北边守墩军士的生涯与待遇》,《中国边疆史地研究》2018 年第 3 期。

邱仲麟:《明代的药材流通与药品价格》,《中国社会历史评论》第 9 期,天津古籍出版社 2008 年版。

邱仲麟:《繁华的侧面——明清北京的民生问题与环境卫生》,载唐力行主编《江南社会历史评论》第 4 期,商务印书馆 2012 年版。

邱仲麟:《明太祖赐耆老民爵考》,《淡江史学》2000 年第 11 卷。

邱仲麟:《诞日称觞——明清社会的庆寿文化》,《新史学》2000 年第 11 卷第 3 期。

邱仲麟:《耆年冠带——关于明代"寿官"的考察》,《台大历史学报》2000 年第 26 卷。

邱仲麟:《敬老适所以贱老——明代乡饮酒礼的变迁及其与地方社会的互动》,《"中央"研究院历史语言研究所集刊》2005 年第 76 卷第 1 本。

邱仲麟:《医生与病人——明代的医病关系与医疗风习》,载李建民主编《从医疗看中国史》,台北联经出版事业公司 2008 年版。

曲夏夏、邢占军:《和谐社会构建进程中生活质量的提升:发展的视角》,《山东社会科学》2014 年第 4 期。

史克组:《我为什么要研究近代陋俗文化——访青年学者梁景和》,《首都师范大学学报》2000 年第 6 期。

史霄曜:《明代太原府的城防建设》,《忻州师范学院学报》2020 年第 1 期。

石超:《明代戏曲刻本价格考论》,《戏剧(中央戏剧学院学报)》2017 年第 5 期。

宋吉昊:《明清时期书画居间人的收入问题》,《中国书法》2017 年第 17 期。

宋晶:《明代武当山桥梁初探》,《湖北大学学报(哲学社会科学版)》2006 年第 5 期。

苏新红:《从太仓库岁入类项看明代财政制度的变迁》,《东北师大学报(哲学社会科学版)》2013 年第 1 期。

苏永明:《陶希圣中国社会经济史研究的学术转向》,《山西大学学报(哲学社会科学版)》2015 年第 1 期。

孙来斌、刘近:《中国民生概念发展史论要》,《湖北社会科学》2014 年第 6 期。

孙岩:《明中后期儒学教官生存状况探微》,《华中师范大学研究生学报》2019 年第 4 期。

孙媛贞:《明代屯田制度研究》,《食货》1935 年第 3 卷第 2 期。

谈谭:《"定制"还是"内销"——论明代中前期青花瓷的主要消费群体》,《西南大学学报

（社会科学版）》2010 年第 2 期。

唐文基：《明代社会经济史研究的重要突破——评〈明代黄册研究〉》，《中国史研究动态》1999 年第 3 期。

唐文基：《试论明代统治集团的消费问题》，《中国社会经济史研究》1988 年第 2 期。

唐文基：《明代粮食仓储制度》，《明史研究论丛》第 6 辑，黄山书社 2004 年。

陶德臣：《明代茶叶消费主体分析》，《茶业通报》2014 年第 2 期。

陶小军：《明代中后期吴中地区文人消费与书画交易》，《学术研究》2018 年第 6 期。

田培栋：《明初耕地数额考察》，《历史研究》1998 年第 5 期。

田培栋：《论明代北方五省的赋役负担》，《首都师范大学学报（社会科学版）》1995 年第 4 期。

涂丹、刁培俊：《东南亚香药与明代饮食风尚》，《古代文明》2016 年第 4 期。

万明：《明代白银货币化：中国与世界连接的新视角》，《河北学刊》2004 年第 2 期。

万明：《明代白银货币化与社会变迁》，《中国社会历史评论》第 5 卷，商务印书馆 2007 年版。

万明：《传统国家近代转型的开端：张居正改革新论》，《文史哲》2015 年第 1 期。

王春瑜：《论明代江南园林》，《中国史研究》1987 年第 3 期。

王光荣：《民生思想理论研究综述》，《江汉大学学报（社会科学版）》2012 年第 5 期。

王海敏、陈钰芬：《我国各地区城镇居民生活质量的综合评估》，《商业经济与管理》2004 年第 8 期。

王鸿泰：《从消费的空间到空间的消费——明清城市中的酒楼与茶馆》，《新史学》2000 年第 11 卷第 3 期。

王鸿泰：《从社会经济史转向社会文化史——台湾二十年来新史学的发展》，载唐力行主编《江南社会历史评论》第 4 期，商务印书馆 2012 年版。

王宏钧：《反映明代北京社会生活的〈皇都积胜图〉》，《历史教学》1962 年第 7 期。

王凯、周长城：《生活质量研究的新发展：主观指标的构建与运用》，《国外社会科学》2004 年第 4 期。

王家范：《中国社会经济史面临的挑战——回应〈大分流〉的问题意识》，《史林》2004 年第 4 期。

王露璐：《幸福是什么———从亚里士多德与密尔的幸福观谈起》，《光明日报》2007 年 11 月 13 日。

王茂华：《明代北边筑城计量分析》，《兰州学刊》2015 年第 4 期。

王培刚、衣华亮：《中国城市居民主观生活质量满意度评价分析》，《社会科学研究》2007 年第 6 期。

王太盈：《人类生活质量指标的构建与意义》，《经济研究导刊》2014 年第 4 期。

王卫平:《朱元璋社会保障思想研究》,《华中师范大学学报(人文社会科学版)》2012 年第 4 期。

王卫平:《丘濬社会保障思想研究——以〈大学衍义补〉为中心的考察》,《苏州大学学报(哲学社会科学版)》2012 年第 4 期。

王卫平:《明代吕坤的社会保障思想——明清江南地区慈善家系谱研究》,《学习与探索》2012 年第 7 期。

王卫平、戴卫东:《明代传统社会保障政策述论》,《宿州学院学报》2005 年第 5 期。

王卫平、王宏旭:《明代预备仓政的演变及特点》,《学术界》2017 年第 8 期。

王其榘:《明初全国人口考》,《历史研究》1988 年第 1 期。

王双怀:《明代华南水利事业的发展》,《中国历史地理论丛》1998 年第 4 期。

王双怀:《明代华南水利建设的区域特征》,《陕西师范大学学报(哲学社会科学版)》2001 年第 2 期。

王太盈:《人类生活质量指标的构建与意义》,《经济研究导刊》2014 年第 4 期。

王霞:《"他者"入史:历史统计学方法的产生与运用》,《云南大学学报(社会科学版)》2021 年第 3 期。

王兴亚:《明代的老年人政策》,《南都学坛》1994 年第 4 期。

王育民:《〈明初人口考〉质疑》,《历史研究》1991 年第 3 期。

王雅林:《生活范畴及其社会建构意义》,《哈尔滨工业大学学报(社会科学版)》2015 年第 3 期。

王振忠:《华云进香:民间信仰、朝山习俗与明清以来徽州的日常生活》,《地方文化研究》2013 年第 2 期。

魏天辉:《明代京官的俸外收入》,《河南师范大学学报(哲学社会科学版)》2012 年第 1 期。

吴承明:《经济史学的理论与方法》,《中国经济史研究》1999 年第 1 期。

吴承明:《传统经济・市场经济・现代化》,《中国经济史研究》1997 年第 2 期。

吴明霞:《30 年来西方关于主观幸福感的理论发展》,《心理学动态》2000 年第 8 卷第 4 期。

吴滔:《明代永充粮长与嫡长子继承——基于吴江黄溪史氏家族文献的考察》,《清华大学学报(哲学社会科学版)》2018 年第 4 期。

吴姚东:《生活质量:当代发展观的新内涵》,《国外社会科学》2000 年第 4 期。

吴振汉:《明代奴仆之生活概况——几个重要问题的探讨》,《史原》1982 年第 12 期。

吴忠民:《民生的基本涵义及特征》,《当代社科视野》2008 年第 6 期。

巫仁恕:《明清消费文化研究的新取径与新问题》,《新史学》2006 年第 17 卷第 4 期。

巫仁恕:《晚明文士的消费文化——以家俱为个案的考察》,《浙江学刊》2005 年第 6 期。

巫仁恕:《晚明的旅游活动与消费文化——以江南为讨论中心》,《"中央"研究院近代史研究所集刊》2003 年第 41 期。

武勇整理:《比较视野下的社会经济史研究——中日学者探讨地域社会论和乡族理论》,《中国社会科学报》2020 年 9 月 24 日。

谢湜:《明前期江南水利格局的整体转变及相关问题》,《史学集刊》2011 年第 4 期。

谢湜:《治与不治:16 世纪江南水利的机制困境及其调适》,《学术研究》2012 年第 9 期。

行龙:《经济史与社会史》,《山西大学学报(哲学社会科学版)》2003 年第 4 期。

徐泓:《从"军七民三"到"军三民七"和"官三民七":明代广东的筑城运动》,《中国地方志》2018 年第 1 期。

徐泓:《中国资本主义萌芽问题研究范式与明清社会经济史研究》,《中国经济史研究》2018 年第 1 期

徐永文:《明代地方儒学的经费——以明代方志为中心的考察》,《江西师范大学学报(哲学社会科学版)》2009 年第 6 期。

许宏烋:《明代土地整理之考察》,《食货》1936 年第 3 卷第 10 期。

许莹莹:《明代福建儒学建筑的规制风貌》,《福建史志》2018 年第 5 期。

许周鹣:《论明清吴地妇女的经济地位》,《苏州大学学报》1993 年第 4 期。

杨莉萍:《明代苏州地区书画消费群体研究》,《江苏师范大学学报(哲学社会科学版)》2014 年第 6 期。

杨国安:《明清时期的乡村社会保障体系》,《人民论坛》2019 年第 6 期。

杨国荣:《日常生活的本体论意义》,《华东师范大学学报(哲学社会科学版)》2003 年第 2 期。

杨国桢:《不断探索前进的艰辛历程——读傅衣凌著〈明清社会经济史论文集〉》,《中国社会经济史研究》1982 年第 3 期。

虞和平:《统合与建构:社会经济史学科之由来及其研究体系》,《河北学刊》2015 年第 1 期。

原祖杰:《奢侈性消费与晚明士商的身份认同》,《史林》2009 年第 5 期。

叶锦花:《配户当差? 明代福建泉州的户籍与户役研究》,《学术研究》2019 年第 9 期。

叶锦花:《明代灶户宗族生计变革与祖先故事演变——以石狮铺锦黄氏为例》,《社会科学辑刊》2013 年第 6 期。

叶康宁:《嘉隆万时期吴门及其周边的书画交易价格》,《社会科学战线》2009 年第 1 期。

易松国、风笑天:《城市居民家庭生活质量主客观指标结构探讨》,《上海社会科学院学术季刊》1999 年第 1 期。

余英时:《士商互动与儒学转向:明清社会史与思想史之一面相》,载郝延平、魏秀梅主编《近世中国之传统与蜕变:刘广京院士七十五岁祝寿论文集》,"中央"研究院近代史研究所

1998年版。

于慧颖:《先秦诸子民生思想研究》,《史学集刊》2011年第3期。

展龙、徐进:《明代水利奏报制度研究》,《安徽史学》2019年第4期。

张邦建:《明代中后期消费的特点及消费观的变化》,《中国社会科学院研究生院学报》2008年第4期。

张鸿武、王亚雄:《恩格尔系数的适用性与居民生活水平评价》,《统计与信息论坛》2005年第1期。

张明富:《论明代宗学的教育教学制度》,《社会科学战线》2010年第1期。

张佩国:《传统中国福利实践的社会逻辑——基于明清社会研究的解释》,《社会学研究》2017年第2期。

张升:《古代书价述略》,《中国出版史研究》2016年第3期。

张松梅:《明代军人抚恤制度述略》,《中国社会历史评论》第8卷,天津古籍出版社,2007年。

张松梅:《明代武官优养制度述略》,《聊城大学学报(社会科学版)》2010年第1期。

张松梅:《明代年幼应袭舍人优给时间考略》,《燕山大学学报(哲学社会科学版)》2007年第2期。

张锡纶:《明代户口逃亡与田土荒废举例》,《食货》1935年第3卷第2期。

张献忠:《日用类书的出版与晚明商业社会的呈现》,《江西社会科学》2013年第12期。

张晓明:《中西心理学传统中"乐"的比较研究》,《吉林师范大学学报(人文社会科学版)》2009年第1期。

张雨:《明代老年人的休闲生活》,《河北师范大学学报(哲学社会科学版)》2020年第4期。

张兆裕:《明代工赈述论》,《安徽史学》2016年第6期。

赵克生:《老吾之老:明代官吏养亲问题探论》,《史学月刊》2008年第2期。

赵永翔:《尊经以明伦:明代儒学尊经阁的隐喻》,《孔子研究》2015年第3期。

赵毅:《明代豪民私债论纲》,《东北师大学报(哲学社会科学版)》1996年第5期。

赵毅、刘晓东:《传统向现代的萌动》,《东北师大学报(哲学社会科学版)》1999年第1期。

赵轶峰:《身份与权利:明代社会层级性结构探析》,《求是学刊》2014年第5期。

赵轶峰:《明代经济的结构性变化》,《求是学刊》2016年第2期。

赵子富:《明代府州县儒学的教育经费》(上)(下),《首都师范大学学报(社会科学版)》1995年第2、3期。

郑克晟:《明代重赋出于政治原因说》,《南开学报》2001年第6期。

郑克晟:《明朝初年的福建沿海及海防》,《史学月刊》1991年第1期。

郑震:《论日常生活》,《社会学研究》2013年第1期。

周长城、刘红霞:《生活质量指标建构及其前沿述评》,《山东社会科学》2011 年第 1 期。

周长城、蔡静诚:《生活质量主观指标的发展及其研究》,《武汉大学学报(哲学社会科学版)》2004 年第 5 期。

周启荣:《明清印刷书籍成本、价格及其商品价值的研究》,《浙江大学学报(人文社会科学版)》2010 年第 1 期。

周绍泉:《明后期祁门胡姓农民家庭生活状况剖析》,《东方学报》(京都),第 67 册,1995 年版。

周生春、明旭:《明代徽州田价发覆》,《浙江大学学报(人文社会科学版)》2011 年第 3 期。

周荣:《明代致仕官员的食俸与养老》,《武汉大学学报(人文科学版)》2006 年第 1 期。

朱成全、汪毅霖:《自由发展视野下幸福指数体系的构建》,《南京社会科学》2009 年第 11 期。

朱国宏:《生活质量综合指数问题初探》,《经济学家》1993 年第 2 期。

朱绍华、王翔:《"僭礼逾制":明清江南市民生活的潜流》,《浙江社会科学》2006 年第 4 期。

左玉河、李文平:《近年来中国近代社会文化史研究述评》,《教学与研究》2005 年第 3 期。

[俄]柳德米拉·贝列耶娃:《俄罗斯社会现代化与生活质量测评》,《理论与现代化》2016 年第 6 期。

[美]黄宗智:《略论农村社会经济史研究方法:以长江三角洲和华北为例》,《中国经济史研究》1991 年第 3 期。

[美]黄宗智:《中国研究的规范认识危机:社会经济史中的悖论现象》,载氏著《中国研究的规范认识危机》,香港牛津大学出版社 1994 年版。

[美]K. 苏斯耐、G. A. 费舍:《"生活质量"的社会学研究》,唐仲勋、叶南客译,《国外社会科学》1987 年第 4 期。

[日]清水泰次:《明初田赋考》,张锡纶译,《食货》1936 年第 4 卷第 2 期。

[日]清水泰次:《明代福建的农家经济》,《史学杂志》第 63 编第 7 号。

[日]田口宏二郎:《畿辅矿税初探——帝室财政、户部财政、州县财政》,《中国社会经济史研究》2002 年第 1 期。

[英]克拉判:《经济史的纪律》,连士升译,《食货》1935 年第 2 卷第 2 期。

后　记

本书是我所承担的国家社会科学基金重点项目的最终结项成果。该项目自立项起，经数年的沉潜研究，承蒙各位鉴定专家的抬爱，以优秀的等级获得通过。这无疑是一件令我欣慰的事情。

本书又是拙著《明代社会生活史》的姊妹篇。2001 年，当我从新加坡国立大学中文系重回母校北京师范大学历史系任教时，因机缘巧合，开始《明代社会生活史》一书的写作，最终由中国社会科学出版社付梓。该书初版于 2004 年，首印 6000 册。次年，我已经调任西南大学，此书又加印一次，计 5000 册。两次印数相加，合计 11000 册。对于一部纯学术的论著来说，这也算是一个不错的印数了。此书出版后，蒙学界与媒体朋友的厚爱，再加之读者的揄扬，有幸被《中华读书报》评为“2004 年度十大社科图书”，而后入围“首届华语传媒图书大奖”（历史传记类）。

为了便于读者对本书有一个更为系统的了解，在此后记中，我不妨就本书的主要内容及其观点作一个较为简略的申述。从根本上说，本书主要是从社会变迁的视域看明代生活质量。“生活质量”（Quality of Life，QOL）是一个后起且综合多种学科视野的概念。它固然与生活息息相关，并与社会生活、日常生活、生活水平、幸福感等概念混杂在一起，但实则是一种基于理论转向之后对生活认知的变化。

已有的丰富的明代社会经济史与社会生活史、日常生活史的研究成果，无疑为重新审视明朝人的生活质量提供了诸多的便利。值得指出的是，明史学界对明人生活质量的研究颇显薄弱，除了部分论著涉及明代各社会阶层的生存状态之外，就明朝人整体生活质量加以综合探讨者，近乎付诸阙如。有鉴于此，若是借助“生活质量”这一概念，通过对明代收入、物价、消费、负担乃至各社会阶层生存状态等的考察，探求明朝人生活观念的变化乃至真实的幸福感知，借此即可弥补以往研究过于集聚于生活方式、生活水平的局限，进而深化明代生活史研究。

首先,社会变迁与明代生活质量的关系,这是本书关注的一个重点。社会变迁是一个社会学的概念。生活质量的研究,既是一种社会经济史的研究,又是一种社会文化史的研究。当将社会变迁理论引入历史时期生活质量的研究,亦即将生活质量研究置于社会变迁视域下加以深入考察时,最终还是需要遵循历史实证主义的原则。尤其像明代这样从传统向近代转型的历史时期,其中转型的复杂性与多变性,更需要研究者在运用社会变迁理论时付出加倍的小心,以便使社会性质与生活质量的定位更加符合历史的真面目。

社会变迁虽不尽与社会转型相同,但随社会变迁而来者,则必然导致社会发生巨大的变革甚至转型。细究明代的社会变迁,主要体现在以下三个方面:一是社会流动日趋加速。随社会流动而来者,则是社会阶层的分化与等级制度的渐趋解体。二是个人自由意志日趋加强。明代个人自由意志的加强,显然得益于朝政的宽大与舆论空间的扩大。朝政的宽大,无疑有助于各种观念、行为的纷然杂出。至于社会生活与风俗乃至文化的多样性与活泼性,也大多受益于朝政的宽大,以及人们所受社会控制的松懈。三是社会的动态变迁。揆诸明代的社会变迁,历史事象的动态变迁则尤为明显。这可以从以下三个方面观之:一是从明初对人口的严密控制,转向明代中期以后人口可以自由流动;二是从明初社会等级的井然有序,转向明代中期以后的社会失序;三是从明初小农经济结构稳定、贫富相对均衡,转向明代中期以后小农经济受到冲击,贫富两极分化日趋严重。

其次,明代生活质量变迁及其内涵,这也是本书研究的一个重点。明代生活质量存在着一个动态变迁的历程,且其所含内容极其丰富,需要从多个层面加以深入探讨。这又可以从以下三个方面观之。

其一,明代生活质量的动态变迁。生活质量随时代变迁而递嬗。明代生活质量的动态变迁,无疑与世道、人心、风俗变化有关,但并非完全同步合辙。明代历史的分期与生活质量之间的关系,既有合辙的趋同性,也有脱轨的趋异性。若是将历史分期代之以时代变迁,那么,生活质量的变化显然与时代变迁具有一种趋同性。

明代生活质量的变迁历程大致可以分为三个阶段:一是从洪武立国到天顺年间(1368—1464),通过休养生息的调整,国力正处于上升阶段,人们的生活质量从战乱中得以逐渐恢复及提高;二是从成化、弘治以后到万历初年(1465—1581),经过明代初期近百年的恢复,国力大增,财富累积,百姓生活质量达臻顶峰;三是从万历初年直至明亡(1582—1644),战乱纷起,天灾不断,百姓负担随之加重,生活质量骤然下降。

其二，明代生活质量的内涵。这主要体现在以下九个方面。

一是支配要素。影响明代生活质量的支配要素，主要包括生产力要素与生产关系要素。一方面，生活质量的提升取决于诸如人口与土地、生产工具的改进、农业种植技术的改良乃至科技的进步等生产力因素；另一方面，生产关系对生活质量的影响，则是正面与负面并存。一代生活质量的提升，通常在于突破固有的生产关系，形成一种与生产力发展同步的新型生产关系。明政府允许流动人口"附籍"于当地，并成为当地合法居民的政策措施，至少说明人口流动自由权的部分获得，已使明朝人的生活质量获得了一定程度的提高。

二是收入状况。收入是生活的基本保障。因社会阶层的不同，收入的性质随之分为两类：一类是职役人员的收入，主要包括廪给与工食银；另一类则是各色劳动阶层的劳动收入，是一种纯粹的劳动报酬。两种收入性质有异：前者收入的高低主要取决于国力与财力，后者收入的高低则由市场劳动力供应所决定。明代各社会阶层的收入构成，可以分为基本收入与额外或业余收入两大类。至于明代的收入状况，则已经呈现出三大特点：一是收入的高低，事实上已经决定了生活质量的好坏；二是额外收入日益成为明代家庭收入的主要来源；三是明朝人的收入明显存在着社会阶层性的差异。

三是物价波动。日用物价的低昂甚或波动，既反映了风俗的变迁，又可借此验证"民生之休戚"。从明代物价波动态势来看，明显呈现出以下两种截然相反的态势：一种是就日常生活必需品尤其是粮食价格而言，时常出现一种大起大落的现象：当承平或大熟之年，粮食价格较低，百姓生活安宁；当战乱或荒歉之年，粮食价格随之高涨，百姓生活艰窘。另一种是就奢侈品尤其是艺术品价格而言，则大致呈现出一种上涨之势，再加之劳动力工价的上升，导致奢侈品、艺术品制作成本渐趋增加。

四是消费支出。明代社会正处于从小农社会向商业社会转向的历史关头。在这样的转型社会里，生产与消费不是一种互相排斥的关系，而是一种相辅相成的关系。明代的生活消费支出，大抵呈现出以下三个倾向：一是日常消费从俭朴开始向奢靡转向；二是整体性消费从维持生存等实用功能的消费，向旨在"观美"等艺术性消费的转向；三是消费观念的转变，以及消费经济的形成。随之而来者，则是消费经济的形成，进而反馈于生产领域，带动生产与商品交易的发展。

五是赋役负担。明代官方制定的赋役征派政策，固然出于一种公平的原则考虑，但在实际的执行过程中，不公平性则随处可见。这种赋役负担的差异性，主要体现为社会阶层性差异与地域性差异。明代赋役负担与民生之间的关系，事实上存在着以下两大趋势:一是赋役负担日趋加重。单就赋税负担而言,赋税征收从“以十税一”,转而变为“十而税二三”,征收比例实则上涨了10%—20%。这仅仅是赋税负担的加重之势。若是加上徭役负担,万历年间的赋役负担,相较于明初几乎上涨了100倍。二是因赋役负担日趋加重,进而导致百姓生活质量的下降。进而言之,在官方实施减负的过程中,诸多政策措施产生了一些争议,但无不是出于地方与社会阶层利益的考虑。一条鞭法的实施,及由此而引发的诸多争议,就是典型的例证。

六是民生家计。民生家计是生活质量物化水平的主体构成,最大程度地反映了生活质量的整体水平。从人们的购买力乃至消费水平入手,明朝人生活水平大致可以厘定为四个等级层次:一富贵奢华生活;二是富裕小康生活;三是温饱生活;四是贫困生活。自明代中期以后,在农业社会向商业社会演进的过程中,贫富分化日趋严重。贫富两极分化的结果,显然造成贫富之间的矛盾日趋加剧,进而形成阶级间的明显冲突,其结果则是国家社会控制力的分崩离析。

七是福利保障。福利保障牵涉到国家财富与收入的再分配问题。通观明代国家财富与收入的再分配体系,显然已经陷入一种结构性的缺陷。以税赋为主要收入来源的国家财富,更多地用于皇宫的奢靡性消费、军费的维持、官员俸禄的支出以及宗禄的消糜。与此同时,在社会保障以及有益于改善民生的公共消费品投入方面,国家却未能承担起整套社会保障体系的财力支持,其结果则使社会保障体系流于一种形同虚设的尴尬境地。相较之下,民间财富与收入的再分配,则相对进入了一种较为良性循环的状态。通过个体的慈善之举,或借助于群体性的民间慈善组织,明代随之建立起以民间财富为支撑力量的社会保障体系。

八是公共产品。在传统帝制中国,举凡“土木兴作”一类的大事,均可归于“王政”之内。以“土木兴作”为外在表现的王政,基本与西方经济学所谓“公共产品”(Public good)相近。在明代,官方是地方公共工程建设与供给的主要力量。因地方官员并未将公共产品的供给视为首务,随之而来者,则是民间力量的崛起,且成为地方公共产品供给的主要力量。当然,在桥梁、道路等公共工程建设上,有一个现象颇为值得引人关注,即宋代的桥梁、道路建设胜过明代。由此可见,单就桥梁、道路建设而言,明代民间力量投入地方公共产品供给的资金及其力度,显然弱于宋代。

九是幸福感知。幸福感最为常见的表现形式,则是一种快乐的感受。在中西不同的文化语境中,对幸福这一概念有着不同的认知。就明朝人的幸福、快乐而言，显然存在着社会阶层性差异。明代的士大夫掌握着整个社会的话语权，包括对幸福生活感知的话语表达。明代士大夫幸福、快乐的理想生活世界，可以从以下两大样板中得以反映：一是"仁厚之里"，是幸福、快乐的生活环境；二是"太古之民"，是生活简朴、心性自适的快乐之人。仁厚之里、太古之民两种生活样板的重塑，足以证明明代士大夫在面对商业化、城市化浪潮时，将人们"不知足"的生活追求转而退回到"知足"的生活境遇，而后将幸福生活建立在古老的秩序传统之上。

其三，明代生活质量的二元结构。一个时代人们生活质量的高低，取决于社会治乱的更替。换言之，社会安宁，四海升平，物价下行，百姓生活质量得以提高，幸福指数随之上升；反之，社会动乱，天灾人祸不断，物价飞涨，百姓生活质量自然就会下降，幸福指数随之低落。当政治清明之时，天降祥瑞，民生安乐，自然属于治世；当政治昏暗之时，天降灾异，民生憔悴，自然属于乱世。判断一个时代人们的生活质量，理应注意到天灾人祸时期人们生活的悲惨境遇，但更应看到一种时代的进步，以及由此而来的人们生活质量的提升。

生活质量区域性差异的存在，归根结底是由生活质量的空间维度所决定的。进而言之，生活质量受制于经济区域。明朝人生活质量的区域差异性相当明显。在这些区域差异性中，从大的区域来看，有南北之别，有城乡之别，以及腹里与边地之别；从小的区域来看，即使同属一个区域，其间生活质量亦同样呈现出部分的差异性。

明代生活质量存在着社会阶层性差异。自古以来的传统史籍，一旦言及贫富差距时，举凡"田连阡陌""贫无立锥"的话语，充斥着无数的官方与私家记载，说明贫富差距一直是传统中国社会的痼疾。明朝也不例外。在各个社会阶层之间，生活质量存在着明显的差别。进而言之，明朝人生活质量的贫富差距，不但存在于不同的社会阶层，即使在同一社会阶层之内，因为各种具体的原因，其生活质量亦不可一概而论。

再次，明代生活质量的历史定位，这显然是本书重点关注的第三个问题。明代生活质量研究，无疑需要采用社会经济史与社会文化史两种路径。唯有如此，方可揭示出明代生活质量的内在变迁理路与内在本质，进而对明代的生活质量加以历史定位。

借助于诸多阶段性理论，再结合明代的历史实际，至少可以从以下三个方面对明代的生活质量加以历史定位：一是在相当长的历史阶段内，追求生活质量是人们生活的目的和所要追求的一种生活目标，而并非是工业化时代尤其是知识化时代人们的专利。换言之，明朝人同样也将生活目标定为追求生活质量，所异者仅仅是生活质量的高低而已。二是从社会史演进历程着眼，明代的生活质量仅仅限于农业时代的基本生产与生活方式背景，亦即生存需求仍是明朝人的基本需求，发展模式仍以土地为中心，生产方式仍是农业和手工生产，兼具部分的城市化与商业化，并以农耕、游牧生活作为基本的生活方式。在明代这样的社会里，确乎只有少数人或者部分人关心生活质量。三是生活质量显然建立在经济增长或经济发展水平之上。正如有的学者所言，现在有充分的证据说明，"明代的经济发展水平超过宋代"。借助于这一总体性的判断，至少可以演绎出如下的论断，即明代的生活质量基本超越了宋代。

毫无疑问，本书关于明代生活质量的探究，旨在达臻以下三个目的：一是借助"生活质量"这一概念，通过对明代收入、物价、消费、负担乃至各社会阶层生存状态等生活水平的考察，探求明朝人生活观念的变化乃至幸福感，进而深化明代生活史研究；二是采用社会经济史与社会文化史两个研究路径，对明代生活质量加以综合探讨，进而丰富明代生活史研究的理论与方法；三是为建设当今共同富裕与和谐社会提供有益的借鉴。

从社会生活转向生活质量，这不止是研究视角的转换，更是一种研究方法的提升，亦即从单一的社会生活史研究路径，转而变为将社会经济史与社会文化史两个研究路径加以系统整合。这种研究视角与研究路径的转变，对我来说无疑是一个更大的挑战。其中所经历的艰辛，确实是"哑子吃馄饨"的事情，非可与他人道。毋庸讳言，因经济史研究的路径非我所长，且对研究内容所涉的各种计量分析方法，我更是不曾熟谙，尽管所用之功甚勤，所费之力不少，其结果则是现在呈现出来的最终成果，或许并非尽善尽美。这倒完全印证了吾乡乡老的一句老话，即"黄胖舂年糕——出力弗讨好"。知我罪我，其读者乎！若是能得到读者的有益批评，这更是我的一大幸事。

是为记。

陈宝良

2024 年 4 月 28 日识于缙云山下之嘉陵江畔

责任编辑：翟金明
封面设计：汪　阳

图书在版编目(CIP)数据

明代社会变迁时期生活质量研究 / 陈宝良著.
北京 ：人民出版社，2024. 9. -- ISBN 978－7－01－026809－5

Ⅰ. K248.07

中国国家版本馆 CIP 数据核字 2024A3P743 号

明代社会变迁时期生活质量研究

MINGDAI SHEHUI BIANQIAN SHIQI SHENGHUO ZHILIANG YANJIU

陈宝良　著

人民出版社 出版发行
（100706　北京市东城区隆福寺街 99 号）

北京建宏印刷有限公司印刷　新华书店经销

2024 年 9 月第 1 版　2024 年 9 月北京第 1 次印刷
开本：710 毫米×1000 毫米 1/16　印张：65.5
字数：1180 千字

ISBN 978－7－01－026809－5　定价：268. 00 元（上下册）

邮购地址 100706　北京市东城区隆福寺街 99 号
人民东方图书销售中心　电话（010）65250042　65289539

国家社科基金重点项目（15AZS006）

明代社会变迁时期生活质量研究

上 册

陈宝良 著

人 民 出 版 社

目　　录

导　论

明代是一个社会变迁时期,既有社会的转型,又有文化的变迁。在这一动态的社会变迁过程中,无论是生活观念,还是生活方式,甚至包括生活水平,明朝人的生活质量发生了根本性的变化。

生活质量固然以生活方式、生活水平等外在的客观标准得以展现,但又与人们的生活观念、内在的心理活动尤其是幸福感知直接相关。这就需要对生活、生活水平与生活质量等诸多概念加以理性地辨析。

值得指出的是,生活质量必然会受到生产力与生产关系的制约。生产力的高低,在一定程度上决定了生活水平的高低,进而影响到人们的幸福感知。生产关系则从制度的架构层面制约着生活质量。无论是官方的政策,还是法律与礼制的规范,甚至是社会结构下的阶级分层,无不影响到人们的生活质量,或有助于生活质量的提升,或阻滞生活质量的提高。

一、概念界定与学术史梳理

研究有明一代的生活质量,显然有待于概念的界定。若是概念模糊,必然会使研究主题产生偏差甚至混乱,甚至影响研究结果的真实性。至于近人的研究成果,不仅可以为后来的研究者提供足资参考的资料,更使研究者在通晓学术史内在演变理路的基础上,进而超越前人的研究成果成为可能。

(一)“生活质量”及其相关概念辨析

所谓“生活质量”(Quality of Life,QOL),这是一个后起且综合多种学科视野的概念。它固然与生活息息相关,并与社会生活、日常生活等概念混杂在一起,但实则是一种基于理论转向之后对生活认知的变化。

1. 何谓"生活"?

与"生活质量"相关的第一个概念,无疑是"生活"。正确理解生活概念的前提,在于如何把握生命这一概念。换言之,生活首先来源于生命,而生命则是考察生活概念的根本出发点。

生活源于生命,人所从事的所有生活活动都是其特有生命形态以多种方式的呈现。因此,"生命"是考察生活概念的根本出发点和必须把握的第一个关键词。① 得出如此认识,显然可以从语源学上得到进一步的解释与印证。无论是中国,还是外国,就词语的起源而言,"生命"与"生活"无不显示出同源性的特质。举例来说,英语中的"life",或者德语中的"leben",大多包含有生命和生活的含义。这无疑是"生命"与"生活"同源的一个佐证。在汉语世界中,若是稍加溯源,最早表达生活含义的仅仅是一个"生"字。在古代先民的认识世界里,"生"字是指"草木初生"时的那种形态。这是许慎《说文解字》所作的一种诠释。这种解释同样可以从《广雅》中得到印证。《广雅》有云:"生,出也。"稍加引申,那么所谓的"生",就是一切生命现象。这其中又蕴含着两层意义:一是生活本身具有的本体论意义,即刘山献《易义》中所说的"自无生有曰生";二是《广雅》所含的意义,即由生长、生育而后演化为生命、生活的含义。一至春秋战国时期,在《孟子》中首次出现"生活"一词。就语源而言,"活"最初的意思是"水的流声",这无疑偏于可见的一种形态。将"生"与"活"相合,构成"生活"一词,已经动态显现了生命的特质。

需要引起重视的是,很多学者已对马克思著作中的生活概念作了有益的挖掘和阐述,进而指出"生活"是马克思历史唯物主义理论的重要范畴。② 这一点毋庸置疑。无论是在人们的社会生活中,还是在一些政治或学术文献中,尽管"生活"一词出现的频率越来越高,但对"生活"一词的诠释,仍然停留在对现象层面的社会现象加以描述的前科学阶段,显然并未真正得到科学范畴意义上的概念阐释。换言之,在中国的各种学术和政治文献中,久已习以为常的"生活"一词,通常是限定在"日常生活"含义上加以使用,其内涵更是不甚明晰。

---

① 王雅林:《生活范畴及其社会建构意义》,《哈尔滨工业大学学报(社会科学版)》2015 年第 3 期,第 1、4 页。

② 相关的研究,可分别参见孙云龙:《"生活"的发现与历史唯物主义的形成——〈德意志意识形态〉研究》,复旦大学出版社 2011 年版;杨楹、张禹东主编:《生活哲学——探索中的马克思主义哲学》,社会科学文献出版社 2004 年版。

这无疑需要对“生活”这一概念加以重新界定。生活是生命特质的动态显现。就短时段言,生活是每日、每月甚至每年之中人生活动的反复,亦即劳作、饮食、休息、娱乐的重复过程;就长时段言,生活是个体与群体生命的历程,亦即生命的自然延伸状态,直至尽头。

2. 何为“日常生活”?

与“生活质量”相关的第二个概念,则显然是“日常生活”。尽管已有的理论信息与研究现状显示,“生活”这一概念通常与“日常生活”混淆使用,但就概念界定而言,“生活”与“日常生活”无疑存在着区别。一般说来,所谓的“生活”,大多是指“大生活”,即广义概念的生活,它体现了生活的完整要素;所谓的“日常生活”,则是指“小生活”,即狭义概念的生活,它体现了生活的现实形态。①

既然日常生活是一种生活的现实形态,那么它无疑具有历史的客观性。已有的研究事实基本显示,研究者对“日常生活”概念的界定,确乎处于一种相对自由的混乱状态,研究者大多根据自己的理解而自由加以界定,尚未取得概念定义上的一致性。单从内容上看,吃穿住行、冠婚丧祭、生老病死、休闲劳作、人际交往等等,都可归之于日常生活的范畴。概念界定的复杂性甚至随意性,无疑又引出了概念界定另外一个话题,即对“日常生活”的概念界定必须置于狭义与广义二重形态下加以重新审视。换言之,狭义的日常生活以生命需要的满足为直接的指向,而广义的日常生活则包括个体日常从事的劳动、文化创造等各种社会活动及与之相关的事物和对象。②

以此为基本的概念界定标准,那么可以将日常生活作如下界定:所谓“日常生活”,是在社会生活中对于社会行动者或行动者群体而言具有高度的熟悉性和重复性的奠基性的实践活动,日常生活的时空是一个为人们所熟悉和不断重复的时空,是一切社会生活的社会历史性的基础。③ 进而言之,日常生活除了实践活动与时空的不断重复之外,更应包括个体的主观感受、微观经验,以及客观的生活现实形态。

---

① 王雅林:《生活范畴及其社会建构意义》,《哈尔滨工业大学学报(社会科学版)》2015 年第 3 期,第 8 页。

② 杨国荣:《日常生活的本体论意义》,《华东师范大学学报(哲学社会科学版)》2003 年第 2 期,第 2 页。

③ 郑震:《论日常生活》,《社会学研究》2013 年第 1 期,第 69、73 页。

3. 何为“社会生活”?

与“生活质量”相关的第三个概念是“社会生活”。有一个基本的事实不容忽视,即历史学层面的“日常生活”,一直以来缺乏清晰的界定,甚至与“社会生活”相混淆。

已有的研究成果显示,“社会生活”同样存在着广义与狭义之别:广义的社会生活是指人类整体的生活状态,包括政治生活状态、经济(物质)生活状态、文化(精神)生活状态、社会生活状态;而狭义的社会生活专指社会生活状态。在对概念加以广义、狭义区分之后,已有学者对“社会生活”作出如下定义:“社会生活是指人们在以生产为前提而形成的各种人际关系的基础上,为了维系生命和不断改善与提高生存质量而进行的一切活动的总和。”①这无疑具有启发性的意义。这就是说,社会生活具有以下两个面向:一个是生活本身的面向,其目的在于维系生命和改善并提高生存质量,以及为了达到这一目的而付出的劳动,即创造物质与精神财富的过程;另一个是社会的面向,即社会生活不再仅仅限于个体的主观感受与经验,而是人类活动的总和,包括在一定前提下所形成的各种人际关系。

4. 何为“生活水平”?

与“生活质量”相关的第四个概念是“生活水平”。所谓“生活水平”(Standard of Living),有时又作“生活标准”。有一个事实不得不予以承认,即在相当长的一段时间内,国外的“生活质量”概念是和“生活水平”“生活标准”“福利水平”等概念一起被广泛使用并加以研究的,而且多数的研究并不直接以“生活质量”为对象,并没有对“生活质量”概念加以严格的界定,以至于常常混同于“生活水平”“生活标准”“福利水平”等概念。②

即使如此,“生活质量”和“生活水平”显然是两个不同的概念,两者既有交叉,又各有侧重。生活水平主要反映财富、物质商品和生活必需品的享有量。换言之,生活水平取决于社会和经济发展的程度和等级。而生活质量主要反映了生活的满意度和幸福度,其内涵和外延在不断演化,它与人类福祉(well-

① 梁景和:《社会生活:社会文化史研究中的一个重要概念》,《河北学刊》2009年第3期,第64—65页。

② 吴姚东:《生活质量:当代发展观的新内涵》,《国外社会科学》2000年第4期,第52页。

being)、美好生活(better life)、幸福生活(happiness)等概念紧密相关。换言之,生活质量既是对一个社会中人们总体生活水平的综合描述,同时也是衡量一个社会整体发展水平的重要指标。

5. 何为“生活质量”?

生活质量是衡量社会发展的重要标准之一。毫无疑问,这是一个从外移植过来的概念。在传统中国,与之相关的仅有“民生”这一概念。中国古代的民生思想相当丰富。在先秦诸子中,诸如道家的自然生态民生思想,儒家的“重民”民生思想,墨家的“利民”民生思想,以及法家的法治民生思想,尽管着眼的角度不同,却无不饱含着对民生的深切关怀,进而展现出社会大变革时期民生凋敝的现实图景。①

“民生”这一概念的内涵显然有广义与狭义之分。至于民生的外延,更有层次之别,则具体包括生存的民生、发展的民生和享受的民生三个方面,有人将其定义为“民生层次理论”。细言之,生存的民生,大抵是指民众基本生计状态,主要体现在衣食住行、生老病死等方面;发展的民生,大抵是指民众享有基本的发展机会和发展权利;享受的民生,则相对是一种全方位、高层次的民生。换言之,享受是指在心理上或生活上得到满足,要求和愿望得以实现,既包括物质上的,也包括精神上的,亦即民生的内涵是物质文化生活与精神生活的高度统一。②

孙中山认为,“民生就是人民的生活——社会的生存、国民的生计、群众的生命”。③ 孙中山所谓的“民生”,显然属于一种“大民生说”,亦即广义的民生说。若是以孙中山的“民生”说为讨论的基础,再引入民生问题的第三个层面的内容,亦即民众基本生存线以上的社会福利状况,那么诸如此类的民生之说,显然已经侧重于民众基本的“生活质量”问题。④ 换言之,这里的“民生”概念,大致已与“生活质量”较为接近。

“生活质量”,又称“生活素质”“生命质量”“生存质量”等。它既是一个全

---

① 于慧颖:《先秦诸子民生思想研究》,《史学集刊》2011 年第 3 期。按,关于中国古代民生思想的梳理,可参见王光荣:《民生思想理论研究综述》,《江汉大学学报(社会科学版)》2012 年第 5 期,第 30 页。

② 林祖华:《论民生的内涵和特点》,《理论与改革》2012 年第 3 期,第 15 页;林祖华:《民生概念辨析》,《经济研究导刊》2009 年第 22 期,第 163 页。

③ 孙中山:《孙中山选集》,人民出版社 1981 年版,第 802 页。

④ 吴忠民:《民生的基本涵义及特征》,《当代社科视野》2008 年第 6 期,第 213 页。

新的概念，又是一个多层面的概念，概念界定迄今尚未得到学术界的一致认同。一般认为，英国剑桥学派福利经济学家庇古（Pigou A. C.）于1920年在《福利经济学》（*The Economics of Welfare*）中，首次明确使用了"生活质量"的概念，并以这一概念描述福利的非经济方面。① 不过，庇古的提法在当时并没有引起广泛的关注。直至1958年，美国著名经济学家加尔布雷斯（Galbraith J. K.）在《富裕社会》一书中，重新提出"生活质量"的概念，才真正开启了生活质量领域的研究。他认为，生活质量的本质是一种主观体验，主要包括个人对其人生际遇的满意程度，以及在社会中实现自我价值的体验等。半个多世纪以来，生活质量研究逐渐引起各国社会学、经济学、心理学、医学、哲学等学科专家和学者的广泛关注。②

关于生活质量的定义，国内外学者已经作了系统的前期研究。系统检索社会科学界的这些研究成果，可知对生活质量的概念主要存在三种不同的理解，进而导致在对生活质量的测量和评估上也存在三种不同的方法。③ 按照第一种的理解，是把生活质量定义为人们"对于生活及其各个方面的评价和总结"，④即主要从主观感受方面来理解生活质量，因而研究者在研究中主要采用反映人们对生活满意程度的主观指标来测量和评估生活质量。按照第二种的理解，是把生活质量定义为"生活条件诸方面的综合反映"⑤，即主要从影响人们物质生活和精神生活的客观条件方面来理解生活质量，因此研究者在测量评估时主要运用衣、食、住、行等反映人们生活条件的客观指标。按照第三种的理解，是将上面两种理解结合起来进行考虑，认为生活质量由反映人们生活状况的客观条件和人们对生活状况的主观感受两部分组成，或者说是指"社会提供国民生活的充分

---

① 林南等：《生活质量的结构与指标》，《社会学研究》1987年第6期；周长城等：《生活质量的指标建构及其现状评价》，经济科学出版社2009年版，第22页。

② 周长城、刘红霞：《生活质量指标建构及其前沿述评》，《山东社会科学》2011年第1期，第26—27页。按，也有学者认为，生活质量概念是由加尔布雷斯首次提出来的。究竟由谁首先提出生活质量概念，其实无关宏旨，更为重要的倒是对生活质量的定义，因为这更关系到研究的内涵及其趋向。

③ 关于生活质量三种定义的概括性阐述，可参见风笑天、易松国：《城市居民家庭生活质量：指标及其结构》，《社会学研究》2000年第4期，第109页。

④ 林南等：《生活质量的结构与指标》，《社会学研究》1987年第6期。

⑤ 冯立天主编：《中国人口生活质量研究》，北京经济学院出版社1995年版，第4页；徐愫：《生活质量论》，南京大学出版社1995年版。

程度和国民生活需求的满足程度”①。

早在1972年,埃瑞克·沃拉德提出的“基本需求法”就已经把人的基本需求从低到高分为三个层次:物质的需求(Having)、爱的需求(Loving)和自我成就的需求(Being)。在这三个需求层次中,“物质的需求”指的是物质的、非情感的满足;“爱的需求”指的是与社会联系的需要,主要的主观指标是幸福感;“自我成就”的需求指的是与自然和社会和谐相处的需要。在每一层次上,都应兼顾需求满足的主观和客观指标。② 此外,总结国内外现有的生活质量概念,实则又可分为四种模式:一是生活质量指的是个体生活条件的质量,生活条件很有可能影响个人满意度;二是生活质量是指个体对其生活条件的满意度;三是生活质量是生活条件和个人满意度的综合;四是生活质量包括生活条件和个人满意度,同时在评价生活质量时,依据个人价值观赋予客观条件与主观感受以不同的权重。③

基于以上两种对生活质量的看法,显然又可把生活质量区隔为“客观生活质量”与“主观生活质量”。所谓客观生活质量,关注的主要是一个社会向其成员提供各种物质条件的状况或程度,它既可以作为衡量人们生活质量的指标,又可以作为衡量一个社会发展程度的指标。换言之,客观生活质量是把生活质量的研究重点放在影响人们物质与精神生活的客观指标方面,即着重进行社会指标的研究。所谓主观生活质量,关注的则主要是人们对其所处的生活状况的满足程度或满意程度,它所反映的是人们对生活的主观感受。换言之,主观生活质量偏重对人们主观生活感受方面的研究。④

---

① 陈义平:《关于生活质量评估的再思考》,《社会科学研究》1999年第1期。按,关于生活质量定义的基本梳理,相关的研究成果,可举例如下:[俄]柳德米拉·贝列耶娃:《俄罗斯社会现代化与生活质量测评》,《理论与现代化》2016年第6期,第50—51页;易松国、风笑天:《城市居民家庭生活质量主客观指标结构探讨》,《上海社会科学院学术季刊》1999年第1期,第137页;风笑天:《生活质量研究:近三十年回顾及相关问题探讨》,《社会科学研究》2007年第6期,第3页;卢淑华等:《生活质量主客观指标作用机制研究》,《中国社会科学》1992年第1期;周长城、蔡静诚:《生活质量主观指标的发展及其研究》,《武汉大学学报(哲学社会科学版)》2004年第5期,第582页。此外,相关的研究成果尚有许多,不再一一列举。

② 贺春临、周长城:《福利概念与生活质量指标——欧洲生活质量指标体系的概念框架和结构研究》,《国外社会科学》2002年第1期,第52页。

③ 王凯、周长城:《生活质量研究的新发展:主观指标的构建与运用》,《国外社会科学》2004年第4期,第38—39页。

④ 卢淑华等:《生活质量主客观指标作用机制研究》,《中国社会科学》1992年第1期;陈义平:《关于生活质量评估的再思考》,《社会科学研究》1999年第1期,第84页。

已有的研究成果显示，在关于生活质量研究的过程中，存在着一个将生活质量狭义化或歧义化理解的偏向。这主要体现在以下两个方面：一是用相关概念来代替总体概念。如把生活质量等同于生活水平、生活标准或福利水平，把好坏与高低等同起来；二是用部分代替整体，如把生活质量与主观生活质量或客观生活质量等同起来，单纯进行其中某一方面的研究。①

这无疑脱离了生活质量的全面描述与评价。其实，对于一个时代或社会中人们的生活质量来说，客观生活质量与主观生活质量两者之间，实际上是一种紧密相连、相互补充的关系。唯有把握两者之间的平衡关系，才可以得出生活质量的真实评判。鉴此原因，对生活质量的研究，显然需要从三个层面展开：一是日常生活水平，亦即所谓的民生家计，包括收入、物价、消费、负担等。这是短时段的生活质量，尤其以物质生活为基础。二是长时段的生命质量，包括生老病死及其年寿。上述两个层面，代表的是生活质量的物质面向，亦即客观生活质量。三是幸福感知，这是一种精神性的感受，代表的是生活质量的精神面向，亦即主观生活质量。

6. 何为幸福感？

由生活质量这一概念，势必引发出另外一个概念，这就是“幸福感”。那么，何为幸福感？

幸福感是人类生活永恒美好的追求，正如休谟所说：“一切人类努力的伟大目标在于获得幸福。”②幸福是个古老的话题。在古希腊时期，伊壁鸠鲁即有这样的说法：幸福生活是我们天生的善，我们的一切取舍都从快乐出发，我们的最终目标乃是得到快乐。1930 年，道奇(Dodge)首次提出了幸福理论，但实则并未超越古希腊哲学家们的界定。至 1960 年，威尔逊(Wanner Wilson)在他的博士论文中，就主观幸福感(Subjective Well-Being，SWB)个体差异，提出了以下两个理论假设：一是需要及时满足产生快乐，需要总是得不到满足导致不快；二是需要满足到什么程度才能带来满足感，有赖于个人的适应或期望水平，而这又受过去经验、同他人比较、价值观及其他因素的影响。③

---

① 陈义平：《关于生活质量评估的再思考》，《社会科学研究》1999 年第 1 期，第 84 页。

② 姚鹏主编，杨适等译：《人性的高贵与卑劣——休谟散文集》，上海三联书店 1988 年版，第 81 页。

③ 吴明霞：《30 年来西方关于主观幸福感的理论发展》，《心理学动态》2000 年第 4 期，第 23 页。

作为一个心理学的专门术语，对幸福感的理解势必带有诸多主观的色彩。随之而来者，则是对幸福的理解各有不同。这就是说，幸福的内涵是开放的，而对幸福的理解是历史性的。① 换言之，人们对幸福的理解，是伴随着时代变迁与文化价值的转移而不断发生变化的。不同的幸福观，使人们对"什么是好的生活"或"什么是人们应该追求的生活"，会作出不同的回答，并进而影响其获得幸福的方式。② 进而言之，有关物质生活越丰富、生活质量就越高的说法，显然很难得到具体的印证。其实，幸福带有很大的主观性。物质生活的丰富与个体的幸福感未必成正比。③ 有鉴于此，历史学者在研究主观生活质量之时，最为关键的问题，还是在于分析清楚群体或者个体对生活的真实感受，包括幸福的感受和痛苦的感受。

在这里，同样需要对幸福、幸福感、国民幸福指数三个概念加以区分。就现代经济学理论来说，幸福是哲学、伦理学、经济学、社会学的中心问题，它与国内生产总值（GDP）相关，体现的是一种国富；幸福感是心理学的科学命题，它与国民生产总值（GNP）相关，体现的是一种民富；国民幸福指数（GNH）则是政府关心的时代课题，是一种衡量人的幸福快乐的标准。④ 对于历史学者来说，限于资料的匮乏，对历史时期的 GDP、GNP 与 GNH 加以测定，显然是一件极其困难的事情，但这并不妨碍历史学者尽最大的努力，对历史时期人们的幸福、幸福感加以探究，以获得一个相对真实的研究结论。

（二）学术史梳理

生活质量的研究基础，来源于社会经济史与社会生活史两大研究领域的历史积淀。换言之，若欲考察明代变迁时期的生活质量，理当将其置于明代社会经济史与社会生活史的两大领域之下加以审视。

---

① 苗元江：《从幸福感到幸福指数——发展中的幸福感研究》，《南京社会科学》2009 年第 11 期。

② 王露璐：《幸福是什么——从亚里士多德与密尔的幸福观谈起》，《光明日报》2007 年 11 月 13 日。

③ 梁景和、杜峰：《生活质量：社会文化史研究的新领域》，《史学理论研究》2016 年第 2 期，第 51 页。

④ 苗元江：《从幸福感到幸福指数——发展中的幸福感研究》，《南京社会科学》2009 年第 11 期，第 103 页。

1. 明代社会经济史研究

明代(乃至明清)社会经济史研究的丰硕成果,无疑为明代生活质量研究奠定了基础。若是对明代社会经济史研究加以系统的梳理,成果之丰硕,用"汗牛充栋"一词加以形容并不为过。对这些研究成果作系统梳理,显然有待于专文甚至专书加以探讨。在此,只能就其与生活质量相关的内容作简要的厘定。

在明代社会经济史研究领域中,有三位前辈学者及其研究成果必须提及。他们各自在相关领域作出的经典性的阐述,为后来的研究提供了示范性的意义。傅衣凌在明清社会经济史研究上显然做出了开创性的工作,其研究方法和学术成就更是在海内外史学界具有相当大的影响力。傅氏的代表作有《明清农村社会经济》《明清时代商人及商业资本》《明代江南市民经济试探》《明清社会经济史论文集》等书,比较全面地反映了他对明清社会经济各个领域的研究成果。① 梁方仲关于明代社会经济史研究的成果,主要集中在以下三个方面:一是关于明代户口的研究,代表作为《明代户口田地及田赋统计》一文,以及《中国历代户口、田地、田赋统计》一书;二是关于明代赋役制度的研究,著有《明代赋役制度》一书;三是明代粮长制度的研究,著有《明代粮长制度》一书。② 全汉昇一向致力于中国经济史(尤其是明清经济史)的研究,在明代社会经济史研究领域取得了不少示范性意义的成果。全氏的研究成果主要集中在以下两大方面:一是美洲白银与海外贸易,相关论文有《明清间美洲白银输入中国的估计》《美洲白银与明清间中国海外贸易的关系》《美洲白银与明清经济》《明中叶后中国黄金的输出贸易》《明中叶后中日间的丝银贸易》等;二是财政与物价,相关论文有《明中叶后太仓岁入银两的研究》《明代中叶后太仓岁出银两的研究》《清康熙年间(1662—1722)江南及附近地区的米价》等。③

继傅衣凌、梁方仲、全汉昇之后,黄宗智为了创立一个真正符合中国国情的中国社会经济史学说,就华北、江南小农经济作了相当深入的实证研究,并在此

① 杨国桢:《不断探索前进的艰辛历程——读傅衣凌著〈明清社会经济史论文集〉》,《中国社会经济史研究》1982 年第 3 期,第 110—111 页。

② 刘志伟、陈春声:《梁方仲先生的中国社会经济史研究》,《中山大学学报(社会科学版)》2008 年第 6 期,第 74 页;李镇:《社会经济史与湖南的区域研究——以明清时期洞庭湖区的宗族与垸田为例》,《湖南大学学报(社会科学版)》2012 年第 4 期,第 116 页。

③ 相关的论文,均收入全汉昇:《中国近代经济史论丛》,中华书局 2011 年版。

基础上建立了一个全新的理论模式，最终成果在《华北小农经济与社会变迁》《长江三角洲小农家庭与乡村发展》两本书中得以完美地呈现。①

在明代社会经济史研究领域中，与生活质量关系最为密切且可以作为生活质量研究背景的研究，莫过于人口、土地、财政以及江南的区域研究。人口是劳动力的来源，土地是主要的生产资料。人口与土地是影响一代人们生活水平、生活质量最为重要的物质性因素。

（1）黄册与人口

黄册是关乎明王朝财政收入的基本册籍。在中国传统社会中，国家财政收入主要来自农业税和人头税。农业税征收的依据是土地；人头税以人为对象征收，土地是物，向土地征税实际上也是向土地的主人征税。因此，掌握人口数，特别是从人口和赀产相结合的角度，准确地掌握全国每个家庭人口、土地及其他财产数量，事关国家财政收入的兑现程度，并成为传统王朝治国的头等大事。

黄册是一种人口和赀产数相结合并完整加以登载的户籍，是明王朝征赋佥役的依据，受到明朝廷的高度重视，每隔 10 年要重造一次。有明一代共攒造了 27 次。由于它是明代基本的经济财政制度，所以研究者颇多。韦庆远所著《明代黄册制度》一书，②堪称相关研究中的上乘佳作。此书不仅阐明了黄册制度本身所具的诸多问题，还揭示了黄册制度和其他规章制度的内在联系，使人们加深了对明代社会经济制度的了解。当然，明代黄册研究中集大成之作，当数栾成显所著《明代黄册研究》一书。③ 此书在前人研究的基础上，突破了以往单纯利用文献资料研究黄册的局限，把黄册研究提到更高的水平。④

黄册是登记人口的户籍册子，与明代的户籍人口关系密切。人口史研究，作为社会经济史特别是社会史研究的一个重要领域，历来受到学者的重视。近年来，有关中国人口研究的论著发表颇为不少。其中对明代人口尤其是明初人口的估计上，分歧很大，争论引人瞩目。1988 年，王其榘发表了《明初全国人口考》

① 黄宗智：《华北小农经济与社会变迁》，中华书局 1986 年版；黄宗智：《长江三角洲小农家庭与乡村发展》，中华书局 1992 年版；千里：《"过密型增长"理论——江南社会经济史研究的一把钥匙》，《中国经济史研究》1993 年第 1 期，第 85 页。

② 韦庆远：《明代黄册制度》，中华书局 1961 年版。

③ 栾成显：《明代黄册研究》，中国社会科学出版社 1998 年版。按，此书的增订本由中国社会科学出版社 2007 年再版。

④ 唐文基：《明代社会经济史研究的重要突破——评〈明代黄册研究〉》，《中国史研究动态》1999 年第 3 期，第 164—165 页。

一文,[①]通过对《明实录》以及有关明代黄册的某些文献记载资料的考察,得出“明初人口在一亿以上”的结论。1990年,王育民发表了《〈明初人口考〉质疑》一文,[②]论述了明代户籍制度并非“女口不预”,分析了明代方志中有关明代户口记载的种种形式,指出方志记载的口是含妇女在内的,并对王其榘提出的各个论点一一作了辨析,而否定了明代黄册所载人口数字不包括妇女在内的说法。同年,葛剑雄又发表了《明初全国户口总数并非“丁”数——与王其榘先生商榷》,[③]以明初全国户口总数问题为论述中心,征引了为数颇多的明代方志中有关人口的记载与数字,附以统计表格,亦全面批驳了《明初全国人口考》的各个论据,否定了所谓明代黄册所载人口不包括妇女之说。

从总体上说,后两篇论文,即认为明代黄册所载人口亦包括妇女之说,论据较为充分,是有说服力的。不过,主张该说的论者在文中虽亦提及有关的文书档案,但仍主要是依据文献资料得出的结论,即通过地方志等文献记载,来论证黄册所载人口数字内容。为此,栾成显《明代黄册研究》一书,通过黄册原档并结合史乘记载,证实明代户籍登载,包括大小女口在内。这对确切估算明初人口,应该说解决了一大难题。当然,作者也认为,明中叶以后黄册中不登载女口的情况已非个别现象。此外,作者对令人疑惑的史乘中有关“半丁”的记载,发表了自己的见解,认为“半丁”之“丁”,是一条鞭法实行之后赋役核算单位,已不是人口计算单位。当然,作者这一见解,笔者以为论证尚不充分,还可以作进一步探讨。[④]

(2)田地数字

明代官方统计的田地数字,各种文献记载出入颇大。细究之,大致有下面几个数字:一是《明太祖实录》所载洪武十四年(1381)的数字,为366771549亩;二是《明太祖实录》所载洪武二十四年的数字,为387474673亩;三是《诸司职掌》所载洪武二十六年的数字,为849652300亩;四是《明宣宗实录》所载宣德七年(1432)的数字,为424492880亩;五是《后湖志》所载弘治十五年(1502)的数字,为429231075亩;六是《明孝宗实录》所载弘治十五年的数字,为835748500亩。

---

① 王其榘所撰文,载《历史研究》1988年第1期。

② 王育民所撰文,载《历史研究》1991年第3期。

③ 葛剑雄所撰文,载《中国历史地理论丛》1990年第4期。

④ 栾成显:《明代黄册研究(增订本)》,中国社会科学出版社2007年版,第295—312页。按,相关的评述,可参见唐文基:《明代社会经济史研究的重要突破——评〈明代黄册研究〉》,《中国史研究动态》1999年第3期,第168页。

在这些数字中,洪武二十四年黄册的田地总数与洪武十四年黄册的田地总数相比,在10年时间里增加了10703124亩,而洪武二十六年《诸司职掌》所载田地总数竟达849652300亩,与洪武二十四年黄册的田地总数相比,在一年多的时间里就多了462177627亩,增加了一倍多。显然,这不可能是对洪武二十四年黄册所载田地数字进行修补的结果,而只能是另外一个系统的统计数字。宣德、弘治年间田土统计总数,大致也是如此。如宣德七年的田地总数又回落到424492880亩,从这一数字不难看出,它与洪武十四年、二十四年黄册相比虽有增加,但仍属同一系统;同时又显示出,洪武二十六年《诸司职掌》8亿多亩的田地统计只能是不同于黄册的另外一个统计系统。再看一下弘治十五年的有关统计,该年为大造之年,正德《大明会典》及《后湖志》中均载有该年的田地统计数字,为429231075亩,而同年《明孝宗实录》中亦载有全国田地的统计数字,为835748500亩。两组数字比较,田地数大为不同,《实录》中又出现了8亿多亩的数字,比黄册多出近一倍。

这一田地总数数字记载的差异,显然证明了田地统计存在着两种统计系统。统计系统的不同,其统计对象亦可能不尽相同。关于《诸司职掌》所载8亿多亩土地数字,多年来中外学者已经作了相当深入的研究。一种观点认为,《诸司职掌》与黄册所载田土数字差额巨大,主要是统计对象的不同。黄册所载,仅为户部所辖直隶及十三布政司官民成熟的纳粮田土,而《诸司职掌》所载土地数字,则属统计性质,包括天下荒熟及军屯田土等在内。①

(3)财政

明代国家的财政收入,很难脱离户口、土地两项。户口尤其是成丁是人丁税的主要来源,而土地则是田赋的主要来源。梁方仲很早就关注明代田赋问题。早在清华大学研究院读书时,为了写作毕业论文《明代田赋史述要》,就开始把他从《明实录》《大明会典》《大明一统志》等明代史籍中搜集的有关明代户口、田地及田赋数字编制成表格。1935年,他把这些表格整理出来,在《中国近代经济史研究集刊》上发表了《明代户口田地及田赋统计》一文。至20世纪50年代,最终完成更为完整的《中国历代户口、田地、田赋统计》一书。梁方仲关于历史上户口、田地数字的性质探讨,提出了诸多令人深思的观点,如他认为,田地之

① 参见顾诚:《明前期耕地数新探》,《中国社会科学》1986年第4期;田培栋:《明初耕地数额考察》,《历史研究》1998年第5期。按,关于明代田土数字研究的梳理,可参见栾成显:《明代黄册研究(增订本)》,第324—326页。

数实指纳税之垦田,并不是指全国的实际的田地面积。这是历代一概奉行的惯例。至于户口,有时亦是如此,所以在万历三十年(1602)和天启五年(1625)都有"半口"的记录,这无疑可以作为是指纳税户口之明证。在《中国历代户口、田地、田赋统计》中,梁方仲谈到明代田地数字时,也非常清楚地指出:"所谓顷亩是纳税单位,而非面积单位。"①可见,梁氏很早就提出了"纳税户口""纳税单位"的概念,以此区别于实际的田地、户口数字。②

明代财政研究是近期的一个热点。通观已有的研究成果,则主要集中在以下两个方面。

其一是关于明代中央与地方财政体制的总体性认识。如郭艳茹从交易费用、权力控制入手,探讨明代管制型制度体系的演变,认为明初的统治者实行了一套以社会控制和财权集中为基本特征的管制型制度体系来降低国家的管理成本,减少臣民造反,但是管制型制度体系在实际运行中不断内生的交易费用,诸如农民负担加重、商业发展、财政分权、官僚腐败等诸多现象的内生,却导致其自身逐渐变形并最终解体。③ 苏新红通过对太仓岁入类项的具体考察,进而分析明代财政制度的变迁,认为明代太仓库额定岁入的类项呈逐步增长的主流发展态势,这与内库、地方财政、民运、盐法、田赋征收等财政方面的重要制度变革有着直接而密切的联系。④ 日本学者田口宏二郎以畿辅矿税为例,探讨帝室财政、户部财政、州县财政之间的关系。⑤

其二是白银货币化之后对明代财政的影响。当代西方著名学者安德烈·贡德·弗兰克所著《白银资本:重视经济全球化中的东方》,论述了16世纪以来世界各地之间的经济联系,他把中国置于亚洲的中心,把亚洲置于全球经济的中心,认为中国需求白银,欧洲需求中国商品,二者的结合导致了全世界的商业扩张,中国在工业革命前的经济史中占据着极其重要的地位。⑥ 这种全球视野将

---

① 梁方仲:《中国历代户口、田地、田赋统计》,上海人民出版社1980年版,第338页。

② 相关的评析,参见刘志伟、陈春声:《梁方仲先生的中国社会经济史研究》,《中山大学学报(社会科学版)》2008年第6期,第74页。

③ 郭艳茹:《交易费用、权力控制与明代管制型制度体系的演变》,《南开经济研究》2008年第2期。

④ 苏新红:《从太仓库岁入类项看明代财政制度的变迁》,《东北师大学报(哲学社会科学版)》2013年第1期。

⑤ [日]田口宏二郎:《畿辅矿税初探——帝室财政、户部财政、州县财政》,《中国社会经济史研究》2002年第1期。

⑥ [美]安德烈·贡德·弗兰克:《白银资本:重视经济全球化中的东方》,刘北成译,中央编译出版社2008年版。

明代与世界建立起经济联系，事实上也把明朝人的生活与外国人的生活联系在一起。我国学者万明对于明朝与全球化的关系非常重视，她认为明代青花瓷崛起有着白银货币化的大背景，明代白银货币化是社会变迁的重要标志之一。① 此外，关于明代白银货币化的研究成果尚有不少。如李义琼以嘉靖年间上供物料折银，探讨工部白银财政的建立；又以隆庆、万历年间赋役折银为例，探讨中央财政的再分配；②刘利平从赋役折银入手，重新探讨明代中后期太仆寺的财政收入。③

2. 明代社会生活史研究

社会生活与生活方式是一个问题的两个方面，是形式和内容的关系，是表象与本质的关系。所以，生活方式是社会生活的外在表现形式，是社会生活的直接反映。④ 通观以往明代生活史研究的成果，大抵体现为以下两大转向。

一是从社会形态发展史向社会生活史的转向。明代社会生活史研究领域的奠定，当始于20世纪30年代吴晗对仕宦阶级生活的探讨，其代表作为《〈金瓶梅〉的著作时代及其社会背景》与《晚明仕宦阶级的生活》。毋庸讳言，1949年以前论述明代社会生活的研究极为罕见，即使1949年后，直到改革开放之前，也只有吴晗等在20世纪五六十年代发表有关古人日常生活方面普及性的数篇短文，如《谈烟草》《古人的服装及其他》《宋元以来老百姓的称呼》等中涉及明代的内容。

这就是说，在20世纪50年代至70年代，其主流的研究仅仅限于明代社会形态发展史。改革开放后，明代生活史才得以开始正式研究，其标志是文化史、社会史、社会生活史的兴起。从事哲学研究的王玉波将生活方式理论引入了史学研究，呼吁人们开展生活方式演变史的研究，认为社会史是以人的社会生活的历史演变过程和规律为基本内容，就是生活方式的演进史，而把社会发展史作为哲学范畴。⑤ 自社会史研究热潮兴盛以来，有关明人社会生活的研究已经涉及

---

① 万明：《明代白银货币化：中国与世界连接的新视角》，《河北学刊》2004年第2期；万明：《明代白银货币化与社会变迁》，《中国社会历史评论》第5卷，商务印书馆2007年版。

② 李义琼：《明嘉靖间上供物料折银与工部白银财政的建立》，《厦门大学学报（哲学社会科学版）》2019年第2期；李义琼：《折上折：明代隆万间的赋役折银与中央财政再分配》，《清华大学学报（哲学社会科学版）》2017年第3期。

③ 刘利平：《赋役折银与明代中后期太仆寺的财政收入》，《故宫博物院院刊》2010年第3期。

④ 梁景和：《生活方式：历史研究的深处》，《通化师范学院学报》2010年第9期，第101页。

⑤ 常建华：《明代日常生活史研究的回顾与展望》，《史学集刊》2014年第3期，第95—110页。

到方方面面,且成果相当丰硕。[①] 既有整体社会生活史、城市生活史的研究,[②]又有分门别类且涉及社会生活各个领域的细化研究,[③]甚至还有区域性的社会生活研究。[④]

20世纪80年代以后,随着研究者对以往研究模式的反思,明代社会生活史研究方兴未艾,成果丰硕,且研究领域甚广。举其要者,以中国大陆为例,王春瑜主要致力于包括社会生活在内的文化研究,成果已涉及江南园林、酒文化等;[⑤]刘志琴则关注晚明的城市风尚,进而将城市生活纳入研究视野。[⑥] 此外,尚有诸多学者,将视野转向诸如城市生活、造园风气、戏曲欣赏等方面的研究,尤其关注士大夫、文人的生活。以中国台湾地区为例,王尔敏主要关注明清庶民的生活,其代表作为《明清时代庶民文化生活》;[⑦]巫仁恕则致力于江南消费社会的探讨,著有《品味奢华:晚明的消费社会与士大夫》。[⑧] 以海外为例,英国学者柯律格(Craig Clunas)主要研究明代的物质文化消费,进而探讨明代士大夫的艺术品味与时尚;[⑨]美国学者高居翰(James Cahill)则将视角转向艺术家的生活领域,进而探讨画家的生计。[⑩]

二是从社会生活史向日常生活史的转向。近年来学者不再满足于社会生活

---

① 关于明代日常生活史的详细梳理及其评述,可参见常建华:《明代日常生活史研究的回顾与展望》,《史学集刊》2014年第3期。

② 明代整体社会生活史的研究成果,当以陈宝良所著《明代社会生活史》一书(中国社会科学出版社2004年初版,2006年重印)最具代表性。此外,陈氏又有《飘摇的传统——明代城市生活长卷》一书(湖南出版社1994年版;湖南人民出版社2006年版),就明代城市生活诸面相加以细化研究。

③ 已有的明人生活分类研究著作,其代表性论著,分别有巫仁恕:《品味奢华:晚明的消费社会与士大夫》,中华书局2008年版;宋立中:《闲雅与浮华:明清江南日常生活与消费文化》,中国社会科学出版社2010年版。至于相关的研究论文,更是不胜枚举,不再一一列举。

④ 如关于北京地方社会生活者,有王宏钧所撰《反映明代北京社会生活的〈皇都积胜图〉》一文,载《历史教学》1962年第7期;关于江南地方社会生活者,分别有钱杭、承载:《十七世纪江南社会生活》,浙江人民出版社1996年版;陈江:《明中后期的江南社会与社会生活》,上海社科院出版社2006年版。

⑤ 王春瑜:《论明代江南园林》,《中国史研究》1987年第3期;王春瑜:《说酒与明朝社会》,台北东大图书公司1990年版。

⑥ 刘志琴:《晚明城市风尚初探》,《中国文化研究集刊》第1辑,复旦大学出版社1984年版。

⑦ 王尔敏:《明清时代庶民文化生活》,"中央"研究院近代史研究所1996年版。

⑧ 巫仁恕:《品味奢华:晚明的消费社会与士大夫》,中华书局2008年版。

⑨ [英]柯律格:《明代的图像与视觉性》,黄晓娟译,北京大学出版社2011年;[英]柯律格:《雅债:文徵明的社交性艺术》,刘宇珍、邱士华等译,生活·读书·新知三联书店2012年版。

⑩ [美]高居翰:《画家生涯:传统中国画家的生活与工作》,杨贤宗等译,生活·读书·新知三联书店2012年版。

史研究的现状，倡导研究应从社会生活转向日常生活，借此建立日常生活与历史变动之间的联系，进而将生活史研究引向深入，其研究内涵已拓展至士人、女性、生活性消费、娱乐、城乡关系诸领域。

举其要者，以中国大陆为例，赵毅、刘晓东合著《晚明基层士人社会生活谫论》，①主要研究了晚明基层士人群体的形成、出路、心态；尤陈俊《法律知识的文字传播——明清日用类书与社会日常生活》，②更是关注民间日常的诉讼生活。以中国台湾地区为例，巫仁恕《优游坊厢：明清江南城市的休闲消费与空间变迁》一书，③探讨了明清城市内休闲消费如何改变了空间结构；王鸿泰则以明清城市中的酒楼与茶馆为例，将视野转向城市中的公众生活以及消费空间问题。④以海外为例，日本学者滨岛敦俊从社与聚落角度重新认识乡村民间信仰及其日常生活；⑤美国学者史景迁（Jonathan D. Spence）通过张岱及其所著《陶庵梦忆》，进而考察晚明士人的日常生活。⑥

3. 明代生活质量相关诸问题研究

通观以往对生活质量的研究，主要是在社会学等领域进行的，研究成果较为丰富，在研究方法上主要是设计一些指标体系，通过具体指标来对生活质量进行分析和评价，并得出相应的结论。⑦ 另外，在医学、经济学、心理学、政治学、人口学、性别学、休闲学等领域的研究成果也相当丰富。

---

① 赵毅、刘晓东：《晚明基层士人社会生活谫论》，吉林人民出版社2006年版。

② 尤陈俊：《法律知识的文字传播——明清日用类书与社会日常生活》，上海人民出版社2013年版。

③ 巫仁恕：《优游坊厢：明清江南城市的休闲消费与空间变迁》，"中央"研究院近代史研究所2011年版。

④ 王鸿泰：《从消费的空间到空间的消费——明清城市中的酒楼与茶馆》，《新史学》2000年第3期。

⑤ [日]滨岛敦俊：《明清江南农村社会与民间信仰》，朱海滨译，厦门大学出版社2008年版。

⑥ [美]史景迁：《前朝梦忆——张岱的浮华与苍凉》，温洽溢译，广西师范大学出版社2010年版。

⑦ 相关的研究成果，主要有冯立天主编：《中国人口生活质量研究》，北京经济学院出版社1992年版；风笑天：《生活质量研究：近三十年回顾及相关问题探讨》，《社会学研究》2007年第6期；王海敏、陈钰芬：《我国各地区城镇居民生活质量的综合评估》，《商业经济与管理》2004年第8期；李莹：《天津市青年主观生活质量的调查分析》，《青年研究》2003年第3期；卢淑华：《中国城市婚姻与家庭生活质量分析》，《社会学研究》1992年第4期；王培刚、衣华亮：《中国城市居民主观生活质量满意度评价分析》，《社会科学研究》2007年第6期；张鸿武、王亚雄：《恩格尔系数的适用性与居民生活水平评价》，《统计与信息论坛》2005年第1期。

相较于社会学界对生活质量的研究蓬勃兴盛,历史学界对历史时期生活质量的研究,则相对显得颇为沉寂。以明代这一历史时期为例,直接以“生活质量”为题而加以研究的专著,迄今尚付诸阙如;即使是论文,也不过是寥寥的数篇而已。[①] 这无疑为进一步的深化研究留有足够的空间。

当然,明代生活质量牵涉的问题颇广。约言之,至少与收入状况、物价波动、消费支出、赋役负担、民生家计、社会保障、公共产品有关,而这方面的研究成果则相对丰硕。兹举其大者,略加梳理如下:

(1)收入状况

关于明代的收入状况,已有的研究成果主要集中在以下四个方面。

一是基于 GDP 整体观照下的明代收入状况的考察。如管汉晖、李稻葵对明代的 GDP 及其结构作了初步的蠡测,其基本的思路就是尝试利用现代国民经济核算方法研究明代 GDP 及其构成,为此整理和估算了 1402—1626 年的明代主要经济变量,进而对明代经济进行总体性的描述,并与工业革命前的英国经济加以比较。在此基础上,他们得出如下结论:明代整体经济增长不快,年均 GDP 增长率为 0. 29%;总的经济规模有所增长,人均年收入没有明显变化,维持在平均 6 公石(391 公斤)小麦上下;以 1990 年美元计值的人均收入平均为 230 美元,最高的年份也不到 280 美元;农业占 GDP 比重平均为 88%,手工业和商业最高时也没有突破 20%;政府税收与 GDP 之比为 3%到 9%,平均为 5%,明中叶后军费开支占中央政府支出的 60%到 90%;年均积累率低估值为 5. 3%,高估值为 9%。[②] 在历史学者的眼中,经济学家借助于数学模块而得出的诸多试探,或许尚处于疑信之间,但对于进一步深化明代收入的计量分析不无启迪性的意义。

二是对明代以官员、士人群体为主要代表的各社会阶层收入的考察。如胡铁球对明代的官俸变动与均徭法之间的关系作了探讨,认为自宣德以后,明代官员俸薪构成发生了很大的变动,且发放机构不局限于户部。中央直属衙门官员的工资由俸给、柴薪及直堂银构成,而地方官员的工资则由俸给、柴薪及马夫银

---

① 举例来说,关于明代生活质量的研究,主要有陈宝良所撰 5 篇论文。分别为:《明代社会变迁时期生活质量蠡测——基于一种综合的考察》,《中国社会史评论》2016 年第 17 卷下卷;《明朝人的生活质量及其相关问题探析》,《福建论坛》2016 年第 5 期;《明代社会各阶层的收入及其构成——兼论明代人的生活质量》,《西南大学学报(社会科学版)》2016 年第 3 期;《明代的物价波动与消费支出——兼及明朝人的生活质量》,《浙江学刊》2016 年第 2 期;《明代地方官面对国计民生的矛盾心态及其施政实践》,《安徽史学》2017 年第 2 期。

② 管汉晖、李稻葵:《明代 GDP 及结构试探》,《经济学(季刊)》2010 年第 3 期。

构成。① 魏天辉就明代京官的俸外收入作了具体的研究，认为明代京官俸禄收入微薄，不足以维持生活，赏赐和柴薪银便成为弥补京官俸禄不足的一个主要俸外合法收入，但由于赏赐主要涉及上层京官，额度不大，柴薪银数额也不大，仍不足以改善京官的生存状态，为此京官借助贪污受贿、占田匿丁、以权经商三个途径，开始寻求俸外的非法收入。② 孙岩在研究明代中后期儒学教官的生存状况时，同样关注到了当时教官收入的微博。③ 刘晓东在探讨明代塾师的生计时，显然也借助于对他们的经济收入的考察。④ 邱仲麟对明代北边守墩军的待遇进行了研究，认为墩军的薪水收入，除了月粮之外，因其任务特殊，又加给行粮。不过，薪水常被军官以各种名目克扣，实际所得有限。⑤

三是经营性收入的考察。如刘利平就万历初年粤、淮盐业利润率及其盐利分配作了系统的研究，认为明万历初年，粤盐“水客”“商人”的商业利润率远高于淮盐边商、内商和水商的商业利润率。⑥ 刘秋根、刘春悦就明代高利贷者的社会构成加以探究，借此考察明代高利贷收入已经成为一种重要的收入来源。⑦ 赵毅对明代豪民的私债问题加以探讨，认为私债是产生于私有制下的一种经济上的融资行为。⑧

四是副业尤其是家庭副业的考察。如鞠明库、刘蓉就明代的养蜂业作了考察，认为明代是养蜂业发展的一个重要时期，市场需求刺激了养蜂规模扩大，家庭养蜂更为普遍，养蜂收入成为百姓的重要生活来源，甚至不少地方出现了专业养蜂户，且规模大、收入高。⑨ 许周鹣对明清时期吴地妇女的经济地位加以探讨，借此反映吴地自耕农生产方式与家庭收入结构的变化，即从家庭生活来源主要依靠男子，妇女的劳动长期处于辅助地位的传统自耕农生产方式，转而变为妇女依靠养蚕、纺织等副业而增加家庭收入。⑩

---

① 胡铁球：《明代官俸构成变动与均徭法的启动》，《史学月刊》2012 年第 11 期。

② 魏天辉：《明代京官的俸外收入》，《河南师范大学学报（哲学社会科学版）》2012 年第 1 期。

③ 孙岩：《明中后期儒学教官生存状况探微》，《华中师范大学研究生学报》2019 年第 4 期。

④ 刘晓东：《明代塾师“生计”刍议》，《中国社会经济史研究》2008 年第 2 期。

⑤ 邱仲麟：《边缘的底层：明代北边守墩军士的生涯与待遇》，《中国边疆史地研究》2018 年第 3 期。

⑥ 刘利平：《明万历初粤、淮盐业利润率及盐利分配比较研究》，《盐业史研究》2016 年第 4 期。

⑦ 刘秋根、刘春悦：《明代高利贷者的社会构成》，《河北大学学报（哲学社会科学版）》2001 年第 1 期。

⑧ 赵毅：《明代豪民私债论纲》，《东北师大学报》1996 年第 5 期。

⑨ 鞠明库、刘蓉：《试论明代养蜂业的发展》，《农业考古》2016 年第 1 期。

⑩ 许周鹣：《论明清吴地妇女的经济地位》，《苏州大学学报》1993 年第 4 期。

(2)物价波动

已有的明代物价研究,主要集中在以下两个方面。

一是对明代物价的整体性讨论。这以高寿仙的研究最具代表性。如他先就明代的时估制度作了初步的探讨,认为时估是指有关部门按照有关规定、根据市场时价估定的官方价格。明朝初期,实行按月时估制度,凡遇买办物料等项,即以此作为价格依据。后来此制逐渐废格不行,遇到买办物料等项,便采用随时估价的方式。明代中期,为了减少估价的随意性,逐渐形成了会估制度,即由多个部门的官员共同估定价格。①

二是对明代物价的分类研究,尤其是对粮食、食盐、田土、药材与药品、书籍及书画价格的研究。以粮食价格为例,黄冕堂就中国历代的粮食价格进行了系统的考证,其中即有关于明代粮价的论述,其考定的结果是每石皮粮(如南方的稻谷,北方的粟谷、高粱),明初的价格为钱250—300文,明中后期的价格为钱400文;②栾凡就明代辽东的米价进行了初步的探讨,认为明朝中后期辽东地区米粮价格的持续上涨与辽东地区特殊的军事地位密切相关。③ 以盐价为例,如刘淼就明代开中商人的食盐价格进行了研究,并从边商盐价、内商与水商盐价及所获利润等方面,集中讨论招商开中纳粮政策下国家与民间商人的关系。④ 以田土价格为例,如周生春、明旭就明代徽州府的田价加以讨论,对以往研究者认为明代徽州府田价呈倒U形增长或直线增长之说提出质疑,认为明代徽州府田价呈现N形增长,这无疑是徽商资本在嘉靖“严肃海禁”后大量从土地流向盐业、典业,又在万历商业环境恶化后持续回流土地的结果。⑤ 以药材与药品价格为例,如邱仲麟对明代的药材流通与药品价格加以探讨,认为明朝初年,药材流通较为不畅,至15世纪,因商品经济日益蓬勃,药材商业化随之显现。在价格方面,一般的药材价格不贵,但像人参这种稀罕之物则要价甚高,特别是在16世纪末以后,更是价格日渐攀高。⑥ 以书籍价格为例,如周启荣借助于少量的书籍价格资料和书籍刻印记录,对明后期的书籍价格范围与印刷成本与商业价值进行

---

① 高寿仙:《明代时估制度初探——以朝廷的物料买办为中心》,《北京联合大学学报(人文社会科学版)》2008年第4期。

② 黄冕堂:《中国历代粮食价格问题通考》,《文史哲》2002年第2期。

③ 栾凡:《明代辽东的米价、军粮与时局》,《东北史地》2010年第3期。

④ 刘淼:《明代开中商人的食盐价格确定》,《盐业史研究》2004年第3期。

⑤ 周生春、明旭:《明代徽州田价发覆》,《浙江大学学报(人文社会科学版)》2011年第3期。

⑥ 邱仲麟:《明代的药材流通与药品价格》,《中国社会历史评论》第9卷,天津古籍出版社2008年版。

了研究;[①]石超就明代戏曲刻本的价格加以考论,认为在明代前中期,刻本稀少,价格昂贵,万历之后,戏曲活动日渐兴盛,大量资本和从业者的加入,使刻本价格大大降低。[②] 以书画交易价格为例,叶康宁就嘉靖、隆庆、万历年间苏州及其周边地区的书画交易价格进行了探讨,认为书画价值由作品创作年代的早晚、艺术价值的高低决定,并受创作时间长短、尺幅大小或字数多少等因素的影响,且书画价格的波动在很大程度上被藏家和商人所主导。[③]

(3)消费支出

消费并不仅仅限于一种经济活动,消费水平更是关乎人们的生活质量。有一个基本的论点显然可以取得共识,即消费是由生产决定的,人们只能消费并享用社会已经生产出来的产品或采自自然的物品。这仅仅是问题的一个面相。若是转换一个视角观之,消费同样会对社会生产产生很大的反作用,甚至刺激生产的激增。当然,合理的消费是检验生活质量的一个基本标准,甚至可以促进社会经济的发展;过度的甚至不合理的消费,除了浪费资源与生产资料之外,甚至还会导致社会经济的萎缩。

16 世纪的明代中国,社会风气变化较大,突出表现在生活性消费、文人闲居生活与鉴藏关系密切,居室生活的艺术化倾向,物质文化生活上器用的瓷质化方面。[④] 常建华使用"生活性消费"的概念,认为明代衣食住行用消费风俗的变化,实质上反映的是生活方式的变迁,这一变迁具有追逐时髦、竞相奢侈和违礼逾制三个特点。[⑤] 这种情形在江南表现比较突出,且出现了一些通论性的著作。[⑥] 通观已有的明代消费研究,大抵集中于以下五个方面。

一是对整体消费特点及其趋向的研究。如唐文基就明代统治集团的消费问题作了系统的考察,并借助于这一个侧面进而观察明代社会发展的缓

---

① 周启荣:《明清印刷书籍成本、价格及其商品价值的研究》,《浙江大学学报(人文社会科学版)》2010 年第 1 期。

② 石超:《明代戏曲刻本价格考论》,《戏剧(中央戏剧学院学报)》2017 年第 5 期。

③ 叶康宁:《嘉隆万时期吴门及其周边的书画交易价格》,《社会科学战线》2009 年第 1 期。

④ 常建华:《论明代社会生活性消费风俗的变迁》,《南开学报》1994 年第 4 期;万木春:《味水轩里的闲居者:万历末年嘉兴的书画世界》,中国美术学院出版社 2008 年版;朱力:《中国明代住宅室内设计思想研究》,中国建筑工业出版社 2008 年版,第 96—128 页;肖丰:《器型、纹饰与晚明社会生活》,华中师大出版社 2010 年版。

⑤ 常建华:《论明代社会生活性消费风俗的变迁》,《南开学报》1994 年第 4 期。

⑥ 朱绍华、王翔:《"僭礼逾制":明清江南市民生活的潜流》,《浙江社会科学》2006 年第 4 期;伊永文:《明代衣食住行》,中华书局 2012 年版。

慢性。[1] 张邦建就明代中后期的消费特点及消费观的变化加以探讨，认为由于经济结构与社会结构的变动，以及物质财富的增加等多种原因，消费呈现出诸多新的特点，诸如消费由俭约趋于奢靡，上层社会显示出较强的消费导向，不同地区、阶层的消费有明显的差异性，以及社会消费观出现若干显著的变化。[2]

二是日常消费的研究。如涂丹、刁培俊就东南亚香药与明代饮食风尚消费之间的关系加以探讨，认为作为海洋贸易标志性产品的香药在饮食领域的广泛应用，带动了明人饮食观念和饮食习惯的全新变革，也促使了奢靡消费观念的进一步深化及走向日常。[3] 陶德臣就明代茶叶的消费主体进行了分析，认为当时茶叶的消费主体多种多样，主要包括皇亲国戚、达官贵人、富家豪绅、文人墨客、僧侣道士、武将军士、平民百姓、少数民族、国外饮客，茶叶消费主体的经济地位差距悬殊，茶叶消费来源不一，质量有别，这与茶叶市场的联系紧密程度不同。[4] 谈谭就明代中前期青花瓷的消费群体加以探讨，认为大量青花瓷的出现，主要是为了内销，其中以宫廷与王室需求为主。[5]

三是文化消费的研究。以书籍为例，曹院生就明代书籍插图艺术的生产与消费状况进行了分析，认为影响书籍插图艺术生产和消费具有多种原因，但市场经济的繁荣以及读者文化的提升则是其基础。[6] 张献忠就晚明日用类书的出版及其消费进行了探讨，认为在明代中后期，随着商业出版的发达，日用类书的出版空前繁荣，是晚明商业社会和消费社会的呈现，从中可以看出晚明是一个奢华的社会、享乐的社会，也是一个包容和开放的社会。[7] 以书画为例，如陶小军就明代中后期吴中地区文人消费与书画交易进行了详细的考察，认为明代中后期由于经济的发展，吴中地区已经成为书画交易的一个代表性区域，书画交易在这一时期经商业社会的风气熏陶而较为普遍，且成为了文化消费的商品和一种变

---

① 唐文基：《试论明代统治集团的消费问题》，《中国社会经济史研究》1988 年第 2 期。

② 张邦建：《明代中后期消费的特点及消费观的变化》，《中国社会科学院研究生院学报》2008 年第 4 期。

③ 涂丹、刁培俊：《东南亚香药与明代饮食风尚》，《古代文明》2016 年第 4 期。

④ 陶德臣：《明代茶叶消费主体分析》，《茶业通报》2014 年第 2 期。

⑤ 谈谭：《“定制”还是“内销”——论明代中前期青花瓷的主要消费群体》，《西南大学学报（社会科学版）》2010 年第 2 期。

⑥ 曹院生：《明代书籍插图艺术的生产与消费状况分析》，《江西社会科学》2010 年第 2 期。

⑦ 张献忠：《日用类书的出版与晚明商业社会的呈现》，《江西社会科学》2013 年第 12 期。

相的商业资产。[①] 杨莉萍就明代苏州地区书画消费群体加以研究，认为明代苏州书画市场的日益发展和成熟，突出地表现在书画消费市场层次的多样性上。[②]

四是休闲娱乐消费的研究。如巫仁恕以江南为例，考察了晚明的旅游活动与消费文化，认为晚明的旅游活动呈现出高度的商品化与市场化的倾向，晚明旅游风气的兴盛已经从社会上层蔓延到社会大众，晚明的旅游活动强调的是舒适性与娱乐性。[③] 娱乐史的研究不多，一般散见于戏曲史、曲艺史、体育史等相关研究领域之中，刘水云《明清家乐研究》，论述了民间戏乐的关系及家乐的形式、活动内容等。[④] 刘召明《晚明苏州剧坛研究》介绍了苏州职业戏班、家乐戏班、民俗演剧的兴盛。[⑤]

五是宗教性消费的研究。如卜正民致力于晚明士大夫的宗教消费研究，认为16和17世纪士绅数量的增长超过了官僚机构的需求，许多人被阻挡在仕途之外。由于慈善事业可以在国家掌控的领域之外昭示精英的公共地位，所以明代佛教信徒和儒学士人热心地方寺院事务及其捐助活动。[⑥] 明清徽州民间最为重要的进香旅程是前往九华山和齐云山，王振忠利用田野调查收集到的一批民间文献，结合口碑资料，研究此种朝山习俗以及与之相关的民间信仰和日常生活。[⑦]

（4）赋役负担

赋税、徭役具有两个面向：一方面，赋税、徭役是国家财政收入的主要来源，是维系国家机器正常运转的财力保障；另一方面，对于百姓而言，赋税、徭役又是一种压在自己身上的负担，其中的轻重影响到各自家庭的生计。

农业和农村在中国占据主导地位，农村社会性质很大程度上决定着中国的

---

① 陶小军：《明代中后期吴中地区文人消费与书画交易》，《学术研究》2018年第6期。

② 杨莉萍：《明代苏州地区书画消费群体研究》，《江苏师范大学学报（哲学社会科学版）》2014年第6期。

③ 巫仁恕：《晚明的旅游活动与消费文化——以江南为讨论中心》，《“中央”研究院近代史研究所集刊》2003年第41期。

④ 刘水云：《明清家乐研究》，上海古籍出版社2005年版。

⑤ 刘召明：《晚明苏州剧坛研究》，齐鲁书社2007年版。

⑥ ［加］卜正民：《为权力祈祷：佛教与晚明中国士绅社会的形成》，张华译，江苏人民出版社2005年版。

⑦ 王振忠：《华云进香：民间信仰、朝山习俗与明清以来徽州的日常生活》，《地方文化研究》2013年第2期。

社会性质。要了解农村的社会经济，田赋制度势必已经成为一个重要的切入点，[①]它不仅与国计民生、经济发展密切相关，甚至关系到王朝更迭。鉴此原因，在20世纪30年代曾与食货派、唯物史观派及中央研究院社会科学研究所并驾齐驱的中山大学“现代史学”派，从一开始就颇为关注赋役制度的研究。[②]

在诸多制度中，赋役制度对地方社会经济的影响最大。梁方仲在对赋役制度的研究中，借助于对粮长、一条鞭法的研究，进而探究社会经济发展与制度之间的关系。[③] 继此之后，对明代赋役制度加以整体性的论断，且给人多有启发性的研究，当属栾成显、郑振满、森正夫、刘志伟等人。栾成显所著《明代黄册研究》一书，虽非专门研究明代赋役制度的论著，但亦辟专节，阐述明代赋役制度改革的历史意义。[④] 依据郑振满的研究，从隆庆至万历年间（16世纪后半叶至17世纪初），实行以财政支出的“节流”为指导思想的一条鞭法，地方政府为维持社会秩序的相对稳定，将公共事务的治理逐渐依托于乡族组织和乡绅阶层，因此导致社会控制权下移。一条鞭法是明中叶前后为了减轻民间负担而实行赋役制度改革的最终结果。森正夫认为，在江南，一条鞭法是均一每亩土地的税粮征收额，将每亩征收税粮的物品统一成银两和米谷，并且均一与此相关的徭役折银征收，而总称为“均粮”的改革。这项改革，违反了明朝中央有意维持从前每亩税粮征收额体系的方针。[⑤] 刘志伟对一条鞭法也作出了自己的独特阐释，认为一条鞭法的主要意义不在于调整赋税负担的轻重，而在于通过改变赋役摊派的对象和征收办法将既成的社会事实整齐划一起来。[⑥]

在赋役制度方面，除了上述开拓性或集大成性的研究成果之外，后来的研究者基本沿着这些研究领域加以拓展与深化。细究之，主要集中以下四个方面。

一是赋税的征收及江南重赋问题。如秦博就白粮的加耗与改折进行了具体

---

① 刘志伟、陈春声：《梁方仲先生的中国社会经济史研究》，《中山大学学报（社会科学版）》2008年第6期。

② 程文标：《新传媒与近代史学的转型——以二十世纪二三十年代史学期刊为例》，南开大学出版社2015年版，第114页。

③ 刘志伟、陈春声：《梁方仲先生的中国社会经济史研究》，《中山大学学报（社会科学版）》2008年第6期，第72页。

④ 栾成显：《明代黄册研究（增订本）》，第373—374页。

⑤ 武勇整理：《比较视野下的社会经济史研究——中日学者探讨地域社会论和乡族理论》，《中国社会科学报》2020年9月24日。

⑥ 刘志伟：《地域空间中的国家秩序——珠江三角“沙田—民田”格局的形成》，《清史研究》1999年第2期，第14—24页。

的探讨，认为白粮加耗、改折制度的非人性化运作，使江南经济备受牵累；①郑克晟就明代江南重赋的原因作了重新分析，认为江南苏州、松江等地田赋负担加重的原因，显然是出于政治原因，亦即朱元璋通过重赋政策而对当地曾经的反抗势力加以惩罚。②

二是对徭役负担加以研究。如胡铁球以白粮解运为例，对明代"重役"体制的形成进行了梳理；③叶锦花通过对福建泉州府户籍与户役的研究，对已有的"配户当差"之说提出质疑，认为明代官府征调户役并不完全是配户当差，地方上籍别与役别关系呈现出复杂且动态演变的状态。④

三是赋役白银化问题。如侯官响通过对万历时期苏州府赋税结构的具体考察，认为16世纪中晚期，中国的赋税制度发生了以白银货币化为主要内容的变迁，而赋役征银的实施，商品经济的发展，则引发了苏州府赋税结构的深刻变化；⑤黄阿明并不否认明代中后期白银货币化，对明代国家赋税制度具有重大的变革意义，且对社会商品货币经济的发展起到了推动作用，但他同时强调，赋税征银确实存在着诸多负面的问题。⑥

四是明代整体的赋役负担问题。如田培栋对明代北方五省的赋税、徭役、兵役负担加以整体性的研究，认为该地区赋役总的负担量大大超过了江南地区，使北方五省的农业遭受了毁灭性的摧残，最终导致北方社会经济大大落后于南方的局面；⑦卢伟以黄仁宇征税不足说与万明征税过多说为基础，结合对明朝财政管理制度及其实践的进一步分析，以及对相应史料和统计数据的解读，对明代的税负水平作了重新的辩证思考。⑧

（5）民生家计

无论是上层的贵族、士绅，还是下层的庶民百姓，无不是为了生存而活。可见，生计的研究尤其重要，而民生问题更是进入生活史研究的门径。

已有关于民生家计的研究成果，主要集中在以下三个方面。

---

① 秦博：《明代白粮的加耗与改折》，《中国经济史研究》2015年第4期。

② 郑克晟：《明代重赋出于政治原因说》，《南开学报》2001年第6期。

③ 胡铁球：《明代"重役"体制的形成——以白粮解运为例》，《社会科学》2012年第6期。

④ 叶锦花：《配户当差？明代福建泉州的户籍与户役研究》，《学术研究》2019年第9期。

⑤ 侯官响：《明代万历时期苏州府的赋税结构》，《地方财政研究》2017年第1期。

⑥ 黄阿明：《明代赋税征银中的负面问题》，《史林》2007年第6期。

⑦ 田培栋：《论明代北方五省的赋役负担》，《首都师范大学学报（社会科学版）》1995年第4期。

⑧ 卢伟：《过犹不及：对明代税负水平的辩证思考》，《经济资料译丛》2020年第2期。

一是城乡生活的区域研究,尤其是对居住于城乡之人的生计研究。邱仲麟就曾撰写了关于北京民生问题的文章,包括北京城内的燃料、用水、环境卫生等,进而将研究落实于生活层面。① 传统中国是农业社会,乡村生活是最为普遍的。日本学者滨岛敦俊从社与聚落角度认识乡村民间信仰与日常生活。② 陈剩勇叙述了14—17世纪江南地区乡村社会的特征,描述了当时乡村地区乡民的四时农事、日常生活、岁时节日和乡民的娱乐活动,探讨了明代社会教化和乡村自治的特点。③ 冯贤亮讨论了明清江南乡村民众的生活与地区差异。④ 周绍泉通过对徽州文书中一户胡姓农民家族从成化到崇祯150年间的36张契约文书的分析,阐明这个农民家庭世系的递嬗、家族的演变以及生活状况。⑤

二是社会各阶层的生计研究。这方面的研究,包括士人、灶户、军士、船夫、仆婢等社会阶层的生计。以士人为例,赵园较早关注明遗民的生计问题,刘晓东将明代士人的生计与世风联系起来,陈平原使用文人的概念论述生计问题。⑥ 刘晓东对晚明士人生计作了系统的考察,认为商品经济的发展,推动了士人生计模式的转变,导致"弃儒从商"与"以文营商"成为士人最为重要的两种生计方式。不仅如此,晚明社会变迁与商品经济的发展,在很大程度上造成了士人生计的贫困化。⑦ 以灶户为例,叶锦花以石狮铺锦黄氏为例,对明代灶户宗族生计及其变革加以探讨。⑧ 以军士为例,邱仲麟就明代北边守墩军士的生涯与待遇加

---

① 邱仲麟:《繁华的侧面——明清北京的民生问题与环境卫生》,载唐力行主编:《江南社会历史评论》第4期,商务印书馆2012年版,第324、332页。

② [日]滨岛敦俊著:《明清江南农村社会与民间信仰》,朱海滨译,厦门大学出版社2008年版,第129—166页。

③ 陈剩勇:《明代浙江:乡村社会、农家生活和社会教化》,《浙江社会科学》2000年第2期。

④ 冯贤亮:《明清江南乡村民众的生活与地区差异》,《中国历史地理论丛》2003年第4期;冯贤亮:《近世浙西的环境、水利与社会》,中国社会科学出版社2010年版。

⑤ 周绍泉:《明后期祁门胡姓农民家族生活状况剖析》,《东方学报》(京都),第67册,1995年。

⑥ 赵园:《明清之际士大夫研究》,北京大学出版社1999年版,第330—345页;刘晓东:《晚明士人的生计与士风》,《东北师大学报》2001年第2期;陈平原:《文人的生计与幽韵——陈继儒的为人与为文》,《文史知识》2002年第1、第2期;刘晓东:《论明代士人的"异业治生"》,《史学月刊》2007年第8期。

⑦ 刘晓东:《"弃儒从商"与"以文营商"——晚明士人生计模式的转换及其评析》,《社会科学辑刊》2011年第3期;刘晓东:《晚明士人生计与士风》,《东北师大学报》2001年第1期。

⑧ 叶锦花:《明代灶户宗族生计变革与祖先故事演变——以石狮铺锦黄氏为例》,《社会科学辑刊》2013年第6期。

以探讨，认为他们已是极为弱势的群体和边缘人。① 以船夫为例，胡端对明清以来江南内河水运中的船夫加以探讨，分类考察这类迥异于田地上农作的“船上人”的真实生计状况。② 以仆婢为例，王雪萍《16—18 世纪婢女生存状态研究》一书，显然有助于了解婢女阶层的生活。③ 此外，也有学者关心作为社会下层的奴仆生活。④

三是社会阶层结构及其贫富分化趋势的研究。如赵轶峰对明代社会层级性结构作了探讨，认为从明初到明末，贵族、士绅、庶民、贱民四层等级的基本结构状况并没有结构性改变；⑤林金树则对明代中后期农村的贫富两极分化作了系统的考察，认为随着生产力的空前发展、商品经济的空前繁荣，人们的私有观念亦空前强烈，农村贫富两极分化空前迅速。⑥

（6）社会保障

明代的社会保障与社会福利，主要由荒政、养老、存恤孤贫以及优抚军人等方面组成。至于医疗卫生，虽然也可将其归为一种公共产品，但确实也有属于社会保障或福利的性质。通观已有的关于明代社会保障方面的研究，主要体现在以下六个方面。

一是明代社会保障政策、措施以及社会福利的整体性阐述。如王卫平、戴卫东就明代传统的社会保障政策作了整体性的分析，认为明太祖极为重视社会保障，采取了一系列政策与措施保障社会成员尤其是灾荒时期社会弱势群体的生活，这一做法为有明一代的历朝统治者所继承，在安定社会、增加人口、发展经济等方面取得了积极的成果；⑦杨国安就明清时期乡村社会保障体系作了系统的考察，认为明清时期的乡村社会保障体系，既有对于灾荒前后的备荒、救荒等一系列应对措施，也有承平时期对老、弱、病、残等社会弱者群体的保护，但囿于国家财力，对社会贫困人口的救助非常有限，只能选择一种低水平的社会保障，大

---

① 邱仲麟：《边缘的底层：明代北边守墩军士的生涯与待遇》，《中国边疆史地研究》2018 年第 3 期。

② 胡端：《试论明清以来江南内河水运中的船夫生计》，《史林》2010 年第 4 期。

③ 王雪萍：《16—18 世纪婢女生存状态研究》，黑龙江大学出版社 2008 年版。

④ 吴振汉：《明代奴仆之生活概况——几个重要问题的探讨》，《史原》1982 年第 12 期。

⑤ 赵轶峰：《身份与权利：明代社会层级性结构探析》，《求是学刊》2014 年第 5 期。

⑥ 林金树：《明代嘉、隆、万时期农村的贫富两极分化》，《江海学刊》2005 年第 6 期；林金树：《明代中后期农村的贫富两极分化》，《河南师范大学学报（哲学社会科学版）》2005 年第 6 期。

⑦ 王卫平、戴卫东：《明代传统社会保障政策述论》，《宿州学院学报》2005 年第 5 期。

量的贫弱人群主要是以民间自我保障为主。①

二是社会保障思想的研究。在这方面，王卫平撰写了系列论文，分别就朱元璋、丘濬、吕坤的社会保障思想进行了深入的研究。如王卫平从灾荒救助、救济鳏寡孤独、养老、优抚优恤等几个方面，对朱元璋的社会保障思想作了系统的探讨，认为明太祖朱元璋关心民生，重视社会保障，提出并实行了一系列的相关政策措施，其社会保障思想表现出较为全面系统、实践性强等特点；②王卫平以《大学衍义补》一书为考察中心，就丘濬的社会保障思想作了初步探讨，认为丘濬在民本主义思想的基础上，提出了颇为丰富的社会保障思想主张，主要体现在重视农桑、藏富于民、轻徭薄赋、宽恤民力、收养穷民、尤重鳏寡、虑荒防灾、计于平时等；③此外，王卫平又借助吕坤社会保障思想的研究，进而对明清江南地区慈善家系谱加以分析。④

三是明代荒政的研究。以仓储制度为例，如唐文基分别从粮仓的类型、储粮的来源、粮储的管理、仓储粮的用途、仓储制度的损弛五个方面，对明代的粮食仓储制度加以系统考察；⑤王卫平、王宏旭对明代预备仓政的演变与特点加以探讨，认为明代预备仓是中国传统备荒制度的一大创新，且在各朝发挥出各自不同的救荒功能，并呈现出一定的演变脉络，反映出一种仓储制度历史嬗变的复杂性与必然性。⑥ 以荒政为例，如鞠明库对明代的勘灾制度进行了系统阐述，认为明代勘灾经历了遣使勘灾、地方官踏勘与户部覆勘结合、监察官广泛参与、巡按主导等阶段，形成了一套较为严密的勘灾机制；⑦罗丽馨以长江中下游为考察中心，就明代灾荒时期的民生状况加以探讨，认为明代灾荒频繁，且广泛波及民生，米麦价格较一般平均价格多则高达 10 倍，平均则高达 3—4 倍。⑧ 以社会救助为例，张兆裕对以工代赈这一官方救助体系加以具体的考察；⑨罗朝蓉、赵玉田

---

① 杨国安：《明清时期的乡村社会保障体系》，《人民论坛》2019 年第 6 期。

② 王卫平：《朱元璋社会保障思想研究》，《华中师范大学学报（人文社会科学版）》2012 年第 4 期。

③ 王卫平：《丘濬社会保障思想研究——以〈大学衍义补〉为中心的考察》，《苏州大学学报（哲学社会科学版）》2012 年第 4 期。

④ 王卫平：《明代吕坤的社会保障思想——明清江南地区慈善家系谱研究》，《学习与探索》2012 年第 7 期。

⑤ 唐文基：《明代粮食仓储制度》，《明史研究论丛》第 6 辑，黄山书社 2004 年版。

⑥ 王卫平、王宏旭：《明代预备仓政的演变及特点》，《学术界》2017 年第 8 期。

⑦ 鞠明库：《明代勘灾制度述论》，《中国社会经济史研究》2014 年第 1 期。

⑧ 罗丽馨：《明代灾荒时期之民生——以长江中下游为中心》，《史学集刊》2000 年第 1 期。

⑨ 张兆裕：《明代工赈述论》，《安徽史学》2016 年第 6 期。

借助于灾民形象，对灾民生计与政治博弈之间内在关联进行了探讨，进而认为明后期的灾民形象，实为明朝覆亡的一大征兆。①

四是明代养老制度及其政策研究。传统中国社会崇尚老年，留下来的相关文献众多，老年史的研究也以尊老、养老为多，涉及老人的家庭赡养及社会救济等问题，自然也离不开对于中国历代养老制度的探讨。如邱仲麟就明代老年问题发表了系列论文，探讨了明太祖赏赐耆老民爵、耆年冠带的寿官、乡饮酒礼以及老年祝寿等；②周荣就明代致仕官员的食俸与养老进行研究，纠正了过去认为明代致仕官员通过领取俸禄来养老的错误观点，认为明代并未建立致仕官员食俸的制度，而赏赐和体恤仅仅是少数官员才得以享受的特恩，大多数致仕官员还是依靠社会保障制度的支撑，多途径解决养老问题；③赵克生对明代的官员养亲问题做了初步的探讨，认为明代官员通过移亲就养、分俸养亲和辞官终养三种方式，解决自己因为出仕而导致"为官"和"养亲"之间的两难问题。④

五是优抚、优恤制度研究。明代的抚恤制度以军人抚恤为主，包括对年幼应袭舍人的优给，对老疾武官、残疾应袭舍人及故官家属的优养。相关的研究，如张松梅就明代军人的抚恤政策作了系统的研究。认为明朝在前代的基础上，建立并健全了军人抚恤体系，制定并颁布了全国性的优抚恤条例，取得了良好的效果。当然，永乐元年（1403）新、旧官的划分，却人为地造成了武官之间的不平等，进而导致军队的内部分化。⑤ 此外，陈友力从物质奖赏、精神鼓励两个层面，对明洪武年间优抚政策加以研究，显然深化了对明代优抚政策的认识。⑥

六是公共卫生和医疗制度的研究。美国学者费侠莉（Charlotte Furth）《繁盛之阴：中国医学史中的性（960—1665）》一书，专门从医学妇科入手探讨女性生活，认为在明代后期精英文化的特殊历史背景下，中医学体现在渗透权力的社会关系所形成的宇宙观和日常生活中，应用于人体内部功能主要通过符号和语言

---

① 罗朝蓉、赵玉田：《灾民生计与政治博弈——明代灾民形象检视》，《贵州社会科学》2016年第8期。

② 邱仲麟：《明太祖赐耆老民爵考》，《淡江史学》2000年第11卷；邱仲麟：《诞日称觞——明清社会的庆寿文化》，《新史学》2000年第3期；邱仲麟：《耆年冠带——关于明代"寿官"的考察》，《台大历史学报》2000年第26卷；邱仲麟：《敬老适所以贱老——明代乡饮酒礼的变迁及其与地方社会的互动》，《"中央"研究院历史语言研究所集刊》2005年第76卷第1本。

③ 周荣：《明代致仕官员的食俸与养老》，《武汉大学学报（人文科学版）》2006年第1期。

④ 赵克生：《老吾之老：明代官吏养亲问题探论》，《史学月刊》2008年第2期。

⑤ 张松梅：《明代军人抚恤制度述略》，《中国社会历史评论》第8卷，天津古籍出版社2007年版。

⑥ 陈友力：《论明洪武时期的优抚政策》，《许昌学院学报》2006年第6期。

为公众所知的社会里；[①]陈玉女《明代的佛教与社会》一书，讨论了明代佛教与民众的日常生活，并从明代佛教医学与僧尼疾病、明代妇女的疾病治疗与佛教依赖两个视角研究了佛教医学与民众的关系；[②]蒋竹山以医病关系为例，探讨了晚明祁彪佳家族的医疗活动；[③]邱仲麟从医生与病人入手，探讨了明代的医病关系与医疗习俗；[④]冯玉荣对晚明一位医家的日常生活进行了研究，借助于晚明儒医缪希雍行医交友处世的日常生活，进而揭示江南文化、政治生态与生活际遇之间的紧密联系；[⑤]邱云飞对明代的瘟疫灾害史作了系统的探讨，认为明代是瘟疫危害比较严重的一个时期，并在时间和地理分布上呈现出一定的规律性。[⑥]

（7）公共产品

明代的公共产品，包括城垣、衙署公廨、道路建设、桥梁建设、水利建设、公共教育与学宫建设等。已有的研究成果，大致也聚焦于这六个方面。

一是城垣方面的研究，这属于公共安全的领域，包括北边的边墙与各地的城垣。以边墙为例，王茂华对明代北边的筑城状况，作了详尽的计量分析，认为明代是中国古代筑城最为频繁与众多的时期，其中为防边至少修筑了 1960 座城池，占明代修筑城池总数的 43. 43%。其中，至少有 317 座砖石城，占北边筑城总数的 16. 17%，占明代修筑砖石城总数的 22. 26%。[⑦] 以城垣建设为例，如李晴对北京的外城进行了初步的探讨，认为明代北京城垣主要包括内城城垣和外城城垣两部分，其中内城城垣是在元大都城垣的基础上，经过洪武、永乐、正统三个时期改建修缮而成，而外城城垣的建设则在嘉靖一朝方得以完成；[⑧]季士家则对明都南京的城垣加以具体的考察，指出其“龙盘虎踞”之势；[⑨]徐泓就明代广东的筑城运动进行了系统的考察，认为至明代后期，广东的筑城率已经高达 100%，且

---

① ［美］费侠莉：《繁盛之阴：中国医学史中的性》，甄橙主译，江苏人民出版社 2006 年版，第 3、12、275 页。

② 陈玉女：《明代的佛教与社会》，北京大学出版社 2011 年版。

③ 蒋竹山：《晚明江南祁彪佳家族的日常生活史——以医病关系为例的讨论》，载孙逊、杨剑龙主编：《都市、帝国与先知》，上海三联出版社 2006 年版。

④ 邱仲麟：《医生与病人——明代的医病关系与医疗风习》，载李建民主编：《从医疗看中国史》，台北联经出版事业公司 2008 年版。

⑤ 冯玉荣：《上医医国：一位晚明医家日常生活中的医疗与政治》，《华中师范大学学报（人文社会科学版）》2018 年第 3 期。

⑥ 邱云飞：《明代瘟疫灾害史论》，《医学与哲学（人文社会医学版）》2011 年第 1 期。

⑦ 王茂华：《明代北边筑城计量分析》，《兰州学刊》2015 年第 4 期。

⑧ 李晴：《明代北京外城建设》，《北京档案》2010 年第 9 期。

⑨ 季士家：《明都南京城垣略论》，《故宫博物院院刊》1984 年第 2 期。

在城池修筑的经费、工料、劳力负担比例上,呈现出“军三民七”或“官三民七”的官民合作模式。①

二是衙署公廨的研究。如罗晓翔对明代南京的官房进行了系统的考察,认为洪武时期,南京官员、坊厢居民、卫所军士以及工匠、太学生等所住房屋多由政府统一营建,而廊房、营房、廨舍即具有官房的性质,且有相应的分配与管理制度。至嘉靖时期,明初的官廨制度几乎崩溃,民占官舍、官僦民居,大批官房由官产变为私产。② 何朝晖通过对政书、方志、官箴中大量有关资料的勾稽,对明代县衙的规制、县衙的作息时间、县级政府日常政务的处理分别进行了考述。③

三是道路建设的研究。高寿仙《明代北京社会经济史研究》一书,④在第2章中通过对明代街道沟渠管理的系统考察,发现政府虽然作出了一些努力,力图使壅塞的沟渠得到及时疏浚,塌损的街道得到及时修垫,然而由于人口规模过于庞大,再加上权豪势要的侵占破坏,明代北京的市容环境长期存在着脏乱差的问题。日本学者川胜守所著《明清江南市镇社会史研究》,⑤在第2章中,作者利用《水陆路程》资料,列举了15条商程对江南商品流通以及对市镇发展的影响和意义,从而论述了市镇的发展与交通发展的关系。⑥ 姜建国就明代云南驿道交通的变迁及其原因作了分析,进而指出明代云南驿路交通的变化,与当时频繁的军事战争、经济开发的时空进程、边疆政治地理格局的变迁以及国家边疆政策的调整等诸多因素密切相关。⑦

四是桥梁建设的研究。前引日本学者川胜守所著《明清江南市镇社会史研究》一书,在第3章中,作者选择湖州府南浔镇为代表进行个案研究,从交通经济史角度来论述市镇与交通的关联,其中就列举了111座石拱桥与虹桥,认

① 徐泓:《从“军七民三”到“军三民七”和“官三民七”:明代广东的筑城运动》,《中国地方志》2018年第1期。

② 罗晓翔:《明代南京官房考》,《南京大学学报(哲学·人文科学·社会科学)》2014年第6期。

③ 何朝晖:《明代县衙规制与日常政务处理程序初探》,《安徽大学学报》2005年第6期。

④ 高寿仙:《明代北京社会经济史研究》,人民出版社2015年版。

⑤ [日]川胜守:《明清江南市镇社会史研究》,汲古书院1999年版。

⑥ 相关的介绍,参见陈学文:《一部全方位多角度研究社会经济史的专注——评介川胜守〈明清江南市镇社会史研究〉》,《中国社会经济史研究》2000年第2期,第88页。

⑦ 姜建国:《明代云南驿道交通的变迁及其原因》,《烟台大学学报(哲学社会科学版)》2016年第6期。

为上海附近诸镇的桥梁修建，扩大了市镇的空间，促进了市镇与周边乡村的联系。① 此外，卢敏就明代福建官吏修建桥梁的事实加以考订，认为官吏作为当时桥梁建造修复的主要人群之一，对福建明代桥梁的发展起到了重要的推动作用。②

五是水利建设的研究。如展龙、徐进对明代的水利奏报制度进行了研究，认为治水官员通过实地勘察、咨访民众、标注信号等渠道，将河漕水患、疏塞河道、筑坝建闸、通渠筑堤等水利舆情奏报朝廷，而明廷则通过规范奏报行为、严密奏报程序、监督奏报官员等管理机制，确保及时获取翔实的水利信息；③谢湜先是对明前期江南水利格局的整体转变进行了探讨，后又对16世纪江南水利的机制困境及其调适加以研究；④牛健强就明代北方水利滞后的现状，以及官员试图改变现实的努力加以研究；⑤胡英泽通过若干案例，就明代山西宗藩与地方水利之间的关系加以探讨，认为明代山西宗藩作为一个特权势力广建王庄，介入地方水利，进而扰乱了水量分配、用水秩序；⑥洪焕椿对明代苏州、松江地区农田水利的治理经验加以总结，认为因为从中央到地方政府以及人民，对农田水利事业十分重视，并积累了丰富的治水经验，才使得苏州、松江地区农村经济的发展，居全国领先地位，无论是粮食作物和经济作物的品种和产量，都是其他地区所不及的。⑦

六是公共教育与学宫建设研究。明代地方官学，既称学宫，又称儒学。学宫建筑集祭祀、学习、生活于一体。总体而言，明代的学宫建筑可以分为以大成殿为核心的文庙和以明伦堂为核心的学宫两大系统，分别承担祭祀和教学职能，有右庙左学、左庙右学、前庙后学三种基本形式。以公共教育为例，如郭培贵就明代官学教育的发展特点及其经验教训进行了系统的梳理，认为明代科举处于中国古代科举发展的鼎盛阶段，而作为坚实基础的官学教育也达到了空前完备的

① 相关的介绍，参见陈学文：《一部全方位多角度研究社会经济史的专注——评介川胜守〈明清江南市镇社会史研究〉》，《中国社会经济史研究》，第88页。

② 卢敏：《明代福建官吏修建桥梁纪略》，《海峡科学》2013年第5期。

③ 展龙、徐进：《明代水利奏报制度研究》，《安徽史学》2019年第4期。

④ 谢湜：《明前期江南水利格局的整体转变及相关问题》，《史学集刊》2011年第4期；谢湜：《治与不治：16世纪江南水利的机制困境及其调适》，《学术研究》2012年第9期。

⑤ 牛健强：《明代北方水利滞后与官员试图改观现实的努力》，《史学月刊》2015年第3期。

⑥ 胡英泽：《晋藩与晋水：明代山西宗藩与地方水利》，《中国历史地理论丛》2014年第2期。

⑦ 洪焕椿：《明代治理苏松农田水利的基本经验》，《中国农史》1987年第4期。

状态;[①]彭寿清、李良品就明代土司地区的儒学教育进行了探讨,认为明代土司地区儒学教育在官学、书院、社学等三方面得到了长足的发展,并对当地社会稳定、教育发展、文化传播产生了巨大的历史作用。[②] 以学宫建设为例,如许莹莹就明代福建儒学建筑的整体规制与风貌,作了颇为系统的研究;[③]赵永翔从隐喻的视角,对明代儒学尊经阁的功能及其转化加以探讨。[④] 赵子富对明代地方儒学经费的来源进行了系统的探究,并分析了田赋、徭役、捐助、学田在地方儒学经费筹措中的地位,以及儒学经费的各项支出,认为明代地方儒学的兴办受到了地方政府和社会的普遍关注,形成了以政府投入为主,私人捐助为辅的办学模式,而且教育经费的投入是呈增长趋势的。[⑤]

(三)研究新趋向

若欲考察明代社会变迁时期的生活质量,理当将其置于明代社会史与经济史的两大领域之下加以审视。通观以往明代社会经济史尤其是生活史研究的成果,大抵体现为以下两大转向。

一是从社会形态发展史向社会生活史的转向。社会形态发展史的研究范式,以社会经济史为立脚点,其关注的是整体社会形态及其性质。这是一种以探讨社会关系、社会结构为主旨的社会史研究范式,导致其研究的目光通常具有从上往下看的倾向。而社会生活史则不同。它显然是以人的生活为核心联结社会各部分的历史。生活史研究的最大价值,就在于旨在建立一种以人为中心的历史学。生活史立足于民众的日常活动,从生活方式上把握民众,民众生活镶嵌于社会组织、物质生活、岁时节日、生命周期、聚落形态中才能体现出来,并揭示民众生活与政权的关系以及历史变动带来的影响。注意社会分层,了解不同社会群体的生活也必不可少,重要的是阶级阶层、等级身份通过日常生活体现出来,这是生活史的特色。[⑥]

---

① 郭培贵:《明代科举的坚实基础——官学教育的发展特点及其经验教训》,《中国文化研究》2009 年第 2 期。

② 彭寿清、李良品:《论明代土司地区的儒学教育》,《西南民族大学学报(人文社会科学版)》2015 年第 3 期。

③ 许莹莹:《明代福建儒学建筑的规制风貌》,《福建史志》2018 年第 5 期。

④ 赵永翔:《尊经以明伦:明代儒学尊经阁的隐喻》,《孔子研究》2015 年第 3 期。

⑤ 赵子富:《明代府州县儒学的教育经费(上)(下)》,分载《首都师范大学学报(社会科学版)》1995 年第 2、3 期。

⑥ 常建华:《中国社会生活史上生活的意义》,《历史教学》2012 年第 2 期,第 7 页。

自20世纪80年代以来，随着社会史研究的崛起，历史研究主旨开始产生转向，研究者从眼光向上转而向下，随之而来的就是社会生活史研究的勃兴。迄今为止，社会生活史研究成果斐然。笔者认为，社会生活史研究的最大成就，在于使历史更加细化，让今日的人们更多地了解生活历史的细节，进而使历史研究呈现出多样化的色彩。

二是从社会生活史向日常生活史的转向。换言之，研究主题已从整体的社会生活史，转向社会群体乃至个体的日常生活史。这一研究重心的转移，反映了生活史研究趋于深化与细化，并将关注点更为立足于社会底层有血有肉的个人。有鉴于已有的社会生活史研究存在着“见物不见人”的缺陷，有学者提出“社会生活史”是以人的生活为核心联接社会各部分的历史；生活史研究的最大价值，应当是建立以人为中心的历史学。① 在此基础上，生活史研究开始从社会生活向日常生活转移，这几乎已经成为学界的一种共识。② 经过学界近几年的努力，日常生活不仅成为新的史学研究领域，而且成为一种观察历史的视野，具有与过去的“社会生活史”研究明显不同的研究旨趣。③

基于上述两种研究新趋向，随之而来者必然是第三种研究转向，这就是从社会生活、日常生活的叙事，进而转向对各个社会阶层的生存状态乃至生活质量的探讨，既有物质性的生活形态，又包括群体或个体的精神性感受。

生活质量的研究起自社会学领域里对社会问题的关心，它是对于生活各个方面的评价和总结。这种评价基于以下两大视角：一是从客观生活条件的发展程度来理解生活质量，认为生活质量是指“一定经济发展阶段上人口生活条件的综合状况。换言之，生活质量就是生活条件的综合反映”。④ 这里强调的生活条件，是偏向客观性的一种维度，实质是指客观生活质量。二是从主观的感受和评价来理解生活质量，认为生活质量是“对于生活及其各个方面的评价和总结”。⑤ 这里强调的感受和评价，是偏向主观性的一种维度，实则是指主观生活质量。换言之，这种评价与总结一般是从人们对生活各个层面的认识和感受出

---

① 常建华：《中国社会生活史上生活的意义》，《历史教学》2012年第2期。

② 常建华：《日常生活与社会文化史——“新文化史”观照下的中国社会文化史研究》，《史学理论研究》2012年第1期。

③ 李俊领：《日常生活：社会史研究的对象、视角与跨学科对话》，《徐州工程学院学报（社会科学版）》2017年第5期，第40页。

④ 冯立天主编：《中国人口生活质量研究》，第4页。

⑤ 林南等：《生活质量的结构与指标》，《社会学研究》1987年第6期。

发的。它偏重从人们的主观现实来测量心理上的满足感、幸福感和生活充实感。进而言之，生活质量问题，一则关乎民生，民生问题又关乎民心向背；二则关乎幸福感。

这一研究范式的历史性转向，势必使研究内容与研究维度发生以下两大变化：一是从研究内容而言，则从对客观的生活水平研究，进而转向包含客观生活水平及主观生活满意度的生活质量研究。毫无疑问，生活水平的提高并不总是意味着生活质量的整体提升。有时虽然生活水平提高了，但是生活质量却下降了，实际上就是因为过多地强调物质生活数量的需求和满足，而忽视了人们的精神需求和对优美生活环境的追求。因此，生活质量内在地包含了人们对各种生活状况的满意度和对总体生活的幸福感，即对生活的主观感受，而生活水平却一般只限于表达客观生活状况。① 二是从研究维度而言，从史学角度来研究历史时期的生活质量，显然可以实现从社会经济史研究向社会文化史研究的转向，进而开辟一种社会文化史研究的新维度。

已有的丰富的社会经济史与社会生活史、日常生活史的研究成果，无疑为重新审视明朝人的生活质量提供了诸多的便利。值得指出的是，明史学界对明人生活质量的研究颇显薄弱，除了部分论著涉及明代各社会阶层的生存状态之外，就明朝人整体生活质量加以综合探讨者，近乎付诸阙如。究其原因，还是因为深入探究明朝人的生活质量，无疑相当艰辛且颇为棘手。换言之，明人生活质量所牵涉的相关问题层面很多，而且极其复杂。有鉴于此，若是借助"生活质量"这一概念，通过对明代收入、物价、消费支出乃至各社会阶层生存状态等的考察，探求明朝人生活观念的变化乃至幸福感，借此即可弥补以往研究中过于集聚于生活方式、生活水平的局限，进而深化明代生活史研究。

二、研究史料、方法与路径

一切研究无不建立在丰富的史料之上。缺少必需的史料支撑，那么研究就如无本之木、无源之水，甚至得出"凿空"之论。尤其是关于生活质量的计量研究，若是少了史料，无疑会陷入削足适履的尴尬境地。至于研究方法与路径，则

---

① 齐英艳：《生活水平到生活质量的历史演进》，《中共山西省委党校学报》2014 年第 1 期，第 65 页。

如同网中之“纲”,一旦选择得法,运用得当,必会起到纲举目张、事半功倍之效。

(一)研究史料

研究明代的生活质量问题,显然需要借助于大量的官方记载与民间记录。以这两大类史料作为研究基础,借此探讨明代的经济发展水平、物质生活条件、衣食住行状况、娱乐休闲生活的特征等,进而探讨历史上人们的客观生活质量。借助于客观生活质量的研究,研究者可以深入分析明朝人的主观生活感受,由此探讨明朝人的主观生活质量。

明代的官方文献,通常包括档案、实录、正史、政书等。此类文献不仅是研究明代生活质量的主要参考资料,更是研究整体明代史的史料基础,其史料价值的重要性显然不言而喻。相较而言,明代档案几经焚毁,所存无几,即使是在现存的明代档案中,也以偏于军事性的内容为主,而关乎生活质量的内容相对较少;除了崇祯一朝仅有长编之外,明代的历朝实录得以完整保存,对于研究明代的生活质量足资参考;清初官修《明史》,尤其是其中的《食货志》,于明代的国计、赋役制度的研究大有助益;至于政书类文献,大多为一代或一个时代的典章制度记录,更是富含关于明代生活质量的史料,尤其值得引起重视。

在明代的官方记载中,下列数种文献,显然对于研究明代生活质量尤为重要:一是《大明会典》。此书继承唐、宋《六典》《会要》的遗意,详细记录有明一代的章程、成宪。《大明会典》初成于弘治末年,其后正德、嘉靖、隆庆、万历各朝,均有补充修纂,且陆续增入后来各朝的事例,内容更趋丰富。① 二是《万历会计录》。《万历会计录》一书,一则参校《大明会典》,二则考辨历年条例,三则查核户部的册籍,花费两年时间最终编成。此书共计43卷,所载内容,包括田粮旧额现额,岁入岁出,省、府之钱粮,边镇之饷额,库、监之供应,宗藩之禄粮,户部之职官,文武官之俸禄,以及漕运、仓场、营卫、屯田、盐法、茶法、钱法、钞关船料商税、杂课(附积谷)等,可以说是一部相当完整的国家财政记录文献。② 三是《后湖志》。这是明代管理南京后湖黄册诸官吏共同努力编纂而成的一部志书,最早由赵官编纂。此书重点记载了南京后湖黄册数目、户口、事产、库架和进册衙门,黄册职官和巡湖职役,后湖界址和公署,以及历年有关黄册管理和库房修建

① 张四维:《条麓堂集》卷8《乞重修会典疏》,载氏著,张志江点校:《张四维集》,上册,上海古籍出版社2018年版,第188页。

② 张学颜等撰:《万历会计录》,卷首,上册,书目文献出版社1998年版,第3—7页。

等职臣题奏、皇帝敕谕,对于了解明代黄册制度尤为重要。① 四是《工部厂库须知》。工部原本所遵行的条例,分别有《大明会典》《条例》《水部备考》等。至万历年间,工部四司根据遵行《条例》诸书,再查照"今昔事宜,逐款校雠,酌议增减",外加"先后诸臣条议","或因旧,或从新,定为规则",最后汇刻成《工部厂库须知》。② 此书所录,多为工部所行成例档案,尤其是对于工部财政与工部召买物料的价格,多有参考价值。此外,诸如《皇明成化十四年十五年条例》《皇明条法事类纂》《嘉靖事例》等,均属官方记载中的第一手资料,对于研究国计方面的史料价值,显非民间记录所可比拟。

尽管官方记载均涉及国计民生,但相较而言,官方记载相对详于国计而略于民生。明代生活质量必须置于社会文化史的视野下加以探讨,这就使研究的史料范围显得更为广阔。换言之,除了以往比较关注的正史、档案、方志等资料之外,明代生活质量研究更需关注各类民间记录,诸如日记、笔记、文集、小说、诗歌、戏曲、歌曲、竹枝词等资料。正如有的学者所言,这些正史以外的民间记载,"最为丰富、生动,有待人们去整理、发掘"。③

在这些私家或民间记录中,显然有以下两类史料最为值得重视:其一,各家文集。文集又可分为两类:第一类是个人的别集,明人文集众多,数目几达数千种。在此类个人别集中,举凡从上层官员、下层士人,到普通民众的家庭生计,无不可以从中得到颇为详尽的反映。第二类是总集,尤其是一些选本性质的总集,如陈子龙等人所辑的《皇明经世文编》、黄宗羲所辑的《明文海》等,其中多有关于国计民生方面的资料。在明人文集中,单行的奏议集的史料价值尤为重要。如成化、天顺以前甘肃、陕西马政所存文卷的缺失,导致养马数字失载。但弘治年间的数字,则可以通过杨一清的《关中奏议全集》得以完整地呈现。杨一清曾以都察院左副都御史的身份前去甘肃、陕西查理马政。在他的奏议中,弘治年间的马政数字,则可补官方档案、史书记载的缺失。④ 尤其是明末毕自严的《度支奏议》,是他自崇祯元年(1628)起出任户部尚书后相关奏议的汇集,综计崇祯时

---

① 赵官等编纂,吴福林点校:《后湖志》,南京出版社 2011 年版,导读第 1—8 页。

② 何士晋撰,江牧校注:《工部厂库须知》卷 1《巡视提疏 · 工部复疏》,人民出版社 2013 年版,第 36、43 页。按,"提疏"原本作"题疏",点校者以己意径改为"提疏",误,应以"题疏"为是。

③ 刘志琴:《青史有待垦天荒》,《近代中国社会文化变迁录》第 1 卷,浙江人民出版社 1998 年版,第 13—14 页。

④ 杨一清:《关中奏议全集》卷 1《为黜罢不职官员以修马政事》,载氏撰,唐景绅、谢玉杰点校:《杨一清集》,上册,中华书局 2001 年版,第 5 页。

度支收入,极其详备,足以见明末国家财政的收支状况,对于研究明末的国计民生具有很高的史料价值。其二,各种文学作品。诸如诗歌、小说、戏曲、民歌一类的文学作品,除了对追踪生活的细节颇有裨益之外,更可从中发现另外一个明朝人的生活世界。尤其是明朝各个社会阶层的幸福感知与生活满意度,无不需要借助于文学作品得以重新建构。

当然,就明代生活质量研究的史料整体而言,无疑有以下两点值得引起重视:一是史料的分散乃至零碎性。研究资料这一特点,不但使研究者搜集资料大为困难,而且导致对明朝人收入、物价波动及其指数、消费支出等问题做系统统计时,亦颇费周章。二是文学资料的虚构性。有一点显然已无疑义,明代诸多文学性资料,作者的写作并非对当时社会的直接描摹,而是内含作者的再创造过程,因而文学资料不可避免地带有不少虚拟甚至臆造的成分。这就需要在引用资料研究明代生活质量时,必需抱有一种审慎的态度。

生活质量的研究依赖于统计学方法的引入,并在相对完整统计资料的基础上加以定性的计量研究,这无疑已成学界的共识。但值得指出的是,明代官方统计资料的残缺,势必引发计量研究会遇到诸多的困境。这大抵可以从以下几个方面加以剖析:其一,由于各种原因,明代各类原始册籍、档案等资料并未完整保留下来。这又可以从以下两个方面观之:一是黄册之残缺,尤其明清两朝鼎革的原因,更使后湖黄册几乎荡然无存;二是各色官方档案文书,或遗失,或遭焚毁。其二,出于保密的需要,很多册籍没有公开,致使后来的研究者难以掌握完整而准确的资料。其三,明代制定了一系列的会计、统计制度,并由此形成各式各样的财政类登记册籍。尽管制定的会计及其相关册籍登记制度相当严密,但在实际的执行过程中,大多流于形式,导致各色册籍均有失实之弊,不足凭信。这可从以下三个方面加以考察:一是因户籍之变乱,导致黄册登载的户口、土地数字失实;二是各边镇军马、饷银的统计册,或册籍繁冗,或统计不实;三是工部预支制度的设计已成一纸空文,导致数字的失实。其四,计量单位不一,导致所存史料涉及计量之时,存在着诸多的复杂性,进而影响统计数字的精确性。举例来说,因为亩制的不一,显然会导致田则的差异;在征税或支放钱粮时,斛、斗之制也颇为复杂,分别有官斛、津斗、市斗、仓斗等名色,且其间多寡稍有区别。

(二)研究理论与方法

生活质量的理论试图通过个人评价、决定以及个人对生活质量的体验,借此描述认知、感情和表述的过程。生活质量指标体系的建立或者说生活质量的研究，通常遵循以下三种理论模式：一是以经济学为理论基础的扩展(GDP)账户模式；二是以社会学为理论基础的社会指标模式；三是以心理学为理论基础的心理模式。① 当然，也有学者依据其学科渊源和理论资源，将生活质量研究的理论模式合并为两种类型：一种是社会学视野(含经济—社会学视野)，另一种是心理学—医学视野。②

理论模式的不同，导致生活质量研究的角度各有差异，甚至研究者对事物的认识、感情和与社会的相互作用也不一样。经济学理论模式在研究生活质量时，多强调资源的合理分配，每种理论均按各自对个人和社会的观点展开论述；社会学视野下的生活质量研究，其基本主题是在个人与社会的关系过程(即人与自然关系、人与人关系、心灵与现实关系的实践形态)中把握生活质量；心理学的理论强调满足需要，导致心理学—医学视野下的生活质量研究，则多侧重于从个体心理和生理健康的角度把握生活质量。

作为生活史研究的一部分，生活质量研究的理论模式显然需要对已有的研究理论有所继承。过去社会生活史研究的主要方法，除了继承并创造性地运用历史唯物主义方法之外，更多的还是借用了年鉴派史学的方法，不但关注下层民众的所思、所想甚至所行，而且注意发现生活、风俗的地域性特点及其差异。当然，历史学作为一门骑墙于人文、社会科学之间的科学，一直得到各种社会科学方法的灌溉。历史科学从来不是躲在象牙塔中的学问，它一直在试图回答经济社会发展所呈现出来的各类复杂问题，以期使研究带有镜鉴的意义。就方法论来说，社会生活史研究一方面需要立足于历史生活的基点，并以经验性的总结作为今日生活的指南；另一方面，社会生活史研究同样需要汲取不断翻新的社会科学方法的营养，使研究基于“科际整合”之上，呈现出更为系统性、整体性。具体来说，未来社会生活史研究的工具、方法运用，将呈现出以下两大特点：一是电脑、网络工具的运用，不仅仅限于对业已数字化生活史资料的运用，更应使研究数字化，也就是呈现出一幅数字化生活的历史图景。二是研究方法的整合，就研究资料来说，除了借重丰富的文献记载之外，传世或出土的实物，甚至各类图像资料，均可以作为深化社会生活史细节的证据，进而呈现出基于三重证据之上的资料整合；就研究方法来说，行为科学、心理学乃至统计学等等的方法，无疑将在当下尝试性的运用之上，得到更为深化的运用，使社会生活史研究呈现出多样化

---

① 吴姚东：《生活质量：当代发展观的新内涵》，《国外社会科学》2000年第4期，第52页。

② 陆汉文：《生活质量研究的两种取向》，《西北人口》2008年第5期，第9页。

方法运用的良好态势。

历史学者研究历史时期的生活质量和幸福感,无疑需要遵循两大原则:一是借助于多学科的理论与方法。各学科的理论与方法不同,导致各学科在以本学科理论方法为本位和立场的同时,还应该关注其他学科的理论方法,从中获取启发或借鉴的意义。毫无疑问,对于历史研究者而言,多学科的理论和方法显然有助于对生活质量和幸福本质有一个更为深入的认识和理解。换言之,历史研究者在研究生活质量和幸福感时,在以史学的理论方法为本位和立场的同时,同样需要从其他学科的理论方法中获取方法论的借鉴。二是历史学必须保持固有的独特性格。换言之,历史学者在研究生活质量和幸福感时,无疑不同于其他各学科的理论与方法。以社会学为例,当以此理论研究生活质量和幸福感时,会注重运用某些具体的具有统计精确意义的研究方法,并注重数据的采集,对问题进行量化的分析,给人以清晰实体的具体图像。而历史学显然不同于此。当历史学者探讨生活质量和幸福感问题时,更为关注一种宏观景象的底色,一个发展变化的脉络,追问发展变化背后的原因以及给予人们的经验教训,等等。就研究方法而言,历史学的方法则更具归纳性和提炼性,注重一般特征的描述。①

至于研究生活质量的一般方法,则必须遵循以下三个准则。

其一,借助于建立在统计学之上的计量史学方法,这就是所谓的量化研究方法。追溯学术史的历程不难发现,早在 20 世纪 30 年代,“食货”学派在社会经济史研究中,就已倡导利用统计学的方法加以研究。如英国人克拉判著、连士升翻译的《经济史的纪律》中,就已直言经济史研究的内容,“均须借助统计学的方法加以量化”,进而强调经济史学者应该注意“统计的意识”。② 陶希圣无疑是利用统计方法研究中国经济史的倡导者与实践者。他在《食货》杂志上发表了多篇运用统计方法的文章,如《宋代的职田》《盛唐户口较多的州郡》《元代长江流域以南的暴动》。③ 由此可见,生活质量的研究,首先是一项客观的研究,一切需要拿数据来说话;即使是主观的幸福感知,显然也不可大胆地猜测,而是应该基于充分的史料证据之上的合理叙述。

值得指出的是,研究历史时期的生活质量,显然存在着诸多的难度。至于其

---

① 梁景和、杜峰:《生活质量:社会文化史研究的新领域》,《史学理论研究》2016 年第 2 期,第 53—54 页。

② [英]克拉判:《经济史的纪律》,连士升译,《食货》1935 年第 2 卷第 2 期。

③ 王霞:《“他者”入史:历史统计学方法的产生与运用》,《云南大学学报(社会科学版)》2021 年第 3 期,第 63 页。

中的难度，显然来自以下两个方面：首先，尽管研究生活质量需要有一个统一的指标体系与幸福指数的研究方法，但在具体的研究中，这些指标体系和幸福指数则存在着诸多的差异性，诸如宏观与微观、长时段与短时段、大区域与小区域、多群体与单一人群等等，无不使指标体系和幸福指数存在着复杂性。尤其是因为时代的变迁，导致不同时代与生活质量相关的要素有所不同。① 其次，生活质量是一项实证性较强的综合研究，必须以社会生活活动系统的开发为基础，通过对社会生活的内容和结构的探讨，从中找出社会生活中的各种变量之间的相互关系，在此基础上，再来构建生活质量的指标体系。② 这种实证性的特征，决定了对生活质量进行量化研究时，必须建立在充足的史料之上。

因为实证史料的缺乏，过分相信量化研究的方法，无疑也会令历史学者持一种质疑的态度。以所谓的 GDP 为例，1997 年国际经合组织（OECD）发展中心的首席经济学家 A.麦迪森教授发表《中国经济的长远未来》，他认为，按购买力评价估计 1700 年到 1820 年欧洲的 GDP 增长了 2.25 倍，占世界 GDP 的比重由 22.3%增为 26.6%，同时期中国 GDP 增长了 2.76 倍，占世界 GDP 的比重由 23.1%增至 32.4%，优于欧洲。毫无疑问，麦迪森用 GDP 来衡量，这是个很好的客观标准。但正如吴承明所言，在 18 世纪以前，无论中国或欧洲的 GDP 都无法精确计算，就连麦氏自己也说这只是 guestimate（美俚语“瞎猜”）。③ 王家范尽管也承认计量统计比一般定性更准确，但他同时又指出，在缺乏足够可信的数据统计条件，仅以某些个别情况的数据大胆推算，进而测定 17—18 世纪中国的 GDP 或人均收入，不过是“强自为之”之举。即使像江南这样更小的范围，因为高低相差甚大，丰歉悬殊，以及其他相关环节与因素很多，对于水稻、棉花、棉布平均产量的测算，以及工作日计算与工作日报酬测定，所谓的“平均值计算”，也并不具备充分的条件。④ 以识字率为例，因为区域与社会阶层差异的存在，假若想作出一个宏观的整体推测，同样存在着诸多的困难，即使勉强为之，其结论并不科学，甚至并不令人信服。⑤

① 梁景和、杜峰：《生活质量：社会文化史研究的新领域》，第 52—53 页。

② 陈义平：《关于生活质量评估的再思考》，《社会科学研究》1999 年第 1 期，第 86 页。

③ 吴承明：《西方史学界关于中西比较的新思维》，《中国经济史研究》2003 年第 3 期，第 3、6 页。

④ 王家范：《中国社会经济史面临的挑战——回应〈大分流〉的问题意识》，《史林》2004 年第 4 期，第 52 页。

⑤ 相关的看法，参见李伯重：《什么是“中国”？——经济史中的“微观”研究》，《清史研究》2020 年第 6 期。

鉴于上述原因，在利用统计方法对明代生活质量加以量化研究时，势必需要遵守以下两个准则：一是在统计资料相对不足的前提下，所作的一些统计及其数据表，仅仅代表一种“示意”或“示例”，而并不强行加以量化。不仅如此，当整体性的量化难以完全实施之时，那么所作的努力，则更多的是一种抽样性的统计。① 二是宏观与微观相结合的研究方法。任何关于生活质量的总体评判，都必须建立在坚实的微观研究基础之上。换言之，当宏观评判缺乏必要的数据支撑之时，与其作无谓的宏观分析，倒不如回到实证性的微观研究中去，这样反而显得更为可靠与可信。有鉴于此，对明代生活质量加以研究时，尤其需要关注个案的分析，无论是上层的官员士大夫，还是普通的士人群体，甚至处于社会下层的农民，此类社会群体中家庭生活质量的个案分析尤显必要。

其二，相互比较的研究方法，亦即历史的比较研究法，或称比较历史的研究方法。所谓比较历史，正如有的学者所言，是比较两种或两种以上同类历史事件或历史现象的异同（resemblances and differences），以及何以异，何以同。② 就生活质量的比较研究而言，相互比较的研究方法，旨在在两项或多项具有相同主题的事项中，选择其中某个相同的领域，进行比较研究，借此揭示参与比较事项的各自特征，进而反映某一事项的日常生活的实际状况。

就比较历史的研究范围而论，主要有下面四种：一是社会阶层或群体的比较。在这方面，既有不同社会阶层之间的比较。如就明代生活质量而言，可以就官与民加以比较，借此揭示生活质量的社会分层性；又有相似人群之间的比较，如就明代生活质量而言，即使是在官员群体中，他们的生活质量同样存在着“热官”与“冷官”之别，借此揭示同一社会阶层在生活质量方面的内在分化。二是区域的比较，亦即比较不同地域之间的异同。以明代生活质量为例，生活质量的差异，就大的区域而言，有南方与北方、边地与腹里之别；就小的区域而言，即使是在同一府甚至同一县的范围内，生活质量也有“山乡”与“水乡”、“高乡”与“低乡”之别。三是时代的比较，亦即纵向发展变化的不同比较。以明代生活质量为例，就其大者而言，时代变迁关乎生活质量的变化，进而使整体生活质量呈现出阶段性的变化特性；就其小者而言，无论是工匠、商人，还是农民，他们的生活质量同样随时代而变迁。换言之，当班匠银出现之后，工匠获得了更多的自由

① 张玉法：《历史研究的量化问题》，载氏著：《历史学的新领域》，台北联经出版事业公司1994年版，第73—94页。

② 张玉法：《浅论比较历史》，《历史学的新领域》，第139页。

时间，生活质量随之提升，并与需要定期服役且人身不得自由时期的生活质量迥然有异；明代中期以后，官方户籍控制的松懈，同样使农民获得流动的自由，对于提升他们的生活质量多有裨益；万历时期，矿监税使四出，骚扰地方，使商人的税负加重，势必使商人群体的生活质量直线下降。四是不同生活观念之间的比较。以明代生活质量而言，受不同的生活观念影响，人们的幸福感或生活满意度就有所不同。明初之时，人们坚守传统的生活观念，视“生活”的意义为辛苦的劳作，除了在劳动中获得满足感之外，生活质量的舒适度相对较低；自明代中期以后，当人们转变生活观念，将“生活”的意义视为享受之后，随之而来者，则是生活艺术化的风行，以及生活品质的提升。进而言之，当人们秉持“知足”的生活观念之时，即使物质生活条件较为简陋，甚至生活水平较低，同样可以获取更多的闲暇，且并无生活压力，进而具有很高的生活满意度；反之，当人们秉持“不知足”的生活观念之时，即使物质生活条件颇为优裕，甚至生活水平较高，反而会使生活在不停追求中陷入无尽的忙碌，且有很大的生活压力，并无多少生活的满意度。

毋庸讳言，生活质量与生活水平之间，在具有一定的趋同性的同时，又存在着诸多的差异性。生活水平有社会阶层性与区域性的差异，而生活质量则相对并不明显。这就导致以比较的方法研究生活质量具有一定的难度。比较研究的难度，主要源自客观生活指标的局限性。一方面，物质条件与生活质量之间具有不一致性。物质条件是生活质量的基础，没有一定的物质条件无从谈论生活质量，这是唯物论的决定论原理。但是物质条件与生活质量不能画等号，高收入不一定等于高生活质量，富裕并不一定等于幸福。处于相同物质条件的人们生活质量可以相差甚远，生活质量相同的人，其物质条件可能高低不同。具有相同的物质生活条件的人并不具有相同的主观感受，同样对生活均感到满意的人，他们不一定有相同的物质条件，知足常乐者即使对低物质条件也会感到满意。另一方面，客观指标无法评价人们的精神生活，精神生活与物质生活具有不一致性。这就是说，处于相同物质水平的人们，对其自身生活的评价和满意度可以大相径庭；反之，生活满意度相同的人，其实他们的物质生活水平同样可以相距甚远。进而言之，幸福不只是来自物质财富，还来自很多非物质、非财富的因子。①

---

① 罗萍、殷燕敏等：《国内生活质量指标体系研究现状评析》，《武汉大学学报（人文社会科学版）》2000 年第 5 期，第 646 页；冯立天主编：《中国人口生活质量研究》，第 107 页；傅红春：《财富的市场价格与幸福效用——生活质量的判定标准》，《山东社会科学》2015 年第 6 期，第 52—53、55 页。

其三，借助于心理学的研究方法，亦即所谓的心理历史的方法。所谓心理历史(psychohistory)，是指利用心理学的发现，特别是利用心理分析的各派理论来研究的历史。① 利用心理学的方法来研究生活质量，主要在于探讨人们的快乐、幸福感方面。当然，也并非仅仅限于快乐、幸福感，在与生活质量相关的其他问题上，均可借助于心理学的方法加以探析。如大疫、战争、饥馑、经济恐慌等，均会对人类心理产生影响，以及由此而产生的行为变异；时尚、衣饰、习俗、两性关系等，尤其是生活时尚的形成，同样也具有一定的心理因素。所有这些，无不决定了利用心理学的方法研究生活质量具有一定的可行性。

研究历史时期的生活质量，最为关键的问题，是在关注社会生活与思想观念的基础上，进而关注和研究群体或者个体的主观感受。众所周知，感受和观念存在着不同：观念主要是指人们对主客观事物的认识、判断、理解和评价，而感受则是客观事物作用于人的心灵之后，受其影响而产生的一种身心的反应和感觉。当然，这种感受并非那种一时的短暂的心灵波动，而是一种比较稳定、深刻的主观体验，可以较为深刻地反映出个人意识或群体意识，如责任感、幸福感、荣誉感、骄傲感、廉耻感等。② 毫无疑问，这种长时段的、稳定和深刻的感受，不可避免地会影响到人们的主观生活质量。从主观感受的视角去研究生活质量，无疑就是从生活满意度和主观幸福感方面去进行研究。生活满意度和主观幸福感与客观生活质量有关，但同时更关乎个体的世界观、人生观、价值观的趋向，以及关乎与个体经济收入和生活状态的历史、现状和理想，并与个体的期望值相关。③

一旦将心理学的方法引入生活质量研究，势必会采取如下一种研究方法，即关注各个社会群体或个体的主观感受，并敢于大胆假设和想象的一种方法。这显然是一种感受想象的方法。正如有的学者所言，研究主观感受要敢于大胆假设和想象。当然，这种假设和想象不是毫无根据的胡思乱想，而是根据掌握的史料，根据研究者的知识结构、学识、经验和历史感悟，而后按照已被广泛认同的理论和方法加以分析、推断，进而探寻各个社会群体或个体内心感觉的奥秘，较为

① 张玉法：《心理学在历史研究上的应用》，《历史学的新领域》，第95—96页。

② 沙莲香：《社会心理学》，中国人民大学出版社1987年版，第185页。

③ 期望值理论认为，期望值与实际成就之间的差异与主观幸福感(SWB)相关，高期望值与个人实际差距过大会使人丧失信心和勇气，期望值过低则会使人厌烦。参见吴明霞：《30年来西方关于主观幸福感的理论发展》，《心理学动态》2000年第4期。

准确地把握他们的内心感受,并对他们的主观生活质量有一个基本的判断。①

综上所述,在生活质量的研究实践中,尽管理论与方法具有普遍的指导性意义,但有一点显然必须明白,即"史无定法"。换言之,任何理论与方法,均带有偏颇的问题。这又可从以下两点观之:一则任何理论与方法,并非"普遍皆准",而是必须有一定的前提或合理的边界;二则社会与经济现象相当复杂,需要研究者从多种侧面、不同视角去反复考察。这就决定了研究理论与方法的选择,需要采取灵活多样的方式。② 进而言之,作为相同的生活质量的研究客体,因为研究理论与方法的差异,经济学者与历史学者自会呈现出不同的生活质量面相。经济学者尽量利用量化、统计等数学模块的方法,会更擅长于社会科学的技艺;历史学者即使尽力借鉴社会科学的方法,使研究更趋数字化与科学化,但终究不脱老实甚或实证的历史学本色。对明代生活质量的研究,在系统汲取经济学、社会学、心理学的研究方法的同时,进而保持历史学研究的本色,并非仅是一种无奈之举,而是一种理性的自我选择。

(三)研究路径

考察明代的生活质量,显然需要从国课、民生、家计、幸福感等诸多视角切入。至于具体的研究路径,则大抵不脱以下两条:一条是社会经济史研究的路径,另一条是社会文化史研究的路径。

从学科概念上看,经济史与社会经济史存在一定的区别:所谓经济史,主要侧重于从经济视角去观察历史,是历史学与经济学的跨学科研究;所谓社会经济史,则是从社会角度去观察经济的历史,是经济史与社会史的跨学科研究。进而言之,社会经济史研究跨了社会、经济、历史三个学科。假若按照马克思主义的解释,社会经济史就是研究历史上的社会经济形态。③ 对于研究明代生活质量而言,这一理论迄今仍具指导性的意义。当然,正如有的学者所言,将社会史引入经济史研究之中,借此区别社会中的不同社会阶层和阶级,着眼于人们之间的关系,无疑可以纠正今日经济学的偏向。换言之,社会经济史同时考虑社会变迁

① 梁景和:《生活质量:社会文化史研究的新维度》,《近代史研究》2014 年第 4 期,第 134—135 页。

② 王家范:《中国社会经济史面临的挑战——回应〈大分流〉的问题意识》,《史林》2004 年第 4 期,第 52 页。

③ 关于社会经济史研究的系统梳理,可参见李伯重:《回顾与展望:中国社会经济史学百年沧桑》,《文史哲》2008 年第 1 期,第 5—22 页。

中的经济因素与经济现象中的社会因素。①

在20世纪中国学术史上，作为一个重要学术门类的社会经济史，它的产生和发展显然以马克思主义唯物史观为重要媒介。在20世纪30年代以马克思唯物史观探索中国社会性质的大论战直接催生了社会经济史。在这过程中，有两类学者最为值得引起关注：一类是“食货”学派。自20世纪30年代初至全民族抗战爆发，以陶希圣、鞠清远、武仙卿、何兹全为主的食货派围绕着中国社会经济史的研究，展开了大量的工作，从理论和实践上为现代中国的经济史学科的创建提供了诸多研究成果，作出了某种奠基性的贡献。② 另一类的代表是王亚南与汪洪发。有学者认为，是王亚南在1936年最早使用社会经济史这一名称，仅比韦伯《社会经济史》采用这一名称晚14年。就在这一年，王亚南署名王渔邨的《中国社会经济史纲》一书，由生活书店出版。继王亚南之后，汪洪法著《中国经济社会概论》一书，并于1940年由四川曲江新建设出版社出版。该书的主要内容包括国势概说、国人的观念与习性、国人的生活动态与劳动效率、历代货币流通状况、交通问题、商业组织、商业清算与度量衡等。③ 至于经济史学者马乘风，则更是在上述两类学者之外，从另外一个视角探究中国经济史。尤其是他所著《中国经济史》一书，既反思批判了社会史论战中公式主义的流弊，又以开放的态度对待各种唯物史观论著。更为可贵的是，马乘风在检讨理论方法的同时，又格外注重史料的真伪和材料的扩充，并从社会性质和社会形态史转变为社会经济史，初步确立了唯物史观的中国社会经济史研究体系。④

在社会经济史研究历程中，傅衣凌、梁方仲显然在明清社会经济史研究领域，确立了方法论意义上的典范。傅衣凌把自己的研究范围总称为社会经济史，借此区别于一般的中国经济史与国民经济史、经济制度史。至于傅氏社会经济史研究的方法特点，已有学者将其概括为以下两个方面：一是从研究新、旧两种因素的矛盾变化来把握社会经济的实质，进而形成研究明清社会经济史的基本

① ［美］黄宗智：《略论农村社会经济史研究方法：以长江三角洲和华北平原为例》，《中国经济史研究》1991年第3期，第92页。

② 关于食货派与中国社会经济史研究，其系统的梳理，可参见李源涛：《20世纪30年代的食货派中国社会经济史研究》，《河北学刊》2001年第5期，第98—102页；苏永明：《陶希圣中国社会经济史研究的学术转向》，《山西大学学报（哲学社会科学版）》2015年第1期，第48—52页。

③ 虞和平：《统合与建构：社会经济史学科之由来及其研究体系》，《河北学刊》2015年第1期，第36—37页。

④ 陈峰：《唯物史观的中国社会经济史研究之建立——以马乘风〈中国经济史〉为中心的探讨》，《山东大学学报（哲学社会科学版）》2015年第4期，第101页。

框架。二是把社会经济构成和阶级构成、阶级斗争联系起来加以考察。① 梁方仲在研究明代一条鞭法时，则遵循颇为不同的路径，亦即运用社会科学方法对王朝制度进行分析性研究，进而对这一赋税制度加以系统的理解，在明清社会经济史研究领域，具有开创性的意义。②

一至黄宗智提出“过密型”增长理论（“过密”，英文是 involution，或译作“内卷”），显然在明清社会经济史研究方面确立了新的方法论典范。黄氏对经济成长过程中的“增长”与“发展”加以有效界定，并在《长江三角洲小农家庭与乡村发展》一书中，根据劳动生产率的变化，把在劳动生产率不变或下降情况下的经济成长称为“增长”，而把劳动生产率提高情况下的经济成长称为“发展”。在对“过密”与“增长”的含义加以辨析之后，而后确立了“过密型增长”的定义，亦即所谓“过密型增长”，就是在劳动生产率下降情况下的经济成长。③ 黄氏“过密型增长”理论的提出，显然得益于社会经济史研究方法的坚持与革新。据黄氏自述，他研究明清以来华北的小农经济的方法，采用了以下两种方法：一是人类学，尤其是经济人类学的方法，尤其注重“社会调查”，借此了解微观层面的实际。二是社会学，即将经济史以及经济的研究扎根于社会史和社会学。④

明代生活质量的研究，固然需要采用社会经济史研究的路径，并从中获取有益的方法论启迪，但有一点显然需要加以重视，即自 20 世纪 90 年代以来，随着社会文化研究的兴起，中国历史学研究的重心，开始由社会经济史向社会文化史转移。这是一种研究范式与研究路径的转向，亦即由过分重视经济变为经济、文化并重。⑤ 社会经济是人的活动，而人是文化的产物。作为一种新的研究路径，社会文化史研究的方法，实则是在研究社会经济史时，具有一种向比较文化史靠拢的倾向。正如周锡瑞所言，所谓的社会文化史研究路径，显然是从文化的方面

---

① 杨国桢：《不断探索前进的艰辛历程——读傅衣凌著〈明清社会经济史论文集〉》，《中国社会经济史研究》1982 年第 3 期，第 110—111 页。

② 刘志伟、陈春声：《梁方仲先生的中国社会经济史研究》，《中山大学学报（社会科学版）》2008 年第 6 期，第 65—81 页。

③ 关于黄宗智相关学说的评述，可参见千里：《“过密型增长”理论——江南社会经济史研究的一把钥匙》，《中国经济史研究》1993 年第 1 期，第 85—86 页。

④ ［美］黄宗智：《略论农村社会经济史研究方法：以长江三角洲和华北平原为例》，《中国经济史研究》1991 年第 3 期，第 91 页。

⑤ 常建华：《日常生活与社会文化史——“新文化史”观照下的中国社会文化史研究》，《史学理论研究》2012 年第 1 期，第 74 页。

来研究社会经济史，是加强和发展社会经济史研究的必然之途。[①] 就明代生活史而言，同样具有一种将生活史与新文化史相结合的趋向。正如王鸿泰所言，这种社会文化史的取向，就是在研究社会生活时，除了文化史研究的取径之外，更为关注的是生活史图像背后的形成逻辑，亦即考察其社会文化意义。进而言之，以物质文化消费为例，当然关系到大众文化与物质生活，但更应关注人与物之间的互动，以及由此形成的文化与人际网络。[②]

一旦将社会文化史的研究路径引入生活质量研究，那么除了关注社会生活与思想观念之外，更应关注群体和个体的主观感受。在幸福的感知层面，有一种现象值得引起重视，这就是："自己优于别人，就感到幸福；低于他人，就感到不幸。许多研究发现，向上比较会降低主观幸福感，向下比较会提高主观幸福感。"[③]这就是所谓的主观感受。鉴此原因，关注人们的主观感受显然是研究社会文化史的一个重要视点和方法。[④]

在明代生活质量的研究过程中，采用社会经济史与社会文化史两种路径，大抵基于以下原因与事实：一是从研究内容看，收入、物价、消费、民生家计等，属于经济史研究的范畴；社会保障、公共产品等，属于社会史研究的范畴；物价思想、生活观念、消费观念乃至快乐、幸福观，则属于文化史研究的范畴。二是从研究的方法论取向看，研究明代生活质量，一方面，需要将经济史的内容置于社会史的背景下加以考察；另一方面，需要将文化史的内容置于社会史的背景下加以探析。唯有如此，方可揭示出明代生活质量的内在变迁理路与内在本质，进而对明代的生活质量加以历史定位。

三、社会变迁与明代生活质量

社会变迁是一个社会学的概念。生活质量的研究，既是一种社会经济史的

---

① 千里：《周锡瑞谈美国关于中国近代社会经济史研究的新动向》，《中国经济史研究》1995年第3期，第158页。

② 王鸿泰：《从社会经济史转向社会文化史——台湾二十年来新史学的发展》，载唐力行主编：《江南社会历史评论》第4期，商务印书馆2012年版，第344、352页。

③ 苗元江、余嘉元：《幸福感：生活质量研究的新视角》，《新视野》2003年第4期。

④ 梁景和、杜峰：《生活质量：社会文化史研究的新领域》，《史学理论研究》2016年第2期，第51页。

研究,又是一种社会文化史的研究。无论是社会经济史研究,还是社会文化史研究,所有社会学的理论均应被视为方法论。中国社会经济史、社会文化史研究的成果足以显示,诸如结构理论、行为学说、功能学说以及人口、劳动之类的理论与方法,早已被纳入社会经济史、社会文化史的研究实践中,而被研究者直接取用。尤其值得注意的是,社会经济史、社会文化史研究的重点,是经济发展尤其是制度变革所导致的社会变迁,诸如家族制度、士绅势力、社会等级、社会习俗等变迁。当然,这种变迁显然并不一定会与经济发展和制度变革同步,或许其中还存在着诸多阻碍社会变迁的其他因素。①

有鉴于此,当将社会变迁理论引入历史时期经济发展与制度变革的研究时,最终还是需要遵循历史实证主义的原则。尤其像明代这样从传统向近代转型的历史时期,其中转型的复杂性与多变性,更需要我们在运用社会变迁理论时付出加倍的小心,以便使社会性质与生活质量的定位更加符合历史的真面目。

（一）明代社会变迁

明朝人生活在一个社会转型时期,尤其是明代中期以后的社会,是以极具变化为其特征的。若将其置诸"社会流动"与"都市化"(或称"城市化")等范畴下加以考察,其时代的特殊性就更容易显现出来。换言之,明代社会是一个转变过程,举凡人口的持续增长,经济的货币化和多样化,农村的商业化,定期集市的小镇的激增,作物的专门化,手工业的发展,以及国内地区性贸易市场的形成,乃至社会流动的加速,租佃制与经济竞争的展开与政治秩序的集权化与系统化的互相联系,无不显示出它与前一时代本质上的不同。②

将社会变迁理论引入明代生活质量研究,其根本目的就在于将生活质量研究置于社会变迁视域下加以深入考察。社会变迁虽不可与社会转型相等同,但随社会变迁而来的结果,则必然导致社会发生巨大的变革甚至转型。细究明代的社会变迁,主要体现在以下三个方面。

其一,社会流动日趋加速。社会流动(social mobility)无疑包括纵向和横向流动两部分。纵向流动则又包括"向上流动"(upward)和"向下流动"(downward)两种。明代实行科举取士,由此也就形成一个独特的"科举社会",

① 相关的讨论,可参见吴承明:《经济史学的理论与方法》,《中国经济史研究》1999 年第 1 期,第 117 页。

② 陈宝良:《明代社会转型与文化变迁》,重庆大学出版社 2014 年版,第 8—9 页。

又可被称为“士大夫社会”(gentry society)。科举社会的最大特点,就是社会流动的频繁,冲决固化了的社会阶层秩序,用明朝人的话语来概括,就是当时的社会是一个“善变”的社会。在明代的科举社会之下,其社会地位上升的要诀在于勤俭,然后读书仕进;而其社会地位的下降,则在于骄奢淫逸,浪费不赀。这向上、向下流动的规律,看似一个循环之圈,其实却是一种社会的“活力”,社会的各个阶层在这种不断的社会流动中变换着各自在社会中应该扮演的角色,进而决定了他们社会地位的上升或者下降。

随社会流动而来者,则是社会阶层的分化与等级制度的渐趋解体。自明代中期以后,农村人口开始分化。嘉靖四十四年(1565),一位给事中凭借他在南北做官的具体观察,已经敏锐地发现,在传统“四民”中的农民,由于“不乐其生”的原因,开始寻求两条新的出路:富者趋末经商,贫者货产僦庸。[①]

随着社会经济的逐渐恢复,朝廷的社会控制日渐松懈,社会流动日趋频繁,导致“游民”和“末作之民”大增。[②] 值得重视的是,所谓“游惰之民”的增加,一方面需要以“法玩”(即传统法律控制力的削弱)为前提,唯有传统的法禁形同虚设,尤其是“王纲解纽”的时代,才使得人们有了自由流动的空间;另一方面,也说明了只有经济的发展,国家财力的增长,才足以养活大量闲散的“游惰之民”。明人追求“闲逸”的生活,当然也不仅仅反映了当时具有一种“俗偷”之风,即一般所谓的风俗浇漓,也不仅仅是士大夫阶层的专利,而是民间大众共同的生活追求。为了满足人们日趋闲逸的生活,耒耜之夫、耕织之妇的辛勤劳作无疑是提供丰富的物质产品的前提,但生活的多样性确实也离不开那些从事磨金利玉、藻缋涂饰、绣文紃彩之人的工作。

“四民”层的存在,是以“皆专其业”“各安其生”为前提的。按照传统的观念,四民各有定业,而后民志可定;而民志一定,则天下大治。然自明代中期以后,社会的变化已经不允许四民各安其生,四民皆专其业。朝廷赋役的加重,农村土地兼并的加剧,必然会导致传统社会统治基础的分崩离析,失去土地或者已经无法在农村立足的农民,不得不到城市寻找新的安身立命之所。于是,社会力量发生了新的分化,传统的四民架构已经无法规范社会大发展下各阶层力量的新变化。正是在这种前提下,明朝人姚旅才重新提出了“二十四民”之说。[③] 这

① 《明世宗实录》卷545,嘉靖四十四年四月丙戌条,“中央”研究院历史语言研究所1966年校印本。

② 《明神宗实录》卷4,隆庆六年八月癸酉条,“中央”研究院历史语言研究所1966年校印本。

③ 姚旅:《露书》卷9《风篇中》,福建人民出版社2008年版,第202页。

新增的十八民，均属"不稼不穑"之民。从"四民"或"六民"向"二十四民"的转化，显然不仅仅简单地限于职业分工的多样化，而是在某种程度上反映了明代社会大流动的一种结局。

随着社会流动的加剧，随之而来的则是固有的社会等级与礼法制度的解体。"士庶敢于犯上，寖成乱阶。"①这一说法堪称晚明社会的实录。其具体的表现，则是人人追求自己的体面，其结果却是国家法度的废弛。诸如：在朝廷，小臣藐视大臣，下吏不惮上官，新进不推前辈；在边疆，军士轻视主帅；在家庭内，子女蔑视父母；在学校，弟子不事师长，后进凌辱先进；在乡里，卑幼倾轧尊长，部民不畏有司。如此等等，不一而足。显然，传统的礼法制度荡然无存，并逐渐渗透到社会生活的方方面面。正如明代史料所言："近来婚丧、宴饮、服舍、器用，僭拟违礼，法制罔遵，上下无辨。"②生活是社会的真实反映。生活中出现诸如"僭拟违礼，法制罔遵，上下无辨"，无疑导源于社会等级制度的解体。

"上下有章，等威有辨"，这在明朝人看来是一种治世之象。明末的实际却是"属吏抗上官，佐领不逊长吏，青衿把持官府，猾棍凌辱簪缨，大帅之令格于偏裨，将领之法挠于士卒"③。这无疑就是一种衰世之象，但同时也说明了传统的等级制度遇到了很大的挑战。以嘉定县为例，从弘治、正德年间的里中妇子"走匿"大豪，转而至万历年间"大豪畏小民如畏蛇虎"，④这种变化无疑就是贵贱淆乱甚或颠倒的一种真实反映。

从贵贱、良贱有别，到贵贱、良贱淆乱与颠倒，这显然是明代社会变迁的结果。在这一转变过程中，贵者、良者尽管有身份地位受损甚至下降的面相，但生活质量显然并未受到多大的影响，社会上层群体似乎已经适应了这种社会变迁。他们或转换观念，与社会的下层群体厮混在一起，随之出现了"士商相混"这种社会史发生重大转向的现象；或改变生活的旨趣，更多地将精力转向业余爱好，亦即明代史料所谓的"缙绅余技"，即热衷于书法、绘画，甚至留恋于雕刻小技，从中获得精神生活境界的提升。至于贱者，则在贵贱、良贱淆乱与颠倒中使自己的社会地位得以提升。举例而言，工匠凭借自己的精湛技艺而得到社会大众的

① 《明穆宗实录》卷54，隆庆五年二月乙未条，"中央"研究院历史语言研究所1966年校印本。

② 《明神宗实录》卷51，万历四年六月辛卯条。

③ 《明熹宗实录》卷75，天启浏览八月庚子条，"中央"研究院历史语言研究所1966年校印本。

④ 王衡：《缑山先生集》卷6《嘉定新志序》，明万历刻本。

认可，甚至可以与士绅平起平坐；商人通过捐纳或投资于子弟的教育而获取身份等级，进而与士绅平等相交；戏子在替士大夫侑酒演出时，可以得到士大夫“赐座”的礼遇；奴仆不但借助于自己的发家而投资子弟教育，进而突破国家的法规制约，子弟因科举而获得出身，从此改变贱者的身份地位，而且通过“奴变”这种暴力性的行为，借此废除家主对自己的人身控制，有的甚至转而欺辱家主。贱者身份的提高，无疑增加了他们的自我认同感乃至荣誉感，生活质量由此得到了提升。

其二，个人自由意志日趋加强。明代个人自由意志的加强，显然得益于朝政的宽大与舆论空间的扩大。晚明法网宽大，这是生活在当时的人们普遍具有的一种心理感受。即使官员有罢官之厄，甚至被流窜贬谪，但也尽可以享受山林之乐，安居高卧，丰衣美食。这无疑使明代的仕宦阶层萌生出一种“富不如贫，贫不如贱”的念头。[①]

如果比较一下明初与明中期以后朝廷对待读书人宽严的不同，显然不难发现晚明朝政的宽大。按照明代著名僧人智暕的看法，洪武年间秀才做成的官是“还债的”，他们吃了不少苦，受了不少的惊怕，又替朝廷出了不少的力，到头来小有过犯，轻则充军，重则刑戮，最后能得善终者不过十之一二。明代中期以后的官员，则属于“讨债的”，当时朝政宽大，法网疏阔，秀才做官，饮食、衣服、舆马、宫室、子女、妻妾，多有受用，干不了多少事，到头来全无一些罪过。[②] 还债、讨债之说，当然不过是佛家的话头，但从中不难看出明代朝政有一个从严厉到宽大的变化过程。

朝政的宽大，无疑有助于各种观念、行为的纷然杂出。至于社会生活与风俗乃至文化的多样性与活泼性，也大多受益于朝政的宽大，以及人们所受社会控制的松懈。苏轼与李贽同为一代文人，都以舌端、笔端触犯了当世的大忌，得祸依稀相似。不过从两人著作的流传中，就不难看出宋、明两朝的时势甚至人心已是大相径庭。苏轼著作自禁令下达后，半入蛟宫，即使其临池挥洒之余，为人藏于复壁，还是很难保存下来。直至宣和之世，才弛苏文之禁。相比之下，在明代有“说法教主”之称的李贽，其才与趣不及苏轼，但识力、胆力已完全超越了苏轼。当李贽被逮之后，朝廷开始禁锢其书，但没过数年，其书反而盛传于世，若揭日月

① 谢肇淛：《五杂组》卷15《事部三》，上海书店出版社2001年版，第314页。

② 何良俊：《四友斋丛说》卷8《史五》，中华书局1983年版，第75页。

而行。李贽死后,书坊大多假托李贽的名头,出一些赝书牟利。[①] 这是一个相当奇异的现象。一方面,与宋代相较,明代朝政显已相当宽大;另一方面,明代的士风与士气,又与宋人有所不同,并逐渐向民间渗透。李贽之书在明末风行一时,以及伪书大量出现于书坊,就已经清楚地证明了这一点。

明代中期以后,民间的舆论空间事实上已呈日益扩大的趋势。[②] 这是个人与群体意志自由的充分体现。尤其是江南,如吴、越两地,在读书人中就存在着这样一种风气,即好写"鄙俚文"的传统,"讥刺上下,无所不有,且极其工巧,人畏恶之"。[③] 此外,在明代的民间一直存在着一种"异言"的传统。在古代,"异言"有禁,而在晚明,"异言"风行,这不能不说是一种社会新动向。除了"异言"之外,还有"讹言"的传衍。一般说来,讹言可以部分代表民间舆论的倾向,而讹言的广泛出现,也并非是一种治平之象。在晚明,讹言不仅普遍出现,而且表现出一些特殊性,诸如朝野中忽有一番议论,一人倡之,千万人和之,举国之人奔走若狂,甚至可以起到翻覆天地、变乱黑白的效用。[④] 这种民间舆论,或出自朝廷大臣之口,如众所周知的海瑞骂"嘉靖"为"家家干净";或出自民间的街谈巷议,如明末民间百姓骂"崇祯"为"重征"。然一旦哄传于社会,就会不胫而走,到处流播。这是舆论空间日趋扩大的明证。

其三,社会的动态变迁。一个社会显然存在着常态与动态两种态势。换言之,在历史演进的长时段内,历史事象的不变部分即为常态,而变化部分则为动态。若是以社会文化史为研究的视域,那么关注动态的历史事象的研究,则显然尤显重要。究其原因,一则因为历史总是在发展变化的,所以注重动态历史事象的研究本来就是历史研究中的应有之意;二则研究动态历史事象更是了解和认识不同历史时期特征的基本路径。[⑤]

揆诸明代的社会变迁,历史事象的动态变迁则尤为明显。这可以从以下三个方面观之。

一是从明初人口的严密控制,向明代中期以后人口可以自由流动的动态变

---

① 这种有意思的比较,始见于明人袁中道。参见氏著:《珂雪斋近集》卷2《龙湖遗墨小序》、卷3《答袁无涯》,上海书店1982年版,第43—44、191页。

② 关于明代的民间舆论及其影响,可参见陈宝良:《明代民间舆论探析》,《江汉论坛》1992年第2期。

③ 叶盛:《水东日记》卷31《偷驴贼》,中华书局1997年版,第306页。

④ 谢肇淛:《五杂组》卷13《事部一》,第261页。

⑤ 梁景和:《关于社会文化史的几对概念》,《晋阳学刊》2012年第3期,第102—103页。

迁。明初对人口的控制相当严密，可说是夜无群饮，村无宵行。当时明太祖朱元璋颁布了《大诰》，要求邻里之间，“互相知丁，互知务业”。如工匠、商人外出务工、经商，道途无论远近，出行无论水陆，都需要在路引上明白开明，而当他们外出之时，更是必须随身携带路引。[①] 事实证明，明初这种严厉的控制政策得到了很好的实施。如洪武五年（1372），当时有人因祖母急病而外出求医，走时匆忙，忘了携带路引，被常州吕城巡检司查获，拟送法司论罪。[②] 此事虽因明太祖的宽矜而免于论罪，但也从一个侧面证实明初之人确实缺乏流动的自由。

明初所定十年一造版籍之制，尽管在明代中后期仍然得以执行，但其实往往流于形式，最终导致人口流动的加速以及户口的不实。究其原因，当然是多方面的，大体可以概括为下面两点：一方面，是南北方之间人口与土地的比例失调。应该说江北的户口在明代并未减少，但还是土旷人稀，地有遗利；而在江南，尽管人口的增加也并不明显，但还是地狭人稠，甚至不能容纳。这当然是从西晋以后近千年发展的必然结果，却造成了南北方人口与土地比例呈现出一种不均衡的状态。这种南北方之间人口与土地比例的巨大差异，既是人口流动的动因，又为其自然的流动提供了保证。另一方面，是明代的户口登记大多不实，当然户口不实最重要的原因，还是逃民的增加以及人口流动的日趋频繁。

明代人口的地域性横向流动，包括下面两个方面：一为官方有计划的人口迁徙。在洪武、永乐两朝，官方曾经进行了大规模的人口迁移。二为自明代中期以后，在社会各阶层中，大多出现了人口流动的现象，而其最基本的形式就是游寓与寄籍的增加，最后在户籍登记制度中出现了“客籍”与“附籍”。这显然是明代官方对民间人口流动的无奈承认。

二是从明初社会等级的井然有序，到明代中期以后的社会失序。若以服饰生活为视角，这种动态变迁更是相当明显。服饰是明代等级制度最突出的反映。官民服式，俱有定制。这是明初服饰伦理等级秩序的最大特点，亦即通过等级制度的确立以规范人们的生活。在这一制度规定下，龙袍是专供皇帝享用的服饰，更是皇权的最高象征。但自明代中期以后，皇帝自己就经常赐给一些大臣蟒衣，而且这些蟒衣的正面全身，居然与皇帝所穿的衮龙袍几无多少差别。毋庸讳言，明代的历朝皇帝都在服饰制度上不断重申禁令，禁止民间穿蟒衣，或者类于龙纹

① 朱元璋：《大诰续编》，《互知丁业》第3，载张德信、毛佩琦主编：《洪武御制全书》，黄山书社1995年版，第795—796页。

② 谈迁：《国榷》卷5，太祖洪武六年七月癸亥条，中华书局1988年版，第489页。

的蟒衣。令人称奇的是,尽管皇帝“禁之固严”,但又不断赐予臣下蟒衣,完全与所下诏旨矛盾。① 这又从一个侧面印证了自明代中期以后,朝政大体处于一种比较宽松的环境之中,并进而引发礼教等级制度的崩坏。

三是从明初小农经济结构稳定、贫富相对均衡,到明代中期以后小农经济受到冲击,贫富两极分化日趋严重。按照传统的观念,国家安抚百姓之道,在于“均其赋役”;而均赋役之道的关键,则在于核实户口。可见,明初借助于均赋役、核户口两项政策的实施,使小农经济结构得以保持稳定。自明代中期以后,社会流动加剧,随之导致贫富分化更为明显。或因科举发家,或因流移致富,这是由贫至富;或因富贵骄纵,或因子弟豪奢,或因负担加重,富贵、中产之家,日趋衰败,这是从富到贫。

在明代中期的贫富分化中,有两个现象值得引起关注:第一,商贾日富,农民日贫。正如嘉靖年间林希元所言:一方面,商贾的家资,多者“巨万”,少者亦有“千百”,甚至可以“不少输官,坐享轻肥”;另一方面,农民终岁勤劳,却是“藜藿不充而困于赋役”。这就导致农民日益趋末,不再务农。② 第二,流寓日富,土著日贫。明末清初人朱鸿瞻堪称是目光敏锐的观察者,他以北京为例,显然已经发现了流寓日富、土著日贫的现象。在他所著《都中见》诗 32 首中,其中一首云:“鱼盐饶利出天津,粟泛东南处处新。地产千般花果盛,如何土著半嗟贫!”③这就是最好的例证。此外,明人蒋一葵根据自己的观察,发现了一个北京富人阶层的演变规律,且为当时的人所普遍认同,这就是:弘治时,世臣富;正德时,内竖富;嘉靖时,商人富;隆庆时,侠客富。④ 尽管明代各个社会阶段涌现出不同的富人阶层,但商贾日富、流寓日富这一社会现象的出现,以及嘉靖年间“商人富”达到一个顶峰,足以证明财富的获取必须借助于社会流动,而在社会流动的大趋势下,商人日富更是研究社会变迁或生活质量最为值得关注的现象,且已成为明代社会渐趋近代化的一个重要佐证。

(二)明代社会变迁的定性

明代社会变迁是一个极其复杂的历史现象,很难借助于现有的理论模式加

---

① 沈德符:《万历野获编》卷 1《蟒衣》、卷 2《两朝仁政》,第 20—21、61 页。

② 林希元撰,何丙仲校注:《林次崖先生文集》卷 2《王政附言疏》,上册,厦门大学出版社 2015 年版,第 56 页。

③ 朱鸿瞻:《竹园类辑》卷 10《诗类》,载陈光熙编:《明清之际温州史料集》,上海社会科学院出版社 2005 年版,第 488 页。

④ 蒋一葵:《长安客话》卷 4《郊垧杂记·甕山》,北京古籍出版社 2001 年版,第 73 页。

以定性。历史时期社会变迁的内在复杂性及其不确定性,则更使后来的研究者在对明代社会变迁的定性上难免有所差异。

通观已有的研究成果,再以宏大叙事的视角观之,对明代社会变迁的定性大致存在着以下四种看法。

其一,社会变迁的近代化是一项综合的社会进程,以社会深层结构的种种变异为标志,并渗透到思想、文化领域,影响及于人们的观念。中国大陆学者研究中国近代化的问题,始终受到马克思、恩格斯所创的历史唯物主义的影响,其对中国社会近代化的研究,首先是从考察中国封建社会的特征开始的,借此证明历史唯物主义所倡导的五种社会形态的变迁是一种历史的必然。① 过去以唯物史观与阶级史学论为前提,自然看到了明代中期以后,出现了"资本主义萌芽",且一直在缓慢地发展,假若没有西方殖民者的入侵,中国也会进入近代化的社会。②

中国大陆学者对明清资本主义萌芽的探讨,正如黄宗智所言,可以从得与失两个方面给以综合的评价。就"得"的方面而言,资本主义萌芽的分析,可以使后来的研究者得以掌握小农经济的商品化及随之而来的阶级分化现象。毫无疑问,明代中国农村所经历的,并不只是伴随人口压力所引起的量性变化,实际上,愈来愈多的小农正在加入到经济作物种植的行列,并由此而分化出一系列在两种生产关系中处于不同地位的阶层。而就"失"这一方面来说,毋庸讳言,由于理论的限制,也由于资料的缺乏,过去关于资本主义萌芽的著作,多着眼于生产关系的变化,而较少分析生产能力,而生产力的问题恰恰又是马克思主义生产关系方式概念中两个因素之一。③

资本主义萌芽这一论断,虽经诸多新的理论模式的引入而得以反思甚至质疑,并将原本相当热门的资本主义萌芽问题,与本土化研究结合起来。④ 不过,

---

① 这方面的代表性著作,有侯外庐:《中国封建社会史论》,人民出版社 1979 年;胡如雷:《中国封建社会形态研究》,生活 · 读书 · 新知三联书店 1979 年版。按,相关的著作,尚有傅筑夫撰:《中国经济史论丛》,生活 · 读书 · 新知三联书店 1980 年版。胡、傅二氏之书,对中国和西方前资本主义时期在社会经济结构上的差别做了深入的分析,有助于理解中、西方前近代的政治经济体制的差异。详细的评述,可参见黄宗智:《华北的小农经济与社会变迁》,香港牛津大学出版社 1994 年版,第 11 页注(1)。

② 相关的梳理,参见李焯然、陈宝良等:《传统的开展与再生——沟口雄三的中国近代社会观评析》,载赵令扬编辑:《明清时集刊》2004 年第 7 卷,第 262—263 页。

③ 黄宗智:《中国研究的规范认识危机:社会经济史中的悖论现象》,《华北的小农经济与社会变迁》,第 2—3 页。

④ 胡成:《"资本主义萌芽"与本土化研究的思考》,《史学理论研究》1999 年第 2 期,第 5—13 页。

前辈学者关于"资本主义萌芽"各个层面的史料的发掘乃至理论层面的深究，显然为后来的研究者提供了深层思考的基础。如方行对明清时期在中国近代化进程中的地位予以很高的评价，他指出，明代中叶以后的明清时期，是中国历史上经济的、社会的、思想的各种现代化因素开始出现的时期，他认为，这个时期与西欧工场手工业阶段一样，由个体手工业向大生产发展，由家庭劳动向雇佣劳动转变，由谋生经济向谋利经济转变，尽管明清时期这种生产形态的发展很不够，很稀疏，但这是一种新的生产方式，它反映了人类经济发展的共同规律，也是中国现代经济发生的一个途径。① 万明以张居正改革为切入点，认为张居正改革以世界连成一个整体的全球化开端为历史大背景，与全球市场的初步形成，白银货币形成世界货币，即经济全球化有着密切的联系。张居正改革的核心是财政，改革重建的新财政体系，是从以实物为主向以白银货币为主的财政体系的全面转型，是中国二千年财政体系的根本转型，也标志了史无前例的中国传统国家向近代国家的转型。② 在这一转型过程中，白银的货币化确实产生了极其重要的影响，它使明代国家的货币垄断权受到削弱，中央集权专制国家的经济控制力严重弱化，明朝国家与社会的关系产生了前所未有的变化，进而使专制王朝拥有的资源更多地让位给市场。③ 有学者从人身依附关系这一生产关系的视角入手，对明代的社会变迁加以论定，认为明代出现了一系列新的生产关系的萌芽，包括租佃关系中"一田多主"股份所有形式等新的经济因素，农民的身份地位逐渐提高，生产积极性得到了有效调动。④

从整体的"社会结构"出发，对 16 至 17 世纪中国社会的结构进行严谨的考察与审视，是中国大陆史学界对明代社会变迁研究的又一新趋向。随着研究的深化与发展，研究的结果也是新见迭出。如有学者认为明清之际中国社会是"传统向现代的萌动"，当时中国社会结构的变化虽未突破传统社会结构的基本模式，但确实发生了很大的变化，甚至蕴含了某些从传统向现代社会过渡的新的因素。它表明此时的中国社会结构正处于结构变迁前的过渡时期，这也正是此

---

① 相关的观点介绍，参见林枫：《重振经济史研究与中国传统经济社会若干问题——"中国社会经济的阶段变化"研讨会综述》，《中国社会经济史研究》2004 年第 4 期，第 149—152 页。

② 万明：《传统国家近代转型的开端：张居正改革新论》，《文史哲》2015 年第 1 期。

③ 陈昆、杨小玲：《论明代白银货币化的社会影响》，《社会科学家》2012 年第 9 期。

④ 这是学者江太新的论点，相关的梳理，参见林枫：《重振经济史研究与中国传统经济社会若干问题——"中国社会经济的阶段变化"研讨会综述》，第 149—152 页。

时中国社会结构变化的意义所在。①

其二，西方学者对明代社会变迁的研究，显然过分局限于以下三个方面：一是相对轻视土地关系的研究；二是强调生产力的作用；三是美国史学家心目中关于村庄的形象，主要来源于形式主义的观点。②

以费正清为代表的哈佛学派，大张"冲击—回应"（或作"挑战—回应"）之帜，断言明代以来的中国，缺少如同西方一般的近代化因子，唯有西方势力进入中国，对中国人尤其是知识人形成"冲击"（或"挑战"），作为一种"回应"，中国才开始步入近代化的道途。

其三，日本学者沟口雄三则以东亚（尤其是中国）为坐标，以思想史的视野考察明代中期以来的变化，认为已经出现了前近代的意识，且中国具有自己独特的近代化道路。沟口雄三关于中国"前近代"和"近代"思想与社会的理论，其主要特点有两个：一是中国社会思想史研究的独特视角，即一方面以亚细亚主义的立场，另一方面从多元的世界主义的立场，来理解相对于欧洲文明而言具有独特性的中国文明的价值，并努力阐明中国之内在的、独特的历史发展过程。③ 二是将中国的近代化从"自发性的近代"与"外来性的近代"两个层面加以把握，而且将中国的近代化历程视若一个历史的变迁过程，即以明末清初为萌芽期。④

其四，针对上述三种论说，在肯定明代社会变迁历程存在着新因素的同时，又着眼于中国社会近代化历程中存在着的诸多问题，亦即过去一直强调的"死的拖住活的"。这又可区分为两种观点：一是从整体上肯定自明代社会变迁中的近代化因子，但同时指出其存在内在矛盾性。如傅衣凌晚年提出"明清社会变迁论"，指出"从16世纪开始，中国在政治、社会、文化方面发生一系列变化"，但因种种原因，这些变化有中断以至倒退，但最后仍未脱离世界经济发展的共同

---

① 赵毅、刘晓东：《传统向现代的萌动》，《东北师大学报（哲学社会科学版）》1999年第1期，第5页。

② 参见李焯然、陈宝良等：《传统的开展与再生——沟口雄三的中国近代社会观评析》，第266—269页。

③ ［日］沟口雄三：《中国的思想》，赵士大林译，中国社会科学出版社1995年版，中译本作者序第2页。

④ ［日］沟口雄三著：《作为"方法"的中国》，孙军悦译，生活·读书·新知三联书店，第113页。按，关于沟口雄三中国近代社会观的整体性介绍，可参见李焯然、陈宝良等：《传统的开展与再生——沟口雄三的中国近代社会观评析》，第272—277页。

规律。[1] 吴承明也认为，中国市场的转化也是从16世纪即明嘉靖、万历年间开始的。这时出现的徽商、山西商、陕西商等大商帮即相当于马克思所说的“商人阶级”、希克思所说的“专业商人”；同时，也有工场手工业出现，即过去我们强调的资本主义萌芽。在社会风气、社会群体组织上也有一定变化，出现了“离经叛道”的文学作品，引发明末清初的“启蒙思潮”。这时的商帮与马克思所说的“纯商人”尚有一定的差距，其社会影响太弱。而最重要的，恐怕是没有引起希克思所说的“政治渗透”，在产权、商法、税制上毫无变化，仍然是完整的专制封建国家，没有商人权利，并坐失了海上和外贸的优势。随着17世纪市场危机和大规模战争的到来，现代化萌芽销声敛迹。[2] 陈支平指出，中国是一个农业帝国，中国的问题就是农民问题、农村的问题。农业经济对推动中国社会经济的发展发挥了非常重要的作用。明清时期，小农经济发达，农民生产积极性得到很好调动，促进了农村经济的发展，从而对市场产生了非常好的拉动作用，而中国资本主义萌芽之所以没能发展起来，与明后期至清初农业受到严重破坏有着很大关系，农业应该作为考察中国社会经济发展的一个重要方面。[3] 二是赵轶峰承认，明代中国经济领域发生的结构性、不可逆转性变化主要体现在五个方面，包括白银成为主导货币、赋役体制中基于土地并以货币征收的赋税比例扩大、货币财政体制形成、国内和国际市场体系发展、人口大幅度增长。这些变化相互关联，相互作用，加速了社会财富的流转，推动了社会经济的整体繁荣，同时也因超出以往王朝行政、金融、财政管理的经验范围而加速了明朝帝制体系经济功能的失序。但他在对明代社会变迁的定性上，显然仍持相对悲观的观点，认为这五个方面的变化，“距离资本主义经济体制尚远，是一种帝制农商社会的经济结构”。[4]

人类社会从中世纪走向近代，是历史的必然进程。西方历史从“文艺复兴”到“工业革命”的发展，便是最好的例子。然因地域的差异，社会结构的相歧，尤其是文化的不同，东西方社会在变迁历程中的近代化，无疑也会呈现出各自不同的特色。但究竟如何解释这一点，则有待作更为深层的分析，对理论模式的重新审视，而思想与社会之间到底应该是一种什么关系？是思想影响社会、政治、经

---

① 傅衣凌：《明清社会变迁论》，人民出版社1989年版。转见吴承明：《传统经济·市场经济·现代化》，《中国经济史研究》1997年第2期，第4页。

② 吴承明：《传统经济·市场经济·现代化》，《中国经济史研究》1997年第2期，第5页。

③ 林枫：《重振经济史研究与中国传统经济社会若干问题——“中国社会经济的阶段变化”研讨会综述》，第149—152页。

④ 赵轶峰：《明代经济的结构性变化》，《求是学刊》2016年第2期。

济诸方面，一如韦伯论西方资本主义之兴起？抑或客观的社会、政治、经济影响人们的思想？从历史的实际出发，无疑应将它们视为一种互动的关系，或许会更准确一些。然而思想与社会如何互动，则又是一个极难解答的题目。

当然，在方法论做出明确答案之前，笔者不妨按照个人深入研究的成果，试对明代社会变迁加以定性。首先，从时间上看，成化、弘治年间是明代社会、文化发生重大转折的滥觞。换言之，明代正德前后，社会与文化呈现出两种迥然有异的景象。无论是政治生态与制度变迁，还是礼崩乐坏与文化活力，社会失范与生活转向，无不证明在明代尤其是晚明，存在着一个巨大的变动。至于如何定性，则可以不太概念化的话语加以统括，亦即是一个“狂欢时代”，其意是说，在社会变迁的大势下，礼教禁防日趋松懈，个人自由意志得以充分彰显。① 其次，正德以后的晚明是一个社会生活结构发生普遍变化的时代，而这些变化很大程度上是由经济的商业化所促成的。进而言之，明代正德以后的社会转型，主要体现在以下三个方面：一是经济结构的转向，有了兴旺繁荣的商业与工业经济；二是政治结构的变化，发轫于政治氛围相对宽松以及言论的相对自由，随之而来者，则是社会组织的进步，民间力量的广泛崛起；三是“社会流动”的加速及其对等级制度的冲击，诸如士商互动，儒、侠、盗互动，以及“四民”等级社会的解体。②

（三）明代生活质量的历史定位

假若要对明代的生活质量加以历史定位，那么，至少有以下两个关乎生活质量的问题必须加以辨析。

首先，依据社会生产力水平，可以将生活质量划分成不同的类型，并进而指出生活质量演变的阶段性特征。这是一种长时段的分类方法。这种分类方法，实则又可分为两个时段。

其一，是知识时代之前生活质量的分类，且可以分为以下四种基本类型：一是原始的生活质量，历史时间应为公元前 3500 年以前。在这一阶段内，人类以生存为第一需求，几乎无人关心生活质量。二是农业时代的生活质量，历史时间为公元前 3500 年至公元 1760 年。在这一阶段内，生存需求是人类的基本需求，发展模式以土地为中心，生产方式是农业和手工生产，以农耕、游牧生活作为基本的生活方式，并只有少数人关心生活质量。三是工业时代的生活质量，历史时

---

① 陈宝良：《狂欢时代：生活在明朝》，人民出版社 2020 年版，第 2 页。

② 陈宝良：《明代士大夫的精神世界》，北京师范大学出版社 2017 年版，第 6—21 页。

间为公元 1760 年至 1970 年。在这一阶段内,物质需求已经成为人类的基本需求,发展模式以经济增长为中心,生产方式是工业化大生产,以城市化、机械化、电气化、大众化作为基本的生活方式,而生活质量则以物质生活水平为主,并有部分人关心生活质量。四是知识时代的生活质量,历史时间是 1970 年迄今。① 从 18 世纪以后,生活质量开始趋于现代化,并经历了以下两个阶段:一是生活水平的现代化,亦即从农业时代的生活水平向工业时代的生活水平的转变,并开始有部分人关心生活质量,这又被人称为"工业时代的生活质量现代化";二是生活质量的现代化,亦即从工业时代的生活水平向知识时代的生活质量转变,或者从"工业时代的生活质量"向知识时代的生活质量的转变,这又被人称为"知识时代的生活质量现代化"。② 换言之,在 20 世纪 70 年代以前,即使是在工业时代,人们关心的仍以"生活水平"为主,仅有部分人关心"生活质量"。唯有至 20 世纪 70 年代以后,人类进入了知识时代,才开始将关心的焦点集聚于"生活质量"。

其二,是知识时代及其之后生活质量的演进路径与趋向。在进入知识时代之后,显然出现了一个从"生活质量"向"社会质量"转变的新趋向。生活质量的研究虽然也会涉及个人生活所面临的社会环境和政治生态,如社会保障、政治自由、性别平等因素,但更多的是以个人的生活状况作为考察的焦点,但社会质量研究的焦点则从对个体生活的考察,转而向整个社会演进,其分析沿着社会经济保障、社会凝聚、社会包容和社会赋权这四个维度展开,进而建构社会指标分析体系。③

其次,依据生活资源系统,可以将生活质量划分成不同的类型。这是在一个时段内的分类方法,且更多地集中于对生活水平作出评价。通常说来,生活资源可以分为物质资源和人力资源两种。所谓物质资源,所指大抵为个人以货币收入为中心的流动资产和土地房屋等固定资产以及生活环境;所谓人力资源,所指大抵为个人的生活时间、健康、能力、经验等。在一个历史时期里,每一个人所拥有的生活资源不尽相同,导致他们生活的条件也就多有差异。为此,有些学者又

---

① 何传启、刘雷:《生活质量现代化:世界历史经验及其中国启示》,《理论与现代化》2020 年第 6 期,第 27 页。

② 何传启、刘雷:《生活质量现代化:世界历史经验及其中国启示》,《理论与现代化》2020 年第 6 期,第 25—26 页。

③ 林卡:《生活质量与社会质量:一项有关理论和方法论的比较研究》,《江苏行政学院学报》2015 年第 2 期,第 63 页。

将其划分为五个阶段,即贫困型、温饱型、小康型、宽裕型、富裕型。[①] 需要指出的是,生活资源所反映的仅仅是生活水平,是人们生活的一种“投入”,虽会对人们的生活质量产生重要的影响,但显然不是决定性的因素。

无论是长时段内生活质量的阶段性划分,还是一个历史时期内生活水平的具体分类,无不对明代生活质量的历史定位具有启发性的价值。罗斯托的经济增长的阶段理论显示,经济增长过程,大致可以划分为“传统社会阶段”“为起飞准备前提的阶段”“起飞阶段”“成熟阶段”“高额群众消费阶段”“追求生活质量阶段”。[②] 借助于诸多阶段性理论,再结合明代的历史实际,至少可以从以下三个方面对明代的生活质量加以历史定位:一是在相当长的历史阶段内,追求生活质量是人们生活的目的和所要追求的一种生活目标,而并非是工业化时代尤其是知识化时代人们的专利。换言之,明朝人同样也将生活目标定为追求生活质量,所异者仅仅是生活质量的高低而已。二是从社会史演进历程着眼,明代的生活质量仅仅限于农业时代的基本生产与生活方式背景,亦即生存需求仍是当时人们的基本需求,发展模式仍以土地为中心,生产方式仍是农业和手工生产,兼具部分的城市化与商业化,并以农耕、游牧生活作为基本的生活方式。在明代这样的社会里,确乎只有少数人或者部分人关心生活质量。三是生活质量显然建立在经济增长或经济发展水平之上。正如有的学者所言,现在有充分的证据说明,“明代的经济发展水平超过宋代”。[③] 借助于这一总体性的判断,至少可以演绎出如下的论断,即明代的生活质量基本超越了宋代。

生活质量的高下,生存状态的安逸与窘困,固然决定于财富占有的多寡等外在的物质条件,但又与人们内在的心理感受密切相关。进而言之,生活质量固然受制于经济发展水平,但确实又与生活的观念息息相关。社会文化史研究的新趋向已经显示,在研究生活质量时,需要充分考虑到社会生活与观念形态之间的互动关系。这就是,人们的现实社会生活怎样影响到了人们的观念形态,使人们的观念形态随之发生变化,而观念形态的变化反过来又会对社会生活产生了哪些影响,并使社会生活由此发生变化。[④] 若是以生活与观念的互动为考察的起点,那么明代的生活质量问题,显然又可以从以下三个方面的观察中得到认识的升华。

---

① 陈义平:《关于生活质量评估的再思考》,《社会科学研究》1999 年第 1 期,第 85 页。

② 冯立天主编:《中国人口生活质量研究》,第 10—14 页。

③ 王家范:《中国社会经济史面临的挑战——回应〈大分流〉的问题意识》,《史林》2004 年第 4 期,第 48 页。

④ 梁景和:《关于社会文化史的几对概念》,《晋阳学刊》2012 年第 3 期,第 104 页。

其一,民心与民生的关系问题。一朝一代的生活质量,归根结底就是民生问题:民生之好坏,则又关乎民心的向背;民心之向背,则又取决于吏治之善恶。正如明人吕坤所言,吏治的根本,在于民生,而民生的命脉,则以"积贮"为要务。当大荒之年到来时,百姓嗷嗷待哺,他们最为关心的是能得到一升一勺,借此延续生命。反之,"仓庾如洗,虽十尧舜不能活一饿夫;珠玉如山,虽人与千金,不如给一升粟"①。

民生的好坏,显然又决定了民心的向背。通观明代社会的变迁,自明代中期以后,大抵已经步入了民生日窳的轨道。一方面,征输日烦,尤其是因万历年间矿监税使四出而引发的骚扰,其结果则导致"估人贫到骨"之类的商人贫困化;②另一方面,由于徭役日趋加重,尤其是白役的骚扰,及其他们倚仗官府而残虐地方,其结果同样造成"田家今不乐"之类的农民生活质量的下降。正如陈第《江汉行》诗中所言,"普天财不乏,否泰视民心"。③ 国富之时,尚且如此,一旦国穷民贫,更是大失民心。明末社会危机的形成,各色民变的蜂起,乃至最终导致明朝的覆亡,实与民生日窳休戚相关。

其二,生活观念中劳作与享受的关系问题。在传统的生活观念中,生活需要劳作,唯有劳作,方可维持日常的生计,生活一词偏重劳作一义。自明代中期以后,随着经济的发展,商业化速度的加快,随之而来的则是农村人口向城市的流动,以及人们闲暇时间的增多。正是在这种前提下,明朝人的生活观念发生了根本性的改变,即生活除了原本所含有的劳作意义之外,逐渐向娱乐与享受这一层面转变,各种休闲与娱乐方式随之应运而生,进而从精神层面使明朝人的生活质量得以提升。

明代生活观念的历史性转向,主要体现在以下两个方面:一是生活的休闲化

---

① 吕坤:《答毕东郊按台》,载陈子龙等编:《明经世文编》卷416,中华书局1997年版,第4517页。

② 陈第《江汉行》诗云:"江汉二千里,征输节节深。估人贫到骨,洒泪赤沾襟。旷野无青草,阴风动绿林。普天财不乏,否泰视民心。"所咏即为征输对商人造成的危害。参见陈第:《寄心集》卷4《江汉行》,载陈第著,郭庭平点校:《一斋诗文集》,福建教育出版社2012年版,第119页。

③ 陈第《田家诗》对此有所揭示,云:"插苗十里青,鹭飞风漠漠。获禾满茅屋,鸟雀喧前幕。妻子并尝新,庆慰收不薄。邻村携酒至,初酿尚浑浊。来往礼亦宜,乘暇相酬酢。沉酗任歌呼,谁怪言语错?鸡黍邀里胥,钱谷豫商度。官税毕已输,自谓安耕凿。何意白役(注:名不在官,倚在官之人为虐,俗号白役)来,捉影恣诓索,赠送失其欢,公门有敲扑。文字实不笃,俯仰惟唯诺。典鬻家一空,分且填沟壑。作息慕古风,田家今不乐。"参见陈第:《五岳游草·田家》,《一斋诗文集》,第166页。

倾向。明朝人除了通过清明墓祭、春社秋社乃至进香活动而得以休闲旅游之外，更是借助商业化的大势，享受戏曲、博弈之乐。二是生活的艺术化倾向。明朝人在满足日常生活需求之余，通过花卉种植、家中置办盆景、养金鱼乃至收藏图书古董等形式，进而提升生活质量。在晚明，“爱清”之风的形成，以及人们日常生活中“伪雅”风气的形成，①固然不乏随风波流转的好事者之流，但对清、雅两端的追求，至少说明明朝人开始追求高端的乃至艺术化的生活品质。

传统社会有一种最为流行的说法，叫作“开门七件事，柴米油盐酱醋茶”。毋庸否认，这开门七件事，在明代大众日常生活中仍然占据着重要的位置。但更应注意的是，在明代的社会生活中，在基本的物质生活得到满足、闲暇时间日增的前提下，人们的日常生活也在悄悄发生一些转变。这一转变的结果，姑且可以称之为“新开门七件事”的出现，亦即谈谐（即说笑话）、听曲、旅游、博弈、狎妓、收藏（包括书籍、古董、时玩）、花虫鱼鸟。传统的开门七件事仅仅限于基本物质生活需求的满足，而新开门七件事，既有大众百姓逗闷的乐子，也有文人士大夫打发闲暇的雅趣。说白了，就是生活的享乐化与艺术化。② 这一划时代意义的转变，基本也可以证明明朝人的生活开始了从生活水平向生活质量的转向。

其三，幸福感中物质与精神的关系问题。关于两者的关系问题，可以从以下两个方面加以讨论：

一是幸福感的产生，固然以物质财富为基础，然人们的快乐与否，却并非一概决定于财富的多少。这可以通过下面两个对比加以说明：第一个是农民与仕宦的比较。照理说来，农民劳作辛苦，财产贫乏，理应更少幸福感。其实不然。如晚明公安三袁的家族，世代农夫，“产业膏腴”，一直享受着“田间之乐”。每年春初，“即了公事，终岁县役不至门，惟相与饮酒晏笑而已”。后其家族稍知读书，袁宗道、袁宏道分别中进士出仕，然宗道、宏道给其弟中道的家书中，却说“仕宦苦甚，机关械其内，礼法束其外”，反而怀念昔日坐大槐树下的农家快乐生活。③ 另外，透过明人冯惟敏所作的散曲《农家乐》，不难发现明代的农民最能知足，知足而后常乐。只要没有天灾人祸，每当秋成，农民将“官债”偿还之后，过的就是“无虑无忧”的生活。尽管农民心目中的幸福生活，吃的不过是“新炊干

---

① 陆容：《菽园杂记》卷5，中华书局1997年版，第62页；王衡：《东门观桃花记》，载黄宗羲编：《明文海》卷357，中华书局1987年版，第3679页。

② 参见陈宝良：《明代社会生活史》，中国社会科学出版社2004年版，第37—40页。

③ 袁中道著，钱伯城点校：《珂雪斋集》卷9《寿孟溪叔五十序》，上册，上海古籍出版社2019年版，第428页。

饭”，穿的是“粗棉布袄”，睡的是“暖虚虚的炕头”，“家当”很少，但无是无非，每天可以睡一个安稳觉。[1] 反观仕宦，一生仰慕功名，四处奔波，其原因正如唐人诗中所言：“箧中有帛仓有粟，岂向天涯走碌碌？”或许还是因为家中贫困所致，然其结局则又如唐人诗中自道：“四时不得一日乐，以此方知客游恶。”一生劳碌，出门营求名利，过得并不快乐。正是鉴于此，明代的部分仕宦方才觉醒，深悟以下的道理：“人生一世轻于叶，乾坤阔大开吾眸。于中若觉有乐地，一笻一钵轻王侯。”[2]这是一种“无财有至乐”的幸福感，[3]而后与农民的知足精神趋于合流。第二个是轿夫与徽州富商的比较。陈第有一首《哀舆夫行》诗，诗旨固然是讽刺轿夫的“馋食贪饕”，但确实又反映了徽州富商与普通轿夫生活观念的差异。就徽州富商来说，家中珍珠可以斗量，确乎堪称富可敌国，他们的生活却是“旦夕盐豆食粗刍”。这种对自己近乎苛刻的生活态度，或许可以说明徽州富商具有一种俭朴的品质，然过分的俭朴，就会流于吝啬，甚或成为守财奴。整天沉浸在数钱的日子里，或者求利不足的贪婪，反而忽略了日常生活的享受，其实并不快乐。反观有“舆夫”之称的轿夫，尽管“衣裳破碎罔蔽庐，日趁百钱口不糊”，有时甚至“囊空一钱”，然在风雨交加且没有活计可寻之时，还是“三日顿食六鸡雏”，甚至“饮酒且至数十壶，恣意醉饱呼乌乌”。[4] 在诗人的眼中，轿夫的生活观念堪称“真太愚”，然愚者所求不多，只务眼前快乐，说明无钱者同样可以自得其乐。

二是随着时代的推移，明朝人的快乐精神开始发生部分的转变。传统儒家学者所信奉的是“孔颜之乐”。所谓孔颜之乐，就是孔子饭疏食，饮水，曲肱而枕之，乐在其中；颜子身处陋巷，一箪食，一瓢饮，不改其乐。可见，所谓的孔、颜之乐，这是一种“内乐”，亦即内心充满道德之乐，而并不以外在的贫贱或富贵为意，亦即视富贵如浮云。在明初，儒家学者很好地继承了这种快乐精神。如宋濂在所著自传《白牛生传》中，宣称自己仰慕孔、颜之乐，声称自己聆听钧天之乐，犹如马蹄之金，“言及之，手足舞蹈不已”。因此，宋濂虽然贫困，但喜色常溢于眉宇之间，进而追求一种“内足乐”。[5] 商辂作有一首《贫乐窝》诗，基本反

---

① 冯惟敏著，谢伯阳编纂：《冯惟敏集》，《散曲·农家乐》，齐鲁书社 2007 年版，第 176 页。

② 陈第：《五岳游草·高溪庵即事(有序)》，《一斋诗文集》，第 174 页。

③ 陈第：《寄心集》卷 4《述史叹》，《一斋诗文集》，第 119 页。

④ 陈第：《五岳游草》卷 2《哀舆夫行》，《一斋诗文集》，第 194 页。

⑤ 宋濂：《潜溪前集》卷 7《白牛生传》，《宋濂全集》，浙江古籍出版社 1999 年版，第 81 页。

映了明代儒家士人以“贫”为乐的思想，进而追求一种“无忮无求乐晏然”的内在之乐。①

俗语有云：“床头黄金尽，壮士无颜色。”由此可见，“安贫”二字最难，“非真得孔颜乐趣者，未易语此”。② 所以，随着时代变迁，大致从明代中期开始，明朝人的快乐观开始发生转向，即由追求内心的精神快乐，进而改为不再排斥外在的物质财富快乐。这种转向无疑发端于陈白沙。陈白沙著有《论前辈言铢视轩冕尘视金玉》一文，所涉及的主题则是如何看待轩冕与金玉，亦即如何处理功名、富贵与道之间的关系。从根本上说，尽管白沙之乐还是得之于颜子之实乐，但因其本身所具有的心学特色，不免使白沙之乐发生了很大的转向，这事实上与儒学在明代中期所发生的转向若合符契。一方面，在白沙看来，诸如富贵、贫贱、死生、祸福之类，在已经得“道”的君子面前，似乎已是相当微不足道之事。更进一步，既然天地间物均可“归于我”，而又不可对“我”有所增损。那么，无论是突然遇到富贵、贫贱、死生、祸福，君子并不会感到震惊。反之，无故失去富贵、贫贱、死生、祸福，同样也不必介怀。所以，公然倡导“铢视轩冕、尘视金玉”，显然还是处于一种“知之真、存之实”的境界，并且是一种“徒为狂妄”。另一方面，白沙又认为，只要有了内在的“君子之心”，就不必再去纠缠于外在的轻重之辨。换言之，君子之乐，所菲薄的是“不义”，而不是“富贵”，所重视的是“爱亲”，而不是轻视“天下”。言下之意，只要有了君子之心，富贵、天下之类外在的东西，同样可以去获取，在获取的过程中，也是一种君子之乐。③

一至晚明的李贽，更是将儒家的快乐精神建立于“百姓日用之迩言”之上，进而肯定诸如“好货”“好色”“勤学”“进取”“多积金宝”“多买田宅为子孙谋”“博求风水为儿孙福荫”之类的自私自利之心与迩言迩行。④ 李贽之说，无疑在晚明时代引起很大的反响。

在儒家的快乐精神中，存在着以贫为乐与富而好礼两种，而颜回与子贡就是两者的典范。到了明代，对这两者之间的关系显然出现了一些变化。如焦竑就子贡其人，就有了下面的一番新议论：“然子贡结驷连骑，卒成夫子之名，亦何必

---

① 商辂：《商文毅公集》卷7《贫乐窝》，明万历三十一年刻本。

② 毛元淳：《寻乐编》，《四库全书存目丛书》影印明崇祯刻本，子部第94册，第484页。

③ 陈献章：《陈献章集》卷1《论前辈言铢视轩冕尘视金玉》上，中华书局1987年版，第54—56页。

④ 李贽：《焚书》卷1《答邓明府》，中华书局1975年版，第40—41页。

褐衣蓬户,乃为愉快乎哉?"①显然,对富而好礼有了更多的肯定与称道。随之而来者,更是在快乐精神上出现以下三大转向:一则对"贪"不再非议。如明末著名文人叶绍袁的岳父沈琉,就声称贪廉界限,取决于个人的"才术",若是自审"才足以贪",那么"不妨于取",甚至"不取则已,取则万计",乃至"列鼎而食",亦未尝不是"大丈夫豪举之事"。② 二则及时行乐意识在士大夫群体中的泛滥。如袁宗道有一诗,大抵反映了士大夫追求"醉月醉花从所好,听丝听肉讵言疲"的享乐生活,所抱的更是"人生朝露复何疑,君归行乐正及时"一类及时行乐的观念。③ 三则"不知足"精神的流行。按照一般儒家学者的看法,塞门不仕,左对孺人,右顾稚子,应该说已经是一种天下之至乐,根本用不着再怨天尤人。但其实并不尽然。随着商业化浪潮的兴起,在晚明显然兴起了一股"不知足"的精神,诸如:"卿相不已,必思帝王;帝王不已,必思神仙;神仙不已,必思玉皇大帝。而元会运世,百六阳九之期,于心尚以为未足也。"④假若说对"自私""贪"一类的肯定,最终导致了明朝人生活观念上及时享受物质利益之说的甚嚣尘上,幸福感随之上升;那么,"不知足"观念的流行,反而又使明朝人的幸福感逐渐丧失。

借助于明代社会变迁定性的考察,并以此作为考察明代生活质量的社会史背景,显然有必要对明朝人的生活质量作一些总结。这可以从以下三点观之。

其一,生活质量的基本推测。从"劳心者"与"劳力者"两个层面切入,大抵可以发现,因为所处社会地位的不同,明代各社会阶层的生存状态乃至生活质量差异甚大,且生活质量呈现出等级性的差异。以此为基础,通过对各阶层的生存状态及其生活水平、生活水平的等级层次的综合考察,基本可以对明代的富贵奢华生活、富裕小康生活、温饱生活、贫困生活及贫困线等四种生活状态的衡量标准重加厘定。

其二,生活质量的差异性与波动性。就明朝人的生活质量而言,存在着以下两大特点:一是生活质量的差异性。这种差异性不但体现为贫富差距这一社会阶层的差异性,而且体现为南方与北方的区域差异性,甚至城乡生活日渐凸显出二元的结构。二是生活质量的波动性。这种波动性,主要体现在承平时期与战

① 焦竑:《澹园集》卷28《鸿胪寺序班高君子晦墓志铭》,中华书局1999年版,第414页。

② 叶绍袁:《叶天寥自撰年谱》,载叶绍袁原编:《午梦堂集》附录1,中华书局1998年版,第832页。

③ 袁宗道:《白苏斋类集》卷1《古诗类·顾仲方画山水歌》,上海古籍出版社2007年版,第4页。

④ 谢肇淛:《寄郑孟麟》,载周亮工辑:《尺牍新钞》卷1,岳麓书社1986年版,第20页。

乱、灾荒之年,百姓的生活质量迥然有异。

其三,生活质量的内在辩证关系。中国自古即有“生于忧患,死于安乐”的说法。生活在逆境与困苦中的人,在经历了勤俭的劳作,或许也有苦尽甘来的一天;反之,若是贪图享乐,不思进取,其中必然隐藏着极大的祸患,甚至乐极生悲。在明朝人的快乐、幸福观中,同样对忧与乐的关系问题作了诸多深层次的思考。尤其是关乎生活质量的幸福感,其中所反映的生活质量的优劣高低,更是会发展变化,或者是彼此相互生发。① 明代不乏这样的例子,一个生存条件并不富裕甚至贫穷的人,因为生活观念上的“知足”精神,幸福感相对较好;反之,一个人尽管生活条件优渥,却因生活观念上的“不知足”,导致终生郁郁寡欢。诸如此类的问题,无疑会引发对生活质量作辩证的思考。换言之,看待和评价生活质量并不是一个简单的问题,必须加以辩证地分析。

① 梁景和:《生活质量:社会文化史研究的新维度》,《近代史研究》2014年第4期,第135页。

第一章　支配要素

所谓支配要素，即支配生活质量的各种要素。这并不仅仅限于从生活质量的社会背景着眼，而是将观察的视角引向更深层次的一些因素。那么，生活在明朝的人们，他们的生活质量究竟如何？若欲就此问题加以综合考察，理应从支配生活质量的诸要素说起。

探究明代生活质量最为重要的研究路径，就是社会经济史的研究方法。这显然是一种将经济史研究与社会史研究相结合的研究方法，且已成为将中国经济史研究引向纵深发展的必由之路。这一研究路径，有以下两种理论值得引起关注。

其一，以布罗代尔为代表的法国年鉴派史学。他主张从三个时段来看社会经济的变迁：一是短时段的因素，尤其是革命、战争；二是中时段的因素，如人口、物价、贸易、运输、工农业等；三是长时段的因素，即地理、气候、生态环境等。① 这一理论对于研究明代生活质量显然大有启发。无论是短时段、中时段的因素，中国经济史学界已曾进行过不同程度的研究。相较之下，长时段的因素研究，则仍然是研究的薄弱环节。其实，对于明代生活质量研究而言，甚至对于整个明代社会历史的发展进程而言，长时段的因素一直起着一种至关重要的作用。

其二，历史唯物主义的社会形态理论。据有的学者研究，最早对社会经济史学科含义和研究体系进行设计的是陆仰渊，他在《民国社会经济史·绪论》中提出："既要研究生产关系，又要研究生产力，生产关系一定要适合生产力的发展，反映两者之间适合或不适合，以及两者之间关系，就是社会经济史的全部内容。"至于社会经济史研究的内容，则"必须兼顾重视"影响经济变化的"各种政治的、军事的、文化的因素"以及政府的决策、政策，民族资本与官僚、商人和买

---

① 关于布罗代尔的"长时段"因素理论，可参见行龙：《经济史与社会史》，《山西大学学报（哲学社会科学版）》2003 年第 4 期，第 39—43 页。

办的关系。[①] 这种对生产力与生产关系的阐述，其理论渊源显然来自历史唯物主义的社会形态理论。

一、生产力要素

生活质量的提升取决于诸如人口与土地、生产工具的改进、农业种植技术的改良乃至科技的进步等生产力因素。

（一）人口与土地

在传统中国，人口与土地是国家与地方财赋的主要来源。进而言之，户口盛衰与耕地盈缩，实则关乎生活质量的升降。

宣德年间，明宣宗与侍臣曾就历代户口盛衰作过一次纵向的全面梳理，时间从禹平水土，一直到宋高宗南渡，从中得出如下三条经验性的论断：一是户口盛衰可以全面反映国家的“治忽”。当国家休养生息之时，户口必然兴盛；当国家处于“土木兵戈”之时，户口必然衰落。[②] 二是户口盛衰与制度层面的“良法”并无必然的联系。究其原因，还是因为“法存乎人”，尤其是一国之君的行为，更是具有导向性的意义。若是国君恭俭，国家无事，自然“生齿日繁”；生齿日繁，自然财赋充足。三是国家的治乱，取决于国家的财赋与百姓的生活质量。换言之，天下富庶，显然是“致理之本”；反之，若是民物凋耗，则是“兆乱之阶”。[③]

1. 户籍登记与人口数字

从生产力的角度来看，人口是一种劳动力。明代登记人口的黄册，登入册籍的有大口、小口之分。大口是成人，小口为未成年人。大口中，又分人丁与女口。人丁是成年的男性，是服役于国家的真正劳动人口。女口虽是在籍人口，但并未服役于国家，而是仅仅服务于家庭的劳动人口，亦即传统儒家经典所谓的“主中馈”。然从明代的史实来看，妇女有逐渐融入社会并进而成为劳动人口的趋势。这主要体现在以下两个方面：一是随着“女贾”“女医”之类女性职业人口的出

---

① 虞和平：《统合与建构：社会经济史学科之由来及其研究体系》，《河北学刊》2015 年第 1 期，第 39 页。

② 余继登撰，顾思点校：《典故纪闻》卷 9，中华书局 1981 年版，第 162—163 页。

③ 余继登撰，顾思点校：《典故纪闻》卷 9，第 166—167 页。

现,以及“三姑六婆”的日趋职业化,妇女已有趋于职业化的倾向;二是江南普遍存在的“蚕妇”“织妇”,以及她们的劳动产品价值日渐占据家庭收入的一半,更使妇女有融入社会并进而成为职业人口之势。

这仅仅是明代人口的一个方面。明代“民以籍定”的户籍人口特点,以及士、农、工、商“四民”社会的确立,同样也使人口与职业劳动趋于合一。换句话说,唯有劳动人口,方有作为良民的资格而登载于户籍,并进而成为户籍人口。像光棍、无赖之类的游手好闲之徒,则无资格登入户籍,只配被称为“无籍之徒”(或简称“无徒”)。他们即使有户籍,通常也会被视为“畸零户”而打入“另册”。至于像乐户、妓女、仆婢、堕民之类,更是名落“贱籍”而不被视为良民,其子弟甚至会被剥夺参与科举考试而失去真正的政治参与权。

明代官方借助于黄册的攒造,以登记在籍的户口。① 此即《会典》所云“国初,核实天下户口,具有定籍,令各务所业”。其后,休养既乂,生齿渐繁,黄册登记人口理应大有增加。但因为户籍分合及附籍、脱漏不报等原因,明代册籍登记的户口数不仅“仍涉于旧”,甚至还有下降的趋势。由此可见,官方册籍的户口登记数并不能真正反映明代户口盛衰的实况。②

根据现有的官方资料,大致有四个官方统计的户口数字:一是洪武年间攒造黄册时的户口数字,包括直隶府、州、县与十三布政司,总计 10652789 户,60545812 口。③ (参见附表 1)《后湖志》的登记时间仅称“国初”,并无明言确切的年份,而《明会典》则明言为洪武二十六年(1393)。《明会典》所载数字,为户 10652870 户,60545812 口。④ 与《后湖志》比勘,口数所载相同,户数多出了 81 户。二是弘治十五年(1502)攒造黄册时的户口数字,包括南北直隶府、州、县与十三布政司,总计 9691548 户,61416375 口。⑤ (参见附表 2)《明会典》载有弘治四年造册户口的数目,总计 9113446 户,53281158 口。⑥ 与弘治十五年的统计数字相较,少 578102 户,8135217 口。嘉靖八年,开局重修《会典》时,副总裁詹事

---

① 黄光昇:《昭代典则》卷 9,上海古籍出版社 2008 年版,第 216 页。

② 赵官等编纂,吴福林点校:《后湖志》卷 2《事迹》2《黄册户口》,南京出版社 2011 年版,第 11 页。

③ 赵官等编纂,吴福林点校:《后湖志》卷 2《事迹》2《黄册户口》,第 11—12 页。

④ 申时行等修:《明会典》卷 19《户部》6《户口》1《户口总数》,中华书局 1989 年版,第 123—125 页。

⑤ 赵官等编纂,吴福林点校:《后湖志》卷 2《事迹》2《黄册户口》,第 12—13 页。

⑥ 申时行等修:《明会典》卷 19《户部》6《户口》1《户口总数》,第 125—127 页。

霍韬在上疏时,曾言及弘治四年的户数为9110000户。[①] 此是就其约数而言,大致与前面两则记载的数字接近。三是嘉靖二十一年(1542)攒造黄册时的户口数字,包括南北直隶府、州、县与十三布政司,共计9972202户,62530195口。[②](参见附表3)《明会典》无嘉靖二十一年户口数字。四是万历六年(1578)《明会典》所载户口数字,包括南北直隶府、州、县与十三布政司,共计10621436户,60692856口。[③](参见附表4)

明初立国,通过一套完整的户籍登记制度,以加强社会控制。洪武二年(1369),明代制定了户籍登记制度,主要包括以下两项内容:一是查核"漏口脱户之人"。凡是各处"漏口脱户之人",允许他们前往所在官府"出首",免除他们的"本罪",而后收籍当差;二是人以籍定。凡是军、民、医、匠、阴阳各色人户,允许按照原先报抄的户籍为定,不许"妄行变乱","违者治罪,仍从原籍"。至洪武三年,下令户部颁发榜文,要求各色人户均必须占籍应役,进一步强化户籍登记制度。在此基础上,颁发户帖,作为天下百姓户口登记的主要依据。[④]

与此相应,朝廷制定了禁止游民、处理逃户的法律条文。如洪武十九年(1386)下令,各处凡是已经成丁的百姓,务必各守本业。若有人外出,或有人进来,邻里之间必须互相知晓。若有"游民"或"商贾",即使随身带有路引,只要所带资金不够,即钱不满1万文,钞不到10贯,就一律"送所在官司,迁发化外"。[⑤] 洪武二十三年,开始制定处理逃户的法律条文。其中规定,由国子监生会同地方府、州、县官员,召集各里甲人等,专门审核各处的逃户。这项查核逃户的措施,至正统元年(1436)更是演变为《逃户周知文册》。当时山西、河南、山东、湖广、陕西、南北直隶保定等府、州、县,均被要求造审核登记逃户的册籍。[⑥]

明代的人口登记制度,显然是为了维系朝廷人丁税有一个稳定的来源,并借助于将人固定在土地上,借此保证小农经济得以稳定运转,进而使百姓维持一种基本温饱的生活水准。自明代中期以后,人口流动显然已经成为一种普遍的趋势。以北京为例,早在景泰年间,据光禄寺丞王镛的上奏可知,在北京城中,已经充满许多外来流移人口,尤其是一些流离失所的行乞之人,甚至一城之内,四关

---

① 沈德符:《万历野获编》卷2《列朝·会典失载》,上册,中华书局2004年版,第43页。

② 赵官等编纂,吴福林点校:《后湖志》卷2《事迹》2《黄册户口》,第13—14页。

③ 申时行等修:《明会典》卷19《户部》6《户口》1《户口总数》,第127—129页。

④ 申时行等修:《明会典》卷19《户部》6《户口》1《户口总数》,第129页。

⑤ 申时行等修:《明会典》卷19《户部》6《户口》1《户口总数》,第129页。

⑥ 申时行等修:《明会典》卷19《户部》6《户口》1《逃户》,第130页。

之中,“无处无之”。[①] 南京作为明朝的留都,号称“五方所聚”,但原先的外来人口,仅仅限于两类:一是“贸易迁徙之民”,即前往南京经商的商人;二是“在监游学之士”,即在南京国子监读书的监生。除此之外,南京的外来人口并不很多。自天启元年(1621)之后,因社会日趋动荡,南京的外来人口逐渐增多。如天启元年之后,先是“辽东破而北人始来”,即大量的辽东人口逃离北土,流入到南京城中;随之因为“奢酋难作”,很多在南方做官的云南、贵州籍的官员,不再回到原籍,而是寓居于南京。至崇祯年间,南京流寓之人继续增加。如崇祯三年(1630)以后,南直隶“民变”,宜兴、溧阳、南通州三处的士大夫,纷纷逃离家乡,流寓南京;崇祯七年,安徽桐城“民变”,崇祯八年,“流寇猖獗”,两次动乱导致“江以北之巨富十来其九”,即大约十分之九的江北富人流入南京。此外,山东、河南、湖广等地之人,也大量流入南京,“几于望衡对宇矣”。[②]

人口流动并不仅仅限于流入繁华的城市,有些流民同样会流入边地。如各府、卫、州、县的百姓、军余,很多逃至陕西苑马寺“潜住”,“岁复一岁,为数渐繁”。有些逃民,很多投靠平凉各郡王、将军、中尉等府与仪宾之家,“跟随使用,娶妻生子”。[③] 值得注意的是,佛教寺院同样成为吸纳流动人口的主要场所。在明初之时,朝廷对佛寺僧人的控制颇为严厉。如洪武二十五年(1392),曾下令僧录司造《周知册》,颁发给天下的佛教寺院,旨在通过加强册籍登记,以防止囚徒、逋卒等流入寺院,进而禁止僧人“游食四方”。[④] 然自宣德以后,游方化缘僧人日趋增多。据宣德年间湖广荆门州判官陈襄的上疏可知,各地的“惰民”,往往私自落发,“以游方化缘为名,遍历市井乡村”。[⑤] 更为甚者,寺院成为吸纳流动人口的主要场所。如一个寺院住持之下,“为之服役者,常有数十人”;一人出家,“与之帮闲者,常有三五辈”。[⑥] 景泰年间,据御史叶峦的上疏,僧徒已大多来自各种逃移人口,有的“因户内丁多求避差役”,有的“因盗事更名换姓”,有的“系灶丁灶户负盐课而偷身苟免”,有的“系逃军逃匠惧捕而私自削发”。[⑦] 尤其

---

① 余继登撰,顾思点校:《典故纪闻》卷12,第230页。

② 吴应箕:《留都见闻录》下卷《时事》,南京出版社2009年版,第35—36页。

③ 杨一清:《关中奏议全集》卷1《为修举马政事》,载氏撰,唐景绅、谢玉杰点校:《杨一清集》,上册,中华书局2001年版,第12—13页。

④ 黄光昇:《昭代典则》卷11,第284页。

⑤ 余继登撰,顾思点校:《典故纪闻》卷10,第183页。

⑥ 周忱:《与行在户部诸公书》,载陈子龙等编:《明经世文编》卷22,第1册,中华书局1997年版,第175页。

⑦ 余继登撰,顾思点校:《典故纪闻》卷12,第227页。

是北京，更是成为游方僧道的渊薮。据天顺初年留守左卫小旗陈福的上疏，北京城内，“寺观动至千百，僧道不可数计”。① 更有史料揭示，北京城内外聚集了众多的“僧行道童”，“或于寺观安歇，或于人家借住”，人数“不下数万”。②

流动人口的大量增加，势必导致朝廷及时调整户籍制度，以适应于日益变化的人口流动态势。在景泰二年（1451）颁发的黄册攒造新规定中，其中关于附籍、寄籍政策的出台，足证明代的户籍政策正朝着适应人口变化的方向而有所改变。细读这则黄册攒造事宜，大致包括以下几项内容：其一，允许“自愿分户”。自明代中期以后，各里人户内，分户情况日多。鉴此，朝廷下令，在保障军户、匠户两种服役人户，或者户内人丁数足够的前提下，一般允许“自愿分户”。其二，对寄庄户的限制。主要采取以下两项措施：一是原本在黄册内属于寄庄户，如果“自愿卖与本处人民为业，除豁寄庄户籍者听”。这是鼓励除豁寄庄户籍。二是“凡各里旧额人户，除故绝并全户充军，不及一里者，许归并一里当差。余剩人户，发附近外里辏图编造，不许寄庄。若有诡立姓名者，许首告改正”。这是在旧额人户消减、不及一里的情况，允许余剩人户“归并一里当差”，即将剩下的人户，发附近外里“辏图编造”，而不许“寄庄”。其三，允许军人家属“附籍”民里。其中规定：“其军卫官下家人、旗军下老幼余丁，曾置附近州县田地，愿将人丁、事产于所在州县附籍纳粮当差者听。”其四，允许招抚的人户“寄籍”，编入民里图甲，但不能在册籍中登记为“寄籍”。③

自天顺以后，官方的户籍政策继续沿着以下两条路径而加以宽松化。

其一，继承景泰年间的户籍条例，在处置流移人口时，强化附籍的政策。如天顺五年（1461），奏准处置各处流移人户，其中强行要求流移人户“附籍”。假若仍然“寄籍”而不附籍，则“解原籍复业，田产入官”。④ 这一条例足以证明以下事实，即“附籍”与“寄籍”有所不同。所谓附籍，即人户登入黄册，并且需要纳粮当差，时日一久，流移人口渐趋土著化；所谓寄籍，属于一种暂时性的户籍登记，即暂时挂在黄册中，并未真正入籍当地，且不纳粮当差。正德六年（1511），户部题准赋役黄册事，将各处流民附籍固定化。其中规定，凡是在他乡寄住年久，且置有田产、家业的各处流民，通过到原籍加以调查，查清军、民、匠、灶户籍

---

① 余继登撰，顾思点校：《典故纪闻》卷13，第231页。

② 林聪：《修德弭灾二十事疏》，《明经世文编》卷45，第1册，第347页。

③ 赵官等编纂，吴福林点校：《后湖志》卷4《事例》1《诸司职掌》，第56—57页；申时行等修：《明会典》卷20《户口》2《黄册》，第132页。

④ 赵官等编纂，吴福林点校：《后湖志》卷4《事例》1《诸司职掌》，第58页。

名色属实之后，就各将户内丁产尽数报官，编入正图之中，纳粮当差。[①] 除了流移人口之外，正德六年的黄册攒造事例，还对文武官员、吏典人等附籍与寄籍加以界定，旨在区别附籍与寄籍，只许附籍，即造入黄册，“编入正图甲首，纳粮当差”，不许寄籍。[②] 嘉靖六年(1527)，明世宗下诏巡城御史严督各城兵马司官员，对寄住在北京的各地军民人等加以查验，除了“浮居客商外”之外，其他若居住年久，且置买了产业、房屋、铺面的外来人口，责令在宛平、大兴二县附籍，“一体当差”。[③]

其二，军籍发生变化，随之而来者，则是“小户”的出现以及军籍民籍化。据成化十五年(1479)九月南京广东道监察御史李纪奏准事例，这主要体现在以下三个方面：一是一些军籍之家，为了变为民籍，通常会买通造册的书手，妄开户籍，有的丁少分作二户，有的丁多分作二三户，称之为“小户”。至于原来的军户，只留存一二名老弱人丁，由他们应当差役。究其目的，就是希望通过分户的方式，使所分的小户，转变为民籍。二是有些军籍人家，全家合族逃往别的府、州、县，置买田产、房屋，“捏作民户”，并在当地的官府投告，“随产附籍当差”。三是在浙江、南直隶松江等府、州、县，有些军户子孙因为“畏继军役”，不在本户内附籍，却在别的州县“过继作赘”，借此寄于他人户籍或异性户内，或者买通官府、里老、里书，捏作户绝，而后另开为民户。[④]

明代的立国之策，在于保护自耕农，使之附着于土地而不得自由流动，进而保障国家赋税、徭役的征收与征派。为此，通过采取以下三种措施，进而使小农经济得以长期维系：一是通过减免赋役的政策，鼓励逃移农民开垦荒地，及时复业。如洪武初，“令各处人民，先因兵燹遗下田土，他人开垦成熟，听为己业。业主已还，有司于附近荒田拨补”；洪武十三年，“令各处荒闲田地，许诸人开垦，永为己业，俱免杂泛差徭，三年后，并依靠民田起科”。正统元年(1436)下令，要求山西、河南、山东、湖广、陕西、南北直隶保定等府州县的逃民复业。若已成家业且愿意入册，给予户由、执照，仍令照数纳粮。所有这些认种的田地，均按照轻租民田则例起科，每亩征收税粮 0.0535 石。二是禁止富豪军民强占逃民田地。如正统五年，“令北直隶府州县，将富豪军民人等包耕田地，除原纳粮田地外，其余均拨贫民，及冲塌田地人户耕种，照例起科。其贫民典当田宅，久无钱取赎，及富

① 赵官等编纂，吴福林点校：《后湖志》卷 8《事例》5，第 88 页。

② 赵官等编纂，吴福林点校：《后湖志》卷 8《事例》5，第 87—88 页。

③ 申时行等修：《明会典》卷 19《户部》6《户口》1《附籍人户》，第 131 页。

④ 赵官等编纂，吴福林点校：《后湖志》卷 4《事例》1《诸司职掌》，第 58—59 页。

豪军民占种逃民田地,待复业之日,照旧断还原主”。三是通过重典禁止农民流移。洪武二十四年(1391),“又令山东该管农民,务见丁著役,限定田亩,著令耕种,敢有荒芜田地流移者,全家迁发化外充军”。①

人口流动的频繁,势必造成以下两大结果:一是导致国家税收人口的减少,进而加重在籍人户的赋税负担。以江南太仓州为例,在洪武二十四年攒造黄册时,在册的人户为8986户。至宣德七年(1432)重新攒造黄册时,在册的人户仅有1569户。除去逃绝、虚报之数,经核实之后的在册人户实为738户。在册户口的日渐减少,事实上已经使明代的乡村经济陷于一种恶性循环的状态。虽然在册人户已经大幅度下降,但原有征税的土地数则仍然存在。那么,以738户承当原先8986户的税粮,赋税之日趋加重则不言而喻。② 无奈之下,百姓的出路只有一条,这就是逃往他乡。究人户的减少的原因,一则因为百姓迫于赋役之重而逃去外地,进而成为脱离户籍的流民;二则因为一些豪族或富户通过隐户的方式以躲避差役。如在湖广慈利县,在攒造户口时,“巨奸蟠穴于其中,固有族繁千丁,而户悬数口,又有家无孑遗,而册载几丁”。③ 二是导致徭役不均与贫富分化。以顺天府宛平县为例,外来的富商、流寓、寄庄户,以及占籍宛平已久且富连阡陌之人,往往借助于各种各样的借口与名头,并不承担地方的徭役,宛平一县的徭役,主要由簪缨巨室、户则中的下下户、高等户则中的“贫无力者”承担。④

明代的黄册既是户口登记册,又是官方征取赋税、徭役的主要依据。然从明代黄册的实际情形来看,显然存在着登记不实的弊端。这可以从以下两个方面观之。

其一,黄册户口登记不实,并不能反映户口增减的实际情形。这体现在以下几个方面。

一是在大造版籍时,任意增添、捏造人丁数。以云阳县为例,自嘉靖七年(1528)发生旱灾、疫灾之后,已是“殍户不可胜计”,人口的减少是必然之势。但在十年一次大造版籍之时,奉行者为了遵守“额外新增”的制度,强迫百姓增加

---

① 申时行等修:《明会典》卷17《户部》4《田土》,第112页;申时行等修:《明会典》卷19《户部》6《户口》1《逃户》,第130页。

② 周忱:《双崖文集》卷3《与行在户部诸公书》,载氏撰,吴志远注译:《双崖文集辑录与译注》,人民出版社2018年版,第204页。

③ 万历《慈利县志》卷8《户口》,《天一阁藏明代方志选刊》,上海古籍书店1982年版。

④ 沈榜:《宛署杂记》卷6《力役》,北京古籍出版社1982年版,第54页。

登记人口，尤其是人丁数字。更有甚者，本是一人，充作男丁且登记在册者有三四个人名。这种不实的户口、人丁登记，显然使百姓面临很大的风险。这就是说，当遇到征取庸调、验丁科差之时，通常会“惟检虚名，不按实迹”，导致“一人而承一户之役，以一年而责数年之输”，甚至“富者竭产而贫，贫者负欠而逃矣”。①

二是黄册登记人口数字，与其他诸如军册、灶册（盐册）登记数字不符。以广东钦州为例，按照军册所载，钦州的军户为163名，多出黄册70名；军册中，有蛋户军76名，但在黄册中并无登记数字；灵山军户为166名，多出黄册15名。按照盐册所载，钦州灶户18名，少于黄册7名；灵山灶户113名，少于黄册97名。换言之，就军户而言，黄册登记之数少于军册所载；就灶户而言，黄册登记之数多于盐册所载。② 可见，黄册所载之数，里书可以任意作弊。

三是赘婿影响户口登记的真实性，甚至出现“异姓合户”的现象。如在四川洪雅县，成化以前，一些子婿大多入赘，可以分取财产，民间称之为“承户婿”，又称“养老婿”。在黄册中，这些赘婿大多“一户有至四五姓者”。③ 在河南商城县，更是广泛存在着“异姓合户”的现象。这主要表现在以下两个方面：一方面，“无嗣者多招赘”，赘婿入门以后，就与丈人家合为一户；另一方面，“力寡者多附籍”，一些家中丁少或贫穷之人，附籍于有力之家。④

当然，最为值得引起关注的还是福建福州府册籍中户口数的变化。从福州府册籍人口数的变化，基本可以说明明代十年登记造册的制度，已完全流于形式。史载福州府在册的户口，自洪武初年一直到万历初年，基本没有多大的盈缩，甚至在口数上有所减少。（参见附表5）这是一个颇令人感到疑惑的问题。按照常理，明代自建国以后，经过200多年的稳定发展，再加上国家的休养政策，照理户口应该大增，但事实并非如此。究其原因，明代《福州府志》的纂修者作了详细的推测。⑤ 根据其推测，基本可以证实下面两点：首先，官方册籍中的户口统计数字，之所以不实，其最大的原因，在于十年一造册籍时，不过是“大抵足

---

① 嘉靖《云阳县志》卷上《口》，《天一阁藏明代方志选刊》。

② 嘉靖《钦州志》卷3《民数》，《天一阁藏明代方志选刊》。

③ 嘉靖《洪雅县志》卷1《疆域志·风俗》，《天一阁藏明代方志选刊》。

④ 嘉靖《商城县志》卷1《邦土志·风俗》，《天一阁藏明代方志选刊续编》，上海书店1990年版。

⑤ 万历《福州府志》卷7《食货》，收入《日本藏中国罕见地方志丛刊》，书目文献出版社1992年版。

旧数而止”。其次,这种不实且旨在保证徭役基本负担的户口登记制度,其最终的结果则是差贫逃富,以致贫者益贫,富者益富。

其二,黄册登记的数字,同样不能真实反映乡村里甲增减的实际趋势。这主要体现在以下两个方面。

一是里社渐趋增广,但其中原因颇为复杂。自明代中叶以后,在明代很多地方,里社呈现出一种增加的趋势。按照常理理解,里社的增加,必然是户口、物力趋盛的一种反映。其实,其中的原因亦相当复杂,不能一概而论。即以北直隶获鹿县而论,里社尽管增加了,但所增之里社,与原先之里社,在物力上反而差距甚大。究其原因,就在于所增里社,不是人口物力增加的直接反映,而是人户经过分析之后所直接造成的。① 而在有些地方,里甲增加的原因,则是因为流移人户的安置。如河南通许县,就是此类情况的典型例子。通许县的里甲变化状况,显然值得引起注意。最初是因为外来流移人口的进入,增添了 3 个里。后来,因为民户的逃亡,则又革去所增 3 个里,恢复到原先的 12 个里。即使如此,因为人口逃亡,每甲反而不足 10 户之数。②

二是随着里甲制的败坏,进而导致户口失控。如在陕西,嘉靖年间因为各府在遭受大荒之后,百姓大多逃亡,或原先一里 110 户中,仅仅保留了 10 余户;或原先一甲 11 户中,仅仅保留了 10 余丁;更有甚者,有的数甲一起逃亡。③ 又如山东章丘县,因为赋税徭役的“逼累”,“一里止存十排,两三家、四五家全逃者亦有之”。尤其是西锦 7 图下 34 等图,10 排只保存了数家。④

当然,里甲人户也并非只有减少,有时在一县之内,也是有增有减。如河南永城县,里甲人户就出现或增或减的两分现象:“有逃移而不足于十一,有分析而过于十一者。”⑤又如北直隶的蠡县,在承平日久之后,其中因逃亡迁移的缘故,导致“民无常态”。有的人户减少,亦即“或甲存而家实不满十,里在而户不满百”;有的则“丰大之里,时或逾制”,亦即里甲人户超过制度规定的数字。⑥

至于明代官方登记人口数据的实质,栾成显的观点无疑值得引起重视。他

---

① 嘉靖《获鹿县志》卷 2《乡社》,《天一阁藏明代方志选刊续编》。

② 嘉靖《通许县志》卷上《户口》,《天一阁藏明代方志选刊续编》。

③ 《嘉靖事例·覆议陕西抚臣条陈事》,明钞本。

④ 李开先:《闲居集》卷 12《苏息民困或问》,载氏著:《李开先全集》,中册,文化艺术出版社 2004 年版,第 871 页。

⑤ 嘉靖《永城县志》卷 4《政事·徭役》,《天一阁藏明代方志丛刊续编》。

⑥ 嘉靖《蠡县志》卷 1《封域》第 1《乡社》,《天一阁藏明代方志丛刊续编》。

认为,在经过明初之后,人口统计数字逐渐失实,而在明后期的人口统计中,又出现了由人头变成纳税单位的新趋势。进而言之,明代人口统计的失实及由人头到变成纳税单位,一则是渐进的演变过程,对这种变化,以某一年或某一个帝王来界定恐怕是不恰当的,从总体上看,这个历程乃是与社会经济的发展变迁及赋役制度的改革联系在一起的。二则即使到明代后期,其统计数据也是相当复杂的,其中既有人丁附田,人头变成纳税单位者,又有以丁定差,按人头统计口数者;既有妇女少报、小口不登,以男丁统计为主者,又有仍统计妇女大小口等等。实际上,明后期官方的人口统计数字,不过是混合各种类型人口统计的产物,尚不能一概称之为纳税单位。① 这一论点,或许将成为解决明代人口数字疑难问题的一把钥匙。

2. 土地登记与田土数

在传统中国社会,土地具有至高无上的地位。上洎朝廷,下及庶民,无不有一种土地崇拜的意识。就国家层面来说,土地是赋税、徭役的主要来源,国家通过祭祀社稷之神而加以祈报,甚至社稷与江山并称,成为朝廷的代名词与国家权力的象征。就庶民层来说,土地是维持家庭生计的主要资源,民间百姓借助于春祈秋报的形式而赛愿五土五谷之神与社神,以祈愿风调雨顺,年成大获,并维持自己正常的生活水平。

明代的土地登记制度及其相关的数字,有以下四个问题显然值得引起关注,且与生活质量息息相关:其一,土地的大面积抛荒,尤以北方为甚,包括西北边地的军屯地。究其原因,大致有三:一是由于北方缺乏完善的水利设施所致;二是赋役负担的加重,导致农民抛弃土地;三是频繁的自然灾害,使农民背井离乡,成为流民。其二,地方绅士、豪强与朝廷争夺耕地,他们通过投献、寄庄、诡寄等方式,不断地隐匿土地,导致官方土地登记数字大量脱漏,官方通过黄册、鱼鳞图册登记的耕地数,常处于一种波动状态,且总体趋于一种下降趋势。其三,土地经营的变化,导致土地不再限于与传统小农经济相匹配的谷物、桑麻的种植,而是更多地将土地投入经营之中,种植一些经济作物,以获取更高的土地收益,且顺应城市化、商业化的发展趋势。其四,土地与人口的矛盾日益突出,狭乡与宽乡的概念意识更为凸显。

明代官方掌握的田土(耕地)数字,是国家赋税甚至是财政的主要来源。明

---

① 栾成显:《明代黄册研究(增订本)》,中国社会科学出版社 2007 年版,第 334 页。

代户部所辖民地数字，主要有以下三个：一是洪武二十六年(1393)的数字，包括十二布政司与直隶府、州田土，共计8507623.68顷。①（参见附表6）在这个统计数字中，当时云南虽已设布政司加以行政控制，但无实际的田土数字统计记录，所以这个统计数字相对并不完整。换言之，洪武二十六年的实际田土数理应大于8507623.68顷。二是弘治十五年(1502)的数字，包括十三布政司与南北直隶府、州田土，共计6228058.81顷。②（参见附表7）较之洪武二十六年的田土数，弘治十五年的田土统计数字已经减少了2279564.87顷。当然，这一统计数字，并不包括贵州布政司的田土数字。究其原因，因为按照洪武年间所行惯例，贵州布政司的田土，原本就无丈量的顷亩数字。至于每年该纳的粮差，均在土官名下听行认纳。当然，即使加上贵州布政司的田土数字，弘治十五年的数字仍然远远少于洪武二十六年的数字。三是万历六年(1578)的数字，包括十三布政司与南北直隶府、州，总计7013976.2顷。③（参见附表8）这一田土数字，已经包括了贵州布政司的部分田土数字，即包括贵阳府、平伐长官司，思州、镇远、都匀等府，安顺、普安等州，及龙里新添平越三军民卫的田土数字，共计5166.863顷，但仍未包括思南、石阡、铜仁、黎平等府，贵州宣慰司，及清平、凯里安抚司的田土顷亩数。较之弘治十五年的田土数字，万历六年的田土数字已经增加了785917.39顷，但仍比洪武二十六年减少了1493647.48顷。

上面的田土统计数字，仅仅反映了户部下辖各布政司、直隶府、州的田土数字，而并不包括五军都督府辖下各都司、卫所的屯田数。但即使就都司、卫所的屯田数字来说，在册的数字也呈下降之势，即从洪武年间的893193.4905顷，下降到万历年间的644242.321顷，共计减少的屯田数为248951.169顷。④（参见附表9）可见，虽经万历清丈土地之后，各都司卫所的屯田数亦有增有减，但总体呈下降趋势。

明代的田土登记数字，大致分为民事、军事两大系统。这显然是前辈学者的一大发现，对于进一步深化理解明代的耕地数多有启发性的价值。⑤ 当然，这一问题仍有从以下两个方面展开讨论的必要。

其一，明代的户口登记册籍分为民、军两大系统，且在里甲编排体制上，民事

① 申时行等修：《明会典》卷17《户部》4《田土》，第110页。
② 申时行等修：《明会典》卷17《户部》4《田土》，第110—111页。
③ 申时行等修：《明会典》卷17《户部》4《田土》，第111—112页。
④ 申时行等修：《明会典》卷18《户部》5《屯田》，第119—120页。
⑤ 参见顾诚：《明前期耕地数新探》，《中国社会科学》1986年第4期。

与军事编制也各有不同。

万历二十年(1592)四月,南京户科给事中颜文选在上疏中,明确指出册籍分为军册、民册。[①] 所谓民册,其实就是黄册。至于军册,在明代确实存在。河南固始县反映的军册事实,足证颜文选所言不虚。根据史料记载,固始县所载各卫军丁共计 572 名。其中的军册,通常为三年一造,用的是印板格式,其中必须填写管、收、除、在四格,借此体现卫所军丁的变化情况。以此军册为依据,里甲再造与军册相关的花名册,共计 10 部,其中有军丁的里甲人户,每名每年纳银 1 钱,作为造花名册的费用,10 年一大造。军册与里甲花名册的存在,显然是为了应付军丁的抽取。按照制度规定,卫所每位军丁,各有应袭的"军单",可以每年让家属一人,持宗谱回老家的原先应当军户各家"支收帮贴",若是不肯给付,军人可以"执单赴禀,即断给押追"。[②]

至于民册,亦即所谓的黄册,从后湖所存黄册来看,云南、贵州布政司是永乐十八年(1420)添设,但在洪武年间的黄册中,却已经包括云南、贵州。此外,交趾布政司也是永乐十八年添设,至宣德十年(1435)裁革,后湖黄册却无永乐十八年以后交趾布政司的黄册。至于其中的原因,赵官等已经作了以下推测:洪武年间云南、贵州布政司的黄册,或许是后来补造,而永乐十八年至宣德十年间交趾布政司黄册的失载,则是因为故意"除其籍"所致。[③] 这当然并非问题的关键所在,其中最为关键的问题还是,自洪武以来黄册的攒造程序看,黄册确乎仅仅包括民事系统的人户记录。如洪武二十四年(1391)颁布黄册攒造格式,其中规定,直隶府、州,本府委官一员,率各州县提调造册官吏亲赍。其布政司所辖府、州,仍申解布政司。[④] 可见,黄册的攒造,仅仅包括直隶与布政司等民事系统。景泰二年(1451)奏准的黄册攒造事宜,其中云:"其各司、府、州、县委官并当该官吏提督书算,从实攒造。"[⑤]同样可以证明,至景泰年间,黄册的攒造仍然是布政司、府、州、县民事系统官员的事务。

陕西长安县的史实显示,当地的土地、人户的编制,存在着民事、军事两大系统:一是民事系统的土地、人户,其编制系统为里甲,土地也归里甲管辖;二是秦王所属的"更名地",不归里甲管辖,且以"牌"编户,设有 9 牌,以及屯卫所辖的

① 赵官等编纂,吴福林点校:《后湖志》卷 10《事例》7,第 189 页。
② 顺治《固始县志》卷 4《图籍·兵防》,收入《日本藏中国罕见地方志丛刊》。
③ 赵官等编纂,吴福林点校:《后湖志》卷 2《事迹》2《进册衙门》,第 20 页。
④ 赵官等编纂,吴福林点校:《后湖志》卷 4《事例》1《诸司职掌》,第 54 页。
⑤ 赵官等编纂,吴福林点校:《后湖志》卷 4《事例》1《诸司职掌》,第 57 页。

“屯卫地”,以“票”编户,设有13票。①

其二,从实际的史实来看,不仅在攒造黄册的过程中,已经部分包括卫所军事系统的数字,而且卫所军事系统的屯田、人户等数字,作为民事系统的最高管理机构户部大多掌握。

诸多的史料已经证实,弘治、嘉靖年间的黄册数字已经部分包括卫所数字。从后湖所藏黄册之进册衙门来看,洪武初年的资料已经不存,仅仅保存了弘治十五年(1502)、嘉靖二十一年(1542)的进册衙门登记记录。弘治十五年,各处进呈黄册的衙门总计1731个,包括142个府,234个州,1138个县,11个军民府,12个宣慰司,11个宣抚司,2个安抚司,1个招讨司,162个长官司。嘉靖二十一年,各处进呈黄册的衙门总计1683个,包括240个府,230个州,1139个县,13个军民府,4个宣慰司,5个宣抚司,8个安抚司,1个招讨司,17个军民指挥使司,118个长官司,1个千户所,1个盐运司,2个盐课提举司,1个上林苑监,2个巡检司。假如说弘治十五年的黄册数字,仅仅包括军民合治的11个军民府而已,其中对军事系统的数字掌管并不细密,但至嘉靖二十一年之后,各处的进册衙门显然已经有所增加,除了增加了盐运司、盐课提举司、上林苑监等民事系统衙门外,又增加了巡检司准军事系统衙门,甚至还包括了卫所这样的军事系统衙门,分别为17个卫与军民指挥使司,1个千户所。这17个卫与军民指挥使司,分别为湖广布政司1个卫,四川布政司6个卫、1个军民指挥司与1个千户所,陕西布政司4个卫,云南布政司1个卫,贵州布政司4个卫。②

不止如此,其他诸多史料也证实,户部同样掌握着卫所屯田等土地数字。如成化二十三年(1487)十一月户部上疏,要求行移给各处巡抚、巡按等官,督同按察司管理屯田佥事等官,将各个卫所管理的屯田、屯军、屯粮“从公踏勘”,并将查勘过的屯军、田地、粮数,“类造文册奏缴”,仍将其中一本清册缴送户部,“以凭查考”。③ 弘治三年(1490)正月,当时的户部衙门也曾上奏,要求攒造卫所屯田册籍,先是将卫所屯田逐一清查丈量明白,而后将分豁、旧管、新收、实在顷亩数,以及花名、屯田子粒的数目,“备细造册”,并上缴户部。④

---

① 民国《长安县志》卷10《土地志》上,民国二十五年铅印本。

② 赵官等编纂,吴福林点校:《后湖志》卷2《事迹》2《进册衙门》,第21—22页。

③ 赵官等编纂,吴福林点校:《后湖志》卷4《事例》1《诸司职掌》,第61页。

④ 戴金编次:《皇明条法事类纂》卷11《清查丈量屯田责限完缴》,东京古典研究会1966年影印版,第283页。

此外，尚有以下两则史料可以证明，户部确实可以知晓并掌握卫所土地等册籍。在明代的卫所中，同样牵涉到人口与土地的问题。换言之，朝廷行政体系中的户部也需要知晓全国各地卫所的基本状况。据金山卫的史料记载可知，明代卫所有许多册籍需要填造，并向上呈报。这方面的册籍，分别有军职贴黄册、清理军伍册、旗役并枪册、存恤新军册、军吏册、军马册、岁支钱粮册、屯田子粒册、文职贴黄册、岁报钱粮册并本、军器册并本、备荒册并本、地方盗息安民册、军务册、稽考册、官军马骡册、户口册、陈言册。在这些册籍中，不论是何种册籍，因多是涉及军务问题，所以必须缴报南北两京的五军都督府，具体落实到金山卫，就是中军都督府。至于其他所需要上缴的部门，则视册籍的具体性质而定，分别转交户部、兵部、吏部、通政司，有些甚至上缴当地的总督、巡抚、巡按衙门。如以金山卫的土地册与户口册为例，主要包括岁支钱粮册、屯田子粒册与户口册三种。岁支钱粮册主要开报卫所官军、舍余夏秋二税数目，屯田子粒册则主要开报屯田军余岁办夏秋二税数目。这两种册籍除了上报两京中军都督府之外，还必须转送户部。户口册主要造报卫所官军户口数，除了解送两京中军都督府之外，也需要转送户部。① 又如万历年间，卫所清丈土地与人口时，出现了新的户口册，亦即“归户册”，同样需要上报户部。当时规定，官舍之家，必须起报余丁，上纳子粒。除了通过清丈而对原有的鱼鳞册进行改正之外，在有些卫分还重新造了一种“归户册”，每军给由票一张，上面登载土名、田数。② 以上诸多史实足以证明，明代卫所的土地与人口数字，最后都必须上报到户部，户部对这些数字是清楚的。

自明初以至明末，随着人口的增长，以及土地的不断开垦，照理说来耕地（包括民田与屯田）的数量理应大有增加，事实上在册的耕地数字却呈下降趋势。嘉靖八年（1529），官方开局重修《会典》，当时的副总裁詹事霍韬在上疏中，就明确指出册籍所载的田地数字，已经从洪武初年的 8496000 余顷，减至弘治十五年（1502）的 4228000 余顷，“失额”（即册籍所载土地数字的减少）多达 4268000 余顷。为示说明，霍韬曾列举了湖广、河南、广东三省在册田土的减少情况：湖广布政司，洪武原额田土 2200000 顷，至嘉靖年间仅存 230000 顷，“失额”高达 1970000 顷；河南布政司，洪武原额田土 1440000 顷，至嘉靖年间仅存 410000 顷，“失额”为 1030000 顷；广东布政司，洪武原额田土 230000 顷，至嘉靖

---

① 正德《金山卫志》下卷 3《兵政 · 缴报》，上海传真社 1932 年版。

② 康熙《永州府志》卷 14《武备志 · 屯田》，收入《日本藏中国罕见地方志丛刊》。

年间仅存 70000 顷刻,“失额”为 140000 顷。[①]

湖广布政司下的慈利县民田数字的变化情况,提供了另外一个佐证,即民田数字在局部地区也有呈增加的趋势。据载,自洪武二十五年(1392)至隆庆六年(1572),慈利县民田的数量大体上是在 1240—1523 顷之间徘徊,增加并不太多。自嘉靖元年(1522)至隆庆六年,统计的数字则完全相同。(参见附表 10)这就可以证明以下事实,因为官方统计数字有时是一种程式化的官样文章,导致在册数字并不能反映土地增减的实际情况。

明代官方土地数字的减少,其中的原因显然是多方面的。究其最为重要的原因,大致有二:一是官方册籍作弊及其程式化,导致册籍所在田土数字失实。[②]以宁夏一镇屯田数字为例,在版籍“煨烬之末”,屯田数字大多失真,不足为据。[③]二是田地大量被欺隐,使官方册籍的田土数并不反映实际的耕地数。早在嘉靖八年(1529),詹事霍韬就曾发现了田土数字这样一个反常的现象:“国初宜少而多,承平宜多而少。”至于其中的原因,他将其断为“此皆欺隐于小民者也”。[④]明代广泛存在的土地“诡寄”“投献”陋习,显然加重了土地欺隐的现象。尽管从洪武初年到弘治十三年,朝廷一再出台法律条文,禁止向诸王、驸马、功勋大臣“妄献田土、山场、窑冶”,甚至定下“投献之人,问发边卫,永远充军”的惩治条例,[⑤]但诡寄、投献陋习一直存在,且成为一种难以祛除的痼疾。如在荆州、襄阳、南阳三府,因皆系藩封之地,导致很多“奸猾棍民”,纷纷将户下的田地,投献到各个郡王、将军的名下。[⑥] 此外,霍韬的这一推测,显然符合实际情形。以湖广慈利县为例,民田实则已被大量隐占,甚至“田之额数不减,而其在民者十已去其一二矣”。[⑦] 这种近 10%—20%民田数的减少,其实并不在统计数字之内。反过来说,在官方民田数字基本保持不变的状况下,若是加上不在统计数字内被豪军、隘丁所隐占的数字,那么,慈利县的民田事实上增加了 10%—20%之间。

---

① 余继登撰,顾思点校:《典故纪闻》卷 17,第 305—306 页;沈德符:《万历野获编》卷 2《列朝·会典失载》,上册,第 42—43 页。

② 王廷相:《浚川公移集》卷 1《案验录二十九件》,载氏著,王孝鱼点校:《王廷相集》,第 4 册,中华书局 2009 年版,第 1123—1124 页;胡世宁:《为定籍册以均赋役疏》,《明经世文编》卷 134,第 2 册,第 1327—1328 页。

③ 《嘉靖事例·清查宁夏屯田》。

④ 余继登撰,顾思点校:《典故纪闻》卷 17,第 305—306 页。

⑤ 申时行等修:《明会典》卷 17《户部》4《田土》,第 115 页。

⑥ 吴桂芳:《条陈民瘼疏》,《明经世文编》卷 342,第 5 册,第 3663 页。

⑦ 万历《慈利县志》卷 5《田土》。

综上所述，通观明代的户口与土地数字及其变化，大致尚可从以下三个方面加以进一步申述。

其一，明代的户口数字大抵分为以下两类：一类是在册的见在人户数字，另一类是实征的民数，亦即真正征收人丁税的丁数。以明代的北方为例，至迟从弘治、正德年间始，户口已经发生了以下重大的变化：在弘治、正德以前，多为"合族为户，户少而丁多"，甚至有些人已是壮年，仍然不登载于人丁册籍中；弘治、正德以后，则转而变为"一户而分门析役"，最终导致"户多而丁寡"，有些人还在襁褓，就已经"报官应役"，亦即列入人丁之册，甚至将幼女也列入人丁册中。① 这无疑是人口变化的新动向，且在万历年间顺天府宛平县的例子中可以得到进一步的证实。在万历元年（1573），册籍开载见在的人户为 16720 户，人口包括男妇共计 81728 口。在人口中，男子为 51213 口，包括成丁 38049 口，不成丁 13164 口；妇女为 30515 口，包括大口 29998 口，小口 517 口。但这一册籍所载人户、人口数字，并非"实征之民"。所谓实征之民，即为实际征收人丁税的成丁数。这种成丁数，显然在万历年间呈现一种下降之势。如万历十年，宛平知县李荫审定的成丁数为 13744 丁，除了优免的 708 丁，与东厂所属柴煤户 240 丁外，实际可以编差的成丁为 12796 丁。万历十四年，宛平知县孔祖尧审定的成丁数为 13809 丁，除了优免与东厂柴煤户外，实际可以编差的成丁为 12860 丁。万历十七年，宛平知县徐启东审定的成丁数为 13980 丁，除了优免的 301 丁，与东厂柴煤户 240 丁外，实际可以编差的成丁数为 13428 丁。由上可知，宛平县旧册所载的成丁数为 38049 口，而万历年间实际编差的成丁数则分别为 12796、12860、13428 口，比册籍所载分别减少了 25253、25189、24621 口。成丁数的减少，尽管原因是多方面的，但其所造成的影响则又分为两个层面：一是名义户口的减少，亦即册籍户口数有所减少，但实际编差的人丁数并未减少，其结果则不过是"损上"，亦即仅仅使国家人丁税减少而已。二是实际户口的减少，亦即实际编差的人丁数的减少，其结果则导致"损下"，亦即使百姓徭役负担加重。尤其值得关注的是，当实际编差人丁已经减少的情况下，一些地方官员因为"恶损之名，更诛求以实之"，其结果更会"下将不胜暴取，上必不能取盈，国与民两病之矣"。还是以宛平县为例，实际编差的成丁数，仅仅是旧册成丁数的三分之一。即使在这实际编差的成丁数中，"率多逃绝不堪，名存实亡"。地方官员为了补足人丁数，只好"此户不足，求之彼户，此甲不足，求之彼甲"，更使百姓失去了基本的

① 万历《交河县志》卷 3《赋役志 · 户口》，明万历刻本。

生活保障。更为甚者,宛平县有耕地2800余顷,其中有一半不属于“闾阎编氓”,这就更加加重了百姓的负担,最终导致“地额愈减,丁差愈重,逃绝更多,户口渐耗”。①

若以应天府附郭上元、江宁二县为例,同样呈现出生齿日繁、户籍人口日减的情形。以上元县为例,明初为38900余户,253200余口;至万历二十年(1592),户数不详,包括坊厢户、船居户、里甲户,总数降为27717口。以江宁县为例,按照洪武二十四年(1391)的册籍,为27000余户,220000余口;至万历二十年,降为17590户,23684口。(参见附表11、12)可见,万历二十年应天府上元、江宁二县的人户、丁口,相较于明初洪武年间,已经大为减少,亦即“十不逮一”。至于其中的原因,大致有:一是洪武年间,已经将沙洲乡之民拨归江浦县管辖;二是永乐建都北京之后,人户“大半随行”;三是因为徭役滋繁,导致“逃亡渐伙”;四是嘉靖中叶之后,田赋日增,田价日减,一些“细户不支”,纷纷将田土卖给城中之人,导致寄庄户增多,而寄庄户大多“户名一丁”而已。②

其二,官方册籍所载耕地数字呈现出来的减少趋势,实则反映了一种利益争竞,即国家与以勋戚、乡绅、土豪等为代表的地方势力之间的利益博弈。在这一博弈过程中,得益者是勋戚、乡绅、土豪,他们增殖土地并加以隐欺,不向朝廷纳税,借此增加家庭资产;失利者是国家与普通庶民,国家因土地的大量隐欺而减少税收收入,小民因土地的隐欺而加重了赋税负担。这在明代的史料记载中可以得到普遍的印证。如一旦版籍脱漏,导致势豪大户隐占钱粮,而普通小民“地去粮存”,甚至“屈受包赔”,其结果则是“富者愈富,贫者愈贫”。③ 换言之,因为“田地不均,官民异则”等因素,导致一些“狡狯之胥,豪悍之族”,凭借自己的势力,或利用巧诈之法,诸如“活洒”“死寄”“带管”“包纳”等,逃避赋税的征收,最终导致贫富分化日趋加剧,亦即“富者田广而赋反轻,贫者田狭而赋反重;富者有公侯之资,贫者为狗彘之食”。④ 土地的大量隐匿,不仅关乎赋税,甚至影响到了徭役的摊派,导致“偏重不均”现象的出现:势家拥有膏腴的田产,甚至土地众多,通过“影射那移,飞诡变幻”,得以“无一手一足应公家之役,无一钱一粒充应役之劳”;至于那些贫穷小民,尽管仅有“半亩”之产,也难逃徭役的摊派。⑤ 其

① 沈榜:《宛署杂记》卷6《人丁》,第47—49页。

② 顾起元:《客座赘语》卷2《户口》,中华书局1997年版,第59—60页。

③ 王廷相:《浚川公移集》卷1《案验录二十九件》,《王廷相集》,第4册,第1123—1124页。

④ 叶春及:《较赋税》,《明经世文编》卷366,第5册,第3954页。

⑤ 朱国祯撰,王根林校点:《涌幢小品》卷14《揭帖》,上海古籍出版社2012年版,第268页。

结果则是“富者日富,殊无餍足”,而贫难下户只好“逃移自尽”。[①]

其三,人、地之间的矛盾日益突出。明代人口与土地之间的矛盾,主要体现在以下两个方面:一是人口、土地占比的区域不均衡,随之有了“狭乡”与“宽乡”之别。经过明初社会经济的恢复,用传统史籍所说的“群生乐土”来概括,大体也反映了一种社会生活变化的实情,但其间又确实存在着很多社会不稳定的因素,最为突出的就是南北方之间人口与土地的比例差别过大。当然,即使是在江南与江北地区内,人口与土地的比例也呈一种不均衡的状态。以江北来说,两河(河南、河北),大体适中;山西,人口密度最大;陕西,人口密度最稀。以江南为例,福建、两广、淮扬正好适中;湖广地区,人口最稀;江苏、浙江,人口最密;再往南,巴、蜀的人口密度太大,而滇、贵却是人口稀少。[②] 二是生齿日繁,但田地有限,导致财货不足以供给日用。明人王廷相云:“今之民,生齿繁矣,财货微矣,田有限而日用广矣。”[③]这种南北方之间人口与土地比例的巨大差别,或者说人、地之间的矛盾,既是人口流动的动因,又为其自然的流动提供了保证。换言之,很多过剩的劳动人口,开始出现两种人口流动倾向:一是不再附着于土地,从农村中分离出来,成为乡官家人、官府皂隶、经营工商业或者游手好闲。[④] 二是流向他乡谋生,甚至定居于他乡。如由于地狭人广的原因,安徽的徽州、福建的福州,“四民之业无远不届,即遐陬穷发,人迹不到之处往往有之”。[⑤] 商人常年在外经商,在客居地娶妻生子,这种现象至迟在正统年间已普遍出现。[⑥] 明人丘濬的记载揭示,江西有大量人口向外迁移,聚居于荆湖。这些流向荆湖一带的江西人,在当地时间一久,置下了自己的产业,就被列入了“税户”的名目。其中替人耕佃,称“承佃户”,而贸易佣作之人,则称“营生户”。[⑦]

(二)农业技术的改良与进步

生活质量取决于农业技术的改良与进步。明代以农立国的国策,足以证明

① 朱国祯撰,王根林校点:《涌幢小品》卷14《绪帖》,第269页。

② 相关的分析,可参见于慎行:《谷山笔麈》卷12《形势》,中华书局1984年版,第129页。

③ 王廷相:《王氏家藏集》卷22《送少司徒黄公提督太仓序》,《王廷相集》,第2册,第422页。

④ 何良俊:《四友斋丛说》卷13《史》9,中华书局1983年版,第111—112页。

⑤ 谢肇淛:《五杂组》卷4《地部》2,上海书店出版社2001年版,第78页。

⑥ 商人乔居他乡,在明代相当普遍。如嘉定县之南的南翔镇,“多大贾侨居,库藏坚密,货贝辐辏,不惟甲于诸镇,抑城郭之中不如也”。参见归庄:《归庄集》卷3《甘茂叔六十寿序》,上海古籍出版社1984年版,第245页。

⑦ 丘濬:《江右民迁荆湖议》,《明经世文编》卷72,第1册,第608—609页。

农业生产的发展，难以离开水利灌溉、肥田、生产工具、耕作模式与技艺等生产力要素。

明代的水利灌溉技术，显然已经在继承传统水利设施与灌溉技术的基础上得到了长足的进步。如浙江宁波、台州近海之处，为了防范海潮的侵袭，专门筑起了石制的堤堰，以免“田禾犯碱潮则死”。[①] 在浙江严州府，水利灌溉工具桔槔，“随处有之，或运以手，或运以足，或运以牛，机器之巧无逾此矣”。若是在山中，地理环境变为深溪高岸，无法再使用桔槔，就转而改用“水轮”，利用特制的水轮，系上竹筒，再加之分流的木槽，借助于水力将水从低处引入木槽，“分流田中”，“不劳人力，而水自足”。无论是桔槔，还是水轮，均属基于“制器利用”原则之上的灌溉“利器”，有助于农业生产力的提高。[②] 在郴州山区，水轮这种灌溉设施也颇为盛行，称为“筒车”，借此“分灌田间”，甚至被清初学者刘献廷誉为“水法之最善者矣”。[③] 在四川洪雅县的乡村，其收获的稻谷，通常会借助自然水力的水碓碾米，一个水碓一天可以碾米数石，[④]同样起到了节省劳动力的效果。尤其是自西洋耶稣会士进入中国以后，使得西方的水利技术得以引介到中国，部分改良了中国传统的水利灌溉技术。这可以从徐光启总结性的科技论著《农政全书》，以及《远西奇器图说》一书的译介，得到广泛印证。

除了广泛使用人畜粪便之外，明代的肥田之法更是趋于多样化。如浙江绍兴府所属山阴、会稽两县，其肥田之法，已是“有田灌溉盐酒，或壅盐草灰，不然不茂”，其目的旨在利于农作物的生长。在浙江严州府，“壅田多用石灰”；而在台州府，则“锻螺蚌蛤蜊之灰，不用人畜粪”。使用蛎灰肥田，相较于人畜粪便的好处，主要在于若是使用人畜肥田，“禾草皆茂”；若是改用蛎灰，则“草死而禾苗茂，故用之”。[⑤] 这无疑是农民在长期的农业生产过程中的经验总结，虽具地域性的特征，但足证肥田之法已具多样化的趋势。

毫无疑问，作为以农业立国的明代社会，耕牛仍然是最为重要的劳动与生产工具。耕牛应该说是农民的命根子。如在苏州府常熟县，当地的农民相当重视

---

① 邓士龙辑，许大龄、王天有主点校：《国朝典故》卷68，引《蓬轩类记》1，下册，北京大学出版社1993年版，第1515页。

② 邓士龙辑，许大龄、王天有主点校：《国朝典故》卷68，引《蓬轩类记》1，下册，第1515—1516页。

③ 刘献廷撰，汪北平、夏志和标点：《广阳杂记》卷3，中华书局1957年版，第133页。

④ 嘉靖《洪雅县志》卷1《疆域志·风俗》。

⑤ 邓士龙辑，许大龄、王天有主点校：《国朝典故》卷68，引《蓬轩类记》1，下册，第1515页。

家中的耕牛,甚至作有《牛宫词》,专门用来祝祷,以保佑自己的耕牛无灾无难。[①]明朝廷制定的法律规条,严禁民间百姓私宰耕牛,其目的就在于保障小农社会中农业生产得以稳定。如《问刑条例》规定:私宰耕牛,再犯、累犯者,俱发边卫充军。但一遇岁荒,百姓艰食,只得变卖耕牛,甚至宰杀耕牛,以维系眼前的生计,其结果则是导致次年春耕失去重要的劳动工具,甚至岁计无望。当面临百姓"父子相食"的窘境时,即使处以充军的厉禁,百姓为了生存仍然不乏铤而走险。由此可见,单纯的厉禁并不能禁止民间宰杀耕牛。为此,明人林希元提出,与其禁止宰杀耕牛,还不如替农民预为"禁处"。他建议:"凡民间耕牛,不许鬻卖宰杀,卖者价银入官,杀者充军发遣。如果贫民不能存活,欲变卖易谷,听其赴官陈告,官令富民为之收买,仍付牛主收养,待丰年贩卖,或牛主取赎。如此,则牛可不杀而春耕有赖,民获全济而官本不亏。"[②]这种厉禁与设处相结合的方法,不仅有益于灾年时对农民的救荒,更是为了使小农经济模式下的生产工具得到有效的保障。

基于如此目的,在有些地方,农民的耕牛往往来自官方的提供。如弘治十四年(1501),在贵州普安州,叛贼米鲁反后,屯田牛只俱被抢掳,导致征粮难以完成,甚至有些卫所军余"告称牛只被贼抢去,难以耕种"。于是贵州布政司下发800两银子,专门用来购买牛只,散给各个军屯。其中规定,牛只配给军余之后,不再需要归还官府,仅仅每只耕牛每年收取租牛银0.28两。[③] 一至明代末年,因为缺乏耕牛,直接导致生产力的下降。张尔岐的记载揭示,崇祯十三年(1640)后的五六年,民间的畜牧大量减少,导致牛只的价格高涨,牛一头的价格高达20两银子,甚至大的牛只一头标价30两银子。牛只的减少与牛只价格的高涨,其最为直接的后果,就是农民犁地时从双牛的耦耕,转而变为单牛犁地。"或以一牛曳耩子,其制似耧,无斗子,而一足日亦可二三亩,发土恨浅耳"。至于那些难以具备牛只的贫困农民,只好从借助畜力犁地,转而变为借助人力犁地,"贫者相博而耕,率六七人曳一犁,日三四亩,已困惫矣"。[④] 生产工具的缺乏,导致生产力的下降,农民生活质量亦随之下降。

---

① 嘉靖《常熟县志》卷4《风俗志》,明嘉靖十八年刻本。

② 林希元撰,俞森辑:《荒政丛言》5《六禁》,载李文海、夏明方主编:《中国荒政全书》,第1辑,北京古籍出版社2003年版,第170页。

③ 嘉靖《普安州志》卷2《食货志·惠政》,《天一阁藏明代方志选刊》。

④ 张尔岐:《蒿庵闲话》卷1,载《笔记小说大观》,第16册,江苏广陵古籍刻印社1983年版,第275页。

耕作模式与种植技艺的差异,关乎耕地单位面积的产量,同样也会影响到农民的生活质量。众多的史料记载显示,除却自然地理环境因素之外,明代的耕作模式与种植技艺也存在着区域性差异。就耕作模式而言,如广东增城县,一般的田地,分为两季耕作与收获,分别为:二月、三月播种,七月获稻;六月播种,九月获稻。若是下等之田,“不能再耕获”,①则为单季耕获。在四川洪雅,“其布种,则早者以惊蛰,迟者以清明”。② 如湖广慈利县,四面丛山环绕,其耕作模式分为两种:“临坪之田,土膏肥而用力易”;“其居深山者,刀耕火耨,谓之钹畲。”③至于慈利县的田地,则分为三等:最好之田称为“坪田”,据各溪之上,又有泉水可以灌溉;其次称为“峪田”,处于两山相夹之间的山畔涧下;最次为“旱田”,属于在高山上开垦之田,没有泉水可以灌溉。④ 不同等次的田地,源于自然地理条件的差异性,其收获则高低不等。就耕作技艺而言,由于种植技术的不同,导致收获亦有所不同。

在明代,农田的收成,除了所谓“靠天吃饭”这一自然条件之外,耕作技艺的提高,即耕耘次数的多少,对施肥的是否重视,以及劳动者的勤惰,最终都会导致收成高低的地域性差异。照理说来,海南地处热带之地,阳光、雨水充足,颇为利于农作物的生长。事实却并非如此。海南琼台乡村农民,一则“全不知耘为何事,间有知者,亦仅耘得一遍,田间野草反多于苗”;二则“全然不复以粪为事,其视人粪,轻弃如土”。不知精耕细作,且不知施肥之功效,其结果则是上等自然条件下的田土,“田间野草反多于苗”,收成反而并不理想。这在某种程度上制约了海南地区农民生活质量的提高。反观江、浙等处,自然地理条件并未优于海南琼台,但百姓勤劳,“一年三遍耕田”;尤其是在山东,当地的麦地,农民更是在一年之内,耕耘“多至七遍”。此外,苏州、松江二府的农民,尤为重视粪土的备办,常常是家积人粪,且惜人粪如“金玉”,春间、夏间常常浇灌、施肥。苏州、松江二府号称重赋,“民苗一亩,纳粮一斗八升”,即使如此,江、浙的农业收成依然很高,民间久已传颂的“苏松熟,天下足”之谣,⑤足以证明江南农家的生活质量,远远高于海南农民。事实确是如此。以苏州府常熟县为例,耕田的亩产量也是

---

① 嘉靖《增城县志》卷10《食货类》。

② 嘉靖《洪雅县志》卷1《疆域志·风俗》。

③ 万历《慈利县志》卷6《本业》。

④ 万历《慈利县志》卷5《田土》。

⑤ 正德《琼台志》卷8《土产》上,载《天一阁藏明代方志选刊》。

高低不等,“大率亩之所入,上农以二石计,中农以石有赢计,下农以石计”①。据明人陈龙正的记载,浙西、浙东,土宜相同,“一岁二熟,夏麦冬稻,率以为常”,收成颇丰。在这两个地区,农民耕种土地,通常情况下是在 11 月或 12 月下麦种,至 4 月终收获;随之播种稻谷,10 月收获稻谷。随着“种冬谷法”的出现,在这两个地区更是可以做到“一岁二熟皆稻”,即收成两季稻谷,即在冬天播种稻谷之后,至次年 5 月收成,而后播种晚稻。② 可见,尽管江南农田的单位面积产量高低不等,但经农业耕种技艺的改良之后,再加之农民勤力于田,一年两熟的收成(或稻麦兼收,或两季收获稻谷),农业收成显然高于海南的琼台。这无疑是明代江南成为富庶之区的原因之一。耕作技术的日趋成熟,显然可以提高土地单位面积的产量。即使是山海关外的辽东,若是膏腴之地,尽管只有单季收成,但单位面积的产量也是相当之高。按照明末熊廷弼的记载,辽东 5 亩土地的收成,可以高达 13—14 石,折合每亩 2.6—2.8 石。③

粮食作物趋于多样性,也是明代农业生产力发展的标志。单以南方所产的大米而言,已是各色各样,分别有:江西,有花红米、蒸稻米;湖广,有蒸稻米;南直隶太平、宁国、池州、安庆四府,以及滁州、和州二州,有花白米、花籼米、花红米;南直隶苏州、松江、常州三府,以及广德州,浙江嘉兴、湖州二府,有黄粱米、白米;应天、镇江、徽州三府,浙江杭州府,有黄粱米、白米、白晚米、花白米;浙江金华、衢州、绍兴三府,有黄粱米、白米、花白米。④ 如此品色众多的稻米,足以供应日常生活的多样化需求。

农业种植甚至养殖技术的进步,影响到明代百姓的日常生活,且在一定程度上为生活质量的提升提供了足够的技术保障。譬如与民间日常饮食生活密切相关的蔬菜,由于农业种植技术的改良,已经使当时的北方人得以享用菘菜、黄芽菜、韭黄。早在永乐年间,南方花木蔬菜,尚很难在北方种植。即以苏州一带最为常见的菘菜(即白菜)来说,一旦移栽到北方,第一年一半长成芜菁,至第二年更是菘菜种子均绝。然自明代中期以后,北京已经盛产菘菜,每年秋末,北京百姓“比屋腌藏以御冬”,尤其是被称为“箭干”的白菜品种,其品质更是不亚于苏州所产。如此变化,决不能将其简单地归结为“气运之变,物类随之而美”,而是

① 嘉靖《常熟县志》卷 4《食货志》。

② 陈龙正:《救荒策会》卷 4《董煟救荒法统论》,《中国荒政全书》第 1 辑,第 704—705 页。

③ 熊廷弼撰,李红权点校:《熊廷弼集》卷 3《巡按奏疏》第 3《议屯田修边疏》,上册,湖北人民出版社 2019 年版,第 99 页。

④ 顾起元:《客座赘语》卷 10《各仓米样》,中华书局 1997 年版,第 334 页。

得益于“种艺之法”的改良。[①] 此外，由于地窖、火坑技术引入蔬菜种植领域，更使北京人在隆冬季节，尚可享用黄芽菜、韭黄一类的新鲜蔬菜。[②] 尤堪注意者，人工养鱼技术的出现乃至推广，无疑已经导致鲜鱼价格的下降，为百姓餐桌上提供足够的鲜鱼供应。明代晚期的史料记载显示，仅仅广西横州一城，城中人工养鱼的鱼塘就多达360口，城郭之外再加上乡村，鱼塘数量为城中的一倍，即多达720口，可见广西横州的鱼塘高达1080口。这些鱼塘，大小不一，大的鱼塘可以放养余苗4000—5000尾，小的鱼塘放养余苗也不下1000余尾。养鱼业的盛行，结果则造成“鱼甚贱，腾贵时一斤不满六钱”。[③] 如此低廉的鱼价，显然也是生活质量提升的一种侧面反映。

（三）工商业的发展与市场网络

《周书》云：“农不出则乏食，工不出则乏用，商不出则三宝绝。”可见，农、工、商三者，是百姓的衣食之源。明人张瀚的见解更是有别于传统的“工商皆末”之论，对农、工、商之间的关系作了理智的辨析，提出百工之事“足为农资”的论断。他认为，若是离开了百工的工作，即使像“养生奉终之具”，也会失去依赖。[④]

明代生产工艺的日趋发达，导致奢侈品不断涌现，使明朝人在维持基本的日常生活之外，进而追求时尚用品，进一步提升生活的品质。如明代民间已经开始对当时号称全国第一的物品加以排名，并将这些物品作为自己努力追求的目标。其排列的结果，则是监书、内酒、端砚、徽墨、洛阳花、建州茶、蜀锦、定磁、浙漆、吴纸、晋铜、西马、东绢、契丹鞍、夏国剑、高丽秘色、兴化军子鱼、福州荔枝龙眼、温州柑、临江黄雀、江阴县河豚、金山碱豉、简寂观苦笋等等，均并列天下第一。[⑤] 在上述这些物品中，除了自然的产物之外，其中很多物品成为人们日常生活追求的时尚品，显然得益于生产工艺的改进。此外，市场上奢侈品的大量出现，除了说明明朝人生活质量的提升之外，同样与生产力的发展乃至生产工艺的改良大有关系。如史载江南的松江府，万历以前从无卖苏扇、歙砚、洒线、镶履、黄杨梳、

---

① 陆容：《菽园杂记》卷6，中华书局1997年版，第77—78页。

② 谢肇淛：《五杂组》卷11《物部》3，第223页。

③ 邓士龙辑，许大龄、王天有主点校：《国朝典故》卷87，引王济：《君子堂日询手镜》下，下册，第1827页。

④ 张瀚：《松窗梦语》卷4《百工纪》，中华书局1985年版，第77—78页。

⑤ 赵吉士辑撰，周晓光、刘道胜点校：《寄园寄所寄》卷7《獭祭寄·物理》，引《袖中锦》，黄山书社2008年版，第522页。

紫檀器及犀、玉等名贵生活用品，只有等到提学御史为了考试生员而到了松江，才有人摆摊逐利。这种因考试而设的市场，一等考试结束，随即散市。然一至万历年间，无论大街小巷，无不设有买卖名贵生活用品的店铺。至于卖细木的家具店，更是不下数十家。① 如此种种，无不需要对明代的工商业发展做一整体性的透视。

明代的手工业分为官营与私营两种。官营手工业以冶铁业与纺织业为大宗，为皇家、元勋、国戚、世胄、貂珰提供源源不断的奢侈品；私营手工业不仅为民众的日常生活提供必需品，更是通过生产工艺的改良以及技艺的提升，大量生产出民众为提升生活质量而需要的形形色色的奢侈品。

明代官营金属产业已经具有较大的规模，基本可以为国家与社会提供必需的金属原料。以冶铁业为例，明初洪武七年（1374），在江西、湖广、山东、广东、陕西、山西五省设立 13 个官营冶铁所，年产铁达 805.2987 万斤。（参见附表13）永乐年间，自设立遵化铁厂之后，其生产规模远胜洪武年间设立的每个冶铁所。遵化铁厂人员众多，设有民夫、军人、民匠、轮班人匠、囚犯，以及书办、库秤、门子、催工、巡山、管匠、总甲、各卫造册写字并大小炉作头等管理人员。遵化铁厂的生铁、熟铁产量已相当之高，经过盘点，除去碎铁不计外，库存的生板铁有 232.42 万斤，熟铁 75.66 万斤，铜铁 22.65 万斤，松铁 21.1716 万斤。每年额运至工部的生铁、熟铁为 57.97 万斤，可供工部 30 年支用。②（参见附表 14）

除了官营冶铁业之外，从户部所属各库所藏的各色金属，亦可考知明代的各色金属产量。据史料记载，内府库之丁字库，计有黄熟铜 22616 余斤，红熟铜 24408 余斤，生铜 9878 斤，锡 19503 斤；内府库之甲子库，计有黑铅 21000 斤。③这仅仅是通过赋税征收而来的各色金属量，至于全国一年的整体产量，虽暂时难以统计，但显然远大于这些数字。

至于官营与民营纺织业的规模，在明代应该说已经初步达到了一个高峰。单是户部所属内府库所藏各色服饰面料、原料、颜料产量，已经足以证实。据史料记载，内府库之承运库，每年所收的本色绢，为 14.8129 万余匹；内府库之甲字库，每年所收的颜料，共计 41.2222 万余斤，其中银硃 3.4122 万余斤，乌梅 3.9309 万余斤，靛花 2.0090 万余斤，黄丹 4.2 万余斤，绿矾 1.5 万余斤，紫草

---

① 李绍文：《云间杂识》卷 2，民国二十四年上海瑞华印务局据上海黄氏家藏旧本印行。

② 韩大章：《遵化厂夫料奏》，《明经世文编补遗》卷 2，第 6 册，第 5552—5555 页。

③ 申时行等修：《明会典》卷 30《户部》17《库藏》1《内府库》，第 220 页。

0.14万余斤，明矾4.02万余斤，光粉1.46万余斤，黑铅2.1万余斤，水胶8万斤，槐花7万斤，蓝靛3.1万斤，五倍子0.35万斤。内府库之丁字库，每年所收颜料，共计38.2687万余斤，其中生漆10.7561万余斤，桐油9.4735万余斤，黄蜡1.8962万余斤。内府库之甲字库，每年所收之各色布，其中阔白三梭布3.3万匹，阔白绵布36.0411万匹，苎布4.7774万匹。内府库之丙字库，每年所收各色纺织原料，其中丝绵31.4064万两，丝224万余两，绵花绒37.4875万余两。[①]透过这些户部每年征收的纺织面料、原料、颜料产量，大致可以知道明代纺织业的发达。

最为值得关注的是，明代手工业有一个从官营为主到私营蓬勃发展的转变历程。这一转变历程的标志，就是班匠银的实施，使官营手工工匠获得更多的自由；而其转变的结果，则是充分发挥出官营、民营工匠的创造力，创造被保守人士视为"奇技淫巧"的精湛工艺产品，以适应市场经济繁荣以后的产品乃至奢侈品需求。

明代的工匠分为官匠与民匠两种。在官的工匠，初定于明初洪武十九年（1386），"以工役抵罪"，编成班次，服务于官府，一般为三年一个班次，但也有五年、四年、二年、一年一个班次者，在户籍上编为"匠籍"，称为"轮班匠"。以后工少人多，对轮班官匠渐渐疏放，而后实行班匠银制，轮班官匠可以通过交纳一定的匠银，不再服务于官府。此外，在闾里之间，尚有很多"百工杂作"，他们奔走于四方，以求得衣食之资。此类工匠，即为私匠。[②]

在明代，有两个现象颇为值得关注：一是随着手工业的发展，官营工匠分工逐渐细化，以致工艺日趋精湛。即以工部器皿厂所属匠作来说，已经细分为18种，分别为木作、竹作、桶作、蒸笼作、卷胎作、油作、漆作、戗金作、贴金作、染作、索作、绦作、铜作、锡作、铁作、彩画作、裁缝作、祭器作。[③]二是天下的财货大多聚集于京师，但这些财货的产地则多属东南地区，所以百工技艺之人，也大多出自东南，尤其以江西最为繁伙，浙江、南直隶次之，福建、广东又次之。至于西北地区，虽然也有工匠，但通常很少奔走于四方，仅仅跼蹐于本地而已。由于官匠获得了部分的自由，再加之为数众多的私匠，所以在明代，"今辇毂之下，四方之人咸鳞集焉"。[④]

① 申时行等修：《明会典》卷30《户部》17《库藏》1《内府库》，第220页。

② 黄光昇撰：《昭代典则》卷10，第249页；张瀚：《松窗梦语》卷4《百工纪》，第76—77页。

③ 何士晋撰，江牧校注：《工部厂库须知》卷11《器皿厂》，第326页。

④ 张瀚：《松窗梦语》卷4《百工纪》，第76页。

工匠产品与市场消费互为因果。尤其是京城与三吴,服器之美,堪称天下之最。以北京为例,元、明两朝均为都城,沿习既深,渐染成俗,所以在明代也是“侈靡特甚”。在北京,那些元勋、国戚、世胄、貂珰极靡穷奢,通过追逐服器以满足自己的欲望。为此,在明代有如下之说:“盖四方之货,不产于燕,而毕聚于燕。”在普遍追求奢侈品的风气带动下,北京奢侈品的市场价格开始高涨,于是东南地区的名工巧匠为了追求“重糈”,亦即所谓的厚利,不远数千里,乐于前往北京。① 明代民间风俗,大都江南侈于江北,而江南之侈,尤以苏州为中心的“三吴”为甚。在追逐侈靡上,尽管苏州与北京相同,但两者也有差异之处:北京纯粹是消费城市,市场上的奢侈品多是来自外地;而苏州则不同,不仅是奢侈品的重要产地,而且引领明代的城市时尚。风气所及,即使如广东封川县,为上元灯节所制作的纸灯,也是相当的精致。一灯之作,“束缚方圆,镂刻文理”,甚至需要花费专业工匠数旬之工,堪称“作巧几于淫矣”。②

尽管明代以农桑立国,但从某种上说,明代官方并非一味重农抑商,而是通过颁布法律条文的方式,营造一种相对较好的经商环境。这主要体现在以下两个方面:一是禁止私自抽分、私立税银。如正德十六年(1521),明武宗下诏,凡是桥梁、道路,关津等有利处所,若有人私自添设抽分害民,巡按御史及按察司分巡官,必须通行查革。二是对小商贩尤其是走街串巷或行走于城乡的货郎实行免税的优惠政策。永乐元年(1403)奏准的条令规定,凡是军民之家嫁娶丧祭、节日互相馈赠的礼物,染练自织的布帛,以及购买已经上税的物品,或者船只车辆运送自己的货物及农用之器,各处小民挑担货卖蔬菜,各处溪河小民货卖杂鱼,民间家园池塘所产并未用于销售的杂果,及民间常用的竹木、蒲草器物,或常用杂物、铜锡器物、日用食物,一律免税。嘉靖十年(1531),明世宗下令给宣课司,“今后小民发卖瓜果蔬菜,毋得抽税”。③

商业发展的结果,势必促使城市铺行的分类日渐细化。以明代的都城北京为例,按照史料记载,顺天府属下宛平、大兴二县,原来编有铺行132行,并分为两大类:一类是“本多利重”的铺行,计有典当等100行;另一类则是本少利薄的铺行,分别有网边行、针篦子杂粮行、碾子行、炒锅行、蒸作行、土碱行、豆粉行、杂菜行、豆腐行、抄报行、卖笔行、荆筐行、柴草行、烧煤行、等秤行、泥罐行、裁缝行、

① 张瀚:《松窗梦语》卷4《百工纪》,第77页。

② 张瀚:《松窗梦语》卷4《百工纪》,第79页。

③ 申时行等修:《明会典》卷35《户部》22《课程》4《商税》,第257页。

刊字行、图书行、打碑行、鼓吹行、抿刷行、骨簪箩圈行、毛绳行、洗淘行、箍桶行、泥塑行、媒人行、竹筛行、土工行等,共计32行。此外,在北京市面上,还有一些走街串巷的小商贩,分别从事的是卖饼、肩挑、背负、贩易杂货等项。① 这些行业繁多的铺行,再加之走街串巷的小商贩,共同织起了一张北京城内的市场网络,并为城内居民提供必需的日常生活品以及奢侈品。

随着商业的日趋繁荣,明代已经建构起对内与对外两大市场网络体系。就对内的市场网络体系而言,大抵分为以下三个层级。

其一,沿着运河、长江且以城市或钞关为中心而建构的南北、东西两大全国性的主干市场网络。在这一层级市场网络中,既以城市、钞关等为市场中心,沿运河、长江而呈线状延伸;又以这些中心城市、钞关为市场集聚点,向四周呈网状发散。

明代设立钞关的城镇,大多是运河、长江沿岸的市场中心。明代的钞关,始设于宣德年间,当时共计7个钞关,分别为临清、河西务、苏州、扬州、杭州、淮安、九江,其后陆续增设,北京崇文门、杭州北新关也相继成为钞关。②

除了运河、长江沿岸的钞关之外,明代还涌现出了诸多分布天下的"马头"与"大马头",同样属于市场交易中心。关于此,叶权《贤博编》与王士性《广志绎》均有详细的记载,③从中可以发现以下四个问题:一是明人所谓的"马头""大马头",相当于后世所称的"码头""大码头"。马头的中心含义,在于史料所云的"商货辏集之所",或"物所出所聚处"。换言之,马头或是商品的生产中心,或是商品的市场销售中心,或是兼具生产与销售的中心。二是明代的天下大马头,既可以是在水路沿岸或沿海之地,亦即所谓的"水马头",如荆州、临清、苏州、杭州、扬州、宁波、台州、温州、香山;又可以是并非地处江河沿岸或沿海之地,亦即所谓的"旱马头",如樟树、枫桥、建阳、浮梁。三是明代的天下大马头,有些与原先设立的钞关相重合,如临清、苏州、杭州、扬州、淮安,有些则是后来崛起的商品生产与销售中心,如荆州、樟树、芜湖、上新河、枫桥、南濠、湖州、瓜洲、济宁、徐州、无锡、建阳、浮梁、宁波、台州、温州、香山。四是明代的天下大马头,既可以

① 沈榜:《宛署杂记》卷13《铺行》,第108页。

② 申时行等修:《明会典》卷35《户部》22《课程》4《钞关》,第245页;申时行等修:《明会典》卷30《户部》17《库藏》1《内府库·广惠库》,第220页;赵世卿:《关税亏减疏》,《明经世文编》卷411,第5册,第4458页。

③ 叶权:《贤博编》,中华书局1997年版,第22页;王士性:《广志绎》卷1《方舆崖略》,中华书局1981年版,第5页。

是沿江、沿海的中心城市,如荆州、临清、苏州、杭州、扬州等;又并不仅仅限于中心城市,有些市镇因为其特殊的交通枢纽或市场中心的地位,同样可以跻身于天下大马头的行列,如樟树、上新河、枫桥、湖州、瓜洲等。

事实确是如此。明代的钞关与天下大马头,确乎堪称商品生产与市场销售的中心。以钞关为例,如河西务钞关,既"系商旅官民船只总会之处",①又是"漕渠之咽喉",两岸旅店丛集,居积百货,号称"京东第一镇"。② 在河西务钞关最为繁盛的时节,开设的布店,多达 160 余家,伙商 38 名。临清钞关,其商业之繁盛,则是开设的缎店有 32 家,布店 72 家,杂货店 65 家,其中前来购买布匹的布商,有的则远自辽东而至。③ 以商业城市为例,根据清初学者刘献廷的说法,当时的天下有"四聚",即四大商品集散中心,分别是北则北京,南则佛山,东则苏州,西则汉口。尤其是汉口,"不特为楚省咽喉,而云、贵、四川、湖南、广西、陕西、河南、江南之货,皆于此焉转输,虽欲不雄天下,不可得也"。④ 所记虽是清初史实,但汉口的繁盛实延续晚明而来。至于香山澳,更是自晚明以来异军突起的沿海贸易城市,从原先远离香山县城 200 里的小小聚落,因为来自海外诸番,如爪哇、渤泥、暹罗、真腊、三佛齐诸国的商舶停泊,而后发展成为"高居大厦,不减城市,聚落万头",⑤几已成为一座沿海商贸城市。

其二,以生产或市场销售为特色的市镇为中心,进而建构起沟通城乡的区域性市场网络。在明代,相对于自然的聚落村而言,市或镇通常处于城、乡之间,其地位尤为特殊。市、镇与村的区别,在于村仅仅是"民人所屯聚"的地方,而市不但有居民聚庐,而且有"商贾贸易"。至于镇,则比起市又进一步,除了诸如民居、商业之外,还"设官、将防遏"。⑥ 比较而言,市之规模较小,而镇之规模较大。但也并非尽是如此,如苏州府常熟县属的沙头市,居民达到 2000 多家,成为一县的"巨镇"。⑦ 所以,在明代的史籍中,江南市、镇可以并称,而在北方,则集、镇可

① 戴金编次:《皇明条法事类纂》卷 34《禁约通州至天津卫沿途光棍照依在京见行事例枷号充军》,第 60 页。

② 蒋一葵:《长安客话》卷 6《畿辅杂记 · 河西务》,北京古籍出版社 1994 年版,第 134 页。

③ 赵世卿:《关税亏减疏》,《明经世文编》卷 411,第 5 册,第 4458 页。

④ 刘献廷撰,汪北平、夏志和标点:《广阳杂记》卷 4,中华书局 1957 年版,第 193 页。

⑤ 王士性:《广志绎》卷 4《江南诸省》,第 100 页。

⑥ 光绪《震泽县志》卷 4《镇市村》,《中国方志丛书》,台北成文出版社 1970 年版。

⑦ 嘉靖《常熟县志》卷 2《市镇志》。

以并称。①

自宋以来的乡村市场,其名各具地方特色,场、集、墟、务均为乡村市场之名。在明代,山东与岭南乡村市场名称之别,在于山东人称为“赶集”,而岭南人则称“趁虚”。名称虽有不同,然其内在的市场交易功能则趋同。如在山东,“每集则百货俱陈,四远竞凑,大至骡、马、牛、羊、奴婢、妻子,小至斗粟、尺布,必于其日聚焉”。至于岭南,更是“多妇人为市”,成为当时的一大奇观。② 尤堪注意者,岭南乡村的墟市,其覆盖率已是相当之高,且市场一次的交易量颇为可观。以广西横州为例,虽编户仅有 15 里,村落 800 余个,但乡村的墟市则多达 100 余个,一次开市,“贸易钱货不下数十万”。③ 据此稍作推算,大致村落与墟市的占比为 8∶1,即平均 8 个村落就设有 1 个墟市。

在明代,有些市镇的发展,逐渐超越区域性的市场,进而成为天下大马头,甚至融入到跨省或全国性的市场网络体系之中。如明代南京城外的上新河、龙江关两处,为商帆贾舶所辐辏,而上新河尤称繁华。凡是客商到南京城卖货,通常是先坐船抵达上新河,而后再“觅桨船入城”。④ 杨文聪撰有《洞庭竹枝词》,专记苏州洞庭商人,其中一首云:“陈钟伐鼓闹鼋鼍,新置吴姬细马驮,画阁有人军令肃,推查字号上新河。”这首竹枝词下面作者有小注云:“洞庭贾店大半在白门上新河,开店谓之字号。”⑤可见,苏州洞庭商人,大多在南京上新河开设店铺,称之为“字号”。尤其是到了晚明,“弃农趋末”已是社会流动的主要趋势,进而导致南京上新河的一间门面,一年可得的租金高达 10—20 两银子。⑥ 瓜洲原本是江干一镇,却是水陆要冲,南北舟车会集之地,史称“商贾骈集”,又称“万货纷集”,因漕运而繁盛。瓜洲的兴盛,当地民众一靠“负担为利”,即商舶到了瓜洲闸之后,必须上岸,陆行数里,而后再转换水道,所以当地百姓“挑负盘剥之徒,

---

① 正如史料所言,无论是市、镇,还是集、镇,都是一方交易汇聚之所。所不同者,江南称至市、镇买卖为“上市”,而在黄河以北则称“赶集”。名虽不同,其义则一。说具《古今图书集成》,《方舆汇编·职方典》第 88《河间府部》,清光绪三十年上海图书集成铅版印书局铅印本。

② 谢肇淛:《五杂组》卷 3《地部》1,第 61 页。

③ 邓士龙辑,许大龄、王天有主点校:《国朝典故》卷 86,引王济:《君子堂日询手镜》上,下册,第 1818 页。

④ 黄暐:《蓬轩吴记》卷下,载王稼句点校、编纂:《苏州文献丛钞初编》,上册,古吴轩出版社 2005 年版,第 210 页。

⑤ 杨文聪:《洵美堂诗集》卷 4《洞庭竹枝词》,民国二十五年重刊本。

⑥ 吕柟:《泾野子内篇》卷 8《鹫峰东所语》第 13,中华书局 1992 年版,第 71 页。

不止万众”；二靠做经纪人，即“居民悉为牙侩”。[①] 此外，如江西的樟树镇，地处丰城、清江两县之间，“烟火数万家，江、广百货往来与南北药材所聚，足称雄镇”。[②] 荆州的沙市，其商业至明末达到极盛，“列巷九十九条，每行占一巷，舟车辐凑，烦盛甲宇内”。[③] 史称沙市的繁盛，甚至超越了北京、苏州，虽不无夸大其词，但至少说明以下两点：一是明代市镇的繁盛，已经跻身于天下大马头的行列，有时甚至超过城市；二是明清之际，商业贸易市场中心，逐渐呈现一种从江南转向湖广的态势，汉口、荆州、沙市的崛起，就是最好的例证。

其三，以“庙市”“香市”“会市”为代表的市场，这是宗教性活动与市场性行为相结合的城乡市场网络体系。庙市、香市、会市，均导源于宗教性的祭祀、庙会与进香活动，且又因庙市、香市、会市的存在，而使宗教性活动同样具有一些经济性的功能。[④]

先来看庙市。此类市场遍布京城内外，规模大小不一。明代的北京，每月朔望及廿五，在城隍庙左右街有庙市。开市之日，商贾毕集，“大者车载，小者担负，又其小者挟持而往，海内外所产物咸集焉”。庙市商贩划地为界，张肆以售，贸易之人，肩摩接踵，人来人往。买卖贸易的货物，从文人士大夫的图籍椠铅、武士用的弓矢、农夫用的钱镈鉏钐、工匠用的斧凿刀铁，到富贵人用的明珠大贝、贫夫用的敝衣败履、儿童玩的弄具、妇女用的粉黛脂泽、籥道释人用的鱼螺铙鼓、俳优用的纂筝箫管，无所不具。[⑤] 明代北京城隍庙市，又是一个规模颇大的古董市场。由于吴中儇薄之辈倡为雅淡，戚里与大商人辈纷纷浮慕效尤，在晚明形成了一股崇尚古董之风，而北京的城隍庙市则是最大的书画古董市场。从出自内廷的剔红、填漆旧物，到宣德、成化年间的瓷器以及宣德炉，庙市无不具备。[⑥]

开封有两大庙市最为闻名，分别为东岳庙、相国寺庙市。每年的三月廿八日，是东岳大帝圣诞之辰，从三月五日起，开封百姓就结会、进香、做醮，拥塞庙

---

① 归庄：《归庄集》卷7《书吴绍素事》，上海古籍出版社1984年版，第433—434页；万恭：《建瓜洲闸疏》，《明经世文编》卷351，第3774—3775页；顾炎武著，谭其骧、王文楚、朱惠荣等点校：《肇域志》，《南直隶·扬州府·江都》，第1册，上海古籍出版社2004年版，第348页。

② 王士性：《广志绎》卷4《江南诸省》，第85页。

③ 刘献廷撰，汪北平、夏志和标点：《广阳杂记》卷4，第198—199页。

④ 关于中国传统庙会的经济功能，可参见陈宝良：《中国的社与会（修订本）》，人民出版社2023年版，第485—486页。

⑤ 吴溥：《送司训徐君序》，载黄宗羲编：《明文海》卷288，第3册，中华书局1987年版，第2983页；蒋德璟：《游宫市小记》，《明文海》卷359，第4册，第3695页。

⑥ 沈德符：《万历野获编》卷24《畿辅·庙市日期》，中册，第613页。

门。“所卖各样货物，遍地皆是。棚搭满院，酒饭耍货，诸般都备；香火燎天，人烟盖地。”①开封相国寺，因杂剧《西厢记》的流行而名闻遐迩，然从实际的情况来看，作为佛教活动场所的相国寺，几乎已成一处大的买卖市场。在寺内，每天有说书、算卦、相面，“百艺逞能，亦有卖吃食等项”。寺内僧舍，专门供过往官员下榻，以便与大商人、茶店清客等往还，在僧舍里“把酒接妓，歌舞追欢”。相国寺的大门之东，有老妇人替人洗浆衣服、缝练补绽，也是“热闹无比”。②

北直隶的药王庙市，在北方具有很大的市场影响力。药王庙位于鄚州城外，专门祭祀扁鹊，香火最盛。每年四月初，河淮以北，秦晋以东，宣府、大同、蓟州、辽东诸边，来自各方的商贾，“辇运珍异，并布帛菽粟之属，入城为市”。此外，来自京师的各色人员，自勋戚、金吾、中贵、大侠，以及名娼、丽竖，也是车载马驰，声称替药王祝贺生日，“幕帘遍野，声乐震天”。至于每日搭盖篷厂做买卖的商贾，因为市场买卖兴旺，更导致摊位租价的高涨，尺寸之地，“非数千钱不能得”。药王庙市兼具宗教、贸易、游览三大功能，庙市开设时间长达两旬之久。③

再来看香市。明代香市具有全国性影响力的有泰山香市与西湖香市。泰山以碧霞元君宫著名。在明代泰山天门往左，“驰道如砥，庐而市者可三十家”，④即设铺而市的店铺达 30 家。西湖香市，因普陀、天竺进香而兴盛。据张岱记载，西湖香市期间，昭庆寺两廊，“无日不市”，“山门内外，有屋则摊，无屋则厂，厂外又棚，棚外又摊，节节寸寸”，时间长达 4 个月之久。⑤ 西湖香市主要集中于昭庆寺。此寺曾毁于隆庆三年（1569）。至万历十七年（1589），司礼监太监孙隆凭借织造的身份，重新助建昭庆寺，“悬幢列鼎，绝胜一时，而两庑栉比，皆市廛精肆，奇货可居”。⑥ 从李日华的记载不难发现，昭庆寺两廊，孙隆共建置 100 余家店肆，专门供寺僧买卖之用，所卖货品有僧帽、鞋履、蒲团、琉璃、数珠之类。此外，四方商贾也云集昭庆寺，将珍奇玩物，悬列待价，称为“摆摊”。⑦

除此之外，明代尚有诸多地方性的香市，规模及影响力虽不若泰山香市与西

---

① 佚名著，孔宪易校注：《如梦录》第 6《街市纪》，中州古籍出版社 1984 年版，第 47 页。

② 佚名著，孔宪易校注：《如梦录》第 6《街市纪》，第 51 页。

③ 沈德符：《万历野获编》卷 24《外郡 · 鄚州》，第 616—617 页。

④ 王士性：《五岳游草》卷 1《岱游记》，《王士性地理书三种》，上海古籍出版社 1993 年版，第 36 页。

⑤ 张岱：《陶庵梦忆》卷 7《西湖香市》，上海古籍出版社 1982 年版，第 61 页。

⑥ 张岱：《西湖梦寻》卷 1《西湖北路 · 昭庆寺》，上海古籍出版社 1982 年版，第 6 页。

⑦ 李日华著，屠有祥校注：《味水轩日记校注》卷 4，万历四十年七月二十九日条，上海远东出版社 2011 年版，第 271 页。

湖香市,但在沟通城乡经济方面同样具有很大的意义。如松江府上海县的崇福庵香市,每当春初,此庵香火极盛,香客千里走集。“自朝至暮,舟楫络绎不绝,香船所停,舳舻相接者三、四里”。① 街市因庵而兴,在进香期间,商业买卖活动兴盛。

还有会市。会市在福建清流县的农村最为常见,其中最为闻名的有“樊公会市”“转水会市”“余朋会市”。每年八月二十八日,相传为樊公的诞辰。清流人每年就在这一天迎神赛会。先在八月初,来自直隶、江、浙、闽、广各处的客商,都带着他们当地的土产货物,集中到清流县。到了会期,就各自拿出货物,互相贸易。清流各地之人,若想购买各种货物及日常用品,也分别前往会市。樊公会的会期很长,一直到九月间才散去。② 转水会在清流县的四保。每年的九月重阳节,清流县樊公会的客商就会带着剩下的货物参加此会,在会上发卖,一直延续数天。余朋会在清流县的梦溪里。在每年的十月初一日,客商的货物就会在会市上交易,一直延续数日而散。③

若是系统考察明代的庙市、香市与会市,无疑不难发现,此类市场大抵分为两类:一类是全国性的市场。如鄚州药王庙市、西湖香市、清流县的樊公会市,均属此类。究其原因,在于明代传统市场中,已经出现了三种人,即行货之商,居货之商或上市、赶集之人。④ 尤其是行货的商人,出于逐利的目的,辗转于全国的各大市场,进而建构起全国性的市场网络。如史载:“河间行货之商,皆贩缯、贩粟、贩盐铁木植之人。贩缯者,至自南京、苏州、临清。贩粟者,至自卫辉、磁州并天津沿河一带,间以岁之丰歉,或籴之使来,粜之使去,皆辇致之。贩铁者,农器居多,至自临清、泊头,皆驾小车而来。贩盐者,至自沧州、天津。贩木植者,至自真定。其诸贩磁器、漆器之类,至自饶州、徽州。”⑤由此不难发现,这些行货之商,已超出地方性的活动,而倾向于全国性的规模发展。二是区域性的市场,如北京的城隍庙市,开封的东岳庙市、相国寺庙市,以及松江府上海县的崇福庵香市,均属此类。

① 叶梦珠:《阅世编》卷3《建设》,上海古籍出版社1981年版,第79页。

② 嘉靖《清流县志》卷2《习俗》,《天一阁藏明代方志选刊续编》;崇祯《汀州府志》卷1《街市》,明崇祯十年刻本。

③ 嘉靖《清流县志》卷2《习俗》。

④ 嘉靖《河间府志》卷7《风俗》,转引自傅衣凌:《关于中国资本主义萌芽的若干问题的商榷》,载氏著:《明清社会经济史论文集》,人民出版社1982年版,第8页。

⑤ 嘉靖《河间府志》卷7《风俗》,转引自傅衣凌:《关于中国资本主义萌芽的若干问题的商榷》,载氏著:《明清社会经济史论文集》,第8页。

就域外或对外的市场网络体系来说，明代存在着三大贸易市场及其相应的管理体制。即针对“东夷”的“马市”，针对“西夷”的“茶市”，以及针对江南“海夷”的“市舶”。这三大贸易市场，均属官设，其目的有二：一是市场性或经济性的功能，即“迁有无之货，收征税之利，减戍守之费”；二是政治性的功能，即“通华夷之情”，又“禁海贾、抑奸商，使利权在上”。[①] 换言之，边地的互市与东南沿海的市舶，均属寓羁縻于市场交易活动之中。

明代北部边地互市，以内地之货交易夷人之马为主，故又称“马市”。互市又分官市与民市两种。每个边地，设有不同的互市市口。

以官市为例，西起延绥、宁夏，东至辽东，官方均设有市口。如延绥、宁夏二镇，修建了市厂，作为互市交易的场所，如延绥镇的市厂设于红山边墙暗门之外。在这些市厂，预先设处互市所需的货品，动用诸多银两，委官带领铺商收买缎、布等货物，以备互市不足之数。为了应付夷使入贡马匹、牛羊数量之多，事先多备货物。此外，考虑到延绥、宁夏地方上的货物缺乏，为了应付夷使入贡，官方派人前往河南、山东、南直隶等处采买。[②] 宣府、大同、张家口三处，是明代九边的“大马市”。[③] 宣府镇的市场设于西路张家口。当交易之日，总督登市楼，与“万虏相对，内外肃然。胡儿胡女纷纭杂沓，交易而去，无敢竞者”。[④] 堪称一时盛事。大同镇互市市口有三个，分别为得胜、新平、守口。每年开大市一次，每月小市一次，每市不过二三日。每当交易之时，夷人以羊皮、马尾、板木、谷米，与口内军余互相贸易。每年政府所收的税银，少不过200—300两，多不过400—500两。[⑤] 西北夷人食肉饮酪，所以互市交易，多以马匹获取内地的茶、布。在交易过程中，内地所出，大抵为“银货各半”，或以茶布、缎匹为主；而内地通过交易所得，最多的是马匹，每匹大致为14—15两银子，此外又有东目、皮张、柴草等物。[⑥] 早在成化以前，陈钺巡抚辽东，就在开元、广宁二处开设马市，每月两市。至成化十七年（1481），申严辽东马市禁例。[⑦]

---

① 黄光昇：《昭代典则》卷26，第757—758页。

② 杨博：《杨襄毅公本兵奏疏》卷21《覆陕西总督都御史戴才等条陈宁夏贡市疏》，载氏撰，张志江点校：《杨博奏疏集》，下册，上海古籍出版社2018年版，第1159—1160页。

③ 熊廷弼：《与阎副宪海道》，《明经世文编》卷481，第6册，第5298—5299页。

④ 蒋一葵：《长安客话》卷8《关镇杂记·张家口》，第165页。

⑤ 梅国桢：《再请罢榷税疏》，《明经世文编》卷452，第6册，第4973页。

⑥ 杨嗣昌著，梁颂成辑校：《杨嗣昌集》卷7《边情疏》，上册，岳麓书社2005年版，第163—164页。

⑦ 黄光昇：《昭代典则》卷20，第564—565页。

随着官方马市的设立，边地百姓开始与边地夷人自由交易，随之导致民市的出现，尤以宣府镇属下张家口堡的民市最为著名。张家口民市设于隆庆五年（1571）北虏款贡以后。每年互市，缎、布买自江南，皮张易之湖广。当时地方督抚鉴于各部夷人众多，互市钱粮有限，于是广召四方商贩，除了钢铁、羽毛等违禁货物不准贩卖之外，其余如缎布、菽粟、马尾、杂货等，让他们自相贸易，这就导致民市的出现。官方从民市中收取商税，借此"充在市文武将吏一切廪饩、军丁犒赏之费"。张家口民市的出现，最终导致西北边地商路的形成。民市中参与互市贸易的商人，他们所持有的货物，如缎布、狐皮及一切杂货，均来自苏州、杭州、湖广。在通常情况下，是将这些货物先从苏州、杭州、湖广运抵临清，而后经天津、卢沟桥、通州张家湾，运达张家口。①

明代边地官设互市，毫无疑问是通过市场行为而达臻羁縻夷人的目的。所以，就官设互市而言，在当时难免存在着一些争议。争议的焦点，主要有以下三个。

一是隆庆封贡与"宋人讲和"是否可以混为一谈？对此，高拱持不同的意见。他认为，明代的互市是通过抚赏之举达到羁縻诸夷之效，而后使边地得以安宁。②

二是马市与民市之别。所谓的马市，主要是指嘉靖二十九年（1550）之后，明代官方与诸夷的交易。自隆庆封贡以后，那么所谓的"开市"，则是"与民互市"，显然属于民市。③ 明代边地互市的最大变化，就是随马市之后民市的兴盛。官设马市的最大得利者，是边地的大帅，以致边地将领有"马贩子"之号。④ 在互市中，对铁的禁止尤为严厉，其目的就是为了防范诸夷以此作为兵器之用。于是，在边地互市中，通常以铁锅作为赏赐之物，而不以铁锅作为开市之物。此外，在铁锅的选用上，更多选用产自广东的"广锅"，而不是产自山西潞州的"潞锅"，甚至有人建议以铜锅取代铁锅，其目的都是为了让诸夷"不可多得铁"。⑤ 而民市的最大获利者，则是边地的边民，以及云集边地的商贾。从诸多史料记载不难

---

① 梅国桢：《请罢榷税疏》，《明经世文编》卷452，第6册，第4968—4970页。

② 高拱：《政府书答》卷1《与宣大吴巡抚书四》，载氏著，岳金西、岳天雷编校：《高拱全集》，上册，中州古籍出版社2006年版，第499页。

③ 高拱：《政府书答》卷1《与宣大吴巡抚书四》，《高拱全集》，上册，第499页。

④ 熊廷弼：《与阎副宪海道》，《明经世文编》卷481，第6册，第5298—5299页。

⑤ 高拱：《政府书答》卷1《与宣大王总督书三》，《高拱全集》，上册，第493页；高拱：《政府书答》卷1《与宣大王总督书三》，《高拱全集》，上册，第493页；高拱：《政府书答》卷1《与宣大吴巡抚书六》，《高拱全集》，上册，第501页。

发现,在边地互市中,诸夷需要的抚赏缎匹,商贾往往“闻风而至”。如大同镇城,包括军人、军余以及边民,不下数万,所有日用、蔬菜、布匹、器具,均需要内地的供给。而一些内地商人,攘攘为利,荷担负囊,登山涉水,不惮险远而来,“与边氓竞刀锥,稍求什一之息”,其结果则是“穷边军士,借此存活,以捍卫边圉”。[①] 山西三关关内关外,民间的边地贸易一直存在。当地所产,不过小麦、烧酒、羊毛、茄、蒜等物,而内地商人的到来,则为边地军民提供了日常所需的诸多物品。[②] 此外,在开设的市口,“另有透贩之处”;在未开的市口,“别藏阑出之奸”。[③] 其实,就是商贾为逐利而越境贩私。

三是西北边地互市与东南“海市”的优劣比较。在晚明,一些江南的有识之士,已经明显看出西北边地互市的弊端,进而肯定东南“海市”之利。如张瀚就认为,互市交易之物,从以“纻币”易马,转而变为以“金帛”易马,不过是“以中国所衣之帛,易无用之驽骀也”。[④] 其弊显然,其利则更难与海市相比。至于海市,张瀚认为有两利:一则符合市场交易准则,东南诸夷“利我中国之货,犹中国利彼夷之货,以所有易所无”。在海市交易中,甚至可以起到“藏富于民”的效果。二则东南诸夷以入贡为名,则“中国之体愈尊,而四夷之情愈顺”。至于诸夷入寇,则完全是因为官方禁止海市所致。若是海禁一开,海市一通,“则鲸鲵自息”。经过两者的比较,张瀚得出结论:“互市所输,皆国家帑藏,即闾阎膏脂。海市所易,皆民间财货,无妨国计。互市有损而无得,海市有利而无害。”[⑤]相同的观念,同样存在于夏言的看法中。嘉靖元年(1522)三月,给事中夏言在上疏中,就对因倭祸而罢市舶之举有所非议,认为应当罢黜的是市舶太监,而不是市舶。究其原因,一则“夷中百货,皆中国不可缺者,夷必欲售,中国必欲得之”;二则市舶的存在,可以“通华夷之情,迁有无之货,收征税之利,减戍守之费”。[⑥] 这无疑是私人海外贸易发展改变了东南士大夫的贸易与市场观念。

明代的市舶司,最初设于太仓的黄渡,后因考虑到此处靠近京师,于是将市舶司改设于福建、浙江、广东。官方市舶司的设立,其好处不言而喻:一则可以通过朝贡的方式,维系华夏与海上诸夷的联系;二则可以通过货物互通有无的贸易

---

① 梅国桢:《再请罢榷税疏》,《明经世文编》卷452,第6册,第4973页。

② 赵世卿:《止山西关税疏》,《明经世文编》卷411,第5册,第4464页。

③ 杨嗣昌著,梁颂成辑校:《杨嗣昌集》卷7《边情疏》,上册,第163—164页。

④ 张瀚:《松窗梦语》卷4《商贾纪》,第86页。

⑤ 张瀚:《松窗梦语》卷4《商贾纪》,第86页。

⑥ 黄光昇:《昭代典则》卷26,第757—758页。

方式,使朝廷获取征税之利;三则通过官方的贸易管理,禁止海贾、奸商的海上走私贸易,使利权归于朝廷。①

然吊诡的是,随着倭患的存在,以及倭寇对沿海地区的骚扰,使朝廷不得不罢市舶而不设,进而加大海禁的力度。这又带来了两大后果:一是对朝廷而言,事实上已造成奸豪外交内讧,海上再无宁日。这是朝廷在失去利权之后面临的沿海治安问题。二是促使私人海上走私贸易的兴盛,重新编织起一张联系超越朝贡形式的中国与东亚、东南亚的海上贸易网络。

从某种程度上说,官方文书中所谓的"海寇",其实就是违背官方海禁而冒险入海通番的海商。究其原因,正如崇祯二年(1629)四月,浙江巡抚张延登在上疏中所云:"海寇之始,出于闽民通番之弊。通番获利十倍,人舍死趋之,其流祸遂至不可救药。"②这种海上走私贸易,当海禁严厉之时,就会流为海寇,甚至大举入犯内地;当海禁松弛之时,就转而变为正常的海上走私贸易。对此,明末福建泉州人李廷机在给他人的书信中,有一段颇为直白的揭示。从中不难发现,海禁一旦松弛之后,不仅有利于沿海贫民的谋生,而且朝廷可以借此收税,以弥补捉襟见肘的兵饷缺乏。③ 事实确实如此。在朝廷海禁禁令之下,东南沿海的闽、浙一带,海上走私贸易一直存在。根据朝廷的禁令,闽、浙海运以沙埕为交界之处,借此限定南北,规定闽船不许过浙,浙船亦不许过闽。闽、浙两处商人,商货均在此处倒换。货自南来者,如糖、靛、椒、藤诸物,必易浙船以入;货自北去者,如桃、枣、药材诸物,必易闽船以出。而事实上,在福建、浙江沿海,海上之船越界时有发生,且借此谋取海上贸易之利,甚至与海贼相通。以闽船为例,大抵有以下两种船只:一种是杉木船。福建延平、汀州、邵武、建宁四府出产杉木,当地的木商,将木沿溪放至洪塘、南台、宁波等处发卖,外载杉木,内装丝绵,驾海出洋。这些木商,通常在兴化府租赁一只大海船,租赁价高达 80 余两银子,即使如此,还是"取利不赀"。另一种是钓带鱼船。台之大陈山、昌之韭山、宁之普陀山等处,出产带鱼。福建莆田、福清两县之人,一向号称善钓。每年的八、九月,就"联船入钓,动经数百,蚁结蜂聚,正月方归,官军不敢问"。杉木船、钓带鱼船,均与大陈山的海贼相通,根据船的大小,向海贼交纳税银,20—50 两银子不等。货未发给票,谓之"报水";货卖完纳银,谓之"交票"。钓带鱼船在大陈山搭厂,

① 黄光昇:《昭代典则》卷 26,第 757—758 页。

② 计六奇:《明季北略》卷 5《张延登请申海禁》,中华书局 1984 年版,第 103 页。

③ 李廷机:《报徐石楼》,《明经世文编》卷 460,第 6 册,第 5041 页。

时日一久,势必缺少日常的生活物资。于是,浙江内地的“奸民”,就驾驶大小划船,甚至假冒乡绅的旗号,“装载酒米,与渔船贸易,而藏违禁硝磺等物资贼,每获重利而归,穷洋竟同闹市”。[①] 由此可见,木商、渔民、内地“奸民”、海贼,这众多的海上力量,已经编织而成东南沿海的海上走私贸易网络。不止限于东南沿海,即使是在东北地区,内地商民与朝鲜的私下贸易也一直存在,一如杨嗣昌所云,“内地商民走海如鹜,有久于鲜国竟成居贾者,有潜入敌境偷掘参觔者”。[②]

市场网络一旦形成,至少从以下两个方面影响到明朝人的生活质量。

一是商人与市场网络具有货物流通的功能。明人张瀚曾经游宦四方,得以习闻商贾盈缩,已经敏锐地观察到商人与市场网络对货物流通所具的重大意义。他对南北直隶、十三布政司的物货与商贸流通,以及各地的物产、风俗、生活,均有详尽的描摹。[③] 从中可知,明代各地的土产、货物,均可以通过商人为媒介体而互通有无。南北直隶、十三布政司的情况大致如此,若是将视野转向像福建这样一个区域性的省份,其中的物产流通与市场网络,同样影响到当地乃至全国的生活质量。如福州府之闽县、福清两县,山中出产荔枝、龙眼、青李等果品,“实贩四方”。泉州府,农家园中,多产荔枝、龙眼,“焙而干之,行天下”;近山之民,垦辟硗确,“植蔗煮糖,黑白之糖行天下”。泉州地狭人稠,一方面行贾成风,但很少离开本土;另一方面,泉州一府的粮食,完全依赖于外地的供给,包括吴越与广东粮食的输入。泉州府属下的南安县,“北镇之布行天下”;德化县,“陶型之器,亚于饶九”。可见,北镇之布、德化陶器,也是行销四方的畅销品。建宁府之建阳县,“书坊之书盛天下”。建宁府之崇安县,“炙肉以为脯,煮藤以为被,走乌以为银。走乌之银盘、卮、簪、环之属行天下”。可见,崇安县之肉脯、藤被、银器,同样遍行天下。延平府之顺昌县,“煮竹为纸,纸曰界首,曰牌,行天下”。漳州府以“工作之良”著称,其手工产品众多,名闻遐迩,远销全国。诸如:丝织品有“织袭之絺”“绣胸之补”,连氏排行三、四的兄弟,他们制作的纸张,号称“连三”“连四”,象眼制作的轿舆,以及海澄县的犀角杯、象牙栉、玳瑁栉、玳瑁杯,沉檀佛身、玩具之类,无不是四方百姓的生活时尚品。[④] 尤其是福建泉州、福州所产荔枝,“水浮陆转以入京师,外至北狄西夏,其东南舟行新罗、日本、流求、大食之属,莫不爱好,重利以酬之。故商人贩益广而乡人种益多,一岁之出,不知几千

---

① 计六奇:《明季北略》卷5《张延登请申海禁》,第103—104页。

② 杨嗣昌著,梁颂成辑校:《杨嗣昌集》卷10《复登莱抚监敌人图鲜用鲜疏》,上册,第219页。

③ 张瀚:《松窗梦语》卷4《商贾纪》,第81—85页。

④ 何乔远编撰:《闽书》卷38《风俗志》,第1册,福建人民出版社1995年版,第941—947页。

万亿”。不仅供应海内,而且行销海外。还有福建以甘蔗为原料生产的糖,工艺日益精湛,糖品种类繁多。一般分为黑糖、白糖两种。在白糖中,又分“双清”“洁白”。将糖再加精炼,制成糖霜,就是民间所称的“冰糖”;将糖制成蜜片,就是所谓的“牛皮糖”。诸如此类的蔗糖制品,最后也是“贩海鬻吴越间”,成为江南生活中的一种奢侈品。①

二是商业流通与市场网络极大地丰富了明朝人的物质生活。就区域城市生活而言,南京、开封两座城市内的市民生活,显然已经无法离开商业流通与市场网络所带来的各地产品。如南京本地无名茶,士大夫借助商业流通的便利,得以享受全国各地的名茶,此即所谓的“不烦种艺,坐享清供,诚为快事”。贩至南京的各地名茶,分别有苏州之“虎丘”,天池之“庙后”“明月峡”,宜兴之“青叶”“雀舌”“蜂翅”,越地之“龙井”“顾渚”“日铸”“天台”,六安之“先春”,松萝之“上方”“秋露白”,福建之“武夷”,宝庆之“贡茶”,且“岁不乏至”。② 又如开封城内的街市,堆积各色杂货,汇集天下的客商,每日拥塞不断。在各色货物中,很多均是由客商从各地贩至。诸如:粗细暑扇、僧帽、头篦、葛巾、白蜡等货,大多由北京、杭州、青州、扬州等处运来;皮匣、冠带帽盒、文具簪匣、七寸枕箱等货,以及刷牙筤子、舌挋、眉掠、灌香,则均从北京、临清、南京、泰安、济宁、兖州各处贩来。③

就社会各阶层的日常生活而言,因为市场交易网络的建构,使各地方物得以随市场需求而自由流通,从北京的勋戚、内眷,到江南的士大夫,均可以享受各地的方物。以北京的勋戚、内眷为例,每年正月十五元宵佳节之时,喜吃来自各地的珍味。④ 明末士大夫张岱自称“清馋”,借助于交通的便捷与物品转运的方便,同样吃遍了天下的方物。在这些各地的方物中,“远则岁致之,近则月致之,日致之”。⑤

尤堪注意者,商业贸易为生活提供了极大的便利,其结果则使像西南的建昌、云南、贵州,以及西北的张家口这样的荒徼、偏僻之地,在市面上同样不乏来自江南的奢侈品,有时其流行的时间甚至超前繁华的城市。如川西建昌因为盛产杉木板材,且兼长江、金沙江水路发达,吸引了众多商贩的进入,长期驻扎在深山老林,有的甚至一住十余年。木材贩卖所获取的利润,使川西建昌虽僻远万

① 何乔远编撰:《闽书》卷150《南产志》,第5册,第4442—4443、4456页。

② 顾起元:《客座赘语》卷9《茶品》,中华书局1997年版,第305页。

③ 佚名撰,孔宪易校注:《如梦录》,《街市纪》第六,中州古籍出版社1984年版,第29、31页。

④ 刘若愚:《酌中志》卷20《饮食好尚纪略》,北京古籍出版社2001年版,第178—179页。

⑤ 张岱:《陶庵梦忆》卷4《方物》,第38页。

里，木材商人同样享受城市一般的奢华生活。如苏州、杭州新织的种种文绮，苏州的贵介公子尚未披身，但建昌的木材商人就提前先得。此外，妖童娈姬，比外更胜；山珍海错，咸获先尝。① 究其原因，还是市场网络在发挥应有的作用。又如张家口原本属于荒徼之地，自设立以马匹交易为主的市场之后，每年“缎布买自江南，皮张易自湖广”。② 还有云南、贵州，原本风俗朴陋，因为商人的“日凑”，带来各地的商货，导致当地俗尚趋于奢靡，“富人衣彭段，市民衣京青，不惜厚值以市”。③

（四）交通趋于便捷

生活质量又取决于交通的畅通与否。明代交通的畅通与发达，无疑为各地或各级市场提供了充足的货源，为商人外出经商提供了诸多的便利，并使各地特产、生活必需品乃至奢侈品的交流可以畅通无阻。随之而来者，则是身处偏僻之地，只要有钱，同样可以享受到较为时尚的生活。

通过官道、塘路、驿站、铺舍的设置，明王朝已经建立起以陆路、河运、海运为主体且相对较为完善的交通网络体系。洪武二十七年（1394）九月，官方编纂的《寰宇通志》一书修成。从此书的记载不难发现，早在洪武年间，就已经建立起了以都城南京为中心，以驿站、铺舍为节点，以道路（陆路、水陆或水路兼行）为主干，向东、西、南、北、东南、东北、西南、西北八个方向辐射的全国性交通网络。除去四夷的驿站不算，这一交通网络的道路，纵向共计 10900 里，横向共计 11750 里。洪武年间，全国共设 13 个布政司。从京城南京，前往各个布政司，同样设有完整的水路、陆路交通网络。④

永乐时期迁都北京之后，尽管两都并设，但全国的水陆交通中心，明显已从南京转而变为北京。即使如此，南京仍然称得上是“绾毂两畿，辐辏四海”，不失为一个全国的交通副中心。从全国各地至南京，水陆路交通网络相当发达。如从北京至南京，有三条路：一是陆路，从滁阳、浦口截江而抵上新河；二是水路，从邗沟、瓜洲溯江而抵龙潭；三是从銮江、瓜洲溯江而抵龙江关。从中原至南京，有三条路：一是从寿阳、濡须截江而抵采石；二是从灵璧、盱眙而抵乌江；三是从安徽的黄口截江而抵李阳河。从上江至南京，有三条路：一是水陆路，从采石、江宁

---

① 王士性：《广志绎》卷 5《西南诸省》，中华书局 1981 年版，第 107 页。
② 黄景昉：《国史唯疑》卷 8，清徐氏烟屿楼钞本。
③ 郭子章：《题剿仲苗劫掠道路疏》，《明经世文编》卷 419，第 6 册，第 4556 页。
④ 黄光昇：《昭代典则》卷 11，第 288—289 页。

镇而抵板桥；二是陆路，从苏州、小丹阳而抵金陵镇；三是水路，从荻港、三山顺流而抵大胜港，或径抵上新河。从下江至南京，有五条道路：一是陆路，从云阳走句容而抵淳化镇；二是从京口起陆，过龙潭而抵朝阳关；三是舟至栖霞浦，走花林而抵姚方门；四是水路，从北京溯江而抵龙江关；五是陆路，从湖州、广德、溧水而抵秣陵镇。①

在明代的交通网络中，水路交通以海运与漕运为主。在明代初年，主要仰仗海运。永乐十一年(1413)，才改为海陆兼运。再往后，又陆续出现了“支运”“兑运”“改兑”，漕运逐渐取代海运，使漕河成为重要的水上交通干流。②

洪武三十年(1397)，通过海运以充辽东军饷的粮食，多达70万石。永乐初年，平江伯陈瑄充任总兵官，率领舟师，每年海运米100万石，充京师、辽东之饷。江阴侯吴祯，从登州通过海道，转运粮饷至辽东。此后，通惠河开通，漕运贯通，江南粮饷，更多依赖于漕河，海运慢慢退出舞台。即使如此，在山东登州，尚设有100只海船。至嘉靖三年(1524)，革去登州海船。又海运船只，原先额设436只，单是遮洋一总，下辖很多沿海卫所，每年额运粮食30万石。至嘉靖四十五年(1566)，遮洋海船也开始废去。③

正如明人王宗沐所云：“国计之有漕运，犹人身之有血脉，血脉通则人身康，漕运通则国计足。此固古人立国不易之轨也。我朝河运，几百六十年，法度修明，通行无壅。”④可见，海运停止之后，贯通南北的大运河及其漕运，始终占据着明代交通最为重要的位置，对国计民生的影响极为深远。漕运取代海运，对国计民生而言，显然是利弊兼具。

就有利的方面来说，在明代，大运河的贯通，并不简单地承载着沟通南北政治的职能，而是已经为南北经济的交往提供了更为便捷的服务。自迁都北京之后，北京作为明代的政治中心，其生活必需品和奢侈品的供应，大多通过大运河从江南运入。如史称燕、赵、秦、晋、齐、梁、江、淮之货，“日夜商贩而南”；蛮海、闽广、豫章、楚、瓯越、新安之货，“日夜商贩而北”。⑤ 正如明朝人万恭所言，漕河

① 顾起元：《客座赘语》卷2《南京水陆诸路》，第48页。

② 王宗沐：《海运详考》，《明经世文编》卷345，第5册，第3722页。

③ 王宗沐：《海运详考》，《明经世文编》卷345，第5册，第3720—3721页；王宗沐：《乞广饷道以备不虞疏》，《明经世文编》卷343，第5册，第3681—3685页；王宗沐：《海运疏》，《明经世文编》卷344，第5册，第3700—3701页。

④ 王宗沐：《乞广饷道以备不虞疏》，《明经世文编》卷343，第5册，第3681页。

⑤ 李鼎：《李长卿集》卷19，转引自谢国桢选编、牛建强等校勘：《明代社会经济史料选编》，下册，福建人民出版社2004年版，第23页。

的通畅,“则京师四季,得百货之便,岂徒便商”。[①] 运河上运船除了为朝廷运送漕粮之外,其夹带的私货,对沿路乃至京城百姓的生活同样产生了很大的影响。宣德年间,德州百姓的所奏已经显示,运船“所载私货,多于官物,沿路发卖,率以为常”。[②] 又明代诗人李东阳有一首《马船行》,其中有句云:“官家货少私货多,南来载谷北载鹾。”[③]这条史料足以证明,明代南北日常生活必需品的交流相当频繁。尽管史料并不明言江南生产的奢侈品运入北京的方式,但基本可以推测,还是通过运河运入北京。

就弊的方面来说,主要体现在以下两个方面:一是海运的存在,对于沟通山东、辽东之间的物货交流意义重大。众所周知,辽东一镇,东西千里,山海关外,陆路交通颇为不便,很少有商人将粮食贩至关外。明代的辽东,并不隶属于山东布政司管辖,其中内含的深意固然不可遽加推测,但通过海运,使山东与辽东的物货得以互通,则显然意义重大。辽东山多,不产布匹;而山东登州、莱州宜植木绵,缺少五谷。假如走海道,从山东登州、莱州抵达辽东,仅仅一日之程。登州、莱州的田赋,只需出纳布匹,通过海运将布匹运至辽东,并无水陆舟车之劳。当回程之时,海运船只,又可夹带辽东货物,辽东、山东各得其便。从史料记载可知,海运船只上的旗军、柁工、水手,支撑他们冒险转输的内在动力,就是官方默许他们自私盐、腌腊咸物以及硝黄、铁器等违禁品之外,运船上可以自行夹带土宜,先是限定40担,而后增加到80担,任凭他们带回自由贸易。[④] 海船废去,海道壅阻,则导致山东的布匹运达辽东,必须绕道走山海关,其中的苦劳,与从登州、莱州走海道相比,何啻百倍。[⑤] 二是漕粮运输的物流成本相当之高,无疑影响到了漕粮交纳地百姓的生计。从魏大中的记载可知,明末浙江嘉善县的漕粮,从交纳地嘉善县出发,运抵北京交卸的漕粮计70余石,在当地收取的正耗米为100石,若是加上物流成本,如加征等等,当地百姓实际交纳的数字为109.8石。这仅仅是百石正耗米加9.8石而已。此后,100石有加征14石或18石者。若是如此,则运抵北京的漕粮70余石,当地百姓实际交纳的数字分别为114石或118石。[⑥] 其中的加耗再加加征,事实上就是漕粮运输的物流成本。若以70∶

① 万恭:《议复部臣经略江南河道疏》,《明经世文编》卷351,第5册,第3781页。

② 余继登撰,顾思点校:《典故纪闻》卷9,中华书局1981年版,第165页。

③ 李东阳:《怀麓堂集》,《杂记·南行稿》,清嘉庆八年茶陵李氏刻本。

④ 王宗沐:《乞广饷道以备不虞疏》,《明经世文编》卷343,第5册,第3687页。

⑤ 蒋一葵:《长安客话》卷7《关镇杂记·古榆关》,第148页。

⑥ 魏大中:《与姚镜初》,《明经世文编》卷497,第6册,第5503页。

109.8、70∶114、70∶118这三项数字加以折算，明末浙江嘉善县漕粮运抵北京的物流成本，已经分别约占所运物流漕粮的56.8%、62.8%、68.5%。如此高的物流成本，足见明代的漕粮运输属于不计成本的亏本运输。当然，这一高昂的物流成本，最后还是摊派到漕粮交纳地的百姓头上，并由他们实际负担。

即使如此，明代的水陆交通运输基本得到了很大的改善。除了海运、漕运之外，以陆路交通为例，即使自古被人喻为“难于上青天”的蜀道，其联结陕西、四川的栈道，在明代已是“联舆并马，足当通衢”。① 颇为发达的交通运输网络，已经为明朝人生活必需品的交易提供了广泛的便利。此外，明代区域性的产品交易亦相当兴盛，福建一省的地方特产，诸如福州之丝绸，漳州之纱绢，泉州之蓝靛，福州、延平之铁器，福州、漳州之橘子，福州、兴化之荔枝，泉州、漳州之糖，顺昌之纸张，每天通过分水岭与浦城之小关，“下吴越如流水”，②进入到江南民间的消费市场。

水路要道及其改变，显然还会影响到水路沿岸商业的兴衰，甚至牵涉到沿岸居民的经济利益。嘉靖年间，礼部尚书桂萼与大学士杨一清就通惠河开浚之事引发一场争论，其中就牵涉到水路要道与商业利益之间的关系。桂萼在上疏中，认为下诏开浚通惠河之举毫无益处，进而主张在正阳门外东偏开浚三里河，直抵张家湾，以使公私大船全可通行。而杨一清则认为，桂萼之论，看上去是好的，但实不可行。他的理由有下面两条：一条是以自己亲眼所见的事实为依据，认为开浚通惠河，并非仅仅限于专备泄水，而是可以带动沿河两岸商业经济的发展。成化十二年（1476），平江伯陈锐修浚通惠河，粮船直达庆丰闸下。京城士女从未见过粮船，纷纷携持酒具，相约往观，道途络绎不绝。随之而来者，则是给沿河两岸百姓带来巨大的商机，“都城内外人民，争先占地，搭盖铺面，以图贸易”。二是桂萼主张开浚三里河，直抵张家湾之说，在杨一清看来，显然背后有着张家湾、通州等处商民的经济利益。换言之，一旦开浚通惠河，因为水道的变动，张家湾、通州等地的店房买卖之利，以及车夫、脚夫的驼载之利，随之就会丧失。于是，他们就勾通势要，借助天象的偶变，鼓动其说，动摇国是，其目的就在于阻止开浚通惠河。③ 揆诸事实，确实如此。一旦漕运水道有所改变，通常就会导致旧的水道两岸商业经济的衰落。以徐州为例，原先城下为洪河，属于水路的孔道。自从泇

---

① 王士性：《广志绎》卷5《西南诸省》，第111页。

② 王世懋：《闽部疏》，收入《宝颜堂秘笈》，上海文明书局民国十一年石印本。

③ 杨一清：《密谕录》卷7《论开浚河道奏对》，载氏撰，唐景绅、谢玉杰点校：《杨一清集》，下册，中华书局2001年版，第1048—1049页。

河修成之后，军运、民运乃至行旅，不再取道徐州，其结果则是管理吕梁洪的主事，“高枕空垒，阒无一客可延接矣”。[①] 更可怕的是，则是导致“商贾散徙，井邑萧条，全不似一都会”。[②]

（五）中外交流

中外文化交流日趋频繁，同样在某种程度上影响了人们的生活质量。从明初开始，明朝廷通过朝贡羁縻的形式，维系着与周边四夷的正常交流。自明代中期以后直至明末，随耶稣会士进入中国而导致的西方文明的传入，更给明朝人的生活带来诸多的影响，丰富了当时人们的物质生活。

明代中外交流对生活质量的直接影响，主要体现在以下三个方面。

其一，明末通过译介的方式，使西学尤其是西方科技陆续传入中国，在一定程度上转化为生产力，进而改变明朝人的生活。明末传入中国的西学，种类繁多，其中最为著名的是天文历法，以及各类西洋天文仪器。西洋天文历法已被明末的有识之士李之藻称为“不徒论其度数而已，又能论其所以然之理”。至于西洋所制的“窥天窥日之器”，亦即各类天文仪器，更是被李之藻赞为“种种精绝”。[③] 不止如此，明末的士大夫开始关注并收藏西洋天文仪器。如崇祯年间，曾任华亭知县的地方官罗明祖，在给儿子的书信中云：“外寄回秘书一箱，并天文器皿，计星球壹架，星盘壹只，望远镜一只，此俱襄阳同经兵火所残留，该仔细珍藏，勿以亵玩也。”[④]这是对西洋天文仪器的收藏。又如正统的儒家学者吕留良，也开始刻意搜求西洋天文历法之书，他在给人的书信中，曾叮嘱朋友替他多方购求汤若望的《天文实用》一书。[⑤] 自万历年间开始，明朝廷就已经有了修历译书之议。自崇祯二年(1629)始，至崇祯七年止，历时5年，“广集众长，兼收西法”，最终编成《崇祯历书》，收书46种，计137卷。[⑥]

明末传入的西学之书，不仅仅限于天文历法。据李之藻的概述，除去天文历法之外，尚有“水法之书”，“机巧绝伦，用之灌田济运，可得大益”；有“算法之

---

① 沈德符：《万历野获编》卷12《河漕·吕梁洪》，上册，第329页。

② 沈德符：《万历野获编》卷12《河漕·徐州》，上册，第329页。

③ 李之藻：《请译西洋历法等书疏》，《明经世文编》卷483，第6册，第5322页。

④ 罗明祖：《罗纹山先生全集》卷5《与艰儿又》，江苏广陵古籍刻印社1997年版，第597—598页。

⑤ 吕留良：《吕晚村先生文集》卷4《与董方白书》，载氏撰，徐正点校：《吕留良诗文集》，上册，浙江古籍出版社2011年版，第90页。

⑥ 吕留良：《吕晚村先生文集》卷5《西法历志序》，《吕留良诗文集》，上册，第109页。

书”,“不用算珠,举笔便成”;有“测望之书”,“能测山岳、江河、远近、高深,及七政之大小、高下”;有“仪象之书”,“能极论天地之体,与其变化之理”;有“日轨之书”,“能立表于地,刻定二十四气之影线,能立表于墙面,随其三百六十向,皆能兼定节气”;有“万国图志之书”,“能载各国风俗、山川、险夷、远近”;有“医理之书”,“能论人身、形体、血脉之故,与其医治之方”;有“乐器之书”,“凡各钟、琴、笙、管,皆别有一种机巧”;有“格物穷理之书”,“备论物理、事理,用以开导初学”;有“几何原本之书”,“专究方圆、平直,以为制作工器本领”。①

上述各类科技之书,无不有资实用,有裨世用,显然已经影响到明朝人的生活。以自鸣钟为例,已被明人顾起元称为“器亦工甚”,②且部分改变了明朝人的时间观念,从刻漏之制转而变成更为精确的刻时之制。西洋水利之法的传入,尤其是《泰西水法》一书的刊刻,以及将泰西水法之制部分引入《农政全书》,不止如陈子龙所言,“有裨于农”,③而且更如曹于汴所论,泰西水法“无不可资为用,用力约而收效广”。④

其二,外来物种的引入与外来物质文明的传入,同样丰富了明朝人的物质生活。众所周知,自宋元以后以至明代末年,木棉、蕃瓜、玉米、红薯、落花生之类,已陆续传入中国,并在中国广泛种植,改变了明朝人的生活质量。玉米、红薯等高产旱地作物的传入,其功效不仅仅限于人们饮食生活结构的改变,而是因为其高产的特点,致使土地成本更为节约,并使剩余土地可以种植更多的经济作物。自古以来,中国人的衣服,均以丝、麻、葛、褐为原料。尽管自汉唐以后,历经宋元,木棉缓慢地进入中国,然种植并不广泛。一至明代,木棉的种植已是遍布天下,“地无南北皆宜之,人无贫富者皆赖之”。⑤ 尤其是松江府上海县,“地产木棉,行于浙西诸郡,纺绩成布,衣被天下。而民间赋税,公私之费,亦赖以济”。⑥至于红薯的传入,更是成为灾年时明朝人的救饥之物。红薯最大的特点,就是对土壤的要求不高,即使沙卤之地,也可以广泛种植,且不费更多的人工。红薯既可熟食,又可生食,甚至还可以酿酒。更为可贵的是,米贵薯贱,荒年之时,斗米

① 李之藻:《请译西洋历法等书疏》,《明经世文编》卷483,第6册,第5323页。

② 顾起元:《客座赘语》卷6《利玛窦》,第194页。

③ 陈子龙:《陈忠裕公全集》卷30《农政全书凡例》,载氏著,王英志辑校:《陈子龙全集》,中册,人民文学出版社2011年版,第911页。

④ 曹于汴撰,李蹊点校:《仰节堂集》卷2《泰西水法序》,上海古籍出版社2018年版,第38页。

⑤ 丘濬:《大学衍义补》卷22《制国用·贡赋之常》,明万历间刻本。

⑥ 叶梦珠:《阅世编》卷7《食货》4,第156页。

100余钱,而红薯1斤不值1钱,2斤可饱,对于百姓平安渡过荒年大有裨益。何乔远以自己的家乡福建泉州为例,赋诗论红薯的救饥之功:"向者吾乡饥,农人泣殍饔。斗米百余钱,疾耕不足供。"①

从国外传入的一些物种,一旦在中国广泛种植,无疑对当时人们的生活造成了相当直接的影响。俗谚有云:开门七件事,茶米油盐酱醋茶。然随着烟草的传入,传统百姓日常生活须臾不可离的"七件事",已经成为"八件事"。② 诸多史料记载显示,烟草又称"淡巴菰""金丝醺",万历末年由吕宋(今菲律宾)传入福建漳州一带。③ 崇祯初年,烟草的种植开始进入江南松江府上海县,有人采叶之后,将其阴干,再由专门的人进行加工,将它切成烟丝,由商人贩卖到别处。自烟草传入之后,明朝人开始吸食烟草,并将烟草称为"干酒"。④ 于是,在酒之外,烟草也就成为人们日常生活必不可少的新的麻醉品。

朝贡贸易的存在,使周边四夷的当地物产,通过贡物的形式而源源不断地传入中国,无疑丰富了明朝人的物质生活。以香药为例,自明初开始,随着朝贡贸易和民间走私贸易的相继兴盛,东南亚香药源源不断地输入中国。明代中叶以后,长期以来被社会上层独享的香药,开始逐渐在社会上普及开来,饮膳类书籍及日用类书中香药出现的频次已创历史新高,添加香药的食谱纷纷涌现,以胡椒为代表的香药,更是已经成为社会各阶层烹调食物、腌制果干、酿造美酒、制造香茶的重要调配物料,曾贵为奢侈品的香药俨然变成了大众生活的必需品。⑤ 以服饰面料为例,除棉布之外,明代尚有许多外来服饰面料的输入,诸如:普罗,产自西蕃;兜罗锦,产自南蕃、西蕃;西洋剪绒单,产自西番;西洋布,其白如雪,阔7—8尺,产自西洋;⑥羽缎、羽纱,以鸟羽织成,每匹价格高达6—7两银子,由西洋的荷兰上贡;⑦兜罗绒,产自琉球、日本诸国。⑧ 尤其是西洋布、羽缎、羽纱、兜

---

① 何乔远撰,陈节、张家庄点校:《镜山全集》卷7《食番薯》,上册,福建人民出版社2015年版,第230页;何乔远撰,陈节、张家庄点校:《镜山全集》卷27《蕃薯颂(有序)》,中册,第733页。

② 刘廷玑:《在园杂志》卷3,中华书局2005年版,第117页。

③ 姚旅:《露书》卷10,《错篇》下,福建人民出版社2008年版,第261页。按,关于姚旅《露书》对于研究明代社会经济史的价值,可参见邱仲麟:《姚旅露书中的明代社会经济史料》一文,载台北《明代研究通讯》2001年第4期,第21—46页。

④ 叶梦珠:《阅世编》卷7《种植》,第167页。

⑤ 相关的研究,参见涂丹、刁培俊:《东南亚香药与明代饮食风尚》,《古代文明》2016年第4期。

⑥ 曹昭:《新增格古要论》卷8《古锦论》,明万历间刻本。

⑦ 王士禛:《皇华纪闻》卷3《羽缎》,清咸丰元年刻本。

⑧ 田汝成:《西湖游览志余》卷23《委巷丛谈》,上海古籍出版社1998年版,第333页。

罗绒,更是成为当时人们纷纷追求的时尚面料。以酒为例,来自四夷朝贡之酒,如鞑靼别部安定、阿端二卫所产的乳酿酒,占城、渤泥的椰子酒,拂菻国、于阗的葡萄酒,不仅"味尤美",①而且丰富了明朝人餐桌上的酒品。

尤其是来自高丽的贡纸,以及来自日本、高丽的折扇,更是为明朝人所追捧。据明人董越《朝鲜赋》的记载,高丽所产之纸,虽以楮为原料,然因为捣炼甚工,以至于被人误称为茧纸。其所造的厚纸,有的以四幅为一张,有的以八幅为一张,通称为"油单",傅油可以御雨,连幅可以障风。② 高丽纸中,有一种贡笺,被明人称为天下第一。贡笺厚度超过五铢钱,白如截肪切玉,一张可以揭成两张,所以又称"镜面笺"。③ 明朝士人常用的折扇,又称"聚骨扇""折叠扇""聚头扇",北京人称之为"撒扇"。通常的说法,认为是在永乐年间,自外国入贡才出现。尤其是日本所用的乌木柄、泥金面的折扇,更是极其精丽,在明朝时成为贡物之一。而朝鲜所贡的折扇,远不如日本,而且价格仅仅是日本折扇的十分之一。④

在明代的日常生活用品中,有些则来自海外。福建海澄因为番舶贸易的兴盛,由此带来了诸如犀象、玳瑁、胡椒、苏木、沉檀一类的外来物品。这些外来物品,经过当时工匠的精心制作,进而成为影响明朝人生活的时尚用品,如将犀角制成酒杯,象牙制成梳子,玳瑁制成梳子或酒杯,沉香制成佛身、玩具。⑤ 更为值得关注的是,因为外来物品的传入,最终导致明代的工匠逐渐掌握很多外来的工艺,且随之大量仿制,成为明朝人日常生活的必需品,进而提高人们的生活质量。在明代以前,中国人掌握了戗金、贴金、剔红的技术,而且也有硬屏风的制作与使用,但只有到了明代,人们才逐渐掌握了泥金、描金、洒金、缥霞、彩漆等工艺,并将其应用于器具的制作上,甚至知晓了软屏风的制作技艺。所有这些技艺,均传自日本。⑥ 在明末时,西洋的眼镜已经传入中国。西洋眼镜以玻璃为质,象皮为干,在当时还是属于一种奢侈品,每副值银 4—5 两,只有那些"大有力者"才能

① 顾起元:《客座赘语》卷 9《酒》,中华书局 1997 年版,第 305 页。

② 邓士龙辑,许大龄、王天有主点校:《国朝典故》卷 89,引董越《朝鲜赋》,下册,第 1855 页。

③ 沈德符:《万历野获编》卷 26《玩具 · 高丽贡纸》,下册,第 660 页。

④ 沈德符:《万历野获编》卷 26《玩具 · 折扇》,下册,第 663 页。

⑤ 何乔远编撰:《闽书》卷 38《风俗志》,第 1 册,第 946—947 页。

⑥ 描金、洒金,均属于浙江宁波人与日本通商,从日本人那里学得,即使那些"倭扇",宁波人也能仿造。宣德年间,派遣使者到日本,从日本学得泥金、彩漆、缥霞等工艺方法。至于软屏,古称"步障",明代又称"围屏"。弘治年间,日本贡使入贡此物,后来杭州人也能仿造。相关的记载,参见郎瑛:《七修类稿》卷 45《事物类 · 倭国物》,上海书店出版社 2001 年版,第 476 页。

享用。但自清代顺治以后,苏州、杭州人开始大量仿制,遍地贩卖,人人可得,每副价格已跌至银子2—3分一副。① 自利玛窦等耶稣会士将自鸣钟带入中国以后,海澄人与上海人均开始仿造,②使自鸣钟也逐渐进入到人们的日常生活之中。掌握了这些工艺之后,随后也就出现了大量的仿制品,而这些靠仿制技艺制成的器物,更是慢慢进入一些士大夫的日常生活之中,甚至流入平常百姓家庭。

随着明朝人生活的日趋艺术化,绘画作品与观赏鸟类逐渐进入到人们的日常生活之中。事实上,明代很多绘画作品与观赏鸟类,同样得益于外来的贡物。随耶稣会士传入的西洋油画,欧罗巴人绘画作品中特有的"凹凸之法",一时令人耳目一新。更有意思的是,这种西洋绘画技法,甚至不得不让明朝人去追溯其源头,有人天真地将此技法上溯到建康年间一乘寺门上张僧繇手绘的凹凸花,并且将其断为"天竺遗法"。③ 其中所论正确与否,姑且不论,但至少说明西洋画的技法已经引起当时士人的兴趣。纵欲主义思潮在明代的泛滥,使肉欲化的春画风行一时。风气所及,日本春画也成为人们追求的时尚品。明代流行的春画作品,以唐伯虎、仇英两家为佳,其后造作纷然。而日本春画的传入,显然满足了当时人们的好奇心。日本春画的风格,与唐、仇两家不同,但日本扇面春画,在明人看来更是比唐、仇两家为佳。如谢肇淛曾从番舶中购得日本"春意便面一折,其衣冠制度甚为殊诡,设色亦不类中国也"。④ 明人沈德符也曾收藏一个日本春画扇面,扇面上状写"两人野合,有奋刃驰往,又一挽臂阻之,情状如生"。⑤ 又如明朝人笼养的观赏之鸟,很多也是来自外来的宠物。据顾起元的记载,南京人日常生活中的笼养之鸟,外来的品种有:红鹦鹉,是有人从福建晋江的暹罗海舶中携归,此鸟"形如常畜绿鹦鹉而差大,金目,嘴距皆淡红色,羽毛殷赤如腥血,警慧动人";黄鹦哥,也是得自"番人舶中";大晨鸡,为万历四十年(1612)小人国入贡。⑥

其三,就生活质量而言,中外交流不止是丰富了明朝人的物质生活,而且在精神层面影响了明朝人的生活。明末天主教的传入,虽一度引发了儒耶之争,但

① 叶梦珠:《阅世编》卷7《食货》6,第163页。

② 姚旅:《露书》卷9《风篇》下,第215页。相关的阐述,可参见前引邱仲麟文,第26页,注39。

③ 顾起元:《客座赘语》卷5《凹凸画》,第153页。

④ 谢肇淛:《五杂组》卷7《人部》3,第139页。

⑤ 沈德符:《万历野获编》卷26《玩具·春画》,下册,第659页。

⑥ 顾起元:《客座赘语》卷1《禽鱼》,第19—20页。

确实吸引了部分士大夫与民众对天主教的皈依，进而在儒、佛、道三教之外，再加上天主教，而后形成“四教”并列之势。①

众所周知，儒家所倡导的人人所固有的东西，就是“本心”“本性”“大道”，认为这些是与人的身体与生俱来的东西，所以圣贤无不于此尽心性。假若用这种大道觉醒万民，就会百姓安而君王治。在这种观念的指导下，传统的等级制度随之得以建立。君王富有四海，不以为多，兆民之众，不以为盛，这是身为君王应该得到的，也是他们“分所固有也”。与此同时，匹夫之穷，一箪食，一瓢饮，尽管人居陋巷，但还是不改其乐，终不外慕，显然也是“自安其分”。传统的儒家观念认为，假如人能各安其分，就可以上下和睦，甚至四海晏然，天下太平。可见，传统中国儒家所倡导的是一种“知足”精神。即使到了明代，思想相对比较开放的吕坤，也同样认同“知足”，认为“万物安于知足，死于无厌”。他的这番理论也有自己的依据，这就是“造物有涯，而人情无涯，以有涯足无涯，势必争。故人人知足，则天下有余。造物有定，而人心无定，以无定撼有定，势必败，故人人安分，则天下无事。”②

天主教传入之后，教义中所蕴含的“不知足”精神，显然与中国传统文化形成对立。如耶稣会士著作《天主实义》第三篇内，就有言：“谁有安本分而不求外者，虽与之四海之广，兆民之众，不止足也。”如此之说，无疑对中国传统的等级制度提出了挑战，并最终导致“悖常逆伦，致君为愚，使臣不忠，而上下不和”。③随之而来者，则是“不知足”观念向明人生活的渗透，亦即从安贫乐道的快乐生活观，转而变为对物质利益孜孜追求的世俗化生活观。

天主教的传入，同样对传统的儒家伦理形成挑战，尤其是在君臣、夫妇、朋友三者的关系中，其冲突则更显突出。传教士所带给中国人的西方社会伦理思想，应该说给当时的明朝人带来了全新的东西。传教士明确告诉明朝人，在西方诸国，君臣之间，“皆以友道处之”，而且君主之位的继承，一般也是“传贤而不传子”。④ 传教士又告诉明朝人，西方国家的夫妇关系，并不如中国“夫为妻纲”，

---

① 如明人张道濬云：“昔之为教者三，今而四矣。吾儒而外，有佛与老焉，加之天主之日炽也。同原分流，详其要归，各有至极。”参见张道濬：《奚囊剩艸》卷1《复古道林序》，载氏著，田同旭等点校：《张司隶初集》七编，上海古籍出版社2018年版，第290页。

② 吕坤：《呻吟语》卷2《修身类》，第232页；卷4《世运》，上海古籍出版社2001年版，第495页。

③ 释费隐：《原道辟邪说·揭邪见不循本分以三魂惑世》，载钟始声：《辟邪集》卷下，明崇祯十六年刻本。

④ 许大受：《圣朝佐辟自叙》，载徐昌治：《圣朝破邪集》卷4，明崇祯十二年刻本。

而是"夫亦以妇为主"。假若做妻子的死后,丈夫也应该称"未亡人"。即使没有儿子,如果娶妾,更会不齿于人类。传教士要求信教的中国信徒,一旦从教以后,即使是帝王之贵,也只许一夫一妇。① 至于朋友相交之道,传教士的说法,诸如朋友应以诚相待,反对"以诈待友",②固然也有与儒家伦理有若合符节之处,但西方伦理观念中,对朋友彝伦的重视,显然对传统的君臣、兄弟二伦关系的转变,产生至为深远的影响。

二、生产关系要素

毫无疑问,生产力的提升对生活质量形成了诸多的正面影响,而生产关系对生活质量的影响,则是正面与负面并存。一代制度的形成及其相关的政策设计,若是以重农抑商为本,固然可以一时造成与民休养生息的效果,但终究难以突破自给自足小农经济的模式,进而阻碍经济的长足发展,制约生活质量的提升。国富与民富,国计与民生,两者之间一直形成为一种矛盾冲突的关系,如何在两者之间达成一种最佳的平衡关系,显然也是衡量生活质量的一个重要因素。吏治与民生休戚,关系尤为密切,清官、能臣可以改良民生,造福一方,而贪官污吏则会给民生带来极大的伤害。赋役负担的轻重,更会给民生带来最为直接的影响。当轻徭薄赋之时,百姓自然享受安居乐业的生活;反之,当横征暴敛之时,百姓负担加重,生活质量必会下降,甚至流离失所。由此可见,一代生活质量的提升,通常在于突破固有的生产关系,形成一种与生产力发展同步的新型生产关系。

(一)制度与政策设计

明太祖朱元璋立国之后,在制度与政策设计上,显然已经确立了一种农桑立国的政策,进而形成一种以农桑为本的小农经济制度模式。明初确立的以农桑为本、衣食自足的小农经济模式,事实上存在于观念、制度、政策的各个层面。

农桑经济模式的最大特点,就是重视农桑与土地,将农桑视为"天下之本",把土地视为"民食之源"。③ 洪武年间,明太祖曾经下令,凡是农民有田5亩至

① 许大受:《圣朝佐辟自叙》,载徐昌治《圣朝破邪集》卷4。

② 如利玛窦曰:"以诈待友,初若可以笼人,久而诈露,反为友怨薄矣。以诚待友,初唯自尽其心,久而诚孚,益为友敬服矣。"参见席启图辑:《畜德录》卷11《处世》,上海扫叶山房石印本。

③ 林俊:《传奉敕谕查勘畿内田地疏》,《明经世文编》卷88,第1册,第790页。

10 亩者,必须栽种桑、麻或木棉各半亩;若是 10 亩以上,则栽种桑、麻、木棉各 1 亩;田多者,以此为差等。地方官员对农民有督劝之责,若是农民懒惰,不执行此令者,则有罚。若是农民不种桑,则必须出绢 1 匹;不种麻或木棉,则必须出麻布、绵布各 1 匹。这一重视农桑政策的制定及其实施,其目的在于使百姓足于衣食,且安于畎亩。① 与此相应者,则是明代各朝皇帝通过躬祀先农、亲行籍田等礼制形式,进而将民惟邦本、本固邦宁这一理念贯穿于政策措施之中,最终通过重农以达臻民食有赖的理想世界。

明太祖确立且为历朝帝王所遵守的重农之训,通过诸多不同的方式加以体现,诸如:崇节俭,以此作为裕财之本;薄税敛,以此作为足食之原;禁游惰,则为之者众;省力役,则不夺其时;正经界,不为外戚之所占;均田里,不为豪户之所侵;贵五谷,贱金玉,务农桑,益种树。如此众多的措施,其最终的目的还是在于使劝农之政普遍实行于天下。② 不可否认的是,明初重视农桑的政策,岁久政弛。至宣德以后,历经成化、弘治,一直到正德、嘉靖年间,朝廷通常采用一种添设官员的方法,如布政司添设参政、府添设同知、州添设判官、县添设县丞等,专门治理农桑、水利等事务。③

明代农桑社会的建构,显然有着完整的配套措施。细言之,大抵如下:一是通过"宣谕"制度的实施,最终使百姓明晓"民生在勤,勤则不匮"的道理。所谓"宣谕"制度,就是每年的正月初一,文书房向皇帝请旨,下传宣谕一道,顺天府尹率领宛平、大兴二县的知县自会极门领出圣谕,顺天府的一名首领官手捧圣谕,至承天门桥南,召集两县的耆老,当面宣讲圣谕。每月一行,著为令。圣谕之言,随时变易。只有正月、十二月,因为农事未兴,所以没有宣谕。④ 所有宣谕,旨在将重农之意,通过向畿内百姓宣讲这种形式,而后传播于天下。二是通过地方官奏报雨泽,借此表明朝廷关注民生休戚。明初洪武年间,明太祖下令,天下地方官每月奏报雨泽。这一制度,历代相承,成为一代成宪。让地方官奏报雨泽的目的,显然是为了明确了解地方的水旱灾害,岁之丰俭,民之休戚,而后实施恤民之政。这种地方上奏报雨泽的章疏,通常会通过通政司衙门而后上达御前。⑤

① 余继登撰,顾思点校:《典故纪闻》卷 1,第 7 页。

② 屠勋:《厘正祀典疏》,《明经世文编》卷 89,第 1 册,第 804 页。

③ 申时行等修:《明会典》卷 17《户部》4《农桑》,第 116—117 页。

④ 沈榜:《宛署杂记》卷 1《宣谕》,第 1—7 页。

⑤ 余继登撰,顾思点校:《典故纪闻》卷 8,第 141 页;余继登撰,顾思点校:《典故纪闻》卷 9,第 157 页。

三是这种农桑社会模式的确立,其配套的国家行政乃至财政模式,则正如明太祖所言,必须“爱养生民”,“今日之计,当定赋以节用,则民力可以不困;崇本祛末,则国计可以恒纾。”①就前者而言,就是皇帝以身作则,过一种俭朴的生活,杜绝奢侈。正如明太祖所言:“夫上能崇节俭,则下无奢靡。吾尝谓珠玉非宝,节俭是宝。”②为此,洪武九年(1376)二月,明太祖下谕工部,要求所作宫殿,“但欲朴素坚固,不事华饰,不筑苑囿,不建台榭”。③ 就后者而言,就是对市民加以打压,以维系农桑社会的根本。如洪武二十年十月,明太祖下令兵部,浙江杭州、湖州、严州、金华、绍兴、宁波及直隶徽州等府的富实市民,编成专门的户籍,让他们自己买马,充当凤阳、宿州及河南郑州的驿马户。④

令人吊诡的是,若是以生产与消费为考察的视角,自明代中期以后,明初确立的农桑社会,开始有了向商业社会转变的势头。这主要体现在以下两个方面:一是宣谕制度流于形式。从史料记载不难发现,原本维系农桑社会的宣谕制度,到了嘉靖、隆庆年间,因为“畿民困敝”的原因,百姓不再及时前来听讲宣谕,于是只好雇佣市井无赖,充当下面的听众,这在当时的北京话中称为“倒包”。既然里长与闾阎百姓不再真正参与宣谕,那么也就失去了朝廷重农的“德意”,宣谕更是流于形式。⑤ 二是从勤俭转向奢靡,从偏于生产的节俭型社会,转向偏于享受的消费型社会。随之而来者,即使是生产,也不再局限于农桑之类的小农生产,而是将资金、劳力更多地投入珍果奇花、蓝蓼卉草此类经济作物的种植,乃至薪炭、煤窑的生产与开采,以求得“倍蓰”之利。⑥

(二) 国富与民富关系

国富民殷,善良自众;民穷财尽,奸宄易生。天下大势,往往如此,且为历史的经验所一再证实。正是在这一认知的基础上,明人焦竑才将“圣王之民不馁,治平之世无盗”一说,视为一种“笃论”。⑦ 毫无疑问,国富民殷是一种理想的生活状态,但如何认知一代生活质量?从观念形态来看,显然牵涉到国富与民富或

---

① 余继登撰,顾思点校:《典故纪闻》卷1,第8页。
② 余继登撰,顾思点校:《典故纪闻》卷1,第9页。
③ 黄光昇:《昭代典则》卷8,第189页。
④ 黄光昇:《昭代典则》卷10,第259页。
⑤ 沈榜:《宛署杂记》卷1《宣谕》,第1页。
⑥ 沈榜:《宛署杂记》卷1《宣谕》,第8页。
⑦ 焦竑:《备荒弭盗议》,《明经世文编》卷456,第6册,第5002页。

国计与民生两者之间的关系问题。如何处理这两者带有矛盾性的关系？从皇帝到官员士大夫，明朝人大多有自己的理性阐释，其最终追求的目标则是达臻“足国裕民”的理想境界。

其一，国富与民富之间的关系，无疑存在着一个何者为先、何者为后的关系问题。明代以儒立国，自然把关注民生放在首位。明太祖朱元璋在朝罢之时，曾与侍臣讨论过民间之事，尤其是“裕民”之道。他说：“大抵百姓足而后国富，百姓逸而后国安，未有民困穷而国富安者。”①可见，在先后关系问题上，明太祖朱元璋将“百姓足”置于“国富”之先。张四维从儒家的立论入手，结合自古以来的历史经验，再次证实所谓“王道”的理想境界，理应是“王者富民”与“修礼富民”。换言之，君王应该“殖民之生”，而不是“役民以自利”。② 显然，张四维之论，同样将民富置于国富之先。在“公家”与“私家”，以及“国储”与“闾阎”的关系问题上，明人张瀚则认为，与其“取盈于官”，不若“藏富于民”。那么，如何藏富于民？张瀚的建议并非是损上益下、害国利民，而是主张开垦荒芜、闲旷之地，以此作为“生人养命之场”，解决百姓的生计。③ 这显然是在藏富于民的立论基础上，又理性地顾及并解决国富问题。但在明代的士人群体中，面对国势衰微的情势，同样会优先考虑强兵富国问题。如赵士桢就最为看重火器这种“神器”，借此以达到强兵的目的。他说：“惟得器可致兵强，兵强斯望国富，国富庶百姓得获休息。”④可见，赵士桢观点的逻辑层次，依次为：兵强→国富→百姓休息。尽管将兵强、国富置于民富之先，但最终还是想通过兵强而达到“中外民力少苏”的目的。⑤

其二，国计与民生之间的关系，实则是国富与民富关系的翻版。在论述两者之间的关系前，有一个观点无疑值得重视，即《尚书》所称的“民为邦本，本固邦宁”。这是明代士大夫理论的依据，足见民生在两者关系中的重要性。如陆树声即在此说的基础上，得出“未有民生不遂而可以称善治者”的结论。在他看来，当“生齿庶繁，民力凋耗”之时，经国大计，“自然之数，不在民则宜在官”。⑥

---

① 余继登撰，顾思点校：《典故纪闻》卷 5，第 97 页。

② 张四维：《条麓堂集》卷 9《王者富民论》，载氏著，张志江点校：《张四维集》，上册，上海古籍出版社 2018 年版，第 217—219 页。

③ 张瀚：《松窗梦语》卷 4《三农纪》，第 73 页。

④ 赵士桢撰，赵克骄点校：《神器谱》卷 1《防虏车铳议》，上海社会科学院出版社 2006 年版，第 396 页。

⑤ 赵士桢撰，赵克骄点校：《神器谱》卷 1《万历二十六年恭进神器疏》，第 377 页。

⑥ 陆树声：《敬献愚忠以备采择疏》，《明经世文编》卷 291，第 4 册，第 3069 页。

换言之,应该减少的是官家所取,而不是刻剥百姓。正如吴甡所言,“民以食为天,一岁不稔则凶,一日不食则饥”。[①] 为此,叶春及从“饥则曰食,寒则曰衣”这样的常言出发,断言解决百姓的衣食问题最为重要。在裕民之上,而后才是足国。至于如何足国,叶春及认为不出省费冗、务撙节。[②] 儒家王道主义下的所谓“保厘之政”,实则不脱明人徐元太所谓的“爱养民生”,以及“咨询民瘼”。[③] 这又牵涉到天意与人情的关系问题。明人冯琦云:“窃闻帝天之命,主于民心。民安,则天示祯祥;民不安,则天示谴告。欲承天意,当顺人情。”[④]进而言之,在裕国的同时,决不可“病民”。为此,冯琦特别强调,天下之财,理应“散诸天下”。[⑤] 可见,冯琦还是主张藏富于民。

张居正同样以此立论,认为唯有百姓安乐,家给人足,才能做到“虽有外患,而邦本深固,自可无虞”;反之,若是百姓愁苦思乱,民不聊生,必然导致“夷狄、盗贼,因之而起”。面对因边费浩繁而导致国用不足,内帑空乏,甚至各省库藏空虚,民穷财尽,张居正认为正确的理财之道,还是应该着眼于“节俭省用,与民休息”。作为一国之君,更应以敦尚俭素作为天下的表率,轸念民穷,加惠邦本,停免一切不急的工程与无益的征敛。此外,则需要扫除一切耗财病民的弊端,包括“外之豪强兼并,赋役不均,花分诡寄,恃顽不纳田粮,偏累小民”;“内之官府造作,侵欺冒破,奸徒罔利,有名无实,各衙门在官钱粮,漫无稽查,假公济私,官吏滋弊”。针对张居正此说,《明经世文编》的编者有评语云:“积储在民间为上,在郡国为中,在京邑为无策,况并京邑空虚耶?”[⑥]细绎其意,显然也颇为认同张居正之说,且倡导藏富于民。揆诸张居正的财政思想,显然以“足国裕民”为主旨,而其具体实施的方法,则包括以下两条:一是“裕民”的措施,就是让地方官员“约己省事”,减少“无名之征求”,或者一扫地方势豪大户的“侵欺积猾”,来达到裕民的目的;二是“足国”的措施,即通过实行考成法,解决地方上长期存在

---

① 吴甡著,秦晖点校:《柴庵疏集》卷8《直陈久旱情状自劾不职疏》,浙江古籍出版社1989年版,第156页。

② 叶春及:《省费冗》,《明经世文编》卷366,第5册,第3959页。

③ 徐元太:《请蠲疲民粮赋疏》,《明经世文编》卷390,第5册,第4216页。

④ 冯琦:《为灾异叠见时事可虞恳乞圣明谨天戒悯人穷以保万世治安疏》,《明经世文编》卷440,第6册,第4814页。

⑤ 冯琦:《为灾异叠见时事可虞恳乞圣明谨天戒悯人穷以保万世治安疏》,《明经世文编》卷440,第6册,第4814—4815页。

⑥ 张居正:《陈六事疏》,《明经世文编》卷324,第4册,第3454—3455页。

的逋赋问题。①

张居正所倡导的足国足民之法，尤其是所行的考成法，显然在当时引发了一场争论。当时有人认为，若是“吹求太急，民且逃亡为乱”。而张居正则相信自己所行，是为了“救贿政之弊”，更是针砭“姑息之政”。他的理由如下：“上损则下益，私门闭则公室强，故惩贪吏者，所以足民也。理逋负者，所以足国也。”②张居正的自辩之论，同样得到了《明经世文编》编者的附和，于是对此有评语云：“世称江陵苛察，然皆严于吏而宽于民也。”③此说堪称出于内心公允的不刊之论。

帝王、士大夫的理想世界是“足国裕民”的王道至治。揆诸明代的历史实际，则并非尽然。一方面，因为内帑空乏的原因，富有四海的帝王弃“藏富于民”于不顾，开始与百姓争利，甚至遍设皇庄、皇店、皇盐。一如史料所言：“今奸佞之徒，假之以侵夺民田，则名其庄曰皇庄；假之以罔求市利，则名其店曰皇店；又其甚者，假以阻坏盐法，则以所贩之盐名为皇盐。”④另一方面，明代自建都北京之后，财赋必须取诸东南。自明代中期以后，“出日浮，入日缩，用不足，而朝夕营计，务在取盈，卒以告困。盖愈乏愈急，愈急愈乏，势所必至，无足异也”。其结果甚至竭泽而渔，导致东南地区“民贫甚矣”，国计民生交绌。⑤

一至崇祯十五年（1642），内忧外患并起，更是民穷财尽，以致天变不断。为此，崇祯帝在召对大臣时，曾问大学士蒋德璟：“天变如何消弭？”蒋德璟的回奏颇有意思，认为“天意只在百姓身上”，“救得百姓一分，即消得天变一分”。⑥ 换言之，民生是国计的根本，民富方可国足。一旦过分刻剥百姓，其结果只能是国计与民生交绌。

（三）吏治与民生休戚

吏治好坏，直接关乎民生休戚。尤其是府、州、县地方官，在明代属于“亲民官”，民间百姓称之为“父母官”，他们的行为与举措，更是会影响到地方百姓的

---

① 张居正：《请择有司蠲逋赋以安民生疏》，《明经世文编》卷 325，第 4 册，第 3468—3469 页。

② 张居正：《答应天巡抚宋阳山论均粮足民》，《明经世文编》卷 327，第 4 册，第 3497—3498 页。

③ 张居正：《请择有司蠲逋赋以安民生疏》，《明经世文编》卷 325，第 4 册，第 3468 页。

④ 林俊：《传奉敕谕查勘畿内田地疏》，《明经世文编》卷 88，第 1 册，第 793 页。

⑤ 张栋：《国计民生交绌敬伸末议以仰裨万一疏》，《明经世文编》卷 438，第 6 册，第 4793 页。

⑥ 蒋德璟著，粘良图点校：《悫书》卷 4《中极殿召对枚卜诸臣》，商务印书馆 2018 年版，第 35 页。

生活质量。这无疑已为明代士大夫的说法所证实，于是相关讨论守令与民生休戚之说，大多归趋一致。如萧彦云："臣惟生民之休戚在守令，守令所以寄民命者也。"①张璁云："守令，亲民者也。守令得人，斯匹夫匹妇莫不被其泽矣。不然，则上下交征，掊克在位，皇上虽有忧民之心，而泽民之政率为遏绝，如之何其可也！"②

有鉴于此，明代的帝王与士大夫，无不对吏治与民生之关系有着清醒的认识。在明代，官员赴任之前，必须前往吏部领取明太祖朱元璋御制的《到任须知》，以便及时了解"入官之法"。从《到任须知》的目录来看，其中所定大抵为官员的职掌，共计31项。③ 此外，官员上任，明代的皇帝通常会赐予一道敕谕，既规定了官员的职掌，又谆谆告诫官员必须致治安民，做一个于国于民有利的贤能之官。如明太祖在给布政司、按察司、府州县这些衙门的地方官员的敕谕中，痛斥有些官员的"虐民"行径，举凡"公事不谋，体统不行，终日听信小人浸润，谋取赃私，酷害下民"，并责令他们改过自新。④ 明成祖深信"国之本在民，民无食，是伤其本"的道理，所以嗣位以后，夙夜以"安养生民为心"。鉴于河南有些府、州、县官员遇到旱涝灾害时，"匿不以闻"，明成祖专门颁发榜文，晓谕各地地方官，规定"自今民间水旱灾伤不以闻者，必罪不宥"。⑤ 明孝宗鉴于府、州、县这些地方亲民官多不得人，百姓难"被其恩泽"，于是专门召见都御史戴珊与尚书刘大夏，要求他们根据官员的贤否加以黜陟，使"官得其人，人受其福"。⑥ 嘉靖年间，明世宗在颁发给地方守令的制敕中，对守令官的职掌乃至重要性重加论定。如有制敕云："国家重守令，以重民也。令之贤否，系民之休戚，匪得其人，贻上之忧。"⑦即使是"亡国之君"崇祯帝，在崇祯八年（1635）正月的上谕中，也明确强调"致治安民，全在守令"。⑧

明代士大夫对吏治与民生之间的关系同样洞若观火。如顾鼎臣认为，"为

① 萧彦：《竭愚忠陈三议以备圣明采择疏》，《明经世文编》卷407，第5册，第4419页。

② 张璁撰，张宪文校注：《张璁集·奏疏》卷3《应制陈言》，上海社会科学院出版社2003年版，第69页。

③ 申时行等修：《明会典》卷9《吏部》8《关给须知》，第53页。

④ 霍韬：《论内外官铨转资格疏》，《明经世文编》卷188，第3册，第1937页。

⑤ 余继登撰，顾思点校：《典故纪闻》卷7，第123页。

⑥ 陈洪谟：《治世余闻》上篇卷4，中华书局1985年版，第33—34页。

⑦ 顾鼎臣：《顾文康公文草》卷首《苏州府昆山县知县王朝用》，载氏著，蔡彬点校：《顾鼎臣集》，上海古籍出版社2013年版，第38页。

⑧ 计六奇：《明季北略》卷11《各举所知》，中华书局1984年版，第167页。

守令者，食君之禄，居人之上，自宜顾念职守，承宣德意，为百姓分忧”。事实却并非如此，明代的府州县官员，“乃日务送迎奔走，取办簿书，谀媚上官，以求荐举、图升迁而已。其于吏弊民隐，恬不经意。明于此必暗于彼，故虽抗违圣旨，负莫大之罪，有不暇恤矣”。[①] 费宏也坚称郡守为“吏治之本”，“本之治乱而末必从之，其所系不为不重也”。事实却是不才的地方官居多，“饿豺之贪，乳虎跱酷，鱼肉其民弗爱焉”，以致遭到百姓的仇视。[②] 唐顺之明确认为，地方风俗的趋向，通常是由地方官员的行为所决定的。“民”与“吏”的关系，就好像将金、铁置于炉子中冶炼，“惟其所铸”，亦即由地方官所形塑。唐顺之说出这番话，显然是受到了当地老人的启示。譬如往时的地方官员，大多为“长者”，善于“拊循其民”。其后，地方官员看到百姓饶给，就开始蠢蠢欲动，“多张网侵渔之”，其结果则导致“民生日以殚蹙，而奸伪萌起”。[③] 万历年间，张五典有云：“照得吏治污隆，风俗善败，皆民生休戚所关，而地方安危所系也。”[④]张铨云：“吏治之污隆，民生之休戚系焉。”[⑤]吕坤更是认为吏治当以“民生”为重，民生当以积贮为急。[⑥] 崇祯年间，刘宗周云：“吏治之关于生民休戚，自古而然矣。”[⑦]明末清初，龚鼎孳亦云：“夫天下者，郡国之积也，监司守令无纰政则百姓安，百姓安则元气固而朝廷尊。”[⑧]诸如此类的说法，无不道出了吏治隆污与民生休戚的关系。

毫无疑问，清官、循吏、能臣通常以兴利除害的施政实践，借此改善地方民生。这已为历代的吏治经验乃至明代政治史所证实。如周忱巡抚南直隶时，就

① 顾鼎臣：《顾文康公文草》卷2《恳乞天恩饬典宪拯民命以振举军国大计疏》，《顾鼎臣集》，第58—59页。

② 费宏撰，吴长庚、费正忠校点：《费宏集》卷8《杨公遗爱祠记》，上海古籍出版社2007年版，第249—250页。

③ 唐顺之著，常州市唐荆川研究会编：《唐荆川诗文集》卷11《赠宜兴尹林君序》，凤凰出版社2012年版，第304—305页。

④ 张五典撰，田同旭等点校：《大司马张海虹先生文集》卷11《率属谕民檄》，上海古籍出版社2018年版，第113页。

⑤ 张铨撰，田同旭等点校：《张忠烈公存集》卷9《直陈救时要务疏》，上海古籍出版社2018年版，第42页。

⑥ 吕坤：《答毕东郊按台》，《明经世文编》卷416，第4517页。

⑦ 刘宗周：《文编》1《奏疏》4《敬循职掌条列风纪之要以佐圣治疏》，载吴光主编：《刘宗周全集》，第3册，浙江古籍出版社2007年版，第188页。

⑧ 龚鼎孳：《定山堂文集》卷1《王铁山司马奏议小序》，载氏著，孙克强、裴喆编辑校点：《龚鼎孳全集》，第3册，人民文学出版社2014年版，第1551页。

有功于江南民生。清初人尤侗有诗加以歌颂。① 细绎诗旨,周忱之功,主要在于通过减轻赋税、赈济、兴修水利等措施,借此改善江南地方民生。苏州府通判邵福,在苏州任上三年,为民兴修水利。离任之时,百姓多方挽留,当地士大夫王鏊还赋诗加以赞颂。② 嘉靖十年(1531),张明道出任苏州府吴江县知县,"爱民若子,守官如水"。在任期间,为民除害,诸如:坚拒督粮佥事的"需索",即使遭到佥事的怒骂,也决不退让;催督乡宦完纳钱粮,若是迟纳,甚至敢于绑缚乡宦的"掌家";痛责中贵私人的"欲恣厚索",防止他们对县中"诸富家"的骚扰。其政绩即使时过70余年,还被当地百姓所思慕,甚至被立专祠祭祀。③

能吏、清吏、循吏,虽各自关心民瘼,但其间也稍有区别:所谓能吏,其实就是才吏。才吏,"其上必能当机应变,次则理繁治剧,沛然有余者"。④ 可见,能吏是凭借自己的才能而有益于地方民生,即使个别能吏在个人品行上或许尚有一些瑕疵。所谓循吏,"其上有善政、善教,次则奉法循理,不失尺寸者"。⑤ 所谓清吏,"其上有廉顽起懦,次则厘冗祛费,不取非其有者"。⑥ 诸如"善政""善教""奉法循理""厘冗祛费""不取其非有",除却个人品行之善之外,更是有益于地方民生。当然,清官属于廉静无求之人,他们的个人品行自然可嘉可重,但清官有时并非能吏,往往缺乏胆略、才智,所以当遇到大歉之时,也只是徒具清介之品而已,反而无补于救助地方百姓的"荒政"。如万历十六年(1588),湖州府"荒甚",当时有一位品行清介的知府,作出了两个决断:一是下令让穷民到富人家食粥,导致"百十成群,几致大乱";二是下令家里藏米之家,只许卖1两银子1石,结果造成"米愈不出,价日益高,毕竟到一两六钱一石才住"。⑦ 即使如此,清官以其良好的清操品格,善治的循政,深得地方百姓的喜爱,离任时自然"吏民走送,哭泣不绝"。尽管有时他们也会自嘲一生做官,"囊中不着一钱",到头来"只落得百姓几眼泪耳",⑧但相较于贪官污吏而言,终究还有云泥之别。

---

① 尤侗:《江南赋》,载周忱撰,吴志远注译:《双崖文集辑录与译注》附录,人民出版社2018年版,第395页。

② 王鏊:《震泽先生集》卷1《相城谣》,载氏著,吴建华点校:《王鏊集》,上海古籍出版社2013年版,第14页。

③ 李乐:《见闻杂记》卷8,上海古籍出版社1986年版,第674—675页。

④ 冯琦:《铨部议禁浮费》,《明经世文编》卷441,第6册,第4839页。

⑤ 冯琦:《铨部议禁浮费》,《明经世文编》卷441,第6册,第4839页。

⑥ 冯琦:《铨部议禁浮费》,《明经世文编》卷441,第6册,第4839页。

⑦ 李乐:《见闻杂记》卷2,第213—214页。

⑧ 于慎行:《谷山笔麈》卷5《臣品》,第55页。

有一点大致可以肯定，即作为亲民官的府、州、县官员，若是得人，则百姓可以得到福泽；反之，不得其人，则百姓受害无穷。从明代中期以后的政治实践来看，显然最为缺少的则是认真做事之官。照理说来，只要做一天官，就必须为国家做一日事，为生民造一日福。但事实并非如此。在晚明的官场，“多坐不真之病”，很少能有认真做事之人。① 尤其是地方府、州、县官员，亦即所谓的“守令”，中间固然不乏履行洁白、才识优长之人，但就其整体而言，已是“爱民者少，而殃民者多”。② 至于他们的“殃民”“贪黩害政”的种种行为，正如史料所揭示：“有巧饰诈伪以邀名誉者；有懵然不知民情，委法令于胥吏者；有暗懦不能制豪猾，使良善无所区别者；有严峻刑罚，视人民如草芥者。”③

地方吏治的集体性坍塌，显然导源于抚按官员廉访的失职及其流于形式。抚按官举劾府、州、县官员的职掌，显然关系到民生的走向。换言之，“抚按之责，莫大于举刺。举刺当，则吏治清，而民生遂矣；举刺不当，则吏治浊，而民生苦矣。”④事实却并非如此。明代的巡抚、巡按已不再担负起举劾地方官的重责，“守令忽民瘼者不知惩，恤民困者不知劝”，劝惩失衡，其结果则造成“小民无生养之期，天下无太平之望矣”。⑤

何以如此？究其原因，还是在于抚按为了谋取一己私利，而后置国家举劾地方官员的职掌于不顾。从明末河南巡按御史吴甡的揭示不难发现，抚按可以从举荐官员中得到“馈谢”。按照当时的俗例，但凡被抚按举荐的文武各官，都会派遣使者，“赍礼币报谢”。⑥ 又根据史可法的说法，地方府、州、县官员，为了取媚于巡按御史，每五日，就要罗列珍错异味，招待巡按御史，称为“小送”。至于巡按御史处理讼案、访案，也一概坐赃科罚，动以千百计。等到巡方完毕回朝，则“借馈赠京宦为名，橐取盈橐归耳”。⑦ 可见，明末的官场，不仅仅是“吏之墨”，即地方官员贪墨，而且察吏的巡按御史，同样也一般贪墨，“以墨治墨”，其结果

---

① 李廷机著，于英丽点校：《李文节集》卷14《报李修吾》，下册，商务印书馆2019年版，第371—372页。

② 李承勋：《论知人安民疏》，《明经世文编》卷100，第2册，第981页。

③ 乔宇：《陈愚见以广圣聪疏》，《明经世文编》卷98，第1册，第862—853页。

④ 赵南星：《覆陈给事疏》，《明经世文编》卷459，第6册，第5022页。

⑤ 魏时亮：《题为恳定保民裕国之谟加意运治养德之要疏》，《明经世文编》卷371，第5册，第4017页。

⑥ 吴甡：《忆记》卷1，浙江古籍出版社1989年版，第394页。

⑦ 吴甡：《忆记》卷2，第401页。

必然成为"生民遗厉"。①

地方吏治一旦失去抚按官员的制衡,势必导致贪墨公行、吏治窳败,进而危及百姓的生计。这主要体现在以下几个方面:一是官员出行,通常会给地方百姓带来诸多骚扰。明代有一首民谣言:"钟将撞破,上官未过;少撞数声,亦不为错。"这是说上官出行地方,给民间生活所带来的骚扰。这首民谣的事实依据,在于明代地方官员迎接上司的种种恶俗,诸如:遣发人役太早,旷废时日;未行,先多备路费钱;衣帽常要新鲜,抚按一次出巡,则一次改换。如此情势之下,地方官去晚了,又怕来不及;去早了,又会耽误自己的官事。于是,接待上官的钟声,连日不止,夜里也是如此,甚至分不清哪个为晨钟,哪个为晚钟。② 二是地方官吏治败坏,导致士民不和,甚至上下官员不和。根据方大镇的揭示,明末的地方官不再讲究仁让教化,而是"务以盗名延誉为急,且欲快其所私"。所以在处理士、民之间的诉讼事务时,尽管打着"怀抱小民""不畏强御"的旗号,实则"纵奸宄以为怀保,戕善良以为强有力"。譬如田夫、佔子与大姓打官司,则"创大姓";田夫、佔子与缙绅士夫打官司,则"创缙绅士夫"。这实际上是"拂民以从欲"。③ 三是鸷吏、酷吏危及民生。酷吏害民,主要在于过度使用刑罚,对百姓动辄使用法外的刑具,诸如磨骨钉钉枷号,数百斤三四人的立枷,带根板、水缸杖、生树棍,脑箍、竹签、嘴掌、背花。其结果,则使原本罪不至死之人,无故而就死地。酷吏滥用刑罚的目的,目的在于"利人之财",动辄对罪犯加以处罚。其结果则造成原本犯非破家之人,最后也会变得"无立锥之地",伤害民财,几与籍没无异。④ 嘉靖年间,大学士杨一清在上疏中,也直言天下民穷困极的原因,主要还是因为地方官"刑罚冤滥"所致。⑤ 四是贪墨之吏导致民生艰窘,亦即"黩吏者直恣溪壑耳"。⑥ 嘉靖年间,张璁在上疏中已经明确揭示,地方官当三年朝觐之时,"往往以馈送京官礼物为名,科派小民,箠挞诛求,怨声载道"。⑦ 譬如征收钱粮,正

---

① 刘宗周:《文编》1《奏疏》4《责成巡方职掌以振扬天下风纪立奏化成之效疏》,《刘宗周全集》,第 3 册,第 206 页。

② 李开先:《闲居集》卷 12《足前未尽》,《李开先全集》,中册,第 877 页。

③ 方大镇:《宁澹居集·审治篇》,载方昌翰辑,彭君华校点:《桐城方氏七代遗书》,黄山书社 2019 年版,第 187—189 页。

④ 孙丕扬:《约束郡县省刑疏》,《明经世文编》卷 379,第 5 册,第 4120—4122 页。

⑤ 杨一清:《宸翰录》卷 3《为应制陈言修省以回天意疏》,《杨一清集》,下册,第 802 页。

⑥ 汪若霖:《主德日昭臣职宜恪疏》,《明经世文编》卷 469,第 6 册,第 5142 页。

⑦ 张璁撰,张宪文校注:《张璁集·奏疏》卷 3《禁革贪风》,第 91 页。

供之外，又有火耗、羡余、滴珠、帮贴等名色。① 催征羡余，少者加二、加三，多者甚至交纳 2 钱银子，方可完纳 1 钱正供，羡余几乎等同于正供之数。羡余多入官员私囊，即使正额赋税，有时也“半入私囊”。② 于是，官员一登仕版，不再“轸民之隐”，而是“朘其脂膏”，甚至不以“辇金载玉”为丑。③ 风气所及，辇毂之下，贿赂公行；郡县之间，诛求无忌。官吏贪赂，必会剥削小民，导致“百姓视上官如仇雠，一旦有事，可献城则献城，可从贼则甘心从贼，计不反顾也”；④或者“小民穷困不堪，小则为盗，大则作乱，而国家之治败矣”。⑤

一至明末，一方面，“政失其实”，即政务铺张，而缺少实效，举凡保民、开荒、修社学、讲乡约之类，无不是妆饰目前的文具而已，徒然浪费一番公移，其实不过上下相蒙，泽不下及，导致百姓“穷且困”；⑥另一方面，张官设吏，原本是为了治国安民，但明末的官员，却是“出仕专为身谋，居官有同贸易”，结果导致小民不得“安枕”。⑦

（四）赋役负担

赋税、徭役的轻重，显然决定了人们生活质量的高低。换言之，在轻徭薄赋的制度安排下，百姓自能安居乐业；反之，赋税沉重、徭役繁苛，百姓不堪负担，则会导致生活质量的严重下降。

明代谚语云：“若要宽，先完粮。”⑧从谚语中不难看出明代老百姓所持的是一种安分守己的人生态度。在民众的观念中，君对于民而言，其实只有赋与役两项，才会劳烦民众百姓。有田则有赋，依限而完之；有身则有役，依期而赴之。这是天经地义的事情。所以，作为一个君主统治下的老百姓，他们所持的只是一种安分守己的观念，亦即朝廷应该收取的钱粮，决不可以拖赖。只有交了朝廷的赋

---

① 王瑞楠：《请饬吏治疏》，载孙延钊：《明季温州抗清事纂》6《诗文辑览》，收入陈光熙编：《明清之际温州史料集》，上海社会科学院出版社 2005 年版，第 44—45 页。

② 谢正蒙：《察吏惩贪疏》，载冯奉初辑，吴二持点校：《潮州耆旧集》卷 32《谢御史文集》，暨南大学出版社 2016 年版，第 463 页。

③ 曹于汴撰，李蹊点校：《仰节堂集》卷 2《贺邑贰尹定宇父母擢尹余庆序》，第 47 页。

④ 刘宗周：《文编》1《奏疏》4《敬循职掌条列风纪之要以佐圣治疏》，《刘宗周全集》，第 3 册，第 188 页。

⑤ 何瑭：《民财空虚之弊议》，《明经世文编》卷 144，第 2 册，第 1437—1438 页。

⑥ 曹于汴撰，李蹊点校：《仰节堂集》卷 7《防倭议》，第 126—127 页。

⑦ 计六奇：《明季北略》卷 13《责臣罪己》，上册，第 219 页。

⑧ 姚舜牧：《药言》，载徐梓编注：《家训——父祖的叮咛》，中央民族大学出版社 1996 年版，第 220—221 页。

税,才能过上安稳的日子。若是官租太重,则会直接影响农民的生活质量。如成化年间,南直隶溧水知县王弼作有一首《永丰谣》,大抵揭示出了耕种官田农民生活之苦,即官田租税,高达亩收8斗,致使旧租未了,新租又追。尤其是水灾之余,百姓除了“卖黄犊”,甚至还“卖儿”。① 就农民而言,耕作劳动已是相当辛苦,若是再输纳沉重,显会导致缺衣乏食,难以存身。所以,明代皇帝的减租政策,不仅仅是为了“重邦本”,更是为了矜恤百姓。② 一至万历中期以后,随着矿监税使的四出,乃至“辽饷”“剿饷”“练饷”这“三饷”加派的陆续实施,更使城乡百姓不堪重负,生活质量大为下降,为此不惜铤而走险,才有城乡“民变”事件的大量涌现。

与赋税相应,作为强制性的徭役,更因其牵涉到人身依附关系的紧束还是松懈,进而影响人们的生活质量。在明代,江南松江府有谚语云:“家有千亩田,不离府县前。”这句谚语并非空穴来风,大体上反映了明代末年江南松江府民间百姓徭役负担之重。为了完成官府所下达的徭役任务,凡是家中有田之家,几乎天天是在衙门前侍候,很少能在家睡一个安稳觉。由此可见,明末的徭役负担压在百姓的身上,确实太沉重了。在名目众多的徭役中,有“官征”之役,其对百姓造成的骚扰,一如陈第《夹沟道》诗中所云,确乎已是“自嗟旱太甚,枵腹供官征”;③有“粮长”之役,其役之重,亦如陈确《粮长》诗中所云,更是“去岁为粮长,今年尚在身”;④有驿夫之役,驿夫所受重役压迫,亦如陈第《驿异夫》诗中所云,“朝饥走送迎,日落忽昏黑”,“泣对妻子言,终当死路侧”。⑤ 明代赋役繁重,可以说是常态,除了“一条鞭法”实施之后,得以暂时纾解百姓徭役之困之外,繁重的赋役最终必然导致“倾家者甚多”,⑥让很多百姓在贫困线下挣扎。

最后,还是重新回溯一下明代的制度设计及其施政实践。明末清初人计六奇在总论“流寇乱天下”,甚至明朝覆亡的原因时,有下面一段阐述:

---

① 顾炎武著,黄汝成集释:《日知录集释》卷10《苏松二府田府之重》,中州古籍出版社1990年版,第241页。

② 张怡:《玉光剑气集》卷23《诗话》,中华书局2006年版,第798页。

③ 陈第:《寄心集》卷4,载氏著,郭廷平点校:《一斋诗文集》,福建教育出版社2012年版,第117页。

④ 陈确:《陈确集》,《诗集》卷5,下册,中华书局1979年版,第706页。

⑤ 陈第:《寄心集》卷4《驿异夫》,《一斋诗文集》,第118页。

⑥ 明代赋役繁重,可以明末松江府上海县为例加以说明,这在明末清初人姚廷遴的日记中有较为详尽的揭示。参见姚廷遴:《记事拾遗》,《清代日记汇抄》,上海人民出版社1982年版,第163—164页。

> 夫敛重而民穷，民穷而盗起，此自古皆然，岂待智者而后知哉！明朝制度详严，外戚不司权，宦官不与政，大臣无专制，藩镇无继世，夷狄不内处，汉、唐以来之所以致亡者，本朝皆无焉。内重而外轻，君尊而臣卑，法相绳，权相制，虽有奸臣不能作大逆，虽有豪杰不能建奇功。然而取民之制甚烦，养民之制甚略。愚闻先臣冯琦之言曰："本朝之患，不在外戚，不在宦官，不在大臣，不在藩镇、夷狄。他日所为国家忧，惟在官府之隔，闾阎之匮耳。"①

可见，尽管明代的制度设计堪称相对完善，但就具体的施政实践而言，往往流于一纸空文。更何况就制度本身来说，明代的制度同样存在着一个很大的问题，亦即"取民之制甚烦，养民之制甚略"。这无疑在某种程度上制约了百姓生活质量的提升，甚至导致"闾阎之匮"。

三、小　结

无论是布罗代尔的三个时段理论，还是历史唯物主义的社会形态理论，无不从各个层面道出了影响生活质量的支配要素。当然，就其要者而言，影响并支配生活质量的因素，大抵可以概括为以下两个方面：一是生产力的问题；二是生产关系的问题。进而言之，就生产力而言，生产力的提高并非与生活质量的提升呈一种正比例的关系，生活质量在一定程度上又会受到生产关系的制约。

农业技术的进步与改良，工商业的发展，交通的更趋便捷，中外交流的频繁，以及由此而来的外来技术与物质文明的传入，诸如此类的生产力的提高，不仅可以增加劳动收益，而且可以使生活必需品更加丰富，降低生活成本，甚至得以追求与享用奢侈品。

从制度与政策设计的层面来看，明初朱元璋所制定的以农桑为本的立国之策，显然使农业生产从战乱中得以尽快恢复，且使百姓得到休养生息的实惠，随之而来者则是基于社会安宁之上的基本物质生活的保证。尤其是当市场因素开始介入到传统的农业生产之后，以及经济作物的种植占据农业生产的一定比例之后，不仅为工商业提供了源源不断的生产资料以及多样化的销售产品，更使农民的收益得到了长足的提高。

---

① 计六奇：《明季北略》卷23《总论流寇乱天下》，下册，第681页。

国计与民生的关系问题,显然牵涉到国富与民富两者之间的关系。就此问题而言,尽管从皇帝到官僚士大夫,均有不同的认知,甚至这两者之间本身所具的矛盾性特点,导致诸多争论的产生,然就总体趋势而言,关注民生、倡导藏富于民的看法逐渐成为一种主流的意识,再加之从国家到地方层面的蠲免、减负措施,其最终的结果则导致强制性人身依附关系的松懈,不仅纾解了百姓的窘困,更可使百姓增加闲暇时间,进而让人们在满足基本的物质需求之余,追求与享受丰富多彩的精神生活。反之,明代的事实已经充分证明,当皇庄、皇店、皇盐广泛出现,矿监税使四出,皇家与百姓开始争利之时,其结果则是百姓受到敲骨吸髓的剥削,市面一片萧条,百姓生活水平开始下降。

一旦制度设计层面呈现一种"取民之制甚烦,养民之制甚略"的态势,地方官员为了保住自己的官位以及相应的荣华富贵,只好置"抚民"于不顾,专心致力于"催课"。生产关系层面的制度设计之误,不仅深深影响到民生,更是明朝导致灭亡的一大因素。吏治与民生同样休戚相关,尤其是有"亲民官"之称的府、州、县地方官,与民生的关系更为密切。清官、能臣、循吏,关心民瘼,注重民生建设,不取于民,无疑在一定程度上对于改善治理辖区内的民生大有裨益;反之,贪官污吏,贪贿黩货,置民瘼于不顾,其结果则是导致闾阎骚然,百姓生活不得安宁。

人类的生活首先必须解决生存问题,而解决生存问题则又难以脱离经济的发展。在通常情况下,经济增长、城市化水平、人口增长是生产力提高的基本标识。经济发展水平越高,则生活质量越高,这不仅是一种客观趋势的存在,更是一种共识。城市化水平与生活质量的关系也大体相似,即城市化水平越高,生活质量也就越高。只是相较于经济发展而言,城市化水平与生活质量之间的关系特征,并不完全如经济发展与生活质量的关系那么明显。①

就整体而言,正在面临社会转型的明代,其生活质量的提高,无疑得益于明初经济的恢复,以及明代中期以后经济的持续增长。至于构成生产力要素的人口,其增长是否与生活质量的提高呈现一种正相关的关系,这在学术界存在着一定的争论。有迹象表明,生活质量和人口增长呈反相关关系。生活质量越高的国家,人口增长率越低,反之则反是。② 这当然是就工业化以后社会的生产质量而言,其实并不适用于观察明代社会变迁时期的生活质量。就明代而言,人口增

---

① 朱国宏:《生活质量综合指数问题初探》,《经济学家》1993 年第 2 期,第 106 页。

② 朱国宏:《生活质量综合指数问题初探》,《经济学家》1993 年第 2 期,第 106 页。

长显然给生活质量提高带来两大正面的影响：一是随人口增长而来的，在明代并未造成生存的压力，而是使劳动力得以快速增加，这就为经济发展提供了丰富的人力资源保障。二是在养老保障体系并不完善的明代，在民间百姓中依然流行一种“多子多福”的观念。换言之，家庭人口尤其是男性人口的增长，显然会使养老能够得到更多的保障。

在论及经济增长与生活质量的关系时，罗斯托（W.W.Rostow）的观点显然值得关注并加以重新审视。他在1971年发表的《政治和增长阶段》一书中，将“生活质量”视为一种阶段特征而加以描述。在这一阶段，经济增长的物质方面（有形产品）已经发展到极限，自然而然转到无形产品（服务）方面，而这些方面的产出增长，罗斯托将其定义为“生活质量”的提高。若是从经济增长的阶段划分上看，罗斯托的定义当然无可厚非，但倘若由此导出“生活质量”必然是经济增长最后阶段的产物，而且是工业化社会以后的产物，则显然有失偏颇。究其原因，正如有的学者所言：一方面，“生活质量”的诸方面并非为“追求生活质量阶段”所独有，而是存在于每一个经济增长阶段；另一方面，虽然在“追求生活质量阶段”，由于“质量部门”成为经济增长的“主导部门”而有可能使“生活质量”得以较快提高，但这并不意味着其他阶段“生活质量”不能提高，相反，在每一阶段，“生活质量”都可能有不同程度的提高，甚至可能超前提高。① 这一论点不仅可以成为考察明代生活质量的起点，更为明代的史实所证实。换言之，明代经济增长的事实，并非仅仅证明生活水平的提高，而是在很大程度上使生活质量的提升得到了有效的保障。

当然，经济增长确实并非完全与生活质量提高呈一种正向的关系。正如马克思所言：“物的世界的增值同人的世界的贬值成正比。”②这就是说，社会发展价值向度的偏离，现象上的表现是“重物轻人”，实质上却是拒斥社会发展中的价值主体和客体，贬值社会发展中的主客体价值；物质极度丰裕的同时，社会主体精神匮乏的代价也会随之而来。③ 人与人的需要是发展价值的主体，要实现人与人的需要的满足，从而真正实现发展的价值，矫正发展价值向度的偏离是基本要求，最根本的是必须提出合理的价值导向。合理的发展价值导向必定是以生产力为基础，以人的自由全面发展和人类幸福为最高宗旨，以人及人的需要满

---

① 参见吴姚东：《生活质量：当代发展观的新内涵》，《国外社会科学》2000年第4期，第53—54页。

② 马克思：《1844年经济学哲学手稿》，人民出版社2018年版，第47页。

③ 罗建文：《发展价值论的理论论析》，《湖南科技大学学报（社会科学版）》2009年第4期。

足为最终目标的概念体系，而这套概念体系本身也必须是对发展价值的高度契合。①

这就又引出另外一个问题，即生产关系与生活质量的关系问题。细言之，人口迁移、人口自由流动，这些关乎人的自由全面发展的问题，在很大程度上又会制约生活质量。在生活质量的定义中，"幸福"及其感知是一个相当重要的因素。有一种被广泛采用的定义，即将"幸福"按照客观物质条件进行定义。按照这一定义，物质基础越丰富，人就越幸福。随之而来者，则是使用人均 GDP 或收入水平来衡量幸福程度。如此定义显然忽略了以下两个影响生活质量的因素：一是将财富与人的发展挂钩的思路，显然忽视了财富分配的人际公平和代际公平问题；二是以物质财富作为衡量生活质量标准具有功利主义的致命缺陷，即忽视了权利、自由等在个人生活中具有独立的价值。②

就财富分配的公平性问题而言，财富分配的不公平，赋役负担的不公平，乃至由此而来的贫富分化的日趋严重，势必导致阶级对立日趋激烈。这无疑已为晚明的史实所证实。晚明社会陷入动荡不安，士变、民变、兵变、佃变、奴变不断，究其根本的原因，还是因为负担日趋加重、贫富分化日趋严重所致，甚至使各社会阶层几无"乐生"之心，亦即生命、生活失去了存在的意义。这不但使生活质量趋于下降，人失去了幸福的感知，而且还危及到社会的安定，进而导致明朝的覆亡。

权利、自由等个人生活所具的独立价值，同样影响到了生活质量。尤其是人口自由迁移的权利，更是与生活质量密切相关。揆诸明代的人口迁移，大致呈现出以下两大趋势：一是从农村向城市的迁移。这一方面是因为失地农民在农村失去了生存的基础，在城市可以重新谋取工作与经济机会；另一方面，则是城市生活质量明显高于农村，或者城市中更多的休闲与娱乐机会，同样成为吸引农村人口向城市迁移的重要原因。二是从人口在区域之间的迁移，亦即从生活质量差的地区向生活质量好的地区迁移，最后因人口的大量流入而促进该地区的经济增长，使生活质量得以持续提高。当然，这种人口在区域之间的迁移，在明代的情形显得更为复杂。如明代的人口迁移，最为常见的有以下两类：第一类是从人多地少的"狭乡"向人少地多的"宽乡"迁移，第二类是迫于赋役负担过重且失

---

① 曲夏夏、邢占军：《和谐社会构建进程中生活质量的提升：发展的视角》，《山东社会科学》2014 年第 4 期，第 80 页。

② 朱成全、汪毅霖：《自由发展视野下幸福指数体系的构建》，《南京社会科学》2009 年第 11 期，第 98 页。

去谋生土地的流民，他们多为向山区迁移，通过山区开垦无主的山地而得以维系生计。这两种情形显然并不仅仅限于从生活质量差的地区向生活质量好的地区迁移，但明政府允许流动人口"附籍"于当地，并成为当地合法居民的政策措施，至少说明人口流动自由权的部分获得，已使明朝人的生活质量获得了部分的提高。

第二章　收入构成

收入是生活的基本保障。在生活质量以物质财富多少为基本衡量标准的时代，收入的高低，事实上已经决定了生活质量的好坏。

因社会阶层的不同，收入的性质随之分为两类：一类是职役人员的收入，多由国家或地方财政支付，有些则以徭役银的形式摊派于地方，由地方百姓负担。如宗藩、勋戚、文官、武官、儒学生员、天文生、军兵等，但凡有爵位、公职者，称为禄米、俸给、月粮；如胥吏、衙役、官匠等，只要服务于公家或衙门的人员，则称为工食或工食银。另一类则是各色劳动阶层的劳动收入，多由私人支付，是一种纯粹的劳动报酬。两种收入性质有异：前者收入的高低主要取决于国力与财力，后者收入的高低则由市场劳动力供应所决定。

尽管明代各社会阶层的收入构成相当复杂，然若细究之，大抵可以分为基本收入与额外或业余收入两大类。下面选取官宦、士人、庶民、军人、贱民这五个代表性的社会阶层，就他们的收入构成乃至基本状况稍加厘定。

一、基本收入

仔细考察明朝人的基本收入构成，大抵包括以下三部分：一是因职役而获得的禄米、俸给、月粮与工食银。这部分收入虽因时代变迁或国家、地方财政盈缩而稍有变化，但基本还是固定的。二是并无职役的庶民层，凭借自己的劳动而获得的劳动报酬。三是资产经营性收入，凭借自己掌握的资产，诸如田产、房屋以及流动性的现银而加以增值，通过出租、投资商业经营而获取利润。这部分收入因面临市场风险而处于波动之中。

（一）禄米俸给

1. 宗藩禄米

在明代，宗室凭借天潢的身份，以禄米供给而保证其特权的存在。明太祖立国以后，承袭汉高祖刘邦分封诸子之制，实行封藩。初次拟定的亲王禄米，高达5万石。其后，考虑到国家财力有限，且官吏、军士的俸给支出越来越多，因此"监唐宋之制"，将亲王的禄米正式确定为1万石。以此为基准，亲王府下之郡王、镇国将军、奉国将军、辅国将军、镇国中尉、辅国中尉、奉国中尉，以及郡主、县主、郡君、县君、乡君，禄米各有等差。至于皇太子的次嫡子及其他庶子，在封为郡王之后，必须等到出阁，才每年拨赐禄米，与亲王府下所封郡王相同。皇太子之女，则必须等到出嫁，才每年拨赐禄米，与亲王府下已嫁之女相同。若是郡王嫡长子袭封郡王，那么岁赐禄米，比初封郡王减半支给。①

明初所定宗藩禄米额数，大致如下：亲王，米1万石；郡王，米2000石；镇国将军，米1000石；辅国将军，米800石；奉国将军，米600石；镇国中尉，米400石；辅国中尉，米300石；奉国中尉，米200石。公主及驸马，米2000石；郡主及仪宾，米800石；县主及仪宾，米600石；郡君及仪宾，米400石；县君及仪宾，米300石；乡君及仪宾，米200石。②

这是一种制度规定，虽因封藩差异而支给禄米有等级差异，但至少出于"亲亲"的准则，而使宗室保有一种优渥的禄米待遇。至于各个藩王府的禄米支给，却因本折兼支的出现而稍有变化。譬如亲王，岁支禄米1万石，一般是米、钞"中半兼支"。嘉靖四十四年(1565)，减亲王本色1000石，岁支9000石，其中本色4000石，折色5000石。各王府的镇国、辅国、奉国将军，镇国、辅国、奉国中尉，米、钞本色、折色，一律"中半兼支"。嘉靖四十四年(1565)议定，将军改为三分本色，七分折钞；中尉改为四分本色，六分折钞。各王府的郡主、县主、郡君、县君、乡君及其仪宾，禄米支取均为本色四分，折钞六分。嘉靖四十四年(1565)议定，改为二分本色，八分折钞。③

禄米是宗室正常的基本收入。通观明代宗室禄米收入，自明代中期以后，大

---

① 申时行等修：《明会典》卷38《户部》25《廪禄》1《宗藩禄米》，中华书局1989年版，第271页。

② 申时行等修：《明会典》卷38《户部》25《廪禄》1《宗藩禄米》，第271页。

③ 申时行等修：《明会典》卷38《户部》25《廪禄》1《宗藩禄米》，第271—272页。

抵呈现出以下三大变化。

其一，宗室禄米从纯支本色米，转而变为米、钞兼支，即本色、折色兼支。其中兼支之法，有的是中半兼支，即一半本色米，一半折色钞；有的是本色多于折色，其中则例各有不同。

王府禄米折色，分为折钞与折银两种。宣德八年（1433）奏准，王府禄米的折色比例，为每1石折钞15贯。正统七年（1442）下令，各王府禄米折钞，均按照文武官员则例，每1石折钞25贯。正统十二年又下令，王府禄米折钞，每1石仍折钞15贯。除了禄米折钞之外，尚有禄米折银。嘉靖元年（1522）奏准，郡王以下宗室成员所支禄米，若是在有些不通舟车的州县，那么派征时改为每1石征银8钱，在支放禄米时，则以每1石折银5钱计算，扣留3钱贮库，“作正补欠”。折钞、折银，均属折色，折银尚可，折钞的存在，实则导致宗藩禄米收入的下降。

其二，自明代中期以后，宗室日蕃，而国家财政收入有限，势必不能全部供给，宗室禄米实则呈下降之势，且兼冒滥滋多，奸弊百出。所以，至嘉靖年间更定新的宗藩条例，万历十年（1582）再次颁发宗藩要例，对宗室禄米均有所限制。这又体现在以下两个方面：一是让亲王自己奏辞，减少禄米收入，多者减少禄米达1000石。二是仪宾、郡主等在配偶亡故后，或停止常禄的支给，或仅支一半。如万历七年规定，除了仪宾在丁忧期间仍支给常禄之外，仪宾在妻子亡故之后，一概停支常禄；郡主、县主在仪宾亡故之后，则支给一半常禄，作为养赡之资。

其三，宗藩成员的禄米收入，呈现出一种两极分化的态势。这主要体现在以下两个方面：一是有名封的宗室成员，其禄米收入虽有等级差异，从亲王的1万石降至奉国中尉的200石，从公主、驸马的2000石降至乡君、仪宾的200石，但若与宗室中无名封的庶人的禄米，以及擅婚所生子的口粮，冒滥妾媵之子的口粮相较，还是高出许多。如嘉靖三十三年（1554）题准，庶人应支给的粮米，比奉国中尉减少三分之一，连同妻妾、子女、使女，岁给米70石。嘉靖四十四年又规定，凡是擅婚所生之子，只允许请名，至于岁给口粮，则又比庶人减少三分之一，岁给米50石，而且还是本色、折色“中半兼支”。至于冒滥妾媵所生之子的口粮，万历七年（1579）议准，岁只给本色米12石。二是从宗室禄米折银则例看，显然也存在着厚薄之分。如嘉靖八年题准，湖广各宗室的禄米，俱照楚王府的则例，亲王每石折银7钱6分3厘，郡王每石折银7钱，将军、中尉、郡主、夫人、仪宾每石折银5钱。又嘉靖十五年题准，河南宗室禄米折银，除了亲王禄米照旧外，其他郡王以下宗室成员的本色禄米，每夏税1石，折银5钱5分，秋粮1石，折银6钱5分。这仅仅是禄米征收时的折银价，至于宗室支取禄米时的折银，则更低，大致为每石禄米,支取折银3钱5分。①

从总体趋势看,除却个别藩府之外,宗藩正常的禄米收入,通过折色、奏辞等多种形式,显然呈一种减少之势。在整体收入减少的趋势下,亲王、郡王以下的将军、中尉、庶人则尤甚。当然,这仅仅是收入的一个方面。若就总体收入而言,藩王就藩时有赐田,随后陆续又有奏讨庄田,甚至强占封藩之地百姓的土地,或者接受百姓的投献土地,如此等等,藩王、郡王的合法禄米收入甚至非法的额外收入则相对较高。由此可见,藩王的实际收入,反而并未减少,且有增加之势。

2. 勋戚禄米

所谓勋戚之臣,指的是有公、侯、伯爵位之人,此外还包括驸马都尉。洪武初年,勋戚之臣,均赐给官田,并按照原定的官粮、私租之数,从所赐官田中收租,以代替常禄。至洪武二十五年(1392),下令将勋戚所赐官田归还官家,公、侯、伯均给予本色禄米,论功议定禄米之数。

永乐二年(1404)下令,公、侯、伯、驸马禄米,按照文武官员之例,米、钞兼支。所定则例如下:禄米5000石至3500石,支本色米2000石;禄米2500石,支本色米1500石;禄米2000石,支本色米1000石;禄米1500石至1100石,支本色米800石;禄米1000石,支本色米700石;禄米900石,支本色米600石;禄米800石,支本色米500石;禄米400石,支本色米250石。在本色米之外,其余均折钞。禄米200石以下,则全支本色米。

勋戚禄米折支,其间多有变化。永乐二十二年(1424)下令,公、侯、驸马、伯禄米折钞,均从南京支取小麦。洪熙元年(1425)下令,公、侯、驸马、伯折钞的禄米,均米与麦兼支。宣德六年(1431)下令,公、侯、伯的禄米,改以承运库生绢准折,每匹生绢折米2石。生绢折米之制,暂定实施一年。正统三年(1438)下令,勋戚禄米仍旧米与麦兼支。景泰元年(1450)下令,公、侯、伯禄米,仍然米、钞兼支。景泰七年下令,用太仓库折草银,支给公、侯、驸马、伯的折色钞,每银1两,折钞700贯。弘治元年(1488)下令,公、侯、驸马、伯本色禄米,仍旧折支银。弘治十一年下令,两京公、侯、驸马、伯本色禄米,每石折银7钱。

明代勋戚禄米数,多者岁支5000石,少则岁支700石。(参见附表15)至于勋戚禄米本色、折色多寡之数,均“请自上裁”,并无定额。勋戚之臣的禄米,除

① 申时行等修:《明会典》卷38《户部》25《廪禄》1《宗藩禄米》,第273—274页。

了由嫡庶承袭爵位者全部支取禄米外,若是由弟侄或旁支承袭爵位,则必须减少禄米。①

3. 文官俸给

明代官员俸给,分为本色、折色两种支取。本色支取的俸给,又可分为三种:一是"月米",大致为每位官员每月支取1石。这是官员每月生活的基本保障。二是"折绢米",即以绢折米,每年有2个月支取的是折绢米,通常为绢1匹,折银7钱。三是"折银米",即以银折米,每年有10个月支取的是折银米。折色支取的俸给,又可分为两种:一是"本色钞",即直接支取钞锭;二是"绢布折钞",即以绢布折钞支取。其后,折色又分上下两个半年支取之例,即上半年支取本色钞锭,下半年则以胡椒、苏木折成钞支取。后又用绵布折钞关支。在折色俸给中,假若本色钞锭不够关支,有时又将赃罚或广盈等库中的绫、罗、绢、布、衣物等折钞关支。至于具体的折色比例,大致为:俸给米1石,折钞20贯;钞200贯,折布1匹;布1匹,折银3钱。②

明代官员禄米俸钞之数,初次确定于洪武十三年(1380)。至洪武二十五年,又重新更定官禄,并成为一代定制。其中所定各品官员俸给,大致从正一品每年的俸给米1044石,至从九品每年的俸给米60石。③(参见表16)

明代官俸之薄,堪称历代之最。唐时,百官都有"职田",包括"职分田"与"永业田"两种。在宋代,官员也有"公田"。到了明代,朝官只是仰仗俸薪,别无给赐。而从俸薪来看,明代与唐及五代相比,也是低了许多。据明人于慎行的考察,明代宰相(即内阁大学士)的月俸,还不能达到五代北汉时的一半,而比起唐代来相差就更多了。④ 内阁大学士的官俸尚且如此之薄,至于那些下层官员,其俸薪就更低了。以儒学教官为例,府学教授为从九品官,月俸米才5石,而府学训导为未入流,月俸米3石。巡检司的巡检,为从九品官,月俸米5石。⑤ 有些小官俸禄之低,更是到了令人惊奇的地步。如仓官每月的俸粮,只有1石;驿丞

① 申时行等修:《明会典》卷38《户部》25《廪禄》1《公侯驸马伯禄米》,第274—275页。

② 申时行等修:《明会典》卷39《户部》26《廪禄》2《俸给》,第276页。

③ 申时行等修:《明会典》卷39《户部》26《廪禄》2《俸给》,第276—277页;赵翼著,王树民校证:《廿二史札记校证》卷32《明官俸之薄》,中华书局2001年版,第750页。

④ 关于明代官员俸薪与唐、五代的比较,可参见于慎行:《谷山笔麈》卷9《月俸》,中华书局1997年版,第106—107页。

⑤ 成化《重修毘陵志》卷10《职官》,收入《中国方志丛书》,台北成文出版社1983年版。

的俸金，一年也只有7两。如此低薄的官俸，甚至不如普通的衙门服役人员的工食银，难免导致这些下层官员出现"不足供饔飧"的窘况。①

官员俸米全支本色，已显低薄，一旦其中包含折色，更是导致官员俸给中的折色支取部分，实际价值不断减少，进而导致俸给的降低。明代官俸折色，前后事例不一。细究之，主要包括三种折色俸。

一是折钞。大体说来，在洪武年间，京官除了能支全俸之外，尚多岁时赏赐，如正旦、元夕、冬至，照例赐予京官酒米钱。至永乐以后，迁都北京，定下京官俸禄折色之例。春夏折钞，秋冬折苏木、胡椒。其中五品以上官员，折色为十分之七，五品以下官员，折色为十分之六，而只有十分之三四为本色之米。当时钞重物轻，尚属公私两便。② 然折钞之制，其结果还是导致官员俸禄的降低。如文武官员的俸禄，原本每石可以折钞25贯。宣德九年(1434)春，掌管户部之事的礼部尚书胡濙上奏，主张将每石改为折钞10贯，尽管遭致蹇义等人的反对，但最后还是降为每石折钞15贯。③ 尤其是随着宝钞的贬值，更使官员的实际官俸收入日渐减少。譬如新的宝钞1贯，按照"时估"价格，实际不值10文钱，旧钞更是才值1—2文钱。若以钞10贯折俸米1石为计算标准，实际上已使1斗米的俸米仅值1文钱。④

二是折布。成化七年(1471)，户部因为钞少，转而改用布估，给布1匹，当钞200贯。当时钞1贯仅值钱2—3文，而米1石折钞10贯，导致1石官俸米仅值20—30文钱。布1匹仅值200—300文钱，导致官俸米1石也就只值14—15文钱。明代官员折俸布匹，大多由甲字库折支，最初所定，阔白布1匹，折俸米40石。成化十六年，因为户部上言，才改为布1匹，折俸米30石。以此为基准，再按布匹、米的市场价加以换算，官员俸米在折布过程中，其实际收入显然已经大为减少。如即使是极细的布匹，市场价格也不过是1匹值银2两；而米的市场价很高，1石可以值银1两。到了后来，更是以粗绵布代替细阔白布，支付官员的俸米折色。这些粗绵布的市场价格，1匹仅值银3—4钱。经过如此折算，可见在官员折布俸米的支付上，原本市场价1匹仅值3—4钱银子的布匹，通常被高折成30两银，用来支付官员的折布俸米。⑤

---

① 吕坤：《呻吟语》卷5《治道》，上海古籍出版社2001年版，第328页。

② 黄瑜：《双槐岁钞》卷9《京官折俸》，中华书局1999年版，第184页。

③ 余继登撰，顾思点校：《典故纪闻》卷10，中华书局1981年版，第183页。

④ 余继登撰，顾思点校：《典故纪闻》卷14，第254页。

⑤ 余继登撰，顾思点校：《典故纪闻》卷15，第272页。

三是折银。景泰三年(1452)规定,每钞500贯,折银1两;景泰七年,又规定每钞700贯,折银1两。① 可见,钞折银比价大为下降。官员俸米折钞,已使实际收入减少,而后又因钞折银比价的下降,致使官俸米在折银过程中更趋下降。当然,官俸折银对在外地方官员的影响相对较小,足见官俸折银的具体事例,比起制度性规定来又显复杂。据谢肇淛的记载,明代在外官员,七品以上者,俸禄每年可得100两银子,四品以上又可加倍。② 由此可见,明代在外官员的俸禄,除去糊口之外,还是有一些赢余的。至于那些大臣,俸禄会更优厚一些。

在明代官员俸米中,有一项"月俸米",有时又称"随朝米",一年共支12石本色米,并从品级俸米中扣除。这是固定不变的,目的在于保证官员的基本生活。此项月俸米亦即每月1石,虽在明仁宗时一度有所增加,但毕竟是杯水车薪,最终也没有形成为固定的制度。③ 正统初年,成国公朱勇上奏,声称在京文武官员每月关支1石"随朝米",不敷食用,请求每月增添1石。明英宗考虑到运军运输漕粮艰难,最终"止而不行"。④ 值得注意的是,这项月俸米的支取,同样存在着不平等。如像翰林院这样的清华之地,其官员一概从优,可以支取"白粲",亦即白粮,每石值银1.4两。至于其他各衙门官员,则只能支取糙米,每石贱时仅值银不过5钱。正俸内所支本色米,一般可以折银8钱。⑤ 这与正俸折色相比,也是低了许多。

当然,上面所谓的俸禄,仅仅是官员的常俸而已,因其过分低薄,难免使官员有捉襟见肘之叹。于是,明朝廷为了让官员维持还算体面的生活,只好在常俸之外,给官员一些额外的津贴。这些津贴,尽管在明代尚无"养廉银"之说,但其目的还是为了让地方官员"养廉"。明代官员津贴,大致有下面三项。

一是差旅津贴,包括官员上任时的"道里费",地方官员朝觐时的"盘费"。洪武十年(1377)正月,明太祖朱元璋下令,中书省铨选官员上任,按照品级高低,均给予"道里费",此外令有司"给舟车送之"。⑥ 至于"道里费"的多少及其等次,大致为知府50两银子,知州35两银子,知县30两银子。此外,府同知相

① 申时行等修:《明会典》卷39《户部》26《廪禄》2《俸给》,第277页。

② 谢肇淛:《五杂组》卷15《事部》3,上海书店出版社2001年版,第310页。

③ 邓士龙辑,许大龄、王天有主点校:《国朝典故》卷36,引《世宗实录》2,中册,北京大学出版社1993年版,第714页;余继登撰,顾思点校:《典故纪闻》卷11,第204页。

④ 余继登撰,顾思点校:《典故纪闻》卷11,第193页。

⑤ 朱国祯撰,王根林校点:《涌幢小品》卷8《随朝米》,上海古籍出版社2012年版,第152页。

⑥ 黄光昇撰:《昭代典则》卷8,上海古籍出版社2008年版,第200页。

当于知府的五分之三,即30两银子;府通判、推官相当于知府的五分之二,即20两银子;州同知相当于府通判,即20两银子;州判官相当于府同知的一半,即15两银子;县丞、主簿相当于知县的一半,即15两银子;县典史,10两银子。① 就实际执行效果而言,这项“道里费”,对于州县佐贰官、首领官而言,显然助益不少。这些官员上任之时,携妻带子,路途所费甚多。家中富有者,尚能雇觅夫马;家中贫穷者,就只好自己担负行李。隔省上任,若是道途千里,一路最少也需要花费20两银子,若是上任之途长达二三千里,则所费更多。② 上任时所得俸薪,仅够一岁衣食之用,那么,官方所给的“道里费”,显然可以暂时缓解上任官员的旅途资金问题。

至于地方府、州、县官员入觐之时,则有专项的“盘费”津贴,一般又称“路费”。按照通常的惯例,地方朝觐官员的“盘费”,远的多达100两银子,近的则为50—60两银子,均从地方的徭役银中支取。③

二是柴薪银。明代初年,诸司衙门中,均设有皂隶,不过是充任官员的“驺从而已”。至宣德年间,明宣宗听从杨士奇之言,皂隶改为纳银免役。这项衙门皂隶的免役银,原本应该每年解送户部,充作公用。但在随后的实际行政实践中,官员就将这项免役银收入囊中,称为“柴薪银”,成为官员的一项津贴,朝廷也不再严禁。④ 这项“柴薪银”津贴,实际往往多于官员的月俸。如万历二十一年(1593)九月二十八日,冯梦祯正好任职南京国子监,就在这一天,他收到的月俸仅为1.78两。至于“柴薪银”,则收到了两项,其中额定的柴薪银为3.6两,另外又有冬季柴薪银加上闰月柴薪银共计13两余。⑤ 可见,作为额外津贴的柴薪银,远远高于官员每月额得的俸禄。

三是“廪给银”。如李乐任福建按察司佥事,照例每天有廪给银3钱,每月合计9两。⑥ 此银原为支付外巡官员每天的饮食费用,不过官员外巡之时,地方官照例会为外巡官员提供饮食。可见,外巡官员其实可以多支每月9两银子的

---

① 余继登撰,顾思点校:《典故纪闻》卷1,第11页。

② 吕坤:《摘陈边计民艰疏》,载陈子龙等编:《明经世文编》卷416,第5册,中华书局1997年版,第4506页。

③ 毕自严:《度支奏议》,《堂稿》卷1《辽饷不敷济急无奇疏》,第1册,上海古籍出版社2008年版,第21页;沈德符:《万历野获编》卷2《列朝·朝觐官进献》,上册,中华书局2004年版,第62页。

④ 陆容:《菽园杂记》卷5,中华书局1997年版,第61—62页。

⑤ 冯梦祯:《快雪堂日记》卷6,癸巳九月二十八条,凤凰出版社2010年版,第72页。

⑥ 李乐:《见闻杂记》卷3,上海古籍出版社1986年版,第245页。

“廪给银”。

4. 士绅收入

这里所谓的士绅，是指具有举人、生员科名且尚未出仕为官的知识阶层。作为府、州、县学校的正式学生，除去增广生员、附学生员之外，其中的廪膳生员，官方均提供廪膳供给。此外，国子监的监生、钦天监的天文生以及太医院的医士，朝廷也均提供月粮。举人因已有出仕的资格，且保持举人身份相对比较短暂，所以官方并未给举人提供廪膳。

在短暂的举人生涯中，举人的正常收入，大多通过处馆获得。举人处馆以获取馆谷、脩金，则在明代不乏其例。据李乐的回忆，他的业师范晋卿，是嘉靖十六年(1537)的举人，曾经做过“馆师”。范晋卿家中仅有一个仆人。每年春天，在范晋卿赴馆之时，就送他至馆舍，送到随即离去，至冬天再来，平日都是主翁家的仆人代为服役。到了隆庆年间，举人处馆的生活大为改观，且颇为排场。一个解元处馆，在馆舍中通常已有四五个“跟仆”服役。① 最为著名的举人处馆例子，则是李廷机，后官至内阁大学士。他在中隆庆四年(1570)顺天府乡试解元后，被主考申时行“留为馆宾”，后又“转馆于董宗伯家”，②可见，李廷机在中举人后，也曾两度处馆。举人处馆，其馆谷与束脩的收入则相对较高。从史料记载可知，广西提学道礼聘举人出身的人担任经师，其中支付的礼聘银高达银 40 两。③ 此外，束脩银、供给银也会比生员出身者高出许多。三项相加，其收入当超过 100 两银子。

至于明代各级学校的学生，从国子监的监生，一直到太医院的医士，则或有廪膳，或有月粮，具有一定的正常收入。洪武十三年(1380)八月，官方制定了从中央国子监到地方府、州、县学校学生的廪膳米标准，大致为每人每日 1 升，其他诸如鱼、肉、盐、醢之类，也均由官方提供。④ 至洪武十五年四月，学校学生的廪膳有所提高，加增至每人每月 1 石廪膳米。⑤ 至于国子监监生、钦天监天文生、太医院医士，官方提供给他们的月粮，则中间稍有变化。洪武二十九年，在国子

① 李乐：《见闻杂记》卷 2，第 175 页。

② 朱国祯撰，王根林校点：《涌幢小品》卷 7《失中三元》，第 121 页。

③ 王宗沐：《敬所王先生文集》卷 27《广西学政》，《四库全书存目丛书》影印明万历元年刘良弼刻本，集部第 111 册，台南庄严文化事业有限公司，1997 年版，第 589 页。

④ 余继登撰，顾思点校：《典故纪闻》卷 4，第 62 页。

⑤ 余继登撰，顾思点校：《典故纪闻》卷 4，第 65—66 页。

监监生中，只有历事监生，方可月支米1石；至于钦天监天文生，则月支米6斗。永乐九年(1411)下令，钦天监的天文生不分有无家小，可以全额支取月米。永乐十六年又下令，国子监监生月米的支取，以有无家小区分支取的多少：有家小者，月支米4斗；无家小者，则月支米3斗。随后，对监生的月米支取又加以更定：有家小者，月支米8斗；无家小者，月支米6斗。太医院的医士，原本官方并不提供月粮。至宣德年间，太医院医士贺祥等人上奏，说明自己“贫无以赡”，要求比照天文生的惯例，请求官方提供月粮。为此，宣德三年(1428)定太医院医士月米准则：有家小者，月支米5斗；无家小者，月支米3斗。至于医生，则月支米2斗。宣德九年奏准，在四夷馆服务的习字监生，以及习字的回回达官子弟，可以月支米1石。正统六年(1441)下令，凡是在各衙门历事的监生，若有家小者，月支1石；无家小者，月支米6斗。南京各衙门的历事监生，有家小者，月支米8斗；无家小者，月支米6斗。景泰六年(1455)下令，服务于刷卷的监生，有家小者，月支米6斗；无家小者，月支米4斗。成化十年(1474)奏准，医士有家小者，月支米增为7斗；无家小者，则月支米5斗。医生有家小者，月支米4斗；无家小者，月支米3斗。嘉靖十七年(1538)题准，担任清理军职贴黄的监生，有家小者，月支米6斗；无家小者，月支米1斗8合。这些月米，俱折银支给，折银标准为每石折支银7钱。①

在明代，所谓士人，大抵是指那些尚未出仕做官的知识人。就其科名而言，士人群体又可分为已经获得生员身份与尚未具有生员身份两类。

在已有生员科名的士人中，尤其是廪膳生员与增广生员，其基本收入包括两部分：一是统一的廪粮；二是带有补贴性的收入，包括膏火银、会课饷银、供给银、文卷银、纸笔银、赏银、花红、月银、盘缠银、酒席银、旗匾银等名色。生员廪膳，原本属于本色支取，随后有转而变为折银的趋势。根据已有的研究成果可知，明代廪膳生员的廪银，其最为优厚者，每年可得18两银子，一般是在12两左右。这是固定的收入。至于补贴性的收入，多为临时性的收入，且多寡不一。如旗匾银，多的可一次性支取银120两，少的如诸生会课，所支取的文卷银仅为2厘。②

至于那些尚无生员科名的知识人，他们的生计来源，主要是靠处馆教书收入，也就是所谓的束脩。明代士人处馆，则又可分为蒙师与经师两类，进而决定

① 申时行等修：《明会典》卷39《户部》26《廪禄》2《俸给》，第279页；申时行等修：《明会典》卷42《户部》29《南京户部·官吏俸给》，第306页；余继登撰，顾思点校：《典故纪闻》卷9，第158页。

② 陈宝良：《明代儒学生员与地方社会》，中国社会科学出版社2005年版，第414—421页。

其收入稍有差异。在明代那些尚未具有生员科名的塾师,其整年所获束脩之低,实在令人咋舌。如据陈确记,其父陈颖伯在外处馆,一年的脩金仅为 4 两银子;①又据魏禧记载,明末在江西宁都,若是无生员身份,出任童子之师,“岁所获脯脩资不过数金”。② 如明末绍兴府山阴县水澄刘氏家族所设义学,其塾师一年的束脩为 8 两银子。③ 当然,在那些塾师中,其中也有馆谷、脩金较高的例子。如崇祯十四年(1641),广东吴川人陈舜系在黄惟尊家处馆,“是年馆谷得米二十石,办月钱四千八百”。按当年吴川的米价,为石米值钱 800 文。④ 那么,他每年所得的办月钱,可折成米 6 石,若再加上每年所得的 20 石馆谷,他每年的总收入为得米 26 石。这项收入,若以平价石米 0.5 两银子折算,他每年的总收入为 13 两银子。上述收入较低的塾师,大抵属于童蒙师一类,若是那些经师的束脩,大概一年在 30—50 两之间,多者亦有超过 50 两,甚至还有超过 100 两的特例。⑤

5. 武职俸给

按照制度规定,明代的武职,均是“官有俸禄”,且“一皆给之于官”。⑥ 明代武官的正常收入,大致包括以下两项。

其一,武官按品级支取的“俸给”。按照明代的制度规定,武官品级俸给,与文官品级俸给相同。武官各品级的俸给,可参照前述文官俸给,在此不赘述。稍有不同者,只是武官的品级到从六品为止。武官俸给的支取,分为两类:一类是现任武官的俸给,其中的本色米折银,大致为每石折银 2 钱 5 分;其中的月米,则折绢与布、钞,也与文职相同。另一类是“优给优养官员”,他们支取的俸给与现任武官相同,只是月米也按照惯例折给,不支本色。

至于武官的俸给支取,可以另外的资料加以补充,其中的标准大致如下:在外武官,试用的百户,月俸 5 石;署试的百户,月俸 3 石,均米、钞兼支。在京三大营的副将、参将、游击、佐官,每员月支米 5 石。巡捕营提督并参将,亦与此相同。

---

① 陈确:《陈确集》,《别集》卷 11《父觉庵公》,中华书局 1979 年版,第 530 页。

② 魏禧:《魏叔子文集外篇》17《刘参传》,中华书局 2003 年版,第 797 页。

③ 刘宗周:《水澄刘氏家谱》6《典礼志 · 本宗义典》,载吴光主编:《刘宗周全集》补遗 4,第 5 册,浙江古籍出版社 2007 年版,第 512 页。

④ 陈舜系:《乱离见闻录》卷上,载李龙潜等点校:《明清广东稀见笔记七种》,广东人民出版社 2010 年版,第 17 页。

⑤ 关于明代塾师的束脩,其详细的讨论,可参见陈宝良:《明代儒学生员与地方社会》,第 307—309 页。

⑥ 蒋冕:《请停止无名赏赐揭帖》,《明经世文编》卷 124,第 2 册,第 1189 页。

京营选锋的把总官，月支米 3 石；巡捕中军把总官，月支口粮 9 斗；旗牌官为把总官的一半，为月支米 1.5 石。①

其二，武官出差时的津贴，或称"廪给"，或称"行粮"。武官的俸给，属于"常禄"。除此之外，尚有"廪给"与"行粮"。如正统四年(1439)下令，镇守、巡抚甘肃内外官员，不支廪给，每月支米 3 石。其中所言"镇守"，即指镇守总兵。正统六年下令，跟随甘肃总兵官的指挥、千百户等官，每人月给口粮 4 斗 5 升。② 此即常禄之外的廪给。此外，武官尚有行粮。如天顺五年(1461)奏准，凡是都督等武官，率领达官军人前去征剿，都督、都指挥等官，日支行粮 3 升；指挥、千户、百户、镇抚、头目、旗军，日支行粮 1 升 5 合。弘治二年(1489)奏准，沿边各卫所武官，若有军事行动，且外出百里之外，其中都指挥、把总等官，日支廪米 3 升。嘉靖三十三年(1554)题准，苏州、松江、浙江的御倭将士，一旦征调百里之外，那么总兵、参将、守备、都督、都指挥等官，日支米 5 升；千总、把总、署都指挥等官，日支米 3 升；其他管队武官，不分指挥、千百户并旗军，俱日支行粮 1 升 5 合。③

明代的军事体制呈现出前后不同的特点，亦即从明初的卫所世袭制，转而变为明代中期以后的召募制，随之导致明代武职官员前后也有所差异。这种差异性，进而导致武官廪给的复杂性，且使不同体制内武官的廪给多少不一。再加之武官廪给的折银，使武官的廪给更是高低不一。若经过仔细的勾稽，大体可以考知其中的基本收入的差异性，分别叙述如下。

其一，在卫所体制内，普通的卫所军官与标营军官，其收入各有不同。如以卫所武官为例，大同镇的大小武官，其收入构成就分"有廪给""无廪给"两种。据杨嗣昌的考察，两者的差别在于，有廪给者无养廉地，无廪给者有养廉地。④其中卫所武官的廪给，其中有两条记载，大致可以反映其中的复杂性：一是顾起元所记南京卫所武官的月粮则例，其所支取的月粮如下：指挥使，月粮 8 石；指挥同知，月粮 6.2 石；指挥佥事，月粮 5.8 石；卫镇抚，月粮 3.8 石；正千户，月粮 4.2 石；副千户，月粮 3.8 石；百户，月粮 3 石；总、小旗，月粮 1 石。⑤ 二是谈迁的记载，大抵如下：指挥佥事，每月得米 4.8 石，每年计得米 57.6 石；正千户，每月得

① 申时行等修：《明会典》卷 39《户部》26《廪禄》2《俸给》，第 277 页。

② 申时行等修：《明会典》卷 39《户部》26《廪禄》2《廪给》，第 281 页。

③ 申时行等修：《明会典》卷 39《户部》26《廪禄》2《行粮马草》，第 281—282 页。

④ 杨嗣昌著，梁颂成辑校：《杨嗣昌集》卷 8《西阅大同情形第七事疏》，岳麓书社 2005 年版，第 172 页。

⑤ 顾起元：《客座赘语》卷 10《官军粮赏则例》，中华书局 1997 年版，第 309 页。

米 3. 2 石,每年计得米 38. 4 石;副千户,每月得米 2. 8 石,每年计得米 33. 6 石;百户,每月得米 3 石,每年计得米 36 石;镇抚,每月得米 2. 4 石,每年计得米 28. 8 石。[①] 蓟州镇武官月粮的折色银,可以作为普通卫所武官基本收入状况的另一种佐证。譬如在蓟州镇,百户一年可得的廪给银如下:上半年每月得折色银 0. 42 两,半年共计 2. 52 两;下半年每月得折色银 0. 32 两,半年共计 1. 92 两。两项相加,整年所得的折色银仅为 4. 44 两。即使指挥使,上半年每月得折色银 1. 31 两,半年共计 7. 86 两;下半年每月得折色银 0. 88 两,半年共计 5. 28 两。两项相加,整年所得的折色银仅为 13. 14 两。[②] 在普通卫所武官中,指挥使显已列入高级军官之列,因为折色的介入,使得其一年的折色银仅为 13. 14 两。如此低的廪给,还不是按月支给,而是半年一支,最终导致这些普通卫所武官只好加利借债,甚至为了维系日常的开支而剥削军士。上述记载大抵已经显示,卫所武官的月粮,无论是本色,还是折色,均呈一种下降之势。

至于标营军官的收入,相比普通卫所武官较为丰厚。如节制中营中的统领参将,每月支廪银 18 两,每年计得银 216 两;中军,每月支廪银 8 两,每年计得银 96 两;千总,每月支廪银 6 两,每年计得银 72 两;把总,每月支廪银 5 两,每年计得银 60 两;冲锋、塘马、远哨、通丁、火器材官、占候、医生,每月支廪银 3 两,每年计得银 36 两;马兵百总,每月支廪银 2. 4 两,每年计得银 28. 8 两;步兵管队,每月支廪银 1. 8 两,每年计得银 21. 6 两。[③]

其二,明代的史料记载显示,统率召募之兵的武官,其廪给则呈一种上升之势。这可以明末尤其是崇祯年间的诸多事例加以说明:

一是明末统率召募之兵武官的俸银,其中中军都司,每月支取廪银 15 两,一年可得廪膳银 180 两;旗鼓守备,每月支取廪银 10 两,一年可得廪银 120 两;千总,每月支取廪银 4. 5 两,一年可得廪银 54 两;把总,每月支取廪银 3 两,一年可得廪银 36 两。[④] 在崇祯年间,即使像昌平镇中召募马步兵丁的队长,如此低级的军官,他们的俸银相较于普通卫所武官,也是高出许多。当时定下的月饷规则,为队长高于普通兵丁 2 钱银子。那么,经过折算,马兵队长,一年可得俸银 26. 4 两;步兵队长,一年可得俸银 24 两。[⑤]

---

① 谈迁:《枣林杂俎》智集《逸典 · 吏卒支给》,中华书局 2006 年版,第 10 页。

② 魏焕:《蓟州经略》,《明经世文编》卷 248,第 3 册,第 2606 页。

③ 杨嗣昌著,梁颂成辑校:《杨嗣昌集》卷 7《请定标营疏》,第 143 页。

④ 毕自严:《度支奏议》,《新饷司》卷 8《议复天津正振两营兵马疏》,第 2 册,第 583 页。

⑤ 毕自严:《度支奏议》,《新饷司》卷 9《题给昌平兵马月饷疏》,第 2 册,第 644 页。

二是崇祯三年(1630),新开设通州总兵衙门及其所属武官的俸银,同样也较为优厚。各级武官的具体俸银如下:总兵,每月薪俸银60两,一年支取720两,不再支取行粮;督阵材官,每月薪俸银3两,一年支取36两;旗牌,每月薪俸银2.4两,一年支取28.8两。[①] 同年,又制定通州、昌平二镇标下各官的廪费,包括每月廪膳、心红、柴薪等银。俸银支取按"现任"与"听用"两类执行。其中现任各级武官的具体标准如下:副将,每月32两,一年支取384两;参将,26两,一年支取312两;游击,22两,一年支取264两;都司,16两,一年支取192两;守备,10两,一年支取120两;中军,8两,一年支取96两;千总,6两,一年支取72两;把总,4两,一年支取48两;百总,2.4两,一年支取28.8两;管队,1.8两,一年支取21.6两。至于听用各级武官,则比现任减少一半。[②]

在明代武官系列中,其中的"听用"武职属于"废弁",其廪给相较于现任武职,按照通用的则例是减少一半。然在实际的执行中,显然也并非一概照此执行。这可以崇祯年间通州、昌平二镇标下听用各级武官的廪俸为例加以说明。其各级听用武官的廪俸核定标准如下:游击,月支银7.333两,一年支银87.996两;后经户部核定,改为每月支银7.2两,一年支银86.4两。都司,月支银5.33两,一年支银63.96两;后经户部核定,改为每月支银5.2两,一年支银62.4两。守备,月支银3.333两,一年支银39.996两;后经户部核定,改为每月支银3.2两,一年支银38.4两。旗牌官,每月支银3.09两,一年支银37.08两;后经户部核定,改为每月支银3两,一年支银36两。材官,每月支银2.6175两,一年支银31.41两;后经户部核定,改为每月支银2.6两,一年支银31.2两。[③]

三是崇祯三年(1630),规定福建入卫北边武官的月粮、行粮。其中最初核定的标准为:参将,包括廪给、心红、纸札,每月支银24两,一年支银280两,加上每月支取的行粮12两,则一年支银432两;守备,每月支银17.46两,一年支银209.52两,加上每月支取的行粮12.54两,则一年支银360两;把总,每月支银6.96两,一年支银83.52两,加上每月支取的行粮8.04两,则一年支银180两;百长,每月支银3.09两,一年支银37.08两,加上每月支取的行粮2.91两,则一年支银72两;大队长与高招手,每月支银1.5两,一年支银18两,加上每月支取的行粮1.2两,则一年支银32.4两;小队长与书记,每月支银1.2两,一年支银

① 毕自严:《度支奏议》,《新饷司》卷9《题覆通镇杨帅廪饩疏》,第2册,第646页。

② 毕自严:《度支奏议》,《新饷司》卷12《覆定通昌二镇饷额廪费疏》,第3册,第87—88页。

③ 毕自严:《度支奏议》,《新饷司》卷17《议覆通昌兵马粮饷规则疏》,第3册,第322—323页。

14.4两，加上每月支取的行粮1.35两，则一年支银30.6两。这一标准，经户部尚书毕自严核定之后，除去月粮不变外，参将、守备、把总的行粮稍有减少。譬如，参将的行粮，改为日给盐菜银3钱，米5升；守备的行粮，改为日给盐菜银2钱，米3升；把总的行粮，改为日给盐菜银8分，米3升。①

四是崇祯四年（1631），规定永平镇所属武官廪饷则例。其中各处武官的具体廪饷如下。

永平道标下武官廪饷标准：中军守备，月支廪粮银13.5两，心红银3.5两，两者相加，月支银17两，一年支银204两；旗鼓都司，月支廪粮银24两，心红银3.5两，两者相加，月支银27.5两，一年支银330两。后经户部核定，除中军照旧支取外，旗鼓都司官系添设官员，改为月支廪粮银14两，加上原本的心红银3.5两，月支银17.5两，一年支取210两。听用守备，月支银2.6两，一年支银31.2两；材官，月支银2.2两，一年支银26.4两；营队，月支银2两，一年支银24两；副中军、旗鼓加衔守备，月支银10两，一年支银120两；加衔都司，月支银5两，一年支银60两；材官百总，月支银2.4两，一年支银28.8两。后经户部核定，副中军、旗鼓，各减银4两，月支银6两，一年支银72两；材官，月支银1.8两，一年支银21.6两。

永平道标下山东营武官标准：都司，月支24两，一年支银288两；中军，月支银9两，一年支银108两；千户，月支银6两，一年支银72两；把总，月支银4.2两，一年支银50.4两。匡永营游击，月支廪银43两，一年支银516两；陆运车营都司，月支廪银24两，一年支银288两。后户部核定，游击，月减13两，一年支银360两；都司，月减6两，一年支银216两。②

五是崇祯四年（1631），定监视太监召募家丁统率武官以及标下武官的俸廪。如监视蓟镇三协粮饷、兵马、边墙、抚赏事务的御马监太监张国元，他召募的家丁统率武官，按照户部酌定的标准，大致如下：中军都司，月支廪银9两，一年支银108两；旗鼓守备，月支银6两，一年支银72两；千总，月支银4.5两，一年支银54两；把总，月支银3.6两，一年支银43.2两；材官，月支银2.4两，一年支银28.8两。③ 又协同监视关宁粮饷、兵马、边墙、抚赏等事务的太监马云程，其

① 毕自严：《度支奏议》，《新饷司》卷15《题覆闽省援兵行月粮额例疏》，第3册，第205页。

② 毕自严：《度支奏议》，《新饷司》卷20《覆议永镇官兵廪饷则例疏》，第3册，第529—532页。

③ 毕自严：《度支奏议》，《新饷司》卷25《议覆蓟镇监视官丁马匹饷料则例疏》，第4册，第62页。

标下所属武官俸廪,大致如下:中军参将,月支廪银15两,一年支银180两;旗鼓都司,月支廪银9两,一年支银108两;千总,月支银4.5两,一年支银54两;把总,月支银3.6两,一年支银43.2两;材官,月支银2.4两,一年支银28.8两。①此外,皮岛监视内臣下属武官的俸廪,则大致如下:中军游击,月支廪银15两,一年支银180两;旗鼓守备,月支廪银9两,一年支银108两;千总,月支银4.5两,一年支银54两;把总,月支银3.6两,一年支银43.2两;材官,月支银2.4两,一年支银28.8两。②

崇祯四年(1631),还留下了一份武官领取廪银的清单,大致可与上面的记载做一些比较。如副将盛略,日支银5钱;若以一月平均30天计算,则月支银15两,一年支银180两;甘肃游击赵用彬,日支银3钱,月支银9两,一年支银108两;甘肃总兵标下坐营都司葛勇,日支银2钱5分,月支银7.5两,一年支银90两;甘肃总兵标下旗鼓守备邓万锺,日支银1钱8分,月支银5.4两,一年支银64.8两;加衔游击、现任大平堡守备王万策,日支银2钱5分,月支银7.5两,一年支银90两;加衔守备杨奎光,日支银1钱6分,月支银4.8两,一年支银57.6两;千总曹撒赖,日支银1钱4分,月支银4.2两,一年支银50.4两;把总孙登魁,日支银1钱,月支银3两,一年支银36两;材官红旗张六,日支银8分,月支银2.4两,一年支银28.8两;百总、管队大旗陈能,日支银7分,月支银2.1两,一年支银25.2两。③

六是崇祯五年(1632),户部对关、宁各级现任武官实际支取的俸廪进行了统计,统计结果如下:游击,月支银30两,一年支银360两;都司,月支银24两,一年支银288两;旗鼓、将官,月支银18两,一年支银216两;先锋、领兵,月支银9两,一年支银108两;管饷、督阵,月支银6两,一年支银72两;赞画,月支银4.5两,一年支银54两;有马百总,月支银3两,一年支银36两;无马百总,月支银2.6两,一年支银31.2两;管队,月支银2两,一年支银24两。④

七是崇祯年间,经吴甡的实际调查,山西巡抚标营武官的俸廪支取,大致如下:中军,月支廪银、心红等项银15.66两,一年支银187.92两;坐营,月支廪银3两,一年支银36两;千总,月支廪银2.4两,一年支银28.8两;把总,月支廪银

① 毕自严:《度支奏议》,《新饷司》卷25《覆关宁监视员役廪粮规则疏》,第4册,第77页。

② 毕自严:《度支奏议》,《新饷司》卷28《议覆登岛监视下员役廪饷疏》,第4册,第249页。

③ 孙传庭:《孙传庭疏牍》卷1《报甘兵抵凤并请责成疏》,浙江人民出版社1983年版,第5—6页。

④ 毕自严:《度支奏议》,《新饷司》卷29《覆川兵出关多支廪饷疏》,第4册,第282页。

2.1两，一年支银25.2两。鉴此，吴甡提出了增加武官俸廪的方案，其中增加俸廪后的支取实况如下：中军参将，每月支廪银、心红等项银18两，一年支银216两；坐营守备，月给廪、红银8两，一年支银96两；千总，月给廪、红银4两，一年支银48两；把总，月给廪银3两，一年支银36两；马兵管队，月给饷银1.4两，一年支银16.8两；步兵管队，月给饷银1.2两，一年支银14.4两。①

八是崇祯七年(1634)，对总督标下武官俸禄重新加以规定，大致如下：参将，月支廪银18两，一年支银216两；中军，月支银8两，一年支银96两；千总，月支银6两，一年支银72两；把总，月支银5两，一年支银60两；冲锋、塘马、远哨、通丁、火器材官、占候、医生，月支银3两，一年支银36两；马兵百总，月支银2.4两，一年支银28.8两；步兵百总，各支银2.2两，一年支银26.4两；马兵管队，月支银2两，一年支银24两；步兵管队，月支银1.8两，一年支银21.6两。②

6. 军兵廪粮

明代军兵的基本收入，分为三类：一为“月粮”与“月盐”，属于军兵日常的固定收入；二为“行粮”，明代史料又称“行粮马草”，“专为从征军马而设”，属于军兵的出差性津贴；三是额定的犒赏，属于奖励性的收入。

(1)月粮与月盐

明代的军兵月粮支取则例，早在洪武初年即已确定，且随时代的变迁而稍有变化。史料记载显示，洪武初年下令，确立在京、在外各卫所马军、步军的月粮则例，大致为马军月支粮2石，步军月支粮1石。相较之下，马军的月粮较为优厚，是步军月粮的两倍。洪武二十一年(1388)下令，凡是民匠充军之人，月支粮8斗。可见，充军之人的月粮，仅为卫所步军月粮的8/10。洪武二十二年下令，若是民丁编为军人加以操练，那么月支粮1石。显然，民丁编练为军人，可以支取与卫所步军相同的月粮。至洪武二十三年，开始确定边地卫所军人月粮，以有、无家小支取多少不一的月粮。当时规定，普定、贵州、平越三卫，乌撒、毕节、永宁、黄平四个千户所，以及兴隆、普安、层台、赤水四卫的军士，月粮支取分为有无家小：有家小的卫军，月支粮1石；无家小的卫军，月支粮5斗。从这一规定不难发现以下两点：一是月粮是维系卫所军士及其家小生计的基本收入；二是在卫所

---

① 吴甡著，秦晖点校：《柴庵疏集》卷12《标兵经制允宜画一疏》，浙江古籍出版社1989年版，第263页。

② 杨嗣昌著，梁颂成辑校：《杨嗣昌集》卷7《述辽饷支用全数并乞罢第一疏》，上册，第143页。

军士的月粮中,其中一半即 5 斗作为卫军的口粮,另一半即 5 斗则作为家小的口粮。洪武二十五年下令,各处极边军士,不拘口数多少,均月支粮 1 石。这是考虑到极边环境的困苦,对极边军士在月粮支取上有所优待。

永乐年间,卫所军士月粮支取则例有所变化。如永乐元年(1403)下令,以家庭人口的多寡确立卫所军士月粮支取的准则。当时规定,松潘等处镇守军士,家小 10 人之上,月支粮 1 石;家小 9 人或 8 人,月支粮 8 斗;家小 7 人或 6 人,月支粮 7 斗;家小 5 人或 4 人,月支粮 6 斗;家小 3 人以下,月支粮 5 斗。相较于洪武年间的军士月粮支取则例,这一规定显然导致军士月粮的减少。永乐八年,确定守城卫所余丁的月粮。当时规定,山东都司各卫所的守城余丁,月支口粮 3 斗。这是余丁支取月粮的起始,但所支月粮仅为正军的 3/10。同年又下令,凡是粮多的地方,旗军的月粮,可以八分支米,二分支钞。粮少的地方,仍然维持原先所定支取比例。永乐九年,再次确定卫所军士月粮本色、折色支取则例,规定中都留守司、河南、浙江、湖广都司各卫所守城的旗军,均照旧全支本色米;山西都司各卫所,陕西都司腹里各卫所,为八分支本色米,二分支钞;福建、广东、广西、四川都司各卫所,为七分支本色米,三分支钞;江西都司各卫所,则米、钞中半兼支。

宣德年间,卫所军士月粮支取则例又稍有变化。宣德元年(1426)下令,铜鼓卫的边军,有家小的军士,可以月支粮 8 斗;无家小的军士,则仅支粮 5 斗。与洪武年间所定则例相比较,有家小的军士月粮,显然减少了 2/10。宣德十年下令,四川松潘的旗军,实行“验口给粮”:小河、叠溪、茂州、威州四个卫所的马军,月支粮 1 石;有家小的步军,月支粮 7 斗;无家小的步军,月支粮 5 斗。同年再次下令,山西行都司卫所的军士,有家小者月支粮 8 斗,无家小者月支粮 6 斗;调来操备的军士月支粮 5 斗,有家小者月支粮 8 斗。可见,宣德年间所定卫所军士月粮,大致维持在永乐年间的水平。

景泰年间,对召募的“勇敢”、报效的“舍余”、各仓的军斗、余丁等的月粮,重新加以定例。景泰元年(1450)题准,召募的“勇敢”与报效的“舍余”等,按照操备官军事例,均赏给冬衣、布花,并将口粮每月再增加 1 斗,定为月支粮 4 斗。景泰三年下令,北京、通州各仓的军斗月粮,有家小的从月支 6 斗,增为月支 1 石;无家小的从月支 4 斗,增为月支 6 斗。在神机营操练的余丁,月粮仍支 6 斗。又下令,各营报效的舍余,有冠带者月支米 1 石;无冠带但有家小的月支 8 斗,无家小的月支 6 斗。从各营选出操练的舍余,月支米 3 斗。此外,又下令,各处老幼、残疾的屯军,俱令他们把守城门,月支米 3 斗。又令口外的旗军,照旧支月粮 1

石。景泰六年，规定土木、榆林二个驿摆站军士的月粮，有家小的月支8斗，无家小的月支6斗。

天顺年间，减少马军的月粮，部分提高了边地步军的月粮。如天顺元年(1457)下令，各边军人，不分马军、步军，均月支米1石。于是，马军月粮，从洪武年间的月支2石，减少为月支1石；而步军月粮，大体维系洪武年间的数字，但比宣德年间有所增加，即从7斗增加为1石。

成化年间，一方面，增加卫所旗军在月粮支取上的本色数；另一方面，又重新规范卫所军人月粮支取时的米钞比例。如成化二年(1466)下令，各卫旗军的月粮，均增支本色米5升。同时又下令，四川成都右卫旗军的月粮，按照贵州卫所新定的事例，均米、钞“中半兼支”。具体本色、折色比例如下：无家小的军人，月支粮6斗，其中本色4斗，折钞2斗；老疾并出任纪录的军人，则各月支本色米3斗。松、茂、威、叠、小河五个卫所，有家小的军人，月支本色米8斗，折钞2斗；无家小的军人，月支本色米4斗5升，折钞1斗5升。其中拨发城堡贴守的军人，有家小的正军，在本卫月支米3斗5升，另在该堡月支米4斗；无家小的军人，只在该堡月支米4斗5升。随后又下令，松潘等卫所的旗军，有家小的月支本色米1石；无家小的在月支米8斗的基数上，再减去3斗，改为月支米5斗；老疾、纪录之军人，均月支米3斗。成化十二年下令，在长陵等卫洒扫宝山以及做工的旗军，月支米1石。成化十四年下令，在京各卫的余丁，但凡选取在营操练，均月支米6斗。成化十六年下令，种苜蓿的旗军，照养牛、种菜旗军之例，均月支粮1石。成化十七年下令，在六科廊做裁缝的军匠，月支米5斗。成化十九年下令，在宣府各城操练的舍余，均按照在城舍余之例，月支粮1石。成化二十年奏准，辽东军士的月粮，上半年发放本色米，如果遇到缺粮，则下半年改支折色，通常为每石折银2钱5分。成化二十一年下令，永清等卫的余丁、幼匠，月支米5斗。同年又下令，漕运军余的月粮8斗，均支本色；各处沿边、沿海的军士，月支粮8斗。

弘治年间，对军士月粮以及余丁、军匠、幼丁等口粮，重新加以部分变更。如弘治二年(1489)下令，凡是尚宝监选到锦衣卫的军匠、幼丁，月支米1石。弘治十五年议准，鉴于辽东米贵，军士月粮在折银时，每石加银3钱5分，即每石折银增至6钱，至次年七月照旧关支。弘治十八年又下令，南京送船余丁、各色匠役人等，每月口粮减半支给。

正德年间，对军士月粮折色重加更定。如正德元年(1506)题准，将北部沿边军士戍守的地区分为三等，以此确定不同地区军士的月粮折银准则：一等地区,每石折银不超过 7 钱;二等地区,每石折银不超过 6 钱;三等地区,每石折银不超过 5 钱。正德十一年奏准,泾王府的官吏、军校人等,应该支取的本色俸粮,每石按照初到年例,折银 4 钱。正德十二年又下令,衡王府官军旗校人等月粮,如果遇到放支折色,每米 1 石,折银 4 钱,每银 1 钱,折钱 70 文。如果应该支取钞贯,也必须确定适中的价值,不许亏欠。至于折钞的适中价值,可以正德六年所定则例为例加以说明。如正德六年下令,涿鹿二卫旗军未关支的月粮,改为折色钱钞。凡是弘治十五年(1502)以前未关支的月粮,每米 1 石,折钞 10 贯;弘治十六年以后未关支的月粮,每米 1 石,折钞 20 贯。每钞 1 贯,折钱 2 文。以此则例为计算的基础,正德年间补发旗军的月粮折钞,若是再折成钱文,少则 1 石折钱 20 文,多则 1 石折钱 40 文。这大大低于市场上的粮食价格,可见旗军在补发拖欠月粮的过程中,实则已经减少了基本收入。此外,正德五年议准,延绥镇守备烟墩的军士,除了该支取的月粮 1 石外,再按照“夜不收”的事例,每日给米 1 升,有时折银支给。若以一月 30 天计算,墩军每月额外所得为 3 斗,一年再增 3. 6 石。可见,墩军每年的月粮为 15. 6 石。

嘉靖年间,一方面,重定军士月粮折色则例;另一方面,对军士月粮折银稍有增加。如嘉靖元年(1522)议准,鉴于古北口仓粮缺乏,守备古北口的官军,当该支取折色月粮时,仍照旧每石折银 4 钱 5 分;若是遇到该支取本色月粮的月份,折银时每石折银 6 钱 5 分,由军士自行买取粮食。嘉靖二年又下令,偏头所的官军月粮,每石折银量增价银 5 分,即每石折银 5 钱;宁、代的游兵,每斗折银量增银 1 分,每石折银量增银 1 钱。若以此计算,则每石折银 5 钱 5 分。嘉靖三年议准,贵州的站军,自兴隆至贵州,在城的 10 站,且路兼两省,每月各加粮 2 斗;其地迤西至云南,且路通一省,每月各加粮 1 斗。嘉靖七年题准,东、中二路官军的月粮,按照在边官军惯例发放:一为在该支取本色的月份,每石给钱 5 钱 5 分;二为在该支取折色的月份,每石给银 4 钱 5 分。至于仍在卫所的军士,不拘时月,每石给银 4 钱。嘉靖二十三年议准,陕西兰靖所的新兵,尚处在腹里,与极边军士不同,月粮每石折银 6 钱,均于正月内将整年月粮发放。嘉靖三十一年又题准官军月粮发放本色、折色的定例:春、夏两季,发放本色;秋、冬两季,发放折色。至于马匹料草,春季发放本色,冬季发放折色。嘉靖三十四年议准,马水口防守的军士,上半年每月的月粮支本色粮 6 斗,折色粮 4 斗,其中的 4 斗折色粮,照例折银 2 钱 6 分,即 1 斗折银 6 分 5 厘;下半年,全部发放折色,每石折银 4 钱 5 分。可见,在上半年的本色月粮中,又有六分之四改为折色。嘉靖三十七年题准,保定军士的月粮,每年大月该支本色 6 斗,按旧例每斗折给银 7 分;该支折色

4 斗,这 4 斗折色粮照例应给银 2 钱 6 分。鉴于保定镇米价昂贵,本色每斗量加折银 1 钱,连同原先的折色米,那么保定军士的月粮,在大月时可得银 8 钱 6 分。夏冬为小月,照旧每月折支银 4 钱 5 分。嘉靖四十年议准,蓟州镇新、旧家丁,每名月粮 1 石,全年均给本色。可见,家丁的月粮支取,明显优于普通军士。①

从明代的生活实况来看,边兵月粮改为折色,往往会因为边地粮价的高昂而导致实际生活水平的下降。如明末边镇之兵,月饷多的为银 7—8 钱,少的只有银 4—5 钱。这一月饷银,即使能够完全支取,也仅仅能从市场上购得米数斗而已。② 边兵生活之窘况,由此不难想见。

上面所引,均为见于《明会典》所载,大致为明初所定的军士月粮则例,及其在以后各朝的基本变化。毫无疑问,明代卫所军士的月粮,存在着一个基本的则例,大抵如下:若是单身的军士,月粮 6 斗,若有妻,则月粮为 1 石;纪录、老疾的军士,月粮 3 斗;把门、修仓军斗、余丁,月粮各为 3 斗;操备舍余的口粮,则为 4 斗;有妻的军匠,月粮为 8 斗,若是无妻,则为 4 斗 8 升。至于月粮的支取,大致为每年的二月、十月,关支的月粮为折银,每米 1 石,折银 5 钱,其他月份的月粮,均支取本色之米。若是遇到闰月,则本色、折色,"随宜关支"。③ 则例虽定,若是广泛搜罗其他史料记载,明代军士的月粮支取,则显相对复杂。这种复杂性大抵体现在以下几个方面。

其一,有些军士的月粮,往往可以支取"双粮",月粮收入是普通军士的一倍。如京营的"选锋",即为"月食双粮",也就是每名月给米 2 石,"较之别兵,亦为优厚",所以引发众军"垂涎欲得"。④ 按照一般的惯例,辽东边兵,在营月食为银 4 钱,每年计得 4.8 两。但正是因为正常的边军仅仅是充数而已,缺乏战斗力。于是,在边地各级将军之下,均有自己的随任家丁,原无定额,多者有百余人,少者五六十名,或三四十名。这些家丁,一般被军中用为前锋,每次遇到征战,家丁当先,弱兵随之。正因为他们善战,所以在待遇上相对就比一般军士显

---

① 上面所引军士月粮,均可参见申时行等修:《明会典》卷 41《户部》28《经费》2《月粮》,第 286—290 页。

② 徐光启:《徐光启集》卷 1《拟上安边御虏疏》,上海古籍出版社 1984 年版,第 8 页。

③ 顾起元:《客座赘语》卷 10《官军粮赏则例》,中华书局 1997 年版,第 309 页。

④ 杨东明:《青琐荩言》卷下《巡视京营复命疏》,载邹建锋、李旭等编校:《北方王门集》,下册,上海古籍出版社 2017 年版,第 1154 页;毕自严:《度支奏议》,《新饷司》卷 9《题给昌平兵马月饷疏》,第 2 册,第 644 页。

得优厚,除了部分仍支单粮之外,大多可以支双粮,亦即每月可得饷银8钱,每年计得银9.6两。①

其二,有些军士的月粮,往往不食"全粮"。若以正军月粮1石为准则,这些不食全粮的军士,月粮明显低于1石。以陕西西安左卫为例,不食全粮的军士,包括下面几类:一是"寄名舍余"。这些人冬天操练,夏天放归。操练的时间,大致是从每年的10月,至来年的2月。在操练期间,每日口粮1升,每月食粮3斗,小月则为2斗9升。若是有骑操马的舍余,则食粮1石,其中本色6斗,折色4斗。此外,这些有马的舍余,尚可每年得绵布2匹,绵花1斤。二是"抽选武备常操舍余"。在这些舍余中,若是有马,则食粮1石,其中本色6斗,折色4斗,绵布1匹,绵花1斤;若是无马,则只有月粮6斗。三是"旧招募义勇"。这些义勇,每月食粮4斗。四是"招募土兵",亦即新招募的义勇。这些新招募的义勇,冬天开始操练,大致是从每年的10月,至来年的3月,每月食粮3斗,外加绵布1匹。五是"屯军"。若是有马的屯军,每月食粮1石,其中本色6斗,折色4斗,外加绵布2匹,绵花1斤8两;若是无马的屯军,则每月食粮4斗,从每年的10月起,至此年2月止,外加绵布1匹,绵花1斤8两。六是"起调护卫遗留余丁"。其中投充常操的余丁,每月食粮1石,其中本色6斗,折色4斗;只是备冬操练的余丁,从每年10月起,至此年2月止,每月食本色粮4斗。②

其三,军士月粮支取,以是否有家小而多寡不一。这在前面已经详细列举。至于所谓的"家小",通常只是以妻作为"家小"。此外,即使家有父母兄弟,但因无妻,也被等同于无家小,需要减支月粮。显然,在军士月粮支取则例的制定上,存在着一种"轻父母而重妻"的倾向。③

其四,正军与舍余、余丁,在月粮的支取上,存在着差别。这在上面的阐述中已经得以体现,下面再引述几则事例加以说明。如宣府等处的旗军,其月粮的支取,一般为有家小的旗军,月支粮8斗,后增至9斗;无家小的则月支粮6斗,后增至7斗。④ 即使是养马的军丁,虽月粮少于正式操练的旗军,但相较于余丁,还是颇显优厚。如甘肃、陕西苑马司养马的军丁,每军1名,养马10匹,月支口粮6斗。⑤ 至

① 李化龙:《摘陈辽左紧要事宜疏》,《明经世文编》卷422,第4594页。

② 杨一清:《关中奏议全集》卷6《为地方事》,载氏著,唐景绅、谢玉杰点校:《杨一清集》,上册,中华书局2001年版,第182—183页。

③ 李秉:《奏边务六事疏》,《明经世文编》卷43,第1册,第332页。

④ 叶盛:《军务疏》,《明经世文编》卷59,第1册,第468页。

⑤ 杨一清:《关中奏议全集》卷1《为修举马政事》,《杨一清集》,上册,第2页。

于余丁，则月粮明显减少。如马快船上的余丁，通常每名月支米5斗。①

其五，主兵、客兵月粮，同样存在着差异。以明末班军为例，在关、宁修工的班军，每月给银7钱5分，米4斗5升。② 这无疑已是相当丰厚的月粮收入。又如蓟州镇每年防秋的班军，若是主兵，每年该支月粮12石，即每月1石。此外，若是出戍100里之外，又可以支取行粮。反观作为客兵的班军，在防秋的4个月中，仅仅支取行粮1石8斗，折合每月支取4斗5升。换言之，主兵一人的收入，大致可以抵客兵七人的收入，尚且有余。③

其六，在军士月粮的支取上，某些军士的月粮则相对丰厚。在边地，一些专门挑选的精兵，他们的月粮明显高于普通的正军。如宣府所属各路城堡，专门挑选“勇敢者”，编成行伍，作为“战锋”，他们的月粮就在正粮1石之外，外加米5斗，并且还有“厚悬赏格”。单就月粮而言，这些精兵的收入就比普通正军高出50%。④ 在京城，即使是守城门的门军，他们的月粮，也明显高出普通的军士。按照制度规定，这些门军中的精锐，若是随京营操演，可以支取月米1石；即使是老弱的门军，仅仅充当夜巡传箭之役，也同样可以支取月米8斗。⑤

其七，无论是原先卫所的军，还是明代中期以后召募的兵，他们的月粮收入存在着不小的差别。

就卫所的军来看，亦可分为在京卫所、沿边卫所、沿海卫所与漕运卫所，其收入差别较大。在这些卫所的军中，其收入以月粮为主，尤以在京卫所之军最为优厚。如在京各卫之军，其有家小者，月粮明显比边卫多。即使是无家小者，所支月粮数相同，但因无折钞之例，算起来也比边卫旗军为优。成化六年（1470），根据刑部衙门的上奏，制定了在京各卫所旗军的月粮定例，其中规定：军人所支月粮，若有家小，每月例支1石，每年计得12石，若以石米折银5钱计算，折合平价银6两；若无妻小，每月例支6斗，每年计得7.2石，折合平价银3.6两；若是妻

---

① 王廷相：《浚川奏议集》卷5《节省快船冗费题本》，载氏著，王孝鱼点校：《王廷相集》，第4册，中华书局2009年版，第1267—1268页。

② 毕自严：《度支奏议》，《新饷司》卷16《覆蓟辽督抚议措班军月饷疏》，第3册，第300页。

③ 唐顺之著，常州市唐荆川研究会编：《唐荆川诗文集》卷19《条陈蓟镇补兵足食事宜》，凤凰出版社2012年版，第515页。

④ 翁万达：《军务疏》，《明经世文编》卷223，第3册，第2338页。

⑤ 吴甡著，秦晖点校：《柴庵疏集》卷3《额饷难加冗食当撤疏》，浙江古籍出版社1989年版，第62页。

子亡故，但尚有父母、弟娣、子侄同居共爨，亦按有家小之例关支。① 沿边卫所之军，若以大同镇为例，其间月粮稍有变化。宣德十年（1435）下令：山西卫所旗军，有家小者，每月支月粮8斗，每年计得9.6石，折合平价银4.8两；无家小者，每月支月粮6斗，每年计得7.2石，折合平价银3.6两。至于调来操备的旗军，无家小者，每月支月粮5斗，每年计得6石，折合平价银3两；有家小者，每月支月粮8斗，每年计得9.6石，折合平价银4.8两。正统九年（1444）又下令：大同、宣府卫所旗军的月粮，有家小者，月支月粮8斗，每年计得9.6石，折合平价银4.8两，然月粮中，每月有1斗折成钞；无家小者，月支月粮6斗，每年计得7.2石，折合平价银3.6两，月粮中每月有4斗折成钞。因为月粮中有部分折钞的存在，导致月粮收入又会稍有减少。正统十四年，下令大同选操屯军，按照守城军士一样支取月粮。若是有家小，则每月支月粮8斗，每年计得9.6石，折合平价银4.8两；若无家小，每月支月粮6斗，每年计得7.2石，折合平价银3.6两。至天顺元年（1457），又下令沿边各卫所军人，不分马兵、步兵，均改为月支米1石，每年计得12石，折合平价银6两。此例一直延续至明末。② 沿海卫所如福建福州卫所之军，则分为征操军、屯旗军、屯种军三种。其中的征操军，若按季践更，是月得米8斗，每年计得9.6石，折合平价银4.8两；若是给银，则月给银4钱，每年计得银4.8两；若是出外海或守烟墩，则月给米1石，每年计得12石，折合平价银6两；若是给银，则月给银5钱，每年计得6两。其中选练备战的余丁，月给米8斗，每年计得9.6石，折合平价银4.8两。屯旗军主要用于屯种，其收入是受田输粮，不从官方领取行粮或饷银。但屯军一旦被调防守，也可得月米8斗，每年计得9.6石，折合平价银4.8两。③ 这些旗军的月粮收入，甚至低于地方巡检司下辖弓兵的收入。按照明代的制度规定，地方巡检司的弓兵，其收入为每年饷银7.2两。④

在卫所军士的收入中，当数运军收入较低。按照明代的制度规定，漕运军士，每月支米8斗，每年计得9.6石，折合平价银4.8两。至于漕运中的操备及诸杂差，有妻者，每月支米6斗，每年计得7.2石，折合平价银3.6两；无妻子者，

---

① 戴金编次：《皇明条法事类纂》卷16《旗军人等有家小关米一石无家小关米六斗例》，第408页。

② 杨嗣昌著，梁颂成辑校：《杨嗣昌集》卷8《西阅大同情形第七疏》，第171页。

③ 万历《福州府志》卷20《兵戎志》2《武备》，《日本藏中国罕见地方志丛刊》，书目文献出版社1992年版。

④ 万历《盐城县志》卷3《民事志》，明万历刻本。

月支米4斗5升，每年计得5.4石，折合平价银2.7两；若是羸老残疾的军士，则月支3斗，每年计得3.6石，折合平价银1.8两。①

即使是明末三屯镇营军兵的月饷，其间的差别也颇为明显。在这些营兵中，以亲丁食饷最为丰厚。除此之外，营兵月饷收入分为二等：一种是月饷1两5钱，每年可得银18两，但年终不再给绵布、绵花；另一种是月饷1两，每年可得12两银子，年终仍给绵布、绵花银8钱4分，即每年共得银12.84两。② 如马兰等四路调防至三屯镇的勇壮，照例食旧饷，一般是二、三、四、五月上班，每月支银1两；正、六月下班，每月支银7钱；八、九、十、十一月上班，每月支银1两；七、十二月下班，每月支银4钱5分。③ 按照上班、下班的不同，这些调防过来的勇壮，一年的饷银总计可支银10.3两。

在募兵制兴起以前，京城各营勇士，每月的收入为月粮1石，每年计得12石，折合平价银6两。此外，还可支马料豆9斗，外加谷草30束。④ 嘉靖末年以后，谭纶在浙江练兵，在他的奏疏中就说到，3万兵岁需饷54万两，可见，当时所募之兵，每名岁饷银16两。⑤ 尽管这16饷银并不一定能完全到兵士手中，但募兵收入显较卫所军士优厚。又如松江沿海募集的兵士，每名月给银8钱，每年计得银9.6两。⑥ 即使吏胥、队长不免蚕食其中，兵丁并非能如数拿到月银，但相对还是比较优厚的。至于标营兵士，其收入亦相对优厚。如马番、汉丁，每月支银1.6两，每年计得19.2两；马军，每月支银1.5两，每年计得18两；步兵，每月支银1.4两，每年计得16.8两。⑦ 还有那些标下之教师、内丁，在待遇上比起一般的营兵更为优厚。按照惯例，教师为众兵师范，劳苦倍常，就可以在军兵食粮之外，每名每月加银3钱，亦即每人每月支银9钱，每年计银10.8两，外加每月得米6斗，每年计7.2石，折合平价银3.6两。两项相加，每年的收入可达14.4两银子。而内丁，则是每名每月加银2钱，亦即每人每月支银8钱，每年计得银9.6两，外加每月得米6斗，每年计得7.2石，折合平价银3.6两。两项相加，每年的收入可达13.2两。⑧ 崇祯年间团练的新兵，他们的月粮也相对优厚，其中

---

① 谈迁：《枣林杂俎》智集《逸典·吏卒支给》，第10页。

② 毕自严：《度支奏议》，《新饷司》卷24《议覆三屯镇营经制疏》，第4册，第32页。

③ 毕自严：《度支奏议》，《新饷司》卷24《议覆三屯镇营经制疏》，第4册，第34页。

④ 刘体乾：《财用诎乏恳乞圣明节省疏》，载孙旬辑：《皇明疏钞》卷39，明万历十二年刻本。

⑤ 赵翼著，王树民校证：《廿二史札记校证》卷34《将帅家丁》，第778页。

⑥ 何良俊：《四友斋丛说》卷14《史》10，中华书局1983年版，第122页。

⑦ 杨嗣昌著，梁颂成辑校：《杨嗣昌集》卷7《请定标营疏》，第143页。

⑧ 徐光启：《徐光启集》卷4《简兵事竣疏》，第166页。

上等的新兵,月食 1 两 4 钱,外加米 1 斛。若以米 1 斛折银 4 钱计算,这些上等的新兵,月粮收入可达 1. 8 两,全年月粮收入为银子 21. 6 两。① 此外,崇祯十五年(1642),京营曾厚募边勇营、壮丁营,前者专练骑射,后者专练火器。边勇营的士兵,每月支米 1 石,外加盐菜银 1 两,亦即一年支米 12 石,折合平价银 6 两,外加一年所得盐菜银 12 两,两项相加,边勇营的士兵一年的收入为 18 两。壮丁营的士兵,每月支米 1 石,外加盐菜银 6 钱,亦即一年支米 12 石,折合平价银 6 两,外加一年所得盐菜银 7. 2 两,壮丁营的士兵一年的收入为 13. 2 两。至于京营中其他的士兵,则只能每月支取 1 石月粮,每年支取 12 石月粮,折合平价银 6 两,均无盐菜银。② 盐菜银虽带有每月津贴的性质,但同样归入月粮之中,使边勇营、壮丁营的士兵月粮收入,单是津贴收入,就已足以与原先的月粮相当,甚至超过原先的月粮。以崇祯三年(1630)来自福建的援兵为例,其中的兵就分为土兵与浙兵两种,月粮收入也有差异:土兵,每月支月粮银 9 钱,一年共收入银子 10. 8 两;浙兵每月支月粮银 9 钱 9 分,一年共收入银子 11. 88 两。③ 两者年月粮收入差距为 1. 08 两。

崇祯四年(1631),专门制定了永平镇下属军兵杂役人员廪粮的则例,从中不难发现军兵杂役人员的月粮收入,明显高于原先卫所军士的收入。则例规定:永平道的标下,夜不收,各月支银 9 钱,一年得银 10. 8 两;旧时服役的家丁,各月支银 1 两 6 钱,一年得银 19. 2 两;官丁,各月支 1 两 8 钱,一年得银 21. 6 两;内丁,各月支 1 两 8 钱,一年得银 21. 6 两。永平道标下的山东营,其中教师 61 名,各月支 2 两 4 钱,一年得银 28. 8 两。陆运车营,其中把运车头 11 名,各月支 3 两,一年得银 36 两。即使后经户部建议,将车头的收入每月减少 9 钱,即月支 2. 1 两,一年尚可得银 25. 2 两。④

除了月粮之外,明代的军士尚可支取"月盐"。洪武二十六年(1393)规定,凡是内外大军关支月盐,有家小的军士,月支盐 2 斤;无家小的军士,月支 1 斤。正统二年(1437)下令,修盖德胜等门做工的军余人匠,每名月支食盐 1 斤。正统三年下令,甘肃等处的官军,在本地出盐去处,自行捞取食盐食用。正统四年下令,从京城卫所调至辽东操备的军士,按照辽东的惯例,每名月给食盐 2 斤。

① 毕自严:《度支奏议》,《新饷司》卷 10《覆昌平侯督治兵马钱粮疏》,第 2 册,第 681 页。

② 吴甡著,秦晖点校:《忆记》卷 3,浙江古籍出版社 1989 年版,第 419 页。

③ 毕自严:《度支奏议》,《新饷司》卷 15《题覆闽省援兵行月粮额例疏》,第 3 册,第 205 页。

④ 毕自严:《度支奏议》,《新饷司》卷 20《覆议永镇官兵廪饷则例疏》,第 3 册,第 529—532 页。

成化十二年(1476)下令,凡是营造军民人匠,每名每月给食盐1斤。成化十三年下令,南、北二京锦衣等卫的校尉,以及各处的旗校军士,月盐一律停止支取。① 可见,军士月盐的支取,仅仅存在于明初,这一定例至成化十三年大致已经废除。

(2)行粮

明代军士的行粮与马草,专门为“从征军马”设立。军士出征,包括行操、出哨、守墩、瞭高、烧荒、修边、防秋及各色公干。至于行粮的支取,按照时日、路程计算支给。若是计日,则以路程5日为计算单位;若是计程,则以出境100里至300里为计算单位。行粮的支取,有本色,有折色,有暂时支取,有轮季支取。

军士行粮则例初定于洪武三十五年(即建文四年,1402),当年下令,大同守墩军士若有出哨、巡边、守墩、瞭高等项公差,就“验日计程”,支给行粮。至于行粮多少,当时尚未具体确定。

宣德三年(1428)奏准,各处镇守总兵等官带去的官军,均月支行粮4斗5升;若是边卫军士随总兵官“出境征进、追剿达贼者”,则验日支取行粮。至于其他不时差遣沿边探听声息,以及境外巡逻、瞭哨的军士,则不再支取行粮。宣德三年又下令,各处选调至京操备的官军,月支行粮3斗。宣德十年下令,各卫的旗军调至大同操备,月支行粮5斗。

正统二年(1437)下令,大同巡边的军士,月给行粮5斗,料豆1石2斗。正统四年下令,沿边各卫砌关口的旗军,假若离卫400里以上,准许月支口粮3斗。又下令,甘肃、宁夏等处各卫的征操军士,若遇边警,跟随随总兵出境征进、追剿达贼,以及差出探听声息、巡逻哨瞭,每月支取行粮3斗,验日支给。正统五年下令,梁城守御千户所官军调至北京操备,月支行粮4斗;陕西都司都指挥管领的旗军在甘肃、宁夏及延绥等寨堡备御,照甘肃备御旗军则例,月支米5斗。正统六年下令,境外冲要守御官军及离城百里之上的官军,可以支取行粮,至于身处内地,以及外出不到百里者,则不能支取行粮。同时下令,各边的哨备官军,在边哨备时,月给行粮,一旦回到本卫,就不再支取行粮。正统七年下令,密云各卫边军出境巡哨及夜不收人等,按照时日支取行粮,大致为每日支取行粮1升;至于守关操备,且并未出境的军士,则不能支取行粮。正统十年议准,宁夏沿边从事修砌的军士,按照离城百里为准则,日支行粮1升;不及百里的军士,就在本等月粮内食用,不许再支行粮1升。

---

① 申时行等修:《明会典》卷41《户部》28《经费》2《月盐》,第290—291页。

景泰三年(1452)下令,松潘等卫所的官军,若是出差300里之外,巡哨、贴守共计达5日之程,可以支取行粮。此年又下令,南京各卫驾船的军余,往来达两月的路程,每人支取行粮8斗;若是往来达半年的路程,则每人支取行粮2石8斗。

天顺五年(1461)奏准,凡都督等官,率领达官军人征剿,旗军每日支取行粮1升5合,舍人、儒士、家人,则每日支取1升。至于随征之马,则每匹日支料豆4升,草1束。

成化十五年(1479)下令,各边防护、修墩、烧荒的官军,若在百里及五日之内,可以自备粮料,则不许关支行粮、马草;若五日及百里之外,则允许关支行粮、马草。

弘治二年(1489)奏准,沿边各卫所征哨并按伏备堡等项官军,若外出百里之外,均日支口粮1升5合;备御官军,日支行粮1升7合;马日支料3升,草1束。如在百里之内,则不许关支行粮、马草。

正德七年(1512)下令,动调京边的官军,可以按照惯例支取行粮、料豆、马草。其他各类存操的官军,必系总督、提督官会调隔别地方截杀,方许支给行粮;若仅仅是在本处防守,那么除支取本等月粮外,不许妄支行粮。

嘉靖六年(1527)议准,辽东的"夜不收",自嘉靖六年之后,月给行粮2斗。嘉靖十一年题准,沿边各镇从征的军士,遇敌战守及紧急哨探,行粮每日加给5合。嘉靖二十八年题准,四川、湖广征调土兵的行粮,照官军之例,日支1升5合。若愿意支取本色,月给米4斗5升;若支取折色,则给银2钱2分5厘。嘉靖二十九年题准,密云、马兰谷、太平寨、燕河营四路的墩军,均以防秋为始,自每年的7月起,至10月止,合计4个月,每名每月添支行粮2斗。此外,马兰谷等三路"夜不收"的行粮,也按照密云一路标准,每名每月添加1斗,每月共支取行粮3斗。嘉靖三十一年题准,大同掣回班操的官军,照旧分为春、秋二班,每名月支行粮4斗5升,按照宁武官军支给的事例,每石给银6钱3分。嘉靖三十三年题准,苏州、松江、浙江御倭的将士,除百里内月粮自给外,其余征行调集百里之外,旗军日支行粮1升5合,每匹马支取料豆3升,草1束。嘉靖三十四年议准,蓟州、密云、昌平一带,官军征调外出100里之外,准许全给行粮;50里以外,且系防秋之日,果真有贼势压境,必须昼夜摆守,可以隔日支取行粮;若是贼势稍缓及并非防秋之日,即行停止行粮的支取;50里以下,离家不远,就由军士自备粮饷,不准支给行粮。当然,此年的则例又有一个补充规定,即假如果真与敌对垒相持,事势急迫,不能供送,那么隔日支取行粮可以暂时改为全支行粮,不支行粮也可暂时改为隔日支取行粮。等到贼退,则停止行粮的支取。此外,又题准,延绥客兵的行粮,若是贼至百骑,逾日不退,即使是在100里之内,也允许支取行粮。嘉靖三十六年题准,京营并标下人马,以及选用的火器手,每军每月除支取月粮之外,随仓各支口粮2斗。等到练成归营之日,仍按照旧额支取本等月粮。

万历七年(1579)题准,中都、河南、山东三都司班军的行粮,每班各给本色3个月,折色3个月,均按照到京的实数、实日造支。①

上面所述大抵为明代军士的行粮则例及其变化。若是广泛搜罗其他诸多史料,则可见在实际的执行过程中,军士的行粮因为区域或者兵种的不同而多有差异,甚至因为时代的不同,而使行粮的支取渐趋宽松化。

第一,就官军行粮而言,漕运运粮官军的行粮则例,显然可以稍作补充。根据记载,运粮官军支取的行粮,大抵按照区域与卫分的不同而有所差异。如浙江、江西、湖广、江南、直隶的卫所,以及南京各卫,俱于本处支取行粮米3石;江北凤阳等八府的卫所,以及直隶庐州、安庆、陆安、滁州、泗州、寿州、仪真、扬州八卫,俱于淮安仓支取米麦2石8斗;高邮、淮安、大河、邳州、徐州左六卫,俱于徐州仓支取米麦2石6斗;遮洋船及南京水军左等八卫,大河等五卫,山东各卫,分别于南京各卫仓、淮安常盈仓、临清仓,支取米2石4斗;德州、天津等九卫,于德州仓支取米2石。② 可见,运粮官军支取行粮的多少,基本按照运粮路程远近而定。

第二,从总体趋势看,边地军兵行粮的支取渐趋宽松化。按照《明会典》的记载,无论是成化十五年(1479)的敕令,还是弘治二年(1489)奏准的条例,边地军兵行粮的支取,必须符合两个条件,方可支取,即一是地在百里之外,二是时日在五日之外。事实上,边地很多防秋的军士,从每年六月赴边,直至九月才回营,昼夜戒严,辛苦万状,但按照所定事例,一概不准支取行粮。为此,由翁万达题疏,再经户、兵二部议准,防秋军士也照例可以支取行粮。譬如宣府、大同及山西丫角迤西极边一带,防秋摆守的官军、夫壮人等,不分百里内外,"一体支与行粮、料草";丫角迤东,地在百里之内,必须等到遇警赴边之日,方许支给行粮。③

第三,相较而言,军兵支取的行粮,虽有定则,但在具体执行过程中,军兵行粮也是高下不一。按照则例,军兵行粮每月例支4斗5升,折合平价银0.225

① 申时行等修:《明会典》卷39《户部》26《廪禄》2《行粮马草》,第281—283页。

② 马昂:《会议漕运事宜》,《明经世文编》卷41,第1册,第322页。

③ 翁万达:《广储蓄以备军需以防虏患疏》,《明经世文编》卷223,第3册,第2335—2338页。

两。然在实际的执行过程中，军兵的行粮则有高有低。具体月支行粮的数字如下：

高者月支行粮银超过 1 两，其中最高者为崇祯年间来自南京、苏州、松江的援兵，每日可得行粮银 1 钱，若以一月 30 日计算，则月支行粮银 3 两。即使后来稍加裁减，定为每日 5 分，尚能月支行粮银 1.5 两。① 其他行粮银超过 1 两的例子如下：天启七年(1627)，京军援辽，根据行粮旧例，步军每日支取行粮 1 升 5 合，若以每月 30 日计算，则每月支取行粮 4 斗 5 升，折合平价银 0.225 两；外加每日盐菜银 3 分，月支 0.9 两。两项相加，步军每月可得行粮银 1.125 两。若是马军，每日加支料豆 3 升，折银 2 分 1 厘；草 1 束，折银 1 分 5 厘。稍加核算，马军每月加支料豆、草束银 1.08 两，加上该得的行粮银 1.125 两，共计每月可得 2.205 两。② 崇祯年间，按照原先的惯例，京军赴通州、蓟州防守，马军每日支取行粮 1 钱 5 分，若以一月 30 日计算，则月支行粮银 4.5 两；步军每日支取行粮银 8 分，月支行粮银 2.4 两。这属于京军远戍，行粮相对优厚。至于来自四川的援兵，包括松潘官兵与石砫土兵，他们每月的行粮银为 1.4 两，外加米 1 斛，折合银 4 钱，无盐菜银与绵布、绵花。③ 两项相加，月支行粮银 1.8 两。崇祯二年(1629)，在隆冬季节，京军负责城守，每日可支行粮本色米 2 升，折银 1 分 5 厘，外加盐菜银 2 分，煤炭银 2 分。若以一月 30 日计算，每名京军可得行粮银 1.65 两。④ 崇祯三年，河南、山东的援兵，他们支取的行粮为每兵日给米 1 升半，若以每月 30 日计，则每月支取行粮 0.45 石，折合平价银 0.225 两；外加每日盐菜银 3 分，若以每月 30 日计，则月支盐菜银 0.9 两。⑤ 两项相加，则可月支行粮银 1.125 两。

低者月支行粮银低于 1 两，其中最低者，当数两广的土兵，行粮每月仅支 3 斗，折合平价银 0.15 两。⑥ 此外，月支行粮银低于 1 两的例子如下：崇祯年间，山海关修城的班军行粮，为日食米 1 升 5 合，月食米 4 斗 5 升，折合平价银 0.225 两；外加每日盐菜银 2 分，月支盐菜银 0.6 两。两项相加，月支行粮银 0.825 两。

---

① 毕自严：《度支奏议》，《新饷司》卷 9《题覆郧抚援兵粮饷安家疏》，第 2 册，第 638 页。

② 毕自严：《度支奏议》，《堂稿》卷 8《蓟镇授兵本色甚急疏》，第 1 册，第 333—334 页。

③ 毕自严：《度支奏议》，《新饷司》卷 17《题定秦兵饷例不准盐菜布花疏》，第 3 册，第 334 页。

④ 毕自严：《度支奏议》，《堂稿》卷 8《酌给京军行粮疏》《分委员司官给散城守行粮疏》，第 1 册，第 329、335 页。

⑤ 毕自严：《度支奏议》，《新饷司》卷 8《覆总河河南山东援兵月粮行粮疏》，第 2 册，第 549—550 页。

⑥ 张岳：《论湖贵苗情并征剿事宜疏》，《明经世文编》卷 193，第 3 册，第 1995 页。

至崇祯三年（1630）八月，崇祯帝最后下旨确定，盐菜银定为日给2分5厘。那么，山海关修城班军每月行粮银为0.975两。[①] 若是京军在山陵供役，照例马军每日支取行粮银5分，若以一月30日计算，则月支行粮银1.5两；步军每日支取行粮银2分5厘，月支行粮银0.75两。南赣军兵的行粮，通常为每日2分银子，若以每月30日计，则每月支取银0.6两。[②] 湖广土兵，在4斗5升之外，又多加一倍，则月支行粮9斗，折合平价银0.45两。[③] 湖广土兵中的“打手”，除了每月支取工食银8钱之外，其支取的行粮为每月6斗，折合平价银0.3两。[④] 崇祯年间，通州班军修建墩台，其中所支取的行粮，为日给米2升，若以每月30日计算，则月支米6斗，折合平价银0.3两。[⑤]

（3）军士基本收入分析

明代军士的基本收入，大抵以月粮、行粮为主要收入来源。明代的军士，既有卫所之军、召募之兵之分，又有主兵、客兵之别，其间的收入则各有差异，可见军士的基本收入颇为复杂。若是细加分析，大抵具有以下特点：

其一，从月粮、行粮分支到月粮、行粮兼支，这是军士收入增加的一个侧面反映。明末人毕自严在上疏中有云：“该臣等看得兵有主客之分，饷又行月之别。主兵之不支行粮，犹客兵之不支月饷，其例一也。”[⑥]此说足以证明，军士月粮、行粮只能分支，不可兼支。换言之，主兵只能支取月粮，不可在支取月粮之外，再支取行粮；客兵只能支取行粮，不可在支取行粮之外，再支取月粮。

事实并非如此，即军兵兼支月粮、行粮者不乏其例。如明代调拨守边的官军，通常均有行粮、口粮，但他们在原卫的家小，又能支取月粮。对于官方来说，这是一种“重费”，导致有些军士的家小，随军居住，并偷偷将本卫所得月粮“粜卖与人”；而对军士来说，这种兼支月粮、行粮的存在，无疑增加了隐性收入。[⑦] 一至明代末年，军士月粮、行粮兼支似已成为一种常例。如在天启元年、二年（1621—1622）间，征调边兵抵达山海关、宁远，一般是仅支月粮，不支行粮。至崇祯二年（1629），因为“虏氛孔炽”，各处前来的援兵，“率多裹粮而来”，也仅支

---

① 毕自严：《度支奏议》，《新饷司》卷24《覆山海关修城班军行粮疏》，第4册，第23页。

② 陆稳：《剿除山寇事宜疏》，《明经世文编》卷314，第4册，第3323页。

③ 张岳：《论湖贵苗情并征剿事宜疏》，《明经世文编》卷193，第3册，第1995页。

④ 张岳著，林海权、徐启庭点校：《小山类稿》卷10《与张龙湖阁老》，福建人民出版社2003年版，第182页。

⑤ 毕自严：《度支奏议》，《新饷司》卷24《覆议通州建台班军行粮疏》，第4册，第2页。

⑥ 毕自严：《度支奏议》，《新饷司》卷10《题覆蓟密军丁停支盐菜疏》，第2册，第708页。

⑦ 李秉：《奏边务六事疏》，《明经世文编》卷43，第1册，第332页。

行粮。只有山海关、宁远的边兵以及团练营的兵士，朝廷出于“曲加鼓舞，以资敌忾”的考虑，对他们格外施恩，实行月粮、行粮兼支。其后，各直省的军士，大多月粮、行粮兼支，几成通例。① 如崇祯年间，总兵王威下属的家丁、新兵，除了支取行粮之外，还从户部支取月饷，可见也是“行、月兼支”。② 这种情况同样见诸广东、浙江、福建等省的军士。如广东之兵，日给口粮银 2 分，此外尚有每日行粮银几厘；浙江、福建之兵，每兵日给口粮银 3 分 3 厘，外加行粮银 1 分 2 厘。③

其二，揆诸明代军士的基本收入，若是扣除物价上涨因素，整体上呈现一种收入增加的态势。

明代中期以后，一方面，卫所的军转而变为召募的兵；另一方面，军士的基本收入，转而从以本色粮米计算的“月粮”，变为以银计算的“月饷”。在这两种转变过程中，军士的收入尽管尚存在着差别，但基本呈现一种收入上升的趋势。以督抚的标兵为例，其中中军所统率的标兵，在明末议定，每名月饷银 2 两，外加米 1 斛，折合银 4 钱，显然标兵的月饷银已高达 2.4 两，一年的饷银收入为 28.8 两。④ 这明显是超出则例规定的收入。又如崇祯七年(1634)，山西巡抚标营标兵的月饷，按照旧的制度规定，每军月支饷银 4 钱，小粮米 3 斗，另外尚可每年支取布花银 3 钱，折色银 7 分。明代军士粮米折银，其间高低不一。若以平均每石折银 5 钱计算，那么标兵所得小粮米 3 斗，折合银 1 钱 5 分。照此计算，山西巡抚标营的标兵月饷，每年可得银 6.97 两。随后，吴甡对巡抚标营标兵的月饷加以改革，总体上是增加月饷，大致为：马营标兵，每名月给饷银 1 两；步营标兵，每名月给饷银 9 钱。此外，每个标兵每年给布花银 3 钱，折色银 7 分。⑤ 那么，改革之后的马营标兵，每年的饷银为 12.37 两；步营标兵，每年的饷银为 11.27 两。

至于军士收入之增长及其相关的增长率，则可以明末山永巡抚杨嗣昌的上疏为例加以说明。崇祯五年(1632)十月，杨嗣昌在上疏中揭示，按照明初所定则例，一军支月粮 1 石，一年支月粮 12 石。按照折支的比例，少者 1 石折银 2 钱 5 分，那么一年的月粮收入，仅折成银子 3 两；多者 1 石折银 4 钱，那么一年的月粮收入，也不过折银 4.8 两而已。即使按照粮食与银子的平价折率计算，即 1 石折银 5 钱，这 12 石月粮，也仅仅折银 6 两。这种月粮支取，无论边地、腹地，无不

① 毕自严：《度支奏议》，《新饷司》卷 18《题覆发过黔兵月饷疏》，第 3 册，第 382—383 页。
② 毕自严：《度支奏议》，《新饷司》卷 11《议请加给援兵盐菜疏》，第 3 册，第 2 页。
③ 戚继光：《请重将权益客兵以援闽疏》，《明经世文编》卷 346，第 5 册，第 3735 页。
④ 毕自严：《度支奏议》，《新饷司》卷 9《题给昌平兵马月饷疏》，第 2 册，第 644 页。
⑤ 吴甡著，秦晖点校：《柴庵疏集》卷 12《标兵经制允宜画一疏》，第 263—264 页。

皆然。至崇祯年间,辽阳、广宁陷落后,军士月粮的本色、折色开始递增,大致为每兵月粮银 1 两 8 钱,即年入月粮银 21.6 两。杨嗣昌称明末一兵的收入,相当于明初的"四人有半",即增加了 4.5 倍。至于明末永平镇所行的月粮则例,军兵收入的增加就更多,大致为一兵每月的收入,包括大粮、盐菜银两项,总计 3 两 9 钱,一年共计月粮收入为 46.8 两。可见,明末一兵月粮,已经相当于明初之军的"十人之粮",即增加了 10 倍。① 军兵月粮如此之高,这或许是特例,但若以万历年间山东召募之兵的饷银为例,确实高出明初不少。这些召募之兵一年的月粮银,同样高达 18 两之多。② 单以辽东之军兵为例,在万历末年,月饷少则 2 钱 5 分,多则 3 钱 4 分,一年的月粮银仅为 3 两、4.08 两。至泰昌元年(1620),已是普遍涨到月支银 2 两之外,即年收入月粮银 24 两余。③ 在短短的数年时间里,辽东军兵的月饷银就分别增长了 700%、500%。这当然是特殊的个案,并不反映军兵月粮银的整体增长率。

基于上面这些记录有案的数字,大抵已经可以推算出明代军士基本收入的增长率。明初军士月粮收入,按照三种折银标准,全年的收入分别为 3 两、4.8 两、6 两;明末军兵月粮收入,按已经提供的资料显示,全年的收入分别为 18 两、21.6 两、46.8 两。若以 18 两为准,与明初军士月粮收入三种折银比率比较,则收入分别增加了 500%、275%、200%,亦即分别增加了 5 倍、2.75 倍、2 倍;若以 21.6 两为准,与明初军士月粮收入三种折银比率比较,则收入分别增加了 620%、350%、260%,亦即分别增加了 6.2 倍、3.5 倍、2.6 倍;若以 46.8 两为准,与明初军士月粮收入三种折银比率比较,则收入分别增加了 1460%、875%、680%,亦即分别增加 14.6 倍、8.75 倍、6.8 倍。

上述军兵月粮收入无疑是较高的例子,其实在明末,有一些军兵的月粮收入仍未达到如此高的地步。如前述崇祯七年山西巡抚标营的马兵、步兵,经吴甡改定之后的月粮收入标准,大致为:马营标兵,每年的饷银为 12.37 两;步营标兵,每年的饷银为 11.27 两。若以马营标兵所得 12.37 两为准,与明初军士月粮收入三种折银比率比较,则收入分别增加了 312%、157%、106.1%,亦即分别增加了 3.12 倍、1.57 倍、1.061 倍;若以步营标兵所的 11.27 两为准,与明初军士月

① 毕自严:《度支奏议》,《新饷司》卷 34《覆山永巡抚绝产价充市本疏》,第 4 册,第 577 页。

② 黄克缵著,李梦生点校:《数马集》卷 1《议汰老弱酌兵数裁冗员以省繁费疏》,商务印书馆 2019 年版,第 62 页。

③ 熊廷弼撰,李红权点校:《熊廷弼集》卷 14《揭帖 · 驳叶向高廷议纷纷疏揭》,中册,湖北人民出版社 2019 年版,第 636 页。

粮收入三种折银比率比较,则收入分别增加了275.6%、134.7%、87.8%,亦即分别增加了2.75倍、1.34倍、0.878倍。还有另外一个明末崇祯年间的例子可以补充。当时召募的新兵,在月粮的支取上虽包括本色与折色,但两项相加,以月支银1.4两为准,那么一年支取的月粮银为16.8两。① 若以16.8两为准,与明初军士月粮收入三种折银比率比较,则收入分别增加了460%、250%、180%,亦即分别增加了4.6倍、2.5倍、1.8倍。

基于上述数字以及由此而得军兵月粮收入的增长比率,大致可以测算出明代军士月粮收入的年增长率。按照史料记载,月粮标准定于明初,所定具体年代无载,即以洪武元年(1368)为准;上面所引明末召募军兵月粮收入,大多是在崇祯年间所定,具体年代不一,即以杨嗣昌所上奏疏时间崇祯五年(1632)为准。那么,中间经历了长达264年的时间。上面已经测算出增幅,由低到高,分别为87.8%、134.7%、180%、200%、250%、260%、275%、275.6%、350%、460%、500%、620%、680%、875%、1460%,大致可以推算出军士月粮收入的年增长率分别为0.332%、0.51%、0.681%、0.757%、0.946%、0.984%、1.041%、1.043%、1.325%、1.742%、1.893%、2.348%、2.275%、3.314%、5.53%,年平均增长率为1.648%。其实,募兵制的兴起,大抵是在正统以后,亦即明初军士月粮数基本维持到正统年间,而无多少改变。卫所军士月粮,转而变为召募之兵的月饷,大抵是在正统以后。可见,明代军士月粮银的增长,主要发生在正统以后。若以正统元年(1436)为准,那么军士月粮银的增长,主要发生在正统元年至崇祯五年的196年间。若以196年为计算单位,那么明代军士月粮收入的年增长率显然会有所增加,分别为0.44%、0.687%、0.918%、1.02%、1.275%、1.326%、1.403%、1.406%、1.785%、2.346%、2.551%、3.163%、3.469%、4.464%、7.448%,年平均增长率为2.246%。

正是基于军兵月粮收入呈普遍增加的趋势,明末人徐光启才提出对军兵饷银制度加以改革,其改革设想的落脚点,也在于提高军兵的饷银。按照徐光启的设想,首先,将募兵加以选练,最初选用的募兵称为"队兵",年龄必须在20以上、40岁以下,且力能举起500斤以上;穿戴上40斤以上的盔甲之后,尚能活动自如,如此才算合格。成为"队兵"之后,进行不同的教练,对他们所掌握的各色军士技艺再加以考核,若考核合格,才依次升为"锋兵""壮士""上士"。其次,四个等级的军士,享受不同等级的饷银。如队兵,月粮1.2两,一年收入为14.4

① 毕自严:《度支奏议》,《新饷司》卷8《议复天津正振两营兵马疏》,第2册,第583页。

两;锋兵,月粮多于队兵6钱,为1.8两,一年收入为21.6两;壮士,月粮为2.4两,一年收入28.8两;上士,月粮为3两,一年收入为36两。在这正常的饷银之外,还有三种额外收入:一是"操赏银",以示对各色募兵的奖励;二是正常的犒赏,包括冬衣、绵布、绵花;三是安家费,又称"安家衣鞋银",此类安家费只有锋兵以上才可支取,大致为锋兵每年20两银子,即使到了一年有36两银子收入的上士,仍可支取每年的安家银10两。①

其三,明代军兵月粮收入,因为边地、腹地不同,其间存在着差异。正如毕自严所言:"营镇有边腹之不同,糈粮之厚薄自异,自有定规,原无容增减者也。"②

以卫所军士的月粮为例,制度规定普通卫所军士的月粮仅为1石,而从属于锦衣卫的宫廷侍卫的月食米,则高达2石5升,③高出普通卫所军士105%。在边地卫所军士中,夜不收、守墩的墩军两类军士,则又高出普通的军士。如夜不收在月粮之外,每月外加米2斗。④ 沿边哨守之军,有鉴于他们哨探艰苦,所以通常在月粮之外,加给行粮,根据地之险易,以定所加行粮之多寡,多者,每月1石,或7—8斗,少者4—5斗,或2—3斗。⑤ 至于守墩的墩军,他们原先的月粮,与普通的操军相同,也是月食1石。⑥ 且按照旧例,各边瞭望的官军,只有离城40里之外,才在月粮之外,另给口粮。后因"达贼犯边",各处创立墩台,甚至有些墩台多腹里,守备墩台的官军也同样可以支取口粮,随之使守墩的墩军收入有所增加。⑦ 除去蓟州镇守墩军的月粮仍维持在月食1石之外,其他如宣府、大同各镇的墩军,他们的月粮,均已"倍于在卫",即月粮为2石,⑧高出普通卫所军士月粮100%。当然,若是细加分析,大同各路守边的墩军,因为墩哨有大边、二边、三边之分,所以墩军月粮也各有差异,分别为守备大边、二边的墩军,月食粮

---

① 按,在徐光启的两则奏疏中,关于锋兵的月粮设想,稍有差异,一则记载为锋兵月粮2.1两。不过,就总体记载而言,还是基本相同。相关的记载,参见徐光启:《恭承新命谨陈急切事宜疏》《申明初意录呈原疏疏》,《明经世文编》卷488、489,第6册,第5386、5400页。

② 毕自严:《度支奏议》,《新饷司》卷16《覆兵部议永镇新兵饷例疏》,第3册,第280页。

③ 邓士龙辑,许大龄、王天有主点校:《国朝典故》卷67,引陆釴:《病逸漫记》,下册,第1502页。

④ 侯纶:《钦奉圣谕御寇疏》,《明经世文编》卷233,第3册,第2447页。

⑤ 方逢时:《备岔边情敷陈臆见疏》,《明经世文编》卷320,第4册,第3412页。

⑥ 侯纶:《钦奉圣谕御寇疏》,《明经世文编》卷233,第3册,第2447页。

⑦ 李秉:《奏边务六事疏》,《明经世文编》卷43,第1册,第332页。

⑧ 魏焕:《蓟州经略》,《明经世文编》卷248,第3册,第2606页;刘焘:《哨报》,《明经世文编》卷304,第4册,第3214页。

2石，而守备三边的墩军，只能月食粮1石4斗5升。①

以明代后期的募兵为例，他们的月饷同样存在着差异。其中月饷丰厚者，以召募的民壮、乡兵为例，早在正统二年(1437)，陕西召募的民壮，一般为月粮4斗，即一年得月粮4.8石，折合平价银2.4两，外加绵布2匹。② 至隆庆四年(1570)，浙江旧额民壮，每名日给工食银2分，一月的工食银为0.6两，一年工食银为7.2两。③ 但至少从嘉靖以后，召募民壮的月饷开始大为增长。如嘉靖年间山东的民兵，每名的工食银达到30两之多；④嘉靖三十四年(1555)，河南召募的民兵，每名每年的军装费用，再加上工食银，也多达30两；⑤万历年间，山东步兵、民壮，其月粮银大致为每年10.8两，这个数字相较于嘉靖年间有所下降；⑥泰昌年间，辽东巡抚召募的乡兵，每名月食银3两，一年高达36两。⑦ 召募民壮、乡兵的月粮银，至此达到最高点。此外，崇祯年间四川的募兵，以及山海关、宁远之兵，他们的月饷银，也相对较为优厚。如四川募集之兵，原本在四川时，若是月粮、行粮兼支，是每日支取银6分，一月支银1.8两，一年支银21.6两。这些川兵一旦征调至遵化，又可支取一些额外的收入，主要有：每名每月盐菜银9钱，一年得银10.8两；每名每月得米4斗5升，折合平价银0.225两，一年得银2.7两；每名月饷银1.5两，一年得银18两。三项相加，为31.5两。⑧ 此外，这些被征调的川兵，到了遵化之后，尚可得安家银17两。⑨ 镇守山海关、宁远的兵士，马兵每月得饷银2两，一年得银24两；步兵每月得饷银1.8两，一年得银21.6两。正如史料所言，"外而九边，门而各镇"，⑩确实未有如此丰厚的月饷银。

---

① 王崇古：《禁通虏酌边哨以惩夙玩疏》，《明经世文编》卷316，第4册，第3348页。

② 龙文彬：《明会要》卷59《兵》2《民壮》，下册，中华书局1998年版，第1136页。

③ 龙文彬：《明会要》卷59《兵》2《民壮》，下册，第1140页。

④ 唐顺之著，常州市唐荆川研究会编：《唐荆川诗文集》卷19《条陈蓟镇补兵足食事宜》，第514页。

⑤ 杨博：《杨襄毅公本兵疏议》卷1《覆议裁革山东河南前营民兵征银疏》，载氏撰，张志江点校：《杨博奏疏集》，中册，上海古籍出版社2018年版，第467页。

⑥ 黄克缵著，李梦生点校：《数马集》卷1《议汰老弱酌兵数裁冗员以省繁费疏》，第62页。

⑦ 熊廷弼撰，李红权点校：《熊廷弼集》卷14《揭帖·驳叶向高廷议纷纷疏揭》，中册，第636页。

⑧ 毕自严：《度支奏议》，《新饷司》卷17《覆留川兵月饷并援兵给饷事宜疏》，第3册，第317页。

⑨ 朱燮元：《会勘催兵科道疏》，《明经世文编》卷486，第6册，第5350页。

⑩ 毕自严：《度支奏议》，《新饷司》卷9《题给昌平兵马月饷疏》，第2册，第643—644页。

就总体而言,即使在军兵收入普遍得以增加的明代末年,各地、各色军兵之间的月粮收入的差距依然相当明显。这主要体现在以下几个方面。

一是在辽东的军士中,普通的军士与家丁,在收入上差距明显。按照万历三十七年(1609)熊廷弼的上疏,辽东普通军士的月饷银为4钱,甚至低的只有2钱5分,年收入分别为4.8两、3两。在这低薄的月饷中,又因在支取过程遭到克扣或者亏损,更使收入大为减少。① 反观各边镇大帅下属的家丁,他们的月饷则相对较为优厚。从史料记载可知,家丁起源于正德二年(1507)的陕西边镇,最初为奏设守备官员下留用的"跟随"。② 至嘉靖年间,但凡任职于边方或曾在边方任过职的将官,可以下辖家丁20名,每名月给米2石,外加每年的犒赏银5两。③ 不算每年的犒赏银,单是月粮,家丁就比普通军士多出1倍。这或许就是支单粮与双粮的差别,亦即普通军士仅支单粮,而家丁则可以支取双粮。这同样可以在万历年间的辽东边镇中得到印证。据记载,辽东在营的普通军士,月粮仅支单粮银4钱,而家丁则可支取双粮,即月支银8钱。此外,尚可每年支取赏银8钱7分5厘。④ 至崇祯四年(1631),如监视蓟镇三协粮饷兵马边墙抚赏事务御马监太监张国元,以及协同监视关宁粮饷兵马边墙抚赏等事务,乾清宫管事、忠勇营提督、御马监太监马云程,他们召募的家丁,其中的月饷银为1两5钱。⑤ 按照这一数字,则比普通军士的收入高出275%,即召募家丁的收入是普通在营军士的2.75倍。

二是自明代中期以后兴起的召募民壮,他们的月粮年收入,普遍较为优厚,最高者一度达到36两银子。但这显然是特殊的个案,揆诸具体的事实,地方民壮的收入,有些仍然较低。即以明末广平府的民壮而言,每名每年的工食银仅为7.2两,再加之各种克扣,到手的收入则更低。⑥ 若以此两个数字为比较基数,那么民壮最高收入与最低收入之间,其收入差距为400%,即相差4倍之多。

---

① 熊廷弼撰,李红权点校:《熊廷弼集》卷2《巡按奏疏》第2《论辽左危急疏》,上册,第59页。

② 杨一清:《关中奏议全集》卷8《为遵明诏更置将官以甦久疲边人事》,《杨一清集》,上册,第292页。

③ 杨博:《杨襄毅公本兵疏议》卷5《覆协理戎政尚书王邦瑞条陈营伍疏》,《杨博奏疏集》,中册,第615页。

④ 李化龙:《摘陈辽左紧要事宜疏》,《明经世文编》卷422,第6册,第4594页。

⑤ 毕自严:《度支奏议》,《新饷司》卷25《议覆蓟镇监视官丁马匹饷料则例疏》《覆关宁监视员役廪粮规则疏》,第4册,第62、77页。

⑥ 王徵著,林乐昌编校:《王徵集》卷3《治状》3《酌饷议》,西北大学出版社2015年版,第59页。

三是即使是明代中期以后召募的兵，他们之间的收入差距也相当明显。按照弘治年间的条例，召募之兵，一般每年的月粮银为5两。然在嘉靖、隆庆年间，当时讨论议定的召募之兵，其每年的月粮银仅为3两。即使恢复到弘治年间的条例，月粮银也仅为5两而已。[①] 不过从晚明各地召募之兵的军饷收入来看，无疑是高低不一。譬如西北河州、洮州等地召募之兵，通常每兵的月粮银，少则5钱，多则7钱，即每年的月粮银为6两、8.4两。至于其中的“冲锋之兵”，按照通常的惯例，则是“一人兼二人之粮”，即每年的月粮银为12两、16.8两。如当时从贵州“苗夷”中召募的兵，即为月饷1两，一年月粮银为12两。[②] 又在登州、莱州召募之兵中，分为土兵与南兵，其中土兵月饷银为9钱，每年月饷银为10.8两；南兵月饷银为1.5两，每年的月饷银为18两。[③] 若是以募兵收入最少数年入3两，最高数年入18两作为比较的基数，最高者与最低者之间的收入差距，已经高达500%，即相差5倍。

四是按照前引徐光启的军制改革设想，四等募兵之间月粮的收入差距为6钱银子，即军兵每升一等，月收入增加50%。若将最初级的队兵收入与最高级的上士收入相较，他们之间的收入差距为150%，即上士的收入为队兵的1.5倍。

这种军兵之间的收入差距，无疑显得较为合理。究其目的，在普遍增加军兵收入的基础上，再根据技艺高低，适当拉开各级军兵之间的收入差距，借此鼓励军兵的积极性。若是详细考察明末军兵的收入状况，他们的实际收入差距大致超过了徐光启的设想。如天启二年(1622)，召募新兵的军饷分为上、中、下三等：上等每月饷银1.8两，中等每月饷银1.5两，下等每月饷银1.2两。每等之间的收入差距为20%或25%，最高与最低之间的收入差距50%。崇祯二年(1629)，召募新兵的月饷，也分为上、中、下三等：上等每月饷银1.8两，中等每月饷银1.5两，下等史无明载，按照天启年间之例，大致也是1.2两。[④] 天启、崇祯年间召募新兵的军饷大体相同。当然，在实际执行过程中，崇祯年间各镇的新兵食粮有所差异。譬如天津的召募新兵，为月饷本色、折色合计1.4两，蓟州、密云、永平的召募新兵，为月饷1.5两。最后兵部、户部一起商定，每名召募新兵，月饷不超过1.5两。[⑤]

---

① 曾忭：《陈募兵便宜疏》，《明经世文编》卷230，第3册，第2412页。

② 郑洛：《修内治以安边境疏》，《明经世文编》卷404，第5册，第4379页。

③ 万象春：《题为议处紧要兵饷事宜疏》，《明经世文编》卷410，第5册，第4450—4451页。

④ 毕自严：《度支奏议》，《堂稿》卷9《募兵已有次第月饷宜画一疏》，第1册，第399页。

⑤ 毕自严：《度支奏议》，《新饷司》卷9《题覆蓟通昌三真募兵新饷疏》，第2册，第626页。

再来看天启年间各色募兵的收入状况。天启元年(1621),确定辽东新兵、旧兵为五等饷银,分别为:一等,月饷银2两;二等,月饷银1.8两;三等,月饷银1.5两;四等,月饷银1.2两;五等,月饷银0.8两。① 其中第五等,显然指的是辽东的旧兵。相较之下,召募新兵,月饷明显高于旧兵,如河西的旧兵,月饷银仅为0.6两。② 同年,又定通州募兵月饷,分为三等:上等,月饷银0.9两,外加米6斗,若按3斗折银2钱计算,6斗折银4钱,合计月饷1.3两;中等,月饷银0.7两,外加米6斗,合计月饷银1.1两;下等,月饷银0.5两,外加米5斗,合计月饷银0.833两。③

若以崇祯年间各色兵为例,尚可分析其间的收入差距。如永平镇的新兵,分为三类:内丁,月饷银为1.8两;教师,月饷银为2.4两;伍兵,月饷银为1.5两。各省直的援兵,包括折色银3分,米1升5合,间有新增银1分,合计为1.5—1.6两。山海关、宁远的援兵,包括本色、折色月饷银2两,外加盐菜银9钱,行粮米4斗5升,合计超过3两。团练营援兵,食饷银1.5两,外加盐菜银9钱,口粮米4斗5升,合计接近2两。④ 崇祯年间,蓟州镇所属三协军兵,其间的收入也有所差异:西协之兵,每名月饷银1.3两,外加漕米3斗,折合银2钱,合计为1.5两。东协山东匡永各营,每名月饷银1.6两,不支月米;台头、建昌各营,每名月饷银1.5两,不支月米。只有中协胜遵团练各营,每名月饷银1.4两,月支米5斗,外加兼支盐菜银,每名月饷银显然超过1.6两。⑤ 崇祯五年(1632),蓟州镇督臣标下,分为冲锋兵、超兵、精兵三种,其中冲锋兵,月饷银2.3两,超兵月饷银2两,精兵月饷银1.8两。此外,若是"常兵",即非标下直属的普通军兵,则月饷银为1.5两。至于各路边兵,也分为精兵、样兵两种名色,月饷银分别为2.3两、2.1两。⑥ 此外,团练营的军兵,分为三等:上等,月饷银2.4两;次等,月饷银2.1两;三等,月饷银1.8两。⑦ 密云镇总督标下,有前锋、左翼、右翼、中权、后劲五营,均属于"战兵"。其间分为精兵、常兵两类。精兵又分三等:上等马上弓箭手,月饷银2.4两;次等步下弓箭手,月饷银2两;又次等步下火器手,月饷银

① 杨嗣昌著,梁颂成辑校:《杨嗣昌集》卷3《复辽兵加饷并查新旧各兵稿》,上册,第67页。

② 杨嗣昌著,梁颂成辑校:《杨嗣昌集》卷4《驳通州巡抚疏》,上册,第70页。

③ 杨嗣昌著,梁颂成辑校:《杨嗣昌集》卷4《驳通州巡抚疏》,上册,第70页。

④ 毕自严:《度支奏议》,《新饷司》卷16《覆兵部议永镇新兵饷例疏》,第3册,第280—281页。

⑤ 毕自严:《度支奏议》,《新饷司》卷28《覆东协监视酌均饷额疏》,第4册,第243页。

⑥ 毕自严:《度支奏议》,《新饷司》卷34《覆密云监臣条议边务疏》,第4册,第579页。

⑦ 毕自严:《度支奏议》,《新饷司》卷34《蓟镇经制疏》,第4册,第595页。

1.8两。至于常兵,则月饷银仅1.5两。密云道下的亲丁,均属精兵,分为两类:弓箭手,月饷银2两;火器手,月饷银1.8两。监军团练营、胜兵前营分别改为团练左营、团练右营,其中军兵分为三类:弓箭手,月饷银2两;火器手,月饷银1.8两;常兵,月饷银1.5两。四路车兵四营,均充为精兵,每名月饷银1.5两。协守左营兵,分为三类:弓箭手,月饷银2两;火器手,月饷银1.5两;常兵,月饷银1.2两。石匣营军兵,月饷银1.2两。总督辕门下的旗军,增定为月饷银1.5两。①

此外,崇祯年间,各地召募之兵的月饷银,尚有一些留存的记载,从中可以补充明末军兵之间的收入差距,分列如下:东江之兵,每名月饷银0.7两,外加米1斛。② 昌平镇募兵的月饷,按照山海关、宁远的则例,一体支给,大致为每月给折色银0.9两钱。③ 通州召募之兵的月饷,为月饷银1.1两,外加米1斛。④ 贵州之兵,每名每月饷银0.9两,而山海关之兵的月饷银,则为1.8两。⑤ 蓟州镇下属飞骑营超等兵,每名月饷银2.7两。⑥ 崇祯七年(1634)确定总督标下兵丁的月饷等级,分别为:马番、汉丁,月饷银1.6两;马军,月饷银1.5两;步兵,月饷银1.4两。⑦ 崇祯十年,确定甘肃兵丁的饷银,大致为每名日支银6分,那么月饷银为1.8两。⑧

按照上面所列各色军兵的月饷收入,若是排除河西旧兵月饷银0.6两不计,其中最低的月饷银为0.833两,最高的月饷银超过3两,两者之间的收入差距为260%。

其四,明代军兵月粮、月饷,尚有以下两点值得关注:一是月粮、行粮的关支,从三次关支,转而变为两次关支。譬如榆林各卫所的官军月粮,照例该月初关支;守备官军的行粮、马匹草料,照例该验日关支;榆林镇的行粮,则均于月初关支。遇到征调,则起关随处关支。此即一月三次关支月粮、行粮。至成化八年

① 毕自严:《度支奏议》,《新饷司》卷36《覆密镇经制疏》,第4册,第693—694页。

② 毕自严:《度支奏议》,《新饷司》卷9《题覆孙阁部定给东江兵饷疏》,第2册,第609页。

③ 毕自严:《度支奏议》,《新饷司》卷9《题给昌平兵马月饷疏》,第2册,第644页。

④ 毕自严:《度支奏议》,《新饷司》卷10《覆昌平侯督治兵马钱粮疏》,第2册,第681页。

⑤ 毕自严:《度支奏议》,《新饷司》卷18《覆黔兵补食关饷贴防暂支盐菜疏》,第3册,第374页。

⑥ 毕自严:《度支奏议》,《新饷司》卷27《覆中协监视家丁食粮则例疏》,第4册,第218页。

⑦ 杨嗣昌著,梁颂成辑校:《杨嗣昌集》卷7《述辽饷支用全数并乞罢第一疏》,上册,第143页。

⑧ 孙传庭:《孙传庭疏牍》卷1《报甘兵抵凤并请责成疏》,浙江人民出版社1983年版,第6页。

(1472),总制余子俊奏革行粮,改为每月二次关支,且令各边通行。[①] 减少关支次数,显然有利于减省军兵的时间与精力。二是军兵军饷的领取,存在着本色与折色的差异,这在一定程度上决定了收入的差距。以明末辽阳为例,军兵在领取粮料之时,当粮料时价较贵之时,无不愿意领取本色;而当粮料时价下降之时,则又愿意领取折色。譬如当辽阳斗米值银 1.6—1.7 钱时,军兵均愿意领取粮豆;料豆斗值银 1.4—1.5 钱时,每日需要贴银二三分才够马用,所以均愿意领取草、豆。[②]

其五,若是将明代军兵收入与清代加以比较,不难发现以下两个事实:一是清朝军兵的收入,大抵承继明末制度而来。据《大同府志》记载,清初的马兵,月支银 2 两,外加米 3 仓斗;步兵,月支银 1.5 两,外加米 3 仓斗。另外,还有马料银的收入,春、冬两季,月支草干银 1.2 两;夏、秋两季,月支草干银 0.6 两。[③] 这种收入,明显与明末普遍实施的军兵收入相当,可见清初军兵月粮的制定,大抵以明末的军兵收入为标准,且使之固定化。二是清初军兵收入,相较于明初所定军兵的月粮收入标准,则明显高出许多。

7. 衙门服役人员月粮工食

明代的衙门服役人员,大抵包括胥吏、衙役两种。胥吏的基本收入,多称为"月粮"或"廪粮",而衙役的基本收入,则称为"工食"或"工食银"。从基本收入称谓的差异,足见胥吏虽非官员,却仍属公职人员,可以支取像官员一样的"廪粮",或者像军兵一样的"月粮";而衙役则纯属服务于衙门的民人,仅能支取如民工一般的工钱,即"工食银"。

(1)胥吏月粮

明代的胥吏,又称"典吏",包括吏员、知印、承差人等。他们的月粮,初定于洪武七年(1374)。至洪武十三年,再次奏定典吏月粮标准。制度规定:吏员的月俸,在一品、二品衙门中,提腔、都吏,月支米 2 石 5 斗;掾史、令史,月支米 2 石 2 斗;知印、承差、典吏,月支米 1 石 2 斗。在三品、四品衙门中,令史、书吏、司吏,月支米 2 石;承差、典吏,月支米 1 石。在五品衙门中,司吏,月支米 1 石 2 斗;典吏,月支米 8 斗。从六品衙门直至杂职衙门,司吏,月支米 1 石。光禄寺等

---

① 魏焕:《榆林经略》,《明经世文编》卷 250,第 3 册,第 2627 页。

② 熊廷弼撰,李红权点校:《熊廷弼集》卷 17《前经略书牍》第 1《答周毓阳中丞》,中册,第 777 页。

③ 谈迁:《北游录》,《纪闻》下《兵饷》,中华书局 1997 年版,第 398 页。

衙门的典吏,月支米 6 斗。此外,又奏定,在京二品以下的衙门,典吏月俸 1 石;六品以下衙门,典吏月俸 6 斗。在外各衙门的吏典,月俸 1 石,折钞 2 贯 500 文。洪武三十一年奏准,在京的吏典,凡是有家小且原支月俸 1 石以上者,每石减支 2 斗;无家小者,减支 5 斗。提腔、都吏、胥掾、令史等胥吏,不分有无家小,原支米 2 石者,减支 5 斗;原支米 2 石 5 斗者,减支 8 斗。至于各处布政司与直隶所属府、州、县衙门的胥吏,及各都司卫所的胥吏,月俸全部支钞。

从洪武年间所定胥吏月俸准则,不难发现以下几点:一是衙门胥吏的月俸,除了因胥吏名色高低不同之外,还因衙门品级而高低不同,品级高的衙门胥吏,月俸高于品级低的衙门胥吏。二是在京衙门的胥吏与在外衙门的胥吏,在月俸支取有所差异。换言之,在京衙门的胥吏月俸,明显高于在外衙门的胥吏,且全支本色,而在外衙门的胥吏,则部分支取折钞。三是自洪武三十一年(1398)之后,对衙门胥吏的月俸加以系统的改革,改革的结果则是在京衙门的吏典普遍被减少月俸,减少的程度则因有无家小而多少不一。至于在外衙门的胥吏,则月俸全部改为支钞。这一改革的结果,显然导致衙门胥吏基本收入的减少。四是从已经列出的明初所定各色胥吏月俸可知,最高者为月支米 2 石 5 斗,最低者为月支米 6 斗,其平均月俸为大约为 1. 26 石,亦即一年的平均收入为支米大约 15. 1 石。其中最高月俸与最低月俸之间的收入差距为 316. 6%,即胥吏最高月俸收入,为最低月俸收入的 3 倍多。

自洪武以后,明代衙门胥吏的月俸收入明显呈一种下降趋势,甚至一度出现住支之例。永乐九年(1411)下令,在京各衙门的吏典,不分有无家小,均全支米。永乐十六年下令,在京各衙门的胥吏,月支米 1 石,其余折钞;南京各衙门的办事胥吏,凡是旧支食米 5 斗者,一律住支,不再支取月俸。永乐十九年下令,在京各衙门的胥吏,有家小者月支 7 斗,无家小者月支米 4 斗 5 升,其余折钞。与此同时,恢复南京各衙门胥吏的月俸,每米 1 石,折钞 25 贯。永乐二十二年下令,在京各衙门的胥吏,有家小者月增米 4 斗,无家小者月增米 1 斗 5 升,其余折钞,亦照文武官之例,折给胡椒、苏木。宣德三年(1428),革去各衙门办事胥吏的月支食米,胥吏再次不支月俸。正统元年(1436)下令,南京各衙门胥吏的月支米,有家小者增 2 斗,无家小者增 1 斗 5 升。正统六年下令,在京令史、典吏、知印,有家小者月支米 1 石,无家小者月支米 6 斗。正统七年奏准,在外大小衙门的通吏、令史、司吏,月支米 3 斗,其余折钞。正统八年下令,各处都、布、按三司衙门的知印、承差,月支米 3 斗,其余折钞。成化四年(1468)下令,在京吏典的折色俸,照文武官之例,一律钱钞兼支。成化十六年下令,户部的书算,月支米

5 斗。[①] 至万历年间,顺天府宛平县下属卢沟桥四个巡检司,以及广源闸的胥吏,他们的禄米仅仅月支米 6 斗。[②]

从洪武以后胥吏月俸支取的变迁中,不难发现以下几点:一是胥吏月俸逐渐减少,甚至一度实行停止发放月俸;二是在胥吏月俸中,本色支取的比例逐渐减少,而诸如折钞、钱钞兼支的比例逐渐增多,最终导致实际月俸的减少。

(2)衙役工食银

在明代衙门服役人员中,除了吏典之外,则为衙役,其中包括书办、书吏、书手、皂隶、门子、库夫等。在明代的史料记载中,尤其是到了明末,这类衙役人员的收入,多称"工食银",有时又混称"廪粮",致使公职与私役人员趋于混淆。下面以在京衙门、在外衙门、王府衙门三者为例,对衙役人员的工食银分述如下:

其一,在京衙门衙役的工食银。按照明代的制度规定,在京衙门分差官员外出,照例需要顺天府拨人跟用,这些跟随分差官员外出的皂隶,通常称为"长跟皂隶"。有一则记载显示,182 名长跟皂隶,共计需要工食银 1314.4 两,可见每名长跟皂隶的工食银大约为 7.22 两。[③] 明代在京各衙门所属皂隶,均有工食银可以支取,唯有工部所属四司皂隶,无工食银支取。因无工食银,这些皂隶不得不借口"饭钱",专门从事"需索",即凭借衙门权利赚取额外收入。至万历年间,重新议定设立工部四司皂隶工食银,大致为每名每月支取工食银 6 钱,即一年的工食银为 7.2 两。[④] 此外,在刑部、都察院、光禄寺、太医院等衙门,需要使用诸多库子。按照当时的记载,总共 110 余名库子,大约需要用去均徭银 1300—1400 两。[⑤] 以此作为折算之数,那么每名库子每年的工食银大约在 11.8—12.7 两之间。可见,这些库子的工食银,明显高于在京衙门的皂隶。

根据已有的史料,大抵可以考知明末崇祯年间在京衙门衙役人员的工食银收入。如崇祯年间,开设修历之局,其中督修、协理各用书办 1 名,每名月支银 9 钱,那么书办的一年收入为银 10.8 两。[⑥] 又崇祯年间,户部新饷司银库的各色衙门服役人员,他们的工食银分别为:库子,每年的工食银为 24 两;班役、水夫、

---

① 申时行等修:《明会典》卷 39《户部》26《廪禄》2《俸给》,第 279 页。

② 沈榜:《宛署杂记》卷 3《职官》,北京古籍出版社 1982 年版,第 24—25 页。

③ 万镗:《恤民隐均偏累以安根本重地方疏》,《明经世文编》卷 151,第 2 册,第 1503—1504 页。

④ 何士晋撰,江牧校注:《工部厂库须知》卷 3《营缮司》,人民出版社 2013 年版,第 94—95 页。

⑤ 万镗:《恤民隐均偏累以安根本重地方疏》,《明经世文编》卷 151,第 2 册,第 1504 页。

⑥ 徐光启:《徐光启集》卷 7《奉旨修改历法开列事宜乞裁疏》,上海古籍出版社 1984 年版,第 341 页。

抄报，每年的工食银为 5.85 两；皂隶人等，每月工食银 6 钱，每年的工食银则为 7.2 两。① 又南京朝天宫设有道吏 2 名，每年共给银 6 两，那么每人每年计银 3 两。朝天宫额设书办、皂隶、门子、库夫共计 5 名，每年支出银 20 两，其中每名可得银 4 两。② 如此看来，因为道吏往往是由道士兼任，故其收入稍低于额设的书办、皂隶等。

若以上述这些记载为基础，再稍作分析，大抵可以考知以下两个事实：一是在京衙门的衙役人员，一般年工食银在 7.2 两左右，最高的年工食银为 24 两，最低的年工食银为 3 两，那么最高与最低收入之间的差距为 700%，即最高收入为最低收入的 7 倍。这是将最低收入以道吏为例，显然并无普遍性。若是以南京朝天宫额设书办、皂隶的每年工食银 4 两为例，并与最高收入相较，那么两者之间的收入差距则为 500%，即最高收入为最低收入的 5 倍。可见，衙门服役人员的收入差距相当之大。二是从已经提供的数字中，大致可以推测出在京衙门各色衙役人员的年平均收入，在 9—9.1 两左右。

其二，地方衙门衙役人员的工食银。先来看道一级衙门服役人员的廪粮或工食银。崇祯四年（1631），曾制定了永平道标下衙门服役人员的廪粮则例，分别为：书办，月支银 3 两，年支银 36 两；抄案吏，月支银 1.2 两，年支银 14.4 两；门子，月支银 1.5 两，年支银 18 两；皂隶，月支银 1.5 两，年支银 18 两；快手，月支银 1.2 两，年支银 14.4 两。③ 除去书办、抄案吏不计，其中门子、皂隶、快手每年的平均收入为银 16.8 两。同年，又制定了通州镇监军道衙门服役人员的工食银则例，分别为：吏书，月支银 1.8 两，年支银 21.6 两；抄案吏，月支银 0.6 两，年支银 7.2 两；门吏、阴阳生，月支银 0.3 两，年支银 3.6 两。门子、快手、皂隶、轿夫、厨子、茶夫，月支银 0.6 两，年支银 7.2 两。④ 可见，门子、快手、皂隶、轿夫、厨子、茶夫等衙门服役人员的年收入，均为银 7.2 两。

再来看府一级衙门服役人员的工食银。以开封府为例，城内设有“地方”与“火夫”两种职役，其中地方的工食银，为每年支银 6 两；火夫的工食银，为每年支银 5 两。⑤ 两种服役人员的年平均收入，大致为银 5.5 两。

---

① 毕自严：《度支奏议》，《新饷司》卷 17《考核新库主政陈观阳疏》，第 3 册，第 330 页。

② 葛寅亮撰，何孝荣点校：《金陵玄观志》卷 1《冶城山朝天宫 · 条约 · 常住公费出数》，南京出版社 2011 年版，第 39 页。

③ 毕自严：《度支奏议》，《新饷司》卷 20《覆议永镇官兵廪饷则例疏》，第 3 册，第 530 页。

④ 毕自严：《度支奏议》，《新饷司》卷 19《覆通镇设监军道夫廪公费疏》，第 3 册，第 448 页。

⑤ 佚名撰，孔宪易校注：《如梦录》，《形势纪》第二，中州古籍出版社 1984 年版，第 4 页。

至于县一级衙门服役人员的工食银，则可以万历年间顺天府宛平县为例。据沈榜的记载，各色衙役的工食银如下：书办，因服务的房科不同，而每年支取工食银不等，分别有年支银 7.2 两、6 两、12 两之别；[①]门子，年支工食银 3.6 两，后于万历十八年(1590)增添工食银 1 两，则为年支 4.6 两；县仓斗级，年支工食银 3.8 两；黄垡仓斗级，年支工食银 3.6 两；更夫，年支工食银 7.2 两；广源闸闸夫，年支工食银 4 两。[②] 除去书办不计，可知宛平县中门子、斗级、更夫、闸夫等衙门服役人员的年平均收入为银 4.64 两。

若以上述这些记载为基础，再稍作分析，大抵可以考知以下两个事实：一是地方衙门的衙役人员，一般年工食银在 7.2 两左右，最高的年工食银为 18 两，最低的年工食银为 3.6 两，那么最高与最低收入之间的差距为 400%，即最高收入为最低收入的 4 倍。可见，衙门服役人员的收入差距相当之大。二是从已经提供的数字中，大致可以推测出地方衙门各色衙役人员的年平均收入，大约在 4.64—7.2 两。

其三，周王府服役人员的工食银。从已经掌握的资料来看，在周王府及其下属郡王府中，设有服役的民校、厨役两种服役人员，其中民校的工食银，为每年 12 两，厨役的工食银，为每年 10 两银子。[③] 两者的收入差距仅为 16%，两类服役人员的年平均收入为 11 两银子。

综合以上从在京衙门到地方衙门、王府衙门服役人员的收入，大致可以做出如下分析：一是就收入差距而言，分别为 700%（或 500%）、400%、16%，亦即以京城衙门服役人员的收入差距最大，地方衙门服役人员的差距次之，王府衙门服役人员的差距最小。二是就年平均收入而言，分别为 9—9.1 两、4.64—7.2 两、11 两，以王府服役人员的年平均收入最高，京城衙门服役人员的年平均收入次之，地方衙门服役人员的年平均收入最低。

8. 庶民收入

除了服务于衙门的职役人员之外，明代的庶民阶层大致包括农民、佃户、各类雇工、商人、工匠。因为职业的差异，他们的基本收入高低不同。即使是在同一社会阶层中，也会因为区域、田地多少乃至资本厚薄而收入迥异。

---

① 沈榜：《宛署杂记》卷 3《职官》，第 24—25 页。

② 沈榜：《宛署杂记》卷 3《职官》，第 24—25 页。

③ 佚名撰，孔宪易校注：《如梦录》，《爵秩纪》第四，第 18 页。

(1)自耕农收入

在明代的农民阶层中,首先需要考察的是自耕农的基本收入。下面以江南自耕农为例,稍加考察。按照明代的史料记载,江南自耕农所占田地数,少者为3—5亩,中者为5—10亩,多者不超过40亩。① 至于江南田地的亩产量,可选取苏州府常熟县与嘉兴府海宁县为例加以说明。常熟县的亩产量,按照单位面积产量的高低,分为"上农"、"中农"与"下农"三等,其中上等田地的亩产量为2石,中等田地的亩产量为1石余,下等田地的亩产量仅为1石。② 这一记载理应仅仅是指单季稻米的产量,并未包括别季麦、豆等的产量。如处于相同地域的浙江嘉兴府海宁县,其中等田地,每年可产米、麦、豆3石以上;至于上等的腴田,则更是高达4—5石以上。③ 这一记载大抵符合江南田地每年的单位面积产量。这同样可以从广东水稻的亩产量中得到部分的印证。史载广州之稻,分为一熟、早晚两熟与三熟三种。其中一熟丰产者,每亩可得4石。晚稻的产量,每亩少于早稻三分之一。④ 照此记载,若是按两季概算,广东水稻每年每亩的产量,大致可以达到将近7石,仅仅略高于浙江海宁的5石以上。

若以折中的海宁亩产量为标准,那么就可以对明代江南自耕农每年的基本收入做出大致的匡算:以占田5亩的下等自耕农为例,若是中等产量为每亩3石,那么每年的收成为15石;若是上等产量为每亩5石,那么每年的收成为25石。两者平均,每年的收成大致在15—25石之间。陈确所云,一亩田地收入,大体上可以维持"一夫之食",即供给一人一年的口粮,⑤大致是可以相信的。当然,这仅仅是以种植粮食作物而论。若是海宁的田地,改种桑麻瓜果,那么每亩每年可以产出10—20两银子,可以供给每年"数口之粮"。⑥ 由此可见,以占田5亩的下等自耕农为例,若是改种桑麻瓜果一类的经济作物,每年的收入在银50—100两之间。

(2)佃农收入

就总体情况而言,在明代的农民中,有田的自耕农仅仅占据十分之一,而十

---

① 相关的记载,可分别参见[日]清水泰次:《明代福建的农家经济》,《史学杂志》第63编,第7号;叶梦珠:《阅世编》卷1《田产》1,第23页;张履祥:《杨园先生全集》卷8《答徐敬可十》,上册,中华书局2002年版,第227页。

② 嘉靖《常熟县志》卷4《食货志》,明嘉靖十八年刻本。

③ 陈确:《陈确集》,《文集》卷15《投当事揭》,中华书局1979年版,第366页。

④ 屈大均:《广东新语》卷14《谷》,中华书局1985年版,第376页。

⑤ 陈确:《陈确集》,《文集》卷15《投当事揭》,第366页。

⑥ 陈确:《陈确集》,《文集》卷15《投当事揭》,第366页。

分之九则为替人佃作的佃户。那么,明代佃户的基本收入如何?则显然牵涉到地主与佃农之间的收入分成问题。按照明代及其以前所惯行的旧例,通常实行的是“主七”“佃三”的准则,即地主获取收成的70%,佃户仅得收成的30%。不过,在此惯例之上,地主与佃户可以就收成分配比例加以商谈,并事先做出约定,约定的结果,则多为“均分所获”,即地主与佃户各得收成的50%。[①] 揆诸明代的事实,地主与佃户各得收成的一半,显然已经成为一种约定俗成的惯例。为了更示明细,下面以南方与北方为例,分别加以探讨。

以明代的南方为例,如南京一带的寄庄户,将田1亩出租给佃户,在通常情况下,需要为佃户提供牛与车等生产工具,甚至还提供房子给佃户居住。在南京当地,1亩田每年的最高产量为收稻谷2石,而佃户必须将一半交给田主作为田租,自己仅得一半。[②] 苏州府的佃农,其收入较南京佃农为低。按照苏州的惯例,计算亩数“甚窄”,凡是沟渠道路,均计入收租的田亩数之中。每年收成仅秋禾一熟,一亩收成不到3石,少者不过1石有余。至于田主收取的私租,重者达1.2—1.3石,少亦需交0.8—0.9石。佃户竭尽一岁之力,粪壅工作,1亩之费达1缗,而收成之日,所得不过数斗,致使有些佃户,“今日完租而明日乞贷”。[③] 至于浙江桐乡县,佃户终岁勤劳,祁寒暑雨,也必须将收成的一半交给田主。[④]

以明代的北方为例,如在河南,凡是家中田产达到100百亩,往往就不亲自力作,而是雇佣佃户耕作。尽管佃户有“主家之手足”的说法,且主家诸凡“夜警”“兴修”“杂忙”之类,无不仰赖于佃户,但佃户还是缺衣少食。一等佃户向主家称贷,轻则加三,重则加五。“谷花始收,当场扣取,勤动一年,依然冻馁”。[⑤]

综上所述,就佃户耕种的土地数来看,明代佃户的基本收入,大抵只有自耕农的一半,史料所谓的“今士庶之家,以田佃人,岁入其半”,大抵符合明代的史实。若以佃户收入为自耕农的一半作为测算的依据,再按照上述仅有的可供比较的江南数字为例,那么江南佃户一家每年的基本收入:若是佃户替田主耕种田地5亩,以种植粮食为例,佃户一年的收入大致在7.5—12.5石之间;以种植经

---

① 曹于汴:《乾台笔记》,载氏撰,李蹊点校:《仰节堂集》附录,上海古籍出版社2018年版,第306页。

② 顾起元:《客座赘语》卷5《三宜恤》,中华书局1997年版,第162—163页。

③ 顾炎武著,黄汝成集释:《日知录集释》卷10《苏松二府田赋之重》,中州古籍出版社1990年版,第241页。

④ 张履祥:《补农书》下《总论》,载氏著:《杨园先生全集》卷50,下册,第1425页。

⑤ 吕坤:《实政录》卷2《民务·小民生计》,载氏著,王国轩、王秀梅整理:《吕坤全集》,中册,第947—948,中华书局2008年版。

济作物为例,佃户一年的收入在银 25—50 两之间。当然,田主通常不仅仅满足于收取一半,而是通过“脚米”“斛面”之类的名色,“以求取盈”,[①]使佃户收入明显低于自耕农的一半。

(3)各色雇工收入

明代无田的农民,替人佣耕,分为“长工”“忙工”两种。两者同属雇工,其差别仅仅在于,长工是“以岁计”,而忙工则“以月计”。

明代的长工收入,根据从事劳作的不同而稍有差异。若是从事的是农田耕作,那么田主每年支付给每名长工的工费支出,大抵包括以下几项:工银,5 两;田主供给的饮食米,5. 5 石;盘缠银,1 两;农具银,0. 3 两;柴、酒银,1. 2 两。[②] 因粮食价格时常处于波动之中,很难有一个统一的折算价格,但若以官方折色平价银标准计算,即 1 石折合银 0. 5 两计算,那么田主提供给长工的饮食米 5. 5 石,可折合银子 2. 75 两。诸项合计,长工每年的收入为 10. 25 两银子。[③] 若是从事经济作物的种植,如桑地种植与管理,那么此类长工来自田主的每年收入,大抵为:每人每年工银,2. 2 两;每人每天从田主那里获得饭米 2 升,每月计 0. 6 石,一年共计 7. 2 石,折成平价银 3. 6 两。两项合计,此类长工的每年收入则为 5. 8 两。[④] 显见,其收入明显低于从事农田耕作的长工。不过综合明代的史料记载来看,由于务农者日渐减少,势必导致“农夫日贵”,其工值甚至“增四之一”,亦即上涨 25%。[⑤]

至于忙工或短工的收入,可以从一些资料所言的佣工收入中得以窥知。按照明代的史料记载可知,明代替人佣工的收入为每天得钱 30 文,一年得钱 14000 文。[⑥] 按照《会典》的规定,通常是 1000 文铜钱折合银 1 两。那么,佣工一年得钱 14000 文,折合得银 14 两。但明代的银、钱比价颇为复杂。若以晚明银、钱比价为准,万历年间规定,钱 55 文,折银 1 钱;至崇祯年间,则为钱 65 文,折银 1 钱。[⑦] 以前者折算,佣工一年得钱 14000 文,可以折银约为 25. 5 两;以后者折算,佣工一年得钱 1400 文,可以折银 21. 5 两。

① 张履祥:《杨园先生全集》卷 32《言行见闻录二》,中册,第 918 页。
② 张履祥:《补农书》上《运田地法》,《杨园先生全集》卷 49,下册,第 1403 页。
③ 张履祥:《补农书》上《运田地法》,《杨园先生全集》卷 49,下册,第 1403 页。
④ 庄元臣:《曼衍斋文集》,全国图书馆文献缩微复制中心,2003 年版。
⑤ 朱国祯著,王根林校点:《涌幢小品》卷 2《农蚕》,上海古籍出版社 2012 年版,第 38 页。
⑥ 江盈科:《闻纪·纪警悟》,上海古籍出版社 2000 年版,第 207 页。
⑦ 毕自严:《度支奏议》,《新饷司》卷 18《覆钱法堂条议三款疏》,第 3 册,第 399 页。

佣工是一种临时性的工作。上述明代佣工收入，显然分为计日、计年两种：计日为一日得钱30文，若以一月30日计算，则一年得钱为10800文；若是计年结算，则一年得钱为14000文。若以前引银、钱比价折算，这一年得钱10800文，分别折银约为19.6两与16.6两。在计日与计年结算两种方式中，年佣工收入相差3200文。这足以证明，明代的雇主为了保持家庭雇佣劳动力的稳定性，通常支付长工的收入，会明显高于短工收入。明代这种短工式的佣工收入，在其他史料中同样可以得到印证。据徐光启的记载，明末北京的贫民，替人做佣工一日，可以“得钱二十四五文”。这一收入，“仅足给食”，而“三冬之月，衣不蔽体”。① 以北京佣工收入为标准，那么在北京之外的其他中小城市或乡村，若是佣工每日收入得钱30文，则明显可以维系一种家庭饱暖的生活。

若是将明代雇工收入与清末的雇工收入加以比较，则可以得出更有意思的结论。清代雇工人的工价，在乾隆以前，一般“不计月”，只是计年，这就是史料所谓的“做年”，其年收入大约为得钱6000文。至道光年间，开始实行计月，大致为每月得钱1000文，一年得钱12000文。再往后，则雇工人工价大涨，高达每月得钱2000文，一年得钱24000文。② 若是以乾隆以前的雇工人收入与明代相较，则清代雇工人收入明显低于明末，“做年”的雇工人年收入大致下降了133%；若是以清道光以后的雇工人收入与明代相较，则清代雇工人收入又高于明末，收入大致上涨了11%与122%。这一比较尚可看出另外一层更为紧要的变化，即在明代，“做年”的长工收入，明显高于“计日”的短工收入，这是社会稳定性的一种侧面反映；而在清代，从“做年”的长工向“做月”的短工转化，且清末“做月”的短工收入明显高于乾隆以前“做年”的收入，这是社会秩序与社会结构大变动之后雇工收入变化的另外一种反映。

在明代，朝廷在实施重大工程时，通常会雇佣很多民夫。这些民夫的收入状况，大致高低不一。下面就民夫收入稍作分析。

以民夫收入较低者而论，如正德初年，修理西北边墙时，曾派发应役的民夫，每夫1名，日支粮米仅1升5合。③ 以此计算，一月得粮米0.45石，一年可得粮米5.4石，折合平价银2.7两。又在明代，兴修水利所雇用的民夫收入，大抵为每人“日给口粮二升”，④一月得米0.6石，一年得米7.2石，以平价银折算，则为

① 徐光启：《恭承新命谨陈急切事宜疏》，《明经世文编》卷488，第6册，第5387页。

② 范寅著，侯友兰点注：《越谚点注》卷上《借喻之言》第5，人民出版社2006年版，第55页。

③ 杨一清：《为经理要害边防保固疆场事》，《明经世文编》卷116，第2册，第1094页。

④ 王恕：《言开河事宜并乞县修旧塘水闸奏状》，《明经世文编》卷39，第1册，第307页。

得银3.6两。

以民夫收入较为适中者而论,如万历年间,内府北安门雇用的厂夫,每名每日工食银3分,即月得银0.9两,年得银10.8两;东安门、西安门看守的厂夫,每名每月工食银6钱,即年得银7.2两。① 其中东安门、西安门两厂的看守厂夫,遇闰月可以加银6钱。② 在明代官方的公共工程建设中,所雇用的"夫役",其中的工价通常按以下两种方式支付:一是"计工",即每方给银4分,多劳多得,这很难核算出民夫的实际收入状况;二是"计日"给银,"每日给银三分",即月得银0.9两,年得银10.8两。③ 每日得银3分,这种民夫收入,在明代河工工程中,显然较为常见。如在治理黄河、运河河道时,官方雇募的民夫,照例每名日给工食银3分;④又瓜洲镇修闸,需要使用民夫,也是每夫日给工食银3分。⑤ 以计日给银,且可日得银3分,这是颇为适中的民夫收入标准。这可以崇祯初年的民夫收入为例加以印证。崇祯初年,召募民夫登城协守,民夫1名,日给本色米2升,月得米0.6石,年得米7.2石,折合平价银3.6两。若是加上每日的盐菜银2分,则又可月得银0.6两,年得银7.2两。两项相加,则可年得银10.8两。按照当时人的看法,民夫年收入10.8两,属于"不丰不啬",⑥显然属于一种较为适中的收入。

以民夫收入较高者而论,如万历年间,工部所属山陵工所的各色民夫收入,大致以工种不同,亦即以长工、短工加以区分:红门内的民夫,长工日支工食银5分,月得银1.5两,年得银18两;短工日支工食银4分5厘,月得银1.35两,年得银16.2两。红门内的夯夫,长工日支银7分,月得银2.1两,年得银25.2两;短工日支银6分,月得银1.8两,年得银21.6两。红门外的民夫,长工日支银5分,月得银1.5两,年得银18两;短工日支银4分,月得银1.2两,年得银14.4两。红门外的夯夫,长工日支银6分,月得银1.8两,年得银21.6两;短工日支银5分,月得银1.5两,年得银18两。至于外工所的民夫,长工日支银4分,月得银1.2两,年得银14.4两;短工日支银3分5厘,月得银1.05两,年得银12.6两。外工所的夯夫,长工日支银5分,月得银1.5两,年得银18两;短工日支银4

① 何士晋撰,江牧校注:《工部厂库须知》卷6《虞衡司》,第184页。
② 何士晋撰,江牧校注:《工部厂库须知》卷7《街道厅》,第211—212页。
③ 潘季驯:《题为条列河工事宜疏》,《明经世文编》卷375,第5册,第4065页。
④ 马卿:《河道迁改分流随宜防御疏》,《明经世文编》卷170,第2册,第1739—1740页。
⑤ 王宗沐:《条为议单款目永为遵守疏》,《明经世文编》卷344,第5册,第3697页。
⑥ 毕自严:《度支奏议》,《堂稿》卷9《会议民夫口粮疏》,第1册,第364页。

分,月得银 1.2 两,年得银 14.4 两。①

明代驿递夫分为两种:一种是由犯了死罪或徒、流罪的罪犯充任。如陕西甘州左等卫的驿递夫,就由此类罪犯充任。这些驿递夫需要"自备马驴牛车,相兼服役",官方支给的口粮仅仅每月 3 斗,一年 3.6 石,折合平价银 1.8 两。② 由于驿递夫的身份为罪犯,所以其收入相当之低。另一种是从贫民中招募,一般日得银 2 分,月得银 0.6 两,年得银 7.2 两。③ 这种收入,既要承担驿递夫自己的"一身衣食",又要"八口供养取给焉",负责整个家庭的生活,相对较为艰辛。

限于已有史料的缺乏,民间厨师的收入状况,相对难以考知。不过,服务于皇家或官方的厨役,他们的收入状况则大致得以考知。以宫内厨役为例,宫眷的饮食,一般雇用贫穷的宦官负责"炊爨烹饪"。若是厨艺手段较高,每月可得工食银"数两",一年可得数十两银子,外加零星的赏赐。④ 这是相当高的厨役收入。因为贫穷宦官并非职业的厨役,所以他们的收入并不具有普遍性意义。至于光禄寺所属官方的厨役,其收入则相对较低,通常是每月食粮 1 石,一年得粮 12 石,折合平价银 6 两;另外,每天支给白米 8 合,月得白米 0.24 石,年得白米 2.88 石,折合平价银 1.44 两。两项相加,年收入为得银 7.44 两。⑤ 嘉靖八年(1529)议准,服务于光禄寺的厨役俸粮,有妻者每月 6 斗,年支 7.2 石,折成平价银 3.6 两;无妻者每月 3 斗,年支 3.6 石,折成平价银 1.8 两。⑥ 还有明末崇祯年间在历局中当差的厨夫,他们的收入为每月得银 6 钱,每年计得 7.2 两。⑦

至于服务于海上的舵工、水手,因为工作具有特殊性,且带一定的风险,他们的收入,显然高于普通的民夫收入。以朝廷雇募的海上舵工、水手为例,每舵工 1 名,每月可得银 1.6 两,年得银 19.2 两;水手 1 名,每月可得银约为 1.2—1.3 两,年得银 14.4—15.6 两。⑧

在明代京畿一带妇女中,有一种奶口,专门服务于宫廷。她们的收入状况大致为:每口日得米 8 合,即月得米 0.24 石,年得米 2.88 石,折合平价银 1.44 两。

---

① 何士晋撰,江牧校注:《工部厂库须知》卷 7《街道厅》,第 213 页。

② 杨鼎《会议大同等处事宜》,《明经世文编》卷 40,第 1 册,第 318 页。

③ 吕坤:《摘陈边计民艰疏》,《明经世文编》卷 416,第 5 册,第 4505 页。

④ 刘若愚:《酌中志》卷 20《饮食好尚纪略》,北京古籍出版社 2001 年版,第 184 页。

⑤ 耿裕:《灾异疏》,《明经世文编》卷 44,第 1 册,第 340 页。

⑥ 申时行等修:《明会典》卷 42《户部》29《南京户部 · 官军匠役俸粮》,第 306 页。

⑦ 徐光启:《徐光启集》卷 7《奉旨修改历法开列事宜乞裁疏》,第 341 页。

⑧ 张养蒙:《议用春运船疏》,《明经世文编》卷 427,第 5 册,第 4667 页。

此外,尚可每日得肉4两,月得肉120两,年得肉1440两,亦即90斤。[1] 按照万历年间顺天府乡饮酒礼酒席所用猪肉价格,可以算出每斤猪肉的价格为0.02两银子,[2]那么可以折算出90斤肉的价格为1.8两银子。两项相加,明代奶口的年收入为得银3.24两。

(4)**工商业者收入**

在一个赋税、徭役不重的时代,自耕农基本能维持比较富裕的生活,而且可以旦暮不失父母妻子的团聚,所以很少有人去逐末经商。原因很简单,外出经商,且不说失去天伦之乐,即使一般的小商小贩,其获利也是甚微。在明初宣德年间,京畿地区的业贾之人,终日勤劳,外出经商,不出二三百里,远的1月,近的10日即可返回。但他们的获利情况也并不理想,其厚者十之二三,薄者不过十分之一,更有尽丧其利者。[3] 这段史料记载足以证明,商人经商的利润率,除去赢亏相抵之外,高的利润率在20%—30%之间,低的利润率则不过10%而已。

这就牵涉到商人的利润率问题。毫无疑问,商人的经商收入存在着诸多不确定因素。这主要体现在以下三个方面。

其一,商人经商存在着是否获利的问题,即经商存在着"尽丧其利"甚至本钱亏损的风险。换言之,明代商人的收入并不如想象中的那么丰厚,而是呈现出两极分化之势:普通的贩夫,或者游走于城乡之间的货郎,他们的收入其实仅可满足全家的糊口而已;至于那些资本雄厚且货殖有方的大商人,尤其是来自徽州的盐商、典商,其收入乃至财富积累之多,则让人难以想象。

当然,即使是那些富贾,同样存在着经商成功与失败的两种可能。以经商成功者为例,很多商人的成功,最初也是通过自己的努力才得以实现。不妨举一较为典型的例子,以考察明代成功商人的基本收入。如濮阳人刘滋,少为庠生,后因家贫,不得已只好卖掉仅有的不足20亩田,"逐十一之利,十余年至数万金"。[4] 稍加平均,则每年收入高达数千两银子。这是经商成功的典型个案。除了成功者之外,明代商人经商失败者也不乏其例。如徽州商人汪丽麓,老家在休宁、歙县之交的石砘,一直在苏州府嘉定县的南翔镇经商,前后达20年之久。在这20年中,他先是开质库,而后又业盐,"升沉聚散",并无多少起色,最后"弃南

---

① 沈榜:《宛署杂记》卷10《奶口》,第81页。

② 沈榜:《宛署杂记》卷15《经费》下,第170页。

③ 余继登撰,顾思点校:《典故纪闻》卷10,第172页。

④ 谢肇淛:《小草斋文集》卷11《刘滋传》,《四库全书存目丛书》影印明天启刻本,集部第176册,台南庄严文化事业有限公司1997年版,第69—70页。

翔而归”。[①] 即使是明代最能获利且获利甚厚的盐商,自万历以后,因为盐政本身存在的诸多弊端,无论是内商、边商,“皆极困重惫,而边商尤甚”,最后利益尽归于“囤户”。换言之,因为盐法的不善,最终导致盐利归于囤积居奇的“囤户”,而害却归于经营盐业的内商、边商。[②]

其二,经商获利的厚薄,既取决于行业的不同,又取决于资本的多少。明代获利最厚的商人,当属贩盐的盐商与贩茶的茶商。世间之人,熙熙攘攘,都为利来利往,尤以商人为甚。这是商人求利的本性,毫无疑义。但在各色商人中,唯有盐商与茶商,才被明末人王徵视为“公共之商”。究其原因,一则盐业、茶业两者,获利最大;二则这两类商人,“于国于家,无不利也”。[③] 盐商、茶商获利虽厚,但非资本雄厚者不能经营这两类业务。正如明人张瀚所言:“煮海之贾,操巨万以奔走其间,其利甚巨”;“然茶盐之利尤巨,非巨商贾不能任”。[④] 这就是说,因为资本雄厚,经营盐业、茶业者均为“巨商贾”,且经营投入资本动辄“巨万”,才使得盐业、茶业商人获利最大。至于普通的像货郎一类的商人,他们获取的利润,正堪称是蝇头小利。明初人朱有燉所作杂剧中,其中描摹货郎生活,有“(小人每)安贫守分,发脱(了)一两得的十文”之说,[⑤]足见货郎卖掉 1 两银子的货物,才可赚得 10 文铜钱。若以前引的三种银、钱比价为折算基准,即 1 两银子值钱 1000 文、650 文、500 文,那么,货郎卖货的利润率分别为 1%、1.5%、2%。这显然是相当低的利润率。

其三,商人经商的具体利润率问题。在传统典籍中,一般称商人经商为“逐什一之利”。可见,“什一之利”,亦即 10%的利润率,大致可以视为商人经商一种较为适中的利润率通则。

若是细加考察,明代商人经商的利润率亦有高下之分。其中高者,为长途贩运,他们“载金锡珠玉、旃裘筋角、鱼盐漆枲、果隋黍稷、楠梓马牛之属,趋俗之好,察地之宜,因翔贵得过直。资舟车,乘穰饥”,可以“致富数十倍”。获利高达数十倍,虽然说法近乎夸张,但至少说明利润率已是相当惊人。其次者,如放高

---

① 李流芳:《檀园集》卷 7《丽麓汪翁偕金孺人六十双寿序》,载氏著,陶继明、王光前校注:《嘉定李流芳全集》,上海古籍出版社 2013 年版,第 181—182 页。

② 袁世振:《盐法议一》,《明经世文编》卷 474,第 6 册,第 5207 页。

③ 王徵著,林乐昌编校:《王徵集》卷 4《治状四 · 谕盐商》,西北大学出版社 2015 年版,第 80 页。

④ 张瀚:《松窗梦语》卷 4《商贾纪》,中华书局 1985 年版,第 83、85 页。

⑤ 朱有燉:《诚斋杂剧》18《新编黑旋风仗义疏财》,载氏著,赵晓红整理:《朱有燉集》,齐鲁书社 2014 年版,第 292 页。

利贷,“闾里之间,钱虏自守,操橐数千百金,为废居墆财役贫,权子母,择隐赈者与钱,通计日而责偿,肉好龟冉,察其善窳”,则“其利再期而三倍之”。[①] 获利高达3倍,利润率为300%,也是相当之高。

上面的说法来自明末清初学者方以智的记载,不过是就其大概而言,并不一定精确。若是结合明代商人经商的史实,那么商人经商的具体利润率大致可以考知一二。按照张瀚另外一种说法,徽州商人经商的利润率分为以下三等:良贾可以获取市利数倍,稍次者为一倍的利润,最下无能的商人则“逐什一之利”,亦即10%的利润。[②] 为了印证张瀚的说法,不妨从三类商人入手,考察他们实际经商的利润率:一是盐商的利润率。这有数则记载可以推测。如陕西盐商中纳盐斤,每引需要缴纳的引钱为银1钱5分,盐商将盐再卖给脚户,通常一引盐可以得银4钱,那么,可知盐商一引盐的利润率约为167%,即利润为1.67倍。[③] 此外,明代贵州官方在四川贩盐,通常是本银100两,可以得利润50两,那么利润率为50%;若是在湖广贩盐,所得的利润仅为30余两,那么利润率为30%余。[④] 上述记载是指贵州官方从蜀、楚两地贩盐所获的利润率,照理说来,会低于商人贩盐的利润率。二是茶商的利润率。弘治十八年(1505)规定,西北茶马贸易所需官茶,均由山西、陕西富商召买。其中召买的官方价格为茶1000斤,给银50两。每一位商人召买之数,不超过1万斤。[⑤] 在这50两银子中,包括两项支出:一是价银25两;二是蒸晒、装篦、雇脚等项所需支出,也是25两。可见,茶商中纳1000斤茶叶所付出的所有成本,合计50两银子,亦即每斤茶叶商人付出的成本价为0.05两。若再以当时官方茶叶的召买价格计算,即“细茶六两,价三分六厘”,[⑥]折合每斤茶叶为0.096两。假如将后者视为茶商的卖出价,即每斤茶叶值银0.096两,而商人中纳茶叶的成本价为每斤0.05两,那么,可见茶商每斤茶叶的利润率为92%,几乎接近1倍之利。考虑到细茶价格会高于普通中纳茶叶价格,那么茶商实际的利润率会少于92%。上述记载可知,茶商1斤茶叶可以赚取差价0.046两,茶商一次可以中纳茶叶1万斤,则茶商一次贩运即可赚取银子

① 方以智:《稽古堂文集》卷上《货殖论》,载方昌翰辑,彭君华校点:《桐城方氏七代遗书》,黄山书社2019年版,第501页。

② 张瀚:《松窗梦语》卷4《商贾纪》,第83页。

③ 杨一清:《为议增盐池中马则例疏》,《明经世文编》卷114,第2册,第1069页。

④ 郭子章:《题买楚蜀盐鱼以饷新兵疏》,《明经世文编》卷419,第6册,第4561页。

⑤ 杨一清:《为修复茶马旧制第二疏》,《明经世文编》卷115,第2册,第1078—1079页。

⑥ 沈榜:《宛署杂记》卷14《经费》上,第123—129页。

460两。三是珠玑、金碧、木材商人的利润率。明人张瀚有如下记载:“夫商人趋厚利者,不西入川,则南走粤。以珠玑金碧材木之利,或当五、或当十、或至倍蓰无算也。”①史料中所言“当五”之利,为“五之一”之利,即五分之一的利润,亦即利润率为20%;“当十”之利,即十分之一的利润,亦即利润率为10%;“倍蓰”之利,为数倍之利。可见,贩卖珠玑、金碧、木材的商人,他们的利润率,低者为10%,中等者为20%,高者可达数倍的利润率。

综合上面的论证,可知明代商人经商的利润率,大致可以分为以下三等:上等商人的利润率,低者为167%,即1.67倍之利,高者可达数倍之利;中等商人的利润率,低者为10%,一般为20%—30%之间,高者为92%;下等如货郎之类,他们的利润率仅仅维持在1%—2%之间。

至于一般的手工作坊的业主,通过自己的经营,其资产的积累有时亦相当可观。这可以张瀚祖上的发家史为例加以剖析。据张瀚自己的回忆,在他的先祖毅庵公时,家道开始中落,只能靠酤酒为业。但酤酒生意并不好做,而后就改为置办织机,开始从事纺织业。因为所织“诸色纻币,备极精工”,所以产品一出,“人争鬻之,计获利当五之一”。仅仅过了两旬,又增添一张织机,到后来织机数更是增达20多张。张家靠纺织起家,最后是“家业大饶”。即使分为四支,同样从事纺织之业,亦各“富至数万金”。②

(5)工匠收入

明代工匠分为官匠、民匠两类。自明代中期以后,官匠制度衰落,即使官方匠作之事,同样需要调遣地方民匠。③ 总体上说,明代工匠的生活相当艰辛,晨出暮归,“为糊口计也”。④ 然在用工制度不全且人身依附关系颇为紧密的明代,官匠不但人身不得自由,甚至糊口亦成问题。

服务于朝廷或官府的工匠,其每月的收入高下不一,分别列举如下:在明初,被贬乐人而充当穿甲匠的食廪很少,一般为“月支米五斗”,年支米6石,折成平价银3两。⑤ 南京后湖的库匠,大抵从上元、江宁二县佥取少壮识字、身家无过

---

① 张瀚:《松窗梦语》卷4《商贾纪》,第85页。

② 张瀚:《松窗梦语》卷6《异闻纪》,第119页。

③ 即以南京龙江船厂为例,其厂中工匠,即有从官匠向民匠转变的趋势。史载其事云:“凡造船之料物司之也。计料有科,人匠有科,属史各承行也。人匠皆洪武、永乐年间取江西、福建、湖广、浙江、南直隶边江府、县熟于造船者,挈家于提举司隶籍。今知艺者,百无一二,召外匠也。”参见李昭祥:《龙江船厂志》卷6《孚革志·律己之弊有五》,江苏古籍出版社1999年版,第126页。

④ 李昭祥:《龙江船厂志》卷6《孚革志·律己之弊有五》,第126页。

⑤ 邓士龙辑,许大龄、王天有主点校:《国朝典故》卷4,引刘辰《国初事迹》,上册,第95页。

之人充当，每月给工食银6钱，一年得工食银7.2两。① 明初规定，南京宝钞提举司的钞纸匠，每月支米5斗，年支米6石，折成平价银3两。② 至嘉靖八年(1529)，进一步规范了官府所用官匠、民匠的廪食，其中规定：司苑局、戊字库、兵仗局、织造局、御用监、巾帽局、针工局、内官监及养乳牛的军匠，有妻、母者每月食米8斗，年食米9.6石，折成平价银4.8两；单身者每月食米4斗8升，年食米5.76石，折成平价银2.88两。此外，盐引匠，月支米3斗，年支米3.6石，折成平价银1.8两；钞匠，月支米2斗5升，年支米3石，折成平价银1.5两；内织染局、兵仗局、司礼监、内官监的民匠，以及神帛堂的人匠，月支米3斗，年支米3.6石，折成平价银1.8两。③

至于民间手工业作坊工匠的收入，应该说也是相当微薄，仅仅可以维持一家生计而已。譬如纺织业中，按照明代的惯例，已是"机户出资经营，机匠计工受值"，每个季度除工资之外，仅给"机匠酒资一钱，二月朔日给付四分，三月朔日，给付三分，清明给付三分，三次分给，共是一钱之数。"④这种低下的待遇，从明末到清康熙、雍正年间仍是如此，所以激起了工匠"叫歇"，即罢工运动。

通观明代工匠的收入，大致可以发现以下几个特点。

其一，无论是官匠，还是民匠，工匠收入大抵呈一种日渐增长的趋势。尽管在嘉靖八年(1529)所行工匠工食则例中，一度削减了各色工匠的工食，如钞匠收入从明初每月支米5斗，减为每月支米2斗5升，减少了50%，但从总体趋势看，工匠收入呈增长之势。还是以钞匠为例，明末宝钞局所用正匠，其收入已上升到每月支米1石，年支米12石，折成平价银6两；外加每月支银3两，年支银36两。两项相加，宝钞局正匠的年收入已高达42两。即使是宝钞局所用的雇工，每名的月银亦高达3.3两，年支银39.6两。⑤ 到了万历年间，其他工匠的收入也有大幅增加。如宗人府所用纂修玉牒的裱背匠，每名每月工食银1两5钱，年得工食银18两；⑥工部所用的雕漆匠，来自各省直，每人每年可以从巡抚、巡

① 赵官等编纂，吴福林点校：《后湖志》卷3《事迹》3《管册职名》，南京出版社2011年版，第50页。

② 申时行等修：《明会典》卷42《户部》29《南京户部·官军匠役俸粮》，第306页。

③ 申时行等修：《明会典》卷42《户部》29《南京户部·官军匠役俸粮》，第306页。

④ 《江苏省明清以来碑刻资料集》，转引自谢国桢：《明末清初的学风》，中华书局1982年版，第58页。

⑤ 蒋德璟著，粘良图点校：《悫书》卷12《回奏改票桑穰钞匠二本待罪揭帖》，商务印书馆2018年版，第121页。

⑥ 何士晋撰，江牧校注：《工部厂库须知》卷3《营缮司》，第85页。

按处获取工食银 10.8 两，遇闰还可加添银子 9 钱；[①]内织染局织罗的工匠，每人每年的工食银为 10.8 两。[②]

其二，相较而论，服务于官府的官匠，他们的收入相对较低；而服务于皇家的民匠，则收入相对较高。按照惯例，官匠通常为月粮 1 石，并有直米 3 斗 5 升。两者相加，每月可得 1.35 石，每年计得 16.2 石，折成平价银为 8.1 两。[③] 这是普通官匠的收入。至于向民间召募的民匠，其收入则更高。据何孟春的记载，在盖造乾清宫西七所并添修万岁山毓秀亭时，其中向民间雇觅的木匠、石匠等工匠，每名每日的工价银为 7 分，一月的工价银为 2.1 两，一年可得工价银 25.2 两。[④] 至万历年间，乾清等宫重新修缮，所用工匠的收入，同样也是每日 7 分银子，一年可得工价银 25.2 两。即使是普通的夫役，也可以一日得 5 分银子，年收入高达 18 两。[⑤] 其中最高者，当属南明弘光朝宫中银作局的工匠，"人日给工食银一钱二分"，每月计 3.6 两，每年计得银 43.2 两。[⑥]

其三，服务于官府的工匠，军匠的收入相对高于官匠、民匠。如在苏州织染局，包括两类工匠：一类是各色人匠，每名每月支取食粮 4 斗，年支 4.8 石，折成平价银 2.4 两；一类是服务于织染局的苏州卫军匠，每名每月支取食粮 8 斗，年支 9.6 石，折成平价银 4.8 两。[⑦] 可见，苏州织染局的军匠收入高出官匠收入 100%。又如在遵化铁厂服役的民匠，每名每月支口粮 3 斗，每年计得口粮 3.6 石，折成平价银仅 1.8 两；而同在铁厂服役的军匠，收入相对较高，每名岁支行粮 10.8 石，折成平价银为 5.4 两。此外，尚可补助冬衣布 2 匹，绵花 2 斤 8 两。[⑧]

其四，在明代，一些具有人身自由的工匠，或因得人宠信，或因技艺精湛，他们的工值明显高于普通的官匠与民匠。如明末南京有一位栉工，专门从事替人梳头之事，曾被南京户部主事王承曾所雇，替王氏宠信的"美少年"门子梳掠，每

---

① 何士晋撰，江牧校注：《工部厂库须知》卷 9《都水司》，第 259—260 页。

② 何士晋撰，江牧校注：《工部厂库须知》卷 9《都水司》，第 294 页。

③ 刘体乾：《财用诎乏恳乞圣明节省疏》，载孙旬辑：《皇明疏钞》卷 39。按，此疏亦见黄宗羲编：《明文海》卷 55，中华书局 1987 年版，第 454 页。

④ 何孟春：《省营缮以光治道疏》，《明经世文编》卷 127，第 2 册，第 1230 页。

⑤ 王德完：《稽财用匮竭之源酌营造缓急之务以光圣德以济时艰疏》，《明经世文编》卷 444，第 5 册，第 4885 页。

⑥ 李清：《三垣笔记》下《弘光》，中华书局 1982 年版，第 108 页。

⑦ 文徵明：《重修织染局记》，载孙珮撰，宋琴点校：《苏州织造局志》卷 3《官署》，上海古籍出版社 2015 年版，第 508 页。

⑧ 韩六章：《遵化厂夫料奏》，《明经世文编·补遗》卷 2，第 6 册，第 5553 页。

天的工值高达3分银子，一年的收入则高达10.8两。① 更有很大一批著名的手工艺人，他们凭借自己的技艺，甚至可以与士大夫平起平坐。而他们所制的产品，销售价格甚高。如龚春、时大彬所制宜兴砂罐，以及王元吉、归懋德所制锡注，其价格均高达4—5两银子一件。② 又如有一位云在山，江西抚州人，擅长画人像，“能为人追写亡人小像”，每画一幅，收取银子3两。③ 尽管这些著名工匠的年收入很难考知，但显然相对较高，生活也比较富足。

其四，从上述已知的工匠收入中，可知有高有低，其中收入最低的工匠，当属顺天府宛平县服务于静乐堂、安乐堂的土工，每名每年的工食银仅有1.2两；④ 收入最高的工匠，当属上面已经提及的南明弘光朝宫中银作局的工匠，每年的收入高达43.2两。两者的收入差距为3500%，即高者收入为低者收入的35倍。这是相当大的收入差距。即使排除这两个极端例子，再取前述较为普遍的工匠收入每年3两银子，以及万历年间皇家召募民匠年收入25.2两，作为比较的范例，那么两者的收入差距同样高达740%，即高者收入为低者收入的7.4倍。

（6）贱民收入

在明代，倡优、奴仆属于贱民，从身份上说处于社会的最底层。这一社会群体的收入，同样可以根据部分的史料记载加以体现。

就优伶与艺人收入而言，早在明初，朱有燉乐府套数中，有云：“也子索每日价巡门绕户，论年价撞疃沿村。唱的来唇干口燥，舞的来眼晕头昏，便赏与十文钱也子索欢忻，便得的五斗卖也子索平分。”⑤乐府中没有说及优伶唱戏的工食银，或许根本就没有工食银，仅仅提及优伶所得的赏钱，有时是10文钱，有时则是5斗米。这显然是较低的收入。以一天一场戏计算，若得赏钱10文，则月得赏钱300文，年得赏钱3600文。若以前引的三种银、钱比价为折算基准，即1两银子值钱1000文、650文、500文，那么优伶唱戏每年所得赏钱，分别折合银子3.6两、5.54两、7.2两。若得赏米每日5斗计算，则月得赏米15石，年得赏米180石，折合平价银90两。细究乐府的文意，日得赏钱10文，属于一个优伶较为正常的每日收入；而日得赏米5斗，则需要将赏米卖了之后，整个戏班子成员

---

① 吴应箕：《留都见闻录》下卷《时事》，南京出版社2009年版，第39页。

② 张岱：《陶庵梦忆》卷1、2《濮仲谦》《砂罐锡注》，上海古籍出版社1982年版，第9、17页。

③ 姚旅：《露书》卷12《技篇》，福建人民出版社2008年版，第295页。

④ 沈榜：《宛署杂记》卷10《土工》，第85页。

⑤ 朱有燉：《诚斋乐府》2《套数·代人劝歌者从良歌者乡外乐籍中角伎善于歌舞》，《朱有燉集》，第548页。

“平分”。若以一个戏班子10人为准,每人的年收入也不过9两而已。

至明代中期,戏子通常在衙门中侍候承应,这大抵类似于唱堂会。若是如此,则每名戏子每天可得工食银0.5两,一年可得工食银180两。[①] 这是一个颇为重要的收入数字,大致可以说明以下两点:一是自明代中期以后,随着士大夫对戏曲的钟爱,使得优伶的地位有所提高,士大夫对优伶时有“赐坐”一类的礼遇。二是随着优伶社会地位的提高,优伶每天的收入也大为增长。从明初每日仅得赏钱10文,到中期以后每日的工食银高达0.5两银子,按照不同的银、钱比价,分别可折合钱500文、325文、250文。换言之,明代中期以后,优伶收入分别增长了4900%、3150%、2400%,亦即分别增长了49倍、31.5倍、24倍。这显然是相当大的收入增幅。当然,戏班与戏子不可能每天都有戏可演,一年中且多有歇息的时间,即使能够获得演出的机会,亦并非一概均如赴唱堂会那样能有丰厚的酬劳。所以,优伶的实际收入会低于上述所推测的数字。

在艺人群体中,若是较为著名者,那么其收入就较一般艺人更为丰厚。如明末著名的说书艺人柳麻子,一天说书一回,可得银1两,[②]就是典型的例子。相较于明代中期优伶的收入,柳麻子的收入又明显高出1倍。

至于奴仆的收入,在明代尽管因时代及区域差异而有所波动,但大致可以通过明末的史料而加以考知。根据史料记载,在明末的江南,主人给家中仆人的报酬,大体是维持在每天支付米1升。这1升米,若是按照固定不变的平价银计算,大致值银子1分,然在明末仅仅值银子8厘。按照这一收入,将仆人一月的收入折成银子,大概每月为0.24两银子,每年为2.88两银子。[③]

(二) 资产经营收入

明代各社会阶层的收入构成,大致分为两类:一类是服务于官府、公室的职役人员,他们得以享受官方提供俸廪收入的社会阶层,从勋戚、文官、武官,到生员、胥吏、军兵,或则享受俸禄,或则享受廪粮、工食;另一类则是劳动者,凭借自己的劳动获取收入,从工匠、民夫、厨役,到雇工、自耕农、佃农、仆人,无不以劳动获取收入。

除了劳动者缺乏增殖的资产之外,在服务于官府的职役人员中,尤其是勋

---

① 何良俊:《四友斋丛说》卷13《史》9,第109页。

② 张岱:《陶庵梦忆》卷5《柳敬亭说书》,第45页。

③ 陈确:《陈确集·文集》卷1《寄祝二陶兄弟书》,第67页。

戚、官员，无不凭借自己所持的资产，拓展收入来源。从某种程度上说，资产经营所得收入甚至远超他们应得的俸廪。细究明代资产经营收入，大致可以分为田地出租、房屋租赁、工商业经营三大类。如以公安派的袁中道的家产为例，其经营性收入主要包括三大块：一是田产收租，每年可得租谷 440 余石，以其中一半供应居住在城中的妻孥之用，一半供自己在乡下生活及“舟中资粮”，亦即出游费用；二是“银租”，即放债，每年的收入大约有 100 两银子，以其中的十分之二付与城中妻孥，以“作蔬具”，以大半作为自己的“游玩度支”；三是房产收入，袁中道在沙市有一处多余的房产，若将其变卖，所得之值又可置田数百亩。①

1. 田地出租收入

限于目下史料匮乏，若欲将明代勋戚、势要、官员所占田产的平均数作一估计，显然存在着不小的困难，且就官员而言，南北方官员家庭的田产数，其实也存在着明显的差异。

不过有一点可以肯定，北方大量土地的占有者，多为勋戚、势要，他们往往通过钦赐、奏讨、接受投献等形式以拓展自己的土地占有量。以皇亲、勋戚为例，正德二年(1507)十月，赐给皇亲沈溥、吴让静海庄田，共计 3500 余顷。② 这一数字，在其他史料记载中稍有差异，将沈溥、吴让静两家奏讨沧州、静海两县土地数记为 6500 余顷。③ 显然所记为相同之事，只是数字有 3500 余顷、6500 余顷之不同。史料并无两家得赐或奏讨土地的分项顷亩数，若是平均分配，一家各得 1750 或 3250 余顷。随后，如庆阳伯接受奸民李政等人的投献，奏讨庆都、清苑、清河三县之地 5400 余顷；长宁伯接受奸民魏忠等人的投献，奏讨景州、东光等县地土 1900 余顷。④ 即使像百户唐兴，他所奏讨的田地，也不下 200—300 顷。⑤ 若以平均数计算，唐兴奏讨的田地应为 250 顷。

上面所列皇亲、勋戚钦赐、奏讨或投献所得土地，最多者为庆阳伯，多达 5400 余顷；次多者为长宁伯，有 1900 余顷，以及皇亲沈溥、吴让，分别为 3250 余顷或 1750 余顷；最少者百户唐兴，大概为 250 顷。若是稍加平均，北方皇亲、勋

---

① 袁中道著，钱伯城点校：《珂雪斋集》卷 16《后泛凫记》，中册，上海古籍出版社 2013 年版，第 667 页。

② 黄光昇：《昭代典则》卷 24，上海古籍出版社 2008 年版，第 692 页。

③ 夏言：《查勘功臣田土疏》，《明经世文编》卷 202，第 3 册，第 2109—2110 页。

④ 夏言：《查勘功臣田土疏》，《明经世文编》卷 202，第 3 册，第 2109—2110 页。

⑤ 林聪：《修德弭灾二十事疏》，《明经世文编》卷 45，第 1 册，第 345—346 页。

戚的平均土地占有数约为2700顷或2325顷。隆庆五年(1571),北方河南杞县已经开始实行货币地租,地主召人佃种土地,通常为“每亩课银一钱五分”。[①] 若以此地租收入为计算单位,那么北方皇亲、勋戚土地经营的税前收入,多者可达81000两银子,少者也有3750两银子,其平均税前收入则为40500两或34875两银子。这无疑是一笔相当丰厚的土地经营收入。

在南方的江南地区,大量土地的占有者,多为“缙绅富室”。从明代史料记载来看,松江府上海县的缙绅富室,其占有的田产,最多可以达到“数千亩”,[②]显然已经数目可观。史料所谓的“数千亩”是一个颇为含糊的数字,多则可为9000亩,少则可为2000亩,平均则为5500亩。当然,这种平均数也是一个大概数字而已。从另外的史料记载可知,浙东、浙西二地,无论是稻、麦混种,还是全种水稻,通常是“一岁二熟”,[③]即一年两次收获。明代江南地区田地的亩产量,有以下三个记载数字:一是苏州府常熟县田地的亩产量,分为2石、1石余、1石三等。[④] 若是一年二熟,则分别为4石、2石余、2石。二是顾炎武所记苏州地区,亩产量多的为3石,少的为1石余。[⑤] 以一年二熟计,则分别为6石、2石。三是顾起元所记南京地区田地的亩产量,产量高的可以收谷2石。[⑥] 由此可知,南方江南地区的亩产量,多者为6石,少者为2石,至于其平均亩产量,因为有些记载为“1石余”之类的模糊数字,那么很难得出精确的平均亩产量。若以此亩产量为计算单位,再印之以9000亩、2000亩、5500亩这三个土地占有数,另外加上明代地主与佃户对收成较为普遍的对半分成,那么大致可以推算出江南缙绅、富室土地经营的税前收入。若是以亩产量6石计算,则土地经营的税前收入,可分别达到54000石、12000石、33000石,折合平价银27000两、6000两、16500两;若以亩产量2石计算,则土地经营的税前收入,则分别为18000石、4000石、11000石,折合平价银9000两、2000两、5500两。结合两种推算方式,江南地区缙绅富室土地经营的税前收入,多则达27000两银子,少也有2000两银子。这同样是一笔相当丰厚的土地经营性收入。

---

① 高拱:《掌铨题稿》卷12《议加致仕佥事陈乙服色疏》,载高拱著,岳金西、岳天雷编校:《高拱全集》,上册,中州古籍出版社2006年版,第261页。

② 叶梦珠:《阅世编》卷1《田产》1,第23页。

③ 陈龙正:《救荒策会》卷4《董煟救荒法统论》,载李文海、夏明方主编:《中国荒政全书》第1辑,北京古籍出版社2003年版,第704—705页。

④ 嘉靖《常熟县志》卷4《食货志》。

⑤ 钱思元撰,朱琴点校:《吴门补乘》卷1《田赋补》,上海古籍出版社2015年版,第70页。

⑥ 顾起元:《客座赘语》卷5《三宜恤》,中华书局1997年版,第162—163页。

2. 房屋租赁收入

限于现有史料的匮乏甚至失载，若想系统统计房屋占有者的租赁收入，无疑显得颇为困难。不过，明代诸多史料大抵已经证实以下两点：一是以京城为例，最初在京城任职的官员，大多租房居住。自明代中期以后，则转而变为自己置买房产居住。即使如此，在北京、南京及其他一些省城，因为会试或乡试时科举士子的集聚，房屋租赁业依然颇为兴盛。二是无论是科举举子、士子，还是一些小官，若是按照他们的正常俸廪来说，租房的支出同样是一笔不小的开支，甚至成为他们的沉重负担。明末清初人朱鸿瞻有《都中见》诗32首，其中一首云："更嗟微宦冷寒毡，清节人人各自坚。任是南宫新贵客，月终愁偿僦房钱。"①无疑就是最好的佐证。

在明代一些繁华的城市中，尤其是都城北京，对于房屋的业主而言，出租房屋无疑是一笔颇为可观的经营性收入。朱鸿瞻《都中见》诗另有一首云："阶前寸土寸黄金，架木为房几步深。岁觅僦钱三五万，不愁旅客力难任。"②"架木为房几步深"，一间不大的房子，一年的租赁收入即达三五万文钱，亦即30000—50000文钱，确乎堪称"寸土寸黄金"。

3. 工商业经营收入

前面已经提及工商业者的经营收入，大抵指的是专门从事工商业者的家庭基本收入。此处所言工商业经营收入，则是指其他社会阶层在正常的职业之外，从事工商业经营的收入，并以此作为家庭基本收入构成的一部分。

明代官员的常俸，仅仅是官员基本收入的一小部分，其更多的基本收入，理应来源于家庭许多经营性的收入。在这些经营性的收入中，田地、房产出租当属大宗。此外，有些官员家庭甚至还开设纺织机房，借此增加收入，甚至获利颇为丰厚。

在明代的江南，大多"以织作为业"，即使是士大夫家庭，亦"多以纺绩求利，其俗勤啬好殖，以故富庶"。像徐阶这样在位的内阁大学士，也是"多蓄织妇，岁计所积，与市为贾"。③ 诸如此类的资料，已经足证士大夫家庭的经营性收入相

① 朱鸿瞻：《竹园类辑》卷10《诗类》，载陈光熙编：《明清之际温州史料集》，上海社会科学院出版社2005年版，第488页。

② 朱鸿瞻：《竹园类辑》卷10《诗类》，《明清之际温州史料集》，第488页。

③ 于慎行：《谷山笔麈》卷4《相鉴》，第39页。

当可观。

官员士大夫如此，明代的很多举人，同样通过经商而增加经营性收入，甚至不乏因此跻身富人的行列。如苏州洞庭山有一位举人蒋某，屡上公车不第，于是抛弃举子业，转而“营什一之术，执筹数缗，算入骨髓，虽至亲不拔一毛，以此致富”。①

二、额外收入

在明代的各个社会阶层中，尽管并非所有社会阶层均有额外收入，但确实有很多社会阶层，在基本收入之外，尚有额外以及一些业余收入，且在某些社会阶层中，这类额外及业余收入，有时会远超基本收入。

（一）官宦士绅的额外收入

明代官员的额外收入，大抵可以分为正常与非常两类。所谓正常的额外收入，指的是符合国家法律规定的额外收入；所谓非常的额外收入，则指超轶国家法律规定的额外收入，主要体现为灰色收入，有时甚至是黑色收入。

1. 正常的额外收入

在明代，一旦出仕为官，除了可以领取多少不一的俸禄之外，尚可得到不少正常的额外收入，包括赐赉、节钱、马夫银、出差廪给、牌坊银等；官员或在任上，或致仕乡居之后成为乡绅，同样可以凭借自己的身份，通过自己的诸多付出，获得正常的额外收入。

（1）官员正常的额外收入

以合法的额外收入而论，明代官员大致可以获得如下数种额外收入。

其一，来自朝廷各种名色的赐赉，尤其是在朝的大臣，所得赏赉则相对更多。与前代相比，明代皇帝赐赉臣下，显得较为低薄，这也算是一种颇为节制的赐赉之制。然臣子一旦获得皇帝的欢心，间有“特赐”之制，则稍显优渥。如天顺初年，锦衣卫掌卫事指挥袁彬，先得英宗所赐白金 300 两及彩币，作为修治宅第之资；至袁彬娶妇，明英宗又赐他黄金 30 两，彩币八袭；等到袁彬生子，亦有相同的

① 张怡：《玉光剑气集》卷 31《惩诫》，下册，中华书局 2006 年版，第 1112 页。

赐赉。嘉靖初年，阁臣少傅张孚敬，先因西第修成，得明世宗所赐白金200两及彩币；后因为娶继室，明世宗又赐他白金200两，大红蟒缎四袭。至万历初年，张居正当政，在家乡江陵建造宅第，得明神宗所赐银1000两；等到神宗大婚之期，张居正先得“加巾”之赐，继而又得慈圣皇太后所赐银200两与坐蟒；等到神宗大婚之礼一成，张居正又被增加岁禄100石。①

明代大臣所得赐赉，其例甚多，且所赐名色众多，既有银子、新钞、金饼，又有衣饰，甚至还有日常的饮食之品。以嘉靖朝阁臣顾鼎臣为例，如嘉靖十五年(1536)三月十九日，明世宗亲自派遣文书房官员，赐赉顾鼎臣如下之物：大红闪黄麒麟云肩通袖膝襕罗衣1件，红里绢1件，青闪黄麒麟纻丝鸾带1条，镀金压口绣方袋1个，银瓢1个，镀金三事1副；嘉靖十八年六月二十八日，又派遣奉御马仲良，赐赉顾鼎臣鲜猪1体，鲜羊1羫，白米2石，甜酱瓜茄1坛，票酒10瓶。②以张居正为例，在他夺情辞俸之后，光禄寺每日送酒饭一桌，各衙门每月送米10石、香油200斤、茶叶30斤、盐100斤、黄白蜡烛100枝、柴30扛、炭30包。至于其余“横赐”，更是不可胜计。③ 以吴甡为例，崇祯十六年(1643)三月，因为督师“平寇”之功，崇祯帝加赐他斗牛服1袭，银100两，大红纻丝4表里，监马50匹，以示“眷礼”。④

除了内阁大臣可以得到赐赉之外，按照明代的制度规定，在京城的大臣，只要是三品以上官员，在暑月均可以从皇帝那里得到“赐冰”。⑤ 景泰初年，实行经筵之制，讲官在讲完之后，皇帝通常会令太监“布金钱于地，令讲官拾之”，以此作为一种“恩典”。⑥ 出于节省的考虑，皇帝用来赐赉臣子的银子，通常成色较低。这些打赏之银，一般由宫中的银作局负责，专门打造金银铎针、枝个、桃杖、金银钱、金银豆叶。所谓金银豆者，为圆珠形，重1钱或3—5分不等；金银豆叶则为方片，重量与金银豆相同。此外，还打造一种花银，每锭10两不等，成色只

① 沈德符：《万历野获编》卷7《内阁·亲臣密赉》，上册，第189—190页。

② 顾鼎臣：《顾文康公文草》卷3《幸学充分奠官谢赐新钞羊酒表》《谢赐麒麟服鸾带绣袋银瓢等物表》《谢赐飞鱼表里及银瓢表》《重书宝训实录赐宴及赐白金衣马手敕加官谢表》《谢赐松竹梅方袋表》《谢赐川扇表》《谢赐貂鼠封领及金饼表》《谢钦遣医视疾及赐猪羊酒米瓜茄等物表》，载氏著，蔡彬点校：《顾鼎臣集》，上海古籍出版社2013年版，第75、77、78、79、81—82、82、83页。

③ 朱国祯撰，王根林校点：《涌幢小品》卷9《张太岳》，第161页。

④ 蒋德璟：《悫书》卷7《恭拟钦命督辅谕》，第58页。

⑤ 钱希言：《狯园》第6《冰中塔》，文物出版社2017年版，第185页。

⑥ 蒋一葵：《长安客话》卷1《皇都杂记·讲筵金钱》，北京古籍出版社2001年版，第8页。

有八成。所有这些,均用作皇帝钦赏臣子之用。①

其二,赐给官员"节钱",算是官员过节时的补助性收入。按照明代的制度,但凡遇到圣节、正旦、冬至,均要赐群臣宴会。至于那些官卑禄薄的官员,不能亲自参与宴会,就赐给他们宝钞,称为"节钱",目的在于使这些官员的家属均能得到朝廷的恩惠。自正统以后,罢去宴会不设,一律赐给宝钞,且成为一代成例。②这种节钱,又称"公宴钱"。如洪武十三年(1380)九月,明太祖下谕礼部左侍郎张衡、左都御史詹徽,鉴于地方官员公宴扰民,规定公宴钱由官钞支付,一般是由布政司支与官钞1000贯。至十月,经张衡等议定,凡是遇到正旦、圣节、冬至,公宴钱由本处官钱内支给,无府、州、县的都司、卫所,则移文附近的地方有司关用。至于公宴钱的标准,则具体制定如下:布政司,1000贯,在城的都司、卫所,以及附郭大小衙门的官吏、师生、耆民,均赴布政司参加筵宴;府,若设有都司,700贯,以下各有差等;州,若设有卫,500贯,以下各有差等;县,若设有卫,400贯,以下各有差等;无有司衙门,一般为卫400贯,所150贯。③

其三,地方官员可以支取"马夫银",类似于交通津贴。明代初年,官员到任之后,大多无马可以骑乘,有些官员只好乘驴。为此,明太祖下谕兵部,认为地方官员骑驴出入,"甚乖治体",要求官府出钱买马,大致布政司、按察司配备马20匹,府配备马10匹,州、县配备马5匹,且专门配置养马户,饲养官员骑乘马匹,"岁终则更其役"。④ 其后,因为一些不才贪官,过分需索马夫,且"供给数多"。至弘治七年(1494),经御史建言,再经兵部奏准,比照柴薪银、皂隶银的惯例,制定出银则例,即养马民户每户出银4两,10户共计40两,给予各官自己买马及自行喂养。此即所谓的"马夫银"。至弘治十四年,马夫银有所减少,革去20两,改为每户出银2两,共计20两。⑤

其四,官员出差廪给,相当于官员的出差津贴。在明代,俸与廪有所差别。官员的常禄,通常称为"俸给";而官员出差的食宿补助,则称"廪给"。早在明初之时,就设立官员的"廪给","分例米以待公差使客"。其后,出差之人,不能支取廪给者,则支取"食米",称为"口粮"。于是,出差人员的津贴,开始出现两分

① 刘若愚:《酌中志》卷16《内府衙门职掌》,北京古籍出版社2001年版,第110页。

② 余继登撰,顾思点校:《典故纪闻》卷14,第248页。

③ 邓士龙辑,许大龄、王天有主点校:《国朝典故》卷31,引祝允明《野记》1,上册,第511—512页。

④ 余继登撰,顾思点校:《典故纪闻》卷5,第84页。

⑤ 杨一清:《关中奏议全集》卷6《为地方事》,《杨一清集》,上册,第179页。

的现象:凡是官员出差,支取的津贴,称为“廪给”;非官员身份的出差人员,他们支取的津贴,则称为“口粮”。

明代官员出差支取廪给,定于洪武元年(1368)。当时下令,凡是经过的出差人员,正官一员,照例可以支取“分例米”3升;官员的随从1名,支米2升。若是出差人员晚上停下留宿,则正官支米5升,随从支米3升。若是出差人员走的是水路,均可支取“分例米”;若是走的是陆路,到了晚上,则关支“宿顿分例”。正统四年(1439)下令,镇守、巡抚甘肃内外官员,不再支取廪给,每月支食米3石。正统十六年奏准,只有有职之人出差,才可以支取廪给。假如是便道经过的官员,且非公干去处,那么这些官员只能在每个驿站支取米3升,晚上留宿,也支米3升。假如是出差公干官员,经过的每个驿站,可以支取米3升,晚上留宿,则支取5升。即使是一日经过两三个驿站,均允许支给。但如果是晚上留宿,次日起程,则不许巧立名色,多支起关廪米。嘉靖二十年(1541)下令,宁夏巡抚官照甘肃、延绥之例,可以关支廪米。同时下诏,守巡、兵备、分守、守备等官,若是分驻地方,除了本等廪给之外,不许索要供应、下程,或者设置筵宴,低价强买货物。①

需要指出的是,官员出差支取的廪给,理应包括下饭、油、酱等项支出在内。但在实际的执行过程中,地方司、府、州、县、驿递的一些“不才官员”,出于奉承出差官员的需要,往往会增添诸如柴、肉、盐、酱等项支出。换言之,官员出差之时,除去制度规定的廪给之外,实际的出差津贴享受,则远远超出标准。鉴此原因,弘治年间,陕西巡抚杨一清在上疏中,要求对各处出差的镇守内臣的廪给加以限制,除了本等廪米5升之外,每日猪肉不得超过5斤,鸡不得超过2只,外加柴70斤、炭20斤、油1斤、盐1碗、酱1碗、烛3对、小菜3样。② 内臣如此,普通官员出差之时的津贴超出标准,显已成为一种惯例。

其五,官员得第出仕,可以从朝廷那儿获取正当的牌坊银,并在他们的故乡竖立牌坊。在明代这样的科举社会,读书士子有两大荣耀:一是中科第之后,得以树旗竿,即士子乡试、会试高中,地方府县在他们家的家门前“上悬捷旗”。若是南宫报捷,高得鼎甲,或者被选入庶常馆,那么更要另树黄竿,另张黄旗。如茅坤之子茅国缙登第之后,茅坤喜而口占曰:“堂前正索千金赏,门外高悬五丈旗。”所说即是高登科第之后的树旗竿之风。流风之余,甚至地方学校的生员,

---

① 申时行等修:《明会典》卷39《户部》26《廪禄》2《廪给》,第281页。

② 杨一清:《关中奏议全集》卷6《为地方事》,《杨一清集》,上册,第181—182页。

冒充廪膳生而后纳贡国子监,也都"高竿大旗,飘飖云汉"。① 二是中举、中进士,而后出仕之后,得以立牌坊,即地方官员在他们的家门前竖立牌坊,以示激劝。牌坊又可分为举人、进士、官员三类。以举人为例,如成化十三年(1477),温州府永嘉县人黄禄、高辉得中举人,"各树绰楔,表厥宅里",牌坊所题之字,分别为"昂霄""邦奇"。② 以进士为例,即使像邵宝这样的著名学者也难以免俗,在中进士之后,开始营建牌坊,以示张扬。③

明代的科举牌坊,始于洪武二十一年(1388)任亨泰得中状元,明太祖朱元璋下旨,令地方官建状元坊,以示旌表。④ 但在明初,最为流行的还是孝行、节烈牌坊,科举牌坊仅仅是个别例子而已。至宣德、正统年间,才开始替举人、进士广泛竖立牌坊。自天顺以后,官员牌坊进而盛行,到处都是标榜"冢宰、司徒、都宪"等名的官员牌坊,甚至有些大臣,以竖立牌坊为胜,牌坊之门多达三座、四座,且干求上司官员题署牌坊之名,出现像寿光之"柱国相府"、嘉兴之"皇明世臣"这样自夸不雅的牌坊。⑤ 从明人唐顺之的记载不难发现,进士、官员牌坊,大多可以从地方官府中获取牌坊银。如唐顺之在中进士时,曾按惯例从地方官府那儿获取 100 两银子的牌坊银。等到他出仕做官,地方官员为了逢迎他,又替他重建牌坊。⑥ 可见,一人两次获取牌坊银。

除了上面几项正常的额外收入之外,在洪武十九年(1386)所定官员津贴项目中,尚包括下面三类:一是"引钱",作为地方官员的"堂食费"。这似乎就是前述的"公宴钱",类似于官员的日常办公餐饮补贴。二是地方官员朝觐之时,赐给盘缠钞,通常为每位官员 100 贯。这是出差补贴的另一种名色。三是柴炭钞,通常是每位官员 50 贯。⑦ 此外,在景泰初年,经给事中李实奏请,禀明景帝同意,各处镇守、巡抚等官,允许他们携带妻、子,且"量给本处官仓俸米,以赡其家"。⑧ 自此以后,巡抚可以携带家眷,且能得到朝廷"官仓俸米"的赡养,这无

---

① 沈德符:《万历野获编》卷 16《科场 · 旗竿》,中册,第 427 页;梁维枢:《玉剑尊闻》卷 9《轻诋》,上海古籍出版社 1986 年版,第 668 页。

② 姜准:《岐海琐谈》卷 8,上海社会科学院出版社 2002 年版,第 139 页。

③ 张履祥:《杨园先生全集》卷 45《近古录》3,引《先进遗风》,下册,第 1295 页。

④ 黄瑜:《双槐岁抄》卷 2《圣旨立坊》,中华书局 1999 年版,第 26 页。

⑤ 陆容:《菽园杂记》卷 12,中华书局 1997 年版,第 146—147 页。

⑥ 唐顺之著,常州市唐荆川研究会编:《唐荆川诗文集》卷 9《与郭似庵巡按》,第 247 页。

⑦ 邓士龙辑,许大龄、王天有主点校:《国朝典故》卷 31,引祝允明《野记》1,上册,第 511—512 页。

⑧ 余继登撰,顾思点校:《典故纪闻》卷 12,第 216 页。

疑省却了巡抚的一些必要开支，也可以算作一种额外收入。

（2）士绅正常的额外收入

明代士绅正常的额外收入来源颇多，若是细究之，则主要包括润笔、课徒等项。

所谓润笔，就是士绅凭借自己的地位、名望，替人撰写贺祝、奠诔、章启、募疏、市牌、春帖之类的应酬文字，从中获取的报酬。至于一些擅长绘画、书法的士绅，应他人之求，将画作、书作送人，从中获取一定的酬金，同样可以称为“润笔”。

揆诸众多史料记载，润笔在唐代即已被人极为看重，且不乏其例。如韩愈替人撰写谀墓文字，收取很多金帛；白居易与元稹交好，如同兄弟一般，但白居易替元稹写墓志，仍得到臧获、舆马、绫帛、银案、玉带之类的酬谢，价值高达“六七万”；裴度让皇甫湜撰写《福先寺碑》，皇甫湜所得酬谢亦多至“九千缣”。① 入宋以后，文人士大夫替人撰写应酬文字，同样不却润笔。如欧阳修请蔡襄书《集古录叙》，就赠以古铜笔格、李廷珪墨、澄心堂纸，作为润笔；王珪撰《庞颖公神道碑》，所得润笔有古书画及杜荀鹤及第试卷；薛绍彭替米芾书会稽公襄阳、丹阳两位夫人诰，所得的润笔为智永临摹的王羲之帖；马仲途求为了求得蔡襄的书法作品，更是送上“精婢”作为润笔。至宋太宗时，更是钦定了敕制文字的润笔之数。这不但是袭唐人旧习，更是将收取润笔之数加以规范化。②

明代的文人士大夫，靠替人作文而得润笔，这是一种常见的现象，且成为他们正常的额外收入来源，有些人因此而致富。如冯梦祯、李日华两人的日记中，就有不少他们获得润笔的记录。以冯梦祯为例，他替人作应酬文，或书写书法作品，各自收取了润笔。至于所收的润笔，既有实物，如频婆果 4 枚、土物、鼎、犀杯、定盘，又有货币，如“修仪十四金”，即 14 两银子。③ 以李日华为例，他替人作应酬文，或收取较为珍贵的实物，如“二缣书画炉砚”“绮纱”“贡葛”；或收取书籍作为润笔，如《选诗约注》；或只是记载了替人撰写应酬文，并无润笔的记录。④

① 李日华：《六研斋二笔》卷 3，凤凰出版社 2010 年版，第 128 页。

② 李日华：《紫桃轩杂缀》卷 2，凤凰出版社 2010 年版，第 353 页；李日华：《六研斋二笔》卷 3，第 128 页。

③ 冯梦祯：《快雪堂日记》卷 7、10、12、14，乙未二月二十九条，乙未七月十四条，戊戌十二月初三条，庚子五月二十四日条，癸卯十月十四条，癸卯十一月初四条，凤凰出版社 2010 年版，第 80、89、120、155、203 页。

④ 李日华著，屠有祥校注：《味水轩日记校注》卷 1、3，万历三十七年十一月五日条、万历三十九年五月二日条、万历三十九年八月二十日条，上海远东出版社 2011 年版，第 59、183、201 页。

冯梦祯、李日华两人,不仅替人写应酬文字收取润笔,有时替人作书、作画,同样收取润笔。在冯梦祯的日记中,记载了很多有人向他求画、求书的记载,但均无润笔收入的记录,但其中有一则记载,则明确记录了他替人写单条收取的价格,即一幅单条收取润笔费27两银子。① 尤其是李日华,因林居多暇,士友索要书法作品"坌集",更是在崇祯二年(1629)定下收取润笔的规条,几已将自己的作品悬肆而售。具体收取润笔价格如下:凡是持扇索书,一般只有士绅及高僧羽客,方署上作者之号,收取润笔为5文钱;若是市井凡流之人,则不再署上作者之号,则收取润笔3文。至于有人乞求细楷书,则先要收取磨墨银1钱,另收磨墨钱3文。这些扇面书法作品,收费相对较低。若是卷册作品,字数多的,则收取磨墨钱20文;匾额书法作品,一块收取钱30文;单条草书,每幅收取钱5文。②总体而言,收取的润笔费并不很高。

文人士大夫替人作应酬文或画作、书作、篆刻,收取的润笔,有高有低。低的润笔费,或具一"豚蹄"即可;③或出于友情,一篇文章不过收取200文钱,如张凤翼,在晚年时向王稚登索写一篇像赞,所赠润笔费即为200文。④ 即使如此,有些文人士大夫同样可以借此致富。如嘉兴儒士周鼎,原以教授为业,后因尚书金濂的征聘,入其幕中,平定附近盗寇,而升为沭阳典史一职。周鼎在苏州时,时常"以文自卖","卒籍此为生涯"。平生所作,多达千篇,但均为堂记、墓铭、庆寿、哀挽之类的应酬之作。他撰写应酬文的润笔,少则不过100—200文钱,多则银1两。但有时一日即可写作数篇,以致"又以衍余买田数百亩,遂裕"。⑤ 润笔费用之高,可以明末清初文坛领袖钱谦益为例。入清以后,钱谦益因贫,专以"卖文为活"。当时有一位盐运使顾某,向钱谦益求文3篇,一篇是其父的墓志,一篇是其父的诗序,一篇为《庄子注》作序,3篇文章的润笔高达1000两银子。其实,钱谦益也并非自己亲自动笔,先是请陈金如代笔,因文不善,转而由黄宗羲代

---

① 冯梦祯:《快雪堂日记》卷12,庚子十月十八条,第165页。

② 李日华:《六研斋三笔》卷4,第242—243页。

③ 万寿祺撰,余平、王翼飞点校:《万寿祺集》附录《诗文辑佚·书画篆刻例附状》,浙江人民美术出版社2014年版,第326页。

④ 钟惺著,李先耕、崔重庆标校:《隐秀轩集》卷35《题胡彭举为菜敬夫方伯画卷》,上海古籍出版社2017年版,第659页。

⑤ 杨循吉:《苏谈·桐村事武》,载王稼句点校、编纂:《苏州文献丛钞初编》,上册,古吴轩出版社2005年版,第165—166页;杨循吉:《苏谈·桐村健文》,《苏州文献丛钞初编》,上册,第171页;黄暐:《蓬轩吴记》卷上,载《苏州文献丛钞初编》,上册,第197—198页。

笔而已。①

就明代润笔收费总体变迁趋势而言,则显然从最初的菲薄,进而演变为后来的丰厚。如翰林院检讨钱原溥,自称在永乐年间中了进士,而后为庶吉士、中书舍人,替人作诗写字,“未尝得人一叶茶”,可见并不收取润笔。其后,则稍有变化,替人写一诗,则可得“一贽见帨帕”,显然已经收取润笔。但即使收取润笔,其费也是颇为菲薄。又据叶盛记载,最初翰林院的名人,替人写送行文一篇,不过收取润笔银2—3钱而已;其后,文价顿时升高,一篇则要收取0.5—1两银子。有时替人写一篇合葬的挽辞,还可以得到一件古董作为偿值。②

至于课徒,亦即收取弟子,同样可以收取束脩,也算是士绅的一种额外收入。这可以冯梦祯、李日华为例加以说明。如冯梦祯,在他自己的日记里,记载了一些他课徒的事。很多弟子前来拜见冯梦祯,投入其门下,多是“执贽”“纳贽”而来,有时甚至还有“杂饷”。尽管冯梦祯所收的贽仪并未明确道出,但所收的“杂饷”则明白记录,分别有沈周的画、成化杯、印色,甚至还有北宋画家李公麟的画作《郭令公单骑见虏图》,所收不算菲薄。③ 李日华在日记中也有诸多课徒的记录。他收取的弟子,大多也是“执贽”而来,且多有实物作为贽仪,诸如《钱鹤滩先生集》、中山酒、秦凉所产葡萄脯、皖地所产鲟酢、川椒,以及陕西拓本王羲之《圣教序》、怀素《草书千文》、颜真卿《争坐帖》、欧阳询《多宝塔》、颜真卿书《千福寺碑》,此外还有郭熙《桃源图》,雷州贡葛、文寿承行草《赤壁》二赋,有些也是价值不菲。④

2. 非常的额外收入

在明代官员、士绅的额外收入中,除了正常的额外收入之外,尚有不少非常的额外收入。在这些非常的额外收入中,有些收入虽然不违法,且是凭借权势而获得的灰色收入;有些则公然违法,属于黑色收入。

---

① 王应奎:《柳南续笔》卷3《卖文》,中华书局1983年版,第180页。

② 叶盛:《水东日记》卷1《翰林文字润笔》,中华书局1997年版,第3—4页。按,叶盛替刘廷美之父写一合葬挽辞,刘氏就以《玉带生》轴作为酬谢。参见《水东日记》卷7《玉带生卷》,第80页。

③ 冯梦祯:《快雪堂日记》卷7、10、14、15,乙未七月二十三条、戊戌八月十二条、辛卯正月十七条、癸卯二月二十条、癸卯六月初六条、甲辰五月二十二条,第90、113、62、64、198、210页。

④ 李日华著,屠有祥校注:《味水轩日记校注》卷3、4、8,万历三十九年二月十二日条、万历三十九年四月二十一日条、万历三十九年五月十五日条、万历三十九年五月十八日条、万历三十九年五月二十七日条、万历三十九年七月二十一日条、万历三十九年八月朔日条、万历四十年五月二十七日条、万历四十四年二月六日条,第172、180、185、186、187、196、198、253、568页。

(1)官员非常的额外收入

细究明代官员非常的额外收入,大致分为合法的额外收入与违法的额外收入两类。下面分而述之。

其一,官员合法的额外收入。在明代,一旦为官,就会有诸多意想不到的额外收入,甚至有些官员家乡的地方官,主动借助诸多名头,逢迎这些官员。按照崔铣的自述,他就接待了一位百户陈廉,这位百户带着地方官员之令,表达许多地方官员的意思,即愿意将新毁的道观,替崔铣建造一所后渠书院,进而将新清理出来的负郭官田所征的赋税,永远交给崔铣家,作为他家的产业。① 这无疑是一种假公济私的行为,却在一定程度上成为官员合法的额外收入。

明代官员合法性的额外收入,大多来自官场交际性的收礼。无论是地方的巡抚、巡按大吏,还是州、县小吏,甚至是行人司行人、地方学校的教官这样的冷官,均按惯例可以收到多少不一的交际性馈赠。

举例来说,巡抚、巡按访察时举荐地方官员,这是职掌所在。但在实际的执行过程中,一些被举荐的文武官员,均会按照俗例,派遣使者"赍礼币报谢"。这是借助于"为国荐贤"之名,而后获取"私谢"。② 巡按御史巡历各地之时,地方官员"供应馈遗之费,动至百数",甚或"公受保举谢仪,私索地方土物"。③ 各省进京入贺的官员,全省府、州、县均需要赠送"贶仪及长夫",其数有时多达"三五百金",亦即300—500两银子。④ 像知府、知县这样的亲民官,同样可以收取来自下属的贽敬。按照明代的惯例,当知府上任之时,所属各个知县均需"具金帛贽新守"。⑤ 尤其是松江府华亭县,因为出产棉布,"布货灌天下",那些牙侩商人,"岁输长令例万金"。⑥ 每年可得馈赠之银1万两,华亭知县无疑是一个大肥缺。

---

① 崔铣著,周国瑞选编:《崔铣洹词选·复河南宪司书》,中州古籍出版社1993年版,第178页。

② 吴甡:《忆记》卷1,浙江古籍出版社1989年版,第394页。

③ 邓士龙辑,许大龄、王天有主点校:《国朝典故》卷37,引《世宗实录》3,中册,第819—820页。

④ 张五典撰,田同旭等点校:《大司马张海虹先生文集》卷16《年谱》,上海古籍出版社2018年版,第154页。

⑤ 侯一麟撰,赵克骄点校:《龙门集》卷19《千峰先生传》,上海社会科学院出版社2006年版,第305页。

⑥ 李世熊:《罗纹山先生传》,载罗明祖:《罗纹山先生全集》前附,江苏广陵古籍刻印社1997年版,第61页。

风气所及,行人司行人、地方学校教官,同样可以收取合法的交际性馈赠。如行人司行人,秩卑禄薄,堪称冷官。但当他们被派前往册封藩王之时,也是“各有金币方物之馈”。① 至于地方学校的教官,按照惯例,一旦离任,有些教官则可以从学校生员中获取30两银子的馈赠。②

除了各种合法的交际性收入之外,明代的地方官员还有一种赋税银的“羡余”,因为几已成为地方官场的惯例,大抵也可以归入官员的合法的额外收入之中。如吴猷任兖州府通判时,库吏杨福就将“羡金”1000余两私自交给吴猷。③又如隆庆年间,张烛出任华亭知县,柜吏按照“故例”,向张烛馈赠“羡金”1000余两。④ 尽管吴猷、张烛最后均没有领取羡金,但至少说明羡余银是地方官员合法的额外收入。此外,各地向内府解纳物料的官员,同样可以赚取羡银。这种风气在各省大多存在,尤以湖广为甚。如山东、河南两省布政司的官员,每年通过解纳物料,可以赚取羡银4000—5000两。⑤ 这无疑是一笔颇为可观的合法的额外收入。

至于那些没有多少油水的地方学校教官,则可以通过“说事过钱”之法,赚取合法的额外收入。所谓“说事过钱”,就是通过到衙门里替人说合公事,从中赚取好处。如浙江瑞安县,学校教官因为清贫,按照惯例,“每造邑有所请,后来相踵,恬不怪”。⑥

其二,官员违法的额外收入。从上述可知,明代官员合法的馈赠收入,有些已经不菲。至于违法的额外收入,更是相当丰厚,大抵已经占了明代官员收入的大宗。嘉靖四十一年(1562)正月,左都御史潘恩在上疏中,直揭当时的官员,大多在觅取非法的好处。从上疏可知,官员的非法收入,完全失去了“官常”,亦即并非为官之常态。然时日一久,习以为常,赚取非法的额外收入,反而成为一种官场常态了。⑦ 至崇祯九年(1636),陈启新上疏,曾论及朝廷的“三大病根”。从上疏可知,在明代这样的科举社会,生员有“穷秀才”之号,难免“朝不谋夕”。一旦中了举人,就会有诸多的好处,已很难见到“穷举人”了。至于中了进士,出

① 张五典撰,田同旭等点校:《大司马张海虹先生文集》卷16《年谱》,第142页。

② 侯一麟撰,蔡克骄点校:《龙门集》卷15《教惠录序》,第231页。

③ 朱国祯撰,王根林校点:《涌幢小品》卷19《却羡》,第378页。

④ 章鸣鹤著,范棫士校:《谷水旧闻》,载上海市松江区博物馆、华东师范大学古籍研究所编:《明清松江稀见文献丛刊》,第1辑,上海古籍出版社2015年版,第28页。

⑤ 胡世宁:《陈言六事疏》,《明经世文编》卷137,中华书局1997年版,第2册,第1361页。

⑥ 侯一麟撰,蔡克骄点校:《龙门集》卷15《草亭先生集序(代作)》,第242—243页。

⑦ 邓士龙辑,许大龄、王天有主点校:《国朝典故》卷37,引《世宗实录》3,中册,第819页。

仕做官，更是可以获取诸多非法的收入，过上“钟鸣鼎食，肥马轻裘”的生活。当然，陈启新疏中所云违法收入，动辄“非数百万则数十万”或许稍有夸大之词，但基本可以反映明代官员违法的额外收入相当丰厚。①

明代官员违法的额外收入，主要来自以下几个方面。

一是通过贪贿而增加额外收入。在明代的官场，大小官员，贪墨盛行。究其原因，一则因为官俸菲薄，二则因为明代官员没有养廉银的支取。于是，就靠贪贿增加自己的收入，以期过上体面的生活，甚则追求骄奢淫欲。在明代，一度曾给予各边镇守太监及总兵官“养廉土地”，类似于养廉银，但随后即奉旨退还。至嘉靖十三年（1534）八月，武定侯郭勋上疏，请求仍给养廉土地，但经大同巡抚樊继祖的力争，最终没有恢复养廉地之制。②

早在嘉靖年间，张璁在上疏中，就对官场的贪贿之风有所揭示。从中可知，明代官场，已是层层行贿，层层贪贿。譬如地方官员，在三年朝觐之时，“官员往往以馈送京官礼物为名，科派小民，箠挞诛求”。③ 这些地方上的府、州、县官员，他们的贪贿所得，无非是为了行贿监司官员，于是“郡县又为监司之府库矣”；监司官员的贪贿所得，作为一种“常例”，又得行贿六部、都察院官员，于是“监司又为部院之府库矣”；至于部院所得贪贿，最后还要孝敬内阁大臣，于是“部院乃为内阁之府库矣”。④ 这并非空穴来风之言，确乎可以得到事实的印证。如隆庆五年（1571），在考察方面大员时，其中很多方面官员多有额外的贪贿收入，诸如：福建右布政使周贤宣，“汰侈已甚，贪肆历闻，盈一己溪壑之私”；广东按察使佘敬中，“赃罚盈囊，奇器满载”；江西按察副使冯叔吉，“志在肥家，癖于好货，盐船挂号，大肆诛求，吏农纳班，尽行浸没”，甚至被人讥为“银池州”“皮笊篱”；河南按察副使陈忠翰，“最称贪横，供应日折数金”。⑤

就明代京官而言，其中的违法收入，大多来自地方官员的孝敬。按照明代的俗例，每当朝觐之年，地方知府、知县以上官员，“必人辇一二千金入京，投送各衙门，及打点使费”。⑥ 这每人“一二千金”的银子，必然被京城相关衙门官员均

---

① 计六奇：《明季北略》卷12《陈启新疏三大病根》，中华书局1984年版，第194页。

② 邓士龙辑，许大龄、王天有主点校：《国朝典故》卷36，引《世宗实录》2，中册，第686页。

③ 张璁撰，张宪文校注：《张璁集·奏疏》卷3《禁革贪风》，上海社会科学院出版社2003年版，第91页。

④ 张璁撰，张宪文校注：《张璁集·奏疏》卷3《应制陈言》，第68页。

⑤ 高拱：《掌铨题稿》卷19《覆科道拾遗方面官疏》，《高拱全集》，上册，第316—317页。

⑥ 刘宗周：《文编》1《奏疏》4《遵例请旨严饬禁谕以肃觐典疏》，载吴光主编：《刘宗周全集》，第3册，浙江古籍出版社2007年版，第191页。

分。此外，京城各衙门官员，均有各自的贪贿收入。如吏部文选司郎中，因为掌握官员的考选，更是贪求无数。在嘉靖末年，项治元获得刑部一职，就从严世蕃那儿花费1300两银子。① 刑部官员，照例有来自狱卒的"供食"，后改为"公使费"，这些钱多来自囚犯口粮的节余。② 每当颁发日历之时，在京大小官员，均可以从地方官员那儿获取很多赠送的日历，甚至派遣家人将收到的日历到市场上出售，获得的"一岁之利"，相当于一个三品官一年的俸禄。③

就各级地方官而言，从督抚大臣，到州县亲民官，甚至一些佐贰官，均可以获取诸多违法的额外收入。以督抚为例，他们通常假借兵饷、加派、劝借、酷刑、访拿、纸赎等等名头，或公行讨取，或虚价勒买；或因事受财，或侵盗库藏，贪赃之数，动辄多达数十万。④ 以巡按御史为例，他们通常借助拿访案子，觅取好处，甚至每天就差书办、承差，"票取赃至累万"。⑤ 如明末的崔呈秀，在任淮扬巡按御史时，多行贪贿之举，诸如：作为地方大害的强盗，每名只要交纳3000两银子的贿金，即可免罪释放；作为地方大恶的访犯，每名只要交纳1000两银子的贿金，即可免罪释放；理应加以弹劾的不肖有司，"多以贿免"；不应举荐的地方官员，"多以贿荐"。⑥ 以监司官员为例，号称方面之官，统辖之地广远，其中一些监司官员，"不独巧取民间，每每要求属吏"。如福建提学道庄应会，"惟贿是闻"，凡是童生入学，或者生员补廪、录科，"皆有定价"。后任嘉兴带管粮道，继续向下属官员索贿，每到一县，"大者索资千金，次者八百金，小者五百金"，以所辖各县计之，不下数万两银子。⑦ 以府、州、县正官及佐贰官为例，正如崇祯元年(1628)户科给事中韩一良所言，府、县官的受贿不廉，主要因为京官以及上司的督取所致，诸如"无碍官银""未完纸赎"，以及冲途过往的上司官员，动辄需要赠送"书仪"，等到考满朝觐，府、县官的支出不下3000—4000两银子。⑧ 根据明末人陈子龙的估算，一个仅仅管辖百里的知县，为了获取这一官职，花费就不下数百两

---

① 沈德符:《万历野获编》卷12《吏部·铨部索顶首》,上册,第305页。

② 朱国祯撰,王根林校点:《涌幢小品》卷12《二主事得罪》,第229页。

③ 张璁撰,张宪文校注:《张璁集·奏疏》卷3《公颁历》,第93页。

④ 徐陟:《奏为恳乞天恩酌时事备法纪以善臣民以赞圣治疏》,《明经世文编》卷356,第5册,第3828页。

⑤ 吴甡著,秦晖点校:《忆记》卷3,第415页。

⑥ 冯从吾:《纠劾贪污御史疏》,《明经世文编》卷494,第6册,第5474—5475页。

⑦ 陈子龙:《兵垣奏议·直纠大贪疏》,载氏著,王英志辑校:《陈子龙全集》,人民文学出版社2011年版,第1510—1511页。

⑧ 计六奇:《明季北略》卷4《韩一良论贿赂》,第90页。

银子;在知县任上六年,包括谢荐、杂赂等项支出,又不下2000两银子。在任满后,为了考选科道官员,又需要行贿3000—4000两银子。换言之,一个人从布衣身份,直至官拜御史、给事中,所费最少大约也要数千两银子。① 这些无端的亏空,府、县官员不可能自掏荷包,最后还是通过纳贿等加以补齐。为了弥补自己的亏空,地方府、州、县官利用各种手段觅取额外收入。如崇祯三年(1630),河南卢氏县知县蔡可升,在征收赋税时,每1两银子的赋税,向百姓征收铜钱1200文,而后再将铜钱发给里老,要求他们兑换成银两,兑换的价格为850文铜钱兑换1两银子。在这一进一出的兑换过程中,1两银子就赚取了400文钱的差价。朝廷禁止佥派漕米,但蔡可升私自佥派大户韩一斗等20余家,让他们去小滩运米,若想告免,必须每户交纳罚谷30—50石,借此中饱私囊。② 天雄府所属恒山各州、县官员,他们的额外收入至少有两项:一是"溢额丁银",多的可以到200两银子,少也不下数十两银子;二是"卷稍银",多的可以到数十两银子,少也不下10余两银子。③ 此外,府州县官在问断案子时,通过科罚而增加自己的额外收入。譬如,私自将纸赎变为取银,通过"多不登报"的方式,而将科罚之银收入囊中。④ 又如河南的州、县官员,在拟罪时一概拟为杖赎,让"有力者"交纳科罚银3—5两,"小有力者"交纳科罚银1.3两,借此"诛求",以增加自己的额外收入。⑤

二是通过侵剋而增加额外收入。所谓侵剋收入,就是官员借助于刻剥百姓,以增加自己的额外收入。以两京官员为例,原本自己所用货物,均需要让家人到市场上"和买",与百姓并无相干。其后,则改为出票让皂隶买物,且只付半价。如一把扇子,原本值银2钱,却只给1钱。⑥ 这显然是通过减少开支而增加收入的行径。其结果,则增加了铺户的负担。按照明代的惯例,南京各衙门官员摆酒一桌酒席,只给银2钱,刻剥者甚至只给1钱5分。⑦ 更有甚者,京城官员为了一己之私,强夺民物。如南京有一位巡城御史为了制作一张桌子,就强夺民家为了建造厅堂而置备的过梁一对,全是桐柏美材。⑧

① 陈子龙:《安雅堂稿》卷10《澄吏道》,《陈子龙全集》,下册,第1235—1236页。

② 吴甡著,秦晖点校:《柴庵疏集》卷6《纠劾昏庸有司疏》,第110页。

③ 方大镇:《宁澹居集·体国篇》,《桐城方氏七代遗书》,第195—196页。

④ 王邦直:《臣愚衷以恤民穷以隆圣治事》,《明经世文编》卷251,第4册,第2635页。

⑤ 方大镇:《宁澹居集·明刑篇(附檄)》,《桐城方氏七代遗书》,第193页。

⑥ 何良俊:《四友斋丛说》卷12《史》8,第98—99页。

⑦ 何良俊:《四友斋丛说》卷12《史》8,第100页。

⑧ 何良俊:《四友斋丛说》卷12《史》8,第99—100页。

京官如此,地方官员起而效之。如景泰年间,御史倪敬在上奏中,就直言布政司、按察司大小官员私用的什物,均令“府行县办纳”,其间未免“以一科十”。等到官员离任之后,又将原办的什物“尽易赀入己”。[①] 这也是通过侵剋而获取的一笔额外收入。即使像知县一级的县官,自己私用的饮食器具,也均来自百姓的供应。即以宜兴县为例,地方百姓为了供奉县官的饮食器具,“岁为金者以百计”,[②]即每年将达100两银子。从另一个角度思考,实则为知县每年增加了100两银子的额外收入。

明代地方县官通过侵剋而增加额外收入,这无疑已经成为一种惯例。下面以巡按御史对陕西凤翔府宝鸡县、西安府盩厔县两县的审计结果为例加以说明。如凤翔府宝鸡县,经过巡按御史审计,凤翔府派买骑操战马银两,原发官银615两,每马1匹,价格大约不超出15两之外。经过审计,在剩余已收银52.26两中,县库中只有21.25两,其余31.01两,则不见下落。[③] 经过巡按御史对西安府盩厔县均徭银的审计,盩厔县正德五年(1510)所收的均徭银总数为3668.1两,审计的结果则是:现存收银簿内,已经收银369.85两,剩余银2.1两,现存未收银338.9两,已支银409.23两,内多支银39.38两,其余2959.35两,则均无文卷簿籍可查。[④] 这两项审计结果表明,不可查考且无下落的银两,显已被县中官吏通同侵欺,或被侵剋。

三是通过勒索、科敛而增加额外收入。根据成化十五年(1479)明宪宗所下圣旨的揭示,当时管理京城九门和通州各处抽分厂的内外官员,多有不遵法度,将那些原本不该抽税的柴米等项物品,“一概擅自抽分,或差人四散当拦,巧取财物”。[⑤] 南京也大致如此。譬如龙江一关,是京师商贾的必经之地。其中守关的官员增至27员,“进关使用,横取于常,昼夜思以营私,左右望而罔利”。[⑥]

京城如此,地方也不例外。如陕西一省所属府、卫、州、县、驿递等衙门,大多也是“大科小敛,靡所不为,脚价轻赍,随取而足”。[⑦] 在广东顺德、香山两县,尤

---

① 余继登撰,顾思点校:《典故纪闻》卷12,第223页。

② 唐顺之著,常州市唐荆川研究会编:《唐荆川诗文集》卷11《赠彭石屋序》,第297页。

③ 王廷相:《浚川公移集》卷1《案验录二十九件》,载氏著,王孝鱼点校:《王廷相集》,第4册,中华书局2009年版,第1131页。

④ 王廷相:《浚川公移集》卷1《案验录二十九件》,《王廷相集》,第4册,第1134页。

⑤ 戴金编次:《皇明条法事类纂》卷19《各处抽分厂不许私下受财卖放不该抽分者不敢擅取例》,第486页。

⑥ 乔宇:《明旧章厘宿弊以图治安疏》,《明经世文编》,第1册,第865页。

⑦ 王廷相:《浚川公移集》卷1《案验录二十九件》,《王廷相集》,第4册,第1126页。

其是顺德县，知县假借丈量沙田而勒索钱财，“所到之处，每多量白水十数顷，每顷该纳价银三十两，计十顷该三百两，乃徐揹取银百十两，为之减去白水顷数，终年累岁，只将丈量顷数私卖，竟少回报上司”。[①] 这些“揹取”的银两，最后均落入知县的私囊。

（2）士绅非常的额外收入

居乡士绅，凭借自己的声望以及交游，同样可以得到诸多非常的额外收入。细加概括，大致包括下面几项。

其一，来自家乡地方官的馈赠。如洛阳士大夫家居，“府县例馈青衣夫马，习以为常”。[②] 这无疑是一笔额外收入。

其二，士绅凭借自己的交游情谊，出游之时，所到之处，照例可以得到地方官馈赠的“廪饩”。这种廪饩，通常也被称为“程仪”或“程礼”。如李日华前去礼拜白岳，所到之处，地方官多赠送廪饩。这可以他自己的日记记录为证。日记所载，所赠廪饩多少，虽未详言，但至少可以作为士大夫出行时的一种补贴。[③]

其三，士大夫借助于各种交游，可以得到诸多来自同年、友朋等馈赠的礼品。李日华的日记，同样记载了他收受的各色礼品。所得礼品，各色各样，既有饮食之品，如松萝茗、香雪酒、黄雀、沙谷米、潼橘之类；又有各类书籍，如《汉隽》《洋州园池诗》《稽瑞录》《荆川史纂》之类；还有各色书法之帖，如《英风记帖》《阁帖》《练裙斋宋四家帖》之类。[④]

其四，说事过钱，亦即凭借自己的关系出入衙门，说合公事，从中觅取好处。如有一位商人因有罪，就持300两银子，请求董其昌替他向知县衙门说项。[⑤] 此即其例。

即使是那些举人，同样可以凭借自己的身份，觅取诸多额外的好处。举人的

---

① 霍与瑕：《上潘大巡广州事宜》，《明经世文编》卷368，第5册，第3977页。

② 尤时熙：《拟学小记续录》卷7《私录·孔彦私录》，载邹建锋、李旭等编校：《北方王门集》，上册，上海古籍出版社2017年版，第318页。

③ 李日华著，屠有祥校注：《味水轩日记校注》卷6，万历四十二年四月十日、十一日、十二日、十五日、十六日条，第414—416页。

④ 李日华著，屠有祥校注：《味水轩日记校注》卷3、4、5，万历三十九年五月十四日条、万历三十九年五月十九日条、万历三十九年六月七日条、万历三十九年九月九日条、万历四十年三月七日条、万历四十年三月十七日条、万历四十年九月二十四日条、万历四十年九月二十六日条、万历四十一年二月十三日条、万历四十一年五月八日条、万历四十一年六月廿六日条、万历四十一年八月七日条、万历四十一年九月二十三日条，第185、186、189、204、240、241、289、328、341、359、371页。

⑤ 章鸣鹤著，范棫士校：《谷水旧闻》，《明清松江稀见文献丛刊》，第1辑，第39页。

额外收入，主要有以下几项：一是干请。如万历四十年（1612），吴甡将入京参加会试，地方上一位姓陈的知县派遣一吏，持一讼牒，并拿出数十两银子赠送吴甡，作为他进京的公车之费，其目的在于让他进京代为干请讼事。① 此事虽为吴甡所拒，但举人代人干请，想必在明代较为风行。二是嘱托公事。如嘉靖初年，举人张旭日、俞廉，曾替人向安徽休宁知县李公昇嘱托公事。② 此事虽为知县李公昇所拒，但举人代人嘱托公事以觅取好处，显然也属较为常见之事。三是接受投献。如河南汝宁府光山县，生员只要一中举人，那么奴仆纷纷前来投献，"皆带田产而来，止听差遣，不费衣食"。③ 四是接受请托。这在考试童生时，最为常见。在明代，但凡考试童生之时，不仅乡宦代为替人请托，即使是举人，每次遇到考试时，门下的家人子弟，也"四出招揽，以位之崇卑，情之厚薄，为请之多寡"。④ 五是制度赋予的诸多好处。按照明代的制度，一旦拥有了举人身份，地方官就必须为举人提供牌坊银、驿递铺陈、船只、马骡头匹以及银两。嘉靖年间，因为倭患甚炽，吏部尚书吴鹏、都御史鄢懋卿上疏，要求减少举人这些待遇。即使如此，还是通过允许举人嘱托入学童生，或者增加长夫、水手等举措，以弥补举人所减少的待遇。⑤

（二）武职的额外收入

就明代武职的额外收入而言，大致可以分为合法与非法两类。其中合法的额外收入，主要来自犒赏；至于非法的额外收入，则以克扣军兵军饷及私役军士居多。

1. 合法的额外收入

明代武职合法的额外收入，主要来自朝廷的赏赐。这种赏赐存在于明代各朝。当兵兴之际，武职所得的赏赐则更为频繁，额外收入相对增速较快。崇祯一朝，即为武职所得赏赐颇多的一个时期。试举一些例子如下。

崇祯十二年（1639），杨嗣昌督师之后，专门制定了武官犒赏花币银制度，大

① 吴甡：《忆记》卷1，第388页。

② 叶权：《贤博编》，中华书局1997年版，第27页。

③ 王士性：《广志绎》卷3《江北四省》，中华书局1981年版，第42页。

④ 吴应箕：《楼山堂集》卷13《上郡守孙公论考童生荐名书》，载氏撰，章建文点校：《吴应箕文集》，黄山书社2017年版，第214—216页。

⑤ 朱国祯撰，王根林校点：《涌幢小品》卷7《减补坊银》，第126页。

抵如下：署总兵官折合花币银 10 两，副将 8 两，参将、都司 6 两，守备 4 两，中军、千总折花绢银 2 两，把总 1 两，红旗、百总折半支给，外加酒钱 3 钱，管队在赏赐银折半支给外，外加酒钱 2 钱。①

崇祯十二年杨嗣昌所定的赏赉之制，是针对在伍且食粮随征已久的官兵而言，其所行通例则是从方便武职出发，将赏赐的花币、牛酒，均各折成银子。至于新近归顺且奉旨入伍的武职，在赏赐银币、牛酒方面，则采取一种从优的政策，具体赏赉则例如下：加衔游击，银 10 两，蟒缎 1 匹；督阵都司，银 6 两，彩缎 1 匹；中军守备，银 3 两，彩缎 1 匹；千总，银 3 两，彩缎 1 匹；把总，银 2 两，彩缎 1 匹；督阵守备，银 2 两，彩缎 1 匹。②

至于一些权重且为朝廷倚重的武职，则在正常的赏赉之外，尚不时可以得到来自朝廷的“特赏”。如崇祯十六年（1643）四月，特赏总兵官左良玉，银 80 两，纻丝 4 表里；③随后，又赏总兵官左良玉，银 60 两，纻丝 4 表里。④ 所有这些特赏，其目的就是借此彰显朝廷对武职的奖励之意。

2. 非法的额外收入

在论及武职非法的额外收入之前，不妨以嘉靖年间甘肃总兵官仇鸾为例加以说明。至于仇鸾剥削下属官兵及借此聚敛的财产，杨博在上疏中开列了一张长长的单子。从这份清单所列可知，仇鸾通过各种非法的手段获取额外收入，既有金银，又有实物，如粮食、料豆、马匹、牛羊及珠宝、缎、皮袄。若是初步加以统计，共计获取的额外收入有：金，150 两；银，有些数字含糊者，取其少的数字，则有记录可查的银两已高达 15550 两，因索要的草束银难以计算，不在其内；各色马，577 匹；牛，800 只；羊 5000 只；粮食，1900 余石；料豆，460 余石；草，有记录可查者为 12000 余束。此外，尚有不少玉石、猫眼、玛瑙、金刚钻等宝石，以及缎匹、皮袄等等。其科剋、剥削之害，被甘肃人恨之入骨，以致当时有民谣云：“甘肃人无心，皆鸾剜之；甘肃人无脑，皆鸾掏之。”⑤

尽管像仇鸾这样通过非法手段获取如此之多的额外收入属于个案，但明代

---

① 杨嗣昌著，梁颂成辑校：《杨嗣昌集》卷 36《恭报调兵马犒赉日期仰祈祷圣鉴疏》，下册，第 883 页。

② 杨嗣昌著，梁颂成辑校：《杨嗣昌集》卷 36《新抚誓不附逆疏》，下册，第 895—896 页。

③ 蒋德璟：《悫书》卷 7《恭拟赏左镇擒叛谕》，第 59 页。

④ 蒋德璟：《悫书》卷 7《恭拟钦赏总兵左良玉谕谕》，第 62 页。

⑤ 杨博：《杨襄毅公甘肃奏疏 · 大将欺罔贪暴疏》，《杨博奏疏集》，上册，第 20—26 页。

武职通过非法手段获取额外收入几已成为惯例。无论是高级的武职，还是中下级的武职，无不如此。以高级武职为例，参将、游击将军获取非法的额外收入，其例甚多。如隆庆二年(1568)五月，经巡按福建监察御史王总载的疏揭，原任分守福建南路参将王如龙不但侵克兵粮，甚至收受总哨赵记等人的贿银共计3000两，又收受广东"寇贼"曾一本珠甲1领、云琐幅4匹及女子2口。隆庆四年十二月，经巡按福建监察御史蒙诏疏揭，福建游击将军署都指挥佥事金科，克减钦赏功银与军兵食粮，及诈骗商人、把总，共计银7000余两；都司军政佥书署都指挥佥事朱珏，通过侵削军饷以及向把总朱全德等人索贿，共计银5000余两。① 以中下级武职为例，即使是管军头目，"或侵欺月粮，或科敛其财物"，亦即通过剥削军兵而获取非法的额外收入。② 即使是卫所下层的总旗、小旗这样的武职，也在参与管事太监克扣、私役军兵的过程中得到分肥以后的收入。如经王廷相的揭示，南京神宫监太监刘杲包纳、役占卫所军士，从中收取钱财，参与其事且替刘杲收取钱财的，有总旗凌润，小旗陆官佑、蒋良一、鲍存成、叶满、苟民甫、苏帅保，军人周关、郭伯儿、王苟儿，余丁王节，这些人从中难免会得到一些分润，或者从中贪下一些钱文。更有甚者，像管事总旗凌润，以及小旗陆官佑、蒋良一、鲍存成、郭伯儿、苟民甫、苏帅保、王苟儿等，自己就私占正军，"受财卖放"。③

至于武职违法获取额外收入的方法，正如王廷相在上疏中所揭示，"作弊违法，不可枚举"。④ 若以京营各卫为例，各卫官员"虐军"以取财之法，可以作为上面之说的补充，其法如下："初选有保结之费，按月由票银至索，或措勒粮筹而不散，或冒支粮石而不给，或隐匿故绝军丁而支粮自肥，或刁难替补军役而数月无粮。"⑤

当然，若是细究之，武职最为主要的违法取财途径有四：一是克扣军饷。即以明代边军的粮饷为例，根据当时地方官员建议的撙节之例，军兵每上缴粮1石，理应折银1.2两，然在实际收受之时，只是折8钱银子，余下4钱银子就流入

① 高拱：《掌铨题稿》卷24《覆福建巡按御史杜化中论侍郎谷中虚等疏》，《高拱全集》，上册，第368—369页。

② 张纯：《复仇疏》，《明经世文编》卷23，第1册，第178页。

③ 王廷相：《浚川奏议集》卷5《参劾神宫监太监刘杲卖放军士题本》，《王廷相集》，第4册，第1284—1288页。

④ 王廷相：《浚川公移集》卷3《巡按陕西告示禁约》，《王廷相集》，第4册，第1162页。

⑤ 杨东明：《青琐荩言》卷下《条陈营务疏》，《北方王门集》，下册，第1146页。

官吏的腰包。到了发放军饷之时，每粮1石，仅给军兵4钱银子，存留4钱，称为“撙节”。所以，以粮饷的实际价值而言，每名军士一月实际所得，只有3斗2升而已。[①] 这是典型的克扣军饷，而克扣下来的军饷，则分别被地方官员与军队武官落入私囊。二是卖放军兵。如京城腾骧四卫的勇士，很多均为只身一人在京居住，他们不愿服役于军营，很想自己“营生”，于是，通过向管事武职每月交纳官银2钱5分，就可以不再“在官应役”，但廪粮还是按月关支。在这些领取的廪粮中，有一半必须上交给管事的武官。所以，每当放粮之日，管事的武官，可以从包办的勇士之粮中，扣取50—60石进入自己的私囊。[②] 三是干没公帑。如京营每年照例该从太仆寺领取马价银12000两，犒赏银16000两，收贮在戎政府库中，而后分发各营中军等官，充作买马、犒军之用。但法行日久，弊端丛生：“有先事预支者，收放私家，任情自便；有后事剩余者，不还公帑，恣意干没。”[③]弊窦丛生之下，其实就是管事武职私囊的增加。四是私役军士。按照明代的旧制，武职不许私役一军。但实际执行的过程中，各营自总兵、监枪内臣以下，一直到把总，大多私役军士，将原本应该在营操练的士兵，据为私人之用，“日逐跟随”，少者70—80人，多则100—200人。[④] 这些私自占役的士兵，实则成为武职的私人财产。

（三）军兵的额外收入

明代军兵，居有月粮，行有行粮，两者构成了军兵的基本收入。然明代军兵军饷颇低，再加之武官的克扣，其生活更是苦不堪言。所以，除了军饷之外，明代军兵同样会有一些额外的收入，大抵包括以下三类：一是正常的额外收入，包括盐菜银、安家费、路费银、皮袄银；二是各色犒赏，包括固定的犒赏与临时的犒赏；三是非常的额外收入，多为利用职务便利谋取一些利益。

1. 正常的额外收入

明代军兵正常的额外收入，包括盐菜银、安家费、路费银、皮袄银等项。

---

① 霍韬：《第三札》，《明经世文编》卷185，第1890—1891页。

② 王廷相：《浚川奏议集》卷4《再审腾骧四卫勇士题本》，《王廷相集》，第4册，第1265页。

③ 杨东明：《青琐荩言》卷下《巡视京营复命疏》，《北方王门集》，下册，第1155—1156页。

④ 林聪：《修德弭灾二十事疏》，《明经世文编》卷45，第1册，第348页；余继登撰，顾思点校：《典故纪闻》卷12，第224页。

以盐菜银为例，按照旧例，明代的班军每名每日可以支取盐菜银 2 分。[①] 若是来自各地的援军，则盐菜银更高。如崇祯三年(1630)规定，对于汇聚京城的援兵，在每日盐菜银 3 分之外，“量加一分，为冰瓜之赏”，即每日盐菜银为 4 分。此外，防守边堡的各处援兵，在七、八、九、十这四个月内，量加盐菜银 1 分，“以作防秋之犒赏，以示同仁之无外”。[②]

以安家费为例，有时又称“赡家银”。所谓赡家银，是指军兵自征发启行之日起，就会将其名下的月粮扣除不发，那么军兵所遗留下来的父母妻子，就只靠赡家银过日子。至于援兵赡家银两的多少，则在崇祯年间一度引发争议。早在天启三年(1623)，根据延绥巡抚岳和声咨称，他督发家丁 2400 名，调赴榆林关，这些家丁每月支取的赡家银为 4 钱 5 分。然按照明代户部曾经题定的旧例，赡家银通常只有 3 分。为此，户部上疏，要求以崇祯二年(1629)六月为准，在此之前的，仍可支取赡银 4 钱 5 分；在此之后，则只能照依旧额，支取赡家银 3 钱。户部的这一意见，并未被崇祯帝采纳，而是下谕“照常支给，不必议减”，即仍支取赡家银 4 钱 5 分。[③] 至崇祯五年，援兵的赡家银上升的幅度颇大，每名可以支取赡家银 1 两，[④]上涨的幅度高达 122%多。

这仅仅是边地援兵的赡家银，若是召募的土兵，他们的安家费则以路途远近而定。若是募兵仍在当地服役，并无“跋涉之劳，仳离之苦”，则仅给衣装银 2 两，并无安家费。若是募兵必须远征，则可以适当支取安家费。崇祯年间，兵部在陕西召募之兵，就分为两类：一类是马兵，每名给安家、衣装、鞍辔等银，合计 8 两；另一类是步兵，每名给衣装、安家银 5 两。这显然考虑到他们弃家从戎，路费不赀，所以才给予安家费。[⑤] 至于具体所给安家银的多少，在这则史料中尚无明言。至崇祯四年(1631)，因为官兵与土兵开始成为援兵，共赴京城入卫。于是就对他们的安家费做了具体的规定：来自松潘的官兵，每名给安家银 4 两；来自石砫的土兵，每名给安家银 2 两。[⑥]

以路费银为例，上述的安家银中，事实上已经包括了路费银。当然，也有一

---

① 毕自严：《度支奏议》，《新饷司》卷 19《覆班军盐菜秦兵月饷疏》，第 3 册，第 493 页。

② 毕自严：《度支奏议》，《新饷司》卷 11《议请加给援兵盐菜疏》，第 3 册，第 2 页。

③ 毕自严：《度支奏议》，《新饷司》卷 6《题发延绥援兵赡家新饷疏》，第 2 册，第 507—511 页。

④ 毕自严：《度支奏议》，《新饷司》卷 31《覆昌镇援登新旧兵丁赡家银两疏》，第 4 册，第 391—392 页。

⑤ 毕自严：《度支奏议》，《新饷司》卷 9《题给昌平兵马月饷疏》，第 2 册，第 643 页。

⑥ 毕自严：《度支奏议》，《新饷司》卷 17《题定秦兵饷例不准盐菜布花疏》，第 3 册，第 333 页。

些例外,有些军兵,可以另外得到路费银。如崇祯八年(1635),部院的标营兵200名,驻扎太和县"防剿",就每名各犒赏路费钱100文。①

以皮袄银为例,并无具有普遍性,主要始于天启初年,且地域限定于辽东,与当地天气寒冷有关。在天启初年时,每名可以得到2两银子,以充皮袄、牛酒两项支出。至崇祯年间,大为减少,每名减至6钱银子,甚至"不敷一袄之费"。②

2. 各色犒赏

明代军兵正常的额外收入,有些来自犒赏。至于犒赏,又可分为固定的犒赏与临时的犒赏两类。

(1)固定的犒赏

所谓固定的犒赏,即指制度规定的犒赏,且制定了基本的犒赏则例。在明代,军兵的固定犒赏,分为"冬赏"与"夏赏"两种:其中冬赏,每位正军,赏绵布3匹。在这3匹绵布中,包括本色2匹,每匹折银3钱;折钞布1匹,每匹折钞5锭。每位军匠,赏绵布2匹,其中包括本色1匹,折钞1匹。每位有母、妹的幼军,赏绵布3匹,其中包括本色2匹,折钞1匹。每位无母、妹的幼军,赏绵布1匹。每位只身的军匠,赏绵布1匹。有病的军人,赏绵布1匹。按照制度规定,冬赏主要为本色。至于夏赏,均为每军赏苎布1匹,折银2钱。③

明代军士固定的犒赏制度,确立于洪武初年。洪武三年(1370),下令赏给四川盐井等六卫的军士,每名绵布2匹、绵花1斤,外加绢1匹。洪武六年,专门制定给赏军士的则例,将给赏北平军士定为四个等级。永乐五年(1407)下令,赏赐北平各卫军士冬衣、布匹、绵花,若是赏赐布、绢3匹,其中的绢1匹,则给与折色苏木1斤8两;若是赏赐布2匹,其中1匹则给与折色苏木1斤;若是赏赐布1匹,则照旧给与本色布匹。成化六年(1470)下令,直隶遵化等卫的军士,调发喜峰口等极边口堡守备过冬,凡是有家小的,赏给绵布3匹,无家小的赏给绵布2匹。自正德以后,军士犒赏一度实行赏银。如正德十二年(1517)下令,防守古北口、白羊口、黄花镇的官军,每名各赏银1两。这种赏银制度,在嘉靖年间得以延续,且更加制度化。如嘉靖二十九年(1550)议定汉、达官军的防守赏格,且根据事情缓急、道里远近、岁月久远、营住内外,将赏格定为下面四等:大约以

① 吴世济:《太和县御寇始末》卷下《与杨参谋酌犒兵士手本》,浙江人民出版社1983年版,第74页。

② 毕自严:《度支奏议》,《新饷司》卷34《覆关内皮袄疏》,第4册,第590页。

③ 顾起元:《客座赘语》卷10《官军粮赏则例》,第309页。

5000 里外、1 年以上为一等；3000 里外、8 个月以上为一等；1000 里外、半年以上为一等；500 里外、3 个月以上，且身份为达官、达舍、无粮操余之人，又为一等。根据不同的等级，赏给多少不等的银两，其中多的每人赏给银 5 两、3 两、2 两，少则每名只赏给银 7 钱、5 钱、3 钱。万历七年（1579），重定给赏事例：凡是在京的卫所，其中旗军、力士、校尉、将军，给赏的冬衣、绵布、绵花，若是该赏绵布 1 匹，或本该支与本色绵布 2 匹，其中 1 匹支与本色；若是给赏绵布 3 匹，其中 2 匹支与本色；其余每布 1 匹，折给钞 5 锭，并均支绵花 1 斤 8 两。至于南京各卫所的军士，应该给赏的布钞，按照在京的事例，各于该库关支给赏，但均不支绵花。①

究之明代军士的犒赏，在实际的执行过程中，一则因为折色而导致实际犒赏收入的减少，二则京军的犒赏，明显高于边镇军士。如宣府镇因为缺少布匹，军士所得赏赐的冬衣布，若是有家小，原该得绵布 3 匹或 4 匹，其中的 1 匹或 2 匹绵布，往往每匹折成绵花 3 斤。宣府镇本地，布贵花贱，价值不平，这种折给事实上导致军士犒赏收入减少，最终导致“人心嗟怨”。② 此外，从绵布、绵花赏赐则例可知，京军的赏赐高于边镇军士。如京军每人犒赏绵布 2 匹，折银 5 钱；绵花 1 斤 8 两，折银 9 分。而在边镇，军兵所得犒赏布、花折银，明显低于京军。如在甘肃镇，首先军士应得犒赏之布，遭到克扣，原本该得布 1 匹 1 丈，却只给布 2 丈，绵花还是 1 斤 8 两。在折银过程中，绵布 1 匹仅折银 3 钱，绵花 1 斤仅折银 7 分。在大同镇，军士该得犒赏为绵布 2 匹，绵花 1 斤 8 两，但绵布每匹仅折银 2 钱 5 分，绵花 1 斤仅折银 6 分。③

（2）临时的犒赏

若是仔细剖析明代军兵的犒赏，固定的犒赏，大多来自户部，主要以冬衣、布花为主；而临时的犒赏，则以来自兵部居多，主要为了奖赏军兵的军功。临时的犒赏通常由将领陈请，而后由皇帝特恩议准，从内库金帛中关给，数字并不太多。其间变化不定，“或因岁歉罢给，或因人众停给，或因防守无例，外卫无例，从宜减给”，④至少说明这些临时的犒赏存在着诸多不确定性。

早在永乐年间，明成祖就下谕，对出征将士的家属加以优给，显然属于一种额外的犒赏。这种优给，仅仅限于冬天，由工部从抽分厂的积薪中，拿出一部分，

① 申时行等修：《明会典》卷 40《户部》27《经费》1《赏赐》，第 283—285 页；潘潢：《定议军行给赏疏》，《明经世文编》卷 198，第 3 册，第 2044—2045 页。

② 李秉：《奏边务六事疏》，《明经世文编》卷 43，第 1 册，第 332 页。

③ 毕自严：《度支奏议》，《新饷司》卷 13《查核入援边腹军士布花规则疏》，第 3 册，第 109 页。

④ 潘潢：《定议军行给赏疏》，《明经世文编》卷 198，第 3 册，第 2044 页。

给予京城的军士，通常是每户给薪炭 100 斤，若是出征的军士，则每户给 300 斤。① 至正德年间，在湖广召募的土兵，除了正常的军饷之外，额外尚有赏功银牌、花红缎疋、犒劳牛酒与鱼盐。② 这些显然也属于临时的犒赏。

临时的犒赏，盛行于晚明，这无疑与明代晚期军制的败坏、军兵不肯用命有关。正如明世宗所云：“边卒不肯用命，何能得力？”于是，为了鼓励士气，嘉靖四十三年（1564）正月，明世宗下令户部，取银 2 万两，兵部、工部各出 1 万两，共计 4 万两，发给刘焘，“给犒官军”。③ 又如南赣军兵剿除山寇，除去行粮之外，尚有“犒赏牛酒”。④

尤其值得关注的是，在嘉靖年间，边兵的临时性粮赏，已经趋于制度化。以蓟州镇为例，在嘉靖二十九年（1550）以后，各边入卫的官军，因为往返寒苦，告讨赏赉的制度尚未确定，所以赏赉之数多寡不一。至嘉靖三十八年，户部议定入卫边兵的粮赏则例：延绥、宁夏等营，每位军士赏银 5 钱；宣大、辽东等营，每位军士赏银 4 钱。这一制度得到明世宗的认可，作为各边入卫官军的粮赏则例。至嘉靖四十二年，粮赏有所增加，大致定为：延绥、宁夏、固原各镇，每位军士赏银增加 2 钱，共计赏银 7 钱；宣大、辽东各镇，每位军士赏银增加 2 钱，共计赏银 6 钱。⑤

然在实际执行过程中，军兵所得的临时性的赏银，则因时代或区域不同而高低不一。当嘉靖倭乱之时，为了鼓舞士气，福建军兵所得的犒赏相对较为丰厚。在省城时，无论上班、下班，均可以得到犒赏；路过的州、府，地方有司亦有犒赏。一旦上了战场，冲锋之时又有悬赏。⑥ 万历四十七年（1619），徐光启受命负责训练山西、陕西、河南三营民兵，光宗皇帝就曾下发内帑，犒赏兵士每名 1 两银子。泰昌元年（1620），光宗登极，又犒赏兵士每名 2 两银子。天启元年（1621），熹宗登极，颁发皇赏每名 2 两银子。这些犒赏银，对于那些一直生活艰辛的军兵来说，无疑是雪中送炭。所以，“每一奉旨，辄欢欣鼓舞，如获新生”，无不愿意捐躯报效。⑦

---

① 余继登撰，顾思点校：《典故纪闻》卷 7，第 130 页。

② 王琼撰，张志江点校：《晋溪本兵敷奏》卷 9《湖广类 · 为地方紧急贼情事》，上海古籍出版社 2018 年版，第 339 页。

③ 邓士龙辑，许大龄、王天有主点校：《国朝典故》卷 38，引《世宗实录》4，中册，第 836 页。

④ 陆稳：《剿除山寇事宜疏》，《明经世文编》卷 314，第 4 册，第 3323 页。

⑤ 杨博：《杨襄毅公本兵疏议》卷 12《会议蓟镇主客兵饷疏》，《杨博奏疏集》，中册，第 858 页。

⑥ 戚继光：《请重将权益客兵以援闽疏》，《明经世文编》卷 346，第 5 册，第 3735 页。

⑦ 徐光启：《徐光启集》卷 4《谢皇赏疏》，第 167 页。

崇祯二年(1629),河南、山东各营的班军,每名可得"皇赏银"2 两,[①]也算比较优渥。崇祯三年,各地前来防护京城的援兵,对于那些未支月粮的军兵,则在七、八、九、十四个月中,每月添加盐菜银 1 分,作为"防秋犒赏";至于到了十一、十二两个月,时值隆冬,则在盐菜银的基础上,再添加银子 1 分,"以佐椒姜柴炭之用"。[②] 崇祯四年,北京城外的列营兵与垛军,按照当时的规定,为每名赏银 5 钱。[③] 崇祯十二年,杨嗣昌督师后,定下兵丁犒赏规则,为赏兵丁酒钱 1 钱。[④] 诸如此类的犒赏,则稍显菲薄。

在临时犒赏中,有一些犒赏,则完全凭借军功而得,且有一定的赏格。此即所谓的"论功行赏"。换言之,军人生活艰难万状,甚至十之八九俯仰不能聊生。从某种程度上说,他们希望冒死获功,借此获得数十两银子的奖赏。按照弘治年间兵部奏行的事例,各路土著、军民、舍余,只要能奋义设谋,斩获贼首一颗,即可赏银 30 两。[⑤] 在实际执行过程中,军兵有功得赏的赏格,同样存在着差异。在浙江,当倭寇骚扰之时,官军若能斩获真正倭寇,每颗赏银 30 两;斩获"从贼"1 颗,赏银 15 两。在福建,在记录"倭功"时,也是赏银 30 两;斩获"从贼",则只赏银 5 两。而在广东,若是官军斩获"贼首"1 颗,仅仅赏银 1 两。[⑥]

毫无疑问,正如谚语所云:"军无财,士不来;军无赏,士不往。"当兵无非是为了吃粮。至于冒死冲锋,更是为了犒赏。可见,犒赏之制,既能激发士气,又可改善军兵家庭生活。但在明代军兵的犒赏之制中,显然有以下两点值得加以关注:一是"额赏"亦即固定的犒赏,其赏金收入堪称低微。即以京营额赏为例,分到每一个军士头上的,一年才得银 1 钱而已。[⑦] 二是出战之时的临时犒赏,犒赏的时间有所更定,即不再临战而赏,而时"未战而赏",以壮士气。至于具体犒赏,则分为精兵与普通士兵两类。精兵,在出战之前给赏"什之六";普通士兵,则在出战之前给赏"什之六"。[⑧]

---

① 毕自严:《度支奏议》,《新饷司》卷 3《密镇班军皇赏疏》,第 2 册,第 362—363 页。

② 毕自严:《度支奏议》,《新饷司》卷 15《题请冬月照旧加给援兵盐菜疏》,第 3 册,第 210 页。

③ 毕自严:《度支奏议》,《新饷司》卷 18《议覆城外列营京军犒赏银两疏》,第 3 册,第 365 页。

④ 杨嗣昌著,梁颂成辑校:《杨嗣昌集》卷 36《恭报调兵马犒赉日期仰祈祷圣鉴疏》,下册,第 883 页。

⑤ 杨一清:《关中奏议全集》卷 7《为处置招募土兵事》,《杨一清集》,上册,第 233235 页。

⑥ 戚继光:《请重将权益客兵以援闽疏》,《明经世文编》卷 346,第 5 册,第 3735 页。

⑦ 杨东明:《青琐荩言》卷下《条陈营务疏》,《北方王门集》,下册,第 1144 页。

⑧ 李秉:《奏边务六事疏》,《明经世文编》卷 43,第 1 册,第 332 页。

3. 非常的额外收入

细究军兵非常的额外收入,大致分为下面三种。

一是一些老猾军人,借替补而分取月粮。以京营为例,一些老猾军人,就不肯替役,“把总通同隐匿,共分月粮者”。①

二是运军利用漕运之便夹带私货,借此获取收益。按照明代的制度规定,对从事漕运的运军实施一些优厚的政策,亦即允许他们“带土产物货以资用度”。至成化元年(1465),经漕运总兵杨茂上奏,还可以免除运军所带土产物货的关税。不过,随后国家开始实行严厉的禁令,不许运军“顺带物货”。即使如此,运军仍可以私自夹带物货,以谋取利益。②

三是各地管仓的军士,利用各种作弊手段以谋取额外收益。如南京各卫军仓的斗级,大多以各卫有丁的精壮军人充任,他们散处于各个仓库,收支粮米。这些军人充当仓库斗级之后,利用自己手中的权力,通过各种非法的手段,获取额外收入:“有指以顶廒看堆为名,而强取财物者;有假以扶箩抬斛为由而吓要银两者。或临收而故意踢斛淋尖,或未收而生事辄加箠楚。”③作弊多端,难以枚举。

(四) 衙门服役人员的额外收入

明代衙门服役人员,大多是靠山吃山、靠水吃水。他们利用手中极其微小的一点权力,胆大妄为,坑害百姓。衙役最拿手的好戏是靠起灭词讼赚钱,所以从某种意义上说,衙蠹之害就是讼棍之害。

在明代衙门服役人员中,有一种书手,即可利用手中之权,向地方官员索取贿赂。这种贿赂,就是书手的额外收入。如崇祯帝即位以后,对地方官钱粮的征收考核尤其严格。当时规定,知府若没有完成钱粮的征收,就不得升任司道官员;推官、知县若没有完成钱粮的征收,就不得参与考选科道官员。至于涉及地方官考成的钱粮,原先不过京边钱粮与辽饷而已,后来又增加了杂项银两,为此导致户部堂官、司属官员“穷于磨对”。这就为户部书手的索贿提供了便利,以致户部考核地方官钱粮之政,亦操持在书手手中。如果得到贿赂,书手就可以

---

① 杨东明:《青琐荩言》卷下《巡事京营复命疏》,《北方王门集》,下册,第1153页。

② 余继登撰,顾思点校:《典故纪闻》卷14,第253页。

③ 张纯:《复仇疏》,《明经世文编》卷23,第1册,第178页。

"挪前推后,指未完作已完";反之,若是得不到贿赂,地方官即使已经完成钱粮征收,书手也可以将其改为未完钱粮。于是,当时谣言云:"未去朝天子,先来谒书手。"①

至于衙役之害,明代奇书《金瓶梅》中又有比较形象的记述。如在小说第九回中,就说到有一位诨名叫"李外传"的人,专门在府县衙门前揽些公事,往来听气赚钱使。"若有两家告状的,他便卖串儿;或是官吏打点,他便两下里打背"。所谓"打背",②就是"打夹帐",又称"树背张风",说白了就是拿回扣。

(五)庶民的额外收入

明代的庶民阶层,无论良贱,均有除了本业收入之外的额外收入。细究庶民的额外收入构成,同样可以分为正常的额外收入与非常的额外收入两类。

1. 正常的额外收入

在明代的庶民阶层中,尤其是以自耕农与半自耕农为主体的农民家庭,家庭收入的构成发生了很大的变化,即家庭生计的维持,不再仅仅依靠男性劳动力所从事的农业劳动乃至由此而来的田地收入,而家庭妇女的副业收入亦不再是补贴家庭生计的辅助收入,有时家庭副业收入甚至可以与主业收入并驾齐驱,进而印证了妇女能顶"半边天"之说,③决非空穴来风。

农民家庭副业收入的增长,在明代可谓一种大势,无论是北方,还是南方,无不如此,当然还是以江南最具典型性。以北方为例,如山东东昌府临清州,"阖境桑麻,男女纺绩,以给朝夕。三家之市,人挟一布一缣,易担石之粟"。④ 再将目光集聚到广东。明代广东农民家庭的副业,尤以养蚕为主。从史料记载不难发现,当时按照一个家庭农妇的劳动力来计算,通过养蚕,一年可得丝 40 斤。这 40 斤丝,就"可充八口之食矣",也就是可以维持一家八口之食。当然,其前提是

---

① 李清:《三垣笔记》上《崇祯》,第 8 页。

② "打背"一词,属于明代相当流行的俗语。举例来说,如胥吏、衙役替人说事,他向事主说好需要打点费用银子 10 两,但其实办事时或许 5 两银子就将事情办妥,于是他就打了 5 两银子的夹帐。

③ 相关的探讨,参见李伯重:《多视角看江南经济史(1250—1850)》,生活·读书·新知三联书店 2003 年版,第 269—314 页。

④ 顾炎武著,谭其骧、王文楚、朱惠荣等点校:《肇域志》,《山东·东昌府·物产》,第 2 册,上海古籍出版社 2004 年版,第 712 页。

必须有 10 亩之地,以供种桑。[①]

至于明代的江南,家庭生计的来源,更是依赖家庭妇女的纺织副业收入。如松江府,无论是"城中",还是"乡落",纺织业均相当兴盛。史称"里妪晨抱绵纱入市,易木棉花以归,机杼轧轧,有通宵不寐者"。松江府农民的田地收获,除了输官、偿债之外,未到年终,就已陷入"室庐已空"的窘境,全家衣食,全都依赖妇女的纺织补贴。若是绵花、大米踊价,"匹妇洗手而坐,则男子亦窘矣",[②]确乎道出了当时的实情。又如常州府所辖五县,只有无锡县不种草棉,然棉布之利,却以无锡为盛。关于妇女纺织在无锡农民家庭生计中所占的地位,下面的史料记载已是一语道破:"乡民食于田者,惟冬三月。及还租已毕,则以所余米舂白,而置于囷;归典库以易质衣。春月则阖户纺织,以布易米而食,家无余粒也。及五月田事迫,则又取冬衣,易所质米归,俗谓种田饭米。及秋,稍有雨泽,则机杼声,又遍村落,抱布贸米以食矣。"[③]由于家庭纺织副业在家庭生计中越来越占据重要的位置,所以无锡县的农民,即使遇到凶年,只要其他地方棉花成熟,那么乡民亦不致大困。

在浙江桐乡县,"女工"在家庭生计中的重要性大抵也是如此。史称桐乡西乡女工,大致以纺织"绵绸素绢"为主,或者织"苎麻黄草以成布匹";而东乡女工,"或杂农桑,或治纺绩"。至于其他乡里,亦有以"纺织木棉与养蚕作绵为主"。可见,就桐乡县农家生计而言,显已"随其乡土,各有资息,以佐其夫"。[④]虽说男耕女织,自古以来就是农家的本务,然尤以明代江南农家的表现最为突出。在江南农家几乎家家织纴的大势下,一些经营性的地主乃至自耕农家庭,不得不对家庭副业格外重视,百般算计。根据张履祥的记载,当时江南家庭妇女纺织生产力乃至由此而带来的家庭副业收入,已经不可小觑。若是家庭妇女纺织技艺出众,且夙夜赶趁,其产生的劳动价值故相当可观。按照当时的常规,妇女 2 名,每年可以织绢 120 匹。每绢 1 两,值平价银 1 钱,计得价银 120 两。在这 120 两的收入中,其主要的成本开支有:经丝 700 两,价银 50 两;纬丝 500 两,价银 27 两;籰丝钱、家伙、线蜡,价银 5 两;2 名妇女全年的口食,需银 10 两。这几项成本开销相加,共计费银 92 两,那么其实际的收入则为 28 两银子。若是自己

① 屈大均:《广东新语》卷 24《八蚕》,第 587 页。

② 顾炎武著,谭其骧、王文楚、朱惠荣等点校:《肇域志》,《南直隶 · 松江府》,第 1 册,第 310 页。

③ 黄卬:《锡金识小录》卷 1,清光绪二十二年王念祖活字本。

④ 张履祥:《杨园先生全集》卷 50《补农书》下《总论》,下册,第 1426 页。

养蚕,外加自己缫丝,则成本开支将更为减少,全年收入则更为丰厚。① 中国自古以来就有"家贫思贤妻,国乱思良相"的谚语。可见,贤妻是家庭生计的重要辅佐。换言之,女工勤者,其家必兴;女工游惰,其家必落。妇女纺织收入,对于家道兴衰,尤为关键。②

在明代庶民阶层的额外收入中,商人、手工工匠因限于史料匮乏,姑且置之不论。即以属于贱民的戏子来说,除了工食钱之外,有时戏子在士大夫家唱堂会,还可以得到赏钱。赏钱少者,一个多达六七十人的戏班子,仅得赏银5钱;赏钱多者,每名乐工各获赏银2—3两。③ 两者差别甚大。

2. 非常的额外收入

明代庶民非常的额外收入,通常是指庶民凭借承担的职役便利以觅取好处。在明代庶民的职役中,普遍体现为一种额外负担,但也不乏一些可以通过职役而获取好处的个案。如乡村解纳钱粮的大户,即为一例。

据王廷相的揭示,在他任巡抚期间,下属州县、卫所的一应钱粮,每年均需佥派大户,由官方给予文簿,让他们自收。这些殷实大户一旦承揽了收取钱粮之职后,将所收钱粮分为"私簿"与"官簿"两类加以登记。在私簿中,登载的是百姓实际交纳的钱粮,以及额外多添的火耗、脚价。在官簿中,则登载的数字明显不是实际征收的钱粮数字。譬如已经实征钱粮银1万两,在官簿中登载的数字仅为五六千两或七八千两;实征钱粮银1000两,在官簿中登载的数字仅为五六百或七八百两。至于剩下的钱粮数字,一概加以隐匿,希望在恩诏宥免钱粮之时,将这些隐匿不报的数字,换成百姓拖欠的钱粮,任意侵欺。至于这些隐匿下的钱粮,这些殷实大户就用来投资,"或买卖田宅,或撒秋生方",借此获取利益。对于殷实大户而言,这些非常的额外收入,应该相当可观,他们负责征收、解纳的钱粮,多则数千,少亦不下数百,在这总数数千、数百的钱粮中,多则侵欺十分之四五,少亦侵欺十分之二三,无疑是一笔颇为丰厚的额外收入。④

---

① 张履祥:《杨园先生全集》卷49《补农书》上《蚕务》,下册,第1405页。

② 张履祥:《杨园先生全集》卷50《补农书》下《总论》,下册,第1426页。

③ 何良俊:《四友斋丛说》卷15《史》11,第126页。

④ 王廷相:《浚川公移集》卷2《议处殷实收解钱粮》《处置收受钱粮》,《王廷相集》,第4册,第1158—1159页。

三、收入分层

从基本收入与额外收入两个层面切入，再分别就社会各阶层的收入状况加以系统考察，无疑为深度剖析明代社会各阶层的收入状况提供了便利。下面拟从收入之社会阶层性差异、基本收入与额外收入之比较以及收入增减趋势三个方面，对明代社会各阶层的收入状况做更为深入的分析，进而对明代实际的收入分层加以推测。

（一）收入之社会阶层差异性

从明代社会各阶层的收入状况中，不难发现以下两个特点：一是身处不同的社会阶层，或者因为职业的差异，其间的收入存在着很大的差异；二是在同一社会阶层中，因为官衔、科名的高低，或者因所从事的职业或工种有所不同，其间也会存在较大的收入差异。

先来看不同社会阶层的收入差异。假若将一个高级官员的俸禄，与一个普通士兵的廪食加以简单的对比，这一收入差异性就更为明显。譬如说一个兵部尚书，他的月俸高达60石，而一个士兵的月粮仅仅1石。换言之，一个尚书的月俸，可以养活60个士兵，①亦即尚书的收入是士兵的60倍。

再来看同一社会阶层的收入差异。这又可以从以下三个方面加以比较：一是同样身为士大夫阶层的知识人，他们中间也会因为生员、举人、进士科名的不同而导致收入差异。崇祯九年（1636），陈启新在上疏中，就明确道出了三者的差异：一个生员，虽相较于庶民有身份地位，而且可以谋取一些好处，但从整体上看，生员难免会“朝不谋夕”，于是社会上普遍流行“穷秀才”之说，足证生员的收入明显偏低。② 一等中了举人，便再无“穷举人”之说。换言之，一中举人，即使不得入仕为官，亦便足自润。其甚者，美男蕲为仆，美女蕲为妾，或厚赀以见，名

① 邓士龙辑，许大龄、王天有主点校：《国朝典故》卷46，引杨士奇《三朝圣谕录》中，中册，第1089页。

② 关于明代生员之贫困化现象，可参见陈宝良：《明代儒学生员与地方社会》，中国社会科学出版社2005年版，第424—431页。

为“靠身”。[①] 登甲科成为进士之后，更是“身无赋、产无徭、田无粮、物无税，且庇护奸民之赋徭、粮税”，可以过一种“钟鸣鼎食，肥马轻裘”的生活。至于他们的家产，多则高达数百万，少亦不下数十万。[②] 具有不同的科名，他们的收入甚至生存状态势必井然有别。二是同是工匠，若是服务于民间的工匠，大工每天可以收取 3 分 3 厘银子的工价，小工每天可以收取 2 分 3 厘银子的工价。若是服务于南京工部的官匠，则大工每日的工价银仅为 3 分，小工每日的工价银仅为 2 分。[③] 与民间工匠的收入相较，南京工部的官匠收入，分别减少了 10%与 15%。三是以服务于军队的军人为例，明代普军兵较为普遍的月粮收入为 1 石，亦即一年 12 石，折合平价银 6 两而已。反观明末从西洋聘请擅长火器的“夷人”，他们的年收入则高达 40 两银子。[④] 两者的年收入相差 34 两银子，夷人的收入比普通军兵的收入高出 567%，亦即他们之间的收入差距高达 57 倍。

（二）基本收入与额外收入之比较

明代社会各阶层的收入，大抵包括基本收入与额外收入两项。在这两项收入中，可以官、民两个社会阶层为例加以剖析。

就官员收入来说，明代的官俸微薄，但额外收入很高。明代官员以“禄俸”为主的基本收入，与借助于“贪饕”而得的额外收入，两者之间的比较，正如明人王廷相所言，出仕做官，即使是官至极品，薪俸毕竟有限，所以“非贪饕不得富”。[⑤] 曹于汴也有相同的看法。他认为，出仕做官之人，他们的禄俸“原自有限”，纵然“官至黄堂”，如此之高的官位，一年的俸薪也不过 200 两银子。但是，他们通过将“火耗”“赃罚”这些原本法律禁止私用的钱财归入私囊，或者借助于更多的“暮夜金”，亦即诸多受贿之钱财，所得额外收入显然远超官俸。其结果，一旦出仕做官，即使是原本寒素之家，不久就会“大富”，甚至“连绵箱扛，露面走长途；充牣金钱，厚颜而夸亲友”。[⑥]

---

① 陈益祥：《陈履吉采芝堂文集》卷 13《木钺》，《四库全书存目丛书》影印明万历四十一年刻本，集部第 195 册，第 552 页。

② 计六奇：《明季北略》卷 12《陈启新疏三大病根》，第 194 页。

③ 李廷机著，于英丽点校：《李文节集》卷 27《杂著》（一）《摄工愚见》，下册，商务印书馆 2019 年版，第 621—622 页。

④ 李之藻：《制胜务须西铳敬述购募始末疏》，《明经世文编》卷 483，第 6 册，第 5325 页。

⑤ 王廷相：《王氏家藏集》卷 31《故赠文林郎东光县知县张公妻太孺人李氏墓志铭》，《王廷相集》，第 2 册，第 566 页。

⑥ 曹于汴：《曹门学则 · 吏科都察典届期申明约列疏》，《仰节堂集》附录，第 248 页。

正是因为做官有如此之多的额外收入，才使得不少读书人不惜借债做官。如嘉靖年间有一位举人潘鸿业，想出任山东临清州知州这一肥缺，于是自己携带800两银子，再在京城称贷1500两银子，以共计2300两银子向严世蕃行贿，最后得除此官。按照当时京城京债的利息，一般是“利半其半”，那么这位潘鸿业所借1500两银子，很快需要偿还利息加本金不下3000两银子。① 自己800两银子的本金，外加称贷加利息的3000两银子，共计3800两银子，知州在任所得俸薪，很难偿清。可见，官员在任期间的额外收入理应相当之多。

明代很多出身寒素的知识人，在谒选为官时，很多需要称贷路费，亦即借债做官。正如张三崖所言：“样样借人的，如贫汉种田，工本都出富翁，比及秋成，还却工本，只落得掀盘帚。我们借债做官，他日还了债，只落得一副纱帽角带。”②可见，若是只做清官，只靠俸禄收入，并无贪饕之入，那么为官一任，实则并无多少积蓄，甚至最后“只落得一副纱帽角带”。

事实就是如此。稍微清操的官员，致仕归乡之后，最多不过是有些“积俸”而已。如明代知名学者章懋的侄子章拯，号称为官清廉，官至工部尚书，等到致仕以后，尚有积俸银500两。此事被章懋知道后，大为不乐，就批评章拯道：“汝此行做一场买卖回，大有生意。”③章拯听后，不免颇有惭色。可见，若是清廉为官，即使官至尚书，致仕之后，也仅有500两银子的俸禄积余而已。

若是为官贪饕，那么他们的额外收入就相当可观。下面以两位并非太贪墨的知县、县学训导为例，具体考察他们的基本收入与额外收入。据韩霖的记载，有一位知县致仕之后，对自己的“囊赀”加以检点，大致有白银5000两，再加上“黄金彩缯”折合白银1000两，共计有6000两银的收入积余。明代的学官很穷，但有一位县学的训导，在任上所积的“封资”，再加上学校诸生所馈赠的银钱，共计有600两银子的收入积余。④ 明代知县为正七品官，每年的俸给米为90石，折合平价银45两。这份俸禄银，大抵支付全家的家庭开支，尚且不够，很少能有俸禄积余。那么，这位知县的积余银6000两，则完全依靠额外收入所得。知县的俸薪，即使为官10年，也就不过总收入450两银子而已。若以10年俸禄收入为计算标准，那么知县所积6000两银子的额外收入，比官俸整整多出了1233%，

---

① 邹应龙：《贪横荫臣欺君蠹国疏》，《明经世文编》卷329，第5册，第3523—3524页。

② 江盈科：《谐史》，上海古籍出版社2000年版，第246页。

③ 张怡：《玉光剑气集》卷11《清介》，第458页。

④ 韩霖：《铎书·各安生理》，载氏著，孙尚扬、肖清和等校注：《铎书校注》，华夏出版社2008年版，第135页。

亦即是官俸的 123 倍多。明代的县学训导,他们年支俸米 36 石,折合平价银不过 18 两。训导的俸米,即使为官 10 年,也不过总收入 180 两银子而已。若再以 10 年的俸禄收入为计算标准,那么训导所积 600 两银子的额外收入,比官俸整整多出了 233%,亦即是官俸的 23 倍多。

就庶民的收入来说,家庭收入并非主要来自田地的收成,而是家庭副业的收入在家庭收入的构成中日显重要。有两则清代的史料,大抵可以证明妇女参与的家庭副业收入已经成为江南农家的一项重要收入来源。如在嘉兴府,一个技术灵巧的家庭妇女,每天单是刺绣的收入,就可以获得工资钱 200—300 文。① 又如在江南的苏州、松江二府,民间妇女均“以纺织为事”。在通常情况下,每个妇女每日可以织布 1 匹,每匹布的售价可得银 0.15—0.16 两,扣除每匹布所需棉花 2 斤半的原料银 0.08—0.09 两,那么每位妇女每天可赚得银 0.06—0.07 两。由此可见,江南家庭妇女的纺织收入,堪称“其利甚溥”,已经相当可观,足以补贴家庭生计。江南百姓生计富裕,主要源于妇女积极参与纺织之事,且相当勤俭。反观河南、山东、江西、湖广各省,民间妇女虽然间有织布之人,但所织之布,大多粗恶不堪,甚至有些妇女终生不事纺织。更为甚者,一遇旗亭庙会、宴饮烧香,就“群结队,藉以嬉游”,将有用的工夫消磨于“冶游”。② 这就从收入层面决定了江南与其他地区百姓家庭收入的差距。

这并不仅仅限于清代,其实明代的情况也大致如此,即多以家庭纺织贴补家计。以官宦人家为例,如曾任南京尚宝司卿的李乐,他的妻子吴夫人一年的纺织收入,大概有 2—3 两银子。③ 官宦人家如此,至于普通农户人家,则更是如此。如松江府,不仅在乡村中,农妇大多纺织,即使城市亦然,“里妪晨抱绵纱入市,易木棉花以归,机杼轧轧,有通宵不寐者”。农家若是单靠田地的收入,除了输官、偿债外,往往未到年终,就“室庐已空”。所以,松江府的农家,衣食大多依靠纺织收入。一旦棉花、稻米价格上涨,“匹妇洗手而坐,则男子亦窘矣”。④ 换言之,农家一旦失去了纺织这一项家庭副业收入,家计即会陷入窘境。又如山东东昌府临清州,整个州内均种植桑、麻,“男女纺绩,以给朝夕”。即使是“三家之

① 项映微著,范笑我点校:《古禾杂识》卷 3,〔寿增〕,文物出版社 2017 年版,第 36 页。

② 郑之乔:《农桑易知录》卷 3《农桑善后事宜》,《明清广东稀见笔记七种》,第 122—123 页。

③ 朱国祯著,何立民点校:《朱国祯诗文集》,《疏揭 · 李氏夺嗣揭》,浙江古籍出版社 2016 年版,第 403 页。

④ 顾炎武著,谭其骧、王文楚、朱惠荣等点校:《肇域志》,《南直隶 · 松江府》,第 1 册,第 310 页。

市”的小市，也是“人挟一布一缣，易担石之粟”。[①] 可见，纺织也成为临清州农家的主要副业收入。

以湖州府为例，普通农家的收入，并非仅仅限于每亩约收 2 石的田，此外，尚有山、地的收入，甚至还有菱、芋、豆豉之类的收入。[②] 自耕农家庭的副业，以养蚕为主。江南农家的养蚕也是一笔较为可观的收入。以湖州府为例，农家养蚕 1 斤，需要花费 20 天的时间，共费桑叶银 0.5 两，最后收丝可售银 1 两余。稍加核算，农家养蚕 1 斤，在 20 天的时间里，在正常情况下可以赚取 0.5 两以上的收入。此外，蚕粪尚可以肥田。[③] 这仅仅是养蚕 1 斤的收入，若是多养，则所赚更多。

（三）收入增减趋势

通观明代收入的增减大势，有以下两点值得引起关注。

其一，劳动力价格日趋上涨，使工匠、农业雇工的收入日渐增加。如明人张瀚有言：“剡工于器者，终日雕镂，器不盈握，而岁月积劳，取利倍蓰。”[④]细究这段记载的意思，实则是说因为工匠技艺的精湛，使得他们得以凭借自己的技艺而获取更多的收入。在明代，不仅手工工匠的工价在不断上涨，即使是农业领域中的雇工，他们的工价也是日趋上涨。正如朱国祯所云：“近年农夫日贵，其直增四之一。当由务农者少，可虑，可虑！”[⑤]换言之，在明末的一段时间内，农业雇工的收入增加了四分之一，亦即 20%。这可以从浙江桐乡县“长年”（即长工）的工价银中得到印证。根据史料的记载，雇佣一名长工，每年所需付出的工价与成本有：一是工银，计为 5 两；二是长工吃米 5.5 石，折合平价银为 5.5 两；三是盘费，计为 1 两；四是农具，计为 0.3 两；五是柴、酒银，计为 1.2 两。这五项支出相加，共计 13 两。[⑥]

其二，工价作为一种劳动力成本，一旦呈上涨之势，必然产生以下两种结果：一是提高产品的售价，尤其是奢侈品价格的上涨。正如张瀚所言：“工于织者，

---

① 顾炎武著，谭其骧、王文楚、朱惠荣等点校：《肇域志》，《山东·东昌府·物产》，第 2 册，第 712 页。

② 朱国祯著，何立民点校：《朱国祯诗文集》，《救荒略·启丁敬宇操院》，第 451 页。

③ 朱国祯撰，王根林校点：《涌幢小品》卷 2《蚕报》，第 39 页。

④ 张瀚：《松窗梦语》卷 4《百工纪》，第 79 页。

⑤ 朱国祯撰，王根林校点：《涌幢小品》卷 2《农蚕》，第 38 页。

⑥ 张履祥：《杨园先生全集》卷 49《补农书》上《运田地法》，下册，第 1403 页。

终岁纂组，币不盈寸，而锱铢之缣，胜于寻丈。是盈握之器，足以当终岁之耕；累寸之华，足以当终岁之织也。”①奢侈品价格的上涨，同样会产生两种结果：一方面，若是工匠集制作与销售于一体，显然可以增加工匠的收入；另一方面，若是工匠仅仅是产品的制作者，是被人雇佣的工匠，那么工价的上涨，势必波及终端产品价格的上扬。在社会追捧奢侈品的大潮下，即使是在高昂的工价之余，手工工场的场主同样可以赚取更多的利润。但是，过高的奢侈品价格，同样使产品面临销售的风险。一旦热潮退去，势必导致产品的滞销。可见，对于产品的生产者而言，过高的工价实则面临着双向的前景：要么是赢利的机遇，要么是滞销的风险。二是在亩产量相对固定的情形下，农业雇工工价的上涨，势必增加了“工本”，亦即劳动力成本，进而使土地的所有者的收入减少。这有一则清代苏州府吴江县平望镇的例子可以作为例证。据史料记载，平望镇的百姓养蚕较少，其主要收入来源在于土地及其产出。在农业经营中，人工、肥料是两大成本支出。若“雇工价廉，资本较轻”，那么土地的所有者的收入就高；反之，若是“佣值加增，食物腾贵”，势必导致土地所有者的收入减少。在雇工工价上涨的态势下，平望镇每亩的收成不过2石余，每石获钱2000文上下，若是扣除粮租、工本，土地所有者每亩已是“所得无多”。② 这尽管是清代光绪年间的史实，但在雇工工价日趋上涨的态势下，明代土地所有者显然也正面临着收入减少的困境。

四、小　结

家庭收入是影响家庭生活质量的一个重要因素。换言之，家庭收入状况与生活质量息息相关。究其原因，家庭生活中的衣、食、住、行和闲暇生活等，无不受到家庭收入水平的影响和制约。

测量与评估明代一个家庭的收入水平，显然存在着一定的难度。至于其中的原因，主要有以下两个：一是史料的匮乏。已有的史料仅有普遍状态下的整体性收入记录，若是具体落实到某一个家庭，家庭的各个成员的基本收入，尤其是额外收入，则史料往往言之未详，甚至付之阙如，很难加以完整的统计分析。二

---

① 张瀚：《松窗梦语》卷4《百工纪》，第79页。

② 黄兆柽：《平望续志》卷1《疆土·风俗》，载吴江市平望镇人民政府、吴江市档案馆编：《平望志（三种）》，广陵书社2011年版，第358页。

是技术手段的不足。按照当代经济学与社会学的理论,迄今尚无一套测量和评估家庭收入的主、客观指标体系,导致在具体的测量操作上存在着较大的难度。

鉴此原因,在探讨明代的收入状况时,不得不做如下的策略性调整:一是将收入分为基本收入与额外收入两个部分。从上述具体的考察中不难发现,就社会的上层而言,基本收入显然低于额外收入,他们优裕的生活保障,除了禄粮、俸给之外,主要依靠额外收入,尤其是灰色乃至黑色收入;就社会的下层而言,则主要依靠基本收入维系家庭生活。二是只能根据已有的资料,将收入的考察更多地放在社会分层的差异性研究上,尤其关注各个社会阶层的整体性收入状况考察,而不是个案的家庭收入状况分析。三是系统考察影响家庭收入的因素,或许存在着多方面的因素,但基本可以区分为个人收入与家庭劳动力就业人数比例两个方面。换言之,家庭中就业人员的个人收入构成了家庭收入的主要来源,因此,家庭中就业人数的比例以及就业者的个人收入水平就是影响家庭收入的两个主要因素。尤其是在江南的小农家庭中,家庭副业收入尤其是妇女参与蚕桑、纺织的收入,几乎高达家庭收入的一半,更是足证家庭人员就业人数的比例,在很大程度上影响到家庭的收入状况。

即使如此,就明代的收入构成与收入状况而言,尚可以从以下三个方面加以总结与申述。

其一,通观明代官员俸禄,大抵具有以下三个特点。

一是官俸低薄,且呈整体下降之势。明代官俸先是以钞折米,继而以布折钞,最后又有折银之例,正是因为官俸由本色改为折色,才使明代官俸与历代相比,最显低薄。尤其是在实际发放及其支取的过程中,因为"国用浩繁"而导致国家财政收入减少,更使官吏俸给,"什樽节其六七,所得不给其所费"。①

二是官员俸给因官品、地域而存在着一些高低差别。官员品级高,俸米高;品级低,俸米低。这是制度规定。尤其是一些受宠官员,更是因为兼职而支取数份俸禄。如洪熙元年(1425)正月,明仁宗命吏部传旨,让内阁大学士杨士奇兼任兵部尚书。于是,杨士奇在少傅、内阁大学士二职之外,再兼兵部尚书一职。旨意规定,杨士奇可以兼支三份俸禄。当时"三俸俱支"者,尚有黄淮、杨荣、金

① 戈谦:《恤民疏》,《明经世文编》卷58,第1册,第456—457页。

幼孜三人。后因杨士奇、黄淮极力推辞,才改为支取两份俸禄。[①] 即使如此,与低级官品的俸禄相比,两者之间确乎存在着较大的差异。此外,明代南北两京官员的俸禄,同样存在着一些差异,体现出北高南低的基本特点。如南京各部的主事,每月支米 3 石,而北京各部主事则可月支 4.5 石,且折俸亦不同。[②]

三是在实际的制度执行过程中,官俸并未全按制度规定执行,其中的俸禄高低,存在着一些随意性,且更显官俸的内在复杂性。如崇祯三年(1630),户部新设边工饷司一差,此职由户部主事包凤起担任,他的月饷是 24 两银子,包括"廪饩、心红、纸张之费"诸项,那么一年的俸给达 288 两银子。[③] 又周王府郡王下面的教授、典膳官,每名岁支俸银 50 两,从布政司关领。[④] 这一收入,明显高出制度规定的品级俸米收入。

当然,明代官俸低薄,且呈下降之势,并不能证实明代官员的家庭收入较低,并且进而影响官员群体的生活质量。事实则是,官员通过诸多额外收入,有时甚至是灰色与黑色收入,日渐积累家庭财富,使自己得以过上优裕甚至奢华的生活。

其二,就明代士大夫下层的生员群体收入而言,过去因为清人顾公燮的记载而多有误解。顾氏称明末的廪生,每年官给膏火银 120 两,此外尚可以通过朔望赴县恳准词状或揽纳富户钱粮,从中获取更多的额外收入,因此有"坐一百,走三百"之谣。[⑤] 这一说法显然是对廪膳生员收入的一种误读。究其原因,正如已有的研究者所述,一则所谓的每年官给膏火银 120 两,可能是将廪生岁贡以后可得旗匾银 120 两,误作廪生岁食之膏火银;二则若是廪生岁得膏火银 120 两,明显远远超出地方学校教官的俸禄。[⑥] 其实,相较于平民百姓食不果腹、衣不蔽体而言,明代生员每年可支廪膳银,又有日常的膏火银、花红、赏银、供给,生员的收入相对不低,日子也不至于难过;但相较于举人、进士来说,生员已陷入相对的贫困化。这无疑也是事实。

---

① 邓士龙辑,许大龄、王天有主点校:《国朝典故》卷 46,引杨士奇《三朝圣谕录》中,中册,第 1089 页。

② 谈迁:《枣林杂俎》智集《逸典 · 两京官俸》,第 34 页。

③ 毕自严:《度支奏议》,《新饷司》卷 11《题覆边工饷司包凤起条议疏》,第 3 册,第 20 页。

④ 佚名撰,孔宪易校注:《如梦录》,《爵秩纪》第四,中州古籍出版社 1984 年版,第 18—19 页。

⑤ 顾公燮:《丹午笔记》第 52 则《明季生员》,江苏古籍出版社 1985 年版,第 68 页。

⑥ 参见陈宝良:《明代儒学生员与地方社会》,第 426—428 页。

其三,在明代,无论是城市中的手工工匠,还是农村的农业佣工,劳动力价格亦即所谓的“工价”,已呈一种整体上涨之势。这至少可以说明以下三点:一是雇佣劳动者的收入呈增长的态势;二是因工价的上涨导致物品价格的上升;三是劳动力价格的高涨,其背后则反映了经济增长的态势,以及由此导致的用工需求的增速。明代农村劳动力大量向城市的转移,城市中诸如脚夫市、厨役市一类劳动力市场的形成,显然就是最好的佐证。

第三章　物价波动

明代社会各阶层的生活质量,除了取决于他们收入的多少之外,还与一个时代的物价水平紧密相关。决定物价高低的因素很多,但在明代主要还是取决于社会的稳定与动乱,以及年成的丰歉。大体说来,四方无事,则生聚广而贸迁易,物价就会由贵转贱;疆域多故,则土地荒芜,道途梗塞,物流不通,物价势必由贱转贵。

由此可见,日用物价的低昂甚或波动,既反映了风俗的变迁,又可借此验证"民生之休戚"。① 下面从日用生活必需品与奢侈品两个方面,对明代的物价水平及其波动加以初步的考察。

一、物价政策与措施

明代的皇帝,或开基,或守成,或勤政,或怠惰,贤愚不一。然基于永保江山社稷的目的,明代的皇帝不仅自己亲自了解天下山川险易、民情风俗,而且在皇子的教育上,也更多地让他们关注天下民生的休戚。

洪武六年(1373),明太祖朱元璋出于长治久安的考虑,下谕各行省的州县官员,要求他们在闰年绘制山川险易之图,借此了解天下的山川形势、关徼厄塞,以及州县的道里远近、所产土物。② 至洪武十七年,明太祖又令朝觐的地方官员,献上有关地方土地、人民的舆地图,③将关心的视角从山川险易的自然地理,转向土地、人民之类的人文地理。尽管明太祖一再强调,国家的兴亡,"所系在德",而不在"地之大小",但他对山川、关隘、土地、人民的关注,目的显然在于借

① 叶梦珠:《阅世编》卷7《食货》1,上海古籍出版社1981年版,第153页。

② 黄光昇:《昭代典则》卷7《太祖高皇帝》,上海古籍出版社2008年版,第172页。

③ 黄光昇:《昭代典则》卷9,第234页。

此清楚地了解地方的民情。

对民生、民情的关注,同样贯穿于明代宫廷的皇子教育之中。明太祖为避免自己的子孙习于宴安、心生骄惰,在派遣世子、次子前往临濠谒陵时,谆谆告诫他们:“因道途之险易,以知鞍马之勤劳;观小民之生业,以知衣食之艰难;察民情之好恶,以知风俗之美恶。”[①]承平日久,这些皇帝子孙大多“生于宫壶之中,长于阿保之手”,外出下乡几已罕见,但通常会借助于在宫中的戏剧演出,让他们借此了解民情与民生疾苦。如每年的秋收之时,在宫中会演出“打稻”之戏,所演的内容,多为“农夫馌妇及田畯官吏,征租交纳词讼等事”。这是为了让皇子知晓稼穑的艰难。在宫中所演杂剧故事中,大多包括民间的一些生活场景,举凡世间骗局的丑态,闺壶、拙妇、騃男的生活,以及市井商人、工匠的刁赖词讼,甚至还有杂耍把戏等项。此外,御用监武英殿的画士所画的“锦盆堆”,一般称为“花杂果”。画面中的场景内容,有时是货郎担,上面百物毕陈。[②] 无论是戏剧故事,还是绘画作品,其中的目的除却让皇子“广识见、博聪明”之外,主要还是为了让皇子“顺天时、恤民隐”。

物价直接关乎民生休戚。在明代,尽管皇帝身处大内,但对民间的物价,大抵也是有所了解。即以明穆宗为例,因为在“潜邸”较久,对京城民间市场的物价,显然知悉颇多。最为典型的例子,就是明穆宗一次想吃果饼,让尚膳监与甜食房制作此饼。当这些内府近侍开出置办“松榛粻饧”等物的价格,且高达数千两银子时,明穆宗直接揭穿他们的把戏,直言在东长安街勾栏胡同内,花费 5 钱银子,即可买得此饼一大盒。[③] 这一例子,足见明穆宗对京城民间的物价颇为通晓。

这一特殊的个案,并不仅仅因为明穆宗久处“潜邸”而对京城物价有所了解,而是得益于明代一整套的京城物价奏报制度。根据制度规定,在每月的最后一天,东厂必须将京城杂粮、米、豆、油、面之类的价格奏报。这项制度的实施,无疑使皇帝虽身处九重之上,也可以通过物价的高低,知晓“农岁之丰歉”,或者通过商贾之通塞,了解“道路之险夷”。[④]

细究明代政府的物价政策及其措施,大致不外乎以下三项:一是校正度量衡器具,以规范市场交易;二是平抑市场物价,尤其是粮食价格;三是官方依时估定

---

① 余继登撰,顾思点校:《典故纪闻》卷 1,中华书局 1981 年版,第 16 页。

② 刘若愚:《酌中志》卷 16《内府衙门职掌》,北京古籍出版社 2001 年版,第 107—108 页。

③ 沈德符:《万历野获编补遗》卷 1《列朝 · 穆宗仁俭》,下册,中华书局 2004 年版,第 792 页。

④ 刘若愚:《酌中志》卷 16《内府衙门职掌》,第 101 页。

物价,制定官方的标准价。面对瞬息万变的市场物价,官方的物价措施无疑落后于市场的变化,随之而来者,则是官员与士大夫对官方物价政策的审慎批评,进而提出适合市场需求的物价措施。

（一）校正度量衡以规范市场交易

物价是市场的产物,是市场交易信息的晴雨表。在市场交易中,物品的交易价格,通常以度量衡器物作为一种媒介体。就此而言,举凡斛、斗、秤、尺之类的度量衡器物,在一定程度上影响了物品交易价格的准确性。若是度量衡器具不统一,那么物品交易中的物价信息并不是市场物价的真实反映,甚至失去了市场交易的公平性。

有鉴于此,明初立国,就通过校正度量衡器具,借此规范市场交易。洪武元年(1368)下令,由京城兵马司兼管市司,两天一次,专门校勘街市上的斛、斗、秤、尺,并且依时估定物品的价格。在外的府、州,市司的职掌,也一概由各城门的兵马兼领。这一规定,至少说明了以下两点:一方面,说明朝廷对市场交易的重视,甚至不惜动用兵马司来兼管市场交易;另一方面,足证明代的市场管理,尚缺乏一种健全的市场管理体制,甚至原本专门管理市场交易的市司,虽归属于政府体制之内,也同样面临着缺少信任的危机。

洪武二年(1369)下令,凡是斛斗秤尺,由司农司按照中书省原先颁发的铁斗、铁升校定则样制造,分发直隶府、州;再上呈中书省,由中书省转发各行省,依样制造,经校勘合格,再下发到所属的府、州。各府的正官提调依法制造,经校勘合格,再付与各州县仓库收支行用。至于民间牙行及市镇上的商家,他们在交易时所用的斛、斗、秤、尺,必须前往官府校验,合格后烙印,方可使用;乡村百姓自己所用的斛、斗、秤、尺,必须与官方颁发的相同,才允许使用。这是首次颁降官方统一的度量衡器具。至洪武二十六年,在已有官方所定度量衡器具的基础上,进一步强调各布政司、府、州、县在成造、校勘度量衡器具上的职责,要求他们在校验合格之后,烙上官印,颁发民间使用。至于在京的各个仓库,所用的斛、斗、秤、尺,则由工部校勘,印烙发行。

明初所定度量衡器具校勘则例,在随后得到了进一步实施,其制度在一定程度上有所改变。宣德七年(1432)下令,重新铸造铁斛,每个粮仓颁发一只铁斛,成为官方颁发量器的法则,在实际的施行中作为校勘标准使用。景泰二年(1451)下令,工部制造戥、秤、天平各40副,颁给户部或在外的收支衙门,由这些衙门掌管用使。至于所属各衙门,则允许其所属依式制造使用。时日一久,新、旧的铁斛，开始变得大小不一。于是，至成化五年(1469)，又下令让工部按照洪武年间铁斛的式样，重新铸造铁斛，颁发给江南、江北、山东、河南各地兑粮之处。随后，下令各处的兑粮官员，依式制造木斛，送至漕运衙门校勘印烙，给发交兑，作为永久的定规。正德元年(1506)议准，工部下文宝源局，依式制造好的铜法马(即砝码)一样计32副，每副大小20个，每副均在上面錾上“正德元年宝源局造”字样，送达工部印封，而后颁发给浙江等布政司，以及各运司与南直隶府、州，各依式样支给官钱，一体改造，颁降使用。嘉靖二年(1523)议准，京、通二仓该用的收粮之斛，由坐粮员外郎将铁铸的样斛，校勘修改相同后，再火印烙记，分发到各个粮仓。其中的两个铁斛，送达漕运衙门收贮，以后的新斛，均按照铁斛的样式校勘之后，再行制造。嘉靖二十七年题准，各地仓场按照原先颁发的铁斛制造斛斗，仍置官秤“较量平准”之后，一并送给巡抚及管粮郎中、主事，烙记发用。假如有人私造斛、秤，与商人勾通作弊，且管粮通判不加觉察，那么就一体究罪。鉴于宣府镇过去在收粮时用市斛，放粮时又用仓斛，为此再次重申，以后无论收粮、放粮，均以仓斛为准。①

官方对度量衡器具的规范化，其目的有二：一是保障税赋的征收，二是便于民间市场的交易。然就两者而言，在具体实施过程中，度量衡器具的规范化并未发挥应有的效果，且在一定程度上造成了市场交易的不公平。这主要体现在以下五个方面。

其一，在所用度量衡器具上，官方颁发的器具，与民间实际所用的器具存在着差异，导致“官民不一”现象的出现。以升为例，就有“仓升”与“民升”之别，仓升1升，相当于民升的7合，亦即仓升仅为民升的十分之七。② 以斗为例，在明末就有“登斗”“准斗”“市斗”“斛斗”之别。按照毕自严的说法，就是“登斗较准斗颇大，则市斗、斛斗又当折算合论，而未可胶势也”。③ 所谓的“登斗”，即“登州之斗”，属于市斗；而准斗，即所谓的斛斗。两者之间，同样存在着大小差异，亦即市场上通行的市斗，往往大于官方颁发的斛斗。以斛为例，明初颁发中外各个粮仓的铁斛，原本应为统一的计量单位，但在实际收取粮税的过程中，同样不以铁斛为标准，如通州仓的户部官员收粮所用之斛，就比铁斛多出1升6

① 申时行等修：《明会典》卷37《户部》24《课程》6《权量》，中华书局1989年版，第270页。

② 熊廷弼：《答李孟白督饷》，载陈子龙等编：《明经世文编》卷481，第6册，中华书局1997年版，第5303页。

③ 毕自严：《度支奏议》，《新饷司》卷18《覆登抚孙元化议改岛饷运道疏》，第3册，上海古籍出版社2008年版，第385页。

合，户部所用的“京斛”，又比通州仓所用之斛多出 6 合，亦即比铁斛多出 2 升 2 合。①

其二，官方新颁布的法马，因为与旧式标准的差异，同样导致民间解纳钱粮税银时多有损失。据崇祯四年（1631）都察院广东道试监察御史宋贤的上疏可知，因为户部官员的失职，再加之“领役”乘机作奸，“污吏”借口作祟，在畿南真定、顺德、广平、保定、河间五府中，相较于旧的法马，新颁法马或重四五钱，或重一两，或重一两七八钱，甚至有的重三两。其结果，则导致解纳户在交纳税银时，每 100 两银子需要多交 3—4 两，每 1 万两银子，则需多交 300—400 两。更有甚者，其中有的解纳户，在交纳税银时，每 100 两银子，需要赔上 5 两银子。②

其三，官府所用天平，与市肆所用天平存在差异。如崇祯五年（1632）二月，道臣杨嗣昌在上疏中，要求“请颁本道天平，以为验饷之准”。从杨嗣昌的上疏可知，明末秤银的天平有三种：一是户部饷司所用的天平；二是关库所用的天平；三是市肆所用的天平。在这三种天平中，因为缺少部颁校准的统一天平，导致在户部发放银两、管官领取银两时，难免存在亏损，甚至出现有人高下其手的弊端。③

其四，各衙门尤其是工部筹措经费的过程中，在秤兑银子时，往往也存在着不公。按照通行的惯例，就是在兑入银子时，则增加数两；在兑出银子时，则减少银子的数量。究其原因，在于每年奏缴及衙门公费，大约需要数千两银子，大多通过秤兑银子时“取足余银”获得。其结果，则造成负责秤兑银子的官吏，“因而高下其手，弊窦百端”。④

其五，若以贵池县为例，在明代民间的粮食交易或税银交纳中，因为度量衡器具使用不一，同样存在着诸多弊端，且对百姓生活造成很大的影响。这可以从下面四个方面观之：一是荒年粮食粜籴时，所用量器，标准不一。如在贵池县的近城地方，每当粜籴谷物时，多用斗斛，且经过官方的校准，自然没有随意轻重之弊。但在乡下，富户在粜籴谷物之时，则不用官方校准的斗斛，而是用秤，且“贵贱听其口裁，轻重惟其手授”。二是在贵池县，富户在收租与粜谷时，使用不同的量器。当收租时，使用“租秤”，一般每石为 220 斤；当往外粜谷时，则又改用

① 谈迁：《北游录》，《纪闻》下《铁斛》，中华书局 1997 年版，第 397 页。

② 毕自严：《度支奏议》，《新饷司》卷 23《覆宋台臣条陈召买并法马利弊疏》，第 3 册，第 667—671 页。

③ 毕自严：《度支奏议》，《新饷司》卷 29《覆津抚条议颁法马立风信疏》，第 4 册，第 297 页。

④ 何士晋撰，江牧校注：《工部厂库须知》卷 2《节慎库条议》，人民出版社 2013 年版，第 66 页。

"发秤",一般每石为 90 斤。使用两种不同的秤,每石的差距高达 130 斤。三是百姓在交纳条鞭折色银时,官府多采用"广等"秤银,借此多收税银;而地方富户在粜谷时,同样使用这种"广等",那么每两银子可以多收 3 分。四是按照惯例,在粮食买卖过程中收取的银子,在银子的成色上,均以九八色银子收取,但富户在粜谷时,则向买者收取足色的纹银。至于银子添加的成色,富人随意估价,或"加五为一",或"折七为三"。由此可见,由于度量衡器具的不一,导致贫穷百姓籴谷 1 石,经过"秤减其觔,等加其分,银折其色"的盘剥,实际到手的仅仅只有一半。①

(二)平抑市场物价

在传统中国社会,政府大多会借助于平抑物价的措施以保障民生。这在明代也不例外。尤其是在灾荒之年,地方政府大多通过采取诸多措施,以平抑粮价。

弘治十六年(1503),苏州府遭遇旱灾,导致米价腾涌。当时的苏州知府林世远采取以下两项措施以平抑粮价:一是增加粮食供应,以赈灾民。林世远请求将原本应该起运的禄米、官俸,以及各卫的军粮,均量折银价供用,所余的脚耗米,则用来赈济。这一请求,经巡抚魏绅、巡按冯允中的题奏而得以实施。二是专门差官监察粜米,强行规定米 1 石 7 斗,准银 1 两,借此平抑粮食的市价。②

崇祯八年(1635)正月,太和县在经历了"流贼"之患以后,城乡粮食奇缺,导致粮价上涨。为此,知县吴世济采用下发告示,通过加价或禁令等三种方式,平抑地方粮食价格。第一,是通过加价方式,储积城内粮食。其中规定,凡是附近各集镇有粮食、草束之家,能率先运输入城,则在原有时价基础上,每 1000 文,增价 100 文。③ 即此可知,就是通过在时价之上加价 10%,鼓励集镇粮食运入城内,以便储积。第二,禁止粮食涨价。其中规定,市场卖粮的"斗户",所有米粮出售价格,均必须照旧价执行,不许随意涨价。④ 第三,禁约米贩前来贩米。在崇祯八年三月下发的告示中,吴世济做出如下规定:各集买卖粮食的"斗户",以

① 吴应箕:《楼山堂集》卷 13《与田令公论乡中粜谷事书》,载氏撰,章建文点校:《吴应箕文集》,黄山书社 2017 年版,第 223—225 页。

② 杨循吉:《苏州府纂修识略》卷 1《政事》上《赈济》,载氏著,蔡彬点校:《杨循吉集》,上海古籍出版社 2013 年版,第 640 页。

③ 吴世济:《太和县御寇始末》卷下《善后储积》,浙江人民出版社 1983 年版,第 94 页。

④ 吴世济:《太和县御寇始末》卷下《禁定米价》,第 96 页。

及那些家中有粮的富户人家,不得私自把粮食卖给外来买米之船。① 这显然是通过禁止本地粮食外销,以平抑粮食价格。

（三）有关物价的争论

明代官方平抑物价的政策措施,大多采用强行平抑物价的简单之法,其中自然是利弊参半。这就引发了官员、士大夫针对物价的诸多争论。其中争论的焦点,主要集聚于以下两点。

其一,在平抑物价之时,在“强之使贱”与“自然而贱”两种方式的选择上,究竟哪种更为有效?与官方大多采取“强之使贱”的方法不同,很多官员、士大夫则建议采用“自然而贱”这种方式。

以湖广的盐价为例,当地所用之盐,主要来自两淮盐场,价格昂贵,每小包盐的价格高达银子 1 钱左右,最高者可达 2—3 钱。其后,经过袁世振整顿疏理之后,湖广盐价得以下降,“淮盐至楚,七分犹卖不上”,亦即每小包的价格降至不到 7 分银子,盐价降幅达 42. 8%—328. 5%。袁世振平抑盐价的方式,就是在“强之使贱”与“自然而贱”这两种方式上,采取“自然而贱”这种平抑盐价的方式。在他看来,假如“强之使贱”,不但起不到平抑盐价的效果,反而会成为“征贵之囮”。这显然有事实依据。如地方官员为了平抑盐价,曾采取强行勒卖的方式,将盐价下调到每小包 5 分银子,其结果则造成“水商亏本,裹足鱼散”,最后导致盐价转而上升到每小包 2—3 钱。袁世振的疏理平贱之法,则是采取行之有效的方法,使盐价得以自然下降。至于采取的具体措施,还是从源头上加以解决,主要有下面三项:一是通过减轻余银、引价,以及减少征解、掣挚等浪费,使“内商”的成本得以下降,那么内商的下家“水商”的费用亦随之下降。“本轻而取息微”,盐价自然下降。二是对水商来说,“京掣”有期限,就不得不急于求售,一旦急于求售,盐价自然下降。三是采取“减斤增引”,将原本每引盐从 570 斤往下降,而引数则从原本的 5 单得以增加。当盐引数增加以后,盐自然“积于无用”,盐价随之下降。②

其二,在平抑粮价上,过去的地方官员大多采取拿出“库金”籴米,而后平价零卖的方法,借此平抑市面上的粮价。对此之法,顾起元却多有质疑。他从南京与西北地区粮价波动中,得以发现仓库积贮对于平抑粮价的积极意义。在西北

---

① 吴世济:《太和县御寇始末》卷下《禁约米贩》,第 104 页。

② 袁世振:《与白公祖》,《明经世文编》卷 477,第 6 册,第 5257—5258 页。

地区，一旦斗米数百钱，即会导致“嚼木皮、草根、砂石以为粻”这种惨状的出现。而在南京，即使谷价翔贵，价格高达每石 2 两银子，但通常用不了多久，米价就“渐平”。究其原因，就是因为南京仓储之谷丰富，且来自江西、湖广的粮食很多。一旦仓储不发，再加之江西、湖广也是荒年，米客不至，才会导致南京谷价骤踊，人情嗷嗷。正是基于这样的事实，顾起元认为平抑粮价之法，若是官方出库金粜米，平价零卖，终究所粜有限，所卖亦有尽。不仅如此，召买之人，富家因担心赔累而不敢承担，致使愿意出身领银买米之人，多为空乏之人，银一入其手，不免有花销与迁延，或拖欠及掺和之弊。与其如此，还不如将所储仓粮酌量发放一二个月，那么“城中顿有十余万米流布地上，米价自平”。①

其三，崇祯四年（1631），吴应箕曾撰有《江南平物价议》一篇，从徽州、池州的实际情况出发，在物价思想上提出了诸多符合实际且不乏创新性的见解，其理论价值无疑需要加以重新审视。在这篇文章中，吴应箕讨论了如下几个问题，且提出了自己平抑物价的主张：一是明末江南物价上涨的大势。吴应箕所谓的江南，其意是指大江以南。在整个江南地区，确乎可以称为“盐米鱼肉之区薮”，不仅生息甚蕃，而且转输甚便。如此好的地理条件，在人口不增、年岁不歉、商贾不缺的情势下，所到之处，从米、盐，到蔬菜，还是“无物不贵”，甚至物价上涨高达数倍。官府屡禁物价上涨，但物价反而更加昂贵，百姓越发困穷。这一现实问题，迫使吴应箕对其作出深层次的思考，进而提出解决之道。二是商品价值与价格的区分及其关系问题。吴应箕有言：“物之贵贱以值，而价之高下以时。”价值决定了商品的贵贱，而价格的高下，则由“时”决定。进而言之，在商品价值不变的条件下，其价格则因“四时”甚至“朝夕”而高低不同。三是指出强行平抑物价的危害。吴应箕认为，假若“不因时以计值”，强行下发禁令以平抑物价，就会适得其反，其结果则是：地方官府禁止高价，反而物价更加上涨；地方官府原本为了“便民”，反而造成“困民”。换言之，一旦强行平抑物价，就会导致“商贾负贩之流”因无利可图而罢业，随之而来者，则是货物不再流通。货物不流通，则导致供应短缺，再加之百姓的需求愈急，那么物价随之愈高。四是提出具体的平抑物价之法。吴应箕认为，假若想真正平抑物价，最佳之法就是设立“市平”。譬如在城郭之内，选择一位公正有德的耆老，且一向被士民信服之人，出任“市平”；在乡落之间，凡是 10 里或 20 里之内，也选择一人出任“市平”。出任市平一职之人，不但要考虑到他们是“近市之人”，习知商品的贵贱；也要考虑到他们为人

① 顾起元：《客座赘语》卷 2《议粜》，中华书局 1997 年版，第 56 页。

公正无私，这样才可以“取平”物价。设立市平之后，一旦商品转运而至，就可以根据商品运输路途的远近，商人本钱、利润的多少，或者商品是当地所产，而后“估物论价”，确定商品的最终价格。设立市平之后，那么物之时贵时贱，价之时增时减，市平都有权“以意裁之”，最终使买卖双方“取平”，甚至商民两便。五是指出“经纪”与“市平”的差异。在设立市平之前，市场交易中早已存在着“经纪”，但最终并未使物价平抑，有时反而导致物价高涨。为此，吴应箕以徽州、池州的米、盐、鱼、肉价格为例，说明行户经纪在物价上涨过程中，实则起到了推波助澜的作用。究其原因，还是因为经纪与市平的职责不同：经纪本身就是商人，他们可以起到沟通商品交易的作用，使商品不再壅滞，并从中取利。但不良经纪受利益的驱动，往往为了追求高额利润，促使物价更加上涨。而市平则不同，他们专为“便民”而设，目的在于“平其不平”，平抑市场物价。①

其四，吴应箕作为一个在乡的士人，在物价思想与平抑物价措施上有此前瞻性的设想，不仅值得肯定，而且对当时的地方官员产生了不小的影响。崇祯五年（1632），山永巡抚杨嗣昌提出了“市法”的设想，是否受到吴应箕之说的影响尚不可遽下论断，但两者思想上存在着关联性，则毫无疑义。杨嗣昌所谓“市法”，具体之法则是“立百货之官，管山海之利”。换言之，就是官府直接参与商业经营活动，借此平抑市场物价，进而增加国库收入。杨嗣昌的“市法”设想，就是利用清查所属“绝地”，将其变卖所得的 6500 两银子作为“市本”，用来购买煤、米。煤、米既是民生日用之资，又是腾涌不常之物，通过“计本计息”，使之“生生不已”。至于具体的操作之法，则分为两步：一是乘此秋收，从关内外以平价收买各色杂粮，建大囤储备粮食，专门委派官员负责；二是不时收购煤，使之“聚之如山”。等到市价少高，再不时卖出，那么本钱可以还原贷之赀，利息可以供给“诸需之费”。② 究其实，就是仿照常平仓之法，利用国家力量的参与，既谋取利益，又平抑物价。

（四）时估：官方的定价权

毫无疑问，物货或商品的价值，通常会“高下不一”。为此，明代各级官府与民间百姓进行交易时，其中官府所需各色物货的采购价，则大多采用“随时估

① 吴应箕：《楼山堂集》卷 12《江南平物价议》，《吴应箕文集》，第 206—208 页。

② 毕自严：《度支奏议》，《新饷司》卷 34《覆山永巡抚绝产价充市本疏》《查核关抚市本经运疏》，第 4 册，第 577—578 页。

计”的方法。这种“随时估计”的价格，即称“时估”。所谓“时估”，正如明代史料所云：“夫物有贵贱，则价有低昂，此时估之法，所以防冒滥也。”①这就是说，明代官方通过“时估”这种方法，借此掌握物货的定价权，以期防止价格“冒滥”。

综合明代的史料记载，大致可知明代的“时估”价格，包含以下几项内容。

其一，时估价格制度的出现，显然是为了纠正唐宋以来官府“和雇”“和买”扰民的弊端。为此，洪武二年（1369），明太祖朱元璋下令，凡是官司缺用之物，在向客商采买过程中，必须采用两种原则：一是公平交易，即“照依时值对物，两平收买”，不许“减驳价值”；二是及时支付客商货款，亦即“随即给价”，不许“不即给价”。

其二，确立官府采买物货的“时估”制度。所谓时估价格，其实就是官府采买物货的收购价。这一官府定价制度，其要义就在于官府与民间百姓交易时，所定采买价格，必须是参照市场价格而得出的一个“两平”价格，既不能高抬物价，也不得少估物价，以致“亏官损民”。

其三，“时估”价格的估定时间，在明初洪武二年（1369）时，已经定为每月的初旬，即每月一次估价，“依时开报”。自嘉靖三十一年（1552）开始，改为每半年一次估价，上半年不超过正月，下半年不超过七月。

其四，官府所需采买之物，其采买职责的承担者，在洪武年间仅笼统称为客商；至宣德八年（1433），则由“听差殷实大户”承担，由他们按照时估价格，从出产地方收买供用；至正统二年（1437），则完全改由该行的铺户承担，由他们收买送纳。

其五，南北两京采买物货时估价格，一般又称“京估”。至于地方上的十三布政司及南北直隶所属之地，在遇到会派年例钱粮时，其中的价格则必须以“京估”为准。

自嘉靖三十一年（1552）之后，官府采买物货的价格拟定，从“时估”转而变为“会估”。“时估”价格的拟定，大致是由州县官员每月一报，上报给上司衙门。而“会估”价格的制定，则需要会同各个衙门官员，共同对已经“时估”的价格加以检视。若是原先“时估”的价格与市场价相合，则不必更易价格。但若其间物料“时有贵贱，价有低昂”，究竟应增应减，则务必酌量时宜，重新定价。至于会估价格的时间，也从“时估”价格的每月一次，转而改为每半年一次，上半年不超过正月，下半年不超过七月，务必“依期照例会估”。至万历九年（1581），会估价

① 沈榜：《宛署杂记》卷13《铺行》，北京古籍出版社1982年版，第104页。

格开始趋于简单化，亦即由官员会同客商，共同会估价格。其价格的确定，仅仅参酌往年、今日的旧册，“量加增减”。且著为定规，规定以后若是物价只要不大相悬绝，就“不得再行会估”。①

二、官方定价

明代官府与民间的物货交易，乃至官方的赋税征收，无不存在着一个对物货的定价问题。在交易、征收过程中，官方的定价既是一种采买价格，又是一种折色价格。在制定价格政策时，官方尽可能使定价符合实在的市场价格，以使物货价格在官民之间取得一种平衡，但在实际执行过程中，官方定价不仅难以起到平抑物价的作用，反而使客商、铺行、殷实户乃至普通民众遭受价格不公的实际损害。

（一）时估价格

明代官府所用物料，大多采用一种时估价格。这种时估价显然存在着一些问题。明代官方时估价格政策的实施，原本采用一种每月定价一次的办法，随时定其价值，借此保证时估价格与市场价格相符，但在实际的执行过程，官方的估价并未能做到每月一估。

隆庆四年（1570），户部在条议中刻意强调“恤商”，究其原因，就是时估价格与市场价格开始脱离，有时甚至令客商亏损。换言之，市场上诸如粮食、盐一类的物货，其价格通常是“与时低昂”，而时估的价格则多为“先期估计”，再加之商人在承担召买之事时，又必须“因时办纳”，时估价、市场价与办纳者三者之间的脱节，势必导致物货“贵贱无凭”。② 按照正常公平交易的准则，理所当然必须遵守“料必称价，价必依时”，官府在召买物料之时，却并非完全遵循这一基本交易准则。以南京工部所需物料的采买来说，正如李廷机所言，通常按照原本的惯例而加以定价，亦即所谓的“检旧以定价”，根本不考虑物料有美恶之分，时估有低昂之别。③ 其结果，则势必导致前人一时草率所定的估价，成为其后数十百年的

---

① 申时行等修：《明会典》卷 37《户部》24《课程》6《时估》，第 270—271 页；龙文彬：《明会要》卷 57《食货》5《市易》，下册，中华书局 1998 年版，第 1102 页。

② 龙文彬：《明会要》卷 57《食货》5《市易》，下册，第 1104 页。

③ 李廷机著，于英丽点校：《李文节集》卷 27《杂著》（一）《摄工愚见》，下册，商务印书馆 2019 年版，第 623 页。

弊蠹。

时估价格一旦游离于市场价格,结果则会导致两种情况的出现。

一是时估价格高于市场价。如陕西咸阳县出产的羔皮,按照过去时估的价格,一般1张大羔皮值银2—2.5分,1张小羔皮值银1.5—2分。羔皮大小不等,平均以每张值银2分估算价格。[①] 在市场上,民间出卖羔皮时,每张不过价银0.5分。[②] 稍加测算,羔皮的时估价格高出市场价格300%。以杭州府所解上供生绢为例,官估价格也明显高于市场价格。按照官估的价格,1匹宽幅且长的生绢,大致为价银1两多。但自太监当政之后,他们在市场上采买的上供生绢,往往以次充好,高的采买价仅为1匹5钱银子,低的更是1匹不过8分银子而已。[③]

物料采买的时估价格高于市场价,其结果必然导致官府亏损,肥了把持采买官吏的私囊。这一点毫无疑问。但实际的情形或许更为复杂,有时即使时估价高出市场价,商人也未必愿意承担采买之职。即以甘肃籴买米、料豆为例,官府发官银籴买料豆,兰州出的时估价为9升料豆,出银1钱,召商买办时,出1钱银子,只须商人上纳8升料豆。即使如此,商人也不愿承担。[④]

二是时估价格低于市场价。以光禄寺所用厨料为例,原本属于公用之物,通常实行召商上纳之制。按照制度规定,照例由宛平、大兴二县,逐月开具时估价格,然后上报光禄寺。至于具体召商办纳价格的确定,则必须"备访市价",最后由科道官及光禄寺堂上官"会同参伍,酌中两平定拟",以使不致"亏官损民"。制度设计看似完备,实则在执行过程中弊窦丛生。随着北京物价的腾贵,科道官在时估召商物料价格时,通常采取一种过为撙节之法,不敢在市场价上有所添加,唯恐"上亏官价,下招物议"。时估价格的过分压低,其结果则造成行户"利或得一二,而资本已亏其八九"。[⑤] 即使铺行行户在向各衙门交纳钱粮时不再有"一切无名使费",但因为行户所得"正价"过低,且兼物料转输时"不无耗费",最后导致行户在承担召买物料之后,并无赢余,甚至"赔累之苦,在所不免"。[⑥]

---

① 杨一清:《督府稿·与甘肃巡抚寇都宪》,载氏撰,唐景绅、谢玉杰点校:《杨一清集》,下册,中华书局2001年版,第1091页。

② 杨一清:《关中奏议全集》卷6《为分理诬枉事》,《杨一清集》,上册,第199、201页。

③ 王畿著,阎锡海文点校:《樗全集》卷1《杭州府节省生绢议》,商务印书馆2019年版,第13页。

④ 杨一清:《督府稿·与甘肃巡抚寇都宪》,《杨一清集》,下册,第1091页。

⑤ 梁材:《议勘光禄寺钱粮疏》,《明经世文编》卷102,第2册,第909—911页。

⑥ 沈榜:《宛署杂记》卷13《铺行》,北京古籍出版社1982年版,第104页。

商人承揽官府物料的召买，他们若想获得合理的利润，必须得到三个方面的保障：一是时估价格公平，甚至适当高于市场价；二是有部分脚费的添加；三是在交纳过程中，并无来自官员、胥吏的盘剥与勒索。事实并非如此。商人在承揽召买物料时，因为各种弊端的存在，很难达到“射利”的目的，甚至成为一种额外的负担。官府所定召买时估价偏低，更使客商亏损严重。如万历四十七年(1619)，吴甡任山东潍县知县。当时要求登州、莱州各府、县向辽东海运米豆。有些州、县利于耗银，先向百姓征收银两，又报送大户，让他们去市场上籴米，最后导致“一时米价腾贵，大户苦赔累，至倾家者”。①

在明代末年，召买已成为一种苦差。当然，是否真是如此，则有待于做出更为深入的理性分析。在明末的官员中，对于召买也存在着两种不同的看法：

一种看法认为，“召买非苦”。如崇祯四年(1631)七月初六日，广东道试监察御史宋贤在题疏中，就曾做过一番深入的分析。他认为，召商办纳米豆，所给的时估价格，大致为米价每石1两银，豆价每石5钱5分银子。这一时估价格，看似低于市场价格，但商人在解纳米豆时，官府只用津斗收解，这种津斗比市斗小十分之二，所以这算下来，商人“已自不亏”。②

这显然关乎米豆量器的不一。在明末，斗有津斗、市斗、仓斗之分，不同的量器，折合的米豆价格就不一，导致价格体系的混乱。如崇祯四年(1631)十一月，在永平镇地方，市场上的米豆价格大致为：按仓斗计算，米价每石1两5钱6分，折合市斗，每石2.6—2.7两；按仓斗计算，豆价每石7钱，折合市斗，每石1.4—1.5两。就在当月，据卢龙县知县张煊申称，他根据斗级贾应坤的回报，十一月初八日卢龙县集市上的粟米，每市斗1斗，时价为钱170文，折合银2钱4分，即1石价银2.4两；若是改用仓斗，则折合每石价银1.56两。③

以上列数字作为统计分析的依据，大致可以推算出商人召买米豆是否亏损。官方给出的召买时估米豆价格，为米每石1两银子，豆每石5钱5分银子。当时米豆的市价，米每石2.6—2.7两，豆每石1.4—1.5两。即使以津斗比市斗小20%计算，亦即召买时估价格尚可提高20%，那么实际的召买价格，为米每石价银1.2两，豆每石价银0.66两。显然，官方米豆的召买价格，远远低于市场价

① 吴甡著，秦晖点校：《忆记》卷1，浙江古籍出版社1989年版，第390页。

② 毕自严：《度支奏议》，《新饷司》卷23《覆宋台臣条陈召买并法马利弊疏》，第3册，第667页。

③ 毕自严：《度支奏议》，《新饷司》卷26《覆东协监视议移山海米豆济永疏》，第4册，第117—118页。

格,势必造成商人的亏损。这一测算结果,大致可以推翻宋贤之说。当然,米豆价格往往波动不一,其间牵涉到两个因素:一是当秋天收获之时,米价低廉,每米1石,不过价银7—8钱而已,而当青黄不接之时,米价又会上涨到1两银之多;① 二是又与商人买取米豆的地方有关,产地相对便宜,但在解纳时又需付出不菲的脚价。所以,即使考虑到这些因素,商人召买米豆面临亏损的局面仍然很难避免。

另一种看法认为,召买米豆以"给边",已经成为一种"厉民"之政。崇祯十七年(1644)二月,蒋德璟在上疏中,北直隶、山东、河南三地召买米豆100万石,专门供给山海关、宁远、遵化、密云四镇,一向由各处富户充任召买之役,导致这些富户"赔累困苦,不可胜言"。尤其是要求将米豆运至天津交纳,中间既有车辆、驴骡一类的运输之费,又要遭到衙役勒索使用之费,导致"穷民卖妻鬻子,销肌糜骨,有宁死而无悔者"。② 除此之外,在召买米豆的过程中,州、县衙门发下的价银,通常多有"短少",结果导致承担召买的客商、富户"赔累甚多"。③ 正是鉴于召买给民间客商、富户乃至普通百姓造成诸多危害,所以在崇祯四年(1631)九月,督饷御史吴焕建议,将米豆召买改成"官为独任",即官买官解,由此缓解客商、富户的压力。④ 此议经户部上奏,得到崇祯帝的同意

更为值得关注的是,在召买物料的时估价格与支付官员的折价之间,存在着一个明显的差价。如根据工部召买柴、炭的价估规则,木柴的照估价格,通常为每1万斤给银12.5两,折合每100斤给银给银1钱2分5厘;木炭的照估价格,通常为每1万斤给银41两,折合每100斤给银4钱1分。而在支付给内阁及六科衙门官员的折价时,则为木柴每100斤折银1钱6分,木炭每100斤折银4钱8分。⑤ 可见,每100斤木柴与木炭,在召买价与官员折色价之间,分别有3分5厘与7分的差价。换言之,明代的各种官方定价政策的本质,是厚待于官员,苛刻于承担召买之职的客商。

---

① 毕自严:《度支奏议》,《新饷司》卷24《覆津抚条议召买兼征米豆钱粮兼收银钱疏》,第4册。

② 蒋德璟著,粘良图点校:《悫书》卷12《回奏蠲免召买拟谕揭帖》,商务印书馆2018年版,第122页。

③ 蒋德璟著,粘良图点校:《悫书》卷12《请蠲召买揭帖》,第123页。

④ 毕自严:《度支奏议》,《新饷司》卷24《覆饷院条议召买官买官解疏》,第4册,第41页。

⑤ 何士晋撰,江牧校注:《工部厂库须知》卷12《柴炭台基厂》,第380页。

（二）会估价格

物货的会估价格，实则官府所定的召买时估价格，因其在拟定时估价格时，需要各种相关衙门会同商定，故又称“会估价格”。

官府会估物货价格，其法至详，且可起到“示划一而杜纷争”的效果。但其间也有不少可议之处。即以工部厂库所需木料来说，同样一种木料的会估价格，其实并非按照市场价格而公平确定，而是采用一种“比附”之法，即“前者可以比附，后者亦可比附”。一旦会估价格出自一种成案的时估价，而不是当下市场的具体价格，那么在“规则无定”的情形下，必然导致“价值混淆”。再加之具体负责其事官员、胥吏的舞文作弊，上下其手，那么所谓的会估价格，显然离市场价相去甚远。①

买办各项物料，其价值的确定必然依赖于各衙门的会估，且会估价格，必须“与时低昂”，亦即按照变动无常的市场价而有所变化。时估价格，通常是每月一估。至嘉靖三十一年（1552），确定半年一次会估价格。其后，又变为一年一次会估价格。但至万历三十七年（1609）之后，会估价格趋于废弛，导致官府所需物料的采买，其价格难免限于“偏肥”或“偏枯”的尴尬境地，最终导致“官商两碍”。为此，工部重新议定，要求工部厂库所需物料的召买，两年一次会估价格，由工部与科道官共同确定会估价格，以“上下公平”为确立会估价格的准则。②

隆庆三年（1569）下令，由商人召买草束、料豆，由科道官与户部共同商定会估价格。至于会估价格的确定，以每年十月秋成之后，“草豆价值俱平”之时，作为会估价格的参考价。③ 可见，草豆会估价格的确定，相当于当时市面上的平价。

（三）折纳价格

在明代的物价体系中，尚存在着一种折纳价格。这种折纳价格，既是赋税钱粮征收时的折色价，又是赏赐京卫军士绵布时的折色价。这两种折色价，既部分参考了“时价”，亦即参酌了市场价格，且又与市场价格存在着一定的差异。

洪武十八年（1385）下令，两浙及京畿官田，凡是折收税粮时，米 1 石，折钞 5

① 何士晋撰，江牧校注：《工部厂库须知》卷 12《柴炭台基厂》，第 381 页。

② 何士晋撰，江牧校注：《工部厂库须知》卷 3《营缮司》，第 100 页。

③ 申时行等修：《明会典》卷 24《户部》12《草料》，第 178 页。

贯;绢 1 匹,折米 1.2 石;米 10 石,折金 1 两,亦即米 1 石,折金 1 钱;米 2 石,折银 1 两,亦即米 1 石,折银 5 钱;绵布 1 匹,折米 1 石;苎布 1 匹,折米 7 斗;夏税中的农桑丝,每 18 两,折绢 1 匹,重 16 两。根据这一折纳价格标准,可以进一步得出以下折算价格:绢 1 匹,折银 6 钱;绵布 1 匹,折银 5 钱;苎布 1 匹,折银 3 钱 5 分;农桑丝 1 两,折银 3 分 3 厘。至于金银的比价,则为 1∶5,亦即 1 两黄金折银 5 两。

洪武三十年(1397),重新更定折纳价格,米 1 石,折钞 3 贯 500 文;米 20 石,折金 1 两,亦即米 1 石,折金 0.5 钱;米 4 石,折银 1 两,亦即米 1 石,折银 0.25 两;绵花 1 斤,折米 2 斗。根据这一重定的折纳价格标准,则又可得出如下推算结论:一是提高了宝钞的比价,从米 1 石,折钞 5 贯,降为折钞 3 贯 500 文;二是提高了黄金的比价,从米 1 石,折金 1 钱,降为折金 0.5 钱;三是提高了白银的比价,从米 1 石,折银 0.5 两,降为折银 0.25 两;四是确定绵花的折色价,即绵花 1 斤,折银 5 分。

永乐十一年(1413)下令,各处折征粮食价格,米 30 石,折金 1 两,亦即米 1 石,折金 0.33 钱余;阔白绵布 1 匹,折米 1 石 5 斗,亦即折银 7 钱 5 分。这一折征价格,可以得出以下推算价格:一是普通绵布与阔白绵布,两者在折纳价上存在着差异。在洪武十八年(1385),绵布 1 匹,折银 5 钱;永乐十一年,阔白绵布 1 匹,折银 7 钱 5 分。显然,每匹阔白绵布,比普通绵布折价高出 2 钱 5 分。二是若与洪武十八年所定折纳价格相较,黄金的折色价有所上涨。

宣德四年(1429)下令,应天、苏州、松江及浙江属县,连年拖欠的税粮,转而改为折征。其折纳价格为,绢 1 匹,折米 1 石 2 斗,亦即折银 6 钱;绵布 1 匹,折米 1 石,亦即折银 5 钱;丝 1 斤,折米 1 石,亦即折银 5 钱;米 1 石,折钞 50 贯;苎布 1 匹,折米 7 斗,亦即折银 3 钱 5 分;绵花 1 斤,折米 2 斗,亦即折银 1 钱。若与洪武十八年(1385)的折纳价格相比,大致可以得出如下结论:绢,折纳价保持不变;绵布,折纳价格保持不变;丝 1 斤,从折银 5 钱 2 分 8 厘,降为折银 5 钱;米 1 石,从折钞 5 贯,上升为折钞 50 贯;苎布,折纳价格保持不变。至于绵花折价,确定于洪武三十年,为绵花 1 斤,折银 5 分,至宣德四年上升为折银 1 钱。

宣德五年(1430)下令,自宣德三年以前拖欠的税粮,以十分为率,三分折布,三分折绢,四分折钞。至于布、绢,不拘长阔,按照时价折收。可见,朝廷所定赋税折纳价,大致以布、绢的市场"时价"为准。

天顺二年(1458)题准,湖广实征秋粮 58 万石,其中的 20 万石,每石折收阔白绵布 1 匹。按照永乐十一年(1413)所定阔白绵布折价计算,即每石折银 7 钱

5 分。那么,从秋粮米每石折银 5 钱,转而变为每石折银 7 钱 5 分,秋粮米折价的上涨率为 50%。换言之,百姓因为秋粮折征银子,实际多付了 50%的粮税。

成化十年(1474)下令,浙江严州府建德等县,夏税农桑二绢,每匹折纳银 6 钱。绢的折纳价,与洪武十八年(1385)所定折纳价保持不变。

弘治六年(1493)题准,山西平阳府、泽、潞、辽、沁四州所属,因为转输颇艰,减征价银,每米、麦 1 石,折银 7 钱;豆 1 石,折银 5 钱;草 1 束,折银 4 分。洪武十八年(1385)所定折纳价中,无豆、草的折色价。以米而论,则从米 1 石折银 5 钱,变为折银 7 钱,米的折纳价上涨了 40%。

正德十五年(1520)奏准,海门县坍江田土,该纳夏税,小麦每石折银 3 钱,大麦每石折银 1 钱 5 分,秋粮米每石折银 4 钱。弘治六年(1493)麦的折色价,为每石折银 7 钱,并未说明小麦、大麦。就麦的折色价而论,无法与弘治六年相比较,但就总体趋势看,麦的折色价呈下降之势。至于米,从洪武十八年(1385)的每石折银 5 钱,降为每石折银 4 钱,下降率为 20%。

嘉靖十六年(1537)题准,此后直隶、山东、山西、河南等处,原先派纳万全都司、宣府等 21 个卫所,以及万亿库、隆庆卫仓、涿州库、德州常盈库的折银布匹,按照每匹折银 3 钱折征。此处所言布匹,未明指绵布、苎布。若是绵布,则从洪武十八年(1385)每匹折银 5 钱,降为每匹折银 3 钱,下降了 40%;若是苎布,则从洪武十八年每匹折银 3 钱 5 分,降为每匹折银 3 钱,大约下降了 14%。

嘉靖二十三年(1544)议准,山西大同、平阳等府的税粮,鉴于过去征银多寡不均,其后一律定为每石征银 1 两;其中不系代府禄粮的州、县,每石量加银 1—2 分,达到每石折银 1. 1—1. 2 两。若与洪武十八年(1385)的折纳价相比,一则从每石折银 5 钱,上升为每石折银 1 两,粮食折纳价的上升率达 100%;二则从每石折银 5 钱,上升为每石折银 1. 1—1. 2 两,粮食折纳价的上升率达 120%—140%。

嘉靖三十二年(1553)议准,河南、山东额运蓟州仓的漕粮,共计 24 万石,除去 6 万石照旧征收本色外,原征收折色的 4 万石,每石折银 6 钱。其余 14 万石,查照先年题准的改折则例,其中 10 万石,每石折银 8 钱;4 万石,每石折银 9 钱。① 这三种折纳价,若与洪武十八年(1385)相较,则分别上升了 20%、60%、80%。

明代的税粮折纳价格,尚可以从另外一些史料记载中得到部分的印证与补充。洪武二十六年(1393),专门制定了各处折纳布绢则例,大致如下:丝 20 两

① 以上所引,均见申时行等修:《明会典》卷 29《户部》16《征收》,第 216—218 页。

或18两，折绢1匹，其中绢长3丈2尺，阔2尺；白绵布1匹，长3丈2尺，阔1尺8寸，重3斤。①

正统元年（1436）下令，浙江、江西、湖广三个布政司，以及直隶苏州、松江等府县，该起运南京的粮米，若愿意交纳折色，可以折纳布、绢、银两。广东、广西、福建三个布政司，其中的折色税粮、布匹，若愿纳银两，具体的折银标准为米、麦1石，折银2钱5分，解送京城，折给军官俸粮。与通常米、麦1石折银5钱相比，这一钱粮折纳价，几乎下降了100%。一方面，通过米麦折纳银两，无疑减轻了三个布政司百姓交纳赋税的负担；另一方面，又与广东、广西、福建远离京城，实物米麦交纳不便，进而鼓励折纳银两有关。正统七年下令，南直隶各府、州、县，夏税农桑、绢、帛，若愿交纳折色，每1匹折银5钱，解送京城，作为军官的俸粮。正统八年下令，广东、福建二个布政司，查勘各处仓储所积之粮，扣除常存本处官军所需俸粮三年、沿海卫官军所需俸粮五年，余剩的仓粮，每米1石，折银2钱5分，解送京城，发给各边折给俸粮，或作为籴粮备用。米的折纳价格，大致与正统元年所定保持不变。

景泰五年（1454）下令，山东折征起运京库的绵花，每10斤，折准米1石，亦即1斤绵花折米1斗，折银2钱5分。与洪武三十年（1397）所定绵花1斤折米2斗相较，绵花折纳价格上涨了100%。

弘治十七年（1504）下令，苏州、松江、常州三府交纳的阔白绵布，以十分为率，除了十分之六仍解纳本色之外，暂时将十分之四折纳银两，每1匹折银3钱5分，解送户部，且由户部转发太仓收贮。如果遇到官员折俸，及赏赐军士冬衣不敷，照例每1匹折给钱2钱5分。这基本可以说明以下两点：一是朝廷通过阔白绵布的折银，一进一出，从中每1匹即可赚取1钱的差价利润，差价利润率高达28.5%；二是若与永乐十一年（1413）所定阔白绵布1匹折银7钱5分相较，阔白绵布的折纳价格下降了53.3%。

弘治十八年（1505）议准，河南、山东、北直隶起运北京仓储的小麦，每1石加上脚耗，征银7钱；大麦，每1石加上脚耗，征银4钱。从前引史料可知，正德十五年（1520）小麦每1石折银3钱，大麦每1石折银1钱5分。假若小麦、大麦的基本折纳价格保持不变，那么即可算出每石小麦、大麦的脚耗银分别为4钱与2钱5分，小麦、大麦的脚耗银分占折纳价格的42.8%与70%。

正德四年（1509）奏准，山东济南府新城县，原先起运紫荆关新城仓，及原坐

① 申时行等修：《明会典》卷30《户部》17《库藏》1《内府库》，第221页。

德州仓,改拨京仓的各种粟米,每1石折银9钱。与洪武十八年(1385)所定米1石折银5钱相较,米的折纳价格上涨了44.4%。

嘉靖十三年(1534)题准,河南起运派剩各马房的仓粟米、黑豆,每1石折5钱。① 与正德四年粟米折纳价格相较,则又下降了44.4%,恢复到洪武十八年的折纳价格。

马匹所需草料的征收则例,早在洪武三年(1370)即已确定,大致为应天、宁国等靠近京师的六府,凡是重租田,则每顷输草16束,轻租田则加倍输草,即每顷输草32束。池州、安庆等远离京师的16个府,凡是重租田,每顷输草18包,每包重15斤,轻租田则加倍输草,即每顷输草36包。② 此条记载证实,征收马草的计量单位,有束、包两种,其中每包为15斤,但每束的重量则缺载。

马草折纳,始于宣德七年(1432),当时下令顺天府霸州、东安等州县,凡是拖欠的草束,每束折纳钞5贯,上交本处官库收贮备用。正统七年(1442)奏准,南直隶各府起运的马草,若是愿意交纳价银,则每束纳银3分,解部送太仓银库收贮。用草之时,再召商上纳,照时价支给。正统八年下令,山东布政司官征收马草,除定拟起运京场的本色马草外,存留本处备用的马草,每束折米5升,前往用粮处交纳。正统十年下令,应天、苏州、松江等府、州起运马草数内,可以折色米豆,量为存留本处备用。至于本色起运户部交纳的马草,每束折银3分。北直隶真定府、州起运的马草内,每束折钞1锭类解。景泰五年(1454)下令,浙江嘉兴、湖州与应天、直隶府、州应输马草,原本交纳折色者,照例征银解京。其存留马草之数,每包或每束折米、豆5升。万历十二年(1584)题准,顺天府坝上等仓共草79061束,每束原折银3分5厘,一并减去5厘,定为每束折银3分。此外,太仓银库草278584束,每束原本折银3分5厘,也量减1分,定为每束折银2分5厘。③ 草束的折银价格,至此基本确定。

盐钞折纳价格,初定于洪武二十四年(1391),当时下令,扬州府泰州的灶户,按照温州、台州、处州三府之例,支食官盐,折纳钞贯。每引200斤,折米4石;每米1石,折钞2贯500文。按此稍加推算,即盐每引200斤,折钞10贯,亦即盐每斤折钞50文。永乐二年(1404),正式确立盐钞折纳价格分为三类:第一类是两京官吏人等及各处官民的户口食盐,每年大口纳钞12贯,支盐12斤;小

① 申时行等修:《明会典》卷28《户部》15《会计》4《京粮》,第206—207页。

② 申时行等修:《明会典》卷29《户部》16《征收》,第219页。

③ 申时行等修:《明会典》卷29《户部》16《征收》,第219页。

口纳钞6贯,支盐6斤。可见,供应此类人的食盐折钞价为每斤1贯。第二类是“市民”食盐,每引纳钞200贯,以每引200斤计算,盐钞的折纳价也是每斤1贯。第三类是“乡民”食盐,每引纳米5石,每石折钞100贯,即每引折钞500贯,亦即每斤折钞2贯500文。[①] 相较之下,“乡民”食盐的折钞价明显高于前两类人群。

至于绵布、苎布、绵花绒、生绢的折纳价格,尚可以南京京卫军士赏赐绵布的折价加以补充。正德十年(1515)题准,南京户部将列年收贮湖广、江西并徽州府的绵布、苎布,折收银两,以便赏赐军士冬衣、布花。每绵布1匹,折银3钱;苎布1匹,折银2钱;绵花绒1斤,折银5分。嘉靖三十七年(1558)议准,生绢1匹,折银5钱;苎布1匹,折银1钱5分;绵布及中白绵布,折价照旧。[②] 可见,从正德十年到嘉靖三十七年,苎布的折价,从1匹折银2钱,降为1匹折银1钱5分,折价下降了25%。

(四)贡品价格

在明代,宫中所用物品,很多来自地方的上贡。这种贡品的价格,无疑已经偏离了价值,导致大大高于市价。

以潮州的贡葛为例,若按织造成本计算,其中贡葛细沙,每两价格不过8分银子,若是织成葛布,每匹价格最多1.7两银子而已。即使贡缎、贡罗,也不过每匹数量银子。但摊派给潮州的贡葛价格,则高达每匹3.2两。即使如此,当地的机户仍“嗷嗷称累”。究其原因,如此高的派纳价格,并未都落入机户的腰包,而是遭受官府、吏书、门皂的层层盘剥。[③]

以宝坻县上贡的银鱼为例,甚至1尾的价格高达“几百缗”。在明代,宝坻县所产银鱼,为京城所珍,北方人称之为“面条鱼”。为此,宝坻县专门设有银鱼厂,届期太监下厂,督捕进贡。银鱼价格随之升高,导致这一贡品成为当地百姓的沉重负担,故有诗云:“不惜微膏终润镬,独怜瘠骨重劳民。年年数罟洿池下,一尾知偿几百缗?”[④]

以宁夏上贡的红花为例,宁夏两镇每年进贡的干红花大致为2000余斤,按照北京市场的售卖价格,实则不过数百两银子而已。但为了上贡这些红花,当地

① 申时行等修:《明会典》卷41《户部》28《经费》2《官民户口盐钞》,第291页。

② 申时行等修:《明会典》卷42《户部》29《南京户部·赏赐》,第307页。

③ 林熙春:《贡葛议》,载冯奉初辑,吴二持点校:《潮州耆旧集》卷30《林尚书城南书庄集(二)》,暨南大学出版社2016年版,第425页。

④ 蒋一葵:《长安客话》卷6《畿辅杂记·宝坻银鱼》,北京古籍出版社2001年版,第137页。

的投入价值,则远远超出这一价格。根据史料记载,专门种植进贡红花的土地,有360亩,由空闲余丁100名负责播种,浇灌水利。立夏之际,又拨付冬操余丁190名负责薅鉏。至六月终,花蕊开绽,一时急不能摘,怕被雨水日色淋晒不便,除了原先种花余丁100名之外,又派余丁790名,次第采摘,大约费时20余日。每年采过鲜花,要经过洗、晒等工序,大致鲜花5斤8两,做成干花1斤。当进贡之时,宁夏距离北京达4000里,中间又要起拨车辆、人夫,甚至还要"骚扰驿递"。① 可见,所费人力、物力,远远超出进贡花红的价值。

(五)抚赏物估价

明朝廷抚赏四夷,所需物品甚多。这些抚赏物品的价格,大多需要由户部官员会同牙行人等共同验估。即使如此,验估之后的抚赏物价格,通常仍与市场价格存在着差异,需要在后来的会估中对价格加以修正。

崇祯四年(1631)十二月,宣府一镇所需抚赏物品,在货物价格的估定时,户部曾会集崇文门的牙行人等"公同验估"。其验估价格与原价相比,价格相符及其差距大致如下。

蟒缎1匹,原价银8两5钱,经会估,价格为6两,每匹减少价银2两5钱,下降了29.4%;白绫1匹,原价银9钱,经会估,价格为5钱,每匹减少价银4钱,下降了44.4%;红绢1匹,原价银4钱7分,经会估,价格为2钱,每匹减少价银2钱7分,下降了57.4%;样缎1匹,原价银8钱,经会估,价格为5钱,每匹减少价银3钱,下降了37.5%;貂鼠1个,原价银1两2钱,经会估,价格为6钱,每个减少价银6钱,下降了50%;鼠皮1件,原价银9钱9分6厘,经会估,价格为3钱,每件减少价银6钱9分6厘,下降了69.8%;中缎1匹,原价银4钱,经会估,价格为3钱,每匹减少价银1钱,下降了25%。②

从上可知,此次抚赏物品,多为服饰面料,经过重新会估,其价格下降的幅度,最低为25%,最高为69.8%,平均降幅为44.785%。

这次估价,与物货的实际价值尚有一些差距,故后来重新加以校正。经过校正以后的估价为:蟒段1匹,颜色尚鲜,原价银8两5钱,先前估价为6两,经过再三审视,与先前的估价无异。不过,据牙行人的估计,这6两估价,若是到市场

---

① 杨一清:《关中奏议全集》卷8《为乞恩停免进贡红花以恤边兵事》,《杨一清集》,上册,第271—272页。

② 毕自严:《度支奏议》,《堂稿》卷19《初估宣镇抚赏货物疏》,第2册,第182页。

上采买，应该难以买到。白绫1匹，秤丝计重7两5钱，原价银9钱，先前估价5钱，重估的实价为4钱，每匹减少价银1钱，又下降了20%。据牙行人的估价，若是新白绫1匹，价格应该值6钱。红绢1匹，秤丝计重3两，原价银4钱7分，先前估价2钱，重估的实价为1钱5分，每匹减少价银5分，又下降了25%。据牙行人的估计，若是新的红绢，每匹应该值银3钱。样缎1匹，秤丝计重12两，原价银8钱，先前估价为5钱，重估的实价为4钱，每匹减少价银1钱，又下降了20%。据牙行人的估计，若是新的样缎，每匹值银6钱。中缎1匹，秤丝计重8两，原价银4钱，先前估价3钱，重估的实价为2钱5分，每匹减少价银5分，又下降了16.6%。据牙行人的估计，若是新的中缎，每匹值银4钱。貂鼠1个，原价银1两2钱，先前估价为6钱，考虑到已经破碎补凑，重估的实价为4钱，每个减少价银2钱，又下降了33.3%。据牙行人的估计，若是新整的貂鼠，每个应该值银1两2钱。鼠皮1件，系水獭，原价银9钱9分6厘，先前估价3钱，重估的实价为2钱5分，每件减少价银5分，又下降了16.6%。据牙行人的估计，若是上好且新的水獭皮，每件值银7钱。①

崇祯五年(1632)三月，山西一镇所需抚赏物品，在货物价格的估定时，户部曾会集崇文门的牙行人等"公同验估"。其验估价格与原价相比，价格相符及其差距大致如下。

头号蟒缎1匹，大红色，长4丈，阔1尺7寸，原价银9两5钱5厘，经会估，价格与原价相符；头号南京蟒缎1匹，玄色，长4丈，阔2尺，原价银9两6钱，经会估，价格为银8两6钱，每匹减少价银1两，即下降了10.4%；头号蟒缎1匹，木红色，长3丈5尺，阔1尺8寸，原价银7两4钱9分8厘，经会估，价格为银6两4钱9分8厘，每匹减少价银1两，即下降了13.3%；头号蟒缎1匹，木红色，长3丈2尺，阔1尺8寸，原价银3两9钱7分2厘9毫8丝，经会估，价格为3两3钱，每匹减少价银6钱7分2厘9毫8丝，即下降16.9%；遍地金缎1匹，木红色，长3丈，阔1尺6寸，原价银1两7钱3分4毫，经会估，价格为1两5钱，每匹减少价银2钱3分4毫，即下降了13.3%；金缎1匹，天青色，长3丈，阔1尺8寸，原价银2两1钱9分4厘9毫7丝，经会估，价格为1两8钱，每匹减少价银3钱9分4厘9毫7丝，即下降了17.9%；上缎1匹，木红色，长2丈7尺，阔1尺7寸，原价银1两4钱1分7厘5毫5丝，经会估，价格为1两3钱，每匹减少价银1钱1分7厘5毫5丝，即下降了8.2%；中缎1匹，木红色，长2丈5

① 毕自严：《度支奏议》，《堂稿》卷19《再估宣镇抚赏货物疏》，第2册，第194页。

尺,阔1尺6寸,原价银7钱9分2厘8毫1丝,经会估,价格为6钱5分,每匹减少价银1钱4分2厘8毫1丝,即下降了18%;小缎1匹,木红色,长1丈8尺,阔1尺8寸,原价银4钱1分1厘3毫,经会估,价格为4钱,每匹减少价银1分1厘3毫,即下降了2.7%;妆花女衣1件,质地为红遍地金袄缎,长2丈7尺,阔1尺7寸,原价银1两3钱2分1厘6毫,经会估,价格为1两2钱,每件减少价银1钱2分1厘6毫,即下降了9.2%;妆花绿裙,六幅,阔1尺7寸,原价银1两3钱2分1厘6毫,经会估,价格为1两3钱,每件减少价银2分1厘6毫,即下降了1.6%;头号水獭皮1张,原价银8钱8分,经会估,价格为5钱,每张减少价银3钱8分,即下降了43.1%;二号水獭皮1张,原价7钱8分,京会估,价格为4钱5分,每张减少价银3钱3分,即下降了42.3%;三号水獭皮1张,原价5钱1分2毫,经会估,价格为3钱5分,每张减少价银1钱6分2毫,即下降了31.3%。①

从上可知,此次抚赏物品,多为服饰面料与服装,经过重新会估,除去价格与原价相符者不论,其价格下降的幅度,最低为1.6%,最高为43.1%,平均降幅为17.553%。

崇祯五年(1632)三月,就大同镇的抚赏物,户部又重新加以会估,其验估价格与原价相比,价格相符及其差距大致如下。

官绿蟒缎1匹,长4丈,阔1尺8寸,原价银12两,经会估,价格为11两,每匹减少价银2两,即下降了16.6%;木红苏金缎1匹,长3丈,阔2尺,原价银1两7钱,经会估,价格为1两3钱,每匹减少价银4钱,即下降了23.5%;木红苏州织金女袍1匹,长3丈5尺,阔2尺,原银4两,经会估,价格为3两5钱,每匹减少价银5钱,即下降了12.5%;木红钱羽缎1匹,长3丈,阔1尺8寸,原价银1两3钱,经会估,价格为1两1钱,每匹减少价银2钱,即下降了15.3%;遍地金抹绒妆花袄1匹,长2丈8尺,阔1尺7寸,原价银2两2钱,经会估,价格与原价相符;遍地金抹绒妆花女裙1匹,计六幅,原价银2两2钱,经会估,价格与原价相符;大红金钱羽缎1匹,长3丈,阔1尺8寸,原价银2两,经会估,价格与原价相符;木红上兼缎1匹,长3丈,阔2尺,原价银2两,经会估,价格为1两8钱,每匹减少价银2钱,即下降了10%;木红二兼缎1匹,长3丈,阔2尺,原价银1两9钱,经会估,价格为1两7钱,每匹减少价银2钱,即下降了10.5%;木红次官缎1匹,长2丈,阔1尺6寸,原价银9钱4分,经会估,价格为6钱,每匹减

① 毕自严:《度支奏议》,《堂稿》卷20《会估山西抚赏货物疏》,第2册,第220—221页。

少价银3钱4分，即下降了36.1%；白绫1匹，长2丈，阔1尺7寸，原价银1两3钱3分，经会估，价格为8钱，每匹减少价银5钱3分，即下降了39.8%；木红遍地金粉缎1匹，长2丈5尺，阔1尺6寸，原价银1两6钱，经会估，价格与原价相符；木红真远缎1匹，长3丈，阔1尺7寸，原价银9钱，经会估，价格为8钱，每匹减少价银1钱，即下降了11.1%；木红粉缎1匹，长1丈8尺，阔1尺6寸，原价银5钱，经会估，价格为1钱5分，每匹减少价银3钱5分，即下降了70%；木红摺羽缎1匹，长3丈，阔1尺8寸，原价银2两，经会估，价格与原价相符；木红唐钱羽缎1匹，长3丈，阔1尺8寸，原价银两6钱，经会估，价格与原价相符；木红正次长头缎1匹，长3丈，阔1尺6寸，原价银1两2钱7分，经会估，价格为1两2钱，每匹减少价银7分，即下降了5.5%；红闪绿杂兼绒缎1匹，长3丈2尺，阔2尺，原价银2两，经会估，价格与原价相符；杂色缎1匹，长3丈2尺，阔1尺8寸，原价银1两8钱，经会估，价格为1两7钱，每匹减少价银1钱，即下降了5.5%；玄青金缎1匹，长3丈，阔1尺8寸，原价银3两3钱，经会估，价格为3两，每匹减少价银3钱，即下降了9%；木红二远缎1匹，长1丈8尺，阔1尺5寸，原价银7钱，经会估，价格为4钱，每匹减少价银3钱，即下降了42.8%；木红大潞绸1匹，长2丈5尺，阔1尺5寸，原价银1两6钱8分，经会估，价格与原价相符；木红中潞绸1匹，长1丈8尺，阔1尺3寸，原价银8钱4分，经会估，价格为7钱，每匹减少价银1钱4分，即下降了16.6%；上号蓝梭布1匹，长1丈8尺，阔1尺2寸，原价银1钱2分，经会估，价格与原价相符；红青梭布1匹，长1丈7尺，阔1尺，原价银1钱5分5厘，经会估，价格为1钱2分，每匹减少价银3分5厘，即下降了22.5%；乌青梭布1匹，长1丈7尺，阔1尺，原价银1钱1分5厘，经会估，价格为1钱，每匹减少价银1分5厘，即下降了13%；蓝梭布1匹，长1丈6尺，阔1尺，原价银1钱1分，经会估，价格为6分，每匹减少价银5分，即下降了45.4%；白梭布1匹，长1丈6尺，阔1尺，原价银1钱1分，经会估，价格为1钱，每匹减少价银1分，即下降了9%；桃红梭布1匹，长1丈6尺，阔9寸，原价银1钱6分，经会估，价格为1钱2分，每匹减少价银4分，即下降了25%；木红褐1匹，长3丈，阔1尺4寸，原价银6钱，经会估，价格与原价相符；茶叶1包，原价银8厘，经会估，价格与原价相符；杂色丝线1斤，原价8钱，且秤只有10两，经会估，此10两丝线价格为2钱8分，如1斤则估价5钱，每斤丝线减少价银3钱，下降了37.5%；曲沃布1匹，长2丈，阔9寸，原价银1钱，经会估，价格为6分，每匹减少价银4分，下降了40%；羊皮金1张，原价银4分，经会估，价格与原价相符；虎皮1张，原价2两，毛、金爪俱无，经会估，价格为1两5钱，每张减少价银 5 钱，即下降了 25%；豹皮 1 张，原价银 2 两，毛已脱落，经会估，价格为 4 钱，每张减少价银 1 两 6 钱，即下降了 80%；顶号水獭皮 1 张，原价 9 钱 9 分，经会估，价格为 4 钱 5 分，每张减少价银 5 钱 4 分，即下降了 54. 5%；头号水獭皮 1 张，原价银 9 钱 5 分，经会估，价格为 4 钱 5 分，每张较少价银 5 钱，即下降了 52. 6%；二号水獭皮 1 张，原价银 8 钱 5 分，经会估，价格为 2 钱 5 分，每张减少价银 6 钱，下降了 70. 5%；次二号水獭皮 1 张，原价 7 钱 6 分，经会估，价格为 2 钱 5 分，每张减少价银 5 钱 1 分，下降了 67. 1%；黄号水獭皮 1 张，原价银 5 钱，经会估，价格为 6 分，每张减少价银 4 钱 4 分，下降了 88%；狐皮 1 张，原价银 2 钱 9 分，经会估，价格为 2 钱，每张减少价银 9 分，下降了 31%。①

从上可知，此次抚赏物品，多为服饰面料与服装，经过重新会估，除去价格与原价相符者不论，其价格下降的幅度，最低为 5. 5%，最高为 88%，平均降幅为 32. 863%。

通观明代抚赏物品的会估价格，大体可以发现以下两个问题：一是会估价格与市场销售价格存在着差异；二是在会估价格时，或会估价格与原价相符，或会估价格明显低于原先的估价。至于其中的原因，明人毕自严已经一语道出："大抵货质之失真，总由出入之多弊，在委官领价之时，既先居为奇货，及验收给散之际，又阴饰其侵欺，狐鼠因缘为奸。"②可见，掌管抚赏物品的官员、胥吏，通过"货质之失真"，或者物品价格之虚高，从中谋取私利。

三、市场分类价格

在明代，凡是民间使用且在市场销售的物品，可以分为不同的种类。就其使用性质而言，物品可以分为生产资料与生活资料两大类。从总体趋势来看，生活资料的价格，取决于生产资料的价格。但并非全然如此。影响物品价格的因素很多，有时甚至一时风行的时尚，也会导致价格的上涨。

（一）生产资料价格

按生产与经营性质不同，明代的生产资料大抵可以分为两大部分：一是农业

① 毕自严：《度支奏议》，《堂稿》卷 20《会估大同抚赏货物疏》，第 2 册，第 222—225 页。

② 毕自严：《度支奏议》，《堂稿》卷 20《会估大同抚赏货物疏》，第 2 册，第 222 页。

生产所需的土地,二是工业生产所需的各种原料。

1. 土地价格

土地既是农业生产必需的资料,又是土地占有者收入的主要来源,田产的多少通常决定了家庭财富的丰薄。在明代,因受各种因素的影响,土地价格一直处于波动之中。进而言之,明代的田土价格,不但呈现出一种区域差异。

田土价格的高低,除了受到时代、区域等因素制约外,尚关乎田土的品质。换言之,田土有水田、陆田之分,价格也就不一。若以这两种田土的最低价为例,按照丘濬的说法,水田当以扬州府"最贱",而陆田则以颍州、寿州"为轻"。① 这就是说,在明代中期,扬州、颍州、寿州三地的田土价格,应该属于最为低廉。

从田土价格的区域差异来看,有些区域的土地价格较高,而有些区域的土地价格则较低。若以土地价格较高区域为例,当数浙江兰溪、龙游两县的价格最为踊贵。根据记载,这两县上好之田,每亩值银 70—80 两;稍次之田,每亩值银 30—40 两;最劣之田,也每亩值银 10 两。② 若以土地价格较低区域为例,则河南杞县堪称其例。据史料记载,隆庆五年(1571),河南杞县 12 顷土地,仅值 1000 余两银子。③ 稍加换算,每亩土地的价格值银 0.83 两多。若以浙江兰溪、龙游两县的土地价格,与河南杞县的土地价格相比较,土地价格的差距率分为三等,即浙江兰溪、龙游两县的土地价格,分别高出河南杞县约 8334%—9539%、3514%—4719%、1105%,亦即最高高出 83 倍多,最低也高出 11 倍多。

即使同属一个区域,田价的差别亦不小。以同一省内不同的府为例,田土价格无疑存在着差异。如广东省内广州府属番禺县与钦州,上、中、下三等的田价分别为:番禺上等田土每亩的价格为 11—12 两,钦州则仅值 2.4 两;番禺上等田土每亩的价格为 7—8 两,钦州则仅值 2 两;番禺下等田土每亩的价格为 4—5 两,钦州则仅不到 1.5 两。④ 由此可见,广州府属番禺县各等田土的价格,分别高出钦州约 358%—400%、250%—300%、167%—233%。以同一府内的县为例,田土价格也存在着差异。如崇祯年间,松江府青浦县、华亭县的上好之田,每亩

① 丘濬:《屯田》,《明经世文编》卷 72,第 1 册,第 609 页。

② 王士性:《广志绎》卷 4《江南诸省》,中华书局 1081 年版,第 75 页。

③ 高拱:《掌铨题稿》卷 12《议加致仕佥事陈乙服色疏》,载高拱著,岳金西、岳天雷编校:《高拱全集》,上册,中州古籍出版社 2006 年版,第 261 页。

④ 林希元撰,何丙仲校注:《林次崖先生文集》卷 11《钦州驿传议》,下册,厦门大学出版社 2015 年版,第 449 页。

值银10余两；而上海县的上好之田，则每亩仅值银3—5两而已。[①] 可见，青浦、华亭两县的田价高出上海县约100%—233%，亦即高出1—2倍多。以同一县内为例，城内与城外的土地价格也存在差异。如潮州府潮阳县，城中土地，每亩值银数百两；而城外土地，每亩仅值银数两。[②] 可见，城内的土地价格比城外高出百倍。

就明代田土价格的总体趋势而言，应该说呈现一种逐渐上涨之势。明代中期，丘濬曾有言："今承平日久，生齿日繁，天下田价，比诸国初，加数十倍。"[③]可见，田土价格上涨的前提，理应是"承平日久"。从明初至明代中期，田土价格大致上涨了数十倍。当然，丘濬之说仅仅是一种笼统的说法，并不一定精确，但基本可以证明田价的上涨趋势。至于田土价格的具体上涨数字，则可以万历年间福建安溪县为例加以说明。万历十四年（1586），福建晋江人李廷机曾出银子300余两，买田在安溪设立义田，收租"以栳计者三百"。[④] 至万历二十八年，仅仅相隔14年，因为"田少缙绅多"，导致田价上涨。同样是300余两银子，所买之田的田租，仅仅只有以前的三分之二。[⑤] 若以亩收租不变为考察的前提，收租减少三分之一，实则证明在这14年中，安溪县的田价上涨了三分之一。

当然，明代的田土价格常常会因为社会动乱或赋役加重，而变得波动不一，甚至导致田土价格的下降。如嘉靖年间，因为受到倭寇的骚扰，江南的田价下降很大，一般出米12石，即可购得良田6亩，即每亩良田的价格仅值米2石，[⑥]折合成平价银为1两银子。赋税、徭役对田价的影响也甚大。如徽州府的田地价格，原先相当昂贵，每亩值银20—30两；但随后由于赋税、徭役日重，田地价格骤然下降，每亩不过值银5—6两，即使如此便宜，也并无买主。[⑦] 田价的下降率达300%—500%与233%—400%。温州府的田价也下降明显。早在弘治年间，1亩田可值10两银子。至万历以后，"民间贵金而贱田宅，至半价而莫售"。[⑧] 可见，田价下降了一半以上。

---

① 叶梦珠：《阅世编》卷1《田产》1，上海古籍出版社1981年版，第22—23页。

② 萧端蒙：《条陈远方民瘼六事疏》，《潮州耆旧集》卷15《萧御史同野集（二）》，第195页。

③ 丘濬：《屯田》，《明经世文编》卷72，第1册，第609页。

④ 李廷机著，于英丽点校：《李文节集》卷26《浮桥李氏义田记》，下册，第599页。

⑤ 李廷机著，于英丽点校：《李文节集》卷26《李氏义田续记》，下册，第600页。

⑥ 徐献忠：《与总督梅林胡公》，《明经世文编》卷268，第4册，第2837页。

⑦ 俞弁：《山樵暇语》卷8，载《涵芬楼秘笈》，商务印书馆民国间影印本。

⑧ 侯一麟撰，蔡克骄点校：《龙门集》卷9《郡风俗志》，上海社会科学院出版社2006年版，第156页。

饶有趣味的是，从已有的资料来看，田土价格的最低点并非出现在明末的崇祯年间，反而是在万历初年。如崇祯十五年(1642)，吴某有祖遗田604亩，当时每亩值银4—5两。追溯其田买入的时间，则在六七十年前，大概是万历初年，购入价仅每亩值银0.8两。这应该是明代历史上最为便宜的田价。[①] 这种低廉的田价，在明代或许是一种特例，但在动乱年间，确乎是田价下降的一种总体趋势。清初顺治年间，战乱不断，社会不得安宁，当时的田价就极其低廉。如唐甄卖田40亩，仅得银60余两，折合每亩值银1.5两。这也是相当低廉的价格。[②] 顺治年间最低的田价出现在许州，当地的民田，每亩的价格甚至不到0.1两银子。[③]

当然，就明代田土价格的上涨或下降趋势而言，其间颇为复杂，且与社会变动关系密切。以徽州府田价为例，正如有的研究者所言，田土价格显然已经成为徽商资本流动的风向标。通过系统分析不难发现，明代徽州田价既不呈倒U形，也不呈直线增长，而是呈N形增长。这显然是徽商资本在嘉靖“严肃海禁”后大量从土地流向盐业、典业，又在万历商业环境恶化后持续回流土地的结果。[④]

2. 燃料价格

在明代，诸如煤、柴、炭之类的燃料，既是一种生产资料，又是民间生活的必需资料，其价格波动，显然也值得关注。

(1)煤价

对于像北京这样的明代大城市而言，最关乎民生的有二，即“米为上，煤次之”。崇祯二年(1629)十一月初十日，户部尚书毕自严在上疏中，称北京城因为煤炭“素无预积”，一旦城门昼闭，交易不通，其结果势必导致“百万烟灶”，无从举火。[⑤] 换言之，北京城内的军民，“俱各赖煤以炊”。其中素封之家，煤炭多有积蓄，尚无匮乏之忧；但对“屡空之民”来说，本来就朝不谋夕，更无隔宿之储。一旦“虏骑入犯”，城门关闭，势必导致煤价大涨，甚至百姓“伐木拆户，视薪如

---

① 邓之诚：《骨董琐记》卷1《田价》，北京出版社1999年版，第3页。

② 邓之诚：《骨董琐记》卷1《田价》，第3页。

③ 谈迁：《北游录》，《纪邮》下，中华书局1997年版，第95页。

④ 参见周生春、明旭：《明代徽州田价发覆》，《浙江大学学报(人文社会科学版)》2011年第3期。

⑤ 毕自严：《度支奏议》，《堂稿》卷8《议收煤炭以资防守疏》，第1册，第328页。

桂”。①

限于资料匮乏的原因,尚无煤的具体价格记录。但通过多方钩沉,对明末北京日常所用煤的价格,大致可以得到一个推算的价格。明人沈榜留下了两则间接关于煤价的记载:一则是北直隶巡按御史所用之燃料,煤一驮,炭二篓,共计价银3钱;另一则记载是京畿道所用之燃料,煤一驮,炭四篓,共计价银4钱。② 有一则史料记载显示,刑部所用木炭20篓,共计价银1两,③那么可以折算出木炭每篓的价格为5分银子。以此为计算的基准,那么可以测算出,明末北京煤一驮的价格,当为值银2钱。

(2)柴草价格

明代内府所用木柴,大多采用额办、召买的方式,其额办或召买价格较为容易考知。嘉靖四十年(1561),据杨博的奏疏可知,后军都督府所属在京武成中等18个卫,在外保定左等68个卫,每年额办提供给内府惜薪司的柴共计230万斤,每斤价银4厘。④

至万历年间,内府所需木柴的价格记载更为丰富。如内官监所用木柴共计230万斤,每1万斤计价银18.5两,折合每斤价银1.85厘。⑤ 与前述杨博的记载相较,内府所用木柴价格下降了约116%。可见,内府所用木柴的召买价格,其中的水分很大。即使是万历年间,各衙门所用木柴的召买价格,也大多不一。如内库召买木柴的价格,为每万斤用银15两,⑥即每斤价银1.5厘;御马监召买的木柴,为每万斤用银24两,即每斤价银2.4厘;织染局召买的木柴,为每万斤用银25两,即每斤价银2.5厘;西舍饭店,济贫煮粥所用的木柴,为每万斤用银18两,即每斤价银1.8厘;坝上大马房所用的木柴,每万斤用银18两,即每斤价银1.8厘;内官监成造细草纸所用木柴,为每万斤用银18.5两,即每斤价银1.85厘。至于惜薪司召买之柴,分为内柴与外柴两种。其中内柴,每万斤用银40两,即每斤价银4厘;外柴,每万斤用银35两,即每斤价银3.5厘。此外,还有杨木长柴,每万斤用银104两,即每斤价银10.4厘。⑦ 由此可见,内府所用木柴的召

---

① 毕自严:《度支奏议》,《堂稿》卷11《覆兵科题请买煤疏》,第1册,第483—484页。

② 沈榜:《宛署杂记》卷15《经费》下,北京古籍出版社1982年版,第148页。

③ 沈榜:《宛署杂记》卷15《经费》下,第147页。

④ 杨博:《杨襄毅公本兵疏议》卷8《覆成国公朱希忠议处柴炭商人疏》,载氏撰,张志江点校:《杨博奏疏集》,中册,上海古籍出版社2018年版,第727—728页。

⑤ 何士晋撰,江牧校注:《工部厂库须知》卷3《营缮司》,第72—73页。

⑥ 何士晋撰,江牧校注:《工部厂库须知》卷6《虞衡司》,第174页。

⑦ 何士晋撰,江牧校注:《工部厂库须知》卷12《屯田司》,第356—358页。

买价格，最高者为每斤价银 10.4 厘，最低者为每斤价银 1.5 厘，平均价格为每斤价银约 3.31 厘，最高价比最低价高出 593%。

至于民间所用柴的价格，可引下面两则数字加以比较说明。早在正德初年，南京的柴薪价格尚较为便宜，如大的河柴，1 两银子可买将近 30 担，粗略匡算一下，每担河柴，值银 0.033 两银子左右。① 到了明代末年，江南松江府柴的价格，大约是 1 担共计 100 斤，值新米 1 斗，折合银子在 0.06—0.1 两银子之间，②明显高出正德初年南京的价格，大约高出 81.8%—203%。

此外，芦苇、秫秸、蒲草、稻草，均可以作为燃料使用。嘉靖四十年（1561），据杨博奏疏所记，内府惜薪司所用芦苇的价格，有两个数字记载：一是每斤价银 5 厘，二是每束价银 2 钱 3 分。可见，芦苇每束折合 46 斤。至万历年间，内府芦苇的召买价，为每 100 斤用银 1 钱 7 分，即每斤 1 厘 7 毫。③ 内府惜薪司所用秫秸的价格，每束价银 1 钱 8 分，折合每斤价银约 3 厘 9 毫 1 丝。④ 万历年间，内府所用蒲草，每 100 斤用银 3 钱，即每斤价银 3 厘；内府所用稻草，每 100 斤用银 1.8 钱，即每斤价银 1.8 厘。⑤

（3）炭价

明代内府、外廷衙门所用木炭，大抵来自两个途径：一是由专门的炭厂烧制，二是由地方召买。

明代皇家所用木炭，先是由专门的炭厂烧制，并于天顺元年（1457）十二月设置于易州，史称“易州厂”。为了烧制木炭，在炭厂中服役的百姓，“岁以万计，车马辏集，财货山积”，甚至“举八府五州数十县之财力，屯聚于兹”，专门用来供应内府所需木炭。⑥ 可见，内府所需木炭，确乎不惜工本价格。

即使如此，内府所需木炭尚为不足，故又开始采用召买的形式，从民间购买。此外，外廷官府所需木炭，同样采用召买的形式购置。下面以万历年间为例，对内府、外廷各衙门所需木炭价格加以考察。

以内府为例，无论是设坛秋祭，还是朝日坛春分祭祀，所需烧香木炭，均为每

---

① 周晖：《金陵琐事剩录》卷 4，转引自谢国桢选编、牛建强校勘：《明代社会经济史料选编》，下册，福建人民出版社 2004 年版，第 96 页。

② 叶梦珠：《阅世编》卷 7《食货》6，第 158 页。

③ 何士晋撰，江牧校注：《工部厂库须知》卷 3《营缮司》，第 72—73 页。

④ 杨博：《杨襄毅公本兵疏议》卷 8《覆成国公朱希忠议处柴炭商人疏》，《杨博奏疏集》，中册，第 727—728 页。

⑤ 何士晋撰，江牧校注：《工部厂库须知》卷 3《营缮司》，第 72—73 页。

⑥ 黄光昇：《昭代典则》卷 17，第 480 页。

50 斤,用银 3 钱,即每斤价银 6 厘;工部祭祀旗纛,所需柳柴炭 1 斤 8 两,用银 6 分,即每斤价银 3 分。① 可见柳柴炭的价格,明显高于普通烧香所需木炭,价格甚至高出 400%。除此之外,万历年间内府及外廷衙门所需木炭,可考的价格大致如下:尚宝司所需木炭,由宛平县负担,共 150 斤,价银 6 钱 6 分,另外加上脚价 1 两 2 钱 5 分。若是不算脚价,折合每斤价银 4 厘 4 毫;若是算上脚价,折合每斤 1 分 2 厘。内中书科所需木炭,由宛平县承担,共计 750 斤,折价银 7 两 5 钱。② 这个价格应该包括脚价在内,折合每斤价银 1 分。内官监所用木炭包括两种:一种是水和炭,共计 10 万斤,每万斤价银 17 两 5 钱,折合每斤价银 1 厘 7 毫 5 丝;木炭 13 万斤,每万斤价银 42 两,折合每斤价银 4 厘 2 毫。③ 内府所用柳柴炭,每百斤价银 8 钱 5 分,折合每斤价银 8 厘 5 毫。④ 内府所用白炭,每万斤价银 49 两,折合每斤价银 4 厘 9 毫。⑤ 银作局打造所需木炭,每万斤价银 50 两,折合每斤价银 5 厘。织染局所用木炭,每万斤价银 50 两,折合每斤价银 5 厘。惜薪司所用木炭,每万斤价银 75 两,折合每斤价银 7 厘 5 毫;惜薪司所用坚实白炭,每万斤价银 111.3 两,折合每斤价银 1 分 1 厘。翰林院所用木炭,每万斤价银 101 两,折合每斤价银 1.01 分。易州山厂长装木炭,每万斤价银 169 两,折合每斤价银 1 分 6 厘 9 毫。⑥ 刑部所用木炭,共计 20 篓,价银 1 两,折合每篓价银 5 分。⑦ 因不知木炭一篓的实际斤数,暂时无法折算出每斤的价银。中书科所用木炭,每年共计 710 斤,共计价银 7 两 5 钱,折合每斤价银约 1.05 分。⑧

通观上面所列内府与外廷衙门所用木炭,其价格最高者,当数工部祭祀旗纛所需柳柴炭,每斤价银 3 分;最低者属内官监所用水和炭,每斤价银 1 厘 7 毫 5 丝。若以已知炭价为计算的数字基础,木炭的平均价格为每斤价银 0.923 厘。

3. 金属材料价格

在明代官营手工业中,尤其是工部所属厂库,需要大量的钢、铁、铜、铅一类的金属材料。得益于现存《工部厂库须知》一书,对于这些金属材料的价格,大

① 沈榜:《宛署杂记》卷 14《经费》上,第 121 页。

② 沈榜:《宛署杂记》卷 15《经费》下,第 143 页。

③ 何士晋撰,江牧校注:《工部厂库须知》卷 3《营缮司》,第 72 页。

④ 何士晋撰,江牧校注:《工部厂库须知》卷 6《虞衡司》,第 176 页。

⑤ 何士晋撰,江牧校注:《工部厂库须知》卷 6《虞衡司》,第 179 页。

⑥ 何士晋撰,江牧校注:《工部厂库须知》卷 12《屯田司》,第 356—358 页。

⑦ 沈榜:《宛署杂记》卷 15《经费》下,第 147 页。

⑧ 沈榜:《宛署杂记》卷 15《经费》下,第 150 页。

致可以得到部分的考知。

钢分普通的钢与苏州钢两种，其中普通钢的价格，为每斤价银 3 分 6 厘 5 毫；[①]至于苏州钢，亦为每斤价银 3 分 6 厘 5 毫。[②] 大抵可以证明，钢的名称虽异，但价格则基本相同。

铁的种类颇多，既有生铁、熟铁之分，又有废铁、普通之铁的区别。至于各色铁的价格，大致为：生铁，每斤价银 6 厘；熟建铁，每斤价银 1 分 6 厘。[③] 可见，熟铁的价格，比生铁高出 166. 6%。普通之铁，为每百斤价银 1 两 6 钱，折合每斤 1 分 6 厘。[④] 由此可知，所谓的普通之铁，其价格与熟铁相同，或即指熟铁，亦未可知。废铁，每斤价银 3 分 2 厘。[⑤] 在铁的价格中，反以废铁价格最高，这很难令人理解。若加以进一步的解读，或许是因为明代缺铁的原因所致。

铜分二火黄铜与四火黄铜。所谓“二火”“四火”，大抵是指冶炼之后铜的纯度，“四火”之铜，纯度明显高于“二火”，因而价格上存在着差异。二火黄铜，每斤价银仅 8 分 1 厘；[⑥]而四火黄铜，则每斤价银高达 1 钱零 5 厘，[⑦]价格高出二火黄铜的 29. 6%。

铅有南铅，其价格为每斤价银 4 分 5 厘。[⑧]

锡分白锡、高锡、水锡，价格分别为：白锡，每斤价银 8 分；[⑨]高锡，每斤价银 8 分；[⑩]水锡，每斤价银 8 分。[⑪] 可见，三种锡名称虽异，但价格基本相同。

通观上述各色金属材料价格，以铜的价格为最高，且明显高于钢、铁，足证在明代社会中，铜依旧是一种贵金属，既可以作为一种货币，且又在民间生活中广泛使用。而钢、铁价格低于铜，说明明代工业仍然徘徊于传统手工业而停滞不前。

---

① 何士晋撰，江牧校注：《工部厂库须知》卷 8《盔甲王恭厂》，第 248 页。
② 何士晋撰，江牧校注：《工部厂库须知》卷 6《虞衡司》，第 160、166—167 页。
③ 何士晋撰，江牧校注：《工部厂库须知》卷 6《虞衡司》，第 160、166—167 页。
④ 何士晋撰，江牧校注：《工部厂库须知》卷 8《盔甲王恭厂》，第 248 页。
⑤ 何士晋撰，江牧校注：《工部厂库须知》卷 8《盔甲王恭厂》，第 233 页。
⑥ 何士晋撰，江牧校注：《工部厂库须知》卷 6《虞衡司》，第 175 页。
⑦ 何士晋撰，江牧校注：《工部厂库须知》卷 7《宝源局》，第 201 页。
⑧ 何士晋撰，江牧校注：《工部厂库须知》卷 6《虞衡司》，第 175 页。
⑨ 何士晋撰，江牧校注：《工部厂库须知》卷 6《虞衡司》，第 177 页。
⑩ 何士晋撰，江牧校注：《工部厂库须知》卷 8《盔甲王恭厂》，第 232 页。
⑪ 何士晋撰，江牧校注：《工部厂库须知》卷 7《宝源局》，第 201 页。

4. 建筑材料价格及建筑成本核算

明代的建筑成本核算，大致包括材料、用工的工价两项。限于现有资料，无论是建筑材料价格，还是用工的工价，只能从皇家与官方建筑修缮材料中得以考知，而相关民间建筑方面的资料则较为缺乏。

（1）建筑材料价格

无论是内官监成造或修理宫殿，还是工部修理仓库，无不需要诸多建筑材料，包括各种木料、竹子、砖、瓦、石、白灰、土坯等。

在建筑木料中，因为楠木、杉木采伐、运输较为艰难，所以属于珍贵木料，价格明显高于普通的柁木。两者的价格差异，一如明代史料所言："盖用一柁木，价不过数两与数十两，而用一楠木，非百、千，其价不止者。"①

皇家建筑所用楠木木料，其具体的价格史无明载。不过，诸如松木、杉木、榆木及其他散木的价格，则可以从史料中得以考知。以松木为例，若是黄松木，每根价银1两；松椽，每根价银2钱3分。② 以杉木为例，长1丈8尺，围4尺8寸，每根价银3两1钱；制作杉木连二板枋所需杉木，长1丈8尺5寸，围4尺8寸，照估五号，每根价银3两。以榆木为例，长1丈3尺，每根价银5钱3分。以散木为例，长1丈2尺，围3尺5寸，每根价银1两1钱5分。③ 可见，在松木、杉木、榆木、散木四种木料中，以杉木最贵，以榆木最为便宜。

皇家与官方仓库建筑所需竹子，竹有筀竹、猫竹之别，竹篾又分长节竹木篾、软竹篾。筀竹，每根价银8厘；猫竹，长2丈，围1尺1寸，每根价银9分。④ 在价格上，猫竹高于筀竹。长节竹木篾，每斤价银1分；软竹篾，每斤价银1分5厘。在价格上，软竹篾又高于长节竹木篾。

皇家及官府建筑所用之砖，如司礼监修理经厂时，所用的白城砖，每个价银2分9厘；斧刃砖，每个价银1分4厘5毫。⑤ 工部修理仓库时，所用的黑城砖，长1尺4寸5分，阔7寸，厚3寸5分，每个价银1分6厘；减角砖，长8寸5分，阔4寸5分，厚1寸5分，每百个价银2钱1分5厘，折合每个价银2厘1毫。⑥

---

① 何士晋撰，江牧校注：《工部厂库须知》卷3《营缮司》，第100页。
② 何士晋撰，江牧校注：《工部厂库须知》卷4《修仓厂》，第107页。
③ 何士晋撰，江牧校注：《工部厂库须知》卷3《营缮司》，第70—72页。
④ 何士晋撰，江牧校注：《工部厂库须知》卷3《营缮司》，第70—72页。
⑤ 何士晋撰，江牧校注：《工部厂库须知》卷3《营缮司》，第79—80页。
⑥ 何士晋撰，江牧校注：《工部厂库须知》卷4《修仓厂》，第108、111页。

在诸色建筑所用之砖中,以白城砖价格最高,减角砖价格最低。

工部修理仓库所用之瓦,分为筒瓦与勾头瓦两种。其中筒瓦,长 7 寸,阔 4 寸,每百个价银 1 钱 4 分,折合每个价银 1 厘 4 毫;勾头瓦,每 10 个价银 2 分,折合每个价银 2 厘。① 可见,勾头瓦的价格高于筒瓦。

工部修理仓库所用之石,从石径山开采、运输柱顶石 321 块,共计用银 49 两 2 钱 5 分 3 厘 8 毫,折合每块价银 1 钱 5 分 3 厘;廒门土亲石 24 块,共计用银 28 两 5 钱 1 分 2 厘,折合每块价银 1 两 1 钱 8 分 8 厘。若是加以细化,建筑所用之石,实则可以折方计算。譬如柱顶石,每个见方,从 1 尺 1 寸至 2 尺止,厚从 5 寸、6 寸至 8 寸止,折方计价的话,折合每立方尺价银 1 钱;廒门土亲石,长 1 丈 1 尺,阔从 1 尺 5 寸至 2 尺止,厚从 5 寸、6 寸至 8 寸止,折方计价的话,折合每立方尺价银 1 钱。②

皇家与官方建筑所用石灰,基本是先在马鞍山烧制,而后运入京城。石灰烧制、运输两项相加,其价格为每 100 斤价银 7 分 5 厘,折合每斤价银 7 毫 5 丝。③ 在石灰中,又可分为白灰、青灰两种:白灰,原本每 100 斤价银 1 钱 2 厘,万历三十七年(1609),经会估,增添价银 1 分 3 厘,为每 100 斤价银 1 钱 1 分 5 厘,折合每斤价银 1 厘 1 毫 5 丝。青灰,原本的价格为每 100 斤价银 6 分,经万历三十七年会估,增添价银 1 分,为每百斤 7 分,折合每斤价银 7 毫。④ 可见,白灰比青灰价格稍高。

此外,建筑工程还需要用到土坯、苘麻,价格如下:工部修理仓库时所用土坯,为每 100 个价银 5 分,折合每个价银 5 毫。⑤ 所用苘麻,折合每斤价银 1 分。⑥

(2)建筑成本核算

在明代,无论是建筑的建造,还是建筑的修缮,无不牵涉到建筑成本的核算。根据已有的资料,基本可以考知建筑成本的构成及其核算。

嘉靖末年,根据经略蓟州、保定二镇军务杨博的奏疏,大致可以考知建筑西

① 何士晋撰,江牧校注:《工部厂库须知》卷 4《修仓厂》,第 108、111 页。

② 何士晋撰,江牧校注:《工部厂库须知》卷 4《修仓厂》,第 108、111 页。

③ 何士晋撰,江牧校注:《工部厂库须知》卷 3《营缮司》,第 70—72 页。

④ 何士晋撰,江牧校注:《工部厂库须知》卷 4《修仓厂》《见工灰、石作》,第 108、111、121—122 页。

⑤ 何士晋撰,江牧校注:《工部厂库须知》卷 4《修仓厂》,第 108、111 页。

⑥ 何士晋撰,江牧校注:《工部厂库须知》卷 4《修仓厂》,第 107 页。

北边地堡城、护关城、横城等军事设施的成本。譬如一座堡城，周围 28 丈，底阔 1 丈 2 尺，高连垛口 1 丈 7 尺，收顶 7 尺；外加门楼 1 座，门 1 合，中间悬吊赚板 1 片；堡内墩台 1 座，周围 8 丈，高连垛口 2 丈 5 尺，房 1 间。如此一座堡城，其中所需建筑材料、工价等，其成本构成如下：堡城每丈需用挂木 240 根，石灰 200 斤，地钉木 160 根，顺水木 20 根。墩台每座需用挂木 1920 根，石灰 1 万斤，大小房木 43 根。夫、匠每工需付银 6 分，所用各工不等，加上房料价，共计需银 6189.6 两。

又添设河川西山横城一座，计周围 415 丈，底阔 1 丈，高连梁口 1 丈 5 尺。每丈需用挂木 240 根，石灰 2000 斤。墩 3 座，每座周围 8 丈，高连垛口 2 丈，墩房 1 间，共需用挂木 1920 根，石灰 1 万斤，大小房木 43 根。夫、匠每工需付银 6 分，所用各工不等，加上房料价，共计需银 5969.16 两。①

又据杨博的记载，隆庆年间，在西北边地建设敌台，每座敌台周围 12 丈，高连垛口 3 丈，下方块大石，高 5—7 尺，至 1 丈 5 尺止；上用砖砌，厚 4—5 尺，至 6—7 尺止。根据原来的估算，每座敌台的建造成本，为银 50 两。后因工费浩大，"量增至八十、九十、百两有差"。② 可见，一座敌台的建造成本，少则 80 两银子，多则 100 两银子。

边地敌台建筑相对简单，故建筑成本略显低廉。至于京城敌台，则因规制宏大，所费成本甚巨。天启元年（1621）六月，李之藻在上疏中，曾就京城修建敌台一座，所需木、石、砖、灰、瓦等料，以及夫、匠工价，作了颇为详细的估价，录如下：

一是砖。敌台一座，大约需用白城砖 452268 个，每个价银 2 分 4 厘，共计需银约 10854.432 两。这仅仅是城砖的价银，此外尚应包括运价。如西便门每个运价银 3 厘 5 毫，共计需银 1582.938 两；东便门每个运价 2 厘，共计需银 904.536 两。

二是白灰。共计需要白灰 5254404 斤。按照每 100 斤价银 1 钱 1 分 5 厘计算，共计需银 6042.5648 两。

三是各种石料。所用铳眼石、通光眼石、门关石、门匡石、天地盘石、地槛石、周围所用条石、地盘周围所用条石各项石料，共计 1336 丈零 9 寸。按照估算，每 1 尺 1 寸，准匠 1 工，共计需花费 12146 工。若按工匠每工价银 7 分计算，共计需

---

① 杨博：《杨襄毅公甘肃奏疏·经略潮河川地方以遏虏患疏》，《杨博奏疏集》，上册，第 53—54 页。

② 杨博：《杨襄毅公本兵奏疏》卷 21《覆蓟辽总督侍郎刘应节等敌台完工升赏疏》，《杨博奏疏集》，下册，第 1164 页。

银 850.22 两。再加上运价，即每尺石料需银 8 分，共计需要运价银 1068.872 两。开采、运输两项相加，共计需用银 1919.092 两。

四是各种木料。(1)楼阁栅木。共计 18 根，各径见方 1 尺。其中 2 根，各长 1 丈 6 尺，约用 1 号松柁木，长 2 丈 7 尺，围 4 尺，每根价银 3 两 9 钱，共用银 7 两 8 钱；其中 4 根，各长 2 丈 5 尺，约用 2 号松柁木，长 2 丈 5 尺，围 4 尺，每根价银 3 两 6 钱，共用银 14 两 4 钱；其中 4 根，各长 2 丈 3 尺，约用 6 号长梁木，长 2 丈 3 尺，围 4 尺 5 寸，每根价银 3 两 5 钱，共用银 14 两；其中 4 根，各长 2 丈，约用 2 号柁木，长 2 丈，围 5 尺，每根价银 3 两 2 钱 5 分，共用银 13 两；其中 4 根，各长 1 丈 7 尺，约用 5 号松柁木，长 1 丈 8 尺，围 4 尺 5 寸，每根价银 2 两 9 钱，共用银 11 两 6 钱。(2)楼板。共计 96 块，各长 8 尺，阔 1 尺 5 寸，厚 2 寸。约用 6 号柁木 9 根，每根长 1 丈 6 尺，围 5 尺，每根分作二截，每截锯板 6 块，按照估价每根银 2 两 6 钱 9 分计算，共用银 24 两 2 钱 1 分。楼梯下层长 2 丈，作二截，厚 6 寸，阔 1 尺，约用 2 号柁木 1 根，长 2 丈，围 5 尺，需银 3 两 2 钱 5 分。上层长 1 丈 5 尺，作二截，厚 6 寸，阔 1 尺，约用 6 号柁木 1 根，长 1 丈 6 尺，围 5 尺，需银 2 两 6 钱 9 分。楼梯板共 56 块，各阔 4 尺 4 寸，厚 2 寸，每步阔 1 尺，高 8 寸，其板各 28 片，约用散木 4 根，照 2 号算，长 1 丈 4 尺，围 4 尺 1 寸，每根分作三截，每截锯板 5 块，每根需用银 2 两 1 钱，共计用银 8 两 4 钱。以上木料，共计约用银 99.35 两，照例每两加 2 钱，共加银 19.87 两。(3)梯柱等项。共计用杉木 96 根，各长 1 丈，径 1 尺，如照买办算，约用平头木 32 根，每根长 3 丈，围 3 尺，每根分作三截，照估价每根银 3 两 6 钱，共需银 115.2 两。

五是夫、匠工价。各色工匠长工每工银 6 分，民夫长工每工银 4 分，夯夫每工银 7 分。各色工匠短工每工银 5 分 5 厘，民夫短工每工银 3 分 5 厘。①

李之藻所列建造一座敌台所需材料费用及民夫、工匠工价最为翔实。除去一座敌台建造所需实际工价没有列出之外，其他诸如砖、白灰、石料、木料及其城砖的运价等项相加，共计约需银 20633 两，或 19955 两。这两个数字的差异，在于城砖东便门、西便门两地的运价不同所致。

在明代，每年京城仓库的修理，大抵由工部负责。修理又分鼎新、因旧、为新等，费用多寡随之有异。譬如万历三十九年(1611)，修理京仓共用银 10275 两多；万历四十年，修理京仓共用银 10546 两多；万历四十一年，修理京仓共用银

① 李之藻撰，郑诚辑校：《李之藻集》卷 2《为敌台事手本》，中华书局 2018 年版，第 38—42 页。

8580两。[1] 因记载中无京仓修理的座数，故难以测出一座仓库每年的修理费用。

此外，《工部厂库须知》一书，又记录了京城重城、都城修理所用砖、灰及夫匠的规则。从这些规则中，大抵可以考知京城重城、都城修理所需费用。

一是修理重城1丈所需砖、灰及夫匠。每修重城阔1丈，计高45层，每层用砖7块，进深4层，共计用砖1260块。每砌砖1块，原先估计用灰3斤，那么共计需用灰3780斤。其后，重加估算，每砌砖1块，用灰2斤，实则共计需用灰2520斤。至于修重城阔1丈，所需工数，分为工匠、民夫两类：大致每砌砖1丈，需用3名瓦匠，约计5日完成，亦即共计用工15工。再按1名瓦匠配2名或3名民夫计算，那么需用民夫6名或9名，计用工30工或45工。由此可知修理重城1丈所需费用如下：砖价银（以白城砖计价），36.54两；灰价银，2.898两；匠价银，1.05两；民夫价银（按长工、短工计算），以用工30工计算，分别为1.5两或1.2两，以用工45工计算，为2.25两或1.8两。将砖价、灰价、匠价、民夫价四项合计，则每修理重城1丈，共需支出44.238两，或43.788两、43.938两、43.488两，大约在43—44两之间。

二是都城1丈，其修理费用大约等于重城4丈，经过换算，则共计约需银172—176两。[2]

（二）生活资料价格

生活资料包括日常生活必需品、奢侈品与文化生活用品三大类，其价格各有不同。下面照此分类，分别加以考述。

1. 日常生活必需品价格

对于明代普通平民百姓的生活来说，衣、食两者是维持生活的基本保证。从食的方面来说，日常生活所需，可以“开门七件事”加以概括，亦即柴、米、油、盐、酱、醋、茶。从衣的方面来说，就包括棉花、蚕丝以及以此为原料的纺织品的价格。按柴炭的属性来说，既可以是生产资料，又属于生活资料，因已置于生产资料中加以阐述，在此不赘。

（1）粮食与食品价格

在明代，粮食属于日常生活最必需的物品，主要包括米、麦、豆、粟等。

---

① 何士晋撰，江牧校注：《工部厂库须知》卷3《营缮司》，第79页。

② 何士晋撰，江牧校注：《工部厂库须知》卷4《都重城》，第106页。

已有的研究成果显示,明代每石皮粮(如南方的稻谷,北方的粟谷、高粱)的价格,在明初时大致为钱250—300文,明中后期为400文。① 这一价格数字,仅仅是就其大概而言,实则明代粮食价格的波动会更为复杂。究其原因,明代粮食价格受到以下两大因素的制约:一是地域性的价格差异,不仅丰腴之地与贫瘠之地的粮食价格存在着差异,而且南方产粮区与西北边地粮食需求区之间的粮食价格差异更为明显。二是年丰与年歉之时,粮食价格差异甚大。如河南陕州,当年丰之时,1石米的价格,大约仅需银4—5钱;至年歉之时,1石米的价格随之上涨至7—8钱。② 这种米价的波动,仅为66.6%,应该属于较为平稳的波动幅度。

究明代西北边地,一则因为耕地缺少,土地贫瘠,二则因为集中了大量的军兵,粮食需求增加,导致西北边地粮食极其紧缺,进而导致米价上涨。当然,至关重要的原因,还是因为边屯的败坏。早在洪武、永乐年间,明朝廷采取以盐利供边之法,盐商输粟2斗5升,或输小米4斗,即可支取盐一引。富商大贾因为有利可图,纷纷自出财力,在三边自招游民,自垦边地,自艺菽粟,以致"岁时屡丰,菽粟屡盈",粟多价贱。在天顺、成化年间,甘肃、宁夏边地,粟1石,仅值银2钱。至弘治年间,户部尚书叶淇变更其法,从输粟获引转而变为折银获引,导致商人"耕稼积粟无用",纷纷辍业而归。自此以后,边地荒芜,粮食价格随之腾涌,或"稻米一石,直银五两",或"粟石直银数两",或"银四五两始买粟一石"。③ 如嘉靖八年(1529)春,据王琼上疏所载,在天顺、成化年间,甘肃、宁夏,粟1石,仅值银2钱。至嘉靖初年,因开中盐法之变,导致"稻米一石,值银五两"。④

事实确是如此。以辽东为例,因为僻居关外,交通运输极其困难。当岁丰之时,辽东之粟不运往外地销售,导致价格太贱而伤农;当岁凶之时,则外境之粟又难以运入辽东,导致价格太贵。再加之遇到"虏警",主兵、客兵临时聚集者达数万之众,势必导致粮食价格大涨,甚至"斗金不能易一粟"。因为屯种不足,朝廷只好通过"发银籴买,召商上纳"之法,解决辽东的粮食短缺问题。即使如此,因为官员或好逸恶劳,或畏势贪利,甚或夤缘为奸,乘机逐利,仍然无法解决辽东边地的缺粮难题,以致前屯卫等处的仓粮,"不及半年之用",密云等堡,甚至无法

① 参见黄冕堂:《中国历代粮食价格问题通考》,《文史哲》2002年第2期。

② 于谦:《急处粮运以实重边以保盛业疏》,《明经世文编》卷33,第1册,第23页。

③ 霍韬:《哈密疏》,《明经世文编》卷186,第3册,第1913页;方大镇:《宁澹居奏议·请蠲两浙商灶课税疏》,载方昌翰辑,彭君华校点:《桐城方氏七代遗书》,黄山书社2019年版,第148—149页;王德完:《救荒无奇及时讲求以延民命疏》,《明经世文编》卷444,第6册,第4875页。

④ 黄光昇:《昭代典则》卷26,第784—785页。

支撑一月的供给。其结果,则导致米价大涨。如在辽阳城中,10 两银子仅能籴米 2.5 石,每石米折合价银 4 两;至于像密云等处的边堡,即使拿出官银 1 两,抵作米 1 石或 8 斗,也很少有人上纳。① 如万历元年、万历六年、万历十四年(1573、1578、1586),因为时值灾荒,米珠薪桂,“斗粟银二三钱,有至六七钱者”。② 稍加折算,粟 1 石,低者折银 2—3 两,高者折银 6—7 两。其中最高的粟价,实已超过平价粮价的 10 倍。天启年间,大兵之后,继之大荒,更是导致辽东粮价暴涨。据左光斗的记载,其粮食价格高至“石米四两,石粟二两”。③ 再加之辽东 1 石不及山东 4 斗,那么,其实际的粮食价格,则已高达 1 石米价银 10 两、1 石粟价银 5 两。这是相当高的粮食价格。至崇祯十三年(1640),辽阳大饥,“斗米一千二百,值银一两七钱”,亦即 1 石米值银 10.7 两。考虑到辽东斗斛之制的差别,其实际的价格为 1 石米值银 6 两。④

明代其他边地的粮食价格,也不时处于波动上涨。如嘉靖初年,在陕西地方,银 1 两,“止籴米四五斗”,亦即 1 石米值银 2 两以上。⑤ 至崇祯元年(1628),因为全省荒旱的原因,导致“斗米贵至四钱”,亦即 1 石米值银 4 两。⑥ 仅以这两个数字作为比较,陕西的米价上涨了 100%。崇祯四年,因为盗贼四起,再加之外来籴米中断,陕西绥德已是“斗米五钱,无有籴处”,亦即 1 石米高达 5 两银子以上。至于榆林镇城,同样因为“晋籴不通”,更是“斗米六钱”,即 1 石米值银 6 两。⑦ 再加上“脱粟粗秕”,经过碾簸之后,1 斗米仅得 8 升,实际的米价已是 1 石米值银 7 两。⑧ 延安府的米价数字基本印证了这一记载。史载延安府因为“饥旱三年”的原因,已是“斗米七钱”,即 1 石米值银 7 两。⑨ 相同的米价也见于陕西文县。史载崇祯七年五月,文县因为“连年夏旱,秋旱霜,冬无雪,春不雨”,粮食价格直升至“斗米七钱”。⑩ 更为可怕的粮价出现在崇祯十年的汉中。此年

① 王崇之:《辽阳时政疏》,《明经世文编》卷 49,第 1 册,第 382—383 页。

② 侯先春:《安边二十四议疏》,《明经世文编》卷 428,第 5 册,第 4688 页。

③ 左光斗:《题为急救辽东饿寒事疏》,《明经世文编》卷 495,第 6 册,第 5477 页。

④ 计六奇:《明季北略》卷 18《洪承畴降清》,上册,中华书局 1984 年版,第 330 页。

⑤ 万镗:《应诏陈言时政以裨修省疏》,《明经世文编》卷 151,第 2 册,第 1514 页。

⑥ 计六奇:《明季北略》卷 5《南居益请发军饷》,第 104 页。

⑦ 吴甡著,秦晖点校:《柴庵疏集》卷 7《请通籴以安危疆疏》,浙江古籍出版社 1989 年版,第 143—144 页;彭孙贻:《流寇志》卷 1,浙江人民出版社 1983 年版,第 7 页。

⑧ 吴甡著,秦晖点校:《柴庵疏集》卷 8《直陈久旱情状自劾不职疏》,第 157 页。

⑨ 吴甡著,秦晖点校:《忆记》卷 1,第 395—396 页。

⑩ 彭孙贻:《流寇志》卷 2,第 22 页。

春天,汉中的粮价为"斗米八钱",即1石米值银8两;至10月以后,更是"斗粟两余",即1石米值银10余两;①至崇祯十一年,因为"栈道久梗,贩运阻绝",汉中的米价,即使斗米高至1两银子,也是"无处籴买"。② 以宣府为例,在嘉靖年间,当青黄不接之时,官府召商籴买粮食,"银一两三四钱,方可得粮一石"。至于米价,更是"愈至腾涌"。③ 万历时期,宣府的米价,通常是银1两,"籴米一石"。④ 此外,如宁夏、甘肃、山西大同等边地,粮价也一直居高不下。正德五年(1510),正值岁歉,导致米价腾贵,"每银一钱,止买粟米一斗四五升,止买小麦一斗",即1石粟米的价银在0.666—0.714两之间,1石小麦的价格为1两银子。⑤ 嘉靖末年,在甘肃边地,在春天青黄不接之时,米价更加腾贵,甚至"计银三钱,止可买粮一斗五升",折合1石米值银2两。⑥ 嘉靖三十七年(1558),在山西大同右卫,"每银一钱买米四升",即1石米值银2.5两。⑦

当然,上面这些数字仅仅是明代西北边地粮价的特殊个案,并非正常的粮食价格。至于平时西北边地的粮价,显然也处于波动之中。明代边地粮食,除了本地所产之外,主要依靠解户解送与召商籴买两种方式加以解。当每年七、八月收成之际,西北边地米价相对比较低廉,一般为1石米值银5—6钱;当来年春天,米价上涨,每石通常超过1两银子。⑧ 抛开年荒、年歉的粮食价格不论,在无灾害或年成相对稳定的情形下,西北边地粮价的平均价格线,大致可以根据史料记载加以推算。如陕西、甘肃诸镇边军军饷,通常采用折银与本色兼行之策。若是折银,则召商籴买,其价大致为每银1两,籴米1石。当然,米价在边地随时波动,通常又以缺粮为主,所以当粮价到达最高值时,则会出现"斗米值银三四钱"的高价。可见,粮价的波动,大致已经成为官方支放军饷时必须考虑的一个主要因素。何时支放本色?何时又采用折银?这取决于粮价的高低。总体来说,当每粮1石,值银1.1—1.2两以下之时,则支放折银;若是每石值银1.4—1.5两

---

① 孙传庭:《孙传庭疏牍》卷1《题被灾地方蠲免钱粮疏》,浙江人民出版社1983年版,第32页。

② 孙传庭:《孙传庭疏牍》卷1《议蠲汉中钱粮疏》,第41页。

③ 韩邦奇:《议处年久浥烂预备仓粮以济时艰事》,《明经世文编》卷160,第2册,第1613页。

④ 王畿著,阎海文点校:《樗全集》卷1《上赵堂翁禀揭》,第7页。

⑤ 杨一清:《关中奏议全集》卷10《为十分紧急缺乏粮料马草事》,《杨一清集》,上册,第369页。

⑥ 杨博:《杨襄毅公甘肃奏疏·地方饥馑恳为赈贷疏》,《杨博奏疏集》,上册,第28页。

⑦ 杨博:《杨襄毅公宣大奏疏》卷1《议处右卫善后事宜疏》,《杨博奏疏集》,上册,第113页。

⑧ 邹守愚:《边储议》,《明经世文编》卷199,第3册,第2101页。

以上，则支放本色。[①] 可见，每石粮价 1.1—1.5 两之间的价格空间，大抵已经成为西北边地粮价的平均价格线。

明代南方尤其是江南的粮价，相较于西北边地，则低廉不少。据王轸父亲的书信可知，在洪武初年，浙西嘉兴的米价极其低廉，10 文铜钱可以买 1 升白米，即 1 石白米的价格为 1000 文铜钱。[②] 其实，钱 10 文买白米 1 升，并非最为便宜的粮价，说明洪武初年经济尚在恢复过程之中。下面几条记载，大抵可以证实明代江南大米的平价：第一条记载是嘉靖初年，当江南年稔之时，"大约银四钱可得米一石"，即使 1 石米值银 4 钱。[③] 第二条记载时，在四月米贱之时，太仓米每石"粜银三钱四五分"，[④]即太仓米往外出粜的米价为每石 3.4—3.5 钱之间。第三条记载是，按照明代的普遍情况，1 石米值银 5 钱，这是江南的"平价"；至于江南米价的折色价，其最高的折价为 1 石米折银 7 钱。[⑤] 综合上面的三条记载可知，明代江南米的平价，每石应该是在 0.34—0.5 两之间。即使到了灾年与荒年，江南米价翔贵，其价格也并非如西北边地那样，每石动辄高达 10 余两银子。如嘉靖年间，江南因为遭受水荒，秋天歉收，再加之"二麦未布"，当春天正月之初，米价每石值银 8 钱 5 分，以致"饥民动以千百，告求赈济"。[⑥] 若以每石米值银 5 钱作为一种平价计算，这一灾荒年的米价，不过高出平价 70%而已。有两个南京粮价的极端例子，更可证明南方与江南的粮价之低廉。嘉靖二年(1523)，南京因为遭遇旱疫，导致米价上涨，仓米每石值银 1.3 两或 1.4 两；万历十六年(1588)夏天，南京再次遭受荒疫，米价随之翔贵，粳米每石值银 2 两，仓米每石值银 1.5 两或 1.6 两。据南京父老所言，这是"二百年来南都谷贵自未有至此者"。[⑦] 可见，即使是在荒歉之年，南京仓米的价格也不过每石价银 1.3—1.6 两之间，在即使是最贵的粳米，也仅仅每石价银 2 两。

即使到了淮北，年丰之时，粮食价格也较为低廉。如庐州府，当地出产一种红米，丰岁时"一金可易四石"，[⑧]即每石值银 0.25 两。反观北方的粮价，有一个较为极端的粮食高价可以作为比较的例子。如崇祯十四年(1641)，河南因为

---

① 桂萼：《进沿边事宜疏》，《明经世文编》卷 181，第 3 册，第 1855 页。
② 叶盛：《水东日记》卷 11《记王轸父家书事》，中华书局 1997 年版，第 117 页。
③ 万镗：《应诏陈言时政以裨修省疏》，《明经世文编》卷 151，第 2 册，第 1514 页。
④ 徐阶：《答仓储谕一》，《明经世文编》卷 244，第 3 册，第 2551 页。
⑤ 唐顺之：《与李龙冈论改折书》，《明经世文编》卷 261，第 4 册，第 2760 页。
⑥ 海瑞：《开吴淞江疏》，《明经世文编》卷 309，第 4 册，第 3259 页。
⑦ 顾起元：《客座赘语》卷 1《米价》，中华书局 1997 年版，第 25 页。
⑧ 张瀚：《松窗梦语》卷 2《东游纪》，中华书局 1985 年版，第 37 页。

“久荒”，再加之“贼去未远，汴城尚闭，樵采已断半月”，开封城内的米价，高达每石 15 两银子。① 这无疑是一个相当可怕的粮食价格。

毫无疑问，明代已经形成了省级乃至全国性的粮食交易市场。就省级粮食市场而言，开封显是河南省级的粮食市场。据史料记载，开封城内的大米行，“所有郑州、辉县、光州、固始等处各色大米，俱归入行内，其斗大如杂粮斗”。② 其结果，则导致粮食产地与销售、消费地之间，价格产生了颇为紧密的联系，粮价因各种因素而随之低昂。这可从以下两个方面观之：一是因为南北大运河的贯通，以及漕运江南粮米进入北京，江南与北京之间的米价波动已是相当紧密。明代漕粮运京，其目的并非仅仅限于供应军兵、官员的廪粮，江南米贱、京师米贵同样是一个重要原因，为此朝廷不惜以“二三石而致一石”的代价，从江南运粮进京，这是相当高的运输成本。有意思的是，在大量漕粮运入北京之后，很多漕船均有“多寡不等”的“剩米”，且数量不少。运军将这些“剩米”投入京城、通州、张家湾等处市场出售，最终导致“米价太贱”，从每石 7 钱银子，减至每石 4 钱银子。与此相反，江南的米价却直线上涨，从每石 7 钱银子，增至每石 9 钱银子。一减一增，致使从江南运米的成本大为增加，甚至“以二三石致一石而又不当一石之用也”。③ 这是京城与江南米价联动过程中出现的一种反常现象。二是一些地少人稠之地，粮食大多依靠外运，一旦外运断绝，就会导致粮食价格的上涨。福建泉州府晋江县即是一例。史称晋江县，“土宇之隘，生齿之繁，竭土之毛，不足以供其土质民，民之饔飧取给四方”。其中晋江一县的粮食来源，主要通过海路从广东的高州、浙江的温州运入。一旦海运一月不至，就会导致晋江“粟价踊腾”。④ 从上可知，明代的粮价，不仅关乎产粮区的产量，更与市场的调配发生着紧密的联系。

除了市场价之外，明代的粮价尚需关注以下两种价格。

其一，朝廷与官府军粮的召买价。明末崇祯年间，留下了不少军粮召买价格的数字，可供进一步考察。如崇祯元年(1628)，原认纳米 31315 石，每石定价银 1 两。⑤

---

① 彭孙贻：《流寇志》卷 5，第 75 页。

② 佚名撰，孔宪易校注：《如梦录》，《街市纪》第 6，中州古籍出版社 1984 年版，第 32 页。

③ 王宗沐：《条列漕宜四事疏》，《明经世文编》卷 343，第 5 册，第 3689 页；唐顺之著，常州市唐荆川研究会编：《唐荆川诗文集》卷 9《与李龙冈邑令》，凤凰出版社 2012 年版，第 260 页。

④ 傅夏器著，阎海文点校：《傅锦泉先生文集》卷 1《赠钱复轩令晋江序》，商务印书馆 2019 年版，第 17 页。

⑤ 毕自严：《度支奏议》，《新饷司》卷 5《覆督饷部院荐举召买效劳官员疏》，第 2 册，第 480 页。

鸡泽县，派米614石多，因考虑到当地遭受了水灾，将每石的召买价提高到1.1两。[①] 崇祯二年，苏州、松江、常州、镇江四府，曾承担采买辽东军粮的任务，其召买价分别为：苏州府，每石价银7钱；松江府，每石价银7钱；常州府，每石价银7钱5分；镇江府，每石价银7钱5分。[②] 崇祯二年，山东东昌、兖州二府，各买米15000石，加上脚价，为每石价银1两。[③] 崇祯二、三两年，河南彰德、卫辉二府，米的召买价为每石价银1两。[④] 崇祯二、三年，畿南真定、保定、河间、顺德、广平、大名六府，买米98420石，加上脚价，每石的召买价为价银1两。[⑤]

从上面所列朝廷与地方官府粮食召买价格来看，最低的召买价格是苏州府、松江府，为每石召买价银7钱，最高的召买价为鸡泽县，因为特殊的原因，召买价上升为每石价银1.1两，通常的召买价格为每石价银1两。这可以明代两则史料加以印证。一则史料云："米价，各省直开销价值，少不下五钱，多至一两以外。"[⑥]另一则史料云："历来召买米一石，连脚价一两。"[⑦]前一则史料证明，大米的召买价格，通常是在每石价银0.5—1两之间的幅度波动；后一则史料证明，大米的召买折中价格，加上脚价通常为每石价银1两。这正好与具体的召买事例互为印证。

毫无疑问，朝廷与官府的粮食召买价格，普遍高于市场价格，或者很难招引粮商前来。如崇祯十二年(1639)，襄阳知县罗明祖接到上司采买军粮的命令后，即刻让地方上的粮商经纪调查市场上的粮价，以便采买。随后，经纪张以纯、王之华、王克光、翟玉章等人开列米价，大致当时襄阳市场上的米价，为每石价银1.23两。为此，罗明祖认为，召买价格必需在这一市场价格上有所增益，否则

---

① 毕自严：《度支奏议》，《新饷司》卷5《覆督饷部院荐举召买效劳官员疏》，第2册，第481页。

② 毕自严：《度支奏议》，《新饷司》卷6《覆苏松按院留银买运辽粮疏》，第2册，第520—521页。

③ 毕自严：《度支奏议》，《新饷司》卷20《覆津部题叙东兖二三两年召买官员疏》，第3册，第555页。

④ 毕自严：《度支奏议》，《新饷司》卷20《覆津部奏缴河南二三两年召买疏》，第3册，第546页。

⑤ 毕自严：《度支奏议》，《新饷司》卷20《覆督饷部院荐叙畿南各府两年召买官员疏》，第3册，第559—560页。

⑥ 毕自严：《度支奏议》，《新饷司》卷5《覆户科题核新饷出数疏》，第2册，第464页。

⑦ 毕自严：《度支奏议》，《新饷司》卷24《覆津抚条议召买兼征米豆钱粮兼收银钱疏》，第4册，第46页。

“不足以来商”。[①] 事实并非如此。在明末,对于民间来说,召买米豆实属一种“苦累”。究其原因,还是因为一旦将召买之职委之州县,那么“名为召买,实加派民间,盖颠连困苦之状,流离辗转之情”。[②]

其二,朝廷与官府的粮食折色价。粮食折色价有两种:一是漕粮折色价。按照明代的漕折则例,一般为粟米1石,折算价银6钱。[③] 二是廪给折色价。明宫采选淑女之时,需要供给淑女母女的廪给,分为“大廪给”“小廪给”两种,通常将本色以折色支给。如在大廪给中,有白米6升,折银4分8厘;小廪给中,有白米1斗,折银8分。[④] 通过这两个数字,大致可以推算出廪给的折色价为每石白米折银8钱。此外,太常寺所用各色米价,可以作为折色价的一种补充。当时顺天府宛平县每年供给太常寺的粳米,为每年4石6斗8升,折合价银6两5钱5分2厘;糯米6斗,折合价银1两8分。[⑤] 通过这则记载,基本可以推算出粳米每石的折价银为1.4两,糯米每石的折价银为1.8两。

在粮食中,除了米、麦、粟之外,尚包括豆类。豆子在民间的使用也很广泛,除了榨油或做豆腐之外,喂马、肥田(用豆渣),都可以使用豆子。豆价亦分市场价、召买价、折色价三种。

一是市场价。豆之种类颇多,以黄豆为例,明末松江府上海县的黄豆价格大致如下:黄豆的价格,在平常年份,较米价稍为便宜,大约豆1石可准米8—9斗,亦即黄豆的价格大致为米价的80%—90%。至崇祯十四年(1641),旱豆多而米少,粜米1石,可以籴豆2石,[⑥]亦即豆价为米价的50%。

明代市场上的豆价,随岁丰、岁歉而波动。如崇祯四年(1631),年岁丰登,“料豆每升不过六厘”,[⑦]折合每石料豆价银6钱。又如正德五年(1510),年岁歉收,“宁夏每银一钱,止买豌豆二斗”,[⑧]折合每石豌豆价银2两。

---

① 罗明祖:《罗纹山先生全集》卷15《襄邑实录·又回文》,江苏广陵古籍刻印社,1997年版,第1099页。

② 毕自严:《度支奏议》,《新饷司》卷20《覆刘太常条议暂免顺永召买疏》,第3册,第562页。

③ 毕自严:《度支奏议》,《新饷司》卷19《题明密永饷司本折新旧借补疏》,第3册,第477页。

④ 沈榜:《宛署杂记》卷14《经费》上,第140页。

⑤ 沈榜:《宛署杂记》卷15《经费》下,第150页。

⑥ 叶梦珠:《阅世编》卷7《食货》2,第155页。

⑦ 毕自严:《度支奏议》,《新饷司》卷24《覆策援昌兵出关随地支给行盐疏》,第4册,第37页。

⑧ 杨一清:《关中奏议全集》卷10《为十分紧急缺乏粮料马草事》,《杨一清集》,上册,第369页。

二是召买价。早在万历年间,皇帝行谒陵之礼时,顺天府宛平县由铺户召买的绿豆价格,大致为绿豆8斗,价银4钱,①折合每石绿豆的价银为5钱。自天启七年(1627)之后,因朝廷军事行动频繁,对料豆的采买日多,留下诸多料豆的召买价格。如天启七年,派买豆4万石,每石价银5钱5分;②顺德府派买豆20300石,原本议定每石价银5钱5分,后因水旱雹蝗,在原价的基础上,增加1钱,改为每石价银6钱5分;③广平府派买豆2万石,每石价银6钱4分;④天启七年,大名府派买豆5万石,每石价银6钱5分。⑤ 综合上面几个数字,天启七年每石料豆的官方平均召买价为价银0.622两。

崇祯二年(1629),户部定下崇祯三年采买的豆价,诸如密云道、兖州府、东昌府、徐州、真定府、大名府、河间府、顺德府、广平府、霸州道、彰德府、卫辉府、天津仓、附关等地,加上脚价,料豆的召买价格统一为价银5钱5分。⑥ 这一官方所定的召买价,显然得到了具体的贯彻执行。如崇祯二年,天津仓的买豆价格,为每石价银5钱5分;⑦崇祯二年,山东东昌、兖州二府派买豆2万石,每石价银5钱5分;⑧崇祯二、三两年,河南彰德府买豆5500石,每石价银5钱5分;卫辉府买豆5500石,每石价银5钱5分。⑨ 可见,在崇祯二、三年间,包括脚价在内的官方料豆统一召买价为每石价银0.55两。

当然,在明末崇祯年间,因为受到诸多因素的制约,朝廷召买豆价也会产生一些波动。如崇祯二、三两年,霸州、密云两道召买豆价,就因豆价波动,而重定召买价格。史载崇祯二年(1629),原派霸州道属买豆25000石,密云道属买豆15000石,每石定价均为价银5钱5分。这一召买价格显然低于实际的料豆价

---

① 沈榜:《宛署杂记》卷14《经费》上,第134页。

② 毕自严:《度支奏议》,《新饷司》卷5《覆督饷部院荐举召买效劳官员疏》,第2册,第477页。

③ 毕自严:《度支奏议》,《新饷司》卷5《覆督饷部院荐举召买效劳官员疏》,第2册,第480页。

④ 毕自严:《度支奏议》,《新饷司》卷5《覆督饷部院荐举召买效劳官员疏》,第2册,第480页。

⑤ 毕自严:《度支奏议》,《新饷司》卷5《覆督饷部院荐举召买效劳官员疏》,第2册,第481页。

⑥ 毕自严:《度支奏议》,《新饷司》卷7《本部预计三年分召买疏》,第2册,第541—542页。

⑦ 毕自严:《度支奏议》,《新饷司》卷5《覆户科题核新饷出数疏》,第2册,第465页。

⑧ 毕自严:《度支奏议》,《新饷司》卷20《覆津部题叙东兖二三两年召买官员疏》,第2册,第555页。

⑨ 毕自严:《度支奏议》,《新饷司》卷20《覆津部奏缴河南二三两年召买疏》,第3册,第546页。

值。因为“虏患之余”，霸州、密云两道所属的实际豆价，尽管高低不等，但一般均在每石价银8钱之内。如霸州道所属，东安、房山、漷县的豆价，为每石价银8钱；文安、永清等县的豆价，为每石价银7钱；其中以涿州豆价为最高，史虽无明载，但显然超过每石价银8钱。据涿州知州李国俊的报价，为每石价银1.3两，即使未必有心虚开，但这一价格应该高出实际的市场价格。密云道所属，通州、三河的豆价，为每石价银8钱；宝坻、平谷的豆价，为每石价银6钱5分。最后，户部将涿州料豆的召买价格定为每石价银8钱。① 又如崇祯二、三年，畿南真定、保定、河间、顺德、广平、大名六府分派买豆175000石，原定召买豆价为每石价银5钱5分，后因畿南“屡经灾害”，经户部同意，豆价每石增加5分，召买价增为每石价银6钱。崇祯三年，以上六府，共派买豆335000石，其中保定、广平二府豆价，因为兵荒缺豆，每石增为价银6钱5分，其余四府的召买价仍为每石价银5钱5分。②

从上可知，朝廷召买的豆价，普遍为每石价银0.55两。这一召买价格，有时会产生一些波动，高的时候为每石价银8钱。但就整体而言，正如史料所言，“豆一石，连脚价六钱”，③每石价银0.6两，应该是朝廷召买料豆的平均价格。这一价格通常包括脚价在内，与市场上丰年时的豆价每石6钱相较，正好持平，但承买商人仍然亏损脚价。

三是折色价。崇祯年间，留下了诸多朝廷所定的折色豆价，大致如下：崇祯二年（1629），关内折色豆价，每石折价银4钱2分；关外折色豆价，每石折价银4钱2分；河东折色豆价，每石折价银4钱2分；蓟镇折色豆价，每石折价银4钱2分。④ 崇祯三年，定崇祯四年关外的折色豆价，为每石折价银4钱3分。⑤ 崇祯四年，昌平出关东援兵料豆的折色价，为“豆每升以八厘算”，⑥折合每石折色价银8钱，这应该属于最高的折色豆价了。崇祯五年，关内折色豆价，每石折价银

① 毕自严：《度支奏议》，《新饷司》卷20《覆津部题叙霸密二三两年召买官员疏》，第3册，第557页。

② 毕自严：《度支奏议》，《新饷司》卷20《覆督饷部院荐叙畿南各府两年召买官员疏》，第3册，第559—560页。

③ 毕自严：《度支奏议》，《新饷司》卷24《覆津抚条议召买兼征米豆钱粮兼收银钱疏》，第4册，第46页。

④ 毕自严：《度支奏议》，《新饷司》卷7《本部预计三年分召买疏》，第2册，第543页。

⑤ 毕自严：《度支奏议》，《新饷司》卷14《预计四年召买关鲜粮料疏》，第3册，第163页。

⑥ 毕自严：《度支奏议》，《新饷司》卷24《覆策援昌兵出关随地支给行盐疏》，第4册，第37页。

4 钱 2 分,关外每石折价银 4 钱 2 分。[①] 另一则史料证实,关外的折色豆价,亦曾实行过每石折银 4 钱 5 分之例。[②]

从上可知,明末料豆的折色价格,最为常见的折色价为每石折银 4 钱 2 分,而每石折价银 8 钱属于特殊的例子。这一折色价格,既低于朝廷的召买价格,更低于市场价格。按照明代的制度,地方官府在户部饷司领取折色价后,自行采买料豆。[③] 可见,这一较为低下的折色豆价,给地方官府带来不小的财政压力。

此外,粮食加工成半成品,或者制作成食品,其价格亦可考知一二。以白面为例,至少有两则史料记载,记录下了白面的价格:一则是白面的召买价格。如工部祭祀旗纛,需要白面 2 斤,共计价银 1 分 6 厘,[④]可见每斤白面的召买价格为价银 8 厘。另一则是白面的折色价格。如明宫采选淑女时,招待淑女母女的廪给中,就包括白面,计白面 5 斤,共计折银 3 分 5 厘,[⑤]折合每斤白面的折色价银为 7 厘。可见,白面的折色价格低于召买价格,这也符合情理。以加工食品为例,如有一种面制食品"棋炒",可充行军干粮之用。史载嘉靖三十年(1551),"北虏内犯",户部行文宛平、大兴二县,领取太仓银 3000 两,散给京城中的烧饼铺户,由铺户制作"棋炒"上纳。所谓"棋炒",即一种薄饼,用白面少和香油、芝麻炒熟而成,因形如棋子,故名"棋炒"。这种薄饼的上纳价格为每石价银 1 两。[⑥] 至于明末京城烧饼的价格,则可从另外一则史料中得以考知。史载崇祯三年至四年间(1630—1631),清兵进入关内,导致京城戒严。崇祯帝发内帑钱数万,下令各营千总每人领钱几千,分别给予守城的军兵,每位军兵得 20 文钱。军兵领出后,以手指弹钱道:"皇帝要性命,令我辈守城,此钱止可买五六烧饼而已。"[⑦]从军兵所言可知,当时京城每个烧饼的市场价格大约为 3—4 文铜钱。

(2)食用油价格

在明代,豆油和菜油的价格,一向视猪肉的价格为低昂,[⑧]说明食用油虽说不上是一种奢侈品,但对普通小民而言,食用油价格相对比较昂贵。

根据现在掌握的资料,尚难以就明代食用油价格加以系统的分析,但根据明

---

① 毕自严:《度支奏议》,《新饷司》卷 24《覆津抚预计五年分召买疏》,第 4 册,第 59 页。

② 毕自严:《度支奏议》,《新饷司》卷 5《覆户科题核新饷出数疏》,第 2 册,第 465 页。

③ 毕自严:《度支奏议》,《新饷司》卷 8《覆崔饷部议催关蓟粮料疏》,第 2 册,第 557 页。

④ 沈榜:《宛署杂记》卷 14《经费》上,第 121 页。

⑤ 沈榜:《宛署杂记》卷 14《经费》上,第 140 页。

⑥ 沈榜:《宛署杂记》卷 20《志遗》5,第 284 页。

⑦ 计六奇:《明季北略》卷 19《北都崩解情景》,下册,第 350—351 页。

⑧ 叶梦珠:《阅世编》卷 7《食货》6,第 159 页。

末的一些史料记载,大抵可以知道明末的食用油价格。如在崇祯末年,苏州一带的油价突然猛升,达到每斤70—80文钱,让时人感到"大为可骇"。① 至于处于西北的陕西华州,在崇祯十六年(1643)时,清油的价格更是高达每斤0.16两银子。② 若与苏州相比,更是高出许多。

(3)食盐价格

明代食盐实行官方专榷制度,禁止私人贩卖。在食盐专榷体制下,盐商若想取得销售食盐的资格,就必须获取官方给予的盐引。在官盐销售的具体环节中,内商与水商各自扮演着不同的角色,即内商纳银取得官方的盐引,而后内商将取得销售许可的盐引再卖给水商,由水商向各地民间销售。然在实际的生活中,通常因为官盐太贵,而后导致私贩盛行。

按照一般的惯例,水商从内商那里获取盐1包,每包重570斤,需要付出价银3.2两,亦即银1两,可以买盐170斤。③ 这是水商从内商处获取盐引的成本价,即每斤约需价银5厘8毫8丝2忽多,即100斤约需价银0.5882两。假若按照这一制度执行,水商在销盐过程中,完全可以获取足够丰厚的利润,地方百姓也可免盐价高涨之苦。因为水商在获取1包570斤盐之后,会将其分为70余小包销售,每小包获取价银6—7分银子,那么一大包所得的销售总价可达4两银子之多。④ 换言之,水商每销售一大包570斤食盐,可获取将近1两银子的纯利。

实际并非如此。一方面,内商获取盐引的价格直线上升;另一方面,每引盐的重量则日渐减少。其结果则导致官盐的销售成本增加,市场上销售的官盐价格过于昂贵。

就内商而言,获取盐引的成本逐渐上升。如内商获取盐引正引的引价,原先为每引6钱5分银子,而后增加到每引9钱2分。这还是淮南正引的引价,若是淮北正引,引价更是高达每引1两3钱。⑤ 以此数字计算,正引引价分别上涨了41.5%与100%。以嘉靖三年(1524)甘肃镇的盐引价为例,两淮额盐原本有11万引,每引原定价银5钱,随后增加到每引价银7钱;两浙额盐5万引,每引原定

① 叶绍袁:《启祯记闻录》卷2,载《痛史》,上海商务印书馆民国十六年铅印本。

② 《感时伤悲记》,《考古》1960年第10期。按,原碑现存陕西省博物馆。

③ 袁世振:《盐法议三》,《明经世文编》卷474,第6册,第5212页。

④ 袁世振:《复楚中论盐价公书》,《明经世文编》卷477,第6册,第5255页。

⑤ 袁世振:《疏理略说》,《明经世文编》卷477,第6册,第5248页;袁世振:《复楚中论盐价公书》,《明经世文编》卷477,第6册,第5255—5256页。

价银3钱1分，随后增加到每引价银4钱1分；山东小引盐5万引，每引原定价银1钱5分，随后增加到2钱。① 以这三个数字为计算标准，盐引价分别上涨了40%、32.2%与33.3%。不仅如此，内商为了获取盐引，更会遭受到“套搭”之苦，即在10年之间，需要纳银三次，方可行盐一次，即除了纳正引银之外，还需要纳余课银与火盐银。余课银每引，原先只需7钱，随后增加到每引1两4钱5分，上涨了107.1%；火盐银，原本颇为低廉，随后也增加到每引1两5钱。除此之外，内商尚需付出船脚、掣挚、征解等各种费用，每引所费不下1两银子。综合上面各项费用，内商必须付出5—6两银子，方可获得1引盐，而法令所定内商卖给水商的价格，则为每引3.2两。若是照此执行，内商每引盐将会亏损1.8—2.8两银子。换言之，内商卖给水商的盐价，必须每引达到价银6两之上，方可获取赢利。就水商而言，一则从内商处获取盐引的成本价趋于不断上涨，二则每引盐的重量，原先为570斤，随后则减少至每引450—460斤，即每引减少100余斤。其结果，内商为了避免亏本，只好采取“作奸堆积，厚邀月利，而不肯亟赴京掣”之法。所谓“作奸堆积、厚邀月利”，《明经世文编》的编者评语作如下解释：“盖内商纳价多，而卖与水商，反亏正价。水商发盐之后，即当按期行卖销引，又值盐贱之时，亦不肯行盐也，必待江、广地方，旧盐既尽，盐价腾贵，然后与内商交易。以前月分，则水商出息与内商，内商收水商月利以补额价，水商伺地方盐贵以取余利。”②至于水商，当然也不肯亏本，只得“增价以鬻”，加价出售食盐，不再以每小包6—7分银子出售，而是每小包以1钱银子对外出售，在江西、广东两省，甚至每小包售至2—3钱银子。③ 若取6—7分、2—3钱的中间价，官盐的最后销售价分别上涨了53.8%与284.6%。

官盐的销售价格，尚有两则史料可以补充。其中一则史料显示，每斤官盐，价银上涨至6—7分银子；④另一则记载显示，官盐每斤，价银上涨至3—4分银子。⑤ 若取6—7分银子与3—4分银子的中间价，再与原先官盐每斤5厘8毫8丝2忽的销售价加以比较，官盐每斤分别上涨了494.8%与1004.9%。

---

① 杨一清：《关中奏议全集》卷11《为急处边储以防虏患以安地方事》《为再陈恳悃乞容照旧休致事》，《杨一清集》，上册，第403页。

② 袁世振：《疏理略说》，《明经世文编》卷477，编者评语，第6册，第5248页。

③ 上面所引史料，除注明出处者外，均可参见袁世振：《疏理略说》，《明经世文编》卷477，第6册，第5248页；袁世振：《复楚中论盐价公书》，《明经世文编》卷477，第6册，第5255—5256页。

④ 桂萼：《修身十二事疏》，《明经世文编》卷180，第3册，第1840页。

⑤ 毛凤韶：《八事疏》，《明经世文编》卷227，第3册，第2387页。

由上不难发现，官盐销售价格的大涨，一方面导致官盐积压，引发国家财政的危机；另一方面，则在行盐之地，遭受贵值之苦，亦即受到盐价上涨的损害。其结果，则导致私盐的泛滥。究其原因，一则因为官盐盐引不足。以两淮盐运司行盐所属地方为例，御史杨选之、詹事霍韬均有很好的揭示。据他们所言，两淮行盐之地，“南尽江楚，西抵河南，东尽东海，地方数千里，人民亿万家”，每年依赖的食盐仅有两淮盐商的正引 70 万引食盐，无疑很难满足如此广阔之地百姓的食盐需求。进而言之，两淮盐场所属灶、荡一年的盐产量，大概高达 300 万引，而由两淮盐商承销的正引食盐仅 70 万引，再加之他们售卖的余盐，两项相加，一年的承销量为 140 万小引；而两淮行盐之地一年食盐的需求量则为 170 万引，其食盐的缺口多由私盐填补。官盐与私盐的比例，大致为“官盐行五分之一，而私盐行五分之四”，亦即官盐仅能提供 20%的食盐需求，其余 80%的食盐需求，均由私盐提供。① 二则因为官盐价高，私盐价低。以淮安、扬州二府所需食盐为例，按照原先所定的制度，淮安府额该行盐 36000 余引，扬州府额该行盐 30000 余引。上述盐引，由各州县佥报铺户，在仪、淮二所“架下分买，掣过单盐”，而后装赴本州县拆卖。至隆庆二年（1568），据总理盐法都御史庞尚鹏疏称，承销官盐的铺户，深感官盐价贵，私盐价贱，百姓图私盐便宜，专买私盐食用，导致铺户受累不堪。无奈之下，只好将淮安、扬州二府额售官盐，改派湖广、江西并直隶庐州、凤阳、池州、太平等府“带卖”。隆庆六年，巡盐御史张守约鉴于民间尽食私盐，“殊非法纪”，要求扬州府派盐 5000 引，淮安府派盐 3000 引，佥报铺户，令铺户“尽支场盐”。然“稽掣未严，多捆滋弊”，官盐的销售通道仍然不畅。其中的原因，万历十三年（1585）蔡时鼎在上疏中已经一语道破，即若是单令铺户专销官盐，那么必会因为官盐价高、私盐价贱，导致“贸易不行”，即销售渠道不畅，甚至导致铺户“破产以包赔”。②

官盐价高，显然增加了普通百姓的日常生活成本。以湖广为例，在万历年间，已是“甚苦盐贵”，一小包食盐的售价高达价银 3 钱。这还是通都大邑的食盐价格，至于那些穷乡僻县，即使出此高价，也“无从市买”，以致那些孝子慈孙，想“少求薄卤以奉其亲，不能得也”。如此高价的盐价，经官府整治，使盐价有所下跌，如武汉每小包售价为 1 钱银子，湖广所属别府每小包的售价为 1 钱 2 分至

① 袁世振：《盐法议五》，《明经世文编》卷 475，第 6 册，第 5224 页。

② 袁世振：《盐法议九》，《明经世文编》卷 476，第 6 册，第 5239 页。

1 钱 3 分银子。[①] 即使如此，这种售价也已远高于最初的食盐售价。官盐价格如此高昂，原本售价较低的私盐，也随之水涨船高。如四川在遭遇“有警”之后，私盐每两的售价高达价银 2—3 分银子，每斤售价高达 3—4 钱银子。[②] 这虽是极端的个案，至少说明随着官盐价格的上涨，私盐的售价也随之有所上涨。

考察明代的食盐价格，尚需关注以下两点：一是食盐的折色价。崇祯年间，按照河东的折色事例，河东食盐的折色价格为每包价银 1 两 2 钱，每包重 100 斤，折合每斤价银 1 分 2 厘。[③] 这一折色价明显低于官盐的实际销售价。二是明末食盐的市场销售价。明末食盐的市场销售价格，大抵可以明末松江府与陕西为例加以说明。崇祯初年，松江府的盐价为每 100 斤（平秤，实际有 120 斤），价银 0.15—0.16 两之间，折合每斤价银在 1.5—1.6 分之间。至崇祯十六年（1643），因大水的原因，盐价有所上涨，每斤涨至价银 5 分，即每 100 斤价银 0.5 两。[④] 在这 10 余年间，松江府盐价的上涨幅度在 212.5%—233.3%之间。松江属于产盐区，价格相对还算较低。若是在陕西华州，则盐价相对较高，每升盐价银 9 分。[⑤] 虽不知每升盐的实际重量，但其盐价明显高于松江府。当然，上述两项记载的盐价并非最为昂贵。据明末人宋应星的记载，当盐价昂贵之时，每 50 斤盐需银 5 钱多；但价格便宜时，每 50 斤盐则只需 4 钱多银子。[⑥] 可见，在明末，按照正常的价格体系，盐每 100 斤，其价格大致徘徊在价银 0.8—1 两之间。

（4）酒与调料价格

酒的种类很多，有烧酒、豆酒、料酒、黄酒之分。各色酒类的价格，大抵可以宛平县向各衙门提供的酒类价格中得以考知一二。不过，这一酒价属于官府召买价格，并非最终的市场价。

从宛平县提供给各衙门的酒类价格看，其价格记录分别如下：一是烧酒价格。如宛平县提供给刑部所用的烧酒 2 瓶，为价银 1 钱，[⑦]折合每瓶烧酒价银 5

---

① 袁世振：《复楚中论盐价公书》，《明经世文编》卷 477，第 6 册，第 5255 页。

② 何乔远撰，陈节、张家庄点校：《镜山全集》卷 24《户部理财议二》，中册，福建人民出版社 2015 年版，第 684 页。

③ 吴甡著，秦晖点校：《柴庵疏集》卷 9《酌议改折赡盐疏》，第 196 页。

④ 叶梦珠：《阅世编》卷 7《食货》6，第 159 页。

⑤ 《感时伤悲记》，《考古》1960 年第 10 期。

⑥ 宋应星：《野议・盐政议》，载氏著：《宋应星佚著四种》，上海人民出版社 1976 年版，第 37 页。

⑦ 沈榜：《宛署杂记》卷 15《经费》下，第 147 页。

分;二是豆酒价格。如宛平县提供给顺天府乡饮酒礼宴席所用豆酒 1 坛,值价银 2 钱;①三是料酒价格。如宛平县提供给顺天府乡饮酒礼宴席所用料酒 1 坛,值价银 4 分;②四是黄酒价格。如宛平负责杂祭所用黄酒 8 瓶,价银 1 钱 5 分,③折合每瓶黄酒价银 1.875 分。

在各色调料价格中,已知者有蒜的价格。如宛平县提供给光禄寺所用之蒜 17.5 斤,值价银 2 钱 1 分,④折合每斤蒜的价银为 1.2 分。

(5)纺织面料价格

人们生活,离不开衣食住行。其中之衣,就牵涉到衣服的面料。在明代,普通民众所用面料,平常就是棉布,稍好者则为丝绸。至于更为高档的面料,则已近乎奢侈品,非一般民众所能享用。

在明代,松江府是棉花与棉布的产地,号称"衣被天下"。当然,棉布的价格,与棉花的价格紧密相关。在明末,最初棉花的价格是每担值银在 1.6—1.7 两之间。到了崇祯初年,价格大涨,每担棉花涨至价银 4—5 两之间。这无疑是相当大的涨幅,若取前后价格的中间价,每石棉花的价格涨幅高达 172.7%。明代松江所产棉布,种类很多。一般的棉布,其价格基本保持在每匹价银 0.15—0.16 两之间;即使最精致的棉布,价格也在每匹价银 0.17—0.2 两之间。⑤ 在苏州府,在市场上销售的普通棉布分为两类:一类是高端的棉布,每匹价银在 0.3—0.5 两之间;另一类是品质较差的棉布,则每匹只值银 0.07—0.1 两。⑥ 这是相当实惠的价格,大致可以满足普通民众的服饰需求。

至于较为普通的丝绸一类,其价格显比棉布为高。以苏州府为例,其所产之绫,每匹值平价银 2 两以上。若与松江府所产棉布价格作一比较,绫的价格至少比棉布贵 10 倍。⑦

(6)居住价格

明代居住生活所涉价格,大抵可以从以下三个方面加以考察:一是房屋的售价;二是房屋租赁价;三是其他建筑物的建造价。

---

① 沈榜:《宛署杂记》卷 15《经费》下,第 170 页。
② 沈榜:《宛署杂记》卷 15《经费》下,第 170 页。
③ 沈榜:《宛署杂记》卷 20《志遗》5,第 284 页。
④ 沈榜:《宛署杂记》卷 15《经费》下,第 150 页。
⑤ 叶梦珠:《阅世编》卷 7《食货》4、5,第 156—157 页。
⑥ 顾清:《傍秋亭杂记》卷上,收入《涵芬楼秘笈》,商务印书馆民国间影印本。
⑦ 顾清:《傍秋亭杂记》卷上。

明代房屋出售价格,因间数或品质的差异,价格随之低昂。以居京官员为例,若是生活较为俭朴的官员,他们置办一处宅第,大概只需花费价银200—300两。如梁俭庵还朝之后,居住在西长安街上的一处宅第,价银仅200两。① 陕西泾阳人张雪松"计偕入都",曾花费300两银子,购得正阳坊的一处宅第,包括门房、中庭、后屋共15间,前后各有厢房,总计房子31间,且门窗等俱全。② 有一点值得关注,弘治前后,明代京城官员的居住生活由俭趋奢,随之而来者则是官员宅第支出的增加。在成化年间,京城官员生活尚较为俭朴。据崔铣回忆,他的父亲任兵部郎中之时,居住的房子租赁而来:"自深巷入转东,土垣小门,内屋三间秣马。又土垣小门入,寝三间,东三间为客次。寝之对有垣及门,小屋二间,爨室也。"至弘治以后,官员一旦被召至京,其中的大官必定"自造华居,袭石采椽,连甍广院",整所宅院的价格高达10000两银子。③

至于京城其他房屋的买卖价格,通过诸多史料也得以考知。据沈榜记载,开妓院的"水户"邵盘,买有"娼妇数十名口",可见买卖做得很大。万历十七年(1589)十月,他用价银770两,从"不在官内相"即宦官手中,买得大时雍坊房一所;万历十八年五月,又用价银653两,从"不在官王大成"的手中,买得大时雍坊房一所。另外一位"水户"徐相,万历十五年二月,用价银155两,从"不在官"樊江手中,买得大时雍坊房一所;万历十七年十一月,用价银510两,从"不在官"张爵的手中,买得大时雍坊房一所。④ 这些房子,少则花费价银155两,多则花费价银770两,足见房屋间数不少。又天启年间,冯从吾在北京建首善书院。书院位于大时雍坊十铺,包括三个厅,房屋均买自民间,共花费价银180两。⑤

除了房屋买卖之外,尚有一种房屋出典。照理说来,房屋的典价理应低于售价,但事实证明,明代京城房屋的典价相当之高。据沈榜记载,明代京城的房舍,大半属于"贵有力者之家",此外则属于"富商大贾寄寓转售",土著百姓反而"不得置足百一"。这些有权有钱人家的房舍,显然相当奢华,一处宅第的典价,甚

① 崔铣著,周国瑞选编:《崔铣洹词选 · 漫记(九条选三)》,中州古籍出版社1993年版,第74页。

② 王徵著,林乐昌编校:《王徵集》卷16《创建泾阳会馆记》,西北大学出版社2015年版,第298页。

③ 崔铣著,周国瑞选编:《崔铣洹词选 · 漫记(九条选三)》,第74页。

④ 沈榜:《宛署杂记》卷12《契税》,第98—99页。

⑤ 叶向高:《新建首善书院记》,载冯从吾著,刘学智、孙学功点校整理:《冯从吾集》,西北大学出版社2015年版,第573页。

至高达“六七千金”,即6000—7000两银子。①

明代房屋的租赁价格,可以北京、南京为例加以说明。从史料记载不难发现,在晚明时期,主要是万历以后,北京房子的租赁价格趋于上涨。如国子监中的各个官员,他们最初租赁朝房之时,租赁价不过4.4两银子,后来租赁价上涨,变为8.8两,租赁价格的涨幅高达100%。② 在每年的正月十五日起至十六日止,东安门外迤北大街,形成“灯市”。灯节期间,“近市楼屋赁价腾踊,非有力者率不可得”。③ 可见,灯节期间临街的商铺租赁价格随之大涨。至于南京秦淮河的河房,因为端午龙舟竞渡的关系,租赁价格也随之上涨。如沈德符诗中,有“万钱半日僦河房”之句,④虽不无夸饰,但至少说明当端午之日,南京秦淮河河房的租赁价格相当之高。

与房屋售价、租赁价相关的,还有其他建筑物的建造价格。这可以官员乡里牌坊与国子监科举题名碑的建造价格为例加以说明。如在河南仪封,地方官员替一位兵部尚书建造一座牌坊,共花费了900两银子。⑤ 建造费用如此之巨,确乎可以称得上是“妄费”。又如竖立在国子监中科举题名碑,每座的建造费用包括开价、运价、夫价三种,分别为开碑石之价25两,运输碑石之价100两,民夫支出12.5两。三项相加,一座科举题名碑,其造价竟然高达137.5银子。这不仅仅是因为过分侈靡所致,可能更与成例过分浮滥有关。至万历四十二年(1614),重新议定规例,将建造费用削减近半。即使如此,其建造费用仍相当浮滥。⑥

(7)日用家火价格

按其使用功能而分,日用家火可分为生产与生活两类,但即使看似生产工具,往往也与日常生活密不可分,故在此一并置于生活类家火中加以探讨。因为工部与宛平县资料的留存,使今日的研究者对明代各衙门所需日用家火的召买价格得以考知一二。

第一,各色食物器皿价格。这可以从以下三份价格表观之:第一份价格表是

① 沈榜:《宛署杂记》卷12《契税》,第102页。

② 李廷机著,于英丽点校:《李文节集》卷27《杂著》(一)《太学琐记》,下册,第616—617页。

③ 沈榜:《宛署杂记》卷17《民风》1,第190页。

④ 沈德符:《清权堂集》卷5《金陵五日》,载氏著,李祥耀点校:《沈德符集》,浙江古籍出版社2018年版,第52页。

⑤ 崔铣著,周国瑞选编:《崔铣洹词选·南陆志》,第79页。

⑥ 何士晋撰,江牧校注:《工部厂库须知》卷3《营缮司》,第84—85页。

托盘2个,价银2钱,折合每个价银1钱;瓷茶盅20个,价银2钱,折合每个价银1分;铜茶匙20个,价银1钱,折合每个价银5厘;瓷酒盅20个,价银2钱,折合每个价银1分;酒托20个,价银1钱,折合每个价银5厘;饭碗20个,价银2钱,折合每个价银1分;汤碗20个,价银3钱,折合每个价银1.5分;瓷碟80个,价银4钱,折合每个价银5厘;乌木筯20双,价银2钱4分,折合每双价银1.2分。① 第二份价格表是瓷碟10个,价银5分,折合每个价银5厘;瓷瓶10个,价银1钱,折合每个价银1分;瓷碗10个,价银1钱,折合每个价银1分;乌木筯10双,价银1钱1分,折合每双价银1.1分;茶匙10个,价银5分,折合每个价银5厘。② 第三份价格表是乌木筯10双,价银4分,折合每双价银4厘;白铜茶匙10个,价银1钱,折合每个价银1分;漆酒托10个,价银1钱,折合每个价银1分。③

在这三份价格表中,相同的食物器皿有瓷碟、乌木筯、茶匙三种。稍加对比,发现瓷碟的价格完全相同,均为每个价银5厘。乌木筯的价格稍有差异,第一份价格单子为每双价银1.2分,第二份价格单子为每双1.1分,第三分价格单子为每双4厘,说明因品质不同而使乌木筯的价格有所差异。至于内官监成造东、西舍饭店所用的朱筯,每100把价银2钱,折合每把价银2厘。④ 不知每把筯应有多少双,但至少说明东、西舍饭店所用朱筯属于品质低下之物,所以价格极其低廉。茶匙的价格有同有异,第一、第二两份价格单子或表明为铜茶匙,或不言明质地,但均为每个价银5厘;第三份价格单子明确说是白铜茶匙,每个价银1分,说明白铜品质的茶匙价格最高。

第二,厨房用具价格。水缸有两种价格,一是水缸4口,价银6钱,⑤折合每口价银1.5钱;二是水缸1口,价银2钱。⑥ 由此可知,每口水缸的价银在1.5—2钱之间。其他厨房用具价格,分列如下:柳箕7个半,价银2钱2分5厘,折合每个价银3分;木掀5把,价银1钱5分,折合每把价银3分;扫帚10把,价银1钱5分,折合每把价银1分5厘;笤帚15把,价银7分5厘,折合每把价银5厘;竹箩5个,价银5钱,折合每个价银1钱;大荆筐5个,价银1钱5分,折合每个

① 何士晋撰,江牧校注:《工部厂库须知》卷11《器皿厂》,第339页。

② 何士晋撰,江牧校注:《工部厂库须知》卷11《器皿厂》,第340页。

③ 沈榜:《宛署杂记》卷15《经费》下,第148页。

④ 何士晋撰,江牧校注:《工部厂库须知》卷3《营缮司》,第81页。

⑤ 何士晋撰,江牧校注:《工部厂库须知》卷11《器皿厂》,第339页。

⑥ 何士晋撰,江牧校注:《工部厂库须知》卷11《器皿厂》,第340页。

价银3分;①火盆2个,价银2钱8分,折合每个价银1钱4分;木桶4个,价银2钱4分,折合每个价银6分;荆筐10个,价银3钱,折合每个价银3分;木盆5个,价银4钱,折合每个价银8分;磨刀石5块,价银1钱5分,折合每块价银3分;②抬桶1只,价银2钱;③大广锅1口,价银1钱7分;木盆1个,价银2钱4分;④大样砂罐,每个价银4分5厘;⑤大锅盖,每个价银5两;⑥铁盆4个,价银2钱,折合每个价银5分;⑦通条、炉条,共8斤,价银2钱4分,折合每斤3分。⑧竹簸箕,每个价银8厘;竹刷帚,每把价银5厘;笊篱,每价银5厘;竹箩,每个价银1钱。⑨

第三,家具价格。太史椅2把,价银8钱,折合每把价银4钱;脚凳2条,价银8分,折合每条价银4分;⑩中桌围1付,价银7钱8分;大公座褥1件,价银1两1钱4分;扶手2副,价银8钱4分;印匣1个,带锁,价银3钱;铜印池1个,价银1钱;案桌1张,价银4钱;条桌1张,价银4钱;卷箱1只,包括架扛,共价银5钱;洗面架1座,价银2钱;卷架1个,价银1钱。⑪

第四,其他杂项家火价格。芦席6领,价银2钱4分,折合每领价银4分;麻绳20条,价银2钱,折合每条价银1分;抬牲扛10根,价银3钱,折合每根价银3分;扒沙板5片,价银5钱,折合每片价银1钱;⑫柏烛20对,价银2钱,折合每对价银1分;油烛20对,价银1钱,折合每对价银5厘;铁斧10把,价银3钱,折合每把价银3分;铁锹5把,价银2钱5分,折合每把价银5分;镢5把,价银2钱5分,折合每把价银5分;大小麻绳300根,价银9钱,折合每根价银3分;芦席20领,价银6钱,折合每领价银3分;蒲包20个,价银1钱,折合每个价银5厘;⑬大

① 沈榜:《宛署杂记》卷14《经费》上,第121页。
② 沈榜:《宛署杂记》卷15《经费》下,第147页。
③ 沈榜:《宛署杂记》卷15《经费》下,第148页。
④ 沈榜:《宛署杂记》卷15《经费》下,第148页。
⑤ 何士晋撰,江牧校注:《工部厂库须知》卷6《虞衡司》,第176页。
⑥ 何士晋撰,江牧校注:《工部厂库须知》卷6《虞衡司》,第181页。
⑦ 何士晋撰,江牧校注:《工部厂库须知》卷11《器皿厂》,第340页。
⑧ 何士晋撰,江牧校注:《工部厂库须知》卷11《器皿厂》,第340页。
⑨ 何士晋撰,江牧校注:《工部厂库须知》卷3《营缮司》,第81页。
⑩ 沈榜:《宛署杂记》卷15《经费》下,第148页。
⑪ 沈榜:《宛署杂记》卷15《经费》下,第148页。
⑫ 沈榜:《宛署杂记》卷14《经费》上,第121页。
⑬ 沈榜:《宛署杂记》卷15《经费》下,第147页。

手巾 1 条,价银 3 分;麻绳 1 条,价银 1 分 5 厘;铁锁 1 把,价银 3 分 5 厘;①太庙用羊角灯,每盏的价银为 6 钱 6 分。②

(8)出行客运价格

交通运输价格分为客运与货运两种,其中客运价格可归于日常生活价格之中,而货运价格则属于货物成本,不在此赘述。

明人出行,北方多为骑马、骑驴甚至乘车,南方尤其是江南则多为坐船。限于北方客运资料的匮乏,在此暂不讨论北方客运价格,仅就江南坐船出行尤其是夜航船的价格加以阐述。

第一,从杭州至普陀山的夜航船价格。从杭州前往普陀山的水路,通常需要先渡过钱塘江,来到江边属于萧山的西兴驿。从西兴驿搭船,则可直至上虞县的东关驿。这段水路共计 170 里,每人坐船的价银为 2 分银子。稍加折算,夜航船客运价格为银 1.176 毫/每里。再过东关驿,过曹娥江之后,搭乘梁湖船,而后直达宁波府。这段水路共计 213 里,每人坐船的价银为 3 分银子。稍加折算,夜航船客运价格为银 1.408 毫/每里。③ 由上可知,从杭州至宁波的客运船价为银 1.176—1.408 毫/每里。

第二,从苏州至孝丰县的夜航船价格。这段水路分为三段:第一段,从苏州阊门至湖州南浔,共计水路 139 里,每人坐船的价格为 2 分银子。稍加折算,夜航船的客运价格为银 1.438 毫/每里。第二段,从南浔至湖州府,共计水路 62 里,每人坐船的价格为 8 厘银子。稍加折算,夜航船的客运价格为银 1.29 毫/每里。第三段,从湖州西门搭船,直达孝丰县,共计水路 160 里,每人的坐船价格为 1 分银子。稍加折算,夜航船的客运价格为银 0.625 毫/每里。④ 由上可知,从苏州至孝丰县的客运船价为银 0.625—1.438 毫/每里。

第三,从扬州至杭州的船价。这段水路有船价记载的有两段:第一段,从扬州关搭小船至瓜洲,水路里程无记载,每人坐船的价格为铜钱 3 文。第二段,从瓜洲南门,渡过大江至镇江,水路里程未有记载,每人坐船的价格为铜钱 2 文。⑤

---

① 沈榜:《宛署杂记》卷 15《经费》下,第 148 页。

② 何士晋撰,江牧校注:《工部厂库须知》卷 11《器皿厂》,第 349 页。

③ 程春宇:《士商类要》卷 1《苏州由杭州府至南海水路》,载杨正泰:《明代驿站考》附录,上海古籍出版社 1994 年版,第 254 页;黄汴:《一统路程图记》卷 7《江南水路》,《明代驿站考》附录,第 213 页。

④ 程春宇:《士商类要》卷 1《苏州由湖州至孝丰县水路》,《明代驿站考》附录,第 255 页。

⑤ 黄汴:《一统路程图记》卷 7《江南水路》,《明代驿站考》附录,第 213 页。

第四,从杭州至镇江的夜航船价格。这段水路仅有一段水路有船价记载,即从嘉兴府至王江泾,搭乘小船,每人的船价为3文铜钱,但无水路里程记载。①

2. 奢侈品价格

奢侈品可以分为普通奢侈品与高端奢侈品两类。在明代,诸如猪肉、鹅一类的肉食,属于普通奢侈品;而燕窝菜、虾与鲍鱼、大绒、山东茧绸、葛布、毡单、细瓷、眼镜一类,则属于高端奢侈品。至于豆腐,虽为常见之物,其贱者不过1文钱1碗而已,普通民众完全可以享用,但在徽州,有些珍贵的豆腐,则1碗豆腐可以卖出1两银子的高价。② 这显然已属奢侈品,非普通民众所可享用。

(1)奢侈食品价格

在明代,诸如肉类、禽类、糖与糖制品、果品,大抵可以归于奢侈品消费。

肉类分猪肉、牛肉、羊肉、狗肉、兔肉、鹿肉等。

明代的猪肉价格,大抵可以分为以下两种:一种是官府的召买价与折色价,另一种是市场价。

就官府的召买价而言,大体可以通过诸多史料折算出每斤的价格。如宛平县负责杂祭时,每次祭祀需要召买猪6口,每口价银1.5两。③ 因无每口猪的具体重量数字,这则史料暂时无法推算出每斤猪肉的价格。不过,另外两则史料,则已可明确道出每斤猪肉的召买价格:一则史料是太常寺每年正祭所用猪肉的价格。史载太常寺每年正祭,大约需用猪910口,重122306斤,所费正价与帮价银2316.3两,④折合每斤猪肉价银约0.018两,即1分8厘。另一则记载是顺天府乡饮酒礼酒席所用猪肉价格,一般均为每斤猪肉价银2分。⑤ 由此可见,明代官府所用猪肉的召买价格,通常为每斤猪肉价银在1.8—2分之间。

就官府的折色价而言,明宫采选淑女时,招待淑女母女的有大廪给、小廪给两种,均有猪肉的支给,并以折色支取。其中大廪给为猪肉5斤,折合价银9分,即每斤猪肉的折价银为1.8分;小廪给为猪肉4斤,折合价银7分2厘,即每斤猪肉的折价银也是1.8分。⑥ 这一折价银,正好与太常寺猪肉的召买价相符。

---

① 黄汴:《一统路程图记》卷7《江南水路》,《明代驿站考》附录,第213页。
② 姚旅:《露书》卷12《谐篇》,福建人民出版社2008年版,第286页。
③ 沈榜:《宛署杂记》卷20《志遗》5,第283页。
④ 沈榜:《宛署杂记》卷13《铺行》,第116页。
⑤ 沈榜:《宛署杂记》卷15《经费》下,第170页。
⑥ 沈榜:《宛署杂记》卷14《经费》上,第140页。

至于民间市场上猪肉的价格，也有两则记载可以印证。一则记载是嘉靖三年(1524)，正值荒歉之年，导致当时南京猪少肉贵，每斤猪肉的时价高达38文。[①] 正如前述，明代的银、钱比价颇为复杂，且日呈钱贱银贵的趋势。若以晚明银、钱比价为准，万历年间规定，钱55文，折银1钱；至崇祯年间，则为钱65文，折银1钱。[②] 若取这两个数字的中间比价，则1钱银子可折合铜钱60文。以此比价为基准，那么嘉靖三年南京的猪肉价格高达每斤价银6分3厘多。这当然并非正常的市场价格。事实上，在崇祯初年，松江府的猪肉价格一般为每斤价银2分上下。[③] 在猪肉中，雄猪的腰子，因为民间盛传可以"补虚损"，所以，每年的三月二十八日，北京人最喜吃雄猪腰子，一对大的雄猪腰子，在明末的售价可以值价银5—6分。[④] 此外，在晚明，肉食制品以金华火腿最为珍贵，一只火腿的价银高达3—4钱。[⑤]

明代牛肉价格，也大致可以分为以下两种：一种是官府的召买价与折色价，另一种是市场价。

就官府召买价而言，顺天府乡饮酒礼宴席所用牛肉价格，普遍为每斤价银1.5分。[⑥] 就折色价而言，明宫采选淑女时，其中大廪给、小廪给的牛肉折色价为每斤价银1.3分。[⑦] 可见，折色价低于召买价。

就市场价而言，广西横州地方，当地人家养牛成风，"巨家有数百头，有至千头者，虽数口之家，亦不下十数"。牛肉的供应量相当充足，"市中牛肉，四时不辍"，进而导致横州当地的牛肉价格极其低廉，"一革百余觔，银五六钱"，[⑧]折合每斤牛肉的价银仅5—6厘之间。

限于资料的匮乏，明代的羊肉价格仅有召买价可以考知。这有以下两则记载：一则是宛平县负责杂祭时所用羊肉的价格，为羊6只，每只价银5钱。[⑨] 因为未知每只羊的重量，故暂时无法推算出每斤羊肉的价格。不过，另一则记载则

① 赵官等编纂，吴福林点校：《后湖志》卷10，南京出版社2011年版，第111页。

② 毕自严：《度支奏议》，《新饷司》卷18《覆钱法堂条议三款疏》，第3册，第399页。

③ 叶梦珠：《阅世编》卷7《食货》6，第159页。

④ 刘若愚：《酌中志》卷20《饮食好尚纪略》，第179—180页。

⑤ 李乐：《续见闻杂记》卷10，上海古籍出版社1986年版，第858—859页。

⑥ 沈榜：《宛署杂记》卷15《经费》下，第170页。

⑦ 沈榜：《宛署杂记》卷14《经费》上，第140页。

⑧ 邓士龙辑，许大龄、王天有主点校：《国朝典故》卷87，引王济：《君子堂日询手镜》下，下册，北京大学出版社1993年版，第1828页。

⑨ 沈榜：《宛署杂记》卷20《志遗》5，第283—284页。

详细记录了每斤羊肉的召买价格。据记载,顺天府乡饮酒礼宴席所用羊肉的召买价格,为每斤价银 1.5 分。①

此外,狗、兔的价格,均有官府召买价格的记载。如刑部所用之狗 4 只,价银 2 钱,折合每只狗价银 5 分。② 虽不可考知每斤狗肉的价格,但已足证狗肉价格极其低廉。又如宛平县负责杂祭时需用活兔 1 只,价银 1 钱。③ 若以 1 只兔子 5 斤折算,可知每斤兔肉的价银为 2 分。至于鹿肉,显然相当珍贵,价格亦颇高。据载,各直省向工部虞衡司所进杂料中,有大鹿、小鹿两种,其中大鹿 5 只,折价银 80 两,折合每只大鹿的价银为 16 两;小鹿 2 只,折价银 8 两,折合每只小鹿的价银为 4 两。④

综合上述各类肉食价格可知,最为珍贵且价格高昂的肉类是鹿肉;稍次者,则为兔肉、猪肉与羊肉;价格最为低廉者,则属牛肉与狗肉。这显然与明朝人的饮食喜好密切相关。

鹅在明代属于美味,价格相对也比较高。就鹅的官府召买价来看,如顺天府乡饮酒礼宴席所用大鹅 1 只,召买价为银 2 钱。⑤ 就官府折色价来看,如明宫采选淑女时支付淑女母女廪给,活鹅 1 只,折合价银 1 钱 8 分。⑥ 至于民间市场鹅的价格,显然比官府的召买价更高。如万历十七年(1589),松江府 1 只鹅的价格高达 4 钱银子。⑦ 结合这三则记载,可知 1 只鹅的价格大致在 1.8—4 钱银子之间波动。

天鹅属于野味,其价格更高于人工饲养的鹅。如各直省向工部虞衡司所进杂料,其中天鹅 5 只,折合价银 2 两 5 钱,⑧亦即每只天鹅折合价银 5 钱。

鸡的召买价格有二:一是刑部所用之鸡 5 只,价银 2 钱,⑨折合每只价银 4 分。二是顺天府乡饮酒礼宴席所用之鸡,其价格有三种:第一种是大鸡 1 只,价银 5 分;第二种是鸡 1 只,价银 3 分 4 厘;第三种是鸡 1 只,价银 3 分。⑩

---

① 沈榜:《宛署杂记》卷 15《经费》下,第 170 页。
② 沈榜:《宛署杂记》卷 15《经费》下,第 147 页。
③ 沈榜:《宛署杂记》卷 20《志遗》5,第 284 页。
④ 何士晋撰,江牧校注:《工部厂库须知》卷 6《虞衡司》,第 192—193 页。
⑤ 沈榜:《宛署杂记》卷 15《经费》下,第 170 页。
⑥ 沈榜:《宛署杂记》卷 14《经费》上,第 140 页。
⑦ 范濂:《云间据目钞》卷 3《记祥异》,清光绪四年上海申报馆仿聚珍本。
⑧ 何士晋撰,江牧校注:《工部厂库须知》卷 6《虞衡司》,第 192 页。
⑨ 沈榜:《宛署杂记》卷 15《经费》下,第 147 页。
⑩ 沈榜:《宛署杂记》卷 15《经费》下,第 170 页。

至于鸭的价格，则只有折色价。如明宫采选淑女时，招待淑女母女的廪给，通常有活鸭 2 只，价银 6 分，①折合每只活鸭价银 3 分。

在明代末年，松江府燕窝菜的价格相当高昂，每斤需要银子 8 钱。②

在水产品中，以银鱼、鲥鱼、对虾、鲍鱼最为珍贵，故价格高昂。

在明代，银鱼属于一种上供的贡品，每当五月之时，通过冰鲜的方法，由南京运往北京。在江南，银鱼的最佳吃法，为"冬笋压春醅"。尤其是"银鱼鲙"，更是成为宦官与贵官竞相奢求的美味。银鱼最为讲究时令，正当上市时节，尤其是落市前三日，其价格可达"骈头值万钱"。③ 换言之，两尾银鱼价格高达 10000 文，折合每尾 5000 文。以银 1 钱折钱 60 文计算，每尾银鱼的价格高达价银约 8.33 两。

明代南京人吃鱼，最讲究"物候"，喜欢"尝新逐时"，只争先尝，不计价格，如二月初食河豚，三月初食刀鲫，四月初食鲥鱼。尤其是鲥鱼，据钟惺《秣陵桃叶歌》记载，南京人为了尝鲜，1 条鲥鱼的价格高达 1000 铜钱。即使到了城里，价格减半，仅售 500 文，也是极高之价。④ 以 1 钱银子折合 60 文铜钱计算，应季而新鲜的鲥鱼，每条价银约高达 1.67 两。即使是减半出售，每条鲥鱼的价银也约高达 0.84 两。

大虾、鲍鱼的价格也不菲。如明末温州大虾的价格，不到 1 尺长的虾，每只价格高达 1000 文钱，折合价银约 1.67 两。明末北京市场上卖的鲍鱼，每斤值 300 文铜钱，折合价银 5 钱。后来用海螺肉冒充，价格相对便宜一些，也需要每斤 100 文钱，⑤折合价银约 1.67 钱。

至于其他鲜鱼、腌制鱼，同样可以考知官府的召买价与折色价。如顺天府乡饮酒礼宴席所用的鲜鱼，有两种价格：一种价格只论每尾的价格，不知每斤的价格。如鱼 1 尾，价银 3 分；鱼 1 尾，价银 2 分 5 厘。另一种则可以推算出鲜鱼每斤的价。如鲜鱼 1 尾，重 5 斤，价银 1 钱，折合每斤价银 2 分；鲜鱼 1 尾，重 3 斤，价银 7 分 5 厘，折合每斤价银 2 分 5 厘。⑥ 腌鱼的折色价，可以明宫采选淑女时

---

① 沈榜：《宛署杂记》卷 14《经费》上，第 140 页。

② 叶梦珠：《阅世编》卷 7《食货》6，第 161 页。

③ 沈德符：《清权堂集》卷 20《银鱼曲十首》，《沈德符集》，第 315 页。

④ 姚旅：《露书》卷 10《错篇》下，第 246 页。

⑤ 姚旅：《露书》卷 10《错篇》下，第 247 页。

⑥ 沈榜：《宛署杂记》卷 15《经费》下，第 170 页。

的廪给折色价为例加以说明,大致为腌鱼 2 尾,价银 4 分,①折合每尾价银 2 分。

茶看似一种普通的饮品,在明人生活中却是一种奢侈品。有些普通人家,终年不得饮茶,只好以米汤代茶。茶的品种很多,价格不一。在明末,一般的好茶,每斤最高不过 2 钱银子。② 松江府上海县最好的茶叶芥片,其价格为每斤价银在 2—3 两之间,应该算是一种极品。③ 品茗既是一件雅事,更是一件奢侈之事,对于一般百姓人家而言,这种极品茶叶价格实在难以承担。

俗语有云:小人嗜咸,君子嗜甜。换言之,能够享用糖的甜味,这是有身份的象征。在明代,白糖价格甚昂。尤其是大内所制之窝丝糖,其价之高,更是令人咋舌。如明代末年,在松江府上海县,若是上白的糖,每斤价银 3—4 分。④ 至于大内所造之窝丝糖,用锡制之匣装盛。每匣重仅数分,大如斗,味之甘美,非外间所有。因宦官时常将窝丝糖作为馈赠品,随之使此糖留入外间,但价格奇高,每匣价银高达 3 两银子。为此,明末清初人吕留良有诗云:"玉盘浮蛆压鲍螺,临安遗法到姑苏。十分雪骨旋窝细,一抹桃尖晕缬朱。院长嗜甜涎自化,老饕怕嚼齿新落。酒醒记起糖滋味,银匣盘丝出御厨。"⑤诗歌所言"院长",指的是黄宗羲,最为"嗜甜"。"齿新落",据自注,是指吕留良"新落二齿"。

至于糖制品,有一种名为"糖饽饼"的制品,大抵可以考知官府的召买价格。据沈榜记载,顺天府乡饮酒礼的宴席中,需要用到这种糖制品,召买价格通常为每个价银 3 毫。⑥

果品分鲜果与干果两种。在鲜果中,频婆果、荔枝、龙眼三种,均属珍品,价格较高。如频婆果,又名"平婆",古称"林檎",在明代已改称"花红"。明人徐渭有一首诗,专咏频婆果,诗云:"石密偷将结,他鸡伏不成。千林黄鹄卵,一市楚江萍。首夺秋厨腊,鲜专夏盌冰。上元灯火前,一颗百钱青。"⑦即使青色尚未成熟的频婆果,1 颗的价格也高达 100 文钱。若以 1 钱银子折钱 60 文计算,折合价银约 1.67 钱。

至于荔枝、龙眼(又称圆眼),因限于资料,其市场价暂无可知,不过其官府

---

① 沈榜:《宛署杂记》卷 14《经费》上,第 140 页。

② 宋应星:《野议·军饷议》,《宋应星佚著四种》,第 22 页。

③ 叶梦珠:《阅世编》卷 7《食货》6,第 159 页。

④ 叶梦珠:《阅世编》卷 7《食货》6,第 160 页。

⑤ 吕留良:《吕晚村诗集》,《伥伥集·饮自牧斋啖鲍螺以古无诗咏与德冰孟举自牧各赋之》,载氏撰,徐正点校:《吕留良诗文集》,上册,浙江古籍出版社 2011 年版,第 442 页。

⑥ 沈榜:《宛署杂记》卷 15《经费》下,第 170 页。

⑦ 蒋一葵:《长安客话》卷 2《皇都杂记·柰属》,北京古籍出版社 2001 年版,第 38 页。

的召买价则可以考知。如顺天府乡饮酒礼宴席所用荔枝,1 盘,重 3 斤半,价银 1 钱 7 分 5 厘,每斤折合价银 5 钱。① 又顺天府乡饮酒礼宴席所用龙眼,1 盘,重 3 斤半,价银 1 钱 7 分 5 厘,每斤折合价银 5 钱。② 可见,荔枝与龙眼的召买价基本相同。

鲜果可以制成干果、果仁,甚至还可以加工成糖果山。明代干果的价格,可以通过文献记载考知其召买价。如光禄寺每年需要用到各色干果,包括核桃、红枣、榛子,其召买价分别如下:核桃 100 斤,价银 2 两 5 钱,每斤折合价银 0.25 钱;红枣 100 斤,价银 1 两 3 钱,折合每斤价银 0.13 钱;榛子 450 斤,价银 10 两 3 钱 5 分,折合每斤价银 0.23 钱。③ 又如顺天府乡饮酒礼宴席所用各色干果,包括胶枣、核桃、栗子,其召买价分别如下:胶枣 1 盘,重 10 斤,价银 1 钱,折合每斤价银 1 分;核桃 2 盘,共计 50 个,价银 2 分,论个计价;栗子 1 盘,重 3 斤,价银 3 分 9 厘,折合每斤价银 1.3 分。④ 内务府所用果仁,主要有杏仁。如内务府所属酒户,所需杏仁主要由宛平县承担召买,合计 11.5 石,折合每石价银 4.3 两。⑤ 干果加上糖,即可制成糖果山,这是明代宴席通用的菜色。如顺天府乡饮酒礼所用糖果山,共计 2 座,重 3 斤,价银 1 钱 2 分,折合 1 座价银 6 分,每斤价银 4 分。⑥

(2)砂器、瓷器价格

相较而论,砂器的价格低于瓷器。但在瓷器中,也有粗瓷与细瓷之分,细瓷价格明显高于粗瓷,属于奢侈品。

明代砂器价格,可以明代宫中通过山西潞安烧造砂锅的成本价格加以考察。据史料记载,明宫在山西潞安烧造的砂锅,计 19500 个,共计价银 110 余两,折合每个价银约 5.6 分。⑦

磁器虽是日常生活用品,但其中也有细磁与粗磁之分。在细磁中,也有上、下两等:上等细磁,崇祯年间松江府的价格 1 只卖到 3—5 钱银子;下等的细磁则 3—5 分银子可以买 10 只,折合每只约价银 3—5 厘。⑧

① 沈榜:《宛署杂记》卷 15《经费》下,第 170 页。
② 沈榜:《宛署杂记》卷 15《经费》下,第 170 页。
③ 沈榜:《宛署杂记》卷 15《经费》下,第 150 页。
④ 沈榜:《宛署杂记》卷 15《经费》下,第 170 页。
⑤ 沈榜:《宛署杂记》卷 15《经费》下,第 143 页。
⑥ 沈榜:《宛署杂记》卷 15《经费》下,第 170 页。
⑦ 吕坤:《停止砂锅潞绸疏》,《明经世文编》卷 415,第 5 册,第 4502 页。
⑧ 叶梦珠:《阅世编》卷 7《食货》6,第 164 页。

（3）奢侈纺织品价格

无论是纺织品，还是服装，若是说到奢侈，必数皇宫大内。有一则清初的记载，可以作为明代奢侈纺织品的价格参考。这是清初顺治年间的资料。当时皇帝、有钱官员，所穿多为貂裘、狐裘之衣。如顺治皇帝所穿玄狐裘皮衣服，价值高达3000两银子。至于其他群臣所穿玄裘衣服，最便宜的也值1000两银子。[①]这或许是极端的例子，但揆诸明宫生活，其奢华确乎如此。如嘉靖年间，明世宗因内织染局之奏，下令陕西织造各色羊绒织彩龙袍、曳撒、鞠衣之类。这种服装，大多“织金妆花之飞，五彩闪色之华”，引来皇家的追捧，甚至用羊绒织成的一件龙袍，“费至百余金”，即100余两银子，1匹羊绒的定价，高达价银10余两。[②]

明代宫中所用纺织品，不但织造价格过高，而且织造的成本，大多摊派于当地粮税的加耗米中。以苏州织造的纺织品为例，如大红的袍布1匹，用银74两；玄、黄、青、黑、绿的袍布1匹，用银63两；鞠衣膝襕1匹，用银64两。[③] 明宫坐派山西潞安织造的黄绸，其成本价格也相当之高。如万历三年（1575），坐派山西潞安织造的黄绸2840匹，共计用银19334两，折合每匹价银约6.81两。万历十年，坐派黄绸4730匹，共计用银24670两，折合每匹价银约5.25两。万历十五年，坐派黄绸2430匹，共计用银12000余两，折合每匹价银约4.94两。万历十八年，坐派黄绸5000匹，共计用银28060两，折合每匹价银约5.61两。[④] 嘉靖二十四年（1545），南京供应机房织造明世宗所用纻丝纱罗、织金彩妆、曳撒膝栏襕、胸背暗花五爪龙，计1125匹，若是算上所需丝料、金条、红花等物，包括织染人匠的工价，按照当时市场上的时值加以估价，共计该用银17878两多，折合每匹价银约15.89两。[⑤] 宫中服装面料的染色，价格也是不菲。如万历十八年六月所定，变染蓝绢1匹，染价银为1钱；变染绿色绢1匹，染价银为1钱3分。[⑥]即使是蜀王府中专用的蜀锦，价格也是相当惊人。蜀锦之名，久已名闻天下。蜀锦厚数分，织作工致，但不适合制作衣服，只堪制作裀褥之用。蜀锦的价格奇高，甚至“一缣五十金”，即1匹价银高达50两。鉴此原因，蜀锦只在蜀王府中使

---

① 谈迁：《北游录》，《纪闻》下《貂裘》，第383页。

② 杨一清：《阁谕录》卷4《论弘圣德奏议》，《杨一清集》，下册，第906页。

③ 杨循吉：《苏州府纂修识略》卷1《政事》上《诸色蠲免》，《杨循吉集》，第641页。

④ 吕坤：《停止砂锅潞绸疏》，《明经世文编》卷415，第5册，第4502页。

⑤ 赵官等编纂，吴福林点校：《后湖志》卷10《事例》7，第122页。

⑥ 沈榜：《宛署杂记》卷14《经费》上，第142页。

用,并非民间百姓所宜,所以“闾阎不传”。①

由此可见,除了棉布适合一般小民生活之外,其他诸如贡缎、贡罗、大绒、山东茧绸、葛布、毡单,均属于奢侈品,价格并非一般百姓所能承受。如万历二十五年(1597),贡缎、贡罗的价格,大概为每匹价银数两。② 崇祯年间,在松江府,诸如大绒、山东茧绸、葛布、毡单、顾氏绣品等奢侈纺织品的价格如下:大绒,每匹长10余丈,价银高达100两;山东茧绸,价格也与大绒相等;葛布,好的为每匹价银3两,长不过3.1—3.2丈,次的葛布,价格也并不便宜,每尺需要0.05—0.06两银子;毡单,双红毡单每条值纹银2两,单红的毡单每条也需银1两上下;松江府上海县露香园所产的顾氏绣品,海内驰名,向来价格最贵,尺幅之素,精者值银几两,全幅高大者,更是高达数十两银子。此外,上好的靴子,每双在北京也值7钱银子。③

(4)**珠宝价格**

珠宝以珍珠与宝石为大宗,且价格极其昂贵。

珍珠既可服食,又可作为装饰之物。明世宗好长生之术,喜食珍珠,曾严令让户部尚书高燿购进珍珠。高燿购得四等大小珍珠,计1500余粒,共计价银22500余两,进献给明世宗,折合每粒价银15两。④

至于宝石,质地有祖母绿、猫睛石、玛瑙、碧玉之分。祖母绿,即元人所称“助木剌”,其色深绿,其价极贵,大的祖母绿尤其难得。如成化年间,明宫曾花银数千两,购得一块重四五两的祖母绿,已是视为“希世之宝”。至于籍没宦官钱宁之家,其私藏祖母绿佛一座,重达数斤,更是内宫所无。⑤ 猫睛石出细兰国,光色“一如睛”,好的猫睛石,其瞳子更会随时变换。即使大如指面的猫睛石,也是“值千金”,亦即价银高达1000两银子。⑥ 玛瑙,以西洋所产为贵。中国也产玛瑙,主要产自云南之永昌府。玛瑙以色红者为上品,红白相间者称为“缠丝”,品质最下,可以制为酒杯、镇书之类。明代古玩市场上卖古董的商人,一说玛瑙,即称“宋做”,主要还是因为明朝出产玛瑙最少,所以假称“宋做”,以抬高价格。

---

① 王士性:《广志绎》卷5《西南诸省》,中华书局1981年版,第107页。

② 林熙春:《贡葛议》,《潮州耆旧集》卷30《林尚书城南书庄集(二)》,第425页。

③ 叶梦珠:《阅世编》卷7《食货》6,第162、163、165页;宋应星:《野议·军饷议》,《宋应星佚著四种》,第23页。

④ 朱国祯撰,王根林校点:《涌幢小品》卷1《买珠》,上海古籍出版社2012年版,第16页。

⑤ 蒋一葵:《长安客话》卷2《皇都杂记·祖母绿》,第36页。

⑥ 蒋一葵:《长安客话》卷2《皇都杂记·猫睛石》,第36页。

至万历二十年(1592),西洋所产玛瑙遍行天下,导致价格不到玉的十分之一。至于碧玉,大多产自云南,但明人最看重西洋所产的碧玉。不过,西洋产碧玉一向最为难得,至万历年间,亦“大至中华”,以致云南碧玉价格“顿贱”。①

(5)东西洋进口物品价格

在明代,因为朝贡贸易的存在,导致番货大量涌入中国,甚至朝廷以番货折为官员的俸禄,多以胡椒、苏木居多。

番货有贵有贱,且种类繁多。现据王世贞的记载,将明代番货价格录如下:胡椒,每斤钞 3 贯;丁香,每斤钞 1 贯;荜茇,每斤钞 2 贯;速香,每斤钞 2 贯;木香,每斤钞 3 贯;乳香,每斤钞 5 贯;苏木,每斤钞 500 文;黄蜡,每斤钞 500 文;油红布,每段钞 1 贯 500 文;青布,每段钞 1 贯 500 文;玳瑁盒,每个钞 1 贯;玳瑁盂,每个钞 1 贯;藤竭表里,每斤钞 1 贯;没药,每斤钞 5 贯;金银香,每斤钞 500 文;大枫子,每斤钞 100 文;锡,每斤钞 500 文;苾布,每匹钞 15 五贯;肉豆蔻,每斤钞 500 文;古剌水,大合钞 1 贯,小合钞 500 文;豆蔻花,每斤钞 500 文;腰刀,每把钞 3 贯;铁,每斤钞 300 文;花布,每段钞 1 贯;大花手巾,每条钞 2 贯;小花手巾,每条钞 1 贯;各样粗布,每段钞 1 贯;沉香,每斤钞 3 贯;黄熟香,每斤钞 1 贯;荜澄茄,每斤钞 1 贯;翠毛,每斤钞 300 文;乌爹泥,每斤钞 500 文;红纹节知被,每条钞 5 贯;盐,每斤钞 100 文;栀子花,每斤钞 1 贯;丁皮,每斤钞 500 文;闷虫药,每斤钞 200 文;象牙,每斤钞 500 文;花毯单,每条钞 11 贯;撒哈喇,每匹钞 100 贯;珊瑚枝,每斤钞 30 贯;血竭,每斤钞 15 贯;龙涎香,每两钞 3 贯;苏合油,每斤钞 3 贯;大玻璃瓶,每个钞 3 贯;小玻璃瓶,每个钞 2 贯;大玻璃碗,每个钞 3 贯;小玻璃碗,每个钞 2 贯;玻璃灯瓯,每个钞 2 贯;鹤顶,每个钞 2 贯;赤金,每两钞 50 贯;足色银,每两钞 15 贯;降真香,每斤钞 500 文;妥剔牙,每斤钞 1 贯;胆矾,每斤钞 2 贯;回回石青,每斤钞 1 贯;珊瑚珠,每两钞 2 贯;乌木,每斤钞 500 文;安息香,每斤钞 500 文;紫檀,每斤钞 500 文;木鳖子,每斤钞 300 文;雄黄,每斤钞 500 文;阿魏,每斤钞 2 贯;兜罗被,每段钞 15 贯;丝手巾,每条钞 2 贯;栗米珠,每两钞 5 贯;油血石,每两钞 2 贯;番砂,每斤钞 200 文;夕牙吸答纳,每斤钞 500 文;八的阿纳,每斤钞 400 文;三额阿剌必,每斤钞 500 文;别模剌,每斤钞 500 文;厥枯露,每斤钞 300 文;加定,每斤钞 500 文;哈都味思,每斤钞 500 文;阿思达模途儿气,每斤钞 500 文;暗花打布,每段钞 1 贯;沙连布,每段钞 1 贯;查青礼布,每段钞 1 贯;加龙宜布,每段钞 1 贯;乌连布,每段钞 1 贯;勿那朱布,每段

① 沈德符:《万历野获编补编》卷 4《玩具 · 玛瑙》,下册,第 906—907 页。

钞1贯;苏麻达,每斤钞200文;番弓,每张钞2贯;番箭,每枝钞100文。①

在明代,眼镜属于稀罕之物,更是一种奢侈品,尤以西洋所制为佳。这种眼镜"以玻璃为质,象皮为干","非大有力者不能致也"。眼镜的价格相当高昂,每副眼镜值银4—5两。②

3. 文化生活用品价格

在维持日常生活基本需要的同时,自明代中期以后,明人生活开始出现两大转向:一是生活由俭朴而渐趋奢靡,崇尚奢侈品成为一时之风;二是生活的日渐艺术化,收藏书画、古玩、时玩、名香,甚至玩观赏鸟之类,也是蔚然成风。在这两股生活风尚的熏染下,奢侈品与文化生活用品的价格随之开始上涨。

(1)书画古玩价格

书画作品有古人与时人之别。有一则史料记载颇为值得重视,这就是竟陵派人钟惺的说法:"南中人矜尚书画,工者价或等于诗文。"③细绎其意,无非是说在南京人追捧书画风尚的影响下,明人书画作品的价格,其中的"工者"可以与诗文相等。这是当代人书画作品价格上升的一个侧面反映。

事实确乎如此。如晋江人何观,景泰年间曾任文渊阁中书舍人,擅长书法。他所作的行草书法,泉州人拿到市场上出售,"一纸可数金"。④ 当代人的一幅书法作品,售价高达数两银子,价格实已不菲。至于古人名家书品,市场售价之高,更是相当惊人。以宋人黄庭坚的书法作品为例,姚汝循曾藏有黄庭坚手书《法华经》7卷,纸张用的是澄心堂纸,光滑如镜,售价高达700两银子。姚汝循死后,曾有人持这幅书法作品典质给顾起元。顾起元经认真鉴定,见其字大多沓拖疏慢,似非黄庭坚的真迹。即使如此,这幅作品最后还是被徽商出重价买走。⑤

流风之余,即使法帖的价格也随之上涨。如冯梦祯曾买入金氏所藏的《兰亭序》法帖,价银高达30两银子,外加杂费银3两。⑥ 李日华亦从杭州书画商人

---

① 王世贞:《凤洲杂编》1《会典载番货价值偶附记于此》,收入《纪录汇编》卷154,《丛书集成初编》,商务印书馆1937年版,第9—12页。

② 叶梦珠:《阅世编》卷7《食货》6,第163页。

③ 钟惺著,李先耕、崔重庆标校:《隐秀轩集》卷36《画龙说赠王生南游》,上海古籍出版社2017年版,第673页。

④ 何乔远撰,陈节、张家庄点校:《镜山全集》卷55《何中书公传》,下册,福建人民出版社2015年版,第1449页。

⑤ 顾起元:《客座赘语》卷8《赏鉴》,第252页。

⑥ 冯梦祯:《快雪堂日记》卷8,丙申十二月十八条,凤凰出版社2010年版,第103页。

潘琴台、吴卿云的手中购入赵子昂临摹张旭的《秋深帖》,白宋笺纸,长幅,作挂轴之形,花费价银4两。① 明末人万寿祺也喜欢收买法帖的拓本。他自述家贫不能多蓄法书,只好“杖头挂百钱”,不时游逛市场,看到有人卖法帖拓本,就“择其勒拓完好、不失古人之意,时时收买”。② 崇祯十七年(1644),有客人获得宫廷所藏的《兰亭序》法帖拓本,内损五字。万寿祺正好至扬州,经审定,楮纸北墨,神采烂然,属于唐朝武则天时期的拓本,最后以铜钱5000文购得这幅法帖拓本。③ 若以1钱银子折合60文铜钱折算,这幅法帖拓本折合价银8.3两多。法帖拓本尚能卖出如此高价,足见明代书法作品受人追捧。

在明代,古代书画作为一种古玩,在隆庆初年,时价尚且低廉。如严嵩家产被籍没后,其中所藏一些书画,分别收入内府。至隆庆初年,曾以这些包括唐宋名迹的书画,充当武官的岁禄,每卷或每轴的折价“不盈数缗”。到了万历年间,这些古玩类的书画作品,价格大涨,甚至“不啻什伯之矣”,④亦即有十倍、百倍的涨幅。如万历年间,有一位古董大商人,其中有一幅古画,画中“重楼复殿,岩泉映带中,有美嫔袒露半身,而群女拥持之”。因无题识,沈德符将此画定为李思训所作,作品名字可定为《杨妃清华赐浴图》。此画原值1两银子而已,但聊城人翰林朱蓼水极其叹赏,最后花费100两银子买得。⑤

相比之下,若是古画的赝品,那么价格并不太高。据顾鼎臣记载,他于弘治十七年(1504)秋八月,赴南京参加乡试。在礼部门外看到有人出售旧画,其中一幅为南宋陈容所绘龙头图,品甚神奇,下面题云:“明良风云,神寄斯画。大溥霖雨,以泽天下。”最后,顾鼎臣花费青钱120文购得此画。⑥ 这120文钱,仅折合2钱银子,已是相当低廉,除却捡漏之外,一定属于一幅赝品。当然,若是看走了眼,即使是赝品画作,同样可以卖出一个高价。如唐人王维《江天霁雪卷》,原本为南京胡懋礼家藏旧物。冯梦祯任国子监祭酒时,曾以数十两银子购得。董其昌一见此画,赞不绝口,并为此画作跋几千言,此画明传东南。冯梦祯买入此

① 李日华著,屠有祥校注:《味水轩日记校注》卷4,万历四十年二月十九日条,上海远东出版社2011年版,第201页。

② 万寿祺:《隰西草堂文集》卷2《跋家藏楷法》,载氏撰,余平、王翼飞点校:《万寿祺集》,浙江人民美术出版社2014年版,第200页。

③ 万寿祺:《隰西草堂文集》卷2《跋五字损本兰亭》,《万寿祺集》,第200页。

④ 沈德符:《万历野获编》卷8《内阁·籍没古玩》,上册,第211页。

⑤ 沈德符:《万历野获编》卷26《玩具·旧画款识》,下册,第658页。

⑥ 顾鼎臣:《顾文康公续稿》卷5《霖雨堂记》,载氏著,蔡彬点校:《顾鼎臣集》,上海古籍出版社2013年版,第308页。

画后，请嘉兴人朱肖海临摹一幅，并割董其昌所作跋语，装入赝画中。冯梦祯死后，其长子冯驥子将赝品卖给徽州人吴心宇，价格高达800两银子。①

至于其他古董，价格亦呈上涨之势。均州窑所产古瓶价格就是一个最好的例子。史载万历年间，大内牡丹盛开，明神宗想用一个瓶来安插牡丹花。当时江阴一个百姓家藏有一个均州窑瓶，高数尺许，打算卖10两银子。这一高价遭人嘲笑。不过，最后还是被宦官购入宫中。至于具体的售价，说来还挺有意思。明神宗得到此瓶后，很是喜欢，询问宦官售价，宦官答以200两银子。明神宗听后，下谕给宦官："先给百金，如未肯，再给五十金。"②150两银子是明神宗的最后价位，可见宦官在这次购买古瓶的买卖中，实则获得了140两银子的差价。一个均州窑的古瓶，出价10两银子，尚且被人嘲弄。显然，这并未知晓明代古董的上涨趋势。另外一个例子，足以说明明代古董售价之高。史载淮抚李三才喜欢收藏古玩，曾三次派人去嘉兴，打算出1000两银子购买项氏所藏天保鼎，始终未得。最后，李三才属下徐州知州马从谦花费2600两银子购得此鼎。③

至于普通的古玩，售价也并不便宜。晚明人冯梦祯喜欢收藏古玩，他有这方面的购买记录。从他的记录中，可知冯梦祯有时采取以物易物之法，收购古玩。如他曾以"一潞绸、一彭段"，从汪仲嘉处置换到"姜铸彝炉"。有时冯梦祯则直接采用现银购买。如汪仲嘉年终时为了还债，将徐幼文画、定器、圆砚出售，冯氏花费10两银子购入。④

有一个现象颇为值得关注，即在追捧古玩的同时，明朝人又开始崇尚"时玩"。这股风气源于苏州"儇薄倡为雅谈"，引得一批戚里与富商大贾"浮慕效尤"，而后蔚为一时风气。所谓时玩，主要是指永乐时的剔红、填漆，宣德间的铜炉，宣德、成化间的窑器，以及其他明朝人制作的时尚器物，诸如龚春、时大彬的瓦瓶，胡四所制的铜炉，沈少楼、柳玉台、蒋苏台制作的折扇，何得之制作的扇面，赵良壁制作的锡器。这些东西一旦成为时玩，同样价格直线上升。如北京的城隍庙庙市，以销售书画古董为主，但所所售之物，真伪错陈。北方人不能鉴别，往

① 沈德符：《万历野获编》卷26《玩具·旧画款识》，下册，第658页；顾起元：《客座赘语》卷8《赏鉴》，第252页。按，据顾起元的记载，赝画售价为"数百金"，并无明确数字，而沈德符则直称"八百金"。

② 谈迁：《北游录》，《纪闻》上《神庙遗事》，中华书局1997年版，第339页。

③ 李日华著，屠有祥校注：《味水轩日记校注》卷2，万历三十八年二月二十七日条，第90—91页。

④ 冯梦祯：《快雪堂日记》卷9，丁酉十二月二十八、三十条，第109页。

往被苏州人贱值收买。如永乐时的剔红、填漆，很多是出自宫中之物，尤其精好。过去的售价极微，至万历年间，价格已经上涨了10倍。明代瓷器，以成化窑为最贵，宣德窑次之。如杯琖之属，初时不过数两银子而已。至万历年间，像成化窑的酒杯，每对的售价已高达100两银子。宣德年制的铜香炉，售价的上涨也大致如此。① 又如苏州折扇，过去如马勋、刘永晖之类的制扇名家，他们制作的折扇，每柄不过"值数铢"。至万历年间，像沈少楼、柳玉台等人，他们制作的折扇，每柄价格已达1两银子。尤其是蒋苏台，更称"绝技"。他制作的折扇，每柄售价更是高达3—4两银子。即使如此高价，还是引来冶儿争购，如同追捧"大骨董"一般。② 此外，像龚春、时大彬制作的瓦瓶，每个售价达"二三千钱"，折合每个价银约3.3—5两；赵良壁制作的锡器，每个瓶子售价1000文，折合价银约1.67两。③

（2）书籍价格

明代书籍，以宋版善本最为珍贵，明代所刻书籍，价格则低廉不少。

明代的知识人尤其追捧宋版善本。据竟陵派钟惺自述，他"老于读书"，但家中不藏古善本。如新安程伸之所购宋版《世说新语》，王世贞所藏宋版《汉书》，尚未读，而"爱敬之心从纸墨生"。即使如此，像宋版一类的善本书，钟惺也无力购买，因为一部宋版善本书的价格，已经可以"饱贫士数家"，为此深叹"人何可以无力"！④ 事实确是如此。如王世贞旧藏宋版、宋纸《汉书》，字画端重，原是赵孟頫家的故物，卷首画有赵孟頫之像，标签字也出自赵孟頫之手。王世贞得到这部善本后，也在其后画上自己的像。王世贞死后，这部宋版《汉书》，被钱谦益以1000两银子购入。其后，钱谦益又将此书卖给宁波人谢象三。⑤

至于普通书籍，售价则相对较为低廉。如明代刊行的《万历会计录》，在清初"所值不过二金"，⑥亦即每部不过价银2两。明末清初吕留良是著名的八股文选家，在南京还自己设有书坊，直接发售八股文选本。据吕留良记载，他的门人董杲的八股文本子，发到书坊售卖，通常售价为每本价银5分。⑦

① 沈德符：《万历野获编》卷24《畿辅·庙市日期》，中册，第613页。

② 沈德符：《万历野获编》卷26《玩具·折扇》，下册，第663页。

③ 袁宏道著，钱伯城笺校：《袁宏道集笺校》卷20《时尚》，中册，上海古籍出版社2008年版，第730—731页。

④ 钟惺著，李先耕、崔重庆标校：《隐秀轩集》卷35《书宋板世说新语》，第665—666页。

⑤ 周亮工著，张朝富点校：《因树屋书影》第2卷，凤凰出版社2018年版，第60页。

⑥ 吕留良：《吕晚村先生家训》卷2《谕大火帖》，《吕留良诗文集》，下册，第96页。

⑦ 吕留良：《吕晚村先生文集》卷3《与徐州来书》，《吕留良诗文集》，上册，第66页。

明代的刻本书籍,尤其是晚明时期因为书籍史进入了一个爆炸性的增长时期,使书籍呈现出一种价格日渐下降的趋势。单就销售而言,由于书坊的大量出现,更是对书籍价格下降起到决定性的作用。书坊为了扩大销售对象,势必尽量压低销售价格。[①] 已有的诸多研究成果显示,明代的坊间印书成本包括纸张、墨色、胶、匠人工食、版头银等,晚明时期坊间印书的成本颇低,甚至每百叶平均综合成本不超过银 3 分。印书成本的降低,势必导致书籍终端销售价格的下降。至少从万历开始,中、下档次的新出的单册刊本价格大抵不会超过 1 两银子。在 1 钱到 1 两银子这个价格范围内的书籍,完全可以供读者自由选择。以戏曲刻本为例,原先几十两银子一本的书价,自万历以后,已经只需要几两银子即可,有些刻印不精的闽刻本的价格,甚至下降到 1 两银子。大量 1 两银子以下书籍的出现,导致无论是富商、官宦,还是贫穷的士人,甚至一般的工匠,均可以根据自己的经济条件加以购买。[②] 这无疑对于丰富明人的精神生活乃至提升生活质量提供了诸多的裨益。

(3)文房用具价格

文房用具可分为笔、墨、纸、砚、印章石、印泥、印色、香等,其价格各有高低不同。

明代笔的价格,大致可以官府的召买价为例加以说明。据沈榜记载,万历年间,宛平县提供给詹事府的物品,有四季用笔 260 枝,价银 2 两 6 钱,[③]折合每枝价银 1 分;四夷馆添设暹罗译字生,需用笔 63 枝,价银 1 两 2 钱 6 分,[④]折合每枝价银 2 分。又太仆寺所用之佥判笔分两种价格:一是佥判笔 6 枝,价银 9 分,折合每枝价银 1. 5 分;二是佥判笔 4 枝,价银 4 分,[⑤]折合每枝价银 1 分。由上可知,笔的官府召买价银在每枝 1—2 分之间。

明代之墨,以品质论,有普通之墨与徽墨之分;以计量论,有斤、锭、笏之别。品质不同,计量有异,其价格也就不一。据沈榜所载,大抵可以考知墨的官府召

---

① 参见谢君:《明清书坊业与通俗小说销售》,《江汉学术》2013 年第 1 期。

② 相关的研究,可参见周启荣:《明清印刷书籍成本、价格及其商品价值的研究》,《浙江大学学报(人文社会科学版)》2010 年第 1 期;石超:《明代戏曲刻本价格考论》,《戏剧(中央戏剧学院学报)》2017 年第 5 期;张升:《古代书价述略》,《中国出版史研究》2016 年第 3 期;袁逸:《明代书籍价格考——中国历代书价考之二》,《编辑之友》1993 年第 3 期;刘卫武、刘亮:《明代坊间印书成本考》,《图书馆杂志》2011 年第 3 期。

③ 沈榜:《宛署杂记》卷 15《经费》下,第 144 页。

④ 沈榜:《宛署杂记》卷 15《经费》下,第 146 页。

⑤ 沈榜:《宛署杂记》卷 15《经费》下,第 151 页。

买价。如万历年间,宛平县提供给詹事府的物品,有墨1斤4两8钱,价银5钱2分,[①]折合每两的价银为2.5分;四夷馆添设暹罗译字生,需用墨31锭半,价银9钱4分5厘,[②]折合每锭价银3分多;太仆寺所用之墨,2笏,价银6分,折合每笏价银3分;[③]又徽墨1锭,价银2分。[④] 由上可知,明代之墨,若论斤,大致每两的价银为2.5分;若论锭,大致每锭的价银为2—3分;若论笏,大致每笏的价银为2.5—3分。

明代之纸,名色各异。就用途而言,或作修理宫殿之用,或作糊窗之用,或作公文之用,或作便笺之用,或作祭祀烧纸之用;就名色言,有上白抬连纸、黄连七纸、栾纸等各种各样的名色;就计量言,或以"刀"计,或以"张"计。鉴此原因,故其价格不一。

以修理宫殿所需纸张为例,万历年间,由内官监成造修理宫殿所用各色纸张,其价格如下:高头纸20万张,折合每100张价银1.9分;栾榜纸1000张,折合每100张价银1.2钱;纸筋纸2000斤,折合每斤价银6分;奏本纸3000张,折合每100张价银5钱。[⑤] 在上述四种纸张中,最贵的为奏本纸,栾榜纸次之,高头纸又次之。最便宜的为纸筋纸,不再论张而计价,而是论斤。

以糊窗之类的纸张为例,据李廷机的记载,可知国子监所用各色纸札的召买价格。万历年间,国子监所用各色纸札,原先是由刑部提供,每年计49刀,但纸质有欠坚好。至万历二十五年(1597)三月,开始由刑部山西司提供,通常每刀折价银2钱,后实际支出银2两8钱,购买湖广所产呈文纸10刀,用来糊六堂的窗格,折合每刀呈文纸的价银为2.8钱。又国子监每次行丁祭,太常寺转发大兴、宛平两县,解送糊窗纸15刀,但均小而腐。至万历二十五年,行手本至太常寺,再转行两县,折银1两9钱6分,用来购买湖广的呈文纸,糊两庑及彝伦堂前后的窗格。万历二十五年五月,国子监用顺天府送来的银两,购买上白抬连纸180刀,每刀价银1钱;又购黄连七纸6刀,每刀价银6.5分。[⑥]

衙门所用公文纸,尤其是京城各衙门所用公文纸,大多由顺天府大兴、宛平两县采买提供。根据万历年间宛平县知县沈榜的记载,其各色衙门所用纸张的

① 沈榜:《宛署杂记》卷15《经费》下,第144页。

② 沈榜:《宛署杂记》卷15《经费》下,第146页。

③ 沈榜:《宛署杂记》卷15《经费》下,第151页。

④ 沈榜:《宛署杂记》卷15《经费》下,第146页。

⑤ 何士晋撰,江牧校注:《工部厂库须知》卷3《营缮司》,第69—70页。

⑥ 李廷机著,于英丽点校:《李文节集》卷27《杂著》(一)《太学琐记》,下册,第616—617页。

召买价格如下：

吏部用的文职贴黄纸 1500 张，折价银 15 两，[①]折合每张价银 1 分；刑部会审囚犯所用的纸张，其中大呈文纸 100 张，价银 3 钱 5 分，折合每张价银 3.5 厘；中呈文纸 100 张，价 2 钱，折合每张价银 2 厘；连七纸 100 张，价银七分，折合每张价银 0.7 厘；毛边纸 20 张，价银六分，折合每张价银 3 厘；碗红纸 5 张，价银 1 钱，折合每张 2 分。[②] 太仆寺所用的纸张，其中每季本纸 100 张，价银 3 钱 5 分，折合每张价银 3.5 厘；呈文纸 200 张，价银 4 钱，折合每张 2 厘；大连七纸 200 张，价银 1 钱 6 分，折合每张价银 0.8 厘；大呈文纸 100 张，价银 3 钱 5 分，折合每张价银 3.5 厘；中呈文纸 100 张，价银 2 钱，折合每张价银 2 厘；连七纸 100 张，价银 8 分，折合每张价银 0.8 厘；本纸 20 张，价银 7 分，折合每张价银 3.5 厘；碗红纸 5 张，价 1 钱，折合每张价银 2 分。[③] 国子监所用白榜纸，每百张价银 5 钱，折合每张价银 5 厘。[④]

工部祭祀旗纛之时，需用各色纸张，其召买价格大致如下：黄连七纸 5 张，价银 3 分，折合每张价银 6 厘；开化纸 50 张，价银 6 分，折合每张价银 1.2 厘；高头黄纸 150 张，价银 1 钱 5 分，折合每张价银 1 厘；栾纸 50 张，价银 4 分，折合每张价银 0.8 厘；毛边黄纸 20 张，价银 1 钱 4 分，折合每张价银 7 厘；连七纸 5 张，价银 5 分，折合每张价银 1 分。[⑤]

至于士人所用的笺纸，有一种松江产的董家云母笺，被曾异撰称为“犹胜案头涂恶札，烂墨冗笔斜可怜”，其价为“十帙一束百文钱”。[⑥] 10 卷捆成一束，价格仅售铜钱 100 文。若以 1 钱银子折合 60 文钱的比价折算，折合价银约 1.57 钱，确实算是比较便宜的笺纸。

在明代，好的砚台，价格甚昂。据冯梦祯的购买记录可知，他曾买得贡砚一枚，“价八金”，足见一个上好的贡砚，价银高达 8 两。冯氏又记载，汪仲嘉曾拿来一个水砚向他兜售，“索价三十缗”。[⑦] 所谓“三十缗”，即铜钱 3 万文，若以 1 钱银子折合铜钱 60 文的比价折算，折合价银 500 两。这尽管是卖家的要价，并

---

① 沈榜：《宛署杂记》卷 15《经费》下，第 144 页。

② 沈榜：《宛署杂记》卷 15《经费》下，第 146 页。

③ 沈榜：《宛署杂记》卷 15《经费》下，第 150—151 页。

④ 何士晋撰，江牧校注：《工部厂库须知》卷 3《营缮司》，第 83 页。

⑤ 沈榜：《宛署杂记》卷 14《经费》上，第 121—122 页。

⑥ 曾异撰：《纺授堂集》卷 3，载氏著，何立民点校：《纺授堂诗文集》，商务印书馆 2017 年版，第 46 页。

⑦ 冯梦祯：《快雪堂日记》卷 9，丁酉十一月十九、二十一条，第 108 页。

非最终成交价,但水砚价格之高,确乎令人震惊。

心红(即朱砂)、银硃是印泥、印色制作的基本材料。尽管目下尚无印泥、印色的价格资料,但心红、银硃的价格资料得以保存下来。如万历年间,宛平县提供给詹事府的物品,有心红1斤6两,价银8钱8分,①折合每两价银4分。至于银硃价格,宛平县提供的价格可以作为参考依据,分列如下:印课银硃5两2钱5分,价银1钱5分7厘5毫,折合每两价银3分;银硃2两,价银6分,折合每两价银3分。② 又如太仆寺所用银硃4两,价银1钱6分,折合每两价银4分;银硃4两,价银1钱4分,折合每两价银3.5分。③ 钦天监所用银硃5两5钱6分,价银3钱3分3厘,折合每两价银约5.99分。④ 综合上述记载,作为印泥、印色主要原料的银硃,其价格大致为每两价银3—5.99分之间。

明人所用印章材料,最初以象牙章为尚,而后以蜜蜡为尚。在象牙与蜜蜡之间,一度风行冻石。在蜜蜡尚未流行之前,南京人大多以冻石雕刻花枝叶或小虫蟢,作为妇人的饰品,不喜以冻石作为印章的原料。自文彭以冻石为原料雕刻印章之后,随之"艳传四方矣",导致冻石价格猛涨。最初的冻石价格1斤仅值银"三星余",后涨至银"半镮""半石",乃至价值高达银1石与2石。⑤ 可见,在人们的追捧之下,冻石的价格上涨率令人称奇。

烧香净心,香是明代士大夫书斋中的必备之品。即使是宫中,甚或青楼,对名香的追求已成一时风气,导致名香价格陡增。明宫所用之香,以龙涎香最为珍贵。尤其是嘉靖年间,明世宗崇尚道教,常在宫中虔修,更是需要不少龙涎香。嘉靖四十年(1561),宫中所藏龙涎香全毁于大火,导致世宗"恚甚",下谕臣下再次购买。当时户部尚书高燿进奉8两龙涎香,深得世宗之喜,下令给价银760两,折合每两价银95两。⑥ 即使如南京旧院女子所用名香,价格也极其名贵,钟惺诗云:"小合轻囊贮甲煎,自温旧火试新烟。休论炉底名香价,一碗炉炭买百钱。"⑦

明人生活已有崇尚休闲之风,家中喜畜养花虫鱼鸟。在观赏鸟中,有一种锦

---

① 沈榜:《宛署杂记》卷15《经费》下,第144页。

② 沈榜:《宛署杂记》卷15《经费》下,第146页。

③ 沈榜:《宛署杂记》卷15《经费》下,第151页。

④ 沈榜:《宛署杂记》卷15《经费》下,第151页。

⑤ 周亮工:《印人传》卷1《书文国博印章后》,载于良子点校:《印人传合集》,上册,浙江人民美术出版社2014年版,第18—19页。

⑥ 朱国祯撰,王根林校点:《涌幢小品》卷1《购香》,第15页。

⑦ 钟惺著,李先耕、崔重庆标校:《隐秀轩集》卷14《秣陵桃叶歌(并引)》,第259页。

鸡,价格贵贱不一。价格高昂者,如万历三年(1575),王元燿家中曾笼养一只锦鸡,购得的价格为价银5两。但在襄阳,此类锦鸡甚多,导致价格低贱,每当节日时,人们以此作为馈赠的礼物。①

四、货币与物价

在传统中国,通常将货币称为"泉货"。泉货一称,其义有二:所谓"泉",这是就货币之"形"而言;所谓"货",这是就货币之"用"而言。② 南宋人戴埴云:"物货难于阜通,必假圜法流转。"明人王廷相说货币既有"济物通变"的功能,又是"人主所以权天下者也",③显然也是就此立论。明末人张溥基于此说,进而论定货币与物价之间的关系,即货币有"平准"的功能。货币的平准市场物价功能的发挥,显然基于充足的市场货物之上,即"有钱必有物"。一旦"钱易得",即货币超发,势必导致"物价踊贵"。④ 这是汉唐以后学者的通论,同样为张溥所认同。

货币是市场流通、交易的媒介体,是买卖双方交易的信用凭证。货币具有两大特性:一是便捷性,这不止限于交易所需的方便性,更是货币携带者的方便性;二是保值性,亦即货币保值的功能。就便捷性而言,纸币大于白银,白银大于铜钱;就保值性而言,则铜钱大于纸币,白银又大于铜钱。就明代货币的信用来说,显然来自以下三大挑战:一是纸币的损耗,导致信用价值下降;二是低劣铜钱尤其是私铸铜钱的流通,导致铜钱的泛滥;三是市场交易中赝银的出现,冲击了正常的交易秩序。

(一)从钱、钞兼用到白银货币化

究明代货币的总体演变,大体上可以概括为以下两大趋势:一是从强行推行宝钞,到宝钞的衰微,直至白银的强势崛起;二是从钞、钱兼行,到钱、银兼行。这两大趋势,最后汇成白银货币化的大趋势,且日渐渗入到官民的日常生活之中,

① 顾起元:《客座赘语》卷1《禽鱼》,第19页。

② 王祎:《泉货议》,《明经世文编》卷4,第1册,第32页。

③ 王廷相:《雅述》下篇,载氏著,王孝鱼点校:《王廷相集》,第3册,中华书局2009年版,第872—873页。

④ 张溥撰,曾肖点校:《七录斋合集》卷28《钱楮论》,齐鲁书社2015年版,第506页。

进而影响到明朝人的生活质量。

1. 货币种类

自古以来,发挥“流通国用”功能的货币,大致有银、钱、布帛、谷、钞五种。据明人王廷相的考察,这五种货币各有其弊,亦即容易导致“小人窃利以败法”。① 在这五种货币中,布帛、谷早已退出货币的舞台。在明代,除了云南尚以贝为币,且称之为“虸”之外,②通行全国且发挥货币功能者,唯有楮钞、铜钱、银子三种。

(1)楮钞

从历史记载来看,纸币之法,萌芽于汉武帝时期的“皮币”。至唐宪宗时,出现了“飞钱”,堪称纸币的真正开始。宋仁宗时,蜀地有“交子”;宋乾道年间,开始流行“会子”。元代因之,先是发行元统“交钞”,后又发行“中统钞”与“至元钞”。③

明代的纸币称“大明宝钞”,始发于洪武八年(1375)三月。毫无疑问,宝钞的发行,主要源于以下两个原因:一是鉴于历史的经验,即宋代交子、会子、元代交钞、宝钞的发行,可以带来“易于流转”,并且消除“鼓铸之害”。二是鉴于铜钱的铸造与使用,会带来诸多的弊端,诸如:在中书省及中外各行省置局铸钱,缺少铜料,导致百姓损毁铜器输官;在铜钱的使用上,奸民容易盗铸;商人在买卖上使用铜钱,显得“钱重道远不便”。④

明代宝钞的面值,分为六等。面值自小至大,分别为100文、200文、300文、400文、500文、1贯。100文为1串,宝钞上画钞文1串;10串为1贯。宝钞发行后,定下宝钞与铜钱、银的比价,大致为钞1贯,折钱1000文,折银1两;钞4贯,折黄金1两。为了让宝钞顺利地成为国家货币,明政府还配套实施了以下三种措施:一是禁止民间在货物交易时使用金银,违者治罪,鼓励人们将金银换成宝钞。二是在市场交易时,宝钞与铜钱通行使用。三是在商税及各种课税的征收上,实行“钱钞兼收”之法,通常是“钱十之三,钞十之七”。至于100文以下的税课,则只征收铜钱。⑤ 为此,朝廷于洪武十三年(1380)在京外各置行用库,让军

---

① 王廷相:《雅述》下篇,载《王廷相集》,第3册,第872—873页。

② 姚旅:《露书》卷9《风篇》中,第208页。

③ 范济:《诣阙上书》,《明经世文编》卷29,第1册,第209页。

④ 黄光昇:《昭代典则》卷8《太祖高皇帝》,第184页。

⑤ 申时行等修:《明会典》卷31《户部》18《库藏》2《钞法》,第224页。

民“倒钞”。随后，在洪武二十五年，专门在南京东市设置宝钞行用库，共设三库，性质类似于中央银库，每库给钞3万锭，作为“钞本”，相当于中央储备金。宝钞行用库的另外一个功能，则是“倒收旧钞”。[①] 为了维护宝钞的信誉，官方对污损的宝钞采取及时倒换之法，但凡在市场上交易使用的宝钞，或者税课司局、河泊所所收的课钞，除了“挑描伪钞”之外，其余不分油污、水迹、破烂，必须收取。至于过分破损的宝钞，只要不是“贯伯昏烂”，即面值模糊不清，就准许入库易换新钞，不过要量收“工墨价直”，亦即工本费。[②]

明朝廷为了使宝钞成为国家的统一货币，采取了诸多维护宝钞信誉的措施。即使如此，宝钞的贬值显已成为一种趋势。早在洪武二十七年(1394)八月，在两浙、福建、两广、江西等地，已经开始出现“重钱轻钞”的苗头，导致在钱、钞折价上，宝钞趋于贬值。如在上述区域，铜钱与宝钞的折价为钱160文，折合钞1贯。[③] 这一钱、钞比价，相较于最初所定的钱1000文折钞1贯，显然宝钞的币值已经下降了84%。当洪武年间初次发行宝钞之时，官方所定宝钞与银、黄金的比价为钞1贯，折银1两；钞4贯，折黄金1两。至永乐五年，宝钞大为贬值。从洪武八年初发宝钞，到永乐五年，时间仅仅过去了32年，宝钞大为贬值。以银与宝钞比价为例，从钞1贯，折银1两，转而贬为钞80贯，折银1两，贬值率为7900%，年均贬值约247%；以黄金与宝钞的比价为例，从钞4贯，折黄金1两，转而贬为钞400贯，折黄金1两，贬值率为9900%，年均贬值约309%。究其原因，正如明人范济所言，还是因为“物重钞轻所致”。[④] 至于造成“钞轻”的原因，明人丘濬也一语道破，即“钞之弊在于多”，[⑤]亦即钞的发行量过分泛滥所致。换言之，从宝钞最初“权天下财物之轻重”，转而变为“物重钞轻”，宝钞大幅贬值，自在情理之中。

(2)铜钱

自明初立国，历朝均有铜钱的铸造与颁发行使。洪武初，在应天府设置宝源局，铸“大中通宝”钱，与历代相兼使用。随后，又下令户部及各行省，铸造“洪武

---

① 申时行等修:《明会典》卷31《户部》18《库藏》2《钞法》，第224页。

② 申时行等修:《明会典》卷31《户部》18《库藏》2《钞法》，第224页。

③ 《明太祖实录》卷234，洪武二十七年八月丙戌条，“中央”研究院历史语言研究所1966年校印本。

④ 范济:《诣阙上书》，《明经世文编》卷29，第1册，第209页。

⑤ 丘濬:《铜楮之币一》《铜楮之币二》，《明经世文编》卷72，第1册，第610—611页。龙文彬:《明会要》卷55《食货》3《钱法》，下册，第1041—1042页。

通宝”钱。洪武通宝钱分为五等:“当十钱重一两,当五钱重五钱,当三、当二,重皆如其当之数,小钱重一钱。”洪武十年(1377)下令各布政司,再次设立宝泉局,铸造小钱,与钞相兼使用。洪武二十年,为了便于百姓使用,下令铸造小钱,从10文始,至50文止。永乐九年(1411)下令,差遣官员前往浙江、江西、广东、福建四个布政司,铸造“永乐通宝”钱。宣德九年(1434)下令,南京工部并浙江等布政司,铸造“宣德通宝”钱。弘治十八年(1505),铸造“弘治通宝”钱。嘉靖六年(1527)奏准,铸造“嘉靖通宝”钱,每文重1钱3分。万历四年(1576)题准,行文云南布政司,要求所属开局铸钱,按照新颁制式,铸造“万历通宝”,与以前铸造的明朝各式制钱相兼行使。①

为了使官方所铸制钱得以顺利流通,明朝廷实施以下三项措施加以解决。

一是严禁私铸铜钱。洪武六年(1373),禁止民间私铸铜钱。凡是私铸的铜钱,允许当作废铜送至官府,每斤折给官钱190文。成化十三年(1477)奏准,若是私铸铜钱,为首之人及匠人,均依律论罪;为从之人,问罪之时,用100斤之枷,枷号一个月。若是犯罪的民匠、舍人、军余,发附近充军;若是旗军,则调发边地卫所,食粮差操。假如贩卖行使私铸之钱,亦枷号一个月,照常发落。② 崇祯十六年(1643)十一月十七日,鉴于私铸之钱,贱滥愈甚,且百姓受其危害,崇祯帝专门下谕,要求禁止使用“一切低假薄小之钱”。此外,对于京城所有钱桌、钱市,亦要求厂卫与五城衙门“严行禁饬巡缉”。③

二是旧钱、新钱相兼使用。所谓旧钱,指明代以前历代之钱,有时也指明代初年如洪武、永乐、宣德各朝所铸之钱。如在福建泉州,民间广泛使用宋代咸平、景德年间所铸之钱。④ 所谓新钱,指明代各朝所铸制钱。天顺四年(1460)下令,在民间交易中,除了假钱、锡钱不准流通之外,只要是明以前历朝与明洪武、永乐、宣德铜钱,以及折二、当三之钱,均可以在市场上交易使用,“不许挑拣”。⑤ 成化十七年(1481)下令,京城内外军民人等,在买卖交易时,只许行使历代及洪武、永乐、宣德的旧钱。这显然是因为洪武、永乐、宣德年间所铸之钱大量积压所致,所以在弘治元年(1488)再次下令,将洪武、永乐、宣德时的旧钱,“与历代钱

① 申时行等修:《明会典》卷31《户部》18《库藏》2《钱法》,第225—226页。

② 申时行等修:《明会典》卷31《户部》18《库藏》2《钱法》,第225页。

③ 龙文彬:《明会要》卷55《食货》3《钱禁》,下册,第1046页。

④ 李光缙撰,曾祥波点校:《景璧集》卷3《中表林以观先生叙》,上册,福建人民出版社2012年版,第109页。

⑤ 申时行等修:《明会典》卷31《户部》18《库藏》2《钱法》,第225页。

兼用”。嘉靖二十八年(1549)议准,军民在交易时,必须将洪武、永乐、宣德、弘治、嘉靖各朝所铸制钱,与历代铜钱相兼行使。①

三是自明代中期以后鼓励使用铜钱。早在明初直至中期,为了维护宝钞的信用,朝廷一度禁止使用铜钱。如正统十三年(1448)五月,采纳御史蔡愈济的建议,明英宗曾经下诏云:“交易用钱者,以阻钞论,追一万贯,全家戍边。”②不过,至天顺年间,重新放宽这条禁令。至正德、嘉靖年间,甚至在职官员的折色俸给与官方收取的户口盐钞,也大多鼓励使用铜钱。如正德七年(1512)下令,在职官员支取折色俸给时,以十分为率,其中十分之一折钱支给,十分之九折银支给。③ 至嘉靖年间下令,凡是在京九门并天下的户口盐钞,每月在进纳本色钱钞时,一概使用制钱与历代好钱。④

明代钱法的败坏,固然由于受到私铸之钱的冲击所致,但与官方钱法本身存在的弊端也大有关系。关于此,可以从以下三个方面析之。

一是钱法屡更,导致百姓对铜钱的信用产生怀疑。关于明代钱法问题,明人实际上存在着两种截然相左的看法:一种看法认为,因为“朝议夕改”或“数更屡变”,导致百姓对铜钱失去信任,进而导致民间的恐慌。如隆庆年间,高拱再任内阁大学士,在上疏中直言,因为钱法“朝议夕更,迄无成说”,导致百姓担心“今日得钱明日不用”,其结果则是“愈更愈乱”。⑤ 事实确是如此。对于小民而言,他们维系日常生计之法,无非是日求升合、日觅数钱以度朝夕,这无疑需要“钱法有一定之说”作为保障,亦即需要作为货币的铜钱的稳定。一旦钱法“旦更暮改”,势必引发民间百姓的心理恐慌,生怕今日辛苦所得之钱,明日不再能使用,结果就是“铺面不敢开,买卖不得行,而嗷嗷为甚”。⑥ 换言之,当钱法每次更易之际,市场上兑钱的钱桌、钱铺,无不资本一日荡然无存,甚至吞声自尽。至于那些市场小贩,也“亏折其母钱,传相惊疑”。更有甚者,一些奸民又乘机大造“飞语”,有的传“不用火漆”,有的传“不用金背”,有的又传“嘉靖、隆庆、万历兼行”。在谣言四起之时,百姓心中无主,那些积攒不少铜钱的人家,只得拿出自

---

① 申时行等修:《明会典》卷31《户部》18《库藏》2《钱法》,第225页;龙文彬:《明会要》卷55《食货》3《钱法》,下册,第1040页。

② 龙文彬:《明会要》卷55《食货》3《钱禁》,下册,第1046—1047页。

③ 申时行等修:《明会典》卷31《户部》18《库藏》2《钱法》,第225页。

④ 梁材:《准放折俸等项支用疏》,《明经世文编》卷105,第2册,第953页。

⑤ 龙文彬:《明会要》卷55《食货》3《钱法》,下册,第1043页。

⑥ 高拱:《议处商人钱法以苏京邑民困疏》,《明经世文编》卷301,第4册,第3168页。

己的藏蓄之钱，将其贱售，如 100 文钱，单是铜就有 12 两，售价不过白银 1—3 分而已。[①] 另一种看法则对明代的钱法加以两分的剖析：一方面，肯定明代铸钱之法，认为“莫善于国朝之钱法”；另一方面，又对明代的行钱之法加以否定，认为“莫不善于国朝之行钱”。此说以明末清初学者顾炎武为代表。就前者而言，顾炎武认为，自洪武至正德共计 10 朝，明代仅四次铸钱。其后，“一帝一铸”，至万历朝所铸之钱，更是“益精”。此外，明代制钱的样式，每 100 文重 13 两，且轮郭周正，字文明洁，完全实现了“不爱铜惜工之意”。尤其可贵的是，明朝钱法做到了“三百年来无改变之令”，且“市价有恒，钱文不乱”，其结果就是百姓称便。就后者而言，顾炎武又认为，作为货币的铜钱，最为根本的要素在于上下相通，即“钱自上下，自下上，流而不穷”，流通不止。而明代之钱，只有从上往下的流通，却“下而不上”，并无自下往上的流通。官方不收钱，势必导致伪钱日售，制钱日壅，甚至“市肆之钱贱，而制钱亦与俱贱”，产生一系列连锁的不良反应。[②] 顾炎武所言“三百年来无改变之令”，揆诸明人所论，或许并非符合实情，但他对明代钱法“下而不上”的诊断，则堪称切中钱法的弊原。

二是铜钱铸造成本之高，同样引发明代钱法的壅滞。早在洪武年间，就已确立了铸造铜钱的铜料重量，大致为生铜 1 斤，铸造小钱 100 文，折二钱 80 文，当三钱 54 文，当五钱 32 文，当十钱 16 文。[③]

这仅仅是铜料重量而已。其实，铜钱的铸造成本，大致可以分为料价与工价两大项。在料价中，又包括铜料价与杂料价两项。按照明代铸钱的制度规定，通常北钱的铸造，铜价由北京户部承担，工料由北京工部虞衡司承担；南钱的铸造，铜价由南京户部承担，工料由南京工部承担。至于另外五项的杂料，原本由炉头自备，若是炉头告归，则暂由杂料商人承办。在铜钱铸造过程中，有一项规矩一向被遵守，即铸造 1 万文铜钱，需要加添水锡 5 斤 11 两 2 钱。[④] 这是因为铸钱所用铜料通常是上好的“四火黄铜”（又称“净铜”），由于铜性燥烈，若是不加水锡，就会导致所铸铜钱棱角不整，字划不明。若是所用仅是低等之铜，则无需加添水锡。[⑤]

---

① 刘应秋：《与大司徒石东泉书》，《明经世文编》卷 431，第 6 册，第 4716 页。

② 顾炎武：《亭林文集》卷 6《钱法论》，载氏著：《顾亭林诗文集》，中华书局 1983 年版，第 126—127 页。

③ 申时行等修：《明会典》卷 31《户部》18《库藏》2《钱法》，第 225 页。

④ 何士晋撰，江牧校注：《工部厂库须知》卷 7《宝源局》，第 201—202 页。

⑤ 何士晋撰，江牧校注：《工部厂库须知》卷 7《宝源局》，第 209 页。

有一则万历年间的记载,据此记载大致可以推算出铸造1万文铜钱所需要的物料、人工成本,具体如下:每铸钱1万文,需用“净铜”90斤,水锡5斤11两2钱,炸块239斤,木炭45斤6两2钱4分,松香5斤5两零,砂罐6个,外加工价3两2钱5分2厘1毫9丝。[①] 根据相同的记载,上面所用各色物料价格大抵如下:四火黄铜,每斤价银1钱5厘,合计价银9.45两;水锡,每斤价银8分,合计价银0.456两;炸块,每100斤价银1钱2分7厘5毫,合计价银0.2868两;木炭,每100斤价银3钱5分,合计价银约0.1592两;松香,每斤价银2分,合计价银约0.1063两;砂罐,每个价银4分5厘,合计价银0.27两。由上可知,每铸造1万文铜钱,需要付出的各类材料成本价为10.7283两,加上付出的工价银3.25219两,共计约银14两。即使按照明初所定1两银子折钱1000文计算,那么铜钱的铸造成本与实际价值比为14∶10,亦即铜钱的票面价值仅为铸造成本的71.4%;假如按照明代中期以后银、钱的折价惯例,即1两银子折钱600文计算,那么铜钱的铸造成本与实际价值比为14∶6,亦即铜钱的票面价值仅为铸造成本的42.8%。可见,铜钱铸造成本之高,也就成为铜钱壅滞的一个原因。

三是进供上用猛增,导致钱法混乱。按照明代的制度,工部每季需要铸造铜钱300万文,上交内库;又每季铸造铜钱150万文,解送户部太仓,作为支付各衙门官员的俸钱。实际的情况并非如此,其中每季解送内库的300文万,早已停止铸造。[②] 至于停铸的原因,显与铸造成本较高有关。这仅仅是问题的一个方面。更有甚者,即使所铸之钱,皇帝动辄加以克扣留存,作为内府赏用之钱。铸造制钱的本意,无非是为了“通币便民”。所以,按照明代的惯例,铜钱铸成之后,通常会“量进少许呈样”,目的是就是“进供上用”。在万历二年(1574),铸造的铜钱仅进奉样钱1000万文。一至万历五年,明神宗下诏铸钱2万锭,折合铜钱10000万文,要求一半进内库使用,一半收贮太仓。以一半进内库使用,相当于5000万文,显然已经失去了“通币便民”的宗旨。虽然明神宗下诏要求万历新钱与嘉靖、隆庆等钱相兼使用,但大量万历新钱的铸造,势必造成两大弊端:一是引发民间的心理恐慌。如在北京,民间原先使用嘉靖钱最多,自从新铸万历制钱之后,随之出现一些“讹言”,认为只流通万历新钱,不再使用嘉靖旧钱,导致“小民甚以为苦”;二是一旦广铸万历新钱,势必导致嘉靖等项旧钱,阻滞不行,同样给

---

① 何士晋撰,江牧校注:《工部厂库须知》卷7《宝源局》,第205页。

② 何士晋撰,江牧校注:《工部厂库须知》卷7《宝源局》,第200页。

百姓带来不便。①

四是私铸或盗铸盛行,以致市面上出现大量的"低钱"。在明代市场交易上,一般通行历代的"好钱",称之为"当一";其次则为"新钱",称之为"折二"。正德十六年(1521),苏州突然不用"好钱",只是用"折二"钱。至嘉靖改元,更是使用折三、折四一类的"恶钱",其结果则导致"私铸者日众"。② 从正德五年官员的题疏来看,新铸"低钱"的特点大致为"铅锡薄小",亦即掺杂了铅、锡,而且薄小。至于这些低钱的名色,则有"倒好""皮棍"等等。③ 盗铸一旦盛行,势必导致官方制钱壅塞弗通。原因很简单,官方所铸铜钱,形制惟一,且成本甚高,而闾阎流布的私钱,诸如"红黑""背面""色样""光薄"之类,种类繁多,无不以杂溷纯,成本低廉。这些私铸之钱一旦流入市场,与官方制钱"雁行于市",势必导致以伪乱真,甚至钱价下跌。④

(3)银子

在明代市场流通的银子,亦即作为货币的银子,其重者称为银锭,俗称"元宝",一般为重 50 两。⑤

按照明代的制度规定,凡是各直省解京的折色钱粮,必须是大锭的银子,按照官方颁发的"法马"称重,每锭银子的重量为 50 两。制度又规定,上缴的银子,必须足色足数,既不许"中锭零搭,滴珠长边,印封两重,用物料护",也不许"擦损"。⑥ 为了防止中间掺杂假银或者盗取,制度还规定,在起解的银两上,必须凿州、县官匠的姓名,进而"印封钤识"。⑦

赋税折色银的出现,势必使白银趋于货币化。但在银子收取与行使的过程中,实则弊端甚多。即以各盐运司解付太仓的银锭为例,显然已形成两种弊端:其一,按照官府原本制定的标准,商人只须解送 50 两一锭的银子,就可以算作 50.5 两,但在实际执行过程中,商人解付之银,往往每锭需要多付 2—3 两。这显然增加了商人的负担。其二,在解付的银锭中,若是采用高边的大锭,就容易导致偷剪。为此,官府采用以下三种方法,解决相关的弊窦:一是规定商人上交

---

① 张居正:《请停止输钱内库供赏疏》,《明经世文编》卷 325,第 4 册,第 3475—3476 页。

② 钱思元撰,朱琴点校:《吴门补乘》卷 1《田赋补》,上海古籍出版社 2015 年版,第 85 页。

③ 申时行等修:《明会典》卷 31《户部》18《库藏》2《钱法》,第 225 页。

④ 赵世卿:《钱法疏》,《明经世文编》卷 411,第 5 册,第 4464—4465 页。

⑤ 叶盛:《水东日记》卷 11《元宝》,中华书局 1997 年版,第 118 页。

⑥ 何士晋撰,江牧校注:《工部厂库须知》卷 1《巡视提疏 · 工部复疏》,第 33 页。

⑦ 何士晋撰,江牧校注:《工部厂库须知》卷 2《厂库议约》,第 54 页。

银锭重量，以户部颁发的一锭 50.5 两为准，“大法较定，锭锭针对，商大省费”；二是不许银匠在盐运司开炉，只让商纲、商纪自己交纳银锭，绝无分文的添头；三是所交银锭，一概用厚边的“矮锭”，防止他人偷剪。①

2. 从钱、钞兼行到银、钱行使比例

在明代初期直至中期，为了维系宝钞、铜钱的信用，以及在市场上的正常流通，官方采取一种“钱、钞兼行”之法。如明洪武年间规定，凡是商税与各色税课，均实施“钱钞兼收”，即钱占十分之三，钞占十分之七。至于 100 文以下的税课，则一概只收铜钱。② 这一措施显然在明代中期仍得以维系。尤其是景泰四年（1453），根据奏准的事例，仍然强调“钱钞听民相兼行使”。③ 若是细绎这一事例之意，实则源于钞法的败坏之势，官方深知钞法之坏已是无可挽回，只得不再强行迫使民间百姓使用宝钞，而是任凭百姓钱钞相兼行使。

成化三年（1467），鉴于钞法已坏，官方在实施的货币政策上显然更倾向于铜钱。这主要体现在以下三个方面：一是所收的“内外课程”，均实行“钱钞中半兼收”。可见，虽同为“钱、钞兼收”，但钱、钞占比已经发生了很大的变化，亦即从原先的钱三钞七，转而变为钱钞中半，即各占十分之五。二是商税、课程、船料等项，原本均收取宝钞，至此改为“一体兼收铜钱”。三是凡起运或支给，也实施钱、钞“相兼拨付”。弘治元年（1488）下令，京城九门都税、宣课司，以及顺天等八府与山东、河南二个布政司，其中的户口食盐，全收钞贯；淮安、临清、扬州、苏州、杭州、九江等板闸的船料钞关，一概“钞钱兼收”。④

即使实行钱钞兼收或钱钞兼支之法，同样难以挽救宝钞的贬值，乃至钞法的大坏，而这恰恰对民间百姓的生活造成了极大的影响。譬如，明宪宗下令内外课程钱钞兼收，官俸、军饷也一概钱钞兼支。事实上，当时的宝钞已是大为贬值，1 贯钞从原先值钱 1000 文，贬值到只值钱 1 文。而赋税的折征上，原本折钞 1 贯的赋税，则需要征银 2 分 5 厘。⑤ 这一贬一增，显然增加了百姓的实际负担。

明代中期以后，白银慢慢扩大了使用范围与使用比例，成为一种最为重要且深受民间信任的货币。正德三年（1508），为了将太仓积累的铜钱流通于市，朝

① 袁世振：《上李桂亭司徒》，《明经世文编》卷 477，第 6 册，第 5251 页。
② 申时行等修：《明会典》卷 31《户部》18《库藏》2《钞法》，第 224 页。
③ 申时行等修：《明会典》卷 31《户部》18《库藏》2《钞法》，第 225 页。
④ 申时行等修：《明会典》卷 31《户部》18《库藏》2《钱法》，第 225 页。
⑤ 龙文彬：《明会要》卷 55《食货》3《钞法》，下册，第 1050 页。

廷将太仓积钱用以支付官俸,若以十分为率,官俸钱、银的比例,为钱十分之一,银十分之九。① 隆庆元年(1567),官方制定了银、钱使用的措施,分为两种情况:一是市场上的货物买卖,若是价值在银1钱以上,允许银、钱兼施;若是价值在银1钱以下,则只允许使用铜钱。二是课钞的征收,如崇文门课钞,若是银3两以上,则一律征银;若是银3两以下,以及京城九门各城的房号、行户,则一概收钱行使。这两项规定,实际上是将银与钱的使用加以区分:即价值高及数量大者,则一律用银;价值低及数量小者,则使用铜钱。万历五年(1577),进一步下调了收税用银的界限,下令崇文门收税,2两以下者,全部收取铜钱;2两以上者,则银、钱中半上纳。京城各门的税课,及五城兵马司所属房号等项,则全部收取铜钱。此外,文武官员支取的俸禄,"照例银钱关给"。至于各色商人在领取料价时,则以银八钱二支放,显然银的比例开始大于铜钱。万历六年,又令崇文门收税,3两以下者,全部收取铜钱;3两以者,则银、钱中半兼收。②

在明代,银子与铜钱的使用比例,存在着两大倾向:一是在市井贸易上,假如不属于大宗贸易,通常是以使用铜钱为主,且新钱、旧钱互用;二是在官方征纳粮税时,则"银钱兼收"。③ 事实却是铜钱日贱,银价如贵,导致官方在支付民夫、工匠工食银时,民夫、工匠不愿领取铜钱,而更愿意领取银两。如万历四十三年(1615),巡视厂库、工科给事中何士晋在上疏中,就说及工部支付民夫、工匠工食银,大多采用"银钱九一"的惯例,即银占十分之九,钱占十分之一。至于银、钱的比价,则为钱550文折银1两。这种折银给钱的比价,显然引发民夫、工匠的抗拒,导致铜钱积压,甚至"库中贯朽"。④ 究其原因,还是因为官方在支付民夫、工匠工食银时的银、钱比价,与市场上通行的银、钱比价,亦即所谓的"时值"稍有差异。换言之,在具体市场的支付上,钱价相对更为低贱。这可以万历年间的史料为证。按照史料记载可知,当"钱贵"之时,1两银子仅可换取500文钱。这似乎已经成为官方的一种惯例。即使再加50文,即1两银子折合钱550文,其实还与"时值"差100文。换言之,在市场上,银、钱交换的比价为1两银子折合钱650文。⑤

---

① 龙文彬:《明会要》卷55《食货》3《钱法》,下册,第1042页。

② 申时行等修:《明会典》卷31《户部》18《库藏》2《钱法》,第226页。

③ 李之藻:《铸钱议》,《明经世文编》卷484,第6册,第5330页。

④ 何士晋撰,江牧校注:《工部厂库须知》卷1《巡视提疏・工部复疏》,第38页。

⑤ 何士晋撰,江牧校注:《工部厂库须知》卷2《厂库议约》,第62—63页。

3. 白银的货币化

在明初时期，官方严禁民间交易使用银子。当时规定，凡是有人在交易中使用银子，若是使用1钱，则罚钞1000贯。此外，若是官员贪赃，接受银子1两，则追钞1万贯，外加免罪钞1万贯。① 至正统初年，曾一度“弛用银之禁”，朝野之间，“率皆用银”。只有数目较小的交易与支付，才使用铜钱。至于宝钞，更是只有在支付折色官俸时才使用，最终导致“钞壅不行”。②

细究明代学者的货币思想，有些学者尚不脱传统之见。如在银、钱、布粟三者的选择上，谭纶更看重布粟与钱，而不是银。他曾说：“欲富民，必重粟帛而贱银。欲贱银，必置钱法以济银之不足。”③换言之，完善钱法最为关键。丘濬系统地辨析了金银、布帛之弊，即金银“细分之则耗”，布帛“片析之则废”。在此基础上，他认为，只有铸铜为钱，才是将“天生”与“人为”合而为一，成为“物”与“价”之间的一种权衡。④ 即使如此，在银、钱、钞三种货币上，丘濬还是理性地将银定为“上币”，而钱与钞则为“中币”“下币”。在三种货币中，钱、钞是“公私通用之具”，但必须“准上币以权之焉”。⑤ 换言之，钱、钞必须以银为储备货币。这显然导致银本位意识的确立。进而言之，正如隆庆年间山西巡抚靳学颜所论，铜钱虽以“布帛五谷”为基准，但更应以银为储备。实际情况则并非如此。在晚明时期，显然已是“钱益废，银益独行”，或者说“银益贵，货益贱”。⑥ 这就是说，正因为“钱惟布于下而不以输于上”，才导致“其权在市井”，甚至钱法壅滞。⑦

就此而论，明末人李之藻的看法就显得颇为理性。与银相较，他已经洞穿钱的短处，亦即钱通常打上年号的印记，而年号又“不能后天地而老也”，亦即不可永久存在。换言之，新的皇帝继位，重新发行新年号之钱，势必导致旧钱信誉度的下降。相较于万历钱，嘉靖钱价的下跌就是最好的例证。这就是说，如果富人多蓄厚藏制钱，实则是“收以自为困”。此即“蓄钱以实藏，阅岁而必贱”；反之，

---

① 龙文彬：《明会要》卷55《食货》3《钞法》，下册，第1049—1050页。

② 龙文彬：《明会要》卷55《食货》3《钞法》，下册，第1050页。

③ 龙文彬：《明会要》卷55《食货》3《钱法》，下册，第1043页。

④ 丘濬：《铜楮之币一》，《明经世文编》卷72，第1册，第610页。

⑤ 丘濬：《铜楮之币一》《铜楮之币二》，《明经世文编》卷72，第1册，第610—611页；龙文彬：《明会要》卷55《食货》3《钱法》，下册，第1041—1042页。

⑥ 龙文彬：《明会要》卷55《食货》3《钱法》，下册，第1043—1044页。

⑦ 龙文彬：《明会要》卷55《食货》3《钱法》，下册，第1043页。

“积金以券人,逾日而息增”。[①] 这就是钱日益被人抛弃、银日益被人追捧的根本原因。鉴于此,李之藻认为,在货币问题上,国家立策的根本应该“因民之情与之宜”,即顺应“不以钱币而以银币”的民情,而不应该强迫民间百姓使用制钱。若是强迫百姓使用制钱,其结果则是“藉青蚨以愚黔首”,最终导致“天下攘攘”。[②]

在明代白银货币化的过程中,同样带来了另外一种弊端,即假银、低银的广泛出现。这不但影响到国课的征收,而且也影响到民间的日常交易与生活。如成化初,苏州上塘有一位名叫陈常的煅工,“善铸泻”,即善于制作假银。每次得到他人的白银,定会掺入铅、铜之类,“造伪而还之,前后侵人财不赀矣”。这种假银流入市场之后,被称为“陈常银”,“惟恐误得,人咸恶之”。[③] 显然,扰乱了市场的正常交易。

在明代地方流通的银两中,大抵分为足色与不足色两类。足色之银,通常称为“细丝银”,在陕西西安则称“卷桶”。在南北直隶、山东、河南、江、淮等地,因为钱法通行,民间大多使用足色的细丝银。据康海记载,在陕西的西安县,从明初直至嘉靖年间,唯有输纳边地的银两,才用足色之银,其他日常流通的银两,常常是“五六程”之银,至于“九程”之银,已经算是好的银两了。这种市场通行“低银”的习俗,即使到了明末清初,尚是沿袭未改。如谈迁的友人朱义儒路过西安,就发现市场使用的银两多为“低银”。[④] 可见,在白银货币化的大潮下,即使是成色不足的低银,也普遍被民间市场所认可。

(二)钞、钱、银比价

就明代的交易货币来说,明初钱、钞并用。明代中期以后,钞已近乎废纸,使用银子蔚然成风,进而形成银、钱并用之势。相比之下,民间交易,更为喜好或看重银子。所以,银、钱比价的波动,直接影响百姓的生活质量。从明代中后期银、钱的比价大势来看,银子日益贵重,而铜钱则日贱。

正如前面所述,早在明初洪武年间,即已定下钞、钱、银的比价,大致如下:钞1贯,折铜钱1000文,折银1两。此外,钞4贯,折赤金1两。可见,赤金1两,又

---

① 李之藻:《铸钱议》,《明经世文编》卷484,第6册,第5330页。

② 李之藻:《铸钱议》,《明经世文编》卷484,第6册,第5331页。

③ 祝允明:《祝子志怪录》卷4《天遣陈常》,载氏著,薛维源点校:《祝允明集》,下册,上海古籍出版社2016年版,第1088页。

④ 谈迁:《北游录》,《纪闻》上《西安低银》,第316页。

折合铜钱4000文,折合银4两。① 因为赤金作为一种贵金属,在明代并未作为货币流通,在此不再讨论,仅就钞、钱、银的比价变化加以分析。

1. 钞与钱比价

明初洪武二十三年(1390)规定,钞1贯,折钱1000文。这一官方所定的钞、钱比价,并未能维系多久。仅仅过了三年,两浙、江西、福建、广东等地,民间百姓已是"重钱轻钞",按照市场的正常比价,钞1贯,仅折钱160文,随之而来者,则是"物价翔贵"。② 由此可见,在这些地区,钞与钱的比值,在三年间下降了84%。

自成化以后,钞与钱的比价更是直线下降。如成化元年(1465)七月下诏,要求商税、课程实行钱钞"中半兼收"。其中钞与钱的折价,为每钞1贯,折钱4文。③ 这一折价与洪武二十三年(1390)你所定比价相较,实则已下降了99.6%。弘治六年(1493)下令,河西务、苏州、九江、临清、淮安、扬州、杭州各个钞关,照例每钞1贯,折银3厘;每钱7文,折银1分。④ 据此记载,可以推算出钞1贯,折钱2.1文。若与明初钞、钱比价相比,则下降了99.7%。弘治十六年议准,南京户部盐粮钞的折价,每钞5000贯,相当于铜钱1万文,亦即钞1贯,折合铜钱2文。若与明初钞、钱比价相比,则下降了99.8%。至嘉靖二年(1523),钞与钱的比价,又回复到弘治六年之例,即每钞1贯,折钱2.1文。⑤

有一个问题必须引起关注,即在纳赋、纳赎时,钞、钱的折价不一,足见明代钞、钱比价的复杂性。这一问题的复杂性,显已引起明人何乔远的注意。根据他的梳理,纳赋时的钞、钱比价,大致就是《明会典》中"钞法""钱法"两条所载,有两个数字:一是洪武年间所定,钞1贯,折铜钱1000文;二是嘉靖四年(1525)所定,宣课分司收税之时,每钞1贯折银3厘,亦即折钱2.1文。至于纳赎时钞、钱的比价,则见于《大明律》所载,每钞150贯,折钱70文,折合钞1贯,折钱约0.47文。⑥ 这至少可以说明两点:一是纳赋与纳赎之时,钞、钱比价各自有别。二是明初钞法行,则其值重;明代中期以后,钞法不行,则其值轻。

---

① 申时行等修:《明会典》卷31《户部》18《库藏》2《钞法》,第224页。

② 龙文彬:《明会要》卷55《食货》3《钱法》,下册,第1040页。

③ 龙文彬:《明会要》卷55《食货》3《钱法》,下册,第1040页。

④ 梁材:《议勘光禄寺钱粮疏》,《明经世文编》卷102,第2册,第912—913页。

⑤ 申时行等修:《明会典》卷42《户部》29《南京户部·内库盐政》,第305页。

⑥ 何乔远编撰:《闽书》卷39《版籍志》,第1册,福建人民出版社1995年版,第980页。

2. 钞与银比价

明初洪武二十三年(1390)规定,钞 1 贯,折银 1 两。这一官方所定的钞、银比价,同样没有维系多久。

至弘治六年(1493),在河西务、苏州、九江、临清、淮安、扬州、杭州等钞关的折收中,钞 1 贯仅折银 3 厘。① 与明初相较,钞与银的比价已经下降了 99.7%。弘治十六年议准,南京户部盐粮钞的折价,为钞 5000 贯,折银 24 两,即钞每贯折银 4.8 厘。这与明初相较,钞与银的比价下降了 99.5%。② 正德年间,各税课司所入,按照折收钱钞事例,为钞 1 贯,折银 3 厘。③ 嘉靖二年(1523)议准,湖广等布政司起运南京的食盐、钱钞,每钞 1 贯,折银 3 厘。④

从上面的诸项记载可知,自明代中期以后,钞与银的比价,大致维系在钞 1 贯折银 3—4.8 厘之间。

3. 钱与银比价

根据明初所定则例,钱 1000 文,折银 1 两。揆诸随后钱、银比价的实况,大致呈现出以下两种情形:一是明代官方铸造的质量上乘的铜钱,呈现出钱贵银贱的趋势;二是官方铸造的质量低下的低钱,则呈现出钱贱银贵的趋势。

成化十七年(1481)下令,京城内外军民人等,只要是买卖交易,只允许行使历代及洪武、永乐、宣德的旧钱,每钱 8 文,折银 1 分,80 文,折银 1 钱。据此可知,银 1 两,折钱 800 文。较之明初钱、银比价,钱与银的比价上升了 20%。弘治六年(1493)下令,河西务、苏州、九江、临清、淮安、扬州、杭州等钞关,照例钱 7 文,折银 1 分,亦即钱 700 文,折银 1 两。较之明初,钱价上升了 30%。弘治十六年议准,各处解纳户口食盐钱钞,交纳内府者,为钱 1 万文,折合价银 24 两,即 1 两银子折合钱约 417 文,较之明初,钱价上升了约 58%;在部支纳者,钱 1 万文,折银 19 两,即 1 两银子折合钱约 526 文,较之明初,钱价上升了约 47%。嘉靖二年(1523)议准,湖广等布政司,起运南京的食盐钱钞,铜钱 7 文,折银 1 分,即钱 700 文折银 1 两,较之明初,钱价上升了 30%。嘉靖三年,下令户部颁发榜文,晓谕京城内外买卖人等,凡是市场买卖交易,只能使用好钱。若是好钱,则每银 1

① 梁材:《议勘光禄寺钱粮疏》,《明经世文编》卷 102,第 2 册,第 912—913 页。

② 申时行等修:《明会典》卷 42《户部》29《南京户部·内库盐政》,第 305 页。

③ 韩文:《为缺乏银两库藏空虚等事》,《明经世文编》卷 85,第 1 册,第 758 页。

④ 申时行等修:《明会典》卷 42《户部》29《南京户部·内库盐政》,第 305 页。

钱,折钱70文,亦即每银1两,折钱700文。可见,若是好钱,则钱与银的比价上升了30%。但若是低钱,则银1钱,折钱140文,亦即银1两,折钱1400文。这一比价,显然比明初下降了40%。嘉靖六年又下令,晓谕京城内外行户人等,涉嫌私铸、新、破、铅、锡等项钱,不准在市场上交易使用。此外,只要是"囫囵中样旧钱",每140文,准银1钱。这一钱、银比价,相当于嘉靖三年所定低钱与银的比价。嘉靖六年又下令工部,查照永乐、宣德年间的事例,差官前往直隶并河南、福建、广东,铸造"嘉靖通宝"。这种嘉靖新铸的制钱,大致每钱700文,准银1两。可见,较之明初的钱、银比价,嘉靖新铸制钱的价值,上升了30%。隆庆元年(1567)下令,无论是明朝的制钱,还是前代留下来的旧钱,一概钱8文,折银1分,"不许任意低昂"。这就是说,钱800文,折银1两,相较于明初的钱价,上升了20%。万历六年(1578)题准,将钱分为三等,分别制定钱与银的折价:第一等是嘉靖、隆庆、万历制钱,为钱8文,准银1分,亦即钱800文,折银1两,钱价比明初上升了20%;第二等是火漆、镟边一类的铜钱,为钱10文,准银1分,亦即钱1000文,折银1两,钱价与明初保持平衡;第三等是洪武等项钱与前代的旧钱,为钱12文,准银1分,亦即钱1200文,折银1两,钱价比明初下降了20%。①

上面所引钱与银的比价,为官方所定的比价,总体趋势似乎是钱贵银贱。究其原因,还是官方刻意抑制银价、提升钱价所致。至于在实际的市场交易上,则呈现两种趋势,上乘的明朝制钱,呈钱贵银贱之势;下等的明朝低钱,则呈钱贱银贵之势。

鉴于此,有必要将明代市面上所使用的钱及其钱银兑换体制稍作交代。在明代,通常将明朝所铸制钱与前代的杂钱相兼行使。在明朝所铸的制钱中,其质也有高低之分。从嘉靖四十三年(1564)大学时徐阶的上疏中可知,明代铸造的制钱,分为上、下两等。上等的制钱有三种:一是"金背"钱,由南京宝源局铸造,因钱的背面"以金涂之",故民间称之为"金背";二是"火漆"钱,也由南京宝源局铸造,因在铸造时用火熏其背而使之发黑,故民间称之为"火漆";三是"镟边",或由南京宝源局所铸,或由云南所解,纯用铜、锡,不掺杂铅,每钱1文,秤重1钱2分,钱边又均经过车镟,因此钱颜色黄美,其质坚重,其边圆整,故民间称之为"镟边"。下等的明朝制钱,则为"一条棍"。此钱在铸造时,钱边不再经

① 申时行等修:《明会典》卷31《户部》18《库藏》2《钱法》,第225—226页;梁材:《议勘光禄寺钱粮疏》,《明经世文编》卷102,第2册,第912—913页;申时行等修:《明会典》卷42《户部》29《南京户部·内库盐政》,第305页。

过车镟，只用铸、剉二种工匠，色杂质轻，且钱边剉磨粗糙，故民间称之为“一条棍”。镟边与一条棍相较，镟边工费重大，不利于奸民私铸；一条棍工费轻省，甚至采用“鑢锡”之法，且铸工掺杂铅、锡，以便于剉，导致私铸盛兴。一旦官铸一条棍制钱与私铸之钱，相似而难辨，势必使民间百姓对官铸制钱的信用产生怀疑，甚至连金背这样的上乘之钱，在市场上流通也遇到阻碍，其结果则使官方公费，只是使用白银。① 至于明代民间钱、银兑换，通常是由街市上摆设的“钱桌”得以完成。

先来看钱贵银贱之势。除了前引资料之外，尚有其他诸多史料足证钱贵银贱之势。如嘉靖三十二年（1553）规定，上品的制钱，通常为 7 文当银 1 分，亦即 700 文折银 1 两，与明初相较，铜钱的价值上升了 30%。② 明初铸造金背钱时，通常为钱 10 文，折银 1 分，亦即钱 1000 文，折银 1 两。至万历年间，钱价相较于明初，已是大为上涨。同样是金背钱，万历年铸造的金背制钱，钱 5 文，折银 1 分，亦即钱 500 文，折银 1 两，相较于明初，钱价上升了 50%；至于嘉靖年铸造的金背制钱，更是钱 4 文，折银 1 分，亦即钱 400 文，折银 1 两，较之明初，钱价上升了 60%。其他火漆、镟边两种制钱，比价上升也大致如此。③ 在万历年间，钱、银比价的通行准则为钱 50 文，折银 1 钱，亦即钱 500 文，折银 1 两。但在整体维系钱价上升的态势方面，钱与银的比价也会产生一些波动，即某些时候钱价也会下降，即下降为银 1 钱，折合钱 60 余文，甚至折合钱 67—68 文。④

再来看钱贱银贵之势。这又可析为两种情形。

一是明代所铸上好的制钱，其与银的比价在晚明呈现下降之势。如万历年间规定，钱 55 文，折银 1 钱，亦即钱 550 文，折银 1 两。至崇祯朝，则已变为钱 65 文，折银 1 钱，亦即钱 650 文，折银 1 两。⑤ 在这期间，钱价下跌了约 18%。天启年间，钱价也呈下跌之势，从最初的银 1 两，折钱 400 余文，到后来跌为银 1 两，折钱 500 余文，⑥钱价下跌了约 25%。至崇祯年间，更是跌为银 1 两，折钱 700

---

① 徐阶：《请停止宝源局铸钱》，《明经世文编》卷 244，第 3 册，第 2551—2552 页；龙文彬：《明会要》卷 55《食货》3《钱法》，下册，第 1042—1043 页。

② 龙文彬：《明会要》卷 55《食货》3《钱法》，下册，第 1042 页；梁材：《准放折俸等项支用疏》，《明经世文编》卷 105，第 2 册，第 953 页。

③ 龙文彬：《明会要》卷 55《食货》3《钱法》，下册，第 1045 页。

④ 赵世卿：《钱法疏》，《明经世文编》卷 411，第 5 册，第 4464 页。

⑤ 毕自严：《度支奏议》，《新饷司》卷 18《覆钱法堂条议三款疏》，第 3 册，第 399 页。

⑥ 李之藻：《铸钱议》，《明经世文编》卷 484，第 6 册，第 5331 页。

文,在天启年间下跌的基础上,又下跌了40%。①

至于崇祯年间钱价下跌之势,可以从下面几则记载中得以考知。如在北京,一向以来的钱、银比价,为纹银1两,折合钱600文,其中的差价一般是在10—20文之间波动。自崇祯即位以后,钱价开始下跌。至崇祯十六年(1643),1两银子,已经可以折钱2000文,到了此年的夏秋间,更是可折钱"二千几百"文。即使以1两银子折钱2000文算,钱价则已下跌了约233%。虽然崇祯帝下令严禁私钱,甚至定下1两银子折钱600文的限价,但在民间街市钱桌的交易上,其实际的兑换价则为1两银子折钱2400文,其中多出的1800文,通常采取"桌下私授"的方式得以完成交易。② 从官方限价1两银子折钱600文,到民间私下兑换时1两银子折钱2400文,钱价实则下跌了300%。

明朝的制钱有京、省之异,京钱称为"黄钱",每文约重1钱6分,70文值银1钱,亦即700文折成银子1两。外省钱称为"皮钱",每文约重1钱,每100文值银1钱,亦即1000文折成银子1两。一般说来,明代北京的银、钱比价,大致为纹银1两,可以兑换制钱600文。自崇祯六、七年(1633—1634)之后,制钱价格渐轻,银价日涨。至崇祯末年,京钱100文,仅值银5分,即京钱2000文,才能兑换1两银子;皮钱100文,仅值银4分,即皮钱2500文,才能兑换1两银子。③ 以京钱为例,钱价下跌了约233%;以皮钱为例,钱价下跌了约317%。这种钱贱银贵的趋势,同样可以从崇祯年间市场上出售的粟米价格上得到印证。如崇祯四年,据卢龙县知县张煊申称,根据斗级贾应坤的回称,当时卢龙县集市上出售的粟米价格,为每市斗1斗,值时价钱170文,值银2钱4分。④ 可见,钱170文,折银2钱4分,亦即1两银子折钱约708文。这一比价相较于官方的限定价而言,钱价也实则下跌了18%。

二是明代所铸下等之钱,与银的比价同样呈现下跌之势。这有两则记载可以证实。一则记载显示,好钱70文,折银1钱,亦即钱700文,折银1两。若是"皮混低钱",则"以二折一"。⑤ 换言之,1两银子可折合低钱1400文。相较于

---

① 李之藻:《铸钱议》,编者评语,载《明经世文编》卷484,编者评语,第6册,第5331页。

② 计六奇:《明季北略》卷19《捣钱造钞》,下册,第351—352页。

③ 钱思元撰,朱琴点校:《吴门补乘》卷1《田赋补》,第86页;顾公燮:《丹午笔记》41《崇祯末年钱价》,江苏古籍出版社1985年版,第61页。

④ 毕自严:《度支奏议》,《新饷司》卷26《覆东协监视议移山海米豆济永疏》,第4册,第118页。

⑤ 梁材:《准放折俸等项支用疏》,《明经世文编》卷105,第2册,第953页。

好钱而言,低钱与银的比价下跌了100%。即使相较于明初所定1两银子折钱1000文,也下跌了40%。在嘉靖三十二年(1553),上品的好钱,均为钱7文当银1分,亦即钱700文,折银1两。若是最为下等钱,则为钱21文当银1分,亦即钱2100文,折银1两。① 相较于好钱而言,下等制钱与银的比价下跌了200%;若相较于明初所定的钱银比价,也下跌了110%。

综上可知,钞、钱、银诸类货币的介入,不仅影响到市场上的物价,更会影响到民间百姓的日常生活。这可以从以下三个方面加以考察:一是宝钞大幅度的贬值,无疑影响了官民的收入,但对一些钞户而言,却可以通过收购宝钞,从中获取利益。如在万历年间,因为行使不便,官方与民间均将宝钞停用,但官方还是以宝钞作为赏赉"夷人"之物。于是,有一种专门的钞户,从中获取六七倍的利润,通过收购宝钞而发家致富。② 二是对于承担官方买办物料的铺商来说,因为钞、钱、银比价的波动,导致他们多有亏损。如铺户承担召买光禄寺的物料,每钱2000文,官价折银3.3—3.4两,甚至折银3.5—3.6两。等到召买完成之后,从光禄寺关领价银,则每钱2000文,光禄寺只给银2两,若是将2000文钱领出变卖,更是到不了2两银子。在召商买办物料时,钞1000贯,折合官价银3.3—3.4两,甚至折银3.5—3.6两。等到召买完成,铺商从光禄寺关领价银,则钞1000贯,光禄寺只给银3钱2分,若是将1000贯钞领出变卖,更是不值银1钱。③ 以钱为例,铺商在召买物料过程中,实则亏损了65%—80%;以钞为例,铺商在买办物料过程中,实则亏损了约931%—3500%。三是民夫、工匠在领取工价之时,领取铜钱要比领取银两更为有利。一方面,铜钱可以朝发夕至,解决民夫、工匠的燃眉之急;另一方面,可以免于铺行因为银子低假而得以刁勒。④

五、物价构成要素

细究物价构成的基本要素,大致包括成本、利润、税收三大项。物品或货物在制作与销售过程中,无论是生产者或销售者,均需要获得合理的利润。利润既构成物价的一大要素,却又属生产者与销售者的收入。因在收入中已经初步讨

① 龙文彬:《明会要》卷55《食货》3《钱法》,下册,第1042页。
② 郭正域:《改赏夷钞疏》,《明经世文编》卷454,第6册,第4993页。
③ 梁材:《议勘光禄寺钱粮疏》,《明经世文编》卷102,第2册,第912—913页。
④ 何士晋撰,江牧校注:《工部厂库须知》卷12《柴炭台基厂》,第381页。

论了利润问题，故在此专门讨论成本、税收两大要素。

（一）制作价格

所谓制作价格，是指物品或货物的生产成本，主要包括物料与工价两个要素。

1. 物料

为示说明，下面主要以书籍、器皿、服饰、建筑等项刊刻或制作为例，对物料成本价格加以系统的考察。

(1)书籍刊刻

以书籍刊刻为例，需要各色印刷物料，包括木板、墨、纸、纸张、漆、油、棕毛等项。明代的书籍刊刻，包括官府刊刻与私家刊刻两项。

就官府刊刻书籍来看，据沈榜记载，户部大多10年一次印刷赋役黄册，需要的各色印刷物料与价格如下：椴木板15块，价银5.25两，折合每块椴木板价银0.35两；棕毛1斤，价银3分；白面4斤，价银4分，折合每斤价银1分；烟墨5斤，价银2钱，折合每斤价银4分；香油1斤，价银3分。① 各项物料价相加，合计料价银5.55两。万历年间，礼部重修《大明会典》，所需各色物料与价格为：中夹纸2500张，价银37.5两，折合每张价银1.5分；大呈文纸4000张，价银16两，折合每张价银0.4分；连七纸11600张，价银9.28两，折合每张价银0.8分；笔500枝、墨100锭，价银13两；抬连纸2000张，价银1.8两，折合每张价银9厘；棕毛100斤，价银5两，折合每斤价银5分；光漆10斤，价银3两，折合每斤价银3钱；白面564斤，价5.64两，折合每斤价银1分；蓝呈文纸5000张，价银33两，折合每张价银0.66分；桐油50斤，价8钱5分，折合每斤价银1.7分；真漆100斤，价银17两，折合每斤价银1.7钱；麻布10匹，价银1两8钱，折合每匹价银1.8钱；香油50斤，价银1两，折合每斤价银2分。② 各项物料相加，合计料价银144.87两。

明代刊刻书籍时所需的刻板，以及所需的工料价格，同样可以从另外一则记载中考知。据李廷机记载，万历年间，制作国子监《须知》《监规》刻本，其中《须知》一种所需刻板的价格，为价银4.53两；《监规》一种所需刻板的价格，为价银

① 沈榜：《宛署杂记》卷15《经费》下，第144页。

② 沈榜：《宛署杂记》卷15《经费》下，第145页。

2.35两。[①] 无论是《须知》,还是《监规》,所需刻板的块数,暂时无法考知,所以无法知晓每块刻板的价格。此外,在上述刻板价格中,除了木料价格之外,尚包括制作刻板的工价,所以无法将其分析为具体的料价与工价。

上面官府所刻各色书籍,因为只有合计的料价银,却无具体所刻的部数,以及书籍部头的大小,故暂时无法推测刊刻每部书籍所需的料价。至于民间刻书,则大致可以测算出每部书籍的成本价格。如万历三十三年(1605)正月,冯梦祯与俞羡长商议刊刻《文选》一书。当时商定的刊刻价格是刻印5册,合计价银16两,折合每册成本价银3.2两。[②] 当然,在这一成本价格中,除了物料价格外,尚应包括工价。

(2)器皿制作

明代各色器皿的制作,无不需要各种物料。下面以皇家或官府所制各色舂、家具、灶、炉、铁锅为例,对各色器皿所需的物料成本价格加以考察。

以各色舂为例,如万历年间,为了制作皇帝御前舂、仁圣皇太后舂、慈圣皇太后舂各1座,其中所需物料及其价格如下:椴木18根,每根银4钱,共计价银7两2钱;牛胎骨,价银8钱;火焰宝珠材料,价银2钱5分;银硃6斤,价银3两,折合每斤价银5钱;二硃6斤,价银9钱,折合每斤价银1.5钱;麻布3匹,价银3钱,折合每匹价银1钱;好麻3斤,价银6分,折合每斤价银2分;水胶3斤,价银6分,折合每斤价银2分;黄丹1斤8两,价银9分,折合每斤价银6分;桐油、麻油15斤,价银4钱9分8厘,笼统折合每斤价银3.32分;土子,价银3分;翠花3朵,加上匣、黄绫等项,共计价银2两4钱;舂柜3个,价银3两6钱,折合每个价银1.2两;舂桌6张,价银2两4钱,折合每张价银4钱;舂花银、牌脚银,计2两7钱;纱灯6个,价银2两4钱,折合每个价银4钱;包舂纸,价银4两;竹丝灯笼,价银5钱1分2厘。[③] 各项物料相加,合计价银31.2两,折合每座舂的料价银为10.4两。至于中宫殿下舂的制作,其中所需物料及其价格如下:椴木6根,价银2两4钱,折合每根价银4钱;翠花1朵,加上黄绫等项,价银8钱;银硃2斤,价银1两,折合每斤价银5钱;红硃2斤,价银3钱,折合每斤价银1.5钱;麻布1匹,价银1钱;好麻1斤,价银2分;水胶1斤,价银2分;黄丹半斤,价银3分,折合每斤价银6分;桐油、麻油4斤,价银1钱2分5厘,折合每斤价银3.125分;

---

① 李廷机著,于英丽点校:《李文节集》卷27《杂著》(一)《太学琐记》,下册,第617页。

② 冯梦祯:《快雪堂日记》卷16,乙巳正月二十二条,第217页。

③ 沈榜:《宛署杂记》卷14《经费》上,第135页。

土子,7 厘;春柜 1 副,价银 1 两 2 钱;春桌 2 张,价银 8 钱,折合每张价银 4 钱;春花、牌脚,价银 9 钱。[①] 各项物料相加,合计价银 7.702 两。此外,皇子春的制作,当时共计制作了 3 座,其所需物料及其价格如下:椴木 18 根,价银 7 两 2 钱,折合每根价银 4 钱;翠花 3 朵,加上匣、黄绫等项,价银 2 两 4 钱;银硃 6 斤,价银 3 两,折合每斤价银 5 钱;二硃 6 斤,价银 9 钱,折合每斤价银 1.5 钱;麻布 3 匹,价银 3 钱,折合每匹价银 1 钱;好麻 3 斤,价银 6 分,折合每斤价银 2 分;水胶 3 斤,价银 6 分,折合每斤价银 2 分;黄丹 1 斤 8 两,价银 9 分,折合每斤价银 4.5 分;桐油、麻油 15 斤,价银 4 钱 9 分 8 厘,笼统折合每斤 3.32 分;土子,价银 3 分;春柜 3 副,价银 3 两 6 钱,折合每副价银 1.2 两;春桌 6 张,价银 2 两 4 钱,折合每张价银 4 钱;春花牌脚,价银 2 两 7 钱;春烛,价银 1 两 1 分 8 厘。[②] 各项物料相加,合计料价银 24.256 两,折合每座价银 8.085 两。从上面各色春的制作物料价格来看,以皇帝、太后之春的成本价最高,皇子之春的价格次之,中宫皇后之春的价格最低。

以明代工部器皿厂制作的各色家具为例,其成本价格分别如下:

一是各色木柜。其中册封用的方木柜,共计制作 25 个,包括铁事件、钥匙、杠架,所需物料及其价格为:银珠、二珠、黄丹、水胶、苎布 5 项,共计价银 2 两 7 钱 6 分 5 厘 3 丝;召买杉板、松板、杉杠、蘑菇钉、铁锁、双连钉、鱼胶、铁叶、石灰 9 项,共计价银 24 两 2 钱 4 分 3 毫,[③]合计料价银为 27.008 两,折合每个方木柜的料价银为 1.08 两。制作回青木柜 1 个,共计物料 14 项,价银 1.1376 两。[④] 又太常寺盛贮香帛的红柜,其制作物料需要两类:工部已有的物料 13 项,共银 1 两 5 钱 4 分 7 厘 6 毫 8 丝 7 忽;召买的物料 6 项,共银 1 钱 7 厘 5 毫 1 丝 2 忽。[⑤] 两项物料相加,合计料价银 1.655 两。

二是各色匣子。其中王府所用印匣,包括配套的袱、褥、绦、锁,所需物料及其价格如下:已有的物料 14 项,共价银 3 两 6 钱 6 分 7 厘 8 毫 1 丝 8 忽 6 微;召买的物料 17 项,共价银 3 两 2 钱 7 分 8 厘 4 毫 3 丝 6 忽 4 微。两项相加,共计料价银 6.946255 两。万历四十二年(1614),王府所用印匣,其制作的物料价格分为两类:召买的物料 22 项,共银 4 两 5 钱 9 分 5 厘;工部器皿厂放支的物料 6

① 沈榜:《宛署杂记》卷 14《经费》上,第 135 页。

② 沈榜:《宛署杂记》卷 14《经费》上,第 135—136 页。

③ 何士晋撰,江牧校注:《工部厂库须知》卷 11《器皿厂》,第 336 页。

④ 何士晋撰,江牧校注:《工部厂库须知》卷 11《器皿厂》,第 348 页。

⑤ 何士晋撰,江牧校注:《工部厂库须知》卷 11《器皿厂》,第 342 页。

项,共银 1 两多。两项物料相加,合计料价银 5.595 两余。① 驸马所用的诰命匣,包括袱、绦、锁全套配置,所需物料及其价格如下:已有的物料 3 项,共银 1 两 5 分;召买的物料 4 项,共银 1 两 2 钱 4 分。② 两项相加,共计料价银 2.29 两。番僧所用的敕匣,所需物料及其价格如下:已有的物料 13 项,共银 1 两 4 钱 6 分 3 厘 9 毫 8 丝 9 忽 5 微;召买的物料 10 项,共银 1 两 9 分 1 厘 9 毫 4 丝 3 忽 3 微。③ 两项物料相加,合计料价银 2.555 两。锡镶养牲匣 1 副,物料 17 项,共计料价银 9.90589 两。④ 又如制作锡镶的三牲匣一副,共需 18 项物料,计价银 11.8801393 两。⑤

三是各色箱子。其中朱红锡镶木方箱 1 幢,包括细麻绳、杠,所需物料计 16 项,共计价银 8.6577 两;朱红木箱 1 个,所需物料计 14 项,共计价银 1.079419 两;⑥装盛瓷器样箱 1 个,事件、锁、钥俱全,所需物料计 26 项,共计价银 2.77412 两。⑦

四是各色桌子。如朱红水沿木桌 1 张,包括锡汤鼓 2 个,所需物料计 15 项,共计价银 1.8418 两;油红杉木案桌 1 张,所需物料计 17 项,共计价银 2.03353625 两;⑧戗金大膳桌 1 张,所需物料计 13 项,共计价银 15.157165 两;戗金小膳桌 1 张,所需物料计 13 项,共计价银 7.018249 两。⑨

五是各色椅、凳。如大连椅 1 张,所需物计 10 项,共计价银 0.752212125 两;⑩板凳 1 条,所需物料计 8 项,共计价银 0.293543375 两。⑪

六是水桶。如朱红锡镶木水桶 1 个,包括盖、杠、铁环,所需物料计 14 项,共计价银 1.749461875 两。⑫

七是各色食盒。如朱红竹丝连二盒 1 副,所需物料计 19 项,共计价银 0.37917 两;朱红竹丝连三盒 1 副,所需物料计 17 项,共计价银 0.45365 两;朱红

---

① 何士晋撰,江牧校注:《工部厂库须知》卷 11《器皿厂》,第 341 页。
② 何士晋撰,江牧校注:《工部厂库须知》卷 11《器皿厂》,第 341 页。
③ 何士晋撰,江牧校注:《工部厂库须知》卷 11《器皿厂》,第 341 页。
④ 何士晋撰,江牧校注:《工部厂库须知》卷 11《器皿厂》,第 346 页。
⑤ 何士晋撰,江牧校注:《工部厂库须知》卷 11《器皿厂》,第 346 页。
⑥ 何士晋撰,江牧校注:《工部厂库须知》卷 11《器皿厂》,第 344 页。
⑦ 何士晋撰,江牧校注:《工部厂库须知》卷 11《器皿厂》,第 348 页。
⑧ 何士晋撰,江牧校注:《工部厂库须知》卷 11《器皿厂》,第 344 页。
⑨ 何士晋撰,江牧校注:《工部厂库须知》卷 11《器皿厂》,第 347—348 页。
⑩ 何士晋撰,江牧校注:《工部厂库须知》卷 11《器皿厂》,第 344 页。
⑪ 何士晋撰,江牧校注:《工部厂库须知》卷 11《器皿厂》,第 344 页。
⑫ 何士晋撰,江牧校注:《工部厂库须知》卷 11《器皿厂》,第 343—344 页。

膳盒1副，所需物料计19项，共计价银0.69669两；戗金膳盒1副，所需物料计23项，共计价银1.04819两；朱红托盒1副，所需物料计13项，共计价银0.474两；戗金托盒1副，所需物料计17项，共计价银0.7021两；朱红抬酒膳盒1副，所需物料计16项，共计价银0.6185两；戗金抬酒膳盒1副，所需物料计20项，共计价银0.86902两；圆板盒1副，计8层，所需物料计13项，共计价银1.6559两；朱红竹丝茶饭盒1副，所需物料计17项，共计价银0.3479两；朱红竹丝大单盒1副，所需物料计17项，共计价银0.3341两。①

八是各色蒸笼。如油红大蒸笼一副，所需物料计5项，共计价银0.63949375两；油红中蒸笼1副，所需物料计5项，共计价银0.48122两；油红小蒸笼1副，所需物料计5项，共计价银0.387821875两。②

九是竹箩、酒络、马盆等。如抬酒大竹箩1个，所需物料计9项，共计价银0.3075794两；竹丝双酒络1副，所需物料计12项，共计价银0.12316191两；③戗金大马盆1个，所需物料计13项，共计价银1.2337两。④

以灶、炉为例，其制作成本价格如下：红熟铜行灶1座，包括底、练、索，所需物料计5项，共计价银4.78568两；牲铁拖炉1副，阔2尺6寸，所需物料计7项，共计价银5.734两。⑤

以工部铸造的各色铁锅为例，其铸造成本价格如下：铁镬1口，包括已有物料2项，共计价银5两3钱2分，召买物料9项，共计价银3两1钱7分9厘，两项物料相加，共计料价银8.499两；铁锅1连，计12眼，包括已有物料2项，共计价银8钱1分4厘，召买物料9项，共计价银1两9钱7分，两项物料相加，共计料价银2.784两；舍饭寺铁锅1口，包括已有物料2项，共计价银3两2钱8分8厘，召买物料10项，共计价银2两7钱7分2厘，两项物料相加，共计料价银5.96两；贴黄铁锅1口，包括已有物料2项，共计价银5钱9分5厘5毫，召买物料3项，共计价银5钱6分8厘2毫，两项物料相加，共计料价银1.1637两；光禄寺煮料铁锅1口，包括已有物料2项，共计价银30两，召买物料9项，共计价银35两9钱6分3厘，两项物料相加，共计料价银65.963两；御马监煮料铁锅1口，包括已有物料2项，共计价银3两6钱3分9厘2毫，召买物料11项，共计

① 何士晋撰，江牧校注：《工部厂库须知》卷11《器皿厂》，第342—343页。
② 何士晋撰，江牧校注：《工部厂库须知》卷11《器皿厂》，第344—345页。
③ 何士晋撰，江牧校注：《工部厂库须知》卷11《器皿厂》，第345页。
④ 何士晋撰，江牧校注：《工部厂库须知》卷11《器皿厂》，第345页。
⑤ 何士晋撰，江牧校注：《工部厂库须知》卷11《器皿厂》，第346—347页。

价银 4 两 1 钱 9 分 4 厘，两项物料相加，共计料价银 7.833 两；[①]铁大浅锅 1 口，计物料 19 项，共计价银 13.126 两；煮豆大铁锅 1 口，直径 5 尺 5 寸，计物料 16 项，共计价银 70.07212 两；煮酱黄大铁锅 1 口，直径 5 尺，深 4 尺，接口全，计物料 16 项，共计价银 47.8748 两；生铜退牲中接口锅 1 口，直径 5 尺，深 3 尺 5 寸，铁条、攀、灶门全，计物料 13 项，共计价银 165.842 两；[②]大铜锅 1 口，直径 2 尺 8 寸，计物料 13 项，共计价银 46.317 两。[③]

从工部制作的各色锅来看，尽管尺寸有大小之分，质料有铁、铜之别，但就整体而言，若与锅的召买价格相较，无疑显得物料成本价格普遍较高。有一则记载证明，官方召买铁锅时，其召买价大致为大铁锅 2 口，该银 4 钱，折合每口大铁锅的召买价为银 2 钱；小铁锅 2 口，该银 8 分，折合每口小铁锅的召买价为银 4 分。[④] 由此证明，以工部为代表的官方制作，其料价数字并非是制作成本价格的真实反映，其中包含着诸多水分。

以工部所制其他日用器皿为例，其制作成本价格如下：如铜铫 1 把，所需物料 3 项，共计价银 0.3492825；[⑤]锡顶罐 1 个，替、盖、攀全，所需物料 4 项，共计价银 0.70261 两；[⑥]锡茶壶 1 把，所需物料 4 项，共计价银 0.2431 两；锡大荡酒壶 1 把，所需物料 4 项，共计价银 0.56436 两；锡酒壶 1 把，所需物料 6 项，共计价银 0.246847 两；[⑦]锡粉盘 1 个，所需物料 4 项，共计价银 0.64446 两；[⑧]锡大汁壶瓶 1 把，所需物料 4 项，共计价银 0.7261 两；[⑨]戗金顶盘 1 个，所需物料 18 项，共计价银 1.1049624 两。[⑩]

（3）服饰制作

明代工部承担的各色服饰制作成本价格，大致可以根据《工部厂库须知》一书得以考知。

首先，看服饰原料的料价。各色纺织原料，包括绵、丝、麻等。普通的绵花，

---

① 何士晋撰，江牧校注：《工部厂库须知》卷 7《宝源局》，第 206—208 页。
② 何士晋撰，江牧校注：《工部厂库须知》卷 11《器皿厂》，第 346—347 页。
③ 何士晋撰，江牧校注：《工部厂库须知》卷 11《器皿厂》，第 349 页。
④ 何士晋撰，江牧校注：《工部厂库须知》卷 11《器皿厂》，第 340 页。
⑤ 何士晋撰，江牧校注：《工部厂库须知》卷 11《器皿厂》，第 347 页。
⑥ 何士晋撰，江牧校注：《工部厂库须知》卷 11《器皿厂》，第 347 页。
⑦ 何士晋撰，江牧校注：《工部厂库须知》卷 11《器皿厂》，第 347 页。
⑧ 何士晋撰，江牧校注：《工部厂库须知》卷 11《器皿厂》，第 347 页。
⑨ 何士晋撰，江牧校注：《工部厂库须知》卷 11《器皿厂》，第 347 页。
⑩ 何士晋撰，江牧校注：《工部厂库须知》卷 11《器皿厂》，第 348 页。

通常是每斤价银5分;[①]弹熟绵花,每斤价银7分;[②]中白绵花,每斤价银5钱;[③]上白绵花,每斤价银5钱8分。[④] 至于丝,白串五丝,每斤价银7钱;荒丝,每斤价银4钱;川白麻,每斤价银3分。[⑤] 此外,如土丝,每斤价银4分;[⑥]紫白绵线,每斤价银1钱2分;[⑦]生丝,每斤价银5钱。[⑧] 至于其他各色丝线,其料价如下:中青熟丝细线,每斤价银9钱;木红熟丝细线,每斤价银9钱;柏枝绿熟丝细线,每斤价银9钱;白熟丝细线,每斤价银9钱;[⑨]青、红、蓝、绿熟细丝线,每斤价银8钱7分。[⑩] 可见,各色丝线的价格在每斤银8.7—9钱之间浮动。

羊毛、羊绒也是纺织原料,其料价如下:白绵羊毛,每斤价银9分;秋白羊毛,每斤价银9分;[⑪]茜红羊毛,每斤价银1钱2分;黑绵羊秋毛,每斤价银1钱;白山羊毛,每斤价银1钱;白山羊绒,每斤价银3钱。[⑫] 可见,羊绒的价格明显高于羊毛,大致为羊毛价格的3倍;而在羊毛中,山羊毛的价格又高于绵羊毛。

已经纺织而成的成品,如各色绵布,其料价大致如下:工部所用粗白绵布,每匹长3丈2尺,阔1尺8寸,每匹价银3钱;阔白绵布,每匹价银1钱8分;[⑬]阔白棉布,每匹长3丈2尺,每匹价银2钱4分;[⑭]青细绵布,每匹长3丈2尺,价银3钱3分5厘;[⑮]阔机布的价格,可以通过一则记载加以测算,即阔机布22匹,价银3两9钱6分,折合每匹价银1钱8分;[⑯]苎布有两种价格,一种价格是每匹价银2钱,另一种价格是每匹长3丈,价银3钱;[⑰]黄布,每匹长3丈,价银2钱;[⑱]

---

① 何士晋撰,江牧校注:《工部厂库须知》卷10《六科廊》,第306页。
② 何士晋撰,江牧校注:《工部厂库须知》卷11《器皿厂》,第338页。
③ 何士晋撰,江牧校注:《工部厂库须知》卷3《营缮司》,第76—77页。
④ 何士晋撰,江牧校注:《工部厂库须知》卷10《六科廊》,第307页。
⑤ 何士晋撰,江牧校注:《工部厂库须知》卷3《营缮司》,第76—77页。
⑥ 何士晋撰,江牧校注:《工部厂库须知》卷6《虞衡司》,第166页。
⑦ 何士晋撰,江牧校注:《工部厂库须知》卷8《盔甲王恭厂》,第232页。
⑧ 何士晋撰,江牧校注:《工部厂库须知》卷8《盔甲王恭厂》,第243页。
⑨ 何士晋撰,江牧校注:《工部厂库须知》卷6《虞衡司》,第160—161页。
⑩ 何士晋撰,江牧校注:《工部厂库须知》卷10《六科廊》,第298页。
⑪ 何士晋撰,江牧校注:《工部厂库须知》卷6《虞衡司》,第161、167页。
⑫ 何士晋撰,江牧校注:《工部厂库须知》卷8、9《盔甲王恭厂》《都水司》,第243、263页。
⑬ 何士晋撰,江牧校注:《工部厂库须知》卷6《虞衡司》,第157、174页。
⑭ 何士晋撰,江牧校注:《工部厂库须知》卷10《六科廊》,第306页。
⑮ 何士晋撰,江牧校注:《工部厂库须知》卷11《器皿厂》,第338页。
⑯ 何士晋撰,江牧校注:《工部厂库须知》卷6《虞衡司》,第164页。
⑰ 何士晋撰,江牧校注:《工部厂库须知》卷6、10《虞衡司》《六科廊》,第165、316页。
⑱ 何士晋撰,江牧校注:《工部厂库须知》卷6《虞衡司》,第167页。

细三梭白布，每匹长 3 丈 2 尺，阔 1 尺 8 寸，每丈价银 8 分 4 厘。① 除了绵布之外，尚有麻织物夏布，其料价如下：阔白腰机夏布，长 3 丈 2 尺，阔 1 尺 6 寸，每匹价银 3 钱 5 分；蓝腰机夏布，长 3 丈 2 尺，阔 1 尺 6 寸，每匹价银 3 钱 5 分。②

在服饰面料中，丝绸织品相较于各色布匹，成本价格相对较高。举例如下。

以绢为例，有生绢、熟绢之别，且有其他各色绢的名称，成本价格均有差异。按照正统五年（1440）的规定，绢的折色价格，为每匹折银 5 钱。③ 按照工部所用绢的价格记载，具体绢的价格为：生绢，每匹价银约 5 钱 5 分；④阔生绢，每匹价银 5 钱；⑤红生绢，每匹价银 7 钱 2 分；青生绢，每匹价银 7 钱 2 分；⑥里绢，每匹价银 5 钱 5 分；⑦红熟大绢，每匹长 3 丈 2 尺，价银 7 钱 2 分；⑧红熟绢，长 3 丈 2 尺，每匹价银 6 钱 4 分；蓝熟绢，长 3 丈 2 尺，每匹价银 6 钱 4 分；⑨红细熟绢，每匹长 3 丈 2 尺，阔 1 尺 8 寸，每匹价银 8 钱 5 分；⑩蓝细熟大绢，每匹价银 6 钱 5 分；⑪黄绢，每匹长 3 丈 6 尺，每匹价银 5 钱 5 分；⑫黄杭细绢，每匹长 3 丈 2 尺，每匹价银 1 两 2 钱。⑬ 在各色绢中，以黄杭细绢价格最高。

以罗为例，红罗，长 3 丈 6 尺，每匹价银 6 钱 4 分；⑭木红平罗，每匹长 3 丈 2 尺，阔 1 尺 8 寸，每匹价银 2 两 5 钱；⑮杜罗，每匹价银 1 两 7 钱 6 分；⑯天青水纬罗，长 3 丈 2 尺，每匹价银 1 两 4 钱；黑青水纬罗，长 3 丈 2 尺，每匹价银 1 两 4

---

① 何士晋撰，江牧校注：《工部厂库须知》卷 8《盔甲王恭厂》，第 232 页。
② 何士晋撰，江牧校注：《工部厂库须知》卷 10《六科廊》，第 306 页。
③ 申时行等修：《明会典》卷 17《户部》4《农桑》，第 116 页。
④ 何士晋撰，江牧校注：《工部厂库须知》卷 10《六科廊》，第 297 页。
⑤ 何士晋撰，江牧校注：《工部厂库须知》卷 6《虞衡司》，第 164、174 页。
⑥ 何士晋撰，江牧校注：《工部厂库须知》卷 10《六科廊》，第 317 页。
⑦ 何士晋撰，江牧校注：《工部厂库须知》卷 10《六科廊》，第 298 页。
⑧ 何士晋撰，江牧校注：《工部厂库须知》卷 11《器皿厂》，第 339 页。
⑨ 何士晋撰，江牧校注：《工部厂库须知》卷 10《六科廊》，第 303 页。
⑩ 何士晋撰，江牧校注：《工部厂库须知》卷 10《六科廊》，第 308 页。
⑪ 何士晋撰，江牧校注：《工部厂库须知》卷 10《六科廊》，第 317 页。
⑫ 何士晋撰，江牧校注：《工部厂库须知》卷 6《虞衡司》，第 167 页。
⑬ 何士晋撰，江牧校注：《工部厂库须知》卷 6《虞衡司》，第 167 页。
⑭ 何士晋撰，江牧校注：《工部厂库须知》卷 10《六科廊》，第 303 页。
⑮ 何士晋撰，江牧校注：《工部厂库须知》卷 10《六科廊》，第 308 页。
⑯ 何士晋撰，江牧校注：《工部厂库须知》卷 10《六科廊》，第 309 页。

钱;[①]白生素平罗,每匹价银1两8钱。[②] 可见,罗的价格普遍高于绢。

以绫为例,黄素绫,长3丈2尺,每匹价银8钱。[③]

以纻丝为例,每匹价银约为3两;[④]红绿纻丝,每丈价银8钱,以每匹3丈2尺计算,折合每匹价银2两5钱6分。[⑤]

以绸为例,红潞绸,每匹长3丈6尺,阔1尺8寸,每匹价银2两6钱;绿潞绸,每匹长3丈6尺,阔1尺8寸,每匹价银2两6钱;[⑥]绵绸,每匹价银8钱。[⑦] 可见,在绸中,以潞绸价格为高。

以纱为例,玄色杭纱,每匹价银1两;天青杭纱,每匹价银1两;蓝杭纱,长6尺6寸,价银2钱6厘2毫,以每匹长3丈2尺计算,折合每匹价银9钱9分2厘;[⑧]红纱,每匹长3丈2尺,每匹价银1两6钱;[⑨]皂绉纱,每匹价银7钱。[⑩]

以锦为例,红绒锦,每丈价银8钱,以每匹长3丈2尺计算,折合每匹价银2两5钱6分。[⑪]

以缎为例,红缎,每匹长3丈2尺,每匹价银1两8钱;青缎,每匹长3丈2尺,每匹价银1两8钱。[⑫]

以毡为例,每条长6尺,阔4尺,价银6钱。[⑬]

各色皮张,如白硝鹿皮,每张价银4钱8分;白硝獐皮,每张价银2钱5分;脂硝黄牛皮,每张价银4钱5分;透油黄牛皮,每张价银5钱;鲨鱼皮,每张价银1钱5分;蓝斜皮,每截价银1钱;红斜皮,每截价银1钱;白硝马皮,每张价银3钱5分;生血水牛皮,每张价银4两5钱2分;黄真牛皮,每张价银5钱;[⑭]红真牛皮,各

---

① 何士晋撰,江牧校注:《工部厂库须知》卷10《六科廊》,第310页。
② 何士晋撰,江牧校注:《工部厂库须知》卷12《屯田司》,第355页。
③ 何士晋撰,江牧校注:《工部厂库须知》卷6《虞衡司》,第162页。
④ 何士晋撰,江牧校注:《工部厂库须知》卷10《六科廊》,第297页。
⑤ 何士晋撰,江牧校注:《工部厂库须知》卷6《虞衡司》,第167页。
⑥ 何士晋撰,江牧校注:《工部厂库须知》卷8《盔甲王恭厂》,第240页。
⑦ 何士晋撰,江牧校注:《工部厂库须知》卷8《盔甲王恭厂》,第249页。
⑧ 何士晋撰,江牧校注:《工部厂库须知》卷10《六科廊》,第317页。
⑨ 何士晋撰,江牧校注:《工部厂库须知》卷11《器皿厂》,第338页。
⑩ 何士晋撰,江牧校注:《工部厂库须知》卷12《屯田司》,第355页。
⑪ 何士晋撰,江牧校注:《工部厂库须知》卷10《六科廊》,第317页。
⑫ 何士晋撰,江牧校注:《工部厂库须知》卷11《器皿厂》,第338页。
⑬ 何士晋撰,江牧校注:《工部厂库须知》卷11《器皿厂》,第338页。
⑭ 何士晋撰,江牧校注:《工部厂库须知》卷6《虞衡司》,第160—163、167页。

见方5尺,每张价银4钱7分5厘;牛脂皮,各见方5尺,每张价银4钱6分;①白水牛皮,每张价银5两5钱;②白硝山羊皮,每张价银1钱7分。③ 熟软黄羊皮,每张价银1钱7分;④黄绵羊皮,每张价银2钱;⑤遮火羊皮,每张价银7分;⑥鹿皮条,每张价银4钱8分;⑦狗皮,每张价银3分5厘;⑧驴皮,每张价银3钱。⑨

上面的各色皮张价格,可与工部的折色价作一比较。如工部虞衡司每年可以从北直隶顺德府与南直隶徐州得到所进的杂料,其中就包括皮张。北直隶顺德府所进杂料皮张,主要为虎皮,双年本色,单年折色,当单年收取折色狐皮时,其中原本应该收取本色的33张狐皮,改收折色银15.5两,每张狐皮的折色价为银0.469两。南直隶所进杂料,有虎皮3张,折银9两,每张虎皮的折色价为3两;河南所进杂料,有羊皮36张,折银10两8钱,每张羊皮的折色价为0.3两。⑩

各色服饰面料,从坯布变成面料,需要经过染色这一加工工艺。在染色过程中,则又需付出染料、工价。染料的价格,可以从工部织染所的染料召买价格中得以考知。据记载,当时工部染料的召买价格,大致为:蓝靛,每斤价银1分8厘;小粉,每斤价银1分1厘;炼碱,每斤价银8厘;土碱,每斤价银5厘。⑪ 至于具体染色的价格,包括染料与工价,则大致为:紫花布的染色成本价格,为每匹价银3分;万历三十五年(1607),经过会估,每匹加银1分,则为每匹价银4分;万历三十七年会估,每匹减银5厘,定为每匹价银3分5厘。⑫ 青布的染色价格,每匹价银7分5厘;万历三十五年会估,每匹加银2分5厘,则为每匹价银1钱;三十七年会估,减1分,每匹价银9分。⑬ 生绢染成熟绢,每匹需要染价银

---

① 何士晋撰,江牧校注:《工部厂库须知》卷8《盔甲王恭厂》,第243页。
② 何士晋撰,江牧校注:《工部厂库须知》卷9《都水司》,第265页。
③ 何士晋撰,江牧校注:《工部厂库须知》卷6《虞衡司》,第177页。
④ 何士晋撰,江牧校注:《工部厂库须知》卷8《盔甲王恭厂》,第240页。
⑤ 何士晋撰,江牧校注:《工部厂库须知》卷9《都水司》,第265页。
⑥ 何士晋撰,江牧校注:《工部厂库须知》卷10《六科廊》,第313页。
⑦ 何士晋撰,江牧校注:《工部厂库须知》卷8《盔甲王恭厂》,第241页。
⑧ 何士晋撰,江牧校注:《工部厂库须知》卷8《盔甲王恭厂》,第242页。
⑨ 何士晋撰,江牧校注:《工部厂库须知》卷8《盔甲王恭厂》,第243页。
⑩ 何士晋撰,江牧校注:《工部厂库须知》卷6《虞衡司》,第191、193、194页。
⑪ 何士晋撰,江牧校注:《工部厂库须知》卷10《六科廊》,第306页。
⑫ 何士晋撰,江牧校注:《工部厂库须知》卷8《盔甲王恭厂》,第232页。
⑬ 何士晋撰,江牧校注:《工部厂库须知》卷8《盔甲王恭厂》,第235页。

6分。①

其次,看各色服饰的制作料价,大致如下。

一是冠、帽、巾等的料价。如工部为状元制作的梁冠1顶,绦、簪全,价银5钱;乌纱帽1顶,展翅全,价银3钱。② 至于乌纱帽中的展翅,通常的制作料价为每副价银1分。③ 皇家厨役所用的三山帽1顶,制作的物料分为两类:已有物料5项,计价银4分7丝2忽5微;召买物料7项,计价银4分6厘1毫3丝6忽2微,两项物料相加,共计料价银8.62分。④ 至于巾,进士巾1顶,价银2钱;⑤欧阳巾1顶,价银1钱。⑥ 还有校尉用的帽子、头盔,如成造鹅帽1顶,包括已有物料4项,共银6分3厘3毫8丝9忽5微,召买物料5项,共银2分7厘9毫2丝7忽5微,两项物料相加,共计料价银9.131分;油漆戗金帽1顶,包括已有物料3项,共银9厘8毫3丝7忽5微,召买物料8项,共银1分9厘2毫5丝9忽9微,两项物料相加,共计料价银2.909分;成造明盔1顶,包括已有物料1项,共银2钱4分,召买物料2项,共银4厘5忽,两项物料相加,共计料价银2.44钱;锃磨盔1顶,包括已有物料4项,共银1分2厘2毫3丝,召买物料4项,共银3分6厘9毫3丝,两项物料相加,共计料价银4.916分。⑦

二是各色袍、衣、裙、甲的料价。如青绢夹袍1件,所需召买物料5项,共计价银1.2543726两。⑧ 单袍根据祭祀场所的不同,而有不同的料价。如圜丘坛所用单袍1件,所需召买物料4项,共计价银0.229812两;朝日坛单袍1件,包括已有物料1项,该银6钱2分1厘8毫4丝3忽7微,召买物料3项,该银7厘9毫6丝6忽5微,两项物料相加,共计料价银0.701两;方泽坛单袍1件,包括已有物料1项,该银6钱2分1厘8毫4丝3忽7微,召买物料3项,该银7厘9毫6丝7忽5微,两项物料相加,共计料价银0.701两;夕月坛单袍1件,所需召买物料4项,共计料价银0.628112两;⑨葵花袍1件,所需物料7项,共计料价银

① 何士晋撰,江牧校注:《工部厂库须知》卷10《六科廊》,第303页。
② 何士晋撰,江牧校注:《工部厂库须知》卷10《六科廊》,第310页。
③ 何士晋撰,江牧校注:《工部厂库须知》卷10《六科廊》,第310页。
④ 何士晋撰,江牧校注:《工部厂库须知》卷10《六科廊》,第323页。
⑤ 何士晋撰,江牧校注:《工部厂库须知》卷10《六科廊》,第310页。
⑥ 何士晋撰,江牧校注:《工部厂库须知》卷10《六科廊》,第324页。
⑦ 何士晋撰,江牧校注:《工部厂库须知》卷3《营缮司》,第89—91页。
⑧ 何士晋撰,江牧校注:《工部厂库须知》卷10《六科廊》,第323页。
⑨ 何士晋撰,江牧校注:《工部厂库须知》卷10《六科廊》,第323—324页。

1. 22284 两。① 以上是文官陪祀单袍的料价。至于陪祀武官的祭服,通常为一套8件,分别有天青罗袍、白杭生绢中单、红罗裙、绒锦绶、蔽膝、白罗单、蓝绢包袱、玎珰红纱口袋,其制作料价如下:已有物料3项,共银2两1钱1分6厘5丝,召买物料12项,共银2两9钱7分2毫2丝,两项物料相加,共计料价银5.088两,折合每件料价银为0.636两。② 此外,雨衣、只孙、踢裙、摆锡甲之类,其成造物料价格亦有记载。如油画雨衣1件,已有物料7项,共银5分5厘2毫4丝2忽5微,召买物料7项,共银2分7厘4毫5丝,两下物料相加,共计料价银8.269分;绢雨衣1件,已有物料3项,共计料价银1.97296两;印花夏布只孙1件,共计料价银4分;印花夏布踢裙1副,共计料价银1分;③摆锡甲1副,已有物料4项,共银1两2钱8分6厘,召买物料4项,共银3钱1分5厘2毫5丝5忽,两项物料相加,共计料价银1.601两。④

明代赏赐给四夷进贡人员的衣服,其品类分别有圆领、褡䙱、贴里等,制作的面料分别有纻丝、里绢。据《成造夷衣规则》,大致可以考知各色衣服制作的面料成本价格。如圆领100件,需用纻丝100匹,外加里绢100匹。在明代,纻丝属于奢侈品,价格相对较高,大致为每匹价银3两,而里绢为每匹价银5钱5分。据此可知100件圆领的面料总价为355两,折合每件的料价银为3.55两。褡䙱100件,需用纻丝78匹,外加里绢80匹,其面料总价为278两,折合每件的料价银为2.78两。贴里100件,需用纻丝98匹,里绢100匹,其面料总价为349两,折合每件的料价银为3.49两。⑤

三是各色靴、履、袜的料价。如锦衣卫通过工部成造云履、白羊甸皮靴等,其中云履的料价为每双价银0.15两;白羊甸皮靴,为每双料价银0.26两;白羊毛毡袜,每双料价银0.08两。⑥ 此外,其他靴、袜的料价,大致为:黑真牛皮靴,每双料价银0.28两;麂皮靴,每双料价银1.05两;麂皮皂云头抹泥靴,每双料价银1.05两;状元、进士所用履靴,每双料价银0.4两;纻丝云头履鞋,每双料价银0.2两;秋白羊毛毡袜,每双料价银0.08两;白布夹袜,每双料价银0.15两。⑦

---

① 何士晋撰,江牧校注:《工部厂库须知》卷11《器皿厂》,第349页。
② 何士晋撰,江牧校注:《工部厂库须知》卷10《六科廊》,第324页。
③ 何士晋撰,江牧校注:《工部厂库须知》卷3《营缮司》,第90页。
④ 何士晋撰,江牧校注:《工部厂库须知》卷11《器皿厂》,第349页。
⑤ 何士晋撰,江牧校注:《工部厂库须知》卷10《六科廊》,第299页。
⑥ 何士晋撰,江牧校注:《工部厂库须知》卷3《营缮司》,第76—77页。
⑦ 何士晋撰,江牧校注:《工部厂库须知》卷10《六科廊》,第298、299、310、319页。

四是各色带、绦的料价。如革带1条，料价银为0.15两；黑角束带1条，料价银为0.25两；[①]红鞓角带1条，料价银为0.25两；[②]黑角红鞓带1条，料价银为0.2两；[③]抹金铜带1条，包括已有物料2项，共银1钱9分1厘8毫7丝5忽，召买物料14项，共银1钱1分4厘9毫6丝8忽7微，两项物料相加，共计料价银0.306两；钉铜带1条，包括已有物料4项，共银1分9厘1丝4忽，召买物料4项，共银3分5厘9毫7丝3忽，两项物料相加，共计料价银0.054两；[④]抹金铜带1条，共计物料25项，料价银0.4702两。[⑤] 至于各色之绦，其料价银为：皇家厨役所用之绦1条，所需召买物料1项，计料价银0.0271875两；[⑥]吕公绦1条，所需召买物料1项，计料价银0.1875两。[⑦]

五是各色服饰装饰品与配套品的料价。王府、公主婚礼用的花朵，如蓝绢叶罗帛花，每枝料价银1分7厘；[⑧]状元、进士用的翠叶绒花，每枝料价银4分5厘；[⑨]水牛角簪，每根料价银6厘；[⑩]红缨宝珠，每副料价银1分；[⑪]木笏1片，料价银3分；[⑫]黄绢销金三幅袱1条，包括物料4项，共计料价银0.161675两。[⑬]

（4）**建筑颜料**

无论是建造或修理各类建筑物，大多需要涂饰的颜料。尤其是宫中建筑物所需颜料，其价格极其昂贵。如为了盖造乾清宫西七所并添修万岁山毓秀亭，据何孟春的初步匡算，所需颜料有石大青、大绿，均每斤价银数两，当时所用的各色颜料，"无虑数万斤"，颜料价银亦"无虑数十万两"。[⑭]

至于宫中所用各色建筑颜料的料价，则可以借助《工部厂库须知》一书得以考知。如内官监成造、修理宫殿时，其所需各色颜料的价格如下：川漆，每斤价银

---

① 何士晋撰，江牧校注：《工部厂库须知》卷10《六科廊》，第310页。
② 何士晋撰，江牧校注：《工部厂库须知》卷10《六科廊》，第319页。
③ 何士晋撰，江牧校注：《工部厂库须知》卷10《六科廊》，第324页。
④ 何士晋撰，江牧校注：《工部厂库须知》卷3《营缮司》，第89—90页。
⑤ 何士晋撰，江牧校注：《工部厂库须知》卷11《器皿厂》，第349页。
⑥ 何士晋撰，江牧校注：《工部厂库须知》卷10《六科廊》，第323页。
⑦ 何士晋撰，江牧校注：《工部厂库须知》卷10《六科廊》，第323页。
⑧ 何士晋撰，江牧校注：《工部厂库须知》卷10《六科廊》，第322页。
⑨ 何士晋撰，江牧校注：《工部厂库须知》卷10《六科廊》，第310页。
⑩ 何士晋撰，江牧校注：《工部厂库须知》卷10《六科廊》，第318页。
⑪ 何士晋撰，江牧校注：《工部厂库须知》卷10《六科廊》，第319页。
⑫ 何士晋撰，江牧校注：《工部厂库须知》卷10《六科廊》，第310页。
⑬ 何士晋撰，江牧校注：《工部厂库须知》卷11《器皿厂》，第348页。
⑭ 何孟春：《省营缮以光治道疏》，《明经世文编》卷127，第2册，第1230页。

0.16 两;天大青,每斤价银 2 两;天二青,每斤价银 1.4 两;天三青,每斤价银 0.7 两;石大青,每斤价银 0.7 两;石二青,每斤价银 0.45 两;石三青,每斤价银 0.28 两;天大碌,每斤价银 0.12 两;天二碌,每斤价银 0.11 两;天三碌,每斤价银 0.012 两;硇砂大碌,每斤价银 0.13 两;硇砂二碌,每斤价银 0.11 两;硇砂三碌,每斤价银 0.09 两;硇砂枝条碌,每斤价银 0.095 两;石大碌,每斤价银 0.07 两;石黄,每斤价银 0.042 两;铜青,每斤价银 0.06 两;干胭脂,每斤价银 0.4 两。①

2. 工价

为示说明,下面主要以书籍、器皿、服饰、建筑等项刊刻或制作的工价为例,对物品成本价格加以系统的考察。

(1)书籍刊刻工价

隆庆六年(1572)闰二月,东宫出阁讲读、行冠礼,需要刊刻《仪注》,其中匠、役工食银,共计 3 两;②每月朔望日,文武百官在文华殿外行礼,需要刊刻《仪注》,其中匠、役工食银,共计 3 两;③隆庆六年五月,皇太子即皇帝位,诏告天下,刊布通行,其中刊刷匠的工食银,共计 10 两;④隆庆六年七月,呈上仁圣皇太后、慈圣皇太后徽号,需要刊刻《仪注》,其中匠、役工食银,共计 10 两;⑤鸿胪寺题议各衙门奏事,需要刊刻《仪注》,其中刊刷工食银,共计 0.15 两;⑥刊印《纂修实录官宴图》,其中刊刷木匠工食银,共计 0.5 两;⑦万历五年(1577)正月,明神宗大婚,诏告天下,需要刊刻榜文,其中匠工银,共计 3 两。⑧

上面所列诸项工价,一则无刊刻的份数,二则有些包括匠、役的工食,所有数字较为笼统模糊,很难考知具体的书籍刊刻工价。当然,也有一则史料记载相对较为详细,具体记录了服务于官府的装钉匠每天的工价。如万历年间,翰林院庶常馆庶吉士所用装钉匠共计 2 名,每名每日的工食银为 7 分。⑨ 但此类装钉匠的每日工食银,同样难以证明他们每天所能装钉书籍的数量,进而测算出每本书

① 何士晋撰,江牧校注:《工部厂库须知》卷 3《营缮司》,第 70—71 页。
② 沈榜:《宛署杂记》卷 14《经费》上,第 136 页。
③ 沈榜:《宛署杂记》卷 14《经费》上,第 136 页。
④ 沈榜:《宛署杂记》卷 14《经费》上,第 136 页。
⑤ 沈榜:《宛署杂记》卷 14《经费》上,第 137 页。
⑥ 沈榜:《宛署杂记》卷 14《经费》上,第 137 页。
⑦ 沈榜:《宛署杂记》卷 14《经费》上,第 137 页。
⑧ 沈榜:《宛署杂记》卷 14《经费》上,第 139 页。
⑨ 沈榜:《宛署杂记》卷 15《经费》下,第 144 页。

籍装钉的工价。

（2）器皿制作工价

万历年间，制作皇帝御前春1座，仁圣皇太后春1座，慈圣皇太后春1座，共计3座。制作这3座春的工价，分列如下：木匠工食银，4.5两；雕銮匠工食银，4.2两；捏塑匠工食银，2.5两；妆銮匠工食银，3两；油漆匠工食银，2.3两；销金匠工食银，1.5两；镟匠工食银，0.8两。八钱。[①] 所有工匠工价，合计工价银18.8两，折合每座工价银6.266两。中宫殿下春1座，其工价如下：木匠工食银，1两；捏塑匠工食银，0.3两；雕銮匠工食银，0.5两；妆銮匠工食银，0.5两；销金匠工食银，0.3两；镟匠工食银，0.1两；油漆匠工食银，0.5两。[②] 诸项工食银合计，共为3.2两。制作皇子春3座，其工价如下：木匠工食银，3两；捏塑匠工食银，0.9两；雕銮匠工食银，1.5两；妆銮匠工食银，1.5两；销金匠工食银，0.5两；镟匠工食银，0.3两；油漆匠工食银，1.5两。[③] 诸项工食银合计，共为9.2两，折合每座工价银3.066两。

以明代工部器皿厂制作的各色家具为例，其工价分别如下。

一是各色柜子的制作工价。如册封用的方木柜，每个的工价银为0.17两；[④]制作回青木柜1个，需要工食四作，工价银为0.202两，折合每作的工价银为0.05两；[⑤]太常寺盛贮香帛红柜，其工价银为0.216两，[⑥]据理推之，这应该是每个的制作工价。

二是各色匣子的制作工价。王府所用印匣，制作工价银为0.849两，[⑦]从后面锡镶养牲匣的资料加以印证，这应该是每副印匣的制作工价；驸马所用诰命匣，制作工价银为0.684两，这理应也是每副匣子的制作工价；[⑧]番僧敕匣，制作工价银为0.355两，这大概也是每副匣子的制作工价；[⑨]锡镶养牲匣1副，制作工价银为0.323两；[⑩]锡镶三牲匣1副，所需工食计三作，共计工价银1.046两，

---

① 沈榜：《宛署杂记》卷14《经费》上，第135页。

② 沈榜：《宛署杂记》卷14《经费》上，第135页。

③ 沈榜：《宛署杂记》卷14《经费》上，第135—136页。

④ 何士晋撰，江牧校注：《工部厂库须知》卷11《器皿厂》，第336页。

⑤ 何士晋撰，江牧校注：《工部厂库须知》卷11《器皿厂》，第348页。

⑥ 何士晋撰，江牧校注：《工部厂库须知》卷11《器皿厂》，第342页。

⑦ 何士晋撰，江牧校注：《工部厂库须知》卷11《器皿厂》，第341页。

⑧ 何士晋撰，江牧校注：《工部厂库须知》卷11《器皿厂》，第341页。

⑨ 何士晋撰，江牧校注：《工部厂库须知》卷11《器皿厂》，第341页。

⑩ 何士晋撰，江牧校注：《工部厂库须知》卷11《器皿厂》，第346页。

折合每作的工价银为0.348两。①

三是各色箱子的制作工价。朱红锡镶木方箱1幢，所需工食计四作，共计工价银0.533两，折合每作工价银0.133两；朱红木箱1个，所需工食计四作，共计工价银0.323两，折合每作工价银0.08两；②装盛瓷器样箱1个，所需工食计四作，共计工价银0.87两，折合每作工价银0.217两。③

四是各色桌子的制作工价。朱红水沿木桌1张，所需工食计三作，共计工价银0.336两，折合每作工价银0.112两；油红杉木案桌1张，所需工食计二作，共计工价银0.257两，折合每作工价银0.128两；④戗金大膳桌1张，所需工食计三作，共计工价银3.96两，折合每作工价银1.32两；戗金小膳桌1张，所需工食计三作，共计工食银0.74两，折合每作工价银0.246两。⑤

五是各色椅、凳的制作工价。大连椅1张，所需工食计二作，共计工价银0.13两，折合每作工价银0.065两；⑥板凳1条，所需工食计二作，共计工价银0.0428两，折合每作工价银0.0214两。⑦

六是水桶的制作工价。朱红锡镶木水桶1个，所需工食计三作，共计工价银0.105两，折合每作工价银0.035两。⑧

七是各色食盒的制作工价。朱红竹丝连二盒1副，所需工食计三作，共计工价银0.182两，折合每作工价银0.06两；朱红竹丝连三盒1副，所需工食计三作，共计工价银0.248两，折合每作工价银0.082两；朱红膳盒1副，所需工食计四作，共计工价银0.197两，折合每作工价银0.049两；戗金膳盒1副，所需工食计五作，共计工价银0.347两，折合每作工价银0.069两；朱红托盒1副，所需工食计二作，共计工价银0.108两，折合每作工价银0.054两；戗金托盒1副，所需工食计三作，共计工价银0.248两，折合每作工价银0.082两；朱红抬酒膳盒1副，所需工食计四作，共计工价银0.197两，折合每作工价银0.049两；戗金抬酒膳盒1副，所需工食计五作，共计工价银0.347两，折合每作工价银0.069两；圆板盒1副，计八层，所需工食计三作，共计工价银0.223两，折合每作工价银

---

① 何士晋撰，江牧校注：《工部厂库须知》卷11《器皿厂》，第346页。

② 何士晋撰，江牧校注：《工部厂库须知》卷11《器皿厂》，第344页。

③ 何士晋撰，江牧校注：《工部厂库须知》卷11《器皿厂》，第348页。

④ 何士晋撰，江牧校注：《工部厂库须知》卷11《器皿厂》，第344页。

⑤ 何士晋撰，江牧校注：《工部厂库须知》卷11《器皿厂》，第347—348页。

⑥ 何士晋撰，江牧校注：《工部厂库须知》卷11《器皿厂》，第344页。

⑦ 何士晋撰，江牧校注：《工部厂库须知》卷11《器皿厂》，第344页。

⑧ 何士晋撰，江牧校注：《工部厂库须知》卷11《器皿厂》，第343—344页。

0.074两;朱红竹丝茶饭盒1副,所需工食计三作,共计工价银0.182两,折合每作工价银0.06两;朱红竹丝大单盒1副,所需工食计三作,共计工价银0.126两,折合每作工价银0.042两。①

八是各色蒸笼制作的工价。如油红大蒸笼1副,所需工食计三作,共计工价银0.258两,折合每作工价银0.086两;油红中蒸笼1副,所需工食计三作,共计工价银0.202两,折合每作工价银0.067两;油红小蒸笼1副,所需工食计三作,共计工价银0.118两,折合每作工价银0.039两。②

九是竹篓、酒络、马盆等的制作工价。如抬酒大竹篓1个,所需工食计二作,共计工价银0.0947两,折合每作工价银0.047两;③竹丝双酒络1副,所需工食计二作,共计工价银0.06两,折合每作工价银0.03两;④戗金大马盆1个,所需工食计三作,共计工价银0.316两,折合每作工价银0.105两。⑤

十是灶、炉的制作工价。如红熟铜行灶1座,包括底、练、索,所需工食计一作,工价工价银0.3两;牲铁拖炉1副,所需工食计一作,计工价银5.4两。⑥

十一是各色锅的制作工价。如铁大浅锅1口,所需工食计一作,共计工价银1.55两;煮豆大铁锅1口,直径5尺5寸,所需工食计一作,共计工价银8.26两;煮酱黄大铁锅1口,直径5尺,深4尺,接口全,所需工食计一作,共计工价银8.26两;生铜退牲中接口锅1口,直径5尺,深3尺5寸,包括铁条、攀、灶门,所需工食计一作,共计工价银5.7两;⑦大铜锅1口,直径2尺8寸,所需工食计一作,共计工价银1.425两。⑧ 此外,如工部铸造其他铁锅,其工价如下:铁镬1口,所需夫、匠的工价银为8.65799两;铁锅1连,共12眼,所需夫、匠的工价银为1.42两;舍饭寺铁锅1口,所需做模、铸匠的工价银为2.49两;贴黄铁锅1口,所需做模、铸匠的工价银为0.2971两;光禄寺煮料铁锅1口,所需铸匠、做模的工价银为25.93两;御马监煮料铁锅1口,所需工价银为1.448两。⑨

十二是其他日用器皿的制作工价。如铜铫1把,所需工食计一作,共计工价

---

① 何士晋撰,江牧校注:《工部厂库须知》卷11《器皿厂》,第342—343页。
② 何士晋撰,江牧校注:《工部厂库须知》卷11《器皿厂》,第344—345页。
③ 何士晋撰,江牧校注:《工部厂库须知》卷11《器皿厂》,第345页。
④ 何士晋撰,江牧校注:《工部厂库须知》卷11《器皿厂》,第345页。
⑤ 何士晋撰,江牧校注:《工部厂库须知》卷11《器皿厂》,第345页。
⑥ 何士晋撰,江牧校注:《工部厂库须知》卷11《器皿厂》,第346—347页。
⑦ 何士晋撰,江牧校注:《工部厂库须知》卷11《器皿厂》,第346—347页。
⑧ 何士晋撰,江牧校注:《工部厂库须知》卷11《器皿厂》,第349页。
⑨ 何士晋撰,江牧校注:《工部厂库须知》卷7《宝源局》,第206—208页。

银 0.09 两；[①]锡顶罐 1 个，包括替、盖、攀，所需工食计一作，共计工价银 0.047 两；[②]锡茶壶 1 把，所需工食计一作，共计工价银 0.05 两；锡大荡酒壶 1 把，所需工食计一作，共计工价银 0.05 两；锡酒壶 1 把，所需工食计一作，共计工价银 0.028 两；[③]锡粉盘 1 面，所需工食计一作，共计工价银 0.047 两；[④]锡大汁壶瓶 1 把，所需工食计一作，共计工价银 0.05 两；[⑤]戗金顶盘 1 面，所需工食计五作，共计工价银 0.088 两，折合每作工价银 0.017 两。[⑥]

（3）服饰制作工价

第一，来看帽、头盔的制作工价。如皇家厨役所用的三山帽 1 顶，共计工价银 0.057 两。[⑦] 至于校尉所用的帽子、头盔，其制作工价如下：鹅帽 1 顶，共计工价银 0.02 两；油漆戗金帽 1 顶，共计工价银 0.025 两；[⑧]制作明盔、明甲，每副需要花 98 工，每工的工价银为 0.058 两，亦即制作 1 副明盔、明甲，共需工价银 5.684 两。[⑨]

第二，来看各色袍、衣的制作工价。如青绢夹袍 1 件，所需工价银约为 0.08 两；[⑩]官方祭祀圜丘坛、朝日坛、方泽坛、夕月坛时，所用单袍 1 件，所需工价银约为 0.057 两；[⑪]葵花袍 1 件，所需工食计二作，共计工价银 0.07 两，折合每作工价银 0.035 两；[⑫]陪祀武官的祭服，一套计 8 件，包括天青罗袍、白杭生绢中单、红罗裙、绒锦绶、蔽膝、白罗单、蓝绢包袱、玎珰红纱口袋，共计工价银 0.228 两，折合每件工价银 0.028 两；[⑬]油画雨衣 1 件，包括画花工价银 0.06 两，油雨衣工价银 0.03 两，两项相加，共计工价银 0.09 两；绢雨衣 1 件，计裁缝工价银 0.07 两。[⑭] 万历四十年（1612），赏赐“套虏”15 套，每套 3 件，每套的工价银为 0.23

① 何士晋撰，江牧校注：《工部厂库须知》卷 11《器皿厂》，第 347 页。
② 何士晋撰，江牧校注：《工部厂库须知》卷 11《器皿厂》，第 347 页。
③ 何士晋撰，江牧校注：《工部厂库须知》卷 11《器皿厂》，第 347 页。
④ 何士晋撰，江牧校注：《工部厂库须知》卷 11《器皿厂》，第 347 页。
⑤ 何士晋撰，江牧校注：《工部厂库须知》卷 11《器皿厂》，第 347 页。
⑥ 何士晋撰，江牧校注：《工部厂库须知》卷 11《器皿厂》，第 348 页。
⑦ 何士晋撰，江牧校注：《工部厂库须知》卷 10《六科廊》，第 323 页。
⑧ 何士晋撰，江牧校注：《工部厂库须知》卷 3《营缮司》，第 89—91 页。
⑨ 何士晋撰，江牧校注：《工部厂库须知》卷 3《营缮司》，第 93 页。
⑩ 何士晋撰，江牧校注：《工部厂库须知》卷 10《六科廊》，第 323 页。
⑪ 何士晋撰，江牧校注：《工部厂库须知》卷 10《六科廊》，第 323—324 页。
⑫ 何士晋撰，江牧校注：《工部厂库须知》卷 11《器皿厂》，第 349 页。
⑬ 何士晋撰，江牧校注：《工部厂库须知》卷 10《六科廊》，第 324 页。
⑭ 何士晋撰，江牧校注：《工部厂库须知》卷 3《营缮司》，第 90 页。

两,折合每件工价银 0.076 两。①

第三,各色带、绦的制作工价。如抹金铜带 1 条,包括铜匠工价银 0.05 两,钉带工价银 0.05 两,油鞓工价银 0.002 两,共计工价银 0.102 两;钉铜带 1 条,所需工价银 0.03 两;②抹金铜带 1 条,所需工食计二作,共计工价银 0.09 两,折合每作工价银 0.045 两;③皇家厨役所用之绦一条,所需工价银 0.0095 两;④吕公绦 1 条,所需工价银 0.057 两。⑤

此外,如黄绢销金三幅袱 1 条,所需工食计一作,共计工价银 0.03 两。⑥

(4)**从工价看劳动力价格**

毫无疑问,当制作物品之时,用工越多,工价越高,则物品的成本价格就越高。如成化年间,苏州府长洲、吴县二县承担的织造事务,其中所织彩妆五毒大红纱,单是每匹的工价银就高达 15 两银子,⑦自然提高了这一纺织品的价格。

由于大量官方记载的留存,使后来的研究者得以考知明代官方用工或用夫时的工价。从沈榜所著《宛署杂记》中,大抵可以考知一些工匠的工价。如皇帝行耕藉礼时所用器具的制作,需用油漆匠 38 工,总计工价银 2.28 两,可见油漆匠每工的工价银为 0.06 两。⑧ 当三年朝觐之时,吏部考功司需要搭蓬匠 40 名用来搭蓬,各自工作 8 日,每人每日的工价银为 0.05 两。⑨ 户部太仓的银匠,半年的工食银为 6 两。⑩ 若以 1 年 365 天计算,那么折合每日的工价银为 0.016 两。又锦衣卫通过工部制作銮驾库所需鸣鞭、云履等,其中每工的工价银为 0.057 两。⑪ 由此可见,工匠的工价分为计日、计年两种。以计日为例,工匠的工价银大概为 0.057—0.06 两/每日;以计年为例,则工匠工价明显少于计日,仅为 0.016 两/每日。换言之,工匠计日工价超出计年工价 71.9—73.3%。

在明代官方的工程建设中,其中所用夫、匠的工价,也基本可分为计日、计件

---

① 何士晋撰,江牧校注:《工部厂库须知》卷 10《六科廊》,第 301—302 页。
② 何士晋撰,江牧校注:《工部厂库须知》卷 3《营缮司》,第 89—90 页。
③ 何士晋撰,江牧校注:《工部厂库须知》卷 11《器皿厂》,第 349 页。
④ 何士晋撰,江牧校注:《工部厂库须知》卷 10《六科廊》,第 323 页。
⑤ 何士晋撰,江牧校注:《工部厂库须知》卷 10《六科廊》,第 323 页。
⑥ 何士晋撰,江牧校注:《工部厂库须知》卷 11《器皿厂》,第 348 页。
⑦ 黄光昇:《昭代典则》卷 20,第 568 页。
⑧ 沈榜:《宛署杂记》卷 14《经费》上,第 133 页。
⑨ 沈榜:《宛署杂记》卷 15《经费》下,第 144 页。
⑩ 沈榜:《宛署杂记》卷 15《经费》下,第 145 页。
⑪ 何士晋撰,江牧校注:《工部厂库须知》卷 4《三山大石窝》,第 77 页。

两种。正如《台基厂条议》所云，夫、匠劳动，应该计工与计绩相称方可。相对而言，计日不如包工更得工效。①

就计日工价而言，明代皇帝谒陵之时，需要雇用女轿，其中抬轿的轿夫分为男夫与女夫。男夫计有 126 名，共计工价银 15. 12 两。② 按照明代的制度规定，谒陵活动持续 7 天，那么每名男轿夫每日的工价银为 0. 01714 两。至于女轿夫，其中 7 天的工价银总计为 0. 48 两，折合每天的工价银为 0. 068 两。③ 相较于男轿夫的工价而言，女轿夫的工价更高，这或许因为女轿夫的职业较为特殊，官方对其有所优待所致。

工部修理仓库时，需要木、石、瓦、搭、桶、篰等工匠，以及织篰夫、供作夫。按照史料记载，修理一个仓廒，所用木、石、瓦、搭、桶、篰等匠，共计 11424 工，合计工价银 685. 44 两，折合每工工价银为 0. 06 两；修理一个仓廒，所用织篰夫、供作夫，共计 24160 工，合计工价银 966. 72 两，折合每工工价银为 0. 04 两。④ 这一记载至少说明以下两个问题：一是工匠工价高于民夫工价，这是技术优势使然；二是上面的匠、夫工价，均属“长工算数”，若遇短工，则需扣除，可见长工工价高于短工。另外一则记载证明，诸如木、石、瓦、搭匠，若是长工，则每工的工价银为 0. 06 两；若是短工，则每工工价银为 0. 055 两。至于夫役，若是长工，则每工的工价银为 0. 04 两；若是短工，则每工的工价银为 0. 035 两。⑤ 可见，长工工匠的工价高出短工工匠的工价约 8. 3%，长工夫役的工价高出短工夫役的工价约 12. 5%。

就计件工价而言，先以工部营缮司所属三山大石窝开石工价为例加以说明。石工开石之时，官方制订了石料的折方规则，亦即“今有石一块，长一丈，阔二尺，厚二尺，折方四丈”。若是转化成折方计算公式，则为：1 丈（长）×2 尺（阔）×2 尺（厚）= 4 丈（折方）。⑥

至于石工开石的工价，也有具体的规则。以大石窝为例，若是白玉石，则每折方 1 寸，折合 1 工；若是青白石，则每折方 6 寸，折合 1 工。寿宫、明楼、柱石、碑座等所需石料，若是折方 10 丈以上的券石，则每折方 5 寸，折合 1 工；若是折

① 何士晋撰，江牧校注：《工部厂库须知》卷 5《神木厂、山西大木厂、台基厂》，第 154 页。
② 沈榜：《宛署杂记》卷 14《经费》上，第 133 页。
③ 沈榜：《宛署杂记》卷 14《经费》上，第 133 页。
④ 何士晋撰，江牧校注：《工部厂库须知》卷 4《修仓厂》，第 109 页。
⑤ 何士晋撰，江牧校注：《工部厂库须知》卷 4《修仓厂》，第 111 页。
⑥ 何士晋撰，江牧校注：《工部厂库须知》卷 4《三山大石窝》，第 102 页。

方15丈以上的券石,则每折方4寸5分,折合1工;若是折方20丈以上的券石,则每折方4寸,折合1工;若是折方30丈以上至50丈的券石,则每折方3寸,折合1工。以马鞍山为例,若是青砂石,则每折方1尺1寸,折合1工;若是紫石,则每折方6寸,折合1工。寿宫、明楼等处所青砂大石,若是折方4丈以上,则每折方9寸,折合1工;若是折方7丈以上,则每折方8寸,折合1工;若是折方10丈以上,则每折方7寸,折合1工;若是折方15丈以上,则每折方6寸,折合1工。以白虎涧为例,若是豆碴石,每折方1尺1寸,折合1工;若是牛栏山青砂石,每折方1尺1寸,折合1工。① 上面1工的工价,为0.07两。可见,不同的石质,就有不同的折方,进而影响到工价。

在石工工匠之下,大多设有夫役,一般按照"一匠五夫"的比例配置。夫役又分长工、短工。两者的工价不同:每夫一名,长工五分,短工四分。② 换言之,在"一工"石料的开采中,长工可得工价银0.05两,短工可得工价银0.04两,而工匠则可得工价银0.07两。可见,石工工匠的工价高出长工夫役的工价28.5%,高出短工夫役的工价42.8%。

在石料计件工价中,尚采用一种包工之法。此法根据石料一面的长短、阔狭、大小、开荒、凿糙,而后计量丈尺,并折算工价。如子街、象眼等石料,每1丈折合100工;过门、如意等石料,每1丈折合80工;面方、角柱等石料,每1丈折合70工;街条等小料,每1丈折合30—40工。③

再来看工部所属神木厂、山西大木厂、台基厂工匠工价及其折算方法。其中又可分为以下两类。

一是土工工价及其折算方法。官方曾经定下山西大木厂、台基厂二厂的土工工价规则。根据规则,在土工中,又分内工、外工,内工、外工中,又分长工、短工。在内工中,长工每工的工价银为0.07两,短工每工的工价银为0.06两。在外工中,长工每工的工价银为0.06两,短工每工的工价银为0.057两。这里所谓的长工、短工,并非普通意义上的长工、短工,而是以白天工作时间的长短而定。如自3月起至9月,因昼长夜短而称长工;10月起至来年2月,因昼短夜长而称"短工"。④ 可见,劳动时间的长短,同样影响到每工的工价。

---

① 何士晋撰,江牧校注:《工部厂库须知》卷4《三山大石窝》,第102—103页。

② 何士晋撰,江牧校注:《工部厂库须知》卷4《三山大石窝》,第105页。

③ 何士晋撰,江牧校注:《工部厂库须知》卷4《见工灰、石作》,第124页。

④ 何士晋撰,江牧校注:《工部厂库须知》卷5《神木厂、山西大木厂、台基厂》,第149页。

除了土工工价之外，官方所定的清脚夯夫规则，也决定了清脚夯夫的工价。在一般情况下，清脚夯夫每工的工价银为0.04两。如系内府提督的清脚夯夫，则每工增加工价银0.01两，“以备督工饭钱”。①

在土工工价中，同样存在着包工的工价模式。如筑土墙，每1丈长，高9尺，阔5尺，支付工价银0.33两。假如高、阔不等，则以此为标准，对工价银加以增减。②

二是雕工匠工价及其折算方法。据门、殿雕工规则，若是雕刻两面双头三伏云，各见方1尺5寸，每块折合40工；若是较为粗糙的外门，则每块只折合20—30余工。此外，两面一头要头云，各见方3尺1寸，每块折合40工；两面三伏云，每见方1尺，每块折合7工；两面一头桁椀云，每见方1尺5寸，每块折合20工；两面茴香香草雀木，每见方1尺，每块折合7工；结带满山红，每见方1尺，每块折合7工；宝瓶，各高1尺，直径1尺，每个折合1工；葵花眼钱，每60个折合1工；影槅两面葵花鼓墩2个，各直径1尺，每个折合1工；瓦丁、瓦头，每4个折合1工；花顶，每100个折合1—2工；长槅扇四椀菱花，做阔10眼，高15眼，里外两扇一合，折合50工；槛窗四椀菱花，做阔7眼，高15眼，里外两扇一合，折合35工；横披四椀菱花，做高4眼，阔10眼，里外一合，折合26工。③ 上面雕工匠的工价银，则为每工0.06两。

至于造床雕工工价及其折算规则，大致如下：两面玲珑云龙，正山2块，各长4尺4寸，阔2尺1寸，厚4寸，折得7丈3尺9寸2分，按每尺折合7工计算，共计517.4工；两面玲珑云龙，左右4块，各长1尺9寸，阔1尺3寸，厚4寸，折得3丈9尺5寸2分，按每尺折合7工计算，共计276.6工；两面玲珑云龙，披4块，各长4尺6寸，阔8寸，折得14丈2寸，按每尺折合7工计算，共计1030.4工；两面玲珑云龙，左右4块，各长2尺5寸，阔8寸，折得8丈，按每尺折合7工计算，共计560工；两面龙足踏2座，前后4块，各长2尺8寸，厚3寸，折得3丈3尺6寸，按每尺折合7工计算，共计235.2工；左右4块，各长9寸，厚3尺，折得1丈8寸，按每尺折合7工计算，共计75.6工；地平4块，周围雕布伏莲瓣、香草，折合40工。④ 上面雕工匠的工价银，也为每工0.06两。

---

① 何士晋撰，江牧校注：《工部厂库须知》卷5《神木厂、山西大木厂、台基厂》，第149页。

② 何士晋撰，江牧校注：《工部厂库须知》卷5《神木厂、山西大木厂、台基厂》，第149页。

③ 何士晋撰，江牧校注：《工部厂库须知》卷5《神木厂、山西大木厂、台基厂》，第149—150页。

④ 何士晋撰，江牧校注：《工部厂库须知》卷5《神木厂、山西大木厂、台基厂》，第150页。

万历三十六、三十七年(1608—1609),工部曾经造办诸项物品,从杂项雕工规则所载,大致可以考知其工价的构成。如雕刻金殿吻兽,狮、仙等每50件,折合30工;金殿瓦丁、瓦头,6个折合1工;狮子、象,每1个折合1工;大十字古墩、灯盘,各直径1尺5寸,按每1尺折合7工折算;食盆、香几等物件所用海石榴、净瓶、宝瓶,每1个折合1工;存龙,每1尊折合7工;荷叶,每1个折合1工;葵花眼线,每100个折合1工;花梨木等物,均按照估价执行,为每1尺折合7工;楠木灯盘,每1个折合1工;十字古墩盘,每1个折合1工;安珍珠伞用雕旋结带宝瓶,每2个折合50工;节节高灯,每1个折合1工;十字古灯两面雕花古墩,每1块折合1工;天灯杆用旋木宝顶,各高1尺,每1个折合4工;盒架用雕海石榴,每高2寸5分,每2个折合1工;拨曾用旋底盘,直径1尺8寸,厚3寸,每1个折合1工。①

(二)销售成本价格

所谓销售价格,是指物品或货物在销售过程中产生的成本,主要包括运价、运输税两个要素。

1. 运价

明代货物运价的构成,首先决定于运输工具的价格,其次则决定于货物的种类及运输的里程长短。

(1)运输工具价格

在明代,运输工具不外乎骡、马、牛、车、船之类,且其价格不等。

据史料记载,骡的价格通常在每头价银10—15两之间。②

马匹的价格,会因时、因地而价格有所差异。明代官方所需马匹的价格,事实上存在以下二种价格:一是苑马寺牧军缺马,监官通常需要牧军赔补。按照《明会典》与《马政志》所载,早在弘治九年(1496),大马1匹,仅征银5两;马驹1匹,征银3两。至正德三年(1508),则改为儿马追银7两,骡马追银5两之例。即以马驹为例,从弘治九年至正德三年,官方的价格即从价银3两上升至7两,价格上涨了133.3%。官方牧马征银之法,仅仅是马匹价格的一种。若是改由

① 何士晋撰,江牧校注:《工部厂库须知》卷5《神木厂、山西大木厂、台基厂》,第150—151页。

② 毕自严:《度支奏议》,《堂稿》卷12《挞伐方张转输宜预疏》,第1册,第542页。

牧军赔补,那么牧军“赊取客马”时,则更是每匹定价高达 18 两。[①] 大马价格从 5 两上升至 18 两,价格实则上涨了 260%。二是官方存留之马,在拨给军士或者驿站之时,其外拨的马匹价格,则分上、中、下三等,通常是上马价银 12 两,中马价银 10 两,下马价银 8 两。[②]

据巡按御史熊廷弼的记载,在万历三十六年(1608)时,辽东镇马的价格,每匹大概在价银 11—20 两之间浮动。至于具体马匹的价格,如海州、盖州、宁前、开原四道,价格少则在 11—12 两之间,多不过 14—15 两;而宁前分巡道所开的马匹价格,则大约为 17—18 两。[③] 由此可见,万历年间辽东一镇的马匹价格,最低的价格为每匹 11 两,最高的价格为每匹 20 两,两者之间的差价为 9 两,即最高的马价高出最低的马价 81.8%。至崇祯二年(1629),每匹马价银 20 两似已成为朝廷军马采购的指导价。[④]

上述马价均为军马的价格,但这些军马或则直接从事运输,或则经淘汰而成为运输工具,大致可以作为马匹的市场参考价。当然,在明代的马价中,有两个价格数字颇为特殊:一是朝廷马匹的折色价,有时明显高出市场价。如崇祯十四年(1641),因为各个边镇缺少马匹,朝臣纷纷捐钱买马,但御马监不想得马,只是想要折色银,于是将每匹马的折色价银定为 140 两。[⑤] 如此高的马匹折色价格,固然因市场缺少马匹所致,但更重要的原因还是因为御马监太监想从中觅取自己的好处。二是明代的马价存在着区域性差异,这或许因马匹种类不同所致。如相较于北方的高头大马,南方广西所产的马匹,则矮小而价格低廉,上等马匹的售价不到 5 两银子。尤其是有一种称为“海马”的马匹,仅如小驴大,多产自雷州、廉州,每匹的价银仅在 0.7—0.8 两之间,不到 1 两银子。这种矮马的载重量,却“不减常马”,当地人家,“家畜一匹或数匹”。[⑥]

至于牛的价格,则明显低于马、骡价格。如在嘉靖末年,在甘肃边地,每头牛

① 张铨撰,田同旭等点校:《张忠烈公存集》卷 9《条议马政疏》,上海古籍出版社 2018 年版,第 61 页。

② 杨博:《杨襄毅公甘肃奏疏·开陈制御西夷事宜疏》,《杨博奏疏集》,上册,第 18 页。

③ 熊廷弼撰,李红权点校:《熊廷弼集》卷 1《巡按奏疏》第 1《查参马价疏》,上册,湖北人民出版社 2019 年版,第 5 页。

④ 毕自严:《度支奏议》,《新饷司》卷 7《题覆袁督师请饷买马疏》,第 2 册,第 535 页。

⑤ 蒋德璟著,粘良图点校:《悫书》卷 2《进马疏》,第 8 页。

⑥ 邓士龙辑,许大龄、王天有主点校:《国朝典故》卷 87,引王济:《君子堂日询手镜》下,下册,第 1828 页。

的价银仅为 2 两。①

车有小车、牛车、骡车之别。从史料记载可知,明代每辆小车的价银在 2—3 两之间。② 若以辽东为例,牛车、马车的价银差别甚大,其中每辆骡车的价银高达 30 两银子,而每辆牛车的价银仅为 3—4 两。熊廷弼曾就骡车与牛车的价格与运力性价比作了如下比较:在运输过程中,每辆骡车需要 8 头骡,外加 2 人掌鞭,但仅能运米 12 石;而牛车,仅需 2 头牛,也能运米 8 石。换言之,"一骡车可当八九十辆牛车之价",但就运力而言,"八骡之运仅及三牛"。③ 熊廷弼尚有另外一则记载。据此记载,从北京雇骡脚驮运,"驮货一定脚价",一般每骡可驮货物 250 斤,一日可行 90—100 里,约 20 日到达辽阳。其中的脚价所费,算下来也是"浮于牛车之费也"。④ 可见,就运力性价比来说,骡车明显不如牛车。

至于船只价格,可以明代漕船的造价为例加以说明。按照明代的惯例,漕运船只的造价,以木料的差异而造价有所不同。譬如松木造的漕船,官方给出的造价银为 61. 9 两,而楠木造的漕船,官方给出的造价银为 77. 5 两。当然,在实际的执行过程中,漕船的造价也渐趋增高。⑤

(2)粮草运输价格

明代北方尤其是北方边地,有数额庞大的主兵、客兵戍守,因此需要大量的粮食从外地运入。此类军粮的运输成本极其高昂。如正德初年,延绥总制都御史杨一清在上疏中就说到,边地军粮大多通过"招商上纳",但"脚价高贵",运粮 1 石,大致需要付出运价银 1 两多。⑥ 这是相当高的运价。若以每粮 1 石折合平价银 0. 5 两折算,运价相当于粮价的 200%。即使到了崇祯年间,朝廷召买米、豆的脚价,也是相当高昂。如崇祯三年(1630),预先召买崇祯四年之米,其中在登州、莱州买米 10 万石,就便派运到河东,所定的脚价为每石 0. 17 两;从天津运往河东之米共计 68000 石,每石的脚价为 0. 41 两;从天津运往关内外的米、豆共计

---

① 杨博:《杨襄毅公甘肃奏疏 · 查处屯田计安地方疏》,《杨博奏疏集》,上册,第 35 页。

② 毕自严:《度支奏议》,《堂稿》卷 12《挞伐方张转输宜预疏》,第 1 册,第 543 页。

③ 熊廷弼撰,李红权点校:《熊廷弼集》卷 19《前经略书牍》第 3《与黄武皋年兄》,下册,第 877 页。

④ 熊廷弼撰,李红权点校:《熊廷弼集》卷 17《前经略书牍》第 1《与黄梓山本兵》,中册,第 759—760 页。

⑤ 余继登撰,顾思点校:《典故纪闻》卷 16,第 284 页。

⑥ 杨一清:《关中奏议全集》卷 7《为经理要害边防保固疆场事》,《杨一清集》,上册,第 250 页。

1232933.8 石，每石的脚价为 0.2 两。①

粮食运输分陆运、水运两种，运价各有不同。就陆运来说，据熊廷弼的记载，明末从山海关向关外辽东运输粮食的脚价银极其高昂。这可以从下面两组记载数字得以印证：一是从山海关向辽阳运粮，里程大约长达 1000 里。每辆小车的最高运载量为米 3 石，每日仅行 30—40 里，那么来回需要 40 余日。在运输过程中，每车 2 人，1 头驴，需要吃喝，辽东的“店食”，每人花银 5 分，还“不得一饱”，那么每日大约需要费银 1 钱 2 分。如此折算下来，大概需要花费运价银 5 两，才可以得米 3 石。② 可见，每石粮食的运价银约为 0.17 两/每百里。若以每石粮价 0.5 两银子的平价折算，运价约相当于粮价 333%。二是从丰润运粮至山海关，里程仅 300 里，运米 3 石，脚价银已达 2.8 两。如此高的脚价银，车夫并未从中获利，甚至“典车驴不得归”。所以，后来即使将脚价增加到 3 两，也是“车户俱逃，无应者”。③ 若以脚价银 3 两为准，那么从丰润运往山海关的粮食，每石粮食的运价银约为 0.33 两/每百里。

按照崇祯年间官方制定的则例，米豆运输的脚价，通常按照道里远近而定，每 100 里，运输米豆 1 石，脚价不超过 1 分银子，即每石米豆的运价银控制在 0.01 两/每百里。在此基础上，“计程递加”，④亦即其后的运价每 100 里有所递加。后来的官方运价，大抵按照这一制度规定执行。如崇祯五年（1632），从天津该运往东江的米豆，每石脚价银 4 钱。从天津运往永平的行粮米，如在洋河口卸货，每石脚价银 1 钱 6 分；如在银夯柳卸货，则每石脚价银 1 钱 2 分。⑤ 山东登州、莱州、东昌、兖州的米豆，运往河东镇，每石脚价银 1 钱 7 分；天津的米豆，运往河东镇，每石脚价银 4 钱 1 分；天津的米豆，运往关内外，每石脚价银 2 钱。⑥

就明代的整体运价来看，明显是陆运价格高于水运，故明人有“陆运脚价，

---

① 毕自严：《度支奏议》，《新饷司》卷 14《预计四年召买关鲜粮料疏》，第 3 册，第 163 页。

② 熊廷弼：《答李孟白督饷》，《明经世文编》卷 481，第 6 册，第 5303 页。按，此则记载，亦见于熊廷弼撰，李红权点校：《熊廷弼集》卷 17《前经略书牍》第 1《答李孟白督饷》，中册，第 741 页。

③ 熊廷弼：《答李孟白督饷》，《明经世文编》卷 482，第 6 册，第 5308 页；熊廷弼撰，李红权点校：《熊廷弼集》卷 17《前经略书牍》第 1《答李孟白督饷》，中册，第 751 页。

④ 毕自严：《度支奏议》，《新饷司》卷 24《覆津抚条议召买兼征米豆钱粮兼收银钱疏》，第 4 册，第 47 页。

⑤ 毕自严：《度支奏议》，《新饷司》卷 34《预计疏》，第 4 册，第 576 页。

⑥ 毕自严：《度支奏议》，《新饷司》卷 7《本部预计三年分召买疏》，第 2 册，第 543—544 页。

倍于水运”之说。[①] 这显然有史料得以证实。如崇祯年间，海运脚价，通常是每石价银2钱，而河东陆运的运价，则每石价银4钱。[②] 至于陆运的运价，显然也是高低不一。如崇祯五年(1632)，从密云龙庆仓运往蓟州镇的米豆，通常为“每十里运米豆一石，脚银一分五厘”，[③]折合每石米豆的脚价银为0.15两/每百里。又崇祯十二年，自襄阳运粮至郧阳，共计里程700余里，按照正常的运价，大致为每石给钱430文，折合银子0.25两。[④] 以此为基准，则可算出每石粮食的具体运价约为0.035两/每百里。这显然超出了当时官方所定每石0.01两/每百里的运价。这种运价尚属较为中等的运价，若是从京仓运米至蓟州、遵化，则其运价更为高昂。如从京仓运至蓟州，每石粮食的运价高至7—8钱，而至遵化的运价则更高，高达每石运价银1.4—1.6两。[⑤] 虽然从京仓至蓟州、遵化的里程并无记载，但实际距离并不太远，可见粮食运价之高。

明代水运以南北大运河的漕米运输为大宗。就总体而言，漕粮从江南运至京仓，所需费用极多。按照通常的惯例，大致为“率二三石而致一石”，[⑥]亦即从江南运米1石至京仓，需要额外付出1—2石的费用。在这些额外费用中，主要包括以下两项：一是耗米。如浙江、江西、湖广运至京城的漕粮，其中运粮与耗米的比例为每石外加7斗5升，即耗米已占所运漕粮的75%，显然其费不赀。[⑦] 二是脚价费。如浙江、苏州、松江、常州、宁国、太平等地的漕粮，共计运输186万石。在过长江之时，通常每石需要扣去“过江米”7升，这还不包括脚价在内。漕船过了淮河以后，遇到闸坝或遇到水浅之处，漕粮需要起剥，同样需要付出脚价。[⑧] 自天津往北，民船起剥漕船的脚价，已经形成基本的运价规矩，即从桃花浅起剥，脚价银为2.2两；从杨村起剥，脚价银为1.9钱；从河西务起剥，脚价银为1.3两；从王家摆渡起剥，脚价银为1两；从里二泗以北起剥，脚价银为0.65

---

① 毕自严：《度支奏议》，《新饷司》卷10《题报运发蓟镇本折并委官召买疏》，第2册，第673—674页。

② 毕自严：《度支奏议》，《新饷司》卷24《覆津抚预计五年分召买疏》，第4册，第50页。

③ 毕自严：《度支奏议》，《新饷司》卷34《覆密云监臣条议边务疏》，第4册，第579页。

④ 杨嗣昌著，梁颂成辑校：《杨嗣昌集》卷37《郧襄转运无法微臣深费拮据疏》，下册，岳麓书社2005年版，第917页。

⑤ 毕自严：《度支奏议》，《新饷司》卷10《题报运发蓟镇本折并委官召买疏》，第2册，第673—674页。

⑥ 唐顺之著，常州市唐荆川研究会编：《唐顺之诗文集》卷9《与李龙冈邑令》，第259页。

⑦ 王宗沐：《海运详考》，《明经世文编》卷345，第5册，第3716—3717页。

⑧ 唐顺之著，常州市唐荆川研究会编：《唐顺之诗文集》卷9《与李龙冈邑令》，第259页。

两;从哑扒庄以北起剥,脚价银为 0.55 两;从郝家务以北起剥,脚价银为 0.45 两;从中心楼以北起剥,脚价银为 0.25 两。若运船直抵通州的石坝、土坝,则不用付出脚价。①

草束的运价,先以北京草束的运价为例加以说明。如从草场到运所,近者 10 里,远则 20—30 里。草束的价格不过 3 分银子,而包括车驴、提縋等费用在内的运价,低则 4—5 文,高则 7—8 文。史料认为,这一运价已占草束本价的“三分之一二赢”,即约占 33.3%,或约占 66.6%。② 据崇祯五年(1632)西协监视太监邓希诏上疏可知,从密云的龙庆仓运往蓟州镇的草束,其运价为“草一束,每百里脚银一分”。③ 在明代,草 1 束,通常为 15 斤,即草 1 束的运价银为 0.01 两/每百里。按照熊廷弼的记载,从丰润县运往山海关的草束,里程为 300 余里,每一小车,运草 50 小束,其价银为 2.8 两,④折合每束草的运价银约为 0.018 两/每百里。可见,这一草束运价超过蓟州镇的运价。

(3)西北茶叶运价

明代西北茶叶的运输,通常有两条茶路:一条是从汉中府至徽州,另一条则是从徽州至巩昌。在这两条茶路中,各含陆路与水路运输。官方所定的具体运价如下。

一条是从汉中府至徽州。自汉中府南郑县起运,至略阳县止,共计陆路 300 里,每篦给银 0.012 两,折合每篦茶叶的运价银为 0.004 两/每百里;自略阳县至白水江为水路,共计 120 里,一船可装载 1000 篦,给银 0.002 两,折合每篦茶叶的运价银约为 0.0000017 两/每百里;自白水江下船,改为陆路,至徽州 70 里,每篦给银 0.003 两,折合每篦茶叶的运价银为 0.004 两/每百里。

另一条是从徽州至巩昌。自徽州至秦州,为陆路,每篦给银 0.01 两,因不知陆路里程,无法计算出具体的运价;自秦州至巩昌,为陆路,每篦给银 9 厘,因不知陆路里程,同样无法计算具体的运价。⑤

从上述西北茶叶的运价看,明显水路运价远远低于陆路。以每篦茶叶的运价为例,陆路的运价为 0.004 两/每百里,水路的运价为约为 0.0000017 两/每百

① 阮鹗:《量河渠以备规则》,《明经世文编》卷 269,第 4 册,第 2843 页。

② 毕自严:《度支奏议》,《堂稿》卷 10《马草甚艰斤重宜定疏》,第 1 册,第 412 页。

③ 毕自严:《度支奏议》,《新饷司》卷 34《覆密云监臣条议边务疏》,第 4 册,第 579 页。

④ 熊廷弼:《答李孟白督饷》,《明经世文编》卷 482,第 6 册,第 5308 页;熊廷弼撰,李红权点校:《熊廷弼集》卷 17《前经略书牍》第 1《答李孟白督饷》,中册,第 751 页。

⑤ 梁材:《议茶运疏》,《明经世文编》卷 106,第 2 册,第 961—962 页。

里，陆路运价高出水路运价约235294%。

（4）官方所定建筑材料运价

明代工部所需建筑材料，包括石料、瓦、砖、木料等。其运价如下。

一是石料运价。万历年间，京郊三山大石窝开采宫廷建筑所用石料，工部曾定下运石脚价准则。从脚价准则可知，石料的运价牵涉到路途的远近、石料的大小，后来又因运输工具有车、八卦马车的不同，更使石料运价的折算趋于复杂化。已有的史料记载，虽有"计里增减"之说，但因仅有石料论方的运价，无具体的里程数，导致无法测算出确切的运价。如每方石料，堆成一垛，大致为长1丈，高5尺，阔5尺。具体运价如下：自八角山等处运至桥南西岸三官庙前，至河中旧堤一带交卸，每方给运价3.4两；自旧堤迄南至河东堤，每方给银4两；自东堤至尽南高坡，每方给银4.5两。①

二是瓦、砖运价。明代工部所用瓦料、砖料，已有的脚价标准如下：以瓦为例，每车400斤，每车每里的运价银为0.004两，折合每里的运价银0.001两/每百斤。以砖为例，每车400斤，每车每里的运价银为0.0035两，折合每里的运价银0.000875两/每百斤。②

三是木料运价。以楠木为例，1号楠木，围1丈4尺，长5丈5尺，每车1根，每车每里的运价银为0.56两；2号楠木，围1丈3尺，长5丈4尺，每车1根，每车每里的运价银为0.45两；12号楠木，围3尺，长4丈，每车1根，每车每里的运价银为0.035两。以下各号楠木，运价照此递减。以杉木为例，1号杉木，围1丈4尺，长5丈4尺，每车1根，每车每里的运价银0.298两；2号杉木，围1丈3尺，长5丈3尺，每车1根，每车每里的运价银0.25两；10号杉木，围5尺，长4丈7尺5寸，每车1根，每车每里的运价银0.03332两。以大鹰架杉木为例，1号大鹰架杉木，围4尺1寸以上，长6丈1尺，每车3根，每车每里的运价银0.03两；3号大鹰架杉木，围3尺7寸以上，长4丈7尺，每车5根，每车每里的运价银0.032两。以小鹰架平头杉木为例，1号小鹰架平头杉木，围3尺5寸以上，长3丈7尺，每车7根，每车每里的运价银0.032两；2号小鹰架平头杉木，围2尺1寸，长3丈以上，每车10根，每车每里的运价银0.032两。以杉条、杉桥木为例，每车30根，每车每里的运价银0.03两三分。以楠木板枋为例，通常每见方1尺，重量为32斤。其中运价银有下列区分：连四楠木板枋，每车每里的运价银

① 何士晋撰，江牧校注：《工部厂库须知》卷4《三山大石窝》，第103—104页。

② 何士晋撰，江牧校注：《工部厂库须知》卷5《琉璃黑窑厂》，第140—141页。

0.023两;连三楠木板枋,每车每里的运价银0.022两;单料楠木板枋,每车每里的运价银0.0193两。以杉木板枋为例,每见方1尺,重量为27斤。其中运价银有下列区分:连四杉木板枋,每车每里的运价银0.0213两;连三杉木板枋,每车每里的运价银0.0213两;单料杉木板枋,每车每里的运价银0.0213两。

以上各色木料的运价银记载,相对比较含糊,大多每车以根数为定,但因木质与围、长、阔不同,故使运价的折算并不十分清晰。但在楠木、杉木板枋的运价测算中,则工部按照嘉靖以来所定的运价规则,基本立出了一个根据重量的运价测算方式。以楠木板枋为例,如单料1块,长1丈3尺,阔2尺4寸,厚7寸,秤重700斤。按每车载重2200斤算,实则可以装载3块,每车的运价银为1.1两。以杉木板枋为例,如单料1块,长8尺5寸,阔2尺,厚7寸,秤重300斤。按每车载重2200斤算,实则可以装载7块,每车的运价银为1.1两。① 因这两则记载缺乏里程数的详细记载,同样无法准确测算出具体的运价。

2. 运输与商税

在货物运输与经营过程中,均会产生一些税赋,这些税赋最后也会加入到货物的出售价格中,从而影响物价的波动。

货物销售必然牵涉到运输,运输有长途、短途之分,而运输工具更有车、船之别。明代官方运输税的制定,大多照此区别征收。如宣德四年(1429)下令,民间外出,若是驴车、骡车装载货物,每辆征收钞200贯,牛车每辆征收钞50贯。若是雇船装载货物,自南京至淮安,淮安至徐州,徐州至济宁,济宁至临清,临清至通州,在这一段长途的货物运输过程中,同样需要征收钞贯,通常按照船只的货物装载量征收,即每100料,征收钞100贯;自北京直抵南京,或南京直抵北京,则为每100料,征收钞500贯。假如船只仅仅装载柴草、粮米,或者空船回还,则可免于纳钞。此外,凡是车院店,每月必须纳钞2000贯。牛车受雇装载货物,必须纳钞50贯,小车纳钞10贯。可见,货物运输税的征收开始向普通的小车渗透。

至正统年间,对货物运输税的征收,开始实施一些减免的政策。从减少运输税的征收来看,如正统四年(1439)下令,塌房与车辆钞,均"减半征收"。正统六年下令,塌房每间每月纳钞100贯500文,相较于宣德年间有所减少;驴车、骡

---

① 何士晋撰,江牧校注:《工部厂库须知》卷5《神木厂、山西大木厂、台基厂》,第147—149页。

车,每辆征钞 41 贯,牛车每辆征钞 11 贯,相较于宣德年间,分别下降了 79.5%和78%。正统十二年下令,驴车、骡车,每辆征钞 20 贯,牛车每辆征钞 8 贯,相较于宣德年间,分别下降了 90%和 84%。从免除运输税的征收来看,如正统四年下令,若是自己的房屋,替人寄存货物,则可以免除税收的征收;正统六年下令,小车可以免于纳钞。

至景泰二年(1451),在正统年间的基础上,继续减轻货物运输税的征收。如驴车、骡车,每辆征钞 8 贯,牛车每辆征钞 4 贯,相较于宣德年间,分别下降了96%和 92%。此外,景泰年间又细化了货物运输税的征收,如在牛车中,又分出了单牛车,规定每辆征钞 2 贯;又驮运煤等项货物的骡、驴,每头征钞 1 贯。①

明代地方商税的征收,同样有一套详细的规定。通常情况下,各个府、县衙门会根据市镇的大小,量立税局、巡栏,负责商税的征收。各省的布政司每季会颁发赤历、由榜,下令商人赴税局自行报货,缴纳商税,并将所缴商税附写在赤历、由榜上。至于商人匿税不报,则允许众人首告,没收商人货物,并将没入货物的十分之五入官,十分之二赏赐告发者。②

至于具体的商税交纳,则可以徽州商人为例加以说明。如徽商从徽州将货物运至北京售卖,需要预先将临清、河西务的红单赴户部投报。至于货物在运输、销售的过程中,则必须交纳诸多的税赋,如过临清钞关时,交纳货物价值的十分之二,折合 20%的税率。换言之,若是加上“景府条钱”、船钱、加耗、使用等项费用,价值钱 6 文的货物,共需交纳银子 6 厘。货物到了北京,又需要向崇文门的太监交纳门摊银,通常是每车 5 分、骡驮 3 分。③ 按照另外一条史料的记载,杂货进入北京城内,官方收取的商税,通常是杂货一车,征取税银 8 分。④ 结合上面两条史料,可见货物进入北京以后,官方收取的商税,通常为银 5—8 分/每车。因为不知一车货物的具体价值,导致很难推算处货物、杂货进入北京城后具体收取的商税税率。这无疑可以说明以下事实:在明代的税赋体制下,相较于土地赋税的收取有详细的科则来说,国家对商税的收取,则大多采取一种较为灵活的方式,并无系统的商税征收科则。这种灵活性势必导致以下两种现象的出现:一则具体收取商税的官员,可以任意抬高征收税率,从中觅取私利,从而加大商

---

① 申时行等修:《明会典》卷 31《户部》18《库藏》2《钞法》,第 224—225 页。

② 黄润玉:《海涵万象录》卷 3《理财》,载张寿镛辑:《四明丛书》,第 10 册,广陵书社 2006 年版,第 5805 页。

③ 程春宇:《士商类要》卷 1《徽州府由徐州至北京陆路》,《明代驿站考》附录,第 248 页。

④ 赵世卿:《三争店税疏》,《明经世文编》卷 411,第 5 册,第 4466 页。

人的负担,甚至抬高物价;二则在正常的情况下,商税明显低于出自土地的农业税,这显然会便于商品的流通。

六、物价波动态势

物价关乎民生,故物价波动往往会给人留下深刻的记忆。对此,明末清初人叶梦珠有详细的回忆。从叶氏的回忆中可知,物价波动无常,或由贵而贱,或由贱而贵,辗转不测。当物价由贵而贱时,自然百姓生活安宁,甚至被人提升到“民俗熙皞”的高度加以赞誉;当物价由贱而贵,尤其是“百货乍贵”,且上涨幅度“倍蓰什百”时,就会给百姓生活造成巨大的压力。随之而来者,就是士大夫的回忆,大多留恋于盛世的物价低廉,并由物价涨跌推导出“世风升降”。①

(一) 物价波动态势

若想详细列出明代物价的波动率,亦即上涨或下降的比率,显然是一件相当困难的事情。究其原因,主要还是因为明代的史料记载,大多较为模糊,有时是随口一说,并非反映物价的真实上涨情况。如洪熙年间,明仁宗有云:“今民间诸物,视洪武时直率增数十倍。”②若以洪武元年(1368)与洪熙元年(1425)为准,在这57年间,物价上涨数十倍,无疑难以令人相信。即使如此,物品确乎存在着两种价格,即“平时”价格与“遇急”价格,两者的价格差距相当明显。如弘治元年(1488),陕西巡抚杨一清曾言:“且如每草一束,平时价不过二三分,遇急收买,至七八分一钱而无措;每粮一石,平时价不过五六钱,遇急转输民至,费银二三两不足。”③由此可见,草束的价格,“遇急”时的价格,高出“平时”的价格250%—400%;粮食的价格,“遇急”时的价格,高出“平时”的价格300%—500%。

通观明代的物价波动,自明代中期以后,大致呈价格日渐上涨的趋势。为示说明,不妨详引三张物价单子,其中两张分别为正德年间与天启年间的物价单子,一张则为崇祯年间陕西华州的物价单子。列如下:

正德初年,继弘治承平之后,南京的物价堪称“甚贱”,如:猪肉,每斤值好钱

① 叶梦珠:《阅世编》卷7《食货》1,第153页。

② 余继登撰,顾思点校:《典故纪闻》卷8,第149页。

③ 杨一清:《关中奏议全集》卷4《为预处边储以备紧急供饷事》,《杨一清集》,上册,第115页。

7—8 文;牛肉,每斤值钱 4—5 文;水鸡,以 1 斤为束,每束值钱 4—5 文;莲肉,用抬盒盛卖,每斤值钱 4—5 文;大的河柴,每银 1 两,可以买将近 30 担;鱼、虾,每斤值钱 4—5 文,若是买得少,价格稍高,亦不过每斤值钱 7—8 文。①

至天启元年(1621)正月,南京物价骤贵,如:鹅 1 只,值钱 500 余文;鸭 1 只,值钱 200 余文;鸡 1 只,值钱 200 余文;猪肉,每斤值钱 40 余文;羊肉,每斤值钱 40 余文;牛肉,每斤值钱 20 余文;驴肉,每斤值钱 20 余文;红布,1 尺值钱 15 文;绿布,1 尺值钱 15 文;女子所用圊桶,亦即民间俗称的“子孙桶”,每个值钱 500 余文。②

至崇祯十六年(1643),陕西华州的物价,其上涨之速更是令人咋舌,如:稻米、粟米,每斗值银 2.3 两,折合每石 23 两;小麦,每斗值银 2.1 两,折合每石 21 两;大麦,每斗值银 1.4 两,折合每石 14 两;荞麦,每斗 0.9 钱,折合每石 9 两;莞豆,每斗值银 1.8 两,折合每石 18 两;麸子,每斗值银 0.5 两,折合每石 5 两;谷糠,每斗值银 0.1 两,折合每石 1 两;柿果,每斗值银 0.15 两,折合每石 1.5 两;核桃、枣子,每升值银 0.1 两,折合每石 10 两;盐,每升值银 0.09 两;清油,每斤值银 0.16 两;猪肉,每斤值银 0.18 两;红白萝卜,每斤值银 0.01 两;棉花,每斤值银 0.32 两;麻,每斤值银 0.1 两;梭布,每尺值银 0.05 两。③

在上面的三张物价单子中,显然可以通过可比性的部分加以比较,大致断定晚明日用生活必需品物价的上涨幅度。先以正德年间与天启年间南京的物价稍作比较。如正德年间,猪肉价格,为每斤值好钱 7—8 文;至天启年间,上涨至每斤 40 余文。可见,猪肉的上涨率约为 400%—471%。牛肉,正德年间为每斤值钱 4—5 文;至天启年间,上涨至每斤值钱 20 余文。牛肉的涨率达到 300%—400%。若取史料所云正德年间为正德元年(1506),取史料所云天启年间为天启元年(1621),那么,在这 115 年中,猪肉价格的每年涨幅约为 3.48%—4.1%,牛肉价格的每年涨幅约为 2.61%—3.48%。

再来看南京物价与陕西华州物价的比较。正德年间,南京的猪肉价格,为每斤值好钱 7—8 文。崇祯年间,陕西华州的猪肉价格,则为每斤值银 0.18 两。明代的银、钱比价趋于不时的波动中,明初官方所定的银、钱比价,为 1 两银子折合钱 1000 文,而自明代中期以后,市场上的银、钱实际比价通常为 1 两银子折合钱

① 周晖:《金陵琐事剩录》卷 4,转引自《明代社会经济史料选编》,下册,第 96 页。

② 周晖:《金陵琐事剩录》卷 1,转引自《明代社会经济史料选编》,下册,第 98 页。

③ 《感时伤悲记》,《考古》1960 年第 10 期。

600文。若以此两个比价为准,崇祯年间陕西华州的猪肉价格,则每斤分别折合钱180文与108文。两相比较,崇祯年间陕西华州的猪肉价格,已比正德年间南京的猪肉价格高出2150%—2471%或1250%—1443%。若取史料所云正德年间为正德元年(1506),取史料所云崇祯年间为崇祯元年(1628),再抛开南京与陕西华州猪肉价格的地域差异不论,那么,在这122年中,猪肉价格的每年涨幅约为17.63%—20.25%或10.25%—11.83%。至于布,天启年间,南京红、绿二色之布,均为每尺值钱15文。至崇祯年间,陕西华州的梭布,则每尺值银0.05两。若以1两银子折钱1000文、600文两种折价为准,崇祯年间陕西华州的梭布价格,则为每尺值钱50文、30文。两相比较,崇祯年间陕西华州布的价格,已经比天启年间南京布的价格分别高出约233%与100%。若取史料所云天启年间为天启元年(1621),取史料所云崇祯年间为崇祯元年(1628),再抛开布色差别与布匹地域价格差异不论,那么,在这7年中,布匹价格每年的涨幅约为33.29%与14.29%。

由于战乱与灾荒不断,明代的米价一直处于波动之中,是价格最不稳定的百姓日常必需品,尤以晚明为甚。在晚明,江南的米价越涨越高。以浙西为例,据茅元仪的记载,在他幼年时,每石白米不过7钱银子,但到了天启至崇祯年间,已经涨到每石超过1两银子,即使贱时,每石的价格也将近1两银子。① 明末清初人陆衡也记载了明末米价的上涨。根据他的记载,在他幼年时,米价每石只需0.5—0.6两银子。万历三十六年(1608),因大水之灾,米价每石才1.3两银子,即有抢米之变。自此以后,米价每石一直在1两银子开外波动。至崇祯十三、十四年(1640—1641),更因米价每石高达1.6两银子,导致"横民倡乱,抢掠纷起"。② 可见,从万历初年一直到崇祯末,江南米价大抵在0.5—1.6两/每石之间波动。

为了尽可能反映晚明米价的波动状况,下面不妨详细列述南北方的米价波动记载,尤其将视角集聚于江南。

先来看南北两京的米价。根据《金罍子》一书所载,嘉靖三十二年(1553),京师闹大饥荒,甚至出现"人相食",当时米价突然升至每石2.2两银子。③ 在整个明代,南京米价之贵,仅仅出现于嘉靖、万历两朝。嘉靖二年,南京有旱疫之

① 茅元仪:《掌记》卷5,明崇祯刻本。

② 陆衡:《啬庵随笔》卷3,清光绪二十三年刻本。

③ 袁枚:《随园随笔》卷15《米价》,清嘉庆九年刻本。

灾,死亡枕藉,仓米价翔,贵至每石值银 1.3—1.4 两。万历十六年(1588)夏,又值荒疫,米价上涨速度很快,其中粳米每石的价格升至 2 两银子,仓米亦每石值银 1.5—1.6 两。① 不过,如此昂贵的米价,仅仅维持了一两月而已。至崇祯十三、十四、十五年(1649—1642),更是遇到了明代近 300 年来的最大灾荒,米每石升至 3.6 两银子。这应该说是历史的最高价位,且米价仍上升不已,尤其以所属各府县为甚。过去因为粮价不高,南京城的居民从来不吃荞麦、大麦,然至此时,荞麦、大麦的价格也已升至每石值钱 5000 文。即使如此高的粮价,若与山东、河南斗粟值钱 1 万文相比,还算得上是乐国。② 从上述史料记载中,不难发现以下几个事实:一是在南北两京,当米价居于高位之时,最低也高达 1.3 两/每石。相较于平常时期 0.5 两/每石,显已高出约 133%。二是当米价升至每石价银 3.6 两的最高价位时,更是比平常时期高出约 620%。三是当米价飙升到最高价位时,荞麦、大麦的价格也随之上升。若以 1 两银子折钱 1000 文、600 文为准,每石荞麦、大麦的价格分别值银 5 两、8.33 两。这一荞麦、大麦价格已远远高出米价,其资料的真实性或许值得怀疑。四是同是灾荒之年,若以南京荞麦、大麦每石值钱 5000 文为准,再与山东、河南斗粟值钱 1 万文相较,山东、河南的粮价更是高出南京 20 倍,即高出 2000%。

再来看江南苏州、松江、嘉兴三府的米价。据《芸窗杂录》记载,崇祯十年(1637),苏州府的米价,其中冬粟米每石价银 1.2 两,白粟米每石价银 1.1 两。如此粮价,时人已经感到"大为可骇"。等到了崇祯十四年,糙米涨至每石 2.2 两银子,冬粟米更是高达每石 2.5 两银子。若以冬粟米价格为例,在这 4 年间中,共计上涨了约 108%,折合每年上涨幅度为约 27%。如此飞涨的粮价,若是与万历年间相比,也是有过之而无不及。如万历十七年(1589),吴中大饥,斗米值银 1 钱 6 分,亦即每石值银 1.6 两,时人已称之为"异事"。③ 当然,如此高的粮价,属于"荒岁之价",且苏州百姓也已经习以为常。④ 究其原因,还是因为江南百姓的家庭副业相当兴盛,足以补贴荒年家计。

在松江府,自万历十六年(1588)遭遇水灾之后,米价顿时上涨,斗米值钱 160 文。⑤ 至这一年的冬至,糙米的价格达到每石 1.2 两银子。第二年,米价继

① 顾起元:《客座赘语》卷 1《米价》,第 25 页。

② 吴应箕:《留都见闻录》下卷《时事》,第 39 页。

③ 丁国钧:《荷香馆琐言》卷下,载《丙子丛编》,民国二十五年铅印本。

④ 叶绍袁:《启祯记闻录》卷 2,载《痛史》,商务印书馆民国十六年铅印本。

⑤ 李绍文:《云间杂识》卷 1,民国二十四年上海瑞华印务局据上海黄氏家藏旧本印行。

续上涨，每斗值银0.16两，折合每石1.6两银子。崇祯五年(1632)夏天，白米的价格为每斗值钱120文，折合银子是1钱，即每石值银1两。到了当年的秋收以后，早米每石值钱只需650—660文之间。此后，米价大体上维持在每石值钱1000文上下波动。至崇祯十一、二年间，钱价跌落，米价上涨，每斗米值钱300文，折合银子0.18—0.19两之间，即每石1.8—1.9两银子。至崇祯十五年，钱价继续下跌，每千钱不过值银四钱几分，于是白米每石折合银5两，折合钱12000文。此后，米价大体维持在每石值银2—3两之间。① 由上可知，在崇祯年间，松江府的米价大致在1.2—3两/每石之间波动，其中最高米价高出最低米价约150%。

至于浙江嘉兴府桐乡县，早在万历十六、十七年(1588—1589)间，因为水灾与旱灾，米价每石值银1.6两，即使朝廷蠲赈，还是饿殍载道。至万历三十六年，因为大水，米价升至每石1.6两银子，此价维持了数日。至崇祯十三、十四年(1640—1641)，水灾、旱灾、蝗灾接踵而至，米价突然涨至每石3两银子，而当时的朝廷不再蠲赈，民间百姓只得卖田宅、妻子，或望富室之炊以求食，饥死相望。自万历十六年至二十三年这七八年间，水旱继作。尤其是万历十九年，米价最高，达到每石5两余银子，一般年份，大体维持在每石3两银子。这其间最好的年份有两个：一是万历十八年春天，米价每石值银1两；二是万历十七年，米价每石处于1.6—1.7两银子之间。② 由上可知，在晚明时期，浙江嘉兴府桐乡县的米价大致在1.6—5两/每石之间波动，其中最高米价高出最低米价约213%。

在北方的山西，张慎言有一段关于米价的回忆文字，其中云："记二十年前，米斗只百钱耳，且有不及百钱者。近年以来，斗小而直踊，且腾至三百钱矣。若以原斗较，且将四百钱矣。是今日金钱四万，止抵当日一万之数。"③据此可知，在明末20年间，山西米价从斗米值钱100文，上涨至斗米值钱400文，共计上涨

---

① 范濂：《云间据目钞》卷3《记祥异》。按，明末清初人叶梦珠所记松江府明末上海县的米价，亦大抵与上述记载相同。如叶氏回忆道："崇祯三年庚午，年荒谷贵，民多菜色，郡县施粥赈饥。予时尚幼，未知物价。然越二载，壬申夏，白米每斗价钱一百二十文，值银一钱，民间便苦其贵，则庚午之米价，概可知已。迨秋成，早米每石价钱止六百五十、六十文耳。自是而后，米价大约每以千文钱内外率。至十一、二年间，钱价日减，米价顿长，斗米三百文，计银一钱八、九分，识者忧之，然未有若十五年春之甚者。时钱价日贱，每千文值银不过四钱几分，白米每石纹银五两，计钱十二千有奇。自此以后，米价以二、三两为常。"参见叶梦珠：《阅世编》卷7《食货》1，第153页。

② 张履祥：《杨园先生全集》卷17《狷士记》，中册，第506—507页。

③ 张慎言撰，李蹊点校：《泊水斋文钞》卷1《本末兼治仰赞国计疏》，上海古籍出版社2016年版，第311页。

了300%,每年的上涨幅度为15%。

除了大米之外,麦子也是明代民间百姓日常生活的主要粮食来源。再以松江府上海县为例,崇祯十四年(1641),当地遭受旱灾。至崇祯十五年,圆麦每石值钱6000文,折合银子在2.5—2.6两之间。小麦的价格也大体相当,只有大麦稍为便宜,每石值钱3000—4000文。①

综上所述,明代自嘉靖、万历以后,米价出于不断波动之中,有时高涨,尤其是在荒年之时,米价曾短暂地上升至每石5两银子。按照明代普通民众的经济实力乃至心理承受能力,米价理应维持每石1两银子以下,若是超过每石1两,百姓生活就有压力。所以,当时地方政府为了平抑米价,就将平价米的价格定为每斗值钱90文,折合纹银8分,亦即每石0.8两银子。② 由上面所列晚明米价变迁史实,大抵可证晚明百姓生活质量尽管有所波动,但总体呈现出一种下降的趋势。

(二) 物价的区域差异

在明代,物价的区域性差异相当明显。就物价的总体趋势而言,具有以下两大特点:一是北方高于南方。如工价、米价,"北贵而南贱"。③ 二是边地高于腹里。譬如在同一年份,宣府、大同二镇,米、麦每石的价银在3两以上,而在北直隶、山东、河南等处,因为二麦大熟,每石只值银0.4两。④

当然,在明代物价的区域性差异中,同样存在着诸多复杂性。这种复杂性主要体现在以下三个方面:一是同是江南地区,徽州的米价,则明显高于其他江南地区。据江天一《止庵集》中《厘弊疏商稿序》所言,"江南米价,徽独高"。究其原因,则因徽州地处万山之中,当地所产粮食仅能自给不到一月,其余粮食大多需要从外地运入,远则来自江西、广东,近则来自苏州、松江、常州、镇江。在粮食运输的过程中,一方面,"纳钞输牙",需要交纳各种税费;另一方面,"舟负费重",需要支出各种运费。两者相加,所费与米值相当。再加上在运输过程中,又会遭到杭州"坝脚牙侩"的盘剥,以及严州"衙蠹地棍"的私税,更是"商罹惨

---

① 叶梦珠:《阅世编》卷7《食货》3,第156页。

② 按此平抑米价的标准,取自明万历四十年(1612)苏州府吴江县的一张平价米票。相关的记载与讨论,参见谢国桢:《记明万历四十八年平价米票》,载氏著:《明末清初的学风》,中华书局1982年版,第225页。

③ 杨嗣昌著,梁颂成辑校:《杨嗣昌集》卷1《处置南京铸钱稿》,上册,第21页。

④ 徐阶:《请处宣大兵饷》,《明经世文编》卷244,第3册,第2546页。

剥”,甚至“米贵病民”。[①] 二是同为北方地区,粮价也存在着差异。如在山东登州、莱州,米价极贱,“小钱四十文,仅值银四分,而易米一斗,当北直三斗”。[②] 换言之,登州、莱州的米价,仅是北直隶的三分之一。三是同为边地,粮价差异也相当明显。如嘉靖末年,蓟州等州与密云等县,以及古北口、燕河营等区,尽管米价贵贱不等,贵的每石价银 2 两以上,贱的每石价银在 1. 7—1. 8 两之间;但在辽东边地,粮价则相对较低,通常为“计银一钱可得杂粮四斗五升”,即杂粮每石价银约为 0. 222 两。[③]

(三) 时代变动与物价波动

承平与大有之年,物价相对低廉,百姓生活安逸;若是时值动荡,或者遇到灾荒之年,物价势必上涨,百姓生活质量随之下降。广东吴川县的物价波动,足证时代变动可以影响物价的波动。明末清初人陈舜系,在自己的回忆中,带着极其留恋的情感,对万历末年吴川县的物价加以记录。陈舜系出生在万历四十六年(1618)。就广东吴川县来说,地处海角,兼值鱼米之乡,确乎是一个“时丁升平,四方乐利”的时代。至于当时的物价,陈舜系开列如下:米 1 斗,值钱 20 文;鱼 1 斤,值钱 1—2 文;槟榔 10 颗,值钱 2 文;蒌 10 束,值钱 1 文;肉 1 斤,或鸭 1 只,值钱6—7 文;盐 1 斗,值钱3 文。如此物价,真可谓是“百般平易”。在低物价的时代,贫穷之人,可以“幸托安生”;耕田之农,足以“鼓腹”;读书之人,游戏“词章”;工贾九流,也是“熙熙自适”。[④] 一至崇祯十四年(1641),吴川物价已经上涨。槟榔、蒌趋于“大贵”,稻谷价格随之腾涌,1 石米已经涨至钱 800 文,甚至鱼、肉价格也“与前稍异”,[⑤]开始日趋昂贵。从万历四十六年(1618)到崇祯十四年(1641),在这 23 年中,米价从 1 斗米 20 文,涨至 1 石米 800 文,价格上涨了 300%,米价的年涨幅约为 13%。

米价关乎百姓的日常生活。在承平、大有之年,米价相对低廉。譬如弘治年

---

① 许承尧撰,李明回、彭超等校点:《歙事闲谭》卷 6《明季县中运米情形》,上册,黄山书社 2014 年版,第 181 页。

② 熊廷弼:《答李孟白督饷》,《明经世文编》卷 482,第 6 册,第 5308 页。

③ 杨博:《杨襄毅公蓟辽奏疏 · 暂借官银召买民粟以济荒政疏》,《杨博奏疏集》,上册,第 159 页。

④ 陈舜系:《乱离见闻录》卷上,载李龙潜等点校:《明清广东稀见笔记七种》,广东人民出版社 2010 年版,第 3 页。

⑤ 陈舜系:《乱离见闻录》卷上,载《明清广东稀见笔记七种》,第 17 页。

间,米价极贱,甚至低至1石仅值银2—3钱。① 以苏州府吴江县平望镇为例,隆庆元年(1567)正值大有之年,米1石,价银低至3钱,故当时有谣谚云:"隆庆元年,米价三钱。铜杓不用,铲刀上前。"根据王稚登《尺度》所载,银10两,可以买米100石,折合米1石,价银1钱。可见,隆庆元年的米价为1—3钱/每石。万历十二年至十四年(1584—1586),吴江县又是大有之年,米1石,价银3钱多。② 以福建漳州府为例,从隆庆三年至四年,因为"连岁大熟",更是导致"米斗直钱二文"。③ 稍加折算,1石米仅值钱20文。如此低廉的米价,不是因为银、钱比价所致,就是作者记载有误,不足令人信服。低廉的米价,同样出现在溧水县。万历四十二年,溧水岁丰,"米一升钱仅五文",④折合米1石,值钱500文。

一旦遭遇水旱灾荒之年,或者遇到社会动荡,物价势必上涨。先来看灾荒之年的物价。永乐二年(1404),岁大饥,江西庐陵的米价大涨,"白金一两仅易米数斗",⑤折合米1石价银数两。宣德五年(1430),苏州府吴江县平望镇,春正月,大雪下了二旬,积雪厚达丈余。至夏天,又遇大水。秋天,又是亢旱。如此荒年,导致"斗米千钱",折合1石米值钱10000文。⑥ 嘉靖年间,甘肃边地,因为"连岁不登",导致"斗米银二钱",⑦折合1石米价银2两。万历十四、十五年(1586—1587),辽东大荒,"斗米值银五六钱",⑧折合1石米价银5—6两。万历十六年夏,吴江县平望镇连降大雨,造成"大饥",1石米的价格高达1.8两;万历十七年六月,又遇大旱,吴江县平望镇的米价,也高达1石米价银1.6两。⑨ 崇祯四年(1631),在广东海丰县,因为饥荒,导致米价上涨,"斗米足银三钱",折合1石米价银3两。⑩ 崇祯十一年六月,吴江县平望镇大旱,兼有蝗灾,1石米价银

① 倪岳:《会议》,《明经世文编》卷78,第1册,第681页。

② 翁广志:《平望志》卷13《祯祥》,载吴江市平望镇人民政府、吴江市档案馆编:《平望志(三种)》,广陵书社2011年版,第235页。

③ 何乔远编撰:《闽书》卷148《祥异志》,第5册,福建人民出版社1995年版,第4415页。

④ 闵派鲁、林古度纂修,傅章伟、吴大林点校:《(顺治)溧水县志》卷1《邑纪》,上海古籍出版社2016年版,第26页。

⑤ 周忱:《双崖文集》卷3《处士耕乐胡公墓志铭》,载氏撰,吴志远注译:《双崖文集辑录与译注》,人民出版社2018年版,第261页。

⑥ 翁广志:《平望志》卷13《祯祥》,《平望志(三种)》,第237—238页。

⑦ 林希元撰,何丙仲校注:《林次崖先生文集》卷2《王政附言疏》,上册,厦门大学出版社2015年版,第83页。

⑧ 熊廷弼撰,李红权点校:《熊廷弼集》卷16《巡按书牍》第2《与五道》,中册,第710页。

⑨ 翁广志:《平望志》卷13《祯祥》,《平望志(三种)》,第237—238页。

⑩ 蔡皇勦:《华衮手记》卷上《明朝纪事》,《明清广东稀见笔记七种》,第50页。

高达2两。[①] 崇祯十三年冬天,河南洛阳,米价腾贵,“斗钱直至二千七百矣”,[②]折合1石米值钱27000文。在河南汲县,自天启年间以来,从未有过丰岁。至崇祯十一、十二年,更是遭受蝗灾,导致“二麦不登,三秋失望”。崇祯十三年入夏,又“不雨”,秋天又受蝗灾之害,粟米1石,价钱16000文。[③] 崇祯十四年,吴江县平望镇大旱,飞蝗蔽天,1石米价银高达4两。[④] 荒年的最高米价出现在徽州府。崇祯十三年,徽州府的米价,高达1石米价银5.2两;崇祯十四、十五两年,则为1石米价银5两。尤其是清顺治八年(1651),因为缺米之故,徽州府的米价更是高达1石米价银7.5两。在这1石米中,还掺入糠1斗、水1斗,净米仅有8斗。若是撇去糠、水,折合1石米价银9.375两。[⑤]

福建灾荒之年的米价,同样也是居高不下。景泰二年(1451)春、夏,兴化府大旱,“斗米二百钱”,[⑥]折合1石米值钱2000文。成化十五年(1479),兴化府因为遭遇“虫食禾”,“斗米百钱”,折合1石米值钱1000文。成化十九年,海风大作,海水溢田,禾苗均被淹死,兴化府“斗米百余钱”,[⑦]折合1石米值钱1000余文。成化十九年,延平府大饥,“斗米百钱”,[⑧]折合1石米值钱1000文。成化十八年至二十三年,福宁州宁德县,相继凶荒,“斗米百钱”,折合1石米值钱1000文,百姓只好取蕉头、蕨根充饥。[⑨] 万历三十四年(1606),兴化府大旱,田禾尽枯,导致“斗米二百钱”,[⑩]折合1石米值钱2000文。

再来看动荡时期的物价。毫无疑问,社会动荡势必也会导致物价上涨。如崇祯十五年(1642),开封被李自成所围困,物价大涨。当时夏麦未收,开封城内缺少食物,马草原本每担值钱200文,后涨至每担400文;能吃的野菜,原本卖钱50文,后涨至500文。即使如此高价,也无从购买。[⑪] 以明末山西阳城县为例,因为连年遭遇“寇警”,导致阳城县“市米暴踊,庾无一月之粮”。[⑫] 即使最低的

---

① 翁广志:《平望志》卷13《祯祥》,《平望志(三种)》,第237—238页。
② 郑廉:《豫变纪略》卷3,浙江古籍出版社1984年版,第67页。
③ 郑廉:《豫变纪略》卷4,第88页。
④ 翁广志:《平望志》卷13《祯祥》,《平望志(三种)》,第237—238页。
⑤ 计六奇:《明季北略》卷17《志异》,上册,第306页。
⑥ 何乔远编撰:《闽书》卷148《祥异志》,第5册,第4405页。
⑦ 何乔远编撰:《闽书》卷148《祥异志》,第5册,第4406页。
⑧ 何乔远编撰:《闽书》卷148《祥异志》,第5册,第4400页。
⑨ 何乔远编撰:《闽书》卷148《祥异志》,第5册,第4417页。
⑩ 何乔远编撰:《闽书》卷148《祥异志》,第5册,第4407页。
⑪ 郑廉:《豫变纪略》卷5,第129页。
⑫ 张慎言撰,李蹊点校:《泊水斋文钞》卷2《同阁记》,第352页。

米价，已是“斗直过三百”，折合1石米值钱3000文；稍微折中的价格，则是“米才二斗直千钱”，折合1石米值钱5000文；最高的米价，更是“途遥将二千”，折合1石米值钱20000文。①

当灾荒与社会动乱合于一处时，更是导致物价大涨。以河南为例，在崇祯年间，因为“无岁不苦荒，无月不苦兵，无日不苦挽输”，直接导致“斗米千钱”，②折合1石米值钱10000文。崇祯十一年（1638）八月，河南雨霜杀菽，粮食歉收，再加之“流贼纵横，不得宁居”，导致“谷以踊贵”，米、麦“斗值三千”，③折合1石米、麦值钱30000文。相较之下，四川因为连年遭受动乱、凶饥，米价之高，更是令人乍舌。至顺治四年（南明永历元年，1647），雅州“米一斗银十余两”，折合米1石价银100余两；嘉定州，米1斗30余两，折合米1石价银300余两；成都、重庆，米1斗“四五十两”，折合米1石价银400—500两；保宁因为得到了清朝廷的支持，从陕西运粮而入，也斗米达10余两，折合1石米价银100余两。④

在考察灾荒、社会动乱与物价涨跌关系时，有下面两点值得引起关注：一是荒年时米贱银贵现象的出现。按照正常的现象，年荒之时理应米贵，那么出现年荒米贱的反常现象，按照太仓州故老的解释，主要还是因为“银贵”所致。至于白银价格持续走高的原因，则显然源于地方官司以白银解送税粮。一旦出现这种反常现象，势必陷入“米贱则耕农愈无利，而田愈荒”这样的怪圈，⑤即银贵→米贱→耕农愈无利→田愈荒，其结果则导致百姓生活愈发陷入困窘。二是动乱时期民间的讹传，可以导致一时物价的上涨。如在明末江南的民间，讹传一个“茶山王”的说法。谣传者纷纷传言，茶山王聚集了数万人，要从苏州、松江等处贩米。泰昌元年（1620），这一讹言甚至传入湖广，导致当地禁止大米不许下江。如此一来，则使“米一时踊贵”，甚至“斗至一百五六十钱”，折合1石米值钱1500—1600文。当正值“非水非旱，田禾蔽野，秋成在即”之时，却引发米价大涨，甚至出现“吴江县立破一百二十余家”，⑥足见讹传引发的心理恐慌，乃至对民间正常生活的影响，决不可等闲视之。

---

① 张慎言撰，李蹊点校：《泊水斋诗钞》卷5《癸酉冬闻寇渡河作》《兵荒贩米者自砀山睢陈间来价踊甚》，第486、495页。

② 郑廉：《豫变纪略》卷2，第32页。

③ 郑廉：《豫变纪略》卷3，第57—58页。

④ 费密：《荒书》，浙江人民出版社1983年版，第165页。

⑤ 王锡爵：《与顾充庵巡抚》，《明经世文编》卷395，第5册，第4272页。

⑥ 朱国祯撰，王根林校点：《涌幢小品》卷26《普陀》，第535页。

在明代的粮食价格中,有两条价格线会直接影响到民生:一条是黍、谷的市场平均售价,即"每银一钱黍五斗、谷四斗六升",亦即黍1石价银0.2两,谷1石价银0.217两。当市场售价超过这一价格时,官府就需要通过赈济而对粮价加以干预;当市场售价回落至这一价格及其以下,官府就停止赈济。嘉靖年间福建泉州府就是最好的例证。① 另一条是米的市场平均售价,即1石米价银必须在0.8两之下。明人倪岳有云:"且往年米价腾贵,至八九钱一石,民皆缺食,盗贼纷起。"②这条记载显示,当米价攀升至每石价银0.8—0.9两时,已经属于高价,就容易导致"民皆缺食,盗贼纷起",甚至引发民间的抢米风潮。如在嘉靖二十三、二十四年间(1544—1545),在福建泉州府同安县,中左所城外富民陈大渊所积之谷千石,即遭"饿军三百,一夕抢掠而尽"。③ 其后,抢米风潮渐炽。如万历十八年(1590)四月,福建漳州府因为"谷贵",导致城内外饥民,"聚众抢掠大户数十余家"。④

(四) 交通与物价波动

货物售卖价格,必须将物流成本考虑在内。换言之,交通便捷与否直接影响到物价的波动。最为直接的例子,就是运河河道的疏通与否,往往会影响到鱼、盐、柴、米的价格。如扬州湾头镇以东河道,内通通州、泰州等5个州县,2个千户所,以及富安等24个盐场。在河道疏通之时,2个千户所运粮的船只,均在本所"舱修",客商将盐引装至仪真,每引所需船钱,不过价银4—5分而已;扬州售卖的柴草,每束也只卖铜钱2—3文。其后,因为河道淤浅,不加疏浚,再加上天旱雨少,河水干断,舟楫不通,鱼、盐、柴、米等项货物,均需依靠旱车装载,而牛车的脚价又贵,直接导致柴、米价格上涨,甚至"客商失陷本钱,军民不得聊生"。⑤

至于在西北边地,粮食价格高涨,无不源于交通运输不便,运价高企所致。如西北沿边诸卫所所需粮草,大多"仰给于馈挽"。在运输过程中,如从绥德至榆林,因为山谷陋隘,车毂不通,只能依靠驴驮运粮草。其中支出的运费不赀,如1石米的运费,超过1两银子,1束草的运费,超过0.3两银子。⑥ 可见,运费远

---

① 林希元撰,何丙仲校注:《林次崖先生文集》卷6《请俞太守停赈书》,上册,第226页。

② 倪岳:《会议》,《明经世文编》卷78,第1册,第681页。

③ 林希元撰,何丙仲校注:《林次崖先生文集》卷6《与俞太守请赈书一》,上册,第218页。

④ 何乔远编撰:《闽书》卷148《祥异志》,第5册,第4415页。

⑤ 王恕:《言开河事宜并乞先修旧塘水闸奏状》,《明经世文编》卷39,第1册,第308页。

⑥ 李东阳:《西北备边事宜状》,《明经世文编》卷54,第1册,第420页。

超所运货物的价值,势必导致物品价格的上涨。

以粮食运输为例,边地地理位置僻远,再加之交通不便,势必导致运输成本极高。如独石、马营二处边地,因为本地粮食缺乏,大多需要户部通过召买的方式,从顺天等三府雇佣民间车辆,运粮进入这二处边地。如粳米 1 石,在京城通州仅值价银 0.33 两多而已,但若运往独石、马营,则每石粳米需要付出脚价银 0.6 两,外加耗米 2 升,此外每运 3 石粳米,还需要芦苇一领,所有这些费用相加,则已高达 1 两银子。[①] 换言之,运输成本与物品价格比为 1∶0.33,亦即运价比货物价值高出 203%。又如从北直隶、山东、河南,运粮前往宣府、大同二镇,其中所需的脚价如下:一是从北直隶、山东、河南运往宣府镇,途经居庸关,通常每石粮食的脚价银为 0.4—0.5 两;二是从北直隶、山东、河南运往大同镇,途经紫荆关,通常每石粮食的脚价银为 0.7—0.8 两。[②] 若以每石粮食价银 0.33 两计算,那么,运往宣府镇的粮食运价比货物价值高出约 21.2%—51.5%,运往大同镇的粮食运价比货物价值高出约 112.1%—142.4%。

有鉴于此,明人叶盛建议边地各仓,根据道路远近、险易、顺逆之宜,召官员、军民、客商上纳粮豆,而后确定官银 1 两在各仓的米豆上纳之数。(参见附表 17)若以上述每石米豆的折价银 0.33 两为折算标准,实则可以测算出各仓所入米豆的运价支出,亦即道路越远、越险、越逆,其运费支出就越高。

七、小　结

决定物价高低的因素很多,但在明代主要还是取决于社会的稳定与动乱,以及年成的丰与歉。四方无事,则生聚广而贸迁易,物价就会由贵转贱;疆域多故,则物流不通,物价势必由贱转贵。日用物价的低昂甚至波动,既反映了明代消费风俗的变迁,又可借此验证民生之休戚。

物价上涨,实则从另外一个侧面印证了人们收入的减少。以军士为例,粮食价格的上涨,显然已经影响到了他们月粮收入的购买力。尤其是西北边地的军士,更是饱受粮价上涨之苦。如甘肃、延绥的军士,他们的月粮收入 1 石,通常折银 3 钱,或折银 4 钱。在成化以前,米 1 石,一般为价银 2 钱。军士的月粮收入 4

① 叶盛:《紧要边储疏》,《明经世文编》卷 59,第 1 册,第 470—471 页

② 徐阶:《请处宣大兵饷》,《明经世文编》卷 244,第 3 册,第 2546 页。

钱,可以从市场上买米2石,无不家给人足。换言之,因为粮价低廉,即使军士月粮的本色仅为1石,但折色银反而有了2石的购买力。这无疑使收入上涨了100%。至嘉靖年间,因为粮价的上涨,军士所得月粮银4钱,仅能在市场上购得米8升。军士数口之家,每月依靠“八升之粟”生活,直接导致了生活水平的直线下降。[①] 稍加换算,原本1石的月粮,因为粮价上涨,其折色银4钱的购买力仅为0.08石,实则收入减少了92%。

按照明代西北诸边的通例,军士月粮应为本折关支,亦即月饷的领取,通常为6个月本色,6个月折色。其中折色支取,一般边地的军士为月粮1石折银7钱,内地的军士月粮1石折银6钱。当秋冬之际,米价稍为平抑,且仓廪充积之时,军士才得支取本色粟米;而当春夏之际,禾稼未登,粟价腾涌,军士反而支取折色。当粮价腾涌之时,1钱银子仅可购得米6—7升,甚至4—5升,使军士一个月月粮所折之银,“犹不及半月之粟”。[②] 按照这一记载折算,军士月粮折色收入7钱银子,仅能从市场上购得粟米2.8—4.9斗,实际的购买力减少了51%—72%。宣府、大同二镇军士的生存状态同样如此。当地粮价高昂,米、麦每石价银至3两以上,导致军士每月所支的折色银7钱,仅可购买米、麦2.2—2.3斗,[③]导致赡养家小极其困难。稍加折算,宣府、大同二镇军士折色月粮的购买力,实则下降了77%—78%。再来看西北榆林镇军士的状况。榆林镇城100余里之内,一望沙漠,不生五谷。在明初之时,军人均出边外耕种,再加上天年丰收,导致粮价低廉,每银1两,可籴粟米2—3石。换言之,军士每月所得折色银7钱,可以从市场上购得粟米1.4—2.1石,折色银的购买力超过本色粟米40%—110%。自弘治十四年(1501)之后,“大虏占套,民废耕种”,粟米、草料等项,均需要从腹里运入。即使丰稔之年,1钱银子,仅可籴米8—9升;若是不熟之年,更是只能籴米5—6升。最为值得关注的是,榆林镇军士月粮的支取,并非半年支取本色,半年支取折色,而是在月支粮1石中,只支取本色2—3斗,支取折色7—8斗。正如史料所云:“本色一斗,值银一钱五分、六分,折色一斗,止银七分,两斗不彀一斗,欲军之不穷,不可得已。”[④]细绎上述史料,实则可以做出以下测算:榆林军士每月所支7—8斗折色中,仅折银4.9—5.6钱。若以军士支取

① 霍韬:《天戒疏》,《明经世文编》卷186,第3册,第1915—1916页。

② 许论:《宣府论》,《明经世文编》卷232,第3册,第2432—2433页。

③ 徐阶:《请处宣大兵饷》,《明经世文编》卷244,第3册,第2546页。

④ 唐龙:《大虏住套乞请处补正数粮草以济紧急支用疏》,《明经世文编》卷189,第3册,第1948页。

折色7斗为例,在大熟之年,仅可粜米3.92—4.41斗,相较于本色减少了2.59—3.08斗,可见其购买力下降了37%—44%;在不熟之年,仅可粜米2.45—2.94斗,相较于本色减少了4.06—4.55斗,可见其购买力下降了58%—65%。若以军士支取折色8斗为例,在大熟之年,仅可粜米4.48—5.04斗,相较于本色减少了2.96—3.52斗,可见其购买力下降了37%—44%;在不熟之年,仅可粜米2.8—3.36斗,相较于本色减少了4.64—5.2斗,可见其购买力下降了58%—65%。

从明代物价波动态势来看,明显呈现出以下两种截然相反的态势:一是就日常生活必需品尤其是粮食价格而言,时常出现一种大起大落的现象,进而陷入粮食价格起落的循环怪圈之中:当承平或大熟之年,粮食价格较低,百姓生活安宁;当战乱或荒歉之年,粮食价格随之高涨,百姓生活艰窘。这再次证明了这样一个事实:在小农经济尚处于主导地位的明代社会,"民以食为天"仍然是百姓生活的主要追求,而粮食价格的波动则直接影响到百姓的生活质量。二是就奢侈品尤其是艺术品价格而言,则大致呈现出一种上涨之势,再加之劳动力工价的上升,导致奢侈品、艺术品制作成本的增加,如此种种,无不说明工商业已经开始渗透到明代的社会生活之中。所有这些,显然均与时尚风气的形成,以及生活的艺术化有关,说明明朝人在追求基本的日常生活所需之外,在生活品质上开始向艺术、美化等更高层次转向。

第四章　消费支出

生产、收入、物价、消费，这四者显已构成了一串链条，缺失其中的任何一环，都难以成为一个有机的社会体。所不同者，仅仅是对其中各项要素的侧重点有所差异而已。在传统以小农经济为基本结构的社会里，自然重生产，轻消费；而在以市场为导向的商业社会里，则将生产与消费并重，甚至较为看重消费对生产的刺激作用。

收入与开支之间的乘除，无疑体现了一个家庭的生活水平。明代福建惠安县知县叶春及曾为当地百姓设计过节用之法，其中之一就是每家设立开支簿。从他所列开支簿的内容中，可知明代百姓一年的主要开支。其中最大的支出，显然就是“粮役”，亦即赋税徭役。只有除去必须交纳的田赋、杂役之银外，剩下的才算得上是一个家庭的净收入。在家庭一年的净收入中，大体可以分为十分，而消费支出大体可以分为以下三项：一是留作水旱之备，大概占收入的十分之三；二是备祭祀之需要，大概占收入的十分之一；三是剩下的十分之六，分别作为一年 12 个月的基本开销，若遇闰月，则应为 13 个月开支。至于维持日常生活所需的基本开支，则包括茶饭鱼肉、宾客酒浆、子孙纸笔、束脩及奴仆等费用。当然，在这十分之六的收入中，尚不能完全用于日常开支，必须留出一些剩余，以备不时之需，诸如冬夏添设裘葛之衣、修葺墙屋、医药丧葬，以及吊丧问病、时节馈遗等。①

明代社会正处于从小农社会向商业社会转向的历史关头。在这样的转型社会里，势必会使当时的人们对“治生”与“观美”加以重新的思考。换言之，在生产与消费之间，究竟应该如何抉择？这无疑关乎人的生活态度，更与一个时代的生活质量休戚相关。就此而论，明代唐宋派文学的健将唐顺之，堪称是一位颇有理性思维的学者与文人，能够做到不受传统思维的束缚，转而迎合大众的心理需求，亦即更为看重消费在生活中的重要性。他在给江阴县的方志所写序言中，已

① 叶春及：《石洞集》卷 7《惠安政书·节用二条》，上海古籍出版社 1993 年版，第 498 页。

经敏锐地察觉到了如下事实,即“纤勤治生者”与“游闲华饰者”两类人,他们在生活态度上存在着尖锐对立。按照一般的常态,有家之人,均会根据家庭的财产情况加以记录。有意思的是,在对家庭财产记录的详略上,则出现了两分的现象:喜欢纤勤治生之人,最喜欢详细记录“田亩、租瓯、钱贯、丝缕、豉合、酱罂、僮指之数”,而略于“池馆、花树、狗马、图书、古物、珍器之数”;喜欢游闲华饰之人,则喜欢详细记录“池馆、花树、狗马、图书、古物、珍器之数”,而略于“田亩、租瓯、钱贯、丝缕、豉合、酱罂、僮指之数”。两种家庭财产的记录,实则构成了财产的两重性:一为生产性资料,二为消费性资料。随之而来者,则是两种生活态度的井然有别,甚至“更相笑矣”,即互相嘲笑。最为重要一点还是唐顺之的设问:“家之所以为家者,则固在此而不在彼也与?”①细绎唐氏之意,无非是说“治生”与“观美”同等重要,亦即生产与消费不是一种互相排斥的关系,而是一种相辅相成的关系。

不同的社会阶层,具有不同的消费倾向与特点。就普通的小农来说,一年力耕,其中的“岁入”,其基本的支出不外乎下面三项:一是“八口需之以养”,即家庭的日常生活开支;二是“往来藉之以给”,即社交的基本支出;三是“国赋倚之以供”,即交纳赋税。除此之外,尚有以下三项额外支出:一是“待水旱之变”,即以积余应付灾年;二是“润污吏之橐”,即应付贪官的盘剥;三是“赴征缮一旦之急”,即应付朝廷的额外徭役负担。基本支出是维系家庭生存的必要消费,而一旦额外支出增大,则势必导致“富者必贫,贫者必窜矣”,②生活质量随之下降。

至于商人之消费,可以明末徽州歙县商人方文箴为例加以说明。从史料记载不难发现,商人方文箴的消费支出有下面五项:一是日常的衣食生活支出,“常贬衣缩食如贫时”,即相对俭约。二是社会交际支出,“好供宾客,岁时问遗,酒肴之费,丰腆不少吝”,即相对开支较大。三是帮助兄弟及其家属,如兄客死他乡,护归其丧;兄之负债,一一替其清偿,其数“累百金焉”;抚养兄之女,甚至替侄女完备嫁妆。四是家庭丧葬支出,因祖妣以下“三丧滞浅土”,于是“殚力各营吉兆以葬”。五是家族义举支出,如捐金建造宗族祠堂,恩恤“三族中外”成

① 唐顺之著,常州市唐荆川研究会编:《唐荆川诗文集》卷10《江阴县新志序》,凤凰出版社2012年版,第280页。

② 徐允禄:《思勉斋集》卷3《吏治》,清顺治刻本。

员，甚至“收其孤嫠”。[①] 可见，在商人的消费支出中，家庭的日常开支相对俭约，将支出更多地投入到家庭甚至家族成员中，以及其他社会交际中，借此抬高自己在社会上的声誉。

一、日常消费

明朝人的日常生活消费指出，大抵包括衣食住行四大项，尤以衣食为大宗。由于人们所处社会阶层的差别，他们的日常生活消费支出亦呈高低不同之势。

（一）衣食消费价格及其支出

1. 服饰消费

在明代，无论是上层社会，还是下层的庶民百姓，服饰的消费支出已呈渐趋奢靡之势。

以皇城内的内臣为例，他们日常所戴的帽、冠，大多价格昂贵。史料记载显示，明代内臣除了官帽、平巾之外，最喜欢戴圆帽，冬天用罗或纻制作而成，夏天则用马尾、牛尾或人的头发制作而成。按照宫中惯例，内臣大多避讳称这种圆帽为“帽子”，而是称为“爪拉”，或称为“爪喇”。若是极其细致讲究的圆帽，一顶价银高达5—6两，有的价银7—8两，最高的价银10余两。[②] 宫中内臣所戴束发冠，其制如戏台上戏子所戴，通常是用“金累丝造”，上面镶嵌“睛绿珠石”。这种束发冠极其昂贵，较为普通的一顶价银数百两，珍贵的一顶价银高达1000余两或2000余两。[③]

民间的服饰消费也日趋奢靡，进而导致消费支出增大。据张瀚的记载，当时杭州的庶民百姓，大多“男子服锦绮，女子饰金珠”。[④] 至万历年间，广东的潮州府也是如此，民间百姓，“鲜衣丽裳，相望于道”。[⑤] 这不止是超越了国家的礼制

---

① 程嘉燧：《松圆偈庵集》卷下《明处士方君墓志铭》，载氏著，沈习康点校：《程嘉燧全集》，上册，上海古籍出版社2015年版，第327—328页。

② 刘若愚：《酌中志》卷19《内臣服佩纪略》，北京古籍出版社2001年版，第174页。

③ 刘若愚：《酌中志》卷19《内臣服佩纪略》，第172页。

④ 张瀚：《松窗梦语》卷7《风俗纪》，中华书局1985年版，第140页。

⑤ 林熙春：《〈宁俭约〉叙》，载冯奉初辑，吴二持点校：《潮州耆旧集》卷31《林尚书城南书庄集（三）》，暨南大学出版社2016年版，第440页。

规范,更是服饰消费增加的一种佐证。

2. 饮食消费

对于普通庶民百姓而言,饮食消费固然以维系一日三餐的温饱为目的,但就总体趋势来看,确乎有转向奢靡之势。若以广东潮州府为例,至万历年间,尤其是在一些民间"素封"之家,饮食已是相当侈靡。如为了置备一个果盒,动辄花费数两银子;即使是置备一个馔盒,也是动辄花费数钱银子。①

宴会酒席消费,更是花费惊人。从宫中到民间,无不如此。如宫中酒饭一桌,一般"折银十两有奇";半桌,折银"五两有奇"。② 平日一桌酒饭,花费10两银子多,奢华浪费之风,不难想见。成化末年,太监汪直擅权,一些士大夫为了巴结汪直,更是"一宴费数千金以悦之"。③ 一次宴席,费用高达数千两银子,饮食消费之奢靡,实在令人吃惊。

民间的宴席消费,也是日趋增高。以广州为例,当地"人富而俗侈",设席宴客,"日费二三十金"。④ 单是每天的宴席费用,就高达20—30两银子。在福建邵武府建宁县,也是宴饮崇尚奢靡,所以当时有民谚云:"百金之家,十遭宴宾而亡。"⑤稍加折算,每次宴客的花费,也在10两银子左右。

至于普通的宴席,同样也有不小的花费。明人唐伯元曾有言:"小席百钱,大席一金。"⑥可见,民间一次小的宴席,费用通常为铜钱100文,若是大的宴席,则需花费价银1两。上面所谓的"大席一金",可以从另外的史料中得到印证。如在晚明,浙江嘉兴、湖州一带,办一桌宴席,如果是有菜肴100盘的大席,需要花费银子1两。⑦

这种宴席标准,显然也通行于官方的招待。如万历十九年(1591),因举行会试而设的招待宴席,一般为每桌花费办酒席银2两以上。⑧ 此类宴席,究竟是招待考试官员,还是得中进士,不得而知。明代的顺天府以及所属宛平县,事实

---

① 林熙春:《书〈崇俭小约〉叙》,《潮州耆旧集》卷31《林尚书城南书庄集(三)》,第440页。

② 刘若愚:《酌中志》卷16《内府衙门职掌》,第104页。

③ 费宏撰,吴长庚、费正忠校点:《费宏集》卷15《答方寿卿》,上海古籍出版社2007年版,第515—516页。

④ 王临亨:《粤剑编》卷2《志土风》,中华书局1997年版,第78页。

⑤ 何乔远编撰:《闽书》卷38《风俗志》,第1册,福建人民出版社1995年版,第946页。

⑥ 唐伯元著,朱鸿林点校:《醉经楼集》卷1《山居五戒》,中华书局2016年版,第5页。

⑦ 李乐:《续见闻杂记》卷10,上海古籍出版社1986年版,第829页。

⑧ 何士晋撰,江牧校注:《工部厂库须知》卷3《营缮司》,人民出版社2013年版,第84页。

上承担着各色官府宴席,从中不难发现官府宴席的消费标准。以科道审编行料酒席为例,有一个万历十六年的消费数字,大致分为三种:一种是招待官员的酒席三桌,共计价银1.5两,折合每桌酒席价银0.5两;一种是招待书办的酒席三桌,共计价银0.9两,折合每桌酒席价银0.3两;此外,还有酒席附设的攒盘,价银0.65两。[①]

当顺天府举行乡试之时,需要举行招待考试官员的宴席,宴席分为上马宴、下马宴,其中宴席等级分为上席、上中席、下中席、下席四等,甚至各个等级的宴席,均设有看席。各等宴席与看席标准如下:上席,每席的费用标准为价银4.8513两;上中席,每席的费用标准为价银2.629125两;下中席,每席的费用标准为价银1.5973125两;下席,每席的费用标准为价银0.765675两。[②] 顺天府乡饮酒礼,每年两次,10月由大兴县承办,正月则由宛平县承办。乡饮酒礼的宴席也分为上席、上中席、下席、食桌四个等次,分别招待参与乡饮酒礼的嘉宾、地方官员以及服役人员。各等宴席与看席标准如下:上席,每桌的费用标准为价银2两;上中席,每桌的费用标准为价银1.3两;中席,每桌的费用标准为价银0.63两;下席,每桌的费用标准为价银0.33两。以上的费用均为看席费用。至于食桌费用,通常由包酒人户领价办理,一般为每桌价银0.4两。[③]

(二)住宅、出行消费价格及其支出

就住宅消费而言,在职官员通常享有朝廷赋予的一些特殊待遇,亦即可以享受官方提供的廨舍,甚至有些受宠官员能够得到皇帝赐予的宅第。这当然可以为官员省却一部分的住房消费支出。

早在明初洪武年间,明太祖朱元璋就秉持"大官人必得大宅第"的观念,下令让刑部尚书开济创立官员宅第的样式,制度甚为宏丽,最后成为天下官员的"样房"。[④] 尤其是那些得到皇帝宠幸的官员,还可以从皇帝那里获取赐第。如胡濙、李贤、李东阳、张璁等人,各自在北京有赐第。胡濙的赐第在麻绳胡同,李贤的赐第在王府街,李东阳的赐第在灰厂小巷李阁老胡同,张璁的赐第在五显庙

① 沈榜:《宛署杂记》卷15《经费》下,北京古籍出版社1982年版,第150页。

② 沈榜:《宛署杂记》卷15《经费》下,第155—156页。

③ 沈榜:《宛署杂记》卷15《经费》下,第170—171页。

④ 叶盛:《水东日记》卷6《洪武大臣赐第》,中华书局1997年版,第66页。

前张阁老胡同。[①] 此外，鉴于衍圣公进京朝见时官方无法提供公馆，只能“馆于民间”。永乐二十二年(1424)，明仁宗下令工部，赐给衍圣公孔彦缙在北京的宅第。[②] 明英宗时，南都的张惷庵，在任翰林院侍读时，因为家中宅舍遭受火灾，英宗赐予他房舍一所，位于聚宝门里镇淮桥东，成为他的赐第。[③] 万历初年，明神宗亲赐张居正宅第。此处宅第位于张居正的家乡江陵县，神宗还御笔亲勒堂联，云：“志秉纯忠，正气垂之万世；功昭捧日，休光播于百年。”[④]

所谓官方提供的“样房”，仅仅是洪武朝的临时性措施，且并未一直得到贯彻实施。以南北两京各衙门的官员来说，很多并无官方提供的廨舍。于是，李廷机在任礼部侍郎时，曾经节省衙门中的办公费用，置买官房，作为三堂、四司、司务厅等官员的廨舍。其后，此制从南京礼部进而推广到北京礼部，使得礼部官员大多“免僦居之费”。[⑤] 相较于京城衙门官员而言，地方官员倒是多有官方提供的廨舍。以宛平县为例，在公署之后，设有知县廨、粮马县丞廨、典史廨、军匠县丞廨、管屯主事廨等县级官员的廨舍，但其居住条件相对简陋，不但“与民间比屋”，而且“曲直不齐”，甚至有些佐领官员的廨舍，还与“市民联墙，声音可通”。[⑥] 更有甚者，像教官一类的冷官，在上任之时，只好侨寓祠庙。如王毗翁任六安州教官时，“官舍圮甚，侨寓永嘉侯祠”，[⑦]亦即明初勋臣朱亮祖的祠庙。

值得指出的是，上述的礼部官廨毕竟只是官员的个人临时性举措，并未完全遍及各个衙门。所以，在京的许多衙门官员，若是家中饶裕，就自建宅第，或者花钱买房；若是家境普通，囊中羞涩，就只好赁房居住。换言之，在明代，京官“赁屋以居”是一种颇为普遍的现象。至于赁屋居住的消费支出，多的每月“数十金”，即数十两银子，极廉的则不过每月“六七贯”而已。[⑧] 京官如此，有些派驻

① 蒋一葵：《长安客话》卷1《皇都杂记·赐第》，北京古籍出版社2001年版，第7页；沈榜：《宛署杂记》卷20《志遗》6，第291页。

② 邓士龙辑，许大龄、王天有主点校：《国朝典故》卷41，引宋端仪：《立斋闲录》3，中册，北京大学出版社1993年版，第999页。

③ 顾起元：《客座赘语》卷8《文臣赐第》，中华书局1997年版，第258页。

④ 沈德符：《万历野获编》卷9《内阁·宰相对联》，上册，中华书局2004年版，第230页。

⑤ 沈德符：《万历野获编》卷13《礼部·礼部官房》，中册，第354页。

⑥ 沈榜：《宛署杂记》卷2《署廨》，第15—16页。

⑦ 沈德符：《清权堂集》卷7《永嘉祠流寓歌和王毗翁》，载氏著，李祥耀点校：《沈德符集》，浙江古籍出版社2018年版，第117页。

⑧ 周广业：《过夏续录》，载氏著，祝鸿熹、王国珍点校：《周广业笔记四种》，下册，浙江古籍出版社2019年版，第35—36页。

地方的官员，也是赁屋居住。如陕西苑马寺各苑的苑官，就“多僦屋而居，或宿窑洞”。①

揆诸明代官员士大夫的住宅消费，实则呈现出以下两分的趋势。

一方面，那些守正的官员士大夫，他们不通关节，不事贪墨，仅仅依靠微薄的俸禄生活，居住消费极其简朴，有时甚至营建一处宅第也面临诸多的困难。林希元就是典型的例子。据林希元的自述可知，当嘉靖三年（1524）十月，他从泗水致仕回到老家的时候，只能寄寓在外家郭氏的家中，以致无地接待宾客。当时他就打算在家乡营建自己的居第，但“归囊方罄，莫敢拟也”。至嘉靖四年，泉州府同知李缉暂时兼摄同安县知县事，打算替林希元营建宅第，通过晋江县的生员陈让前来传话，即允许林希元“通关节”，获取一些好处。李缉的此番好意，却被林氏“平生不以私干官府”为由拒绝，只是希望借助李缉的关系，购买天兴寺的废基，作为自己营建宅第的地基。这处废基的官议价格为银 80 两，林希元通过关系，先是以银 30 两购得，最后的实际成交价为银 40 两，只是便宜了一半宅基地的费用。有了此处地基之后，林希元打算营造居室，但还是“归囊方罄，无所藉手”。当时正好泉州知府高越聘请林氏修《家谱》，从中得到了 20 两银子的报酬，再加上姻家曾汝修、邵宜荣、黄文器、叶廷美各资助银 10 两。此外，林氏又通过参政顾珀的关系，向当地乡绅借钱，得到的借款分别有泉州知府田嵩 5 两，王鏃、林城、知县陈尚文、县丞庄宪各 10 两，外加莆田人林俊助银 20 两，还有纂修永春县志所得的银子 200 两，以及从长泰王氏那里借来的银子 30 两。诸项银子相加，合计 320 两。有了这些银子，经过 3 年的时间，才将宅第草创，其他如门庭、渠路、井灶、溷湢之类，尚未及营建完善，若是建成宅第，还缺少 100 余两银子的尾款。像林希元这样的官员，登第 31 年，做官 21 年，为了在家乡营建一处宅第，其间“东涂西抹，左支右吾”，前后花了 23 年的时间，还是最后没有建成。②这一典型案例，足以证明明代普通官员在住宅消费支出上所面临的窘境。

另一方面，那些勋臣、贵戚，甚至不守节操的官员，利用丰厚的家资，在住宅消费支出上，极尽奢华之能事，甚至享受园林胜景。以住宅消费趋于奢华为例，据王丹丘《建业风俗记》所载，自正德以后，南京住宅消费开始趋于奢靡。在正德以前，南京的房屋大多矮小，厅堂多在后面，“或有好事者，画以罗木，皆朴素

① 杨一清：《关中奏议全集》卷 1《为处置马营城堡事》，载氏撰，唐景绅、谢玉杰点校：《杨一清集》，上册，中华书局 2001 年版，第 20 页。

② 林希元撰，何丙仲校注：《林次崖先生文集》卷 10《凤山得地记》，下册，厦门大学出版社 2015 年版，第 400—402 页。

浑坚不淫”。但到了嘉靖末年，士大夫家不必说，即使是普通的庶民百姓人家，为了营建三间客厅，甚至花费白银1000两，“金碧辉煌，高耸过倍，往往重檐兽脊如官衙然，园囿僭拟公侯”。在此时风的熏染下，即使“下至勾阑之中，亦多画屋矣”。① 杭州的住宅消费也是如此。据张瀚的记载，当时的杭州，多是“踵事奢华，增搆室宇园亭，穷极壮丽”。②

与住宅渐趋奢侈相应者，则是建筑材料烧制与家具制造业的兴盛。如在开封关厢关南一带，东至阳正门止，全是烧制砖瓦之窑，为当地住宅建筑定制砖瓦、兽头、鸱尾、勾檐、滴水、狮子巴砖、琉璃等建筑材料。③ 在明代，家具制作基本已经形成苏作、广作两派，且广作家具同样销售到苏州、浙江等江南地区。如在广西横州，当地多山，盛产制作家具的珍贵木材，尤其以铁栗木居多，大的铁栗木直径达1丈余。广州人大多从横州采伐铁栗木，制作成椅、桌、食榻等家具，“鬻于吴浙间，可得善价者”。④ 苏州、浙江两地民间最为看重铁栗木制作的家具，所以售价极高。

住宅奢侈之风一盛，随之兴起了修建园林之风。尤其是一些富贵人家，一旦门阀张大，势必需要有供宾客游从的场所，且“必饰之树石，必立之亭堂以为客观”。⑤ 作为一种休闲性的奢华建筑，园林的消费实在不菲。即以修建简单的园亭为例，就需要花费不薄的银子。如天启元年（1621），溧水知县张锡命让幕宾杨仲鼎建造县署中的园亭，包括“有亭三楹，轩豁精整，以及山石头花卉之属”，共费银子60余两。⑥ 这个建造费用，是否属实，或者这个幕宾在建造过程中是否利用了官府特权，已经不得而知，但至少说明简单的园亭建造，所需费用亦属不菲。至于京城侯家、贵人、富人的园林，更是“其所蓄自绝徼海外奇花石无所不致”，“或千钱买一石、百钱买一花”。⑦ 譬如海淀有一个贵人别业，京城人称为李皇亲庄，土木甚盛。其中所用之石，“每一石辄费数百缗购得之”。⑧ 所谓李

---

① 顾起元：《客座赘语》卷5《建业风俗记》，第170页。

② 张瀚：《松窗梦语》卷7《风俗纪》，第140页。

③ 佚名撰，孔宪易校注：《如梦录》，《关厢纪》第7，中州古籍出版社1984年版，第73页。

④ 邓士龙辑，许大龄、王天有主点校：《国朝典故》卷87，引王济：《君子堂日询手镜》下，下册，第1824页。

⑤ 杨循吉：《松筹堂集》卷3《三峰书院记》，载氏著，蔡彬点校：《杨循吉集》，上海古籍出版社2013年版，第487页。

⑥ 张锡命：《园亭小记》，《（顺治）溧水县志》卷10《艺文志》，第300页。

⑦ 唐顺之著，常州市唐荆川研究会编：《唐荆川诗文集》卷12《任光禄竹溪记》，第349页。

⑧ 蒋一葵：《长安客话》卷4《郊垧杂记·海淀》，北京古籍出版社2001年版，第69页。

皇亲庄，就是戚畹武清侯李伟的园林，其新构亭馆，大数百亩，“穿池叠山，所费已巨万，尚属经始耳”。[①] 单是穿池叠山，工程仅开了一个头，就已经花费“巨万”的银子，可见园林消费支出的巨大。

无论是官员赴任或外出公干，还是商人周游经商，甚至普通民众朝山进香，无不需要雇觅车马、船只一类的交通工具，付出旅途的交通费用。一旦停歇一处，居住在客店，则需要支出客房费用。在这些出行消费支出中，官员外出可以享受官方提供的便利，诸如水陆驿站、铺舍、公馆一类车马、坐船、住宿等，其他人外出旅行，则无不需要自己支付旅行费用。

根据宋濂的记载，明初南京的旅店不仅服务质量差，而且住宿费用极其昂贵。如仅堪放置一床的客房，每天盥洗设备还需要自己准备，每月却要收取租金钱数千文。[②] 如此境况，大抵证明明初的经济实况以及民间旅游不盛的基本特点。

自明代中期以后，情况无疑发生了根本性的转变。在明代的城市中，多设有各种客店，供给商贩、流寓歇息。以开封城内为例，有柘城小店，“专住妓女、过客酒店”；有新店，“俱住货客，妓女尤多”。在开封城的关厢，如大梁门外西关的马市街，因为此处属于八省通衢之地，更是有三五十家大店，“内住妓女无数”；安远门外吊桥下，“西厢俱是旅店”。[③] 明代的史料已经证实，一些饭店除了开铺卖饭之外，还兼具“宿客，畜马骡送行”，[④]说明明代的饭店兼有吃、住、行三项功能。在商业要道上的市镇，也设有很多旅店。如武清县的河西务，号称“京东第一镇”，为明代漕运的咽喉要道，两岸旅店丛集，专门用来安顿客商，居积百货。[⑤] 与一般比较豪奢的客店不同，扬州一带庙湾场的客店就显得有些简朴甚至寒酸，不过是一些“草篱茅舍”，尽管免了夜盗之苦，却有火灾延烧之忧。[⑥] 至于在一些驿路上，即使是在颇为偏僻之处，同样也会设有店舍一类的服务设施，以供行人

---

① 沈德符：《万历野获编》卷24《畿辅·京师园亭》，中册，第610页。

② 宋濂：《李疑传》，载盛柏树泉选注：《古代文言短篇小说选注》2集，上海古籍出版社1984年版，第329页。

③ 佚名撰，孔宪易校注：《如梦录》，《街市纪》第6、《关厢纪》第7，第36、75、76页。

④ 张履祥：《杨园先生全集》卷43《近古录》1《立身》第1，引《见闻纪训》，下册，中华书局2002年版，第1221页。

⑤ 《古今图书集成》，《方舆汇编·职方典》第49《顺天府部》，清光绪三十年上海图书集成铅版印书局铅印本。

⑥ 黄汴：《一统路程图记》卷5，载杨正泰：《明代驿站考》附录，上海古籍出版社1994年版，第184页。

歇息。如从陕西入川的栈道上,就"一路有店舍",或是带釜而炊,在路旁等路过的行人与客商。①

明代官员、清客、巨商出行,有时为了省却住宿费用,通常会借住于佛道寺观。以开封城内为例,如延庆观,"地极清幽,过往官员、清客、巨商,多于此寄寓";相国寺的僧舍,"专下过往官员,及大商、茶店、清客等众往还,摆酒接妓,歌舞追欢"。② 即使如此,这些借住于寺观的人员,同样也有"摆酒接妓,歌舞追欢"之类的消费支出。

至于那些朝山进香的香客,更是需要付出不少烧香之旅的费用。如因为泰山东岳庙的存在,山东泰安州每年香客不断,导致旅店业空前繁荣,客店达五六所。在客店附近,有驴、马槽房二三十间,供拴歇客商、香客驴马之用;又有戏子寓所,达20多处,供戏子寓歇;另有曲房密户,一些妖冶妓女寓宿其中。据明末人张岱的记载,投店的人,先到客厅上簿挂号,每人缴纳店例银3钱8分,又每人上纳税山银1钱8分。两项相加,付出已达5钱6分银子。客店的店房分为三等。贺席也分为三等:上等一人专席,有糖、饼、五果、十肴、果核,并演戏;次等两人一席,也有糖、饼、肴核,也演戏;下等三四人一席,有糖、饼、肴核,不演戏,而用弹唱。一所客店中,演戏的地方达20余处,弹唱之人更是不胜其数。厨房有20余所,奔走服役之人达100—200人,③可见客店规模之大。从张岱的记载可知,至泰山进香的香客,一次性需要付出的费用银为5钱6分银子。除却税山银1钱8分不计外,其中缴纳的店例银3钱8分,是否包括食、宿、娱乐诸项费用,张岱没有明言。但从店房与招待待遇均分为三等来看,店例银应该是住宿的基本费用,在此之外理应尚有其他的一些费用。即使限于5钱6分银子的基本费用,若是再加上旅途中的食宿、交通费用,也是一笔不菲的支出,决非普通的香客所能承受。换言之,张岱的记录或许仅限于士大夫、客商一类的香客,而非普通的香客。

至于普通香客外出烧香之旅所付出的费用,则可以冯梦龙所辑山歌《烧香娘娘》一则为例加以说明。这首山歌将苏州城中小户人家妇女外出到穹窿山进香的费用作了很好的记录。至于如何筹集烧香所需经费,民歌中的"烧香娘娘"自己一语道出:"我先脱各小衣裳洗浆洗浆,打发两人转背,就央个姑妈外甥,收

---

① 黄汴:《一统路程图记》卷1,载《明代驿站考》附录,第149页。

② 佚名撰,孔宪易校注:《如梦录》,《街市纪》第6,第49、51页。

③ 张岱:《陶庵梦忆》卷4《泰安州客店》,上海古籍出版社1982年版,第39—40页。

铜杓注子两件，同两领补打个衣裳，替我拿来典当里去当当，买停当子纸马牙香，蜡烛要介两对，还要介一块千张，籴了三升白米，明朝煮饭，一箍松箍今夜烧子个浴汤。兑介钱半成银子，还个船轿，换介三十新铜钱，我打发个叫花婆娘。”可见，外出烧香所需要的花销，包括烧香必需的“纸马牙香”“蜡烛”“千张”，路上所带饭食，烧香旅途上必要的“船轿”钱，以及伴随烧香的“叫花婆娘”的辛苦钱。所有这些费用，对于一个市井小民家庭来说，显然是一笔不小的开支。在家中无余钱可使的窘况下，只好通过典当家中的衣服、日用器皿来筹集烧香旅费。①

（三）各社会阶层的消费水平

社会阶层与社会地位的不同，以及各自收入的差异，自然消费水平也不一。不妨以官员士人、商人、庶民三个不同阶层为例，对他们各自的消费水平加以探析。

1. 官员士人

作为社会统治精英的官员，他们的消费水平自然很高。冯梦祯曾云：“我家岁费油千斤。”②一年单是油的消耗量就达 1000 斤，明代官员消费水平之高，由此可见一斑。那么，明代官员每年究竟需要花费多少银子，才可以维持较为体面的生活？若欲回答这一问题，抛开物价的涨落不论，其实京官与地方官的消费水平也存在着一定的差异。

以京官为例，按照明代的物价水平，一个八口的官宦人家，在京城维持一年的生计，需银 50 两。③ 年支出 50 两银子，可能是官宦在京城生活的最低标准。另据王世贞《觚不觚录》的记载，一个刚中进士在京城做官之人，需要贽见大小座主，拜会同年及乡里官长，酬酢公私宴醵，赏赐座主仆从与内阁、吏部的轿夫，等等，其花费着实不少。细算下来，最为节俭的需要每年 100 两银子，一般岁费 300 两银，最多者则可达 600—700 两。④

以地方官为例，明人李乐的记载，同样为我们提供了一个解剖的例子。他在

① 冯梦龙：《山歌》卷 9《杂咏长歌》，《明清民歌时调集》，上海古籍出版社 1999 年版，第 418—424 页。

② 冯梦祯：《快雪堂日记》卷 12，庚子五月二十四日条，凤凰出版社 2010 年版，第 155 页。

③ 李延昰：《南吴旧话录》卷下，上海古籍出版社 1985 年版，第 221—222 页。

④ 王世贞：《觚不觚录》，《丛书集成初编》，商务印书馆 1937 年版，第 15 页；俞樾：《茶香室续钞》卷 8《京官岁用》，第 2 册，中华书局 1995 年版，第 655 页。

任福建按察司佥事并出巡地方之时，一个月内，衙内诸如鱼、肉、蔬菜的开支，共计银子2两多。① 每月官员的基本生活开支为2两多银子，一年即为24两多。这或许不包括家眷的生活开支与官员的日常应酬在内。若是将这些开支纳入其中，一年的消费支出，至少亦达50两银子。

至于普通士人的消费水平，自然受到他们收入水平的制约，不会超过官员的消费水平。不过，明末清初学者顾炎武的消费水平，显然堪称士人消费的一个例外。据顾氏自述，他自清初顺治七年（1650）以后，“坐食六年，每年约一百二三十金”。每年的消费支出在120—130两银子之间，相对于普通士人的收入而言，这是一个相当高的消费数字。当然，顾炎武的消费水平显然是一个特例，因为他的支出来自多方面，其中包括刻书的费用，“升米壶醪”的饮食费用，“鬻骑买舟”的交通费用，甚至还包括招待“不速之客”的接待费用，以及周济“穷亲敝友九流三教之徒”的费用，其消费水平显然远超一般的士人。②

2. 商人

明代的商人形形色色，财富的占有亦各不相同。就经商能力乃至财富占有情况而言，明代商人当数徽州商人、山西商人最为闻名。徽州商人以鱼盐为业，富贾家庭财产，甚至达到100万两银子，至于有20—30万银子的家产，则仅属“中贾”而已。山西商人所业，或贩盐、丝，或转贩窖粟，其财产之富超越徽州商人。

由于典型性资料的缺乏，就明代商人日常生活消费加以统计性分析，目前尚存在着诸多困难。然就生活习俗乃至日常消费来看，徽州商人与山西商人有共同之处，就是俭啬。山西商人日常消费之俭，在明代已是名闻遐迩。至于徽州商人，尽管在外有尚奢之名，然其衣食生活，仍是相当“菲啬，薄糜盐齑欣然一饱矣”。③ 徽州商人日常生活俭朴，在明代也相当闻名。如小说《豆棚闲话》云：“徽州风俗，原是朴茂，往往来来，只是布衣草履，徒步肩挑。真个是一文不舍，一文不用。”④这是徽州商人生活俭朴的明证。

① 李乐：《见闻杂记》卷3，上海古籍出版社1986年版，第245页。

② 顾炎武：《蒋山佣残稿》卷3《与原一公肃两甥》，载氏著：《顾亭林诗文集》，中华书局1983年版，第214页。

③ 谢肇淛：《五杂组》卷4《地部》2，上海书店出版社2001年版，第74页。

④ 艾衲居士编：《豆棚闲话》第3则，上海古籍出版社1985年版，第24页。

3. 庶民

明代普通庶民的日常消费支出，当然不可与官员士人、商人相提并论，然其基本的日常消费，还是可以通过史料的勾稽而得到一些清晰的解读。

鉴于目下诸多明代百姓日用开支项目难以有史料的支撑，重建一份完整的明代百姓家庭的开支簿尚属难事。然在明代普通民众家庭的消费支出中，食米、食盐应算是家庭开支的大宗。在明代，一个人究竟需要多少米，方可免除饥饿之苦？直接的史料记载，暂时无从寻觅，却可以从其他的史料中得以佐证。据明代史料记载，一个僧人或道士，一年大概需要吃米6石。① 这应该是一个饱食的食米数。若是仅能免除挨饿之苦的食米数，可能一年用不着6石米。如成化年间，朝廷赈济京城流民的食米数，是保证大口每人每月食米3斗，小口食米1斗5升。② 折算下来，大口每天的食米数为1升。若按最低标准匡算，大口一年需食米3.6石，小口一年需食米1.8石。一个五口之家，两个大口，三个小口，那么一年单是粮食消费，就需要12.6石，按照平价银0.5两/每石计算，需要支出6.3两银子。

至于一个家庭的食盐数，乃至食盐消费支出，同样可以根据史料稍加推测。按照徐光启的推测，每一丁口，每年大体需要食盐15斤，这已是必不可少的数字。③ 不过，宋应星的记载与徐光启稍有不同。他认为，从计口食盐的角度，一个人每年大概要吃掉盐50斤。这50斤盐，价格贵时，需银5钱多，贱时则需4钱多银子。④ 两种估算数字，差距较大。若是取其平均数，则一个成年人，每年需要食用盐32.5斤。一个五口之家，大抵每年需要吃掉盐162.5斤。若以50斤盐值银5钱计算，可见每斤盐的价格为0.1钱银子，那么五口之家每年的食盐消费支出约为1.63两银子。食米、食盐两项相加，明代一个五口之家的全年消费，至少需要7.93两银子。若是加上诸如柴薪、油、酱、醋、茶的日常开支，以及其他的人情消费，当不下10两银子。

根据明末清初人陈确的记载，大抵可以就明末江南一个养蚕之家的收入与支出加以具体的剖析，以作示范。在明代的江南，一个家有八口的中等之户，若

---

① 倪岳：《青溪漫稿》卷13《止给度一》，上海古籍出版社1991年版，第149页。

② 《明宪宗实录》卷266，成化二十一年五月丙子条，"中央"研究院历史语言研究所1966年校印本。

③ 徐光启：《徐光启集》卷5《钦奉明旨条画屯田疏》，上海古籍出版社1984年版，第253页。

④ 宋应星：《野议·盐政议》，载氏著：《宋应星佚著四种》，上海人民出版社1976年版，第37页。

是养蚕10斤,那么主要支出如下:消耗口粮50日,共计需米4石,而鱼、菜、油、酱之费尚不计在内;蚕每斤吃掉桑叶150斤,需用稻草50斤,缫丝树柴50斤,煮
绸茧柴10斤,灯油半斤,炭3斤。根据当时的物价,桑叶每100斤值钱4000文,其桑叶的成本支出为6000文;稻草每百斤值钱700文,其稻草的成本支出为350文;树柴每100斤值钱800文,其树柴的成本开支为400文;炭每斤100文,其炭的成本开支为300文;米每斗值钱850文,其米的成本开支为34000文;油每斤值钱400文,其油的成本开支200文。上面几项相加,其成本开支总数已达41250文。折算下来,每养1斤蚕,需付出成本4125文。只是陈确在记载中又有"养蚕家每觔所出,已不下万二千文"之说,似乎养蚕之家,尚有其他开支未列。至于养蚕10斤的收入,可以分为上、中、下三等:上等蚕每斤收茧12斤,得丝15两,得绵3两,那么养蚕10斤可得茧120斤,得丝150两,得绵30两;中等蚕每斤收茧10斤,得丝12两,得绵3两,那么养蚕10斤可得茧100斤,得丝120两,得绵30两;下等蚕得茧在3—8斤之间徘徊,若是取其平均值,则可得茧5.5斤,共计55斤。当时蚕茧的时价为每斤值钱100文,丝的时价为每两值钱100文。上面所说的茧,是养蚕的初级产品,而丝、绵则属进一步加工产品。陈确没有列出绵的时价,这里暂且不作计算,只以初级产品与加工产品加以计算。以初级产品蚕茧来说,养蚕10斤,上等收入者可得钱12000文,中等收入者可得钱10000文,下等收成者可得钱5500文;以加工产品丝计算,养蚕10斤,上等收入者可得钱15000文,中等收入者可得钱12000文,下等收入者可得钱5500文。若是以陈确所列诸项支出匡算,养蚕10斤,其成本总支出为41250文;而其收入,若以时价最高的加工品丝加以计算,则仅得15000文。一收一支,共计亏损26250文。这是养蚕人家年成不好时的收支情况,陈确所说的"十止一偿",或许稍有夸大,然辛苦养蚕一季,到头来反而亏损,这应该是事实,其结果则导致"窭人不支,至有中道废业者"。当然,若是碰到桑贱之年,养蚕人家还是可以得到"息尝数倍"的回报。①

二、社交礼仪消费

社会交往分为官场社交与民间社交。在这些社会性的交际中,无不需要产

① 陈确:《陈确集》,《诗集》卷1《丙戌年蚕谣并序》,中华书局1979年版,第627页。

生一些费用支出。至于婚姻、丧葬一类的礼仪性习俗中,更是消费惊人。

（一）官场交际

明代京城官场,最重交际。京官自基本的政事之外,“惟有拜客赴席为日课”,①即每日最为频繁的社交活动就是拜客、赴席两项。无论是拜客,还是赴席,无不需要馈赠礼物一类的支出。明末清初人朱鸿瞻有《都中见》诗32首,其中一首云:“谁笑风尘清节难,岁时馈赠眼眶宽。千金未足夸庭实,一种奢风逮里闬。”②从诗中可知,在京城官场交际中,像“岁时馈赠”一类社交费用日趋奢靡,且其风气逮及里巷百姓交往。

沈德符的记载显示,京城官场社交消费有一个由俭入奢的过程。以翰林院官员的交际为例,按照最初的惯例,交往之仪相当俭朴。凡有人新至翰林院上任,整个翰林院的官员,上自内阁大学士,下至史官,均需要送上贺仪分金7分银子,借此表示祝贺;若是奉差谒补回到翰林院,则大家仅“具青布一端为礼”。沈德符自述自己的“先王大父”,从外迁山东按察司佥事,后入补京官。当时正好严嵩当国,且两人是故旧相识。在拜见严嵩时,“以一纱二扇谒之”,即拜见之礼仅为1匹纱、2把扇子。即使如此,严嵩也是“欣款接,受扇而却纱”,只是收下了2把扇子而已。至万历年间,京城官场交际则渐趋奢靡。即使是平交,也“必用二币,至于四,至于六,今且至八币,而以他物如数侑之,谓之八大八小”。在这“八大八小”之后,另外开具珍异之物,或者一些“土宜适用之物”,以便他人选择。为了避开旁观者之目,甚至别创“黄白酒枪”一类的异名,掩盖馈赠礼物的真实性。③

时至张居正当政,官场交际更趋奢华,消费支出大增。如张居正做寿之日,岭南的一些官员为了向居正献媚,专门定制寿幛贺轴,均是“织成青罽为地,朱罽为寿字,以天鹅绒为之”,不仅所用面料珍贵,且制作工艺复杂。风气浸染之下,官场交际无不以奢靡为尚。在万历年间,无论是布政司官员祝贺巡抚、巡按,还是将领祝贺监司官员,其中用来祝寿的寿幛贺轴,无不“以法锦刺绣文字”,价格及其昂贵。更有甚者,有一位御史巡按江南,当地的一些知县,“织成双金刻

---

① 沈德符:《万历野获编》卷24《畿辅·京师名实相违》,中册,第610页。

② 朱鸿瞻:《竹园类辑》卷10《诗类》,载陈光熙编:《明清之际温州史料集》,上海社会科学院出版社2005年版,第488页。

③ 沈德符:《万历野获编》卷10《词林·交际》,上册,第266—267页。

丝花鸟人物，冒之溲器之上”，以此馈赠御史，御史竟然“安然享之”。①

（二）民间交际

在民间交往中，无论是节日，还是产子、祝寿，也无不需要有一些社交消费支出。以节日交往为例，如中秋节时，北京的士庶人家，均要在此月制作面饼，互相馈赠。这种面饼，大小不等，当时称为“月饼”。为了适应这种民间节日交际所需，市场上的店铺就以果仁为馅，巧名异状，甚至一枚月饼的价格高达钱数百文。②

在开封，从每年的正旦，一直到腊月，民间在节日期间均有社交活动，且无不持礼物相交相贺。如正旦，诸王贵戚就轮流治酒宴会，月无虚日。在民间庶民人家，也是一起贺节、交拜、筵宴。元宵节，无论是王府、乡绅，还是士庶人家，“各设酒款客，玩赏元宵”，且以汤圆、南北果品等礼物互相赠送。二月初一日，是中和节，专门祭祀日光。至次日，俗称“龙抬头”之时，民间则延客吃“龙须面”。在这两个节日里，互相馈赠的节礼，有面、果品、肉菜之类。三十二十八日，东岳庙大会，民间互相赠礼，送礼所用之物，有酥饼、馒头、南北果品、五色糖罐、薄荷扇儿、欢喜团儿、北到板糖、甘蔗、荸荠、金扇、香囊、排草、零陵各品合香、堆纱人物、纸做粉盒，上坐粉描、仙女、纱罗，根据家中贫富，随意选择馈赠礼品。五月初五，民间互相馈赠礼物，所赠之物，分别为角黍、油馓、南北果品、糟鱼、时鱼、麻姑瓶酒。八月十五中秋佳节，民间百姓互相请客饮酒，称为“西瓜会”。中秋节时，庶民百姓互相馈赠的节礼，有月饼、西瓜、鲜果、鹅、鸭、肉肘。九月初九重阳佳节，各家均蒸发面花糕，登高宴客，玩赏丛菊。在互相交往时，“礼物随时备办”。十一月冬至节，民间互相朝贺，“送礼与年节同”。十二月初八日，俗称“腊八”。年关已近，民间百姓互相送礼，“薄厚不等”。③ 可见，在一年四时的节日里，民间百姓在庆贺节日的同时，无不有宴会、节日礼物一类的消费支出。

在明代的民间，产子是一大喜事，往往借此作为一种社交的媒介，且有礼物馈赠支出。如即将临产之时，女方人家就要先期用果羹馈赠其女，称为“催生”。生下小孩 3 日后，称“洗三”；生下小孩 12 日，称“小满月”；生下小孩 100 日，称“婴儿百岁”；生下小孩 1 岁，称“挝周”。所有这些仪式中，女方人家各有赠遗，

---

① 沈德符：《万历野获编》卷 12《吏部·士大夫华楚》，上册，第 316 页。

② 沈榜：《宛署杂记》卷 17《民风》1，北京古籍出版社 1982 年版，第 192 页。

③ 佚名撰，孔宪易校注：《如梦录》，《节令礼仪纪》第 10，第 86—91 页。

有时甚至赠送“金银绮縠珠玉”。①

祝寿也是如此，有时祝寿费用的支出极其惊人。明末复社领袖张采，与张溥并称“二张”。据张溥的记载，张采为了祝贺自己母亲70岁大寿，“刲羊酾酒，大会亲旧朋党，宴乐十日”。为了博得乡人的好评，尽管张采“萧然无润身之物”，家中资财不丰，但还是勉力为之，其结果10天寿宴下来，张采竟然“去其家业之半”。② 可见，寿宴的消费支出极其惊人。

（三）婚姻消费

婚姻是结两家之好，无论是聘妇，还是嫁女，聘礼、嫁妆无不应根据自己的家庭财力而定。就此而论，明代北京的婚俗尚且保持一种古朴的淳风。据史料记载，北京庶民人家男女，通常会根据年命合婚，选择一个吉日，前往相视，留下“一物示意”，不过是簪花、戒指、巾帕之类。其后，则行“小茶礼”，所用之物仅为羹果一类，“数用四或六，甚至十六”，多少均根据家的丰俭而定。只有当行“大茶礼”之时，才“别加衣服”，但也仅限于此。唯有勋戚富贵之家，在行大茶礼时，方用金珠、玉石，甚至“有费百千者”。③

如此淳朴的婚俗，在明代已属仅见，更多的则是流行两大趋势：一是婚姻论财。如明末清初学者陈确说：“古之嫁女者，荆布而已；今之嫁女者，必珠玉绮绣，光耀白日，迎奁之舟相衔而进，而后嫁。”④所反映的就是这种婚姻奢侈之风。正因为此，当时有一谣谚，说：“盗不过五女之门。”⑤其意是说，生女一多，为了准备丰厚的嫁妆，最终会将家产耗尽。

男女订婚之后，通常会因为男家贫乏，礼物不足，经年不得完聚，其结果则造成“女子失行，而有退婚之耻”。⑥ 以陕西为例，当地民间婚姻“惟论财物，不尚礼教”。即使是小户人家的女子，财礼“动至三二十金”，20—30两银子的财礼，对于普通人家而言，确乎已是一个不菲的数字。其结果，则导致“男女年近三

---

① 沈榜：《宛署杂记》卷17《民风》1，第193页。

② 张溥撰，曾肖点校：《七录斋合集》卷7《张受先稿序》，齐鲁书社2015年版，第159页。

③ 沈榜：《宛署杂记》卷17《民风》1，第192页。

④ 陈确：《陈确集·文集》卷六《丧实议》，中华书局1979年版，第178页。

⑤ 侯一元：《婚范》，载黄宗羲编：《明文海》卷143，中华书局1987年版，第1436页。

⑥ 汪天锡辑：《官箴集要》卷上《宣化篇·正婚丧》，《官箴书集成》，第1册，黄山书社1997年版，第270页。

十,多未婚嫁,弃亲毁聘,习以为常”。[①] 二是厚嫁之风。如南京流行的风俗,多为不善于教子,却“厚于嫁女,且不择婿”。有一位“乡先生”从邹平罢官回到乡里之后,在嫁女之时,“尽其宦囊,以为妆奁费,盖用数千金”。[②] 嫁女的妆奁之费,高达数千两银子,厚嫁之风,于此不难想见。在福建漳州府,民间婚姻,男女双方也是“侈靡无节”,男方家庭“务为观美”,女方家庭也不甘落后,“极力以求称之”。为此,明初王祎诗云:“奢僭因民俗。”[③]诗句已经道出了厚嫁之风。

在婚姻论财、厚嫁两股风气的影响下,民间的婚姻消费日趋侈靡。于是,在明代的一些城市中,专门供应妆奁的制作与买卖,生意兴隆。如在开封城内,服务于婚姻的行业相当兴盛,既有妆奁与嫁妆所需家具的制作,又有各色嫁娶所用物品的租赁。妆奁与家具的制作,有皮匣大箱、冠带帽盒、文具簪匣、七寸枕箱等货,全是用重铜作为饰件;有妆奁、床帐、桌椅、木器等物,全是五彩朱红描金退光;有一切陪嫁的家火、卷态拔丝灰布,还有定做描金方圆缎盒、果桌等盒。就各色家火的租赁来说,可以出赁磁器、家火、酒烙、缎盒、鸡鹅笼、娶亲披红、银花灯物。[④] 随之而来者,则是导致以下两个结局:一是因婚姻而导致破家。如福建邵武府建宁县,婚嫁崇尚奢侈,故当时有谚语云:“千金之家,三遭婚娶而空。”[⑤]婚姻消费支出之巨,已是一语道破。二是溺女之风的盛行。厚嫁之习积重难返,婚礼不得其正,时日一久,民间不堪承受,自然激成溺女之祸。成化二十一年(1485),温州府训导郑璟的上疏显示,溺女之俗,盛行于浙江温州、台州、处州三府,而且延及宁波、绍兴、金华三府,以及江西、福建、南直隶,其溺女的原因,就在于“虑日后婚嫁之费”。[⑥] 溺女的结果,则直接导致男女人口比例的失调,以致有些男子年至40岁,尚不能婚娶,于是即使是善良家族,也大多“率以抢婚为常事”。[⑦]

当然,从朝廷到地方官,无不明晓溺女的源头在于厚嫁之风的盛行,所以必

---

① 王廷相:《浚川奏议集》卷1《请守令多选进士疏》,载氏著,王孝鱼点校:《王廷相集》,第4册,中华书局2009年版,第1223页。

② 周晖:《续金陵琐事》卷下《厚嫁女》,南京出版社2007年版,第260页。

③ 黄仲昭纂:《八闽通志》卷3《地理·风俗(岁时附)》,上册,福建人民出版社2017年版,第62页。

④ 参见佚名撰,孔宪易校注:《如梦录》,《街市纪》第6,第31、42、49页。

⑤ 何乔远编撰:《闽书》卷38《风俗志》,第1册,福建人民出版社1995年版,第946页。

⑥ 黄光昇:《昭代典则》卷21,上海古籍出版社2008年版,第588页。

⑦ 唐顺之著,常州市唐荆川研究会编:《唐荆川诗文集》卷14《松阳知县胡君墓志铭》,第404页。

须鼓励民间在婚姻消费上渐趋理性。如成化二十一年(1485),明宪宗在看到温州府训导郑璟的建言之后,就直接下谕,要求民间百姓,“婚嫁装奁,称家有无,不许奢侈”。[①] 吕坤在任山西巡抚时,曾对民间聘妇、嫁女的婚姻消费做出如下规定:民间聘妇,其中的聘礼,富人家不得超过 50 两银子,穷人家不得超过 5 两银子;民间嫁女,其中的妆奁,富人家不得超过 100 两银子。此外,诸如锦绣装花、刻丝捺纱、被褥枕顶,及一切夸眼虚文过饰僭分者,均属无益之费,一概裁革。[②] 在明代的一些家训中,大多倡导婚娶花费,尽量要根据自己的家境而定。譬如,成化年间,绍兴府山阴县人刘灌在《家训》中云:“凡婚娶,必先看家道之何如,看子女之多寡,不管世情,但量己力。”[③]松江人张弼的父亲张村居,居乡治家,卓然不苟,所立家训颇多,其中有云:“娶妇必德门不必富贵,嫁女仅给衣奁,不必过丰。”[④]无论是“称家有无”,还是“但量己力”,或者“不必过丰”,无不是为了倡导婚姻消费上的理性意识。

至于明代具体的婚姻消费支出,这可从以下两条记载中得到印证。一条记载是官员士大夫冯梦祯的记载。他在日记中,记载了万历十八年(1590)九月十三日,其亲家吕氏送女的妆奁:“押奁八人,杂家人并脚夫约三百人,用费三十金。”单是押送妆奁的人员费用,一次就花费 30 两银子,对于并不富裕的冯梦祯来说,就不免发出如下感叹:“贫家当此门户良苦,乃知对亲决宜择贫家为称也。”[⑤]另一条记载是张五典记载结婚时的费用。张五典是山西沁水人,在 15 岁时,就纳聘李庄庠生李新香的女儿为妻。因为自己家贫,故一直不能备礼迎娶。至 22 岁时,通过假贷的方式“得五金、纰绵二十件”,才将李氏迎娶到家。[⑥] “得五金、纰绵二十件”,这无疑是相当简陋的婚礼,婚姻消费极其低廉。

鉴于此,明末清初学者陈确倡导一种新的礼俗。他在所作家约中,倡导妇女的妆奁简约化,一般以 30 两银子为准。我们以陈确所附的一份奁单为例,以观

---

① 黄光昇:《昭代典则》卷 21,第 588 页。

② 吕坤:《实政录》卷 3《民务 · 禁约风俗》,《吕坤全集》,中册,中华书局 2008 年版,第 1003 页。

③ 刘宗周:《水澄刘氏家谱》6《家训 · 守常府君家训》,载吴光主编:《刘宗周全集》补遗 4,第 5 册,浙江古籍出版社 2007 年版,第 470 页。

④ 章鸣鹤著,范械士校:《谷水旧闻》,载上海市松江区博物馆、华东师范大学古籍研究所编:《明清松江稀见文献丛刊》,第 1 辑,上海古籍出版社 2015 年版,第 7 页。

⑤ 冯梦祯:《快雪堂日记》卷 4,庚寅九月十三条,凤凰出版社 2010 年版,第 55 页。

⑥ 张五典撰,田同旭等点校:《大司马张海虹先生文集》卷 16《年谱》,上海古籍出版社 2018 年版,第 140 页。

当时嫁女若化30两银子,可以置备一份什么样的嫁妆:

衣厨一口,衣箱二口,火箱一只,梳卓一张,琴凳二条,大机头二条,小机头二条,衣架一座,面架一座,梳匣一个,镜箱一只,铜镜二面,面盆一个,灯台一个,烛千一对,脚炉一个,布衣一袭,绸衣二袭,铺陈一副,床帐一条,床幔一条,门帘一条,麵桶一只,脚桶一只。①

当然,此约仅仅是对士绅家庭嫁妆而言,若是对民间小户人家来说,这份嫁妆应该说已经相当丰厚了。

（四）丧葬、祭祀消费

人生一世,生老病死。人死则有丧礼与祭礼。按照儒家传统的观念,丧礼应以哀戚为本。至于治丧之具,更应"称家有无",不必过分花费。然在明代,丧葬消费趋于奢僭已成一种趋势,进而增加了丧葬、祭祀的消费支出。这种丧葬消费态势,一如洪武五年(1372)五月明太祖朱元璋所揭示,主要体现在以下两个方面:一是丧事日趋奢靡,富人奢僭非分,即使是那些"力不足"的穷家小户,也是"称贷财物,夸耀殡送";二是惑于风水之说,"停柩经年,不行安葬"。②

据薛冈的记载,浙江宁波府的乡里丧俗,同样失去了原本以哀戚为本之义,反而成为一种"大恶道"。薛冈将其归纳为四点:一是"成服"。丧家大设筵席,盛张鼓乐,广召亲宾,多至十余日,少亦不下五六日。二是"折祭"与"送轴"。向死者致祭,自然应该随身带有祭品。宁波的丧俗则不然。即使是丧家亲厚之人,也通常不带祭品,而是折金钱若干,侑以香帛,而致灵几,称为"折祭";至于那些泛泛之交,照例以空名列公轴,送至丧家悬挂,称为"送轴"。三是"迎丧"。丧家发引之日,亲友盛制锦绣亭阁,甚者还雇请一些梨园子弟,身穿五彩之衣,扮演杂剧,陈列于榇舆之前。四是"谢孝"。孝子感谢吊客,早则数月之后,迟的长达一年,"乘素车,张素盖,至门不下拜,仅投一帖"。更有甚者,不专门登门感谢吊客,而是等到岁旦拜节之时,与拜节一同举行。③ 诸如此类的恶俗,大抵已经说明以下两点:一是丧礼流于一种形式,甚至仅仅是为了顾及颜面;二是为了生者的颜面好看,甚至不惜奢靡浪费。

---

① 陈确:《陈确集·别集》卷九《丛桂堂家约》,中华书局1979年版,第515—516页。

② 龙文彬:《明会要》卷18《礼》13《丧服》,上册,中华书局1998年版,第289—290页。

③ 薛冈:《天爵堂文集笔余》卷2,《明史研究论丛》第5辑,江苏古籍出版社1991年版,第338页。

就丧事奢靡而言，明代的丧事显已形成一种流弊，即在举行丧事时需要“设宴”，成服之时，又要“邀宾”。概括言之，就是“忘其本而弥文是尚，奢靡相高”。[①] 尤其是民间丧俗中盛行的“会葬”，不但要“设船车，峙酒食”，甚至酒食讲究丰洁，而且还“歌乐笙鼓”。所有这一切，不单是靡费钱财，而且与丧礼所讲的“不相忤”“不歌谣”“食丧者之侧而不饱也”等，更是相去甚远。[②] 即使像号称天子脚下、首善之区的北京，尽管一些普通人家，尚能保留“古意”，做到“称家有无，殡不逾时，哭哀而不文”，但那些富贵人家，则已是“饭僧焚修，费动百千，冥器、幡幢，照耀数里，随椁封树，比之陵寝”，[③]显然流于奢靡之习。尤其是在留都南京，在黔国公沐氏家族的引领下，更是丧葬消费日趋侈靡。黔国公沐氏作为功臣，虽世代镇守云南，但按照惯例，沐氏死后，多“反葬南京”，而且“殡仪极盛”。如出殡之时，所用的“寓人”即人偶，“以篾为胎，绢布冒之”；所用方相、铭旌，高逾 2 丈；丧车、食案，采结千红。[④] 明末人吴应箕曾对南京沐府出殡有详细的记载。崇祯六年（1633）五月，沐府出殡，所制的方相最大，俗称“显呆子”，半月前就已经哄动整个南京城。到了出殡之日，妇人女子全往南门观看，其中有些人就是为了借此观看妇女。南京街头，人山人海，车骑不通，同伴相失，遗簪坠履者不可胜计，甚至有些妇女为轻薄少年所亵侮。为丈夫者，不能禁止女眷前去观看；为妇女者，则更是贻羞忍辱。于是，一时满街编为歌谣，听之令人欲呕。[⑤] 功臣死后，丧事极尽奢侈。风气熏染之下，上自士大夫，下逮平民、僮隶之家，就难免竞为沿仿，踵事增华，甚至毁产荡财以换来一时的观美。

就丧事惑于风水而言，如吴地侈靡，习俗相沿。在丧礼上，即使贫窭之子，为了寻觅一处风水宝地，甚至有些人家长达数十年不葬其亲，导致“祖父之骨累累，相望于一室之中”。更有甚者，有些为了借助于葬地的风水，求得日后自己的“身荣”，轻易迁葬，导致“残骨累迁，坟墓莫守”。[⑥]

丧俗趋奢，势必导致丧葬支出的增加。即以丧葬所需棺材而论，以宫中内官

---

① 张元忭撰，钱明编校：《张元忭集》卷 3《书 · 与朱金庭亲家议丧礼书》，上海古籍出版社 2015 年版，第 71 页。

② 佚一麟撰，蔡克骄点校：《龙门集》卷 8《崇俭论》，上海社会科学院出版社 2006 年版，第 145—146 页。

③ 沈榜：《宛署杂记》卷 17《民风》1，第 193 页。

④ 金鳌：《金陵待征录》卷 8《志事》，南京出版社 2009 年版，第 144—145 页。

⑤ 吴应箕：《留都见闻录》下卷《时事》，南京出版社 2009 年版，第 38—39 页。

⑥ 万寿祺撰，余平、王翼飞点校：《万寿祺集》附录《诗文辑佚 · 书吴郡沈载写经葬亲启后》浙江人民美术出版社 2014 年版，第 320 页。

监所造的中分棺为例,每次制作 10 副棺材,所需的成本价格包括三项,分别为召买无料银 395.198 两,夫匠的工食银 92 两,运价银 20.761 两。三项相加,共计价银 507.959 两,折合每副棺材的成本价银为 50.7959 两。① 即使民间庶民百姓所用棺材的成本价格仅为十分之一,每副棺材的成本价格也达 5 两银子。这是相当大的丧葬支出。当然,在奢靡之风的影响下,明代的丧葬消费远大于此。如唐顺之论丧葬日奢日靡云:"且近世丧葬日奢日靡,富贵人家一日至享数十家之奠,自启殡至葬数日间,大牲小牲割狼藉,且百千计。"②根据张瀚亲自所见,杭州富室王举的父亲的丧事,"丧仪繁盛,至倩优侏绚装前导"。③ 在福建漳州府,民间的丧事也是日趋奢靡,"亲旧之葬,或设祖祭,数月营办,务求珍异,不计财费;丧家则盛筵席以待之,竞为丰侈"。④ 无论是"大牲小牲割狼藉,且百千计",还是"倩优侏绚装前导",或者"务求珍异,不计财费",无不证明丧葬费用的支出日趋增加。更有甚者,在消费趋奢风气的影响下,一次丧祭的消费支出,竟然"富者费中人十家之产,贫者鬻田典屋,至称贷以从"。⑤ 诸如此类的记载,虽均无具体的丧葬费用的记录,但显然是一笔相当大的开支。

有丧则有祭。在明代,祭祀消费也日趋奢靡。在明代的城市中,各类丧葬祭祀品的制作、买卖,生意兴隆。以开封城为例,有纸马铺,专门售卖各品名香、五顶神马奉神等物,有些纸马铺,还出赁丧举、绫幡、旗伞、魂亭、铭旌架、吹手、小吊、大马;有扎彩匠,专门制作显道神,其头模有 5 尺高、6 尺围圆,王府出殡,皆用此物;有织负版、孝帽之人,负版为丧服所用,方 1 尺 8 寸,缀于衣后,当领下垂之;有响糖铺,所造响糖,连十、连五、连三合桌,甚至有各色各样的糖果;有齐家香铺,所卖的各品沉檀、素香,各省驰名。⑥ 这些商铺、匠作与租赁铺,无不是顺应丧祭消费的需要,且提供丧祭所需的各色丧祭品及其服务。尤其是当中元节时,祭祀祖先所需祭品的消费,更是一笔不小的开支。以福建兴化府为例,当地庶民百姓最重这一节日。从每年的五六月开始,就家家制作银锭、金锭,每家多达"数千百计"。到了七月十三日,各家"洒扫室堂及庭,设先世像位,日具牲醴

---

① 何士晋撰,江牧校注:《工部厂库须知》卷 3《营缮司》,人民出版社 2013 年版,第 84 页。

② 唐顺之著,常州市唐荆川研究会编:《唐荆川诗文集》卷 7《辞宜兴诸友为亡妻举奠》,第 180 页。

③ 张瀚:《松窗梦语》卷 7《风俗纪》,第 141 页。

④ 黄仲昭纂:《八闽通志》卷 3《地理 · 风俗(岁时附)》,上册,第 62 页。

⑤ 王畿著,阎海文点校:《樗全集》卷 8《十戒药石 · 侈靡六》,商务印书馆 2019 年版,第 291 页。

⑥ 佚名撰,孔宪易校注:《如梦录》,《街市纪》第 6,第 30、36、37、46、56 页。

庶羞祭奠”。至十六日,“积楮钱杂金银锭,逐位焚献”。在这数日之间,“盘合往来,充斥道路”。中元祭祀,每家的支出,多的达银 2—3 钱,少的亦不下钱数百文。①

三、诉讼消费

追究民间诉讼的源起,大致有三个原因:一是起于欲望。人的欲望,以饮食之事为大。人的欲望一旦萌生,就会引发争执。即使在聚饮言欢之时,嬉聚笑谑,鼓弄风波,也会攘臂而起,此哄彼佐,甚至成了仇雠。二是尚气所致。为了一时的颜面,即使是小民愚夫,也会不胜悻悻之怒,必欲告讦,以求胜诉。三是歇家、代书、讼师之人,希图营利,百方唆拨。在明代,尤其是中期以后,“滥讼”盛行,“好讼”成习。至于江西、江南、徽州等地,更是成了好讼之地。讼事一烦,相关的诉讼消费支出就会大增,甚至因此而破家。

江西一地,健讼成风。尤其是吉安府,基于民风土俗与人文环境,导致吉安府形成以下两大特点:其中的“贤而仕者”,“往往危言激论剀切当世,以孤忠直节称重于天下”;而那些“豪宗右族”,则“喜争好胜,互相哗讦,宁破家荡产而弗恤”。其结果,则导致“狱讼之多,文移之冗,亦他郡所无”。② 正是因为江西一省,“大家结党为非”,吉安一府更是“健讼”,在监犯人数达到数千人之众,所以在成化二十二年(1486),经吉安知府张锐奏请,特例在吉安府城内增设一员推官,使得一府同时拥有二员推官。在明代普遍一府仅设一员推官的惯例下,吉安府暂时设有二员推官,显然属于一种“创见”,足证吉安一地诉讼之烦。③《明实录》的记载,同样印证了吉安一府,确乎“嚣讼大兴,刁风益肆”,“近则投词状于司府,日有八九百,远则致勘合于省台,岁有三四千。往往连逮人众,少不下数十,多或至百千”。④

从刘宗周的揭示不难发现,江南地区同样也是讼狱繁兴,导致百姓“不得安

---

① 黄仲昭纂:《八闽通志》卷 3《地理·风俗(岁时附)》,上册,第 69 页。

② 费宏撰,吴长庚、费正忠校点:《费宏集》卷 9《送吉安太守任君象之序》,上海古籍出版社 2007 年版,第 281 页。

③ 沈德符:《万历野获编》卷 22《府县·一府二推官》,中册,第 576 页。

④ 《明宪宗实录》卷 56,成化四年秋七月癸未条,“中央”研究院历史语言研究所 1966 年校印本。

于田里，而兴叹息愁苦之声”。其中各类诉讼案件，大抵诬告占十分之九，迫不得已而出于实情的官司，仅占十分之一。究其原因，一则因为豪强者“利于兼并”，二则因为贪暴者“乘于多取”。① 即以绍兴府为例，因属江南冠盖辐辏之地，导致“无一事无衿绅、孝廉把持，无一时无衿绅、孝廉嘱托”。地方官员在处理具体诉讼事务时，“惟力是视，有钱者生”。② 一至明代末年，时人已有“江南之苦讼，过于他道”之说。③

徽州一府，并非仅以徽州商人闻名天下，更以好讼而知名，故时人有“徽人以讼为俗，不胜不已”之论，有时甚至因为一个小小园圃的事情，可以“连讼两年余”。④ 明朝流行一种说法，说是徽州商人的钱财，主要有“两处使用”，即“乌纱帽”与“红绣鞋”。⑤ 前者是指徽商喜与官员士大夫结交，后者是指徽商喜欢娶妾、狎妓。其实，在这两大宗消费支出之外，徽商的钱财还有一种支出，就是沉溺于诉讼官司。据人文地理学家王士性的观察，徽州人本来颇为俭朴，但因为“山居人尚气”的原因，导致“健讼”之习的形成，甚至“斗讼则倾赀不惜”。徽州人的好讼，王士性将其概括为三大特点：一是琐屑之讼，一旦官府判案定谳，即使判一方“鞭笞一二、杖参差”，就以为分出胜负，随即请人居间讲和。二是诉讼的家族性。一些巨家大族，在诉讼过程中，通常会推举族中一人，“出为众死，或抹额叫阙，或锁喉赴台”。此人死后，族中众人就“为之祀春秋而养子孙”。三是诉讼的乡里群体性。徽州商人在外经商，一旦同乡遇到诉讼，不但自己亲身参与，甚至“醵金出死力”，“以众帮众”。⑥

毫无疑问，一旦“滥讼”，诉讼双方无不需要付出很高的成本代价。正如明代史料所言，“一字入公府”之后，诉讼双方需要付出诸多的费用，诸如“请托”之费，延请“讼师”之费，“赍发公差”之费，贿赂“证佐”之费。此外，“为央保为铺垫衙门，为集亲知以相角助”，也必须“朝朝酒食，节节银钱”。于是，一场官司结

---

① 刘宗周：《文编》3《书》2《与张太符太守》，《刘宗周全集》，第3册，第403—404页。

② 刘宗周：《文编》1《奏疏》4《责成巡方职掌以振扬天下风纪立奏化成之效疏》，《刘宗周全集》，第3册，第209页。

③ 陈子龙：《安雅堂稿》卷5《赠郡司理李公考绩序》，载氏著，王英志辑校：《陈子龙全集》，中册，人民文学出版社2011年版，第1125—1126页。

④ 钟惺著，李先耕、崔重庆标校：《隐秀轩集》卷33《秋田汪翁墓志铭》，上海古籍出版社2017年版，第616页。

⑤ 澹归著，段晓华点校：《徧行堂续集》卷8《文部·题五伦图》，第4册，广东旅游出版社2008年版，第182页。

⑥ 王士性：《广志绎》卷2《两都》，中华书局1981年版，第34页。

束,“入赎于公者一,而民费且数十倍”。① 另外一则史料记载也证实,一纸入公门之后,“鬼隶如沸,或索酒馔,或觅钱钞,衙门以内,某百某千,而又央托贵显,启事请间,惟求取胜,不吝金宝”,未曾见到官府一面,就已经“室已悬罄矣”。一场官司结束,更是“必质屋鬻田,典妻卖子”。② 有时官司拖延一年半载,连牵不已,父母妻子,也“日夕耽忧”,甚至“典田卖产,以供盘费”。③ 由此可见,无论是“一词兴而坐敝者数家”,④还是“两造动至费不赀以乞居间之牍,至转辗更番求胜,皆不破家不已”,⑤诸如此类的记载,无不说明明代的诉讼消费支出极其惊人。

四、宗教消费

明代宗教信仰包括佛、道二教信仰,以及其他各种民间信仰。它既属一种精神生活,但在精神消费的过程中,又以物质消费为基本前提。在明代,无论是帝王,还是士大夫,无不注意到一个颇为普遍的现象,即人们更多地专注于出世之事,而不再关心世俗之事,以致在消费支出上,宗教信仰消费甚至超越世俗事务的消费。明成祖朱棣就已敏锐地察觉到了这一现象,他曾对侍臣说:“闻近俗之弊,严于事佛,而简于事其先,此教化不明之过。”⑥明人薛冈也不免对以下怪象感到惊叹:天下梵宇,无不极其宏丽;孔子的庙堂,则唯有曲阜孔庙尚可,其他大多简陋不堪。佛僧写一募疏,士庶动辄施舍银钱百千;而庠序寒士,每日撰就万言,谁也不肯施予斗粟。⑦

其实,这也怪不得庶民百姓。宗教消费支出的日增,实则与朝廷、百官以身作则的倡导有关。以皇家的宗教消费来说,自永乐以后,每年均要向武当山真武

---

① 刘时俊:《居官水镜》卷1《杂说·省讼说》,《官箴书集成》,第1册,第598页。

② 王畿著,阎海文点校:《樗全集》卷8《十戒药石·争讼五》,商务印书馆2019年版,第290页。

③ 张五典撰,田同旭等点校:《大司马张海虹先生文集》卷11《谕民八款》,上海古籍出版社2018年版,第117页。

④ 刘宗周:《文编》3《书》2《与张太符太守》,《刘宗周全集》,第3册,第403—404页。

⑤ 刘宗周:《文编》1《奏疏》4《责成巡方职掌以振扬天下风纪立奏化成之效疏》,《刘宗周全集》,第3册,第209页。

⑥ 余继登撰,顾思点校:《典故纪闻》卷7,中华书局1981年版,第123页。

⑦ 薛冈:《天爵堂文集笔余》卷3,载《明史论丛》,第5辑,第349页。

殿赍送神像，且有各种供奉之物，包括给道士的阔白绵布3400匹，阔白苎布2400匹，以及神油、蜡烛、香炷37084斤。[①] 以百官的宗教消费来说，他们不但是庙宇修建的资助者，更是引领乡绅士庶的倡导者。如天启年间，溧水知县张锡命拟重修城隍庙，自己就首先倡导捐俸。在他的鼓励之下，一县乡绅士庶踊跃欢呼，“输镪如市”，甚至那些“晨炊不备”的贫穷之家，也手持数钱前来捐助，声称“吾资府君冥福”。因此，不到一年，城隍庙大功告成。[②] 可见，即使是穷困百姓，在宗教消费上也是不吝支出。

根据明人沈榜的仔细观察，佛道二氏及其相关的宗教消费，其基本功能呈现出以下三大特点：一是佛道二氏“贤愚同畜”，吸纳各色人士，甚至“藏垢纳污”。即使是那些生计出现困难的无聊之人，同样可以借助于佛寺道观而得以“寄食逃生”。二是相较于普通庶民百姓而言，佛僧、道士的生活显然更为安逸。以顺天府宛平一县为例，版图仅50里，而佛寺道观则已达570余所。在这570余所的佛寺道观中，僧人、道士“凡几万千”，而宛平县土著百姓能进入黉宫者，反而不及10人。三是佛道寺观是朝廷物力兴盛的象征。举例言之，很多佛寺道观，殿塔幢旛，一律齐云落星，备极靡丽。如北京万寿寺的佛像，一座就费“千金”；古林僧的衲衣，更是“千珠千佛”。如此种种，足证当时“杼轴不空、财力之盛”。至于那些新修的佛寺，一时所集的工匠、夫役，大多“歌而自来，运斤而云，行缆而织”。如修建潭柘寺经年尚未完成，香山寺、弘光寺等几座佛寺又同时兴建。如此种种，也同样足证“闾左无事、遭际之盛”。佛僧道士“紫衫衣衲、拽杖挂珠，交错燕市之衢，所在说法衍乐，观者成堵”。如戒坛一日，“几集百万，倏散倏聚，莫知所之”。如此景象，也足证“民物极繁、生养之盛”。此外，阜成门、西直门之外，“貂珰阀阅之裔，春而踏青，夏而寻幽”，如高梁桥、白云寺、卧佛寺、碧云寺之会，更是“冠盖踵接，壶榼肩摩，锦绣珠翠，笙歌技巧，哗于朝市”。如此繁盛之象，又足证“官民咸熙、情境之盛”。[③]

宗教兴盛以及由此而来的消费支出的增加，无疑以国力强盛为物质基础。如若换一个视角观之，宗教消费同样也是庶民百姓“妨业耗财之大蠹”。由此而论，明代一般民众佛道信仰等宗教性活动消费，显然更为值得引起进一步的关注。明人吕坤云：“民间耗财，第一修建寺庙，铸塑神佛、刺绣旛袍、买烧金纸、打

① 黄光昇：《昭代典则》卷22，第632页。

② 张锡命：《重修溧水县城隍庙记》，《（顺治）溧水县志》卷10《艺文志》，第301页。

③ 沈榜：《宛署杂记》卷19《僧道》，第236—238页。

醮进香、暗室密施，此小民妨业耗财之大蠹。”①“妨业”云云，并不一定符合事实，然“耗财”一说，大抵已经道出了明代民间百姓的宗教性消费支出已是相当惊人。即使民间百姓参与普通的“随会进香”或者“盖庙”，也需要花费 300—500 文钱。②

在明代，上自士大夫，下及庶民百姓，其宗教消费支出主要体现在以下几个方面。

其一，檀越布施。如松江府明心寺之月台，由当地檀越黄旻所施。他布施的目的相当明显：一是“上荐显考恩授散官菊轩黄公、显妣秀贞孺人姚氏，双魂同仗良因，同登净土，同证菩提”；二是祈祷“家道兴隆，子孙昌盛，凡居富足之乡，当处吉祥安乐”。③ 在民间布施消费中，又可细分为以下几项。

一是发愿刻经。如万历十七年（1589）二十日，冯梦祯的日记记载，这天楞严寺的“藏师”前来与冯梦祯商议刻经的“缘事”。可见，刻经是一种与佛结缘之事。至二十八日，最后商定刻经之事，且各位善信定下“刻经之约”。参与这一刻经盟约的人，包括包氏父子兄弟、张如镜、陆基与冯梦祯 6 人。从这一年的正月开始，冯梦祯的妻子就已发愿，打算每年刻 5 部佛经，再加上冯氏再刻 5 部佛经，共计花费 10 两银子。其他善信，“多寡有差”。④

二是修建佛寺，装塑金身。如南京栖霞寺天王殿的重建，应该说得力于典客（即典当商人）倪敏。倪敏，出身于松江府的望族，在南京一直属热心于佛教事业的“善人”。他家赀雄厚，并且“心专白业”。天王殿共计 5 楹，倪敏费去银子约 2000 两，独自完成天王殿的重建。⑤ 松江府明心寺之月台，是当地檀越黄旻所施，施主还包括黄旻的妻子李氏及儿子黄夔、黄鲸、黄鹏，所费银子计 60 两。⑥又如有一位石居士，曾经专门捐施数百两银子，构建南京牛首山的罗汉殿。⑦ 据

① 吕坤：《实政录》卷 2《民务 · 小民生计》，《吕坤全集》，中册，第 950 页。

② 吕坤：《实政录》卷 2《民务 · 积贮仓谷》附《救命会劝语》，《吕坤全集》，中册，第 953 页。

③ 《明心寺月台记碑》，载柴志光、潘明权主编：《上海佛教碑刻文献集》，上海古籍出版社 2004 年版，第 128 页。

④ 冯梦祯：《快雪堂日记》卷 3，己丑四月二十日、二十八日条，凤凰出版社 2010 年版，第 38 页。

⑤ 陆光祖：《重建栖霞寺天王殿记》，载葛寅亮撰，何孝荣点校：《金陵梵刹志》卷 4《摄山栖霞寺》，上册，天津人民出版社 2007 年版，第 190 页。

⑥ 《明心寺月台记碑》，《上海佛教碑刻文献集》，第 128 页。

⑦ 钟惺著，李先耕、崔重庆标校：《隐秀轩集》卷 29《募修牛首山罗汉殿疏》，上海古籍出版社 2017 年版，第 578 页。

明末清初澹归和尚(金堡)记载,盐官镇海浮图的重建,全凭张皜亭之母陈恭人。她曾在千华座下发下弘愿,勤行功德,通过自己"减衣损食",甚至"倾箧倒廪",最终重建浮图。①

捐施佛殿与重塑金身通常并行。如苏州之大佛殿,其中创殿与塑像,分别成于张氏、陆氏。苏州大佛殿,一度殿毁于火,佛像也只留下一首。成化十九年(1483),苏州人张廷玉与妻子沈氏,专门从千里之外采伐良材,经过二年的时间,修成佛殿。至于殿中菩萨塑像,则由陆道明捐资重塑。张氏创殿,陆氏塑像,合二家之力,"东廊之观遂复于旧"。② 又松江府上海县龙华寺太子修行全身像一尊,就是嘉靖二十年(1541)由善士陈镗"发精进心,普劝各施资财"而成。像雕装成后,送入寺内宝塔中心,永远供养。③

作为佛身供养的配套之物,很多也由官民捐施。如杭州天竺寺观音像建自后晋天福四年(936),自宋代以后,官民对观音乐施舍,分别有龙章、凤辇、珠贝、金玉,并设硃红一小橱,专门用来贮藏民间施舍之物。至明代,杭州人郎瑛还曾亲眼看见士民施舍之物有大珠数颗、珊瑚大小 2 株、玻璃瓶盏 1 个、瑶冠 1 顶。此外,从以前保留下来的还有玉观音、玉钟等异宝。④

三是饭僧。所谓饭僧,是指士民捐施钱谷,以此作为僧众的饮食之资。这种捐施习俗,广泛存在于士民之中。如徐文卿曾挽留天际禅师住持苏州虎丘寺,并倡率众人每月捐助银 2 两、米 5 石。又寺中厨房铁锅较小,天际禅师拟换成大锅,价格大概为 2 两银子,于是冯梦祯捐施 2 两银子,作为换锅之资。⑤ 杭州灵隐寺自明末焚毁之后,丹阳有一施主,不知其名,"岁致米五百石,水脚挑钱,纤悉自备,不许饮常住勺水",七年如同一日。⑥ "饭僧"之类的消费,很多是为了求嗣。如常熟山塘的王氏,在 40 岁时,尚无子嗣,于是向莲池大师求请。莲池大师告以"多饭僧可以有济"。王氏就立下愿心,"以二万为率"。当饭僧之数超过 2 万之时,就往云栖建水陆道场,以告功德圆满。⑦ 饭僧"以二万为率",即饭僧 2 万名,虽无具体的施舍数字,且兼建水陆道场,所费理应不赀。

---

① 澹归著,段晓华点校:《徧行堂续集》卷 6《文部·张母陈恭人传》,第 4 册,第 131 页。

② 杨循吉:《松筹堂集》卷 3《重创不染尘观音殿记》,载氏著,蔡彬点校:《杨循吉集》,上海古籍出版社 2013 年版,第 486 页。

③ 释善继:《龙华寺塔院装佛记碑》,《上海佛教碑刻文献集》,第 130 页。

④ 郎瑛:《七修类稿》卷 47《事物类·天竺观音》,上海书店出版社 2001 年版,第 495 页。

⑤ 冯梦祯:《快雪堂日记》卷 3,己丑十二月十七日条,第 46 页。

⑥ 张岱:《西湖梦寻》卷 2《西湖西路·灵隐寺》,上海古籍出版社 1982 年版,第 24 页。

⑦ 王应奎:《柳南续笔》卷 2《饭僧求嗣》,中华书局 1983 年版,第 163 页。

除了个体性的饭僧之举外,在很多地方,民间士民饭僧已成一种习俗。如北京的民俗,崇佛信巫,每天早晨起来,就“炊饭一盂,供佛前,僧至则施之”。[①] 据杨嗣昌的上疏可知,在明末崇祯年间,在南方的小民百姓中,即使是市井卖菜之人,也“必积盆盏余粒以供秃人”;至于那些“稍能自给”之人,也是“生事死葬,率多为饭僧之举以积福德”。更有甚者,有些人为了完成饭僧之举,从远处募化,“大舶高樯,载数千石之米”。[②] 饭僧的消费支出,有时数目惊人。

佛教圣地普陀山,当地“一无所产”,每年消费的粮食多达7000—8000石,全靠从内地输入。从各地输入普陀山的粮食、杂货,主要有三条运输途径:一是来自外洋,即从苏州、松江一带出浏河口,如果风顺,一天一晚即可送达普陀山。二是来自内河,历经钱塘江、曹娥江、姚江,中间需要四次盘坝,然后再由桃花渡至海口,如果风顺,半日即可抵达普陀山。这两条运输途径,主要运送来自民间的施舍之米,尤以出自妇女施舍者居多。三是来自福建、广东,主要以杂货为主,恰好够普陀山僧众的一年之用。[③]

饭僧一类的举措,一般又通称“斋供云水”。斋供所及,并不仅仅限于僧人,有时又包括云水道人。如在苏州,有一座福济观,民间俗称“神仙庙”。每年的四月十四日,中街路人王省幹,就向福济观“斋供云水”,“作面数斛皆尽”。[④]

其二,进香酬愿。在明代,当人们遇到生老病死诸多世俗性问题时,必然会在神灵前许下愿心,而后通过各种形式加以还愿。在这一许愿、还愿的宗教行动过程中,最常见的履行愿心的行动,当数进香最为普遍。而在明代民间的宗教性消费支出中,同样以进香支出为大宗。进香消费已在前述旅行支出中少有涉及,在此稍加补充。

明人远途进香,以泰山、普陀山、武当山、杭州天竺为主。

以泰山进香为例,据刘宗周的记载,每年春秋,道路往来的香客,“不下数十万人”。[⑤] 又据沈晴峰《登岱记》称,每年三四月,五方士女上泰山祭祀碧霞元君

---

① 沈榜:《宛署杂记》卷17《民风》1,第193页。

② 杨嗣昌著,梁颂成辑校:《杨嗣昌集》卷22《南方盗贼渐起疏》,上册,岳麓书社2005年版,第542页。

③ 朱国祯撰,王根林校点:《涌幢小品》卷26《普陀》,上海古籍出版社2012年版,第534页。

④ 钱希言:《獪园》第1《王省幹遇仙丹》,文物出版社2017年版,第25页。

⑤ 刘宗周:《文编》1《奏疏》4《辟左道以正人心以扶治运疏》,《刘宗周全集》,第3册,第205页。

者达数十万之众,“夜望山上,篝灯如聚萤万斛,上下蚁施,鼎沸雷鸣,仅得容足”。又据山上庙祝言,在崇祯二年(1629)以前,每年上泰山进香的香客多者达80万人,少者也有60万人。至明末,由于清兵入关骚扰,再加之农民暴动,战火四起,上泰山进香之人骤然减少,每年不到40万人。①

泰山进香香客的消费主要包括以下两项:一是旅途车马、饮食、住宿之费。这在前述旅行支出中已有涉及,在此不赘。二是宗教用品及布施所产生的费用,诸如:打发山上乞丐的锡钱,将上山时,客店的牙家会给香客提供锡钱,以便上山时打发乞丐,香客需要付钱1贯7分;供佛之法锦、绸帛、金珠、宝石,乃至膝裤、珠鞋、绣帨;泰山顶上求福之醵钱,如求子、因眼疾求光明之类,就进一银范小儿,以及进香者从栅外向里投掷银锭,以得中为得福。② 泰山香客的消费支出,一则成为朝廷的税赋收入,即山东布政司在正常的赋税之外,额外增加了一笔“香税”,且数目多达数十万两银子,而这些香税的来源,显然是进香士女的施舍物;二则成为沿途或当地市肆的经营性收入,在每年的春夏之间,香客往来如蚁,“饮食香楮,贾人旅肆,咸藉以为生”。③

以普陀进香为例,据王士性的记载,已是“香火顿兴,飞楼杰阁,嶷然胜地”。每年的春天,前去进香之人,“以巨万计,舍赀如山,一步一拜,即妇女亦多渡海而往者”。④ 刘宗周的记载,可以作为王士性之说的补充,他认为每年通过渡海而前往普陀进香的士女,“不下万人”。⑤ 当然,这两家的记载,仅仅是进香人数的笼统说法,但人数之众,显然不言而喻。而从王士性“舍赀如山”之说来看,进香消费支出也是相当巨大。

以杭州天竺为例,在明代也是当时天下烧香者的必去之处。每年农历二月十九日,男女宿山者之多,使得殿内外无下足之处。尤其是到了清初,因为战乱而导致普陀山香路断绝,天下进香之人,更是就近前去天竺,所以香火之盛,在当时甲于东南。这种进香活动,在明代又称“香醮”,其规模甚为浩壮,史称其“揭

---

① 陈弘绪:《寒夜录》卷下,载陶福履、胡思敬原编:《豫章丛书》,子部第2册,江西教育出版社2002年版,第217页。

② 张岱:《陶庵梦忆》卷4《泰安州客店》,上海古籍出版社1982年版,第39—40页;张岱:《琅嬛文集》卷2《岱志》,岳麓书社1985年版,第66—75页。

③ 王士性:《广志绎》卷3《江北四省》,中华书局1981年版,第54页。

④ 王士性:《广志绎》卷4《江南诸省》,第72页。

⑤ 刘宗周:《文编》1《奏疏》4《辟左道以正人心以扶治运疏》,《刘宗周全集》,第3册,第205页。

龙旗而鸣金道路,顶香马而混迹妇男”。①

其三,迎神赛会。明代吴越之间,最重五方圣贤之神,“庙而祀之者所在皆是”,尤以苏州的楞伽山最为闻名。即使到了明末,民生日就凋敝,迎神赛会之风,仍然相沿不绝。每次赛会,旌旗、队仗、舆服、歌吹,“费以千计”。四方前来观看赛会之人,舟车阗隘,亲朋高会,酒食宴乐,其中的费用也“复以千计”。② 此外,江西一省,民间也是“俗尚鬼”。在永丰县,“居人奔走杂男女,香火无空日”。③

明代民间的士庶宗教消费,有多有少。就少者而言,如前往杭州天竺进香,通常是从松木场上岸,而后雇轿上山。据小说《型世言》所载,单是雇轿钱,就“去了一钱五分一乘”。一乘轿上坐一大人,带一小孩。两轿相加,两个大人外加两个小孩,就花去了 3 钱银子。④ 数字虽小,但对普通庶民百姓而言,显然也是一笔不菲的开支。就多者而言,则所费有时相当惊人。如在北京,每年的三月二十八日,相传为东岳神的降生之辰,官方设有“国醮”,“费几百金”,即几百两银子。在明代,迎神赛会日趋奢靡,一如顾鼎臣之诗所云:“游人如蚁马如麻,街巷喧阗好物华。本藉神功能捍御,岂缘财力竞奢华。威容赫奕开生面,供奉分明学内家。灯火满城歌吹沸,夜深林有未归鸦。”⑤刘宗周更是直言,明末举行一次迎神赛会,“或费二三百金”,⑥可见,其中的花费高达 200—300 两银子。即以松江府为例,民众的迎神赛会活动,无论是丰年,还是灾年,无不举行,而且尤其崇尚一种奢侈之风。演戏的行头,如扮演状元走街所需珠鞭三条,就价值 100 多两银子。每次迎神赛会日期,四、五天不等,每天需要花费 1000 两银子。⑦ 尤其是修建寺庙、庵阁,其中所费,更是惊人。如湖广竟陵县的圆通庵,僧人性慧募作时,“止数十金”,亦即仅花数十两银子。但同县的东禅寺玻璃阁,“阁计其费可

---

① 《明神宗实录》卷 32,万历二年十二月乙巳条,“中央”研究院历史语言研究所 1966 年校印本。

② 李流芳:《檀园集》卷 8《重建五方贤圣殿疏》,载氏著,陶继明、王光前校注:《嘉定李流芳全集》,上海古籍出版社 2013 年版,第 224—225 页。

③ 唐顺之著,常州市唐荆川研究会编:《唐荆川诗文集》卷 14《刑部郎中唐嘿庵墓志铭》,第 397 页。

④ 陆人龙:《型世言》第 10 回,中华书局 1993 年版,第 148 页。

⑤ 顾鼎臣:《顾文康公诗草》卷 5《观常熟社会(其二)》,载氏著,蔡彬点校:《顾鼎臣集》,上海古籍出版社 2013 年版,第 238 页。

⑥ 刘宗周:《文编》9《书》9《杂著》1《乡约事宜》,《刘宗周全集》,第 4 册,第 404 页。

⑦ 范濂:《云间据目钞》卷 2《记风俗》,清光绪四年上海申报馆仿聚珍本。

三四千金而足”,[①]即共计花费银子3000—4000两。这有另外一则史料可以作为佐证。如徽州商人汪通保致富之后,在狮山建了一座三元庙,费用多达数千两银子,最后被明世宗赐额为“显应庙”。[②]

即使宗教消费不菲,但民间百姓一直乐意消费。如明代的杭州人事奉佛教最为恭敬,一些富室大家,祈祷忏悔,诵经说法,“即千百金可以立致,不之计也”;即使是贫穷之家,也是斋供僧徒,装塑神像,“不吝捐金”。[③] 可见,在宗教消费支出上,无论是富者,还是贫者,均舍得花费。更有甚者,如苏州人的五圣信仰,不但士大夫家花费不赀,甚至一些困穷小民,也“竭产以从事,至称贷为之”。[④] 按照惯例,迎神赛会的花费,通常由众人平摊,而且一些富贵人家总是出了其中的大部分,但如此大的开销,对一般百姓实在不是一笔小数。如万历年间,浙江秀水县濮院镇醵金为“神会”,民间百姓需要出“醵金”之钱。迎会之日,民间亲戚纷纷来聚,其家又需要“浆酒藿肉”招待,“费用甚侈,贫者至典质以应之”。[⑤] 由此可见,宗教性消费支出,已在一定程度上成为普通民众的一大负担。

最为值得关注的是,明代的宗教消费呈现出以下两大倾向。

一是商人最为崇信二氏,且愿意在宗教消费上不吝支出。小说《初刻拍案惊奇》说徽州人心性俭啬,“却肯好胜喜名,又崇信佛事”。[⑥] 相关的事实同样可以在一些史料中得到印证。如徽州歙县商人阮公弼,因经商而致富。至晚年,“崇事二氏,种诸善根。尝立表蝺矶,除道叶岭,筑台施食。至田赭山,缮三茅宫,饰诸神像。乐善而无所徼福,其费不赀”。[⑦] 明代著名文人汪道昆记其叔曾经至浙江、松江经商,后因经商不成,就“去而谭二氏方外”,成为一个居士,“或遗粟,或遗金,悉举以饷方外吴僧”。[⑧] 万历十三年(1585)的春天,苏州人陈旃前去南京拜访故旧,回来路经盂河口。在夜里,曾看到邻船的徽州大贾,因曾向江神许下愿心,为还愿而大放烟火。所造一架大烟火,“累月而成,费数百金”。[⑨] 烟火之异,虽然令人惊骇,但一架烟火,所费高达数百两银子,酬愿性宗教消费确

① 钟惺著,李先耕、崔重庆标校:《隐秀轩集》卷29《东禅寺玻璃阁募缘疏》,第576页。
② 汪道昆:《太函集》卷28《汪处士传》,黄山书社2004年版,第599页。
③ 张瀚:《松窗梦语》卷7《风俗纪》,第139页。
④ 陆粲:《庚巳编》卷5《说妖》,中华书局1997年版,第51页。
⑤ 李日华著,屠友祥校注:《味水轩日记校注》卷2,万历三十八年四月二日条,第105页。
⑥ 凌濛初:《初刻拍案惊奇》卷24,岳麓书社2002年版,第224页。
⑦ 汪道昆:《太函集》卷35《明赐级阮长公传》,第765页。
⑧ 汪道昆:《太函集》卷6《赠居士叔序》,第132页。
⑨ 钱希言:《狯园》第16《雕工》,文物出版社2017年版,第571—572页。

乎令人惊叹。

二是妇女最为信奉佛道，同样在宗教消费上不惜支出。在明代，妇人最易为僧尼所荧惑，往往“群居聚诵，挈粮持斋”，称为“念万佛”，甚至“离去家室，寝处庵寺”。① 明末复社领袖张溥曾记甫里三位妇女，分别为褚太君、王太君、归太君，“三母皆事佛，褚、王两太君尤甚，日诵经二卷，闭一室中，罕与家人接”。更为甚者，这些妇女将缝纫所得之钱，“助佛形象为梵费”，②亦即用于宗教性的支出。苏州府昆山县东有一座黄姑庙，每年的七月七日，城市村坊远近诸女郎，“携灯映月而来，竞出奇果珍饵，名花贵香，金钱彩镪，入庙赛神，从神乞巧”。他们将施舍的绣鞋、锦囊、鞶帨、流苏之类，“先拂神额，后挂帐前，累累不绝”。③ 无论是乞巧时所费“奇果珍饵，名花贵香，金钱彩镪”之物，还是施舍的绣鞋、锦囊、鞶帨、流苏之品，无不是一笔不小的开支。

五、文化消费

细究明朝人的消费支出，除了满足基本的日常生活等物质消费之外，有一个消费倾向最为值得引起研究者的关注，即转而向文化消费支出转变。这种消费倾向的广泛出现，足证明人生活质量有所提升。

（一）书画、古董收藏之风及其消费

在明代，出现了专门的书画、古董一类的“赏鉴家”。如留都南京，这一类的赏鉴家或“好事”的收藏家，分别有金润、王徽、黄琳、罗凤、严宾、胡汝嘉、顾源、姚淛、司马泰、朱衣、盛时泰、姚汝循、何淳之等人，“皆负隽声”。④ 在他们的眼中，收藏品的已经分出了高下等第：第一等是古时的法书、名画真迹，第二等是石刻，第三等是三代时的鼎、彝、尊、罍，第四等是汉代的玉杯、玉玦，第五等是宋代的玉器，第六等是柴、汝、官、哥、定窑的瓷器，以及明代的宣德、成化窑瓷器，第七

① 侯一麟撰，蔡克骄点校：《龙门集》卷 8《崇俭论》，上海社会科学院出版社 2006 年版，第 146 页。

② 张溥撰，曾肖点校：《七录斋合集》卷 14《甫里三节母合传》，齐鲁书社 2015 年版，第 272—273 页。

③ 钱希言：《狯园》第 11《牵牛织女》，第 364 页。

④ 顾起元：《客座赘语》卷 8《赏鉴》，第 251 页。

等是明代永乐、嘉靖窑瓷器。① 可见,在书画、古董类的收藏消费上,同样包括像明代永乐、宣德、成化、嘉靖窑瓷器一类的“时玩”。

明人沈德符有一则颇为重要的记载,大抵揭示了自嘉靖末年开始,士大夫群体中兴起了一股收藏古董之风。流风所及,影响到了一些商人,尤其是徽州商人。从沈氏的记载可知,享受型的消费,必须基于以下两个基本条件:一是“海内宴安”,国家处于一种治平状态;二是家庭“富厚”,家中有足够的资金支撑。当然,享受型的消费也有层次之分,通常先是“治园亭、教歌舞”此类更为直接的享受,而后方及“古玩”。②

当然,即使是在书画、古玩消费中,事实上也存在着赏鉴家、好事者两类人。米芾《画史》将书画爱好及收藏者区分为赏鉴、好事二家,确乎切中世人之病。对于一个赏鉴家来说,定当笃好书画,遍阅记录,且又有自己的心得,有些甚至自己能画,藏品才可能尽是精品。然反观明代的收藏之风,应该说还是好事家居多。从明人谢肇淛的记载不难发现,明代的书画、古玩消费,大致多为以下两类“好事者”:一类是“有赀力”之人,另一类是富贵名家子弟,甚至是一些纨绔子弟。他们收藏书画、古玩,并非是酷好于此,而是借此“意作标韵”,亦即所谓的假风雅。③ 为此,谢肇淛提出书画有“七厄”之说,其中“二厄”显然与明代书画渐趋商业化存在着一定的联系,诸如:“啖名俗子,好事估客,挥金争买,无复泾渭”;“射利大驵,贵贱懋迁,才有赢息”;“拙工装潢,面目损失,奸伪临摹,混淆聚讼”。④ 一旦士大夫“搜古以供嗜好”,自然会引发纨绔子弟“翕然成风,不吝金帛悬购”。至于那些“猾贾市丁”,更是“任意穿凿,驾空凌虚,几于说梦”。⑤ 如嘉兴府人徐海门,心有巧思,看到世人崇尚法帖,就专门拓碑加以出售。他往来湖海之间,“觅残碑断碣,装潢成帖,鬻好事者以为常”。一旦精研拓搨楮墨之诀,更是刻成《宝晋斋书帖》10卷,“几于夺真”,即使像李日华这样的书画、古董名家,也曾购入一部。⑥ 无论是“啖名俗子”,还是“好事估客”“射利大驵”,甚或“拙工装潢”,书画一旦成为商品而进入市场,难免使书画在保有文化属性的同

① 顾起元:《客座赘语》卷8《赏鉴》,第251页。

② 沈德符:《万历野获编》卷26《玩具·好事家》,下册,第654页。

③ 谢肇淛:《五杂组》卷7《人部》3,上海书店出版社2001年版,第137页。

④ 谢肇淛:《五杂组》卷7《人部》3,第137页。

⑤ 李日华著,屠有祥校注:《味水轩日记校注》卷5,万历四十一年正月十六日条,第324页。

⑥ 李日华著,屠有祥校注:《味水轩日记校注》卷3,万历三十九年四月十日条,第178—179页。

时，进而渗入了商品的属性。随之而来者，则是文化消费势头日趋高涨。

事实确是如此。就士大夫好古玩鉴赏之风来说，如南京人姚叙卿，在罢官之后，优游里中，以诗文书法自娱。其家富有，且工赏鉴，收藏的古画、鼎彝之类很多，“屋室花石，雅致独绝”。① 除了古画、鼎彝之外，士大夫还喜欢收藏“法帖”，尤其是二王的真迹，一旦遇到定武、兰亭，即使是有所残缺，也不惜“以重赀购之”。② 影响所及，即使是普通的下层知识人，也是喜欢古图书、彝器，在这方面的消费支出日渐增大。如庄伯晖，家有“千金之积”，从未放在眼中，一心只是酷好“古图书、彝器、琴砚之属”，甚至“出其囊中金百余”购置于家，以供玩好。③

就贵人、商人好古玩鉴赏之风而言，当是北京的一些“贵人”，动辄花费“数百金”即数百两银子，购买宋人的四幅大画，却不论画作是否是真迹，即使是真品，也未必就是佳作。④ 换言之，在明代，只要“家多资力”，再加之“好事”，无不迎合“好古”之风，希望成为“好古之家”，更想收藏书画，于是买上数十幅画藏于家中。一旦客人来家，就将画悬挂于中堂，“夸以为观美”。⑤ 这种风气，已经渗透到富人、商人之中。如松江府有一位富人，尽管目不识字，但喜欢收藏“法书”。他看完王羲之《兰亭序》之后，对人说：“此公武弁，更自难得。”因“王右军”一说，误将王羲之当作武弁，难免使闻者掩口。⑥ 好事者喜欢收藏，多是如此，但同样证明文化消费开始流行于当时的富民阶层。尤其是那些商人，他们在书画、古玩方面的消费，也不可一概等闲视之。如杭州商人高应鹏，经商致富以后，在家旁筑藏书室，收藏古今图书。又造一座楼，收藏古代尊彝钟鼎。高应鹏曾有言：“世俗务厚遗而疏择术，厚将安之？即多蓄以侘子孙，直为邯郸虏耳。吾愿以此居子，使之与古为徒，即不必刑，视彼邯郸为犹贤已。”⑦可见，商人已不愿再成为钱财之奴，而是好儒，通过收藏图书、古物以培养子弟的文化素养，以便在科举仕途上有新的出身。更为令人关注的是，徽州大商人吴廷，他所刻的《余

① 顾起元：《客座赘语》卷7《姚叙卿先生》，第211页。

② 何良俊：《四友斋丛说》卷27《书》，中华书局1983年版，第252—253页。

③ 何乔远撰，陈节、张家庄点校：《镜山全集》卷40《庄应曙诗序》，中册，福建人民出版社2015年版，第1071页。

④ 何良俊：《四友斋丛说》卷29《画》2，第264页。

⑤ 何良俊：《四友斋丛说》卷28《画》1，第257—258页。

⑥ 张怡：《玉光剑气集》卷25《俳谐》，中华书局2006年版，第896页。

⑦ 汪道昆：《太函集》卷47《明故征仕郎判忻州事高季公墓志铭》，第1004页。

清堂帖》，虽出自其友人杨不器的手笔，但因“稍得古人遗意”，使得“人极称之”。[①] 可见，商人的文化消费，也并非尽是盲目的故作风雅。

在明代的书画、古董消费之风，有以下几个倾向，显然值得引起关注。

一是美人画甚至春画的风行。美人仕女画与春画只有一线之隔，当美人画转向肉体袒露之时，就会流于春画一路。明代的美女、春画画家，前有唐伯虎，后有仇英。如仇英所画美人图，“皆秾发丰肌，衣妆稠叠，一种风神媚态，略无仿佛”。其后，苏州又有一位张文元，也最工美人画，所画美人，“绰约明媚，令人神魂飞越”，被人誉为“俗笔中之神手”，但名声不出里闬。[②] 风气之下，唐伯虎、仇英的伪作，纷然杂出，但其间雅俗，甚易辨识。此外，在晚明时期，开始传入来自日本的春画，也是相当精致，且风格与唐、仇二家迥然不同。日本春画，以扇面画为精。如沈德符曾有一扇，扇面上描写两人“野合”之状，其中一人“奋刃驰往”，另一人则“挽臂阻之”，情状栩栩如生。[③] 对春画的追捧，实则说明明人的文化消费，在保有精神性的体验之中，仍不乏物质性的肉欲享受。

二是对“时玩”的崇尚。照理说来，画应当以宋人画为好，但在晚明，忽然开始追捧元人之画，进而流行收藏元人倪元镇及明人沈周之画，导致价格“骤增十倍”。与此相同，瓷器应当以哥窑、汝窑为重，但在晚明，忽然开始追捧明代宣德瓷器及永乐、成化瓷器，导致价格“骤增十倍”。换言之，在追逐古玩之风的浸染下，明朝人转而追捧“时玩”一类的当朝器物。这一风气，滥觞于苏州人，经徽州商人推波助澜，随之形成一时的消费之风。随之而来者，当朝一些名家制作的器物，诸如“吴中陆子刚之治玉，鲍天成之治犀，朱碧山之治银，赵良璧之治锡，马勋治扇，周治治商嵌，及歙吕爱山治金，王小溪治疗玛瑙，蒋抱云治铜”，其价格也是“比常价再倍”，甚至其人可以与缙绅并起并坐。[④]

三是书画、古董赝品的盛行。就书画来说，早在成化、弘治年间，有一位士人白麟，就“专以伉壮之笔，恣为苏、米、黄三家伪迹”。如苏东坡草书《醉翁亭》，米芾所书《师说》，就出自他的伪作，甚至被人信以为真。[⑤] 嘉靖、隆庆年间，蒋鸣岐因擅长三弦而号称“三弦绝”，属于名闻遐迩的“都城八绝”之一。此人也是伪作

① 沈德符：《万历野获编》卷26《玩具・小楷墨刻》，下册，第658页。

② 谢肇淛：《五杂组》卷7《人部》3，第137页。

③ 沈德符：《万历野获编》卷26《玩具・春画》，下册，第659页。

④ 王世贞：《觚不觚录》，《丛书集成初编》，商务印书馆1937年版，第17页。

⑤ 李日华：《六研斋三笔》卷4，凤凰出版社2010年版，第243页。

书画的高手,“凡得古书画,立伪作之,能逼真”。[①] 至晚明,“善作伪书欺人者”,[②]更是成为一时之风。如嘉兴有一位朱殿,年少是追随羽士王雅宾游,因此得以盘桓书画之间。王雅宾出自文徵明门下,对于鉴古颇具只眼,“每得断缣坏楮应移易补款者,辄令朱生为之”。为此,朱殿学得一手伪作之技,于是“自作赝物售人”。[③] 据李日华眼目所见,如柯敬仲、管仲姬所画之竹,赵子昂之《柳荫渔话图》,王羲之之《清晏帖》,蔡襄等人所做跋语,亦即高彦敬所作《云山图》,无不是“伪迹”。换言之,贾客所售,纨绔所购,大率均是伪作。[④] 即使是明代名家董其昌所作的书画,在市场上也很难购到真迹,所售大多是董家闺房中姬侍的仿作。[⑤] 在万历年间,一些来自南京的书画商人直叹“书画道断,卖者不卖,买者不买”。究其原因,就是因为“作伪者多,受绐者不少,相戒吹齑,不复敢入头此中耳”。[⑥]

就古董来说,为了迎合古董消费,同样兴起了一股造假古董之风。明代市场上所售古董,大多均是赝品,尤以苏州为甚,一些文士均借此糊口。即使是那些著名的文士,如张凤翼、王稚登,也有制作假古董之举,或不免“向此中生活”,或“全以此作计然策矣”。[⑦] 譬如宣德炉,在明代颇为受人追捧,但很多属于赝品。造假者通常购置已坏的宣德炉,重新回炉铸造,下面题上沈度的字款,几乎可以乱真。[⑧] 为此,明末清初学者吕留良,借助一位苏州书商之口,将苏州人造假古董之法和盘托出:“吾吴人鼓铸,朝范而夕就,淬以药法,罨之成五色,斑驳陆离,为若水,若土,若血,若汞,若漆,若灰之所侵裸,则如墨,如银,如绿,沉如翡翠,如丹砂,如蜡,如瓜皮、蕉叶、安石榴,如火衲,包浆浑脱,云雷蟠螭,款识凸凹,无不精好,千年之色成于顷刻,其所为,人故目击之,而日售千百枚,故曰‘三年不鬻真,一日卖千伪’。”[⑨]“三年不鬻真,一日卖千伪。”即使是假古董,每日的销量也

---

① 沈榜:《宛署杂记》卷20《志遗》8,第299页。

② 李日华:《紫桃轩杂缀》卷1,凤凰出版社2010年版,第264页。

③ 李日华著,屠有祥校注:《味水轩日记校注》卷2,万历三十八年二月二十七日条,第90页。

④ 李日华:《六研斋二笔》卷1,凤凰出版社2010年版,第93页。

⑤ 计六奇:《明季北略》卷11《董其昌致仕》,中华书局1984年版,第168页。

⑥ 李日华著,屠有祥校注:《味水轩日记校注》卷4,万历四十年闰十一月十八日条,第309页。

⑦ 沈德符:《万历野获编》卷26《玩具·假骨董》,下册,第655页。

⑧ 袁中道:《珂雪斋游居杮录》卷10,载氏著,钱南扬点校:《珂雪斋集》,下册,上海古籍出版社2013年版,第1354页。

⑨ 吕留良:《吕晚村先生文集》卷5《选大题序》,载氏撰,徐正点校:《吕留良诗文集》,上册,浙江古籍出版社2011年版,第128—129页。

是相当惊人,足见明朝人古董消费支出之大。

四是法书、名画价格的大涨。正如清人厉鹗所言,“集古”需要有力有钱,亦即上自帝王,其次公卿大夫,下至“士之淹雅而饶于资者”,才有能力收藏书画、古董。至于那些“布衣粝食,穷居野处之士”,即使嗜之笃好如欧阳修,也“未必能得,得亦未必能聚”。究其原因,还是因为“诎于力之不足”。[①] 即使如此,明代的书画、古董消费之风的盛行,最终还是导致价格大涨。究其原因,无不因为自嘉靖以后,权臣大多借助于法书、名画“行賕”。如严嵩当国之时,其子严世蕃凭借权势收受天下金玉宝货。为了免于俗气,进而收受法书、名画。但凡严世蕃想得到的法书、名画,就借助于地方总督、抚按的势力加以胁迫,甚至导致“破家殒命”。严嵩败后,家中所藏法书、名画,什九归于天府。其后,这些法书、名画又从内府佚出,大半归入朱希孝家。朱希孝尤好法书、名画,对此巧取豪夺,收藏之富,几乎可与严嵩相等。朱希孝死后,所藏最精的法书、名画十分之二归于张居正。张居正也喜欢收藏法书、名画,借此接受群臣之贿,但所得不及严嵩之半。[②] 可见,嘉靖以后雅贿之风的形成,势必导致法书、名画消费价格大涨。

(二)书籍消费

书籍消费分为刊刻与购买、收藏两种。在明代,书籍刊刻与收藏,蔚成一股时风,导致此类文化消费支出大为增加。

书籍刊刻需要资金的支持,这一点毋庸置疑。关于这一点,明代竟陵派诗人钟惺已有颇为清醒的认识。他说:“富者余赀财,文人饶篇籍。取有余之赀财,拣篇籍之妙者而刻传之,其事甚快。”这就是说,假如富人的资金与文人的书籍相合,无疑是一件两利的快事,不但文人有利,而且富人也可以借此获取名誉。事实并非尽然。富人的资金与文人的书籍,往往“苦不相值”。这就导致以下两个结局:一是真正有价值的独创性著作,很难得到资金资助而得以刊刻。钟惺以自己的友人潘景升为例,如潘氏所辑《三吴越中杂志》一书,事辞清雅,心力精博,有“地史之董狐”的美称,但在向有钱的富人募钱刊刻时,则“多不能给”。二是只要有钱,即使是猥滥之作,也能付诸剞劂。正如钱谦益所言:“今天下俚诗恶集,阗咽国门,此其剞劂之费,岂非赀财所为乎?”[③]

---

① 厉鹗:《樊榭山房文集》卷2《六艺之一录序》,载氏著,陈九思标校:《樊榭山房集》,中册,上海古籍出版社2012年版,第716页。

② 王世贞:《觚不觚录》,《丛书集成初编》,第16—17页。

③ 相关的阐述,参见钟惺:《隐秀轩集》卷35《题潘景升募刻吴越杂志册子》,第649—650页。

值得引起注意的是，自明代中期以后，书籍刊刻已经蔚然成风。这既是资金向书籍刊刻的流动，也是文化消费日盛的一种表征。至于其中的变化及其原因，下面一则史料已有详细的揭示：“国初书板，惟国子监有之，外郡县尚未有，观宋潜溪《送东阳马生序》可知矣。宣德、正统间，版刻尚未广。今所在日增月盛，能刻正大古书以惠后学者少，所刻多无益，令人可厌。上官多以馈送往来，动辄百部，所费亦烦。近日一种无忌惮小人，作为淫词小说，梓工巧，惑人耳目，坏人心术，真可痛恨。”①即以文集为例，正如明末清初学者黄宗羲所言，整个明代刊刻行世的文集，“不下千家”，每家文集，“少者数卷，多者至于百卷”。② 这就是书籍刊刻猥滥的最好佐证。

至于其中的原因，则大致有以下两个：一是正如史料所言，很多官员刊刻书籍，大多成为“馈送往来”的礼物，“动辄百部，所费亦烦”。这显然是一笔很大的消费支出。二是商业出版的崛起甚至大盛。明代的商业出版机构即所谓的“书坊”或“书林”，或引领文章的风气，或带动商业出版物的风行。如南京、杭州、苏州三地，“书林之所在，即机杼之所在也”。③

明代尤其是晚明，商业性出版物盛行于世。书坊刊刻的商业性书籍，主要以下面三类为大宗：一是“淫词小说”。此类书籍的泛滥，显然得益于明代文人士大夫对戏曲、小说的重新认知而不再加以排斥。如吴从先称情词之美，《西厢记》以后，当数《玉合》《紫钗》《牡丹亭》，若是将此三书置之案头，“可以挽文思之枯涩，收神情之懒散”。④ 又称《西游记》是一部“定性书”，《水浒传》是一部“定情书”。⑤ 基于如此理性的认知，方使一些“无忌惮小人，作为淫词小说，梓工巧”，戏曲、小说泛滥于市。从叶盛的记载可知，明代书坊“射利之徒”，大多喜欢“伪为小说杂书”。至于像《西厢记》《碧云騢》之类的戏曲作品，更是流传很久，甚至“泛滥而莫之捄”。流风所及，农工商贩，“钞写绘画，家畜而人有之”。尤其是那些“痴騃女妇”，对这些小说、戏曲尤其嗜好，为此一些好事者称戏曲、小说为《女通鉴》。⑥ 二是选体书的广泛流行。在这些选体书中，既有古文选本，

---

① 张怡：《玉光剑气集》卷1《帝治》，第45页。

② 黄宗羲：《南雷诗文集》，《序类 · 明文案序上》，载氏著：《黄宗羲全集》，第10册，浙江古籍出版社2005年版，第19页。

③ 张潮：《幽梦影》，载诸伟奇、敖堃主编：《清言小品菁华》，海天出版社2013年版，第524页。

④ 吴从先：《小窗自纪》，《清言小品菁华》，第323页。

⑤ 吴从先：《小窗自纪》，《清言小品菁华》，第327页。

⑥ 叶盛：《水东日记》卷21《小说戏文》，中华书局1997年版，第213—214页。

又有时文选本,甚至还不乏诗歌选本。就诗选类著作而言,钟惺所选《诗归》即为代表作。其内容包括两部分:第一部分是《古诗归》,所选为自古逸至于隋朝的诗歌,共计15卷;第二部分是《唐诗归》,其中初唐诗5卷,盛唐诗19卷,中唐诗8卷,晚唐诗4卷,共计36卷。① 三是书坊伪作泛滥。如公安派文人袁宏道,在当时有很高的声望,于是一些书坊,就假冒他的名头,刊刻书籍,甚至收入他的集子中。其中最为著名的伪作,当数假冒袁宏道的《狂言》与《续狂言》等书,甚至收入《中郎十集》。②

明代的商业性刻书具有两重性特征。一方面,书坊刊刻的书籍,质量低劣,缺乏精品,有时甚至相当可笑。书坊出书的目的在于“射利”,亦即获取商业利润,因为急于求利,不能投入重资,所以很难出精品。如福建建阳的书坊,出书最多,但“板纸俱最滥恶”;吴兴凌氏所刻诸书,也急于成书“射利”,又“悭于倩人编摩其间”,最终导致“亥豕相望”。③ 最为可笑的例子,是书坊所刻《东坡集》,其中有评《后赤壁赋》曰:“晋陆机云:‘前赋已极其妙,后赋精于体物。’”④东坡为宋人,其作品却有晋人之评,人物朝代顺序颠倒不清,其书籍的粗制滥造,由此不难想见。另一方面,商业刻书中亦不乏精品,当然这些精品仅仅限于文学与艺术类书籍,即“徒为传奇耳目之玩”。如书坊所刊《水浒》《西厢》《琵琶》与《墨谱》《墨苑》等书,无不“覃精聚神,穷极要眇,以天巧人工”。⑤ 无论是降低成本的粗制滥造,还是刻意增加成本的“传奇耳目之玩”,诸如此类的举动,无不是为了迎合消费者的口味,以提高书籍出版的商业利润。

明代的藏书之风也很盛,不仅盛行于文人士大夫群体,其流风所及,甚至影响到普通的富人与商人。如苏州府常熟县,藏书之富,一直被人推崇。成化、弘治年间,有一位员外郎钱仁夫,其藏书之处,称为“东湖书院”;嘉靖年间,有一位副使杨仪,其藏书之处,称为“万卷楼”。至于钱谦益绛云楼所藏之书,更是倍于前人。钱谦益有两位门人,分别为毛晋、钱曾,藏书也相当丰富。毛晋的藏书之处,称为“汲古阁”,钱曾的藏书之处,称为“述古堂”。⑥ 南京士大夫家中,很多

① 钟惺著,李先耕、崔重庆标校:《隐秀轩集》卷16《诗归序》,第289页。

② 袁中道:《珂雪斋游居杮录》卷9、10,载氏著,钱南扬点校:《珂雪斋集》,下册,第1317、1345、1346页。

③ 谢肇淛:《五杂组》卷13《事部》1,第266页。

④ 姚旅:《露书》卷5《韵篇》下,福建人民出版社2008年版,第129页。

⑤ 谢肇淛:《五杂组》卷13《事部》1,第266页。

⑥ 王应奎:《柳南随笔》卷5,中华书局1983年版,第98页。

也有丰富的藏书,如御史司马泰、知府罗凤、翰林胡汝嘉各家,“尤号充栋”。司马泰所藏,“尤多秘牒”,甚至藏有苏轼《论语解》抄本4卷;胡汝嘉所藏,也是“牙签锦轴,最为珍异”。① 即使是普通的老人,如苏州人张会留,身处市廛,也是“好藏书”,“凡名流至,无不结欢,花辰月夕,尊酒论文,析疑领异,自少壮而嗜之,至于今不厌”。② 此外,如杨君谦,所藏书多达10余万卷,刘子威的藏书,也不下数万卷,收藏量已是相当丰富。如此大的图书收藏量,显然是一笔相当巨大的消费支出。如杨君谦,“家本素封”,但因为生性喜欢藏书、购书,到了晚年,甚至沦为“赤贫”。③

细究明朝人的藏书消费支出,以下两大特点无疑更为值得关注:一是商人对图书收藏的爱好日增。如杭州商人高应鹏,经商致富以后,在家旁筑藏书室,收藏古今图书。④ 商人大量收藏图书,其目的并非限于附庸风雅,而是为了给自己的子弟提供一个很好的读书环境,进而得以读书仕进。换言之,商人通过藏书消费之举,借此获得一个好的声誉。在此基础上,免除给人“纤啬拥财自卫”的刻板印象。所以很多有远见的商人,“率以文雅相高,喜结纳四方贤士大夫”。万历以后,苏州洞庭东山的许氏、翁氏,就是典型的例证。据载,每当春秋佳日,远近篮舆画舫,争集许氏、翁氏之门。如董其昌、陈继儒、钱谦益、李长蘅、张溥、张采等人,经常聚集许、翁两家,以他们为“湖山主人”,一切管弦歌舞之娱,牲劳酒醴供张之盛,花费“殆将不赀”,但绝无分毫顾惜,给人宾至如归之感。⑤ 二是在明代藏书家中,有收藏“春意册”亦即淫秽小说的习惯。在明代的藏书家中,每个书笥中,通常会将春意小说一册置之其下,其目的不但是了“辟蠹”,更是为了“辟火”,为此民间称春意小说为“笼底书”。⑥ 这固然是禁忌习俗所致,但显然也与明代春意小说出版的流行无不关系。

(三)艺术性消费

明代存在着一个生活日趋艺术化的趋势,在这一趋势的带动性,艺术性消费

---

① 顾起元:《客座赘语》卷8《藏书》,第253页。

② 澹归著,段晓华点校:《偏行堂续集》卷2《文部·张会留长者七秩寿序》,第4册,第33页。

③ 钱思元撰,宋琴点校:《吴门补乘》卷10《杂记》,上海古籍出版社2015年版,第475页。

④ 汪道昆:《太函集》卷47《明故征仕郎判忻州事高季公墓志铭》,第1004页。

⑤ 汪琬:《钝翁续稿》卷24《文稿》16《墓志铭》1《乡饮宾八十翁席公仲远墓志铭》,载氏著,李圣华笺校:《汪琬全集笺校》,第3册,人民文学出版社2010年版,第1575页。

⑥ 姚旅:《露书》卷14《异篇》中,第337页。

支出渐渐增加。此类艺术性消费,可以从下面两点观之。

一是家中置买盆景。据明末大儒黄道周的记载,吴越两地人家,喜欢以松树为盆景,作为居家生活的装饰与点缀。在盆栽松树中,通常流行天目松与黄山松两种。相较之下,天目松一般“多高结”,当以“平顶拱抱”才是盆景佳材,不如黄山松的“尺寸琼枝”。在天目松中,以产自狮子林前路岭中为最佳。①山东东昌府濮州的士人,也喜欢在家中种植花木,如牡丹、芍药,有些人家所种多达数十种。② 此外,竹亦可入盆景。湖州人就喜欢用产自广西横州的棕竹为盆景。盆盎所植,即使数竿之竹,价格高达“一二金”,③即1—2两银子。更有甚者,徽州吴氏家中的盆景,竟然多达“二千盎”,正如沈德符诗中所云:“好事谁家富清供,下塞堦除上充栋。”④盆景虽属清供之物,一旦塞堦充栋,所费自然不赀。

二是畜养观赏性金鱼与鸟类。作为一种观赏鱼,金鱼在明代又称“花鱼”“火鱼”,同样也成为民间居家生活中的盆盎间异物。如在南京,花鱼原本只有金鱼一种颜色。其后,种类日趋繁多。以色彩论,有的朱色如腥血,有的白如银,有的翠而碧,有的斑驳如玳瑁,有的透彻如水晶;以鱼尾论,有的双尾,有的三尾,有的四尾,有的尾上带金银管;以嬉戏论,有的解舞跃游而戏,有的互相逐斗。⑤为了满足城市百姓生活观赏消费的需要,在开封城内,出现了专门出售花虫鱼鸟的市场。如在张仙庙的广生殿内,专卖金鱼、银鱼、火腿三尾鱼秧等,以及养鱼所需的鱼瓯、鱼盆、铁篦、虫兜等物;又卖飞禽、鸣鸟、百灵、皂花、画眉、黄雀、角蓝、鹌鹑、猫犬之类,以及养鸟所需的各色丝网、鹌鹑哨子、明笼、竹笼、滚笼、串袋等物。⑥

---

① 黄道周撰,翟金凤、郑晨寅、蔡杰整理:《黄道周集》卷24《画天下七松记》,第3册,中华书局2017年版,第1025页。

② 顾炎武著,谭其骧、王文楚、朱惠荣等点校:《肇域志》,《山东·东昌府·物产》,第2册,上海古籍出版社2004年版,第712页。

③ 邓士龙辑,许大龄、王天有主点校:《国朝典故》卷87,引王济:《君子堂日询手镜》下,下册,第1825页。

④ 沈德符:《清权堂集》卷5《观新安吴氏盆景至二千盎》,载氏著,李祥耀点校:《沈德符集》,浙江古籍出版社2018年版,第53页。

⑤ 顾起元:《客座赘语》卷1《禽鱼》,第20页。

⑥ 佚名撰,孔宪易校注:《如梦录》,《街市纪》第6,第54页。

六、休闲娱乐消费

从总体上说，明朝人的生活风尚存在着这样一种倾向，即由明初的俭朴向晚明的奢侈转变。休闲娱乐消费支出的增加，显然从另一个侧面证明了明朝人生活质量的部分提升。当然，休闲娱乐消费的增加，需要建立在物质丰富与时间空闲之上。就物质丰富而言，一般老百姓的生活开支，在维持日常的衣、食所需，或者保持基本的温饱之后，自然有余力去享受一定的休闲娱乐；就时间空闲而言，闲暇时间的增多，以及各种节日的存在，尤其是自永乐七年（1409）之后，明成祖规定百官在元宵佳节时，得以享受10天的假期，且允许军民张灯饮酒为乐，甚至放宽夜禁，[①]更是使官民娱乐有了充足的时间与法律保障。

明代的休闲娱乐消费，主要集中于看戏、斗养蟋蟀、旅游上。下面依次分述之。

（一）看戏娱乐

在休闲娱乐消费中，看戏无疑是明朝人的一大消费支出。以绍兴为例，据刘宗周的记载，虽仅斗大一城，却也“屯拥数千人，夜聚晓散，日耗千金”。在演戏期间，不但“养奸诲盗”，而且有些人凭借宦家之势，欺凌百姓。即使会稽、山阴二县颁发禁止演戏的告示中，其间也不得不有“凡宴会不在此例”之文。[②] 可见，禁止演戏只能是一纸空文。尤其是“日耗千金”之语，更是足证看戏消费，在整个娱乐消费支出中，数目日益增大。在江西的永丰县，当地百姓也是“素善为优，闾里浸淫传习”，形成专门的戏曲腔调，号称“永丰腔”。永丰百姓擅长演戏，也喜欢看戏，其结果则使“民淫于欲而匮于财”。[③] 显然，过度的看戏消费已经影响到百姓的日常生活。

在吴、越之间，士大夫习曲并与俳优为伍，已成一时风气。关于此，正如明人管志道所言：“唯今之鼓弄淫曲，搬演戏文，不问贵游子弟，庠序名流，甘与俳优

---

① 余继登撰，顾思点校：《典故纪闻》卷7，第127页。

② 刘宗周：《文编》3《书》2《与张太符太守》，《刘宗周全集》，第3册，第402页。

③ 唐顺之著，常州市唐荆川研究会编：《唐荆川诗文集》卷14《刑部郎中唐嘿庵墓志铭》，第397页。

下贱为伍，群饮酣歌，俾昼作夜。此吴越见极浇极陋之俗也。”①明代很多史料记载已经显示，当时士大夫家中大多养有一些家乐班子，全由歌姬组成。为了阐述的需要，引述三个家乐班子如下：一是朱云峡家所养的女戏班子。据张岱记载，朱云峡自己就是懂戏之人。他教家中歌姬学戏，自有一套方法，即“未教戏，先教琴，先教琵琶，先教提琴、弦子、箫管、鼓吹、歌舞，借戏为之，其实不专为戏也”。② 二是刘晖吉家的女戏班。女戏子的演出，自当有其本身的特点，亦即张岱所谓的“女戏以妖冶恕，以啴缓恕，以态度恕，故女戏者全乎其为恕也”。然在女戏子的扮演中，亦有不同于以“恕”为特点者，这就是刘晖吉家养的女戏班，其演出别具特色。③ 三是削籍御史钱岱家中，也养有13名女优，可以考知者11名，分别为：老生张寅舍，家人女；正旦韩壬壬，北京人；外冯观舍，扬州人；老旦张二姐，小东门竹匠女；小生徐二姐，苏州人；小旦吴三，苏州人；小旦周桂郎，苏州人；大净吴小三，家人女；二净张五舍，扬州人；小净徐二姐，韦县人；贴旦月姐。④

歌姬通常会由一些唱戏的“女教师”加以辅导。这些戏曲女教师，既能尝试演唱文人的新作，又可以辅导其他人唱戏。⑤ 此外，家乐班子还会聘请老乐工教唱。这些老乐工有丰富的实践经验，在教唱时必然需要遵循一套特定的程序。⑥

追逐生活的享受，势必导致各种技艺的娱乐化。在明代的都城北京，百巧骈集，争相高尚，即使是技艺之微，也往往造极工巧，甚至达到古今所无的境界。于是，在嘉靖、隆庆年间，京城随之有“八绝”之号。所谓八绝，分别为：李近楼号“琵琶绝”，苏乐壶号“投壶绝”，王国用号“吹箫绝”，蒋鸣岐号“三弦绝”，郭从敬号“踢毬绝”，阎橘园号“围棋绝”，张京号“象棋绝”，刘雄号“八角鼓绝”。这些掌握绝色技艺之人，或为专业人士，或为来自卫所官员（如副千户、百户）、道士一类的业余人士。无论何种身份，他们均凭借出色的技艺，为都下平民提供丰富

① 管志道：《从先维俗议》卷5《家晏勿张戏乐》，收入《太昆先哲遗书》，太仓俞氏世德堂1931年铅印景印本。

② 张岱：《陶庵梦忆》卷2《朱云峡女戏》，第13页。

③ 张岱：《陶庵梦忆》卷5《刘晖吉女戏》，第49页。

④ 《笔梦序》，载虫天子编，董乃斌校点：《中国香艳全书》2集卷2，第1册，团结出版社2005年版，第133—134页。

⑤ 如李开先《归休家居病其蒙诸友邀入词社》其中一首云：“仕途不作词，朝省日奔驰。官罢非无兴，病多几不支。秋来吾已健，夜宴客相随。新作谁能唱？须烦女教师。”参见李开先：《闲居集》卷2，载《李开先全集》，上册，文化艺术出版社2004年版，第89页。

⑥ 沈德符：《万历野获编》卷25《弦索入曲》，第642页。

多彩的娱乐产品,其名头赢得士大夫的青睐,以致“士夫多与之游”。①

(二) 斗养蟋蟀

蟋蟀,又称促织、蛐蛐。每当七八月,北京人就喜欢养各色之虫,大抵有以下三种:一是促织,健夫小儿,纷纷前往郊外,寻捉促织。不论老幼男女,均以引斗促织为乐。随之而来者,则是与此相关的消费经济的兴起。诸如养促织所需的瓦盆泥罐,“遍市井皆是”。二是蝈蝈,北京人称为“聒聒”,南方人称为“纺织娘”。此虫似蚱蜢而身肥大,喜食丝瓜花及瓜瓤,声音与促织相似,而清越过之。三是“金钟儿”。此虫亦微类促织,而“韵致悠扬,如金玉中出,温如亮彻,令人气平”。后两种虫因不能斗,均不如养促织普遍。②

斗促织之戏,在明宫中也颇为流行。如明宣宗就最娴于斗促织之戏,曾密诏苏州知府况钟,要求进贡1000个促织,故一时谚语有云:“促织瞿瞿叫,宣德皇帝要。”在此风之下,当时苏州卫中的武弁,有人因为善于捕捉促织而“比首虏功”,甚至借此获得世职。③ 在明宫太监中,如唐之徵、郑之惠等,也是“最识促织,好蓄斗为乐”。④

斗促织之戏,有时更多的是以赌博求胜。如万历年间,吴越一带的浪子,很多酷好斗促织之戏,每次以此为赌,胜负的赌金甚至高达数百两银子,有人因此破家。⑤ 随之而来者,则是此类消费支出的大增。譬如一只善斗的促织,甚至价格可以高到10余两银子;⑥宣德窑的促织盆,更是相当珍重,“其价不减宣和盆也”。⑦

(三) 旅游闲适

休闲旅游是人类较高层次的生存状态,也是衡量社会文明的标尺,是人类物质文明与精神文明的结晶,甚至与每个人的生存质量息息相关。进而言之,休闲旅游是生命个体摆脱外界的束缚而处于一种相对自由状态下追求幸福、身心愉

① 沈榜:《宛署杂记》卷20《志遗》8,第298—299页。
② 蒋一葵:《长安客话》卷2《皇都杂记·斗促织》,北京古籍出版社2001年版,第35页。
③ 沈德符:《万历野获编》卷24《技艺·斗物》,中册,第625页。
④ 刘若愚:《酌中志》卷20《饮食好尚纪略》,第181页。
⑤ 刘若愚:《酌中志》卷20《饮食好尚纪略》,第181页。
⑥ 刘若愚:《酌中志》卷20《饮食好尚纪略》,第181页。
⑦ 沈德符:《万历野获编》卷24《技艺·斗物》,中册,第625页。

悦和自我发展的内心体验与行为方式的总和。尽管人们对休闲旅游的理解各有差异，但有一个被学界基本公认的观点，即各种休闲活动对于不同社会群体的生活质量来说都存在正向的促进作用。① 若是按照布尔迪厄（Bourdieu）的文化资本理论或彼得森（Peterson）的杂食性理论，来探讨休闲消费与生活质量的关系，那么可知同样是休闲消费，却存在着上层社会与下层社会之别。按照布尔迪厄的理论，为了与下层社会相区分，上层社会更喜欢高档的休闲消费；按照彼得森的观点，则是上层社会既消费高档休闲也从事时尚的休闲方式，而下层社会只消费时尚休闲。② 这无疑为我们剖析明代的休闲消费提供了一把钥匙。

明人好游，开始追求旅游闲适生活，在这方面的消费支出也日渐增多。这显然得益于各处的胜游佳境。以江南为例，朱国祯就列出了如下数处佳境："江南花木胜游，梅时玄墓，菊时娄江，桃华时蟠螭，芙蓉时西湖，术时菁山葛仙井，杨梅时光福，樱桃时北固山。而时令佳境，则太湖月，钱塘潮，两天目松石，栖贤笋，洞山茶，鹰窠、普陀山看海及日出，庶几得之。"③可见，在这些胜景中，既有花木胜游，又有时令佳境，甚至还可以借此品尝时令之物，诸如光福寺的杨梅，北固山的杨梅，以及栖贤笋、洞山茶。

其实，一地有一地的旅游胜景，一地也有一地的旅游之风。虽时令佳节转移，各地士民，无不形成一股胜游之风。

以北京为例，自清明节后，京城士女有游高梁桥之习。众所周知，明代北京风尘涨天，独少流水。高梁桥在宛平县西四五里，离西直门仅半里许。因桥跨高梁河，故名高梁桥。每当清明之后，高梁桥浅水涟漪，游鱼可数，游人渐集，京城士女"藉草班荆，曾无余隙"。若是将北京高梁桥与南京雨花台稍作比较，那么雨花台"以闹胜"，而高梁桥则"以清胜"。④ 每年四月初旬以至下旬，北京人喜耍西山、香山、碧云寺、西直门外之高梁桥。⑤ 尤其是每年四月八日，因为高梁桥北精兰棋置，再加之时值浴佛节，在高梁桥一带，更是"旛幢铙吹，蔽空震野，百戏毕集。四方来观，肩摩毂击，浃旬乃已，盖若狂云"。穆光胤游高梁桥曲有云：

---

① 李贵成：《休闲：理解生活质量的一个重要视角》，《河南社会科学》2014年第6期，第105、107页。

② 相关的梳理，参见刘松、楼嘉军：《休闲生活方式：国外研究述评与启示》，《宁夏社会科学》2017年第3期，第120页。

③ 朱国祯撰，王根林校点：《涌幢小品》卷27《胜游佳境》，第537页。

④ 姚旅：《露书》卷8《风篇》上，第195页；蒋一葵：《长安客话》卷3《郊垧杂记·高梁桥》，第45—46页。

⑤ 刘若愚：《酌中志》卷20《饮食好尚纪略》，第180页。

“士女联翩结伴游,玉堤金柳木兰舟。西湖一带繁华地,缭绕笙歌彻帝州。”①此外,在高梁桥一带,还有一座娘娘庙,里面有一尊塑像,“如妇人育婴之状,备极诸态”。民间俗传四月八日是娘娘降生之日,凡是妇人“难子者”,就在此日前往娘娘庙乞灵,于是“倾城妇女,无长少竞往游之”。其实,求嗣是一个借口,实则借此玩耍一番,一如史料所载:“各携酒果音乐,杂坐河之两岸,或解裙系柳为围,妆点红绿,千态万状,至暮乃罢。”②

至五月初五端午节,一些士人一起相约,携带酒果,游赏天坛松林、高梁桥柳林、德胜门内水关、安定门外满井,称为“踏青”。这一游耍之俗,同样通行于妇女。此日的旅游之盛,“比之南京雨花台更盛”。③

到了冬日,北京人则在护城河中玩冰床之戏。河中所产,莲、藕、鱼、虾,味道最为鲜美。且萑苇茂密,水禽上下,俨若江南的风景。到了冬日,河中冰冻,则可以在冰上拖床。所谓冰床,就是“以木板上加交床或藁荐,一人前引绳,可拉二、三人,行冰如飞”。当积雪残云,冰床在上如飞,确乎点缀如画。明世宗晚年崇尚玄修,多居西内。嘉靖二十一年(1542)正月十六日,皇太子在宫中看见冰床之戏,就“绝河冰而过”,前去赏玩。至万历朝,明神宗久不上朝,禁网疏阔。于是,每年冬天河冰冻之后,近京贫民在皇城内外,但凡有结冰之处,就“拉拖床以糊口”。一遇雪满林皋,坐拖床之人,更是“艳素杂遝,交拉如织”。④

以南京为例,天下清明、重阳两节之景,无地超过南京。值此两节,雨花台数里之内,“士女席地,若蚁聚垤,弦歌入云,箫鼓沸地”,时人称“土风之乐,以此为第一”。⑤ 可见,在两节期间,南京人游况之盛。

以江南为例,除了冬季之外,春、夏、秋三季,游风极盛。如在春日,江南人春游之风,沈德符之诗,已极尽描摹之功。诗云:“游冶江南举世稀,倾都士女溢城扉。分出布毯团歌密,隔水登楼送艳微。人欲出舆群衲睨,船才奏伎百艘围。花阴醉踏春零乱,蜡泪杯痕半覆衣。”⑥江南游冶之习,确乎可称举世稀见。到了夏季六月二十四日,民间以此日为“观莲节”。在此日,苏州人竞游于葑门外的荷

① 蒋一葵:《长安客话》卷3《郊坰杂记·高梁桥》,第45—46页。

② 沈榜:《宛署杂记》卷17《民风》1,第191页。

③ 沈榜:《宛署杂记》卷17《民风》1,第191页。

④ 刘若愚:《酌中志》卷17《大内规制纪略》,第142页。

⑤ 姚旅:《露书》卷8《风篇》上,第195页。

⑥ 沈德符:《清权堂集》卷7《春游》,《沈德符集》,第91—92页。

花荡,“画舫云集,丽人舄错”。袁宏道记道:“露帷则千花竞笑,举袂则乱云出峡。”①沈德符也有诗云:“舫斋旅泊千层锦,帘幅斜窥一缕红。敛袂成帷挥汗雨,门名齐女有齐风。”②足见游风之盛。天启二年(1622)六月二十四日,张岱偶至苏州,就遇见了苏州士女游览荷花荡的盛景,称之为“靡沸终日而已”。他有如下记载:“宕中以大船为经,小船为纬,游冶子弟,轻舟鼓吹,往来如梭。舟中丽人皆倩妆淡服,摩肩簇舄,汗透重纱。舟楫之胜以挤,鼓吹之胜以集,男女之胜以溷。”③

中秋之盛,海内皆然,独苏州虎丘以幽胜、以韵胜,而吴歌尤胜。一至中秋,苏州虎丘游风之盛,一如沈德符诗中所云。④ 细绎诗中之意,可见北京以正月十五灯节“作主”,而苏州则以中秋之月“为媒”。由此可见,节日外加旅游,大多可以带来市场消费经济效应。至于苏州人中秋游虎丘的盛况,则以公安派文人袁宏道的描摹最为详尽,其游况之盛,更是“倾城阖户,连臂而至”。⑤ 苏州中秋虎丘的八月半盛景,张岱的记载可以作为袁宏道的佐证。据张岱所记,虎丘八月半这一天,无论是土著流寓、士夫眷属,还是女乐声伎、曲中名妓戏婆、民间少妇好女,甚至还有崽子娈童,游冶恶少、清客帮闲、傒僮走空之辈,无不鳞集于虎丘。自生公台、千人石、鹤涧、剑池、申文定祠,下至试剑石、一二山门,全是“铺毡席地坐,登高望之,如雁落平沙,霞铺江上”。⑥

以开封为例,当地士庶节日旅游之风也颇盛。在正月里,自初一日始,开封人前往相国寺、萧墙街,“听谈古、说因果、游乐”。初八日,前往东岳庙进香游玩。初九日,前往上方寺旅游,“携榼担酒,或在树阴,或在禅室,或在五柳亭,或塔左右,畅饮讴歌、打谜、猜枚、行令、拆牌道字、顶针续麻,丝竹管弦声盈耳”。至迎春日,男女看春,各戴春花、春鸡、蝴蝶之类,“充衢溢巷,拥挤不动”。正月十五,游人“或携酒鼓吹,施放花炮;或团聚歌饮,打虎、装象、琵琶随唱、胡抱倒喇,街中男妇成群逐队”。至清明之日,王宗、乡绅、士庶人家,各备香烛、纸锭、祭品,前去上坟拜扫添土。这一日,“轿马车辆载道,男妇携幼盈野,亦有提壶偕友郊外踏青。至晚方折柳攀花、桃红柳绿,街如软绣”。五月初五端午节,开封

---

① 姚旅:《露书》卷8《风篇》上,第196页。

② 沈德符:《清权堂集》卷7《荷荡曲(吴中六月廿四日)》,《沈德符集》,第109页。

③ 张岱:《陶庵梦忆》卷1《葑门荷宕》,第6页。

④ 沈德符:《清权堂集》卷7《月市曲(虎丘中秋)》,《沈德符集》,第114—115页。

⑤ 姚旅:《露书》卷8《风篇》上,第197—198页。

⑥ 张岱:《陶庵梦忆》卷5《虎邱中秋夜》,第46—47页。

士庶或“携酒赴繁塔寺、禹王台、九仙堂各处游宴”，所赏之花，有芰菱、荷花、玉兰、榴花、茉莉、玉簪、水红、木香、铁角海棠、翠鹅眉、百日红等；或城内王孙公子，担榼携酒，前往关厢外的古吹台“踏青游玩”。①

旅游消闲，既是一种消费支出，同时也带动了经济的繁荣。一年四季的游耍活动，其消费支出也是相当惊人。节日消费与旅游消费，两者往往合而为一。如在正月里，北京人流行放烟火，且花样众多，其名不一，分别有“响炮”“起火”“三级浪”“地老鼠”“花儿”“砂锅儿”“花筒”“花盆”。最为奢侈的，当数勋戚人家的烟火，“集百巧为一架，分四门次第传爇，通宵不尽，一赏而数百金者”。② 一次燃放烟火，所费即已高达数百两银子，节日游乐消费支出，可谓惊人。在元宵节时，北京人有观花灯之俗。其中的花灯，名称不一，最为昂贵的花灯，一架的价格高达“千金”。③ 一架花灯，其价达1000两银子，奢华消费之俗，由此可见一斑。当端午节时，民间有赛龙舟之习，尤以真州独盛。赛龙舟之时，有“夺标”之举，“观者结彩为标，侑以鹅酒，龙舟两两相竞，先至者得之”。为了观看赛龙舟，游人“载酒买船，日须数金”，即每天的消费达数两银子。端午节五日游耍，整个真州城内居民每天的消费，“不啻万金矣”，即超过10000两银子。④

每当旅游旺季，船只雇觅价格随之上升，导致旅游消费支出大增。如每年六月二十四日，苏州人有出游荷花荡之俗。沈德符有诗云：“沈李浮瓜饾饤妍，短篷一苇亦千钱。篙工雇直留供妇，女伴今朝例僦船。”⑤“短篷一苇亦千钱”，一只颇为简易的船只，其雇值也达钱1000文。更有甚者，因为游客太多，当地的船只，从画舫，到渔船、小艇，无不“雇觅一空”，有些远方来的游客，即使手持数万钱，也“无所得舟”。⑥ 船只雇值之高，由此可见，同样也印证了旅游消费支出的增加。

旅游消闲风气的兴盛，势必导致消费的旺盛，进而带动旅游业的兴盛。如苏州中秋虎丘旅游之风，最终导致“月市”的出现。对此，沈德符有诗加以揭示。⑦ 细绎诗旨，可知苏州虎丘月市的实况，诸如：苏州八月半的“月市”，可与北京正

① 佚名撰，孔宪易校注：《如梦录》，《节令礼仪纪》第10，《关厢纪》第7，第86—90、74页。

② 沈榜：《宛署杂记》卷17《民风》1，第190页。

③ 沈榜：《宛署杂记》卷17《民风》1，第190页。

④ 姚旅：《露书》卷8《风篇》上，第195—196页。

⑤ 沈德符：《清权堂集》卷7《荷荡曲（吴中六月廿四日）》，《沈德符集》，第109页。

⑥ 张岱：《陶庵梦忆》卷1《葑门荷宕》，第6页。

⑦ 沈德符：《清权堂集》卷7《月市曲（虎丘中秋）》，《沈德符集》，第114—115页。

月十五的“灯市”媲美；虎丘月市的市场，原本设在虎丘寺的山门外，而后开辟了新的市场，即转向新街；新辟的新街市场，其中的货物陈设，甚至超过阊门；因旅游与市场交易的繁盛，吸引了诸多“大估”前来，进而导致铺面租赁价格的上涨，甚至“万钱刚僦半间廊”，即半间廊房的租赁价格高达钱 10000 文；市贾之家，因为款宾的需要，常常“谒浆呼茗日千巡”，导致消费支出的增加；市场所售，号称前朝古董，或说“宋搨”，或说“唐摹”，其实真赝莫辨，只是为了求得利润；号称月市，实则“穰穰日中游”，反而成为一个日市，到了傍晚，店门大多“严鐍”。开封人热衷于正月初九日游赏上方寺，同样导致旅游经济的兴盛，为游客提供足够的购物、玩耍消费，诸如：有酒饭茶汤铺，以供游客饮食；有戏棚杂要，以供游客玩乐；有杂货、要货，以供游客购买。①

当然，过度的节日游赏、玩耍消费，固然促进了消费经济的发展，但在某种程度上也增加了普通百姓的支出，甚至会成为他们的负担。如在福建莆田，每年的端午日，城内外闾左细民，各自会合同社之人，“为龙舟以竞渡”。自初一起至初五日止，每舟推一人为首，因为“费用甚伙”，导致有些家庭因此而倾家荡产。②

（四）风月游冶

早在洪武时期，朝廷即有严格的规定，禁止文武百官“挟妓饮宴”。虽有禁令，但往往成为一纸空文。事实却是，不论大官，还是小官，每当家中宴饮之时，就“命妓歌唱，沈酣终日”，甚者还让妓女留宿于家。为此，宣德四年（1429）八月，明宣宗曾下谕礼部尚书胡濙，要求礼部揭榜，重申原先的禁约，“再犯者必罪之”。一般认为，这是明代“革官妓之始”。③

其实，国家禁令如此之严，狎妓者依然故我。明代士大夫，多有红裙为伴。尽管《大明律》有官吏挟妓饮酒的禁条，然宣德年间，“三杨”已有挟妓饮酒之举，且与侍妓饮酒、赋诗、行令。④ 明末崇祯年间，复社人士在南京曾有“国门广业社”之举，社内人士，“无日不相征逐”。尤其是侯方域，素性不耐寂寞。即使当时他的父亲正在狱中，但每次侑酒，还是“必以红裙”。⑤ 可见，文社名士，亦好

① 佚名撰，孔宪易校注：《如梦录》，《节令礼仪纪》第 10，第 86—90 页。

② 黄仲昭纂：《八闽通志》卷 3《地理·风俗（岁时附）》，上册，福建人民出版社 2017 年版，第 68 页。

③ 余继登撰，顾思点校：《典故纪闻》卷 9，第 167 页。

④ 蒋一葵：《尧山堂外纪》卷 82《杨士奇》，明万历刻本。

⑤ 黄宗羲：《思旧录·张自烈》，《黄宗羲全集》，第 1 册，第 362 页。

红裙。

文人士大夫风流如此，商人也不敢落其后。明人陈铎与薛论道各有一首以《盐商》为题的歌曲，借此揭示盐商的“风月”生活，诸如说盐商“风月花胡哨”，“花乡酒乡，处处随心赏”之类，[①]无不说明商人在宿妓一类的消费支出上数额颇为惊人。至于徽州商人，尽管日常生活颇为俭朴，但在休闲娱乐消费方面不乏一掷千金之举。按照明代的史料记载，徽州商人的大宗消费，大多集中在娶妾、宿妓与争讼三项，除了争讼不属休闲娱乐消费，其他两项，均可归于休闲娱乐性消费。

人好狎妓，必有游冶之地与之相配。在明代，有官妓、私妓两种。南北两京教坊司，属于官妓，朝廷从中收税，称为“脂粉钱”；隶属于府县的“乐户”，也属官妓，但仅仅“听使令而已”。此外，尚有一些妓女，不隶属于官，而是“家居而卖奸”，一般称为“土妓”，又俗称“私窠子”，其人数更是“盖不胜数矣”。[②] 据林希元的揭示，明代两京九街的官妓，人数“至数万计”，甚至两京的官妓“多流溢于外”，[③]娱乐业开始向外地渗透。

以开封为例，既有“富乐院”，属于官方设置的官妓，朝廷拨给周王府的乐户计有 27 户，其职责在于服务于周王府，即“随驾伺候奏乐”。这些乐户官妓，各家盖造房屋居住，且其服务的对象，也并不限于王府。尤其是富乐院中的出奇美色妓女，大多擅长诙谐、谈谑、酒令、猜枚，无不精通。每日王孙公子、文人墨士，“坐轿乘马，买俏追欢，月无虚日”。除了富乐院官妓之外，开封的青楼游冶业相当兴盛。诸如：在各条街道的酒馆、酒园中，不仅有各样美酒、各色美味、佳肴，高朋满座，而且设有专门的清唱局，“又有清唱妓女伺候”，清唱取乐。在很多客店里，专门住有妓女。如柘城小店，“专住妓女、过客酒店”；新店，“俱住货客，妓女尤多”；临清店，“专住妓女”。[④]

娱乐游观业吸引的消费巨大，其盛衰同样象征着国势的盛衰。万历三十一年（1603）冬天，姚旅僦居南京淮清桥，隔一桃叶渡，就是“南曲”即南京教坊司。当他看到南曲中华榱丽栋，曲榭层台，已经“半委草莱”，就不免向教官陈元凯发出“国家耗矣”的感叹。陈元凯则从传统的观念立论，却并不以姚旅之说为然，认为教坊司的衰落，正好是“宕俗转淳”的征候。为此，姚旅详尽提出了自己的

---

① 路工编：《明代歌曲选》，上海古典文学出版社 1956 年版，第 16—17、109—111 页。

② 谢肇淛：《五杂组》卷 8《人部》4，第 157 页。

③ 林希元撰，何丙仲校注：《林次崖先生文集》卷 2《王政附言疏》，上册，第 73 页。

④ 佚名撰，孔宪易校注：《如梦录》，《街市纪》第 6，第 31、34—35、36、49 页。

一番看法。① 细绎其意，无非是说，当国家强盛、民生富裕之时，自然有余力“酣歌于瑶筝、琴瑟之间”，有钱从事于娱乐消费；一旦从国家到民间百姓，物力尽诎，自然会消费紧缩，更无余资从事于娱乐消费。可见，消费的盈缩与物力的盛衰确乎休戚相关。

七、消费经济的形成

生活观念与消费的盈缩关系密切。当明初之时，受制于小农经济的局限性，且兼经济趋于恢复时期，以及由此而来的物质产品的不足，生活自然显得颇为俭朴，消费随之紧缩，生活观念也以“崇俭”为主流。自明代中期以后，随着经济的普遍恢复与发展，商品经济的勃兴，以及城市化现象的出现，物质生产日益兴盛，生活趋于奢侈，“崇奢”之论随之勃盛。

（一）小农经济下的俭朴生活

在明代，从朝廷乃至官员士大夫，他们中的很多人仍然秉持崇俭的消费观念，且以身为率。

以朝廷为例，从明初的明太祖朱元璋，直至明末的崇祯帝，无不倡导崇俭禁奢。早在明初洪武年间，明太祖朱元璋就倡导“勤俭”，禁止“奢侈”，认为“勤俭为治身之本，奢侈为丧家之源”。② 不仅如此，明太祖还以身为率。当时江西的地方守臣进贡陈友谅曾经用过的镂金床，明太祖对陈氏父子穷奢极欲的生活极其反感，且以此为鉴，下令毁掉镂金床。③ 这一尚俭之法，大致被明朝列代皇帝所传承。即使到了明末，崇祯帝出于对“风尚之奢，日甚一日”的担忧，下谕“禁奢靡，止宴乐”，倡导“裕国足民，节俭为先”。为此，崇祯帝身体力行，以俭朴的生活为天下士民之率。即使是朝廷大的典礼，如寿节、端阳、中秋等，只有在升殿行礼之时，方许作乐，其余一概皆免。至于所用器皿，只有事关典礼之时，才使用金、银各种器皿；平日所用，不过是锡、木、瓷各种器皿而已，借此倡导“俭约”。据蒋德璟亲自所见，崇祯帝天性俭约，所穿常服“多系浣衣”。所穿袍服大袖，传

① 姚旅：《露书》卷9《风篇》中，第205页。
② 余继登撰，顾思点校：《典故纪闻》卷3，第43页。
③ 张瀚：《松窗梦语》卷4《百工纪》，第78页。

下旨意，只留 1 尺 5 寸，阁部各官均以此为准。从崇祯十三年(1640)之后，崇祯帝因为感念母亲孝纯皇太后，"矢心斋素"，即使偶然用荤，也多为奉先殿祭享时的剩余之物。每次召对大臣，御案上盛汤的器皿，最初是用金、玉，后来改用瓷器，至崇祯十三年冬天，更是改用漆器。①

以官员士大夫为例，也无不倡导崇俭禁奢。大儒薛瑄的"生财"之论，其宗旨还是崇俭禁奢。他说："止末作，禁游民，所以敦财利之源。省妄费，去冗食，所以裕财利之用。"②屠勋在上疏中，要求"禁奢靡以厚风俗"，认为奢靡必然带来财富耗竭，甚至百姓贫困。③ 胡世宁的上疏，同样以"崇节俭以制财用"为宗旨，认为一旦"上下风俗之奢，官员馈送之厚"，所费财物增加，势必导致官员"内侵公府，外剥民资"，甚至百姓日穷、财富匮乏。④ 崔铣提倡"道俭"之论，他将重农、抑商、道俭视为治之"三要"。他说："夫宦贵民富，争侈竞巧，转移风尚，浇淳散朴，论者往往病之。"⑤侯一麟有感于"今奢僭之日久矣，而民之穷困亦甚矣"，进而倡导"崇节俭"，希望借此"安贫"，甚至以余财"济贫"。⑥ 张五典更是深信一句名言，即"俭，德之共；侈，恶之大"。对于一个仅凭"力穑食生"的家庭来说，必须在平日的生活中"加意节啬"，才能度日。他认为，只有在平日简省，"两日之用匀为三日"，那么"一年有半年之积，两年有一年之积"，即使遭遇灾荒之年，也不至于"窘乏"。⑦

吕坤堪称明代最为关注民生的地方官员之一，这在他所著《实政录》中已有全面的反映。细究他的消费观念，显然还是以崇俭黜奢为宗旨。吕坤消费观念的根本宗旨，在于明确辨析"劳民伤财"与"利国安民"：若是消费关乎"利国安民"，即使"劳民伤财"，也有所不顾；反之，若是消费不关乎"利国安民"，则即使并不"劳民伤财"，也决不可为。吕坤的主要目的还是在于"足民"，亦即使百姓富足。他说："足民，王政之大本。百姓足，万政举；百姓不足，万政废。"在吕坤的意识里，理财、足民之计有二：一是生财，使民富足。他在《原财》一文中，有

---

① 蒋德璟著，粘良图点校：《悫书》卷 9《回奏禁奢崇俭揭》，商务印书馆 2018 年版，第 89 页。

② 薛瑄：《薛文清公从政录》，《官箴书集成》，第 244 页。

③ 屠勋：《为应制陈言疏》，《明经世文编》卷 89，第 1 册，第 801 页。

④ 胡世宁：《边备十策疏》，《明经世文编》卷 136，第 2 册，第 1351—1352 页。

⑤ 崔铣：《本末》，《明经世文编》卷 153，第 2 册，第 1531 页。

⑥ 侯一麟撰，蔡克骄点校：《龙门集》卷 8《崇俭论》，上海社会科学院出版社 2006 年版，第 145—146 页。

⑦ 张五典撰，田同旭等点校：《大司马张海虹先生文集》卷 11《谕民八款》，上海古籍出版社 2018 年版，第 118 页。

“六生”之说,即六种生财之法,分别为“垦荒闲之田”“通水泉之利”“教农桑之务”“招流移之民”“当时事之宜”“详积贮之法”。这六种生财之法,无不是基于传统之论,更多的是将目光集聚于农业生产与积贮。二是节流,使民通过省约而富裕。他在《原财》一文中,有“十二耗”之说,即12种耗财之弊,分别为“造饮”“淫巧之工”“游手”“倡优剧戏”“在官之役”“僭奢之俗”“寺庙之建”“坊第游观之所刻无益之书”“邪教之倡”“迎送供张”“学校之额、科举之制”“贪墨之吏”,无不是无名或奢靡的消费,要求加以禁约。尤其是淫巧之工,在吕坤的眼中,市场上众多的淫巧之物,只是“耗了世上多少生成的财货,误了多少生财的工夫”。他认为,淫巧不加诛除,就去谈论理财,不过是“苟且之谈”。① 由此可见,吕坤的理财观中,虽说开源、节流并存,但还是以紧缩财政开支或简省民间消费为主,并未将消费视为一种可以带动生产甚或生财的经济行为。

毫无疑问,从帝王到官员士大夫,他们一致倡导崇俭黜奢的最终目的,还是出于一种内心的忧虑,即过分的奢侈消费会破坏稳定的家庭结构,甚至使家庭陷入破产的窘境,进而造成社会结构的不稳定。举例来说,苏州、湖州一带,“有嫁一女,举一丧,而田产为之荡尽者”;②滨海之区,民间百姓遇到婚丧大事,就“揭取钱债,典卖田产”,只图一时的华美,不顾将来难过,以致一遇凶荒,“便受冻馁”。③ 尤其是当百姓游惰之习与奢靡消费相合之时,甚至会影响到国家赋税的顺利征收。一方面,浮荡之习日炽,游惰之民渐多,甚至“倚市门而角胜枭庐、征逐酒食者十人而九”;另一方面,动辄“醵钱为会”,假借神诞,“侈设酒肴,盛陈歌舞”,甚至闾阎习染,无不以汰靡相高。其结果,则是“工释其技艺,商贾辍其贸易,贩夫弛其负担”,人们只求偷得旦夕之娱,反而忘记了“釜缶之罄,饔飧靡给”,以致当里长前来催收赋税时,还傲然答道:“吾负里中醵钱若干,尚未能应,何暇及此?”④如此话语,传遍里巷,虽被当作“戏谈”,但过分的消费,显然已经危及朝廷赋税的正常征收。于是,在官员士大夫的眼中,过分的奢靡消费,其结果必然是财竭民困,进而沦为奸盗。换言之,崇俭黜奢的消费观念之下,显然有着维持国家、社会、家庭安定的根本性的目的,亦即通过自给自足的内在循环,以维系国家基于低水平消费的长治久安。

在这种消费观念的影响下,再加之严厉的法律与礼制禁约,明初的生活消费

① 吕坤:《呻吟语》卷5《治道》,第282、284、325页。

② 屠勋:《为应制陈言疏》,《明经世文编》,第1册,第801—802页。

③ 张五典撰,田同旭等点校:《大司马张海虹先生文集》卷11《谕民八款》,第118页。

④ 黄凤翔著,林中和点校:《田亭草》卷20《救时名实论》,商务印书馆2018年版,第401页。

相对比较简省。如归有光从长老那儿所闻，在洪武年间，“民不粱肉，闾阎无文采，女至笄而不饰，市不居异货，宴客者不兼味，室无高垣，茅舍邻比，强不暴弱”。[①] 据万廷言得自长老的回忆，明初之时的南昌，当地士民的生活也极其俭朴：“民间岁时燕会，杯饮豆肉，率数人共之。日暮，尽欢乃罢。亲党有谒，手单布深衣革履，道路间不敢服，及门，服以谒，谒罢持归。故或终身不易衣屦。”[②]可见，明初俗尚敦朴，视为当然。以服饰为例，无论是诸生士子，还是市井小民，无论是去学校，还是去市肆，都穿一件布袍，十分俭朴。布袍的色彩，士子为素色，市井小民为缁色，不过随冬夏寒暑时令的更迭，稍加更换。即使是那些殷实的家庭，穿着稍为华美，也不过是将薄缣纱制成衣服，平时藏在箱笥中，等到吉礼嘉会等重要场合，才拿出来穿用。过后，又收藏如故。

（二）商品经济下的奢靡生活

俭朴的生活与简省的消费，固然得益于朝廷与官员士大夫的倡率，但更是基于自给自足的小农经济。小农经济框架下的内卷式消费，一切生产只是围绕自给自足，其结果则是物质的匮乏，只堪满足人们的基本生存。当“淫巧之工”盛行之时，生产的产品就不仅仅满足于基本的生存需求，而是更多地顺应生活的享乐化甚至艺术化，再加之商品流动的加速，其结果必然带来奢靡消费的盛行。

奢靡消费之风，首先来自从帝王、太监到官员士大夫的社会上层。以内廷的皇帝为例，开始沉溺于“营作宫室，精工玩好”。既如刘球上疏所云，即“土木之工不息，天地之和有乖”；又如王恕上疏所云，皇帝赍发内帑，并非为了赈济受灾百姓，而是“惟珍奇是好”，令内侍“收买玩好”。若是用张瀚的话语加以概括，就是“广厦细旃之上，不闻俭朴而闻奢靡；深宫邃密之内，不闻节省而闻浪费”。[③]如皇帝御膳用素，以明宪宗一朝为甚，每月定有10余日斋素，均为光禄寺“节省旧例以进，而内庖自行供给”。后因给事中徐昂上言，仍发下膳银给光禄寺，“以补上供之缺乏”。至嘉靖朝，因为明世宗久居西内，事玄设醮，不茹荤之日居多，且兼“光禄大烹之门既远，且所具不精”，所以将烹饪的职责全都交给“大珰辈”。世宗虽号称“茹素”，实则太监在制作时，必须“以荤血清汁和剂以进”，世宗才食

① 归有光著，周本淳校点：《震川先生集》卷3《庄氏二子字说》，上海古籍出版社1981年版，第85页。

② 万廷言：《学易斋集》卷10《序·南昌府志序》，载氏著，张昭炜点校：《万廷言集》，中华书局2015年版，第243—244页。

③ 张瀚：《松窗梦语》卷4《百工纪》，第78—79页。

之甘味,所以“所费不赀”。由内府“大珰”负责皇帝御膳,在嘉靖朝行了30年,历经隆庆一朝,一直到万历朝,此制仍然没有改变。更有甚者,进入万历朝之后,皇帝奉斋日少,玉食反而加多,所以只好自司礼监大珰以下,“轮日派直”。在万历朝,皇帝一日饔飧之费,已经是一个天文数字。据史料记载,有一位太监卖掉了一所大宅第,“止供上饔飧一日之需”。① 皇家饮食生活的奢华,已与明初洪武年间形成鲜明的对比。又如宫中所用草纸,仅供出恭等日常生活所需,通常两年一造,单是制造草纸的成本,包括白灰、纸筋纸、木柴三项,已经共计404两银子,摊入每年,除去工匠工食银之外,就达202两银子。② 太监的生活消费也极其奢靡。他们的消费资金来源,显然来自于各类赃私。如太监陈增,所得赃私竟然高达100—200万两银子。据李麒开报,陈增在徐州就有大小二库,共计藏银10余万两,玉带10余条,每条玉带的价值,均在1200—1300两银子上下。③ 一条玉带的价格如此之高,足见太监消费的奢靡。

以外廷的官员为例,其生活也渐趋奢靡。杨嗣昌曾论及万历末年以来士大夫的奢靡生活,其中有云:“窃见海内士大夫,自神皇末年相习奢侈,于凡宫室车马衣服器用之属,无不崇尚华丽,迈越等伦。即或清高自命,宦橐无多,而亦称贷母钱,缔构园亭卉木,耽娱山水诗文,以是优游卒岁为快。如其亲串朋好偶逢吉庆生辰,相率敛钱造杯、制帐,更迭酬赠,以为固然。”④这种尚奢风气已经波及清高自命的官员,甚至不惜贷款构筑园亭。即使是亲朋好友之间的吉庆生辰一类的庆贺,也“相率敛钱造杯”,作为贺仪。杨嗣昌所谓的“造杯”,其实就是制作银杯,有的甚至用5两银子打造一只银杯。这无疑有诸多事例得以印证。譬如曾任广州知府的林橙,是福建莆田人,天顺年间的进士。林橙生性豪奢,当夏天暑热,一天要“易纱衣数袭”;烹茗之时,“罐不再用,以纱一幅封其口”,用毕即弃去;所用之烛大如椽,并“使童子执之”。⑤ 又如新中的进士,自隆庆年间开始,生活也开始趋于奢华。在隆庆二年(1568),新科的进士大约是1人雇用1名皂隶居多,只有那些出自巨室的贵介公子,才雇用2—3名皂隶。到了隆庆五年,只要是新科的进士,无不雇用2名皂隶带马跟随。更有甚者,有一位进士,“好制衣

① 沈德符:《万历野获编》卷1《列朝·御膳》,上册,第27—28页。

② 何士晋撰,江牧校注:《工部厂库须知》卷3《营缮司》,人民出版社2013年版,第74页。

③ 黄克缵著,李梦生点校:《数马集》卷2《乞籍没税监停免采榷疏》,商务印书馆2019年版,第66页。

④ 杨嗣昌著,梁颂成辑校:《杨嗣昌集》卷33《访据疏》,下册,岳麓书社2005年版,第823页。

⑤ 朱国祯撰,王根林校点:《涌幢小品》卷13《杖知府》,上海古籍出版社2012年版,第233页。

服”,衣服所费银子,竟然高达300—400两银子,一如贵介公子无异。①

普通官员生活如此奢靡,至于那些大臣,其奢靡更是有过之而无不及。如张居正奉旨归葬,所坐的轿子,为真定知府钱普所创,需要32人抬轿。前为重轩,后为寝室,便于休息。以便偃息。旁边又有两庑,各站一童子侍奉,挥扇炷香。所过州县,牙盘上的餐食,水陆超过百品,张居正还以为“无下箸处”。② 淮抚李三才,生活也极其奢侈,“用财如流水”。为了掩盖自己生活过度奢靡,他在招待顾宪成的宴会,故意只列蔬果“三四色”。次日,才“盛陈百味”。③ 明末大臣倪元璐,是甲申年(崇祯十七年,1644)的死节名臣,节操毋庸置疑。但倪氏的生活也相当奢侈,喜欢构建园亭,且极其工巧。众所周知,徽墨在明代极其珍贵,尤其是方于鲁、程君房两家所制之墨,更是号称名品。倪元璐以方、程两家之墨,调和朱砂,涂饰家中门窗与墙壁。④

至于民间百姓,生活趋于奢靡几已成为一大趋势。就商人来说,如徽州以盐策起家的大贾,其生活最为豪奢,一如汪道昆所言:“入则击钟,出则连骑,暇则召客高会,侍越女,拥吴姬,四坐尽欢,夜以继日,世所谓芬华盛丽,非不足也。”⑤ 这一侈靡之风,无疑是一种整体性的反映,且已经成为一种风俗。就宫室侈靡来说,则是“堂构轮奂,茅茨不仍,翚飞鸟革,绘极工”;就衣服侈靡来说,则是“绮纨彩缯,杼轴几空,冠履衿鞶,贵贱无等”;就饮食侈靡来说,则是“列笾设豆,山海珍错,岁时伏腊,肴核维旅”;就器用侈靡来说,则是“范炉篆鼎,累珠斲玉,镌瑚刻簋,镂凤雕龙”;就冠婚侈靡来说,则是“男冠女笄,燕会累日,奁妆御送,稇载盈箱”。⑥ 换言之,“闾巷竞奢,市肆斗巧”,几已成为一时风尚。在此风尚之下,“切云之冠,曳地之衣,雕鞍绣毂,纵横衢路”,甚至“北里之弦丝益繁”。⑦

生活消费趋于奢靡,始于南北两京。屠勋对南北两京民间风俗趋奢有如下揭示:“今两京风俗,豪富之家,往往竞为奢侈,服饰器用,僭逾礼制,浮靡浪费,

① 李乐:《见闻杂记》卷3,上海古籍出版社1986年版,第229页。

② 张怡:《玉光剑气集》卷31《惩诫》,第1108页。

③ 张怡:《玉光剑气集》卷31《惩诫》,第1108页。

④ 王应奎:《柳南续笔》卷2《倪文正公》,中华书局1983年版,第169页。

⑤ 汪道昆:《太函集》卷2《汪长君论最序》,第49页。

⑥ 王畿著,阎海文点校:《樗全集》卷8《十戒药石 · 侈靡六》,商务印书馆2019年版,第291页。

⑦ 何乔远撰,陈节、张家庄点校:《镜山全集》卷22《覆礼科都给事中张贞观禁奢靡疏》,中册,福建人民出版社2015年版,第637—638页。

罔有纪极。”[①]相同的记载,也见于万历四十年(1612)张铨的上疏。据张铨上疏可知,一些贪墨之夫与膏粱子弟,“一餐之费,当农人三时之勤;一衣之值,当红女终年之绩;一器之玩,当中人十家之产。”[②]这是极其奢靡的消费。

京师奢靡如此。风气所及,即使是滨海之区,也是奢靡成风,甚至“一年之积不足以供一衣,数月之粮不足以办一席”。[③] 张五典的说法,决非空穴来风。晚明的豪富巨家,无不“竞奢侈,转相仿效”。他们的日常生活消费,一如侯一麟所言:“美宫室为土木蠹,兼珍馔为饮食蠹,殚华丽为衣服蠹,极声色为耳目蠹,嫁娶逾度,蓄役群小,丧葬过礼,信惑葬师,为财用蠹。”[④]至于豪侈之家的奢靡生活,更是多有例子可举。嘉靖、隆庆年间,无锡安氏之家巨富,甲于江左,号称“安百万”。安家生活豪奢,尤其追求饮食美味。为了满足自己的口腹之欲,专门在宅旁修筑一庄,用来饲养牲畜。庄中所养子鹅,常常多达数千头,每天宰杀三四头,“他物称是”。有时夜半想吃子鹅,来不及宰杀,就“解鹅一支以应命”。食毕,鹅犹“宛转未绝”。[⑤] 常熟人徐汝让,号钦寰,是工部尚书徐栻的从孙。此人富甲一邑,而生性最是豪奢,挥金如粪土。[⑥] 南京“沉香街”的故事,更是证明有些富有者,有时不惜“千金以买一笑”。如嘉兴人项元汴,在游览南京时,与院中一妓相好。项氏回到嘉兴之后,广购沉香,将沉香木加工成卧床,玲珑工巧。此外,又用名纨美锦制衣数箧,一同装入大船,前往南京。到了旧院,入门之后,正值此妓接客,看到项元汴,假装不识。项氏前通姓名,且告知有物相赠,此妓才婉容加礼。项氏令人将前堂打扫干净,把沉香床抬置其中。院内众人争相前来致贺,群艳纷集。项氏大张绮筵,钗钿丝管,分行接响。饮酒至半,忽然指妓大声道:“我以世上有情种,多在章台,故不惜千金以买一笑。讵期月之别,便已相忘。絮薄花浮,于今乃信。”随即招呼随从仆人拿出箧中之衣,全部撕裂。又夺取大槌,将床敲碎,当庭焚烧。当时烟焰袅空,遍城均能闻到异香,经四五日不散,时人将此街命为“沉香街”。[⑦]

---

① 屠勋:《为应制陈言疏》,《明经世文编》,第1册,第801—802页。

② 张铨撰,田同旭等点校:《张忠烈公存集》卷9《直陈救时要务疏》,上海古籍出版社2018年版,第41—42页。

③ 张五典撰,田同旭等点校:《大司马张海虹先生文集》卷11《谕民八款》,第118页。

④ 侯一麟撰,蔡克骄点校:《龙门集》卷8《崇俭论》,上海社会科学院出版社2006年版,第145—146页。

⑤ 王应奎:《柳南随笔》卷3,中华书局1983年版,第52页。

⑥ 王应奎:《柳南随笔》卷2,第23页。

⑦ 钮琇:《觚賸》卷2《吴觚》中《沉香街》,上海古籍出版社1986年版,第28页。

生活趋奢现象,体现在日常生活的方方面面。以服饰为例,早在明初洪武年间,有一位倚靠父兄庇荫的散骑舍人,"衣极鲜丽",一身衣服的制作之费,高达钞 500 贯。这无疑已属相当奢华的服饰,相当于数口之家的农民"一岁之费"。① 以饮食为例,因为暖室技术的应用,使得京城的内监、戚里这些勋贵之人,最喜吃"非时之物",亦即反季食品。这些反季食品,尤其是"早蔬",价格极其昂贵。如三月末,北京市场上的王瓜,长不及 2 寸,一根的价格达铜钱 1000 文;四月初,茄子仅弹丸之大,一枚的价格高达铜钱 3000 文。即使如此昂贵,明宫内的太监,也"不惜厚直,以供内庖"。② 谈迁的记载,可以作为上述记载的补充。如在严冬之时,诸如白扁豆、生黄瓜,"一蒂至数镮"。当然,这些反季蔬菜,只有戚里、中贵方能享用。③ 此外,一些豪侈之人,到了夏日暑热,更是喜欢"以冰置坐隅",④借此享受炎夏的一日清凉。

有些士人,一旦有了身份,或纳监成为监生,或中科第成为进士,或者做了官,无不想纳姬妾,甚至不惜花费高价。明人谢肇淛曾举他的友人王宗姬为例,并说他为了娶一妓女为妾,甚至花费万金,⑤亦即 10000 两银子。如此奢侈的娱乐性消费,当然是一个特例。然根据明代的史料记载,万历年间,如果想从南京上新河娶一位美妾,其通常的价格是 140 两银子。⑥ 又有一位进士,在登第后,便学起了奢侈生活,曾贷款 200 两银子,"娶妾二人"。⑦ 可见,买妾一人的消费,大抵为价银 100 两。如此价格,还是颇显奢华。

(三) 崇奢观念的崛起与消费经济的形成

生活趋奢现象的出现,按照传统观念视之,显然会使普通百姓陷入贫困化的境地,进而动摇小农经济的稳定结构。奢靡消费的负面影响,亦一如唐顺之所云:"东南州郡侈靡日长,而虚耗亦日甚,譬如病火之人,颜色泽然而血气槁矣。"⑧细绎其意,即过度的奢靡消费,好像一个"病火之人",虽然脸色"泽然",但血气已经枯槁。有一点显然也是事实,超越自己经济实力的奢靡消费之风,会

---

① 余继登撰,顾思点校:《典故纪闻》卷 5,第 99 页。

② 谈迁:《北游录》,《纪闻》上《早蔬》,中华书局 1997 年版,第 314 页。

③ 沈德符:《万历野获编》卷 29《禨祥 · 岁朝牡丹》,下册,第 733 页。

④ 李日华:《紫桃轩杂缀》卷 3,凤凰出版社 2010 年版,第 293—294 页。

⑤ 谢肇淛:《五杂组》卷 4《地部》2,第 74 页。

⑥ 姚旅:《露书》卷 7《杂篇》,第 167 页。

⑦ 李乐:《见闻杂记》卷 3,上海古籍出版社 1986 年版,第 226 页。

⑧ 唐顺之著,常州市唐荆川研究会编:《唐荆川诗文集》卷 9《与王北厓郡守》,第 264 页。

导致百姓家无积蓄。譬如身处“瓯脱之乡”，若是也去效颦于“膏腴之役”，服食伎作，竞为淫巧，衣帛食肉，再加上诸多“不经之费”与“无名之施”，生活只求汰侈，而没有节制。时日一久，必然“称贷而弗偿”，其结果则是“才一小眚，束手向人”。① 但这仅仅是奢靡消费的一个面相。其实，奢靡消费同样也具促进生产之效。百工技巧与商品经济的发展，无疑又为过度的奢靡消费提供了足够的物质产品。随之而来者，则是崇奢观念的崛起，以及消费经济的形成。

尽管张瀚深信“末修则人侈，本修则人懿”的道理，且认同“抑末务而开本业”之说，但有一点他不得不承认，即在奢靡之风与奇技淫巧之间，确实存在着一种互动的关系。换言之，百工技巧生产的各色产品，是供应奢靡消费的物质基础；而奢靡消费之风的形成，则又会带动百工技巧的生产活动。以都城北京为例，当地“百工充溢，宝藏丰盈，服御鲜华，器用精巧，宫室壮丽”，主要得益于两个渠道：一个是生产渠道，即来自“百工所呈能而献技”，亦即百工的生产品。二是流通渠道，即“巨室所罗致而取盈”，亦即巨室的“罗致”。当然，在这些巨室罗致物品的过程中，显然难以缺少商人远途贩运这一必要的流通环节。张瀚所言“四方之货，不产于燕，而毕聚于燕”，已足以证明，一旦奢靡之风形成，导致“物值既贵”，即物品价格上涨，自然会引发一些商人为了追求“重糈”，甚至“不远数千里乐于趋赴”。这就引发长途贩运贸易的出现。② 可见，因为商人流通环节的存在，使得在生产者与消费者之间建立起一种有机的联系，使生产与消费得以往复循环，并且互相促进。

明朝人的消费行为，显然有趋于娱乐化的倾向，于是玩要娱乐也就成为人们追求的时尚。有一位客人问黄省曾：“今之天下，奚其尚？”黄省曾答：“富贵淫乐焉尔。”黄省曾的回答也非空穴来风，而是从市场上所售的各色商品，方得以观察到晚明生活消费的时尚所在。这就是说，晚明市场上所售的商品，诸如“玩宝盈箧，珠翠盈囊，绣绮盈轴，色艳盈室，丝竹盈架，珍错盈列”，无不是富贵淫乐之具，以供人们的奢靡消费，且成为一种时尚。③ 这就引发了明代的士大夫对奢靡消费进行理性的认知。隆庆、万历年间，有两位“清正名臣”，出于维系传统统治秩序的目的，都曾倡导“禁奢崇俭”，建议严禁娼优，但均难以付诸实施。一位是葛守礼，隆庆年间任都察院左都御史，建议严禁娼优，得到明穆宗的允行，其结果

---

① 方大镇：《宁澹居集·荒政议》，载方昌翰辑，彭君华校点：《桐城方氏七代遗书》，黄山书社 2019 年版，第 182 页。

② 张瀚：《松窗梦语》卷 4《百工纪》，第 77 页。

③ 黄省曾：《五岳山人集》卷 20《语苑》，《四库全书存目丛书》影印明嘉靖刻本。

却"终不能革",亦即最难难以革去娼优之习。另一位是礼部尚书沈鲤,在万历十三、十四年间(1585—1586),也上疏建议禁止娼优,结果也因为其他官员有不同的看法而没有实行。两位大臣的议论,当然属于"其议甚正",但在沈德符看来,说出这样一类的建白话,实在是"未为知礼"。沈德符的理由有二:一是娼优之设,是官方礼制的需要。譬如明朝廷在南北两京设立教坊司,在各个藩府设立乐院,无不是出于官方礼制的需要,诸如"供侑食享庙之用",中宫、王妃合卺与内廷庆贺,均需要"乐妇供事",以及外夷朝贡赐食、大廷元会等大礼,也需要"伶官排长承应"。二是娼优之设,是民间人情的需要。诸如京城勋贵、缙绅在公务之暇,相聚宴会,或者遇到会试之年,新进士宴请大小座师,或者祝贺新中的进士,无不需要娼优侑酒。① 娼优的存在,在传统的清正之士眼中,自然是一种奢靡的消费,甚至会产生耗财、民贫的不良后果,但在晚明这样的消费社会中,奢靡之举确乎很难禁绝。《明经世文编》的编者,已经深知这一道理,不得不将注意力转向禁止"僭",认为"侈则召贫,奢则逼僭。不能禁其奢侈,当以法禁其僭耳"。②

事实确乎如此。奢靡之举,看似一种无益的浪费,实则可以带动经济,甚至养活诸多的产品生产者。明人张铨已经敏锐地观察到,一旦奢靡成风,各色消费需求增加,自然就会引发"奸人射利,淫巧日工",③亦即带动各色工匠为消费提供丰富而且新颖的产品。

其实,并不仅限于此。即以戏曲演出为例,在晚明的杭州城已是相当兴盛,如富贵人家"出金帛,制服饰器具,列笙歌鼓吹,招至十余人为队,搬演传奇,好事者竞为淫丽之词,转相唱和"。在传统士人看来,这些都是无益的浪费,但事实正好与此相反,一些游惰之人,纷纷"乐为优俳",甚至整个杭州城内,"衣食于此者,不知几千人矣"。④ 换言之,正是因为富贵人家的戏曲娱乐消费需求,才给一城几千个俳优之人提供了就业机会,并使他们得以借此维系生计。又如上元灯节,各种花灯的消费需求,同样可以带动生产。明代的杭州,上元灯节最盛,主要因为杭州城本身就是"皮绢纱纸之灯"的产地,得益于产品生产地的便利。但灯节的名头一盛,当地的花灯生产就难以满足市场的多样化需求,于是南北各地

---

① 沈德符:《万历野获编》卷1《列朝·节假》,上册,第17页。

② 屠勋:《为应制陈言疏》,载陈《明经世文编》,编者评语,第1册,第801页。

③ 张铨撰,田同旭等点校:《张忠烈公存集》卷9《直陈救时要务疏》,第41—42页。

④ 张瀚:《松窗梦语》卷7《风俗纪》,第139页。

的贵重花灯，如福建的珠灯、南京的角灯、云南的料丝灯，也都汇聚于杭州。[①] 可见，生产、流通、消费之间，已经构成完整的一个链条，使生产、消费不再内卷化，而是趋于更为广阔的市场化。

八、小　结

明代的消费水平及消费文化，首先，得益于生产力的提升与物质产品的丰富，尤其是商业的繁荣。以苏州为例，在经历了明初的恢复期之后，自中叶以降，商业得到了极大的发展，进而成为明代经济最为发达的地区和全国的财赋中心。以此为基础，苏州不仅成为生产中心，更是出现了“苏意”“苏样”等新名词，进而成为引领天下时尚的消费中心。其次，得益于消费市场的形成。揆诸明代城市的消费市场，大致呈现出以下两类：一类以苏州、杭州为代表，既是生产中心，又是消费中心（亦即所谓的“销金窟”）。不仅苏州引领天下时尚消费的潮流，杭州夜市的出现，同样证明杭州消费市场的勃盛。究其原因，夜市虽是日市的延伸与发展，但更需要具备丰富的商品和繁兴的市场作为依托，甚至离不开周边地区发达的商品经济与市场网络，是衡量一个城市发展的标识。进而言之，繁密的人口，辐辏的商旅，畅达的交通，以及繁荣的商业和较高的消费需求，显然已经成为杭州夜市勃兴的基础。[②] 另一类以北京、开封为代表，仅仅是消费中心，而缺少生产的支撑。以开封为例，尽管消费市场已经呈现出繁荣的局面，而且消费市场体系颇为完善，市场所售商品种类繁多，甚至来自全国各地，但从总体上说，开封消费市场仍不脱传统性，其服务的主要对象还是以周王的藩府人口为主的寄生人口集团。所以，随着藩府人口的减少，清代开封的消费市场就大不如明代。[③] 第三，得益于消费信用的建立。以商品经济的发展为先导，明代民间的商业信用随之得以建立。这种商业信用既包括商人提供给生产者的信用，又包括商人与商人之间建立起来的信用，甚至包括商品使用者亦即消费者的消费信用。进而言之，商业信用、消费信用已经深入到各行各业乃至各个地区，其结果则是加速了商品交易，节省了资金，并为商品经济的可持续发展提供了必要的信用

---

① 张瀚：《松窗梦语》卷7《时序纪》，第136页。

② 参见陈学文：《明代杭州的夜市》，《浙江学刊》2007年第2期。

③ 参见曹兰：《明代开封消费市场初探》，《河南纺织高等专科学校学报》2007年第3期。

保证。①

消费水平是衡量家庭生活质量的一个很重要的客观指标。明代的生活消费支出,大抵呈现出以下三个倾向:一是就衣、食、住、行、社交等日常消费来说,从俭朴开始向奢靡转向。尤其是自明代中期以后,因为“风俗浇漓”之故,消费领域的这种转向则更为明显。如正统年间,御史陈鉴就声称北京城市居民的消费,日渐沉溺于以下五种过度的奢靡消费,即“事佛过甚”“营丧破家”“服食靡丽”“优倡为蠹”“博塞成风”。② 在这五类过度的奢靡消费中,除了“服食”属于必要的日常支出,且流于过分靡丽之外,其他的四类消费,一则贪图面子,二则沉溺享受。二是就整体性的消费来说,从维持生存等实用功能的消费,向旨在“观美”等艺术性消费的转向,亦即从必要的物质生活消费,更多地转向精神生活消费,诸如社交礼仪支出,书画、古董一类的文化消费,随之而来者,则是生活日趋艺术化。三是消费观念的转向,即从“崇俭”向“崇奢”的转变,随之而来者,则是消费经济的形成。消费领域三大转向的存在,固然不乏炫耀性、从众性的超前消费,甚至有些收入不高、家资并不富厚之人,为了面子而不惜借债消费,或者如徽州商人一类的“好事者”,为了炫富或者向士大夫阶层求得身份的认同而去追求书画、古玩、时玩之类的艺术性消费,但就消费现象的整体性而言,这无疑是生活质量趋于提升的最好佐证。

以现代经济学的视角观之,居民家庭消费水平的衡量,显然有待于从恩格尔系数与消费结构这两个指标加以论定。恩格尔系数是根据食品消费支出占总消费支出的比重来衡量消费水平的总量指标;而消费结构是反映居民家庭生活质量的变化状况以及内在构成合理化程度的重要标志,一般用各项消费在消费总额中所占的比例来表示。③ 限于目前资料的匮乏,在无法尽情使用计量方法的前提下,很难对明代居民家庭消费结构与恩格尔系数加以清晰地厘定,但从上述详细的论证中,已经不难发现以下事实:排除消费结构中的社会阶层性差异不论,若是就其整体性而言,食品一类维持基本生存的物质性消费,在整个家庭消费中的比例在逐渐减少,而休闲、旅游、书籍、书画、古玩、时玩一类的精神、消闲性消费,则在整个家庭消费中的比例在逐渐增多。

---

① 参见刘秋根、王中良:《明代民间商业信用——兼及消费信用》,《河北大学学报(哲学社会科学版)》2006 年第 1 期。

② 龙文彬:《明会要》卷 51《民政》2《风俗》,下册,第 951 页。

③ 易松国、风笑天:《城市居民家庭生活质量主客观指标结构探讨》,《上海社会科学院学术季刊》1999 年第 1 期,第 143—144 页。

合理、适度的消费，可以促进消费经济的蓬勃发展，进而反馈于生产领域，带动生产与商品交易的发展。即使是明代中期以后奢靡消费的勃兴，亦不能一概视之为负面的东西而加以贬斥，而是应该转变观念，从更为理性的角度加以解析。如南京、苏州、杭州等地繁盛的娱乐游观业，也并非如保守士大夫认为的那样，仅仅是一种奢侈的浪费，甚至会助长社会风气的败坏，而是如理性、开放的士大夫所言，同样可以为社会各劳动阶层甚至社会闲散人员提供就业、维持生计的机会。以旅游业为例，若是将其置诸消费社会（consumer society）在前现代的发展背景下加以观察，并就中西旅游活动加以比较，实际上也如有的研究者所云，中国实则不亚于西欧，亦即晚明的旅游消费文化，在相当程度上确乎与现代性的消费文化特点多有吻合之处。①

---

①　参见巫仁恕：《晚明的旅游活动与消费文化——以江南为讨论中心》，《“中央”研究院近代史研究所集刊》2003 年第 41 期。

第五章　赋役负担

赋役负担与生活质量休戚相关。轻徭薄赋，负担不重，百姓生活随之安逸，生活质量由此提升；赋重徭烦，负担加重，百姓生活随之劳烦，生活质量由此下降。

这仅仅是一个面相。进而言之，在传统的帝制时代，很难真正达臻国强民富的理想状态。换言之，在国课与民生之间，通常会形成一种矛盾的状态：就上层的帝王而言，他们的理想无不想做一个儒家意识所形塑的"圣君"，以天下苍生为念，不以一己私利为得；但在面对复杂多变的态势之时，尤其是当遇到财政危机时，为了维系朝廷财政的正常运转，又不得不加重赋役的摊派。就下层的地方官员而言，他们的理想世界是致君泽民；但在实际的行政运作之时，致君与泽民时常会产生冲突。为了致君，不得不催课；为了泽民，则又不得不抚民。这就使地方官员陷于两难的尴尬境地。

田数、民数、丁数，是传统时代国家财政的主要来源。早在明初之时，国家就把户口、赋籍置于极其重要的位置。凡是行郊祀之礼时，必须将天下的户口、赋籍陈设于台下。祭祀完毕，再收入内库妥善保管。这里所谓的户口、赋籍，其实即指黄册，于洪武十四年(1381)开始实施。按照制度规定，各个府、州、县无不需要攒造黄册，大致为每10年攒造一次，借此"定赋役，核匿漏，清逃亡"。① 明代黄册所载，包括田数、民数、丁数，看似只是一种户口册，其实并非尽然。黄册照田立户，至于那些无田的单丁，则附于一甲之后。田、丁一旦详细登录在案，那么国家以此作为收取赋税、摊派徭役的依据，亦即所谓的"田有租，丁有役"。就此而言，黄册是户口、赋籍的合成册。

万历十一年(1583)六月，南京户科管理黄册给事中余懋学在上疏中，明确将黄册称为"赋役黄册"，因其备载天下田土、人丁之数，进而成为官司派征赋役及百姓输纳赋役的依据。所谓赋，指的是税粮，主要"取诸田土"；所谓役，指的

① 申时行等修：《明会典》卷20《户口》2《黄册》，中华书局1989年版，第132页。

是征徭，则“兼取人丁”。[①] 明代赋役之制，远监唐、宋，却又自具特色。明代广义上的“赋”，细分之，又可析为贡、赋、课三种。所谓贡，即九贡之法。所谓赋，即承袭前代租税之法。由于田分官田、民田两等，明代之赋，随之分为官米、民米，亦即公田、民田之赋。租又分两等，即夏税、秋粮，相当于前代的两税之赋。夏税即夏税钞，秋粮包括秋粮米、秋租钞。所谓课，包括鱼课、盐课、铁课、酒税、商税、门摊诸色的常课，属于杂变之赋。明代之役，就其服役的种类而言，分为甲役、徭役、杂役；就其服役的性质而言，则有力差（即力役）、银差（即雇役）。力差即唐代的庸法，银差即唐代的调法。所不同者，唐代之役，专以丁论，即依据人丁作为摊派的依据；而明代之役，则“计丁田为差”，即依据丁粮事产作为摊派的依据。[②]

一、赋税负担

明代具有一套完整的赋税征收系统。这一征收系统的基本准则有二：一是“因田制赋”，即根据田地而征收赋税；二是税粮、草料，各有定额。至于具体的征收数字，每年由户部先行会计，计算出一年的实征数目，而后将这一数目分派到各布政司、府、州、县，照此数字征收。[③] 当然，在“因田制赋”这一大原则下，夏税、秋粮的征收，则又稍有区别：夏税“起于丁口”，而秋粮则“起于田亩”。[④]

（一）正常的赋税

所谓正常的赋税，指的是正额、常课。以田的名色而论，有官田、民田、重租田、没官田、芦地、草塌地之分，其征收的赋税科则也有所差别。至于征收的赋税，亦有本色、折色之分。此外，有些物料摊派，同样属于正常的赋税征收范畴。

---

① 赵官等编纂，吴福林点校：《后湖志》卷10《事例》7，南京出版社2011年版，第171页。

② 相关的记载，可参见万历重修《泉州府志》卷6《赋役》，《中国史学丛书》，台北学生书局1987年版；查继佐：《罪惟录》卷10《志·贡赋志总论》，收入《四部丛刊三编》，商务印书馆民国二十四年影印本；嘉靖《颍州志》卷8《食货》，《天一阁藏明代方志选刊续编》，上海书店出版社1990年版。张溥撰，曾肖点校：《七录斋合集》卷28《赋役论》，齐鲁书社2015年版，第501—502页。

③ 申时行等修：《明会典》卷29《户部》16《征收》，第216页。

④ 方孔炤：《刍荛小言》，载方昌翰辑，彭君华校点：《桐城方氏七代遗书》，黄山书社2019年版，第410页。

1. 田赋科则的确立及其演变

洪武初年,官方制定出各色田地征收赋税的则例。具体如下:官田,每亩征税5升3合5勺,即0.0535石;民田,每亩征税3升3合5勺,即0.0335石;重租田,每亩征税8升5合5勺,即0.0855石;没官田,每亩征税1斗2升,即0.12石;芦地,每亩征税5合3勺4抄,即0.00534石;草場地,每亩征税3合1勺,即0.0031石。① 在各色田地的赋税征收中,以没官田的税率最高,以草塌地的税率最低。若是稍加分析,最高科则的没官田每亩所征之税,高出最低科则的草塌地约3742%;以同为高科则的官田、重租田、没官田为例,没官田每亩所征之税,分别高出官田、重租田约126%、40%;至于官田每亩所征之税,则高出民田约60%。

这一各色田地的征税科则,随着时代的演变而稍有变化,或升或降。如洪武七年(1374),明太祖朱元璋下诏,苏州、松江、湖州等府之田,每亩征税7斗5升,即0.75石。苏州、松江、湖州等府之田,既属于没官田,又属于重租田,其每亩所征之税,显然更是高出原先所定没官田、重租田约525%、777%。至洪武十三年,又下令减轻苏州、松江、嘉兴、湖州四府重租田的征税比率。所减比率分为两种:一种是原先每亩征税0.44—0.75石的重租田,“减十之二”,亦即减少税率20%;另一种是原先每亩征税0.36—0.43石的重租田,“减十之一”,一律每亩只征税0.35石。

洪武之后的历朝,对各色田地的征税科则,均出台了新的征税政策,且有所变化。如永乐三年(1405)下令,凡是开垦官湖所得之田,一律作为官田处理,每亩征收夏税2升,秋粮米3斗,共计3斗2升,亦即0.32石。这一征税科则,相较于洪武初年所定的官田征税科则,实则高出约504%。宣德四年(1429)下诏,减轻官田的征税比率。所减比率分为两种:一种是原先每亩征税0.1—0.4石的官田,各减“十分之二”,亦即减少税率20%;另一种是原先每亩征税0.41—1石以上的官田,则各减“十分之三”,亦即减少税率30%。正统元年(1436)下令,减轻浙江、南直隶苏州、松江等处官田的征税比率。这次减税的比率幅度不小,亦即将官田按照民田起科征税。所定征税科则分为三种:第一种是原先每亩征收秋粮0.41—2石以上的官田,减为征收秋粮0.27石,分别减少了约52%—641%;第二种是原先每亩征收秋粮0.21—0.4石的官田,减为征收秋粮0.2石,

① 龙文彬:《明会要》卷54《食货》2《田赋》,下册,中华书局1998年版,第1009页;申时行等修:《明会典》卷17《户部》4《田土》,第112页。

分别减少了约 5%—100%；第三种是原先每亩征收秋粮 0. 11—0. 2 石的官田，减为征收秋粮 0. 1 石，分别减少了约 10%—100%。景泰七年(1456)，再次制定浙江杭州、嘉兴、湖州富民的田地征税科则。这显然是一次增税之举，分别分为四种：第一种是原先每亩科米 0. 488—1 石的官田，及每亩科米 0. 53—0. 7 石的民田，一律"每石岁征平米一石三斗"，亦即征税上升的比率为 30%；第二种是原先每亩科米 0. 3—0. 4 石的官田，及每亩科米 0. 33—0. 4 的民田，一律"每石岁征平米一石五斗"，亦即征税上升的比率为 50%；第三种是原先每亩科米 0. 14—0. 2 石的官田，及每亩科米 0. 1—0. 27 的民田，一律"每石岁征平米一石七斗"，亦即征税上升的比率为 70%；第四种是原先每亩科米 0. 02—0. 08 石的官田，及每亩科米 0. 03—0. 07 石的民田，一律"每石岁征平米二石二斗"，亦即征税上升的比率为 120%。可见，这次的增税比率，原先征税最低的官田、民田，上升的税率则越高。弘治二年(1489)下令，应天府所属上元等 7 县的田地，在征收税粮时，官田每石减少耗米 0. 25 石，民田每亩劝出米 2 升，亦即 0. 02 石。镇江府所属各县，丹徒县的田地，在征收税粮时，官田每石减少耗米 0. 22 石，民田每亩劝出米 2 升，亦即 0. 02 石；丹阳县的田地，在征收税粮时，官田每石减少耗米 0. 2 石，民田每亩劝出米 1 升，亦即 0. 01 石；金坛县的田地，在征收税粮时，官田每石减少耗米 0. 2 石，民田每亩劝出米 1 升 2 合，亦即 0. 012 石。太平府所属当涂等 3 县的田地，在征收税粮时，官田每石减少耗米 0. 25 石，民田每亩劝出米 1 升，亦即 0. 01 石。宁国府所属宣城 6 县的田地，在征收税粮时，官田每石减少耗米 0. 3 石，民田每亩劝出米 1 升，亦即 0. 01 石。广德州及建平县的田地，在征收税粮时，官田每石减少耗米 0. 2 石，民田劝出米 1 升 5 合，亦即 0. 015 石。可见，弘治二年的赋税科则的改革，显然是官田因为耗米的减少而有所减轻，而民田因为劝出米的增加而有所加重。①

在明代的田赋科则中，有一个现象值得引起关注，即科则有"重租"与"轻则"之别。但凡官田、没官田，均属于"重租"征税的范围，尤以江南田赋为甚。即使是新开垦的官湖之田，一旦按照官田的科则征税，也必须每亩上纳夏税麦、

① 申时行等修：《明会典》卷 17《户部》4《田土》，第 112 页；龙文彬：《明会要》卷 54《食货》2《田赋》，下册，第 1011 页。按，明宣宗减轻官田赋税征收比率的诏令，据《皇明诏令》的记载，此诏为《春和宽恤诏》，颁发于宣德五年(1430)，与《明会典》所载宣德四年有异。即使如此，这一诏令在地方志中同样得到了反映，如隆庆《长洲县志》卷 2《税粮》就收录了这一诏令，可见在江南已经得到了很好的执行。

秋粮米3斗2升,亦即0.32石。[①] 与此相应,但凡是民田,均属于“轻则”征税的范围。如天顺五年(1461),官方在处理各处流移人户时,曾强行要求这些流移人户“附籍”,亦即造入黄册,纳粮当差。至于这些流移人户开垦的荒地,且很久已成自己产业者,均按照“轻则”征税,每亩仅征秋粮米3升2合,亦即0.032石,外加草1斤。[②] 抛开所纳草1斤不论,新开垦之田,一旦纳入“重租”的官田,每亩必须交纳0.32石之税;而一旦纳入“轻则”的民田,则只需每亩交纳0.032石之税。两者相较,“重租”的官田,其田赋征收的税率高出“轻则”的民田900%。

明代田赋的征收,有本色、折色之别。税粮本色、折色之分,起自洪武九年(1376)。所谓本色,即税粮只是征收米、麦;所谓折色,即指折纳税粮,亦即百姓可以用银、钞、钱、绢代输税粮。[③]

明代折纳税粮的出现,对于百姓负担而言,实则存在着相反的两种倾向:一是明初逋赋折收,其本意是一种减轻百姓负担的临时性措施。如洪武三十年(1397)下敕谕给户部,要求凡是天下所有“积年逋赋”,均允许根据土地所产之便,折收绢、布、金、银等物,目的就在于免去百姓“转运之劳”,亦即减轻百姓的负担。[④] 二是折色纳税制度一旦确立,从折色的变化趋势来看,实则使百姓在折色过程中,负担渐趋加重。以税粮折银为例,在明初之时,起运的折色税粮,通常每石折银“自四五钱至六七钱不等”,亦即或每石折银0.4—0.5两,或每石折银0.6—0.7两。其后,因为宗室人员日渐增多,再加之边患日棘,起运的税粮一概征收折色,且每石折银1两。[⑤] 在折银的过程中,百姓负担分别加重了30%—40%,甚至加重了50%—60%。

2. 田赋科则举例分析

明代田赋科则亦即所谓的“田则”的确立,显然与田制大有关系。换言之,不同的田制,征收税粮的科则就明显不同。

按照明代的制度,凡是天下田土、山林、海塘、海荡等,均需要登记在册籍中,借此作为征收赋税的依据。若以土地的所有权属性而言,明代的田地大致不外

---

① 龙文彬:《明会要》卷54《食货》2《田赋》,下册,第1011页。

② 赵官等编纂,吴福林点校:《后湖志》卷4《事例》1《诸司职掌》,第58页。

③ 龙文彬:《明会要》卷54《食货》2《田赋》,下册,第1009页。

④ 余继登撰,顾思点校:《典故纪闻》卷5,中华书局1981年版,第99页。

⑤ 张四维:《条麓堂续集》卷17《复刘华石》,载氏著,张志江点校:《张四维集》,下册,上海古籍出版社2018年版,第1072页。

乎官田与民田两种。官田属国家所有,不可以自由典质买卖,其起科的税粮较高;民田属于百姓所有,可以自由典质买卖,其起科的税粮较低。进而言之,若以田地的自然属性而言,明代的田地种类则相对较多,如旱田、水田之类;若以田地的私租、卖价高低区分,则可分为上、中、下三等。

(1)官田科则

明代官田等则颇多,细加分类,大致有下面六种:一是职田,这是延续唐代之制的产物,是职官所分之田;二是学田,是府县用来赡养学校之田;三是寺田、宫观田,是因寺额废而归入官府之田;四是没官田,即籍没之家而归入官府之田,有原没、今没之别;五是官租田,指籍没以后再募人耕种之田;六是屯田,属于官田,由官方拨给军士耕种。① 下面依次分述之。

一是职田。职田作为一种官田,其税粮征收的科则相对较高。如在福建的清流县,职田所定税粮则例为每亩征收3斗1升5合,②亦即0.315石。在福建的长泰县,职田所定税粮则例显然更高,为每亩征收正米7斗,③亦即0.7石。以上述两项不完整的资料作为统计数字,那么每亩职田平均征税约为0.507石。

职田的税赋负担,可以得出以下两项比较数字:一是作为官田的职田,税粮征收则例明显高于民田。若以明初所定民田每亩征税0.0335石为折算的依据,那么根据已有福建职田征税的资料,职田每亩征税分别高出民田约839%,有的甚至高出约1988%;二是职田的征税则例,同样也有高下之别,高的职田征税,高出低的职田征税约119%。

二是学田。明初学田,多为官方设置。如洪武十五年(1382)四月,明太祖朱元璋下令,命在外各府、州、县学学田入官的田租,"悉归于学",作为祭祀与师生俸廪的经费来源。在此基础上,将府、州、县学的学田定为三等:府学学田,收租1000石;州学学田,收租800石;县学学田,收租600石。此外,应天府学作为一个特殊的个案,不同于普通的府学,其学田收租高达1600石。府、州、县学的学田,均由吏员一人加以管理,"以司出纳"。④

明代学田的经营管理,一般采用"租轮管"之制,亦即由学中生员轮流管理

---

① 万历重修《泉州府志》卷6《田土》;嘉靖《增城县志》卷2《田里类》,《天一阁藏明代方志选刊续编》。

② 嘉靖《清流县志》卷2《贡赋》,《天一阁藏明代方志选刊续编》。

③ 嘉靖《长泰县志·食货志》,《天一阁藏明代方志选刊续编》。

④ 徐学聚:《国朝典汇》卷129《礼部》32《学政》,明天启刻本。

并收取学田之租。如马湖府，额设学田、学地，一般均由轮贡生员收租、收课。① 尽管学田、学地多由学校生员轮流管理并收取学租，但明代的很多制度规定，学田允许“招人佃种”，并不允许“生员领耕”。② 事实并非如此。明代的学田，很多被生员争佃，如湖广武冈州，学正黄大年曾买百姓王守仁之田4亩，作为州学的学田，但学田均为“生员争佃”。③ 更有甚者，有些学田，往往被一些人包租，从而减少了学田收入。如应天府学置有学田510亩，坐落于上元县尽节、丹阳两乡，每年应收租银62两。但此学田一向被汪崇学、汪崇孝两人包租，而且学田的租银，从62两减至15两。④ 稍加折算，学租减少了47两，减少的比率达75%。

学田的征租科则，既有折色的银，也有本色的米谷。以折色征银为例，上述应天府所置学田510亩，每年征收的租银为62两，亦即每亩征银约0.121两。又如在浙江遂安县，有些书院通常也置有田产，并以这些田产的租银作为在书院学习生员的“院课供给”。从史料记载可知，遂安县共置书院田32.67亩，共收租银12.744两，折合每亩征银0.39两。⑤ 从以上两个学田征银数字来看，学田租税每亩征银大约在0.121—0.39之间。

以本色征收谷米为例，大多因为区域性的差异，导致学田征收的谷米高下不一。如在福建泉州府，一则资料记载学田10.4亩，收租19.7石，⑥折合每亩征收的谷米约为1.894石；在福建清流县，学田的征收则例，通常为每亩征收6斗9升4合4勺，⑦亦即每亩征收的谷米为0.6944石；在浙江金华县，万历四年（1576）五都监生黄希圣捐田100亩作为学田，每年得租谷121石，⑧折合每亩征收的谷米约为1.21石；在苏州府长洲县，资料显示有学田120亩，岁收米60石，⑨折合每亩征收的谷米约为0.5石；在浙江遂安县，学田为万历三十六年知县詹尔达置，共计44.479亩，共收谷米82.04石，折合每亩征收的谷米约为1.844石。（参见附表18）

---

① 嘉靖《马湖府志》卷5《儒学》，《天一阁藏明代方志选刊》，上海古籍书店1982年版。

② 毕懋第等修：《威海卫志》卷3《学校志·学田》，威海九华小学重印本。

③ 嘉庆《武冈州志》卷28《重建学田记》，《稀见中国地方志汇刊》本，中国书店1992年版。按，这篇《重建学田记》作于万历十九年（1591）。

④ 周晖：《二续金陵琐事》上卷《学田减租》，南京出版社2007年版，第317页。

⑤ 万历《遂安县志》卷1《营建志·书院》，《中国史学丛书》。

⑥ 万历重修《泉州府志》卷5《郡邑学田》。

⑦ 嘉靖《清流县志》卷2《贡赋》。

⑧ 王懋德：《金华府志》卷10《学校》，《中国史学丛书》。

⑨ 江盈科：《置学田记》，载万历《长洲县志·艺文志》卷2。

在书院中，通常设有守院僧人，并为他们设置僧地，以僧地租佃收入赡养守院僧人。万历三十九年(1611)，浙江遂安知县韩晟共置守院僧地18.072亩，出租以后，共得租豆8.275石，折合每亩征收的租豆约为0.475石。(参见附表19)

暂且抛开学田租税征银不计，从上述引用的不完整资料来看，每亩学田平均征收的租税约为1.228石。

三是寺田、宫观田。明代僧人遍布天下，大多依靠寺田的收入作为衣食之资。明代佛寺的寺田，多的达到1000亩，少的也不下数十亩。按照明代的制度规定，即使佛寺荒废，寺田也“不得私相市鬻”。一旦有人能兴举废堕的佛寺，就必须将寺田重新归还佛寺。可见，寺田属于佛僧的永久产业。①

在明代，无论是寺田，还是宫观田(或称道田)，其收入的来源则是租谷，而其负担则包含国家税赋与僧人生计开支。换言之，寺田、宫观田的负担分为两部分：一部分是对寺田、宫观田的所有者(即僧道)而言，他们需要负担官方的税赋、徭役，且有一定的收取科则；另一部分是对租种寺田、宫观田的租佃者而言，他们需要缴纳租谷，也有一定的地租率。如浙江雁荡山能仁寺，旧额寺田计有100余顷，“后因役烦，田皆质券于人，寺随以废”。② 可见，寺田需要承担朝廷的徭役。至于宫观田土，同样需要交纳官课。如南京朝天宫所属田地，均为朝廷赐予，但需交纳官课或官粮。朝天宫所属东洲庄田地，所纳官课包括工部芦课正银、耗费挂号等银、兵部江心营租银三项；溧阳庄田地，所纳官粮包括漕粮、湖米、条编银、折色银等项目。按照明代的制度，道教宫观产业，可以免除官役。然自一条鞭法实行之后，徭役已摊入田亩之中，所以从某种程度上说，宫观田地实际上也在部分负担徭役。朝天宫所纳官粮包括条编正银，基本可以证明这一点。③

至于寺田、宫观田租谷收入的分配，至少在嘉靖末年的福建，已经暂时制定出了分配的规则。按照当时福建巡抚、巡按议定的规则，只要是寺在僧存，那么其中的寺田租谷收入，按照“四分给僧焚修，六分抽饷”的分配原则执行，④亦即租谷收入的十分之四留归寺院僧人所有，租谷收入的十分之六充饷之用。这一分配原则，导致寺田的征税比例极高，即达到60%。这仅仅是寺田的征赋比率。

---

① 朱湘：《义乌县学田记》，载王懋德《金华府志》卷26《艺文》。

② 朱谏：《雁山志》卷2《寺院》，明嘉靖刻本。

③ 葛寅亮撰，何孝荣点校：《金陵玄观志》卷1《冶城山朝天宫》，南京出版社2011年版，第3页。

④ 万历重修《泉州府志》卷6《田土》。

若是废寺田，有时甚至将所有租谷收入归为官方所有。以福建为例，据福建巡按御史白贲上疏可知，在嘉靖年间，福建福州、兴化、泉州、漳州、延平、建阳、邵武、汀州八府及福宁州所属，已经废弃的寺观田土，除了已经奉例出卖者，尚未出卖的寺观田土，计有 416 处，每年收取租米谷，每石征银多寡不等，共计征银约 13393. 86395887 两。在这些银两中，其中纳差银为 4010. 0162736 两，纳官银为 9383. 84768851 两。①

明代的寺田，分为寺田与废寺田两种，且其征税则例有所不同。在广东增城县，僧田的征税科则，为每亩征收税粮 5 升，即 0. 05 石。② 而在浙江象山县，僧田、道田分为旧田与续置两类，征税科则稍有不同。若是僧田，旧田每亩科米 7 升 7 勺，亦即 0. 0707 石；续置每亩科米 5 升 3 合 5 勺，亦即 0. 0535 石。至于道田，史料只是列载了续置征科之数，为每亩起科米 5 升 3 合 5 勺，亦即亦即 0. 0535 石。③ 综合上面史料可知，寺田、道田的征税科则，大致为 0. 05—0. 0707 石/每亩。废寺田的征税科则明显高于寺田、道田。以福建清流县废寺田征税则例为例，大致为每亩征税 7 斗，即 0. 7 石。④ 在福建长泰县，废寺田分为二则征税：一则为每亩科正米 3 斗 5 升，即 0. 35 石；另一则为每亩科正米 3 斗 4 升 7 合 9 勺 7 杪，即 0. 34797 石。⑤

在明代关于寺田、道田的史料记载中，往往将租、赋混称。照理说来，租、赋不同，但在明代寺田、道田中，通常两者又呈合一之势，亦即私租、官赋趋于合一。从某种程度上说，有些寺田、道田的租率，因为收入尽归寺观所有，那么租率实际上就是税率。这无疑可以从以下两则史料中得到印证：一则史料是福建建宁的寺田租率记。史料有云："夫田千亩，大约收租七百五十石，百亩收租七十五石。"⑥从中可知，福建建宁寺田的租率，为每亩收租 7 斗 5 升，亦即 0. 75 石。这与福建清流县废寺田的征税则例大抵相近。另一则史料是南京寺田科则与租率之合一。如洪武十八年（1385），明太祖朱元璋下诏，将南京天界寺所属溧阳县的没官之田，分为上、中、下三等科米征税：上田，每亩科米 7 斗 9 升，即 0. 79 石；中田，每亩科米 7 斗 5 升，即 0. 75 石；下田，科米 7 斗 2 升，即 0. 72 石。其中史

---

① 《嘉靖事例 · 查处福建寺田》，明钞本。

② 嘉靖《增城县志》卷 2《田里类》，《天一阁藏明代方志选刊续编》。

③ 嘉靖《象山县志》卷 5《三乡同科》，《天一阁藏明代方志选刊续编》。

④ 嘉靖《清流县志》卷 2《贡赋》。

⑤ 嘉靖《长泰县志 · 食货志》。

⑥ 张俭：《圭山杂著》卷 5《请清寺田恤屯困疏》。

料又云:“各佃自运付本寺交纳。”①可见,这一科米则例,既是佃户上交寺院的租率,又是官方征税的科则。天界寺所属寺田,多为皇帝钦赐赡僧田地。这些寺田的经营,其中也有一个变化过程。寺田最初采用一种雇工经营方式,亦即由寺院自己出钞,“雇人耕种”。其后因为这类经营方式事务烦琐,于是就改为“召佃征租”。至洪武二十七年,天界寺所属寺田的租率进行了部分的调整,其中所属上元、江宁二县之田,一律每亩征米 5 斗,外加麦 3 斗,米、麦相加,为每亩征 8 斗,即 0. 8 石;而溧阳、溧水、句容等县之田,则一律每亩征收米 7 斗 5 升,亦即 0. 75 石。所有田租,均由佃户运送到寺庙,散给众僧食用。②

南京朝天宫所属田地的租率,同样可以作为一种补充。明代南京朝天宫所属庄田甚多。其中东洲庄田地,计有 2072. 48 亩,共收冬租银 331. 5968 两,平均每亩征收租银约 0. 16 两。中洲庄田地共 2222. 3 亩,共收冬租银 266. 453 两,平均每亩征收租银约 0. 12 两。西洲庄田地共 2956. 37 亩,共收冬租银 147. 8185 两,平均每亩征租银约 0. 05 两。溧阳庄原额田地山塘 2243. 24 亩,共征收冬租米 605. 322 石。其中田 1531. 65 亩,每亩征收租米 0. 2—0. 6 石不等;地、草塘、山塘共 711. 59 亩,每亩征收租米 0. 03—0. 2 石不等。太仓庄原额田地 2556 亩,额征租米 1320 石,除去迷失抛荒米 31. 662 石,实征租米 1288. 338 石,平均每亩征收租米约 0. 504 石。按照当时的银米折价比率,一般是 1 石米折银 0. 35 两,那么折合每亩征收租银约 0. 176 两。七总庄,共田、地、山 269. 52 亩,其中田分上、中、下三等,分别按夏租银与冬租米征收。上田每亩征收夏租银 0. 5 两,冬租米每亩 0. 4 石,折银 0. 14 两,每亩共计征收租银 0. 64 两;中田每亩征收夏租银 0. 4 两,冬租米每亩 0. 35 石,折银 0. 122 两,每亩共计征收租银 0. 522 两;下田每亩征收夏租银 0. 3 两,冬租米每亩 0. 3 石,折银 0. 105 两,每亩共计征收租银 0. 405 两。地同样分夏租银、冬租银两次征收,其中夏租银每亩 0. 15 两,冬租银每亩 0. 15 两,共计每亩征收租银 0. 3 两。③

暂且抛开寺田、宫观田租税征银不计,从上述引用的不完整资料来看,每亩寺田、道田平均征收的租税约为 0. 477 石。

四是没官田。在广东增城县,其没官之田,再给百姓耕种,一般税粮起科为

① 葛寅亮撰,何孝荣点校:《金陵梵刹志》卷 2《钦录集》,洪武十八年乙丑,上册,天津人民出版和,2007 年版,第 55 页。

② 葛寅亮撰,何孝荣点校:《金陵梵刹志》卷 2《钦录集》,洪武二十七年甲戌,上册,第 69 页。

③ 葛寅亮撰,何孝荣点校:《金陵玄观志》卷 1《冶城山朝天宫 · 本宫租粮、道规条例》,第 30—37 页。

每亩征税1斗6升,即0.16石,通常采用纳银折色交纳。① 在福建长泰县,没官田分旧没官田与新没官田两类,两类没官田的科则各有不同:旧没官田,每亩科正米3斗5升,即0.35石;新每官田,每亩科正米2斗,即0.2石。② 在苏州长洲县,其中抄没的官田,起科更是分为六则,每亩征收的税粮,少则0.4石,多则0.73石,平均每亩征税粮约为0.546石。(参见附表20)在浙江嘉兴县,吴元年(1367)所定功臣还官田的起科则例,分为14则起科,少则每亩征收税粮0.2石,多则每亩征收税粮0.435石,平均每亩征收税粮约0.298石。(参见附表21)

从上述引用的不完整资料来看,每亩没官田平均征收的租税约为0.31石。

五是官租田。官租田属于官田,甚至是"官重"之田,其下名色众多,分别有重租田、功臣还官田、故官田、开垦田等等。

早在吴元年(1367),就定下浙江嘉兴府嘉兴县官田起科则例,共计11则。其起科官赋,少则1升,即0.01石,多则7斗3升,即0.73石,平均每亩征收的税赋约为0.3石。(参见附表22)这一科则,为洪武初年所承袭。如洪武初年,苏州长洲县所定官田起科则例共计11则,其起科官赋,少则1升,即0.01石,多则7斗3升,即0.73石,平均每亩征收的税赋约为0.29石。(参见附表23)此外,还有功臣还官田、开垦田,均属于"官重"之田,起科官赋甚至高达每亩1石6斗3升,即1.63石。相较之下,嘉兴县的官田赋税,略微高于长洲县。而在这些官田税赋中,尤以还官田、开垦田这些"官重"之田为重,高出普通官田最高科则税赋约119.1%,高出普通官田平均税赋约443.3%—462%。浙江象山县的官田,同样属于重租田,其类别分别有重租田、一则田、官田、官山等。其中重租田,每亩科米2斗1升4合,即0.214石,地每亩科麦2斗1升4合,即0.214石;一则田,每亩科米1斗7合,即0.107石,地每亩科麦1斗7合,即0.107石;官田,每亩科米共计29则,钞15则,具体数字不详,苗麦每亩科6勺3杪,即0.00063石;官地共分10则起科,具体不详,苗麦每亩科1合2勺4杪,即0.00124石;官山科米分为37则,具体不详,秋租钞每亩8分,夏租钞每亩40文。③ 根据正德年间的统计数字,松江府共有官田、地、山、池、涂、荡,共计32488.34275顷,共征收税粮748752.3212石。其官田起科则例,共计22则,从1升至4石以上不等,中间差距甚大,平均每亩征收税赋约为0.679石。(参见附表24)

---

① 嘉靖《增城县志》卷2《田里类》。

② 嘉靖《长泰县志·食货志》。

③ 嘉靖《象山县志》卷5《三乡同科》。

此外，在福建清流县，凡是官租田，每亩起科6斗9升4合4勺，即0.6944石。[1] 福建长泰县，田分故官田与官租田，其中故官田为每亩科正米3斗5升，即0.35石；官租田每亩科正米3斗2升，即0.32石。[2] 广东雷州府，官田按每亩1斗7升起科，外加耗米1合2勺，两者相加，为每亩征收税赋0.1712石。[3] 郧阳府竹溪县，民户若是佃种官田，通常为“亩税二斗七升”，亦即每亩征收税赋0.27石。[4] 福建建阳县官田，其科则分为上、下两则，各有科米、派银不等。（参见附表25）若是计亩科米，上则显然多于下则；若是计石派银，则又下则多于上则。这种征收科则的实施，显然为了保证“上则不偏重，下则不偏轻”，适当保持官田征收的局部平衡。

抛开官地征收苗麦这一特殊事例不计，从上述引用的不完整资料来看，每亩官租田、地、山平均征收的租税约为0.395石。

六是屯田。明代的屯田有边地屯田与内地屯田之分，且管理体制各有不同。就边地屯田管理体制而言，尽管尚属卫所管辖，但确实也存在着民事化的倾向。如分布在北直隶蠡县附近的军卫，分别有保定右卫、腾骧卫、茂山卫、武功卫。四卫均有屯田，其中屯田的亩数、粮数，俱在该卫，然其屯住军丁，同样需要负担民差、民粮。[5] 这则记载至少说明以下两个问题：其一，尽管从地理位置上说，卫所与州、县犬牙交错，而卫所的屯田往往也分布在州、县，但在州、县的田亩统计数字上，往往见不到卫所屯田的数字，亦即史料所言的“其亩数、粮数俱在该卫”。究其原因，则是卫所与州、县各属军、民两个系统，卫所田地数字往往不能为州、县官所知。其二，自明代中期以后，卫、所也逐渐民事化，所以史料又说“其屯住军丁，亦有民差、民粮”。就内地屯田而言，更是因为屯田与民田相杂的原因，致使屯田直接由地方州县加以管辖。六合县的屯田就是典型一例。嘉靖十六年（1537），经屯田御史周冕上奏，朝廷允许各屯所选择谙练一人充当“屯老”，相当于民里的老人，专门管理屯田事务，且直接统辖于县。[6]

至于屯田的税赋科则，因为北方单位面积产量的低下，导致税赋征收科则并

① 嘉靖《清流县志》卷2《贡赋》。

② 嘉靖《长泰县志·食货志》。

③ 万历《雷州府志》卷9《食货志·田赋》，《日本藏中国罕见地方志丛刊》，书目文献出版社1992年版。

④ 曾熙：《创竹溪县治记》，载万历《郧阳府志》卷30，载《中国史学丛书》。

⑤ 嘉靖《蠡县志》卷3《户田》第3《田亩》，《天一阁藏明代方志选刊续编》。

⑥ 嘉靖《六合县志》卷1《田土》附《屯田》，《天一阁藏明代方志选刊续编》。

不很重。明代北方屯地,地土较薄,亩产量相对较低。如叶盛任宣府巡抚时,虽对屯田有很好的治理,但从他所经营的屯田4000多顷来看,最后也仅获粗细粮74000多石,折合每亩所获不过约0.185石。① 这一亩产量,与叶盛家乡苏州府昆山县每亩收获旱麦、水稻合计4石以上相比,确实相当低下。

至于屯田的征税科则,可以边地屯田与内地屯田为例加以考察。据茅元仪的统计,明代北方九边共有屯军、舍人146899名,屯地总数为9779002.5亩,征收各色籽粒3102384.2504石。至于每亩征收的籽粒,最少为0.139石,最多为0.591石,平均为亩征籽粒0.387石。②(参见附表26)至于内地屯田的征赋科则,可以广东增城县的屯田为例,一般每亩科租米0.3石上下,③大致与边地屯田的科则相近。

从上述引用的不完整资料来看,每亩屯田平均征收的籽粒约为0.343石。

(2)民田科则

在明代,官田的产权属于国家所有,官赋与私租两者通常合一征取,往往并无差别。而民田则不同。民田的地亩产出,则需要分别负担私租与官赋,且私租与官赋各有不同。

民田的赋税负担轻重,因区域不同而有所差异。即使是在同一区域之内,同样也会因为土地性质的不同而有所差异。如广东增城县的民田,税粮起科一般为每亩3升2合,即0.032石;④广东雷州府民田,一般以每亩2升起科,外加耗米7合1勺2抄,两者相加,每亩的税粮负担为0.02712石。⑤ 在福建的建宁县,民田分为上、中、下三等,税粮的科则各有不同:上田以3升起科,中田2.5升起科,下田以2升起科。这就是说,建宁县民田的税粮负担,大致在每亩0.02—0.03石之间浮动。只有其中的水田,税赋负担最高,达到每亩以0.05石起科。⑥可见,在邻近的广东、福建两省,民田的税赋负担最高者为每亩0.05石,最低者为每亩0.02石,大致在每亩0.02—0.05石之间浮动。若以上面已知的几个数字作为折算的基本资料,广东、福建两省民田的平均税赋负担约为0.036石。当然,若是稍加细化,民田的税赋负担通常会因为田地名色的不同而多有差异。如

---

① 茅元仪:《掌记》卷4,明崇祯刻本。
② 茅元仪:《掌记》卷3。
③ 嘉靖《增城县志》卷2《田里类》。
④ 嘉靖《增城县志》卷2《田里类》。
⑤ 万历《雷州府志》卷9《食货志·田赋》,《日本藏中国罕见地方志丛刊》。
⑥ 嘉靖《建宁县志》第3《田赋志》,《天一阁藏明代方志选刊续编》。

在福建清流县,民田的名色,分别有田、地、塘、苎麻地、绵花地、蓝靛地等名色,导致税赋科则各有不同。高者为田、苎麻地、绵花地、蓝靛地,每亩各以 0.05 石起科,外加耗米 0.0035 石,共计 0.0535 石;低者为地、塘,每亩各以 0.03437 石起科,无耗米。若将这六种田地名色加以综合,其平均税赋负担每亩约为 0.046 石。(参见附表 27)

在江南地区,民田的税赋科则更为细化。如在苏州府长洲县,民田起科则例共分 10 则,每亩起科数从 5 斗 5 升至 1 升不等,即每亩税赋负担为在 0.01—0.55 石之间浮动,平均每亩的税赋负担约为 0.216 石。(参见附表 28)根据正德年间的统计数字,松江府民田、地、山、池、涂、荡,共计 735691.652 亩,共征收税粮 46493.9546 石。其征收科则,最低者每亩为 0.00634 石,最高者为每亩 0.4 石以上。结合民田数字与征粮数字,松江府民田每亩的平均税赋负担约为 0.063 石。(参见附表 29)在浙江平湖县,民田分田、地、山荡三类,科则各不相同。其征收赋税,既可以是米之本色,亦可以是银之折色。其中地,又分东区、西区,其科则又稍有差异,显得颇为复杂。如田每亩科米 1 斗 4 升 5 合 4 勺,即 0.1454 石,折合每亩科折色银 9 分,即 0.09 两;地分东区、西区,东区每亩科米 7 升 5 合,即 0.075 石,折合每亩科折色银 4 分 4 厘,即 0.044 两,西区每亩科米 1 斗,即 0.1 石,折合每亩科折色银 0.057 两;山荡每亩科米 3 升,即 0.03 石,折合每亩科折色银 0.015 两。可见,浙江平湖县田、地、山荡的平均税赋负担,每亩约为 0.087 石,或约为折色银 0.051 两。(参下附表 30)在浙江嘉兴府嘉兴县,早在吴元年(1367)就已定下民田起科则例,共分 11 则征收,最高者,每亩起科 7 斗 2 升,即 0.72 石,最低者,每亩起科 3 升,即 0.03 石,平均每亩起科约为 0.339 石。(参见附表 31)在浙江象山县,征收赋税的土地分为田、地,田又分为五等,地又分平原地、斜峻地,征税的科则各有不同。同样是田,不同的乡每亩起科的科则也不同。如在归仁乡,其田最高者为一等田,每亩科米 3 升 6 合 4 勺,即 0.0364 石;最低者为五等田,每亩科米 3 合 3 勺,即 0.0033 石,合计五等田平均每亩科米数约为 0.021 石。在政实乡,其田最高者为一等田,每亩科米 4 升 2 合 3 勺,即 0.0423 石;最低者为五等田,每亩科米 8 合 5 勺,即 0.0085 石,合计五等田平均每亩科米数约为 0.025 石。在游仙乡,其田最高者为一等田,每亩科米 4 升 1 合 3 勺,即 0.0412 石;最低者为五等田,每亩科米 8 合 2 勺,即 0.0082 石,合计五等田平均每亩科米数约为 0.025 石。同样是平原地,归仁乡、政实乡、游仙乡各自的征赋科则也不同。如归仁乡,每亩科麦 2 升 1 合 8 勺,即 0.0218 石;政实乡,每亩科麦 2 升 5 合 4 勺,即 0.0254 石;游仙乡,每亩科麦 2 升 4 合,即

0.024 石。统计这三个乡的平原地，平均每亩的科麦数约为 0.023 石。同样是斜峻地，归仁、政实、游仙三乡各自的征赋科则也不同。如归仁乡，每亩科麦 1 升 4 合 5 勺，即 0.0145 石；政实乡，每亩科麦 1 升 6 合 9 勺，即 0.0169 石；游仙乡，每亩科麦 1 升 6 合 5 勺，即 0.0165 石。统计这三个乡的斜峻地，平均每亩的科麦数约为 0.015 石。（参见附表 32）

综合上引各项不完整的资料，大致可以推算出广东、福建两省的民田，每亩征收的平均税赋约为 0.038 石；南直隶、浙江的民田、民地，每亩征收的平均税赋约为 0.087 石。两者民田、民地每亩征收的平均税赋约为 0.062 石。

根据上面的初步研究与统计分析，大致可以就明代的税赋负担进行一些更为深入的比较分析，大致可以从以下三个方面观之。

其一，官田税赋与民田税赋的差异。从整体的比较结果来看，官田的平均税赋负担，明显高于民田的税赋负担。从上述基本统计数据可知，明代六种官田，平均每亩征收的税赋约为 0.553 石，相较于民田平均每亩征收的税赋 0.062 石，高出约 791.9%，亦即高出将近 8 倍。尤其是官田中的屯田，平均每亩征收的籽粒为 0.343 石，而在北方的边地屯田，其每亩所获不过约 0.185 石，可见所获尚不够缴纳籽粒。由此可见，明代官田的税赋负担极重。

其二，就官田、民田的具体税赋负担而论，事实上关乎明代土地的单位面积产量。这有以下两组数字可以作为参考依据：第一组数字为江南地区土地的单位面积产量。正如前面叶盛所言，其家乡苏州府昆山县每亩年产旱麦、水稻 4 石。此外，苏州府常熟县的亩产量，分为上、中、下三等，其中上等田地的亩产量为 2 石，中等田地的亩产量为 1 石余，下等田地的亩产量仅为 1 石。① 处于相同地域的浙江嘉兴府海宁县，其中等田地，每年可产米、麦、豆 3 石以上；至于上等的腴田，则更是高达 4—5 石以上。② 这些记载大抵符合江南田地每年的单位面积产量。若以此为依据，明代江南地区的平均亩产量约为 2.86 石。第二组数字为辽东卫所属膏腴地的单位面积产量，据史料记载，大致 5 亩地，可以收获 13—14 石，亩产量约为 2.7 石。③ 若将江南与辽东两组数字加以平均，大致可以推算出平均亩产量约为 2.78 石。以此为依据，那么可以对明代官田、民田的实际税赋负担加以进一步测算。苏州府长洲县抄没官田每亩的平均税赋 0.546 石，事

① 嘉靖《常熟县志》卷 4《食货志》，明嘉靖十八年刻本。

② 陈确：《陈确集》，《文集》卷 15《投当事揭》，中华书局 1979 年版，第 366 页。

③ 熊廷弼撰，李红权点校：《熊廷弼集》卷 3《巡按奏疏》第 3《议屯田修边疏》，上册，湖北人民出版社 2019 年版，第 99 页。

实上约占每亩年产的 19.6%。若以明代六种官田每亩的平均税赋 0.553 石计算,那么,官田约占每亩年产的 19.8%。苏州府长洲县民田每亩的平均税赋为 0.216 石,事实上约占每亩年产的 7.7%。若以明代民田每亩的平均税赋 0.062 石计算,那么民田约占每亩年产的 2.2%。这一明代民田的税赋负担,虽说与传统史料所云“十税一”之说有稍有出入,但大致接近。可见,从明代官方所定各地民田正常税赋则例来看,其实际的税负应该低于所谓的“十税一”。

毫无疑问,官方所定税赋征收则例,其实并未得到有效的执行。就其总体趋势而言,明代的常额税赋负担显然日益加重。以福建建宁县为例,原本所定的民田科则,上田每亩征赋 0.03 石,中田每亩征赋 0.025 石,下田每亩征赋 0.02 石,每亩平均征赋 0.025 石。但在实际的执行过程中,却是不论肥瘠、水旱,一律以每亩 0.05 石起科,正常的税赋负担实际加重了 100%。① 这一税赋负担,其实约占每亩年产的 17%,亦即超出“十税一”的惯例。

其三,若对民田税赋与私租加以比较,私租明显高于官赋。以广东增城县为例,民田分为上、中、下三等。上田的私租,每亩高达 3 石;中田的私租,每亩为 1.5 石;下田的私租,每亩为 0.6—1 石之间,②平均私租约为 1.77 石。以江西南昌府为例,民田也分为上田、中田、下田三等。上田的私租,每亩高达 1.8 石;中田的私租,每亩为 1.5 石;下田的私租,每亩为 1—1.2 石,③平均私租约为 1.47 石。若将广东增城县与江西南昌府的私租加以平均,约为每亩征收私租 1.62 石。这一私租,已经高出民田平均官赋 1.558 石,亦即私租比平均官赋高出约 2512.9%。以此 1.62 石的私租,再加上民田的平均官赋 0.062 石,那么每亩的官赋、私租约为 1.682 石。以此数作为推算依据,明代佃户的实际负担,约占每亩年产的 60.5%,远远高于自耕农与半自耕农的负担。

（二）额外的赋税

额外赋税名色的增加,势必加重百姓的赋税负担,而这主要源于明代国家财政的匮乏。究其原因,主要有以下三个。

一是在册田地数的减少,导致国家可控册籍纳税数的下降。耕地数的减少,除了耕地荒废等诸多因素之外,更为重要的原因,就是国家掌控册籍数字的失

① 嘉靖《建宁县志》第 3《田赋志》。

② 嘉靖《增城县志》卷 2《田里类》。

③ 万历《新修南昌府志》卷 7《田赋》,《日本藏中国罕见地方志丛刊》。

控。就屯田数字而言,如宁夏一镇所辖卫所,其屯田数字,经“板籍经大变之余”,所保存下来的只是“煨烬之末”,“数失其真,漫无所据”。[①] 这是在册屯田数字失真的原因之一。至于民田数字,自明初以至明末,随着人口的增长,土地的不断开垦,民田的数量理应大有增加。但民田的数量事实上并未多少变化,仅仅只是略有增加。究其原因,除了官方统计数字的不精确之外,民田被大量隐占也是相当重要的原因。即以湖广慈利县为例,其民田数字,自洪武二十五年(1392)至隆庆六年(1572),其民田的数量大体上是在1240—1523顷之间徘徊,增加并不太多。自嘉靖元年(1522),至隆庆六年,其统计的数字则完全相同,基本可以说明官方统计数字应该说有时是一种程式化的官样文章,并不可靠。(参见附表33)

从附表36的统计数字来看,民田的额数并无减少,而且略有增加。但事实上,民田已经被大量隐占,正如明代史料所言:“慈邑之田,止有此数。然邻卫者,多为豪军所据。而邻隘者,类为隘丁所有。是田之额数不减,而其在民者十已去其一二矣。”[②]这种近10%至20%民田数的减少,且并不在统计数字之内。反过来说,在官方民田数字基本保持不变的状况下,若是加上不在统计数字内被豪军、隘丁所隐占的数字,那么,慈利县的民田事实上增加了10%至20%之间。就此而论,霍韬将在册耕地数下降的原因,归结为“皆欺隐于小民者也”,[③]显然不无道理。

二是在册人口数的减少,导致国家人丁税数的下降。嘉靖初年,詹事霍韬在上疏中,就罗列了在册人口数字的变化。以人户为例,洪武初年,有10650000户;至弘治四年(1491),则降为9110000户,减少了1540000户,即减少了约14.4%。以人口为例,洪武初年,有60540000口;至弘治四年,则降为53380000口,减少了7160000口,即减少了约11.8%。[④] 照理说来,“国初宜少而多,承平宜多而少”,这无疑是一个颇为令人疑惑的怪现象。究其原因,还是因为人户、人口的流移及其隐匿有关。

三是宗室成员、武职人员的增加,导致国家财政支出的增加。据嘉靖初年詹事霍韬的记载,明代宗室成员数字大为增加。以山西一省为例,在洪武初年,仅封晋王一府,每年支取禄米10000石。至嘉靖初年,增设郡王、将军、中尉以下的

---

① 《嘉靖事例·清查宁夏屯田》。

② 万历《慈利县志》卷5《田土》。

③ 余继登撰,顾思点校:《典故纪闻》卷17,第305—306页。

④ 余继登撰,顾思点校:《典故纪闻》卷17,第305—306页。

宗室成员计有2851人，每年支取的禄米高达870000石，增加了87倍。此外，武职人员也逐渐增多。在洪武初年，计有武职28000员；至成化五年(1469)，增至81000员，增加了53000员，即增加武职人员约189.2%。锦衣卫的官员也增加颇多。洪武初年，仅有锦衣卫官员211员；至嘉靖初年，增至1700余员，增加了1489余员，即增加了约705.6%。①

在户口日减、费用日增的情势下，自然增加了国家财政的支付负担，进而造成财政危机，以致朝廷不得不增加赋税，将财政负担转嫁到普通百姓的身上。

按照明末清初人曾异撰的说法，除了"常供""常额"这一正常的赋税负担之外，明代的百姓尚需承担以下三种额外的赋税负担：一是"加赋"，二是"耗羡"，三是"箠楚追呼之费"。这些额外的赋税负担，甚至与"常供等"，②亦即与正常的赋税相等。下面顺着曾异撰的思路，再结合其他史料，对明代民众的额外赋税负担加以综合探讨。

1. 加派

按照明代的制度规定，国家向百姓收取赋税，原本有"一定之法"。这就是所谓的"常额"或"常供"，包括田亩、人丁两项，亦即田赋与人丁税。所谓加派，其实就是"法外加增"，亦即在制度规定之外加收赋税。在这些加派赋税之中，又可析为两类：一类是号称"为公""为天下"的加派，诸如因为兵兴、防边、营建、治河而加派；另一类是出于"为私""为一人"的加派，如万历年间天下各处的抽税，矿监税使四出，借此充实内帑。③

早在正德九年(1514)十二月，为了营建乾清宫，曾一度加派赋税100万石。④ 嘉靖三十年(1551)，京营、边军每年所需费用，多达595万两，于是户部尚书孙应奎建议在南畿、浙江等州县增赋120万两。⑤ 嘉靖年间，东南倭患一起，在南畿、浙江、福建，赋税中出现了"额外提编"。所谓提编，就是"以银、力差排，编十里为一甲。不足，则提下甲补之"。究其实，就是一种加派。当时的江南，

---

① 余继登撰，顾思点校：《典故纪闻》卷17，第305—306页。

② 曾异撰：《纺授堂文集》卷1《为福州海防聂公序》，《纺授堂诗文集》，商务印书馆2017年版，第281页。

③ 黄克缵著，李梦生点校：《数马集》卷3《参临清税监欺隐税银疏》，商务印书馆2019年版，第80页。

④ 龙文彬：《明会要》卷54《食货》2《加派》，下册，第1032页。

⑤ 龙文彬：《明会要》卷54《食货》2《加派》，下册，第1032—1033页。

就加派了40万两。[①] 江南加派数字，同样见诸另外一则记载，只是数字稍有出入，为42万两余。[②]

至万历年间，赋税加派更是成为一种惯例，且加派数字巨大，进一步加重了百姓的额外负担。万历四十六年(1618)九月，户部因为辽饷缺乏，援引征倭、征播事例，请求加派各个直省的正赋。除了贵州一省因为地硗且有“苗变”不加派外，其他浙江等12个省，外加南直隶、北直隶，按照《会计录》所定田亩700余万顷之数，每亩加派3厘5毫，共计加派额银200万余两。[③] 万历四十七年十二月，再次加派天下田赋。在旧额之外，每亩又加派3厘5毫，共计加派200余万两。[④] 万历四十八年三月，再次加派天下田赋，每亩再加2厘，加上以前的二次加派，共计每亩加派9厘，并将加派之数520万两，定为岁额。[⑤]（参见附表34）从实际的统计数字来看，上面的加派数字520万两并不准确，应是5022910.8两。

至崇祯年间，内忧外患，国家财政陷入危机，赋税加派更甚。崇祯三年(1630)十二月，兵部尚书梁田栋上疏请求加派田赋。经户部议定，在原先每亩加派银9厘之外，再每亩增派3厘，约新增加派33.3%，亦即三分之一，全国新增加派银共计165万两，加上原先的加派银两，共计加派680余万两。这次增派之举，显然更是加重了百姓的赋税负担，史料所谓的“天下益耗矣”，[⑥]堪称当时的实录。据毕自严的具体记载，崇祯三年新增加派的银两应为1432321.71742两，而非龙文彬所载的165万两；加上辽饷加派的原额4296965.22583两，合计加派的银两为5729286.94325两，而非龙文彬所载的680余万两。究其原因，还是因为对湖广布政司加派银两的记载有误所致。据毕自严的记载，湖广布政司辽饷加派原额，虽然应为652476.163两，但实则历年已经减少了136401.2两，故加派原额的数字应为516074.963两，而新加派的数字也是以516074.963两作为基数，而非652476.163两的原额作为基数。鉴此原因，毕自严的记载数字，与龙

---

① 龙文彬:《明会要》卷54《食货》2《加派》，下册，第1033页。

② 邓士龙辑，许大龄、王天有主点校:《国朝典故》卷37，引《世宗实录》3，中册，北京大学出版社1993年版，第826页。

③ 龙文彬:《明会要》卷54《食货》2《加派》，下册，第1033页。

④ 龙文彬:《明会要》卷54《食货》2《加派》，下册，第1033页。

⑤ 龙文彬:《明会要》卷54《食货》2《加派》，下册，第1033页。

⑥ 龙文彬:《明会要》卷54《食货》2《加派》，下册，第1033页。

文彬所载有所出入。揆诸史实，显然应以毕自严所记为准。①（参见附表35）

崇祯年间，除了新增辽饷加派之外，尚有其他额外的赋税加派。如崇祯四年（1631）加派助辽军饷、公费银，各省直两项加派的原额数，大致为245934两。随后，加派数又减为151600两，虽在原额的基础上，加派数字有所减少，但还是额外增加了税赋负担。（参见附表36）崇祯八年，总督卢象昇请加宦户田赋"十之一"，"民粮十两以上同之"，亦即普通民户粮税在10两以上者，也加增10%。这一措施并未真正实施，而是最后改为粮税银每两加派1钱，称之为"助饷"。②崇祯十年三月，杨嗣昌督师，请行"因粮"之法。其法根据赋税旧额，量行加派，亦即每亩加派6合，折银8钱，全国共计加派赋税银1929000两余。最后，崇祯帝将"因粮"名头改为"均输"。③ 崇祯十二年六月，杨嗣昌再次上疏，请求在"剿饷"之外，加征"练饷"730万两。④

通观明代末年的"三饷"（辽饷、剿饷、练饷）加派，显然使百姓的负担大为增加。在万历末年，整个九边的饷银，仅仅280万两。随后，加派辽饷900万两，剿饷330万两，练饷730万两。三者相加，加派的赋税几已达到2000万两。⑤ 百姓额外赋税负担之重，不言而喻。

在崇祯年间，以陕西汉中、凤翔二府为例，除了每年的正供赋税之外，尚有加派辽饷银、新增辽饷银、空陪解池盐课银等额外加派银两。尤其是自从瑞王分封汉中之后，更是增加了赡田银、瑞盐折色银、运盐脚价银三种加派银两。如瑞王府每年所食解池之盐，除了折色1000引之外，还有本色300引，外加走卤盐40引，以每引660斤计算，共计224400斤。每100斤为1包，共计2244包。其后，陆续又拨发火食盐，每年39引，每引重200斤，共计7800斤。每100斤为1包，共计78包。按照河东折色事例，每1包值银1.2两，瑞王府所食之盐，共计值银2786.4两。瑞府所需本色、走卤、火食三项之盐，在运输过程中，需要产生诸多的费用。这些额外产生的费用，同样使百姓加重了负担。如雇船、雇夫、雇骡等项，需要费银1540.42两。此外，尚需花费沿途损坏扛架、护席补陪银，以及路费银、买免员役鞭扑银、雨湿消折补陪银、领盐使费银、交盐使费银、官差催督使费

① 毕自严：《度支奏议》，《新饷司》卷13《初覆加派事宜疏》，第3册，上海古籍出版社2008年版，第120—121页。

② 龙文彬：《明会要》卷54《食货》2《加派》，下册，第1033页。

③ 龙文彬：《明会要》卷54《食货》2《加派》，下册，第1034页。

④ 龙文彬：《明会要》卷54《食货》2《加派》，下册，第1034页。

⑤ 龙文彬：《明会要》卷54《食货》2《加派》，下册，第1034页。

银、朋帮夫役工食银、朋帮骡头草料银,等等。仔细算来,1 包盐从山西运抵汉中,大约额外需要花费 10 余两银子,共计花费 23000 余两银子。换言之,运盐费用“较盐价不啻倍蓰什百”。稍加折算,运盐过程中所产生的各项额外费用,约相当于盐价的 825.4%。①

更有甚者,在加派赋税的过程中,一些地方官员乘机多征,进一步加重了百姓的负担。崇祯年间,江西安福县的百姓就遭受了加派多征之害。据崇祯四年(1631)十月二十八日吏科给事中邓英的上疏,安福县上下则田及花麦地、塘,共计 665202 亩,按照每亩加派 9 厘计算,实际的加派银数应为 5986.818 两。但根据安福县《赋役全书》所载,以前历年的加派,均是按照 9139.9 两加派,可见,地方官员每年多征加派银 3153.082 两。② 换言之,加派时额外多征的银数,约占原额加派数的 52.6%。

2. 物料科派

明代的物料科派,主要有二:一是内府衙门所需一应物料,这属于上供;二是户部、工部所需一应物料,这由各省直科派。在物料科派中,分为正常的科派与额外的科派两种。如上供物料中,分为额办、岁办、杂办三种。额办有定额,属于正常的物料科派;岁办不常征取,杂办则属额办、岁办之外的“泛杂之办”。这两种属于额外的物料科派。在工部所需物料中,分为岁派、题派两种。所谓岁派,即“常例常入,一年一派,相袭而行”,属于正常的物料科派;所谓题派,即“因事兴工,不时又派,特请而行”,则属于额外的物料科派。③

在明代,内府衙门所需一应物料,一般称为“年例”,不可减免。这些内府衙门所需的物料,通常是由民间代为买办。如油椿、槐木、石磨之类,一年一换,就坐派直隶、河南等各处买办。民间在买办内府衙门所需物料时,无疑存在着很大的负担压力。压力主要来自两个方面:一是物料费用的增加。内府所需之物,常常不分道途远近,更不计价格高低,只是下令百姓寻买。如油椿木之类,不过是“一木之微”,等到买办完备,就已费银不下 200—300 两。④ 二是内府衙门买办

① 吴甡著,秦晖点校:《柴庵疏集》卷 9《酌议改折赡盐疏》,浙江古籍出版社 1989 年版,第 196—197 页。

② 毕自严:《度支奏议》,《新饷司》卷 27《覆江西安福县加派不均疏》,第 4 册,第 210 页。

③ 刘麟:《清解纳以塞弊源疏》,载陈子龙等编:《明经世文编》卷 143,第 2 册,中华书局 1997 年版,第 1423 页。

④ 林聪:《修德弭灾二十事疏》,《明经世文编》卷 45,第 1 册,第 350 页。

诸色物料，官府所给买办之价，通常“十不及一”，再加上“展转剋减，上下糜费”，物主所得并无多少，名义上号称“买办”，实则等同于“白取”。①

至于户部、工部坐派地方的物料，可以陕西为例加以说明。在陕西，单是从嘉靖元年至九年（1522—1530）的九年时间内，供应户部、工部的年例物料银就多达146430余两。其中供应户部的物料，包括黄丹、光粉、明矾、五倍子、茜草、白芨、黄红生熟铜、黄蜡、锡、牛皮、黑铅、牛觔等，物料银为32420余两；供应工部的物料，包括羊角、茜草、炸块、羊鹿麂牛皮、木、椴木、柁木、松木、檀木、栗木、川漆、雄黄、桐油、黑铅、炉甘石、金箔、竹篩、水银、鱼线胶、猫竹等，物料银为114010余两。这些物料银，均通过“派征”的方式，取之于民。陕西一省，只有西安、凤翔二府，一半属于平壤，其他州县，以及延庆、临巩、平凉等府，均属高山深谷，土地瘠薄，天气早寒，每年只有一次收成。陕西一省，需要供应四个边镇的军饷，差繁赋重，较之其他省份，尤其劳苦，即使竭力供应常赋，已经相当吃力，若是加上来自户部、工部的坐派物料银，更是困苦不堪。②

成化、弘治以后，上供物料均由值年里甲承办，其中名数烦碎，或增或减，或征或否，即使地方官员也很难明晰其中的来历。这势必导致吏胥“因之为奸，虚派侵剋，岁益滋甚”。至正德十五年（1520），福建改行“八分法”，解决物料的上供问题。所谓八分法，就是将一县之内所有应办的物料，全在“八分银内支解”，由本府编佥长解，买办本色，解部交纳。至嘉靖二十六年（1547），更是改为将物料银附于由帖征收，解送布政司，专门支应额办、岁办、杂办三种物料。换言之，自“八分法”与“一条鞭法”实行之后，上供各色物料，不再单独出银，而是“并入汇征”，亦即一同摊派于地亩中征收。③

3. 耗羡

明代夏税、秋粮的征收，无论是本色之粮，还是折色之银，在解送过程中均难免出现损耗。将损耗加在应纳税粮之中，这就是所谓的“耗羡”。在明代的赋税征收中，耗羡几已成为百姓的一大负担。正如崇祯年间户部尚书毕自严所言，民生之疾苦，居官之大病，以“耗羡为最”。④ 正常的赋税负担亦即所谓的“正供”已经相当沉重，再加上耗羡，更使百姓不堪重负。耗羡之取，主要源自征收赋税

① 戈谦：《上言二事疏》，《明经世文编》卷58，第1册，第457页。
② 梁材：《议复陕西事宜疏》，《明经世文编》卷105，第2册，第949页。
③ 何乔远编撰：《闽书》卷39《版籍志》，第1册，福建人民出版社1995年版，第978页。
④ 毕自严：《度支奏议》，《堂稿》卷17《吏治更始谨陈厘剔十款疏》，第2册，第65页。

过程中相关官员的“渔利蠹国”。至于耗羡的征取,在明末崇祯年间,畿内、中州各府,一般为“几十取一二矣”;在江浙地区,更是达到“二十取一”,亦即占应纳税粮的5%。①

早在嘉靖初年,据巡仓御史刘寓生的上疏,运粮加耗之弊,已是相当严重。所运税粮的加耗,可谓层层叠加,加耗名色众多,分别有:一是所谓“太监茶果”的加耗,每石加耗银3厘9毫,每年加耗共计15600两;二是所谓“经历司”“该年仓官”“门官门吏”“各年仓官”“新旧军斗”的加耗,均每石加耗银1厘,每年加耗共计16000两;三是所谓“会钱”“小荡光银”的加耗,均每石加耗银1分,每年加耗共计80000两;四是所谓“救斛面银”的加耗,每石加耗银2厘,每年加耗共计20000两。② 更有甚者,内官监在监收白熟粳米时,科索无餍,“大率正粮一石,加费二石,始获批单”。这种额外的加耗,几乎已达正粮的200%。即使到了嘉靖年间,因应天巡抚吴廷举的上疏,将内官监监收白熟粳米按照原先的惯例,即每石加耗1斗,其中的加耗也占正粮的10%。③

火耗银的加征,在明末也已成为一种惯例。以顺天府为例,上纳钱粮,均有火耗银,在正常的情况下,为每100两加兑3两火耗银,亦即火耗银占应纳钱粮的3%。即使如此,百姓已是不堪重负。又进宫的子粒银,每锭50两,又明加滴珠银7钱,约为子粒银的1.4%。进宫子粒银的火耗银,表面上只约占1.4%,实则并未仅限于此。正如当时顺天府府尹刘宗周所言,“上供之七钱,民间之七两也”。④ 换言之,民间实际承担的火耗银大约占子粒银的14%。这显然可以从史料中得到印证。如顺天府大兴县民鲁虎应纳钱粮8两2钱,粮户向鲁虎勒取的火耗银多达9钱,相当于“加一取耗”,即约占应交钱粮的10.9%。至于进宫的子粒,因为需要交纳“滴珠”“铺垫”等项费用,名义上是“加一”,实则因为衙门吏书的需索,更是使火耗银上升至“加三四”,亦即占应交子粒的30%—40%。⑤ 崇祯十年(1637),陕西泾阳县在征收钱粮时,除正数外,每两加收的耗羡或三四分银子,高的加收五六分银子。这就是说,耗羡占应收钱粮的比例,低的为

① 陈子龙:《安雅堂稿》卷10《澄吏道》,载氏著,王英志辑校:《陈子龙全集》,人民文学出版社2011年版,第1236页。

② 余继登撰,顾思点校:《典故纪闻》卷17,第299页。

③ 余继登撰,顾思点校:《典故纪闻》卷17,第300页。

④ 刘宗周:《文编》1《奏疏》2《钦奉明旨推广德意以拯畿辅黎遗疏》,载吴光主编:《刘宗周全集》,第3册,浙江古籍出版社2007年版,第63页。

⑤ 刘宗周:《文编》1《奏疏》2《畿辅凋残未起圣明轸念殷谨竭愚悃仰承德意以固邦本疏》,《刘宗周全集》,第3册,第95—96页。

3%—4%,高的5%—6%。这也有征收数据得以印证。一个数据是正数银289.0518两,外加的耗羡银为14.54两,耗羡银占正数银的5%,亦即每两正数银外加耗银5分;另一个数据是当时署知县何守谦,在任内共收正数银23742.2两,外加耗羡银1187.11两,耗羡银占正数银的5%,同样是每两正数银外加耗银5分。①

耗羡作为一种额外的赋税负担,在明代的赋税征收中已经成为一种积弊。换言之,在国家"惟正之供"之外,耗羡实则难以填满"奸胥难餍之欲"。这主要体现在以下两个方面:一是漕米在交纳的过程中,"经一官则有一官常例、使费,过一衙门,则有一衙门常例、使费"。耗费既多,势必导致米价减少,米价减少的结果,则是额数亏欠。承担漕米转运之职的官员一旦受累,就不得不"派之民间",在每石漕米中外加耗羡3—3钱银子,且成为一种惯例。② 二是耗羡(或称羡余)又会导致"挪借""侵欺"二弊。如一些不肖官员,受到吏书的愚弄,或因到期的京债需要偿还,或因朝觐时需要银子打点,动辄支取库银,开始时还仅仅动用羡余银,到了后来,更是挪借正项银两。这些挪借、侵欺的银两,归于官员的不过十之二三,归于吏书的反而多达十之六七。其结果,则导致正项钱粮的亏欠,有的甚至亏欠一年有余。如征收崇祯九年(1636)的钱粮,实际上解送的是崇祯七年的钱粮。③

4. 箠楚追呼之费

所谓箠楚追呼之费,其实就是在追征钱粮之时所产生的诸多额外费用。这也构成了百姓的额外负担。早在嘉靖年间,谕德顾鼎臣曾条上钱粮积弊四事,其中一条就是"催征岁办钱粮"。据顾鼎臣的说法,在成化、弘治以前,官方钱粮的征收程序,大致为里甲催征,粮户上纳,粮长收解,州县监收。在这套征收体系中,粮长不敢多收斛面,粮户不敢掺杂水谷糠秕,兑粮官军不敢阻难多索,应该说是一套公私两便的制度。自弘治以后,在里甲中一旦出现负粮人户,地方官员不再通过里甲催征,而是"立限敲扑粮长,令下乡追征"。其结果,则导致粮长的两分:一种是粮长中的"豪强者",他们时常"大斛倍收,多方索取";另一种是粮长中的"孱弱者",他们"为势豪所凌,不免变产补纳",甚至新佥充的粮长,尚需承

---

① 孙传庭:《孙传庭疏牍》卷1《纠参婪赃刑官疏》,浙江人民出版社1983年版,第8—9页。

② 吴甡著,秦晖点校:《柴庵疏集》卷5《漕米弊蠹当除疏》,第104页。

③ 刘宗周:《文编》6《题·题勤王纪略》,《刘宗周全集》,第4册,第107页。

担旧任粮长的钱粮侵欠。最初每区的粮长，不过正、副2名而已，其后则增至10名以上。其实，真正收掌管粮的钱粮数很少，反而科敛、打点、使用年例之数极多。因为粮长需要承担科敛、打点、使用年例等等的花销，使得一个州县之内，每年“破中人百家之产”。[①] 可见，粮长之役，给中人之家造成极大的负担，甚至导致他们的破产。当然，所谓粮长中的“豪强者”，其实也是加重了纳税户的负担。有些地方官员信任巨富粮长，收受粮长的赃贿，其结果则导致粮长“信收人户，吞并乡民”。更为甚者，有些粮长用官银买田、造宅、置妾，而后将这些花费摊派到小户中，声称是小户逋负。[②] 如浙江海宁县有一位粮长高坚，就“费用官钱颇为侈肆”。后来他罢役之后，乡里人作诗加以嘲讽，诗云：“西乡粮长脱高坚，便觉萎蕤不似前。拚性命，拖官府债；写文书，卖祖宗田，当时口是无量斗，今日身如没舵船。寄语一般粮长道，此人堪笑亦堪怜。”[③]诗虽嘲戏，却是道出了粮长的实情。

明代催征钱粮之弊，其最大的危害就是加重了百姓的额外税赋负担。这可以从以下三个方面观之。

一是赋税解送之法，从大户进而变为投柜，导致催科日重。在明初，征收赋税，均起用大户。一旦有人逋负赋税，将逋负者告官，方由官府加以追比。等到税粮解送完成之后，官府不过称验而已，绝无干涉。即使是“官掾之俸钱”，也大多由大户负担。所以在明初之时，“官足令誉，民有盖藏”。至实行投柜之法以后，将“大户”更名为“柜头”。所收税银，每天夜里入库，导致地方官员变成了“都柜头”。官员整天与“白金青币”一类阿睹物打交道，整日持筹，深知催科不重，自己的“积羡”就不多，其结果则导致“催科日重”。[④] 更有甚者，有些官员在验收税银的时候，故意采用超出正常标准的戥子，从中获取好处。如崇祯十年（1637），泾阳县由庆阳府推官何守谦署印。何守谦在征收税银的时候，就将原定的戥子，每1两比民间通行的戥子要重3分，在秤银时又高抬6—7分。两者相加，实则使百姓在交纳税银时，每1两要多交1钱银子。[⑤] 换言之，通过戥子重、高抬两种手法，百姓实则增加了10%的税赋负担。

---

① 龙文彬：《明会要》卷54《食货》2《田赋》，下册，第1013页。

② 黄省曾：《吴风录》，《说郛续》卷22，清顺治三年刻本。

③ 万表：《玩鹿亭稿》卷5《海寇议》，载张寿镛辑：《四明丛书》，第27册，广陵书社2006年版，第16891页。

④ 赵南星：《野谈》，载黄宗羲编：《明文海》卷207，中华书局1987年版。

⑤ 孙传庭：《孙传庭疏牍》卷1《纠参婪赃刑官疏》，第8—9页。

二是朝廷减负政策，流于一纸空文。根据何乔远对自己家乡的多年观察，可知每当朝廷下恩诏蠲免钱谷之时，实则小民并未得到实惠。换言之，知县还是按照常数征收钱谷，让里甲踵门催收，一旦小民不能如数交纳，就“叫呼骂詈随其后”。在明代，考课地方官员时，固然将征收赋税定为“九分为率”，即地方官员完成应交赋税的90%，即可称为合格。但在实际的执行过程中，有些官员出于自己仕途晋升的私利，“急之不至十分不止”。更为甚者，有些僻远之县，通常以老举人或贡生出任知县，更是“分头加额，任其恣睢”。即使是以新进进士出任知县的大县，虽则号称“高明”，但也是“尽征于公而未必尽输于公”。①

三是地方官员通过追征赋税而觅利。在明代，催科是考核地方官员的主要指标。正如明末清初人曾异撰所言，明末百姓所苦，不在加派，而在加派多；加派一多，则火耗亦与之俱多。若是细加考察，对百姓而言，加赋自然加重了负担，但对追征赋税的官员而言，这无疑是为觅取私利提供了极好的借口。如在明末，有两种税收的加派，一种是房屋的间架税，另一种是契税。这两种加征的税赋，并不经由里甲征纳，而是纳入管库的胥史。以间架税为例，按照额数，大县不过数百两银子而已，但地方官员在实际的征收过程中，往往征收数千两，额外多征达10倍。以税契为例，地方官员大多引诱百姓“告匿”，甚至“吹毛索瘢”。凡是民间有了田宅找价一类的诉讼，地方官时常“左袒多断价”，诱导民间告发，而后从中增加契税。无论是间架税，还是契税，实际上“输公抵功令者一”，而借此“干没润私橐者十百”。②

综上所述，明代百姓的正常赋税负担，其实并不很重，最重的却是诸多额外的赋税负担。正如明人许讃所言：“小民田赋正额之外，附余包补之数，往往十倍常供，坐是益困。”③明末人刘宗周更是直言：“正项之不足，继以杂派；科罚之不足，加以火耗。又三四年并征，水旱灾伤一切不问。其他条例纷纷，大抵辗转得之民手，为病甚于加赋。”④可见，诸如杂派、科罚、火耗一类的额外赋税负担，其税负之重，甚至达到正项赋税的10倍。

---

① 何乔远编撰：《闽书》卷39《版籍志》，第1册，福建人民出版社1995年版，第980页。

② 曾异撰：《纺授堂文集》卷5《与余赓之书》，《纺授堂诗文集》，第358—359页。

③ 许讃：《陈言六事疏》，《明经世文编》卷137，第2册，第1361页。

④ 刘宗周：《文编》1《奏疏》2《面恩陈谢预矢责难之义以致君尧舜疏》，《刘宗周全集》，第3册，第54页。

二、徭役负担

在明代,一般实行履亩征粮、计口算丁的制度。所谓履亩征粮,就是钱粮、赋税;所谓计口算丁,就是徭役,也是一种人丁税。现存的明代诸多史料显示,明代各地徭役名色,称谓大多不同,显得相当复杂。如以郧阳为例,徭役分别有岁办、驿传、民壮、均徭、里甲五等,总称为"编派"。① 以苏州府嘉定县为例,徭役分为三种:第一种是"里甲",通常是"以户计",亦即以户摊派徭役,凡是朝会燕享、养贤育孤各种典礼之费,均由里甲出办;第二种是"均徭",通常是"以丁计",亦即根据人丁摊派徭役,凡是自辇毂下至郡县有司百执事之费,均由均徭出办;第三种是"杂泛",是一种"非时"之徭,承担之事的轻重、繁简、远近,不啻十百,役无常岁,各个县差别很大,均时自为差次。均徭又分两种:一种是"银差",百姓将银交纳给官府,由官府召募人充役;另一种是"力差",百姓必须亲自充役,不许雇人代役。在嘉定县,里长属于"正役",而粮长、塘长、老人等,则属于"杂泛"。②

由此可见,明代的徭役名色极其复杂。当然,不论徭役名色如何众多,但有两点则相当清晰:一是明代的徭役,可以分为正常的徭役与额外的徭役两种。无论是岁办、驿传、民壮、均徭、里甲五等之役,还是里甲、均徭、杂泛三等之役,无不属于正常的徭役负担。至于额外的徭役,则属这些徭役之外的额外摊派。二是在正常的徭役负担中,自从推行"一条鞭法"之后,徭役名色不再复杂,而是只称"编银",进而导致赋税与徭役的混淆。

(一) 正常的徭役

明代正常的徭役摊派,其主要依据是人丁,而人丁数的统计及其确立,则有待于黄册的编制。从史料记载可知,明代赋役黄册的编制,始于洪武十四年(1381)正月,借助于里甲制、坊厢制的确立,向里甲、坊厢管理区内的百姓征收人丁税,亦即摊派徭役。③

---

① 万历《郧台志》卷6《版籍》第6《编派》,《中国史学丛书》。

② 万历《嘉定县志》卷6《徭役》,《中国史学丛书》。

③ 黄光昇:《昭代典则》卷9,上海古籍出版社2008年版,第216页。

1. 明初之轻徭政策

明初立国,朝廷诸多经营兴作,均需要借助于民力,但明太祖朱元璋担心"役及贫民",于是在洪武元年(1368)二月,命中书省制定役法。明初役法的主要依据为"验田出夫",即依据田亩多少而摊派役夫,其法称为"均工夫"。这一制度的役法准则,为田1顷,出丁夫1人;若是田不到1顷,则以其他田地凑足1顷,并出丁夫1人。每位丁夫在每年农隙之时,前往京城,在服役30日后,再回归乡里。若是家中田多丁少,只能以佃人充当役夫,那么田主必须出米1石资助佃夫。若非佃人,而是计亩所出之夫,则每亩资助米2升5合,即0.025石,亦即1顷资米2.5石。明初"均工夫"的徭役政策,具有两大特点:一是计田出夫,徭役的负担更多地由田主承担,而不是无田的贫民;二是秉持一种轻徭的宗旨,凡是"不急之务,浮泛之役",均罢之不役,借此以惜民力。①

至洪武十四年(1381),随着赋役黄册的编定,以及里甲制的确立,徭役的职责概由丁多的10个里长承担,即"鸠一里之事以供岁役",且每隔10年一轮,②借此以均其役。里甲制的确立,致使役法从计田出夫,转而变为计丁出夫,亦即由丁多者承担更多的徭役职责。洪武十七年所立的赋役之策,显然是对里甲制的一种纠偏。出于"均其力"亦即均平徭役职责的考虑,将服役的依据定为"丁粮多寡",③使徭役的摊派,既考虑人丁的多寡,又考虑税粮的多寡。洪武十八年,将民户分为上、中、下三等,在此基础上制定《赋役册》,按照户等高下点取徭役。洪武二十六年,重新审定三等人户,除了排年里甲依次充当之外,其他大小杂泛差役,各按所分上、中、下三等人户"点差"。④

2. 差役繁重

尽管明初所立役法,以均工夫与轻徭为宗旨,但在实际的实施过程中,百姓的徭役负担有日趋加重之势。尤其是里甲、粮长、驿递三项,在明代更是成为一种重役。

---

① 黄光昇:《昭代典则》卷5《太祖高皇帝》,第100页;龙文彬:《明会要》卷54《食货》2《力役》,下册,第1034页。

② 龙文彬:《明会要》卷54《食货》2《力役》,下册,第1034—1035页。

③ 龙文彬:《明会要》卷54《食货》2《力役》,下册,第1035页。

④ 龙文彬:《明会要》卷54《食货》2《力役》,下册,第1035页。

(1)里甲之役

在明代,里甲作为一种正役,按照原先的制度设计,通常是10年一轮。里长在应当年份,凡是遇到杂办、勾摄等项之事,均依照丁粮多寡摊派。其后,改为“均平”之法,“放民归农”。此法号称“均平”,名声藐视很为公平,而且看似便民,但在实际执行的过程中,却带来了诸多的危害,尤其是对轮当里长的危害性为最大。换言之,在“均平”之法下,很多甲首就执此为词,一概不去赴役。而轮当里长属于在官之人,很能脱免此役。所以,一旦遇到各种差使,就只好“独办”,甚至“负累破产,比比而然”。

这可以广东潮州府潮阳县为例加以说明。按照史料记载,潮阳县除了民里之外,按照旧额,粮里共有39里。以一里言之,在均平料价之外,一年所费,多者为银300余两,少者亦不下银200两。在里甲朋当之时,“民犹告病”,徭役负担也不轻。一旦实行均平之法,势必导致两大不便:一是使千家之差集中于里长一户身上,令里长难以承担。其实,里长之家,并非尽是富实之家,所以即使罄尽一家之产,还是难以承担“岁费之数”。二是导致里长、甲首的不公平。如在潮阳县的甲首户中,很多应交的税粮,甚至倍于里长。可见,里长的点佥,并非完全按照贫富作为等差,只是在版籍之际,有的袭父祖之遗,有的为官府所点,才充任了里长。里长在不被点充的10年里,“期会之劳,使用之赀,鞭朴之楚”,均由里长承当,甲首并不承担,其苦已倍于甲首。等到轮年值当里长,里长又需出“一里之费”,势必导致在里长与甲首之间,差役存在着偏差。①

(2)白粮解送与粮长之役

在明代,白粮主要出自江南苏州、松江、常州、嘉兴、湖州五府。白粮既是“上供至急之需”,又是“东南至重之役”,即加在江南百姓身上的沉重的徭役负担。按照制度规定,从江南解送至京城的白粮,共计220200余石,其中供给供用库、内官监酒、醋、面局及福府等府并牺牲的粳米、糯米,共计114100余石,供给光禄寺的上白、中白粳米及糯米,共计66400余石,供给五府、六部等衙门的八分糙米、粳米,共计39500余石。②

解送白粮进京,无疑成为解户的一大负担,且成为江南地区最为繁重的徭役。百姓一旦承充此役,无不破家。其负担与苦处主要包括以下三个。

① 萧端蒙:《条陈远方民瘼六事疏》,载冯奉初辑,吴二持点校:《潮州耆旧集》卷15《萧御史同野集(二)》,暨南大学出版社2016年版,第195页。

② 方大镇:《宁澹居奏议·查勘白粮请恤疏》,载方昌翰辑,彭君华校点:《桐城方氏七代遗书》,黄山书社2019年版,第158—159页。

其一，在未解白粮之前，解户苦于“水脚之侵分”。以浙江嘉兴、湖州二府解送白粮而言，所谓“水脚”，即每正米1石，加米1.16石，称为“舂折”；再加米1.6石，折成银子8钱或9钱，作为船车各项费用；其中解送光禄寺的米，还要再加5分银子。水脚之加，原本是为了弥补解户的亏空，但实际情况则是，解户在未解送白粮之时，这些水脚，就已经被侵分，包括“埠头之抽分，歇家之扣除，总催之洒派”，导致“水脚已亡其十之四五矣”。①

其二，在解送白粮的路途中，解户“苦于关津之多故”。以路途上纳各种之税为例，从南往北，分别有浒墅关纳科之税，扬州钞关验契之税，淮安工部板闸纳钞之税，清江浦户部纳钞之税、工部抽单之税，徐州户部报舱口之税，普宁店之税，临清纳钞、纳公堂之税，广安店之税，工部领砖之税，丁字沽皇店之税，巡检司追纳底载之税。各项税费相加，每船需要交纳的费用多达银70余两。以解户路途遭遇各种之苦为例，分别有新河倒班雇募短纤撑夫之苦，台儿庄、济宁、南旺、袁老口阻浅起剥之苦，河西务另雇民船出水脚之苦，王家务遇冻、赁房、顿米、船运狼籍之苦，起车陆路运倍出脚价并车夫偷盗之苦，德州、河西务等处皇店照票勒索之苦，军船凌挤、暑雨蒸折之苦，交纳供用库、光禄寺保识多索使用及勒耗米之苦，交纳禄米仓筛头、歇家、长班拏桩斛斗之苦，南北十五衙门批回投销、守候留难之苦。为了应付各种之苦，所费银两，每船多达300余两。从嘉兴、湖州运送一船白粮至京城，单是额外付出的费用，即已达270余两，确乎称得上是“剥肤吸髓，痛入膏肓”。此外，为了运送白粮，诸如雇船、雇夫与席草、包索、饭食、神福等各种花费，还不包括在内。②

其三，相较于军运漕粮而言，民运白粮，其苦更甚。隆庆六年（1572），陆树德任礼科给事中时，曾上《请以民运并入军运疏》，对军运与民运加以比较，指出民运比军运更苦，亦即民运白粮已经成为一种繁重的徭役负担。他有如下详细比较：一是军运漕粮，是为了“充六军之储”，而民运白粮，是为了“供百官之禄”。二是就军运而言，是10个旗军运输漕粮400—500石；而民运白粮，则是一人运输白粮400—500石。三是军运漕粮，可以按照军法，在运输时一呼百应，人莫敢犯；民运白粮，则是以里氓供役，言语鄙陋，人人得以欺凌。四是军运漕粮，在途经各个衙门时，并无抑勒需索之苦；而民运白粮，则途经各个衙门时，动辄因为迟回而遭到斥责，每到一处，则需要费银15—16两，少亦不下10两。五是军运漕

① 方大镇：《宁澹居奏议·白粮免征钞料疏》，《桐城方氏七代遗书》，第151—153页。

② 方大镇：《宁澹居奏议·白粮免征钞料疏》，《桐城方氏七代遗书》，第151—153页。

粮,在过洪闸时,不用花费一钱,且由洪夫、闸夫为之挽拽;而民运白粮,过一洪,就必须纳银10余两,过一闸,就必须纳银0.5—0.6两。其中最苦者,民运白粮所雇的船户,大多是一些江淮的贱民,往往驱使解送白粮的粮长,粮长因为身家所系,对船户、水手只好吞声忍气,曲为顺从。此外,到了京城,“索费者众,而交纳之难,又有不可胜言者”。①

总体来说,在成化以前,解户上纳白粮及各种物料,户部、工部委官同科道官一起验收,解户并不与内臣等见面,所以军校不得胁勒,内臣不得多取,小民亦“不至亏害”。至成化以后,户部、工部的官员为了避嫌,各款粮料不肯验收,均令小民运送内府,最后导致“害不可胜言矣”。② 陆树声在《民运困极疏》中也认为,在嘉靖十年(1531)以前,民运白粮的解户,尚有保全之家;至嘉靖十年以后,凡是充任解送白粮的解户,“未有不破家者”。③

明代的粮长之设,其职责主要在于督责一区税粮的征收。洪武四年(1371)九月,明太祖下谕设立粮长制度,由田多之人出任粮长一职,“专督其乡赋税”。按照制度规定,凡是税粮达到1万石,即设立粮长正、副各1人。④

在明初之时,粮长在输送钱粮至京城时,尚不时得到皇帝的召见,若是应对间得到皇帝的喜欢,甚至享有“蒙擢用”的政治待遇。自成化以后,粮长显然已经成为一种苦役,尤其以江南粮长为甚。这主要源于粮长在解送税粮时所遭遇的种种额外盘剥。诸如此类的额外盘剥,一如正德十六年(1521)四月二十二日诏书内一款所云,凡是粮长解纳钱粮到京,所受内外管收人员的刁蹬需索使用之数,甚至多于原本上纳的钱粮,其结果则造成“上纳不敷,重复征解,贻累小民”。嘉靖六年(1527)二月十三日诏书内一款,更是直言那些收受钱粮的官员,对解送钱粮的粮长“加倍多收”,再加之各种额外的支出,诸如“歇家、车脚钱,大贼、小贼钱,木板、席苫钱”,使得解送钱粮的粮长,“借债添赔,轻则破产倾家,重则妻孥累死”。⑤

粮长之苦,主要在于解送钱粮时遭遇各种盘剥,甚至解送内府税粮1石,实际上少则付3—4石,多则付4—5石。换言之,一旦承充粮长一役,在解送钱粮

① 章鸣鹤著,范械士校:《谷水旧闻》,载上海市松江区博物馆、华东师范大学古籍研究所编:《明清松江稀见文献丛刊》,第1辑,上海古籍出版社2015年版,第27页。

② 朱国祯撰,王根林校点:《涌幢小品》卷2《白粮》,上海古籍出版社2012年版,第35—36页。

③ 陆树声:《民运困极疏》,《明经世文编》卷291,第4册,第3072页。

④ 龙文彬:《明会要》卷51《民政》2《粮长》,下册,第953页。

⑤ 梁材:《会议王禄屯粮及内府收纳疏》,《明经世文编》卷103,第2册,第926—927页。

的过程中，粮长需要承担起包赔的责任。若是运送军粮，每 1 石需要包赔 7—8 斗；若是运送白粮，每 1 石更是需要包赔 2—3 石。① 过分的额外盘剥，导致粮长一职已经成为重役。嘉靖六年（1527），刑部尚书李承勋在上疏中，就直言“家有千金之产”的家庭，若是充当粮长一年，“有即为乞匄者矣”；“家有壮丁十余”的家庭，若是充当粮长一年，“有即为绝户者矣”。其结果，则是使民间百姓将粮长一役，视为超过“谪戍”的重役。南京礼部尚书沈文魁等在题疏中，也认为一旦应役粮长一职，“上等之家，资囊已费大半，中人之产，荡费无遗”，以致“江南大家，十室九空”。②

（3）驿递之役

在明代，驿传马夫是一种重役，早在明初即已负担很重。如洪武五年（1372）九月，鉴于驿传一役繁重，甚至因“夫马破家”，故明太祖朱元璋专门下诏给中书省，要求地方官员对承担此役之人，务必加以存恤。为此，专门要求由“粮富丁多”之人，承当驿传马夫之役。③

朝廷虽有体恤驿传马夫之意，但在实际的执行过程中，一旦充任驿传马夫一役，徭役的重压显然并未由此减轻，甚至更为加重。即以陕西一省为例，仅仅镇守太监、镇守总兵两处驿传马夫所需粮价银的支出，“较之旧时，其多数倍”。根据弘治年间陕西巡抚杨一清上疏的揭示，在陕西镇守太监处，每日京兆驿的支应银就达 8.4 两，一年共计 3000 余两；在镇守总兵处，每日的支应银为 5.6 两，一年共计 2000 余两。两处相加，合计 5000 余两。④ 尤其是在畿内，因为地处冲衢，驿递之役更是成为“罢民”的主要原因。驿递之役的繁重，一如崔铣所言：“定户给马，而富流于窭；罢役入银，而利渔于官。过者涌沸，则顾他马而费不赀；中使索打，乾斯役得乘传而敛如剧。”⑤

这可以贵州一省为例加以说明。嘉靖年间，据贵州巡按御史萧端蒙的上疏可知，贵州因为地处四川、湖广、云南三省的交通要道，“使客往来，殆无虚日；供

① 龙文彬：《明会要》卷 51《民政》2《粮长》，下册，第 955 页；梁材：《会议王禄屯粮及内府收纳疏》，《明经世文编》卷 103，第 2 册，第 926—927 页。

② 朱国祯撰，王根林校点：《涌幢小品》卷 2《白粮》，第 36 页；龙文彬：《明会要》卷 51《民政》2《粮长》，下册，第 955—956 页；梁材：《会议王禄屯粮及内府收纳疏》，《明经世文编》卷 103，第 2 册，第 926—927 页。

③ 黄光昇：《昭代典则》卷 7《太祖高皇帝》，第 167 页。

④ 杨一清：《关中奏议全集》卷 6《为地方事》，载氏著，唐景绅、谢玉杰点校：《杨一清集》，上册，中华书局 2001 年版，第 181 页。

⑤ 崔铣：《直隶驿传事宜序》，《明经世文编》卷 153，第 2 册，第 1537 页。

应繁难,公私疲惫"。驿递之役,已是"重为困累"。贵州一省,马馆之需,大约每年不下6—7万两银子。在这些驿递费用支出中,真正提供给"公家"的费用,不过十分之二三而已,其他十分之七八的支出,均为供应"过客"。至于其中的原因,萧端蒙归纳为以下三个:一是违例滥用夫马。往来贵州的使客,滥用夫马,并非因为仆从多、辎重盛,而是因为这些使客阴受贿赂,借此附带商货。如云南素产石屏、象牙、苏木之类的奇货,这些均属违禁与重难物品。一些奸商黠贾一则出于节省运输成本开支,二则为了保证能在路途上的顺畅,就重贿使客,请求他们顺便夹带。这些使客官员贪图商人之财,就代为容隐,妄称这些奇货是自己的行李,概索驿递的军夫,甚至那些商人也冒称自己是官员的家丁,骑乘驿站之马。其结果,则是途径的使客官员,行李多达"八十余扛",家属多达"二三十人"。二是超越规定使用夫马。如云南承担解送方物的人员,往往擅作威福,凌虐官吏,多索夫马。地方驿站官员,鉴于"上供之物",就只好"照数应付"。又如贵州赴任的官员,按照惯例,可以支取本人及家口的"脚力"。但事实并非如此。这些赴任官员,时常在中途将原先的关文加以更改,加增廪粮,擅用人夫。更有甚者,"妾媵儿孙,肩舆至数,奴婢仆隶,脚力十余"。三是官员骚扰驿站。在明代,起关给驿,自有定例。但在实际的执行过程中,使用驿递夫马的关文已是冒滥太甚。具体言之,其冒滥的借口分别为:"有称黔国公各省买办织造而起关者;有称各处势要收买宝石青碌而起关者;有差委人员,而军伴四五名,俱支口粮者;有经过二司,而关文数十纸,通索应付者;有非系紧关事务,而辄差官者;有不应给驿人数,而遂支廪者;有妄称在京衙门,委官遣牌者;有伪捏各省公干起关者;有承差而给马四五匹者;有赍册而给夫二三十人者。"各省的官员,通常曲徇人情,违例妄给驿递关文。得到使用驿递关文的官员,又买通驿递,"洗擦关批,增添夫马",在原先的关批之外,多索横取。①

至崇祯年间,驿递之役,更为繁重。以河南为例,在崇祯三年(1630),驿递夫马等项的徭役银,原本额设为银531601.032536两。在实际的执行过程中,额设的夫马银难以维系轮蹄之绎络,于是只好加增夫马银,合计加增银88766.6354两,大约加增了16.6%。除了加增夫马银之外,民间尚需自己津贴夫马银,这就是所谓的"私请""私帮"。这更是一笔巨额的夫马银数字,大概"不啻数十万"。若是以最少20万两计算,每年自己津贴的夫马银约占额数的37.6%。两者相加,加增、私帮的马夫银,已最少占额数夫马银的54.2%。其结

① 萧端蒙:《议处驿站疏》,《潮州耆旧集》卷14《萧御史同野集(一)》,第189—190页。

果，则是导致民间百姓“苦累已极，皮骨仅存”。①

驿站夫马银的增加，显然源于地方大员的“扰驿横行”。尤其是各个巡按御史的承差，更是成为“第一大害”。据崇祯十二年(1639)杨嗣昌上疏的揭示，每一个巡按御史下面的承差，多的达数百人，少的也不下数十人。这些承差上班下班，差来差往，原本骑马 1 匹，但往往私自从驿站勒取 6—7 匹，每匹马折价银 2—3 两。② 更为甚者，湖广襄阳县驿递马户因为不堪徭役之重，有些马户被逼自杀。如崇祯十二年十一月，据程、刘、朱三姓马户诉称，因为不堪于夫马徭役的繁重，马户樊尚冕在家产变尽之后，只好悬梁自缢。此外，马户吕相周“刎颈将亡”，马户安国华“卖男投水”。③ 诸如此类的例子，无不说明驿递之役，在明末已经是压在百姓身上的沉重负担。

（二）额外的徭役

正常的徭役负担，民间百姓已是不堪承受，再加之额外的徭役负担，更是使百姓生活陷入困顿。所谓额外的徭役，大抵是指正役之外的杂役，有些甚至是临时性的差役。相较而言，役有常供，正役尚有一定的规则；而额外的徭役，则大多属于加派，甚至是乱派，根本没有规则可言。

早在宣德八年(1433)，据李信圭的上疏，可知徭役的乱派直接影响了百姓的生活。如从江、淮到京师，漕河沿河一带的府县，均令“军民挽舟”。假如沿河没有卫军，这些徭役则由地方民夫承担。沿河每个州、县，每年需出民夫 2000—3000 人，“昼夜以俟”。百姓一旦被派为民夫，势必导致难以尽力于农田，甚至“土田荒芜，民无蓄积”。④

细究明代额外的徭役负担，主要来自以下三项。

一是临时性的徭役摊派。如按照明代的藩封旧例，亲王就藩，需要动用人夫 31000 余名，均由地方州、县“计丁派拨”。万历年间，潞王就藩时，曾动用了拽船等项人夫共计 30997 名，均在所属州县、卫所人丁内佥派，大致每 10 丁佥派人夫 1 名应役，由其他 9 丁帮贴工食，所需服役的时间长达 1 个月。以每夫工食银 8

---

① 吴甡著，秦晖点校：《柴庵疏集》卷 6《驿站酌裁疏》，第 116 页。

② 杨嗣昌著，梁颂成辑校：《杨嗣昌集》卷 33《清驿原以裕国疏》，下册，岳麓书社 2005 年版，第 826 页。

③ 罗明祖：《罗纹山先生全集》卷 15《襄邑实录 · 看申驿倒累襄文》，江苏广陵古籍刻印社 1997 年版，第 1124—1125 页。

④ 龙文彬：《明会要》卷 54《食货》2《力役》，下册，第 1035 页。

钱计算，共计所需人夫工食银24797.6两。此外，潞王就藩时，尚需派雇摆队并差拨马匹，共计马匹1000匹，青衣人夫1000名，以每夫、每匹马所需雇值、草料、工食银2.1两计算，共计需要2100两。两项相加，潞王就藩之时，临时性的徭役摊派银两，就高达268976.6两。①

亲王就藩之后，各个王府均需要从地方州县佥充王府校尉。按照明代的制度规定，亲王、郡王的校尉，均从民间佥拨；镇国等将军，原本应该由仪从跟用，但后来也乞恩佥拨校尉。这些校尉，其职责不过是给使令之役，或者导引出入而已。假如有人病故，就上奏通过勘合，从民间从新佥补，但均无如见面银一类的科扰。但在随后的实施过程中，王府校尉却成了民间的额外徭役负担。换言之，王府将校尉视为一种"射利"的途径。校尉一到王府，见面之初，就向每名校尉索要见面银少的不下80两，一般是100两，多的甚至达110两。校尉在应役之后，每年向校尉索要办月银少则不下10两，一般是12两，多则达13两。此外，每年尚有其他各项科扰名色，且难以计数。在如此额外的重索下，即使是殷实的上户，一旦承充校尉，不过数年，就"骨肉离散，财产荡然"。王府知道其家已经艰窘，再也难以索要钱财，就假借"退皮"这一名色，逼迫出银30—40两，才允许其不再承充校尉。于是，州、县每佥拨1名校尉，整个州、县凡是"过得之家"，无不需要补贴盘缠，导致词讼纷起。一旦被审定充当校尉，举家男妇，相聚号泣，"如谪远戍"。②

除此之外，临时性的徭役摊派尚有许多。如顺天一镇巡抚通常会委派官员至山东陵县、临邑乡间的市镇购买布匹，却令陵县的百姓负责运输。这无疑牵累了陵县的车户。根据记载可知，每人车1辆，用骡马10头，方可装载布2000匹，大约重4000斤。以20万匹布计算，需要用大车100辆，骡1000头。陵县是一个偏僻小县，很难一时凑齐大车100辆。在如此额外的徭役负担压力下，以致"邑中颇饶之家俱亡匿矣"，最后负担的重压还是加在陵县的车户身上。③ 又德州地处冲要，每当遇到军务之时，官船经过德州，照例就要德州派出丁夫。这无疑也给德州百姓额外增加了徭役负担。不仅如此，很多督运的官员并不守法，甚至威逼地方官员，"以一索十，以十索百，前者未行，后者踵至"。德州本处的丁夫不够使用，地方官员在无奈之下，甚至"执商贩行道

① 王纪：《为藩封议留营军挽舟疏》，《明经世文编》卷473，第6册，第5196页。

② 徐恪：《修政弭灾疏》，《明经世文编》卷81，第1册，第717页。

③ 黄克缵著，李梦生点校：《数马集》卷35《柬萧岳峰司马》，下册，第443页。

贫人补足其数”。①

二是地方官员的额外征取。在明代，但凡上司巡临地方，一些地方官出于迎合取悦的目的，接待上司的器具均使用金银制作，在屋宇之内设置文绣之具。此外，“节程有馈，生辰有馈，绮错充庭”。这无疑也是一笔不小的费用开支。所有这些费用，通常佥派富户、富民承当，由他们每家轮当一月，导致铺户、富民“赔费不赀”。如此额外征取，其结果则是“官蒙科扰之名，民受剥削之实”，无疑增加了百姓的额外徭役负担。② 更为甚者，有些道、府及各厅官员，有时为了搬送家眷，有时为了转送僚属，有时为了拨给吏书，通常私用牌票、硃批，“多差长夫、长马”，借此“折乾自肥”。③

因为地方官员的额外征取，最终导致有些地方的徭役名色，几已成为百姓的畏途。福建宁洋县有“三畏”之说，即为典型的例证。福建宁洋县属于新设之县。按照当时的惯例，若是有老人被报参加乡饮酒礼，原本是一种荣耀，但已被民间视为一种额外的徭役负担。为了表示谢意，并免除参与乡饮酒礼，乡老必须向知县赠送数十两银子。此外，有人一旦被报“门子”或“农民”这两种徭役名色，也都必须交银，方可罢役。为此，当时有一位秀才在条陈时，有言：“宁洋有三畏，少之时，畏报门子；壮之时，畏报农民；老之时，畏赴乡饮。”④即使是库吏一役，看似是一种肥差，其实也多因“赔垫”而破家。究其原因，还是因为地方州、县缺少公费，为了节省额存经费，不得不让库吏赔垫。所有这些赔垫之费，均成为地方官逢迎上司官员的经费。如丰润县有一库吏，仅仅上任一年，就垫付了巡抚、巡按、巡关三个衙门的交际之费，多达 300 两银子。为了减轻自己的负担，库吏势必“转辗偿之小民”，⑤其结果还是加重了百姓的额外徭役负担。

三是无名之派日繁，役夫难以实际得到徭役银。就其总体而言，明代中期以后，在额外徭役负担日重的大势下，民生已经“困极”。相较之下，畿辅民生之困，比在外各省更甚。在外各省百姓“困于征缮”，毕竟还是役有常供，即徭役负担尚有一定的限度。但在畿辅，百姓承担的额外之役，已是纷然错出：“今日佥

---

① 余继登撰，顾思点校：《典故纪闻》卷 9，第 165 页。

② 毕自严：《度支奏议》，《堂稿》卷 17《吏治更始谨陈厘剔十款疏》，第 2 册，第 67 页。

③ 毕自严：《度支奏议》，《堂稿》卷 17《吏治更始谨陈厘剔十款疏》，第 2 册，第 67 页。

④ 姚旅：《露书》卷 8《风篇》上，福建人民出版社 2008 年版，第 184 页。

⑤ 刘宗周：《文编》1《奏疏》2《畿辅凋残未起圣明轸念殷谨竭愚悃仰承德意以固邦本疏》，《刘宗周全集》，第 3 册，第 96 页。

商,明日报役;今日派庄头,明日拨坟户。”[①]可见,确乎是“无名之派日繁,交纳之费日重”。更为甚者,这些额外的徭役负担,正日渐呈现出不公的现象,亦即“藉势力而滥免者日多,因靠损而贫难者日甚”。[②] 即使是正常的徭役负担,百姓一旦佥充,理应从朝廷那儿得到“厚给之糈”。但这些从民间摊派得来的徭役银,往往被官员干没,致使真正的服役者无从领取。[③]

通观明代的徭役负担,事实上呈现出以下两大趋势:一是额外徭役负担,远远重于正常的徭役负担。按照明代的惯例,府、县的徭役,正常的负担亦即所谓的“官赋”,仅仅只有银若干而已,但额外的徭役负担,亦即所谓的“私有”,却往往“倍一至十者”。[④] 换言之,额外的徭役负担,通常是正常徭役负担的1—10倍。二是随着在册人丁数的减少,导致徭役负担日趋加重。万历年间顺天府宛平县就是一个典型的个案。据史料记载,在万历元年(1573),在册记录的成丁为38049丁。万历十年,经宛平知县李荫审定,成丁仅为13744丁。在此成丁数内,除去优免708丁,东厂柴煤户240丁,实际编差的成丁仅为12796丁。相较于万历元年的成丁数,实际编差的成丁数减少了25253丁,即减少了约66.3%。万历十四年,经宛平知县孔祖尧审定,成丁为13809丁,除去优免人丁与东厂柴煤户之外,实际编差的成丁为12860丁。相较于万历元年的成丁数,实际编差的成丁数减少了25189丁,即减少了约66.2%。万历十七年,经宛平知县徐启东审定,成丁为13980丁,除去优免301丁,东厂柴煤户240丁,实际编差的成丁为13428丁。相较于万历元年的成丁数,实际编差的成丁数减少了24621丁,即减少了约64.7%。与此同时,宛平县在册的土地数,为2800余顷,但“半不属之闾阎编氓”,即很多属于免役的勋戚、士大夫所有;再加之在册人丁,减少了约64.7%—66.3%,势必使百姓的徭役负担日趋加重。[⑤] 按照明代的制度规定,徭役摊派以粮与丁为依据。所谓的粮,即地亩;所谓的丁,即成丁。在册地亩、成丁数字的减少,势必导致单位土地与人丁所负担徭役的加重。

---

① 刘宗周:《文编》1《奏疏》2《畿辅凋残未起圣明轸念殷谨竭愚悃仰承德意以固邦本疏》,《刘宗周全集》,第3册,第97页。

② 万镗:《恤民隐均偏累以安根本重地方疏》,《明经世文编》卷151,第2册,第1501—1502页。

③ 陈子龙:《安雅堂稿》卷10《澄吏道》,《陈子龙全集》,下册,第1235—1236页。

④ 张瀚:《松窗梦语》卷1《宦游纪》,中华书局1985年版,第10页。

⑤ 沈榜:《宛署杂记》卷6《人丁》,北京古籍出版社1982年版,第47—49页。

三、赋役负担的差异性

明初洪武年间制定的赋役征派原则，显然是出于一种贫富均平的原则，其目的在于避免富人躲避差徭，以及诸如“铁脚诡寄”与“通天诡寄”等对赋役不公平原则的冲击。这一公平原则的实施，基于“验丁粮多寡，产业厚薄，以均其力”之上。而其实施的基础，则得益于田土、人口的具体调查，以及随之而来的赋役黄册、鱼鳞图册的编定。即使到了嘉靖年间，题准、奏准的赋役征派事例，仍然刻意强调其中的公平性原则。如嘉靖十五年(1536)题准的事例，强调在审编均徭时，必须遵循“随其丁产，量差轻重”的原则，以期“务使贫富适均，毋致偏累”；嘉靖三十七年奏准的事例，其中加派的赋税，也是不分官员、举、监、生员、吏户人等，必须“一例均派”。①

官方制定的赋役征派政策，固然出于一种公平的原则考虑，但在实际的执行过程中，不公平性则随处可见。这种赋役负担的差异性，主要体现为社会阶层性差异与地域性差异。

（一）社会阶层性差异

毫无疑问，明代民间的大患，主要在于赋役之不均。至于赋役之不均，则源于“优免之太滥”。②

按照明代的优免事例，凡是官籍、官户，均享有优免徭役的特权。如在京文武官员，除了里甲正役之外，其余一应杂泛差役，全户均可优免。至于在外官员的优免事例，则根据品级，各有优免等差。在明代，但凡是中了进士出仕或凭借举人选授一官的士大夫，通常都以“官户”自居。一些原本户内没有“产米”的官员，则以不能享受优免为恨。为了享受优免，就难免采取诸多非法的措施，如听凭亲厚之人“推收诡寄”，少则不下 10 石，多则达 30—40 石，甚至达到千百石。至于那些户内原有“产米”的官员，后来陆续收添田土，甚至将原先已经别籍异居的同姓兄弟，也各并入自己的户内，以图享受全户徭役的优免。更有甚者，有

① 申时行等修:《明会典》卷 20《户部》7《户口》2《赋役》，第 133—134 页；黄光昇:《昭代典则》卷 10，第 253 页。

② 庞尚鹏:《题为厘宿弊以均赋役事》，《明经世文编》卷 357，第 5 册，第 3832 页。

些富厚的官员,家中囊橐充盈,就多置庄田,寄庄于别的县份,仍然以官名立户,甚至"多受诡寄"。众所周知,一县的丁米数是固定的,一旦官户"丁米不差",势必导致民户"科差必重"。[①] 随之而来者,则是徭役负担的社会阶层性差异。

嘉靖年间,林希元在上疏中,已经直言指出了赋税不均的弊端。这种赋税不均的现象,主要体现在以下三个方面:一是奸民"诡寄飞射",千方百计躲避赋税负担。或有田五六亩,而只纳二三亩之税;或有田八九亩,只纳一二亩之税。所有躲避赋税的实施,大多依靠里书的"诡寄飞射"。二是贫民鬻产留税,亦即所谓的产去税存、田失税存。如福建德化县的杜氏家族,宣德年间寄操泉州,且在德化屯种。杜氏之田,久已"没于豪右",但名下田土税粮,依然每年由杜氏族人轮输,甚至有人因此"倾产"。这种"田在豪右,税在吾家"的现象,就是典型的产去税存,是赋税不均的例子。[②] 三是诸多土地抛荒之后,失去了在册的土地额数,税粮却依然由所在的里甲人户承担。这三种现象的存在,一方面,导致了赋税的"轻重不均",甚至出现如下状况:"有田八九亩,止纳一二亩之税者;有田一二亩,多纳八九亩之税者。"另一方面,则是导致"虚粮""浮粮"的大量出现。如广东南雄、潮州二府,各有浮粮 8000—9000 石;广州府,有虚粮 8290 余石;琼州府,有虚粮 8550 余石。此外,高州、肇庆、惠州、雷州、廉州等府,各有虚粮 2000—4000 石不等。大量虚粮的存在,导致官府无从完成税粮征收。无奈之下,只好采取以下两项措施:一是每年取盐利用来充数;二是在一府实征秋粮之内,每石各洒派若干,"令民输纳"。[③] 这更加剧了赋税负担的社会阶层性差异。

(二) 区域性差异

就其大者而言,明代赋役负担的区域性差异,主要体现在南北田土、钱粮的不均上。就其小处而言,即使是在南方或北方同一地域之内,田土、钱粮也各有差异。以北方为例,土地就分为屯地、社地两种,且地亩大小不一。如北直隶、河南等处的州、县,大多以社分里甲,如同江西、湖广等处州县,以村分里甲。究其原因,大抵因为明初之时,鉴于北方民少地多,朝廷将山西、陕西等处无田之民迁入北直隶、河南等处,分屯其地,故以屯分里甲。这些屯民所占的新地,"顷亩甚

---

① 聂豹:《应诏陈言以弭灾异疏》,《明经世文编》卷 222,第 3 册,第 2328 页。

② 林希元撰,何丙仲校注:《林次崖先生文集》卷 10《杜氏复业记》,下册,厦门大学出版社 2015 年版,第 421 页。

③ 上面所引资料,除已注明出处者外,其余均可参见林希元撰,何丙仲校注:《林次崖先生文集》卷 2、3《王政附言疏》《陈愚见以图补报疏》,上册,第 61、124—125 页。

狭”，亦即多是“小亩”；而那些原本土著的社民，所占的田地，“顷亩甚广”，亦即多是“广亩”。屯地、社地之别，以及由此而来的小亩、广亩之分，势必导致税粮征收上的“不均”。

这是北方田土的地域性差异。至于南方，在税粮征收的科则上，同样存在“轻则”与“重则”之间的差别。换言之，田土虽同，赋税征收的科则却存在着很大的差异。所谓的重则之田，主要是指那些抄没之产，在登入册籍之时，将原本民间所收的田租作为赋税征收的标准，亦即所谓的“官粮”。尤其值得注意的是，这些重租之田，有些早已转卖多年，很难再加以辨识，交纳重则税粮的人户也大多逃徙他乡，留下重则的税粮，牵累里甲包纳。可见，在南方地区，同样存在着赋税负担的“不均”。

赋税的区域性不均，尚体现在有些府县需要替邻近的府县代纳“飞寄之征”。如应天府上元、江宁两县的赋税册中，就包括两项替庐州府、安庆府代纳的赋税。其中一项是替庐州府代纳嘉靖二十六年(1547)的荒粮，上元县代纳的数字为1022石，江宁县代纳的数字为882石，合计1904石。另一项是替安庆府代纳嘉靖四十五年的改运仓米，上元县代纳48.84石，江宁县代纳54.08石，合计102.92石。这原本不过是一时权宜之计，后来则成为上元、江宁两县的永额，而且一直相沿科派，合计2006.92石。① 这一代纳的税粮数字，相当于田3万亩应纳的税粮数，显然加重了应天府所属上元、江宁两县百姓的赋税负担。

赋税的区域性差异一如上述。至于徭役负担，早在明初立国之初，即已确立了“量田征役”之法，并将漏报丁口与诡寄税粮同科处罚。但在随后具体实施的过程中，显然也是沿革不一，且各地奉行的原则多有差异。有的通过“三等九则”之法摊派徭役，亦即按照人丁征派徭役。即使如此，也有轻重之别：有的按照原先旧制，按照每丁0.1—0.9两摊派；有的徭役偏重，如陕西徭役征派之制，即按照每丁1—9两摊派。在河南，则按照“定额派田”，即徭役按照一定的额数摊派到田亩之中，而人丁不过“寄虚籍空名”，即与人丁毫不相干。自从实行一条鞭法之后，像北直隶、山东等地，开始以“不分等则”征派徭役，每丁只征取银0.15两，或征取0.2两。即使徭役的征派如此不同，但同样难以避免丁口的隐漏之弊，导致“有童年而报丁者，亦有白首而无丁者”。②

在明代，所谓的“民事”，实则包括四项紧要之事，分别为钱粮、里甲、军需、

① 顾起元：《客座赘语》卷2《荒白》，中华书局1997年版，第63—64页。

② 毕自严：《度支奏议》，《堂稿》卷4《会议边饷条陈六款疏》，第1册，第162页。

均徭。钱粮有定数，里甲有定役，这两者相对差异性较小。只有军需、均徭两项，在南方与北方之间存在着不小的差异。如在南方，军需就是军需，均徭就是均徭，两者并不混淆；但在北方，均徭中有一种“料价”的名色，其实就是军需的别名。可见，在北方的均徭中，包括“庸”与“调”，这就导致“一事两并”现象的出现，亦即军需、均徭之间的混淆。即使是均徭的征派，在南北直隶与各省之间，审编的方法也不一，很难执一而论。细究之，均徭的审编，呈现出三种差异性：一是因时因地的不同，二是繁简的不一，三是轻重的不等。诸多的差异性，最后归于均徭的不均。①

明代赋役负担的差异性，其间固然存在着诸多复杂性，但若仔细加以梳理，仍然可以根据地域而厘定出一定的内在脉络，这就是以下两个区域性差异的特点：一是北方困于重役，二是江南累于重赋。

1. 北方困于重役

明人霍韬凭借其敏锐的观察力，发现自淮河以北，田地的税粮负担虽然很轻，但“杂役则重”。他的观察，显然印证了明代北方困于重役这一说法。霍韬之论显然并非空穴来风，而是源于他对北方地区的深入考察。如他以曾经亲身经过的徐州为例，就发现徐州一地杂役繁重。徐州杂役之重，名色众多：有班夫之役，每年出班夫38000多名；有洪夫之役，每年出洪夫1500余名，以每名洪夫出银12两计，每年需要纳银18000两多。此外，尚有浅夫、闸夫、泉夫、马夫等徭役名色。徐州编户之民，在册的仅有20000户，却要承担如此繁重的杂役，百姓之困于杂役，由此不难想见。其结果，则是徐州百姓，“年年拘役”，没有一丁可以幸免。更为甚者，即使是家中穷已彻骨，仅养育一犬自随，也必须每年出役银1两。②

霍韬之说，也并非仅仅限于徐州一地，而是遍及整个“北地”，亦即整个北方地区，同样“差役繁重”。尤其是在审编均徭时，一些地方官员放弃旧规不顾，而是以“立例杂出”为能。如一个普通百姓之家，仅有田数亩，牛1只，里书就报称为“有力”之家，“量升户则”；或者有的家庭生活“颇过”，买了1匹马，里书就指称为“殷实”之家，随即“超升户则”。无论量升户则，还是超升户则，势必增加均徭负担的支出。其结果，则导致百姓因不堪科役的烦扰，不敢买牛耕种土地，以

① 李士翱：《钦奉敕旨陈言民情疏》，《明经世文编》卷209，第3册，第2194—2195页。

② 霍韬：《自陈不职疏》，《明经世文编》卷187，第3册，第1929—1930页。

致“田多荒芜，粮多拖欠”。[①] 至崇祯十六年（1643），畿甸之民，更是“差徭太繁，钳罗又密”。如每亩田地，纳粮仅仅钱170—180文而已，而所纳杂差之钱，则多达300—400文。[②] 换言之，每亩所出的差役钱比赋税钱平均约多出175文，即多出200%，亦即每亩田地差役负担是赋税负担的2倍。

明代北方的重役，主要体现在以下两个方面。

一是军需重役。弘治十四年（1501）正月，兵部尚书马文升在上疏中指出，顺天府及直隶所属保定等八府，外加陕西、山西、河南、山东等北方地区，或因靠近边境，或因临近京师，一旦各边有警，其中粮草、马匹等一切军需，均需要由这四省八府的百姓“攒运供给”。这四省八府的百姓，承担的徭役极其繁重。如各部科派的木植、颜料、牲口及烧造官砖等项，“岁无虚月”；前往京城交纳这些科派物料，其中额外使用的银两，更是超过交纳之物的价值；买战马，打造官刀，尽管经费出于“官钱”，但最终还是牵累百姓；至于输纳边粮，更是其价过重，尤其是山西的百姓，“劳苦尤甚”。[③]

二是养马重役。在明代，编民养马，计马征驹，均已有定制。但在具体的实施过程中，在北方河南、山东、北直隶三地，养马之役的轻重，则稍有不同。河南开封、卫辉、彰德三府，自正统十一年（1446）才开始“寄养马”之制，其中“各年起俵备用，印记搭配，买补赔偿”，均与北直隶、山东无异。但细析之，则有稍有差别。如北直隶实行“论粮养马”制度，每1个成丁养儿马1匹，3个成丁养骒马1匹，就可以免纳一半的税粮。此外，又有专门的草场，供养马饲秣之用。河南则实行“论丁养马”制度，虽然规定每5个成丁养儿马1匹，7个成丁养骒马1匹，但粮差并未减少。此外，在河南，只有陈州、项城县，各有草场，其他州县，均无牧养的草场。再加之河南宗室繁衍，府第众多，一旦有了剩余之地，即被宗室奏讨，诸如王府中的厨役、校尉、礼生、乐舞生、斋郎等役，即使是养马人家，也不免要被佥充，役占数多，丁力日耗。所以，河南的养马之户，比起北直隶的养马户来，徭役负担更重。至于山东各个府、州、县养马之制，虽也采用论丁养马，但与黄河相隔较远，并无垫溺之灾。至于山东分封的亲王，不过鲁、德二府，而德王府的禄米，又系江南郡县兼纳。反观河南各府州县，多有黄河泛滥之灾，需要筑堤防患。所有这些防患黄河泛滥所需的人夫，动以万计，即使是养马之家，也“不免借

---

① 李士翱：《钦奉敕旨陈言民情疏》，《明经世文编》卷209，第3册，第2194页。

② 方孔炤：《刍荛小言》，《桐城方氏七代遗书》，第405页。

③ 黄光昇：《昭代典则》卷23，第655页。

倩”。再加之王府的“供亿”,尤其浩繁,全由河南本省所出,并无江南府、县之助。所以,相较于山东的养马户,河南养马户的徭役就更显繁重。①

即使北方养马户之役,因为区域不同而稍显轻重不一,但就其整体趋势而言,北方的百姓仍然困于养马重役。如畿内田土日狭,人民艰窘,最终导致“孳牧亏欠”,甚至“科扰于民”。② 按照明代的制度规定,凡是天下田土,均必须交纳税粮,只有北方的养马地,可以免于交纳税粮。这些养马地,属于“额办”之役,与杂泛这种差役不同,即使是京官,也无优免的特权。但事实并非如此。一些权豪势要或富家巨族,或凭借自己的权势,或通过巧于营干之法,以使自己占有的养马地,并无出马之役。其结果,则牵累贫困养马户。③ 尤其是北直隶百姓所承担的太仆寺寄养的马骡,更是成为养马户的沉重负担。按照礼制的规定,很多坛场使用的马骡,均必须是纯黑之色。当地的养马户因这些纯黑马骡并非土产,只好交给“积年揽户”。至于额外付出的费用,每纯黑之马 1 匹,用银 70—80 两;每纯黑之骡 1 匹,用银 40—50 两。所以,养马户一旦遇到征派纯黑马骡之役,就“无不倾荡家产,鬻及男女”。④ 在山西,因为土瘠赋重,民间百姓最苦的重役,莫过于充当养马的“马头”,一旦被征派为马头,“中人之产必破”。⑤

2. 江南累于重赋

明人霍韬凭借其敏锐的观察力,发现长江以南,压在农民身上的最大负担,就是因为“粮税轻重不得适均”。换言之,就是累于重赋。⑥

关于江南(尤其是苏州、松江、嘉兴、湖州四府)重赋官田的由来,按照通常的说法,是承袭宋代而来,而至明初而赋税加重更甚。更为具体的说法,为赋额繁重,“一增于贾似道,再增于元大定时,三增于张士诚,四增于明祖”。宋代在元丰、绍兴、淳熙年间,曾三次没入官田,加重赋税。至明初,明太祖平定吴地,因苏州、松江、嘉兴、湖州四府之民替张士诚死守,进而迁怒于四府,于是籍没豪族及富民之田,作为官田,并按原先的私租簿作为赋税之额。随后,杨宪又因四府

---

① 徐恪:《宽民力以修马政疏》,《明经世文编》卷 81,第 1 册,第 723—724 页。

② 彭时:《民情马政疏》,《明经世文编》卷 48,第 1 册,第 375 页。

③ 毛伯温:《清弊苏民疏》,《明经世文编》卷 159,第 2 册,第 1598 页。

④ 刘大夏:《弭灾革弊疏》,《明经世文编》卷 79,第 1 册,第 703 页。

⑤ 张四维:《条麓堂续集》卷 15《复黄健所》,载氏著,张志江点校:《张四维集》,下册,上海古籍出版社 2018 年版,第 1030 页。

⑥ 霍韬:《自陈不职疏》,《明经世文编》卷 187,第 3 册,第 1929 页。

之地尽为膏腴，增加赋税之额，每亩增加2倍，导致江南赋税“视他方倍蓰”。①

江南重赋，历经洪武、建文二朝多次减少赋额，再经永乐年间废除建文之政，重赋之额依然故我。如洪武七年(1374)，明太祖下诏，减少苏州、松江、嘉兴、湖州四府“重田租之半”。即使如此，有些重赋之田，仍每亩征收赋税7斗(即0.7石)以上。洪武十三年，明太祖鉴于四府百姓为重赋所困，甚至衣食不给，于是再次命户部减少四府的重租粮额。其中减轻重赋的比例，大致遵守以下三条原则：一是原本每亩征收0.44—0.75石的田土，减少十分之二(即20%)，亦即每亩征收0.352—0.6石；二是原本每亩征收0.36—0.43石的田土，一概征收0.35石，亦即分别减少了约3.7%—22.8%；三是原本每亩征收0.36—0.43石以下的田土，仍然照旧的科则征收。② 建文二年(1400)正月，建文帝下诏，减轻江、浙两地的田赋，要求每亩征收的赋税额不超过0.1石。进而要求，地方官若是违法征赋，依罪处置。这是一次最为彻底的减赋举措。若是按照洪武十三年所定的前两类征赋标准，分别减少了71.5%—83.3%与71.4%。可惜的是，靖难之后的永乐年间，明成祖尽革建文之政，以致浙西重赋依旧如故。③

在明代，有一种说法，认为“今天下财赋，多出吴中”。更为详细的说法，就是“天下财富，东南居其半”；而嘉兴、湖州、杭州、苏州、松江、常州六府，“又居东南之六分”。可见，说东南地区是明代财赋之源，其实并不为过。江南之田，有官田、民田之分：官田之赋，每亩或征赋0.5石，或征赋0.6石，或征赋0.7石，加上征收赋税者多收的加耗，几乎高达每亩征赋1石。民田之赋，通常仅为每亩征收5升即0.05石以上，看似不重，但加耗甚多，并且又有多收加耗之弊。④ 可见，江南重赋，不仅体现在官田赋税的征收上，即使是民田，相较于其他地区，赋税负担同样很重。按照普遍的征赋准则，各省的田税，通常为每亩征赋3升，亦即0.03石。可见，江南地区民田每亩征赋0.05石，实则高出其他各省的税率40%。至于官田，江西、浙东每亩征收的赋税“以斗计”，而浙西、江南更是每亩“以数斗计”。为此，明人赵用贤对各省与江南地区的赋税税率做了如下比较：

---

① 钱薇：《均粮议》，《明经世文编》卷215，第3册，第2245页；章鸣鹤著，范棫士校：《谷水旧闻》，《明清松江稀见文献丛刊》，第1辑，第36、38页。

② 龙文彬：《明会要》卷54《食货》2《田赋》，下册，第1009页；黄光昇：《昭代典则》卷9，第213页。

③ 龙文彬：《明会要》卷54《食货》2《田赋》，下册，第1010页。

④ 王鏊：《吴中赋税书与巡抚李司空》，《明经世文编》卷120，第2册，第1152页；王鏊：《震泽先生集》卷36《吴中赋税与巡抚李司空》，载氏著，吴建华点校：《王鏊集》，上海古籍出版社2013年版，第512—513页。

在各省，一般是共计 33 亩田，征收税粮 1 石；而在江南，则是 3 亩田，即征收税粮 1 石。换言之，江南的赋税税率高出各省约 1010%，亦即高出 10 余倍。①

江南税赋之重，唯有通过比较，方可显得更加明晰。下面不妨将苏州府与淮安府、松江府与北直隶的税赋轻重加以比较，进而揭示江南重赋的本质。

其一，苏州府与淮安府的税赋比较。苏州一府，辖 1 个州，7 个县，共有额田 9 万顷，每年征收的税粮高达 270 万石，若是加上带耗，共计征收税粮 350 万石。淮安一府，辖 2 个州，9 个县，共有额田 18 万顷，每年征收的税粮仅为 36 万石。以额田论，淮安府比苏州府多出 1 倍；以税粮论，苏州府却比淮安府多出约 10 倍。② 若是细加分析，苏州府的税赋税率高出淮安府约 1844.4%，亦即高出 18 倍多。

这仅仅是田赋正税的比较。其实，苏州一府，尚有其他诸多的杂派赋税。如供用等四库，派给苏州府的料价银就达 4416 两余，几乎占了所有料价银的 10%；后来新派的工部四司的料银也有 29179 两余，外加河工修复银 40000 两余，也几乎占 20%。③ 此外，苏州一府需要交纳金花银 25 万两余，折成民粮为 60 余万石；需要交纳绵布 15 万匹余，折成民粮 19 万余。④ 若将这些计算在内，苏州一府的赋税负担显然会更重。

其二，松江府与北直隶的税赋比较。松江一府，仅辖 2 个县，每年征收的税粮却高达 120 万石。北直隶，辖 8 个府，18 个州，117 个县，每年征收的税粮也是 120 万石。⑤ 可见，松江府以 2 个县的辖区，承担着北直隶 117 个县同样多的税赋负担，其中的轻重悬绝，不难想见。

江南各府税赋之重，不仅仅限于正粮的征收上，更是体现在以下三个方面。

一是税粮的运输，加重了江南各府的税赋负担。苏州、松江、常州、镇江、嘉兴、湖州、杭州七府，每年输纳的正、耗税粮共计 800 余万石，租重差繁，导致民多逃移。单是松江一府所辖的二县，就必须包纳坍江逃绝税户之粮 5 万余石，其他各府的包纳由此可知。在这七府中，杭州、镇江二府的税粮虽多，但不过起运至南京各个卫仓及徐州各仓，或者“兑军儹运”而已，运输税粮的负担并不太重。而苏州、松江、常州、嘉兴、湖州五府的税粮，起运两京内官监供用库、光禄寺衙门

---

① 赵用贤：《议平江南粮役疏》，《明经世文编》卷 397，第 5 册，第 4287、4291 页。
② 霍韬：《自陈不职疏》，《明经世文编》卷 187，第 3 册，第 1929 页。
③ 赵用贤：《议平江南粮役疏》，《明经世文编》卷 397，第 5 册，第 4287、4291 页。
④ 霍韬：《第三札》，《明经世文编》卷 185，第 3 册，第 1890 页。
⑤ 霍韬：《盐政疏》，《明经世文编》卷 187，第 3 册，第 1922—1923 页。

的白熟粳米、白熟糯米,共计143990余石,每石连加耗、脚价、盘运,共计需要加糙米40余万石。苏州、松江、常州三府,起运两京各衙门及公、侯、驸马、伯的禄米,共计28万余石,连加耗、脚价、盘用,共计需要加糙米50余万石,大约用运夫2万余名,且需自备衣粮、盘费。诸如此类的花费,也是不计其数。再加运粮路途的各种辛苦万状,以及到了京城以后遭受的各种刁难,其赋税的额外负担就更显沉重。①

二是在江南的赋税尤其是漕粮的交纳过程中,耗米、水脚费也是一笔不菲的沉重负担。以常州府武进县为例,运往京城的漕粮正额米为54581.304石,但付出的耗米、水脚平米,则达本色79683.70384石,或折色银9851.46552两。② 可见,额外的耗米、水脚平米,高出正额漕粮米25102.399石,约高出45.9%。

三是江南各府之困,更在于杂派赋税之多。在这些杂派中,尤以料价为重。以苏州府常熟县为例,在嘉靖年间,每年杂派的料价银不过8200余两。至万历年间,更是增加到16900余两。所有这些料价银,均会以"余米"的名色,摊派到田赋中加以征收。万历年间,因为淮河冲决,苏州府又被加派料价银4万两。这一加派原定在河堤修筑完工后免去摊派,但实则完工数年之后,加派的料价银也并未少减。③

当然,即使是在江南重赋之地,赋税的轻重也并不一致。其间的差异,主要在于官田、民田、麦地三者赋税科则的区别上。官田、民田,田地的肥瘠,相去并不甚远,即使在一坵之内,咫尺之间,却因为官田、民田的不同,导致赋税"轻重悬绝"。以浙江嘉兴府海盐县为例,官田征收的赋税,大致每亩0.5石;民田征收的赋税,大致为每亩0.05—0.08石,麦地征收的赋税,大致为每亩0.03—0.05石。尤其是麦地,每年的收获并不少于官田、民田,单是正粮,麦地征收的税赋比率就比官田减少约90%—94%,比民田减少37.5%—40%。此外,麦地既不用交纳耗米,又不用交纳马草,明显比官田、民田负担要轻。④

繁重的赋税无疑给江南百姓生活带来了极大的危害。尤其是官、民田赋税的轻重悬绝,导致在田地买卖以及由此而来的税粮推收方面出现诸多的弊端,尤以"诡寄"与"飞寄"为甚。细究其危害,主要体现以下三个方面:一是贫者流徙,

① 王恕:《议事奏状》,《明经世文编》卷39,第1册,第302页。

② 唐顺之著,常州市唐荆川研究会编:《唐荆川诗文集》卷9《与李龙冈邑令》,凤凰出版社2012年版,第259页。

③ 赵用贤:《复王道尊》,《明经世文编》卷397,第5册,第4298页。

④ 钱薇:《均赋书与郡伯》《均粮议》,《明经世文编》卷214、215,第3册,第2240、2244页。

里甲坐困。江南地区在土地买卖的过程中，通常官田价格较低，民田价格较高。卖田的“贫者”贪图民田田价之高，故意将官田冒充民田；买田的“富者”贪图民田税粮不高，甘愿接受假冒民田的官田。随之而来者，则是民田大多归于豪右，官田则多归于贫穷之人。贫穷之人不堪承受官田的重赋，只好逃至四方，以躲避重赋。其结果，则国家税赋无从征收，只得摊派到里甲，导致“贫者多流，里甲坐困，去住相率，同入于困”。二是以熟作荒，加耗日重。在江南，通常有一些“奸民”，故意将熟田当作荒田，且每年都是如此。积荒、板荒一久，只好将马役、义冢之类，全部摊派到众人的头上，导致加耗日重。三是“奸民”通过“诡寄”与“飞寄”的手段躲避赋税，使普通百姓的负担加重。在江南，官田、民田征收赋税的科则，原本不过 10 余则而已，但随后科则更趋繁多，甚至达到“千余”则。如此复杂的征赋科则，显然便于那些“奸民”或“积年”的书手出没其中，赋税科则的轻重任由他们高下其手。或将其税寄之官宦人户，称之为“诡寄”；或将其税散于各户，称之为“飞寄”。①

四、赋役负担与生活质量

明人林希元云：“夫差役繁重而民生困，民之所恶也。薄赋轻徭而民生厚，民之所欲也。”②堪称一语道破赋役负担与民生之间的真实关系。赋役负担的轻重，与百姓生活质量的高低颇有关系。换言之，当轻徭薄赋之时，百姓压力减轻，自然生活相对安逸；当徭役繁重、赋税厚敛之时，百姓不得安息，生活质量就明显下降。

这显然有事实可以得到印证。以赋税负担为例，正如成化年间马文升在上疏中所云，当明初之时，明太祖采取仁爱养民之策，凡是遇到灾伤，随即免除税粮。即使是在丰收之年，在仓廪有余之处，也量加蠲免。在当时地亩税粮的征收上，则采取“什一而税”的征收科则。此外，凡是宫中所需果品、牲口、颜料等项物品，均从应征税粮内买办，分毫不曾“重科于民”。在此薄赋政策之下，自然“人民殷富，而天下晏然”。③ 以徭役负担为例，如曲周县徭役钱的征收准则，每

---

① 王鏊：《吴中赋税书与巡抚李司空》，《明经世文编》卷 120，第 2 册，第 1152 页；王鏊：《震泽先生集》卷 36《吴中赋税与巡抚李司空》，《王鏊集》，第 512—513 页。

② 林希元撰，何丙仲校注：《林次崖先生文集》卷 2《王政附言疏》，上册，第 58 页。

③ 马文升：《恤百姓以固邦本疏》，《明经世文编》卷 63，第 1 册，第 518 页。

亩每年征收役钱仅为 40 文，明显属于"轻徭"，再加上薄赋，使得曲周一县，"民居整密"，甚至"民富且淳"，①这自然也是情理中的事情。反之，若是赋重役繁，自然会使民生艰窘，甚至民不聊生。以赋税为例，江南苏州、松江、常州、镇江等地，因为科税太重，每亩科税 3—4 斗，甚至 1—2 石。再加之科税的等则繁多，水涝不时，势必导致"民多逃徙"。逃徙之民的赋税，仍然由当里之人承担，不被宽免。其结果，则使江南之民"以植产为忌"，甚至"有产者复求售不得"，进而影响到土地的正常生产经营。以徭役为例，在江北地方，地方既薄，民生复穷。再加之靠近京师，属于四方孔道，府县供送之繁，导致民间的徭役"三岁而更"。此外，又有养马之役，使得江北的百姓，大抵"苦于重差"。② 总体说来，自成化以后，科派不一，均徭作弊，赋税徭役负担日趋加重。按照马文升的估计，每省各项赋税、徭役银相加，少则为 70—80 万两，多则达 100 万两。如此沉重的赋役负担，其结果必然使"百姓财匮力竭，而日不聊生也"。一旦遇到荒歉之年，更是"饿殍盈途，盗贼蜂起"。③

细究明代赋役负担与民生之间的关系，事实上存在着以下两大趋势：一是赋役负担日趋加重，二是生活质量日趋下降。

（一）赋役负担日重

自明代中期以后，赋役负担呈现出一种总体加重趋势。单就赋税负担而言，明末人何起鸣在上疏中云："国初以十税一，今则十而税二三，犹未止也。"④可见，赋税征收从"以十税一"，转而变为"十而税二三"，征收比例实则上涨了 10%—20%。这还仅仅是赋税负担的加重之势。若是加上徭役负担，那么负担的加重则更为明显。万历年间，张四维在给他人的书信中有言："迩来役烦赋重，视国初不啻百倍，亦皆田之所出也。"⑤可见，若是加上徭役负担，万历年间的赋役负担，已是明初的 100 倍。这样的推测，或许尽非科学，但至少说明百姓负担日趋沉重，这无疑是一种总体的趋势。

以赋税负担为例，明代中期以后，无论是内府供用，还是户部、工部的科派，均已日趋繁重。如内府供用，原本有"常数"，但到了后来，诸如油蜡、皮张等物

---

① 崔铣著，周国瑞选编：《崔铣洹词选 · 赴召录》，中州古籍出版社 1993 年版，第 66 页。

② 林希元撰，何丙仲校注：《林次崖先生文集》卷 2《王政附言疏》，上册，第 58 页。

③ 马文升：《恤百姓以固邦本疏》，《明经世文编》卷 63，第 1 册，第 518 页。

④ 何起鸣：《条议宗藩至切事宜疏》，《明经世文编补遗》卷 1，第 6 册，第 5543 页。

⑤ 张四维：《条麓堂续集》卷 14《复刘华石》其三，载《张四维集》，下册，第 1013 页。

料的征取,已是“费且十倍于前”,亦即增加了10倍。至于户部、工部的科派,也是“必又倍矣”,亦即增加了1倍。这仅仅限于常额之数的增加,若是加上物料交纳时内官与有司官员的勒索以及贿赂,负担更是“益倍矣”。①

一至崇祯年间,赋税负担之重,更使百姓不堪承受。如在陕西凤翔府父老子弟的心目中,民间疾苦当数“流贼”。然相较于“流贼”之害,派纳的盐课之重,更是“剧于贼”。② 至于具体的赋税负担之重,可以太和县为例加以说明。崇祯八年(1635),太和县知县吴世济就直言:“旧额止取足正项,故民易办而事易集。近来岁岁增加,有增无减,民极苦之。”赋税的增加,主要体现在以下两个方面:一是民运负担的增加。按照惯例,太和县的税粮,仅有军运,并无民运。至崇祯年间,因为派买辽东之米,需要运赴天津交纳,才增加了民运。百姓一旦承担运粮之差,“随即破家荡产,甚而累死天津者前后相望”。二是加派、代纳之累。太和县正项地亩所需交纳之银,共计19000余两,但加派于地亩的辽饷银则多达1400余两,代灵璧县加添交纳的地亩辽饷银多达1300余两,两项赋税银相加合计2700余两,赋税在原额正项银的基础上增加了约14.2%。③

因为赋税折征的实施,亦即所谓的“折粮”,更使边地、内地的赋税负担日趋加重。嘉靖中期以后,因为“边事急、宗室繁”的原因,导致赋税折征日重。如大同近边地方,原本是征收本色,因为边地米、豆价高,而后实行折征,亦即依据时估的价格折征。各处的折粮价格,1石通常折征银6—7钱,或折征银4—5钱,很少折征银1两。但自嘉靖中期以后,在山西蒲州风陵乡,均是1石折征银1两。至嘉靖二十一、二十二年(1542—1543),内地存留之粮,也开始比照大同之例,改为1石折征银1两。一旦实行赋税折征,甚至折征加重至1石折银1两,这就使民间百姓必须准备3石之粟,才能办纳1石税粮,赋税负担“不啻倍征”。④

以徭役负担为例,早在永乐年间,因为北京城的修建,显然已给百姓带来沉重的徭役负担。为了修建北京城,百万之众的百姓,终年在官府供役,既不得保其父母妻子,遂其乐生之心,又不能躬亲田亩,从事力作,导致“耕种不时,农蚕废业”,其结果则是“民穷无告”。额外的徭役负担,主要来自以下三个方面:一

---

① 李梦阳:《应诏上书疏》,《明经世文编》卷138,第2册,第1375页。

② 吴甡著,秦晖点校:《柴庵疏集》卷10《凤翔派纳盐课疏》,第210页。

③ 吴世济:《太和县御寇始末》卷上《复按院张公博访利弊》,浙江人民出版社1983年版,第47页。

④ 张四维:《条麓堂集》卷18《复辛顺庵三》又,载《张四维集》,中册,第489页。

是科派繁重。如为了买办青、绿两种颜料，即使那些颜料的产地，也动辄科派“千数百斤”。百姓无处可得颜料，只好筹集钱钞，到各处收买颜料，通常1斤大青的颜料，需要花费16000贯钞。二是官吏横征暴敛，从中掊克。以前述大青颜料为例，百姓虽已花费不赀，以每斤16000贯钞购买而得，但在进纳之时，又会遭到官吏的刁难，不肯收受，最后必须再额外花费4000贯亦即总计20000贯钞，才能最终完成1斤大青颜料的上纳。此外，在计算工料之时，很多官员往往“惟务多派”，借此以便自己的“滥取之利”。三是倚势强拆民房。关于此，明人邹缉有如下详尽的揭露：“使群辈工匠小人，假托威势，驱迫移徙。号令方出，既欲其行；力未及施，屋已破坏。或摧毁其墙壁，或碎其屋瓦，使孤儿寡妇，坐受驱迫，哭泣号叫，力无所措。当严冬极寒之时，或当酷热霖汗之际，妻子暴露，莫能自蔽，仓遑逼迫，莫知所向。所徙之处，屋室方完，又复驱令他徙，至有三四迁移而不能定者。及其既去，而所空之地，经月逾时，工犹未及。”①

崇祯年间，民间百姓的徭役负担，更是日趋加重。尤其是驿递之役，在明末已是成为一种重役，普通百姓一旦承担走递之役，“非贫即死”，甚至“未有不死且破家者”。以太和县为例，据知县吴世济的揭示，太和县驿递之役，包括“走递县马”与“协济濠梁驿马”，原来的旧额仅仅摊派7匹多，至崇祯八年(1635)，则增加到11匹多，驿马负担大约增加了57.1%。不止如此，原先太和县只须解送协济驿马银两即可，但其后则变为“拘县民买马赴濠梁走递矣”，亦即必须亲身服役。按照明代的惯例，诸如驿马纲头一类重役，通常由“通天神棍”或“卷地恶棍”承应，一旦驱迫“丁田身力之良民”承应此役，势必给百姓带来沉重的负担。无奈之下，一些“县民之稍黠者”，贪图数倍的佣金，承揽走递之役。但这些承揽走递之役的人，不时向原差者索求津贴，稍不满足他们的欲望，就“脱逃误差”，随后还是“祸即中于正身”。②

明代徭役负担日趋加重之势，在各地无不如此。在苏州地区，不仅遭受重赋的压力，同样也要承受重役。明代苏州地区的重役，主要有三：一是解户之役，负责解送军需、颜料，并将此上纳内府；二是斗库之役，负责供应往来使客及有司营办之人；三是粮长之役，负责一区税粮的催收，而后输纳官府。上面三种重役，均从田地中摊派。按照明代的均徭征派原则，大率以田为定，并不计较家庭的“资力”。田多的为上户，均徭摊派就重。相较之下，田少则均徭轻，无田则均徭更

---

① 邹缉：《奉天殿灾疏》，《明经世文编》卷21，第1册，第163—164页。

② 吴世济：《太和县御寇始末》卷上《复按院张公博访利弊》，第47页。

轻。如此徭役征派原则,其结果则是“一家当之则一家破,百家当之则百家破”,甚至“贫者皆弃其田以转徙,而富者尽卖其田以避役”,进而出现以下两种现象:一是田价下跌,甚至“田贱而无所售,荒田而无人耕”;二是为了躲避重役,百姓“惟务逐末,而不务力田”。①

广东地区百姓遭受的重役同样如此。这主要体现在以下两个方面:一是“水夫”成为一种重役。如广州府之南,多为“水县”。无论是齐民之奔走,还是官司之出入,甚至使客之送迎,都需要依赖舟楫。为了承担上司随从与差人往复的需要,于是在差徭内专门编派“掳船大户”,且编银承当。如原本该摊派水夫徭役银10余两,但在役主真正雇人承当之时,往往需要付银120两。② 可见,额外的水夫徭役银,实则多付了110两,约为原额徭役银的1100%,亦即多付11倍。二是灶户从免除杂役,进而变为徭役繁重。按照明代的制度规定,灶户均可以享受优免杂差。至成化年间,鉴于民间百姓多有通同灶户,诡计田粮,借此图免差役;或者有些殷实的盐户,多买民田,全免科差。无奈之下,府、县官员于是将灶户与民户一起编差。后经巡盐御史等官奏请,最终确定灶户服役的基本原则,即灶户由1丁办盐,准许户下2丁帮贴,其余则佥补逃故盐丁户内的田产。办盐的1丁,除了民田100亩不当差役外,其余必须一体扣算当差。不过灶户当差,只允许他们出钱雇役,不许将灶户编充民快、水马站夫等差役。但在随后的演变过程中,原先的事例已经形同虚设,地方官员往往将灶丁、灶田,一起与民编当差役。以广东为例,丁田除了编派徭役之外,每人1丁,通常为出钱500文;田1亩,出钱15文。10年一次编派,随里甲正役出办供应,称为“均平钱”。至于灶丁、灶田,原本不需要出均平钱。后因民户多买灶田,地方官员就下令灶丁、灶田同样需要出均平钱。换言之,在徭役编派上,灶丁、灶田与民丁、民田一起科派差徭。灶丁在出均平钱之外,每年还需承担出海守哨这一差役。按照原先的规定,灶田每亩交纳民粮0.032石,又科派盐2斤8两,称为“盐税”,上纳于盐司。后来因为灶田已经卖给民户,就不再上纳盐税,这就牵累了见在的灶户。灶丁每日需要办盐3斤4两,已是劳苦至极。综上所述,广东的灶丁,已是深受重役之困。细加分析,主要体现在两个方面:就灶丁而言,与民户一起编派徭役,既出均平钱,又要出海守哨,这是1丁承担四种差徭;若是将名下无征的盐课不加以豁免,更是1丁而承担五种差徭。就灶田而言,既要每亩科税0.032石,又要科盐

① 王鏊:《震泽先生集》卷36《吴中赋税与巡抚李司空》,《王鏊集》,第513页。

② 霍与瑕:《上潘大巡广州事宜》,《明经世文编》卷368,第5册,第3977—3978页。

2 斤 8 两,加上与民户一起编派徭役,出均平钱,这是一田而承担四种差徭;若是灶田一旦转卖,而盐税再不加以豁免,更是一田而承担五种差徭。① 灶户遭受多重差徭,显已不堪承受。

(二) 生活质量下降

赋役负担日趋加重,势必导致"敛重而民贫",这显然是最大的"民害",进而致使百姓生活质量下降。明人李梦阳明确指出,"民害"有两大根源:一是"敛重而民贫",二是"贪墨在位,恩不下流"。为此,李梦阳做了如下更为深层次的剖析:人分两类,即"贤智者"与"愚蠢者"。贤智者可以凭借自己的贤智"起家",亦即发家致富;而愚蠢者则必须有所依赖而后生存。在芸芸百姓中,贤智者百不过二三,而愚蠢者则十常八九。对于那些普通的百姓而言,在赋役征敛时,假若地方官员不加抚恤,不论是否是贫穷之人,一概征敛,势必使贫者无所依赖,"称贷之不足,则必鬻子,鬻子而不足,则必逋窜"。更为甚者,逃徙者不返故土,在乡者自然会遭受"缧绁而牵连",甚至出现"无辜暴死之尸"。②

明代的史实确实已经证明李梦阳所言不虚,即赋役的加重直接导致了百姓生活质量的直线下降。相关的景象见诸明各家的记载。如王邦直认为,差繁赋重的最终结果,则是导致"财尽民穷"。至于差繁赋重的具体表现,则是:"丁户已绝,尚多额外之征;田土虽荒,犹有包摊之累。里甲浪费,而日不聊生;刑罚过严,而肌无完肤。"其结果,则是民不能堪,只好流移他乡,以苟全性命。以一州一县言之,大约流移之民,"恒居其半"。③ 赵锦根据询问南直隶淮安府与山东兖州府一带的父老,明确获知两府百姓在"积逋"与"重役"的重压下,已是"赋繁役重,而力不能支"。其结果,则导致"人民流窜,田地荒芜,千里萧条,鞠为茂草"。即使尚未流移的百姓,也是"愁苦憔悴,而若不能为之朝夕,日甚一日,莫可底止"。④

1. 敛重而民贫

所谓"敛重"对百姓生活质量的直接影响,同样可以从两个方面观之。

---

① 林希元:《陈民便以答明诏疏》,《明经世文编》卷 163,第 2 册,第 1642—1643 页。按,林希元此疏,亦可参见林希元撰,何丙仲校注:《林次崖先生文集》卷 1《陈民便以答明诏疏》,上册,第 46—47 页。

② 李梦阳:《应诏上书疏》,《明经世文编》卷 138,第 2 册,第 1375 页。

③ 王邦直:《臣愚衷以恤民穷以隆圣治事》,《明经世文编》卷 251,第 4 册,第 2635 页。

④ 赵锦:《计处极重流移地方以固根本事》,《明经世文编》卷 340,第 5 册,第 3648—3649 页。

就赋税负担日重而言,自万历以后,因“戎狄”“叛逆”“盗贼”四起,军兴烦费,在国家财政匮乏的大势下,不得不“履亩加赋”。加派之赋,从亩加3厘到亩加7厘,而后至亩加9厘。明代末年各个省直的赋税加派,有的“论亩”,即按照田地亩数加派,有的“照石”,即按照所纳赋税数加派。① 诸如此类的赋税加派之举,按照常理视之,其赋税负担尽由田多而赋重的富民、乡绅承担。其实,并不尽然。赋税加派的结果,对贫富两个社会阶层均有不良的影响,导致百姓生活的下降,甚至致使贫者“重困而立毙”,富者也“重累而立贫矣”。②

明代末年,百姓最苦税粮“加派”。如加派“练饷”给百姓带来的危害,吕维祺、蒋德璟均已直言揭示。崇祯七年(1634),吕维祺在上疏中对“练饷”之害多有揭示,直称“村无犬吠,尚敲催追之门;树无啼鹃,尽洒鞭扑之血。黄埃赤地,乡乡几断人烟,白骨青燐,夜夜常闻鬼哭”。③ 崇祯十七年(1644)正月,蒋德璟对此也有补充说明,云:“又因近日省直各官,每借练饷名目,牌票如云,追比如火,以致穷民流离困苦。”④在加派“三饷”中,尤以“练饷”为甚,甚至导致穷民“流离困苦”。至于加派之害,曾异撰在诗歌中更有详尽的描摹,诗云:“胡马频驱易抵燕,中原群盗共骚然。兵难食足惟加赋,官喜征繁有羡钱。”又云:“愁闻间架催租急,岂必追呼为饷边。”⑤加赋与房屋间架税之征及其危害,已是跃然纸上。

加派给百姓带来的巨大危害,更可以湖广襄阳县为例加以详尽印证。崇祯十二年(1639)九月,据襄阳知县罗明祖给上司的申文可知,当时的襄阳县,已是“田地大半荒芜,人民十丧八九”。即使在承平之年,民殷物阜,若是完成正项的钱粮,当地百姓尚感叹“土瘠赋重”,若是加派“练饷”,百姓更是难以承受。当时派给襄阳县的练饷银为6549.142两,外加典铺银66.052131两。按照当时的征税标准,每地1亩,包括杂项、练饷,共计纳粮1升,折成银子为5分。事实上,襄阳县的土地极其瘠薄,每亩土地的收获极少,在交纳这些杂项、练饷银之后,确乎所剩无几。其结果,一如罗明祖所言:“孑遗残黎,若不化为白骨青丘,势必聚为潢池乌合。”⑥

---

① 毕自严:《度支奏议》,《新饷司》卷13《初覆加派事宜疏》,第3册,第122页。

② 张铨撰,田同旭等点校:《张忠烈公存集》卷10《请减加派疏》,上海古籍出版社2018年版,第85—86页。

③ 郑廉:《豫变纪略》卷2,浙江古籍出版社1984年版,第33页。

④ 蒋德璟著,粘良图点校:《悫书》卷12《回奏改票练饷本并席藁请罪》,商务印书馆2018年版,第122页。

⑤ 曾异撰:《纺授堂二集》卷5《戊寅至日书事》,《纺授堂诗文集》,第204页。

⑥ 罗明祖:《罗纹山先生全集》卷15《襄邑实录·求免练饷详文》,第1138—1142页。

随赋税加派而来者，则是“带征”与“预征”之害。在明末，各种赋税征收往往叠加于一处，分别有“额外之征、非时之征、叠年之征”，等等。即使如此，因为所征十分之三已先入吏胥之手，最终还是导致“国课愈逋”。于是就有了“带征”与“预征”。刘宗周曾以自己家乡绍兴府为例加以说明。如在崇祯十五年(1642)，绍兴府的百姓已经完纳了崇祯十六年的钱粮，而且开始征收崇祯十七年的钱粮。但实际解送到户部的钱粮，却是崇祯十四年的钱粮尚未完纳，更遑论崇祯十五年的钱粮。① 加赋愈多，积欠愈多。这并非因为穷民不能完纳钱粮，而是因为奸顽不肯上纳之故。无奈之下，朝廷只好带征钱粮。至于带征钱粮，同样带来“三病”：一是百姓之怨日积。对于百姓而言，完纳当年的钱粮尚有诸多困难，若是追征以前数年已经赦免的钱粮，即使“敲朴至死”，他们也会心有不甘。二是猾吏奸书乘机干没。他们借助于带征钱粮，将已经完纳的钱粮“私润囊橐”，并将其“影射于未完项下”，令人莫可稽查。三是官员无辜受罚。一旦带征钱粮，官员不但难以实施“牧民之心”，而且在“催科之计日拙”的情势下，反而会有无辜遭受参罚之忧。②

更为甚者，随赋税加派而来的，是百姓其他额外负担的加重。以辽饷加派为例，正如崇祯三年(1630)户部尚书毕自严在上疏中所云，事实上存在以下四个弊端：一是“暗加”。按照制度规定，朝廷加派在百姓头上的税银不过“毫厘”而已，但在实际征收的过程中，地方官员与一些奸胥勾结，将看似计量小至丝、忽的税银加在毫、厘之上，从中侵渔。二是“重羡”。虽然经朝廷明旨，且三令五申，禁革火耗银，但在实际收受税银的过程中，其中多寡之数，输纳的百姓却任凭里役、柜头所说为准。尤其是一些奸胥，为了向地方官员献媚，“每暗加于秤头之”，所加火耗，多至“加二”或“加三”。三是“那移”。钱粮征解不前，并非真因地方瘠疲，或者百姓拖欠所致，而是由于“杂用之凑支，工食之那移，急其所缓，缓其所急”。四是“积欠”。每年赋税的积欠，因为“瘠疲”而欠者不过十分之一，其余十分之九，则多“匿于奸宄者”。由此四弊，其结果则有两害：一是赋税愈加，积欠愈多，国家并未因此解决财政危机；二是因挪移、积欠之弊的存在，导致

---

① 刘宗周：《文编》1《奏疏》4《责成巡方职掌以振扬天下风纪立奏化成之效疏》，《刘宗周全集》，第3册，第208页。

② 王徵著，林乐昌编校：《王徵集》卷2《治状》2《信诏休民》，西北大学出版社2015年版，第51页。

百姓“加利赔补”，甚至遭受“剥削之害”。①

赋税负担日趋加重，势必导致以下两弊：一是逋欠愈多，牵累普通百姓。以四川泸州府富顺、铜梁二县为例，一年正额钱粮不下10余万石，已经交纳的钱粮不过十分之二三，逋欠的钱粮比例高达十分之七八，数达7—8万石。② 所有这些逋欠的钱粮，最后还是要加到普通百姓的身上。二是抛荒地亩众多，负累里甲。以河南一省为例，其中所辖开封、河南、怀庆等府，抛荒的地亩数高达数万顷，税粮多达1万余石。细言之，其中的抛荒地亩，如彰德府汤阴县，有硝碱地1290余顷，应纳税粮16760余石；卫辉府辉县金章、沙冈等15社，有石沙壅压地750余顷，应纳税粮6850余石。这些抛荒的土地，粮额依然如故，势必“负累见在里甲赔补”，以致年复一年，“民力愈困”。③

所谓“敛重”，其加派的赋税虽以田地摊派为主，似乎与不务本业的商人无关，但实则不然。明代中期以后，商税日重，商人遭受诸多额外的盘剥，以及商人陷入生活的困境，显然也是一个普遍之势。这主要体现在以下两个方面。

其一，商税日重，且重复收税。如河西务大小货船，船户已经交纳了“船料”，商人还需交纳“船银”；进店时已经征收“商税”，出店时又要交纳“正税”。④ 明代的采木木商，途经苏州、浒墅、常州、镇江、上清河、湖口、天宁洲、城矶、伍家缺、团丰、白罗山、武昌、荆州、夷陵、新滩、巴东各处，均已交纳了20余次税。进入四川，路过巫山、奉节、万县，尽管路途仅仅“盈盈咫尺”，但还是需要“更税三番”。到了重庆，经过合州、阆中、泸州、叙州、嘉定、新津、双流等处，也是“无不有征”。换言之，一条运送木材的船只，在经过30余个关口时，需要交纳30余次之税。其结果，则使“商人不惟靳其息利，且折其母钱，咸疾首而不乐江湖，吞声而不通货贿”，亦即亏折本钱。⑤

明代尤其是明末，盐商大多受困。盐商大抵分为三类：一是“边商”，大多为沿边土著之人，专门通过输纳米、豆、草束中盐。中盐之后，“所在出给仓钞勘合，赍投运司给盐引。官为平引价，听受直于内商而卖之”。二是“内商”，大多

① 毕自严：《度支奏议》，《新饷司》卷15《题覆加派剔厘禁约五款疏》，第3册，第245—249页。

② 王廷相：《王氏家藏集》卷26《呈盛都宪公抚蜀七事》，载氏著，王孝鱼点校《王廷相集》，第2册，中华书局2009年版，第465页。

③ 徐恪：《地方五事疏》，《明经世文编》卷82，第1册，第726—727页。

④ 萧彦：《敬陈末议以备采择以裨治安疏》，《明经世文编》卷407，第5册，第4424—4425页。

⑤ 王德完：《四川异常困苦乞赐特恩以救倒悬疏》，《明经世文编》卷444，第6册，第4877—4878页。

为徽州歙县及山西、陕西寓籍于淮扬之人,专门买边引下场支盐,过桥坝上堆候掣。官方替他们制定盐价,而后转卖给“水商”。三是“水商”,主要是指那些江湖行商。明代之盐,属于内商亲自解捆者不过十分之一,其余均需要江湖行商的销售。官府替这些江湖行商定下总的盐数、船数,并给水程于行盐之地,而后贩卖,故称为“水商”。这三种盐商的关系,诚如王徵所言:“水商获利,则内商之盐售;内商获利,则边商之引售。”①明代盐商受困,显已成为一种大势。这主要源于盐课银的增加。如两淮盐课旧额,每年为705180引,折合盐课银60万两。至嘉靖四十年(1561),鄢懋卿奉命清理盐课时,将盐课银增至100万两,大约增加了约66.6%,其结果则导致商人“多至破家,困苦不可胜言”。② 在西北边地,因为边盐不通,引积无用,最终导致边地盐商“家家亏本”,有些山西盐商只好撤资归乡。具体言之,如边方所纳的淮盐,盐商取得的官引价为每引5钱银子,再加上加纳的余价,实则每引盐的价格为7钱5分。但江南的盐价银,每引仅为4钱4分。两相折算,盐商每引盐需要亏折本银3钱1分。边方所纳的浙盐,盐商取得官引价为每引3钱5分,但江南的盐价银,每引仅为1钱6分。两相折算,盐商每引盐需要亏折本银1钱9分。即使亏本,在官方强迫销售政策下,盐商还是需要承担淮盐、浙盐226000余引的销售,最后亏折本银共计57000余两。③

其二,商人额外负担的增加。商人负担加重,并非限于正额税课的增加,更在于行商过程中所遭遇的各种勒索与盘剥。以盐商为例,就会遭遇以下数种勒索与盘剥:一是“包揽”之害。所谓包揽,就是盐商在赴县纳银时,全凭“保歇揽纳”。这些保歇,多为积棍无赖,“诈称勒骗者,概指一而科十,甚至揽银入手,即挈家逋逃”。最后,税银仍然由盐商赔纳。二是“秤掣”之害。按照明代盐法规定,但凡掣盐之法,假若超出盐引数多的,在拟罪时定为“夹带”;若是不够盐引数的,在拟罪时定为“盗卖”。在法律规定上,夹带之罪明显要重于盗卖。为此,每当掣盐之时,那些“秤役”因此上下其手,满足了自己的需索,就替商人报数;若是需索少有未遂,就“妄报数多”。三是“常例”之害。盐商投文到关,每名盐商必须私自送给官吏银3钱。此外,歇家假称需要到各衙门疏通关系,每1只船也要索取银1两。四是“耗余”之害。当商人在向衙门交纳罪赎之银,凡是经收的吏役,均向盐商勒索火耗银,多的每1两勒取1钱,即火耗银占应纳银的10%;

① 王徵著,林乐昌编校:《王徵集》卷2《治状》2《恤商裕国》,第49—50页。
② 徐阶:《论两淮盐银宜照旧额》,《明经世文编》卷244,第3册,第2554页。
③ 涂宗濬:《边盐壅滞疏》,《明经世文编》卷447,第6册,第4919—4920页。

少的每 1 两勒取 4—5 分，即火耗银占应纳银的 4%—5%。① 盐商熙熙，无不为利而来，希望通过盈余而博取富厚。而在实际的经商过程中，却遭遇到各种剥削，导致营费不赀，甚至无以为生。

其实，商人遭遇诸多额外的勒索与盘剥，并非仅仅限于盐商，而是已经成为一种通例。如各处商人，每当路过关津，或被勒令卸车泊舟，被巡拦、吏胥"搜检囊匣"；或被高估价值，"多索钞贯"。商人携带的货物，在路过关津时已经纳税，到了市场上出售，又要纳税。此外，在纳税之时，又需交纳"羡余"与"常例"，还要遭到"巡拦之需索，吏胥之干没"。为此，商人不堪其扰，陷入重困。② 如南京守卫皇城的官军，均由内官监负责掌管。早在洪武、永乐时期，就允许他们从抽分中取钞 30 贯，作为日常茶果食用之资。于是，这些内官、门军，就以此为名，额外向路过商人及其货物勒索钱财。杉木、楠木板材 1 块、筹 2 根，取银 2 钱 4 分；杉木条 5 根、筹 1 根，取银 1 钱 2 分；柴、炭 100 斤、筹 1 根，取银 3—4 分。总之，均是按照计筹取钱，借此勒索。据统计，每当春夏有水船多之时，内官与门军，每人大约可以得到 600—700 两银子；即使在秋冬水落船少之时，也每人可以得到 100—200 两银子。抽分一重，势必导致客商阻绝。③ 又前往贵州思南府收买棉花的江西、四川客商，同样也会遭到额外的收税盘剥。这些江西、四川客商，通常前往思南府收买"净花"，前往四川发卖。船只经过思南府时，本府假借修理学宫为名，每 100 包净花暂借纹银 1 两，且成为一种成额与惯例。至嘉靖十三年（1534），更是增加到 3 两。更为甚者，在交纳银子的过程中，该房吏典或经纪银匠，每 100 包净花又要勒索银子 2 两，才给商人报数秤兑。船只经过板桥巡检司时，巡检司又以缴票为由，每 100 包净花再次勒索银 2 两。当船只经过酉阳宣抚司管辖下的龚滩时，户长、总甲、义官等，"造作横缆截江"，每 100 包净花抽取纹银 12 两，甚至 10 两银子外再勒索银 3 两。由上可知，贩卖棉花的商人，每 100 包净花，除了正常的棉花价之外，需要上纳的税银及额外支出的费用，共计约 22.6 两。④ 这是相当沉重的税负及其额外负担，势必使棉花商人陷入亏本运营。

就徭役繁重而言，无论是南北两京，还是江南，乃至其他地区，百姓无不陷入繁重的徭役负担之中。以北京为例，自正德以后，因为"权奸用事，法度更张，群小横恣，任意科取"，最终导致"差役繁兴"，如各项打卯、报事，均要派夫索钱。

---

① 郭惟贤：《申明职掌疏》，《明经世文编》卷 406，第 5 册，第 4417 页。

② 张瀚：《松窗梦语》卷 4《商贾纪》，中华书局 1985 年版，第 86 页。

③ 倪岳：《会议》，《明经世文编》卷 78，第 1 册，第 688—689 页。

④ 萧端蒙：《议龚滩收税疏》，《潮州耆旧集》卷 15《萧御史同野集（二）》，第 197—198 页。

其结果,就是“扰害百出,生理窘乏”。有人害怕承担“甲夫”之役的重累,只好典当房屋,但还是无人承受,甚至“拼卸货卖,转相远徙”。[①] 以南京为例,快船之役几已成为“第一艰难”的重役。当南京马快船进京之时,沿途向军卫有司索要挽夫。这些丁夫到了马快船服役之后,遭受各种“箠楚”,以致“质其衣鞋而役使者有之,要其钱米而纵放者有之,忍视其饥寒至于僵殍人不恤者有之”。[②] 一旦佥当快船一役,那么,“中人之产,不久即破”。如有一位新佥快船之役的小甲,最初还“颇殷实”,在一年中当了两差之后,房产卖尽,最后成为“贫户”。[③]

在江南,解头也是一种重役。一旦应承解头之役,除了需要解送漕粮之外,还需承担解送珠漆、茶蜡、皇砖、胖袄四种职责。解头服役于3000千里外,而负责漕粮、物料的太监,对待这些充任解头的富民,更是如“虎之视肉也”,所以一旦承担解头,无不“破民家而杀其身”。[④] 在江西吉安府永丰县,百姓一旦承担上户、中户之差,不是“流离”,就是沦为盗贼。换言之,人户一旦被佥中上户、中户,那么,“卖产者有矣,卖田者有矣,卖牛者有矣,卖子女者有矣,脱妇人之簪珥者有矣”,[⑤]无不陷入破产的境地。

赋税、徭役过分沉重,势必导致土地大片抛荒。天启七年(1627),吴应箕路过河南汝宁府真阳县,曾对此有相当真实的记录。从吴应箕的记载中不难发现以下两个事实:一是在真阳县,荒芜的田地,几已占到80%—90%;即使息县的状况稍好一些,也占到40%—50%。二是田地荒芜的原因,还是因为赋役繁重所致,甚至陷入了恶性循环的怪圈。[⑥]

2. 恩不下流

所谓恩不下流,指地方官员为了完成自己的考课任务,并不体恤负担日重的百姓,一味地催科太急。

明末大儒刘宗周曾有言,江南吏治之污,主要体现在以下两个方面:一是词讼不明,二是催科太急。在这两项中,百姓更是以“催科为病”。[⑦] 至于地方官员

---

① 王廷相:《浚川内台集》卷2《覆奏语略共三十三件》,《王廷相集》,第3册,第1082页。

② 余继登撰,顾思点校:《典故纪闻》卷13,第235页。

③ 倪岳:《与兵部论快船事宜疏》,《明经世文编》卷78,第1册,第695页。

④ 冯从吾:《解头问》,《明经世文编》卷494,第6册,第5475页。

⑤ 罗伦:《与府县言上中户书》,《明经世文编》卷84,第1册,第746—747页。

⑥ 吴应箕:《楼山堂集》卷14《真阳驿与汝宁守王乾纯先生书》,载氏撰,章建文点校:《吴应箕文集》,黄山书社2017年版,第229—230页。

⑦ 刘宗周:《文编》6《题·题勤王纪略》,《刘宗周全集》,第4册,第106页。

催科之急,则可以华亭知县叶崇野为例加以说明。据载,叶崇野是江西人,“催科甚严”。若是有人不能及时交纳钱粮,他就在“庭中立一木,以绳缚两手悬之”。为此,当地人盛醇作《一木吟》云:“一木来,万民灾,绳如练,血成堆。召杜今不作,吾为斯民哀。斯氏且勿哀,此木一断怀抱开。”①地方官员催科给百姓带来的痛苦,由此不难想见。

在催科的过程中,更是存在着诸多的弊端。细言之,有以下三大弊:一是积欠主要在于豪宦强宗,而并非小民,但催科之责,反而多加于小民身上。换言之,在土地的占有上,那些沃土膏壤,尽为有力者所据,而茕茕小民,则所占不过是一些浇薄之地而已。每当征税之时,豪宦强宗恃势而敢于抗违,积书奸胥相倚而巧为欺隐,只是将这些无可告语的小民,“千敲万朴,完今年又完明年”。二是佐贰官之纳贿,以及衙役之敲剥。在明代,佐贰官因为前途有限,往往唯利是嗜。一旦负责追比积欠赋税,反而大开纳贿之门。至于那些衙役下乡,更是“势如狼虎,鸡犬为之不宁”。百姓卖儿贴妇之钱,反而“尽供衙蠹之腹”。三是耗搭之弊。按照明代的赋税征纳制度,所交太仓之银均为大锭的银两,通常为50两一锭,上面刻上“圣旨”字样,不许添搭碎银。但在各个州、县起解司、府的税银时,大锭银子往往不足50两,于是就有了“耗搭”。当然,所谓的耗搭,因银两不足而添搭,这属于正常现象。但更为甚者,则是原本银两已足50两,也必须添搭。这些添搭的银两,就属于“耗搭”,通常成为百姓的额外赋税负担。②

在明代中期以后,赋税积欠几已成为一种常态。究其原因,还是因为官吏不认真征收或贪赃所致。按照常理来说,催征钱粮,只要县官稍加严切,就很容易完成钱粮的征收。通常说来,应交钱粮多的人户,大多为富家子弟,这些人“惜皮肤而畏笞责”,主要稍加严切,他们就会按时交纳。至于应交钱粮少的人户,多为“细户”,实则每年已先期将钱粮交给里长,并无拖欠。换言之,钱粮的拖欠,必定是粮科的吏书“受财沉寝”所致;水夫、军饷的拖欠,必定是兵房吏书“受财沉寝”所致。这些各房的吏书,通同里催与经收人役,在征收钱粮之时,“以多作少,以未完作已完,或侵匿官银数多,将一二细户告追,影延岁月”。至于那些县官,所谓的“早起夜睡,为之查比”,其实不过是“为开骗局”而已,亦即为了自己的赃贿。③

---

① 章鸣鹤著,范械士校:《谷水旧闻》,《明清松江稀见文献丛刊》,第1辑,第12—13页。

② 毕自严:《度支奏议》,《新饷司》卷8《覆科臣裴君赐条议催征禁革疏》,第2册,第585—586页。

③ 霍与瑕:《上代巡陈青田》,《明经世文编》卷369,第5册,第3984页。

（三）赋役负担的个案蠡测

借助于上面的详细阐述，基本可以从整体上证实明代赋役负担日趋加重，及其由此导致百姓生活质量下降的事实。当然，这仅仅限于整体性的推测，并未进入到个案的计量探究。下面借助于三个个案，对明代赋役的实际负担及其对生活质量的影响加以更为深化的蠡测。

第一个个案是士大夫顾清之家的赋税负担。顾清是松江府华亭县人，历任翰林院编修、南京兵部员外郎、礼部员外郎诸职，以南京礼部尚书致仕。根据他自己的记录，他户下纳粮由帖所开，共有成熟田 14 亩，山地 16 亩。所有这些田地，应纳的本色赋税为平米 12 石余，外加细布 1 匹，粗布 1.5 匹，折合平米 2.5 石余。两项合计，所纳之税计平米 14.5 石。在这应纳税赋中，其实正税的税额仅为 1.62 石，加耗的税粮高达 12.9 石余（实则为 12.88 余石）。顾清以此为计算标准，认为赋税的征收，实则为“正税一石，而征八石有奇”。若是细加折算，加耗税粮占应纳税粮约 88.8%。如此高的加耗税率，确乎如顾清所言，“从古及今，未闻有此制也”。再以顾清之家为例，他家的 14 亩成熟田，一年仅收米谷 6 石余；至于 16 亩山地，所产的“薪樵”，因为“畏虎不敢进”，总共算起来所得也不值数百文钱。可见，若是抛开山地数百文收入不计，顾清家一年的成熟田粮食收成 6 石余，不及所纳钱粮 14.5 石的约 41.3%。换言之，辛苦一年，约有 58.7%的亏空。这应该是正常年份的收入与赋税负担，已经如此之重。即使是岁值丰穰，若是如此征敛，百姓也难以承受。若是遇到灾荒，其生活的境遇更是可想而知。正如顾清所云，“一家如此，当合境皆然”。[①] 由顾清一家，可以推测整个华亭县百姓的生活负担。作为士大夫的顾清之家，其田产收入与钱粮交纳，负担如此之重，对于普通小民而言，则更是不堪承受。

第二个个案是军人家庭的赋税负担。对此，林希元有详细的记录。据他所载，在明初的军屯制体系下，军人的生活应该尚属正常。在后来因为科税太重，再加之军士大多游惰，导致军屯制大坏，军人生活陷入困顿。就军人赋税负担而言，林希元将其与庶民做了如下对比：庶民之家，田 1 亩，应纳之税为 5 升。折算下来，是 20 亩，纳税 1 石。加上徭差负担，田 20 亩，应纳不超过 2 石。即使如此，庶民还是“忧多逋负”，即感到赋役负担太重。至于军人，以广东为例，受田 20 亩，应纳的赋税高达 24 石，折合每亩纳税 1.2 石。换言之，广东军人之田，每

① 顾清：《与翁太守论加税书》，《明经世文编》卷 112，第 2 册，第 1041 页。

亩的应纳税率比普通民田高出 1.15 石，约高出 2300%，亦即民田的 23 倍。如此高的税赋，再加之田有腴瘠、洼亢、虚实、隔涉诸弊，必然导致军士逃亡。[①]

第三个个案是福建建宁县民田的赋役负担。按照明代原本的规定，当地的民田分为上、中、下三等，其科则各有不同：上田以 3 升起则，中田逸 2 升半起则，下田以 2 升起则。只有水田最高，每亩起科为 5 升。在其后实际的执行过程中，建宁县的民田，不论肥瘠、水旱，一律都以 5 升起科。这应该说对农民是一个很大的压力。根据福建建宁县的地理条件，当地农民辛苦一年，其中 1 亩所入，不过得谷 3 石而已。那么，这 1 亩所需要付出的赋税、徭役，除了 5 升的正赋之外，再加上丁米、课程、民快、均徭之类，已经超过 1 石。[②] 显然，若以福建建宁县为例，赋税、徭役的总和，已经超过了农民收入的三分之一多。换言之，赋役负担占田地产出的约 33.3%。

五、减负政策及其争议

自明初以来，出于维系小农经济稳定的目的，官方一直通过减税与免税两种政策，借此减轻百姓的税赋负担。自明代中期以后，随着赋税、徭役负担的日趋加重，从地方一直到中央，更是提出了不少关于赋役改革的政策与措施，因此类政策与措施的出台，通常关乎诸多地方社会阶层与集团的私人利益，随之引发了不少的争议。

（一）减负政策及其实施

明代官方减负政策的实施，究其原因，大致有二：一是朝廷主动下诏，减免税赋。至于其中的原因，有的因为州郡新附，有的因为海内戡定，有的因为皇帝新登极即位，有的因为地处兴王之地。可见，均与皇帝的恩诏有关。二是经地方官奏请，皇帝而后下诏减免税赋。如周忱巡抚江南时，爱民如子，当时苏州、松江、常州三府，积欠的税赋多达数十万之巨。为此，周忱疏请蠲免。[③]

至于具体的减负政策与措施，主要体现在以下两个方面：一是减轻税赋，二

① 林希元撰，何丙仲校注：《林次崖先生文集》卷 2《王政附言疏》，上册，第 87—88 页。

② 嘉靖《建宁县志》第 3《田赋志》。

③ 章鸣鹤著，范棫士校：《谷水旧闻》，《明清松江稀见文献丛刊》，第 1 辑，第 8 页。

是蠲免税赋。

1. 减轻税赋

明代官方减轻赋税的政策，以针对官田为主，有时也间及民田。

洪武初年下令，定下官田起科，大致为每亩交纳钱粮5升3合5勺，即0.0535石；民田起科，大致为每亩交纳钱粮3升3合5勺，即0.0335石。至洪武七年（1374）下诏，苏州、松江、嘉兴、湖州等府的官田，若是每亩起科7斗5升，则减少一半的赋税，亦即每亩交纳钱粮0.375石。洪武十三年又下令，凡是每亩交纳钱粮0.44—0.75石的，均减去十分之二，亦即改为每亩交纳钱粮0.325—0.6石；凡是每亩交纳钱粮0.36—0.43石的，均减去十分之一，亦即改为每亩交纳钱粮0.324—0.387石。可见，早在洪武年间，通过变通之制，已经开始减轻官田的税赋负担。

宣德四年（1429）下诏，凡是各处的官田，原先每亩交纳钱粮0.1—0.4石的，各减十分之二，即改为每亩交纳钱粮0.08—0.32石；原先每亩交纳钱粮0.41—1石的，各减十分之三，即改为每亩交纳钱粮0.28—0.7石。可见，宣德年间通过变通洪武之制，进一步减轻官田的税赋负担。

正统元年（1436）又下令，浙江、南直隶苏州、松江等处的官田，一律按照民田起科。凡是每亩交纳钱粮0.41—2石以上的，均减为每亩交纳钱粮0.3石，分别减轻了26.8%—70%；凡是每亩交纳钱粮0.21—0.4石的，均减为每亩交纳钱两0.2石，分别减轻了4.7%—50%；凡是每亩交纳钱粮0.11—0.2石的，均减为每亩交纳0.1石，分别减轻了9%—50%。可见，正统年间通过变通宣德之制，进一步减轻官田的税赋负担。

弘治二年（1489）下令，应天府上元等县的官田，上纳的税粮每1石减去耗米0.25石；至于民田，则每亩劝出米2升，亦即0.02石。可见，弘治年间通过变通正统以前之制，进一步减轻官田的税赋负担。至于民田，则赋税负担稍有增加。①

2. 蠲免税赋

蠲免税赋也是明代官方的减负措施之一。至于蠲免税赋的措施，则又可分

① 龙文彬：《明会要》卷54《食货》2《田赋》，下册，第1011页；钱薇：《均粮议》，《明经世文编》卷215，第3册，第2245页。

为以下两种：

一是蠲免赋税。早在吴元年(1367)正月，就赐免太平府二年的“田租”，又各免应天府、镇江府、宁国府、广德州一年的“田租”。洪武元年(1368)年四月，鉴于山东各个州、府刚刚归附，下诏免除当年的“夏税”与“秋粮”。洪武二年正月下诏，“海内戡定，民尚未甦”，免除山东、北平、燕南、河东、山西当年的“夏税”与“秋粮”。洪武三年三月下诏，鉴于“凋敝之余，未能苏息”，蠲免应天、镇江、徽州、宁国、池州、太平、庐州、广信、饶州、金华、严州、衢州、处州、广德、滁、和等16个府、州，以及河南、山东、北平当年的“田租”。洪武九年三月下诏，鉴于“蓄储有余”，为了解除百姓的“重困”与“烦劳”，使闾阎得以安歇，免除淮安、扬州、安庆、徽州、池州五府，以及山西、陕西、河南、福建、江西、浙江、北平、湖广当年的“租赋”。洪武十五年四月，免除畿内、浙江、江西、河南、山东的“税粮”。洪武十七年七月，免除畿内当年的“田租之半”。洪武十八年三月，免除畿内当年的“田租”。洪武二十八年九月，鉴于山东百姓需要供给辽东、山西、北平的军需，下诏“蠲其租”。此外，又蠲免应天等五府的“秋粮”。

明太祖蠲免税赋的政策，历代多有继承。如建文帝即位之后，下诏免除天下次年的“田租之半”。建文四年(1402)，明成祖即位。当年十二月，蠲免“被兵州县”次年的“夏税”。永乐三年(1405)正月，鉴于“数年用兵，供给特劳”，为了使百姓得以休息，下诏免除顺天、永平、保定二年的“田租”。永乐十二年八月，蠲免北京所属州县二年的“田租”。宣德元年(1426)十二月下诏，免除“六师所过秋粮”。景泰帝即位后，下诏免除景泰二年(1451)十分之三的“田租”。明宪宗即位，下诏免除次年三分之一的“田租”。明世宗即位，下诏免除次年一半的“田租”。嘉靖十八年三月，明世宗因临幸承天，下诏免除湖广次年五分之二的“田赋”，并免畿内、河南三分之一的“田赋”。明穆宗即位，下诏免除次年“天下田赋之半”。万历八年(1580)三月，因至天寿山谒陵，免除所过之处的“田租”。①

通观以上朝廷诸多蠲免税赋的措施，显然有以下几点需要加以分析：一是蠲免税赋政策的出台，究其原因，虽则各异，有时出于一时的临时考虑，但其最终的目的还是为了“解困”，即解除百姓的困窘，以期使民休息。二是蠲免税赋的区域，有时限制于特定的省、府、州、县，有时则遍及“天下”，即免除全国所有省份的赋税。三是在蠲免税赋所有的概念中，分别有“夏税”“秋粮”“田租”“租赋”“税粮”之分。就其总体而言，租、赋理应有所区别，亦即租主要是指私租，赋只

① 龙文彬：《明会要》卷54《食货》2《赐田租》，下册，第1015—1018页。

要是指公租意义上的税赋。但联系前后文之义，上述文献中所及诸多概念，究其本质而言，还是应指上交朝廷的税粮，而并不包括田主向佃户收取的私租。四是在蠲免税赋之时，所免者，有时是全年的夏税、秋粮，有时只免当年的夏税，有时仅免当年田租之半，有时则又免两年田租。所免的比例，各有不同。

二是蠲免逋赋，亦即蠲免百姓拖欠朝廷的税粮。如建文帝即位之后，下诏“行宽政，蠲逋赋”。永乐六年（1408）二月，下诏蠲免永乐五年以前的“逋赋”。永乐十年二月，蠲免山东、河南的“逋赋”。永乐十四年正月，蠲免北京、河南、山东永乐十二年以前的“逋租”。永乐十九年四月，蠲免永乐十七年以前的“逋赋”。

宣德以后，历朝均有蠲免逋赋之举。如宣德元年（1426）二月，一概免除开荒之田的“逋税”。宣德七年四月，蠲免山西一省的逋赋多达 240 万石余。正统三年（1438）九月，蠲免畿辅、湖广的“逋赋”。正统十年二月，蠲免陕西的“逋赋”。景泰元年（1450）三月，蠲免畿内的“逋赋”与“夏税”。明武宗一即位，就下诏蠲除弘治十六年（1503）以前的“逋赋”。正德五年（1510）三月，蠲免正德三年的“逋赋”。明世宗即位以后，蠲免正德十五年以前的“逋赋”。明穆宗即位以后，蠲免嘉靖四十三年（1564）以前的“逋赋”。隆庆六年（1572）五月，蠲免广东用兵各府的“逋赋”。万历六年（1578）四月，蠲免湖广、四川的“逋赋”。万历十年正月，明神宗采纳张居正的建议，蠲免天下的“逋赋”，共计 100 余万石。万历二十年七月，蠲免陕西的“逋赋”。万历二十九年正月，考虑到播州已经平定，蠲免四川、贵州、湖广、云南加派的“田租”与“逋赋”。崇祯九年（1636）五月，蠲免畿内崇祯五年以前的“逋赋”。崇祯十五年正月，蠲免天下崇祯十二年以前的“逋赋”。①

在明代田地的税赋负担中，有两类土地值得引起关注。其中之一，或为“归义之乡”，如太平府、宁国府；或为“根本之地”，如凤阳、临淮。这数处的田地，均可以享受“永不起科”的特殊待遇。至于另一类，则是自明初以来的一些荒地，一经开垦，同样享受“永不起科”的政策照顾，进而成为一种“无粮白地”。河南仪封县就是典型一例。据史料记载，在明初之时，河南仪封县的民田，与周王府的护卫屯田“相杂而居”。其后，护卫调走以后，屯田虽已空闲，但百姓不敢耕种，加之当时黄河正好泛滥冲决，波及仪封，所以户部在丈量田土之时，也不及收入到版籍内。再往后，黄河日渐南徙，护卫留下来的屯田，更是“芦莽菅茅，一望

---

① 龙文彬：《明会要》卷 54《食货》2《蠲逋赋》，下册，第 1018—1020 页。

无际,虎狼为窟,盗劫为巢”。地方官深为担忧,于是上疏朝廷。为此,朝廷下令,允许百姓尽力开垦,“永不起科”。当时仪封一县的百姓不多,无法承担起开垦荒田的职责,所以陈留、祥符、杞县的百姓,前来“占耕”,以致仪封一县之民,其中不下三分之一来自陈留、祥符、杞县三县。这些已经开垦的田地,不登税籍,占整县田地的十分之四五。在随后的变迁过程中,因为民生贫富无常,导致其中一部分土地出现相互买卖的现象。但在此类土地的买卖契约文书中,通常会写上“无粮白地”,以示此类土地可以享受朝廷永不起科的优待。①

自明代中期以后,由于赋役负担的加重,再加之大荒,百姓纷纷逃亡,有的1里110户内,只保存了10余户;有的1甲11户内,只保存了10余丁;有的甚至数甲之民,全都逃亡。随之而来者,则是村落萧条,荒芜弥望,甚至出现了很多抛荒之地。这些已经抛荒的土地,其中应纳的田粮,则仍由现存不多的百姓承担,致使“负累益甚”。为此,朝廷采取减负之策,以甦民力。如嘉靖六年(1527)二月,明世宗下诏,凡是抛荒的田地,允许众人告官承种,免除承种者三年的差徭役。三年以后,也不过“量纳轻粮”,亦即交纳较低的钱粮。此外,又下诏,凡是抛荒的田地,遗留下来的税粮,“累民赔纳”,那么所在的地方官,必须出榜文召募人前来耕种荒地,并免去三年的税粮。嘉靖九年二月下诏,凡是各处荒芜之地,必须召募贫民自种,且不征收税粮。②

尽管朝廷出台了诸多蠲免税赋、逋赋一类的减负措施,借此体现朝廷恩恤百姓之意,但在实际的执行过程中,时常会出现“恩不下流”的现象,亦即恩不及民。正如李承勋在上疏中所云:“上泽虽布,而不得下流;下情虽苦,而不得上达。”其结果,则是“科差一日重于一日”,“军民一年贫于一年”。③

事实确乎如此。所谓的减轻税赋与蠲免税赋,在实际的执行过程中,往往因为地方官员执行的不得力,最终导致奸顽之民“偏蒙实惠”,贫民则反而“徒受虚名”,并未得到真正的实惠。当灾伤之年,朝廷实行蠲免田赋之策,最为讲究时效。如明太祖在《皇明祖训》中,就要求蠲免赋税以“速行”为主,且大臣不得干预,借此分地方官实施之权。换言之,正如桂萼所言,按照朝廷征收赋税之法,通常是在十月开仓,那么,若是蠲免赋税,就必须在九月十五日以前实施。稍有迟缓,就会使蠲免措施流于虚应故事,甚至导致“黄纸虽蠲,而白纸已催”的结局,

---

① 王廷相:《王氏家藏集》卷29《于开封赵二守书》,《王廷相集》,第2册,第523页。

② 梁材:《议覆陕西事宜疏》,《明经世文编》卷105,第2册,第951页。

③ 李承勋:《论知人安民疏》,《明经世文编》卷100,第2册,第981页。

百姓并未得到实惠。[①] 张栋在上疏中,也直指朝廷的蠲免税赋,实则百姓并无得到实惠。究其原因,则有二:一是每当遇到灾荒,地方上的程序过于烦琐;二是朝廷虽然下谕蠲免钱粮,但在实际的执行过程中,大多将钱粮分出"起运"与"存留"两项,并加以限制。所谓的蠲免,仅仅是蠲免存留的钱粮,而并非起运的钱粮。换言之,仅仅蠲免存留的钱粮,这似乎有了"蠲之名",但若不蠲免起运的钱粮,则还是"无蠲之实"。[②] 尤其是蠲免"逋赋",更是使奸顽"偏蒙实惠",而贫民"徒受虚名",导致蠲免政策在实施中出现"不均"的现象。不止限于蠲免赋税的不公,在蠲免赋税的大旗之下,无论是经手之人,还是贪官污吏,无不借此获取好处。如经手之人,乘此作弊,将已征的赋税捏作拖欠的赋税,任意侵欺钱粮;而贪官污吏,则又交通为奸,剥削生灵之脂膏,归入"私家之囊橐"。[③]

(二) 赋役改革及其争议

以减轻赋税与蠲免赋税为主要形式的恩恤政策与措施,只是行于一时,亦即仅能纾解百姓一时之困,不可能成为永久性的一项政策措施。若想真正减轻百姓的赋役负担,则尚需从赋役制度上加以系统性的改革。

1. 土地清丈

赋役制度的改革,旨在减轻百姓的赋役负担,而其中最为关键的问题,就是来自豪强、士绅等特权阶层的土地隐匿与赋税诡寄。明初立国之后,主要通过两项措施的实施解决此类弊端:一是编制鱼鳞图册。早在洪武初年,就稽古定制,丈量天下的田土,借此编造鱼鳞图册。册籍所登,税粮与田地的顷亩数,极其明晰。二是编制赋役黄册。鱼鳞图册中所载田地数字,其后必有民间买卖行为的存在。在田地的买卖过程中,在产权转移的同时,必须做到税粮"推收过割"。为了防止有人从中欺隐田粮、移坵换段、减瞒粮额、诡寄影射等弊端的产生,明朝廷实行每隔10年大造黄册一次的政策。[④]

尽管明初鱼鳞图册、黄册制度的制定已是颇为详尽,但在实际执行的过程中,其中的效力显然大打折扣。换言之,自明代中期以后,各地的田土一直缺少有效的制度化管理。这主要体现在以下两个方面:一是新开垦的土地,通常会被

---

① 桂萼:《论免租及山西贼情疏》,《明经世文编》卷180,第3册,第1845页。

② 张栋:《琐拾民情乞赐采纳以隆治安疏》,《明经世文编》卷438,第6册,第4786页。

③ 万镗:《应诏陈言时政以裨修省疏》,《明经世文编》卷151,第2册,第1510页。

④ 《嘉靖事例·议处河南田粮》,明钞本。

豪强所隐占。以四川为例，一省田地的登记数还是沿用永乐时期的“故籍”，以致“田日益辟，而赋不科，为豪强所隐占”。[①] 二是原本版籍所载的田土，一则因为“人心玩愒”，二则因为“法久弊生”，同样存在着诸多的弊端，“或有推无收，或抬多撒少，或东坍西涨，或以重作轻”。[②] 由此可见，赋税、徭役的不均，其最好的解决办法就是对土地进行重新丈量。

自明代中期以后，官方多次进行土地的清丈。如在正统年间，就曾进行过两次土地清丈。其目的有二：一是清理“包赔坍役之粮”，二是“粮均富豪多余之地”。[③]

嘉靖年间，在地方官的亲自主持下，多次进行了土地的丈量，目的在于均赋役。如嘉靖二年(1523)，刘初泉任南直隶宁国府知府数月之后，就下令“覈田平赋”。这次覈田平赋，究其起因，还是因为官田与民田赋税之不均。官田赋重，田价低下；民田赋轻，田价高昂。于是，一些人为了躲避官田的重赋，就将官田出售于他人。因为代书从中作弊，官田遗留下来的赋税，连累其中的贫者，从而造成贫富更加“异等”，甚至流亡日增。为此，刘初泉连续下了三道令，要求对当地的官田、民田之数进行重新的清理，以便使赋税得以均平。其第一道令是确定覈田之法，即由百姓“自实其田”，再选择丈量之人，加以稽查，使报者、覈者两不相谋；其第二道令是具体丈量出官、民田的数字，而并不增加赋税的总量；其第三道令是为了平赋，亦即通过具体的清丈，使官、民田之间的赋税归于均平。为了保证这次覈田平赋的公正性，刘初泉当然也采取了比较有效的措施，就是各自为政，百姓与丈量者并不谋面，正如史料所言：“于是实者、记者达干任，知其至，不知其人；任者以记，使校于弓者；书者入其地，不入其家；年者、记者归而图之，见其数，不见其状。”[④]嘉靖八年，徐宗鲁中进士，在出任峡江知县后，鉴于一些“豪家”脱漏的税粮高达13000石，就亲自“履亩丈量”，最后制成鱼鳞、归户两种册籍。[⑤] 嘉靖十一年，江西安福县举行了土地的重新丈量，始于知县危双江在任期间，一直延续到知县朱秋崖继任才结束，共历时三年之久。这次丈量的主要宗旨

---

① 陈子龙：《特进左柱国少师兵部尚书恒岳朱公传》，载黄宗羲编：《明文海》卷392，第4册，中华书局1987年版，第4064页。

② 《嘉靖事例·议处河南田粮》。

③ 《嘉靖事例·议处河南田粮》。

④ 何迁：《赠刘初泉核田平赋序》，《明文海》卷305，第3册，第3144—3146页。

⑤ 李绍文：《云间人物志》卷3《嘉靖间人物·徐南湖》，《明清上海稀见文献五种》，人民文学出版社2006年版，第162页。

为“粮不过都”，随之创制了两种册籍：一为“经册”，其目的在于“均里甲”；二为“纬册”，其目的在于“便征收”。当然，因为“有力者”的阻挠，这次丈量最后成为泡影，其结局还是“田不以丈收粮，粮不以实归户，户不以产均甲”。①

通观嘉靖年间的土地清丈，实则体现为以下两大特点：一是在嘉靖年间，明世宗一度下诏，由户部差遣侍郎一员，外加一位科道官员，在领取敕谕之后，对京畿八府的各类庄田加以“清查断理”，并在事情完毕之后，各自另造册籍回报。②尽管有此诏令，但就其总体而言，朝廷并无一体丈量天下田土政策的出台，甚至多次强调不许“一概丈量”。如嘉靖六年（1527），明世宗下诏，要求各地士民按照册籍“应当粮差”，一旦查出其中有奸弊，就“究治改正”，但不许“一概丈量”。嘉靖十三年，经监察御史刘希龙题疏，再经户部议拟题奉钦依准，最后通行天下一体遵守的条例，同样只是要求按照洪武、永乐以来的旧额“应当粮差”，中间若有“干己田粮被豪强诡计兼并，负累包赔及飞洒”等项情弊，则“随事追问改正”，但不许“一概丈量”。③ 可见，嘉靖年间的土地丈量，并非出自朝廷的诏令，而是地方官的自发之举。二是一旦丈量仅限于地方官的自发之举，显然局限了土地丈量的普遍性效果，尤其是在具体的丈量过程中，因为地方官得不到朝廷法令的有效支持，难免使清丈半途而废。

土地清丈大规模的实施，显然出现于万历八年（1580）之后。正是在这一年，明神宗行令各省巡抚、巡按官员，将那些“浮粮州县”，逐一沿坵履亩加以丈量，如有历年诡寄隐漏，以及开垦未经报官的田土，允许自首，改正免罪，仍给本主佃种纳粮。如有首报不实，查出问罪，田产入官。若有人“讦告得实”，即“以其地给赏”。土地丈量完成之后，将查出的隐匿田地，用来抵补“浮粮”。④

毫无疑问，土地清丈的目的在于“清浮粮，苏民困”，这是一项减轻百姓赋役负担，尤其是解决赋役不公的措施，显然很有必要。究其原因，自明初以来，人户、土地的变化已是相当明显，这不仅会影响国家整体赋税的征收，更会导致赋役负担的贫富不公。关于此，明人徐必达在《国赋原平奸民酿乱乞敕严行勘结以靖地方疏》中，对嘉兴一府的赋役变化有详细的记载。⑤ 徐必达的记载是一段

① 邹守益：《安福粮总录序》，载万历《吉安府志》卷 35，载《日本藏中国罕见地方志丛刊》本，书目文献出版社 1992 年版。

② 《嘉靖事例·清查黔国公田土》。

③ 《嘉靖事例·议处河南田粮》。

④ 申时行等修：《明会典》卷 29《户部》16《征收》，第 219 页。

⑤ 光绪《嘉兴府志》卷 82，载《中国地方志集成》，上海书店 1993 年版。

相当重要的史料，它基本反映了明代人户、土地演变的基本脉络，可以从三个方面加以分析。

其一，在明初国家建立之时，亦即“草昧”之时，一般是“以疆界定册籍”，即不管人户，只以其土地作为行政归属。于是，土地与人户基本合一。“以疆界定册籍”，也可以称之为“邱（丘）领户”。民国年间所修《宝应县志》在引用清道光旧志时，就已经注意到了这个问题。清道光旧志作者称宝应县旧区有三阿、王阿之名，并引用明万历年间旧志时云：“花荣，三阿乡人。”又引《刘氏家谱》云：“刘氏，王阿乡人。”此外又有二图、四图等说，借此证明所谓的乡、图，均属于里名。道光旧志的作者又说：“曰县东若干里，曰去某图若干里，则其地皆有定址，仍沿古制。以县领乡，以乡领里图，而土田、民户隶焉，则所谓邱（丘）领户也。”①所谓的丘领户，足证明代国家的里甲制，首先考虑的是地域，即将在一定地域内的人户按照里甲编制加以管理。

其二，承平之后，土地与人户开始分离。这就是史料所言“人户既定，田地过割从人”。而土地买卖的广泛存在，使这种人户与土地相分离的现象更为普遍。史料所举赵甲的例子，显然使我们对人户与土地分离的现象有了明确的认识：“如赵甲本一都人户，而买坐落十都或二十都土地田地，值大造，彼推此收，一切坐落十都或二十都之田地，总收为一都赵甲之事产。”自实行分县之后，其依据就是“拘册分县”，即按照黄册人户分县，亦即史料所言的“因册籍以定疆界”，但黄册上的人户尽管在此县，但其很多土地却在彼县，于是就造成了“错壤”的现象。以嘉兴一府为例，因为从嘉兴一县分出了嘉善、秀水，海盐一县分出平湖，崇德一县分出桐乡，使得这种错壤现象变得相当普遍。上述史料举出了当时嘉善县迁西区的底册，上面就明确开明“本区田地荡各若干，外县田各若干，千户所田各若干”，说明这种错壤现象的存在，既与分县有关，又与卫所中舍人、军余购买民地有关。

其三，嘉兴府自万历九年（1581）施行清丈，目的就是为了改变这种土地与人户分离的现象，其法正如史料所言：“嘉、秀错在嘉善界内者，丈归嘉、秀，嘉善错在嘉、秀界内者，丈归嘉善，攒造实征黄册，以八年之原额为旧管，以丈量之归户为新收。此户有开除，必查彼户有新收。甲合里，里合都，都合县，查算磨对，毫无差误。”一旦达到“甲合里，里合都，都合县”，并在户籍内解决税粮“开除”与

① 民国《宝应县志》卷2《铺庄》，引清道光旧志，载《中国方志丛书》，台北成文出版社1970年版。

"新收"的问题,归户册显然已经部分取代原先的鱼鳞图册与黄册的功能,使得赋役的征收更趋公平。

一项减负政策的出台及其实施,必须得到以下两项的保证:一是政策出台的公平性,二是措施落实的公正性。唯有如此,方可使减负政策发挥最大的功效。反观明代中期以后的土地清丈,显然因为关乎各方的利益均衡,使得在实施的过程中步履维艰,甚至出现了背离公平、公正原则的偏差。

就土地清丈政策出台的公平性而言,一旦实施土地清丈,在达臻"均粮"之后,显然很难造富民与贫民之间形成一种利益均衡。正如嘉靖年间河南巡抚都御史简霄、巡按监察御史李镛所言,河南在实行"丈地均粮"之后,税粮均出自地亩,对贫民、富民各有利弊:对于贫民来说,原先"有粮无地",一旦"丈地均粮",就可以免除"赔贼之苦",愿意复业,甚至乐于追从新政;对于富民来说,原先"有地无粮",一旦"丈地均粮",就不免有了"科征之扰",产生怨言,甚至乐于回复旧政。① 可见,若想达到"贫富均安",以及赋役负担"不致偏累",显然是一件难事。

就土地清丈措施落实的公正性而言,丈量之制一旦确立,其具体的执行者仍然是人。所以,选择适当的丈量之人也是相当关键。按照明代的赋税体制,通常采用"以户计里,以田系户"之法,亦即赋税的征收,包括人户、土地两项。换言之,赋税的征收,通常"田不为母",亦即以田地多寡为征收依据。这就使奸豪得以欺隐、飞洒,导致"有田无税,有税无田"这一不公平现象的出现。毫无疑问,唯有对土地加以清丈,方可得出可征赋税土地的实数。当然,正如明人王樵所言,在土地清丈的过程中,"非得人则仍堕里书之手矣"。② 显然,关键还是在于具体负责清丈之人,他们是否得力,甚至是否出于公正的立场。诸多史料记载显示,自万历八年(1580)以后,在张居正当政,且清丈土地在全国普遍推行之时,很多地方官在执行时相当严格。如在松江府华亭县,当时的知县杨云楼,就"佥审各图、各区公正以董丈量,又选大户九人为管保、弓正"。不仅如此,杨云楼还"时时呼唤"具体负责清丈事务的人员,有人稍有"后至",就会遭到"呵斥"。③ 这种严格执行清丈制度的态度,显然为清丈土地实况与达臻赋役均平提供了有效的保障。

---

① 《嘉靖事例·议处河南田粮》。

② 王樵:《戊申笔记》,《明文海》卷 345,第 4 册,第 3540 页。

③ 李绍文:《云间杂识》卷 1,民国二十四年上海瑞华印务馆据上海黄氏家藏旧本印行。

当然,若是具体的执行者过分“希奉风旨”,亦即出于迎合当权者的意志,也就难免使清丈滋生出诸多的弊端,甚至给普通百姓带来危害。早在嘉靖三十九年(1560),李开先就写了《叹时政》诗四首,对为“均地”而采取“丈地”的措施及其弊端多有揭示。[①] 细绎诗旨,可见丈地的目的原本是为了“均地”,显然属于一种“善政”,但在具体的执行过程中,却暴露出了诸多弊端,甚至违背了善政的宗旨。细言之,其弊如下:一是在丈地时践踏青苗,伤害禾稼;二是地方官为了自己的政绩,采用窄小的步弓与短绳,甚至将水泊与山场也纳入清丈的土地之内,使清丈的土地失去真实性;三是“妨农”,当丈地之时,正值农家锄禾、养蚕最忙之时,为了丈地,就难免耽误农务;四是奸民猾吏的“买嘱”,最后还是难以达臻“均地”之效。

进而言之,土地清丈确乎没有完全达到减负的效果,有时反而给民间带来不小的骚扰。究其原因及其弊端,主要有以下两个方面。

其一,清丈土地数的不实。如在浙江嘉兴府嘉兴县,当万历清丈时,地方官员为了阿谀奉承,故意“缩弓二寸”,甚至在转侧之间,更是多出 4 寸,其最终的结局是每亩所计,多出余田 7 厘 7 毫 7 丝,整个嘉兴县就比原额多出田 609 顷 27 亩 1 分 7 厘 7 毫。[②] 清丈土地数的不实,原因有二:一是具体承担清丈事务的地方官,“务以额外增田为功”,使得清丈所得土地数过分增多。[③] 至于在具体执行过程中,所丈之田地,更是没有按照各地的具体情况而加以丈量。以嘉兴府为例,当地之田,通常是计“圩”而不计“亩”,亦即“田间形势,以四围通水为一圩,而圩之大小不齐”。那么,丈量之法,就应当“每圩立一圩长,通计圩内田爿若干,每爿实田若干,某户田若干”,这样才可以使田地数不能隐漏。但在实际丈量之时,则并非如此,而是“不论圩头,止限田数人,一圩之田,数人分丈,一人之田,数圩分量”。[④] 这就难以保证丈量所得数字的真实性。二是各地土地亩数大小的不一,同样影响到土地数字的真实性。如在明代北方的赵州,地有“大地”与“小白地”之分,相当于“大亩”与“小亩”。在土地数字上,所谓的大地,不过

---

① 李开先:《闲居集》卷 4,载氏著:《李开先全集》上册,文化艺术出版社 2004 年版,第 350 页。

② 崇祯《嘉兴县志》卷 9《食货志 · 土田》,《日本藏中国罕见地方志丛刊》。按,另一则记载与此稍有不同,称万历九年(1581)清丈时,嘉兴县因为使用“窄弓”,所以多丈出田 15189 亩。参见万历《秀水县志》卷 3《田赋》,《中国地方志集成》。

③ 崔嘉祥:《鸣吾杂著》,《盐邑志林》卷 48,影印明刻本。

④ 光绪《嘉兴府志》卷 87《丛谈》。

是虚名而已,只有小地,才称得上是“确数”。①

其二,丈量土地的目的,原本是为了“清浮粮,苏民困”,尤其是解决赋役不公及减轻下层百姓的负担,但实际效果并不理想。这主要体现在以下两个方面:一是清丈并未真正解决赋税负担的不公平性。在丈量土地过程中,那些“田连阡陌”之家,他们的力量足以行贿,他们的智谋足以行奸,可以通过“移东就西,假彼托此”之法,逃避土地的丈量,甚至有“未尝加弓之田”。② 根据僧人憨山的记载,万历清丈开始以后,当时五台县的一些奸人,就将税粮500石飞洒到五台山寺庙中。③ 二是清丈有时反而给下层百姓增加了赋税负担。在清丈过程中,一些图长、扇长,通过“积尺积寸”之法,营求“私窟”,其结果则使数亩之家,“税愈增,而田愈窄矣”,“欲苏民困,而民困弥甚也”。④ 又根据明朝的制度规定,民居原先并不需要起科征税。但在实际的清丈过程中,不但将关厢、村落、民居加以丈量,甚至将坟墓之地也纳入其中,不予分豁。此外,贫民费力开垦的山中“石田”,以及一些水退之后的河滩地,也均通过丈量而加入赋额。再加上猾胥、里书无端吓骗,导致地未丈量,而民间已是纷纷不堪其扰。⑤

江西南昌县的土地清丈事实,同样证实万历清丈的结果,反而是增加了占有下等科则田地者的赋税负担。根据史料记载,南昌县的民田,分为上、中、下上、下中、下下五等,并根据这五种科则征收赋税。这是“田与科值”。但在南昌,尚有另外一种民田,被称为“中高”之田。这一类中高之田,大致与下中之田相似,但一旦“沙瘠被水”,实则又与下下等之田相同。所谓的“中高”之田,多处于穷乡,远离城郭,在最初丈量之时,丈量者不能遍及,只是通过“测形似”之法,就将其折成下上的科则征赋,于是又称之为“折田”。这就导致“田与赋不相值”。万历八年(1580),清丈天下田土之令下达之后,地方官员奉行太过,甚至创立了“小弓”,借此增加田额,更易赋税征收之法。以南昌一县为例,旧额官田、民田不过100万亩余,经过清丈之后,则增至130余万亩。在所增田土中,尤以下下、中高之田居多,即从原额9万余亩,增加的数额不下10万余亩。换言之,田增则

---

① 隆庆《赵州志》卷3《田赋·土田》,《天一阁藏明代方志选刊》。

② 崔嘉祥:《鸣吾杂著》,《盐邑志林》卷48。

③ 福善记录,福征述疏:《憨山老人年谱自叙实录》卷上,万历八年庚辰条,民国元年《嘉兴谭氏遗书》本。

④ 崔嘉祥:《鸣吾杂著》,《盐邑志林》卷48。

⑤ 张四维:《条麓堂集》卷18、14《复宋桐冈》《复刘华石》《复刘华石(其二)》《复胡顺庵(其三)》,《张四维集》,中册,第490页;下册,1012、1017页。

赋增。在所增之赋中,又以“瘠田”居多,那些“腴田”则反而减科。清丈土地的结果,更使赋税负担趋于不公平。①

2. 赋役改革

减轻百姓的赋役负担,除了清丈土地之外,尚有各种赋税、徭役改革的措施。就赋税征收体制改革措施而言,诸如周忱在江南所行之“耗米”,江南漕粮改折之“轻赍”,以及赵瀛在江南所行“扒平”之法,无不是赋税改革的各种尝试;就徭役征派体制改革措施而言,诸如正统年间所行之“轻役”法,成化年间户分九等之“九则”与“均徭法”,以及嘉靖年间之“十段锦”法,无不是徭役改革的各种尝试。至“一条鞭”法的出现及其推广,最终将赋役改革引向深入。

(1)赋税征收体制的改革

追溯赋税征收体制的改革,不能不说到宣德年间周忱巡抚江南时所推行的“耗米”法。这项措施的推行,尽管目的在于减轻百姓的杂派负担,但最终的实施则显然改变了赋税征收的体制。从史料记载可知,有鉴于当时江南的杂派太多,百姓不堪其扰,于是周忱实施一种“耗米”法,将各种杂派,从田粮上“一并带追”,亦即从应征田粮上“起耗”,所征之米,则称“耗米”。假若当年的杂派少,或米价升高,所征耗米尚有余羡,那么就将剩下的耗米留作次年的耗米之数。积累余羡数年之后,则田地中应征的耗米全免。从田粮上带追耗米,以充杂派,显然是将徭役摊入田粮的一种有益尝试。事实也证明,在最初实行的时期,这项改革措施确乎称得上是“善法”。但在后来的演变过程中,有将不确定的耗米转而变为常年定例的趋势。一旦成为定例,且将所积余羡收归官府,并立收头加以掌管,甚至将积羡米易银置之余库,势必导致侵欺之弊。②

通行于江南的漕粮改折与“轻赍”之法,同样是赋税减负措施之一。在明代江南的税粮中,一旦遇到水旱灾害,那么兑运之外的田粮则可以减免。至于兑运之内的漕粮,即使是遇到水旱灾害,也不能加以减免。为了在抚恤百姓与国家财政保障之间取得一种平衡,于是就有了“轻赍”之法。所谓轻赍,就是通过漕粮改折银两之法,借此减轻漕粮运输中对百姓的额外税粮负担。按照正常的漕粮征收与运输之法,从江南将 1 石的漕粮运入北京,江南百姓实际需要付出 2—3

① 万廷言:《学易斋集》卷 10《序 · 南昌县赋考序》,载氏著,张昭炜点校:《万廷言集》,中华书局 2015 年版,第 241—242 页。

② 徐献忠:《复刘沂东加耗书》,《明经世文编》卷 268,第 4 册,第 2831 页。

石。换言之,国家财政的1石漕粮收入,江南百姓实际负担了2—3石的税粮。一旦实行了轻赍之法,以银折米,则百姓只需输纳1石的税粮,而国家财政则可收到1石的收入。对于国家财政而言,还是1石的财政收入,相对于旧的财政额度并无减少;但对于百姓而言,赋税负担则从原先的2—3石减为1石,是"以轻而易重"。

按照明代的漕粮运输体制,从江南运往京城的漕粮,共计有400万石。在这400万石漕粮中,原先就有40万石漕粮属于"轻赍",其目的在于"待四方水旱来告者矣"。至嘉靖年间,朝廷屡次实行轻赍之法。如嘉靖八年(1529),因为灾伤,江南折兑的漕粮达270.8万石。嘉靖九年,兑运的漕粮以十分为率,将其中的五分改折银两轻赍,当时常州一府,折兑的漕粮达81000石。这是一种例外之恩,并非因为灾伤而折兑。嘉靖十年,折兑的漕粮达210万石。嘉靖十二年,折兑的漕粮达100万石。嘉靖十四年,苏州、松江等处遭遇灾伤,经巡抚上奏,户部覆准,除了蠲免钱粮外,在兑运漕粮400万石内,将150万石准折银两。至于折银则例,若是兑运米,每石折银7钱;若是改兑米,每石折银6钱。至于其中受灾最重的地方,准许其中临清、德州二仓的10万石改折银两,且支运时每石只征收脚价银1钱5分。

江南漕粮改折银两的轻赍之法,无疑是在维系国家财政收入不变的前提下,且为江南百姓减负的一种赋税改革之法。至于给百姓带来的减负好处,明人唐顺之以其家乡常州府武进县为例,作了很好的说明。如武进一县,在没有实行漕粮轻赍的情况下,每年的赋税负担有三项:第一项为正额,该儹运米54581.34石;第二项为本色耗米、水脚平米,计有25102.398石。这两项合计,为本色米79683.7384石。第三项为折色银,计有9151.46552两。若是以银而权米,且以米1石折合银5钱计算,那么武进县一年所需上纳的本色米79683.7384石,折合银为49840两余,加上原先的折色银9151.46552两,合计为58991两余。若是改为轻赍,以米石折银5钱计算,因为少了本色耗米、水脚平米及折色银的负担,那么武进一县应纳的正额米,只需交纳银27290.67两,这比原先应交纳数减少了31700.33两,赋税额约减少53.7%。即使米1石加折银6—7钱,也只需交纳银35394.6两与41293.7两,分别比原先应交纳数减少了23596.4两与17697.3两,亦即赋税额约减少40%与30%。① 由此可见,漕粮折银与轻赍,对于减轻江南百姓的赋税负担,效果极其明显。

---

① 唐顺之:《与李龙冈论改折书》,《明经世文编》卷261,第4册,第2759—2761页。

三吴之粮，独甲天下。明初之田，分为官、民二则，一般以27则起科，多者甚至达到110则，在每则之下又分数等，起科的轻重相当悬殊。即使是一户之中，仅有数亩之田，但科则也迥然不同。民间百姓在将田地转售之时，为了便于卖出，就将官田改作民田，将重则改为轻则，以致田去而粮存本户，即使贻累子孙，也在所不惜。嘉靖二十六年(1547)，当时的嘉兴府知府赵瀛建议采用"扒平"之法，"田不分官民，税不分等则，一概均摊"，"尽划去则第，而以一则征收，民始得安坐而食其土"。①换言之，将官、民田二则改为一则征收。

关于赵瀛实施扒平法的时间，另外一则史料记载称是嘉靖二十四年(1545)，而非嘉靖二十六年。在无更多史料加以证实的前提下，两说暂且可以并存。又据万历年间所修《秀水县志》，将赵瀛的扒平法概括为"一概履亩起税，中间或因地有窪亢不同，量为盈缩"。②赵瀛此议一出，经过督抚欧阳必进和巡按御史裴伸的题请，最后被允许实施。通观赵瀛"扒平"之法，其中心内容有二：一是在赋税的征收上，不分正米、耗米，也不分本色、折色，一概"均一折算，验亩派征"。这显然简化了赋税征收的程序，进而减少了普通百姓的赋税负担。二是在扒平田则的前提下，将验亩派征赋税的田地分为两等征收，外加盐粮、盐钞、口分，实则分为三等征收。换言之，在扒平田则之中，又适当保留了赋税征收科则的区分。

赵瀛扒平田则之法，尽管是"通为一则"，但嘉兴府所属各县则"自为扒平，各不相及"，所以其结果也各有不同。换言之，各县扒平田则以后，其统一的田则尚各有高低之别。以嘉兴府秀水县为例，经过通县计算之后，原额田1亩，科银2分9厘4毫；原额地1亩，科银2分7厘4毫；折实田地1亩，派科米1斗6升，银6分6厘5毫；荡滩1亩，科米5升；每人丁1丁，科银5分5厘1毫；每女口1口，科银1分8厘9毫。至于乡宦、举监、生员等，在照例应该优免田地中，每亩只免杂办徭、壮银2分4厘，每丁免杂办徭、壮银3分6厘，其余田丁与民一体办纳，俱无优免。③细加分析，嘉兴府秀水县的扒平田则之法有两大特点：一是田赋之中，同样含有人口税，且在人口税中，除了人丁税之外，还将征收的范围扩大到女口。二是对乡宦、举监、生员的优免加以限制。通过一增一减，使赋税负担更趋公平，并进而减轻赋税负担。

---

① 崇祯《嘉兴县志》卷9《食货志·土田》，《日本藏中国罕见地方志丛刊》。
② 万历《秀水县志》卷3《田赋》。
③ 万历《秀水县志》卷3《田赋》。

起源于浙江嘉兴府的扒平田则之法，在实施的过程中，中间也存在着一些反复。即以桐乡县为例，隆庆二年(1568)编定成规，将田地合为一则，每亩科本色米9升4合1勺3杪1撮4圭，折色平徭银每亩征6分2厘6毫7丝2忽。至万历九年(1581)，在已经正式实行了一条鞭法之后，又将田地进行了区别，分为田、地、山、荡四则。田每亩科米9升9合，科银6分6厘7毫；地每亩科米9升9合，科银6分4厘7毫；山每亩科米5升，科银1厘；荡每亩只科米5合，不科银。至万历四十二年，又改为田、地二则通算起科，其中田每亩共征米1斗8合6勺3抄6撮5圭8粟，地每亩征米1斗8合6勺3抄6撮5圭8粟。名义上是田、地二则，其实田、地的科米数完全相同。所以，到了万历四十四年，知县胡舜允又将其改为田地一则起科，而且永为定例。①

赵瀛扒平田则之法，得到了苏州、松江、常州三府的效仿与响应。凡是官田起科6—7斗以上，与民田5升起科者，“通则一则，税额之重轻，视官田之多少”。苏州府长洲县官田相当之多，亩科亦不过3斗7升。常州府官田、民田均摊，始行于无锡县。无锡官田少，所以普遍以1斗9升作为征收的标准。② 即使是在江西贵溪县，也同样实行了官、民田一种科则起科之法。如按照惯例，江西贵溪县的赋额，通常以官田偏重。至万历九年(1581)，丈量出未升科田10余万亩，于是就在此基础上将官田与民田均为一则，“而二百年来官田重赋之害除矣”。③

(2)徭役征派体制的改革

相较于赋税征收而言，明朝人面临的徭役负担则更重。鉴此原因，所谓的赋役改革，更多的是侧重于徭役征派体制的改革，借此减轻百姓的徭役负担。

在明代，徭役征派显然存在倚重倚轻的不均现象，甚至会更多地偏累贫难户。为此，自正统年间开始，即已通过各种方式均役。主要有以下两种：一是设置“轻役”，专门优待贫难户。如正统五年(1440)下令，各个府、州、县每年遍查“见在人户”，凡是“有粮而产去”或“有丁而家贫”，这两类统一归为“贫难户”，允许他们“听轻役”。④ 二是徭役征派不再由官府强行征派，而是由民间“自占甲乙”，即自动申报户等，并依次服役。如叶宗人任钱塘知县时下令，让百姓“自

① 光绪《桐乡县志》卷6《食货》上《赋役》，《中国地方志集成》。

② 黄印：《锡金识小录》卷1《田粮》，清光绪二十二年王念祖活字本。

③ 伍袁萃：《林居漫录畸集》卷5，载《四库全书存目丛书》，台南庄严文化事业有限公司1997年版。

④ 龙文彬：《明会要》卷54《食货》2《力役》，下册，第1035页。

占甲乙，书于册，以次签差”，使徭役得以均平。①

正统年间，经江西布政司参议夏时建议，在徭役征派上开始推行“均徭”法。名为“均徭”，显然是为了改变徭役不均的状态。在明代的徭役征派上，显然存在着诸多不均的现象，主要有以下三类：一是士大夫与庶民徭役上的不均。以福建福州府为例，士大夫大多占有很多田产，庶民占有田产者很少。在徭役的征派上，却又“尽责之民”。二是解户上供，属于一种“京徭”。他们在上纳钱粮时，通常会被宦官留难，不易中纳，导致“往复改贸，率至倾产”。三是在徭役名色中，除了里中正办之外，还有粮长、解户等，名色甚繁，因事编佥，岁有增益。鉴此原因，均徭法实施的主要原则，就是根据民间税粮的多寡，由官府“定其徭役”。换言之，就是将徭役征派的原则改为“税粮的多寡”，亦即由占田数多的士大夫与富人，摊派占田数少甚或无田贫民的徭役。从立法根本上说，显然有利于减轻下层贫民的徭役负担。自正统年间夏时推出均徭法之后，至成化年间，朱英任广东布政司参议时，也推行均徭法，“十年一更”，百姓称便。其后，朱英历任福建、陕西左、右布政使，均力推均徭法。正德年间，欧阳铎任福州知府，也建议推行均徭法。因此法给士大夫带来诸多不便，在推行时遭到极大的阻力，后在巡按御史汪珊的支持下，才逐渐推行于福建。②

究均徭之法，各个州县在编审均徭时，均按照各个甲内原额丁田，“挨年编派”，立法未尝不善。但在实际的执行过程中，往往又会滋生出诸多弊端。这种弊端，按照庞尚鹏的揭示，大致有二：一是奸民避重就轻，往往“诡寄粮多甲下”；二是宦豪之家，又“花分子户，频年告免，更相影射”。其结果，则导致“轻重愈失其平”，均徭的立法之意，荡然无存。③ 从王鏊的记载中大抵可知，在苏州地区推广均徭法的过程中，均平徭役的效果也并不明显，甚至导致“富者或至毁家，贫者多至卖田、鬻产、伐树，继以逃亡”，以致民间“甚苦均徭”。可见，名为“均徭”，实为“不均之大者也”。苏州府均徭的实施，起于吴县知县郑轼。按照王鏊的剖析，认为均徭反而不如原先的徭役征派方式。原先的徭役征派准则，主要是“计里不计户”。以苏州府所属长洲、吴县两县论之，共辖1252个里，岁额共计1155役，可见里数与役数大致相当。每里共当一役，即使有“重费”，但由10户共同承担，也“不为甚苦”。此外，里内人户的贫富，也为里长素谙，即使略微重轻，

---

① 龙文彬：《明会要》卷54《食货》2《力役》，下册，第1035页。

② 余继登撰，顾思点校：《典故纪闻》卷13，第233页；龙文彬：《明会要》卷54《食货》2《力役》，下册，第1036—1037页。

③ 庞尚鹏：《题为均徭役以杜偏累以纾民困事》，《明经世文编》卷357，第5册，第3834页。

"人亦能堪"。自郑轼出任吴县知县后,推行"均徭"之法。此法的根本,就是不信任里长,于是将所有人户全部召至县前,"人人面审,家家着役"。若使役少人多,则储为公用,称之为"余剩""均徭"。在郑轼在任期间,确实起到徭役"甚均"之效。但均徭之法效果的最大发挥,还是在于执行之人。郑轼离任之后,继任者不肖,导致均徭法流于以下两大弊端:一是官员多"因之为利"。如名义上人人面审,实则恣意酷派,甚至有的一户摊派至银100余两。其余的细役看似不重,但在交纳之际,通常因为百方艰阻,也会"多至一倍、二倍、三五倍者有之",导致百姓吞声而不敢言。二是贿赂公行。人户担心自己摊派到重役,就不得不多方行贿。其结果,则是"以富为贫,以贫为富",官员得以高下其手。① 均徭法推行于四川之时,当地的百姓同样"以为不便"。至于其中的原因,重庆府百姓在上奏中已经道出:按照均徭之法,通常据民间税粮多寡分为差等,即分为上、中、下三等,预先确定徭役。这是单以税粮征派徭役,而并未考虑到丁力、财帛两项。但民间的实际情况则有所差异:有人税粮多,但丁力、财帛不足;有人税粮少,但丁力、财帛有余。假如一概按照税粮"定期科差",势必导致富商巨贾"力役不及",而农民则"终年无休息之日矣"。②

在徭役改革过程中,成化年间曾一度实施过户分九等的"九则法"。如成化十五年(1479)下令,各处在征派差徭时,户分为九等,门分为三甲,"务因上司所派,定民输纳",亦即按照户等摊派徭役。这一徭役征派之法,曾在一些地方得以施行。如盛颙任束鹿知县时,鉴于当地徭役不均,就立"九则法"。至成化十九年,盛颙任山东巡抚,继续在所辖各府推行"九则法","民甚德之"。又孔镛任都昌知县时,也"分户九等以定役"。③

在嘉靖年间,曾在江南推行"十段锦"册法,借此改革徭役征派。至于其具体实施的时间,存在着两种说法:一种认为是嘉靖四十年(1561)议准,并在江南推行;另一种认为是嘉靖四十四年议准,并在江南推行。尽管关于实施的时间说法有异,但其所载内容则相同。细究之,十段锦册法的内容有以下二项:一是核算出每年银差、力差之数,按"定则"摊派于"十甲之田",亦即将十甲分为十段,分别依期服役。如一甲在摊派之后尚有剩余,就留给二甲、三甲使用;若一甲在摊派时不足,就提二甲补之。二是抑制乡宦所免徭役。如乡宦所免田地的徭役,

① 王鏊:《震泽先生集》卷36《与李司空论均徭赋》,《王鏊集》,第514—515页。

② 余继登撰,顾思点校:《典故纪闻》卷13,第233页。

③ 龙文彬:《明会要》卷54《食货》2《力役》,下册,第1036页。

在10年之内，只能免除1年；在1年之内，只能免除本户。至于乡宦所持寄庄的田亩，不论是在同府，还是别府，只要已在原籍享受了徭役的优免，那么寄庄田亩就不得再享受徭役的优免。① 庞尚鹏的记载，可以作为上述十段锦之法的补充。按照庞尚鹏的记载，他在所属各个府、州、县所行的十段锦之法，大致为：首先，将十甲之内的丁粮加以普查，以确定十段分摊徭役之法。其次，除了已经编派过徭役的四甲之外，其他未曾编派徭役的六甲，通融分作六段，而后分别承担其后六年的徭役。再次，凡是册中官吏、举、监、生员、军、灶、匠丁，但系照例得以优免徭役之人，必须将应免之数开列于册前。如在各甲内均拥有丁粮，那么只能从一甲内享受优免徭役的权利，其余各甲优免之余的丁粮，就必须挨次造入册内，与百姓"一体编差"。②

3. 减负之争：一条鞭法及其争议

明代各朝的赋役改革，无不出于减负的目的，但在实际的措施制定上，大多赋税、徭役歧为两橛，亦即各自从赋税、徭役的视角出台改革措施。真正将赋税、徭役改革合于一处，无疑有待于嘉靖、隆庆以后"一条鞭"法的出台及其实施。

所谓一条鞭法，就是通计一省的丁粮，而后均派一省的徭役，亦即将均徭、里甲与两税合一。随之而来者，则是"小民得无扰，而事亦易集"。③ 其中"事亦易集"一说，亦即将徭役征派程序简省化，显然把握了"一条鞭"的真正语义。

究"一条鞭"一语，当源出于"一条冰"与"一把连"两语。早在宋代，就有"一条冰"之语。如史载，陈彭年在翰林时，所兼多达10余个职务，均属文翰清秘的职位。于是，时人称其署衔为"一条冰"。④ 细绎其意，无非是说，职务虽多，但归属于一，亦即均为文翰清秘之职。至明代，俗语中有所谓"一把连"者，"连"又作"莲"。按明制，宫中每当夜寝，殿门既已关闭，内臣散归直房，将所卸之衣一起挂在床前架上，熏以兰麝，名为"一把莲"。当夜间御前有事，即可便于在顷刻间"装裹趋赴"。此事见于秦兰徵《天启宫词》注中。⑤ 可见，所谓的"一把连"，其义还是方便、简省。至嘉靖年间，"一把连"一语开始用于赋税的征收制

---

① 龙文彬：《明会要》卷54《食货》2《力役》，下册，第1037页；申时行等修：《明会典》卷20《户部》7《户口》2《赋役》，第134页。

② 庞尚鹏：《题为厘宿弊以均赋役事》，《明经世文编》卷357，第5册，第3832页。

③ 龙文彬：《明会要》卷54《食货》2《力役》，下册，第1036—1037页。

④ 《国老谈苑》卷2《一条冰》，中华书局2012年版，第69页。

⑤ 王应奎：《柳南续笔》卷1《一把连》，中华书局1983年版，第150页。

度中。如在四川洪雅县，田赋起存，共有九座粮仓。在嘉靖十二年(1533)以前，每户之下的税粮，即使只有1—2石，也必须分为九份，分别上纳于九座粮仓，显得相当零星、琐碎，且会遭遇九座粮仓管理人员索要秤头、耗米。至嘉靖十三年，四川巡抚潘鉴开始创立“一把连”法。每税粮1石，征银6分4厘、征米2升6合，即使所交税粮数超过100石，其中所需交纳的银、米，也只是交纳于其中一座粮仓。一座粮仓交足以后，而后再交纳于另外的粮仓。“一把连”实行之后，“至今称便”。① 可见，赋税征收中所谓的“一把连”，也有方便之义。综上可知，“一条鞭”之说，源出于自宋以来的民间俗语“一条冰”与“一把连”，其义均可归于简省、方便。

一条鞭法的出现及普遍，显然是一个渐进的过程。细言之，需要考虑以下三点。

一是一条鞭法较早实施的时间，是在嘉靖二十年(1541)。关于此，杨博在上疏中有云：“东人土瘠差繁，往时赋以地起，差以丁出，皆有上、中、下之分。贫民种薄地，纳轻粮，尚可输办。嘉靖二十年，始变为一条鞭派粮之法。”②又云：“十余年前，不知何故，偶变为一条鞭法。夏税、秋粮，及杂派、黄蜡等项，总在其中，无复仓口、斗升之数。”③从杨博之疏中，可知早在嘉靖二十年(1541)，山东就开始实行一条鞭法。其法有二：一是以田派粮，即夏税、秋粮以田起派；二是以田派役，即杂派、黄蜡等项，也从田地中佥派。

二是至嘉靖末年，一条鞭法开始实施于部分地区。关于此，庞尚鹏有如下一则记载：

> 近该臣查得余姚、平湖二县，原著有均徭一条鞭之法，凡岁编均徭，俱于十甲内通融随粮带征，行之有年，事尤简便。盖以十年之差，而责之一年，则重而难；以一年之役，而均之十年，则轻而易。官免编审之劳，民受均平之赐。然人户有贫富不同，复将丁田分而为二：有田之丁及以田折丁者，每丁编银，必增其数；有丁无田者，每丁编银，量为递减，使于均平之中，曲寓存恤之意。其余诡寄冒免之弊，一旦革除殆尽，通变宜民，莫良于此矣。④

---

① 嘉靖《洪雅县志》卷3《食货志·赋》，《天一阁藏明代方志选刊》。

② 杨博：《与姜蒙泉中丞论田赋》，《明经世文编》卷278，第4册，第2948页。

③ 杨博：《与沈对阳方岳论赋役》，《明经世文编》卷278，第4册，第2947页。

④ 庞尚鹏：《题为均徭役以杜偏累以纾民困事》，《明经世文编》卷357，第5册，第3834—3835页。

就庞尚鹏此条记载,《明经世文编》的编者有评语云:"此则江南行条鞭法之始事也。"①可见,江南一条鞭法的最初实施,是在庞尚鹏巡按浙江之时。庞尚鹏是从嘉靖四十四年(1565)巡按浙江,至隆庆二年(1568)升任都察院右佥都御史。那么,自嘉靖四十四年至隆庆二年间,一条鞭法即已在江南得以推行。细究庞尚鹏在浙江推行的一条鞭法,其内容大致有三:一是每年编派的均徭,均从十甲内"通融随粮带征",亦即税粮成为征派均徭的主要依据。二是考虑到人户存在着贫富差异,在均徭的征派上又将丁、田一分为二:有田之丁及以田折丁之人,每丁的编银数适当有所增加;有丁无田之人,每丁的编银数,则量为递减。可见,均徭的征派,并非完全依据税粮,而是丁、田并计。三是均徭的征派,所征者均是均徭银,而非力役。庞尚鹏所实行的一条鞭法,其效有三:一是"官免编审之劳",即省却了官员的辛劳;二是"民受均平之赐",即减轻了百姓的徭役负担;三是"诡寄冒免之弊",革除殆尽,更加保证了徭役负担的公平性。当然,庞尚鹏在浙江推行的一条鞭法,仅仅限于"均徭",而并非完全将均徭、里甲、两税通为一条征派。

庞尚鹏在浙江推行的一条鞭法,并非无本之木,而是渊源有自。从史料记载可知,嘉靖四十年(1561)正月,广东巡按御史潘季驯在当地实行的"均平里甲",显已开了一条鞭法的先声。所谓的均平里甲之法,实已蕴涵以下两大要义:一是徭役输银,里长、甲首不再亲自应役;二是徭役银的征派,是"令民各随丁力",亦即考虑到丁、力(包括田粮)二者。潘季驯在即将离任之时,曾向朝廷上疏,建议代任者能继续贯彻这一徭役改革措施。疏入之后,户部建议,"请行通省,如法遵守,年终籍用过银数以闻",且最后得到皇帝的批允。② 显见,均平里甲之法已经普遍实施于广东全省。

三是一条鞭法在全国普遍推行的时间,应在隆庆四年(1570)。关于此,《明会典》有如下记载:

> 隆庆四年题准,江西布政司所属府州县各用差役,逐一较量轻重,系力差者,则计其代当工食之费,量为增减;系银差者,则计其扛解交纳之费,加以增耗。通计一岁共用银若干,照依丁粮编派,开载各户由帖,立限征收。其往年编某为某役,某为头户、贴户者,尽行查革。如有丁

---

① 庞尚鹏:《题为均徭役以杜偏累以纾民困事》,《明经世文编》卷357,编者评语,第5册,第3834页。

② 邓士龙辑,许大龄、王天有主点校:《国朝典故》卷37,引《世宗实录》3,中册,第813—814页。

> 无粮者，编为下户，仍纳丁银；有丁有粮者，编为中户；及粮多丁少，与丁粮俱多者，编为上户。俱照丁粮并纳，著为定例。①

这条记载，也为《明会要》所录，只是稍加简化而已。② 更为值得注意的是，在这条记载后，《明会典》加上了如下一条注文："此一条鞭法之始。"当然，不能由此条注文而得出一条鞭法始于隆庆四年的结论，而是此年经题准，一条鞭法已经在江西全省普遍实施。进而言之，自隆庆四年之后，一条鞭法开始向全国推行，而且成为一种"定例"。

细究隆庆四年（1570）题准的一条鞭法，相较于嘉靖末年在浙江乃至江南实施的条鞭，显然其内容更为广泛。主要体现在以下三个方面：一是嘉靖末年实施的一条鞭法，仅仅限于均徭一项，而隆庆四年实施的一条鞭法，则已包括"各用差役"，亦即包括均徭、里甲或银差、力差。二是隆庆四年题准的一条鞭法，均按照"丁粮"征派，即人丁与税粮两者是征派徭役的主要依据。三是将人户分为三等：粮多丁少，或丁、粮均多者，编为"上户"；有丁有粮者，编为"中户"；有丁无粮者，编为"下户"。可见，一条鞭法的徭役征派，虽然以丁与粮二者作为依据，但从户等之分来看，显然更为偏重于税粮，下户虽然仍需交纳丁银，但所交之数明显少于中户与上户。四是一条鞭法所征，均为徭役银，而原先"头户""贴户"一类的力银，则一概革去。

在明代实施的各项旨在减负的赋役改革措施中，一条鞭法堪称减负、均平效果最为明显的一项措施。当然，综合各项史料记载可知，一条鞭法实行10余年之后，确乎也存在着"规制渐紊，不能尽遵"的情况。一方面，诸如粮长、里长一类的力役，显已"名罢实存"；另一方面，各项"役卒"一类的力役，再次佥派"农氓"。③ 进而言之，一条鞭法实行之后，徭役银的征派，并非仅仅限于条鞭，而是在条鞭之外，又有"科派"，在科派之中，"转生奸利"，甚至出现"放富差贫，那甲移乙"等种种徭役不均的现象。根据刘宗周的揭示，在他出生之初的万历初年，凡是现年的里长之役，只需承担徭役银20—30两，随后增加到50—60两，至崇祯年间，更是增至100两。一旦承担南粮解送的解户，大概每亩约费银3—5两不等，甚至"家尽破矣"。更为甚者，那些宦户凭借自己的身份，仍然可以"不值

① 申时行等修：《明会典》卷20《户部》7《户口》2《赋役》，第134页。

② 龙文彬：《明会要》卷54《食货》2《力役》，下册，第1037页。

③ 龙文彬：《明会要》卷54《食货》2《力役》，下册，第1036—1037页。

现年"的里役,"偃然处十甲之外",①徭役负担的不公平性依然存在。崇祯三年(1630),河南巡抚范景文在上疏中,直言民间最为患苦之事,莫甚于差役。如征收钱粮,有收户、解户之役;驿递,有马户之役;供应,有行户之役。诸如此类的役户,均佥派"有力之家"充任,称为"大户"。名为大户,实则并非真正由富民充当,而多由一些"中人之产"承担,且一旦承担大户之役,家产随之倾尽。实行一条鞭法之后,"以境内之役,均于境内之民",无疑给百姓带来了"少甦"的好处,但效果确实并不显著。以河南为例,即使实行了一条鞭法,"大户"之役并未完全革去,民间"仍岁奔走,罄资津帖"。②

这就牵涉到对一条鞭法的评价问题。进而言之,在明代的官员士大夫群体中,对一条鞭法的实际功效存在着一些争议。揆诸明人之论,大体呈现出以下两种截然相反的看法。

其一,从正面肯定一条鞭法的减负功效。以福建为例,何乔远就认为,自从庞尚鹏推行一条鞭法之后,将府、州、县 10 年之中夏税、秋粮的存留、起运额数,以及纲银、均徭、民壮、驿传应加的银额,"通为一条,总征均支",并将过去民间征派的一切名色均已省除。一条鞭法实施之后,"民甚以为便"。可见,减负功效很是明显。至于具体的功效,主要体现在以下三个方面:一是赋役之法,从"烦"转变为"简"。换言之,从原先的"征课不一",转而变为"约以条鞭",其结果则是"海内以为大便"。当然,这种方便,并不仅仅限于福建一省。二是从原先的赋税、徭役一分为二,转而变为赋税、徭役合二为一。③ 三是民间百姓负担的减轻。如明末清初人郑廉就说,自从张居正当国,并将一条鞭法推行天下之后,民间每亩只需要交纳税银 3 分即可,再无其他摊派,结果则是"边陲宁谧,宇内宴然"。④

一条鞭法所起到的实际减负功效,同样可以从苏州、松江两府与嘉兴、湖州两府的比较中得到具体的印证。换言之,苏州、松江两府,因为没有实行一条鞭法,导致徭役繁重;而嘉兴、湖州两府,则因实行了一条鞭法,则使徭役相对简省。根据陈子龙的说法,海内之役,以江南为重;而江南之役,尤以松江府一府为重。至于松江府所承受的繁重的徭役负担,陈子龙将其概括为下面数项:一是"细

① 刘宗周:《文编》1《奏疏》4《责成巡方职掌以振扬天下风纪立奏化成之效疏》,《刘宗周全集》,第 3 册,第 208 页。

② 龙文彬:《明会要》卷 54《食货》2《力役》,下册,第 1038 页。

③ 何乔远编撰:《闽书》卷 39《版籍志》,第 1 册,第 964、980 页。

④ 郑廉:《豫变纪略》卷 2,浙江古籍出版社 1984 年版,第 26 页。

布”之役，已经成为第一重役，甚至导致官民两困；二是“北运”之役，亦即北运白粮之役，且公私两受其害；三是“轻粮”之役，较之漕粮，此役相对较重；四是“塘长”之役，里长一旦承担塘长之役，因为需要付出“多费”，往往导致“破家”。①

黄廷鹄的记载，可以证实即使在苏州、松江两府的赋役负担中，“松之苦尤甚”。尤其是差役一端，更是备极繁重，徭役的名色众多。其中有些徭役名色，其他府并不需要负担，而松江府则独自兼有各种徭役负担。其结果，则导致上户都已凋敝，中户日渐消亡。至于松江府徭役之重，主要体现在以下两个方面。

一是“编役之害”。按照正常的徭役编派原则，大致是有田则有役，以一县之田佥派一县之役。而在松江府，则因诡寄、花分二弊的存在，不得不在徭役的编派上采取“锢田”“锢役”。所谓锢田，大抵是指已经亡故官宦之册而言。作为一种“宦户”，自然可以按照品级免除规定数字内田地的徭役。当官宦在世时，这些田地自然可以享受免役，于是有一些外姓田地私自寄于宦户名下，以躲避差役。官宦亡故以后，原先的宦户已经没有享受免役的特权，寄于宦户名下的田地随之纷纷离去，甚至有些宦户的子孙，因为失去了享受免役的特权，往往抛弃田产。随之而来者，则是原本的宦户之田，通常就会散入各个粮区，与普通庶民之田一般无异。一旦执行锢田之法，甚至将已经离去的私寄之田加以定额化，而后佥派重役，那么原本凭借爵秩而享受特权的宦户，反而成为子孙世世无穷的祸源。所谓锢役，大抵是指团囤之户而言。鉴于人有存亡、家有消长，通常将徭役佥派按照五年一次编审的程序执行。换言之，一方面，无百年长富之家，家族有兴有衰；另一方面，作为豪门大户，往往也会分析成诸多的子姓小户。一旦执行锢役之法，不论其家族是否衰败，或者大户已经析为小户，仍然按照过去的佥派之役“重困之”，势必导致民户“庐亩荡然，而践更不歇，上误公务，下累亲族，蔓延之祸，不可胜算”。

二是“当役之害”。所谓当役之害，细言之，包括以下三项重役：(1)收仓之役。此役过去属于一种轻差，其后则成为一种重役。尤其当频年灾祲、小民难以完纳钱粮，且又催科逼迫之时，给负责税粮征收的粮长更是带来极大的负担。负担的加重，主要来自漕军、猾胥、仓虎的互相勾结，从中勒索。如粮长上纳钱粮100石，必须加纳耗米20余石，外加勒索其他名头的银两20—30两。(2)北运白粮之役。一旦承担此役，在收粮时，就会遭到“奸顽拖延，湿米插和”之累。等到运往京城之时，在路途中又会遭到漕军的欺辱，导致交纳延期，“赔补之害，种

---

① 陈子龙：《兵垣奏议·臣郡役法久弊疏》，《陈子龙全集》，下册，第1545—1547页。

种不赀"。在苏州、松江、常州、镇江、嘉兴、湖州有白粮上纳的各府，每府甚至需要出"帮银"100两。这无疑是一笔额外的徭役负担。到了京城之后，在交纳白粮时，还要遭到管理白粮仓库宦官的勒索，甚至每100石米，加耗米数十石，外加铺垫银数十两。(3)细布之役。按照明代的制度规定，其他各府只需解纳粗布，而松江府所属三县，则需要解纳细布。一般每年佥派解户8名，每名的费用多达银1000两余。如此重役，即使是巨室大姓承担，也"往往立破"。

尽管在江南地区，各府均遭受相同的重役，但是否实行了一条鞭法，则显然决定了负担与压力的不同。根据黄廷鹄的揭示，苏州、松江与嘉兴、湖州属于邻壤。在嘉兴、湖州两府，因为实行了一条鞭均役之法，从区、图定里长，从里长出各役，甚至并无官府佥审之烦，徭役负担就显得尤为公平简捷。而在苏州、松江两府，因为尚未实行一条鞭法，导致两府士民徭役负担依然沉重。①

其二，从负面否定一条鞭法的功效。如杨博即以山东一省为例，从以下三点揭示一条鞭之弊。

一是便于书手作弊。就杨博看来，原先的赋役征派旧例，立法简当，"上易知而下易从"。如田赋每亩起科5升3合3勺，这是一种定制；夏税七月完纳，秋粮十月完纳，这是一种定限。无论是定制，还是定限，"妇人童子知之"。坐派的仓口有轻重之分，上户纳粮重，下户纳粮轻，这是一种定则，"妇人童子亦知之"。假如书手想上下其手，人人得而究诘。自实行一条鞭之后，不再有田赋升斗之数，仓口之别，再加之将黄蜡、颜料、柴炭等项加派于田亩之中，岁岁不同，即使是官府，也不能纤悉查算，普通的乡人更是无从知晓，书手愚弄，出口为是，只好听凭书手"道其多少而已"。进而言之，原先的书手作弊，不过是在赋役的佥派上卖富累贫。一等实行一条鞭法，书手则更是"明宽富累贫矣"。具体言之，如所征本色米、麦，有升、合、勺、抄之不一，所征折色之银有分、厘、毫、忽之不同，而地也有顷、亩、分、厘之不齐，合之看似可以凑成整数，若是分之，其中的数字差异甚至不可比较。以地为例，每亩的本色税粮只差1合，若是数十万亩，积累起来就会相差数百石；每亩的折色税银只差1厘，若是数十万亩，积累起来就会差数百两。更为甚者，一条鞭法的宗旨是赋役征派时为"阖县通流"，漫无界限，其头绪之多，很难算清。于是，书手就可操弄埋没、飞洒之弊，其结果则是"奸民可以全不纳，贫民又受加派之累矣"。

二是不便于穷民，造成新的赋役负担不平等。一方面，是穷民、富民负担的

① 黄廷鹄:《役法原疏》,《明经世文编》卷503,第6册,第5536—5539页。

不平等。杨博认为,穷民所占之田,均为鬻卖所余的瘠薄之田,“非沙即碱”,每亩所收“不过斗升”,且多有不毛之地,相较于富民占有的“粪治之田”,收获不到十分之一。一旦实行一条鞭法,一概计田纳粮,势必加重穷民的负担。穷民无法交纳钱粮,只好“佣身以办”。若是加上黄蜡等项负担,更是不堪承受。其结果,则是“逃亡相踵,逋负累积,转相包赔,牵连俱走,一里绝烟者无数也”。按照杨博的估算,实行一条鞭法之后,上户的负担自然可以减少三分之一,但下户的负担反而“加倍之三”。又如原先山东布政司在分派一省之粮时,将所属县份之粮,分为上、中、下三等,上者每石折价银 9 钱,中者每石折价银 8 钱,下者每石折价银 6 钱,这无疑是出于体恤下县的考虑。此外,在一县之中,也分为上、中、下三等,这也是出于体恤下户的考虑,因为即使是属于上县,其中也多有下户。一旦实行一条鞭法之后,上县之下户,每石折价银 6 钱,下县之上户,也是每石折价银 6 钱。一不堪,一侥幸,明显导致负担不公。另一方面,是务本农家与逐末商人的不平等。如黄蜡、颜料、柴炭一类,按照旧的赋役征派规矩,均摊派在均徭之内,逐末的商人也必须分担。但在实行一条鞭法之后,一概摊入田赋之中,这就造成“惟农家独苦,而富商大贾,乃得脱然无与焉”。

三是因南北风土不同,一条鞭法的利弊则各异。按照杨博之论,因为水土异齐,天渊之势,一条鞭法,可以实行于江南,但并不适用于北方,尤其是地瘠民贫的山东。若是一概像江南那样实行一条鞭法,亦即“以地坐差”,其害必至于穷民只有“逃与死尔”。在杨博看来,诸如柴炭一类,只能如过去一样,从均徭中出办,极贫之家免于出办。换言之,在土瘠民贫的北方,正粮之外,不可有丝毫的加派。若是以地坐差,势必会加重穷民负担,进而导致土地日益荒芜,“卖无所售”,甚至将土地“白与人”,也无应承之人。①

葛守礼同样对一条鞭法提出了自己的质疑。隆庆初年,户部尚书葛守礼从以下三个方面对一条鞭法的“计田出役”加以质难。他的质难从下面三个方面展开:一是肯定原先的赋役征派制度。他认为,“因田制赋,按籍当差”,是国家的“常经”。一旦实行一条鞭法,在差徭的征派上,不再按“籍之上下”,亦即不再按户等的上下,只是“计田之多寡”,势必会导致百姓“弃田以避役”。二是从地域的角度,认定一条鞭法并不适合在北方地区推行。他认为,无论是“河之南北”,还是“山之东西”,因为“土地硗瘠,岁入甚寡”,即使国家的正赋尚不能完

① 杨博:《与姚画溪方伯论田赋》《与沈对阳方岳论赋役》《与姜蒙泉中丞论田赋》,《明经世文编》卷 278,第 4 册,第 2946—2949 页。

纳,若是计田出役,再在土地上加上重役,势必使百姓难以承受。三是指出一条鞭法从中所寓的不平等性。他认为,若是按照一条鞭法征派徭役,工匠佣力自给,就会因为无田而免除差役;富商大贾,操赀无算,也会因为无田而免除差役。反观拥有极少土地的农民,亦即"袯襫胼胝终岁勤动者",因为拥有土地而"更受其困"。①

尽管就一条鞭法存在着正反两个方面的评价,但一条鞭法的出现,显然是明代徭役改革历程中的一种必然趋势。换言之,一条鞭法的出现,至少在以下两个方面顺应了明代役法改革的前进方向:一是由烦趋简,二是由力役转向役法货币化。

六、小　结

通观明代的赋役负担,大致呈现出以下几个特点:

一是赋役负担的轻重随时代而变迁。进而言之,承平时期与动荡时期,百姓所承担的赋役轻重各有不同。在承平时期,百姓得享轻徭薄赋的优待。以广东吴川县为例,在承平时期,"差徭省,赋役轻",甚至"石米岁输千钱"。② 进入崇祯年间,已是兵饷日增。先是加派辽饷,每石派银 2 钱 7 分;其后,又有练饷加派,每石又增派银 3 钱;最后,则加派粤饷,每米 1 石,正供加上杂饷,合计需要交纳 2.7 两余。到了明清鼎革之际,更是赋重差繁。如在广州,每石米甚至需要交纳银 20—30 两;即使在吴川县,也需要交纳银 7—8 两。③ 在社会动荡时期,即使是贡生、生员一类的下层士人,同样因为赋役负担的加重而面临生计困顿。如顾梦游,属于贡生身份,南京人,在崇祯之末,因为遭遇丧乱,"迫于赋役,困蹶以终"。④ 又顾炎武的从叔父顾兰服,为太仓州学生员,在崇祯末年,也是"逋赋日积,久无以偿"。⑤

① 余继登撰,顾思点校:《典故纪闻》卷 18,第 325 页。

② 陈舜系:《乱离见闻录》卷上,载李龙潜等点校:《明清广东稀见笔记七种》,广东人民出版社 2010 年版,第 3 页。

③ 陈舜系:《乱离见闻录》卷上,载《明清广东稀见笔记七种》,第 6 页。

④ 顾炎武:《亭林文集》卷 6《顾与治诗序》,载氏著:《顾亭林诗文集》,中华书局 1983 年版,第 129 页。

⑤ 顾炎武:《亭林余集·从叔父穆庵府君行状》,《顾亭林诗文集》,第 162—163 页。

二是百姓赋役负担的加重，不仅限于官方赋税的加派与徭役的摊派，更因贪官污吏的额外盘剥。在赋税徭役征派过程中，吏胥从中作弊，并因此获取额外的好处，无不是加重百姓负担的因素。至于“官贪”，正如明末人吴应箕所言，“今天下盗贼生于民贫，民贫生于官贪”。这就是说，官贪自然造成百姓负担加重，进而导致百姓沦于贫困。至于官贪的原因，主要在于入仕之前或进入仕途之后，无不需要诸多的花费。如尚为秀才之时，读书人不过是一个“窭人子”而已。一旦中了举人，就有了诸多的花销，如“报赏宴饮之费”“衣服舆马之需”，无奈之下，只好“假贷戚友，干谒有司”。等到中了进士，费用更是数倍于中举人，所借之债则更多。初次做官，为了“营选”与“钻缺”，更是不惜“倍息称贷以求之”。至于乡贡、监生、吏员出身的官员，在仕途上更为艰难，为了求得一个好官，付出的费用也更多。无论是做官前求科名，还是入仕后求好缺，无不需要很多的花销，其费用多靠借债维系。所以，在明代的官场，出现了这样一个怪现象，亦即“上任者朝来，索逋者暮至矣”。一则为了偿还所有债务，二则为了营立家私，亦即发家致富，内外官员不得不“取之于民”。这就额外加重了百姓的负担。“外官”（地方官）“取偿于民”，而“京官”则“取偿于外官”，所有的钱财均来自对百姓的刻剥。①

三是为了减轻百姓的赋役负担，无论是官员，还是民间，无不通过一些措施加以实施。就官员而言，张瀚在任南京工部郎中并兼摄龙江上、下关榷务时，曾与同僚侍郎方克用一起，“弛商之什二”，亦即减轻商税十分之二。其结果，则“自后商贾乐赴，舟楫骈至辐辏，国课较昔反增十之九”。② 至于民间，有鉴于徭役的过分繁重，大多采用设立义役田的方法，以减轻乡里民众的徭役负担。如陆文贵，是松江府大茅塘人，年少时靠力田致富。嘉靖年间，倭患东南，导致赋役繁重，陆文贵“尽出其田输县官，以拯里中之困”。③

四是在减负过程中，诸多政策措施产生了一些争议，无不是出于地方与社会阶层利益的考虑。一项减负措施的出台，有的利于穷民，必然有碍于富民；有的有利于无特权的庶民，必然有碍于有特权的绅士；有的有利于有田力农者，必然有碍于无田的工商。因为牵涉到各个社会阶层的利益，自然会产生诸多的利益冲突。前述一条鞭法的实施，及其由此而引发的诸多争议，就是典型的例证。更

① 吴应箕：《楼山堂集》卷9《塞贪源》，载氏撰，章建文点校：《吴应箕文集》，黄山书社2017年版，第157—158页。

② 张瀚：《松窗梦语》卷4《商贾纪》，第86—87页。

③ 章鸣鹤著，范械士校：《谷水旧闻》，《明清松江稀见文献丛刊》，第1辑，第26页。

有甚者,有些减负之争还牵涉到地方利益。如崇祯十一年(1638),扶风县属于凤翔府管辖,却需要承担平凉府所属各个驿递的协济站银6523两。这无疑成为压在扶风县百姓头上一个沉重的负担。为此,当地的乡官考虑到桑梓破残,就具疏控吁,恳求能免除这一协济站银。这一疏请到了孙传庭那里,就通过布政司移文分守道、分巡道,而后转行平凉、凤翔二府往复查议。一方面,属于凤翔府管辖的扶风县,为了"残黎"(即幸存的当地百姓)计,恨不得立刻免除这项协济站银;另一方面,作为平凉府,为了"穷募"(即应募驿递的驿卒)计,又不得不保留这项协济站银。彼此争执,各具意见。最后,陕西布政司建议,将崇祯十年以前扶风县所欠的协济站银尽行蠲免,而自崇祯十一年以后的协济额银,则仍行征解,希望通过这种调剂而使凤翔、平凉两地"均得其平"。① 尽管最后处理的结果,则因协济站银已载入《赋役全书》而没有蠲除,但这一案例至少证明,一项负担如何减轻,实则牵涉到地方利益的均衡问题。

① 孙传庭:《孙传庭疏牍》卷3《题覆扶风协济平属站银疏》,第103—104页。